上海纺织技术服务展览中心

上海纺织技术服务展览中心隶属上海市纺织控股（集团）公司，成立于1992年4月，它的前身为上海纺织技术服务展览公司，成立于1984年。中心下设展览部、高新技术协作网、行政管理办公室和财务部，是国内目前最大的承办纺织类展览会的专业展览机构之一。

中心自1984年在上海成功地举办国内《第一届上海国际纺织工业展览会》以来，已组织了数百场的纺织专业展览会和高新技术研讨会。在本中心承办的众多纺织专业展览会中，《上海国际纺织工业展览会》(Shanghaitex)和《上海国际服装纺织品贸易博览会》(Fashion Shanghai)已成为中国乃至世界颇具知名度和影响力的专业展览会。

作为纺织高新技术的专业推广机构——高新技术协作网从1992年成立“喷气织机技术协作网”起，又相继成立了“喷水织机技术协作网”、“染整技术协作网”、“高新服装材料专业网”，“新型纺纱技术协作网”和“产业用纺织品技术协作网”，收编全国各地会员单位1,300多家。

中心有着丰富的办展和组展经验，在纺织和展览领域拥有广泛的业务网络，并拥有一支高素质、积极进取的员工队伍。为加强国际间纺织技术的交流、促进上海展览业的蓬勃发展，上海纺织技术服务展览中心将本着服务至上的原则，努力为国内外客户提供全方位的专业化服务。

Being subordinate to Shanghai Textile Holding (Group) Corporation, Shanghai Textile Technology Service and Exhibition Center (STSEC) was established in April 1992, whose predecessor is Shanghai Textile Technology Exhibition Corporation established in 1984. STSEC is one of the largest textile institutes in China, which includes the Exhibition Department, the High and New Technology Extending & Applying Committee, the Administration Department and the Finance Department.

Since the launch of "International Exhibition on Textile Industry " (Shanghaitex) in 1984, STSEC has successfully organized hundreds of exhibitions, technical seminars and symposiums on textile and garment subjects, in which the "International Exhibition on Textile Industry " (Shanghaitex) and "Shanghai International Clothing & Textile Expo" (Fashion Shanghai) are two quiet well-known exhibitions on textile industry in China, even around the world.

As a professional institution for spreading new textile technologies, the High and New Technical Extending & Applying Committee set up the "Air-jet Loom Technical Association" in 1992 and continued to finish the establishment of "Water-jet Loom Technical Association", "Dyeing & Finishing Technical Association", "High-tech Garment Material Association", "Rotor Spinning Technical Association" and "Industry Textile Technical Association", with more than 1,300 nationwide members.

With rich experiences in exhibition fields, STSEC not only has a wide relationship network in the textile industry, but also owns a high efficient work team. With the aims of enhancing the exchanges of textile technology between China and the outside world, and boosting the rapid development of exhibition industry in Shanghai, STSEC will make efforts to provide an all-round service for our clients at home and abroad under the principal of "Service First".

大 连 市 重

大连国际汽车工业展览会概况

由中国国际贸易促进委员会、中国国际贸易促进委员会汽车行业分会、中国汽车工业协会、中国汽车工业进出口总公司和大连市人民政府共同主办的大连国际汽车工业展览会自1996年始办，至2003年已连续举办了8届，每年展期均安排在8月下旬，已成为中国车展中最重要的国际展会之一。

Dalian International Automotive Industry Exhibition General

Dalian International Automotive Industry Exhibition Jointly hosted by China Council for the Promotion of International Trade, China Council for the Promotion of International Trade Sub-Council Automotive Industry, China National Automotive Industry Association, China National Automotive Industry Imp. & Exp. Corp. And Dalian Municipal People's Government. Staring from 1996, It has been given for eight sessions in the latter part of each August. Dalian International Auto & Parts Exhibition is already one of the most important international exhibition in the circle of Chinese auto exhibition.

市长夏德仁、副市长邢良忠、市长助理、贸促会会长洪源栋参观汽车展

奔驰汽车展台

展会选粹

中国大连进出口商品交易会，原称中国东北地区及内蒙古出口商品交易会，是中国对外贸易经济合作部首家批准的区域性交易会，始创于1987年，每年一届。交易会坚持专业化特色，设立五矿化工产品馆和机电产品馆。展会期间举办的行业论坛、洽谈会、研讨会、报告会精彩纷呈，取得累累硕果。

作为国内唯一一家加入国际展览联盟的服装类展会，**大连国际服装博览会和服装出口洽谈会**每年吸引了大批中外厂商，参展水平一届比一届高，成交额一年比一年多，生机盎然，长盛不衰，已发展成为当今中国颇具规模和水平的国际服装交易会。

第七届大连国际建筑装饰材料及卫生洁具展览会于2003年3月21日至24日在大连星海会展中心举行，作为东北地区第一大建材展，本届展会以12万人次的贸易观众流量及26亿元人民币的高成交额，再次创下了该展会历史上的新纪录。

本次展会展出面积1.5万平方米，来自国内外的参展企业达300余家，展示范围包括门窗、地板、墙体材料、卫生洁具等绝大部分建材产品，来自国内外的参展商都将最优秀的产品、技术带到展会中，受到与会展商、贸易商的极大关注。

在7个国家/地区举行逾70个展会

珠宝及礼品

- 九月香港珠宝钟表展览会 中国香港
- 六月香港珠宝钟表展览会 中国香港
- 亚洲时尚首饰及配饰展 - 六月 中国香港
- 亚洲时尚首饰及配饰展 - 九月 中国香港
- 中国(深圳) 国际黄金珠宝玉石展览会 中国深圳
  (与中国黄金协会及中国国际展览中心集团公司合办)
- 中国 (广州) 国际黄金珠宝玉石展 中国广州
  (与广州市对外贸易经济合作局、广州市番禺区人民政府及广东省对外科技交流中心合办)
- ASD/AMD 贸易展内的亚洲供应商展馆 美国拉斯维加斯
- 汉城礼品展 韩国汉城
  (与韩国工艺品协会及汉城市政府合办)

皮革及时装

- 原料及制造技术展* 中国香港
- 时尚汇集 —— 手袋、行李箱包、鞋类、皮衣及时尚配饰展*—— 三月展 中国香港
- 时尚汇集 —— 手袋、行李箱包、鞋类、皮衣及时尚配饰展* —— 十月展 中国香港
  * 与法国SIC Group合办

- 中国国际皮革展# 中国上海
- 中国国际鞋类展# 中国上海
- 国际时装及时尚配饰展# 中国上海
- 中国 (东莞) 国际皮革生产及技术展览会# 中国东莞
  # 与法国SIC Group及中国皮革工业协会合办

美容

- 亚太区美容展+ 中国香港
- 天然保健产品展+ 中国香港
  + 与BolognaFiere 及 Unipro合办

- 美国保健及美容展 美国纽约
- 个人护理原料及技术博览会 美国纽约
- 健康博览会 日本东京
- 纤体及美容展 日本东京
- 高性能配方及崭新科技世界级会议 美国纽约

海上旅游及航海

- Seatrade海上旅游及海运业展览会# 美国迈亚密海滩
- 地中海游艇及船舶海贸展# 意大利热那亚
  # 与海贸集团合办

- 中国国际海事技术学术会议和展览会* 中国上海
- 中国港口展* 中国上海
  * 与海贸集团及上海市造船工程学会合办
- 日本国际海事展示会及会议 日本东京

工业技术

- 中国国际工业装备展览会+ 中国上海
- 中国国际工业自动化展览会+ 中国上海
- 中国国际机床工具、模具制造技术和设备展览会+ 中国上海
- 中国国际粉末冶金技术和设备展览会+ 中国上海
  +与中国机械工程学会合办

- 中国国际内燃机新技术及工程设备展览会 中国上海
  (与中国内燃机学会合办)
- 中国国际工业转包贸易展览会 中国上海
- 国际机器展 泰国曼谷
- 量度及测试仪器展 泰国曼谷
- 亚洲水泵及阀门展 泰国曼谷
- 国际环保技术展 泰国曼谷
- 科学仪器及实验设备展 泰国曼谷
- 亚洲水力工程技术展 泰国曼谷
- 工业机器及工具展 泰国曼谷
- 机器工具展 泰国曼谷
- 工业自动化展 泰国曼谷
- 国际汽车生产及配件展览会及会议 泰国曼谷
- 专业运输及材料装卸展 泰国曼谷
- 亚洲金属板材展 泰国曼谷
- 专业焊接技术及配件工艺贸易展 泰国曼谷

家具

- 中国国际家具展览会# 中国上海
- 中国国际家居饰品布艺及灯饰展览会# 中国上海
- 中国国际家具生产设备及原辅材料展览会# 中国上海
- 中国国际办公家具展览会# 中国上海
- 中国办公家具展览会# 中国北京
  #与中国家具协会合办

- 中国国际木工机械新技术展览会+ 中国北京
- 北京家具生产设备及原辅材料展览会+ 中国北京
  +与中国家具协会及欧洲木工机械制造商协会合办

- 上海时尚家居设计精品展览会 中国上海
- 中国国际家具(武汉)展览会 中国武汉
- 亚洲家具展 泰国曼谷

建筑

- 中国国际建筑装饰展览会+ 中国上海
- 中国国际建筑安全与智能化设备展览会+ 中国上海
- 中国国际门窗与建筑钢结构展览会+ 中国上海
- 中国国际木制品、地板及生产设备展览会+ 中国上海
- 中国国际室内与家居装饰展览会+ 中国上海
  + 与中国建筑文化中心合办

- 中国国际建筑陶瓷及卫浴科技精品展览会 中国上海
  (与中国建筑陶瓷协会合办)
- 中国国际照明电器展览会 中国上海
  (与中国照明电器协会合办)
- 中国国际建筑装饰及陶瓷卫浴(武汉)展览会 中国武汉

信息科技

- 国际电脑展 中国香港
- 中国国际电子生产设备展览会 中国上海
  (与中国电子专用设备工业协会合办)
- 客户服务中心 / 客户关系管理展览会及会议 日本东京

食品

- 亚洲食品配料展 泰国曼谷
  (与欧洲博闻合办)
- 亚洲食品配料及技术展览会 中国上海
  (与欧洲博闻及中国食品工业协会合办)
- 日本健康食品原料展 日本东京
- S-Tec —— 食品安全及品质控制展 日本东京

酒店及休闲

- 上海国际酒店用品博览会 中国上海
  (与上海市旅游事业管理委员会合办)
- 北京国际酒店用品展览会 中国北京
- 武汉国际酒店用品展览会 中国武汉
- 中国国际船舶及其技术设备展览会# 中国上海
  # 与上海船舶工业行业协会及中国船舶工业行业协会船艇分会合办

纸业、包装及非织造布

- 亚洲纸业展览会* 新加坡
- 亚洲制盒展* 新加坡
  *与Paperloop合办

- 上海国际非织造布研讨会及展览 中国上海
  (为全国非织造布技术协会承办)

制药

- 世界制药原料中国展 中国上海
  (与欧洲博闻及中国医药保健品进出口商会合办)
- 世界制药原料日本展 日本东京
  (与欧洲博闻合办)

水族

- 水族展 新加坡

请浏览我们的网站:
www.cmpasia.com

亚洲博闻有限公司
香港湾仔港湾道26号
华润大厦17楼
电话: +852 2827 6211
传真: +852 2827 7831

上海博华国际展览有限公司
中国上海市襄阳南路218号
现代大厦10楼
邮编：200031
电话: +86 21 6437 1178
传真: +86 21 6437 0982
网站: www.cmpsinoexpo.com

博裕闻 (广州) 谘询服务有限公司
中国广州市流花路
中国大酒店商业大厦1151 - 1153室
邮编：510015
电话: +86 20 8666 0158/
8666 3388转1151
传真: +86 20 8667 7120
网站: www.cmpchina.com

CMP
United Business Media

CCPITED-CH

绿色食品之都

The Capital of Green F

齐齐哈尔是黑龙江省的第二大城市，1983年被列为全国十三个较大城市之一，位于松嫩平原腹地，是国家重要的工业基地、商品粮基地和畜牧业基地，2002年被国家权威机构命名为“中国绿色食品之都”。全市辖9县（市）7区，幅员面积4.32万平方公里，人口560万人，耕地2704万亩，草原826万亩，苇塘124万亩，可利用水面113万亩，大小河流175条，纵贯全境的嫩江及其众多支流未受现代工业污染，土壤肥沃、空气清新，是生产绿色食品的理想之地。目前，已有52种产品获得国家绿色食品标识；绿色食品种植面积550万亩，占耕地总面积的20%；绿色养殖基地41个，畜禽饲养量2000万头（只）；绿色食品加工企业28家。北大仓白酒、克东腐乳、依安大鹅、讷河粉丝、富裕乳品、泰来杂粮等绿色、特色食品在市场上享有很高声誉。有7个县区获得10个“中国特产之乡”之称号。齐齐哈尔市是世界珍禽丹顶鹤的故乡，又称鹤城，自古丹顶鹤就是吉祥长寿的象征。扎龙国家级自然保护区幅员21万公顷，是我国最大的芦苇沼泽湿地，已成为国内外鸟类专家和游客爱鹤赏鹤的胜地。从2001年起到现在，已成功举办了两届中国（齐齐哈尔）绿博会暨观鹤节，今后将每年一届地长期举办下去。热情好客的齐齐哈尔人民，诚挚邀请中外客商、四海宾朋莅临鹤城，叙友情、求合作、谋发展，为人类文明做出新的贡献。

1

2

3

5

4

1 中国齐齐哈尔绿色食品博览会暨观鹤节

2 中国齐齐哈尔首届绿色食品展销博览会暨第九届观鹤节绿色食品展销序厅

3 劳动湖全景

4 国际重要湿地标志 —— 扎龙自然保护区

5 扎龙丹顶鹤

中国（齐齐哈尔）第二届绿色食品博览会暨观鹤节开幕式现场

—— 齐齐哈尔

od of China — Qiqihar

Qiqihar, the second largest city of Heilongjiang Province, regarded as one of the 13 larger cities in china since 1983, standing on Song-nen Plain, is the importane base of industry, commodity grain and livestock husbandry of china, which is named "he Capital of Green Food of China" in 2002. There are 9 countries(cities) and 7 districts under its command with the total area of 4,230,000 sq. kilometers, a population of 5,600,000, 27, 040,000 mu cultivated 1,130,000 mu utilizable waters and 175 rivers, Nenjiang River running though the territory of Qiqihar with many branches are all non-polluted rivers, It's the perfect area for planting green food with the fertile land and the fresh air.

At present, 52 varieties of products have gained the marks of green food from the state . There are 5,50, 000 mu planting area for green food,which takes 20%of the total planting area. There are 41 bases for green livestock breeding. And the total number of the livestock is 2000. There are 28 green food processing enterprises, such as Beidacang distillate spirits, Kedong fermented bean-curd, Yi'an white crane, Nehe potato powder silk, Fuyu production of milk, Tailai coarse food grain, etc.. they have taken highly reputation in the marker. 7 countries (districts) have gained 10 titles of "the country of characteristic products of China".

Qiqihar, named "Crane City". is the hometown of the redcrowned crane,which is the symbol of auspiciousness and longevity since ancient time. The National Nature Preserve of Zhalong in Qiqihar with the area of 210.000 ha. and the biggest reed marshes,has become the crane-watching resort for ornithologists and tourists home and sbroad,

We have successfully undertaken 3 sessions of Green Food Exposition of China (Qiqihar) and the Crane-Watching Festival since 2001, and we'll hold it annually. The intense and hospitable people of Qiqihar warmly welcome merchants from home and abroad as well as all the friends all over the world to our city for friendship, cooperation, development and making contribution to the civilization and health of mankind.

1

2

1 全国政协副主席万国权视察首届绿博会展销会
2 齐齐哈尔市市长杨信在中国（齐齐哈尔）第二届绿色食品博览会暨观鹤节项目签约仪式上
3 齐齐哈尔市市长杨信陪同国家旅游局领导参观中国绿色食品之都 —— 齐齐哈尔摄影展
4 第二届绿博会外商洽谈情景
5 外国客商在首届绿色食品展销会上

3

4

5

游人在扎龙国家级自然保护区观鹤

CAIC

中汽对外经济技术合作公司

CHINA AUTOMOTIVE INDUSTRY INTERNATIONAL CORPORATION

“开拓、求实、创新”作为中汽对外经济技术合作公司一贯遵循的企业精神，在起步与成长的过程中，推动着公司的发展壮大。

中汽对外经济技术合作公司组建于1993年7月。是专门从事汽车行业对外经济技术合作项目、进出口贸易、举办国内外国际汽车展览会、对外承包工程、派遣劳务、提供中外汽车行业工程、产品、技术、市场咨询服务为主的专业性公司。

十年来，公司面向市场，加强服务，按市场经济规律运作，用现代企业制度规范，走出了一条不断向新目标攀登的发展之路。积极开发业务，在组织国际汽车展览会、开发中外合资合作项目、进出口贸易、拓展国内市场及人才培养等方面迈出了坚实的步伐。

—— 以联合办展模式组织国内规模最大、在国内外颇具影响的专业性国际汽车展 —— 北京国际汽车工业展览会（Auto China）为主体，经过多年的培育，现已形成了在北京以综合性车展（Auto China）和汽车零部件专业展（AMS）及北京国际商用车展览会（Auto China–Commercial Vehicle Exhibition）隔年交替举办；在南方，以广州国际汽车展（Auto South China）和深圳国际汽车展（Shenzhen Motor Expo）隔年交替举办；在北方，每逢单年举办中国沈阳国际汽车工业博览会（Auto North China）；每年举办中国杭州国际汽车展览会（Auto East China）、广东国际汽车展示交易会（东莞）（GD Auto Expo）；每逢单年举办北京国际摩托车展览会（Motorcycle Expo）以及每年组织出国展览会的办展模式。

—— 以自身在国内外汽车界的影响，积极开发中外合资合作项目。在国内投资兴建了汽车零配件、汽车用材料的中外合资企业“常州威士顿有限公司”、“常州河西汽车内饰件有限公司”其产品替代进口，取得了良好的效益。2002年投资成立了“浙江中汽会展有限公司”，从事汽车、摩托车、汽摩配件及相关行业会展业，该公司2000–2002年成功举办了三届中国杭州国际汽车

北京国际汽车工业展览会盛况

地址：中国北京市朝阳区亚运村加利大厦4座15层　邮编：100101　电 话：010-64968698　传真：010-64968699

“开拓、求实、创新”作为中汽对外经济技术合作公司一贯遵循的企业精神，在起步与成长的过程中，推动着公司的发展壮大。

总经理 赵海明先生

展览会，得到了业界同仁及社会各界朋友的一致好评。中国杭州国际汽车展览会已成为“西湖博览会”的精品会展项目。2000年投资成立了中韩合资“北京秘苑定食餐饮服务有限公司”，主要经营韩国高档、传统风味料理。

—— 面向国内外市场，不断扩大进出口贸易。主要贸易国家有美国、德国、法国、英国、意大利、澳大利亚、新加坡、日本、韩国、印度、希腊及东南亚地区，主要贸易产品为汽车、汽车零部件、机电类产品及相关产品。

—— 积极开展国内贸易，整车、零部件、汽车用品齐头并进。1995年投资并控股组建了“北京龙运汽车贸易发展有限公司”，现已发展成为神龙汽车有限公司在北京地区的A级经销商。公司作为嘉实多机油北京西区代理，建立了多家换油中心，并取得了一定的市场份额。1998年与美国OMG公司开展了良好的合作，共同进行国内三元催化剂市场的开发与服务。2000年开始，为国内零部件生产企业提供国外寻价，定货，运输，仓储一条龙的OEM的供货模式，实现了从一般性进口代理贸易形式发展为及时供货形式。

江泽民参观北京国际汽车工业展览会

—— 充分发挥自身在汽车行业的技术及人才优势，每年在国内举办汽车行业技术交流与研讨活动，扩大中外交流，开展多种形式的咨询服务。

公司聚集了一批汽车工程、机械制造、计算机应用、管理工程、MBA、财务管理、国际金融、对外贸易、信息管理、 国际法、英文、日文等各专业的人才，形成了一支能充满朝气、思路开阔、勇于创新的专业化队伍。

十年来，注重以现代企业制度规范和加强企业内部建设，建立和完善规章制度体系，建立起科学合理的激励机制，多种途径、多种方式培养各种专业人才。实践证明，公司以“开拓、求实、创新”的精神，按照市场经济的规则运作，就能在市场竞争的风浪中扬帆远航。

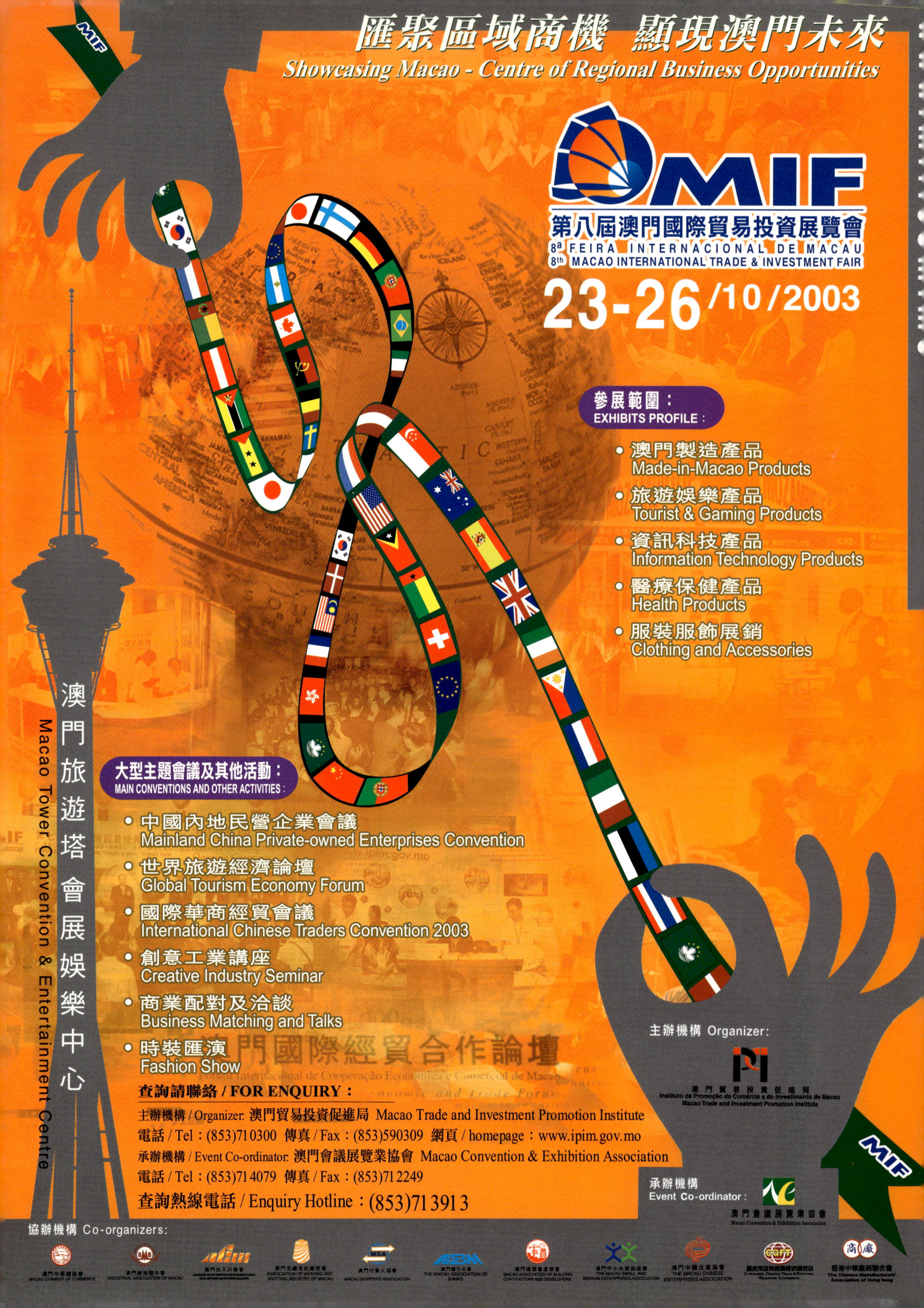

匯聚區域商機 顯現澳門未來
Showcasing Macao - Centre of Regional Business Opportunities
MIF
第八屆澳門國際貿易投資展覽會
8ª FEIRA INTERNACIONAL DE MACAU
8th MACAO INTERNATIONAL TRADE & INVESTMENT FAIR
23-26/10/2003
參展範圍：
EXHIBITS PROFILE :
澳門製造產品
Made-in-Macao Products
旅遊娛樂產品
Tourist & Gaming Products
資訊科技產品
Information Technology Products
醫療保健產品
Health Products
服裝服飾展銷
Clothing and Accessories
大型主題會議及其他活動：
MAIN CONVENTIONS AND OTHER ACTIVITIES :
中國內地民營企業會議
Mainland China Private-owned Enterprises Convention
世界旅遊經濟論壇
Global Tourism Economy Forum
國際華商經貿會議
International Chinese Traders Convention 2003
創意工業講座
Creative Industry Seminar
商業配對及洽談
Business Matching and Talks
時裝匯演
Fashion Show
澳門旅遊塔會展娛樂中心
Macao Tower Convention & Entertainment Centre
查詢請聯絡 / FOR ENQUIRY :
主辦機構 / Organizer: 澳門貿易投資促進局 Macao Trade and Investment Promotion Institute
電話 / Tel：(853)710300 傳真 / Fax：(853)590309 網頁 / homepage：www.ipim.gov.mo
承辦機構 / Event Co-ordinator: 澳門會議展覽業協會 Macao Convention & Exhibition Association
電話 / Tel：(853)714079 傳真 / Fax：(853)712249
查詢熱線電話 / Enquiry Hotline：(853)713913
主辦機構 Organizer:
澳門貿易投資促進局
Instituto de Promoção do Comércio e do Investimento de Macau
Macao Trade and Investment Promotion Institute
承辦機構
Event Co-ordinator :
澳門會議展覽業協會
Macao Convention & Exhibition Association
協辦機構 Co-organizers:
澳門中華總商會
MACAO CHAMBER OF COMMERCE
澳門廠商聯合會
INDUSTRIAL ASSOCIATION OF MACAU
澳門出入口商會
澳門毛織毛紡廠商會
ASSOCIATION OF WEAVING AND KNITTING INDUSTRY OF MACAU
澳門付貨人協會
MACAU SHIPPER'S ASSOCIATION
澳門銀行公會
THE MACAU ASSOCIATION OF BANKS
澳門建築置業商會
MACAO ASSOCIATION OF BUILDING CONTRACTORS AND DEVELOPERS
澳門中小企業協進會
THE MACAU SMALL AND MEDIUM ENTERPRISES ASSOCIATION
澳門中國企業協會
THE MACAU CHINESE ENTERPRISES ASSOCIATION
CQFT
商廠
香港中華廠商聯合會
The Chinese Manufacturers' Association of Hong Kong

上海市国际展览有限公司
Shanghai International Exhibition Co Ltd

上海市国际展览有限公司隶属于上海市国际贸易促进委员会、上海国际商会。经国家对外经济贸易部和上海市人民政府共同批准，于1984年7月1日成立。公司的经营范围是举办和接待海内外来展、出展；经营管理、承包、租赁经营展览场所；安排与展览相关的商务会议接待；组织办展期间的技术交流会和贸易洽谈；办理展品的进出口、保税、运输、留购业务；收集分发展览会信息、样本、技术资料。

随着中国加入WTO，展览业作为“无烟工业”和服务贸易的重要组成部分，已开始发展成为一项重要产业。公司成立以来，已举办过各类大中型国际来华展览近400个。公司目前是国际博览会联盟的正式会员。公司与中国模具工业协会联合举办的“国际模具技术和设备展览会”是上海唯一加入国际博览会联盟的展览会。公司举办的“第十届上海国际汽车工业展览会”是我国建国以来规模最大的汽车展，众多跨国汽车公司的参与使上海车展真正成为中国最具知名度和影响力的行业盛会之一。

2004年 国际展览

日期	展览会名称	地点
2月25-28日	第五届中国（上海）国际婚纱摄影及器材展览会	上海光大会展中心
3月24-27日	第十届上海国际服装博览会	上海新国际博览中心
	第六届上海国际纺织面料及辅料、家用纺织品贸易博览会	
	第五届上海国际纱线贸易博览会	
3月30日-4月2日	第十二届上海国际酒店用品博览会	上海新国际博览中心
3月31日-4月2日	上海国际燃气技术与设备博览会	上海国际展览中心
4月12-16日	中国数控机床展览会	上海光大会展中心
4月14-16日	第十四届中国国际自行车展览会，第二届中国国际电动自行车及零配件展览会	上海新国际博览中心
4月22-24日	第四届中国国际染料工业展览会暨有机颜料印染助剂展览会	上海国际展览中心
5月11-14日	中国国际港口航运博览会	上海新国际博览中心
	中国国际运输、仓储技术和相关设备展览会	
	中国国际运输物流展览会	
5月12-16日	第十届中国国际模具技术和设备展览会	上海新国际博览中心
5月24-27日	第三届中国国际烘焙、甜点、西餐配料及设备展览会	上海国际展览中心
5月	第二届上海国际固体废弃物专用设备和技术展览会	上海展览中心
	第二届上海国际清洁设备及技术展览会	
6月9-12日	第八届上海国际服装工业展览会，第四届上海国际针织工业展览会	上海国际展览中心
6月23-26日	中国（上海）信息化博览会暨第十二届上海国际信息通信展览会	上海国际展览中心 上海世贸商城
6月	2004跨国采购洽谈会（中国上海）--工业零部件采购洽谈会	上海世贸商城
7月20-23日	第六届上海国际摄影器材博览会	上海光大会展中心
	第六届中国（上海）国际婚纱摄影及器材展览会	
9月	第四届国际住宅建设及建筑建材展览会	上海国际展览中心
	2004中国智能建筑展	
10月12-15日	第九届国际食品加工及包装机械展览会，第七届国际包装印刷机械展览会	上海国际展览中心
10月19-22日	第五届国际汽车零部件及维修保养设备展览会	上海展览中心
11月	2004中意葡萄酒展	上海世贸商城
11月	世界烟草展览会和研讨会	上海世贸商城
12月	上海国际航空及机场设备展览会	上海国际展览中心

以上计划仅供参考，如有变动，恕不另行通知。

上海市国际展览有限公司
地址：上海市延安中路841号东方海外大厦8楼
邮编：200040
电话：(++86-21)-62792828
传真：(++86-21)-65455124
网址：www.siec-ccpit.com
电子邮箱：siec6@sh163.net

UFI MEMBER

中国国际装备制造业博览会

制博会，一个国家级、国际性的装备制造业盛会

中国国际装备制造业博览会（简称制博会）由国家商务部、中国贸促会和辽宁省政府主办，沈阳市政府及辽宁省贸促会等主要承办的国家级、国际性装备制造业博览会。她是集产品展示、贸易订货、学术研讨、投资洽谈和技术合作为一体的盛会，每年9月在沈阳举办。

制博会，依托悄然崛起的第四增长极，是抢占中国制造业的桥头堡

2003年，国家实施振兴东北地区等老工业基地发展战略，辽沈地区即将承接400多个国家级大型建设项目，成为继珠江、长江三角洲和京津塘地区之后，带动并支撑中国未来经济发展的第四增长极。辽沈地区是中国制造业的摇篮，"共和国的装备部"，具有中国半数以上成套设备的制造能力。沈阳市作为东北地区经济、文化、科技、信息、金融、贸易和制造业的中心，其GDP增长率已连续多年呈两位数增长，制造业和服务业增长尤快。辽沈地区将成为外商抢占中国制造业的桥头堡，并为制造业的可持续发展提供雄厚的物质基础。

制博会，国际装备制造业展示、信息、交易与合作平台

制博会已成功举办两届。首届制博会展览面积4.8万平方米，参展企业609家。展会专业观众4.5万人次。实现交易额22.3亿元人民币；进出口交易额1.52亿美元；外资投资总额27.44亿美元，获得了圆满成功。第二届制博会展览面积近5万平方米，参展企业732家。专业观众超过7万人次。实现国内交易总额31.58亿元人民币；外贸出口合同总额5.16亿美元；合同投资总额40.81亿美元，其中外资额32.31亿美元。第二届制博会有美国GE、德国西门子、日本三洋、韩国大宇等世界500强企业23家参展；国外来宾4853人；41个国家的76名外交使节、6个国外友好城市团组参加了展会。制博会的国际知名度迅速攀升。

第三届制博会将于2004年9月3日－7日在沈阳举办

第三届制博会的举办正值国家实施老工业基地振兴战略的第一年，制博会必将在天时、地利、人和俱佳的宏观背景下做强做大，通过提供全方位优质高效的服务，着力增强制博会对参展商、采购商和专业人士的吸引力，把制博会办成装备制造业领域的专业展会、信息交流会和合资合作洽谈会，成为国际装备制造业的展示平台、信息平台、交易平台与合作平台。展会的专业性、国际性和权威性将迅速提升，为推动老工业基地的调整改造和振兴作出新贡献。制博会将实现质的飞跃。

欢迎海内外客商金秋9月莅沈参会，并预祝你们在制博会上取得丰硕成果。

中国国际装备制造业博览会筹备工作办公室

地址：沈阳市沈河区北三经街9号沈阳迎宾馆　邮编：110013

电话／传真：86-24-22522908　22522800

网址：www.cieme.org　电子邮件：cieme@163.com

东浩集团
上海外经贸商务展览有限公司
International Trade Promotion Co.,Ltd.

http://www.china-exhibition.com

东浩集团上海外经贸商务展览有限公司是由上海东浩集团控股、上海外经贸投资集团参股的国有股份制企业。

公司是以组织、承办国内外展览为主业，集广告、运输、会议、论坛、商务考察、工程设计制作、商务咨询、旅游票务、进出口贸易等全方位配套服务为一体的多功能国际展览公司。

公司每年组织和承办六十余个境内外大型展览，是国内最具实力的大型专业性展览公司之一。

公司已获得中国、美国、荷兰质量认证机构颁发的ISO9001:2000质量管理体系证书，被评定为上海市A类财务会计信用单位和纳税人A类等级资格，并荣获上海市文明单位称号。

East Best International Trade Promotion Co.,Ltd.(ITPC) is a state-owned joint venture with Shanghai East Best International (Group) Co.,Ltd as the holding company and Shanghai Foreign Economic & Trade Investment (Group) Co.,Ltd as the sharing party.

As a comprehensive and multifunctional service-trade company, ITPC specializes in the management and undertaking of exhibitions at home and abroad,with all-in-one service including advertising,freight forwarding, business investigation,ticket and travel, import & export, show design and foreign trade consulting.

ITPC is renowned for its annually organization and management over 60 events at home and abroad,which makes it one of the most-powerful large-scale professional service-trade companies in Chinese exhibition industry and famous in world exhibitions as well.

ITPC has been granted ISO9001:2000 Quality Management System Certificate by the Quality Authentication Organizations in China,United States and Netherlands. The title of Grade A for Credit Assessment of Financial Accounting and Taxpayer has also been granted to ITPC,as well as an award of Shanghai Spiritual Model Unit.

上海市天目西路511号锦程大厦12楼
邮编：200070
电话：0086-21-63539977
传真：0086-21-62561068
电子邮件：itpc@itpc.com.cn
网址：www.china-exhibition.com

12FL.Jincheng Mansion 511 West Tian Mu Rd. Shanghai
Post Code:200070
Tel:0086-21-63539977
Fax:0086-21-62561068
E-mail:itpc@itpc.com.cn
http://www.china-exhibition.com

济南舜耕国际会展中心

济南舜耕国际会展中心由济南市人民政府投资兴建的现代化展览场所。它坐落于济南市“国宾馆”舜耕山庄院内，依山而建，融于自然，周围绿色环绕，景色怡人。该中心建筑面积4.1万平方米，可容纳1000个国际标准展位；会议中心面积6000平方米，设有700人的国际报告厅和10个中小型会议室、贵宾室；地下停车场1万平方米，可同时停放150辆车；展馆内设中央空调、自动扶梯、消防监控、自动报警系统；功能划分为展览大厅、阳光走廊、商务中心、休闲大厅等不同区域；同时还可提供住宿、餐饮、娱乐、咖啡吧、商务、车队、旅行社等一条龙服务，是举办各种展览、会议的理想场所。

会展中心地理位置优越，交通便捷，距火车站6公里、飞机场40公里。整个建筑造型优美，气势恢宏。中央大厅直径2.5米的不锈钢球，寓意“泉水托起世界”；由近万块玻璃砖组成的“城市之光”水幕墙光照四射，展示出泉城水文化的特色。会展中心充分体现了高新科技与建筑艺术的完美结合，是济南市城市建筑标志性建筑之一。

济南舜耕国际会展中心
地址：中国济南舜耕路28号
电话：0531-2912666 2951818-5399
传真：0531-2951818-5388
网址：www.sgcec.com
电子邮件：yxb@sgcec.com

中国展览年鉴（2003）

China Exhibition Almanac

中国国际贸易促进委员会宣传出版中心　编

航空工业出版社

ISBN 7-80183-258-2

内 容 提 要

全书包括中国展览业概况、业界论坛、地方展览业、重点展会介绍、行业简况及出国展览会、法律法规、展览实务、大事记、行业简讯、企业介绍、展览业名录、国际展览业资讯等共十三章，并着重从行业的角度介绍展会情况，梳理出了2003年我国展览业的发展趋势。是一本很有实用价值的大型工具书。

图书在版编目（CIP）数据

中国展览年鉴. 2003/中国国际贸易促进委员会宣传出版中心编.—北京：航空工业出版社，2003.12
ISBN 7-80183-258-2

Ⅰ. 中…　Ⅱ. 中…　Ⅲ. 展览会—中国—2003－年鉴 Ⅳ.G245-54

中国版本图书馆CIP数据核字（2003）第114329号

航空工业出版社出版发行
（北京市安定门外小关东里14号　100029）
北京圣彩虹制版印刷技术有限公司印刷　全国各地新华书店经售
2003年12月第1版　2003年12月第1次印刷
开本：880×1230　1/16　彩色插页：68　印张：28.75　字数：1069千字
印数：1-2000　定价：280.00元

ISBN 780183-258-2
F·006

《中国展览年鉴》(2003)

China Exhibition Almanac

主　办　中国国际贸易促进委员会宣传出版中心

承　办　《中国展览年鉴》编辑部

广告经营许可证　京工商广临字 2003-34 号

定　价　¥280.00(精装)

地　址　北京复兴门外大街 1 号贸促会大楼 817 室

邮　编　100860

电　话　010-68013344-8817, 68022948

传　真　010-68022948

E-mail　Yanghq@ccpit.org

网　址　www.ccpit.org

订书热线　010-68022948

广告热线　010-68022948

理 事 单 位

前　言

2003年春天的“非典”，似一股台风扫荡了我们的城市，打乱了我们的日常生活秩序，更直接影响了经济生活，首当其冲的是服务业，展览业更是不能幸免。所幸的是，“非典”虽然影响了业内的经济效益，但却没有阻止展览业发展的脚步。业内有识之士反而趁此机会沉下心来反思、考察、探讨行业深层的建设。

一是由国家计划与发展改革委员会正在着手制定会展业中长期发展政策；二是各地方政府纷纷认识到展览的重要性，在城市规划中统筹考虑展览业的发展（位置）；三是地方展览协会纷纷成立，并制定规则，规范市场，加强自律；四是加强人才培训；五是从事理论的建设。整个行业的自觉、自主、自律，从往年论坛的口头讨论，已落实到实处。

同样作为记录展览业轨迹的工具——展览年鉴，我们也不曾有丝毫懈怠，忠实地记录了2003年的展览业同全国人民一同走过的历程。

本年鉴内容反映的是一个年度与中国展览业相关的各方面情况，特别注意反映了一些理论研究方面的情况。本年鉴使用的各类数据、资料，一般截止到一个年度，但若干重要成就和重大事件，为了完整反映全貌，则跨年度编写。

今年由于“非典”所致，多数在上半年春季的展览都推至下半年秋季举办，而由于年鉴的的编辑周期限定，截稿期是8月，所以一些展会只能在下一年度介绍，敬请各界读者谅解。

本年鉴在编写过程中，得到业界各方人士的支持，航空工业出版社领导和有关部门亦对本年鉴的编辑出版给予了很大的帮助和支持，在此一并致以诚挚的敬意和感谢。

本年鉴的理论文章大多是我国展览界的权威人士和专家撰写。在这里特向读者说明的是，为使本年鉴具有更强的资料性和实用性，本书从当年出版的报刊中选摘了少量的文章资料。总之，为了做好年鉴的编纂工作，能向读者提供一部具有较高水准、有价值的参考书，更好地实现为展览业服务的目标，我们还将不断努力改进和提高编辑质量，同时也诚望广大读者多提意见，我们相信，在大家的关怀、支持下，经过各方的共同努力，本年鉴一定能越办越好。

《中国展览年鉴》编辑部

2003年12月

目　录

Contents

第一章　中国展览业概况

俞晓松谈申博

中国贸促会会长俞晓松在工作的间隙，围绕着上海成功申办世界博览会（世博会）的话题，2002年12月10日在北京接受了本刊记者的专访。

中国申博成功，这是不是您贸促工作生涯中最辉煌的一笔？

2002年12月3日，经过激烈竞争，中国战胜对手，获得2010年世博会的举办权。申博成功是鼓舞人心的一件大事、喜事、好事。贸促会是国际展览局和世界博览会事务的主管单位，申博成功也是贸促会的一件大事、喜事、好事，将在贸促会的历史上留下辉煌的一页。我作为贸促会的会长，当然也非常欣喜。

这次申办2010年世博会的竞争非常激烈，共有中国、俄罗斯、韩国、波兰、墨西哥五个国家参与最后的申办，在国际展览局的历史上还从未有这么多国家争办同一届世博会。我国以世博会申办委成员单位为主的各有关单位，在中央的正确领导下，在全国人民和社会各界的全力支持下，在各国友人的大力帮助下，做了大量艰苦、细致的工作，才获得最终胜利，把世博会带回家。胜利成果来之不易，在中国上海举办2010年世博会将为上海乃至全国的发展带来新的契机，为世界各国进行广泛交流、共同探讨解决人类社会发展面临的新问题提供舞台，意义和影响相当深远。我能够在这项伟大的事业中发挥一定作用，当然感觉到非常光荣。

中国贸促会作为代表国家参加国际展览局和世界博览会有关工作的主管单位，在申博过程中发挥了怎样的作用？

贸促会于1982年首次代表国家组织中国馆参加世博会，这也是新中国首次参加世博会。我国至今已参加十余届世博会，其中由贸促会代表国家参展的有十届。我国政府已决定参加2005年日本爱知世博会。

中国于1993年加入国际展览局（国展局），国务院决定由贸易促进委员会（贸促会）负责与国际展览局的日常业务联系，国展局中国首席代表由中国贸促会派出。2001年，国务院再次明确，由中国贸促会负责组织、协调、监督、管理我国参加国际展览局和世界博览会的工作。

1994年，贸促会在有关部门配合下，成功申办1999年世界园艺博览会。我国积极参与世博会事务和成功举办'99昆明世界园艺博览会，为我国成功申办2010年上海世博会奠定了良好的基础。

我国政府高度重视申办2010年上海世博会的工作，专门成立了以吴仪国务委员为主任委员的申办委员会，我本人在其中担任副主任委员。

贸促会自始至终参与了申办2010年上海博览会的全过程，并发挥了应有作用。贸促会率先提出申办一届综合类世博会的设想，建议确定上海市承办2010年世博会，提供关于国展局、世博会及我国参加世博会和国展局有关工作的材料，协助上海市确定申办计划、2010年世博会主题、徽标、申办口号，并切实发挥牵头作用和总联络员作用，积极参加申办委协调有关单位申办的工作，特别是在接待国展局考察团时做了大量协调工作，保证了在北京的各场会见、申办陈述及有关活动有条不紊地进行。

贸促会还发挥自身作为民间团体和经贸促进机构的特殊优势，多方面做工作，重点争取与我未建交国家的支持。贸促会还以我本人的名义致函国展局各成员国的商会、工商联合会、外贸协会及其他经贸团体和对外贸促机构、外国商会在华分支机构或代表处，请其协助做其政府和世博会事务决策部门的工作，并通过出访、举办招待会等方式，发动部分成员国知名企业联名请求其政府支持中国申办，取得了明显成效。

中国获胜的票数与您预想中的是否吻合？在申博过程中，贸促会还做了大量游说拉票工作，这其中有多少是您和您的同事通过后期努力而获得的？

参与申办2010年世博会的五个国家各有申办优势，在争取各国支持时也是使尽全身解数，做游说拉票工作不遗余力。因为近年来中国经济发展，社会稳定，人民生活水平不断提高，综合国力不断增强，国际地位日益提高，中国特别是上海市作为全球经济发展最为活跃的地区和国际投资热点地区之一，广阔的消费市场和投资市场为世人所瞩目，中国最终以较大优势胜出，赢得2010年世博会举办权是在情理之中的。

申办成功后还要注册，只有注册申请获得国际展览局批准后，2010年上海世博会才最终在国际上获得认可，中国什么时候向国际展览局提交注册申请？

根据国际展览局的规定，在经国展局代表投票确定注册类世博会主办国后，主办国应于展览会开幕日期至少5年前向国展局递交注册申请。在注册申请获国展局批准后，举办国才算是最终获得注册类世博会的举办权。此外，举办国要通过在国展局的代表，向每一次国展局全体大会汇报世博会筹备工作的进展情况，听取国展局的意见和建议。

注册申请应注明举办本届世博会的准备情况，如世博会相关的法律地位和财政措施以及组织者的法律地位，主题及举办宣传主题的会议、研讨会等的初步计划，展期、展览会活动的分类，展览会的场地区域、财政计划，展览会在国内外的推广计划，场地再使用的初步计划，商业化运作的初步计划等；还要附上展览会的一般规章、参展合同、确定和保证对取消展览会进行赔偿的文件及关于参展财政条件的所有特别规章等。

因此，提交注册申请并不是很快就能做到的事情，完成注册程序实际上是在申博成功后筹备本届世博会的一个重要阶段。完成注册程序、筹备本届世博会需要我们付出比申办世博会更多的心血和劳动，我们必须对其中的困难给予充分考虑，紧紧依靠中央政府的领导、全国人民的支持及海外各界友人的帮助，按照即将成立的2010年上海世博会组织委员会的统一部署，扎实、细致、努力地做好各项工作，才能早日提交注册申请，并把2010年上海世博会举办成为一届成功、精彩、难忘的国际盛会。

有人说，世博会要想获得利润是一厢情愿，2000年汉诺威世博会主办者也提醒上海不要过高估计观众的热情，对此您怎么看？

筹备世博会需要考虑人力、财力、物力的投入，一般是由世博会组委会授权的公司进行商业化运作，在公司来说，当然希望通过筹办、组织世博会获得一定利润。从世博会的历史上看，有些世博会有盈余，有的则有所亏损。2000年汉诺威世博会的实际观众数量与预期数量有一定差距，世博会主办者有所亏损。他们的善意提醒也促使我们精心筹办2010年上海世博会，争取最广泛的参与，特别是要吸引尽可能多的国家和国际组织前来参展，吸引尽可能多的观众前来参观、交流。

世博会不同于普通的经贸展览会，举办世博会能够产生巨大的社会效益和经济效益，'99昆明世界园艺博览会的举办就有力地推动了云南省花卉业、旅游业的发展，对其扩大对外交往、增进对外经贸合作、吸引外资等都起到积极的促进作用。举办世博会更多的是着眼于远期宏观效益而非近期利益。

2010年上海世博会的举办将有助于我国人民更广泛、更直接地了解和亲近各国人民，促进东西方文化的交流与融合，推动中国对外开放和对外交往的扩大。

2010年上海世博会的举办将有助于中国公司和企业了解各参展国的经济状况，进一步密切各种形式的经济合作，密切中国与世界经济的联系，推动中国经济进一步融入世界经济。

2010年上海世博会的主题是“城市，让生活更美好”，这将为世界各国提供更好地研究、解决共同面临的问题，进而谋求共同发展和普遍繁荣的机会，这不仅对中国有利，对世界的和平与发展也具有积极意义。

在信息传播技术都很先进的今天，世博会的功能是否已发生变化？

世博会通过展现人类追求进步的手段以及在社会、经济、文化、科技领域取得的成就，推动各国之间的交流与合作，提出人类社会的发展前景，寻求解决发展过程中面临的重大问题。

世博会在展示各项建设成就、增进国际交流、促进人类文明进步等方面发挥着积极作用，并日益成为各国人民总结历史经验、体现合作精神、交流聪明才智的重要舞台。

同时，世博会举办时间长、展出规模大、参展国家和参观人数众多、潜在效益好，举办世博会可为主办国带来发展机遇，扩大国际交流与合作，推动地区经济发展，促进社会繁荣和进步。

近年来，信息传播技术发展迅速，人们借助电子媒介缩短了距离，进行交流的渠道进一步拓宽，特别是可以通过互联网络所提供的虚拟世界进行长时间、低成本、多领域、多层面的交流。但是，并非所有的物品都适合于上网交流，文字、图片、声音、动画等信息对于事物本身的描述不够完整，观众对于同一文字、图像的理解也存在偏差。同时，人们更相信眼见为实，愿意通过交谈、参观、触摸、操作等过程全面了解有关情况。因此，面对面的交流活动不仅在过去和现在是必要的，在将来仍有强大的生命力。信息传播技术的迅速发展不仅不会削弱人们面对面交流的愿望，相反地，巨量信息的冲击将促使人们更多地进行直接交流，并对信息做出甄别。正是由于世界博览会能够为世界各国人民提供这种面对面交流的机会和舞台，世博会事业在今后仍将充满生机和活力。

中国申博成功，给中国的展览业提供了更大的发展空间，您能否描述一下未来中国展览业的发展趋势？

世博会不同于普通的展览会，它是以展出为手段搭建起彼此交流的舞台，世界各国可利用世博会这个舞台进行政治、经贸、文化、科技等方面的交流与合作。因此，举办2010年上海世博会的意义远远不限于给中国展览业发展提供更多机会，它的影响将是相当全面，更加深远的。

以往我国虽已参加了十多次世博会，但企业界参与还不够，2010年上海世博会肯定会吸引更多企业参与。

经过几十年的发展，中国展览业已经具备了一定规模，培养了一大批文化素质和专业技能相对较高的从业人员队伍，建造了一些占地面积大、设施相当完备的展览场馆，拥有不少国际知名展览会，各级、各地政府部门都对发展会展经济给予高度重视。

目前我国国民经济将持续、稳定、快速发展，同时，我国加入世界贸易组织后对外开放进一步扩大，并将在更大范围、更深程度上参与经济全球化进程，这都将有力地推动我国展览业的发展。

在今后一个时期内，中国展览市场的参与者将进一步增加，特别是国外展览公司进入我国展览业市场，将为我国展览业带来新的理念、组织手段、管理经验和运行规则，也将使展览市场的竞争更加激烈。这种日益激烈的市场竞争将促使各参与者提高服务质量和办展水平，并进一步加强交流与合作，并实现优胜劣汰和资产重组，展览信息、展览咨询、展览设计装潢、展览评估等与展览业相关、为展览提供服务的行业将有更快的发展。这有利于解决目前存在的多头办展、重复办展、展览会规模效益不佳等问题，推动我国展览业进一步走上良性发展的道路，并最终走向成熟。我相信，经过全国展览业界的辛勤劳动，展览业一定能为“全面建设小康社会、加快社会主义现代化建设”做出更大的贡献。

——《中国对外贸易》

中国展览业的发展趋势和预测

随着改革开放的深入，我国展览事业得到了较快的发展，展览业作为一个新兴产业，它不但丰富了广大人民的社会生活，而且为加强国际交流、促进国家地区经济技术的发展，做出了自己应有的贡献。从中国会展业近几年的发展状况来看，我们可以发现会展业存在的问题虽然不少，但今后几年发展势头非常好。

一、问题挺多，差别不小

展览数量多、品牌少、大多数展会质量不高是中国会展业发展不可回避的一个问题。由于中国会展业正处在会展业发展的初级阶段，重复办展是困扰国内外展商和贸易观众的难题，重复办展的后果是展商分流、规模小、效果差。近年来的展会审批制起了一定的协调作用，但重复办展的问题仍然时时出现，使外商无从选择，办展水平不高。

到目前为止会展业仍没有健全的法规及制度。仅大连有一个政府的条例，深圳即将出台行业自律的法规，但没有一部全国性的，适合我国会展业当前发展局面的具有法律效力或者行政约束力的法规出台。同时展览业机制本身尚需进一步规范化，否则，将会对今后展览业的发展带来不利的影响。

从业人员素质有待提高，特别重要的是管理人员、项目经理的业务素质，需要有最好的服务精神、宽阔的思路、敏锐的洞察力、超前的预见性以及熟练的外语，从业人员的知识水平就是展览业管理水平的体现。

政府管理相对滞后，当前会展审批制的不完整，管理部门多头的问题依然存在。中介组织力量仍很薄弱，展览事业是个综合性很强的事业，应当把它当作一个产业来经营。展览业是一项系统工程，从筹办到招展、展出，涉及的部门很多，特别是目前由于利益的驱动，多头办展览，行业之间缺乏自律制度及协调制度，在一个地区或一个城市展览业之间缺乏相互交流，这不利于中国展览业整体事业的发展。

中国会展业在国民经济发展中创造社会价值所占比例与发达国家比还有很大差距。2001年中国会展业的直接收入接近40亿元人民币，拉动其他相关产业如住宿、餐饮、通信、旅游、购物等经济收入高达360亿元人民币，占GDP 的0.044%，与西方国家相比，发展潜力很大。

二、软硬件共同发展形势喜人

十多年来，中国展馆随着展会数量增多和规模扩大而发展。近几年已有一批新场馆建成，如成都、大连、珠海、福州、厦门等。上海、广州、深圳、北京已经开始建设或正在筹建新场馆。2000年至2002年的3年内，全国新建和扩建会展场馆的总面积超过100万平方米，相当于1999年底以前全国展览场馆面积总和的一倍半。

展览发展趋势向定期化、专业化和品牌化发展，展览会的定期化有利于展商提前选择展会、做预算、选展品，也有利于经销商提前作计划，对于展会的成功起着重要作用。中国展览业经过20世纪80年代初期的发展，到了1987年进入定期化阶段。

最初经外经贸部批准的定期展共6个，到1998年全国定期展已经达到176个，其中中国国际展览中心就有57个。中国展览会经过20年的国内外竞争，有一批专业展越滚越大，逐步形成全球知名的展览会，其余国际性专业展以1万平方米左右的为多，约占总数的50%，例如在北京举办的机床展、纺机展、冶金铸造展和印刷展已跻身国际同类展的前四名，这些展览会在展览规模、服务水平等方面已接近国际水准，已被列入全球行业展览计划，参与全球行业展览竞争。中国是个地域广阔的国家，各地有不同的需求。沿海和经济发达城市进一步向自办化、国际化方向发展，内地城市也发挥区域优势，有选择地举办适合本地区经济发展的展览会。

各种机制的展览企业呈现出不同的特点，国企、合资、民营的会展企业共存。自20世纪80年代以来，展览公司越来越多，现被认定有资格办展的公司是通过各项指标调查后甄选出来的，目前，香港及海外的展览公司通过国内有关单位作为合作伙伴，已在国内展览业占有重要位置，他们主要通过海外招展，所得利益相当可观。据不完全统计，目前国内举办的国际专业展将近40%有香港或海外公司参与。这些公司往往作为海外招展的总组织者来招海外厂商参展，并决定运输、施工、旅游等展览的主要承包商。

地方展协相继建立并进行全国业内的交流和培训，北京、深圳、上海、宁波、湖南等地陆续成立了地方展览协会。但由于全国性的展览协会尚未成立，随着中国组展单位和办展数量越来越多，特别是展览界的无序竞争，低档次展览重复举办，成立全国性展览协会的必要性越来越迫切。

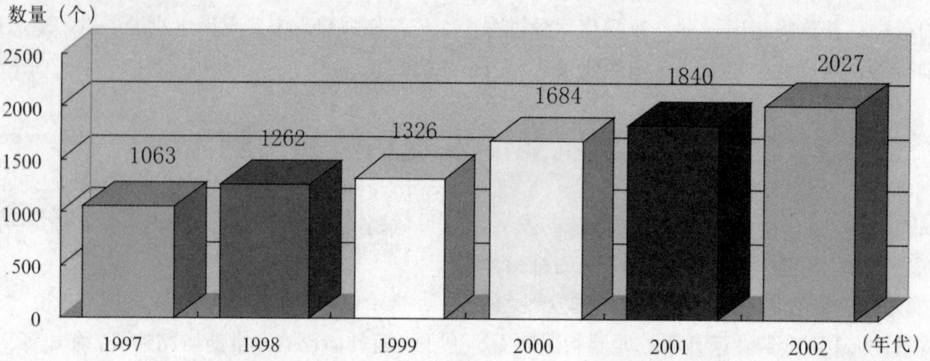

图 1-1 1997 年至 2002 年展览会数量统计

三、今后几年发展趋势

中国展览业的发展，在很大程度上将取决于中国经济发展速度、中国对外开放的深度和广度、中国和世界技术的发展速度、中国参与世界经济全球化进程等诸多背景要素的综合。加入WTO后，我国经济迎来了一个极大的发展时期，这将给我国国际展览业带来新的繁荣。

全国大多省份以区域展为主，品牌展将集中在经济发达的大城市。中国是个地域广阔的国家，各地经济发展不平衡，各地有自己独有的工业，各地有不同的需求。今后十年，预计不同类型的代表性展览会将分布在北京、上海、广州、天津、大连、成都等城市。珠海、深圳、厦门、昆明、常州等将举办一些有代表性的特色展览，据此布局将形成中央级全国性专业展和地方级地域性展会，展览市场将逐步形成合理的布局。

展览将重新整合，进一步走向市场化，涌现更多的品牌。只有品牌展才能推动城市经济发展，展会的变化是复杂的，有的展会在竞争中壮大发展，有的在竞争中消失了，也有的在竞争中合并改名，起起落落，变化无常，但总体是向大型化、专业化发展。今后对外开放的程度更高，与国际接轨的力度更大，这就要求展览的从业人员不仅具有更高的工作热情，而且要熟悉现代国际展览业务，更多地参与国际竞争与合作。展览培训应该建立高、中、初级相结合，在全国范围内形成一个不同层次、不同类别、形式多样的教育培训市场。

竞争日趋激烈，价格将随市场调整，逐步向单轨制过渡，而且随着外资、外企、合资企业进入，在资金、管理、人才方面的竞争日趋激烈。采取标准制和登记制有望成为有效的管理手段，审批制有望逐渐淡化，实现标准制、登记制、为公平竞争提供平台。

IT 技术将更深入地应用到展览的组织、扩展、管理及服务之中，促使企业管理进一步规范化、科学化，促使信息畅通，应引起我们充分的重视。观众向更专业化的方向发展。组织观众工作变得更加重要，高质量的观众对一个展览会的成功与否将起到关键的作用。大多数专业展会观众为专业界的决策人士、贸易人员及科技人员等。另外，展览服务及媒体宣传作用对展览的成败也将起到至关重要的作用，未来展览媒体将更加多样化。

进入 WTO 的好处就是把我们的国内市场规则建立在一个更合理、更有效的基础上。随着中国改革开放的进一步深化，经济的持续发展，中国的展览业也必将有新的长足发展，相反，展览业的发展，有给城市带来巨大的经济效益及大量工作的机会，又推动了国民经济的发展。只要我们大家一起努力，这种良性循环是有可能出现的。

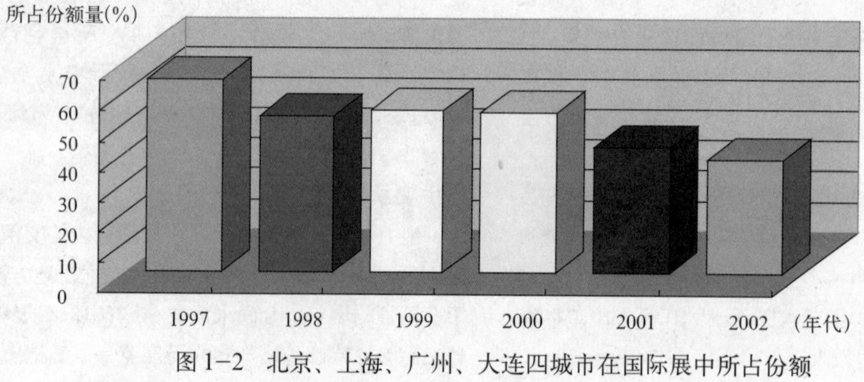

图 1-2 北京、上海、广州、大连四城市在国际展中所占份额

（本文根据中国国际展览中心集团公司副总裁陈若薇在第四届中国国际展览和会议展示会上的讲话整理）

与时俱进，开创我国会展经济发展新局面

国家计委副主任　于广洲

各位来宾，女士们，先生们：

在具有重大历史意义的中国共产党第十六次代表大会刚刚胜利闭幕之际，中国信息协会、全国城市工业品贸易中心联合会和北京市贸促会等单位今天（2002年12月2日）共同举办中国会展论坛，分析当今世界会展经济发展动态，研讨中国会展经济发展的战略和对策，这对于贯彻落实十六大精神，加快我国会展业和现代化建设进程是很有意义的。在这里，我代表国家计委对会议的召开表示热烈祝贺。

会展业是在经济全球化进程中出现的一个新兴产业。来自不同国家、不同地区的各种经济实体或其他机构，通过会议和展览实现商品、技术和信息的交流，带动商业、旅游业、交通运输业、信息服务业等多种产业的发展，对国家和地区的经济增长产生了巨大的拉动作用，因而会展经济已经成为当今时代一种新型经济形态，受到了各国政府和社会各方面的广泛关注。多年以来，一些经济发达的国家和地区凭借着场馆规模大、设施全、国际化程度高、知名品牌展览会众多等优势，使会展业有了长足的发展，有力地促进了信息技术和商品的国际贸易，对本国和本地区综合经济指标的增长起到了积极的推动作用。据资料显示，美国仅2000年就举办各类展览会13000个，销售收入达120亿美元，创造相关的社会综合消费1250亿美元，带动经济的直接收入和间接收入比例为1∶10。德国2000年展览会销售收入45亿马克，创造社会综合价值450亿马克，产生新的就业岗位23万个。我国的会展业近年来也出现了迅猛发展的势头。展馆面积成倍增加，办展规模和参展范围急剧扩大，已经涌现出一批在国际上有一定影响的名牌展览会。经过各地各部门和广大业界同仁的共同努力，近十几年来，我国会展经济以年均增长20%的速度持续发展，尤其是北京、上海、广州等地会展业的发展对经济增长的推动作用更为明显。当然，我国会展业在发展过程中也存在一些问题，应当引起大家的重视。例如有一些地方和单位重数量、轻质量，重声势、轻效益，重场馆建设、轻专业管理。同时，在行政管理体制上也还存在缺乏统筹规划等与会展业发展不相适应的问题。

党的十六大提出要"加快发展现代化服务，提高第三产业在国民经济中的比重。"会展产业是现代服务业的重要组成部分，在我国加入世贸组织之后，面对经济全球化进程加快和我国经济持续发展的形势，随着国家经济总量的增长和内外交流的扩大，中国会展业将迎来新的更广阔的发展空间。面对我国会展业发展的新机遇，我们应该顺应形势，抓住机遇，加强引导和扶持，继续推动我国会展经济快速健康协调发展。下面，我讲几点意见。

一、统筹规划，促进会展业与相关产业的协调发展

会展业辐射面广、联动性强，对国民经济拉动作用大。为了推动会展业的健康协调发展，应该从国家和地区经济全局的角度，以市场为导向，对会展业的发展目标、产业政策、场馆布局、管理体制、运行机制等进行统筹规划，加强引导，进一步搞好场馆设施和配套环境建设。场馆是会展业发展的基础设施。今后一个时期，在充分发挥现有场馆建设作用的同时，需要区别不同情况，适当增加一些会展场馆的数量和具有相应规模的展览中心，并完善场馆设施和功能，努力提高服务水平和质量。根据各地区经济发展水平、产业结构以及区位、环境等特点，合理确定场馆布局和规模，防止盲目、重复建设，既要重视会展业的自身效益，又要重视经济社会的整体效益。要注意并搞好相应的环境建设，努力改善交通、商贸、旅游、金融以及商检、海关等配套设施，带动本地区经济的发展。有关部门要加强对会展业的政策引导，鼓励社会资金和外商投资参与会展业相关设施的建设经营，形成多元化的会展经济发展格局，积极促进会展业的健康持续发展。

二、加强和规范管理，进一步优化会展资源配置

为了有利于会展资源的优化配置，创造更好的经济和社会效益，必须加强和规范会展经济管理。要加强会展业的产业发展规划和产业政策研究，尽快制定行业标准和从业资质规范，强化市场监管，减少和规范行政审批，尽可能避免出现多头管理现象，为会展产业发展创造良好的外部环境。当前，在新的会展经济管理体制还不健全的情况下，各有关部门应当在各自的职能范围内，加强协调配合，规范对展览场馆建设和展览项目立项的管理，搞好对办展活动的统筹规划和对办展力量的资源整合，实现资源共享和优势互补，纠正办展过多和低水平重复办展的现象。

三、积极培育会展经济主体，注意发挥中介组织作用

同会展经济发达国家比较，我国会展业在技术水平、经营理念与机制以及规模效益方面都存在着较大差距。为了提高我国会展经济的实力，需要积极培育会展经济主体，大力扶持会展骨干企业的发展。通过联合、参股等形式，培育一批规模大、竞争力强的会展企业，发展一批国际化程度高、贸易性强、影响面大的品牌展览会。办展活动应根据市场需求，逐步由行政审批转变为市场化运作。应该充分发挥大型展览

公司在办展活动中的作用。经国务院批准，最近已取消了对举办“全国性非涉外经济贸易展览会”的行政审批，在改革会展经济管理体制方面迈出了重要步伐。要加强对会展人员的专业培训，吸引优秀会展专业人才，进一步提高我国会展业的专业化、国际化水平。

根据会展经济的自身规模和国际展览业发展的经验，必须完善现代市场体系，除了政府完善经济调节、市场监管、社会管理、公共服务职能外，还必须充分发挥行业中介组织的作用。要通过组建行业中介组织，搭建起会展企业之间、企业与政府之间的桥梁和纽带，强化和规范行业自律，开展技术交流，发布和传递会展业的相关信息，加强调查研究，提供咨询服务，反映企业困难和行业中带有共性的问题，为政府决策提供意见和建议。

四、扩大交流与合作，提高会展业服务水平

会展业是跨国度、跨地区物流、资金流、信息流高度集聚的平台，是展示一个国家和地区经济发展水平的重要窗口，是一个高度开放性的产业。为适应经济全球化进程加快、科技进步日新月异的新形势，只有扩大国内外会展业界之间的交流与合作，学习先进经验又勇于创新，才能使我国会展业的发展保持蓬勃生机和活力，进一步提高我国会展业的整体水平。

与时俱进，开创出国展览工作新局面

2002年12月26日，出国经贸展览座谈会在湖南召开。本次会议旨在总结2002年全国出国办展工作，听取组展单位对审批管理工作的意见和建议；总结对大型出国经贸展览活动加强管理的实践经验，进一步完善组委会制；探讨整合资源，加强办展单位间协作的措施；征求对中国贸促会2004年出展计划的意见和建议。

会上，中国贸促会马跃副会长做了题为《与时俱进 开拓进取 开创出国展览工作新局面》的报告。他在报告中首先指出：“20世纪的最后20年，我国经济持续快速发展，社会全面进步，我们出国经贸展览在促进外贸发展、推动中外经济技术合作和帮助企业实施‘走出去’发展战略中发挥了积极的作用；面向未来，21世纪的头20年，在经济全球化和我国继续发展开放型经济的条件下，将全面建设小康社会，我国经济与世界经济的联系愈来愈密切，这将为我国出国展览事业带来一个新的发展机遇。”

“12月3日，我国成功赢得2010年世博会举办权，这将是综合类世博会首次在发展中国家举办。成功申请和举办世博会必将极大地推动我国会展业发展，有理由相信，未来10～20年内，包括出国展览在内的我国展览业的发展必将迎来一个新的快速发展时期。同时，我们还应该充分认识到我国出国展览工作在全面建设小康社会的进程中肩负着新的历史使命。我们出国展览工作应该更加紧密配合国家西部开发、经济结构调整和外贸发展战略的实施，自觉为国家经济发展服务。出国参加展览是一项重要的涉外经贸活动，需要维护国家形象，旗帜鲜明地同各种违反‘一个中国原则’行为作斗争。这是我们出国展览工作的大局，我们在工作中要有全局观念和大局意识，注意处理好国家与集体、全局与局部、经济效益与社会效益的关系。”

他进一步指出：“党的‘十六大’所确立的全面建设小康社会的目标和纲领是我们进一步做好出国展览工作的行动指南。‘十六大’报告明确指出，虽然我国已经迈入小康社会的门槛，但现在达到的小康还是低水平的、不全面的、发展很不平衡的小康。这种分析和判断符合我国出国展览工作的实际。我国出国展览的数量和规模近几年内虽然增长较快，但我们组织管理水平和服务水平仍然较低，在展出形象和展出水平上与发达国家仍有较大差距；出国参加的展览会仍主要集中在少数发达国家的一些热点项目上，很多领域、很多行业的展览会有待开发，广大新兴市场和市场多元化国家市场急需开拓；全国各地区之间和各办展单位之间出国展览业务发展很不平衡，尤其是中西部地区的出国展览业务需要在政策和资金上得到进一步的支持。在今后的出国展览工作中，我们需要密切注意解决目前我国出国展览工作中存在的低水平、不全面、发展很不平衡问题。”

我国现行出国展览审批管理体制是与当前我国外事、外汇和进出口等一系列管理制度相适应的，需要随着市场经济体制的完善和形式的发展不断进行调整。其未来发展方向是，逐步向行业协调、行业自律、行业服务和行业指导方向发展。

在本次会议上，经过对主要办展单位的组展规程进行分析综合，并借鉴国外展览界行业标准，中国贸促会拟定了《出国举办经济贸易展览会业务准则》（征求意见稿），作为近期组展单位开展出国办展活动共同遵守的行为准则，以积极推动出国办展行为规范和行业服务标准的建立。

会议上，中国贸促会展览管理办公室孙钢副主任还对2002年的出展工作做了总结，对贸促会的2002年的出展实施情况做了说明。

2001至2002年，中国贸促会共受理107家组展单位报来的赴50多个国家的出国办展计划1101项，对其中92项赴备核管理国家的出展计划作出了备核批复，对于1009项赴审批管理国家的出展计划，中国贸促会经过综合平衡，并会签外经贸部，批准了819项。

经中国贸促会批准，2002年度共有95家组展单位赴50个

国家出国办展，实施计划项目总数591个，摊位总数16739个，展览团总人数30897人次。在已实施的计划项目中，赴日本、澳大利亚以及北美、欧洲等发达国家的出展项目414项，占全年总项目数的70%，摊位总数9870个，占全年总摊位数的59%；赴俄罗斯以及东欧、亚洲、拉美、非洲等外贸市场多元化重点开拓国家的出展项目177个，占全年总项目数的30%，摊位总数6069个，占全年总摊位数的41%。

——《中国贸易报》

为2002年中国会展业“结账”

有人说，2002年是中国会展旅游年。新春将至，回头望去，2002年的中国会展业的确是风起云涌、千帆竞展。展会数量从2001年的2000个递增到2400个，展馆建设从原来的140多个，递增到150个，净增展馆面积近150万平方米，展览企业仅上海一地2002年就达到2600多家。据统计，2002年的展会总收入突破了70亿元，带动的经济收入达700～1000亿元，比2001年的总收入45亿元提高了近1/3。博鳌亚洲论坛的召开，世博会的申办成功，昭示着中国会展业步入了一个新时代。

产业管理坚冰告破
区域会展行业组织纷纷建立

会展政府审批制一直是中国会展非市场化运作的集中表现。中央有中国贸促会、经贸委、外经贸部和科技部等部委审批，地方还有工商部门、经贸部门审批。2002年10月以国家经贸委带头制定的《专业展览会的等级划分及认定》通过专家论证，这是我国第一个关于会展的评估标准。与此同时，国家经贸委正式取消国内展览会的审批制度。广东东莞市正式宣布展会审批取消，实行展会备案制度，由此宣告了中国会展审批制度的坚冰告破。会展经济的崛起，使许多会展在区域发展中饱受无序之痛。2002年全年中国各大城市和地区中先后有山东会展行业协会、上海会展行业协会、湖南会展行业协会成立。也有的像宁波正处在向行业协会的过渡时期，先成立了政府会展办公室。从政府的管理到行业的自律，表明中国会展业向国际化、市场化迈出了坚实的一步。

市场主体呈现多元格局
民营企业占据半壁江山

作为市场主体的展馆、展览公司、会展服务公司向多元化方向发展。以上海新国际博览中心为先例的中外股份制展馆企业、成都国际会展中心的股份制企业、江苏苏州南亚国际会展中心的民营企业、宁波几家国内展览公司组成的股份公司，以及大量的政府经营的国有企业，中国会展企业表现出体制多样性和主体的灵活性。

2002年中外合资、国内合作、国有和民营展览公司迅速增长，特别是应运而生的民营企业蓬勃发展。在上海和北京地区，民营企业的比例高达70%～80%，他们经营的会展业务占到一半，稳居半壁江山。伴随着入世、十六大和奥运会、世博会的东风，中国会展民营企业在2003年呈现出一个发展新高峰。

中外会展企业之间的竞争
合作呈现多层次全方位格局

2002年中外会展企业的激烈竞争表现在同主题会展同期举办。博鳌亚洲论坛在海南举办之时，北京就同期举办了高峰经济论坛；北京国际展览中心在春季举办“cebit asia”之时，中国国际贸易中心同期举办中欧信息论坛；2002年在物流、房地产、服装、IT等展会方面，几乎全国每月就有一个这样的展会在举办。素有“会中会”的中国会展业的专业高峰会集中在11月下旬至12月初，如上海浦东国际会展高峰会，北京的中国会展论坛以及深圳的中国国际会展论坛。全世界关注的德国汉诺威和慕尼黑展览公司围绕2003年上海国际汽车展，在中国的土地上也争持不下，“肉搏打拼”。汉诺威出局、慕尼黑入局颇耐人寻味。特别令人称奇的是2002年全国各地区自办节庆形成“攀比”态势。

2002年中外会展业企业的合作呈现多层次、多方位状态。美国、德国、英国等几个会展业发达的国家的展览公司如克劳斯、科隆和法兰克福均在中国开展合作项目，有合作建立企业的、有合作办展的，形式多样，程度不同。

区域发展会展经济竞相角逐
展馆建设势头不减

2002年中国会展业区域会展的风起云涌，主要表现在地区大量展馆建设和展会的崭露头角。大连、沈阳、青岛、长沙、合肥、厦门、宁波、杭州、昆明、东莞、深圳、广州、重庆、郑州和香港特区都在打造会展的城市“名片”，哈尔滨体育会展中心、安徽国际会展中心（5.3万平方米）投入营运，宁波国际会展中心的8.3万平方米展馆试运营、东莞近20万平方米的广东现代会展中心启用；南宁国际会展中心、深圳国际会展中心、香港新展览中心以及上海新国际博览中心二期工程开业动工，成都会展中心扩大至原来的6倍……

2002年中国各地展馆的投入运营规模创下了我国展馆建筑规模的历史之最。也正是展馆的龙头作用，引发了各地区发展会展业，促进地区经济发展的新一轮城市较量，并形成了珠江三角洲、长江三角洲（上海为中心）、北京三个会展区区域中心的格局，区内的合作和竞争明显，如香港与深圳、东莞、顺德、广州等城市已经就展会的合作进行交流。同时，各个城市的展会同类主题竞争十分突出。在2002年10月，一个月内珠江三角洲就有6个大家具展，一周内竟然有3个家电展出现，竞争白热化程度可想而知。

会展产业的理论交流探讨火爆空前

会展业作为“朝阳产业”，在产业的探讨、交流、培训等方面表现十分活跃。2002年可以说是中国会展业理论交流最多、探讨话题最多、培训项目最多的一年。2002年中国展览馆协会全年就组织了3期培训，1次高峰论坛和1个培训班；还有京慕国际展览有限公司举办了一次国内和国外的专业培训班。当然还有昆明、上海、青岛等地的研讨会。以中国“展中展”为龙头的专业高峰会更是给中国会展业起了推波助澜的作用，影响深远。上海浦东国际展览高峰会、深圳中国国际会展高层论坛和北京中国会展论坛以及2003年1月中旬的“展中展”高峰会，形成了会展业理论碰撞高层次、实践操作高起点的良好态势。

会展产业内涵不断扩展
产业链条不断延伸

2002年中国会展业的一个突出表现就是，产业内涵不断扩展，以会议和展示会为主的会展业表现了其他多种形式。如投资洽谈会、展销会、节、庆、演、赛等，内容新颖，特色鲜明。如洽谈会几乎各省市都有，节庆更是省市县乡皆有。另外，在会展的专业化、市场化、贸易化和国际化程度不断深入，利用展会主题、行业优势和区位优势打造名展。随着入世和中国经济的高速增长，参展、与会者的国际化比例提高。最重要的是各城市已经对会展经济对城市发展进程中的促进作用达成了共识，有的城市已把会展作为该城市发展的支柱性产业。

会展业的发展，是会展的产业链条延伸、壮大。如旅游、交通、银行、饭店、通信等相关业与会展的联系越来越多，与会展的距离更近。另外，会展媒体包括电子、平面、电视等应运而生，会展研究机构如上海世博会研究中心也应运而生。

会展品牌意识增强
但市场化步履蹒跚

脱胎于计划经济体制下的中国会展业，存在多头管理，多头审批，行政色彩浓厚等方面的问题，制约了会展按照自身规律发展的进程。当然，许多国外会展的引进也刺激了中国的会展市场。但板块结构的政府展仍然多如牛毛，同时，即使是有关协会办展也既充当“运动员”，又充当“裁判员”。当然，会展实体结构、体制的非市场化，以及从业人员专业素质不高仍是一个严重的瓶颈问题。市场化的进程对于中国会展业来说，将是以后3～5年内必行的“洗礼”。

——《中国贸易报》

对中国会展业发展的分析与思考

国务院发展研究中心市场经济研究所副所长 任兴洲

一、会展业已成为中国现代服务领域的重要组成部分

改革开放为我国会展业的发展创造了条件和机会，使其从无到有，从小到大，以年均近20%的速度快速发展，行业经济效益逐年攀升，场馆建设显著增加，成为经济增长的助推器和新亮点。

1．中国会展业具备了快速发展的动力和条件

第一，各级政府为了发展地方经济，利用各种会议、会展等形式，努力打造城市品牌和塑造最佳投资区域的形象，以此达到扩大贸易、招商引资、开展技术合作的目的。在此动机驱动下，各地纷纷投资建设会展场馆，组织会议和会展，使得近年来各地区和以城市为特色的博览会、交流会、贸易洽谈会和各种会展此起彼伏。

第二，经济体制改革促进了我国各个行业的快速发展，也催生了行业内加强技术交流、拓展市场、扩大需求的内在要求，使得由行业主管部门或行业协会组织的定期或不定期的各种专业性展会得到快速的发展，如“中国国际建筑材料贸易博览会”、“中国国际机床博览会”等；一些专业性展会办得很成功，形成著名的品牌。

第三，国企改革的深入，大型企业集团的建立，企业技术的不断创新，加之国家大力实施名牌战略，使中国国内出现了一批具有国际竞争力的企业和具有较高水平的名牌产品。这些企业迫切需要通过展会的途径开拓和占领国内外市场，广泛开展国内外经济技术合作，企业的这种内在需求客观上呼唤着各种会展形式的出现。

强劲的市场需求促进了我国会展行业的迅速发展，也带动了我国会展场馆等基础设施的发展，为我国会展业发展奠定了必要的硬件基础。

2．中国会展业已经初具规模

经过十余年的快速发展，中国会展行业已经初具规模，每

年举办的会展数量呈逐年递增趋势。据中国贸促会统计，1997年全国举办展会总数为1063个，1998年为1262个，2000年已达1684个，年均增长达到16.5%；会展场馆发展也十分迅速。全国已共有各种会展场馆140余座，展馆总面积超过100万平方米，已基本结束"有展无馆"的时代。会展的范围不断扩大，除博览会和各种综合性展会、交易会之外，各种专业展的发展尤为迅速，会展行业涉及到机械、电子、冶金、矿产、石化、轻工、纺织、农林等几乎所有生产性行业，也涉及到了商业流通、交通运输、通信电信、旅游观光等大部分服务行业。此外，出国展也得到迅速的发展，1995年到2000年，全国出国办展、参展1900多次，展出总面积达62万平方米，累计出口成交额超过90亿美元。

3．会展机构呈现多元化发展格局

会展业的发展，催生了多元化的会展机构。主要组织形式有：

行业展览机构。根据我国现行的展览管理制度，国家各部门所属的行业协会、商会、贸易促进机构等，均具有展览和会议的主办资格。其中，中国贸促会是我国传统的主办国际展览业务的机构，是举办国际展览的主要力量。各种行业协会、商会主办的展会，特点上是专业性较强，在行业内有一定的影响力，在展览市场占有相当的份额。一些行业协会有自己的展览公司，专门承办和组织本行业或系统内的展会。

国有会展企业。其中包括两部分，一部分是具有进出口权的大型外贸、工贸总公司，有资格主办、承办与本行业有关的专业会展；另一部分是政府投资建设的会展场馆，采取划拨或委托的方式，由有关的国有企业或事业单位负责经营管理，对社会提供展览、会议服务。

民营会展企业。随着我国会展业的发展，一大批私营、多元化股权结构的会展企业也应运而生，这些企业完全按照商业化模式运作，在市场竞争中逐渐成长，锻炼出了一支具有一定专业水平的队伍，成为我国会展业非常有竞争实力的市场主体。

中外合资、合作会展企业。我国会展市场的快速发展和巨大的需求潜力，对国外会展企业形成了巨大的吸引力。一些国际会展公司或跨国会展集团通过合作办展、合资建设展馆等方式，进入我国会展市场，并占据了一定市场份额。与此同时，也为中国会展市场带来了国际化的会展运作方式和经验，促进了国内会展企业的发展。

4．形成了多层次、多渠道的会展项目审批制度和办展资格认定制度

面对快速发展的会展业，我国政府实际上仍沿用传统的审批制度和程序。如对展览项目的审批和办展资格的认定，是根据展览内容的不同实行归口管理的方式。具体分工是：出国办展、参展和在国内举办对外经济技术展览会，由外经贸部会同贸促会制定管理办法，由中国贸促会负责审批管理；科学技术部系统负责在国内举办的各类国际科技展览项目审批、主办资格的认定和协调管理工作；国家经贸委系统负责国内的行业交流及商贸活动展览项目和主办资格的审查批准。另外，各种商品展销会，需到当地工商行政管理机关核发《商品展销会登记证》，未经登记，不得举办商品展销会。形成了从中央政府、地方政府到行业主管部门的多层次、多渠道审批格局。

5．形成了多样化的会展场馆建设和经营管理模式

以各级政府投资为主建设展馆是我国迄今为止的基本模式，这种方式促进了展馆设施的快速发展，使展馆市场的供求格局发生了根本的变化。与此同时，展馆的经营管理也在逐步走向市场化，形成了多样化的展馆经营管理模式。从全国来看，主要模式有：

国建国营：即由地方政府投资建设会展场馆，交由指定的全资国有企业或政府部门所属的事业单位经营管理。

国建民营：由政府投资建设展馆，场地和展馆的产权属于政府所有，而展馆的经营管理则由商业性展馆管理公司和会展企业负责，完全用市场化的方式去经营。

民建民营：即吸收国内外企业或私人资本参与展馆建设，由投资主体选择专业化展馆管理公司，按商业化模式进行经营。上海浦东新展馆、上海世贸商城等采用的就是这种方式。

二、中国会展业正处在新一轮快速发展的关键时期

1．中国经济的快速发展和经济结构调整步伐加快，对会展服务提出了新的发展要求

中国的经济发展正在步入一个关键的历史时期，需要进一步吸引国际资本，吸取世界各国先进的科学技术和科技成果，推动具有高科技含量、国际先进水平的高新技术产业的发展，带动传统产业的升级和发展；与此同时，随着中国经济逐步融入世界经济一体化，一些在市场竞争中发展壮大的优势企业需要走出去，参与国际市场分工和竞争。这就对中国会展市场的办展水平、会展品牌效应和会展服务效率提出了全新的要求，要求其与国际会展市场接轨，使中国的会展真正成为具有技术发展先导性、较强市场影响力、高效率的信息交流场所和国际盛会。

2．加入WTO给中国会展业发展带来空前的发展机遇和更为严峻的挑战

中国成为WTO成员，对我国经济发展的方方面面都会带来深刻的影响。作为国民经济中的一个重要的服务业部门，会展行业的发展也面临许多重要的发展机遇和更为严峻的挑战。

首先，促进我国会展业市场化进程的加快。中国入世后，中国会展市场与国际会展市场的融合已成为必然趋势，国外会展企业也将逐步进入中国市场参与竞争。这将促使中国会展业市场及其市场化运行机制的形成；中国会展企业在强大的国际会展企业的竞争压力下，要保持市场份额，必将被迫调整经营模式，扔掉政府的"拐棍"，尽快适应商业化的市场竞争环境，成为真正的市场主体。

其次，入世将加剧中国会展业的竞争。入世后，国际市场

与国内市场接轨，带来更多的经济技术交流和商贸展示的机会，将刺激会展市场的需求。外国资本对中国会展业的投资将进一步加大，更多的外国会展公司将会进入中国会展市场，并带来完整的营销网络、雄厚的资金、高质量的人才、健全有力的组织和丰富的管理经验。较强的竞争优势对中国会展业是严峻的挑战。同时，随着我国会展业市场化进程的加快，中外会展组织者之间的竞争、国内各会展组织者间的竞争、会展场馆相互之间的竞争、中国各会展城市之间的竞争以及中国展会与周边国家及世界其他国家相同展会之间的竞争将更加剧烈。

第三，促进会展手段和会展技术设备的现代化。目前，我国会展业还处在传统型向现代型的过渡时期，会展材料和制作比较落后，特别是在会展设备创新方面滞后，与国外会展设计与制作的计算机化、数控化，以及在设计上求异变新的思维方式相比差距甚远。中国入世后，国外大型现代化的会展公司进入中国会展市场，必然会引起会展设计和展示手段与会展技术设备的更新换代，声、光、电与数字化结合的会展手段、会展技术设备的大量应用，将促进中国会展业的现代化进程。

第四，促进国内会展业人员素质和专业水平的提高。当前，我国会展业从业人员的资历、专业素质参差不齐，知识老化，缺乏创新。国外会展业全面进入中国市场后，其管理、技术和人才优势使国内公司在感受压力的同时，必然会增强竞争意识和发展意识，追求专业知识的积累和素质的提高。同时，残酷的市场竞争促进优胜劣汰，有利于整个会展业队伍的整体素质的提高。

3. 中国会展业面临多方面因素的影响和制约，需要寻求新的发展思路

(1) 市场主体尚需进一步培育。认真分析我国会展业市场主体的构成，相当一部分是政企合一的机构，或由政府有关部门组建、并授权管理会展场馆的国有单位，与政府部门有着千丝万缕的联系。这些机构大部分产权界定不清，隶属关系不顺，治理结构不合理，缺乏明确的经营战略，不是真正的现代企业，也不能完全按照市场化方式进行独立经营。可以说，按市场化方式经营的规范的会展企业所占的市场份额还很小，真正的市场主体难以成长壮大，不利于会展市场的形成，更不利于会展业的发展和竞争能力的提高。

(2) 经营管理模式落后。同国际会展业相比，一是尚未形成以市场为导向的经营理念。由于历史原因，大多数场馆为政府所有，从大的订货会到现在各种各样的展览会、博览会，许多是由各级政府部门主办的，加上政府部门对各种展览经营业务的直接干预和具体参与，为政府服务、重社会效益的展览导向仍严重干扰着展览企业的经营和展览市场的运行，为顾客服务、为市场服务的经营理念尚未形成；二是多数展览企业缺乏明确的市场定位和发展思路。面对快速发展的市场，多数展览机构仍保持着大而全，小而全的经营模式，主营业务不突出，缺乏核心竞争能力，难以形成展览业的自有品牌；三是还未形成专业化分工协作的格局。为展览提供配套服务的技术、信息等相对滞后，大多数展会还停留在封闭、单一、服务水平低下的层次上，制约了展览经济的规模发展。

(3) 市场主体较为混乱，缺乏有效的市场准入退出机制。在项目审批和资格认定制度下，为各种行业协会、政府部门直属机构及事业单位以及一些大型国有企业垄断会展市场提供了可能，影响优胜劣汰市场机制发挥其应有的作用，使一些本不具备会展经营资格条件、毫无市场竞争能力的单位无法退出市场，而那些既有会展服务意识又有服务能力的会展企业，却因没有相应的资格和审批渠道而被排斥在会展市场之外。处于垄断地位的会展经营机构，其经营行为不规范，不仅影响了会展行业的公平竞争，而且限制了非国有企业、民营企业的成长，助长了会展市场中转让批件、多头办展等不规范的会展行为，加剧了会展市场的混乱。

(4) 会展资源比较分散，会展市场低层次的过度竞争比较激烈。从展馆资源来看，全国许多大中型城市都有展馆设施，却没有名牌展会城市，大多数展馆面积小、功能单一、设施落后、服务水平低，不具备举办大型会展活动的能力；在新一轮的场馆建设热潮中，北京、厦门、大连、武汉、深圳等城市都在兴建、扩建或正在筹建新的展馆，但由于缺乏统一布局和规划，展馆资源的分散性还难以得到有效解决，这会进一步加剧不同地区或同一城市内展馆之间的竞争。从会展项目来看，目前我国会展市场存在着严重的重复办展、多头办展现象，虽然我国会展数量较多，但会展规模却无法与国际会展业发达国家相比，价格手段成为各种会展从业机构的主要竞争手段。

上述问题是当前中国会展业发展过程中面临的重要障碍，也是迫切需要解决和改革的主要方面。可见，中国会展业在经历了快速的起步发展阶段之后，面临着根据市场发展要求尽快建立和形成会展市场运行机制，从而进入以市场化、专业化、规模化和国际化为特征的新一轮发展阶段。

我国展览业向外拓展的探讨

中国贸促会展览部副部长　林　宁

我国展览业向外拓展主要涉及四方面因素：国外经济环境和市场需求，国外展览业发展状况，国内经济实力和供给潜力，国内展览业发展能力。由于缺乏有关的展览数据，因此很难准确描述、判断中国展览业的发展和向外拓展的过程和现状。本文仅仅是粗浅地做有关描述、判断和预测。

本题目涉及的两个重要概念：展览业和向外拓展。政府部门和商会、协会是不是“展览业”的组成部分？组织参加国外展览会，并未从国外获利，是不是“向外拓展”？严格讲可能不是。但是，如果不算，目前就无从探讨我国展览业向外拓展。因此，本文放宽范围，开展探讨。

本文仅表达个人观点，做抛砖之举。错误和不准确之处，欢迎同行批评指正；有关观点欢迎同仁切磋交流。

一、历史与现状

中国展览业的发展粗略可以分为前期、初期和起飞期。时间分别为：20世纪50～70年代，20世纪80～90年代。预计本世纪第一个10年里，中国展览业将走向成熟。

（1）中国展览业向外拓展的前期。新中国成立后的出国展览始于20世纪50年代初。1951年新中国组织参加了前德意志民主共和国（东德）的莱比锡国际博览会和前捷克斯洛伐克的布拉格国际博览会。中国政府以此展览为业务基础，以展览团为人员基础于1952年组建了中国国际贸易促进委员会（简称“贸促会”）。自此至20世纪70年代末，贸促会代表中国政府赴国外组织单独展及参加当地展。由于历史原因，在50～70年代的约30年里，贸促会的展览部（当时称“出国展览部”）是中国惟一的出国经贸展览常设专门机构，组织了中国出国展览的绝大部分项目。这期间的出国展览基本是宣传中国经济建设成就的展览（简称“成就展”）。同一时期，贸促会的来华展览部在中国各地组织举办外国在中国的展览会，也以宣传展出国的经济建设成就为主；外贸部定点举办中国出口商品交易会（简称“广交会”）。这期间，中国依靠自己的力量和外援建筑了一批大型展览馆，比如北京农业展览馆，北京、上海、广州和武汉的中苏友好大厦（展览馆），中国出口商品交易会馆等，并培养了第一批展览专业人才。这一时期，中国的本土展览和出国展览就规模而言，还称不上是一个“行业”，但是为中国的展览业发展奠定了场馆、人才、项目等方面的基础，是中国展览业发展的前期，或称准备期。

（2）中国展览业发展的初期。在1978年，中国政府确定了经济建设和改革开放的国策。在20世纪80年代，中国经济建设和改革开放全面展开，并初见成效。贸促会顺应改革开放的潮流和需要，将“成就展”改为经贸展（俗称“摊位展”），引导中国公司开拓国际市场。同期，贸促会的来华展览部转型为中国国际展览公司，不仅举办外国来华展，而且开始举办综合的和专业的国际及中国贸易和技术博览会和展览会，以及样品、样本展览会；中国一些大型外贸公司和地方政府外贸部门也开始组织出国展览项目。中国本土的展览会也呈现欣欣向荣的局面，各类展览会纷纷登场，有国家政府部门、行业和大公司举办的国际、中国经济、贸易、技术展览会，有地方政府混合举办的国际招商会和乡土庙会，还有小门脸的商店举办的“博览会”。五彩缤纷，却也是鱼龙混杂。同一期间，各地建设了一批新展馆，比如，中国国际展览中心、中国国际贸易中心（展览馆）、上海国际展览馆等。此期间，由于中国没有管理展览的政府部门，没有约束展览的法律法规，也没有协调展览业的行业机构，展览秩序显得比较混乱。这一时期，中国本土和出国展览的特点是转型、起步和无序。中国出现了一批展览专业人员和兼职人员（虽然基本素质、质量和水平还不够高）；以场馆、展览会项目和展览服务为主的展览行业初步形成规模。

（3）中国展览业发展的起飞期。20世纪90年代初，邓小平南巡，引发中国新一轮经济建设高潮。中国整体经济和对外贸易的高速发展，带动了中国展览业的迅速发展。展览作为一个经济环节，其推动整体经济流通的作用日益明显，同时，展览作为一个经济行业，其拉动地方经济发展的作用也日益受到地方政府重视。一些地方政府也为此加大对展览业的投入。一批具有国际水准的的展览馆相继建成或扩建；一批规范的、效益好的展览会获国际博览联盟认可；一批展览管理人员积累了丰富的知识和经验，具备了国际水准；展览服务公司门类日益齐全，水平不断提高；同时，市场大浪淘去了展览业的一些泥沙。一些不规范、低效益的展览会及低水平的展览公司被淘汰出局。中国有关政府部门制定了出国展览管理体制和相应的管理办法，一些地方政府出台了展览相关法规，组建了展览行业协会。这一时期，中国的展览业发展迅猛，已形成规模；展览行业日益受到重视。但是，展览行业秩序仍显混乱，发展有过热现象，全国性质的行业协会仍未建立，展览行业的国家法律法规也未制定。同时，外国展览公司开始比较多地进入中国，分享中国本土展览市场及中国出国展览的蛋糕。

（4）中国展览业发展的成熟期。根据中国经济和展览业目前的发展势头，中国展览业有望在本世纪头10年里走向成熟。国际博览联盟现任主席安格斯先生称，中国展览业的规模将在2010年达到世界之最。预计在这10年里，全国性的展览有关的法律法规将得到制定，全国性的展览行业协会将会建立，全国将出现更多的具有国际先进水准的展览场馆、展览会项目、展览服务公司和展览管理人员。举办展览界最高级别的世界博览会——2010年上海世界博览会将是中国展览业成熟的标志。但是这一时期，中国展览业也将全面面临国外展览业的挑战。如果中国展览业发展出现重大失误，中国展览业有可能沦为外国展览业的“买办业”，推迟成熟。

是否可以将向外拓展理解为中国展览公司在国外设有独立运作的全资或合资公司，有属于或部分属于自己的展览场馆和展览会项目。如果这样理解，迄今为止的中国出国展览还不能算作真正的展览业向外拓展，但可以看作是为中国展览业向外拓展打基础。我理解中国展览业向外拓展与展览行业发展不同步，而是相差一个阶段。也就是展览业的成熟期，是展览业向外拓展的起飞期；在中国展览业成熟后，才会全面向外拓展、扩张，迎来中国展览业向外拓展的成熟期。

表1－1 中国出国展览的发展过程（1951～2002年，间隔约10年）

年代	出展目的国数	出展项目数	出展面积（平方米）	组织单位或数量
1951	2	6	2900	贸促会
1952	5	6	24300	贸促会
1963	3	4	8700	贸促会
1972	16	16	26000	贸促会
1982	17	17	11954	贸促会（缺全国统计）
1993	55	220	98936	贸促会＋60家
2002	50	591	150651	95家（不包括贸促会）

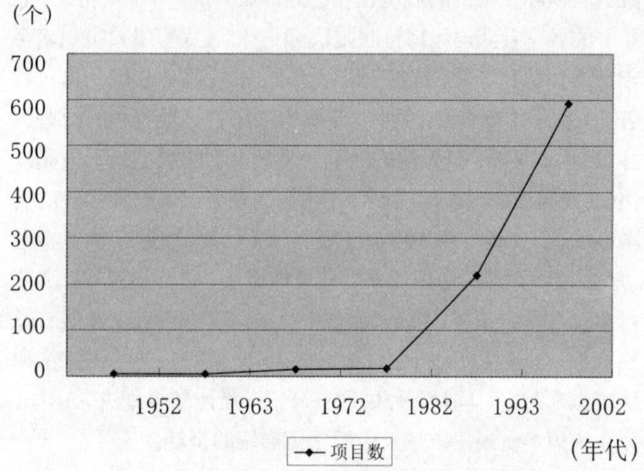

图1－3 1952～2002年中国出国展览项目数

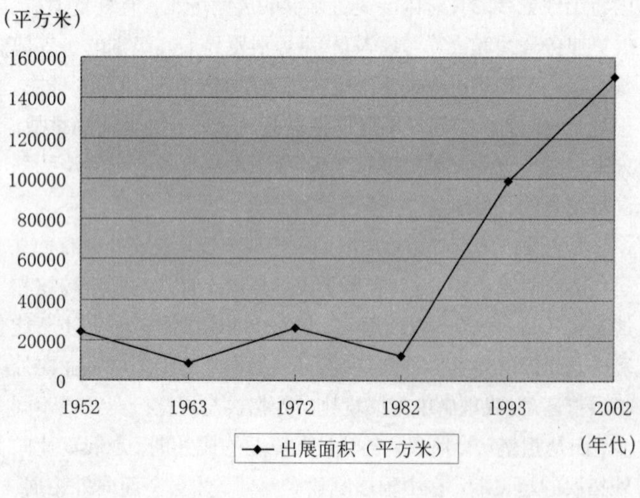

图1－4 1952～2002年中国出国展览面积

表1－2 2002年中国出国展览最大10个目的国及有关数据

序号	国家	项目数	国家	展位数
1	德国	132	德国	3796
2	美国	125	美国	2810
3	日本	42	阿联酋	1093
4	法国	30	越南	1039
5	意大利	27	日本	974
6	阿联酋	20	俄国	784
7	俄罗斯	19	法国	622.5
8	越南	18	泰国	589
9	巴西	17	意大利	472
10	英国	14	巴西	457.5
	总数	591	总数	16739

注：不包括中国贸促会的数据

表1－3 2002年中国出国展览最大的11家组织单位及有关数据

序号	组展单位	项目
1	中国对外贸易中心	35
2	中国机电产品进出口商会	30
3	中国国际展览中心	30
4	贸促会机械行业分会	24
5	中国工艺品进出口总公司	22
6	中国机械设备进出口总公司	22
7	通用技术集团国际广告展览公司	20
8	贸促会上海市分会	16
9	中国电子进出口总公司	14
10	贸促会山东省分会	14
11	贸促会浙江省分会	14

注：不包括中国贸促会的数据

二、形势与任务

当前及今后一段时间里，中国展览业的重要任务是完善展览业框架和体系，壮大展览业。有些工作需要展览业积极推动有关方面去完成，比如制定有关法规。

1．建立完善的展览业体系，包括法规体系、行业协会体系和行业体系。首先是制定展览行业相关的国家法律、法规，使展览行业生存、运作有法可依；其次是建立行业协调体系，即行业协会体系，这个体系涵盖展览行业的各个方面，包括综合性的国家和地方展览业协会，专业性的国家和地方展览协会，比如中国展览行业协会、北京展览场馆协会、上海展览组织者协会等。这些协会组成完整的、相互关联的协会体系。通过协会体系处理与政府的关系，协调与其他行业的关系（包括竞争），并引导展览业健康、有序的发展和运作；第三是建立门类齐全的行业体系，包括场馆、项目组织、设计、施工、运输、服务、信息咨询、教育培训、理论研究、评估审计等。

2．壮大展览业。抓住机遇，借助中国经济高速发展的推动力，发展、壮大中国展览行业。在此期间，要注意与外国展览业在中国市场上竞争，同时要与中国经济流通领域的其他行业竞争，扩大展览业在经济流通领域里的比重和份额。将展览业发展成为经济总量尽可能大的行业。在发展、壮大展览业的过程中，培养数个或一批国际级、世界级的展览旗舰公司（大鳄），同时培养一批国际化的展览专业人才。为中国展览业拓展国际市场创造条件。

有完善的行业体系，强大的行业实力和精干的专业队伍，中国展览业便能开拓国际展览市场。

三、外部因素与内部因素

影响中国展览业向外拓展的外部因素主要有国外经济环境和市场需求以及国外展览业发展状况，分析外部因素，主要是为了寻找机会，迎接挑战；内部因素主要有国内经济实力和供给潜力以及国内展览业发展能力，分析内部因素，主要是了解自身的优势和弱势，以便扬长避短，寻求发展。

1．国外经济环境和市场需求。这是中国展览业向外拓展的经济和贸易的需求。展览业依赖于市场。这一因素包含的内容有市场规模（本土市场和辐射市场）、市场准入等。如果市场规模大、辐射广、市场易入，展览业的机会通常就多一些。比如美国和德国两个市场具备以上各种条件：市场规模大，易入，德国可以辐射周边很多国家，美国则可以辐射加拿大和墨西哥以及中美和南美。因此，成为我国出国展览的最大的目的国。2002年，中国赴德、美的出国展览项目分别为132个和125个，约占我国这一年出国展览项目总数的23%和22%，展出规模分别为3796和2810个展位，约占全国总数的23%和17%。日本虽然经济和市场总量位居世界第二，并是我国最大的出口市场，但是，其展览在经济流通中的份额不大，其市场难入，没有辐射功能，因此，我国2002年赴日本展览规模仅974个展位，约占总数的6%，仅排我国出国展览目的国的第5位。市场辐射广的典型是阿联酋，本身市场并不大，但是在2002年，我国赴阿出展项目为20个，排位第6，展位数1093个，排位第三。反之，如果市场小，对展览业就需求小，机会就少些。

2．国外展览业发展状况。这是中国展览业向外拓展的展览市场的需求。展览业服务于市场。通常，展览业与当地经济发展基本同步。成熟的市场大多有成熟的展览业，有充足的展馆、展览会项目和服务。在经济发达的市场，对展览业有比较大的需求和机会，而且可能没有或很少有准入限制。但是，展览业往往已成熟，竞争激烈。反之，欠发达市场对展览需求小，尽管进入容易。在起步阶段和发展阶段的国家，展览业发展可能落后于经济发展，这显然是一种机会。

需要注意的是，外国展览市场并不是等待中国展览公司，相反，外国展览业在积极地进入中国展览市场。尤其是在中国加入世界贸易组织之后，外国展览业加快进入中国展览市场的步伐。中国实际并没有很多手段阻止外国进入。外国展览业进入中国，占领中国展览市场，同时挤压中国展览向外拓展空间。这种情况实际已出现。某国家数个展览业巨头联手在中国建展馆，操纵展览会项目，以及一系列其他动作，都表明外国展览公司在冲击中国展览业。这可能是中国展览业目前面临的最大的挑战之一。

3．国内经济实力和供给潜力。这是中国展览业向外拓展的宏观条件和基础。中国自改革开放20多年来，经济持续高速增长，目前国民生产总值已居世界第六，而且经济仍然在高速增长。同时，中国国际贸易规模也在不断扩大。中国的一些行业，比如纺织、轻工、家电、摩托车等已成为世界第一。这些都是中国展览业发展、壮大以及向外拓展的有利条件。

4．国内展览业发展能力。这是中国展览业向外拓展的微观条件。中国展览业在过去20多年里，从无到有，从小到大，发展迅速，目前已具有一定的规模和实力。中国展览业发展的劣势是既无政府管理、指导，也无行业协会协调、引导，展览秩序显得混乱，如果不尽快采取措施，可能会影响中国展览业的健康、快速发展。就向外拓展而言，中国展览业的劣势有国际化程度不高，管理水平低，服务意识差等。中国展览业发展的优势除了发展潜力巨大，吸收国际展览先进技术迅速外，有一点可能是中国特有的优势，即中国大部分办展单位虽然个体实力不够强大，但有可能联合起来，形成强大的实力，集中力量办大事。这种优势有利于向外拓展。

另外，展览公司也是重要因素。公司本身必须具备综合或某一方面的实力。中国目前最具综合实力的是在北京的中国国际展览中心和在广州的中国对外贸易中心。这两家展览集团公司，不仅拥有中国南北最大的展览场馆，有中国最好的展览会，而且也有海外办展能力。目前这两家是除了中国贸促会（展览部）外，中国最大的出国展览组织单位，尤其是中国对外贸易中心，其展览项目——广交会，历史悠久、规模宏大，并且，还拥有中国几十万家外贸公司的固定客户资源。此外，中国还有一批具备某一领域实力的展览公司，比如举办出国展览的中国机电产品进出口商会、中国机械设备进出口总公司等。这些公司已具备向外拓展的基本实力。

四、方向与方式

中国展览业的整体实力还不够强，技术、管理、服务等水平还不高，还难以与发达和新兴国家展开全面竞争，但是可以在我国具有优势的某一领域竞争；并且可以考虑在有一定市场规模和发展潜力的发展中国家拓展展览市场。

1．方向：必须向外拓展。这是因为两方面的原因。一是外部环境。在世界范围内，经济一体化，公司国际化已成为趋势，在这种大环境中，一个公司或行业不太可能安居一方，独善其身。中国经济正在走向世界，中国的展览业也需国际化，向外开拓；二是内部要求。公司或行业，不是在竞争中被淘汰就是发展。国内一些公司比如海尔，和一些行业比如纺织业，在国内市场已发展壮大，发展到一定阶段就需要走向国外市场。

2．方式：逐步向外拓展。中国展览业在实力不强的情况下，很难全面开拓、扩张。但是可以根据实际条件，分别、逐步向外拓展。向外拓展的方式、方法很多。在力量方面，有独力和合作（在资金运用上则是独资和合资）两种方式。向海外市场拓展可以独立去做，也可以与其他公司及当地公司合作。在中国公司实力还不够强大时，尤其要考虑借助他人的力量，借力发功。在环节方面，可以有新建、参与、兼并等方式。可以新建立一个展览会、建立一个展览公司、建设一个场馆等，也可以参于现有展览会、公司和场馆的运营，也可以购买、兼并现有项目。

针对不同的国家，可以采取不同的拓展方式。在发达和新兴国家，比如德国、美国、韩国等，可以按展览会（项目）、服务和场馆顺序拓展。从展览会项目着手，因为中国参展规模在当地一些展览会上比重很大，中国展览公司在这方面具有优势。比如在澳大利亚的国际纺织展览会上，中国及中国台湾和香港地区的参展公司几乎占了2/3的比例。为何不自己做？组展最重要的因素是拥有参展客户，中国组展单位具有优势。第二重要因素是吸引参观者，尤其是高质量的参观者。这是现有项目组织者掌握的优势。但中国组展者只要下功夫是可以掌握这一因素的。其他因素包括租场、建馆等，就比较容易了。中国纺织进出口商会已在美国、澳大利亚等国组织中国纺织、服装展。这可能是一个方向，是中国展览业开拓国际展览市场的真正的第一步。这一做法可以在中国具有产品优势的其他行业应用，比如家电、摩托车和自行车、轻工等（本人不鼓励出国举办综合展）。一旦在外国市场推出展览会项目，就可以带动中国展览服务公司进入该市场，特别要考虑的是展览施工。至于发达和新兴国家的展览场馆，不一定是新建，而更多的是参股、合作或合并、兼并。

发展中国家中，有一定市场规模，经济有发展潜力，但展览业还不成熟的国家，比如越南、柬埔寨、尼日利亚等，可以考虑全面上场馆、项目和服务，占据这些国家的展览市场。

中国展览业已进入起飞阶段，正走向成熟。向外拓展将是中国展览业的必由之路。中国展览业当前的任务是完善展览业体系，壮大展览业。经过几十年的发展，尤其是近20年来的高速发展，中国展览业已具备向外拓展的基本能力。以持续高速发展的中国经济和对外贸易为依托，中国展览业可以走向世界，寻找机会，迎接挑战，逐步开拓国际展览市场。

“非典”冲击会展业黄金档期

突如其来的“非典”，给中国的会展业带来了巨大的冲击，无论是春季广交会，还是上海的专业车展都无一幸免。由此而受损的除了参展商和会展商，还有酒店业等与会展密切相关的行业。业界人士大多期望，“非典”给会展及相关行业带来的影响，会在2003年8月份逐渐消除，行业出现适度的复苏。而实情如何，人们都在密切的关注着。

外销梦想折翼
“非典”正面撞击广交会会展价值

陈先生在2003年春季广交会上空洞守望，大概会成为他2003年生意上一段遗憾。在2002年秋交会上，陈先生邂逅的美国采购商，一举定下了56万套汽车地毯，这对于主做内贸的汽车用品中小生产企业来说，不啻是巨大商机。初尝外销甜头的陈先生，原本约定2003年春交会与对方就新样品看样成交的，但是因为“非典”横祸，美国客商没有如约到会。陈先生的美梦落空了。

尽管已经预计“非典”会给2003年春交会带来影响，但是骆先生仍花了连宣传成本在内的10万元人民币，拿下了一个交易会标准摊位。2002年下半年起步做海外市场，骆先生的汽车电子设备的出口额至今已占自己年销量的30%。在巩固已有的东南亚、中东市场的同时，骆先生希望通过交易会接触欧美客商。但是交易会前期，纽约至香港的航班停航，重挫了欧美客商至会的数量。和以往以数十万计的到会客商的人数相比，2003年春交客商人数下跌8成。截至大会闭幕前的统计，仅有2万多人到会。这种落差对预期的重挫，沉重地打击着骆先生最初的信心，只好在无奈中将希望搁置到下半年的秋交会上。

坐失八成商机
强势专业会展难抗“非典”干扰

是祸躲不过。汽车用品商们并没有在与交易会几乎同样举行的专业车展上躲过“非典”投下的阴影。2003年4月25日深夜，从上海飞抵广州的刘小姐疲惫地返回家中，倦怠的面容中透出些许难掩的无奈。这无奈，显然与提前3天仓促结束的第10届上海国际汽车工业展览有关。

在2002年北京车展上，刘小姐负责打理的汽车用品公司获得了20多个有效新客户，而2003年上海车展，公司只获得了5个有效新客户。与付出的将近6万元的参展成本以及以往参展的成果相比，这个收获可谓相形见绌。

刘小姐的公司在汽车用品行业中实力居中，是新起步的公司，主推内贸。参加这个车展的希冀就是借会扬名，顺带赢得有效客户甚至能够当场成交。这是绝大多数企业参展的目的。但事与愿违。原定4月21～27日的会期，于23日午后宣布24日中断。

车展中断，这对于在22日刚刚签到20万元生意合同的何老板来说，无异当头棒喝。生产汽车遮阳挡的何老板，每年50%的产品销售海外。在2002年广州秋季交易会上仅一天时间，就赢得了40万元人民币的海外订单。考虑到“非典”会影响海外买家到会进而影响海外市场，何老板放弃2003年春季交易会参展。凭着他在往届车展能够结识上百个新客户的体验，希望通过这届车展增大内贸的接触面。但会展的提前结束，使希望落空，何老板非常懊丧。

“非典”使车展会期缩短一半，会前预计到访客商数量为45万，实际到达仅8万，由此参展商的商机相应减少。据初步测算，只有以往的20%～30%。刘小姐和何老板在采访中都分别坦言，事实上的损失无法用数字衡量，坐失全年销售旺季、丢失潜在商业机会、影响企业形象传播等无形的间接影响远远大于直接影响。

刘小姐在车展上的另一个身份是汽车用品商的招展人。她说，这部分的招展工作从2002年10月就开始紧锣密鼓地进行着。和以往一样，这个著名展览的展位和参展商之间总是呈现“僧多粥少”的局面，因而招展工作开展得大刀阔斧。1千平方米的展位到2002年12月就已经爆满。即使在春节过后内地传出非典疫情之后，也只有一家台湾厂商表示撤展。参展商群情踊跃，可见一斑。任何人都没有料到，满载的商业希望，会在盛会中惨遭“非典”打击。

全国大面积会展因“非典”延期

沪、穗两地著名的大型会展遭遇“非典”重创。更多会展闻风而闭。被海外誉为排在瑞士和中国香港之后的全世界第三大专业钟表展——中国深圳钟表展，是国内目前最大的同类钟表展。该展原定2003年4月25～28日举行，现在延期至6月。深圳市钟表行业协会副会长、秘书长朱舜华说，最后的开展时间，还要视疫情情况而定。

朱舜华毫不讳言，触动本届钟表展的延期，是2003年4月初中国钟表厂商在瑞士“巴塞尔钟表展览”上遭遇拒展。因为“非典”的负面消息，致使原本十七八万客商到会的展览只来了20%～30%的客商。除了“非典”，朱舜华分析认为，中国钟表厂商因为遭遇拒展的缺席，也大大削弱了该会展吸引力。为了保证深圳钟表展不再受影响，让会展有名有实地为钟表企业带来生意，会展决定延期。

在北京，将吸引全球500多位企业领导人、政治家和学术专家参与的世界经济论坛“2003年中国企业高级峰会”，由原来的4月中旬推迟至2003年9月底至10月初举行。原定于2003年5月23～27日举办的“科博会”延期举办。

在上海，五六月份的黄金展期，大概每天1～2个会展，因为“非典”，全部延期。上海会展行业协会负责人透露，每年大概有200～300个国际性会展，平均每月20～30个展览，在广州，“五一”黄金周所有车展延期。5月上旬的第19届美博会将延期至2003年9月下旬，与第20届美博会同期举行。

在深圳，“五一”黄金周4个车展，3个被取消。

组展商效益受损
“非典”引发会展业危机思考

“非典”疫情风声最紧时段，正值会展黄金期。“非典”在影响会展价值的同时，也大面积杀伤会展经济效应。组展商效益受损首当其冲。

温州市原定5月举办5个大型贸易型展会，这些展会已筹备一年多，前期推广各项费用接近400万元。现在会展全部延期举办。400万元的前期费用意味着投入无底深潭。

广州奥林匹克中心在2000年“九运会”结束的三年后要自筹资金以会养馆。2003年“五一”黄金周选址该场的“首届轿车、商务车试乘试驾展示会”，保守估计有10万观众到会，票价定为20元。有关负责人说，只要到会人数达到预计的一半，展场就可以回本。孰料遭遇延期，这笔收入无从着落。

中国会展业曾遇到几次危机，如“9·11”事件等。但“非典”对中国，包括香港地区影响都很大。陈先生说，“非典”导致国际上对到中国参展的信心受到冲击；“非典”持续下去，会展业的整体结构都会进行新的整合；“非典”的出现，使所有的组展商和参展商都在思考怎样降低经营的风险问题。

值得注意的是，“非典”危机已促使组展商和参展商充分利用网络作为展览、交易平台。会展是企业和组织展示自己、接触市场和客户的重要途径之一，但不应是惟一的或者是依赖性的。在会展受到影响的时候，可以加强其他渠道的作用。诸如：完善网站建设、参加网上展览、维系传统客户、加强对协会和商会等中介组织的利用与合作，还可以通过贸促会、外交机构以及海外华人团体等开展贸易。

骨牌效应
“非典”连累会展相关行业

每年两届的广交会除了自身成交总额超过200亿美元之外，还给广州带来20多亿元人民币的相关收入。但对于2003年“非典”下的春交会，这个说法比神话还遥远。受广交会惠泽最深的广州酒店业，在2003年春的伤痕恐怕会成为业界深深的烙印。

交易会址周边乃至交易会辐射到的酒店，多年来已经成为典型的会展型酒店，确切地说，是交易会的会展酒店。据业内人士透露，因为春秋两届交易会给广州地区带来人流“爆炸性”增长，酒店客房供不应求，客房价格暴涨，是平时价格的4倍左右，因此这些酒店一年的营业收入50%来自交易会。春节过后，因为受“非典”影响，广州以国际客源为主的高星级酒店入住率仅为10%～20%。中档酒店的开房率也仅有30%～40%。交易会开幕后也未扭转。

专事酒店咨询顾问的业内资深专家分析说，“非典”使广州的酒店遭遇“毁灭性”打击，其根源在于客源总量超出意料地大幅减少。这次重创使很多酒店几近无力回天。一些高星级酒店一天的运营成本高达60～80万元人民币。惟一的办法是“冬眠”，减低消耗，降低运营负荷，凭实力熬过这场危机。目前已有酒店在逐步裁员。交易会周边的高星级酒店“五一”过后就开始分批分期地给员工放无薪长假，据悉，初步计划假期放到8月。8月以后视市场行情再做定夺。

除此之外，每间酒店背后维系着庞大的酒店用品供应商、服务商。酒店运营的危机可能会导致酒店供应商供应链断裂的“骨牌效应”。可以说，会展型酒店如何应对会展危机，是这次“非典”危机留给业内的思考。

对于会展经济，国际上有1∶9的说法，即会展场馆收入如果是1的话，那么相关的社会收入就是它的9倍。如果以这样的比例参照“非典”下的会展社会收入，其波及的行业影响更为深广。

——《中国经营报》

《中国展览年鉴》第二届理事会名单

常务理事

洪源栋	中国国际贸易促进委员会大连市分会	会长
陈若薇	中国国际展览中心集团公司	副总裁
贾继柯	北京国际会议中心	总经理
邓　林	北京华航展览有限公司	总经理
庄　洪	中国对外贸易中心（集团）	经营部总经理
龙佑云	湖南国际会展中心	董事长

理　事

荻沃夫	上海新国际博览中心有限公司	总经理
王丽丽	上海新国际博览中心有限公司	副总经理
朱国初	东方国际集团广告展览有限公司	总经理
张国庆	山东省工业展览馆	馆长

第二章　业界论坛

第一部分　理论研究

中国展览产业的战略思考

中国国际展览中心集团公司副总裁　梁　文

任何产业在一个国家要健康地发展，都离不开产业发展战略的制定和研究。制定产业发展战略是国家宏观经济管理部门的职责，而研究产业的发展战略，都离不开这个行业从业人员的思考。

目前，中国展览业尽管人人都感到它很热，是带动国民经济持续健康发展的朝阳产业，但是，它却是一个没有发展战略的产业。即使是现在经常被人提及的展览业与相关行业1∶9或1∶10的关联带动度，也是一个被人估算出来的数字，并不是建立在对整个展览行业及关联行业产值的缜密统计数据之上。因此，不解决中国展览业的发展战略问题，就会让我们陷入按经验办事、走一步算一步的短视境地；而中国展览业目前较好的发展势头，也可能因为我们缺乏高瞻远瞩、通盘运筹的战略而被错过。

那么，怎么样才能形成中国展览业的发展战略呢？按照一般行业战略形成的规律，我们首先要发现问题，要研究这个行业目前的现状和它存在的不足；其次，要提出解决问题的办法。而从战略构成的本身看，它又可分为战略目标的制定和战略目标的实施这两大方面。

什么是中国展览业战略目标的核心内容

一种让人们普遍接受的说法是：中国展览业是国民经济的服务产业，它通过服务于国民经济的其他产业，促进了这些产业的发展；并通过组织展会等形式带动相关产业，如旅游业、酒店业的发展，从而对整个国民经济的发展起到推动和促进作用。

但是，如果进一步地研究这个说法，我们就会发现，展览业其实与区域经济的关系更加地密切。可以说，展览业更直接地是通过服务和推动区域经济的发展，进而才作用于整个国民经济。

展览业与区域经济存在着依托和推动的双层互动关系。所谓依托，是展览业的发展必须依托当地区域经济的发展；而推动，则是展览业制定的战略目标首先要能够推动当地经济的持续健康发展。

从现实的情况看，一个展览业发展良好的城市，它的展览业无不是依托于区域经济的比较优势。中国如此，国外也是这样。像在中国的长春市，汽车工业是这个城市的支柱产业，因此，它举办汽车工业的展览就比较成功。如果它不顾及自身区域经济的特点，不去发挥自己的比较优势，而是像大连那样也去办服装展，就很可能得不偿失。因为忽视了区域经济的比较优势，就会造成展览会竞争优势的缺乏。因此，分析和研究自身的比较优势，确定展览业在当地具体的发展规划就显得十分地重要。那种不顾自身现实，一味跟风、模仿的办展思路是一种毫不可取的做法。

而展览要推动区域经济的发展，这是一个认识上好统一、实施起来却容易被人忽视的问题。我们谁也不会说发展展览业可以以牺牲地方经济的发展为代价。但是，在实践中却有不少的展览会，或者以挣钱为第一目的，或者将张扬地方政府的政绩放在重要的位置来考虑，完全忽视了通过展览来推动区域经济发展的目标。其实，任何一个好的展览会，都应该能够突出和放大一个地区经济的比较优势，能够有利于该地区产业链的建设和它核心竞争力的形成。这种“有利于”不仅是我们评价一个展览会是否成功的标准，还应该成为我们在进行展览市场规划时的战略目标。

总之，展览业与区域经济之间这种依托和推动的双层关系，应该是中国展览业发展战略目标的核心内容。我们不能去掉这个具体的内容，去抽象地讨论展览业对国民经济的贡献；也不能在规划中国展览业的发展时，无视这个核心的存在。

四大推动中国展览业发展的战略手段

做大、做精、做细、做活，是推动中国展览业向前发展的四大战略手段。这四大战略手段既针对着不同的战略层面；同时，他们又相互关联、缺一不可。

规模经济的行业特征要求我们“做大”

展览行业是一个规模经济效应明显的产业，即当一个展览会达到一定规模时，它收益增加的比率要大于展览生产要素投入的比率，也就是我们常说的，那些成规模、成气候的展览才能出效益。而展览业在中国的进入门槛很低，只要10万元就能注册成立一个展览展示公司。这样小型的公司往往既没有组展的经验，又没有市场的网络，它们为了生存，就会采用拉政府的有关部门来联合办展的手段，甚至是倒卖展览会的批文。

我国目前有各级各类展览会2000多个，行业总产值50亿元人民币左右，约占我国GDP的0.05%；而德国的展览会总数在300个上下，形成的产值规模是德国GDP的1%。这组数据比较的必然结论是我国展览会规模较小，收益偏低；中国还缺乏大规模、高收益的品牌展览会。

既然展览业是一个规模收益特征明显的行业，那我们在推进这个产业发展时就必须尊重它的行业规律，要通过市场竞争的手段，将展览会和展览企业做大。一方面，在中国的展览业内部要通过企业兼并和展览题材收购等手段，实现强强联合和资源的有效配置，组建具有市场竞争实力和行业号召力的大型企业集团，推出具有良好规模效益的大型展览会。另一方面，要积极主动地与外国展览公司开展合作。目前，许多海外展览公司纷纷涉足中国展览市场，它们要在这个市场中站稳脚跟，也需要与中国本土公司的联合。因此，我们要掌握好这一时机，在与外国公司合作的过程中将中国自己的展览公司和展览会做大做强。

品牌效应的市场需求要求我们“做精”

展览业，是一个十分强调品牌效应的产业。因为从本质上讲，展览业提供的是中介服务，提供的是参展商与观众之间交流的平台。谁是展览会的灵魂？是观众。一个没有一定数量和一定质量观众的展览会不可能是一个高水平的展览会。同时，我们也常说要为参展商服务，而参展商关心的焦点是什么？同样还是观众。因此，让展览会拥有高质量和相当数量的观众，就是对参展商最好的服务。

那么，如何才能做到这一点呢？这就需要对展览会进行品牌的建设。只有让展览会具有了较好的品牌知名度和美誉度，进而培育起观众对某一品牌展会的忠诚度，这样的展览会才能在行业、参展商及观众中具有持久的吸引力。

如何进行展览业的品牌建设，这是一个需要多方努力的系统工程。但其中有两点尤其值得我们重视。一是作为组展商，要顺应展览会专业细分的潮流，倾力打造自己的品牌展会；二是作为场地供应商，即展览场馆的经营者，要牢固树立品牌意识，避免陷入为追求效益多办展，结果多办展反倒总体效益下降的怪圈。

国际展览会的专业化趋势开始于20世纪70年代。专业性展览会容易出品牌，也容易办成高质量的展览会，深受参展商、观众的欢迎。结合中国展览业自身的实践，专业细分的展览会在中国有着良好的市场前景和生命力。因为随着市场竞争的加剧，全球的产业都处在不断细分的过程中，作为为其他产业提供中介服务的展览业也必须适应这种的潮流。

重复办展，在许多地区已经成为阻碍展览业发展的痼疾。造成这种现象的一个重要原因，是组展者没有强烈的市场意识和知识产权观念，以为只要多办展就能多带来效益，殊不知如此办展必然会是“办一个烂一个”。展览场馆的工作不细，如展览的档期安排不当，也会给市场造成重复办展的环境和条件。现在，上海已经出台了硬性的规定，同类题材的展览会半年内不能重复。显然，展览行业的“做精”，不仅体现在具体的办展活动过程中，同样也体现在国家有关宏观政策指导，和全国性行业协会的组织协调工作之中。

展览的系统工程要求我们“做细”

从根本上讲，展览工作是一个既简单又复杂的系统工程。说它简单，是因为它看起来并不需要特别高深的知识和特别尖端的专业技能，面对的是日常大量的组织工作；说它复杂，是因为展览是一个系统工程。

一个大型展览会不仅时间跨度长，而且涉及到主题设计、组织实施、效果评估和会后服务等诸多的环节。任何一个环节的疏漏都可能影响整个系统的效能，甚至造成整个系统不能正常运转。因此，对于展览这样一个环环相扣的系统工程，其工作必须做细。

英国有一位教MBA管理课程的教授曾指着教室里的日光灯管问学生：灯有几种状态？学生的回答是：亮着和熄灭这两种。这位教授纠正说：在灯熄灭的表象背后，灯可能处于电源未启动、线路故障、开关损害等许多种状态。这种关于日光灯的讨论，实际上是要告诉学生，在管理者的眼中任何一个看似简单的现象背后都有一个相互关联的系统在起作用。

既然展览是一个系统工程，那么，从观念上我们就应该用信息论、系统论、控制论的观点和方法来看待展览工作，并将它们运用到具体的工作中。

在这“三论”中，最关键的是信息。我们怎样才能高效地管理和控制一个系统？靠对信息的控制。这就像要对一个“黑匣子”进行管理，其方法是对它输入某种信息，或切断某种信息的输入。只有这样，“黑匣子”才能处于我们的调控之中。

现在，中国展览业从宏观上看是需要人们往这个系统里不断地输入信息——输入展览市场的信息、输入各类产品市场的信息。只有有了大量信息的输入，整个产业系统才能高效、有序地运转起来。这也就要求我们即使是对产业进行宏观的管理，也必须“做细”。

在这方面，德国同行是典范。德国的展览协会和各大展览中心历来重视信息的采集、整理、分析和传输。每次展览会的组织实施过程即是一次完美的信息流程：按办展的不同阶段发布相关信息，如展览主题和展出范围、参展公司和观众情况、展览会上的重大活动和展出效果评估、下一届展览计划等，使参与展览的不同角色尽情知晓，从而避免了盲目参展和重复办展。可以说，德国展览系统得以高效有序地运转，在很大程度靠的是缜密、细致的信息组织工作。

在微观的操作过程中，一次成功的展览同样离不开“做细”的态度和精神。过去在出国展时，因为忘带了一把剪彩用的剪刀也曾引出过一系列的麻烦。谁也想不到在当地市场上居然买不到适用的剪刀，后来从使馆借来的理发用的剪刀也因为当地人的手大而不便使用。可见，在筹备大型展览时连一把剪刀都不能忽视，展览业就是这样一个需要细心、需要敬业的产业。

行业的健康发展要求我们“做活”

中国展览业要“做活”包含了国家政策，用人机制和工作方法这3个层面。

政策要活，即政府不能管得太多太死，不能什么展览都要审批。在国际展览市场，政府是不参与展会审批的，它完全靠市场机制来调控。在欧洲历史上，也曾出现过“展览会流行病”——展览会数量过多，展出水平和经济效应下降。由于市场竞争机制的作用，一些低质量的展览后来被逐渐地淘汰。当然，1925年成立的国际博览会联盟通过制定一系列的游戏规则，也推动了展览市场的健康发展。

面对中国展览业目前的现状，我们要非常强调政府政策的“与时俱进”。如果政府还通过审批来控制展览市场，那么一些低效的展览会就不可能彻底地退出市场。现在一些地方政府流行的做法是“政府搭台、企业唱戏”。结果事与愿违，往往是“企业搭台、政府唱戏”。这实际上是对市场机制的扭曲和对市场资源的浪费。

现在人们非常关心上海世博会，它同样也应该是政府主办、企业运作。为什么奥运会在1984年以后才开始赢利？因为这时候它开始了市场化、企业化的运作。这样的事例充分证明，即使是超大型的会展活动，它同样需要市场这只“看不见的手”。

中国展览业的“做活”，还包括展览企业中的用人要活。在展览产业中，人力资源是最为宝贵和最为稀缺的资源。

展览企业的利润首先源于人的创意，一个成功展览会的基础是一个好的创意。接着，它需要人组织和调配各种资源，对创意进行实施。在展览行业中，许多人需要既动脑、又动手；既是组织者、又是实施人。在这个行业中，一个优秀的人才常常能为企业带来较为丰厚的利润。

但是，这个行业中的人才又是最为稀缺的。即使在欧洲这样展览历史悠久的地区，也没有一所大学能够培养出全面的展览人才。展览界的人才往往需要继续教育。他需要的许多知识和技能需要在实际中获得，也需要在离开学校后不断地学习。因此，要推动中国展览业的发展，在全行业积极开展继续教育的工作就显得十分的必要。因为没有高素质的人才，展览业就不可能蓬勃健康地发展；而高素质的人才，又离不开继续教育。

我国加入WTO后，外国跨国公司开始进入我国的展览市场。外资企业的高工资和宽松的工作环境给我国展览业现行的用人体制带来极大的冲击。如何培养、使用、留住高素质人才，不仅仅是我国展览企业的人力资源管理问题，同时也已成为我国展览产业的安全问题。

工作方式灵活，是展览业要“做活”的另外一层涵义。

呆板的创意不可能成就成功的展览会。而创意要生动，一个人就必须保持对生活的激情、对市场的敏感。这其中，还包含了具体的工作方式的灵活。有人讲，成功的企业家需要“三力”：眼力、魄力和运作力。这样的“三力”同样也是对一个成功的展览人的要求。如果没有眼力，他就看不到市场的机遇；如果没有魄力，就不能抓住机遇，迅速做出决断；如果没有运作力，就不能通过有效的实施让展览获得成功。一个展览人要具备这“三力”并保持它，需要有灵活的工作方式，需要根据外界的变化不断地进行灵活的调整，同时还要让自己始终处于有新鲜创意和果敢行动的激情之中。

会展与旅游 互动发展研究

会展与旅游都具有较强的经济效益性、产业关联性和社会推动性、两者都被视为第三产业中的优势行业。同时，国内会展与旅游的发展经验表明，这两者之间存在着较强的相关性，是一种相互促进的互动发展关系。

一、会展与旅游的相关性分析

会展和旅游是综合性十分强的产业部门，两者都涉及到食、住、行、游、购、娱等方面。虽然侧重点有所不同，但是不可否认，会展和旅游所涉及的行业有较大的重复性，具有较强的关联性。

首先，会展与旅游是一种相辅相成的关系。

这主要表现在会展地点的选择和会展活动的组织等方面。从会展地点的选择来看，一般会议和展览的举办地都是旅游资源丰富、旅游接待服务设施完善的地区。如“我国第一展”广交会的主办地广州和2001年亚太经合组织（APEC）会议的举办地上海，以及举办过多次国际性会展的北京，无一不是国内的著名旅游城市。因为只有著名的旅游地才能更好地吸引参展商和观展者，也只有旅游业发达的地区才能为展会提供优质的接待和服务。

会展活动的组织更与旅游有着紧密关联。无论是展前的营销宣传，展中的接待和展后的旅游娱乐都必须在旅游部门的配合下才能顺利进行。与此同时，旅游业效益的实现，市场竞争力的提升也需要依靠会展活动的开展和城市知名度的扩展。

其次，会展与旅游是一种动态发展的关系。

这种动态发展的关系表现在旅游与会展发展的时间序列和发展的层次上。从会展与旅游的发展序列上来看，旅游相对于会展来说属于基础性产业部门，往往较会展业发展得要早，只有当旅游业发展到一定程度，会展的产生才具备前提条件。而会展业的产生和发展将促使旅游业在原有基础上获得进一步的发展。这种发展的序列首尾相接，形成一个环状向上的螺旋链，使会展和旅游不断地发展，在这样不断上升的发展过程中，旅游和会展的层次也在不断提升。无论是旅游和会展的硬件、软件设施，还是区域影响力都得到持续性的增强。

再次，会展与旅游是一种积聚效应的关系。

从某种意义上来看，会展和旅游都属于“注意力经济”的范畴，也就是说越多的人关注会展和旅游其发展态势就越好。会展和旅游之间恰好形成一个相互积聚注意力的效用机制，知名会展可以吸引众多的相关者来了解展会的举办地，而著名的旅游地也会为人们参展或观展的决策增添砝码。因此，会展与旅游之间的这种人气积聚的关系是十分明显的。

最后，会展与旅游是一种良性互动的关系。

该关系主要表现在会展与旅游发展的相互促进上。会展的发展要求有相应水准的旅游服务设施与之配套。比如，许多国际性会展场馆附近需要有一定数量的四星或五星级的酒店来为参展商提供食宿服务。这样的需求就促使旅游业硬件和软件设施的改善和更新。另外，会展还有利于带动城市功能的提升，增强城市的知名度，这些都为旅游和进一步发展提供了有利的外部环境。而旅游的发展将使得该地成为人流、物流、信息流的聚集地，良好的积聚优势同时也会促使会展业的快速发展。

从上述分析不难看出，会展与旅游之间的这种紧密关联的良性互动发展关系，该关系是由会展和旅游客观存在的行业特性所决定的，是会展与旅游互动发展的内在前提。

二、会展与旅游互动发展的功能

会展与旅游对于社会经济的发展都具有十分重要的意义，两者实现了互动发展后，其功能可以得到不断提升，并且可使社会资源得到进一步优化。

1. 整合功能

会展与旅游互动发展的整合功能主要是指对社会经济资源的整合。由于会展和旅游业的发展能够调动、利用大部分的社会经济资源，并且这些行业具有追求高质量、高效率、国际化的特征。因此，在两者的互动发展过程中，通过市场运作和优胜劣汰机制，可以将社会上的优势经济资源不断加以整合，从而提高社会经济的运行效率。

2. 连带功能

连带功能是旅游业和会展业两者兼具的特征，也是两者均被人们看好的主要原因。据统计数据表明，旅游业的产业关联系数是1：5，而会展业的关联系数甚至可以高达1：6。可以说，这两大行业对于社会经济发展的影响力是巨大的。当两者产业的规模和功能不断增强，必然能产生更为广泛的关联作用，全面带动社会资源运行。

3. 推广功能

会展业被誉为“城市的窗口”，是人们了解城市的一个最佳的途径，也是向外推广城市形象的一个主要手段。一般地，会展的主题名称总是与其主办地紧密联系的，如：昆明世博会、广交会，这些名牌展会走向世界的背后，正是城市形象在世界范围内不断扩展的过程。同样地，旅游是人们追求异质文化享受的过程，伴随旅游全程的必然是对旅游目的地的身心体验。

应该说，会展与旅游的互动发展将会吸引更多的旅游者到展会举办地观展、游览。这种有益的互动能使城市形象获得极大的推广，为城市经济的发展和功能的提升提供巨大的空间。

4. 展示功能

会展和旅游互动发展的另一优化功能就是展示功能。会展和旅游均能为当地的社会、经济、文化提供充分展示自我的舞台。一般而言，会展的专业性较强，往往是从某一专业角度来展示当地的风采，而旅游则是从一般意义上来展示当地的独特景观和风土人情。所以，两者的互动发展实际上是为当地提供了一个全方位展示自我的平台。

5. 枢纽功能

会展与旅游的互动发展将使两者的吸引力得到持续提升，随着参与旅游和会展的人越来越多，会展作为信息交流场所的功能也日益实现。会展活动将成为人员、信息流动的枢纽。

通过上述分析可知，会展与旅游之间有着千丝万缕的内在联系，这为两者的互动发展提供了依据。此外，从会展与旅游的功能优化上来看，两者更应该实行互动式的发展战略。只有实行了两者的密切互动，其优势才能互相补充并发扬光大。为了真正实现两者的互动发展，我们必须首先了解互动发展的支撑要素。

三、会展与旅游互动发展的支撑要素

会展与旅游要实现互动式的发展必须努力培养以下四个方面的支撑要素。

1. 主题的选择

主题的选择对于会展和旅游而言都是极为重要的要素之

一。主题直接决定了展会的内容，也决定了展会参与者的身份，它同样也是展会是否具备吸引力的决定因素。只有主题选择恰当，会展与旅游互动发展才具备前提条件。因此，会展举办者和旅游企业及旅游主管部门应根据自身情况制定独具特色的主题，通过旅游的强大的吸引力来为会展提供更多的专业观展者和潜在客户，同样会展也可通过举办强势品牌的展会来为举办地创造更多的旅游者。可见，只要会展和旅游的主题选择恰当，会展和旅游就能凭借各自的优势实现互动发展。

2. 活动的组织

会展和旅游从其本质来看都是人们参与的一系列社会活动的综合体。因而，会展与旅游的互动发展实际上就是两种活动之间相互交错、相互促进的过程。所以，旅游和会展活动的组织便成了两者实行互动发展的关键。怎样的活动组织才能真正推进旅游和会展的互动呢？总体而言，活动的组织要遵循以下原则：

首先，时间上的互补性。会展与旅游活动组织在时间上体现出互补性，有助于实现两者的共同利益。比如，会展活动避开当地旅游的高峰期举行，一方面有利于展会组织者降低成本，也有利于旅游业获得持续稳定的收入。此外，参加展会的商务旅游者还可以享受更为宽松的旅游环境。

其次，形式上的特色性。会展活动的全程组织都应该在形式上突出强调当地的特色。只有这样才能激起参加展会人员的旅游兴趣。例如2001年在上海举行的亚太经合组织会议中，与会代表全部身着唐装，会后洋溢着古典气息的唐装和中国悠久的历史文化开始风靡全球。

最后，内容上的针对性。活动在组织时要注意到参加活动主体的特性，尽量使活动围绕着这些主体进行。只有本着这样的一个原则，会展和旅游才能实现最佳的配合。此如，旅游应该根据参展商和观展者的特殊专业背景或需求，设计出不同类型的旅游产品，并配合展会共同进行宣传，以增强展会的吸引力。这些会展参与者在会展举办地旅游之后获得的不寻常经历，将促使他们再次参加这样的展会和到该地旅游，这样的一种方式应该是大家所希望见到的互动发展形式。

3. 服务的优化

对于同作为第三产业中精英的会展和旅游业来讲，服务自然是位于第一位的，优质的服务既是会展和旅游发展的保证也是两者实现互动的重要支撑要素。而优质的服务应该符合如下要求：首先，效率较高。会展服务的提供必须非常注重效率，这是因为会展的参与者和旅游者他们的时间都十分宝贵，若无法提供高效的服务，他们的利益必将受到损失。其次，满意度高。服务的优质与否一方面主要看服务是否按照规程操作到位。另一方面主要看服务是否优质。因此，要借助各种手段来提高被服务方的满意程度。最后，专业化高。会展和旅游均为专业性比较强的行业，因而这两个行业的服务也相应具有专业性。从会展服务来说，它可以分为两个类型。一个是接待服务，另一个就是展会服务。由于专业的限制，会展企业在提供展会服务方面肯定会有巨大的优势，然而在接待服务方面却无法提供细致入微的服务；此时，旅游业的专业优势就显现出来了。因此，优质服务的专业程度一定要高，只要会展和旅游发挥其独特的专业优势，必然会形成良性的互动发展格局。

4. 设施的完善

固然，优质的服务是会展和旅游业存在和互动发展的保证，但是如果没有硬件设施作为支撑，优质服务是不可能实现的。现代社会的任何服务都要建立在一定设施的基础上。对会展和旅游来说，两者对设施的要求则更为苛刻。如会展业对会展场馆面积、设备功能的要求十分高，一般都要求采用世界上较为领先的技术，旅游业也是同样的情况。为了让游客获得最大程度的享受，企业必须不断更新设备以获得较强的竞争力。可见，设施的完善是从最基础的层次为会展与旅游的互动发展提供支撑。

四、会展与旅游的互动发展模式

从目前中外会展与旅游的互动发展过程来看，两者的互动存在一定的规律可循，已经在其联动关系上，空间的扩张发展上以及两者互动的具体运作上形成了一定的模式，认识到这些互动模式对于今后我国会展与旅游业的发展具有十分重要的意义。毕竟，会展业在我国还是一个新兴行业。该行业的特征、运行规律还有待在发展中掌握，而其与旅游的互动发展则是一个全新的问题。它国的发展经验无疑对我国旅游与会展的发展有较强的借鉴意义。

会展与旅游之间千丝万缕的联系就决定了两者之间的联动是十分复杂的系统。它涉及到的主体有：会展专业机构、旅游企业、会展与旅游的行业主管部门、参展人员、旅游者等。该联动模式可以用一句话概括为在各专业管理机构的管理下，通过整体的促销和相互提供配套设施与服务，最终实现共同的利益。

该模式的运行过程如下：

首先，会展专业机构在上级主管部门的规划下，对本年度的展会活动予以总体安排，同时将工作安排传递给旅游业的主管部门。旅游主管部门则根据展会的时间与活动的内容组织相关的旅游企业为其提供完善的配套服务。

其次，在会展的营销阶段，为了实现规模化，旅游业也投入了大量资金针对特定的会展旅游市场进行目标客源市场营销，努力为展会和旅游业赢得尽可能多的观众。

最后，在会展期间，旅游企业为参展人员提供食、住、行、游、购、娱等一系列的专业服务，在丰富了参展人员工作之余的生活外，旅游企业还获得了可观的收入和一批稳固的客源。旅游业的整体形象得到提升，获得了全面、持续发展，这样良好的发展势头又反过来利于会展企业招徕参展商和观展者。可以形成会展与旅游发展的双赢局面。

该模式可用图2–1来表示。

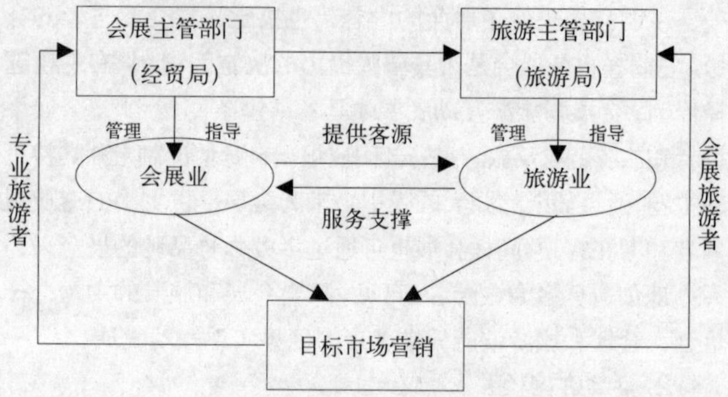

图2－1　会展旅游联动发展模式

——《中国对外贸易》

中国会展业发展评述

中国贸促会机械行业分会副会长　陈泽炎

2003年到了。回顾刚刚过去的2002年，我们似乎感到中国会展业正在呈现出一种“乱花渐欲迷人眼，浅草才能没马蹄”的“蓬勃”而“纷乱”的局面。除了各种会展活动继续层出不穷以外，各种报纸、杂志、书籍，各种文章、报道、演讲，各种论坛、峰会、培训更是此起彼伏。然而依我之见，现在极为需要的却是尽快将这些真知灼见的观点和诸子百家的学说加以归纳整理，有计划、有系统、有针对性地展开进一步深入的讨论和分析，以期最终能够形成对中国会展业有一定影响力的舆论，并进一步促进形成有利与中国会展业健康发展的环境。这才应当是我们的共同目标和使命。

自2002年1月广州第三届“展中展”和“高峰论坛”以来，我收集了一年来的《中国会展》、《中国展会》、《中国贸易报“会展”周刊版》、马勇教授主编的《会展发展新理念》、应丽君教授主编的《21世纪中国会展经济和会展产业争鸣集》等报刊书籍，阅读了其中涉及会展业发展的主要文章；参加了北京的“中国会展论坛”和北京国际会议展览业协会与新加坡会议及展览业行业协会的座谈；与一些会展业的知名人士进行过交谈与讨论，初步形成了以下一些印象。

一是，目前对会展业发展关心注视，发表文章，参与讨论的主要有四种人，或者称之为四种流派。第一种人是“官员”或称之为“高层派”，他们以国家计委、经贸委、中国贸促会等有关负责人和会展城市领导为代表。第二种人是“学者”或称之为“学院派”，以一些教授和研究机构负责人为代表。第三种人是“手中有具体展览会项目的一些人士”，包括“大型展览公司、展览中心的经理”、“重点行业和地方贸促分会的主管负责人”等，他们可以称之为“务实派”；第四种人是“记者”，他们可谓是“媒体派”。我本人可算“第三种人”。

二是，上述四种人的文风和观点各有特色。官员之作凸显位高权重之势，似缺乏系统理论建树；学者之作固多理论色彩，然对现实的批判、分析略显不足（不过个别学者如上海同济大学工厂管理研究所所长丁式昭教授，在北京会展论坛上针对当前展馆建设中的种种问题和弊端所进行的批评却是非常尖锐和深刻的）；务实派的观点结合自身经营项目所谈体会深刻，涉及全局性问题却较少，另有一些涉及全局的论述，但还未引起足够的重视；记者的报道与短评文笔秀丽流畅，极力挖掘热点，而仍有时使人感到有些煽情造作。我的这些分析虽恐有妄言之嫌，但其真意实在是坦言陈述，以求论坛的活跃。

三是，可以说现在的各种观点和论述尚处于平行状态，远没有达到集中题目，明确异同，有针对性地展开讨论的程度。例如，关于建立全国性展览协会的时机问题，关于已有的协会组织的作用发挥问题，关于政府办展和对展览的管理问题，对展览会分等评级的标准问题，以及在外国大型展览公司进入中国市场后的合作与竞争的问题等等，都需要也可以展开非常有意义的讨论。

四是，如何尽快从实践中总结、提升出中国特色的会展理论，并在此理论指导下形成可操作的方案与建议，是当前各种论述中普遍存在的弱项。也就是需要解决好从“知”到“论”，再从“论”到“行”的问题。

以上是我对现状的评述。关于对中国会展业健康发展问题，我的主要观点和建言献策，则在论文《合理调整利益格局逐步走向规范有序》中有所论述（论文收于《21世纪中国会展经济和会展产业争鸣集》）。

我认为，当前我国会展业至少有8个属于热点难点的问题：

第一个热点难点：展会协调与协会作用

我们成立全国性的会展业协会或者全国展览协调组织的主要目的在于管理和协调，克服存在的混乱无序的状况。但是实际上目前既没有协调的基础又没有协调的手段，也就是说依据什么来协调（法规）和依靠什么来协调（办法）的问题还没有解决。至少现在还未见通过协会协调取得成功的范例。有的倒是大连、宁波等城市通过政府管理和协调会展业发展的成功经验。

本人希望，今后还是要首先力促国家权威部门在系统调研的基础上对会展经济和会展产业的发展作出正确决策，然后才有可能组建并授权一个有权威的中介组织。这个中介组织必须根据国家利益和统一意志提出有关的战略、策划、法规、办法等，并使其成为具有约束力的规矩。这样的协会才有可能真正发挥作用。

第二个热点难点：能否取消办展审批权

本人认为，这一争论的实质是会展市场化进程和进度如何掌握的问题。如果站在国家的高度，主管部门应当尽快制定出一个全面的方案，提出放开会展审批权的时间表，让各界人士都做到心中有数。而制定这样一个时间表又需要有一个完整的全国会展经济和会展产业的发展与管理的规划安排和总体设计。这就如同发展证券市场那样，由证监会及其所属的市场设计机构来完成此方案。

第三个热点难点：政府的展会介入行为

对政府的介入行为应该有一个明确的规定。例如，政府如何对会展活动进行参与，包括什么样的展览会可以由政府出面主办，什么样的展览会可以政府名义予以支持，什么样的展览会可以由哪一级的政府领导人出席开幕式、题词等等。否则都将出现混乱无序的局面。之所以需要规范政府对展会的介入行为，本人认为这主要还是在中国加入WTO以后，使会展经济活动更加符合国际惯例和服务贸易的共同规则。同时也可以使中国的会展业市场环境更加公正和透明。

第四个热点难点：关于几个国家级大展

目前每年国家级的大展在北京、上海、深圳、杨凌、沈阳、武汉这6个城市举办，第7个国家级大展城又即将在广州诞生。

这些国家级的展览会究竟由政府投了多少钱？有了这些钱加上商业运作，最终谁是最大的直接受益者？这样的展览会在国家整个会展经济中又起到什么作用，占有什么地位？由于有了这样的国家级的大型博览会，会不会对其他展览会形成不平等竞争呢？对于诸如此类的这些问题，应当给予恰当的分析和认识。

本人认为，有关国家主管机关和省市政府在特定的背景下一次性地举办具有"国家级"名义和大型博览会本无可非议。但是连续以国家和地方行政领导机构的名义组织实际上是具有明显市场行为性质的会展活动，就会使该博览会失去原有的本质特性和应有的经济意义。现在经过短短几年的时间就最终形成一年全国六大博览会的局面似乎是"过热"了。当然，此时如何最后平衡、协调，还是必须依赖中央政府的权威，由有关主管部门站在全国会展经济总体布局的高度加以解决。

对此，本人的一个具体建议是，是否可以通过必要的协调，将六个大展分成单、双年的各三个大展？因为至少北京和深圳、沈阳和武汉的博览会在内容上是比较接近的。

第五个热点难点：各地展馆建设与利用

现在全国新建、在建和已报批、待报批的会展中心、大型展馆究竟有多少，目前尚无最权威的统计和公布。但是仅就本人所知的一些情况就感到确实存在不少问题。现在撇开具体问题不谈，仅从总体方面分析，至少存在以下几个问题：一是，展览中心在做立项分析和可行性研究的时候，是按照商业设施考虑的还是作为文化公益设施考虑的，也就是其项目收益与投资回报究竟是如何安排的？一个城市所建设的展览中心是如何按照本城市在全国会展经济中的地位进行考虑的，也就是该城市的会展业究竟能够发展到什么程度，是否做过分析论证？我认为此事如再不提到议事日程，将可以预见会有一批带有城市标志性的展览中心经济效益不高地矗立在那里。2002年12月3日在北京举办的"首届中国会展论坛"上，上海同济大学工程管理研究所所长丁式昭教授对上述类似的问题进行了尖锐的批评。对此我不但深有同感，而且非常赞同。

第六个热点难点：中西部会展业的发展

记得在2002年1月广州的讨论会上，一些中心城市和一些西部地区的代表就全国会展中心的建设和会展业的发展是否出现了"泡沫"的问题各自发表了不同的看法。对于这样的不同意见之争，显然其后是不同利益的背景。那么谁能调节这种意见分歧或者由谁进行这种利益的平衡与调节呢？显然应当是国家，具体就是国家会展业的主管部门的责任。但是现在还没做到。

第七个热点难点：入世后的合作与竞争

从洋快餐进入中国市场引发与中国原有餐饮业的竞争，再看会展业的情况，我们的目标是否可以做到从"引狼入室"到"与狼共舞"再到"驯狼为犬"呢？而这里的关键就在于我们自身的驾御能力和控制水平。

关于如何在会展项目上积极有利地开展与国外大型展览公司的合作，本人从实践中体会到有以下三个重要的环节：一是，充分重视对合作品牌的自身利益的保护；二是，在合作中要体现出自身优势与作用；三是，立足于争取长期的合作和双赢的局面。

第八个热点难点：会展业的管理与政策

由于目前来华国际展览主要是经贸类的展览，所以对外贸易经济合作部以政府主管部门面目出现的情况居多。此外，科技展会特别是以科技会议带展览形式出现的展会活动也不少，因此科技部也管展览。而在全国，主要办展的单位又是中国贸促会系统，使得中国贸促会在组建全国性的展览协会等工作方面又要居于主导地位。现在，国家经贸委从管理各行业协会组织以及要求规范国内展览活动的要求入手，开始积极过问展览事宜。另外，国家工商管理总局系统还从加强对国内展销会的管理要求出发，对此项活动业也在加强管理。这样众多管理部门介入会展管理工作，肯定会有政出多门之嫌。因此，就更需要建立国家统一的会展业政策，明确全国统管会展业的组织机构和相关职能，而目前的管理体制显然已经不够适应形势发展。

在分析了以上热点难点问题以后，我对中国会展业健康发展的建议是：

第一，必须看到，当前国内会展业蓬勃发展的形势、日渐丰富的实践和不断出现的矛盾，已经具备了提出系统改革、有效管理方案的时机。

第二，中国会展业健康发展的关键在于国家宏观调控的政策，而制定政策的重要出发点是对当前客观存在的多元化利益主体予以确认和对他们的利益进行协调和平衡。

第三，对于国家制定政策（法规）最有影响力的应当是我们会展业内的广大同仁和热衷此道的精英志士。我们完全可以以一些搞得好的论坛活动和其他相关载体为依托，集中力量研究探讨，努力构建理论框架，以期形成对决策层有影响力的舆论态势，从而能够为中国会展经济和会展产业的健康发展贡献出我们的力量。

拓展品牌会展新思路

马　勇

当前国内会展业发展的观念误区

当前国内会展业发展呈现出强劲的增长势头，在会展业巨大的经济带动效益的驱使下，很多会展企业和业界人士产生了某些盲目的冲动，导致了一系列评价展会效益的认识误区和承办展会时的一些错误观念，因而制约了我国会展业的健康发展。这些观念误区主要表现在以下几方面。

1. 单纯追求合同金额

我国会展业已经习惯于以交易金额的大小来评价展会的效益与规模。实际上，展会的功能并不仅仅体现在所签合同金额的大小，大部分功能还在于树立和保持良好的品牌形象、更新和密切与现有客户的联系、结识新的客户、显示市场参与、推介新产品、巩固现有产品的市场份额和收集信息等方面。

2. 盲目攀比展馆面积

在这种错误观念的指导之下，全国各地掀起了一股修建大型会展场馆的狂潮。事实上，场馆面积只要能满足相关行业的需要就可以了，我们要求的是具有比较优势的规模，而不是盲目扩展的规模。德国纽伦堡的玩具展、慕尼黑的建材展、激光展和高科技展，展览面积实际上都并不大，虽然有的小到近几千平方米，却被公认为是行业展会的旗帜。

3. 一味强调客流量

这种错误的观念也与会展企业的短视行为有关。从参展角度来看，在我国会展业发展的初级阶段，参展商交纳的展位费是会展公司收入的一个主要来源，因此不少主办者为眼前利益、为填补场地空间而一味招收参展商。事实上，如果没有行业内的主要合作伙伴和大客户的参与，拉来再多参展商也办不出真正有效益的品牌展会。从观展者角度来看，办展企业追求的不应是观众的数量，而应是观众的质量，即真正具有实力的专业客商和买家等。只有这样的观展者，才能实现企业参展的目的。

4. 过分担心客源流失

过分担心其他办展者在空档期插入同类展览，抢走客户。在这种错误思想的困扰下，一些办展企业有时不得不违背规律，将办展的密度加大。实际上，展会的时间安排必须与相关市场需求相一致。展会只要随时保持与相关行业的紧密联系、观察和监测市场变化，就有了培养客户忠诚度的资本，不怕别人抢走资源。

因此，我国会展业要办出真正有效益的品牌展会，就必须走出会展业这种粗放型增长的观念误区，注重切实提高展会的质量，引导会展业走品牌化的发展道路。

品牌展会的标准

一个著名的品牌能救活一个企业，一个品牌化的展会，同样也是一个会展公司赖以生存和发展的根本。品牌展会，我认为是指那些具有一定规模，能代表一个行业的发展动态，能反映这个行业的发展趋势，能对该行业有指导意义并具有较强影响力的展会。从国外的成功展会来看，树立品牌展会的基本要素主要有以下几点。

1. 权威协会和行业代表的坚强支持

在国际上，政府一般不干预企业办展，展会的成功与否，多取决于整个行业和企业对其的认可。会展企业若能获得权威行业协会和该行业主要代表的支持和合作，无疑就增加了该展会的声誉和可信度，使之规模不断扩大，并带来巨大宣传效果和影响力。

2. 代表行业的发展方向

代表行业的发展方向是品牌化的重要标志，它体现了展会的专业性和前瞻性。能代表行业发展方向的展会就会有明确的目标市场和目标客户，就能提供几乎涵盖这个专业市场的所有信息，展会提供的信息越是全面、专业，聚集的观众就越多，参展企业也越踊跃。

3. 提供专业的展会服务

专业的展会服务要求会展企业的整个运作过程迅速高效，服务周到。从市场调研、主体立项、寻求合作、广告宣传、招展手段、观众组织、活动安排、现场气氛营造、展后服务，甚至包括会展企业所有对外文件、信函的格式化、标准化，都需具备较高的专业水准。

4. 配合强势的媒体宣传

新闻媒体的报道，是塑造品牌的一个重要环节。一个好的展会，可能在本行业有一定的知名度，但频繁的新闻报道和适当的“炒作”，更能形成良性互动，使展会更具吸引力。世界上几家著名的贸易展览公司，如Miller Freeman和Reed集团，同时都经营着世界上著名的商业出版社。这些得天独厚的条件为其展会的品牌化提供了竞争优势和条件。

5. 获得“UFI”的资格认可

国际博览会联盟（UFI）对申请入盟的展览项目和其主办单位，有着严格的要求及详细的审查程序。由于有了这套较为成熟的资质评估制度，UFI资格认可和UFI使用标记，就成为了名牌展览会的重要标志。目前全球得到“UFI”资格认可的展览会有近600个，而中国只有6个。

6. 坚持长期的品牌战略

培养一个品牌展会并不容易，必须要有长远眼光，要敢于投资、敢于承担风险、精心呵护、耐心培育。会展企业必须确立长远的品牌发展战略，从短期的价格竞争转向谋取附加值、谋取无形资产的长期竞争，用先进的品牌营销策略与品牌管理技术抢占会展市场的制高点。

如何创立品牌

1. 制定品牌战略

要培育我国会展业的品牌展会，首要的一点就是要经营者与管理者树立牢固的品牌观念，认识到走品牌化的发展道路，才是中国会展业持续健康发展的惟一途径，并从场馆的设计、主题的选择、展会的规划、展会的组织与管理等具体方面，实施会展业品牌化发展战略。

2. 提升品牌质量

主要从展会的硬件和软件两个方面入手。会展的硬件设施是影响品牌质量的一个重要因素，国际上著名的品牌展会中所使用的设备，往往是最先进的。因此，要实现展会品牌质的飞跃，则要求会展公司加大投入，不失时机地更新展会的硬件设备。在会展的软件服务方面，一方面要求会展企业加大专业人才的引进力度，另一方面会展企业应积极加大国际性的会展组织，通过这些途径实现展会服务与国际接轨。

3. 拓展品牌空间

会展品牌的拓展具有三维性，即时间、空间和价值。时间是指品牌会展的影响力，会随着时间的延续而不断膨胀和扩张。一般来说展会延续的时间越长，则参展商和观展者之间的交流就越充分，展会的效果就越显著。国外的展会延续时间大约有十来天，而我国的展会往往只有三五天的时间，这对于会展品牌的拓展是远远不够的。空间指品牌在地域上的扩张。德国汉诺威展览公司就通过在上海举办著名的汉诺威办公自动化展（CeBIT），成功地迈出了世界性扩张的第一步。价值则指品牌作为会展企业的无形资产，其经济价值的含量是可以增加的。品牌价值的提升，实际上也为会展业品牌在时间上和空间上的拓展创造了条件。

4. 打造网络品牌

如今，网络已日益成为人们生活的第二空间。我国会展业应该充分利用网络的信息资源优势，在现实世界之外打造出知名的中国会展网络品牌。而网络品牌的建设，主要应从企业网络形象塑造、网络展会的建设以及开展网络营销等方面进行。应借助网络优势，开发出形象、生动、交互性能良好、功能强大的展会网络平台。

其实，网络品牌的缔造，同样离不开对品牌的宣传和推广。在网络世界，品牌的推广可以通过三种渠道实现。其一，将网络资源登录到国内外知名的搜索引擎上，便于人们了解。其二，在会展专业的网站上建立相关的链接，对于会展这种专业性比较强的行业来说，该方式可能是较为有效的。其三，与网民展开互动型的公关活动，同样可以达到网络品牌推广的目的。

会展企业CRM流程设计与策略创新

湖北大学旅游发展研究院　周　娟

一、问题的提出

会展企业作为独立的经济实体，在竞争日趋激烈的市场环境中，企业与市场的关系，最重要、最根本地表现在企业与客户的关系相处得如何。近几年，我国会展市场呈高速成长态势，但会展业的组织管理水平却不尽人意。很多办展企业和组织者由于缺乏对客户关系管理CRM的认知，无法改善与客户的沟通技巧，忽视数字时代客户对互动性与个性化的需求，导致会展客户资源的逐步流失。随着中国加入世界贸易组织，经济全球化所带来的进一步挑战，越来越多的会展企业开始重视客户关系管理在业界的应用，CRM软件产品在会展行业管理中广泛推广，会展企业CRM系列软件成为越来越多的软件开发商意欲开发的市场。以北京亿发、西安远华为代表的一批会展企业CRM软件专业开发商，集中以客户服务与管理流程设计为重点，结合展馆现场动态管理特征，全面整合展商、参展商数据采集与管理体制，现场动态环境测评，会展服务环节管理等多种技术需求与运用环境，研发系列的提高会展效率、会展质量和会展满意度的会展商业一体化的整体解决方案。本文也想进行这方面的初探，拟结合会展企业特点，进行CRM流程设计，并提出会展企业CRM的创新策略。

二、会展企业CRM流程设计

CRM是一个通过积极适用和不断地从信息中学习，从而将客户信息转化为客户关系的循环过程。这一流程的实施从建立客户知识开始，直到形成高影响的客户互动。期间需要会展企业采用各种策略，建立并保持与客户的关系，进而形成客户忠诚。会展企业的CRM流程包括以下环节：收集客户信息，制定客户方案，实现客户互动和分析客户反应，继而进入新一轮循环。

1. 收集客户信息，发展市场机遇

会展企业客户关系管理流程的第一步就是分析会展市场客户信息以识别市场机遇和制定投资策略。它通过客户识别、客户细分和客户预测来完成。

(1) 会展客户识别

会展企业所面对的客户市场是一个广泛复杂的群体，不同的客户有着不同的参展需求。会展客户识别即在广泛的客户群体中，通过从各种客户互动途径包括因特网途径、客户跟踪系统、呼叫中心档案等收集详尽的数据，并把它们转化为管理层和计划人员可以使用的知识和信息，使其从中识别出有参展需求的客户。

(2) 会展客户细分

通过集中有参展需求的客户信息，会展企业可以对所有不同需求信息之间的复杂关系进行分析，按照需求差异进行客户市场的细分，根据展会的主题定位，从中选择某一单一客户需求群体进行专门的市场营销举措。

(3) 会展客户预测

通过分析目标客户的历史信息和客户特征，预测客户在本次会展活动中可能的服务期望和参展行为的细微变化，以此作为客户管理决策的依据。

2. 制定客户方案，实施定制服务

这一流程是在全面收集客户信息的基础上，预先确定专门的会展活动，制定服务计划。这就加强了会展企业营销人员以及会展服务团队在展前的有效准备和展中的针对性服务，提高了会展企业在客户互动中的投资机会。在这一流程中会展企业通常要使用营销宣传策略，向目标客户输送展会各项服务信息，以吸引客户的注意力。

3. 实现客户互动，追踪需求变化

这是会展企业借助及时的信息提供来执行和管理与客户（及潜在客户）的沟通的关键性活动阶段，它使用各种各样的互动渠道和前端办公应用系统，包括客户跟踪系统，销售应用系统，客户接触应用和互动应用系统。通过与客户的互动，会展企业可以随时跟踪有关参展商的需求变化以及参展后的有关评价，不断完善客户方案。

香港贸发局在客户互动方面的做法值得借鉴。香港贸发局建立了一流的厂商资料库，根据不同专业将厂商分类，平时不定期沟通，及时获取客户需要的新资讯。举办会展时，向相关厂商及时传送信息，并发出邀请，送获邀厂商条码磁卡，凭卡入场。既保持了与客户的联系，又提高了参展者的质量。同时在展会结束后，会展企业仍然使用客户档案与客户进行沟通，请专业人士对参展的观众情况进行分析，将由专业信息处理公司计算出的有关数据主动迅速地传达给各参展商，收集反馈意见与建议，以便进一步提高质量。

4. 分析客户反应，改善客户关系

这是会展企业通过与客户的对话不断学习的过程。会展企业通过捕捉和分析来自于客户互动中的数据，理解客户对企业各项营销措施所产生的具体反应，为下一个CRM循环提出新的建议，以此不断改善会展企业的客户关系。

三、会展企业CRM策略创新

1. 客户获得策略

会展企业要生存首先要有客户支持，因此CRM的第一步是获得客户，即建立客户关系。只有会展企业与客户双方都认为可以从对方的交换中获得合理的利益时，这种关系才可能达成。因此，建立客户关系的首要原则是“公平合理”。体现在客户的参展可以为会展企业此次的会展活动带来可观的经济与社会效益，并为展会带来适当水平、档次的产品，保证展会质量，提高会展企业美誉，同时通过参展客户可以利用会展企业提供的技术服务更好地包装产品，达到拓展市场的目的，这种互利是双方建立关系的前提。

(1) 加强展会宣传力度，形成对客户吸引力

会展企业某次会展的主题一经确定，就应该加强对外宣传，让更多客户了解进而产生参展愿望。大多数参展商表示对展会的规格、展会的知名度、同类参展商、主办者的权威性、展览企业的资质等要素十分在意。因此，针对目标客户的需求，会展企业界需要通过各种有效的传播手段向顾客报道会展项目与相关服务措施等相关信息，争取客户的支持与信任，把它们吸引到自己的展会上来。云南举办民族服装博览会时，虽然当地少数民族众多，服装服饰多样，但只有云南省的物品，终究不能代表全国。主办企业通过广泛造势，宣传民族服装业发展的大好前景对各地产生了吸引力，博物馆、厂商、收藏爱好者都纷纷前来，汇集各类服装服饰3000多套，15000多件，使展会取得了成功。

(2) 提高管理与服务水平，建立良好第一印象

这就要求会展企业通过高效、完备、便捷、优质的服务，按照国际惯例办事，按照国家标准为客户提供现代化、个性化、人性化的服务，急参展商之所急，想观众之所想。

香港会展业不仅具备一流的设备，服务也备受国际同行的称赞。比如，展会开始时，政府官员通常会到现场进行政策、法规解答，银行会到现场服务。这样，不仅使与会者能做成更多的生意，也使他们对香港有总体了解。同时，主办者还与酒店、旅游机构密切合作，有效地建立了企业与客户的良好关系。

新经济对会展经济的影响还表现在展会的服务工作组织方面是对“快捷”的要求。网络经济时代，参展商与参观商不仅要求会展企业提供的服务优质，还要快捷。大多数会展企业采取各种措施积极应对，如试行网络招展、网上机票与旅馆预定、及时回复客户的咨询以及网上下载客户需要的有关展览会的各种资料。

2. 客户保留策略

(1) 追踪与满足客户的服务需求

只有不断满足客户的需要，才能取得他们的长期信任。会展客户的需要会因人而异，绝不要自认为自己了解他们的境遇。最有效的了解参展客户需要的方法就是直截了当地发问，而座谈会、调查表和电话访问都是捕捉客户信息的常规方法。参展商的需求在不断变化，因此这些调查也是长期需要的。然而捕捉信息只是第一步，要建立长期相互信任的关系，关键还在于会展企业要倾听和付诸行动。参展客户都希望组展机构关心他们，真正为他们的成功而努力。

(2) 关注与提高客户的参展交易额

客户参展的直接目的是想通过展会，拓展销路和市场，达成产品交易，从中获利。如果参与购买的客户少或质量不高，参展商不能取得预期收益，与组展机构的关系就很难保持，企业的市场就会逐步萎缩。因此会展企业要想从根本上留住客户，需要关注客户在展会上的交易情况，有效组织产品购买客户，增加参展商的交易额，提高其参展效益。会展企业要增加目标观众，必须制定渠道策略，建立高效畅通的会展渠道。西方国家的展览公司都有固定的客户渠道，他们能将众多的制造商、贸易商和批发商集中在一起，形成展览大超市，天天搞展示促销，吸引众多的专业采购人员前来看样品，下订单。例如成立于1925年的国际展览联盟，就是一个世界展览行业的龙头老大，成员遍布世界67个国家的140多个城市。

3. 客户忠诚策略

客户忠诚既可以界定为一种行为，也可以界定为一种心态，一系列态度、信念、愿望等，是一个综合体。它的某些组成因素对企业而言确实非常琐碎，但对客户而言并不如此。会展企业得益于客户的忠诚行为，而这种行为源于他们的心态。忠诚也是一种相对而言的心态，它排除对其他一些会展组织者的忠诚，但并不是排斥所有其他组织者，比如一名客户可以对一个以上、但彼此相竞争的供应商保持忠诚。同时我们反对单纯提高客户忠诚度的说法，而提倡展览企业与参展客户彼此忠诚，两者之间建立平等对待，彼此尊重的忠诚关系。因此要保持客户忠诚最关键的一点就是组展机构应主动开展显示企业忠诚的工作。忠诚的客户希望得到比不忠诚的客户更好的关系，期望从企业这儿得到忠诚，无论它以何种形式提供。

(1) 实施促销激励

一谈到企业对忠诚客户的关系，有一种倾向就首先把注意力集中在促销激励措施上。如价格折扣，免费或低成本地促销产品和服务等。这种现象在会展活动中很常见。香港会展中心承接大量会展业务，建立了自己广泛的客户关系，为了培育顾客忠诚，该中心采取积分激励的措施，在客户档案中建立参展积分栏，按其一定时间内在中心参展的累计次数积分，积分达到不同数量时实施不同级别的奖励，即在缴纳展位租赁费用时享受不同的折扣，从而鼓励客户长期参展，形成客户忠诚。免费或低成本促销的优惠形式也比较多，让忠诚者从中获利，得以回报。

(2) 加强彼此联系

开展联谊工作，如通过会员俱乐部等组织形式，加强展览公司与忠诚客户的联系。展览公司可以通过一定的途径，向会员无偿提供一系列商业供求信息，为重点参展企业提供展览知识方面的服务以及优先保证他们参加展览企业组织的各种培训等。

参展商是展览会取得成功的关键

中国国际贸促会纺织行业分会秘书长　杨兆华

主办单位的收益主要来自企业支付的参展费用，因此，主办单位与参展商之间的价值传递是非常重要的。

主办单位要赢得参展商，首先要使参展商了解展览会的概念与特点。这意味着主办单位必须通过广告和销售渠道将展览会的信息传递给企业，从而形成主办单位与参展商间的信息链。该信息链的有效传递，是实现主办单位与参展商之间交易链的大前提。另一方面，主办单位要了解企业的需求。展览会的目的是为了满足参展商的需求。企业决定参展是认为参加展览会能为企业带来价值，能满足他们宣传企业产品，树立企业形象，促进贸易等需求。

其次是实现主办单位与参展商之间交易链的传递。一个成功的展览会不仅能为参展商带来效益，而且能够降低参展商的

贸易成本。具体表现为参展商能在展览会上结识新客户，从而扩大贸易量；或者通过参展树立了企业的形象，宣传了企业的产品，扩大了知名度等。当企业认为参加展览会，可以实现上述价值时，企业就会报名参展，成为参展商，从而实现主办单位与参展商之间交易链。

主办单位不仅要赢得参展商，更重要的是留住参展商，为下一次交易链的传递打下良好基础。据统计，企业利润的80%来自于20%的老客户，若降低5%的顾客损失率，就能使企业提高25%以上的利润。由此可以看出，留住顾客对企业是何等的重要。当企业通过参加展览会达到目的时，来年他还会参展，成为老客户。

因此，参展商的加入是展览会取得成功的关键，只有企业的参展，主办单位的价值才得以实现。主办单位才有了生存的基础。如何来保证主办单位与参展商之间的价值传递，就要依赖于一个出色的展览会价值交付系统。它不仅能够向参展商提供一种他们认为能够带来净价值的产品或服务，并相信这个净价值比竞争对手所提供的要更大。因此它们之间的价值交付系统起着关键作用。

一、选择价值

参展商决定参展，是因为展览会能够为他们提供价值。这里的先决条件，是要理解参展商的各种需要。通过对参展商需求的研究，找出主办单位与参展商价值的结合点，以保证他们之间价值的传递。主办单位在研究展览会的价值选择时，要注意以下两点：

第一是参展商的需求。主办单位要想招揽到企业的参展，展览会的目的一定要满足参展商的需求。不同的企业有不同的参展目的。一些具有较完善销售体系的大公司，他们参加展览会的目的主要是为了宣传企业形象，发布最新产品信息，以进一步确立他们在行业中的领先地位。

为了满足参展商的需求，主办单位在策划展览会的概念时，一定要突出展览会的贸易性。贸易展览会的特点是展览会现场不零售产品，观众必须以采购商和贸易公司为主。一个展览会如果能够满足参展商的上述一系列需求，主办单位的价值输出恰好与参展商的价值输入相吻合，这样才能保证他们之间价值链的有效传递。

第二是展览会的价值定位。展览会的价值定位，是指展览会要满足什么样的参展商群体的价值观念。在一个行业中满足展览会内容的企业很多，而且生产规模及产品水平参差不齐，他们对参加展览会的价值观念也不尽相同。如果，主办单位一味追求展览会的规模，对参展企业不加选择的接受，就会影响展览会的水平，同时也不利于招揽贸易观众的参加。

二、提供价值

提供价值的目的，是使主办单位的价值输出与参展商的价值输入有更多的接触点，它要求主办单位在设计展览会的具体概念时，时刻牢记参展商的需求。具体涉及到以下两个方面：

第一是展览会的整体概念。对主办单位而言，其产品就是展览会。因此具体设计时，首先要考虑展览会的名称。展览会的名称是展览会内容的体现，在市场不断细分的今天，综合类的展览会已越来越不符合市场的需要，取而代之的是专业性强的展览会。因此展览会的名称一定要符合专业化的要求，使参加的企业一目了然地了解展览会的内容及目的。其次是展览会的品牌。一个品牌展览会是主办单位赖以生存和发展的根本。品牌展览会是指具有一定规模，能够代表一个行业的发展动态，在行业中具有影响力的展览会。最后是展览会的服务。展览行业是一个比较特殊的服务性行业，它既有无形产品——服务，又有有形产品——展览会。因此展览会的服务项目设计也是非常重要的组成部分。

第二是展览会的定价。目前大部分主办单位都采用“随行就市定价法”，即将价格定在行业的平均价格附近。但是展览行业是一个竞争激烈的行业，信息在展览会三元素之间的传递越来越重要，因此主办单位采用高价促销的价格策略，较适合目前的竞争环境。

三、交流价值

交流价值的目的是要向参展商证明，本主办单位所提供的价值要比竞争对手更胜一筹。因此，主办单位在研究价值交流时，应着重在以下几个方面进行讨论。

第一是主办单位的销售渠道。当设计出一个好的展览会之后，如何让潜在的参展商知道，并乐意接受，销售渠道将起到非常重要的作用。目前国外普遍采用的有以下方式：

间接渠道：主要是通过中间商来向企业销售展位，一般是各地区的代理。主办单位以支付佣金方式，与代理商之间建立联系。

直接渠道：主要是通过直接邮寄和电话销售及对重要客户的上门销售，将信息传递给潜在的参展商，从而达到销售展台的目的。使用直接销售渠道的前提，是建立一个完整和有效的客户数据库。数据库的完整性，是指数据库包含了大部分潜在的参展商。数据的有效性是指数据库中的企业是确确实实存在的，并通过该数据库能将有关信息直接传达到企业。

关系渠道：一个展览会能够长期举办下去，保留一定量的“回头客”是至关重要的。关系渠道是为了创造、维护和加强与参展商的牢固关系，使其不断参加展览会。其中关键是获得参展商的信任。参展商的信任来自两个方面：其一是认识信任：参展商对主办单位能否根据正式和非正式协定满足他们需求的能力、可靠性等方面的把握程度。如主办单位履行承诺的能力，现场的快速反应能力等。其二是感情信任：参展商对主办单位的一种主观感受，如安全感、舒畅感等等。

第二是主办单位的销售队伍。当主办单位有了一个好的销售渠道以后，销售人员便成为实现价值交流的重要因素。这里我们要应用内部营销的理论，充分调动销售人员的积极性，为展览商服务。它具有四个特性：一是服务的无形性，参展商在参展以前是不能看见和感觉展览会的品质的；二是服务的不可分离性，它是不能与服务的提供者相分离，它是通过一线员工与参展商面对面的接触中，使他们感觉到服务质量的优劣；三是服务的不稳定性，一线员工的素质和工作态度极大影响着服务质量；四是服务的易消失性，展览会不能被储存为日后的销售或使用。

第三是主办单位的促销方式。目前，展览会通常采用的促销方式有广告及报道。这中间对媒体的选择是十分重要的。展览会的宣传费用有限，它不可能在很广的领域进行大量的广告宣传。因此，必须将钱用在刀刃上。同时，也可以利用在相关报纸杂志上做一些消息报道，亦可以达到传递信息的作用。而且，可以节省费用。

展览会的产品化质量管理

经过近十几年的快速发展，我国的展览会现已进入整合阶段。靠什么来进行整合呢？归根结底，还是靠展览会的质量。作为传统贸易延伸出来的展览会，它的质量内涵是什么？如何有效地保证它的质量？我们购买产品，需要它具有优良的质量。如果我们把展览会也作为一个产品来考量，或许可以从另一个角度得到启发。

展览会的产品化概念

对展览会主办单位而言，它提供给参展商的实际上是一种服务，服务质量也就代表了展览会的质量。然而，这种服务不是简单意义上的主办单位对参展商所提供的会展组织服务，更多的是展览会本身所应具有的功能性服务。这种功能性服务的质量才是展览会质量的真正内涵，也构成展览会作为一种产品的基本特征。

现代展览会除传统的交易功能外，信息交流、品牌提升也已成为其主要功能。体现这些功能的载体就是参观展会的专业观众，观众的组织工作也就是展览会功能的形成过程。因此可以用产品开发（主题定位）→产品生产（观众组织）→产品销售（招展）→销售服务（展场服务）这样一个产品过程来描述展览会，使展览会具有完整的产品概念。

展览会的质量管理

把展览会作为一种产品，通过ISO9000质量标准体系有效地控制各过程的质量，才能最终保证展览会的质量。按ISO 9000质量标准体系考核，展览会质量管理的重点体现在以下几个方面。

1. 质量方针、质量目标的确定

每个展览公司的质量方针各不相同，质量、品牌、创新是展览会得以发展的基础，也是质量方针的主要内容。公司质量目标则需更明确，专业观众的数量及展场服务的投诉率成为质量目标的核心。为保证质量目标的实施，应制定相应的质量目标管理办法。

2. 资源管理

资源是实现质量方针、质量目标的必要条件。对展览会而言，资源管理主要是人力资源的管理。我国展览业发展迅速，对从业人员的需求量较大，但社会上具有一定专业水平的展览人才较少，国家也无相应的从业人员资格考核、认定制度，导致从业人员的整体素质较低，直接导致展览会质量低下。强化企业内部人力资源管理相当必要。人力资源管理的重点是：建立各岗位能力要求及考核制度；加强人员的质量意识、专业技能、项目管理等方面的培训；建立现有人员的人力资源档案，以便调配使用。

3. 展览会主题确立

确立展览会主题，是产品的开发过程。主题的确立是展览会的首要环节，它不仅关系到展览会的质量，更直接关系到将来的发展。从质量管理的角度出发，产品开发按以下程序：

市场调查。其内容不仅仅是展览会市场即参展商资源的调查，更多的是参展商产品的需求市场及交易特征的分析。只有产品市场得以发展，才能推动展览会的发展。

资源分析。主要指公司内部的资源，包括人力资源、生产组织资源。前者指是否拥有开发该项目的专业人才，后者指是否具有实施该项目的必要条件，如资金、信息、行业背景等。

验证改进。展览会应在前期进行开发验证，就展览会的主题内容、宣传组织计划等征求参展商及采购商的意见。他们的意见成为展览会的前期验证结果。并可作为下一步改进、决策的主要依据。

4. 观众组织

展览会作为一种产品，观众组织工作便是它的生产过程，并且先于招展并贯串始终。观众组织工作做好了，展览会就具备了应有的功能，才能去销售。操作中可以运用一定的统计技术，将观众按行业类别、决策作用划分为几大类，分阶段进行抽样调查。调查的主要内容是，观众对展览会的了解程度、是否前往参观等。根据抽样调查结果，可以初步做出观众数量的统计。以此为依据，制定下一步观众组织的实施计划。

5. 展会服务

展会服务主要是指展期前后的服务，是展览会工作的重要部分，也是展览质量的重要环节。展品的运输、展台的搭建成为投诉的主要来源，有必要加强人员的服务意识。

6. 分析改进

展览结束后，对展览会进行质量分析、改进，是为了提高下届展览会的质量。分析的依据主要是专业观众信息及参展商信息。通过收集观众登记表，按观众的行业特征、决策作用、来自区域进行分析。参展商信息的主要内容是，对观众的组织质量、展场的服务水平、对展览会的需求和希望等。潜在参展商的意见也是信息的主要来源。

质量管理活动贯穿于整个展览会的过程中。加强展览会过程的质量管理并持续改进，展览会才有生命力。

——《中国贸易报》

中等城市会展中心建设思路

发展中的中等城市和小城市，应该建造一个什么样的展览会议中心？是否应与会展集中的大城市有所不同？除商业展览外，决策者在会展中心的建设上还要考虑哪些重要因素？

一些城市已经做出了很好的范例。那就是将会议展览中心的建设与本市、本地区的政治、文化、体育和娱乐各种活动相结合，成功地建造附带多种功能的会展中心。

本文将解析这些成功范例，为您城市和社区会议展览中心的建造提供有价值的借鉴。

一、市场因素决定

大都市的决策者力求将该城市建设成为大规模综合博览会、国际性全国性会展举办地；吸引大量商务旅游者和观光者；提高宾馆饭店的住房率；提高购物消费指数等因素。

位于大都市区域之外的城市，则完全不同，比如，考虑是否拥有高档豪华饭店，而不是饭店的住房占有率等。在建设会展中心时同样，决策者要考虑比大城市更多的因素，例如，如何适应当地经济发展特点、开发当地旅游资源、举办本地各种活动，为繁荣本城区，还要兼顾提高本地居民的生活品质、照顾到旅游者的方便、以及对保留人才和招才纳贤有吸引力等诸多因素。

上述各种目的汇成一个总的设计目标——建设一个附带多重功能的展览会议中心。

二、综合概念的小型会议中心

在小城市内，会展设施既要考虑促进旅游业，又要兼顾举办本地各种活动，不能因为商务展览和会议而取消本地社会活动。同时小城市资金来源不像大中城市那样富足。基于这两点，小城市不宜建设大型的单一功能的会展中心，而适合于利用原有设施改建和扩建成有复合功能的会议展览设施。

小城市的会展中心可考虑为促进当地旅游业而临近饭店、或位于市区交通方便地段；建设包括影院、娱乐、零售商店、艺术活动设施在内的会议中心，可承接本地商贸展览会议以及巡回文艺演出等不适宜在大城市举办的活动。

在小城市中，也有将体育场馆与展览会议设施相结合的范例。将现有体育场馆改建为可以兼顾本地体育赛事和各种球队活动，又可以承接展览和会议的综合设施。这种可称为小型综合概念的会展中心，在会展发达国家的小城市中同样是一个发展趋势。

综合功能的会议展览中心，特别是一馆两用，或一馆多用设施，在设计时，要求建造设计者，不但要有设计概念上的突破，还要讲求设计技巧。设计者要能营造和体现体育和娱乐现场激动人心的环境，又要保留举办展览和会议所需要的中性气氛。

三、超级组合

中等城市中，一馆多用的多功能会展设施不再适宜了。首先，中等城市的娱乐设施已经大为普及，在会展中心中加入娱乐设施将不再是重点；其次，中等城市不能像北京、上海、西安等大城市那样吸引旅游观光者，因此，会展中心不必为旅游者提供过多的设施。第三，一馆多用不能满足各种活动的频繁和同期举行。因此，中等城市中，各种功能模块相拼接的组合概念的会展中心，更能发挥最大的功效。至于具有什么样的功能，而如何组合，通过下面列举的三个会展中心，我们可以得到一些启发。

1. 江苏省昆山市

今天，活跃于长江三角洲地区的县级城市——昆山，十年前还是一个农业县城。如今，昆山市政府正努力把昆山建设成为高新技术密集区，具有适应人们居住和工作的良好环境的外向型经济城市。目前为止，已经有不少台商被吸引到昆山投资。

本着这一城市发展宗旨，昆山市科技文化博览中心正是按照昆山市地方产业政策和市场定位建造的。位于昆山市政府广场南侧的昆山市科技文化博览中心，除具有1.2万平方米专业化的室内展览馆外，整个博览中心还包括一个有200个座位的音乐厅；一个拥有100多台电脑的全数字化图书馆；常设文史艺术展览馆；科技馆和1.6千平方米的国际会议中心。

昆山科技文化博览中心的建造思路非常明确，那就是，该中心除可以举办专业展览、商贸展览外，为本地区社会、文化、经济的需要服务是其另一个重要功能。

2. 浙江省义乌市

另一个明星县级城市——义乌，于2002年10月投入使用的田径场、体育馆与已在2001年6月建成的建筑面积为4.65万平方米的会展中心、2002年初建成的能容纳3.5万名观众的主体育场，一并构成义务体育博览中心。

这项总投资为8亿元人民币工程的完工使义乌这个全国轻工业品特别是小商品的加工和集散地，不仅有能力举办更大规模的春秋两届中国国际小商品博览会等国际国内展会外，还可以承办省市级综合运动会和国家级单项运动会。

义乌体育博览中心还有一个重要的功能是成为义乌的大型公共场所，提高义乌的城市品位，促进和丰富义乌居民的生活。

3. 河北省廊坊市

同上述两个城市相类似，位于北京、天津和河北省府石家庄市之间的廊坊市，其廊坊国际展览中心建有2.74万平方米的国际标准展览馆可搭建1.3千个国际标准展位，拥有4.2千平方米的会议设施。在同一中心内，还建有游泳池、模拟高尔夫球馆、保龄球馆等体育健身设施。

四、超值收益

这些城市会展中心的规划和建造充分体现了决策者和管理者希望开发会展市场，利用其他辅助能效帮助会展业在该地区持续稳步地成长。同时，通过会展经济促进地方产业经济发展。

无论是小城市的综合概念，还是中等城市的组合拼接概念，会展中心的建设无疑会带来城市环境的改善，人们生活质量的提高。增加这些城市对新投资者、新人才的吸引力，更重要的是对人才向大城市外流起到积极的抑制作用。

五、是否可以做到面面俱全

展览之外的设施，如体育、影院、娱乐、文化等设施的建造成本要远高于展览场馆的建造成本。因此，是否和如何加入哪些功能和设施？权衡各种利弊的要点在于着眼于本地区经济发展和需求。如果是位于旅游区，如北京延庆正在建造的会展中心，位于龙庆峡风景区、八达岭长城、松山风景区之间，该会展中心就将重点放在充分发展和利用有利的旅游资源上；如果你地处旅游业难于发展之地，那么，你就应该更多注重于本社区的社会和消费需求；如果，你致力于用增加展会活动的方法促进疲软的饭店业，会展设施本身就要从缓考虑；如果你所在城市要改善生活质量，以吸引年轻技术人才，科技文化设施才正是你展览中心设计的重要组成部分。

六、结　论

展览会议中心领域是一个动态的市场。新策略、新方法层出不穷，日新月异。无论如何，充分考察本地经济和城市需求不仅是大都市，同样是中等城市甚至小城市扩建、新建会展中心的重要步骤。不能照搬其他城市的方案。能否全盘考虑本地区当今和未来发展的需求，是会展中心建设成败的关键。

——《2003中国展览会议中心指南》

如何建设与维护展览业秩序

中国展览馆协会理事长　梁　文

近10年来，我国展览业发展迅猛，已初步形成产业规模，并在国民经济中起到积极的促进作用。国内外成功的产业发展经验表明，任何一个经济产业要发展壮大，离不开产业秩序的建立与维护。产业秩序是产业发展的保障。那么，我国展览业的秩序包括什么内容，如何建设与维护呢？

一、我国展览业秩序的内涵

从业主体、反映市场供求关系的价格体系、维系产业有序运转的法制以及对从业人员的道德规范要求，是构成任何一门经济产业的基本要素，也就是产业秩序的主要内容。我国展览业的秩序建设应包括这些内容。

1. 主体秩序

中国举办展览会有几千年的历史，但在改革开放以前，展览业是一项事业，由政府作为主体来从事展览业的，即使到了今天，政府的直接作用仍体现在展览业的方方面面。政府的加入强化了行政干预的色彩，在一定程度上产生了对参展客户、办展效果、办展效益漠视的“副作用”。这从一个侧面说明，为什么目前我国展览产业规模（每年举办的2400个展览会，已建成一批现代化展览中心）不算小，但效益差、产值低，2002年仅为70亿元。经济学原理告诉我们，产业的行为主体应是企业。企业按照市场的供求关系及其规律运作，那只“看不见的手”对企业的生产行为进行“点拨”和“平衡”。但是，在市场供求关系的作用下，当某一市场求大于供时，企业将大量涌入，而当供大于求时，一部分竞争不力的企业就会退出或被淘汰。问题是，这些企业在退出之前，往往引发产业内的恶性竞争，干扰市场的正常运行。目前，我国有关部门对出国办展或举办国际性展览的企业制定了一些规定，但对国内办展的企业，从事展台搭建和装修的企业和展览场地管理企业缺乏资质认证，市场门槛低，使一批不具备从事展览业能力的企业进入了市场，从而导致了展览会的粗制滥造等一系列问题发生。因此，建立市场的主体秩序主要是要解决“企业进入与退出”的机制问题。主体秩序的建立不是为了保护垄断，限制竞争。恰恰相反，是通过合理的进入机制搭建公平的平台，让企业作为真正的市场运作主体参与市场竞争，做到优胜劣汰，适者生存；同时，通过合理的退出机制，保护主体的合法利益。只有这样，我国展览业才能做大做强。

2. 价格秩序

价格表示劳动价值。在市场经济中，企业按劳动和财产的成本确定物品的价格。如果说主体秩序建设是解决谁能进出的问题，那么建立价格秩序则是解决如何进出的问题。

价格的杠杆原理表明，较高的价格趋于抑制消费，同时刺激生产；较低的价格鼓励消费，同时抑制生产。在一般情况下，企业受利益驱动，当市场求大于供时，会提高价格，当市场供大于求时，就会降价。但问题是，如何体现价格的公平合理。

目前，我国展览行业也许是国内仅有的几个未经国家物价部门核定价格体系的行业之一。业内价格的确定基本上按以下两种方式：一是先入为主。在产业形成初期，当市场求大于供时，企业制定高价格，当供大于求时，价格并没有回落，而是由几家大的企业通过其在行业内的强势地位，继续维持高价位，这种方式不重视市场供求关系的变动，损害客户利益。二是随意定价。如前文所述，由于我国展览业门槛低，导致大批不具备从业能力的企业进入了展览市场，他们为了生存与发展，采取忽高忽低的价格战略，与对手展开恶性竞争。这种方式不能真实反映劳动的价值，造成行业价格体系的无序化，不仅损害客户的利益，同时也使业内同行以邻为壑，不利于展览产业的健康发展。公平合理的价格秩序可以解决上述问题，笔者认为，当前在业内企业未就各项价格达成一致，价格差异很大的情况下，政府应根据市场需求制定一套指导价格，鼓励企业在指导价格范围内进行公平合理的竞争。物价部门及展览行业的各级协会要对价格进行监督，以保证价格秩序受到应有的尊重。业内企业要从自身利益及同行、客户利益的高度考虑价格问题，自觉维护业内的价格秩序。

3. 法律秩序

市场经济从来就带有盲目性和无政府状态的缺陷，只有通过法治才能使其有序运转。多年来，我国展览业不重视法律秩序建设，具体表现在从业人员的法律意识单薄，如缺乏知识产权意识、缺乏公平竞争的观念，企业自律能力差等。目前我国展览业中存在的许多问题都与此有关，如重复办展问题，原因之一就是由于看到别人办某一专题展览很成功，便一哄而上，模仿抄袭，侵犯别人的知识产权，不久前，《国际商报》就披露了某些单位在北京农展馆举办的一个服装博览会（CHIG）与同期在中国国际展览中心举办的著名国际服装服饰博览会（CHIC）产生的知识产权问题。据该报道，CHIC门庭若市，而CHIG场面冷冷清清，参展商和观众都以为CHIG为CHIC的分场而大呼上当。随着展览产业的迅猛发展，如我们不尽快建设法律秩序，这类问题将越来越多，越来越严重。法律秩序的另一重大功能是规避风险，保护企业及消费者、客户的利益。我国出现非典疫情，展览企业在危机面前束手无策，说明了我国的法律秩序的严重缺失，业内许多合同中没有人力不可抗，第三人身险等法律条款。由于非典导致展会取消，参展商没法向组展商要求赔偿，组展商也无法向参展商要求赔偿，场馆经营商更不能要求组展商赔偿。此外，许多合同没有将保护观众利益作为条款，出现了多起参展商不让观众参观展台及展品的事件。其实，法律秩序的建立并不仅仅是约束企业的行为，同时也是为了提倡、尊重和保护展览业同仁的创新精神和劳动价值。没有法律秩序的保障，展览产业就不可能平稳的运转。

4. 道德秩序

要使中国的展览业不断健康发展，还必须重视展览业从业者道德情操的培养和塑造。展览业法律秩序的安排并不能“医治百病”，道德意识的培养和确立是促使中国展览业良性发展的“内核”。在展览行业内，存在着严重的“信息不对称”问题。特别是存在于展览会的主办者与参展者、观众之间。就有如医院里的医生和患者，医生永远处于主动的地位，而患者在一般情况下都处于被动的位置。如果医生的道德情操发生问题，这种“信息不对称”就必然导致患者产生受骗上当的感觉，导致市场失灵现象的发生。如在二手车的卖主与买主之间，由于买主对二手车卖主的不信任，即二手车没有好车，卖主越是解释，买主越是不相信，于是生意难以达成。因此，展览业的从业人员如果没有道德意识，必然会影响参展者、观众对中国展览业的信心。对展览业的可信度产生疑惑，最终妨碍整个中国展览业的健康成长。反之，如果我们的从业人员坚守诚实信用的道德准则，就能取信于广大参展商及观众，培植一大批展览会的忠实“买家”。这种多边、多赢的互动关系，才是中国展览业健康持续发展的生命力所在。

二、我国展览业秩序的维护

所谓秩序，实质上就是“可靠的预期”，它使人们可以“根据过去的经验，对未来作出可靠的推断”，从而使我们可以从他人那里获得对不确定的未来的起码安全感。通俗地说，就是企业在市场运作中，总是预先设想它的行为和它的同行的行为是一致的，并在此基础上进行互动。为此，需要有一种有效的预期机制，否则，企业之间的互动难以进行。这里所说的预期机制实际上就是制度建设，即秩序要通过具体的制度建设和执行来加以维护。

制度，是一系列被制定出来的规则、守法程序和行为的道德伦理规范，是秩序的具体化。我国展览业需要建立的制度是多方面的。首先，我们要制定各类展览会的等级和标准，用于指导各项展览业务，规范市场行为。其次，我们要完善对展览市场的管理机制，明确政府主管部门、协会的职责、权限及义务。再次，我们要建立一整套规章制度，用于约束企业进行合法经营。总之，我们要在建设我国展览业秩序的框架下，建立各种与之相适应的制度。

在制度建设中，制度“稀缺性”问题应引起足够的重视，新制度经济学认为，制度也是一种资源，既然是资源，就存在“稀缺性”的可能性。造成这个问题的主要原因有：

(1) 制度是“公共产品”，一般由政府部门负责供给。对使用人——企业来说，“公共产品”实际上是不劳而获，多劳不多得的，因此，企业对参与制度建设往往不热心。

(2) 制度存在供给的时滞现象，即从产生制度需求到成熟的制度供给要经历一段较长时间，导致制度需求与供给之间的非均衡状态，使市场在一段时期内出现无章可循的混乱局面。

(3) 市场是变化的，而制度环境则相对固定。所谓制度环境，就是制度制定的规则。一些制度在制定时是合理的，符合当时的客观情况，但随着市场的变化，它们也许再也不能规范市场的经济行为。从这个意义上说，制度稀缺是永远存在的，而我们的制度建设工作也就决不能停顿。

笔者认为，要解决上述问题，政府要起主导作用，因为政府作为国民经济的“看护人”，建立完善的规章制度是其重要的职责之一。但是，任何一项制度的建立都离不开对实际情况的全面了解和分析。这就需要市场的主体——企业和各级行业协会对制度制定过程的积极参与，包括真实地反映市场情况，提出解决问题的建议。在这次抗击非典中，中国展览馆协会迅速向政府有关部门反映业内受损的情况，为政府快速作出对展览业的优惠政策提供了依据，就很好地说明了这个问题。

制度建立固然重要，但制度只有得到切实的执行才有意义。因此，制度的执行是制度建设的重要内容，也是秩序建设与维护的重要一环。在我国，“不按规章制度办事”甚至“有法不依”，已是多年的大问题。那么，展览业内应如何使制度得到切实的执行呢？

笔者认为，如前所述，鼓励业界人士参与制度建设，使他们理解制度的内容与要求，从而增强执行制度的自觉性，具有一定的意义。但是，要保证制度得到业界一致的认同和切实的执行，还得制定一套完善的惩罚措施予以实施。经济学关于“经济人”的假定说明，经济主体对自我利益的强烈追求导致其投机取巧，有目的、有意识地利用非常巧妙隐蔽的方法，提供假信息，为自己谋取更大的利益，而不顾损人利己。以此假定为依据，经济学人士应用一种名叫“囚犯困境”的博弈论来证明采取惩罚措施对规范市场行为的必要性。“囚犯困境”是讲两个罪犯嫌疑人共同作案后被警察抓住，分别隔离审讯。两人被告知，如都能坦白交待，将被各判刑8年；如都抵赖，将因证据不足各判1年，如一人坦白，一人抵赖，将前者释放，后者判刑10年。因而，两有两个选择：坦白或抵赖，但两人都无法得知另一人的选择。最后，两人都采取与警方合作的态度并受到应有惩罚。笔者认为，只有对不执行制度和违规的企业采取惩罚措施，使其因不执行制度或违规所受到损失大于它的利益，它才能在利益的驱动下严格遵守市场的各项规章制度。当然，在企业中普及制度意识，做到惩罚与教育并举，也是十分必要的。

十大主体决定会展业走向
——会展业当前形势与当务之急

中国贸促会机械行业分会副会长　陈泽炎

一、各个主体处于何种状态

目前，会展圈构成的十个主体分别处在什么状态？

第一是最高决策层。迄今为止，会展业期盼关于中国会展经济的直接指示。

第二是国家主管层。中国会展业的直接主管部门有商务部（原外经贸部、外经委）、科技部、中国贸促会（被国家授权）等机构。

为了适应入世的要求，逐步与国际接轨，原经贸委首先放弃了对国内展览的审批。接着，商务部也取消了国内举办国际展的单位资格审批认定。但是，目前的这种放权和简化还存在“缺乏相关配套，彼此并不协调”等问题。原经贸委取消国内展审批的本意之一是想由此带动其他部门也取消审批。但是，在当时外经贸部和科技部就明确表示“不会跟进”。半年多又过去了，商务部和科技部也没有新的表态。

在成立全国会展业协会这一全局性、根本性的大事上，近年来更几乎没有任何实质性进展。出现这样的卡壳现象，说明在中国会展经济和会展产业发展、建设等重大问题上，国家主管层远没有达到认识上的一致。

最近从商务部和发改委传来一些对会展业开始重视的信息。譬如：原经贸委颁发的展览会分级标准，商务部要继续颁发。商务部研究院正调集力量，着手研究会展业课题。发改委产业政策司开始酝酿中国会展产业中长期发展规划。这些都是会展业健康发展所需要的。

第三是地方政府层。在中国会展经济发展中，地方政府扮演了极为重要的角色。这是因为各地政府几乎都非常热衷于举办会展或相关的节庆活动；认为这是振兴地方经济，扩大招商引资，表现对外开放，增加地方知名度的一个屡试不爽的好办法。

可以认为，在地方长官的心目中，地方公共财政是值得为这些会展活动付钱的。因为他们认为，这时的会展项目、会展活动已经不是一般意义上的经济活动或商业活动，而是公众活动和政府行为。那么对此应当由谁出面给予评价呢？显然不能由利益相关方（譬如：政府部门、操办单位等），而只能由利益超脱方（譬如：公众、专家、媒体）来进行；但最终无疑还应当由最高决策层和国家主管层站在国家全局立场上予以公正的评判。

另一方面，现在一些城市政府已经开始注意加强对本地会展业的管理和指导，譬如：大连市、宁波市等。他们在政府部门内设立了展览办公室，有的还兼有展览协会的名义或职能。这在实践上具有较强的可操作性。

第四是会展主办层。在这个层面里，中国贸促会及其行业分会和地方分会、各种行业商会和行业协会组织、一些大型商贸公司（集团），以及其他方方面面的组织、机构，似乎都有举办展览会的强烈要求。

应当承认，当前中国境内展览项目林立，内容重复得几乎不可能再有什么新的“未开发的处女地”。以加入国际展览联盟（UFI）为标志的专业展览会高端市场可以说已经被瓜分完毕。这些展览会项目尽管已经做大，但其主办者或拥有者，依然千方百计地要保住既有的地位，希望从行政审批上防止其他内容类似展会项目再被立项。

作为其他各种主办单位，本着多少也要在会展市场上占据一席之地，多少也要有点收益的种种想法，则千方百计地要挤进来。于是有多少商协会组织就会产生多少相应展览会的设想和行动。这也正是中国会展业呈现“热”和“乱”的重要原因之一。而且在全国总体治理方案没有出台之前，这种局面恐怕不可能有所改观。

第五是展览公司层。这一层面主要是指境内的各种展览公司。类型大体可分国资、民营两大类。

国资公司主要有贸促会系统成立的展览公司，国有控股集团所属展览公司，国资展览中心所属展览公司等。从这些公司目前经营状况看，基本上是属于“丰衣足食”和“利益既得”的。倒是若干较早成立的民营类展览公司非常值得研究。一是，他们的兴起显示了会展市场的发展空间和发展潜力。二是，他们的经营机制充满活力，对传统管理模式有所冲击。三是，他们其中的佼佼者，在取得较好的业绩后，及时出售相关项目，与国外大型展览公司合资，套现获利，表现出极高的生财和聚财的本领。

至于其他一些数量较多的中小民营展览公司，他们瞄着的是那些“各种主办单位”；或通过买批件，或通过借名义，相互结合，各有所求。

第六是展览中心层。全国展览中心处境各不相同。日子好过的“高高在上”、“为人所求”；日子难过的“找米下锅”、“多方拉展”；更有甚者，因经营困难，被迫拍卖。即使在北京、上海、广州这样全国性的展览城市，其展览馆建设和运营方面的矛盾和问题也是不容忽视的。北京新的会展中心立项选址“几上几下”；上海新国际博览中心扩建，中外之争一直存在；广州新展览中心已经建成，但是广交会却不愿意搬迁进去。为什么会出现如此这般的种种情况，其根本原因就在于从展览中心的规划体制、投资体制、运营体制、归属体制，到如何核算与评估展览中心作为公共财政投资的综合效益与经济效益等一系列重大问题，都存在着一些“不明”、“不顺”、“不清”的深层次原因。这正有待通过国家的宏观调控和有效的制约机制来解决。

第七是海外公司层。主要包括香港展览公司（目前台湾展览公司介入大陆会展市场的还少）和国外展览公司，以及他们的合资公司、办事机构等。

最近，关于《内地与香港关于建立更紧密经贸关系的安排》（CEPA）实施后，对香港和内地会展业有哪些影响的问题比较引人注目。其实《安排》中的相关内容主要就是：“‘会展服务’——允许香港公司以独资形式在内地提供会展服务”这一条。

关于根据CEPA允许香港展览公司在内地以独资的形式办展和提供会展服务，其优惠性可能已被国内原来存在的某些管理上的不协调所冲淡了。譬如，早在1998年德国汉诺威（中国）有限公司（在香港注册）就已经以独资公司的形式进入上海办展了。因此，现在我们应当努力寻求CEPA对内地会展业其他新的积极作用。

对于国外大型展览公司，我们更为注意的是，他们正在以一种“争先恐后”的态势，积极进入中国的会展市场。德国、英国、意大利、荷兰、美国的一些大型展览公司都在中国设立了相关的办事机构，或者成立了合资、独资的公司。他们一批在世界上打响品牌的展会正以前所未有的速度向中国转移。前不久，商务部取消举办国际展单位资格的审定，引起外国展览公司的一片好评。但他们更期待的则是中国展览市场的进一步开放，也就是完全取消办展的批件限制，使他们更为顺利地进来。面对“批件保护”问题，究竟是“从宽”还是“从严”，究竟是“从快”还是“从慢”，中国的决策当局和业内人士至少目前还没有统一认识，拿出办法。

第八是宣传媒体层。广义地说，宣传媒体层包括了报刊、视听、书籍、网络等各种载体和各种形式。随着会展活动的升温，媒体也跟着热了起来。

但是，当我们仔细研究和分析媒体内容时，不难发现其中涉及全局性、宏观性、战略性的分析、论述和针砭时弊，有说服力、有战斗力的文章仍是寥若晨星；能够展开针锋相对的讨论、评论、议论和辩论更是几乎没有；作为信息性、广告性的“展会预告”倒是所占篇幅很多。会展媒体的受众面的确很宽泛，能够做广告的就是那几家布展公司和展览中心。但是，如果媒体办不出自己的特色，大家雷同，并在较低水平上竞争，终归不是发展之道。当然从另一方面讲，媒体的水平正是业内的水平的真实反映。过于苛求媒体也是不公正的。

第九是学术研究层。从目前情况看，正而八经的可以称之为与会展业学术研究沾边的或者涉足的学术研究机构少之又少，其研究水平又受实践水平的制约。

但是，如果学术研究的课题更有一些针对性、前瞻性和战略性，研究成果更能为国家有关决策部门提供切合实际和具有操作性的方案和意见，则这种研究必定能够更加蓬勃地发展起来。

譬如，会展项目是否应具有高于社会平均的利润？否则为什么大家对会展项目如此趋之若骛？又譬如，政府到底应不应该介入具体的会展项目？作为地方公共财政支持的展会项目，其利益应如何界定和如何分配？此外，现实中国会展经济中的资本运作问题，入世后外资展览公司进入的问题，民营展览企业的经济特点问题，国家对展览的税收管理问题，国家如何统筹规划和管理会展经济的问题，等等。这些问题归根结底还是要协调利益关系。研究机构如果能从中国会展经济的现实出发，解决好这些现实问题，并且在逐步解决这些问题的过程中，将认识深化提高，总结归纳成为理论，这就会探索出创建中国《会展经济学》的一条成功之路。

第十是展会观众层。展会观众是展会的最终服务对象，是吸引参展商参展，从而维持和发展展会项目的最根本保证。现在一些展会主办者已经把展会工作的重点从吸引展商更多参展转到组织观众更好参观。这是服务观念的重要转变，也是对会展产业认识的提高和理解的深化。

现在国内，除了汽车展以外，其他一些国际展大概很难为普通观众大感兴趣。所以今后提到“展会观众”应当指的就是“专业观众”，即参展商的买家或合作伙伴。专业观众对于展会要求最重要的是“物有所值”、“值得参观”。所以对于展会“多”、“烂”、“杂”和“鱼目混珠”、“良莠不齐”的局面，他们深恶痛绝。可以相信，很快地观众就会成为会展项目“大浪淘沙”、“优胜劣汰”所具有的决定性的因素。这才体现了市场的力量。

二、中国会展业当前形势

综合以上对十个不同主体的分析，我们对中国会展业当前形势应当有一个怎样的总体分析和认识呢？笔者认为：

第一，从宏观总体上观察，中国会展业可以认为还是处于一个“逐步清晰”、“逐步稳定”、“逐步理性”、“逐步有序”的状态。亦即其总体目标、发展战略、宏观分析、政策取向等“大事”还都在逐步落实的过程中。

第二，从政治体制上观察，中国会展活动中的种种政府行为和党政领导人的具体参与，反映出其政治性、功利性的深层原因。对于这种现象和由此产生的相关影响，必须从政治体制上予以分析和解决。

第三，从经济发展上观察，中国会展业无疑是新兴产业，但千万不能“升虚火”、“吹泡沫”、“造声势”。因为任何没有实体经济基础的虚拟经济早晚是要露馅的。

第四，从利益格局上观察，目前各利益主体之间尚缺乏良性互动的关系。由于总体上的规划设计没有制定出来，就无法求得整体利益最大化的最优解。

第五，从系统结构上观察，可以认为在包括以上十个层面（或称子系统）的整个系统中，系统性和协调性还不够良好、高效。甚至可以说其内在的有序性、主次性都存在一定的问题。因此，该系统表现为其功效性比较差。发展的方向应当是，以追求系统效能最大化为目标，进行系统的优化设计，使其整体性、层次性、相关性和功效性都得到适当的调整，进而使整个系统处于良性的运行发展中。

三、找准会展业当务之急

“认识问题”的目的是“解决问题”，从“当前形势”来看，会展业要解决“当务之急”为以下几点。

首先，要“总揽全局”、“统筹规划”。就是希望最高决策层和国家主管层在深入调查研究，广泛听取意见，“总揽全局”、“统筹规划”的基础上，对中国会展经济和会展产业的合理定位、发展大局、管理层次、基本政策等关键性、根本性问题给予科学、明确的指示，从而指导和制定相应的中长期发展规划。譬如，可以参照设计证券市场、发展证券市场的模式，对中国的会展经济和会展产业的发展有一个前瞻性的战略性的设计和描述。这一规划不但要有经济性的指标，更要有政策的引导。可以说，它将成为中国会展业发展的基本纲要。

第二，“扬汤止沸”、“釜底抽薪”。就是面对当前“会展热”的“虚火”和“泡沫”，要想办法稳妥和适当地给予“降温”和“脱水”。其中明确确立政府的角色和定位显得极为重要。为了进一步清晰地观察和分析，有必要将目前中国一些会展活动所承载的政治性功能加以剔除，再通过冷静、客观、科学的分析，通过取得真实统计数据，最终实事求是地得出经济方面的结论。

作为“扬汤止沸”、“釜底抽薪”重要措施之一，应当首先对那些仍在不断冒出来的每年冠以“国家级”的展会活动进行必要的整合和压缩。目前，每年这些展会的数量已经达到六七个之多，并还有增加的趋势。为此每年政府投入的财政补贴总数至少数以亿计。这些展会都是号称向世界名牌展会看齐，都是政府领导人亲自指挥操办。每次展会看上去又总是成果“辉煌”，但其实效果究竟如何，恐怕会是“盛名之下，其实难符”吧。为此，是否可以先将这些展会由一年一办改为两年一办；内容相似的展会可以彼此错开。这样就等于先从数量上砍掉一半，效果便会立即突显出来。

第三，“严官宽民”、“抓大放小”。首先指的就是官办的展会，即以政府名义举办的，动用政府财政资金的那些展览会。对于这些展会管理必须严格和规范。至于那些纯商业性的、属于企业行为的展览会，则可以放宽限制。因为它的得失盈亏都是由企业自行承担的。

还有那些国内单位举办的大型展览会，也是应予关注的重点。这一方面是由于它们的影响面大，关联性强，在会展业中占据重要地位。另一方面的原因则更在于，这些展会的产权和效益最终应当归于国有资产的范畴，尽管目前这些展会项目的收益主要还是由主办者或拥有者所支配。至于其他中、小型展会，目前是可以通过规范市场进行间接管理的。

第四，“固本扶元”、“洋为中用”。这里主要说的是在入世和对外开放的环境下，中国会展业应当如何面对和应对的问题。从战略方面说，这涉及到中国会展业产业安全的大问题。从战术方面说，这关系到中国会展业怎样与国际接轨；怎样向国际先进标准学习；怎样与国外大型展览公司竞争和合作；怎样在开放的中国会展市场中扬长避短锻炼提高等一系列问题。

“固本扶元”指的就是国家要有意识、有计划、有步骤地加强中国办展单位的实力的地位。打造可以与外国大型展览公司相抗衡的中国会展业的名牌展会和航母舰队，就是“固本”；通过多种渠道培训人才，锻炼队伍，通过素质，就是“扶（持）元（气）”。只有自身有了实力，才能有令其与我方平等对话的资本与地位。这时才会有宽容的胸怀和开放的心态。这就具备了“洋为中用”的条件了。

第二部分　专题概述

聚焦会展经济与中国经济发展

萧曼平

近几年，深圳“高交会”、珠海“航展”、东莞“电博会”、昆明“世博会”、上海“财富论坛”等一系列重大的、具有国际影响的国家级乃至世界级的会展相继在中国的几大城市成功举办，加上老牌的“广交会”以及各种行业性、地方性会展雨后春笋般地涌现，会展“热”扑面而来。近年来会展经济何以在中国迅速崛起？作为一个潜力巨大的新兴产业，一个新的经济亮点，会展经济对我国经济发展的影响有哪些？记者就此话题采访了中国地方经济发展研究中心喻晓主任。

一、内外拉动

喻主任认为有两方面原因：第一是中国传统经济的推动。目前中国是世界上最大的市场，也是最大的生产要素交易场和交易平台。第二是发达国家为中国提供了产业专业化的重要机会。目前西方的市场容量有限，相当大的市场在发展中国家。中国经济的成功需要吸引外国资金的投入，这样一方面会展成为了中外经济贸易交流平台，不仅有产品展览，还有生产要素展览，如人力、技术、资金、金融，还包括多媒体的展览；另一方面，形成了一个与我们的经济发展相适应的交易空间。参展商之间、参展商与观众之间通过展览这个平台形成一种信息平衡关系，因为参展商和观众通过展览可以看到业内的新产品，看到行业的发展方向。

所以，会展经济的繁荣是中国经济发展的一个重要组成部分，也是中国经济发展的一个重要的推动器。

对于珠三角会展经济的火爆，喻主任认为是经济发达的表现。珠三角的产业摆脱了初级阶段，进入成熟阶段，成熟阶段的市场处于相对饱和状态。在庞大的信息化的空间中，必然要对产品进行创新，创新一是通过研究，这是从网络技术上进行，而内部交流就是通过会展，会展是行业交流的好机会，是产品开拓的加速器。

二、会展经济是信息平衡器

对于会展经济影响，喻主任另辟蹊径，从信息的角度解释。他认为，在我国，会展经济除了促进产业的发展，更重要的影响是弥补了中国信息发展不完全及信息手段相对落后的现状。因为中国经济与西方经济的不同之处在于经济手段的差别。除了直接见面机会，多数国家因为网络经济比较发达，可通过多媒体的手段分享信息。信息的披露、信息系统及制度也就比较完善，信息比较公开，要查哪一家公司或哪一家公司的产品种类都比较容易。更重要的是他们有很强的信息意识。而目前在中国尽管信息发展很快，但仍不能为我们的生产企业和社会发展提供完全等同的信息，这就造成一些信息的不流畅、不对称的发展，会展经济正是最好的补充。

——《国际商报》

中国展会与世界专业展会的差距

我国的展览会正在蓬勃发展，但与世界同类专业展览会相比还是存在着不小的差距。

第一是展览会的定位。现在包括一些中国专业展览会，其定位多是贸易和零售相结合，有的展览会甚至就是一个纯粹的展销会，或者说像一个庙会。而世界专业展览会没有一个是允许零售行为的，它所提供的只是一个单纯的交易谈判场所，参展者前来目的是寻找合作和签约。

第二是参展商的选择。欧美的许多展览会对参展商的选择是十分谨慎的，有很多展览会的组织者常常要求参展商在报名时提供详细的公司情况，进行参展商资格的审核，一旦发现参展商的档次不够，绝对不会因图小利而认同其参展资格。而中国一些展览会组织者为了填补多预定的场地，招募了很多零售摊位，结果是虽弥补了空余场地，但展览会的档次却被拉了下来。

第三是观众的选择。在中国的展览会上，有很大一部分观众不是专业观众，他们只是抱着看展出表演或购买展品的目的而来。在世界很多专业展览会上，这些观众是无法进入展览会会场的。因为真正的专业参展商并不是来看展览会的热闹，而是为了洽谈和签订合同。闲逛的观众只能妨碍真正的专业观众进入展览摊位进行观摩和洽谈。在欧美的专业展览会上，观众入场时除了购买昂贵的门票外，还须提供展览会的邀请函或名片，经审查后，方能进入会场。

第四是展场区域的划分。中国展览会的展区习惯按照地区来划分，如北京馆、浙江馆等。其实，在世界专业展览会上，会场主体区域是按照展品的种类进行划分，这对提高展览会的专业水平和贸易成交有很大帮助。

第五是展台的设计和搭建。欧美专业展览会为了体现展览会的专业特点，展览会中的摊位一般采用木制结构进行特殊装修，而且特殊装修也是采用十分前卫、独出心裁的设计，以使自己的摊位别具一格。而中国展览会中的摊位多以“火柴盒式”的标准摊位为主，没有一点专业特点。没有特点的摊位自然也就无法吸引观众的注意力。

第六是展览会的展期制定。许多中国展览会为了加强展览会的宣传时效或延长洽谈时间，展期经常是5至6天，甚至达到一周以上。真正专业的展览会则只采用3至4天的展期，以迫使参展商和观众尽量缩短洽谈时间，让交易更具针对性。

总的来说，中国的“会展经济”还处于发展阶段，面对国外展览业的挑战，只有认真比较、学习世界专业展览会的特点，并利用自身的地理文化优势，才能在同世界专业展览的竞争中脱颖而出，并在世界展览市场站稳脚跟。

——《国际商报》

2002年中国展馆“圈地运动”解读

2002年中国会展热，最具体的表现恐怕就是各地继2001后掀起建设展馆的热潮。特别是北京、上海和珠三角地区为代表的会展区域展馆建设，2002年中国展馆的“圈地运动”从某个角度而言，以地区优势形成的三个会展中心带的会展市场竞争格局昭然若揭。

1. 北京新展馆：花落何处扑朔迷离

北京中国国际展览中心是国内目前举办展会最多，场地最大，收益最好的展馆，但2002年中国国际服装博览会和第七届中国北京国际汽车展的举办，使这个北京的“老大”展馆顿显“渺小”，建设新国展的计划一下子提上日程，第七届中国北京国际汽车新闻发布会上，中展集团就宣布2006年的汽车展将在新展馆举行。但耐人寻味的是，2002年9月22日以后，中展集团对外宣布新国展将落户顺义天竺技术开发区内。项目建设融资将达到100多亿人民币，同时，又传出北京市政府拟建设一个展馆，可能与以后的奥运建设相配套。纷纭杂说，难以一一考证。但在年底，中展又传出顺义建新展馆的计划落空。从而使沸沸扬扬的新国展建设计划高搁悬空。全国农业展览馆和中国国际贸易中心二期工程的开工，对于一直是中国会展业重要举办地的北京来说却是“杯水车薪”，看来2006年的北京中国国际汽车展可能不得不同时选择两个展馆举行。最主要的是面对国展展馆的场地和周转环境及其内部设备瓶颈，与后来居上的上海、珠三角地区会展场馆的发展，显得有“老牛拉破车”的感觉，况且上海经济的快速发展和会展环境的大大改善已使北京部分会展项目和企业有南下落户的趋势。

2. 大上海展馆：市场的需求

2001年由德国杜赛尔多夫、慕尼黑和汉诺威投资公司建成的上海新国际博览中心在2002年就达到举办52个国际展会的佳绩，严格按照市场化运作的德方投资者就在下半年着手建设上海新博的二期工程。上海国际展览中心为了更好地体现展馆的服务水准，一年多的内部装修工程也宣告结束。令人振奋的是，2002年12月3日，上海取得申办2010年世博会举办权，一个投资近250亿人民币，占地400公顷的世博园将落户上海，使上海的展馆面积跃居全国前茅，与上海相呼应的长江三角洲带将是中国乃至世界制造中心，宁波国际会展中心8.3万平方米的展馆建设，杭州和平国际会展中心、杭州西湖国际会议中心以及江苏南亚国际会展中心的建成都将使长江三角洲珠会展场馆建设服务华东、面向世界。从而使上海、义乌、杭州、宁波、南京、苏州、无锡等上海经济圈的会展城市形成“规模效应”，并达到市场的“各自定位”的优势。

3. 珠江三角洲展馆建设：加重会展砝码

面对北京有奥运、上海有世博会的优势，珠江三角洲不甘落后，以广州广交会为中心场馆的珠江三角洲会展区域正在形成，尤其是2002年珠江三角洲地区各城市建设展馆的热潮，更是各地区城市打造会展区域展馆优势的明显表现。2002年东莞会展中心达到70万平方米，深市政府决定开工深圳20万平方米的场馆建设，一江之隔的香港融入珠三角会展区域架构，香港新国际会展中心项目，也以20亿港元的投资破土动工。

珠江三角洲（包括香港澳门）区域会展的形成，也是珠江三角洲区域城市利用地区行业经济发展和最开放经济区优势和香港成熟的会展市场优势“聚合作用”的结果。从而，使该地区面对北京和上海的会展竞争而合力打拼，奠定中国会展三大区域中心的布局。

4. 中、西部展馆建设：服务自我、辐射全国

2002年中，中西部地区展馆建设也是如火如荼。如河南郑州20万平方米展馆的投资建设，安徽5.3万平方米新展馆的落成以及成都国际会展中心将自身展馆规模扩大六倍，并投资20亿人民币，建设国际会议旅游中心项目等等，这些项目的启动正是中西部城市对于北京、上海和珠三角的会展市场快速发展的“跟步”之举，他们也更清晰地认识到：会展作为地区经济发展的“助推器”的作用。地区经济的发展离不开这个“朝阳产业”，未来几年内，中西部会展展馆建设规模和速度随着西部大开发而加快。从而形成中国会展发展的多层次结构和多方位战略。

——《中国对外贸易》

提高服务水平 打造出国展览的品牌

中国贸促会展览部 栾勤刚

近年，海外跨国展览公司纷纷进军中国，在北京、上海等大城市设立公司，凭借多年的办展经验和雄厚的资本实力，通过参股建设展馆，向中国移植成熟的品牌展，同中国的展览公司在来华展市场展开了竞争。

出国展方面，跨国展览公司因受到出国展览审批制度及尚无扎实的本土客户基础两个方面的限制，使之暂时还无法参与竞争。但实际上，出国展览的资格审核已呈逐步放开之势。至于客户基础，国外展览公司也正积极建立客户资料库，进入竞争已是指日可待。

因此，国内出展组织者既要看清自身的不足，奋起直追，也要了解自身的优势，扬长避短。相比较海外跨国展览公司拥有较完整的营销网络、雄厚的资本、专业的人才以及丰富的组织、管理经验，国内展览公司有很大差距。但国内展览公司有本土优势，了解中国参展公司、拥有客户资源。因此，出国展览组织者只要最大限度地发挥自身优势，趁跨国展览公司在出国展市场尚未站稳脚跟之际，努力提高自身的服务水平，不仅为参展商提供“微笑服务”，更要提供“增值服务”和“量身定做”的个性化服务，做到“人无我有”、“人有我精”，只有这样才能培养忠诚客户群体，在竞争中立于不败之地。

笔者认为，出展组织者要为展商提供深入的服务，必须做到以下几点。

一、同老客户建立紧密联系

许多出展组织者同参展商的联系是松散型的，在招展、筹展和展览过程中同展商能够保持紧密的联系，但在展览结束后就把参展商抛在了脑后，不理不睬，直到下一次有相关展览会的时候，才又想起他们；另一方面，出展组织者又到处购买客户数据库，为结识新客户费尽心血，这种做法，实不可取。因为老客户比新客户更有价值。首先，双方曾有合作，已有初步的了解与信任，在日后合作的过程中将更加融洽；其次，老客户的组展成本低，如果老客户连年参展，可以在参加本届展会时，直接预定下一届展会的摊位，使得组展者在向国外展览会订场地时更有的放矢。第三，通过老客户的介绍，组展者可以结识新客户。

因此，组展者要同老客户建立紧密的联系，对其进行二次开发，通过一次展览会的合作，全面了解其需求，提供相关的服务。例如，可以针对经常出国参展的公司，成立出国展览会员俱乐部，在参展商加入时，通过其填写的资料，可以了解其产品内容、目标市场和出展需求，为今后的招展和立项工作积累参考数据。定期向会员寄送会员通讯，提供展会营销技巧、贸易实务案例、市场调研报告、国外市场需求等信息。使参展商感受到组展者“一次参展＝终生受益”的服务宗旨。通过会员通讯这一平台，组展者可同所有参展商保持紧密联系，在同其他展览公司的竞争中独占鳌头。

二、“想参展商所想，急参展商所急”

参展商出国参展的目的即通过展会这种营销方式获取信息、了解市场、结识客户。组展者应将服务着重于此，在展览整个过程中，切实从帮助参展商的角度出发，理解、满足甚至超越参展商的参展期望，将服务延伸到展会范围外，在帮助参展商获得超值回报的过程中实现自身的发展。抓住这一条，便能打造自身品牌，在竞争中取胜。

1. 谨慎立项

展览会参观者中专业观众的比例，是参展商衡量展会服务质量的最首要的参数。参展商参展的主要目的是扩大成交额，扩展新客户。若目标观众中缺少决策者，那么所进行的洽谈，多数将是意向性的协议，能拍板决策的不多。因此，在展览会立项时一定要重视专业性，严格选择展览会，这样才能吸引企业参展，减小日后招展的难度。

2. 诚实招展

招展过程中，组展者应有长远眼光，本着对展商诚实、为展商负责的态度，根据客户的产品特点向其推荐展览会，只有对客户诚实，才能获得忠诚的客户。现实中，由于出国展竞争激烈，众多组展者为了生存，都主动或被动地只顾眼前利益，有意或无意地隐瞒某些事实，只管把参展商骗去参展，而不考虑其参展效果如何。这样做，只会做一个客户就失去一个客户。做得越多，失去得越多。

3. 展前调研

出展前，组展者应向参展商提供展会的详细情况（展会历史、以往展会数据、展览内容等）。除赴展国的经贸概况和旅游信息外，还要结合展会的专业特点，从中国驻外使馆经商处和国外对口商协会处获得专业市场调研报告，向参展商提供。此报告不能是官样文章，含金量要高，应有指导意义。获得这些信息，参展商可“有备而展”，获得超值回报。

4. 法律咨询

近年在出国参展时，中国公司经常被诉侵犯知识产权，影响我企业形象。布展过程中，组展者除做好摊位搭建、展品进馆等份内工作，还应对展商进行有关知识产权保护的宣传，对有可能引起知识产权纠纷的产品，尽量做到不展。展览过程中，如有展商同国外公司发生知识产权方面的纠纷，组展者应通过聘请律师等方式为展商提供法律咨询，解决纠纷。组织者既要防止中国公司侵犯知识产权的事件发生，也要保护参展商的合法权益。

5. 展后反馈

几乎每个组展者在展览结束时都会向参展商发放展贸情况问询表，以了解成交情况，但对参展商提出的意见和建议，却少人问津。造成这种现象的原因很多，也许是参展商不了解情况，提出的意见和建议不切合实际，很难实现。但不管怎样，这都是他们对组展者的一种信任和期待。对参展商提出的问题，组展者应认真对待，采纳好的建议，并及时反馈落实情况。至于不合实际的建议，也应向参展商说明情况，争取理解。这样，不仅可以通过外部推动来改进出展组织工作，而且可以使参展商感受到组展者服务的真诚，为今后双方长期的合作打下坚实的基础。

展览结束后，参展商都希望获得参观展会的观众人数和成分等具体的统计数据，通过对这些数据的分析，展商便能对是否连续参展和如何参展早做决定。作为组展者，应主动向展览组委会索取精确的统计数据，根据这些数据，写出展会报告，分析问题、提出建议，并及时反馈给展商。

目前，出国展览正处于“战国纷争”的时代。随着中国企业的不断发展，其出展需求日趋成熟，对出展组织者从硬件设施到软件服务上都提出了更高的要求。若组展者不提高服务水平，随着企业一同成长，则必然会丧失客户，在“大浪淘沙”的竞争中落败。

出国展览组织者只有通过为参展商提供专业、细致、优质的服务，打造自身的品牌，才能在竞争中立于不败之地。

关于转变展馆服务职能的构想

叶志军

为了适应新时期、新形势下会展产业的发展要求，大力开拓展馆新的经济增长点，进一步提高企业的市场竞争力、运作效率和服务质量，为促进国内会展经济的“二次创业”提供高起点的支持与服务平台，笔者作为一名展览从业人员，就展馆服务职能的转变提供若干建议，供同行参考。

一、组建展馆“客户服务中心”的概念

当今现代化的企业管理，实质上一半是高科技（包括在硬件上和软件上实现网络化、信息化），一半是高效率的管理制度（包括我们服务行业的服务手段和流程）。看似简单的美国麦当劳快餐连锁经营，却拥有2.5万多项高科技成果，单是技术专利就有上百项。一本600多页的麦当劳操作流程手册，里面的几乎每一句话都包含了一项科技成果，其专业水平之高，让人叹为观止！因此，展览中心要想在当今展览业激烈的市场竞争环境中求生存、拓空间，树立国际品牌，就必须提高管理制度和服务手段的科技含量，优化服务流程，也就是从根本上改变经营模式和服务理念，才能立于不败之地。

二、组建“客户服务中心”的意义

可以有效简化办事程序，提高办事效率，避免多头联系。这意味着建立展馆统一的“一站式”的对外服务和形象“窗口”，将展馆过去被动的配合式服务职能，逐步转变成以客户为中心的主动式服务职能。

三、“客户服务中心”的服务结构

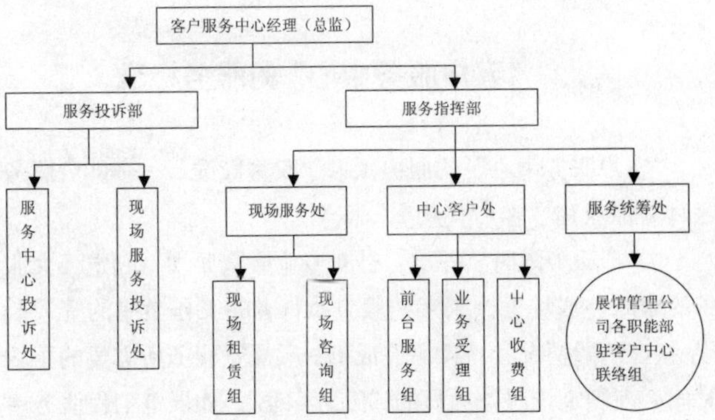

图 2-2　客户服务中心结构图

四、“客户服务中心”的服务功能

1. 按服务性质划分为：整体服务和网点服务

整体服务指在客户中心受理客户（主办单位为主）所有的、全方位的展览服务，如：展馆租赁、会务预定、广告预定、餐饮预定、展前的工作部署、消防报建、其他物业服务项目的申办以及特殊的展览相关服务的申办；支援和配合现场服务处做好展览期间的租赁服务；受理客户对服务的投诉和给客户提供业务咨询。

网点服务指在展览期间，现场（网点分布在各展馆的序厅）受理客户（参展商为主）所有的、全方位的展览服务，如：展览工程服务、网络及通信服务、物业、展具租赁及其他特殊的展览相关服务的受理；协助主办单位做好现场协调工作；受理客户对现场服务的投诉和给客户提供业务咨询。

2. 按服务内容划分为：专业展览服务和相关的配套服务

（1）专业展览服务，指凡与展览有直接关系的服务，如：展览咨询、展览评估、展览工程、展览广告、展具租赁、会务服务、展品报关、储运和网络、通信、水电、清洁、保安、设施保障等物业配套管理服务。

（2）相关的配套服务，指与展览有间接关系的配套服务，如：商务服务、餐饮服务、银行交易、邮政服务、医疗服务和必须的公共设施服务。

五、“客户服务中心”的服务手段

服务手段：全方位的、多层次的、高效率的服务手段。

（1）全方位的服务手段：提供全面的直接或间接涉及到展览与会议有关的所有服务；包括知识型服务和体力密集型服务。

（2）多层次的服务手段：包括现场服务、预约服务、上门服务、售后服务。

（3）高效率的服务手段：包括快速的信息传递，如运用先进的网络通信、移动通信和展馆的有线通信等工具，将信息有效快速地传送到各项业务的主体部门。

六、“客户服务中心”的服务标准

“客户服务中心”的服务采取“双重标准”——即“服务限时”标准和“客户满意度”标准。

（1）“服务限时”标准：针对专业展览要求，制定一套服务的限时完成标准，来考核服务执行者的工作效率的管理制度；按在一般情况和条件下完成每一项展览服务所需要的平均时间，来制定该服务项目的“限时标准”。如展览工程服务中的租赁“陈列柜”一项，从服务执行者接到派工单，到“陈列柜”装配完毕送达客户的展位签字接收为止，所需要的时间总和，就是该服务项目的“标准完成时间”。

（2）“客户满意度”标准：由客户对中心所提供的“某专项服务”，包括：效率、质量、服务态度、工作人员素质等方面，进行一个整体的评分，这将作为中心对服务质量评估的另一标准。

七、“客户服务中心”的服务流程

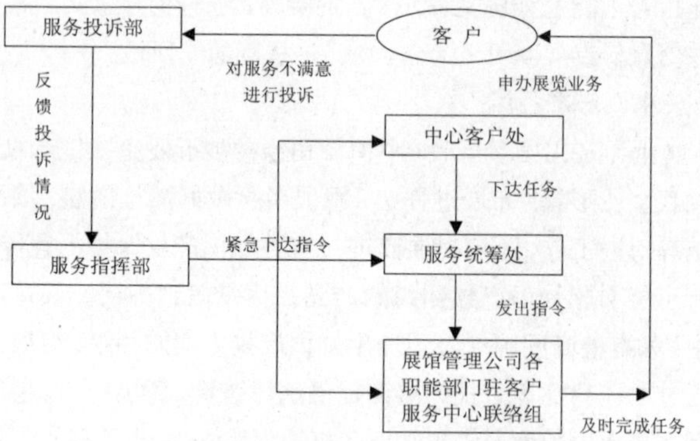

图 2-3　客户服务中心运作流程图

八、“客户服务中心”的场所设计

“客户服务中心”是给客户提供咨询和办理有关业务的场所，因此，在设计布局时应首先考虑以下几个因素：

（1）与展览中心的整体形象相协调，工作人员应统一着装、统一使用文明、专业的语言（并配置外语译员）；

（2）办公场所的布局应参照外资银行、星级酒店的营业大厅（大堂）来设计，工作人员应采取敞开式办公；

（3）统一对外的服务窗口仅设置一个（可多人上岗），为客户申办的所有展览项目服务；其他的职能部门应在“客户服务中心”设置联络处，及时为客户提供专业咨询。

九、关于操作技术上的几点建议

（1）公布“展馆”信息：在“客户服务中心”公布服务指南、服务项目价格表、展馆各职能部门的业务简介、联系电话、客户服务中心的职能介绍、业务流程、服务人员名单和服务热线，并制作成宣传小册子，摆放在资料架上，方便客户索取阅读，让客户对展馆有全方位的了解和熟悉。

（2）规范业务：将办理业务的各种申请单、派工单，制作成统一标准的格式化单据（凭证），方便客户填写；服务员在办理每一笔业务后，都须在客户填写的单据上签字和盖日期章，以便及时将任务落实和跟踪（参照银行的业务办理制度）；

（3）公开优惠措施：将展馆的所有服务项目的优惠价格和优惠条件，统一对外公布，其目的一，能体现公平、公正、公开的办事原则；其目的二，减少业务办理时受人为干预的影响。

（4）按德国的展馆经营模式，展馆既是展览会的主办者，也是展览场地的经营者，是展览行业的“百货公司”，陈列和出售各种各样最新的、最专业的“商品”——展览服务；如：展览信息、展览评估、展览策划等，名副其实地成为展览业发展的高起点的支持与服务平台。

会展企业集团的发展战略

肖轶楠

企业集团是市场竞争和社会化大生产高度发展的产物。随着我国入世和对外开放的进一步扩大，会展企业面临的国内外市场竞争日益激烈，集中力量发展大型会展企业集团，对推进会展业改革和促进其发展具有重要意义。

一、会展企业集团化有利于推动政企职责分开和促进政府职能转换，加强政府的宏观调控

目前我国会展业没有统一的管理体制、完善的审批机制及健全的市场运作机制，在展览的地区布点、布展频率等方面缺乏协调，管理混乱、恶性竞争、重复办展、海外招展能力不强等问题比较突出。而且不能按市场机制运作，尤其是大型会展，都由政府出面操作，没有会展董事长、总经理，倒是出现了“会展市长”、“会展书记”现象。会展集团的出现，对政府、企业、市场及其相互关系都提出了新的要求。

一般来讲，企业集团内部应该形成以资本为主要纽带的母子公司体制。把企业从政府部门的行政隶属关系转变为产权约束关系，政府部门不再沿用传统的行政管理手段去管理企业集团，实现从行政式的直接审批管理到以法律和经济手段为主的间接协调管理的根本性转变。这将促使政府转变职能，改革现行管理体制。同时，政府作为宏观管理者，随着企业集团的发展，只要通过调控一批以大型企业为核心的企业集团，便可进行合理规划布局，减少盲目建设和重复布点，使会展业逐步发展成为以展览公司为主、政府参与为辅，形成市场化、产业化、规范化的新的经济增长点。

二、会展企业集团化有利于推动会展行业的结构调整

企业集团实力强大，可以通过兼并、收购等方式，以投资、参股、控股等资本联结为纽带，附以股票、债券等形式，集中集团内部各成员企业的资金和筹集社会上大量闲散资金，形成强大的投资实体，扩大会展行业规模，提高服务生产的集中度，使失衡的产业结构、产品结构得到必要的、合理的调整。另一方面，在扩大规模的基础上，通过集团内部的分工和专业化协作，实现集团企业之间优势互补、生产要素的优化组合，充分发挥存量资产的效益，提高规模经济效益，从而通过企业组织的调整，带动整个会展业结构的调整。

三、会展企业集团化有利于推动会展业从粗放型向集约型的转变，增强其在国内外市场的竞争力

我国会展业目前仍处于“粗放型”的经营阶段，不仅在国内外具有广泛影响的名展和精品展少，而且低层次、重复办展现象非常严重。如上海国际展览公司1999年承办了17个建材展览，工业商务展览公司1999年承办了50多个仪器仪表展览。由于各会展公司都有相关政府主管部门作后盾，所以这样发展下去，会展不是越办越大，越办越好，而是谁都办不大，谁也办不好。其直接后果便是参展商和观众无所适从，客户分流，影响了展览会参展效果和展出规模，挫伤了会展企业和专业观众的积极性，严重扰乱和制约了会展业专业化、规模化的经营之路。企业集团的建立和发展，将分散条件下许多企业独具的优势聚集起来，做到扬长避短、趋利避害，实现优势互补，变分力为合力，形成具有强大实力的与世界众多强手相抗衡的经营者，增强在国际市场上的竞争力。另一方面，可以避免由于国内自相竞争产生的混乱而给外商带来麻烦和不便，提高我国会展组织的信誉，增强外商的参展信心和积极性，赢得客户，为办好会展创造有利条件。总之，会展企业集团将成为我国会展经济发展的主力军和远征军。

四、会展企业的集团化发展战略

目前我国众多会展企业的特点是规模小、专业性不强，无法引进高科技手段和修建先进的场馆设施，组展范围受限制，办展质量不高，竞争力和市场占有率较低。我国会展企业应采取多样化的资本经营战略，跳出仅靠内部积累成长的圈子，实现快速扩张，成就我国会展界的名牌企业。

1. 资产重组

资产重组即吸纳部分增量资产，结合现有资产进行调整，优化配置，使资产组合在使用过程中有更大的收益。在资本经营的初级阶段，主要是对现有资产即内部资产进行重组，其核心就是对会展企业进行股份制改造，建立并完善现代企业管理制度。将优势资产集中，剥离不良资产，组成一个健康的核心，这样才有可能实现股票上市、吸引外部基金，从而实施并购行

为。在企业实施了参股、控股、兼并、收购等资本经营方式后，这一阶段资产重组的中心就是将“入伙企业”的资产盘活，实施股份制。从而使集团各成员在真正意义上形成彼此间牢不可破的经济利益关系，真正实现优化组合并提高资源配置效益，增强我国会展企业的竞争力。

2. 上市经营

上市经营即将企业资本推向金融市场，盘活资本。股票上市能促使企业建立现代企业制度，优化资产结构尤其是产权结构，同时大量吸收外来资金，在资金来源、在市场融合上打破地域界限，使企业经营更加国际化，提高企业声誉，最终达到资本经营的目的，即实现资本的积累与扩张。例如，深圳市决定把拥有良好硬件设施的深圳会展中心与高交会的管理运作模式有机结合起来，组建以高交会为核心的股份制展览集团，同时还可以吸收一些优秀的展览企业加入集团公司。在经营上，完全按照股份制企业模式操作，积极准备，争取成为我国第一家上市的会展企业。这种以高交会为龙头、会展中心为平台的资源整合，是完全相辅相成、相得益彰的。它将使资金、设施、人才等资源得到有效配置，并利用高交会议产生的品牌效应和已建立的客户网络，与国际接轨，成为深圳市会展行业的龙头企业。

3. 参股控股

参股控股是指一方公司取得他方公司部分产权或联合经营的特定方式，有利于企业突破地域界限建立大型跨国集团公司。例如，上海外经贸商务展览公司、上海国际服务贸易有限公司、上海外服国际展览广告公司和东方国际集团广告展览有限公司，其主管部门都为上海市外经贸委。这些企业应该抓住时机，通过资本经营快速发展，采用相互参股、控股的形式，形成你中有我、我中有你的资产关系，各自按持股比例行使股东权利，先在上海范围内形成以资产为纽带的会展经营集团，待时机成熟，再逐步走向国际经营。

4. 兼并收购

兼并收购就是企业通过购买股票等产权交易方式，取得对其他企业一定程度的控制权，扩大自身经济实力，实现自身经济目标的一种经济行为。它包含合并、兼并、收购、接管等方式，是中国会展企业集团加速发展的必要手段。并购有助于会展企业迅速实现规模经济效益，降低进入会展界的成本；有助于迅速扩大市场份额，形成较有力的竞争优势。如首旅股份先后收购、控股神州国旅集团、北京首汽实业股份有限公司、北京展览馆等企业，实现了资产的多元化。

纵观当今世界实力雄厚的大财团、大企业的成长史不难发现，它们无一不是通过兼并、收购等交易型战略的多次运用，才取得现有企业规模、市场份额和竞争优势的。这对于我国会展企业极具借鉴意义。我国会展企业应迅速转变经营观念，投入中国市场发育中的第一个并购浪潮，实现自身的发展壮大。

总之，为适应世界经济一体化的发展趋势，以及我国加入世贸组织后所面临的新形势，会展企业应在政企分开的基础上进入市场，走产业化道路。通过企业结构改革，形成多种所有制成份并存的行业结构，并在市场竞争中通过收购、兼并、联合、参股、控股等方式，进行跨地区、跨部门的战略重组，组建会展集团，增强竞争实力，培育并鼓励大型会展集团进军国际市场，扩大经营范围，参与国际会展业竞争。

借鉴国内外会展经验　推动青岛会展经济发展

青岛国际会展中心　李永强

会展业被视为21世纪的朝阳产业，它所带来的巨大经济效益和社会效益，正日益被各地所看重。特别是我国加入世界贸易组织后，经济发展步入新的阶段，这给会展经济带来了新的发展机遇。青岛作为沿海开放城市，应抓住这个历史上难得的机遇，推动会展经济快速发展。

当前，正是发展会展经济的好时机，一方面，世界经济一体化进程的不断加快，使商务和会议活动更加频繁，经济全球化将进一步刺激商品展示业的繁荣发展；另一方面，高新技术的进步、信息产业的发展和国内外贸易的扩大，又对会展业发展提出了新的要求，迫使中国会展经济必须以最快的速度与国际接轨。在这种情况下，青岛会展业应加强对会展市场的调整、整合、规范，积极向国内外成熟的展会学习，加快青岛会展与国际接轨，促进青岛会展经济向市场化、产业化、规范化发展。

国际会展业已有150年的发展历史，在此过程中，欧美发达国家一直是这一行业发展的领先者，其中以德国、法国表现犹为突出。在我国，沐浴着改革开放的春风，会展业不断成长壮大。在这方面，尤以广州、深圳等地发展较快。他们在长期发展过程中逐步形成了会展经济独有的运作模式。有三条经验值得我们学习和借鉴：第一，政府部门对展览业的高度重视。展览会的作用主要体现在两个方面，一是帮助企业开拓国际市场，促进产业发展，二是拉动举办城市相关服务业的增长。中央政府资助企业出国参展扩大了产品出口，地方政府投资建设展览中心，在拉动需求和增加就业等方面成效显著。第二，基于市场机制的展览管理模式。政府不直接管理展览业，展览业协会与政府部门及工业协会建立的展览工作协商机制，使政府引导和市场机制得到了良好的结合，发挥了行业自律管理和规范市场的积极作用。第三，拥有一批富有国际竞争力的展览公司和世界顶级展览会。展览业的基础是具有竞争力的展览公司，展览业的服务对象是开拓市场的企业，展览业的产品是展览会，展览会往往是企业通往市场最有效的途径。

青岛的会展业虽然起步较晚，但经过几年努力，已取得明显成效。其特点是：展会数量多。据统计，2002年举办各类展会40多个，平均每10天就有一个展会；发展速度快，其年增长速度达到20%～30%；整体办展水平和质量不断提高，在全国范围内的影响力正逐步增强。但是，应当看到，还有一些不利因素制约青岛会展业的发展。一是全社会对会展业缺乏了解、认识不够。会展经济是20世纪90年代才在中国产生的新生事物，多数人对会展经济内涵、特点、作用了解不多，对会展经济在国民经济中重要地位和作用认识不足，特别是没有将会议、展览活动与旅游有效结合起来，以会展带动旅游业发展。城市旅游业发展状况人们往往以旅游人数的多少来衡量。一些会议展览的组织者对因会展衍生出来的旅游活动消极应付，甚至拒之门外。旅游界也缺乏主动开拓会议、会展旅游市场的意识，使会展活动的综合带动效应没有充分发挥出来。二是会展设施和服务功能还有一定差距。大型会展中心是发展会展业的重要载体。为了适应举办大型会展的需要，国外的许多大城市往往建有集会议、展览、住宿、餐饮、商务、娱乐等功能为一体的大型综合性会展中心，同时调动广泛的社会资源如海关、商检、税务、工商、保险、酒店、运输、边检、设计、装潢、广告、展具制作等相关方面进行系统的服务，为参展者、参观者提供全方位服务。目前，青岛市在这方面还有较大差距。2001年正式投入的青岛国际会展中心面积仅有2.5万平方米，在全国140多个展览场馆中排名第20名左右，会议设施几近为零。这与青岛的经济总量、国内外的政治、经济地位极不相称。提高青岛会展服务业基础设施的总体水平，已是当务之急。三是以政府名义举办的节庆活动过多过滥。特别是由各级政府主办或承办的地方性节庆活动繁多，缺乏宏观引导和规范管理，造成了节庆市场的无序局面。这不仅与国内北京、上海、大连等地相比明显落后，离国际上成熟的市场运作机制要求差距就更大。当然发展会展经济需要政府的扶持，但真正成熟的会展经济，是更高程度上的市场化。

在“2002海洋科技与经济发展国际论坛”期间，中国工程院院长徐匡迪院士在谈到青岛城市旅游定位时强调“青岛这么美丽的城市，要大力发展会展业带动旅游经济发展”，建议青岛可把发展会展业的目标定为“全国最佳、国际知名的会展中心城市”。

从发展步骤上看，在发展初期应以举办全国性、地区性展览会为主，重点办好已有的重要展会活动，如“青岛国际啤酒节”、“电子家电博览会”、“青岛海洋节”、“国际渔业博览会”、“青岛国际时装周”等，并逐步完善形成品牌；当会展发展到一定阶段，各种会展设施、管理服务水平等条件进一步完善后，逐步将青岛会展业培育成国际会展知名品牌，使青岛真正成为国际知名会展中心城市。力争用3～5年时间，使“中国国际电子家电博览会”、“中国青岛国际时装周”、“中国国际航海博览会”、“中国青岛出口农产品交易会”、“中国青岛国际啤酒节”等成为一批对地方乃至区域经济发展有影响的品牌。

从会展活动的类型来看，青岛应以承办主题突出、特色鲜明、水平较高、经济社会效益较大的专业性会展为主，同时兼顾综合性会展，竭力在“特、精、专”上下功夫，使青岛的会展业在某几个领域成为最具活力、最具竞争力的会展品牌。

青岛会展业应当按照“市场化、专业化、规范化”原则，逐步建立自己经营管理和发展模式，培育自己的会议和展览项目，逐步确立自己的会展品牌，同时加强专业化服务意识、专业技能的培训，改善服务方式，提高青岛会展服务质量和水平。具体说，要重点抓好以下几项工作。

（1）提高认识，增强紧迫感。会展业，作为一种融会议、展览、旅游、商贸、文化于一体的综合性服务业，因其影响大、消费能力高、利润丰厚、综合带动性强而被誉为“城市的面包”和“城市经济的发动机、催化剂”。目前，北京、上海、广州等城市明确将会展经济纳入重点扶持的都市型产业和新的经济增长点，并创出了“北京国际科技周”、“北京国际车展”、“华交会”、“工博会”、“广交会”等知名品牌展。去年的北京汽车展，吸引了40多万参观者，其主办者收入达8千多万元。深圳市2000年共举办各类展览或展销活动189场次，成交1215亿元人民币，比1999年的总成交额猛增90%。近几年来，青岛的会展业虽然也有了较大的发展，但是应当看到真正按照市场化要求举办的，在国际上影响大、规模大、交易额高、经济效益好的大型会展几乎没有。这与青岛经济与社会发展要求及在国际、国内所处的地位很不相称。因此，必须提高对加快发展青岛会展经济重要意义的认识，增强紧迫感，把会展产业作为青岛新一轮经济发展的重要产业来抓，真正把青岛会展业办成一个产业和新的经济增长点，促进青岛对外开放和现代化建设事业快速发展。

（2）制定规划，完善配套，加快会展市场的整合。会展业是一个系统工程，其关节点应当相互连接、相互依存，缺一不可。青岛会展业应在加快主体场馆建设的同时，通过宏观、整体、合理的规划布局，尽快填补现在会展中的配套缺项，确保重要的会议和展览场馆周边宾馆饭店、交通、商业、游乐等配套设施和服务到位，以营造青岛会展业大市场，使之吸引人、留住人，为参展商、参观者提供一个良好的会展、生活环境。同时，青岛的会展业要再上一个台阶，必须对目前已经举办的各种会展活动进行统一的深入研究分析，结合青岛城市特点和城市未来发展目标，对会展经济进行整体规划设计，形成青岛会展特色，确定发展重点，如通过对行业资源的整合，实现内展与外展的融合，会议与展览的融合，并发挥会展管理部门和行业协会的作用，加强会展行业联动，形成合力；通过对节庆市场的整合，规范节庆行为，真正形成一批具有青岛地方特色、深受民众欢迎的节庆活动。此外，抓紧制定完善配套的政策法规，建立健全地方性政策法规体系，为青岛会展业发展创造最优的环境。

（3）加强会展业管理体制改革创新，提高会展行业管理水平。青岛应借鉴国外会展业发展成熟国家或地区的经验，按照政府主导、协会自律、企业化运作和社会参与的模式，成立展览行业协会。协会的主要职责是制定行规，进行行业间的协调，对展览会进行资质评估、加强信息交流和调研，促进展览市场的透明度、人才培训，提高展会组织水平和质量等。

(4) 加快青岛展览服务与国际接轨步伐，提高会展服务水平。展览服务贯穿于整个展览会的展前、展中、展后等各个不同阶段，一个展览会办得如何，很大程度上取决于展览服务水平的高低。因此，要发挥政府职能服务作用，协调理顺与会展业相关行业及部门的关系，提高会展业总体服务水平。一个成功的展会，是市政府充分调动了海关、税务、工商、边检、企业等各方面资源进行系统服务的结果。在目前青岛会展经济未能形成系统的专业化分工服务的情况下，政府可充分发挥其社会服务职能，协调融合各相关行业及部门，从整体上提升会展配套服务水平。各主办单位要虚心向国外会展业发达的国家学习成功的会展服务运作模式，增强办展单位和人员的服务意识，提高展览服务人员的服务水平。

(5) 引入市场机制，逐步走出一条会展市场化运作的路子。要彻底解决靠财政拨款办节会，由政府办节会的现象，关键在于是否实行了节会主体多元化、运作方式市场化。所谓市场化运作，就是政府按照市场运行规则，由企业根据市场需求，培育会展项目，逐步确立自己的会展品牌，通过商业运作获取经济效益。

(6) 积极培育“名牌展”，不断提高办展水平。青岛应加强会展的开发，加强会展活动的宣传促销，加大国际招商招展的力度，逐步树立有国际影响的国际名牌展。同时采用国际会展业通用的运行规范和运作模式，将中国国际电子家电博览会、青岛国际啤酒节等活动，培育成有国际影响力的著名会展品牌。

(7) 引进国外名牌会展活动到青岛举办，“借鸡下蛋”扩大影响，从而加快现代会展技术的传播，进一步提高会展整体水平。为加快前期准备工作，应吸引海外有实力的会展机构来青岛设立分支机构入手，促使他们与青岛合办一些双方都感兴趣的会展项目，待时机成熟后，再开展更深层次、更宽领域的合作，借以带动青岛会展名牌的培育。

(8) 加快培育专业会展公司，大力开拓国际、国内会展市场。会展业作为一项社会系统工程，起步阶段离不开政府的引导、组织、协调。为此，政府有必要扶持专业会展公司的发展。首先，要着力培育现有会展公司成长壮大，抓紧制定扶持展览企业发展的优惠政策，尽量为会展公司提供参与会展和独立承办展会的机会，使其尽快成长壮大。其次，加大会展业招展力度。抓住我国加入世贸组织的机遇，积极研究对策，发挥政府有关部门、科研院所和行业协会的作用，加强国内会展促销活动；利用与青岛缔结友好关系的城市、在青岛投资的跨国公司和青岛市政府、企业驻海外办事处等方面的关系，全方位开展招展活动，引进一批国外知名会展项目或公司到青岛办展或设立分公司，同时鼓励青岛本地会展企业到国外办展，促进青岛展览业加快发展。第三，积极培育规模化、集团化的会展公司。培育发展一批以组织会议展览为龙头，集展览工程设计施工、广告宣传、展览运输、饭店餐饮和住宿服务于一体的股份制会展业龙头企业，为参展商提供全方位服务。第四，加快培养专业会展人才队伍，培育一批具有一定办展能力，有广泛的社会关系和卓越的社交公关能力，熟悉人文地理，了解新兴产业发展走势，具备营销技巧等方面的人才。加强会展专业人员的专业技能培训，提高会展人员专业素质，尽快建立一支适合青岛会展业发展的专业人才队伍。

展会的传播学特性

展会自发生之日起，就是有明确目的的为信息交流而进行的传播活动。但是在当代，展会长期处于经济的光环之下，“朝阳产业”、“无烟工业”、“1比9产业”等美名都表明了它的经济特性，它被认为是一种蕴涵无限商机的新型经济。但是，隐藏在经济背后，使之在经济上成功的原动力却被人忽视，那就是它作为传播活动的本质。展会只有在传播上取得成功，并长久的发展，才能在经济上获益。

一、展会的传播要素

展会的直接传播者是参展者，间接传播者是展会的组织者即主办单位。展会的组织者是参展者和观众之间的桥梁，在项目策划确定之后，进行大量宣传活动传达有关展会的信息。一方面邀请或招商，告诉潜在的参展者如果参加展会能达到怎样的效应。另一方面做广告，告诉观众展会上会有什么样的参展者出现。高质量的参展者才能吸引大数量的观众，大数量的观众也才能吸引高质量的参展者，它们相互作用，相互促进，对展会的成功至关重要。

参展者是直接面对观众的传播者，是展会主角。参展者在参展之前必须了解信息接受者的需求，同时给自己定位，确立参展目标和展出内容，以更有效地传达。参展者对于观众来说是传播者，但在整个展会活动中，在对外展示自身的同时接受和收集其他参展者的信息，这也是参展的另一个主要目的。因此展会中传播者也是受传者，拥有双重身份。

专业观众和普通观众都是展会的受众。专业观众是与展会内容密切相关的技术人员和市场人员，是参展企业潜在的客户，他们往往并非销售终端。大多数展会的内容与生活息息相关，因此吸引大量的普通观众。普通观众抱着不同的目的而来，兴趣、休闲或收集信息。如今举办展会的专业细分在加强，但专业程度在分化，除少数展会保持高度专业性外，多数展会越来越兼容了大众性。

参展者在展厅都会拥有自己的空间，或大或小。通过对这块空间的利用——构建形象、陈列展品等手法形成负载信息的物质实体——展台。参展者所有的信息都发源于此，它是展会的媒介。展台是个综合的全息的媒介，汇集了几乎所有的媒介形式。

1. 实物媒介——展品

传播一般被定义为人类借助符号交流信息的活动。符号是信息传播过程中人们为了传播信息而用以指代某种事物和意义的中介。实物"集信息源、信息载体于一身，信息就是信息源本身"是展会重要的媒介，小到芯片大到起重机甚至飞机真实地摆在观众面前。它所传达的展品信息的有效性是任何其他媒介不能比拟的。

2. 口语媒介

展会上很注重人际传播，每个展台都会有工作人员面对面地给观众讲解、答疑，与观众洽谈，商机就在其中。有的大型展台上会有定时的技术讲座，以扩展信息的深度。口语传播是直接的、生动的，反馈迅速灵活，结合实物和展台的环境氛围更加真实而有效。因此口语也是展会媒介的重要形式之一。

此外，与展览会同期还通常举办多场正规的专业讲座或研讨会，更加细分和深化信息，更有效地传达给专业人士。

3. 印刷媒介

此处并非指报刊等大众传播的印刷媒介，而是配合实物展示的文字、示意图、图片等，它们多通过印刷、打印或喷绘手段出现在展板或标牌上，是实物有益的补充说明。

4. 电子媒介

包括电视、等离子电视、电视墙、投影、LED显示屏、电脑触摸屏等，最新的视频音频技术设备总会及时地出现在展台上。它们进一步在时间维度上传达展品信息；并诠释抽象的文化精神；同时也起到营造氛围的作用。

5. 新媒体——网络

展台有限的空间所容纳的信息量相对于参展者的全部是极少的一部分，但它是参展者最想表达的内容，相当于广告的诉求点。现在许多展台上都会连接互联网或局域网，在信息量上做有效的补充和无限的延伸。真实的展台中运用虚拟的网络作为信息传达的一种方式，不在乎效果的好坏，而在于量的大小。

6. 现场演出或活动

国内展会的大型展台通常会设有小舞台进行喧闹的歌舞表演和有奖竞猜活动。国外的展会虽然安静得多，但也会有定时的技术讲座和表演。例如在柏林家电展上，一些大企业的展台上演出哑剧，表现其产品使用起来是多么方便和有效。这些活动的主要目的是更加生动地演示展品、烘托气氛、吸引观众，形式上冲击力很强烈，但内容表达得不多。

7. 空间媒介

展台是个没有地基的临时建筑，远望过去是一个三维实体，走近或走入其中，会发现那是为物的展示和人的活动而创建的空间场所。它比建筑或室内环境更加丰富多彩，通过空间、造型、平面设计、色彩、灯光、材质等来建构环境氛围和形象实体。同时上述的实物媒介、印刷媒介、电子媒介、人和活动全都融汇其中。实物展品、文字图片、视频音频、网络、语言和现场活动各个要素既是独立的信息传达者，又是整个展台空间的一分子，协调一致，相互烘托，共同构成空间媒介。

由于参与展会活动的传播者与受传者目的明确，所以展会传达的信息也都是目标明确的有矢之的。首先，信息的定向性强，即对特定的观众传达特定的信息。其次，信息更替快，时效性强。

二、展会的传播效果

展会的传播效果具有以下特点。

1. 反馈快

展会的现场特性及其拥有人际传播的特性使传受双方都能得到最直接和最迅速的反馈信息，形成真正的互动传播。

2. 效率高

由于展会是有组织有目的的传播，限定了传播者、受传者和传播内容的范围，信息量高，传递的密度大，受众在很短的时间内就可获得大量有效的同类信息。

3. 质量高

这是媒介形式决定的，展会中实物媒介传递的信息是最真实可信的；环境媒介全方位刺激人体感观，它产生的效果是强烈的、生动的；口语的运用灵活互动；因此展会的传播是高质量的传播。例如在2002北京车展上，开展之际才上市的新版赛欧车，在展会现场被订购了近千辆，在国内很少见到的莲花跑车被订购了12辆。参展者不仅可以从展会获得直接效益，而且展后的长期效益很难估量。

一次成功的展会的影响力是长久和广泛的，主要表现在影响社会观念和市场经济活动上。

——《国际商报》

终结服装展会战国时代

中国服装协会秘书长　陈大鹏

我国各地区、各级别、各类服装展会，还处于群雄逐鹿的“战国时代”！

近年来，中国服装展会越来越多已成为不争的事实，会展经济正在成为中国服装行业的新看点。除了国内展，出国展也越来越活跃，名目繁多的服装展览会在繁荣服装市场的同时，也给参展商带来一些困扰，哪些服装展最具有水准？服装展座次如何排定？

一、国内展谁领风骚

国内服装展会主要分为两类：一类是全国性的服装展会，一类是地方性城市服装展会。从地区分布看，每年3月在北京举办的中国国际服装服饰博览会（CHIC），堪称中国服装第一展，到2002年已举办10届；每年12月的中国国际时装周，是中国最权威的时装发布平台之一，已举办5届。上海服装节多姿多彩，已举办8届；与春季北京CHIC南北呼应的高级成衣展，更在上海建起了高水准的品牌平台。浙江有享誉全国、已举办六届的宁波国际服装服饰博览会；举办过四届的宁波中国国际男装展；以及杭州的中国国际女装展。广州叫得响的有中国（虎门）国际服装交易会、中国（深圳）国际品牌服装交易会及深圳国际女装节、中山国际休闲服装节暨中国休闲服装博览会、广州国际服装周等。其他较成规模的服装展会还有大连国际服装节、青岛国际时装周、中国国际内衣展。上述服装展会，在展示区域服装业发展和服装专业产品方面建立了口碑。

中国的服装展会虽然非常繁荣，也涌现出一些规模较大、规格较高的展会，但总体水平还不太令人满意。目前我国的服装加工量、出口量和消费量均居全球第一。但服装展会与国际知名服装展览会的差距还很大。究其原因，主要是目前国内服装展会的绝对数量虽多，但没有形成合理的竞争秩序。某些机构和主办单位的目的，往往不是从行业发展的大局出发，而是出于自身利益的小算盘。由于开办服装展会的门槛比较低，许多单位趋之若鹜，无视本地区服装产业的发展水平和自身的操作能力，在相当程度上造成了展览市场的无序，也阻碍了品牌服装展会水平的进一步提升。

今后国内服装展会的发展方向，应该是：一要以商贸为核心、二要朝专业化发展。只有具备这两个优势的服装展会才能够长期发展，真正具有生命力。

二、出国展路在脚下

目前我国服装企业去国外参展，涉及的主要展会有：德国杜塞尔多夫服装展（CPD）、美国神奇服装展（Magic）、意大利佛罗伦萨男装展、莫斯科高级时装周、巴黎男装展、巴黎女装展、米兰时装展、大阪时装节等等。其中前三个展览会最受中国服装企业青睐，是中国服装协会力推的“适合”和“有效”的展会。至今在美国纽约已举办三届的中国纺织品服装贸易展，是我国惟一在国外举办的服装展，是开拓国际尤其是美国市场的一个重要窗口。

中国是世界重要的服装制造国，但出国参展时的整体形象还没有受到重视。要知道统一的、整体的形象宣传，能够更有力地凸现国家的整体实力和企业的综合实力，这一点非常重要。为了提升中国服装产业的国际形象和品牌竞争能力，迈出中国品牌进入国际市场具有实质意义的一步，中国服装协会和中国贸促会纺织分会决定，2003年8月，集合中国最优秀的服装品牌，以“国家队”形象参加全球成衣业规模最大的展会CPD。按照此方式，“国家队”还相继亮相美国神奇服装展和其他国际服装展会。

中国服装业正面临着一个划时代的发展阶段，在完成了初期创业与原始积累的历史阶段后，加入世界贸易组织和全球经济一体化带来了产业升级、产品升级的强烈呼声。2005年，纺织品、服装的配额取消，迫使中国服装企业面临更加开放而瞬息万变的国际市场。展望未来，中国服装企业除了在出国参展方面进一步努力，国内服装展会作为中国服装企业进行形象展示、行业交流和商贸洽谈的主要载体，更应该尽早结束“战国时代”，真正有效地服务于中国服装业。

为展览业打造精品培育人才

——中国贸促会积极开展展览培训工作

沙克仲

一、展览业呼唤人才培训

我国展览业近年来发展迅速，尤其是20世纪90年代以来全国举办展览会的数量和规模每年均以两位数的高速度增长。但是，高增长的背后隐藏的是低档次、低质量的粗放型发展模式。在我国目前约2千多个展览会中，效益好、知名度高、具有较高国际竞争力的名牌展和精品展很少；由国际展览联盟（UFI）认可的“国际展览”更是凤毛麟角。究其原因，我们的展览会组织和管理水平还比较低，与欧美发达国家相比，多数展览会在立项、营销、运营上缺乏系统性；而在宏观层面上，展览业政企不分的现象十分严重。许多省市的一些高级管理者对展览业的内在规律认识不足，把展览业当成政府部门的附属，片面强调展览的外部影响，忽视展览会本身的运作和经济效益。

随着我国正式成为世贸组织成员，实力雄厚、管理先进、经验丰富的国际著名展览公司开始进入我国展览业市场，加剧了我国展览业的市场竞争。一些国外知名的展览公司纷纷来中国设立分公司，筹划直接在中国办展。它们或直接在中国收购展览会，或着手将其在国外知名的品牌展览会移植到中国。国外展览公司的大举进入很有可能使我国诸多展览公司逐步沦为仅仅从事展览馆管理的"物业公司"。

展览业迅速的发展和竞争的加剧，对我各展览公司、组展单位的管理水平和人员素质提出了很高的要求，而我国展览业的人员构成现状并不理想。各展览公司、组展单位的管理者多是从外语、外贸行业半路出家转行而来，普遍缺乏会展专业的系统理论知识和国外先进的会展经营策略，懂展览又精管理的人才欠缺。多数人在办展过程中往往是边干边学，"摸着石头过河"。

在这种情况下，展览界提高展览理论和实践水平的呼声很强烈。但目前我国恰恰缺乏系统的展览理论。相反，发达国家的展览历史已有100多年，在组展方面积累了大量的经验，总结出了较为系统的展览理论。如美国国际展览管理协会（IAEM）就专门推出了系统的展览教材大纲；德国也有诸如瑞文斯堡大学（BA Ravensburg）这样的高校开设了会展项目管理课，系统地教授会展开发、营销、管理等理论知识。而在我国，这方面还是个空白，还找不到类似的教材和课程。通过引进先进理论，加强对管理人员的培训，以尽快提高我国展览业的组织管理水平，提高办展的国际竞争力，已成为我国展览业迎接竞争与挑战，谋生存、求发展的迫切需要。

中国贸促会委托下属单位进行的一项市场调查就清楚地反映了国内展览业对培训的强烈需求。市场调查显示，几乎所有的办展单位均有对员工进行培训的需要。这项调查还显示，77%的高级展览经理希望得到国外著名展览公司高级展览专家的培训；68%的展览经理希望学习国外会展理论和实践；70%的展览经理表示最希望参加国内短期培训班。这些调查结果一方面表明了企业对培训的态度，另一方面也指明了将来培训工作的方向。

二、贸促会发挥优势勇挑重担

中国贸促会在我国展览业的发展过程中发挥着重要作用。贸促会曾一度是我国惟一的办展主体，现在仍在全国展览业中发挥着主导作用。早在1952年，中国贸促会就第一次代表国家赴国外参展；我会下属的中国国际展览中心也是我国最早举办来华展览的展览公司之一，至今仍拥有北京最大的展览场馆。贸促会在各地区的分会和行业分会，也是我国办展的主要力量。据粗略统计，在我国境内举办的区域性展览会、国际展览会，贸促系统直接或间接参与的占一半以上。在目前举办的出国经贸展览中，中国贸促会及贸促系统组织的占1/3左右。

经国务院授权，中国贸促会目前行使全国出国经贸展览和全国贸促系统在国内举办经济贸易展览会的审批管理职能。另外，根据国务院指示精神，中国贸促会还负责我国参加国际展览局和世界博览会的相关事宜的组织、协调、监督和管理工作。贸促会在整个展览业的协调管理方面肩负着重要的任务。

通过多年来对展览会的组织和管理工作，中国贸促会还与国外展览协会、组织、展览公司建立了密切的联系。国际展览局（BIE）、美国国际展览管理协会（IAEM）、德国培训和发展协会（InWent）、德国经济展览委员会（AUMA）等国际著名的展览机构，以及德国瑞文斯堡大学、国际著名的展览公司都与中国贸促会建立了日常联系和合作关系。

作为我国展览业重要的管理和实施部门，中国贸促会深感有责任、有义务带领我国展览业迎接新的挑战，为增强展览业的管理水平，顺应企业要求，为培训我国展览从业人员做出贡献。

三、培训思路和设想

目前，展览行业已经认识到了培训的重要性。一些机构开始推出了各类培训班和培训课程，旨在探讨展览行业的发展趋势和内在规律的各种论坛、研讨会一时间纷纷出笼。但这些培训班、研讨会还存在一些问题，如各自为战，资源没有得到很好的整合；没有做到定期化，不利于参训人员安排自己的时间表；在内容上，缺乏系统性，往往网罗了一批专家，推出了一系列令人眼花缭乱的内容，但整体没有构成系统理论，主讲专家也往往浅尝辄止，对从业人员的业务素质提高并无太大帮助。这些活动基本上以报告会形式为主，更应该定义为经验交流会，而非实实在在地培训学习。

我们认为，要提高展览业从业人员的业务素质，应该注重开展两方面工作。首先，要加强展览理论的研究，建立完善我国自己的展览教育体系，扶持我国的高等院校完成有关会展行业的学科设置，为展览业建立系统的理论体系，为未来发展打好人才基础。同时，在完善理论的基础上要加强对展览业现有从业人员的培训。在这方面，许多问题值得我们关注。首先，我国目前还没有系统的展览理论，因此，开展培训工作的初期，一定要注意吸收国外的先进理论和经验，广泛地与国外著名的展览机构合作。同时，还要依托国内教育机构，逐步探索并形成我国自己的展览理论和培训体系。培训的内容要以系统的展览理论课程为主，摒弃华而不实的研讨会形式。国内外专家和教授的授课应该系统，应该保证足够的时间和深度；培训还要有教材和大纲。

在培训的形式上，要做到国内国外培训相结合。中国贸促会已成功地组织了展览经理出国培训。但从中国的实际情况看，不是所有需要培训的展览经理都有机会参加我们到国外的培训。为扩大展览培训的覆盖面，中国贸促会将每年重点在国内举办各类培训班，邀请外方教授来华讲学，结合聘请国内资深人士开设讲座。

在培训的时间安排上，一定要做到定期化，便于国内展览业内人士根据课程时间及早做出适当的调整和安排。二要长短期培训相结合。要透彻地了解国外会展经济的奥秘和操作方法，仅有短期培训是远远不够的，必须专门组织一批业务素质高、外文水平高的中国展览精英在国内院校长期学习。建立长短期相结合的培训体系也将是中国贸促会培训工作的目标。

最后，也是重要的一点，培训应不以盈利为目的。中国贸促会开展培训工作要立足于服务，不以盈利为目的。现阶段，对于培训只能作少量人力的投入。但贸促会将通过丰富的国内外网络，力求为在一定程度上减轻参加人员费用负担。如在学习德国先进展览经验方面，中国贸促会就请到了德国国际培训和发展协会共同作为主办单位，该协会对教授和专家的讲课费提供了部分赞助，并对部分在德日程进行了协调，这样就大大地减轻了参加培训人员的负担。

四、培训工作框架

以上思路和设想为原则，中国贸促会已初步构建了以下培训框架。

1. 与上海交大安泰管理学院的合作

展览培训只能解决展览业现有从业人员素质的提高，要想为展览界的未来发展培养和输送人才，还要有教育界的积极参与。目前国内各知名院校没有设置会展专业的课程，随着会展经济的迅猛发展，教育界必将不断介入该领域。我们应该积极促进教育界介入会展经济，和教育界联手填补空白，为展览业的发展培养人才。为此，我会已初步与上海交大安泰管理学院在展览教育方面达成了一致，一方面成立展览研发中心，对展览行业进行系统调研，逐步形成我国自己的展览理论并筹划设置会展专业；另一方面，成立展览培训中心，开展对会展业现有人员的职业培训。

2. 与美国国际展览管理协会（IAEM）的合作

美国国际展览管理协会（IAEM）成立于1928年，现已成为面向所有展览从业者的非营利的国际协会组织，旨在通过培训、信息传播、调研、出版物、会议等方式促进展览业的发展。注册展览经理CEM（Certified Exhibition Management）培训体系是美国国际展览管理协会推出的展览经理培训课程。培训的对象是具有一定从业经验的（一般为三年以上）展览经理，一般要求参加一定数量的必修课和选修课，并通过相应的考试。CEM在美国展览业有较大影响，许多展览公司的管理人员都参加过CEM培训并获得了CEM称号。

中国贸促会与美国国际展览管理协会（IAEM）签订合作协议，引进CEM培训体系。CEM培训内容包括展览会项目管理、营销、展会实施、场馆选择和场地规划、运输、服务合同签署等。培训不求高深，但力求系统，在几个重要的主题上力求透彻分析。CEM培训拟邀请的授课专家将包括美国展览界专家、中国展览业专家、大学教授等，授课内容将在引进国外理论体系的同时，充分考虑中国展览业的具体特点；在学习展览实务的同时，也要着力加强理论的提升。

3. 中德展览系列培训班（Sino-German Messe Campus）

为满足业界对短期培训的需要，中国贸促会还与德国国际培训和发展协会（前身为德国卡尔－杜伊斯堡协会CDG）合作推出了中德系列展览培训班。培训班包括赴德国培训和在华培训，内容以理论学习为主，辅之以业务交流。业务交流是指参观德国著名的展览公司并进行业务讲座；理论学习是指由瑞文斯堡大学教授和德国展览公司高级管理人员进行的集中授课。德国瑞文斯堡大学是德国惟一的一所长期从事会展研究和教学的大学，该大学对展览实践进行了系统的归纳，将市场营销、项目管理等理论与展览实践相结合，形成了成熟的展览理论。瑞文斯堡大学与德国各展览公司在培训方面有广泛的合作，为企业培训了大批实用型人才。在瑞文斯堡大学的理论学习的内容包括展会定义、展会的经济和社会效益、展会的项目管理、营销管理、预算和财务管理、定价策略等。

中德系列展览培训班的赴德国培训班确定为一年两次，约在每年3月底4月初和11月举办；在华展览培训约在每年7月份。培训以短期为主，赴德培训时间在16至18天之间；在华培训时间为一周。

中国贸促会2002年10月推出了第一个“赴德展览管理培训班”项目，得到了业界的积极反馈，报名人数远远超过预想。根据中外双方在培训班结束后对参加者进行了跟踪问卷调查，培训的参加者总体上对培训评价积极：82%的参加者认为本次培训内容充实，学习效果好于国内其他培训、研讨会；几乎所有的参加者都表示有兴趣将来再次赴德培训。

中国贸促会通过以上举措已初步构建了展览培训的基本框架，以此为基础，培训工作将进一步得到细化。中国贸促会将不遗余力发挥管理、协调、服务、交流的职能，为推进行业发展做出应有的贡献。

中国会展业应向国外同行借鉴什么

一、建立展会品牌

没有品牌的展会好比一个没有名称的产品，是不能生存和发展的。品牌在形式上由其标志（或展会会标）及缩写组成，并需在展会所在国和有关国际机构注册，以申请法律保护。如爱博集团的国际食品展由会标和SIAL组成其品牌；工程机械展由其会标和INTERMAT组成其品牌，励展集团的环保技术展由其会标和称谓 POLLUTEC 组成其品牌

一些国外知名大展移植到国内一般沿用其国外品牌，加上CHINA 的后缀。如：SIAL CHINA 、BATIMAT CHINA 展等。在国内举办的国际展中已有些成功的范例，如中国服装工业协会的国际服装博览会CHIC展等，中国食品和包装机械协会的CHINA FOODTECH展等。这些品牌简练鲜明，在国外宣传起来十分有力。

二、在市场调研的基础上做好产品定位

随着媒体对“会展经济”的高热度宣传，许多省市政府、专业协会和大众的展览公司进入展览业，使得会展经济过热，多头办展，重复办展，大量兴建高规格大型场馆的现象层出不穷，中国的会展行业进入群雄割据的“春秋战国”时期。此外，许多办展机构奉行“拿来主义”的路线；国外有什么展，国内办什么展；别人什么展成功了，国内也办同样的展。在这种盲从的热情之中，忘记了市场调研以及产品定位的重要性。

展会与相关专业市场的关系，如同上层建筑和经济基础的关系。即：展会决定相关专业市场的发展水平；反过来，展会对相关的专业市场 的发展起着积极的促进作用。总之，市场第一性，展会第二性；没有坚实的市场为基础，就不可能培育和发展良好的展会。

法国的SIAL国际食品展吸引了来自90个国家的5千家公司参展，专业观众达13万人，来自180个国家。法国SIAL食品展创办于1964年，其历史悠久固然是一个因素，但这个展会之所以发展成为世界头号食品展是因为法国的农业和食品工业发达、对国外饮食文化兼容并蓄、位于欧洲中心等诸多客观因素造成。世界最大BATIMAT建材展参观人数达14万人，其中国外观众高达14%，与法国建筑工业发达分不开。北京国际机床展之所以办成国内最大的专业展之一，缘于中国每年需从国外进口大量的数控机床和先进的机械加工设备。大规模的进口贸易促成了国内最大专业展会的诞生和发展。

相反，由于国际贸易不发达导致国际展做不大的实例也比比皆是。如北京CHIC国际服装博览会难以吸引国外参展商，就是因为国外成衣进口关税高，成衣价格高昂，中国市场难以接受等客观因素造成。许多国内的国际农机展之所以造成国外参展商参加不多，也是由于受到国内农机市场消费能力低的制约，所以各地在办展的同时，务必要对当地的市场进行客观的具体分析，绝不能脱离现实市场去办展会。一般来讲，大型展会应靠近产业带的中心城市，或消费地区的中心城市。办国际展要考虑外商进入中国市场的习惯性做法，如：倾向于从东部大城市进入中国市场；倾向于进入城市基础设施完善，投资软环境与国际接轨的城市等等。因此，对于大量的中西部城市，建议把主要力量放在创建能促进本地区经济发展的中小型展会上，切忌贪大求洋和华而不实。展馆的建设规模也不宜过大，分期建设是一种可取的做法，以免为城市背上沉重的财政包袱。

三、观众促进工作决定展会成败

展会是服务行业，对参展商来讲，他们的最大需求是能在展会上见到老客户，发现新客户。对参展商的服务好坏决定了一个展会的成功与失败。

现在国内80%以上的展览公司对观众促进工作的重要性认识不足，如没有观众数据库，没有建立入门胸卡制度，参观促进经费省之再省，没有建立专门的观众促进班子等等。这种短视的做法势必将给展会带来严重后果。从某种意义上来讲，展会之间的竞争或展览公司之间的竞争在很大程度上将演变为观众促进工作质量方面的竞争。

对于国内的国际性展会而言，很重要的一个问题是如何建立自己的海内外促进网络。因此，如何打破门户，建立一个“合作社”性质的专业化促进网络是摆在国内展览业面前的一项重大课题。

四、强化行业竞争意识

展会是一个竞争十分激烈的市场。许多热门领域，如建筑材料、农业、食品、食品加工、包装、计算机及IT行业，每年全国各地均有上百个展会。经过今后5至10年的竞争和优胜劣汰，其中大部分质量不佳的展会将会被淘汰出局，每个专业领域内将只剩下为数寥寥的全国性大展和若干有特色的地区展。所以，投身于展览行业的公司首先必须要有强烈的竞争意识，做好长期艰苦奋斗的准备。更重要的是不要轻率地投入一个新的专业展会领域。

五、营造公平市场环境

为使展会市场良性发展，势必要营造一个公平的市场环境。首先，需加强行政部门和媒体对市场的监督，制止恶性竞

争。如有的公司抄袭别人展会的名称，和别的展会同期同地举办，“偷窃”别人的客户；有的展览公司恶意中伤其竞争对手，或通过行政手段来扼杀对手等现象，应予制止。其次，作为展会的主管行政部门，应尽快建立一个具有广泛代表性的、公正的全国性展览协会，建立一个客观、科学的展会统计部门。这个统计部门应当运用自己的手段对全国性的大型展览会提供客观的数据统计，如展会参展公司数量，展台净面积平米数，专业观众的人数，从而为展览市场树立一面“镜子”，加强展会市场的客观性。目前市场上的展会数据多由主办方自行发布，主观随意性太多，不利于市场的公平竞争。

六、运用现代营销策略

展览公司应对展会市场以及展会相应专业的市场运行大局进行综合评估，再运用现代营销的方法制定适合自己的营销策略。

对于在市场上已经取得领先地位的展览公司，要打好“防御战”，不断挑战自我，不断改进自己的展会。广交会现在每展办两期，同时加大对民营企业的开放都是一种积极的尝试。世界工程机械三大展之一的法国INTERMAT展利用巴黎北郊展览中心拥有的大片可用荒地，特开辟工程机械演示区，获得参展商的欢迎，从而为展会添加了新的亮点。巴黎航空航天展为了巩固世界第一大展的地位，增设空港设备新展区，也是一种顺应市场需求，不断提高展会水平的新举措。

对于处于市场前列、但还不是最大最强的展会，则应不断找出差距，策划新闻活动，打好市场的“进攻战”。我们特别推荐“大联合”的方式方法，即相同内容的展会联合举办或合二为一，或把相互有联系的专业展会同期同地举办，通过协同作战的方式向对手发起攻势。如2002年5月22日至24日在上海同期举办了中国SIAL CHINA国际食品及饮料展，中国上海国际包装及食品加工技术展以及国际烘焙技术展等三大食品工业展会，由三大展会的主办单位联手开展观众促进工作，取得了良好的收效。值得一提的是，这种战略同盟的组织必须要有一个互谅互让的合作氛围，否则很容易互相拆台，不欢而散。

对于面大量广的中、小型地区性展会，应该推荐“游击战”，即避开强势展会，避免和强大的对手直接竞争，在适当的时间和地点，举办有地域性特点的中小型展会。不去追逐展会的规模和营业额，而应在展会质量和赢利率上做文章。

展会行业是一个竞争十分激烈的行业，创名牌难，倒名牌易。如果不思进取，一旦承载它的行业市场发生突变，很可能一二届后展会就会消失。这方面的实例国际上屡见不鲜。如法国国际男装展SEAM在五六年前就是一个展台净面积5万平方米的国际大展，现在其展览面积只有以前的1/10，其主要原因是难以适应国际服装业市场在近几年的突变。

总之，中国会展业只有立足中国市场，不断吸取国内外会展行业的先进经验，才能少走弯路，事半功倍，达到预期的目标。

——《国际商报》

源自法兰克福国际家纺博览会的思考

2003年的法兰克福国际家纺博览会共有10个展区。1号馆是流行概念与趋势发布区，目前尚无参展的国内研究机构，3号馆主要是欧美品牌，基本代表了当今家纺发展的最高水平，6号馆和10号馆有部分我国生产加工型企业。整个博览会近60万平方米的展厅，规模之宏大除非身临其境是很难想象的。各馆参展的家纺生产、设计、品牌企业以各自明确的定位展现了一个相互联系并继续发展的世界家纺状况。

一、源自本土文化带来的震撼力

比较法兰克福的展示，可能会发现国内展览展示的水平并不低，就像国内的许多高楼大厦，借鉴了欧洲的设计。但这仅是艺术的外在表现形式，而艺术的境界却有差异。这种差异来自对艺术表现的内在理解。

国内展示，很大程度上以展示道具自身来体现需要表达的品牌内涵。由此也就不难理解近两年来国内展示难以突破的现状，由于国内展示的进步建立在欧美最新展示的基础上，当我们展示的外在水平已经趋近现有世界水平后，但因没有内在的艺术修养的提升，就很难有新的创意。

法兰克福的展示，同样强调展示的道具与方式，但服务的对象是产品。品牌内涵通过展示的产品来体现。这就实现了从艺术理解到商品审美的连贯。

在欧洲的很多小商店、小旅馆，许多看似不经意的摆放都能给人以精致与典雅的感觉，这是否意味着他们都是设计师？欧洲人在固定文化背景下形成了相对稳定的审美标准。而我们接受了大量先进的西方文化的同时，却来不及在冲撞中把其融入到自身文化体系中形成系统的审美理念。

在一个追求形似的阶段，更多关注的是别人亮点的组合，自身出现审美的断裂也就是必然的了。什么时候我们有了稳定的审美标准，什么时候我们才有自身文化的震撼力。

在法兰克福的画册展上，笔者见到这么一幅照片，一只猫从一堵石墙的铁栅窗上窜下。在我的眼里这是一幅很美的构图，宁静中有着和谐与灵性。而在艺术家的眼里，它被模糊成条纹与色块，演绎成各个体系的布样花稿。

1号馆有几家研究机构专门为设计师发布一些针对社会现状发展的阶段性的概念与灵感。这都是一种社会综合力量推动人心绪异动后呈现出的新的向往，这种向往被抽象地概括后通过设计师的表述，转化为一种时尚。

国内的大型展示也有流行色与流行趋势发布，但我们始终没能完全考虑到现阶段流行的诚信度，设计师们对于产品就只是一种审美的理解而不是审美的创造。我们缺少指导设计师的人，指导设计师的人就是产品的艺术家。

二、整合世界资源

国内家纺业普遍认为，设计与环境互动不足是制约中国家纺提升的核心问题。

由于每个环节都不足以先行一步独立带动其他环节发展，使整个国内家纺业找不到一个新的突破口。情况真是这样吗？

我们跟法国家纺协会的部分专家有过一次接触，因为我们的抱着学习的态度，令他们很惊讶。他们说，根据他们的数据，预测3年后中国纺织要占世界47%的份额，而现在已接近整个欧洲的总量。针对这一个状况，他们已经考虑要联合非洲的部分国家形成一个从设计到生产优势互补型的大纺织同盟，以增强竞争力。我们告诉他们，我们是生产加工型企业，即使你提供的数据是准确的（由于这是市场零售的数据），我们的实际出口也就是这一数据的1/5。我们可能要很久以后才能有世界级的设计和品牌。他们说，不应该吧，2005年之后就应该逐步有了。

这是两种不同的思考方式对同一现状产生的迥然不同的判断。他们从市场的结果推断出了中国纺织的力量，而我们在剖析内在动力时发现了我们的迷惑。但是有一点我们应该能看到，设计最好的国家不一定拥有最好的制作工艺、生产面料，不一定拥有最有潜力的消费市场和最有竞争力的劳动力市场。中国家纺也不应在断裂世界的普遍联系中去思考独立的滚动发展，我们已经借鉴了很多外来优势，为什么不能在市场的推动下去整合世界资源。

每次的法兰克福家纺国际博览会，都给国内带来很大的冲击。我们吸收并归纳了许多形式上的亮点，仅凭这些我们已在参与国际竞争，并激发了国内的消费潜力。随着时间的推移，量的堆积必定给我们带来更多的思索，深层次地去理解我们已接受的现状与我们自身文化间的联系，然后形成一个完整的脉络，一个健全的表现与推动的链，是我们家纺文化崛起的希望。

从CPD看中国服装展览会现状

以展会的形式陈列商品，促进生产商与销售商之间的相互交流和贸易往来最早起源于欧洲。自1851年5月英国伦敦举办第一个博览会至今，国际展览业已经走过了152年的历程。这期间，欧洲的展会经济发展最快，无论从整体实力还是在规模上，都居世界首位。同时，欧洲展会的专业化水准也最高，欧洲人利用展会开拓市场，扩大贸易，不但对本国的经济起到了巨大的推动作用，也为世界展览业的发展积累了许多成功的经验。

由于展览会是优于专业杂志、直接邮寄、推销员推销、公关、报纸、电话等其他多种销售手段的营销中介体，通过展会寻找客户的成本要远远低于其他销售渠道的成本。因此，现在有越来越多的国家和地区、越来越多的行业通过举办各种形式的商业展会，展示新科技和新产品，促进贸易与合作，特别是国际化程度高的专业性贸易展览会，已成为全球化的商品交易市场。世界上最大的成衣展CPD（杜塞尔多夫国际服装博览会），每年两季在世界头号展览强国——德国的杜塞尔多夫举办，每届面积达20多万平方米，吸引了来自世界各地几千个服装品牌和100多个国家数以万计的专业买家云集于此，参观订货和洽谈贸易。

一、中国服装展会现状分析及差距

中国的展览业起步于改革开放之后，随着近10年来中国服装产业的不断发展和扩大，特别是随着一批批服装品牌的崛起，中国的服装展览业也在以迅猛的速度扩张。从10年前全国仅有若干个服装展览会，面积不过万余平方米，到如今凡是服装生产加工的集散地或比较重要的省份或城市，几乎都有了自己的服装展会。不可否认，这些服装展会对推动当地的经济和带动服装产业的发展确实起到了一定的积极作用。许多服装企业正是通过这许许多多的展会，宣传了品牌，拓展了销售渠道，扩大了企业的生产规模，取得了可观的经济效益。但若把这些展会放到国际大环境中，与发达国家、特别是与欧洲成熟的专业服装贸易展相比较，可以看出其中存在的巨大差距。

目前在国内举办的众多服装展中，有相当一部分依然是由政府唱主角，带有浓厚的地方色彩和行政命令，无论展会实际效果如何，本地企业都要按政府指令参加。政府出钱请明星、请大腕，看似红红火火，热热闹闹，展会实际效果却差强人意。而欧洲专业服装展的主办者通常是独立的展览公司，采取的是完全市场化和商业化的运作方式。企业为拓展市场、扩大贸易、建立销售渠道而参展，买家根据市场需求寻找目标客户，为洽谈贸易和订货而来，目的十分明确。

国内一些省市举办的服装展会除展示服装外，往往还肩负着宣传当地旅游和招商的目的，不少都发展为大众节日。伴随着隆重的开幕仪式、大型文艺晚会或各种层出不穷的活动，展场上喧嚣嘈杂，人流涌动，摩肩接踵，十分热闹。而欧洲的专业服装展有些只在开馆前有一个十分简短的仪式，有些甚至没有开幕式，没有剪彩，更没有文艺演出。展场外除展会标识外，没有任何多余的装饰以及标语、气球。展场内没有哗众取宠的喧哗，没有故弄玄虚的卖弄，一切安排都高效务实，一切服务以为展商和专业观众提供方便为目标，管内安静祥和，为参展商和前来参观的买家营造了良好的商贸洽谈氛围。

在国内的服装展会上，经常可以看到两种极端的情况，一方面是一些财大气粗的企业搭建一二百平方米、甚至几百平方米的大型或超大型展台，展会变成了企业实力的比拚，偏离了参展的根本目的。另一方面，是一些只有九平方米大小的火柴盒式的标准展位，搭建简单，配置简陋，缺少自己品牌的形象与特点，与服装展的时尚性极不相称。而欧洲的专业服装展，为了体现服装的专业特点，展位一般采用木制结构，突出前卫与时尚性，装修风格与展出服装的品位和档次相得益彰。即使是标准展位，也留出足够的空间，并且精心设计，给前来洽谈贸易的买家以舒适的感觉。

国内的服装展，有些至今仍以地方展团作为划分展区的标准，以至于真正的买家到了现场后，被展会的格局弄得一头雾水，找不到自己的目标客户，大大降低了贸易洽谈的有效率和成功率。而欧洲的专业服装展，则一般是以产品类别来划分区域，更有像CPD这样成熟的专业成衣展，是以产品的档次或消费群体的生活方式为原则，以不同的主题作为划分展区的标准，如保守经典、新潮时尚、反叛前卫，并且每年都根据流行趋势的不同特点进行调整。因此，展会是以客户的利益和市场的需求为转移，这样的展会才具有时效性，才能吸引更多为贸易而来的参展商和买家，展会才具有长久的生命力。

中国的许多服装展会是针对消费者层面做推广，观众大多不加控制。由于服装是作为最终消费产品，大量普通社会公众的涌入和展会上摆摊零售无疑使展会的水准和档次大打折扣。因此，许多展会尽管号称几万甚至几十万人次的观众，看似远远高于国外展会，但真正意义上的商家并不多，大多数只能称其为参观者，而不能称为买家。而国际上专业的服装展，是针对国际贸易层面的。在展前主办者会对本国和目标国家或地区的重要商家，包括大采购商、批发商、零售商、代理商、专卖店等发出专函邀请。在展会期间，则要对入场观众进行严格的身份识别和登录，非专业人士不得入内，展会上只谈订单，绝对拒绝零售。

参加中国国内举办的服装展的厂商，主要目的是开拓国内的内销市场，参展商绝大多数为本地企业或合资企业，真正的海外展商寥寥无几。因此，尽管许多展会都冠以“国际”二字，盛名之下，其实难副。而真正的国际专业展，参展商是以开拓国际市场为目的。按照国际展览局的标准，除本国企业外，国外展商及其参展面积至少要占到整个展会的1/4，海外观众的比例则不低于4%。

当今的中国服装展会正处于“战国时期”，各地方各种名目繁多的服装展会蜂拥而起，同一时间段内，名称相似或相近的服装展会层层叠叠，展会水准和档次参差不齐。一方面，展位价格低廉，造成各个展会之间的恶性竞争。另一方面，展会宣传与实际严重不符，展场服务不到位，其最终结果是损害了参展商的利益，让真正的买家满怀希望而来，失望而归。相比之下，欧洲专业的服装展，都有自己明确的定位，有明确的目标参展商和目标观众群。展位价格不仅仅是场地租金和展位装修的成本费用，其中更包含着展览公司的信誉和整个参展过程中为展商和专业观众提供的一种高质量的服务，以及展会为展商和买家带来的贸易效果。

二、对发展专业性服装展览会的思考

尽管中国的展览经济与欧洲相比，还是一个新兴的产业，中国的服装展览业还仅仅是处于会展经济发展的初级阶段，但是，它在服装产业的发展中已经占据着举足轻重的地位。首先，专业性的展览会是企业低成本走向国际化的重要途径。其次，专业性的展览会是行业集中展现水平、同台竞争和找出自身差距的重要场所。同时，由于专业性的服装展览会不但是服装行业的一个商品市场、技术市场和信息市场，更是一个重要的直接贸易市场，在促进出口贸易、中外合作和技术引进中起着日益重要和不可替代的作用。

加入WTO后，中国的服装企业需要提升品牌，与国内外的采购商、分销商和零售商建立广泛的业务联系，拓展国内、国际市场；而大量的海外品牌也期望进入中国市场。因此，展会作为推销产品、了解市场、建立销售渠道、交流信息和洽谈贸易、开展合作的最有效途径，将得到更大的发展。在这种形势下，中国的服装展览业有必要也必须进行全面的整合。通过整合，提升展会的水准与档次，打造专业化的国际服装贸易展，避免低层次的重复，这是中国服装展览业发展的必然趋势。同时，应当注意以下几点：

展览会定期化。展会的定期化有利于展商提前选择与本企业市场拓展方向相符的展会，做出预算，准备展品。同时，也有利于经销商提前做出采购计划。展会的定期化还可使展会举办者在一定程度上节省广告宣传费用，对展会的成功起着重要的作用。

展览会品牌化。在对展会企业的选择方面，应当设立准入条件，更多的着重于企业的水平和档次；展前要做充分的市场调研和咨询，对展会本身加强策划和设计，提高专业化程度和规模水平，加大新闻宣传力度，对展会自身的品牌进行塑造和经营。

展览会国际化。所谓国际化，应当体现在几个方面：一是展商国际化；二是贸易观众国际化；三是展会专业水平和档次、操作模式及服务水平要与国际接轨。而第三点是吸引真正的国际参展商和提高海外贸易观众比例的重要前提。

充分发挥新闻媒体对展会的推动和促进作用。一个展会的品牌影响力，除了自身的水准外，离不开媒体的宣传与报道。专业性服装展作为行业的重要经贸活动，通过媒体的宣传与介绍，可以提高展会在行业和商界中的知名度，让更多的服装企业了解展会的水平与档次，有目标地参与展会；同时，也让更多的买家了解展会的内容，了解参展企业，有效地选择采购对象和采购品牌。

总之，在展会经济发展向着国际化迈进的大趋势下，我们要认真学习欧洲展览业成功的经验，结合中国国情，引入欧洲成熟的展览模式和专业运作方式，提高办展档次和水平，不断缩小与国际专业展览会之间的差距，并在发展中不断更新和创新，创立自己有持久生命力的品牌展览会。我们有理由相信，在不远的将来，中国的服装展览业将会涌现出一批真正的国际专业展会，在世界展览业的市场上与发达国家的专业展同台竞争。

——《中国贸易报》

“糖酒会”盛宴还能摆多久

一年两度的糖酒会对于糖酒会企业来说可谓一次盛会，但是，这个计划经济条件下的产物是否还能适合当前的发展，近年来，无论是厂家还是经销商，大家都对糖酒会颇有微词，“糖酒会还能办多久”的疑问就一直私下里在流传，虽然糖酒会始终是他们绝对不能弃之不顾的鸡肋。

但如今，昔日里白酒的醇香已经开始变味。

一、以会展拉动经济 糖酒会养活炒房族

2003年3月21日，在成都举办的第68届全国糖酒会刚刚开幕，某酒业集团企划部的彭经理就开始飞往沈阳，因为今年的秋季糖酒会在那里举办。“每次糖酒会的结束就是下次糖酒会的开始。”而来自沈阳的消息说，那里的酒店早把糖酒会期间的价位高升以待了。一些广告公司常年在主办城市之间飞来飞去，先以高出酒店客房的价格包下所有客房，在糖酒会期间，再以更高价租给参展商或客户，并促使他们在酒店集中布展。

据说，以前春季糖酒会一直在成都召开，四川的几家大型广告公司早已牢牢控制着糖酒会的广告大户，使他们足以与主办方讨价还价。事实上，糖酒会期间的主要街道广告发布权和各大宾馆饭店的房价，就被这三五家专吃糖酒会的广告公司垄断着。

万商云集是糖酒会的最大特点，业内的普遍说法是，近年来的每届糖酒会，都给举办城市带来10亿元的收入。

7天送来10个亿，全国糖酒会因此成了一张令无数城市垂涎的巨大“馅饼”，目前至少有30个城市正在积极申请承办。

在糖酒会期间，主办城市房价暴涨，据业内人士保守估计，糖酒会期间，成都的宾馆酒店价格比平时上升了3～5倍，糖酒会养活了一批炒房族。以前成都办春季糖酒会时，宾馆10天内的所得利润甚至高达全年利润的2/3。

炒房族能够生存，而且能够生存得很好，自然有其道理，他们帮助参展企业选择住房。在选房过程中，新参展的企业一般选择在火车站、正式代表集中的地方确定住房；或者直接根据产品的主要销区，通过各种渠道了解到该地主要经销商的住地，在他们居住地就近选定宾馆、饭店。而王牌知名企业则主要是彰显企业实力，一般是在三星级以上的宾馆包下一二层楼，或者有的干脆拥有整个宾馆。比如这次健力宝集团就包下了西南地区最好的五星级饭店——锦江宾馆的几个楼层，同时进驻锦江宾馆的还有郎酒集团和长城集团。他们一般都主动为自己的主要经销商预订住房，安排食宿，这其实是一个商招，即可以加深老朋友的友谊，又为发展新朋友、扩大销售网走出了第一步。

二、开幕即闭幕 怪风刹不住

全国糖酒商品交易会有一个奇怪的传统：开幕即闭幕。2003成都春季糖酒会亦不例外，3月21正式开幕，22日便显出“曲终人散”的寂寥，按规定本次大会于本月25日才结束。22日下午，主展区国际会展中心的室内展区有1/3的展位已撤，更多的正在收拾样品，拆除展板，准备撤离。二楼展区更显冷清，2/3展位空无一人，前两天漂亮鲜艳的各种广告海报、条幅早已被人取走，昔日人声鼎沸的风光早已不再。室外展区的情况好不了多少。参展商走后，很多小商小贩趁虚而入，在糖酒会上堂而皇之地吆喝练摊。

举办全国糖酒会的各方面也早已料到此现象的发生。为防患于未然，本次糖酒会之前，成都市有关部门明确规定：3月23日下午3时以前不得撤展。但现实的规范似乎挡不住传统的惯性。

这种现象实际上从糖酒会初次举办时就已存在，成都市商品交易会办公室的一位同志透露，最早的糖酒交易会是没有会场的，厂家间的交易都是在各宾馆代表团驻地的走廊里、会议室里完成的。1994年开始设集中展区，由于场地不足，全市大街小巷遍地是展位，交易秩序比较混乱。几年前成都国际会议展览中心开业以来，糖酒会交易档次明显提高，秩序迅速好转。

有业内人士认为，“开幕即闭幕”这种屡禁不绝的怪现状，其实和会外展、场外交易等违规操作是一胎双胞的怪胎。其根源在于某些酒店和广告公司在利益驱动下相互勾结，暗箱操

作，加上一些参展客商规范运作的意识不强，相关部门的监控打击力度不够，才使“开幕即闭幕“此种畸形传统在糖酒会上得以延续生存。

但是，黑龙江某知名白酒品牌的经销商郭先生却认为，交易会的成功首先是企业从会议上了解了信息，交流了情况，拿到了订单。至于进不进主会场、设不设展位、怎么设展位实际上是企业自己的事。

为什么糖酒会“留不住”客商呢？专家认为，在市场经济的冲击下，糖酒会的交易功能已明显弱化，其性质正从过去的交易会变为某种形式的展示会。重庆一客商坦陈：“全国糖酒会是一个很好的交流和展示平台，但在市场经济条件下，应引入新机制，采用新模式，完成由组织型向服务型的过渡，这样便不愁留不住客商。”

部分参会厂商认为，参与集中布展费用高不说，还要遵守展区制度，受时间的限制，而在住宿的宾馆房间布展，不仅节省人力和财力，工作效率也高。据了解，糖酒会期间，位于成都市区西北的宾馆、饭店成了不少客商的主展场。实际上，没有哪个城市能提供如此大的场所一次供10万人交易，同时10万人在一起进行交易也很滑稽。每次糖酒会都在主办方禁止会外展、参展企业我行我素的矛盾中举办着。在赚取金钱的同时，主办城市也承受着种种指责。业内人士认为，“会外展”、“会前会”屡禁不绝，对糖酒会的办会方式提出了革新的要求。

三、不为履约为作秀

从1994年开始，全国糖酒会的成交额就开始节节高攀，号称逾百亿元，但是在对糖酒会稍有常识的人眼里，成交额已成为美丽的谎言，因为在这些喜人的成交额后面，是连两成都无法保证的履约率。

低得可怜的履约率，不仅与天文数字一般的成交额形成鲜明对比，更与参展厂家挥金如土的气派极不和谐，于是，糖酒会又被业内人士戏称为“烧钱运动”。

糖酒会是一个“会前会”，等到大会开幕时，大部分生意早已谈完。即使如此，各厂家还是在会展中心租用场地，并花大价钱装修一番。这笔费用少则数万元，多则几百万元。用这么多钱堆起来的展台，寿命不过一两天。

糖酒会上，酒类企业一直占主导，而中国酒行业相当混乱。中国有3.8万多家酒厂，其中骨干企业多达5400多家，平均每一个县就有两家酒厂，20多万个品种在瓜分有限的市场。

这就导致竞争非常残酷，一些缺乏竞争力的企业，过多依赖广告公司和营销公司的所谓炒作，企图借助糖酒会一夜成名。这是糖酒会烧钱的动力。拼命“烧钱”与没完没了地签订几乎毫无诚信可言的意向合同，基本上构成了企业与会的基本内容。这种近乎“黑色幽默”的会展形式越来越受到业内人士的质疑。

有人预言，从计划经济时代演变而来的全国糖酒商品交易会，会随着会展经济的发展和我国加入世贸组织而逐渐消失。

但是，另一方面，从展会的主办方和承办城市的角度讲，每次展会就意味着一次巨大的商机，所以他们更乐于看到这种热闹长期继续下去，于是最终造就了这种10万人大嚼“鸡肋”的商界奇观。

安徽老八大酒业有限公司的南方市场部经理尚广威认为，糖酒会交易功能明显弱化，其性质正从过去的交易会变为某种形式的展示会。厂家参加糖酒会，很大程度上是为了给经销商打气，表明自己还活着，而且还活得很好，如果不来，就可能引起经销商们的怀疑。

中国糖业酒类集团公司总经济师、全国糖酒会办公室主任何继红女士则坚信糖酒会不会取消。她认为，糖酒会作为一大商业品牌，已经显露出国际食品博览会的雏形。在过去的几年间，中国的各类专业展览会的年增长速度已达到20%。

——《中国经营报》

我国会展旅游问题亟待解决

目前，我国会展旅游业才刚刚起步，其中有很多问题亟待解决。

一、市场化不够

在我国会展旅游业的发展中，最重要的问题是市场化程度过低。没有形成会展组织者、目的地接待者完整的接待服务体系。国际会展业的成功经验表明，会展组织者、目的地接待者分工体系是会展旅游业发展的重要内容，但我国目前无论是会展旅游企业还是政府都比较关注的目的地接待者，对于会展中最为重要的会展组织者缺乏认识。

政府在主导会展旅游业发展中，行政干预过多。会展业在发展的初级阶段必须有政府的主导，但是政府在什么层次上主导，参与到什么程度，这些根本问题没有解决。政府干预过多，导致会展业非市场化，主要在对场馆建设等方面参与过多，而对会展管理体系、服务体系建立等方面参与较少。政府组织的一些会展不计成本，使得很多会展公司对这些会展业务敬而远之。

我国的会展市场目前还是单一的买家市场。德国等会展大国的会展业之所以能够保持世界领先地位，一个重要原因就是其会展地本身就是国际大都市，开办展览的受众对象是国际化的。但我国的大都市还没有成为国际化的大都市，参观展会的受众几乎是清一色的国内客人，因此，不是针对国内买家的一般不会在我国举办。这是限制我国国际会展业发展的重要原因。

会展业还没有独立成为一个产业，由于我国会展业曾经是由一些非市场化的发起单位和部门全部或部分垄断，这些单位和部门还没有意识到中介公司提供的服务的效率会更高。因此，会展业在目前还处于一定的垄断阶段，会展业还不能称为一个独立的产业。

二、外部环境亟待改善

会展旅游业作为都市旅游的重要组成部分，其发展尤其依赖外部条件的完善，但目前我国会展旅游业发展的外部条件还不健全。

法律、法规不健全。日本等国为发展会展旅游业曾设立了《通过促销和举办国际会议等振兴国际旅游法》，但我国旅游行政管理部门还没有从扩大国际旅游业的角度，以法律、法规的形式促进会展旅游业的发展。此外，我国举办会展的法律、法规也十分不健全，目前仅有1995年9月22日原对外贸易经济合作部的《关于出国（境）举办招商和办展等经贸活动的管理办法》。

由于法律、法规不健全导致目前我国会展业比较混乱，主要表现在：重复办展、会展内容混乱、受众对象不明确、举办会展的中介公司良莠不齐等。目前，上海与会展业务有关的企业已有1920家，其中主管会展业务的企业511家，具有一定规模的企业近百家；北京地区经原对外贸易经济合作部审批的具有举办国际展览会资格的单位134家，在北京工商部门登记注册的具有经营会展业务的公司1700余家。

审批手续复杂，由于法律不健全，我国举办会展的审批中人为因素过多，审批手续复杂。我国对会展审批审慎，主要是基于国家安全等方面的考虑。其实目前国际会展大部分是科学和商业性的，与政治等方面关系不大。根据ICCA 2000年统计，国际会议从专业上划分，比例从高到低依次是医学类（32%）、科学类（13.6%）、工业类（8%）、技术类（7.4%）、教育类（4.7%）、农业类（4%），以后才是社会科学、经济教育、商业管理、生态环保等。因此，适当简化、放宽审批手续是不成问题的。

城市环境有待改善。会展旅游业作为都市旅游业的重要组成部分，其发展受制于国际旅游城市的发展。目前我国就连北京等城市距离国际旅游城市的标准还有相当差距，这严重阻碍了会展旅游业的健康发展。

重硬件，轻软件，重展轻会。目前我国省会城市和大型城市都将会展业作为其经济发展的增长点，并将重点放在场馆等硬件设施的建设上。但会展旅游业的发展，绝不仅仅依赖场馆的建设，其发展更依赖于软环境的规范化、国际化等。

按照国际上对会展及奖励旅游业的认识，包括了MICE的四个方面。会展旅游业应是会议和展览并重，但是目前各地在开展会展旅游业研究的过程中非常重视展览而忽视会议。比如，北京市政府研究室做的《北京会展业发展研究报告》中几乎只字未提会议的问题，通篇都是展览业的情况。形成这样的局面可能与我们对会议的顾虑有关，其实根据我们上述分析，国际会议大都集中在科学研究方面，大可不必神经过敏。

三、国际化品牌的会展少

世界上会展业发达的国家或地区，举办的大都是世界著名会展，如米兰国际博览会、巴黎博览会等等，但在我国除广交会等会展有一定的世界影响外，绝大多数会展都是临时的、国内的。

四、对会展业缺乏科学研究

当前，我国对会展旅游业的研究还处于初级阶段，对会展旅游业各方面还没有形成统一的认识。最大的问题是没有建立一套科学的统计指标体系，导致统计口径混乱，无从分析会展业的范围、效益等。比如，会展业对经济的贡献程度从1∶4到1∶10各种说法不一。这严重阻碍了会展旅游业的健康发展。

——《国际商报》

知识产权为世博会保驾护航

胡安琪

“知识产权”这个新兴名词进入知识经济时代后与我们的经济活动、日常生活的联系正日益紧密。企业、市民的权利意识随着10多年来知识产权法律体系的建立到完善有了明显提高，对他人智力劳动成果的尊重已获得社会的普遍认同。无论是将于2010年举办的上海世博会，还是中国会展业的发展都离不开知识产权的法律保护。

当前任何一项新创造从诞生到工业化应用都离不开知识产权保护，世博会是各国展示和交流最新社会、经济、文化和科技成果的盛会。因而其对知识产权保护的要求也是全方位的，几乎涉及知识产权领域的所有方面，并不仅限于传统的工业产权。这对我们的立法、执法、司法都提出了新挑战：从现在到正式办展的7年间，新的知识产权客体会层出不穷，它们要寻求法律保护，首先就关系到立法；对现有知识产权客体如何依照国际标准更有效地给予保护则是执法和司法要解决的问题。

互联网的发展对传统会展业的巨大冲击也会引发新的知识产权问题。我们应在现有的知识产权法律框架内为世博会提供充分的法律保障并使其不断完备以适应时代的需要。国际展览局的成员国将2010年世博会的主办权授予上海，这既是对中国综合国力和上海举办大型展会能力的认可，又是对中国知识产权法制建设成就的肯定和执法水平的信任。

目前与世博会相关的知识产权保护主要涉及以下几方面。

一、展品的知识产权保护

1. 对未申请专利展品的临时保护

对未申请专利展品的临时保护是世博会知识产权保护的核心内容，也是我国承担的国际义务。我国专利法采用宽限期保护方式，即“申请专利的发明创造在申请日以前6个月内在中国政府主办或者承认的国际展览会上展出的，不丧失新颖性。”新颖性是授予专利权的首要条件，只有在现有技术中没有的发明创造才可能获得专利权。由于世博会的大部分展品都是最新的研究成果，发明人可能未来得及在展出前提出专利申请，会后申请中国专利时就需要这种临时保护。任何可以取得专利的展出商品都不会因为在世博会上公开展出而成为公有技术，也不会因为在展会上的首次公开日早于申请日而丧失新颖性，其他人也无法在展出日后就相同主题申请专利。但须特别注意的是展出之外的任何技术公开行为都会导致新颖性的丧失。如果一次世博会让中国成了仿冒者的天堂、侵权者的乐园，不但直接违反了巴黎公约的规定，而且有悖于举办世博会的初衷。只有得到切实的临时保护才能让各国的参展商放心地拿出自己最新、最特别的展品。

2. 展品商业标识的知识产权保护

世博会被喻为“经济奥运会”，其必将吸引世界工业领域的著名跨国公司参展。他们的产品都有自己的商标，如已在中国注册则依法享有商标专用权。其中也会有许多尚未在我国注册又是世界驰名的商标。我国商标法规定“就相同或类似商品申请注册的商标是复制、摹仿或翻译他人未在中国注册的驰名商标、容易导致混淆的，不予注册并停止使用”。据此，未注册驰名商标在我国受到特殊保护，权利人完全可以打消商标被抢注或被仿冒的顾虑。

不但参展商的商标受保护，其知名商品特有的名称、包装、装潢、企业名称、原产地名称等商业标识也受我国《反不正当竞争法》的保护。擅自将知名商品特有的名称、包装、装潢也作相同或近似的使用，造成与他人知名商品相混淆，使购买者误认的行为是一种不正当竞争行为。擅自使用他人的企业名称或者姓名，使人误认为是他人的商品的行为，也构成不正当竞争。原产地名称是一种表示商品来源的地理标志，它不仅向顾客提供商品来源信息，而且向顾客承诺该产品具有固定的质量保证。世博会的展品来自五湖四海，其使用的原产地名称也是一项知识产权。非该地区的特产而是用该知名特产的原产地名称、货源标记等是对商品的质量、产地等做引人误解的虚假宣传，也在反不正当竞争法禁止之列。

3. 展品相关著作权的知识产权保护

参展产品的技术说明书、具有独创性的展台布置、广告宣传资料等都自动享有著作权，他人不得抄袭、剽窃，擅自复制、发行。另外，计算机软件作为文字作品保护是现行的国际标准，其文档和程序都享有著作权。

二、世博会标志的知识产权保护

中国2010年上海世博会的名称、申报徽标以及即将产生的正式徽标等特殊标志经国家工商行政管理局、商标局核准登记后，依照国务院《特殊标志管理条例》受特殊保护，“擅自使用与所有人的特殊标志相同或者近似的文字、图形或者其组合的”，“未经特殊标志所有人许可，擅自制造、销售其特殊标志或将其特殊标志用于商业活动的”，或“有给特殊标志所有人造成经济损失的其他行为的”都属于侵犯标志所有人知识产权的行为，要承担相应的行政责任和民事责任。世博会的海报、口号以及其他相关宣传资料则适用我国著作权法对文字、美术和摄影作品的保护规定。中国2010年上海世博会申办工作领导小组办公室于2002年12月25日在各大主要媒体上发表了有关中国申办及举办2010年上海世博会活动中所涉及的名称权、名誉权及相关知识产权的声明。现在的申博办以及即将成立的世博会筹办机构作为权利人将与申请使用人就徽标等宣传资料的使用签订书面合同。结合商标法、著作权法等构成的多层次法律规范体系，既保障了标志所有人与合法使用人的正当权益，又规范了世博会标志的使用秩序。

三、知识产权行政执法和司法裁判

中国知识产权行政执法和司法裁判也会面临许多与世博会相关的新课题，其中就包括对受临时保护的专利申请和涉嫌侵犯驰名商标特殊权利的商标注册的审查，涉外专利权纠纷、商标侵权纠纷、反不正当竞争纠纷，以及诉前证据、财产保全、临时禁令等措施的合理适用。我们的各级知识产权行政管理部门、工商行政管理部门、人民法院应当依据我国的知识产权法和我国参与缔结的国际条约公正地作出裁决，维护当事人的合法权益。

世博会是一个富有特色的讲坛，它鼓励人类发挥创造性和主动参与性；世博会又是一个争奇斗艳的舞台，它将种种有助于人类发展的新概念、新观点、新技术展现在世人面前。衡量一届世博会的是否成功的标准，当然要包括主办国采取的知识产权保护措施。知识产权法律制度最能代表一国法制现代化的进程，也没有比世博会更能体现一国知识产权保护综合水平的场合了。健全的知识产权制度必将为“中国2010年上海世博会”——这艘承载人类梦想与希望的巨轮扬帆远行，保驾护航；为中国的这份幸运、世界的这片异彩撑起一把法律的保护伞。

新世纪我国会展场馆发展新趋势

据《中国及海外会展概览》编委会统计，与1999年相比，2000年全国新增室内展览场地面积266595平方米；2001年比2000年新增加室内展览场地面积324630平方米；2002年比上年度增加室内展览场地面积417100平方米。其中于2002年12月完工的广州国际会展中心的展览面积达18万平方米。截止到2002年底，2000年初至2002年底的三年内，全国共增加室内展览场地面积1015325平方米。

会展场馆总面积，2000年、2001年和2002年分别比上一年度增加812905平方米、487870平方米和751518平方米。三年内，全国增加场馆总面积共计2027293平方米，这一数字是我国上一个世纪所建场馆面积总和的144%。也就是说，2000至2002年的三年内，全国新建和扩建会展场馆的面积将近于1999年底以前全国展览场馆面积总和的一倍半。场馆总面积包括会议厅面积、餐厅和相关设施所用面积总和。这一系列数字显示出我国展览场馆建设速度是如此的惊人(详见图2–4)。不仅建设发展速度快，我国会展场馆的发展出现了新的趋势，那就是场馆规模越来越大、新技术和设备大量引进以及场馆的运营方式的改变。

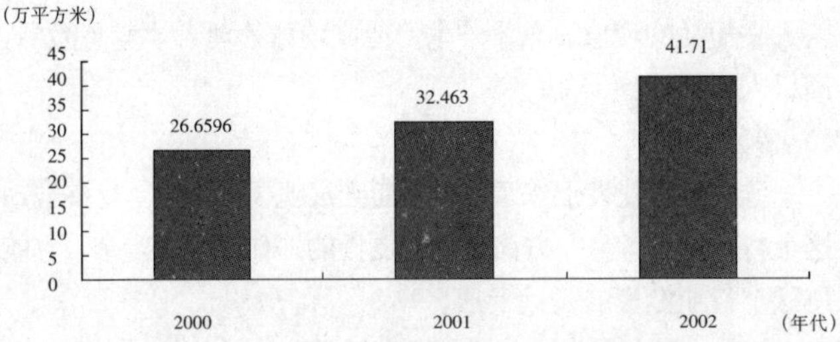

图2–4　2000～2002年全国新建室内展览场地面积示意图

一、趋势之一：规模越来越大

1999年，我国场馆总面积超过10万平方米的会展中心，只有中国出口商品交易会展馆、中国国际展览中心、昆明国际贸易中心和中国航空航天博览中心四家；室内展览面积超过5万平方米的场馆也只有七家，分别是中国出口商品交易会展馆、中国国际展览中心、成都国际会议展览中心、山东国际博览中心、昆明国际贸易中心、珠海航展中心和广东现代会展中心。经过短短的三年，截止到2002年底我国场馆总面积达到和超过10万平方米的场馆有10家，是1999年以前的2.5倍(250%)；室内展览面积超过5万平方米的场馆达到16家，是1999年以前的2.28倍（228%）。

在1999年间新建和扩建的13个场馆中，尚有5家场馆的室内展览面积在1万平方米以下，占当年建设场馆中的30.7%。

而从2000年起到2003年四年间建设的32个场馆中，只有2家是在万米或万米以下，其他占总数81%新建场馆的室内展览面积均从2万平方米起步，室内展览面积超过5万平方米的场馆5个，占所建场馆的15%；百万人口以上城市的会展场馆的室内展览面积都在1.3万平方米以上。详细数字见表2–1、表2–2。在中国第一展的广州市，新建的广州国际会展中心，占地70万平方米，建筑面积50万平方米，室内展览面积更超过18万平方米。2003年4月，第93届春季广交会移师这里举行。可见，与世界发达国家会展场馆发展趋势相同，规模越来越大，是我国近几年展览场馆发展的最明显的趋势。

表2－1　2002年全国新增加展览面积一览表

（平方米）

会　展　中　心	增加展览面积	增加总面积
广州国际会展中心	186000	394930
上海新国际博览中心二期	15000	15000
温州国际会议展览中心	31000	72650
苏州南亚国际会展中心	40000	45200
济南舜耕会展中心	8000	8000
上海展览中心（扩建）	2700	18000
安徽国际会展中心	20000	83330
廊坊国际会议展览中心（第二次扩建）	15400	15400
广东现代会展中心（扩建）	74000	74000
广州锦江展览中心	25000	25000
合　计	417100	751510

表2－2　2003年全国新增加展览面积一览表

（平方米）

会　展　中　心	增加展览面积	总面积达到
南宁国际会展中心	52773	99122
宁波国际会议展览中心	57399	90470
杭州和平国际会展中心（浙江农业展览馆）	41000	61000
吉林市会展中心	30302	33800
湖南省展览馆（扩建）	2000	36000
深圳工业展览馆	15000	18000
廊坊国际会议展览中心（第三次扩建）	27600	55000
苏州国际会议展览中心（扩建）	7000	30000
展览面积增加合计	233074	

二、趋势之二：采用新技术设备，场馆硬件功能加强

新建会展场馆不仅外观造型更加独特，场馆室内结构更加合理，而且各种硬件设施现代化是我国展览场馆发展的又一趋势。现代展览会的发展，趋势会展场馆的硬件设施不断跟上需求。

首先，当代展览的规模和效率所要求。展览规模越来越大，举办频率越来越高，这种短时间内的人和物品的高度集中，要求场馆在安全、消防、馆内空气调节以及后勤各个方面能够给予充分的支持和保障。因此，先进的安全监控保护、自动消防报警、广播通信、灯光控制等最新智能系统和仪器设备被新场馆普遍使用。

第二，现代展览会的内容所决定。不仅是高新技术展览、计算机展、通信网络展，即使是现代制造业的展览也要求场馆能够提供与展览内容相符相配套的设施。因此，综合布线系统、高速网络连接等已经成为最基本的场馆技术设施。为此，新场馆率先将这些新技术设备引进。例如，南京国际展览中心建有千兆以太计算机网、卫星电视；安徽国际会展中心嵌入电子信息显示系统、多媒体导航系统、无线局域网系统等。

展览会的发展为场馆的硬件配套设施提出了更高的要求。老场馆亟待改建和翻修的原因，除面积的扩大外，展馆内硬件设施的升级换代成为求新求变的重要因素。

三、趋势之三：所有者与经营者逐渐分开

我国展览会议中心的经营管理正在逐步走向所有者和经营者互相分离的发展趋势。一些场馆、特别是新建场馆，是省政府投资、市政府投资、企业投资或者合资。场馆所有者是政府或是企业。但是，所有者不参与经营。场馆所有者通过招标和合同的方式委托懂会展场馆经营的人进行管理。这与我国多年以来既是所有者又是经营者的传统方式有了很大的不同。这一态势是循序渐进的，无论从现代经营管理的角度，还是从场馆市场的发展来看，都是一个进步。实际上，世界展览业发达国家的场馆经营正是以这种方式进行的。

1. 会展场馆市场的竞争愈加激烈

竞争激烈具体表现在两个方面，一是场馆的竞争，二是人才的竞争。

2. 场馆的竞争

新增场馆的加入，势必造成整个市场的竞争激烈。一些规模小、设施老旧又无力更新的场馆，当新场馆隆重开幕后，自然被迫逐步退出会展市场。这种情况在全国各大、中城市相继出现，屡见不鲜。

然而，由于重复建设，缺乏整体规划，在立项投资前没有对当地展览市场作充分的可行性研究，匆忙上阵，造成部分新建场馆寿命异常短小。这种情况在全国各地也成为普遍现象。以武汉为例，作为我国华中地区经济枢纽，早在改革开放初期，经贸展览在武汉已经相当活跃，但是1998年以前，全武汉展览场馆及其匮乏，使得武汉港、洪山体育馆这种非展览专用场地充当着挑大梁的重任。在1998年到2001年短短的四年间，武汉有四家展览场馆相继建成。其中武汉科技会展中心展览面积3万平方米、华中国际博览中心展览面积1万平方米都是在1999年同年建设。场馆多了又造成供需失衡，致使华中国际博览中心开馆后不到一年就改变了经营方向。曾经是武汉展览重地的，建于1998年的湖北体育展览中心也于2001年改作它用。同样的例子，在广州、沈阳、重庆、东莞、温州等许多城市都存在。

3. 人才的竞争

展览场馆的竞争最终体现到了人才的竞争。就像香港新会展中心在尚未奠基之前，香港特区政府和香港新会展中心所属香港新机场的决策者，就已经在全世界范围内招聘新中心的管理人才一样，展览中心的建成只是第一步，能否成功，则要经营者去实现。我国会展场馆的大量建造，明显地出现了高级经营人才短缺的现象。人才难求，造成场馆管理人才竞争激烈，高级人才流动性大的趋势。

4. 结论

就整个行业发展来看，一方面会展业需要竞争，竞争带动这个行业前进；另一方面，只有良性的、有秩序的竞争，方能使这个行业健康的长远发展。

同时，竞争带来新的机遇，高级经营人才的短缺，会为今后专业人才的培训、研讨交流等组织活动带来新的商机和发展空间。

就某个场馆而言，只求最大最新不是目的，通过竞争这个表象，能够立足于长胜的关键，在于如何为用户提供高品质的服务。一个优秀的会展中心应该是安全、高效的，能够满足主办者、参展商和参观者三方面需求的会展中心。

——《2003中国展览会议中心指南》

长风破浪会有时　一朝夙愿终得偿

中国申办2010年世界博览会回眸与展望

中国贸促会展览部　刘小冬

坐落在阿尔卑斯山脉伸入地中海中的一座陡峭悬岸上的摩纳哥大公国，婉如依偎在大海边的美人，温馨怡人，景色秀丽。2002年12月3日，它再次成为世人瞩目的焦点。韩国、墨西哥、波兰、俄罗斯和中国5个申办国，在此经过4轮角逐，中国最终以54票的绝对优势，赢得2010年世界博览会举办权。拥有151年历史的世界博览会终于落户于世界上最大的发展中国家，终结了注册类（综合性）世博会以往均由发达国家包办的历史。

一、中国申办2010年世界博览会回眸

1. 提出申办一届注册类世博会的设想

1992年4月20日～10月12日，规模宏大、参展国家众多的90年代第一个注册类（综合性）世界博览会在西班牙塞维利亚举行。1992年7月，以时任国务院副总经理田纪云率领的中国政府代表团赴塞维利亚市主持世博会中国馆馆日活动并参观世博会。代表团的成员包括国务院新闻办、财政部、北京市政府、中国贸促会等单位的领导同志。代表团在参观过程中，曾不断议论：我国能不能在适当的时候也申办世博会？大家一致认为，如果世博会落户中国，对于提高我国的国际形象、推动我国进一步扩大开放和让世界了解中国，都将具有非常积极的意义。田纪云同志也赞成大家的议论，并表示愿意担任北京世博会筹委会的主任委员。

此后，在中国贸促会牵头运作下，上述议论演变成了现实，中国成功申办了1999年北京园艺世博会（属认可类世界博览会，后移至昆明举办）。中国距申办注册类世界博览会的日子为期不远了。

2. 中国率先宣布申办2010年上海世博会

在昆明园艺世博会筹备期间，上海市领导开始酝酿一个雄心勃勃的计划（另据悉，上海市早于20世纪80年代就有过申办世博会的论证），他们将目光盯上了2010年世博会，并及时向中央政府提出申请。北京市、大连市等领导也在构想相同的内容。1999年昆明园艺世博会获得圆满成功，得到国际展览局的高度评价，被公认为园艺类世博会举办最好的一届。它表明了中国有能力举办一届注册类世博会，由此坚定了上海申办2010年世博会的决心。1999年9月底，时任上海市市长徐匡迪邀请来昆明出席园艺世博会闭幕式活动的国际展览局主席和秘书长赴上海访问，通告了上海有意申办2010年世博会，并获得了客人的肯定与鼓励。

1999年12月8日，国际展览局在巴黎召开第126次全体大会，国际展览局中国首席代表、时任中国贸促会副会长刘福贵在大会上率先宣布，中国政府将申办2010年上海世博会，中国成为第一个口头宣布申办2010年世博会的国家。随后，韩国、阿根廷的代表亦宣布将申办此次世博会。

3. 积极开展各项申办工作

（1）成立2010年上海世博会申办委员会

与申奥不同，申办世博会属政府、国家行为，申办的主体是中央政府。为此，2000年3月，中国成立了2010年上海世博会申办委员会，由国务委员吴仪担任主任委员，外交部王光亚副部长、上海市徐匡迪市长（后改为陈良宇）、外经贸部孙振宇副部长（后改为魏建国）、中国贸促会俞晓松会长担任副主任委员，中央宣传部、国家计委、经贸委、财政部、科技部、国务院新闻办、民航总局、建设部、国家旅游局、中国贸促会及上海市的相关领导任委员。在申博工作后期，增补国务院副秘书长徐绍史为副主任委员，增设申博综合工作组（北京），全面具体指导和开展各项申办工作。

（2）率先递交申请函

2001年5月2日，驻法大使吴建民在国际展览局中国首席代表刘福贵的陪同下，向国际展览局秘书长洛塞泰斯递交了由唐家璇外长签署的中国举办2010年上海世博会的申请函，成为第一个正式递交申请函的国家。随后，韩国、俄罗斯、墨西哥、波兰和阿根廷也先后正式递交了申请函。在世博会的历史上，第一次出现了多达6个国家同时申办一届世博会的局面。阿根廷由于经济危机而于2002年5月退出申办。

（3）率先递交《申办报告》

按照相关规定，申办国必须在规定的时间内向国际展览局提供《申办报告》。申办上海世博会《申办报告》是申办工作的重要组成部分，内容包括中国举办上海世博会的政治、经济和社会环境介绍、世博会的主题和目标、确保世博会良好运行秩序的措施、世博会推广和宣传策略、场馆介绍规划、周边交通设施安排、保证遵守《国际展览会公约》的各项规定、保证采取一切措施为所有参展人员及展品提供安全保障和入境便利，并对发展中国家参展提供优惠条件和财政支持、中国政府保证在财力上予以支持并做最终担保等承诺。《申办报告》还包括有江泽民主席、朱镕基总理分别签署的支持函和外交部、财政部、公安部、国家质检总局、海关总署等有关部门分别出具的支持承诺函。

2002年1月30日，吴建民大使代表中国政府在巴黎向国际展览局递交了中国的《申办报告》，中国成为第一个提交《申办报告》的申办国。

（4）中国第一个接受国际展览局考察

按照申博程序，国际展览局将派遣考察工作组赴申办国进行工作考察，了解举办的能力和条件、场地规划以及民众的支

持度等。以国际展览局副主席兼执行委员会主席卡门·塞雯女士为团长的国际展览局工作考察团于2002年3月10～17日首先对中国进行工作考察。江泽民主席和朱镕基总理分别会见了考察团一行，吴仪国务委员率申办委和相关部门的领导与考察团进行了陈述会谈，表明了中国政府申办2010年上海世博会的坚定决心。考察团就中国对外国参展者的相关规定和优惠措施、中国经济发展中不同地区的平衡问题、申办宣传工作、失业、农民向城市迁移、社会稳定、政府连续性及2010年发展前景等提出问题，中方均给予了精彩、准确的回答。考察团在北京期间还同各界人士、代表直接接触，了解他们对中国申博的态度。考察团在上海听取了上海市所做的申办陈述报告，实地考察了世博会选址。

在对包括中国在内的5个申办国进行考察之后，国际展览局认为中国上海各方面条件较为优越，中国完全有能力在上海成功举办2010年世博会。

4.参加国际展览局大会并作申请陈述

按照有关规定，从2001年开始至投票前，国际展览局共有四次全体代表大会，各申办国均要出席这些大会并做申博陈述发言。中国有计划、分重点、分层次地统筹设计、安排陈述内容并进行彩排，每次都有新的亮点，到最后一次达到高潮。

（1）中国首次亮相国际展览局大会

2001年6月6日，国际展览局在巴黎召开第129次全体大会，中国、韩国、俄罗斯、墨西哥、波兰和阿根廷等6个申办国首次作申办陈述报告。

申办委委员、时任上海市常务副市长陈良宇率申办代表团参加本次大会。

此次中国申办陈述由刘福贵首席代表主持，陈良宇副市长进行申办陈述发言。他介绍了上海的优势和能力，举办时间、地点、主题、规模以及对参展国提供的优惠等情况。他表示，上海需要世博会、中国需要世博会，世博会事业也需要中国，需要上海。上海东方电视台节目主持人袁鸣作为上海普通市民代表亦参加了陈述发言。中国首次亮相国际展览局大会进行申办陈述给各成员国代表留下了深刻印象。

（2）在国际展览局第130次会议上做陈述报告

2001年11月30日，中国在国际展览局第130次全体大会上进行申办陈述。刘福贵首席代表首先讲话。吴建民大使代表中国政府致辞。他说，中华人民共和国对外关系史证明，中国政府一贯恪守国际承诺。如果中国申博成功，中国政府将全力支持上海，使2010年世博会取得圆满成功。

申博委副主任、时任上海市市长徐匡迪代表上海市政府做陈述报告。他说，2010年上海世博会以“城市，让生活更美好”作为主题，并以这个主题作为世博会选址的基本出发点，以期和各国人民交流城市发展的经验，探索走向美好生活的道路。2010年上海世博会将对中国上海发展有利，对世界各国城市发展有利，对国际展览事业有利。徐匡迪市长介绍了上海世博会场地选择的理念和设计方案，并表示中国如取得举办权，将鼓励所有国家前来参展，将为部分发展中国家提供特别优惠。

瑞士罗氏（中国）制药公司总经理威廉·凯乐以上海荣誉市民的身份发言。他回顾了该公司在上海投资的愉快经历，认为上海这个迅速发展的美好城市是一个信守承诺的城市，完全值得信赖，他请大家投上海一票，投“城市，让生活更美好”一票。

俄罗斯代表团在陈述中，使用高科技手段，在会场直接播放正在太空中的宇宙员支持俄申博的谈话；正在莫斯科的俄总理卡西亚诺夫通过卫星直接与在会场的国际展览局主席诺盖斯进行对话，形式较为新颖。徐匡迪以学者的儒雅风度、熟练的英语，给各成员国留下了深刻印象，洛塞泰斯秘书长认为中国陈述很实在、很成功，是最出色的。徐市长随后访问法国和摩纳哥，通过政界和商界开展游说活动，获得了积极反响。

（3）在国际展览局第131次会议上做陈述报告

国际展览局第131次全体大会于2002年7月2巴黎举行。大会审议了考察团对申办国进行考察的报告，各申办国再次分别做陈述发言。以申办委主任委员、国务委员吴仪为团长的中国政府代表团出席了此次全体大会。吴仪国务委员、唐家璇外长、俞晓松会长和陈良宇市长分别代表中国政府、中国工商界和上海市做申博陈述发言。

吴仪国务委员在陈述发言中再次重申：中国政府坚定地支持申办2010年世界博览会。她说，未来几十年，中国的经济和社会将继续保持过去20多年世人瞩目的发展势头。吴仪指出，公众的广泛支持和参与是世博会成功的重要条件。13亿中国人民强烈希望在上海举办世博会，上海世博会将会有世界最高的公众支持率。在最大的发展中国家举办一次世博会，本身就是对国际展览事业的杰出贡献，可以更好地体现国际展览局一贯倡导的普遍性原则。唐家璇外长在陈述中郑重承诺：①中国政府保证在财力上给予上海世博会充分的支持；②为使世博会的参与更具普遍性，中国愿为广大发展中国家参展提供总金额为1亿美元的专项基金；③中国将严格执行《国际展览会公约》的有关规定，对所有参展国家和地区的人员和展品提供一切必要的礼遇和便利。陈良宇市长在发言中介绍了上海世博会的主题、发展规划以及上海作为申办城市的优势。俞晓松会长在发言中表示，中国工商界全力支持和协助中央政府申办2010年上海世博会。他指出，中国进出口总额已居世界第六位，180多个国家和地区在中国投资建立了约40万家企业。巨大的商机非常适宜世博会的交流与合作，所有参展方都将从中受益，共赢共荣。

来自复旦大学法语系的两位女大学生代表中国青年在大会上表达了对举办2010年世博会的热切期盼。俄罗斯总理卡西亚诺夫、韩国副总理兼经济财政部长官田允喆等分别代表本国政府做陈述发言。

(4) 在国际展览局第132次会议上做陈述报告

2002年12月2～3日，国际展览局第132次全体大会在摩纳哥举行，中国政府代表团由国务院副总理李岚清率领，吴仪国务委员、上海市陈良宇市长、外交部王光亚副部长、外经贸部魏建国副部长、中国贸促会俞晓松会长等出席了大会。李岚清副总理用熟练的英语在陈述发言中，代表中国政府再次保证，中国将实现所做过的所有承诺，使上海世博会成为一次成功、精彩、难忘的盛会。吴仪国务委员在陈述中指出，全世界越来越多的投资者将目光投向中国，越来越多的游客走向中国，越来越多的人成为中国的朋友，中国绝不会让世界失望，上海将会创造一个惊喜。陈良宇市长在陈述中阐述了为所有参展的提供各种便利和优惠措施。陈述间播放了由张艺谋导演的申办片《茉莉花》，赢得了各国代表的阵阵掌声。韩国副总理兼经济财政部长官田允喆、俄罗斯副总理马特维连科和申博大使戈尔巴乔夫、波兰副总理兼财政部长科活德科、墨西哥外长康斯坦内达等分别代表本国政府作陈述发言。韩国申博片采用高科技、电脑合成等手段制作，内容非常超前，给人以眼花撩乱的感觉，印象很深。俄罗斯的申博宣传片质量也不错。

综合前4次各申办国家的陈述，中国、韩国应该最认真、准备得也最充分，均是从场址规划以及对参展给予优惠的角度出发，非常具有说服力和吸引力。相比之下，俄罗斯、墨西哥、波兰陈述内容则比较空洞，缺乏实质东西，尤其是波兰在最后两次陈述中分别起用流行音乐家和喜剧演员进行现场表演，被洛塞泰斯秘书长评价为“百老汇式的闹剧”，不够严肃。

5. 投票决定2010年世博会主办国

12月3日下午2时50分（巴黎时间），国际展览局89个成员国中，有88个成员国的代表聚集在摩纳哥格里马尔迪会议宫的王子厅中开始准备投票。各成员国代表以往参加国际展览局大会的出席率仅有6成左右，此次是国际展览局自1996年6月投票决定2005年世博会举办国之后的又一次大团聚（当时84个成立国有83个成员国代表到场），只有一直在考虑退出展览局的特立尼达和多巴哥没有派代表出席。经过四轮投票，历时16分钟，中国最终以54票对韩国34胜出，获得2010年世博会的举办权。

表2－3 国际展览局关于2010年世博会举办权四轮投票结果一览表

申办国	第一轮投票	第二轮投票	第三轮投票	第四轮投票
中国	36	38	44	54
韩国	28	34	32	34／淘汰
俄罗斯	12	10	12／淘汰	
墨西哥	6	5／淘汰		
波兰	2／淘汰			
投票数	84	87	88	88
弃权票	4	1	0	0

申办2010年上海世博会的过程也是我国增进与世界各国交往的过程，为争取国展局成员国投票支持中国举办2010年世博会，我们做了相应的游说工作，这也是整个申办工作的一项重要内容。国际展览局成员国都是从双边关系、经济合作与交流、世博会发展前景以及申办国的综合实力及可能提供的优惠条件等多方面来考虑决定是否投票支持。我们同其他申办国之间的竞争是友好、平等和公平的竞争，是彼此相互学习和加深了解的过程。我们在申博工作中学习和吸取了许多宝贵的经验，将有益于我国今后继续申办世界性大型活动。

二、进入信息时代的世博会再次焕发了生命力

第二次世界大战以来，人类在科学技术等方面取得了高速发展，对物质的研究，上至太空、下至海底；大至宇宙、小至粒子，都已能为我所知、为我所用。新创造、新发明日新月异，层出不穷，硕果累累。原子能、电子计算机技术的发明和利用，特别是近30多年来，以微电子、生物工程、新型材料和能源、光电子信息、通信技术、宇航技术、智能机械、海洋开发为核心的新技术浪潮的兴起，以及由网络技术、国际互联网技术为代表的现代新经济信息技术的迅猛发展，对人类社会的进步与发展起到了积极的推动作用。而仅依靠举办世界博览会进行展示、宣传、推广显然是不够的。旨在进行产品展示和贸易交易的专业性贸易博览会便应运而生，展期缩短至3～5天，展览周期为每年定期举办1～2届。专业性贸易博览会已发展到一个全新的产业经济——“会展经济”。世博会及时改变了展出的功能和作用，从更高的层次、更综合、更系统化、艺术化、科普化和应用化等形式来展示人类社会的进步和发展，以期能够更吸引广大公众参与和参观。世界博览会展出时间之长、展览规模之大、参观人数之众、参展国家之多、耗资之巨大、社会和经济（含潜在）效益之佳是任何一个活动所不能比拟的。

进入21世纪以后，随着信息技术和国际互联网的迅速发展，人们借助电子媒介缩短了距离，进行交流的渠道进一步拓宽，特别是可以通过互联网络所提供的虚拟世界进行长时间、低成本、多领域、多层面的交流。世博会已经过时或不再发挥作用的观点应运而生，如美国就认为世博会已经过时，没有再举办的必要。自1998年葡萄牙里斯本世博会以后，美国国会通过决议不再向美国参加国际展览局和世博会的活动批准提供任何经费，致使美国在已经宣布参加2000年汉诺威世博会后，却因没有筹集到建馆资金最终放弃参展。2001年4月10日，美国国务卿鲍威尔致函法国外交部长，宣布美国政府决定正式退出管理和协调举办世博会的《国际展览会公约》，退出国际展览局。

实际上，并非所有的物品都适合于上网交流，文字、图片、声音、动画等信息对于事物本身的描述不够完整，观众对于同一文字、图像的理解也存在偏差。同时，人们更相信眼见为实，愿意通过交谈、参观、触摸、操作等过程全面了解有关情况。网上交流的这些欠缺很难用技术手段加以弥补。因此，面对面

的交流活动不仅在过去和现在是必要的，在将来仍有强大的生命力。信息传播技术的迅速发展不仅不会削弱人们面对面交流的愿望，相反地，巨量信息的冲击将促使人们更多地进行直接交流，并对信息做出甄别。正是由于世界博览会能够为世界各国人民提供这种面对面交流的机会和舞台，世博会事业在今后仍将充满生机和活力。此次有5个国家申办2010年世博会，表明世博会的巨大的正面作用被进一步认识。世界博览会是现实和想象结合的产物。世博会虽然是短暂的，但短暂的世博会与可持续性的发展被结合在一起，对主办城市的发展起到的积极推动作用却会成为历史的一部分而永远被牢记。

三、2010年上海世博会展望

中国与世博会的渊源可以追溯至第一届世界博览会——1851年大英伦敦工业博览会，以后曾多次参加世博会，参展展品获得各种奖项达千个，中国的茅台、张裕金奖白兰地、常州梳篦、颐生酒……都曾一一亮相于历届世博会，多次获奖，令世人刮目相看。此次世博会落户中国，圆了多少代中国人的梦想。中国申博成功，是拥有五千年悠久历史文化的中华民族摆脱近代长期贫弱、走向伟大复兴的象征，也是飞速进步的现代中国放开胸怀、积极致力于世界各国交流、合作和世博会事业发展的一项多赢选择，是中国综合国力不断增强的具体体现。

中国经济连续多年高速增长，验证了中国实行的内外政策是完全正确的，更受到国际社会对我改革开放以来经济社会发展巨大成就的肯定和赞赏，使国际社会对我不断上升的国际地位的重视和认同，对我未来发展前景抱有信心。中国依靠自己的实力在世界上赢得了应有的地位与尊重，在国际事务中的影响不断增强。展望2010年，通过举办上海世博会，必将给我们带来如下裨益。

1. 展示中国及各参展国家经济、科技和文化成就的平台

世博会是世界各国通过参展展示各自在社会、经济、文化和科技等领域内取得成就的盛会，促进高、新科学技术、新产品、新概念的推广和使用。世博会在增进国际交流、促进人类文明进步等方面发挥着积极作用，并日益成为各国人民总结历史经验、体现合作精神、交流聪明才智的重要舞台。2010年上海世博会作为世博会举办151年以来第一次在发展中国家举办综合类世界博览会，世界博览会事业由此翻开了崭新的一页。为争取世界更广泛的参与、尤其是使更多的发展中国家参加这一世界大家庭的盛会，上海市将向世界上所有国家发出邀请，并将履行设立1亿美元的援助和优惠专项资金的承诺，用于发展中国家在场地租用、场馆设计和建设、展馆工作人员在展出期间发生的有关费用，降低其他国家的参展成本。2010年上海世博会展区占地240公顷，设置中国馆、各国国家馆、国际馆、企业馆、会议大厦和综合馆等内容。主要展览场地将设在浦东一侧，用地面积3.4平方公里，各国国家展馆将沿着黄浦江排开。在黄浦江畔整个场地中，将建立绿色走廊，形成现代城市与自然间的纽带。

世界各国通过参展或单独建设其国家馆，展示其先进的科技成果和文化传统；各大跨国公司、企业通过单独建馆，用艺术化或“声、光、电”的动态形式展现其最新产品，展示其经济和技术实力，借以推销其产品展示其先进技术和产品。作为东道主，中国主办世博会将比其他参展国获得更多的展示机会。中国国家馆将综合展出我国在新世纪中在经济建设和社会发展等领域内取得的巨大成就，各省、市、自治区，国内大型企业都将建设单独展馆进行展示，上海市也要通过向世界展现一个城市发展的成功模式，特别是一个传统与现代相结合的国际性大都市，世界因此而将对崛起的中国有更多的了解。1999年昆明园艺世博会，国内各省、市、自治区均建有具有自己鲜明特色的展馆，至今吸引着大量游客参观。1993年韩国大田世博会，韩国各大企业建有24个单独展馆，至今向参观者开放。

2010年上海世博会的举办同时将为世界各参展国家、国际组织提供更好地研究、解决共同面临的问题，进而谋求共同发展和普遍繁荣的机会，这不仅对中国有利，对世界的和平与发展也具有积极意义。

2. 促进中国和亚洲地区经济和社会的发展

世博会举办时间长、展出规模大、参展国家和参观人数众多、潜在效益较好，举办世博会可为主办国带来发展机遇，扩大国际交流与合作，推动地区经济发展，促进社会繁荣和进步。中国赢得2008年奥运会主办权后，又一次赢得有“经济、科技和文化奥运会”之称的世界博览会。好事成双，中国经济和社会发展至此又多了一个“加速器”。

2010年上海世博会将给上海以及我国经济和社会发展带来持续的直接效益及难以估算的间接和后续效益。1970年日本大阪世博会之后形成了关西经济发展带；埃菲尔铁塔是1889年法国世博会的主题标志塔，成为法国和巴黎的象征，至今让法国相关行业受益无穷。上海世博会将成为长江三角洲地区发展的新动力。世博会带来的旅游人流将把长江三角洲地区经济串连起来，在此基础上，通过一系列局部多赢合作，推动长江三角洲地区从浅层次合作进入深度合作。上海世博会的举办将使中国经济的持续繁荣发展得到的保证。到2010年，有理由认为，亚洲经济将进一步整合，中国对于亚洲经济的发展将会起到火车头般的作用，中国经济将承担更多的责任。

亚洲经济现时需要以扩大内需和加深彼此间的贸易往来，为经济增长寻求稳定的拉动力。2005年世博会将在日本爱知县举行，新世纪中两届世博会连续落户亚洲，落户东亚，无疑将促进东亚地区、乃至整个亚洲的经济和社会的发展和进步，同时也令世界更加关注亚洲经济和社会的发展，关注东亚地区的发展。举办2010年上海世博会带来的效益有可能产生多赢

局面，更有利于促进亚洲地区的区域合作，为亚洲地区铸造了一个交流的舞台，它符合亚洲地区国家的共同利益。亚洲国家、尤其是东亚成员间的经贸合作基础将变得更加牢固，使东亚经济的增长率变得更加稳健。

举办2010年上海世博会，必将进一步增强上海与周边城市间的联系，形成我国一个庞大的具有高度竞争力的城市群，为整个国家国际竞争力的提升作出特殊的贡献。

3. 促进中国与各参展国家间政治、经济、科技和文化的交流与合作

举办世博会旨在促进世界各国间相互交流了解和交流、和平相处、友好合作。世博会是参展国家、参展国际组织和独立建馆的公司、企业自我宣传、树立良好形象的机会。世博会场内不直接进行贸易活动，但场外间接的经贸洽谈却十分活跃。世博会在举办的半年左右时间里，各国参展展团聚集在一起，相互进行了解、沟通和协作；各国政治、经济、金融和大公司、企业的高官云集在此，进行高层次的交流和洽谈，寻求友谊、开展双方贸易往来、科技合作、文化交流的机会，使上海成为世界聚焦的中心地。2010年上海世博会的举办将有助于中国公司和企业了解各参展国的经济状况，进一步密切各种形式的经济合作，密切中国与世界经济的联系，推动中国经济进一步融入世界经济，并将有助于我国人民更广泛、更直接地了解和亲近各国人民，促进东西方文化的交流与融合，推动中国对外开放和对外交往的扩大，增强中国人民的民族自豪感，提高中国的国际地位和声誉。

2010年上海世博会将为上海经济和社会的发展带来极大的发展空间，上海世博会已成为诱人的商业题材，已经引起国际投资者的注意和兴趣。上海世博会所引发的巨大商机，可以使全世界的投资者受益。并加快城市的基础设施建设。展览场馆、铁路、公路等设施建设将吸引大量外国企业参加，这有助于上海的基础设施建设和整个中国的技术进步。

根据规划，上海用于世博会场地和园区建设的直接投资额将达到30亿美元，而由此带动的产业结构调整、交通、商业、旧区改造等延伸领域投资约是直接投资的5～10倍。同时，世博会的需求将催生一大批中外合资的融资、商业、旅游、管理以及法律咨询等专业服务公司，海内外客商参与的市场空间非常大。上海市将与各国企业分享上海世博会的巨额商机。

上海在提升城市基础设施的过程中，也将为全球企业界带来广泛的贸易机会。仅以上海城市交通为例，到2010年，上海的城市轨道交通将从目前的65公里增加到400公里，需要引进数量可观的车辆、机电设备。上海每年在环境保护方面的投入约占国内生产总值的3%，重点治理污水、噪音、废气和固定废弃物以及自然风景的保护。在这方面的国际合作空间也是巨大的。

在上海世博会期间，各参展国家、国际组织将举行馆日活动，由其主要领导人前来会场主持馆日活动，为配合馆日活动，一般要举行具有国家或民族特色的文艺演出，是加强中国与参展国家、国际组织在政治、文化等方面交流的良好机会。大量外国人涌向中国将增加中国人接触外国文化的机会，给中国青年更多交流的机会，丰富他们的知识结构，开阔眼界。

4. 促进上海城市及旅游业的发展

未来的城市是新技术、多功能城市。该城市将技术、生态环境和人类三个互相关联的基本要素自然协调融为一体。新技术、多功能城市的创新将使城市成为与世界连通的一部分，使城市作为全球信息网络的一部分而成为国际信息流和快速交通流的节点。对上海市而言，2010年世博会将成为推动城市进行新技术创新改造、开展基础设施建设、交通设施建设、城市规划设计、城市信息和快速交通网络建设、改善城市综合管理的动力。通过这些建设和技术改造，上海市将完善城市基础设施、机场、道路、桥梁、信息网络等设施建设，改善城市居民的居住环境、形成良好的生态环境和文化氛围。上海市最终成为自我支持、技术、生态环境三者完美融合的城市。举办世博会时，一般要建设标志性建筑，设计新颖别致、标新立异，使用新型建筑材料，不仅促进了建筑设计和材料技术的发展，而且这些建筑在世博会结束后多被保留下来，标示着社会、文化、科技、建筑和美学等方面的时代印记，有些已经成为城市、甚至是国家的象征。上海市在此方面也有相应的设计规划。“城市，让生活更美好”——2010年上海世博会主题本身就是一个创意。将“城市”作为主题，这是世博会历史上主题的重大突破。古希腊哲学家亚里士多德说过：“人们来到城市是为了生活，人们居住在城市是为了生活得更好”。上海世博会将通过对“城市”主题的沟通、研讨和交流推动全球城市化进程，使城市经济更发达、环境更优美、生活更富足、交往更友爱、文化更相容、社会更平等。上海将世博会场馆设在黄浦江沿岸，就是要以生动鲜活的变化，来诠释城市发展的灿烂前景。

随着世博会规模的扩大，参观人数也成倍增加，从1851年伦敦世博会的630万，增加到1970年大阪世博会的6400万，近几届也达到千万人次以上。各主办国都采取各种措施提高集客能力，吸引各国游客前来参观世博会并连带参观其他著名观光景点。2010年上海世博会举办期将长达183天，参观观众将超过7000万，有望创下世博会历史的最高纪录。这对于扩大世博会的影响、促进世界博览会事业的发展具有非常重要的意义。最直接的受益者往往是上海市及周边城市的旅游业及相关行业。世博会将为“旅游消费链”的形成推波助澜，对旅游及相关行业起到巨大拉动作用。餐饮、饭店、交通、住宿、纪念品等行业直接销售收入将大幅度增加。

5. 上海世博会是教育、传播、普及和宣传科技文化知识的场所

世界博览会是国际性经济、科技和文化艺术的大规模交流活动，各参展国家都展出其最新的技术发明和创造，对传播、普及和宣传科学技术知识起着积极的推动作用。为吸引观众参

观，提高观赏的趣味性，各参展国家纷纷采用艺术化或“声、光、电”等现代科技营造特殊的氛围，生动逼真。展品科普化、艺术化，将高科技含量寄于一般简单的展示活动中，宣传科学技术知识。参观者可以触摸、操作、体验、使用科技展品，形象的观察事物的发展过程，亲身体验科技知识的奥妙，使参观者、尤其是青少年、儿童受到极为有益的教育，激发他们学习、专研的热情、树立长大立志献身科学的理想。上海世博会将成为教育民众、尤其是中国各地广大的大中小学、青少年最生动、最形象的机会与场所，成为青少年智力开发和启蒙的课堂，其作用和影响极其深远。

6. 筹备2010年上海世博会任重而道远

“风雨经多人未老，关山初渡路犹长”。三年艰难与光荣的申博路，中国始终坚定地向全世界承诺：如果申办成功，中国将举办一次最成功、最精彩、最难忘的世博会。中国申博成功，仅仅是万里长征的第一步，筹备、组织上海世博会将是一个庞大的系统工程，需要中央和全国各省、市、自治区的大力支持与协助。现在距2010年还有8年的时间，有关世博会的宣传从现在起就该着手进行，从而最大程度地发挥世博会的社会效益。

根据国际展览局的规定，在经国际展览局代表投票确定注册类世博会主办国后，主办国应于展览会开幕日期至少5年前向国展局递交注册申请。在注册申请获国际展览局批准后，举办国才是最终获得注册类世博会的举办权。此外，举办国要通过在国际展览局的代表，在每一次国际展览局全体大会上汇报世博会筹备工作的进展情况，听取各位代表的意见和建议。

注册申请将说明举办世博会的一些准备情况，如世博会相关的法律地位和财政措施以及组织者的法律地位，主题及举办宣传主题的会议、研讨会等的初步计划，展期、世博会活动的分类、场地区域规划及设计，财政计划，世博会推广宣传计划，场地再使用的计划，商业化运作的计划等。还要附上世博会的一般规章、特殊规章、参展合同、确定和保证对取消世博会进行赔偿的文件及关于参展财政条件的所有特别规章等。

“长风破浪会有时，直挂云帆济沧海”。上海即将开始新的征程。有中国实力的坚强后盾，有全中国人民的有力支持，有中国承诺的一诺千金，我们有理由相信，2010年上海世博会一定会在世博会历史上留下光辉的一页，上海一定会在中华民族伟大复兴的历程中刻上浓墨重彩的一笔。

第三章　地方展览业

北京会展经济亟待提速

北京市政协在经过近一年的详细调研后发出呼吁，希望北京应充分挖掘潜力，将会展经济做大做强，用8到10年时间接近香港、新加坡、东京等会展经济发达城市，进入亚洲会展行业的前列。

北京市政协在一份调研报告中指出，“九五”期间，平均每天在北京就有1次大中型会议和0.7个展览。目前北京举办的会展占全国总数的70%以上。一般来说，一次大型会展都会创造上亿元的直接收益和十几亿甚至上百亿元的间接收益。

仅中国国际展览中心“九五”期间的场馆收入达5亿多元，平均年递增46.2%。从有关部门测算结果看，来北京参加国内会议的人员，平均每人每天花费1500元，参加国际会议的人员，平均每人每天花费约6000元。据国际业内人士计算，会展业的利润率大约为20%至25%，属高盈利业。

由于北京会展经济的拉动作用日趋明显，目前北京从事会展经济的企业逐年增加。截至2001年底，注册的展览公司近200家，直接为会展服务的展览设计与广告公司800家，展览施工企业200家，为会展活动配套的运输企业近100家。此外首都会展还对金融、保险、通信、交通、旅游、餐饮、商业、汽车停泊等行业、产业有显著的带动作用。

有关人士分析，到2008年时，会展经济对首都经济的贡献将达到180亿元，如果会议场馆再适当扩大，会展经济可望成为首都的支柱产业。

但目前北京与会展发达城市还有较大差距，在世界上排名仅为第35位，存在的问题主要有设施水平落后，会展场馆结构不合理、管理服务水平低等。北京至今没有一个10万平方米以上的展馆，并且，目前全市展览场馆的出租率大都高于50%的正常水平，处于超负荷运转状态。北京国际会议中心的会议预约甚至排到了2006年。

以上统计数据表明，北京会展业已经遭遇到了规模瓶颈问题。会展场馆有限的容纳力使得一些“落花有意”的客户只能“望单兴叹”。如2002年的北京国际汽车展，由于国展中心展出面积有限等原因，法拉利、保时捷等大客户拿不到其所需要的大型展位，不得不放弃参展。

据介绍，北京由于缺乏大型展馆、会展场馆单体规模小、结构不合理，使得一些大型、特大型会展无法安排。会展业硬件设施捉襟见肘。北京目前没有一家展馆面积超过10万平方米，最大的中国国际展览中心也才6万平方米，而按照国际惯例，大型展览一般都需要10万平方米以上的展馆，发达城市的大型展览中心一般在20万平方米以上。世界最大的是米兰国际展览中心，共有71.5万平方米。有关专家推断，今后若干年，超过10万至15万平方米规模的国际专业展将越来越多。

当北京展馆还在“吃老本”的时候，南方和沿海一些城市却已经开始按照国际市场的要求来“做大”会展场馆。最近几年上海、广州、厦门、济南等地已陆续兴建了10万平方米以上的展览中心；天津、杭州、青岛、沈阳等城市也在兴建15万平方米以上的大型展馆。“做大”的结果是，南方一些城市的会展经济成为亮点，对北京这一“老字号”构成了冲击。据了解，近两年北京有多家行业协会、学会已把不少展览、年会和论坛挪到外地举办。

为解决规模瓶颈问题，有关部门透露，北京已经在规划建一个20万平方米左右的大型会展中心。除此之外，一些大型场馆将陆续改造，主要是增加展览面积如加高、加宽，提高技术含量如铺设宽带网，改善配套设施如改建停车场。一些中小场馆也将改造和兴建。

（未名）

北京会展业发展统计报告

业内颇为关注的北京市会展业发展统计报告业已完成，2003年5月20日正式向社会公布。

据了解，北京市政府在1月份就提出建立会展业统计指标体系，由北京市统计局、北京市贸促会、北京市计委、北京市旅游局、北京市公安局、北京市工商局六家单位联合展开对首都会展业的调查工作。该项统计报告不仅填补了社会统计领域的又一空白，同时也是政府首次针对会展整个产业进行统计调查。建立北京市会展业统计指标体系，既是会展业统计领域从无到有的第一步，同时也是北京市政府摸清北京市会展业“家底”的重要举措。调查数据将为北京市制定会展业发展规划，使北京会展经济尽快成为首都经济重要的支柱产业，培育首都经济新的增长点提供决策依据。

一、六大发展特点

在该统计报告中显示，北京会展业是伴随着我国改革开放和北京市经济社会发展逐步壮大的，总体上呈现出良好的发展势头。据统计，2002年北京共举办会议71053个，比2001年的58938个增长了20.6%。其中国际会议5379个，比2001年的3919个增长了37.3%；国内会议65674个，比2001年的55019个增长19.4%。2002年共举办展览1298个，比2001年的893个增长45.4%。其中国际展览452个，比2001年的323个增长39.8%；国内展846个，比2001年的570个增长48.5%。统计还显示，2002年北京市的展览总面积为339.9万平方米，比2001年的278.4万平方米增长了22.1%。2002年北京市会展总收入共计20.8亿元，比2001年的17.3亿元增长了20.3%。

通过对统计数据的分析得出，北京市会展业的发展呈现出六大特点。

1. 会展设施数量名列全国前茅，会展规模继续扩大

这次被调查的13个场馆，基本涵盖了北京市目前拥有的大型的会议和展览场馆。这些展馆的建筑面积54万平方米，其中会议室面积2.3万平方米，展厅面积16万平方米，室外展览面积6万平方米。最大的展馆是中国国际展览中心，拥有5.3万平方米的室内展厅和8千平方米的室外展区，1/3是国际展览，面积超过1万平方米的大型展览占半数以上。北京国际会议中心是最大的会议场所，拥有44个会议室，面积达5千平方米，其中最大的会议室能容纳2500人，还拥有4400平方米的室内展厅和3千平方米的室外展区，可提供多功能、一体化的展会。此外北京市还有旅游定点饭店622家，其中星级饭店572家，客房10.3万间，很多饭店的会议场所都达到了国际标准。

据统计，2002年13个展馆接待会议842个，接近"九五"期间会议总和的一半。其中国内会议占2/3，参会人数达68万人次。2002年展出展览481个，同比增长9.8%，接近"九五"期间展览总和的40%。展览面积超过1万平方米的大型展览82个，同比增长15.5%，占展览总数的17%。观众人数达到754.4万人次，同比增长9.1%。业务收入4亿元，同比增长10.1%，其中国际会议和国际展览收入1.4亿元、占35.2%，同比增长31.9%。展馆利用率从2001年的28%提高到2002年的33%。

2. 国际会展增幅较大，彰显出国际化的特征

随着世界经济一体化的进程加快，一个城市召开国际会议和举办国际展览的数量和规模，已成为衡量这个城市能不能跻身于国际知名城市行列的一个重要标志。大型国际会议、展览活动的举办对主办城市而言，不仅能够迅速提升城市功能、增加收入，更有助于利用大众传媒的宣传，增强东道主与会展相关领域的国际交流合作，促进城市经济、科技、文化的发展，改善城市形象、提高城市知名度。2002年，北京市接待会议70918个，同比增长20.5%，其中国际会议增长37.2%，增幅高于全市会议增幅16.7个百分点；接待展览916个，同比增长56.8%，其中国际展览增长57.5%。在京召开的会议140个，同比增长11.1%，其中国际会议增长18.6%；在京会议收入2002年比上年略有上升，其中国际会议收入增帐51.3%、国内会议收入下降4.4%。在京会议和展览收入中外汇收入折合人民币0.4亿元，同比增长1.2倍，占在京会议和展览收入的9.8%。无论是接待方还是举办方、无论是会议个数还是会议收入均呈现国际化特征。国际会议收入增长是北京市会议收入增长的主要拉动力。国际会议在北京会议中占有重要一席，得益于北京对外开放的深入发展，也表明北京拥有承办国际性、高规格会议的能力。

3. 会展经济发展不平衡，朝阳、昌平、海淀区位优势突出

会展就其本质而言是一个传递信息的枢纽，它起着上传下达、科技推广、交流信息等作用，因而会展举办地的交通条件也是十分重要的。朝阳、昌平、海淀三个区交通便利、风景宜人，会议宾馆、展览场馆及各类培训中心相对集中，且布局合理，显示了突出的区位优势，是举办会展的好去处。2002年北京市共接待了71834个会议和展览，会展直接收入14.2亿元（见图3-1、图3-2）。按地域分组，仅朝阳区、昌平区和海淀区就接待了45686个，占全部接待展会总数的63.6%；三个区取得的会展直接收入为9.4亿元，占全部接待收入的66.1%。接待会议最多的是朝阳、昌平和海淀，分别占全市接待会议总数的27.9%、20.4%和15.2%；接待展览最多的是朝阳和海淀，分别占全市接待展览总数的39.1%和33.2%；会展收入最多的是朝阳、海淀和昌平，分别占全市接待收入的43%、12.6%和10.5%。由此证明：交通区位优势是会展业快速发展的关键。

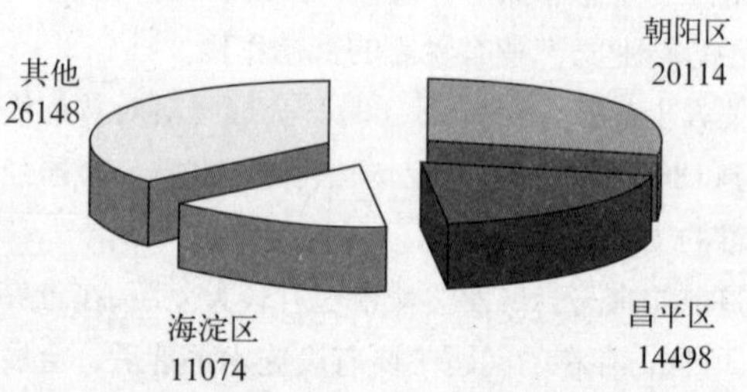

图3-1　2002年接待会议和展览个数（个）

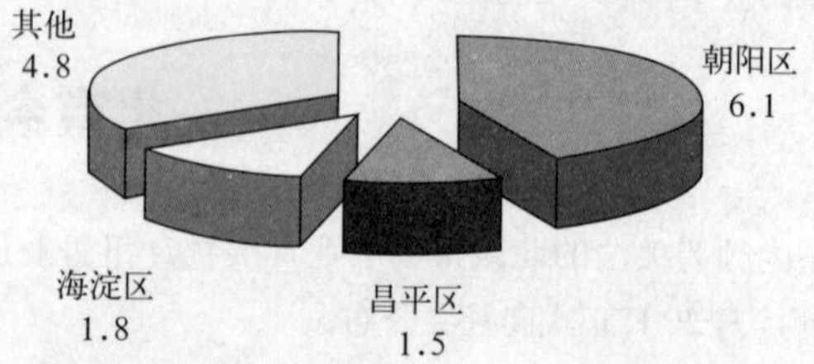

图3-2　2002年会议和展览收入（亿元）

4. 会展以经济贸易和科技展览为主，展览类型多种多样

展览会是优于专业杂志、直接邮寄、推销员推销、公关、报纸、电视等手段的最有效的营销中介。在2002年北京市接待的916个展览中，按照类型分组，排在前三位的是经济贸易展览304个、科学技术展览228个、文教卫生展览193个，分别占全部接待展览的33.2%、24.9%和21.1%。特别是科学技术展览在全部展览中的比重由2001年的12.3%提高到24.9%，上升了12.6个百分点。2002年接待的大型展览有北京国际汽车展、国际纺织机械展、国际通信设备技术展览会等。

5. 会展收入来源发生变化

2002 年北京市会展总收入为20.8亿元，其中收入主要源于会议。在上世纪90年代初，北京每年举办的展会次数不多，会展经济规模较小，展销会形式居多，可以说北京的会展业是由展销会起步的。北京农业展览馆每年都举办各式各样的展销会，百姓通过展销会来认识全国各地的名特优产品。如今，会展业已渗透到各个经济领域，从机械、电子、汽车、建筑，到纺织、花卉、食品、家具、各行各业都有自己的国际专业展。2002年13个展馆举办展销会仅36个，同比下降21.7%，在全部展览中所占份额已由10.5%下降到7.5%，下降3个百分点。另一种情况是：20世纪90年代会展收入中除了场租、门票是场馆的主要经济来源，而今门票收入在会展收入中的比重逐年减少。2002年会展的门票收入为1932万元，仅占展览馆业务收入的4.8%。除中华世纪坛、国家博物馆和国展的汽车展收取门票外，大多数的展馆已不收门票。

6. 宾馆、展馆竞相办展，双轮驱动共同发展

2002年在展览馆举办的展览481个，占总计的52.5%，在宾馆饭店的展出展览占47.5%，呈现出宾馆和展馆竞相办展、双轮驱动共同发展的局面。展览场馆有场地面积大、专业人员多、硬件配置好等办展的优势，在2002年中承担了主要大型展览任务。而宾馆、饭店展览虽然规模小，但数量多、费用低、相对独立、人情味浓，也不失为一种方式。它们中有些是随会议带来的展览，有些是专门选择在酒店展出。如第九届北京国际音响（唱片）展就是在五星级酒店的房间里，来自内地及港台地区的30多家音响厂商参展，不同的厂商各自在或大或小的房间内展示着自己的产品，一个个独立的空间使前来参观的人们能够更好地体验和享受这些音响产品带给观众的良好视听效果。

二、发展中存在的问题

北京会展业呈现出了日渐繁荣发展的景象，在国民经济中所占的比重不断提高，对首都经济的促进作用日益明显。业界认为会展业将是21世纪最有前途的产业之一，不但本身利润率高，还会产生1∶5～9的产业连带效应。会展能直接促进装饰、广告业的发展，对交通运输、商业销售、旅游、饭店、餐饮娱乐、电信、金融等相关产业具有明显的拉动效应。如果按照1∶8的产业相关系数测算，2002年北京市会展产业创造增加值72亿元，同比增长20%，占北京国内生产总值的比重为2.3%。虽然我国会展业发展迅速，但是由于我国会展业的市场化运作起步较晚，与国外会展业发达国家相比存在一定的差距。在北京市会展业统计报告中作了如下分析。

1. 大型、特大型会展场馆少

北京的会展场馆虽然数量名列前茅，但缺乏大型、特大型展馆，以中小型居多，并且展馆功能单一、设施和设备陈旧，尤其缺少集会议和展览一体化的场馆（类似集中国国际展览中心和北京国际会议中心一体），不能满足现代会展业配套发展的需要。北京会展场馆由于建成年代久远，通信、水电等设施落后，交通、住宿、餐饮服务不配套，更缺少现代化建筑理念。这与首都的地位不相适应，制约着规模大、辐射面广、体现首都形象、经济带动作用大的展会健康发展，不利于会展业走向国际。如每四年举行一次、至今已有百余年历史、首次在发达国家以外地区举办的国际数学家大会，2002年在中国北京召开，它通常被看作是对东道国国际学术地位的肯定。国际数学家大会ICM2002参会人数4千多人，主会场设在北京国际会议中心，与会代表则分别住在周边的10个酒店，酒店每天发4～5趟班车接送会议代表，这都给主办者、参会者带来极大不便。此外，大型国际会议的申办也受到影响，因为会场面积不足而落选。

2. 高收入展会寥寥无几

统计显示，在2002年北京召开的140个会议中，收入超过133万元的的会议只有38个，是由5个单位召开的。这5个单位召开会议的个数占全部个数的27.1%、会议收入占全部收入的95.7%，其余的均为小规模企业，好有相当数量的展会经营亏损。在北京举办的152个展览中，收入超过1429万元的展览有21个，是由17个单位举办的。这17个单位举办展览的个数占全部个数的13.8%、展览收入占全部收入的76.5%。调查结果显示：平均每个国内会议收入162万元、平均每个国内展览收入51万元比上年均有不同程度的减少，降幅最大的是平均国内会议收入，下降10.9%。举办会议的有各种登记注册类型的企业，既有可与国际接轨的办展"正规军"。又有"游击队"，质量不高的展会极大的影响了北京地区对外办展声誉，影响了北京会展业的发展。

3. 展会地点向京外转移

近两年在北京批展、在外地办展的日益增多，在一定程度上造成了北京会展收入的流失。举办单位开始选择到北京以外的地区去办展会，京外展会其个数和收入的增长均高于北京。

从个数看，2002年召开会议和举办展览809个，同比增长24.3%，其中在京292个、增长20.7%，比总增长低3.6个百分点；而在京外召开会议和举办展览517个、增长26.4%，比总增长高2.1个百分点，主要增长在北京以外的省市，增长32.4%。

从收入看，2002年召开会议和举办展览业务收入6.6亿元，同比增长18.3%，其中在京4亿元、增长11.8%，比总增

长低6.5个百分点；而在京外召开会议和举办展览收入2.6亿元、增长30.2%，比总增长高11.9个百分点。

三、几点建议

北京市会展业发展统计报告除了对会展业的统计和分析外，还提出了四点建议。

(1) 整合会展资源，优化发展环境。建议行业主管部门着手进行会展资源的整合。发挥行业协会的作用开展行业内的协作，共同承接会议，力求争办国际上大规模、高层次、多种类的会议和展览。

(2) 制定科学发展规划，贴近国际会展城市标准。集中财力建设具有国际水准的大型场馆。根据世界会展发展出现的新趋向，重点建设专业性会议场馆。树立品牌意识，用3年左右的时间打造名牌会展，将会展的配套活动相应组成系列，以强化城市的个性特色和品牌效应。

(3) 加强会展经济产业链研究，推动相关产业发展。会展经济崛起充分表明了会展经济与经济发展水平的正相关关系，经济的快速增长、经济总量的扩大必然会对会展产生强大的需求，促进会展经济的快速发展。要建立会展保障体系，加快展览装修、广告、餐饮、交通运输、旅游购物等相关产业的发展，为会展业的蓬勃发展提供全方位的保障。

(4) 加快人才培养，全面提高会展从业人员整体素质。在被调查的会展企事业单位从业人员6.5万人中，其中大学本科学历及以上人员比重仅占10.7%，明显低于高新技术企业及现代服务业的比例。因此，提高会展业从业人员的整体素质和注重培养高级会展管理人才乃是会展业发展的关键所在。

四、统计报告意义重大

北京针对会展业作行业统计在国内城市中并不多见。业内人士均认为：北京会展业统计指标体系是会展业内非常宝贵的资料，其示范效应将会开创这个领域的先河。当然该体系的建立也是一个不断完善的过程。据了解，上海市去年曾经试图建立类似的统计指标体系，但统计的范围较小。

"从事实看北京有发展会展业的优势，尤其是2008年奥运会的带动。开展这项工作，充分说明北京市政府对于新兴产业的重视。"此次统计活动的主要负责人、统计报告的主要撰写者北京市统计局社会科技处处长邬春仙在接受采访时表示的。

她同时向记者介绍了在进行会展业统计工作中遵循的原则和使用的方法：在指标体系中，统计指标是最主要的内容。此次调查的四十几个统计指标包括会展业机构的类别、从业人员、接待会展的能力、一年中举办的按类型分组的各种会议的个数、展览面积、观众人数以及通过举办会议展览带来的业务收入等。指标设计力求反映会展业发展的基本现状，同时又不显繁杂。

由于是首次进行，北京市统计局也经过多方参照。首先，统计局按照统计的惯例设计制定了主体指标；其次，参照北京市政府研究室关于北京市会展业的调查中涉及的部分资料指标；第三，根据贸促会、旅游局、工商局等有关部门的需求设计指标；第四，为了与国际接轨，统计局也参考了国外一些地区城市关于会展业统计的资料。

同时，这次通缉的调查对象选择也是多方面的，包括北京地区具有原外经贸部授予举办境内国际性展览会主办单位资格的办展机构以及2002年北京举办会议和展览并且在北京市公安局备案的单位100家、四星级和五星级宾馆饭店162家、常年举办会议展览的场馆15家、政府指定开会的"定点会议宾馆"22家等。另外统计局还从四星级以下的宾馆饭店中选取了10多家，进行抽样调查，通过推算放大，从而获得对这个范围内宾馆饭店举办会议情况的数据资料。

"国际上对会展业进行分析一般都从经济条件、区位优势、硬件设施、经营人员和保障体系五个方面着手，但这次统计由于时间紧，人手也有限，对于会展业保障体系，比如说展台的设计、搭建、运输、视听设备供应等内容的统计分析没做，这是很遗憾的。"邬春仙说。

据了解，北京会展业的统计指标体系的建立只是北京市推动会展业系列动作中的一个。北京市贸促会副会长储祥银介绍，2002年底，北京市政府开始展开推动会展业发展的一系列措施。这一系列措施包括：由北京市纪委牵头制定关于会展业发展的五年规划；由北京市统计局设计建立会展业统计指标体系，在摸清家底的同时，为分析会展业对国民经济发展的拉动作用提供科学的依据；建立会展协调机构，形成一个会议制度，提供中央与地方沟通的途径；制定地方法规，为促进北京会展业发展提供法律依据；完善协会建设；加快解决会展场馆问题等。

——《中国贸易报》

盘点上海会展业

2002年，上海国际展览中心、世贸商城、光大会展中心等五大展馆全年几乎天天有展览会。每星期举办5.5个展览会，正在成为国内展览业最为繁荣的城市之一。世博会申办成功，更将会使上海会展业的集中度明显加大，未来的世界会展中心城市雏形已经显现。

一、回顾历程　亮点频闪

上海市会展行业协会提供的资料表明：20世纪80年代，上海的会展业处于萌芽状态，每年只举办一二十个展览会，主办或经营会展的专业公司只有寥寥数家；进入90年代后，上海会展业迅速发展，会展数量每年以20%的速度递增，1999年上海的展会数达到150个，展览面积达到80万平方米；2000年展会数达到200个，其中50个是已有相当知名度的国际性展会；2002年上海会展业直接收入约18亿元，交易额达550亿元，这个数字接近2001年全国会展业年直接收入的一半，其中国际性展会278个，国内展会40个，观众总数近500万人次，其中境外观众约占10%。

据统计，2002年上半年上海共举办了144个展览会，其中既有国际电子元器件展、亚洲信息技术展等与高新技术、支柱产业有关的大批展会，又有房地产展、建材展、国际家具展、卡通漫画展等与市民生活密切相关的展会，从首届别墅展览会到动迁房展示，上海国庆期间举办的大大小小10多个房产展览会吸引了许多上海人。

目前，上海有5个展览中心，100多家专门从事展台搭建、组织展览以及提供相关服务的公司，直接从业人员超过4000人。自2000年1月至2002年7月，上海大型国际会展的数量以每年20%以上的速度递增，五大展览馆先后举办了595个展览会。

2002年上海会展业出现几大亮点：一是APEC 会议成为上海会展业的"点睛之作"，大大提升了上海作为会展城市的国际形象和知名度。二是坐落于浦东新区的上海新国际博览中心的建立，为中国会展业的硬件设施建立了"样板"。也是我国第一个由外方参与投资及管理的展览中心。三是华交会、工博会、汽车展、家具展和国际摸具技术和设备展览会以及上海啤酒节等节庆活动又上新台阶。

近年来上海举行的会展内容尤以汽车、环保、IT、建筑和生物制药成为五大热点。

上海会展业已经突显出国际化、专业化和大规模的特色，亚洲电子信息消费展、中国国际工程机械展等具有代表性的展览每年都吸引了数以万计的专业观众。在2002年上半年已经展出的123个展览会中，展览面积超过2万平方米的就有64个。2002年9月份上海第一次出现了单个展览会展览面积超过10万平方米的中国国际家具展。

另悉，上海2003年获批的大型会展达到260个。

二、各方评价 原因剖析

上海会展业迅速崛起并随之而产生的明显的经济效益和社会影响，引起了国内外业内人士和专家权威的关心和好评。

上海新国际博览会中心有限公司总经理狄沃夫说："上海会展市场目前呈现中外企业共同主导的局面，中外企业之间的竞争有利于会展档次的提升。"上海新国际展览中心提前建设的5号场馆，原来不被德方合作伙伴看好，建成后场馆出租却十分火暴，德方立即表示要提前建设另两个展馆。

在2002年12月举行的"2002国际展览行业上海浦东峰会"上，国际展览联盟主席Sandy 对飞速发展的上海展览业给予了高度评价，他认为，上海展览业是中国展览业飞速发展的一个最好证明。他说："作为迅速崛起的'亚洲会展之都'，上海已成为中国会展业的强大引擎。"他预言：到2010年，中国展览业的规模将超过欧美任何一个国家。

业内人士认为，作为中国经济发展最快的城市之一，上海已经连续十年保持两位数的经济增长率。目前，排名世界500强的企业中已有近300家进驻上海。在此背景下，在上海举办的全国性或国际性展会飞速递增，上海会展业已成为上海经济的新亮点。

2001年上海新国际博览中心的落成，使得上海展览总面积达到了15万平方米，为引进大型国际展览创造了有利条件。2002年4月，世界第三大展览公司——德国法兰克福展览会有限公司落户上海。至此，德国汉诺威、意大利米兰和德国法兰克福展览公司这三个世界展览业巨头都已在上海设立了分支机构，标志着上海又向国际展览中心城市迈出了重要一步。

上海目前每年举行的国际性展会在数量上已经接近德国一年的举办次数，但在规模、质量和效益上差距还很大。上海市外经贸委主任朱晓明说，上海的国际展览业还需要在管理体制、展会规模、设施和常年展示中心等方面赶上国际的步伐，并尽快形成符合国际惯例的行业自律机制和规范。

上海会展业迅猛发展，原因是多方面的。

一是随着改革开放的深入，上海经济得到快速发展，城市建设、基础设施、交通、商业服务等都有明显改善，这为上海会展业发展奠定了坚定的经济基础。上海会展行业协会会长吴承麟认为，一方面，随着我国加入WTO，海外会展商看中我国的巨大市场，他们以"展"探路，开拓商机，使上海成为国际会展界关注的焦点；另一方面，上海是中国重要的经济中心城市，对长江三角洲乃至全国经济具有很强的辐射功能，更吸引了全球大批有影响的会议和展览到上海举办。

二是会展业是经济发展的"助推器"。1999年《财富》论坛在上海举办，短短几天时间。酒店收入几百万美元，广告、宣传收入超1亿元。另有统计资料表明，上海会展业2001年产生直接经济带动效益达172亿元。

三是上海市委、市政府很重视发展会展业，并已将会展业列入今后5～10年要发展的都市型服务业，成为上海新的经济增长点。

（未明）

上海积极探讨非典应对措施

随着上海市会展行业协会与上海市外经贸委贸发处于2003年5月29日共同召开的外资会展企业座谈会的闭幕，上海会展业宣布将推出一系列积极应对非典的措施和策略。

5月份以来，上海市会展行业协会召开了一系列座谈会，5月13日召开承办单位座谈会，紧接着，5月14日又召开场馆单位座谈会。到5月16日，协会还主持召开展览服务单位座谈会，5月20日，再次主持召开会展综合业务单位座谈会。这些座谈会的对象涉及会展的主办单位、承办单位、场馆单位、展览服务单位以及其他会展综合业务单位。座谈会上，与会代表充分交流了各自单位受“非典”影响的情况以及在经营方面遇到的困难，并着重讲座了“非典”期间及之后会展业如何应对的策略和措施。

据了解，“非典”疫情来势汹汹，根据上海市政府4月23日出台的《上海市人民政府关于进一步加强传染性非典型肺炎防治工作的通告》（简称“八项规定”）精神，作为人流集聚度非常高的会展活动也基本停止。虽然四五月份正值会展活动的黄金时期，上海会展企业仍以人民群众的身体健康和生命安全为重，积极响应市政府的“八项规定”，顾全大局，体现出了强烈的社会责任感。但是，“非典”对上海会展业的冲击无疑是巨大的。据上海市会展行业协会对2003年4月底至9月底国际展览会项目的统计，受到影响的项目多达106个，总面积高达102.17万平方米，包括主办单位和场馆在内的预计营业额为4.8416亿元人民币，营业税为2541万元人民币，直接损失为4808.8万元。如果按照1:7的拉动比计算，影响相关产业效益超过30亿，至于各会展企业前期招商招展、广告投入，以及滞后影响和展览会贸易额的损失更是无法估量。

针对这一突发性的严重状况，上海市会展行业协会立即采取了积极的行动，一方面及时向市政府汇报情况，一方面会同会员单位采取各项措施，力求把损失降到最小。

通过座谈，大家认为，会展业的主办单位、承办单位、场馆单位以及参展单位都是会展产业链上不可分割的组成部分，环环相扣，一荣俱荣，一损俱损。面对整个行业蒙受巨大损失的状况，各方应同心同德，携起手来，共渡难关。

经过行业各方的充分讨论和协商，结合各自的业务特点，本着立足长远，同舟共济，共同承担的原则，上海会展行业协会提出如下建议：凡受“非典”影响而决定延期的展会项目，如主办单位决定于2004年春节前在原定场馆举行的，原合同继续有效；建议场馆方从会展业持续发展角度出发，2004年度保持原有租金价格不变；凡在今年受“非典”影响而决定取消的会展项目，场馆方应本着长远考虑，友好协商，共同承担的原则，按签约租赁协议向主承办单位退租金总额的大部分款项；凡在2003年受“非典”影响而决定延期或取消的会展项目，主承办单位应做好展商有关方面的工作。对于因延期或取消展览项目而不参展的展商，主承办单位应与展商本着长远考虑，友好协商，共同承担的原则，按签约协议向参展商退参展费用总额的大部分款项。

尽管目前抗击“非典”形势严峻，会展业因此受到巨大冲击，但是上海会展业界相信，只要团结一心，同舟共济，必将赢得这场没有硝烟的战争的最终胜利，重塑上海会展业的形象。

——《中国贸易报》

天津会展经济有后发之势

近几年天津会展经济取得长足发展，每年举办的津交会、建材会、啤酒节、津菜大赛、汽车展、人才会等各类活动达70余次，交易规模超过百亿元，其中津交会和建材会已分别连续举办了8届和10届，在全国会展业产生了一定影响，并对相关产业起到了明显的拉动作用。

然而，与京、沪、穗相比，天津的会展经济起步相对较晚，会展经济总体规模还偏小，核心竞争能力还不够强，发展潜力和空间很大，亟需加快发展，做大做强。不过，业内人士也认为，会展经济发展晚也有晚的好处。因为展览业在我国的发展只有短短的十几年历史，先行一步的城市现在都发现了一些无法克服的缺陷，天津正好可以取长补短。比如一些城市在场馆建设上有不足之处以及同一城市不同行业、单位各自为战，竞争无序且无法整合展览业资源的缺陷等，天津可以吸取经验教训，在一个较高的层次上开展工作。

天津作为计划经济时代举办展览会的指定城市之一，具有办展会的经验。一些在北京展会展出的国外展品是从天津港进入中国的，天津具有地理优势，而且天津也已经确定要建成现代化港口大都市的战略目标。因此，充分利用天津临海的区位优势和会展资源，多举办、承办一些国际性、全国性和区域性的会展，多吸引国内外高档次的专业会、精品会，使各类会展活动频频不断，此起彼伏，让更多的商流、物流、资金流和信息流汇集天津、辐射八方。同时注重提升会展的品位和质量，尤其要进一步扩大天津会展业在国内外的影响，打造天津会展品牌，实现会展经济跨跃式、接力式发展。只要抓住机遇，打好时间差，就一定能把离北京、大连较近的不利因素变成优势，从而使天津跻身于国内会展城市的前列。

目前，天津会展经济的一个突出问题是硬件设施不足，没有一个大型现代化展馆，以至大型会展不得不分散多处举行，成为影响天津会展业发展的“瓶颈”。对此，市政府已经决定在对现有展馆进行改扩建的同时，由计划部门批准立项，建设一个具有当代国际先进水平的大型现代化会展中心——天津万隆国际会展中心。并使该项目建成该市跨世纪标志性建筑，使天津会展在硬件设施建设和配套上都有一个质的飞跃。另外还要在全市整合各种会展资源，进一步加大对外招商、揽会的力度，努力促成更多的全国性乃至国际性大型会展活动来津举办，以此打造天津作为港口大都市的国际形象。

（伟明）

廊坊找准定位发展会展业

王　敏

城市品牌如同一张烫金的名片，一束耀眼的光环，能使这座城市人气升高，产业升级，城市升值。廊坊在规划2010年全面建设小康，2020年基本实现现代化的宏伟蓝图时，提出了打造自己的品牌——绿色之城、会展之城、旅游之城、教育之城。

将会展作为城市品牌之一，廊坊看到了自己发展会展业具备的比较优势。廊坊市副市长王志欣认为廊坊发展会展业具有明显的区位优势，即廊坊处于环渤海、环京津两大经济圈的中心地带，地理位置得天独厚，京津塘高速公路从此经过，沿高速公路驱车“半小时进京入津，一小时上天出海”（到首都机场和天津新港）。密集的公路、铁路四通八达，形成了依托中心城市和空港、海港发展经济的独特区位优势，以及毗邻京津两大会展业基地，近可立足中国北方市场，远能连通全国乃至世界各地的市场优势。既是置业旺地，又是投资宝地。

廊坊作为一座正在崛起的生态型、园林式、现代化城市，还具备了无可比拟的环境优势，廊坊正在向联合国科教文组织申请“联合国最佳人居奖”，并且启动了覆盖全市的ISO 14000环境认证工程。展馆优势，廊坊会展中心正在增建新馆，待完工之后，展馆总面积将达到10万平方米，单馆总面积大于京津，会展配套设施完善，有28家星级宾馆，其中4星级以上3家，3星级11家，2星级14家，另有3个5星级宾馆在建中，两个4星级宾馆按5星级标准扩容。2002年前10个月共接待会议和展览400余个。另外还将建设面积达25万平方米的廊坊会议中心。基础设施的日臻完善将为廊坊承接更多大型国际、国内展会创造优越条件。

一般来说，会展业的发展必须依托城市的区域优势和产业优势，廊坊的城市定位也使得他在会展定位上要与京津错位发展，城市建设上不与北京比楼，不与天津比海，而是比绿色、比环境、比生态。廊坊会展明确提出要定位于生态性会展、区域性会展。

目前，从整体上看廊坊会展业还处于成长阶段，但已在不长的时间内取得了长足的发展。会展业从无到有，从小到大，从各种名目的展销会、订货会、交易会到一年一度的河北省“5 · 18”石油展、“10 · 18”石油展。据统计，1998年至2001年，共举办展览会15个，1998年1个，1999年3个，2000年4个，2001年7个，展出总面积12万平方米，观众人数17万多。2002年达到14个，展出总面积15万平方米，累计观众37万人次，展览收入达600万元。同时还接待了400多个研讨会、论坛及国际、省部委、市级会议。

2003年廊坊国际会展中心迎来24个展览项目，展出总面积达23.4万平方米。与往年不同的是，大型展会明显增加。展览面积在2万平方米以上的有：2003年（春季）中国第23届摩托车及配件展示交易会、第二届中国（国际）石油天然气管道建设与技术装备展览会、第二十届河北省经济贸易洽谈会、2003年秋季全国高教仪器设备展示订货会、第九届国际教育技术装备展览会，其中的石油展、摩托车及配件展都是专业性或全国性的展览会。

廊坊市会展业的快速发展带动了生态旅游、体育旅游、餐饮旅游、休闲旅游的迅速崛起，而旅游又促进了会展业的蓬勃发展。廊坊市会展旅游经济之所以取得了丰硕成果，根源在于思想观众的创新突破。

廊坊会展业的发展战略是围绕国际化、品牌化、人性化、市场化、网络化做精做强。廊坊市委、市政府已把发展会展经济作为第三产业经济发展的龙头。政策上将进一步加大扶持力度，采取有效措施，推进大型会展活动的举办，为会展经济的发展创造一个良好的环境，逐步形成一个集策划、运作、承办、接待服务为一体的会展经济群体。壮大展览公司的规模，加速人才培养。就是从引进人才，提高从业人员素质入手，培养一支熟悉展览业务、富有管理经验的专业队伍。在此基础上提高会展管理水平。如果每次展会的组委会都能进行一条龙的服务，从人员、机械、指挥、收费等全方位的为参展商提供服务，就能创出自己的形象，逐渐提高知名度。

廊坊市政府正抓紧制定与国际市场接轨、与廊坊区位优势匹配的会展经济发展的长远规划。推进会展业的市场化，走出一条以展览公司为主，政府参与为辅，企业化经营、市场化运作、标准化服务的路子。加快建立廊坊市会展行业协会，制定“游戏规划”，加强行业自律和协调，为各会展企业的交流与合作提供一个公平竞争的平台。力争定期承办在国内外有重大影响的专业展、名牌展，并以此为龙头带动廊坊会展经济的发展，目标是办出像广州的广交会，香港的国际旅游交易会，昆明世博会，大连国际服装节，青岛啤酒节那样的展览，将廊坊建成知名会展基地。

辽宁要整合展业培植名牌

辽宁省每年举办各种经贸展览会百余个，主要集中在沈阳、大连两地，其中冠以国际名称的展会占30%左右。沈阳地区不同经济类型的展览公司有20余家。由于多数公司仅以赢利为办展目的，加之缺乏宏观指导，致使低层次、小规模的展会泛滥，严重影响了会展业的声誉，大大降低了会展业的整体水平。其主要表现在：

重复办展。一个专题展会在某地区取得成功后，效仿者紧随其后，根本不从培植品牌展会的长远目标出发，致使展会秩序混乱，质量低劣，客商分流，难以提高展会规模和知名度，2001年，沈阳市仅医疗器械方面的展览竟有3个，而且有两个展览竟在一周之内开幕。一个在辽宁工业展览馆，一个在沈阳科学宫，两地相距不足1公里；建材方面的展会每年也至少有三四个；2002年3月举办的国际美发美容化妆品展，沈阳国际会展中心头一天开幕，沈阳科学宫紧跟着第二天也开幕，让人啼笑皆非的是，两个展会的有关人员竟同时去俄罗斯客商下榻的酒店拉客户，令俄罗斯商人对沈阳的会展环境大为不解。

管理无序。以医疗器械展为例，省经贸委可以审批，沈阳市医药管理局也可以审批，谁批都可以办展。由于无统一的管理部门协调管理，对办展者难以制约。为了更多地招揽客户，办展者往往冠以“东北”、“国际”字样。一些客商听信招商广告满怀信心来参展，一看名不符实，大呼上当。

办展质量差。一些办展部门只单纯追求办展本身的经济效益，不下力气组织定货商，不重视广告宣传，不考虑贸易成交，办展目的就是卖展位钱，致使门前冷落车马稀；有的办展单位不顾展览业规律，不认真进行市场调查和项目评估，急功近利盲目上项目，把展览会办成了低水平的集市，展品大杂烩，摆摊叫卖，处理库存。

会展人才匮乏。会展业是一个涉及面广、政策性强、专业化程度高的行业，需要的是专业人才和复合型人才。目前还没有一所高校开设有关会展的专业。辽宁省会展人才缺口很大，大多数从业者都是半路出家的，有的办展时临时召集一批人应急。这也是制约会展业迅速发展的重要原因。

综合服务水平不高。从人员接待到展品运输，从办理报关手续到留购回运展品，从展场服务到收费标准等，各个环节都存在一定问题。

此外，辽宁省会展业的硬件条件已经不适应现代会展业需要。每年承接大量展会的辽宁工业展览馆，已有近50年历史，综合功能与现代展场相去甚远。沈阳国际会展中心是目前沈阳地区档次最高的展览场，当初是按汽车城标准设计的，后改为会展中心，场地设施不适应大型国际展会需要。2002年“制博会”期间，由于电的容量不够，只好在室外临时安装了三台发电机。

伴着世界经济一体化的脚步，国内外经济环境的巨大变化都会对会展业的发展产生影响并在会展业中反映出来。这将使辽宁省会展业面临更为激烈的市场竞争。按照“十五”规划，要把辽宁建设成为东北亚的展览中心和国际会议中心，以期实现通过会展促进经济建设和对外开放的目的，必须采取有力措施整顿会展市场，在规范有序中求发展。目前，当务之急是对会展业进行调控和整合，加强宏观指导，优化资源配置，成立辽宁省会展业协调管理办公室，将相关行业、企业和社团组织起来，制定“游戏规则”，严格遵循商业信誉，加强行业自律和协调，以避免现在审批渠道多，重复办展等不利于会展业发展的现象发生。使全省会展工作尽快步入专业化、贸易化、品牌化、市场化的健康轨道，缩小与发达省份的差距。同时借鉴国内外先进经验，培植名牌展会，塑造名牌展览公司及打造会展城市形象，做到以展扬名，以展会商，以展聚财，以展兴市。

让人深感欣慰的是，大连不仅培植出了国际服装博览会等名牌展会，会展秩序也开始步入规范化。沈阳每年一届的中国国际装备制造业博览会，也已开始向品牌化方向迈进。据沈阳市有关领导介绍，今后“制博会”将逐步按专业化和市场化方式去运作，做到一年一个重点，一年一个主题，精心运作，长远规划，培植出世界级的名牌展会。

——《国际商报》

地方政府在促进当地会展业发展过程中的作用

大连市市长助理、大连市贸促会会长　洪源栋

一、

大连市会展业在市委市政府的统一运筹下，起点高、发展快、影响广、潜力大，展览项目由少到多，展览规模从小到大，展览主题由单一到多样，展览类型由综合到专业，已经逐渐成熟起来，成为大连市国民经济中一个新的经济增长点。主要表现在以下几个方面：

（1）展会项目稳步发展。1996年7月，以星海会展中心投入使用为标志，大连市经贸展览开始形成规模。1996年至2002年9月底共举办302个展会，销售面积220.9万平方米。平均每个月有5个展会，星海会展中心室内展场全年使用率达到60%以上。

（2）展会贸易成交逐年增长。1996年至2002年9月底展会贸易成交额1722.6亿元。

（3）展会国际性有所增强。1996年至2002年9月底共有66个国家和地区的9121家外商企业参展。

（4）展会专业化水平明显提高。1997年以订货贸易为主的专业展会占展会总数的50%，1998年专业展比例为75%，1999年专业展比例为79%，2000年为87%，2001年专业展比例为89%。2002年专业展比例为92%。

（5）展会定型项目开始形成。经过重点培植，定型展会已有服装博览会、进出口商品交易会、电子信息技术展、汽车展、建材展、海事展、木工家具展、环保展、酒店设备展、工业原材料暨零部件加工展、机床展和医疗器械展等，档次较高，规模较大，成为全市会展业的支撑项目。

（6）出展工作进展较快。按照大连市领导关于“要在国际著名展会上有大连的声音”以及“内展搞好了，外展要上去”的指示，大连市从1999年开始对出展工作进行统筹规划。经过几年的努力，从1999年至2000年上半年先后参与德国、加拿大、意大利、美国、日本等国家展览会，组织出展摊位300多个，为大连市的出展工作创立了良好的开局。

（7）展览业国际交流正在扩大。大连市已与13个国家和地区的40家展览公司和商会、协会建立了业务联系。先后与国外较大的办展机构合作举办了供用电设备展、船舶制造和港口及海运技术运输设备展、消防器材暨安全技术设备展、渔业展、工业原料暨零部件加工展、轻轨地铁及轨道交通展等展会。特别是同美国海洋展览公司合作举办的渔业博览会，在国际化、现代化方面达到了新的水平，香港贸发局多年以来一直是服装博览会的重要协办单位。

（8）展览专业队伍初具规模。大连市现有注册展览公司50多家，其他办展单位10多家。9家办展单位，获得国家外经贸部主办国际展览会的资格，成为大连市办展队伍的骨干力量。

（9）国际性会议开局良好。近几年大连市组织或承办第17次亚洲海员高峰会议、东亚六城市经纪人会议、首届中国北方企业二板市场上市暨国际风险投资基金融资洽谈会、中国—东盟高官磋商行为准则工作组会议、第三届中日律师交流大会、亚太经合组织（APEC）会议第三次高官会议、第四届世界华人保险大会等国际性会议所涉及的国家和地区不断增加，会议规模不断扩大，内容越来越广泛，对大连市的对外开放和扩大对外影响具有重要意义。

二、

大连市迅速提升会展业的水平，实现会展经济的腾飞，大连市政府在会展业发展中起到了重要作用。

（1）前瞻性的思维和创新理念，快速打造大连会展业平台。大连市政府和时任市长薄熙来于1992年就开始研究展览业对城市社会经济的综合影响，预见到会展业对城市经济、社会发展的推动作用，最早动议大连要把会展作为新兴产业来抓，亲自抓紧落实大连星海会展中心新展馆的建设，对大连市的会展业倾注了满腔的热情和全力的支持。1994年首次将展览业的发展列入城市发展的战略规划中，提出了建设国际著名展览城市的发展目标，果断决策，集中财力，兴建大型现代化会议展览场所。大连星海会展中心是大连1949年以后最大的公用事业项目，已经成为大连市的标志性建筑物之一。今后5年更要以招商引资、国际贸易、国际航运、劳务输出、国际展览、国际会议、大型活动等几大支柱撑起大连全面开放的新框架。抓展览工作，“要像抓外资、外贸、外经工作一样，拿出大气魄，展示大手笔，形成‘四足鼎立’的局面。”

（2）强力营造整体优势，形成有利于会展业发展的的社会氛围。市委、市政府主要领导不仅对会展业有着清晰明确地认识，直接参与会展环境的改善，而且，强化各级领导会展意识，动员全市人民支持，参与会展业的发展，扩大会展业的对外影响。市领导不仅亲自赴北京与有关部门商洽，出面申办全国性展览会、交易会，而且利用与国外著名公司负责人有着良好关系的条件，亲自出面邀请他们到大连参展。在国外访问时，市领导注重宣传大连的展览环境和展览项目。对于重要展会，开展前听取有关办展部门的汇报，现场检查布展情况，督促改进薄弱环节，有时赶到现场已经很晚，检查仍十分仔细，不足之处批评也很尖锐，使办展、参展单位很受触动和教育。对于一些成功展会，市领导还指示延长开馆时间，组织专场展示，要求各委办局、各区县市领导到展场参观。像历年的国际汽车展、电子展、渔业展、国际建材展、港口展、环保展期间，许多部门和单位的领导和生产业务骨干在集体参观展会以后，认为这是不出国门就能学习和观摩国外先进产品和先进技术的好机会，眼界大开，受益很大。

对于办展中出现的问题，市领导十分重视，多次批示有关部门认真研究解决，保护参展商、订货商和消费者的合法权益。

自1996年以来，市政府每年通过新闻媒体公布的政府工作重点，即大连市经济建设和人民生活要办的实事中，会展业作为重要内容之一，年初公布目标、任务、指标和主要责任人，年终要将完成情况向市政府和全市人民报告。从而使会展业纳入政府工作议事日程，为会展业的发展提供了组织保证。为了进一步加强展览工作的管理，2001年9月，大连市人民政府办公厅又下发了《大连市人民政府关于我市以市政府名义主办各类展览会有关规定的通知》。

大连市有关委、办、局把会展业作为展现本行业的发展成果、扩大交流与合作、寻求国际市场的桥梁和舞台，精心策划、精心组织有关展会。会展业发展之初，市政府各综合经济部门、对外开放先导区和有关单位，都先后组织最好的企业参展，抽调强有力的人员组展，推出最优秀的产品出展。大连是我国指定办理汽车整车进口的4个口岸城市之一，1996年国家汽车进口许可证有80%用在大连口岸。东北地区惟一具有“境内关外”特征的大连保税区，是国外进口汽车在取得许可证和完税前的集散地。国外汽车厂商在保税区内可经代理商存放一定数量的整车，随时可以将其适销对路的产品或最新车型推向中国市场。大连保税区充分利用自身的独特优势，积极组织各国汽车生产厂家和经销商参加大连国际汽车暨零部件展。七届以来国际汽车展共有30多个国家和地区以及国内生产厂家1913辆整车参展。交易额累计39.5亿。

市经委每年都组织几十家国有大型工业企业参加大连进出口商品交易会，展现了大连工业的整体形象和迎接“入世”挑战的积极姿态。为办好首届环保展，大连市环保局领导多次上北京联系，不仅使展会一炮打响，而且促成国家环保总局与大连市政府达成协议，确定今后国家环保总局参与的环保展，在北京和大连两地隔年轮流举办。市卫生局充分利用展会的客户潜力，与参加医疗器械展的美国公司合作举办大连—西组约在线医疗洽谈会，延伸展会优势，推动经贸合作。为做好APEC（大连）高官会和有5000人参加的世界华人保险大会的各项筹备工作，市政府专门成立了组委会，对会议区和休闲会场的安排、接待、通信联络、社会服务、新闻报道进行周到安排确保了会议的顺利进行。

海关、商检、公安、消防、工商、税务、技术监督、机场、海港、铁路、邮政电信和新闻媒体都给予会展业大力支持，提供方便条件，为大连市会展业的发展创造了良好的环境。

大型国际性会议，参加人员级别高、影响大，海关、边防、机场积极配合，给予通关的礼遇和方便。大型国际展览会都有境外展品入关，大连海关派出展览监管小组，深入展会现场，帮助解决问题。工商行政管理部门为了加强对商品展销会的监督管理，规范市场行为，从1998年开始，实行了《商品展销会登记证》制度。市外经贸委认真审核、及时批复在大连市举办的国际展览会。星海会展中心使用之初，消防局主动派出消防车值班。市公安局特别是沙河口公安分局为了维护展场秩序，专门成立了安全领导小组，根据全年展会计划，主动做好安全保卫工作。新闻媒体亦以极大的热情，关注会展业的发展。不仅及时报道会展动态，而且突出报道海内外参展商的反映和要求，在办展单位和广大市民、采购商之间架设起桥梁，扩大了展会的影响。

大连市人民代表、政协委员对会展业的发展也非常关心，对加强展览会管理提出了许多很好的意见和建议。大连市贸促会虚心听取代表、委员的意见，认真办理代表、委员关于展览工作的提案和建议，共商改进措施，得到代表、委员们的认可。

市政府强化会展意识，从政府各级领导到具体从业人员，从办展参展企业到广大社会公众对会展业在整个经济社会中的地位和作用认识越来越高，为大连市会展业的快起步发挥了重要作用。经过几年的实践，大连市已经培育成长一批以会展为主业的展览公司，并具备了独立办会、办展的能力；参展企业逐渐适应了会展市场化的运作，经贸办展由政府部门出面的行政行为，转变为由展览公司出面的商业行为的条件已经形成。

(3) 确定有效的会展业管理体制，实现会展业高效有序运作。为加强对我市展览工作的领导，1996年2月12日，市政府决定成立大连市展览工作领导小组。现任市长李永金作为当时主管外经贸工作的副市长，亲自挂帅，担任小组组长。后来，鉴于领导小组部分成员工作变动，市政府于1996年6月和1998年12月，两次调整了展览工作领导小组成员，现在领导小组有25个部门和单位的领导组成，并吸收了中国贸促会、辽宁省外经贸厅、大连海关、辽宁商检局的负责同志为顾问。依据《中华人民共和国对外贸易法》，大连市展览工作领导小组办公室一直设在中国国际贸易促进委员会大连市分会。

展会立项把好关，协调管理有规章。为了保证会展事业有序健康发展，展览会的举办者必须向展览工作领导小组办公室提出书面申请，包括展览会的可行性方案，招展招商计划，主办、协办、支持（赞助）单位的同意函件；对境外机构委托办展，或与境外机构联合办展，必须提交联合或委托办展的协议以及境外机构的资信、业绩等相关资料。在调查研究、综合平衡的基础上，提出了保护名牌展会、扶持专业展会、鼓励境外来展、优先全国展会、促进新型项目、有利贸易成交、注重办展能力、参考申办顺序的立项8条原则，使展会立项管理有章可循。

1997年，国务院和有关部委先后出台了一系列关于展览会管理的规定。1999年1月，大连市展览工作领导小组组织全市各办展单位，举办展览业务培训班，学习和领会国家有关政策和法规，提高办展单位依法办展的自觉性。为贯彻落实国务院和外经贸部、国家工商行政管理局的文件精神，进一步理顺展览会管理部门之间的关系，市贸促会与市外经贸委、市工商局进行多次磋商，共同形成《大连市展览会管理暂行办法（初稿）》。该《办法》经过市政府法制办审核，成为市政府的规章性文件，对大连市经贸展览会的管理起到了重要的指导作用。根据国务院和省政府关于改革行政审批制度的有关要求，大连市政府对各部门的行政审批事项进行了清理，第一批公布的1309项行政审批事项中，削减了689项，保留了620项，对展览项目的审批规定为转移审批，转移至中国贸促会大连市分会。

大连市展览工作领导小组的成立和《大连市展览会管理暂行办法》的出台，全国独一无二，发挥出非常独特的作用。

大连市展览工作领导小组办公室依据《大连市展览会管理暂行办法》，参照市领导确定的展览立项八原则，制定全市展览计划，进行展会项目审核、业务指导、情况汇总、资料统计、业务培训等工作。展览办公室在对展会项目审核时，相同类型、题材的展会，无论哪一级的批件，决不批第二个，或协调促成双方合二为一。对一个项目扶持培育2～3年后，实行优胜劣汰，规范了会展业市场，保护了办展单位对项目的知识产权，以及参展商、贸易商等各方的合法权益。1999年运用市场规则和调解手段，解决了大连市历史遗留的一个月两个酒店设备展，互相拆台、压价，恶性竞争，都办不大办不好的问题，在全国首开了同类题材展会转让购买，合二为一的先河。几年来，展览办公室处理过多起会展业投诉，没有一件是因立项审批造成重复办展，侵害消费者利益的案件。在展览业起步初期，展览办公室定期召开协调会议，听取汇报、研究问题、提出解决办法，跟踪展会全程服务。大连市经贸展览会申报立项有可行性报告，展会结束有工作总结和数据统计报告，形成了系统的展会计划，统计分析网络。展览办公室还组织全市各办展单位进行会展业理论与实务培训，到2002年已累计培训了近千人。还组织新闻媒体、海关等与展会相关的管理部门负责人赴欧洲展览业发达国家地区学习先进的展会操作及管理经验，取得了良好效果。为大连会展业长期、稳定发展奠定了基础。

2001年市政府设立专人，拨出专款由大连市人民政府经济研究中心和大连市科委对大连会展业进行专题研究。

从2000年起，大连市政府每年投入一定资金，扶持大连会展业，这部分资金没有补充到个别展会，而是运用到大连市会展业整体宣传和邀请接待国内外购买商和贸易商上；及用于培养定型展会向国际化专业化发展。大连国际服装博览会，经过几年培育，2002年加入国际展览联盟，成为我国第8个加入这个世界组织展会。在第69届UFI大会上，亚、澳、中东地区主席麦高德先生多次称大连不仅是中国的展览名城，更是亚洲的展览名城，大连在亚洲的展览名城中列第11位。

三、

围绕2010年大连市率先基本实现现代化的目标，大连发展会展业以创建区域性国际会展名城为目标，充分发挥口岸优势、区位优势、产业优势和开放优势，以国际化、专业化为发展方向，坚持走自我壮大与国际合作相结合的路子，通过政府引导、行业规范、政策扶持、财政支持、外引内联、国际合作，争取用5年到10年左右的时间，使大连成为具有先进、完善的会展设施和较高管理及服务水平，以大中型国际专业展会为支撑骨干，频繁举办各种大型商品展示、经贸洽谈和信息、技术交流活动和国际会议，在国内外有较高知名度和影响力的重要会展城市，以展扬名，以展会商，以展聚财，以展兴市。

在具体目标方面，头5年里，大连市欲培植规模在1～5万平方米、有大连特色的10个名牌展会，形成会展业的支撑项目群；每年组织、承办符合国际会议标准的10个以上的国际性会议，使会议产业初具规模。引进5个世界知名展会在大连落户，吸纳5家世界知名展览公司在大连合作办展。展览业贸易成交额进入全国大中城市的前5名以内。采用高新技术，实现招商招展、对外宣传、观众组织、展会管理、资料统计分析的计算机管理。发展会展业的横向联合，建立辐射东北地区的会展信息中心。完善会议展览行业体系，实行会议展览行业管理。建立学习培训机制，造就一支实力强、素质高的会议展览队伍。

浅析江苏会展经济的定位和发展

南京国际展览中心有限公司总裁　唐强

20世纪90年代中期，随着我国社会主义市场经济体制的逐步完善，江苏省作为全国的经济、文化、科技大省，全省GDP总量不断提高，外贸出口总额占全国第二位，外资、外经占全国第一位，服务贸易的发展速度相当快。展览业是服务贸易中12个主要服务行业中的一类，在城市经济中的重要地位和作用越来越受到重视。江苏省政府站在推进江苏经济国际化和加速开放型经济发展的战略高度，陆续在南京、昆山、连云港投资建设了三大国际展览中心。这三大国展中心是江苏省发展会展经济的重要载体和平台，其功能和定位各有特色。南京是江苏省的政治、经济、文化中心，南京国展中心以举办规模较大的国际、国内展博览会为主；昆山国展中心是以举办国际商务和长期展示品牌的个性化展览为主；连云港国展中心的定位是立足欧亚大陆的东桥头堡，带动苏北地区的开放型经济，加速黄淮河区域的经济发展。目前南京、连云港国际展览中心已竣工并投入使用，昆山国展中心也即将建成。由于市场机制的逐步成熟，通过展览媒体展示企业形象和产品已经成为企业参与竞争的重要手段之一，客观条件创造了展览良好的市场软环境；特别是中国加入WTO后，在有了良好的经济环境同时又有优秀的展览载体，展览业软、硬件的发展都趋向成熟，为江苏省展览业迎来了大发展的良好契机。

江苏会展业发展概况

江苏省会展业的发展起步于20世纪80年代初，按照时间的顺序可分为三个阶段，即20世纪80年代、90年代和2000年以后，无锡、南京、苏州等地是江苏省起步最早的展览城市。

无锡展览馆建于1980年，到目前为止已经举办了大小近300个展会；1986年南京市开始有了第一个展览会，当时只有一个改建的临时性展览馆，惟一专业从事展览业务的是江苏国际展览公司；苏州市的展览业开始于20世纪90年代初，当时可使用的场馆只有苏州国际贸易中心展馆。随后徐州、连云港、常州、昆山等市也先后建成7个中小规模的展览馆和展览中心。截至2001年，江苏全省共有展览馆和展览中心18座，其中最大的是南京国际展览中心，建筑面积约11.2万平方米，展览面积约4.5万平方米，展馆单位面积在国内处领先地位。

近20年来，江苏省在境内外举办的各类展览会超过1千个，展览项目涉及到纺织、机械、医疗、电子、五金等十几个行业。其中在国内有一定知名度的国际展览有：国际纺织机械展、消防设备展等，展出面积近1万平方米，国外参展企业达100多家。由省政府直接主办的江苏国际服装节、南京金秋经贸洽谈会、常州中小企业商品博览会等在国内具有了一定影响。

20世纪80～90年代从总体上看，江苏会展经济还处于起步阶段，发展较为缓慢，每年的展览数量仅占全国总数的4%左右，办展数量和规模与北京、上海等地相比仍有较大差距，与江苏经济大省、强省的地位很不相称。主要原因有：

(1) 江苏省类似南京国际展览中心这样大型的、功能齐全的能适应举办大规模国际展览会的现代化展馆建得比较晚，客观上限制了与国际展览业、参展商的合作和交流，影响了展览业的规模发展。

(2) 品牌化、专业化、定期化、规模化程度不高，还没有形成具有江苏特点的规模化品牌效应。

(3) 同类项目重复办展、盲目办展现象严重。一些单位或部门缺乏全局观念和整体意识，不具备条件盲目办展，急功近利。如1999年江苏省举办建材展7次、电子展3次、机床展2次；2000南京市举办的环保展就有3个，建材展5个，规模、质量都达不到办展的预期效果。

(4) 管理体制不顺，多头审批，多头管理。缺乏相应的法律法规，缺乏行业协调和自律。展览秩序混乱，办展机构过多。一方面是主办、承办展览的力量严重不足，现有的展览公司规模小、数量少。如南京市的展览公司在工商局登记的才二十多家，而广东是2千多家，深圳是300多家。另一方面是各行各业，甚至媒体都来办展，水平参差不齐，极大地浪费了资源。

(5) 会展经济环境尚待优化，会展服务机制亟待改善。会展业是一项牵动全社会各个方面的系统工程，需要整合广泛的社会资源，制定统一的“游戏规则”，齐心协力，以形成一个有利于会展经济发展的局面。

2000年以后，随着江苏省三大国际展览中心的建成并投入使用，江苏会展业的发展有了显著的提高。尤其是南京国际展览中心建成后，在不到一年半的时间里，先后举办了国际性、全国性、区域性等展览、会议、活动38个，展出面积约50万平方米，标准摊位7千多个，特装面积近10万平方米。特别是南京国际展览中心作为主会场，成功地举办了第六届世界华商大会及配套的经贸交流展览会，南京国际展览中心从软、硬件方面经受了国际性大型会展的考验，使南京的会展业达到了国内二流会展城市的水平。南京的会展业取得骄人的成绩其来源于以下几个方面：①市场化运作；②现代企业制度的管理；③创新的经营理念；④展览专业人才的培养；⑤专业化的运营机制；⑥规范化的市场操作；⑦引进先进的管理理念和资金。

随着连云港、苏州、无锡、常州等地政府对展览越来越重视，近两年来，江苏省的会展业有了长足的进步。

会展经济在城市经济中的作用

会展业是属于服务贸易业中的一类，是一个特殊的产业。虽然会展自身的经济总量很小，但它可带动的产业很多，特别是品牌展的培植成功将更加带动地方经济的发展，能将专业品牌展的产业研发中心和产业链留在展出地，从而形成品牌展览产业的研发中心。反之，地方的品牌产品也能培植成为规模较大的展览。另外，展览本身是公益事业，自身产生的效益与其他产业相比较而言并不大，但带动相关产业的能力却很强。如果按照人们常说的1：9的产业关系，那其经济关系则远大于1：9的概念。同时会展经济的发展带来的不仅是“看得见”的收入，它还能提高城市获得收入的能力，提升城市经济质量。这是因为，会展经济的发展不仅有助于拉动其他行业的发展，塑造良好的城市形象、获取更多的商机、吸引大批的人才等等，更重要的它能通过有形方式促进城市无形资产的积累。服务贸易包括无形产业的提供者与使用者在没有实体接触的情况下的交易活动，信息的生产和流通无疑是其最重要组成部分。当会展业作为一种极其重要的信息生产与流通的方式和载体，成为第三产业中最具生命力的新行业时，会展经济也就应运而生了；反过来，会展业的发展又极大地促进了信息的生产和流通，形成了以会展带来信息、以信息的获取和使用实现对社会资源的整合和重组，最终实现城市经济整体性向前发展的良性循环。

会展经济的发展水平能直接促进城市基础设施的建设，带动地区经济的发展。对提高一个地区或城市的对外开放水平和国内、国际知名度方面发挥越来越重要的作用。第六届世界华商大会在南京的召开充分的说明了这一点。第六届世界华商大会在南京的召开，推进了城市建设的速度，市政府投资了90多亿元进行城市规划、建设，使南京市的城市建设、经济水平都切切实实地上了一个新的台阶，也正是大会的召开，向全国、全世界展示了南京拥有国际化一流的展览载体，展示了南京市经济、文化、科技等各项水平，展示了城市对外开放的水平，提升了南京市的国际知名度。由于南京国际展览中心专业化、品牌化的经营，不仅创造了社会效益同时也创造了经济效益，由于会展经济的带动，使南京服务贸易产业有了长足的进步。

入世后江苏展览业发展的趋势

1．江苏的展览业机遇多于挑战

中国加入WTO 最重要的2个承诺是遵循市场经济规律和遵守国际规则，随着市场的开放和贸易壁垒的逐步打破，市场将形成“小政府大社会”的局面，企业需要市场和载体去促销商品和宣传企业形象，专业的展览媒体是目前最好的载体。江苏是经济大省、文化强省，自身需要各类区域性品牌展，我国将在更大范围内和更深程度上参与经济全球化进程，对外经济贸易和技术交流活动必将大幅度增加，这也将扩大展览市场发展空间。

上海是国内、国际展览业的必争之地，德国展览公司在上海投资建馆，并将品牌会展引入上海，其他国家也相应在上海注册展览公司，将与国内一些权威行业协会或机构合作举办国际性展览会，使他们在展览项目上占据垄断地位。导致上海展览市场处于整合阶段，展览场地的价格不断向国际化靠拢。相反一些国内中、小型展览由于没有好的时间段和不能承受其价格将逐步由上海向邻近城市转移。有些中小型展览公司的发展空间缩小，成本增加，展览外移带来了展览人才相应的流动。江苏省毗邻上海且拥有现代化展览载体，因此将成为发展区域性品牌的基地。

2. 行业整合一触即发，展览行业协会呼之欲出

入世后，政府十分重视展览业的发展，但政府的参与和支持都将通过间接的形式进行，政府对具体经营活动的审批管理和直接干预将大大减少，专业组织和行业协会随之逐步到位，他们将承担大量的展览行业管理和社会服务职能。展览专业组织和行业协会将通过制定统一的行业规范，定期召开会议，举办各种业务培训班，出版专业性刊物，交流信息推广经验，对展览会的组织者进行资格评估，对展览会重要数据予以公正审计等方式直接进行管理，并会通过整合相应地提高组织区域性专业展览会水平和档次。目前通过行业协会的组织，南京通信展已达到1千个摊位以上的规模。

3. 政府直接管理逐步减少，政策扶持力度加大

市场体制的改革促使江苏省展览业不再是原有的“政府搭台，企业唱戏”的形式，政府直接参与的展览会将逐步减少，但给予会展经济政策性扶持的力度将不断加大。南京市市长罗志军在南京市第十二届人民代表大会第五次会议上所做的政府工作报告中强调，中国入世后，南京将在更广的领域、更深的程度上参与经济全球化，加快发展会展经济，抓紧制定南京会展业发展规划，着手培育有实力、市场化运作的专业会展公司。改革会展管理体制，制定各项扶持政策，鼓励政府部门和社会、企业、民间多方招展，积极与国际展览业开展高起点的合资合作，逐步把南京建成有特色、有影响的全国常年性专题会展基地。

4. 区域性品牌展览会将是江苏会展经济的特色

江苏省毗邻上海，从政治、经济、文化、科技、对外开放的程度等多方面与国际性大都市上海都存在着一定的差距，从展览环境、场地条件上尚不具备举办国际性大型品牌展览。从现有的各种条件来看，包装区域性品牌展将是南京发展会展经济的特色。

发展江苏展览业的几点看法

(1) 建立江苏展览的行业协会，制定展览行业的规范，理顺审批展览的程序和部门，指定注册展览公司的评估办法，加强专业化的培训，引进国外、国内的先进管理办法、经营理念，制定引进展览行业式服务贸易业（知识型）优惠政策；成立合资企业，吸引符合江苏产业结构和发展所需的品牌展览会和人才。

(2) 整合江苏展览资源，营造江苏区域性自办展览会品牌，达到规模化、专业化、品牌化、国际化。定期召开江苏会展研讨会，邀请国际、国内专家介绍国际先进的经验，加强培养人才，加快完善江苏展览业，达到符合国际规则、政府支持、知识型的策划、商业化操作、行业化管理的目标。

(3) 加快江苏展览业的网络化进程速度。制定整体发展战略计划，用专业网站和刊物宣传江苏展览信息和专业知识，用电子商务的形式开展网上服务，包括网上招展、订购摊位、网络宣传、虚拟展览等，扩大宣传江苏展览的整体发展水平，吸引更多的主办单位、参展单位、参观群众，达到扩大宣传资源，加强经营管理，提高服务水平的目的。

(4) 加大展览建设投资，提高办展城市的软环境，强化展馆的功能、服务的水平，充分体现展览的特性，快速发展更多的国际品牌展，进一步整体提高江苏服务贸易的规模和水平。

安徽会展业的现状与发展战略

安徽国际会展中心有限公司总经理　丛治渤

一、安徽会展经济的历史及现状

谈到安徽的会展经济当首推合肥市。合肥会展经济起步于20世纪末，最近几年发展迅速，展览会数量日益增多，档次、规模、成交额都是一年一个新台阶。

1998年，合肥共举办了9场展览会，举办单位基本都是外地的展览公司，档次普遍较低，全年成交额才98万元。而到了2001年，全年举办的展览会数量已上升到25个，达11个类型，参展商超过2千家，成交额3.2亿元。2002年上半年举办的28个展会，有18个类型，3千多家参展商参展，展会成交额近10亿元。展览会的专业水平也在明显提高。2002年下半年，有20个展会在合肥举办。1998年以贸易为主的专业展览会只占总数的30%，2002年则达到88%，而且项目新颖、技术含量高的展览会越来越多。特别是2002年11月8日至10日在安徽国际会展中心举办的“第二届中国·合肥高新技术项目——资本对接会”，以其独特的市场策划和科技含量，取得了丰硕的成果。“对接会”上，参加展示、交易和洽谈的省内外参展商共956家，投资商600多家，参展项目2200多个，参观洽谈的人数超过5万人次，共签订总投资59.1亿元的合作协议，其中吸引外来投资40.6亿元。“对接会”已成为带动区域经济发展的重要展会。我们欣喜地看到，合肥市专业展览队伍已陆续成形，目前注册的展览公司及其他办展单位已有近20家。

另外，位于长江之滨的芜湖市，以其区位和产业优势，近年来会展业发展如火如荼，形成了“中国芜湖国际茶叶博览会”、“中国（芜湖）国际旅游商品博览交易会”等品牌展会，取得了良好的经济效益和社会效益。2001年各类会展给芜湖带来投资贸易额达30亿元之多。

截至目前，合肥市已举办了电子展、汽车展、建材展、环保设备展、医疗器械展、家装活动展、教育设备展等多个专业展览会。但是，真正具备国际水准、有规模、有影响的展会却不多，还没有自己的名牌展、精品展，尤其缺乏地方特色的品牌展，市场竞争力不强。形成这种局面的原因很多，最主要的是缺少会展经济的发展平台——现代化的大型会展场馆。安徽省及合肥市的会展经济还处在起步阶段，且发展速度不尽如人意，为以下客观原因所致。

一是缺少专业展览公司的整合、运作。合肥市会展经济的发育时间较短、经验不足、从业人员素质较低，更缺少专业展览公司的强力运作；另外，由于相关法规和行业规则、制度建设等还不完善，造成了安徽省目前基本没有形成展览市场。

二是安徽省区域经济实力薄弱，总体经济水平不高。企业参展的惟一目的就是获取效益，或者推广企业和品牌，或者推销产品。由于安徽省包括合肥市的经济发展水平相对滞后，吸引参展商的力度不够，造成会展举办者的信心不足，同时也制约着安徽会展业的进一步发展。

三是没有形成地方特色。一方面，本地展览硬件设施跟不上，展览企业的实力有限；另一方面，受到组织、策划、选题等因素的制约，导致安徽展览业难以办出有特色的品牌展。

四是没有形成经济增长点。展览业是高效益、无污染，而且对相关产业具有巨大带动作用的朝阳产业，能产生以一当十的带动效益。然而，由于受历史、经济、社会发展等诸多方面原因的影响和制约，从目前情况来看，要使会展业成为安徽新的经济增长点，仍有一段很长的路要走。

五是安徽会展业的接待能力及服务水准有待提高。安徽会展经济除硬件方面明显不足外，软件方面也有许多不足，这种客观条件的限制，显然束缚了安徽包括合肥市会展经济的发展。

二、安徽会展业拥有的资源优势及经济发展状况

从总体情况来看，安徽发展会展经济具有资源丰富和后发优势明显等特点。

（1）区域经济优势：安徽省位于华东西北部，跨长江、淮河流域，与江苏、山东、河南、湖北、江西、浙江等各省为邻，人口6300万，市场潜力巨大。安徽是全国轻工业大省、农业大省、旅游大省、矿产资源大省、科技强省和能源、原材料基地，农业经济在全国居第9位。改革开放以来，安徽经济加速启动，整体经济运行态势良好。随着外向型经济的增长，对外经济贸易和国际经济合作取得了长足进步，并涌现出了一批以美菱、荣事达、海螺、马钢、JAC和奇瑞汽车等为代表的大型企业，以佳通、日立、三洋、美泰克、达西浦等为代表的外商投资工业企业，以丰乐种业、金田粮油为代表的农产品加工企业。安徽省现有省级以上各类开发区22个，其中国家级3个、省级19个。初步形成以电子信息、机电一体化、生物与医药、汽车及关键零部件、新型建材为代表的一批产业群体。

合肥市位于皖中，作为省会城市，对周边城镇及华东地区有很强的经济辐射力。合肥作为安徽省对外开放和经济发展的窗口，吸引了大量现代工业、高新技术产业及国内外先进技术和资金。工业城市格局业已形成，多国投资局面亦逐渐形成。合肥市在全国城市综合实力50强中排名第26位。

今后五到十年，是安徽扩大开放、更广泛地融入国内外经济的重要时期。安徽近几年经济发展势头良好，正成为中国经济快速发展的新区域和新的增长点。工业化水平大幅度提高，经济结构和产品结构明显改善，农业持续增产增收，外贸进出口大幅度增长，人民生活水平显著提高，2001年全省国内生产总值2908.59亿元。

（2）旅游资源：安徽历史悠久，旅游资源丰富。安徽有世界级的旅游胜地黄山、佛教圣地九华山、道教名山齐云山及天柱山、琅琊山、太平湖、巢湖等名山秀水。为会展旅游、商务旅游提供了十分有利的条件。合肥地处“两山一湖”旅游带之中，周边有一定的旅游资源。市政府十分重视会展业，城市的接待能力正逐步增强。现有五星级宾馆2家，三星级以上宾馆30余家，旅行社近百家，其中国际旅行社约10家。

（3）区位优势：安徽地处中国东西部过渡地带，兼得沿海和内陆双重有利条件，紧邻以上海为中心的长江三角洲经济区，是临江近海的内陆省份。在西部大开发战略中，安徽作为我国对外开放承东启西、连南接北的桥梁地位越来越明显。以上海浦东为龙头的长江经济带开发开放，把安徽推到了开放和发展的前沿。安徽正在成为中国经济快速发展的新区域和外商竞相投资的新热点。沿海发达地区有大量先进的技术、现代化的设施和新颖的管理理念；西部地区具有丰富的农、林、牧、矿等资源。安徽国际会展中心建成和投入使用，为各种经济资源提供了充分展示的机会和舞台，通过在安徽国际会展中心举办大规模的展示会和展销会，可以大大促进各地的物资流通和贸易。安徽省处于中国水陆空立体交通网较为有利的位置，便于客商将其产品和技术输往国内和国际两个市场，陇海铁路和

长江水运通道横贯安徽北部和南部，向西可以挺进中西部腹部开拓市场，向东直达上海。津浦、京九两条干线南北纵贯全省，合肥机场也和30多个大中城市通航，安徽周边省份人口稠密，人口约达5亿。

（4）科教资源：安徽省科技教育实力较为雄厚。省会合肥是我国重要的科教基地之一，拥有全国闻名的中国科学技术大学、中科院合肥分院等一大批高等学府和科研机构，每千名职工中拥有专业技术人员的比例在全国同类城市中名列第二位，较高的劳动力素质和科学技术水平，为安徽省发展高新技术产业提供了良好的条件。以合肥这座科技名城作为依托，安徽国际会展中心可以承办各种国际国内学术会议，对于加强安徽省与国内外的学术、文化交流与合作，提高合肥乃至整个安徽的国际地位和知名度，将起到积极的作用。

三、安徽会展经济发展的里程碑——安徽国际会展中心的建成和投入使用，标志着安徽会展经济全面启动

为加快安徽省及合肥市经济、社会发展，安徽省、合肥市、合肥经济技术开发区三级政府高瞻远瞩，共同投巨资建设安徽国际会展中心，并于2002年9月初投入试运营，这是安徽省会展经济发展的重要里程碑。

安徽国际会展中心占地面积8.3万平方米，总建筑面积5万平方米，总投资概算约4亿元人民币。其建设标准和服务功能均达到了国际先进水平，能够满足大型国际性会议、展览会、展销会的基本要求。主体建筑主要包括国际会议、展览展销和综合服务三部分。其中会议部分包括能容纳1500人会议或1000人宴会的大型多功能厅、具有五种同声传译系统的400座会议厅、具有两种同声传译系统的300座会议厅以及多个小型会议室、贵宾室、商务洽谈室、休息室等。展览部分拥有可设置1100个标准展位的两个展厅，且可自由分割。另设有商务中心、中西餐厅、地下停车场等多种配套服务设施。会展中心总体设计通过国际招标，由法国欧博建筑与城市规划设计公司承担。整体建筑简洁流畅、气势恢弘，具有独特的创造性和较高的文化品位。

安徽国际会展中心位于合肥经济技术开发区，地理位置优越。东距合肥骆岗机场5公里，西距铁路西站8公里，紧邻206国道、312国道、沪蓉高速公路，交通便捷。周边与明珠广场、徽园、欧风街、五星级明珠国际大酒店连成一片，环境优美。

从2002年9月1日到年底，共有“安徽汽车展”、“2002年中国·合肥国际服装博览会”、“第二届中国·合肥高新技术项目——资本对接会”、“中国名优特商品展销会”等十余个展会相继在安徽国际会展中心亮相。

四、安徽会展经济的发展思路及整体构想

我国加入世界贸易组织后，外国会展公司已瞄准我国市场，国内会展业面临严峻考验的同时，也面临重大的发展机遇。安徽省已把会展业的发展提到议事日程上来，各级政府决定，将展览工作纳入整体工作计划之内，充分整合全省的资源优势和区位优势，将展览与对外贸易相结合、展览与招商引资相结合、展览与旅游相结合，树立地方经济品牌，全力推动会展经济的发展；以安徽国际会展中心为发展平台，打造和培育区域展览市场，把合肥培育为区域性会展新城，把会展经济培育为合肥市经济发展的一个新的经济增长点。将采取以下措施。

首先，以安徽国际会展中心为平台，全力推介会展中心，拓展外埠市场，培育本地市场。

（1）依靠政府支持，申办国家级展会，带动本地市场。会展经济的最大功能是实现产业的链动。会展市场的开发和培育，需要政府的鼎立扶持。省市两级政府积极筹备成立展览工作领导小组和展览行业协会，宏观管理展览市场，制定展览发展战略，确定展览工作的相关政策法规，着重研究开发、培育展览市场，规范市场管理，做到有序竞争，同时协调展会的相关工作。

现在，安徽有了发展会展经济的平台——安徽国际会展中心，各级政府为了早日启动展览市场，采用市场化运作，市委书记、市长亲自挂帅，并成立展览工作领导小组，积极申办国家各部委组织、筹办的各类展会，借此培育和带动安徽的展览市场。

（2）利用经济手段移植外地一些成型展会，带动本地市场，积累会展经营管理经验，培养展览专业人才。

（3）利用本地资源，组织策划适应本地经济发展的各类自办展会，培育展览市场。安徽省是全国轻工业大省、农业大省、旅游大省、矿产资源大省、科技强省和能源、原材料基地。安徽必须依托自己的资源优势和独特的区位优势，组织策划适应本地经济发展的各类展会，闯出发展会展经济的一条捷径。

（4）依靠行政手段强制启动市场。安徽会展经济现在已经起步，各级政府在政策、管理、宣传等方面给予大力支持，采取行政手段，强化意识转变，强制启动市场。并对会展经济进行整体规划和设计，实行展览品牌化战略，打地方经济品牌，培育几个高质量、高水平、有影响力的精品展会。政府将采取“扶上马，再送一程”，最终走市场化道路的措施，提升安徽展览行业水平。

其次，在整体规划与管理方面，以高起点跻身会展业。

（1）按照“会展运作市场化、会展主题品牌化、会展技术现代化”的经营指导思想，以市场为导向，以经营管理为重点，改善外部环境，探索、学习、积累会展业经营管理的经验，开拓市场、培育市场，增强实力。同时采用计算机网络技术等高科技手段，建立覆盖全国的信息网络，促进相关行业的经验交流和信息交流。

（2）积极培养会展专业人才，造就一支熟练会展业务、富

有管理经验、有较高职业道德素养的专业人才队伍。

(3) 培养品牌，提升档次。安徽有发展会展经济的巨大潜力，会展的品牌以高科技、绿色旅游为特色。合肥高新技术产业的比重占全省的60%，能够在更大范围、更宽领域、更高层次上扩大对外开放，注重展览与科技相结合，展览与贸易相结合，展览与旅游相结合。以会展为主业，把会展业做大做强，产生规模效益，塑造安徽展览业的核心竞争力，把以安徽国际会展中心为依托的会展经济，培育成为安徽省新的经济增长点。

(4) 省、市两极政府对安徽国际会展中心给予强力支持并实行优惠政策，专门成立展览工作领导小组，宏观管理和培育展览市场，并建立以工商、税务、公安等部门为主的保障体系，为展会提供良好的外围环境，克服在发展中遇到的困难，使会展业的运作走向正规化、规范化、科学化。

五、三至五年内安徽会展经济发展趋势

未来几年内，安徽会展业将以安徽国际会展中心为平台，依托华东、背靠华中的广阔市场和安徽悠久的历史文化、丰富的旅游资源、雄厚的科教实力及农业大省等条件，主要是做好来展、出展及自办展会工作，其重点是自办展会，培育几个品牌展会，实现展览市场的基本成熟。

(1) 凭借安徽国际会展中心国内一流的硬件设施，完善的综合服务功能，构建完整的社会化服务体系，大力拓展国际、国内展览市场，以来展、出展、自办展的方式和市场化手段提升展会的数量、规模、档次和水平。颇具规模的展览项目达到100个，展览面积在1.2万平方米以上的项目超过15个，其中全国性有影响力的展览5～8个，并争取国际性专业展会到合肥举办，展览成交额突破100亿元人民币。同时，专业展览公司和展会举办机构达到30个以上，培育一批专业展览人才，实现展览公司整合运作，展览市场基本成熟。

(2) 安徽将以展览为龙头，充分开发利用会展带来的丰富的市场资源和自身文化、旅游资源优势，大力发展会展旅游业，初步实现多元化经营，集团化发展，产生规模效益，促进会展业的健康持续发展。

会展经济潮涌泉城

如果用“轰轰烈烈”来形容刚刚闭幕的“济南市首届现代生活方式展”一点都不过分。三天的展会，33万人次参会，创下了济南市会展的一项新纪录。业内人士认为，现代生活方式展尽管只是一个区域性的综合展会，但其超乎预料的成果表明。会展产业作为城市经济“助推器”的地位和作用日渐显著，济南会展经济的发展潜力巨大。

算起来，会议展览业在济南市真正被重视并走上正轨还是在1998年。几年来，济南会展从无到有，从小到大，共承办各类大型展会近300个，总成交额达215亿元，参展人员近300万人，给三产带来的直接收入560多亿元。特别是市财贸办、供销社成功承办的“国际赏石展”、“国际茶博会”及济南（北京）名优茶产品展销会等。使济南会展经济迅速“升温”；全国旅交会、国际信博会等大型展会，令会展业的影响不断扩大，刺激和拉动了城市第三产业的全面发展。应该说，会展业作为一个新兴产业在济南正呈现后来居上之势，并与餐饮业并肩成为济南市流通经济发展最快的行业和新的经济增长点。

客观地讲，作为一个人口大省和经济大省的省会，济南市会展业起步较晚，综合水平还不是很高，尤其是展馆建设的相对滞后，成为制约会展经济突破性进展的一大“瓶颈”。令人欣喜的是，2002年10月建成并投入使用的国际会展中心已经成为济南会展业大显身手的舞台。从2003年初的首届齐鲁文化艺术精品博览会，到年底的中国传统艺术博览会，50多个展会把全年的档期挤得满满当当。现代生活方式展刚刚“息鼓”，家具及木工机械展马上“开锣”，国际旅交会、珠宝礼品展、全国食博会等也陆续登场，“会展交响曲”一路唱响……

冷静下来看一看，济南市会展产业仍存在不少“硬伤”，其“助推器”的作用还远未得到充分发挥。就展馆建设而言，舜耕国际会展中心的设施档次虽然已达到相当高的水准，但4.1万平方米的建筑面积，2万平方米的展览面积还无法适应一些全国性和国际性大型展会的规模需要，像现代生活方式展这样的“市区型”展会已经使展馆内外显露拥挤窘迫之态。为此，有关人士提出，在条件具备和总体规划许可的前提下，可以考虑在市区边缘地带规划建设一个达到国内一流规模和水平的会展场馆。

还应该看到，济南市已举办和即将举办的大多数展会在主题方面还有很大的局限性，像印刷设备、医疗器械、五金工具、自动化仪表及化妆品等展销会，其规模和影响力根本无法与成都、长沙的全国糖酒会，武汉的全国食品博览会及大连国际时装博览会等同类型展会相提并论，更不能与北京、上海、广州等“大展”同日而语。有关人士认为，济南市应该在办好、做大信博会、旅交会、茶博会等展会的基础上，精心策划不同主题的会展活动，注重整体包装促销，吸引和培育更多的全国性、国际性大型品牌展会“落户”泉城，力争济南会展业有一个质的飞跃。

——《国际商报》

会展为青岛经济发展注入活力

进入2002年11月以来，冬天的青岛会展业并没有因为气温聚降而变得冷清，一前一后举办的“2002青岛国际农产品交易会”和“青岛国际设计展览会”仍吸引了大批国内外的参展商。这些大型展会在让参展商赚得大批订单满意而归的同时，也为这座正在崛起的沿海开放城市吸引了更多的目光，成为岛城经济发展和税收增长的一个新亮点。

2002年青岛的会展季节来得格外早，2002年3月份青岛国际会展中心就举办了“亚洲美容美发展”，比往年大约提前了1个多月。紧接着，会展活动一个连着一个，青岛房地产交易会、青岛国际汽车展、中国国际电子家电博览会、第四届中国青岛海洋节、中国国际航海博览会相继拉开帷幕。据青岛国际会展中心负责人介绍，2002年的展会数量明显增多，展会密度明显加大。一年之内，仅会展中心就承办了35个展览，比2001年增加了11个。这些展览主要有两种，一是外地来展，2002年外地机构来青岛举办的展会有近20个，比2001年增加了8个，规模较大的有中国国际渔业博览会、中国国际草业博览会、全国医疗器械展、中国焊接博览会等；另外一种是青岛自办的展会，如国际电子家电博览会、国际航海博览会、青岛时装周等。

会展是最大的、最有特色和最有效的城市广告。近年来，青岛通过连续成功举办各大展会，有效扩大了对外宣传，使人流、物流、信息流迅猛交融，带动经贸、旅游、餐饮、交通以及各项服务业的快速发展，并以此树立了崭新的城市形象。据统计，2002年青岛会展经济的投入和生产的比率为1：8，在生物制药、房地产、商业流通、生产加工、交通运输等方面吸引外资总额为39.2亿美元，其中千万美元以上的项目达到128个，涉及“世界500强企业”10家。在税收方面，2002年前10个月，青岛市共实现国税收入90.23亿元，同比增长了14.63%；其中，会展经济实现的国税收入占到11.23%，有力地促进了税收的增长，推动了地方经济的发展。

正是看好了广阔的市场前景，青岛市近几年把会展经济作为重要产业加以扶持，充分利用本地的资源优势，增强与国外展商之间的沟通与合作，大力培育品牌展会。中国加入世贸组织后，国外展览商更加看好中国的展览市场，一些国际展览巨头已经开始在中国大量办展。为此，国内各大中城市展开激烈竞争，北京、上海、南京、厦门、广州等地都投入巨资兴建新展馆，争先承办各种大型国际展览。有消息称，尽管2003年的渔业博览会的举办地点已经确定在青岛，但国内至少有5个城市已经在争夺2004年渔业博览会的举办地。在这种情况下，对于刚刚起步的青岛会展业来说，最急迫同时最重要的就是尽快提升展会的标准和档次，培育具有国际化品位和强大竞争力的名牌展会。这就意味青岛所办的每一个展会小到一张请柬，大到展会内容都要考虑与国际接轨。

要实现这个目标，一方面要加快展会的软硬件环境建设，完善服务功能。目前，青岛市会展业硬件设施还不够完善，软件服务还不规范、不配套，制约了其会展经济的发展。所以，应加快青岛各大展馆以及周边道路交通、商业服务、宾馆等配套设施建设，为青岛会展经济发展奠定一个良好的物质基础。另一方面，要加强国际横向联合，与国际知名的会展公司合作举办会展项目，采用国际会展业通用的运行规范的运作模式，将青岛国际家电电子博览会、青岛国际啤酒节、青岛海洋节、青岛海洋科技博览会、青岛国际服装周等，培育成有国际影响力的名牌会展，带动和促进青岛会展经济发展；积极引进国外名牌会展活动到青岛举办，国外展览公司有多年积累的办展经验、办展人才和网络，有着广泛的国际影响及众多的采购客户，引进国外名牌会展活动到青岛办展，提高青岛会展业的整体水平。据悉，青岛有关部门目前已经与日本、韩国以及欧美的一些展览商建立了密切的联系，这些展览商已经确定2003年在青岛举办亚洲美容美发展、国际建材展等一系列高水平的展览会。

——《国际商报》

七大优势振兴浙江会展业

会展业作为对外经济、文化交流的窗口，对带动区域经济发展、塑造良好城市形象、获取更多商机、促进信息生产和交流起着重要的作用。改革开放以来，中国会展业以年均近20%的速度递增，行业经济规模逐步扩大，特别是北京、上海、广州、天津、厦门、南京近年会展业的快速发展已成为国民经济发展的新亮点。浙江地处长江三角洲，毗邻中国经济中心上海，交通便捷、市场发达、人文环境优越、旅游资源丰富、会展设施逐步完善，已具备了发展会展经济的基本条件，前景诱人。

(1) 区位优势。浙江省毗邻上海，随着全球经济的快速发展，整个长江三角洲地区以它雄厚的发展基础、良好的发展态势和强大的市场辐射能力有望成为新的国际发展资源的汇聚点，加之目前上海2010年“世界博览会”的申办成功，将为浙江省展览业提供更大的发展契机。

(2) 经济优势。城市会展经济的实力和发展水平是与该地区的综合经济实力、人文及基础环境水平相适应的。2002年浙江省国内生产总值(GDP)高达7670亿元，GDP增速居全国地3位。浙江省会杭州市的国内生产总值达到GDP1780亿元，经济总量继续保持居全国大中城市第八位，副省级城市第三，省会城市第二的位次。浙江省经济实力的强大将为会展经济的进一步发展创造更大的商机。

(3) 会展资源优势。浙江素有“市场大省”之称，在全国确立了两大优势：一是门类全、专业性强；二是规模大、辐射力强。而杭州、宁波、温州、绍兴、义乌等发育完备的城市特色市场在全国乃至世界享有盛誉，潜伏着巨大的能量，可操作的会展题材十分丰富，充分利用特色资源，为有效打造一批品牌展览奠定了良好的基础。

(4) 人才教育优势。目前，浙江省拥有全日制高校38所；有国家级、省级重点学科和重点扶植学科100多个；博士流动站13个。而在杭的浙江大学更是人才济济，科研力量雄厚，被誉为中国高校中的“航空母舰”。近年，为促进经济发展，杭州、宁波等城市相继推出一系列鼓励各地人才落户的创业政策，雄厚的人才教育优势，为发展会展经济提供了得天独厚的有利条件，奠定了浙江会展经济发展的软件基础。

(5) 历史文化及旅游优势。浙江素有“文物之邦、旅游胜地”之称。自汉至现代，浙江籍文学家载入史册者过千人，约占全国文学家的1/6。浙江旅游资源丰富，风景名胜古迹比比皆是，其质量和总量居全国首位。浙江省现拥有涉外饭店450家，其中星级饭店310家，是全国旅游热点之一。这些为浙江发展会展经济形成了良好的环境氛围。

(6) 会展设施比较优势。会展设施是会展经济发展的必备硬件要素，从浙江办展规模与现有会展场馆规模来看，基本相适应。届时投资20亿元、总建筑面积4.9万平方米的杭州国际会议中心和中国轻纺城柯桥国际展览中心的建成，将为浙江会展经济发展增加了一个拓展的空间。

(7) 可进入优势。浙江毗邻上海，而上海是目前国内、国际展览业争夺的热点城市，上海展览市场正处于整合阶段，价格和成本不断向国际化靠拢，这使许多展览公司将资本外移，从而将给浙江会展业的发展带来更多的机遇。

根据浙江的区位优势和悠久的历史文化、丰富的旅游、会展资源、逐步完善的会展硬件设施以及不断发展的经济实力和潜在的市场，使得浙江省要在今后三五年内赶上国内会展经济大省是完全可行的。但由于浙江会展业起步较晚，又缺乏高素质的专业展览人才和展览业管理人才，其组织管理、办展规模、品牌展会、配套服务总体还停留在一般的水平，与上述城市相比存在相当大的距离，成为制约浙江会展业进一步发展的瓶颈。在中国加入WTO后国内展览市场逐步加快向世界开放的趋势下，浙江展览业要突破制约“瓶颈”，做好与向国际转轨的准备，需要加强与国外展览机构的合作，运用有效手段引进他们的理念、技术和管理。依托自身的七大优势，做好以下几项工作，才能追赶国内先进会展城市，加快与国际接轨的进程。

(1) 培养高素质的专业展览人才，塑造名牌展览公司，促使会展经济的质量和效益不断提高。根据浙江省实际情况，可先采用联合办学的形式，对现有人才进行培训，如省内知名展览机构与高校相关专业以优势互补的方式举办系列讲座，还可邀请国外会展专家和世界著名的展览公司举办专业讲座。待条件成熟后，逐步把展览专业课程纳入高校教育体系，专门为浙江会展事业培养后备力量。

(2) 确立名展效应，加强国际合作。缺少名展效应仍是浙江会展经济走势不强的原因之一。品牌展览是推动区域会展经济发展不可或缺的手段，浙江可利用的会展资源客观上要优于国内其他一些会展大省，目前浙江打得响的品牌展览，主要有杭洲西湖博览会、宁波国际消费品博览会和义乌中国小商品博览会，打造适合浙江经济特色的品牌展览其发展空间还很大。为此，要提高会展品牌占有率除要加大专业人才的引进力度和完善硬件设施外，加强与国际会展组织的合作十分必要。浙江要加快品牌培育，可考虑与国际展览机构进行项目的共同开发或引进外资。入世后，外商仍不能在中国注册成立独资的展览公司，但可成立合资公司，通过引进来和走出去以及学习他们对会展市场的把握程度，可以有序地推出一批适合浙江经济发展的几大主导产业，以省会杭州为中心可推出的有最佳人居环境展、国际中医药与植物药展、休闲经济国际论坛、国际教育展、中国丝绸文化节、国际茶博览交易会、书画篆刻系列展等。加强与国外权威行业协会和代表性企业的联系和合作，国内一些形成品牌名展的实践证明，取得他们的支持是实现展览会品牌化十分重要的条件。

(3) 在展馆建设上要有科学规范，避免小而散，走国际化、专业化、大型化、品牌化、网络化之路，同时搞好展馆甚至整个城市的硬件设施建设。缺乏规模会展场馆一直是制约浙江会展经济发展的瓶颈，从省际来看，浙江省会展业较发达地区现有场馆设施基本与该地区办展规模相适应，但要想举办单项展览面积在5万平方米、展位在2千平方米以上国际标准展位的大型展览，却只能望洋兴叹了。以会展“龙头”城市杭州为例，目前可供开展国际会展活动的专门场馆主要集中在浙江世贸中心、浙江展览馆和浙江科技馆，但因其场馆规模偏小而无法满足国际规模展览的要求，一些可望发展成为品牌的展览因此而不得不降低办展规格，极大地制约了区域性会展业的发展。从省内各地现有展馆设施与其办展规模来看，主客体错位也是造成规模展馆缺失的一个原因，一些地方建馆规模与所在地区的综合经济实力不相协调使之总体利用率下降。像浙江横点国际商贸城国际会展中心虽有面积9.07万平方米，可设置2800多个国际标准展位的展馆，但因受其交通条件、会展资源等制约，办展效果明显不及其他地区，致使良好的硬件设施大打折扣，鉴此，做好展馆的建设与其在区域经济中的合理布局和会展市场的定位十分重要。针对浙江省情况，目前杭州正在为打造国际休闲城而即将竣工的杭州国际会议中心，其载体效应，对提升杭州在国际上的知名度无疑将产生积极的影响。但同时，绍兴、海宁、永康等有巨大会展潜在效应的城市，也应加快与这一地区经济发展水平相适应的场馆建设，为打造浙江系列名展创造条件，充分发挥会展全方位的拉动作用，把浙江建成一个以杭州为中心，宁波、温州、义乌、绍兴、海宁、永康等城市为依托的具有强大经济实力和较高国际知名度的区域性会展中心，提升浙江整体知名度。

——《国际商报》

宁波拼杀会展“甲A”赛场

——访宁波会展办公室主任陈国强

“会展业是集商品展示交易、经济技术合作、科学文化交流为一体，兼具信息咨询、招商引资、交通运输、城市建设、商务旅游服务等多种功能的一种新兴产业。通过会展活动，能带动巨大的物流、人流、资金流、信息流和文化流、提升城市品位和知名度，进而推动经济和社会发展。”这是2003年宁波市政府1号文件《关于加快宁波会展业发展的若干意见》开篇的一段话。也是我国迄今会展业发展史上第一份有关会展的地方政府文件。

宁波作为我国最早开放的东部沿海城市之一，人均收入3400美元，80%为民营企业，外贸企业有2000多家，2002年外贸出口额达1500亿人民币，其中5个品牌出口创汇近30亿人民币，加上宁波有完备的海陆空运输基础，会展业作为促进贸易的重要手段之一，在宁波市有先天的发展优势。

1997年的“宁波服装节”，着实让宁波人尝到这块会展“城市面包”的甜头。宁波市政府对发展会展业备加重视。自1996年到2002年，宁波市政府着手软硬件两手抓，在软件方面先后成立了宁波市政府会展工作领导小组、会展办公室、宁波市会展行业协会，积极培养组织办展单位。在硬件方面，斥巨资兴建的会展中心现已落成。宁波的会展业在历经政府6年的厚积之后为快速发展拉开了一张大弓。宁波发展会展业的思路，也给其他城市如何规划会展业发展提供了一个真正意义上的“政府搭台企业唱戏”的“宁波模式”。

会展靠大家　大家办会展

记者：宁波的会展业发展备受全国瞩目，宁波是用什么样的思路来发展会展经济的？

陈国强：宁波会展业发展按我们的规划，2002年之前作为一个准备期，也就是前6年是个准备期。因为宁波虽然也举办了在国内有影响的一些展览会，例如“服装节”、“消博会”、“住博会”等，但从数量上与兄弟城市相比还是比较少的。其次办展的主体弱。会展业很重要的条件就是先进的场馆、精练的组展队伍、有知名度的品牌等。由于之前受场地的制约，没有大舞台很难吸引或是在当地培育一批真正符合国际化的展览公司，这还包括专业的设计搭建、传播服务企业。由于很长时间宁波会展产业要素不健全，因此也没有真正意义上的现代会展业。

几年来，我们在办展中发现展览业对城市发展推动作用非常大，再加上国内外一些地区会展经济的发展热潮，特别是与我们同类型的城市会展业都在蓬勃发展，市委市政府感到，宁波作为一个沿海外向型开放城市，并且作为中国制造业的一个重要基地之一，完全具备发展会展业的条件和必要性，因此下定决心发展会展经济。自从加大发展会展经济力度以来，政府做足了启航工作。

首先在管理上，成立了一个领导与指导全市会展业的机构，成立以分管副市长为组长的会展领导小组、会展工作办公室。会展是个需要多部门协作的行业，作为全市会展方面的战略规划、协调、指导部门，会展领导小组成员几乎囊括了政府海关、外贸、银行、工商、交通、公安等所有组成部门的几十个成员单位，把会展工作办公室放在办公厅，生动一点说宁波发展会展经济主要就是“会展靠大家，大家办会展”的思路。之后政府投资近7亿元人民币建立了一个总面积9万平方米的既现代化又适合宁波会展经济发展需要的会展中心。通过近一年的调研、运转、考察、协调，在今年初以政府1号文件的形式提出了《关于加快宁波会展业的若干意见》。因此在有了一个机构、一个展馆、一个战略之后，宁波会展业真正开始启航了。与此同时，为了规范会展业行业内部的管理，宁波市会展行业协会在2003年2月28日挂牌成立。

对政府管理得与失的看法

记者：宁波在展馆经营突破国内传统管理模式上，提出“三无”换“三有”战略性决定，这个战略是怎么提出来的？

陈国强：宁波会展业的启动是在两个背景下进行的：一是全国从计划经济向市场经济转变；所以政府对一个行业的推动过程中主要是指定战略，从真正意义上做到“政府搭台、企业唱戏”。二是会展业作为一个新行业，会展经济真正兴起时间还不是很久。我国的一些类似广交会的展会严格意义来讲还不属真正的展览会，那还是计划经济模式下的产物，参展商都是国内企业，是以单向出口为主的交易会，并没有体现展览会真正的双向互动的作用。

最近几年，各地都在兴建展馆，管理模式多种多样，相当一部分都是政府建、政府管或半政府管理模式。通过有关部门长时间的调研，政府管理模式往往是不成功的，反而成为政府的包袱。一方面有的地区不适合建造大型会展中心，另外一方面就是没有良好经营管理模式。北京和上海除外，因为这样的国际性大都市会展市场很大，运作展会主体很多，在场馆使用率上有一定的保障，而这样的场馆只需加大场内质量管理。在国外，许多发达国家中等城市在发展会展业中，场馆建设是根据客观实际需要投资的。地方政府必须处理好展馆建设投入与运营产出不同步性的问题，今天的投入可能是明天的收获；所以中国绝大部分地方政府投入展馆建设是有必要的，但前提是必须论证这个地区是否适合兴建或是建造多大的展馆，有无市场需求。在政府投资后运营中必须摆脱政府运作或政府直接组织带有官方色彩的经营公司，让企业市场化经营是必然的趋势和出路。

记者：*您怎样看这个战略中“政府的得与失”？*

陈国强：主要还是考虑会展中心带动会展经济发展的作用，通过有效利用使用率，带动城市发展这是最终的目的。基于宁波市的会展业现状，市长提出了“政府建造、企业经营、市场运作”。“三无”、“三有”是这三句话的形象比喻。即在一定时期内让经营展馆企业无需还本、无需折旧、无需上交，要的是得有一定数量和质量的展会、有提升场馆的管理水平、有资金的平衡经营能力。我们在对全国大部分城市发展进行调研后，形成了我们这样的运作方法。实际上，交给企业管理后，政府只要做宏观的指导、监管工作，企业在积极性及努力程度上将胜于我们政府或半政府色彩的管理模式。虽然前期政府在投资上没有直接得到回报，但是由于会展中心的作用，会展经济带动其他行业乃至整个全市经济的发展这才是政府初衷。

“世博”春风吹绿江南岸

记者：*宁波在发展会展业中形成的“宁波模式”渐被兄弟城市效仿。宁波今后将怎样让会展业继续发挥更大的作用？*

陈国强：宁波之所以有后起之秀的能力，一方面是自身的基础能力与不断努力。另一方面也是总结了兄弟城市多少年来探索的经验，避免走弯路。但是我们很清醒地看到自己的原有状况。在建立完善的软硬件之后，现阶段如何扩大会展经济带来的更大拉动作用是当务之急。

扩大会展业拉动作用，不仅对宁波的各产业要有推动，还要与会展中心所在地的区域发展结合起来。很多城市在建设展馆时并没有考虑到城市规划、区域经济发展等关系，没有将会展中心的功能作用纳入发展当地区域经济的内容，所以在考虑拉动其他产业发展的同时还要注意到会展中心所在区域的版块经济，通过3年至5年的努力，不仅让会展经济拉动全市各产业发展，还要利用会展中心周边的小配套如商店、餐厅等其他服务行业，以及大配套如写字楼、宾馆酒店等形成会展经济区“CED”(Central Exhibition District)概念。

扩大会展规模，培育引进专业办展主体和本地品牌展会。一方面要扶持老的办展主体，一方面也要培育新的办展主体。引进外来品牌展会与大型展览公司落户，引进的策略将在本地起到带动作用。今后，我市一要具体细化引进展会的办法，二是还要与企业一起在全国推广城市及会展中心工作。后五年为我们的启动期。正好与上海筹备世博会结合起来，宁波现在正积极筹备跨越杭州湾，兴建一座不经杭州，直达上海的跨海大桥，将宁波为代表的浙江东部沿海地区至上海的陆路交通时间，由4小时缩短至2小时。2008年左右我们要逐步进入真正发展期，争取在10年内让宁波站到全国的第一梯队。如果将会展业比喻成足球，我们觉得宁波的会展经济发展现况水平应该达到准“甲A”级了，在今后的“甲A”赛场上，我相信宁波会展业一定会绽放异彩。

——《国际商报》

南昌冲刺会展经济

这两年，江西省南昌市在“富民强市”思想的指引下开始了“城市革命”，他们大刀阔斧地整治市容、清理违章占道、亮化大街小巷、美化门面楼房，拆墙透绿，建花园广场，使京九线上惟一的省会城市变得路畅灯亮街美；有关领导全面实施对外开放战略，奔赴无锡、上海、香港特区等地学习考察并宣传和推介南昌。海内外客商纷至沓来，高新开发区、昌北开发区以及市区的建设轰轰烈烈，整个南昌透露出一种强烈的发展冲动，发展速度得到了前所未有的提升。南昌一派生机，一片商机。

但是南昌市政府考虑更深层次问题却是：如何借助这种势头最大限度地调动本地经济主体的能动性，转变部分市民心中存在的“小富即安”的思想，在使企业经济实力和居民生活水平得到充分提高的同时加快南昌的发展步伐，为实现江西在中部的崛起做出省会城市应有的努力。

在广泛调查的基础上，南昌市决策层认为以目前南昌的现状，要使企业和市民都走出去接受新思想、新观念的洗礼不很现实，但是可以在南昌提供一个“平台”，这个“平台”在确保国内外客商充分了解南昌、认识南昌，并决定在南昌投资兴业获得自我发展的同时，带给本地更多的新的发展理念和思路，加快和促进南昌经济的腾飞。于是，南昌市政府决定从2002年起，每两年举办一次“中国南昌金秋经贸活动月”，力求通过几年时间的积累，将南昌经贸月办成与大连服装节、深圳高交会等齐名，在国内外有相当影响力的品牌经贸活动。

刚刚起步的“会展经济”在令市民大开眼界的同时，也给南昌的发展带来了前所未有的巨大影响；2002年首届中国南昌经贸文化节闭幕了。商家一盘点，20天的展会带来了170万的游客，营业额突破5千万元，的确是“日进斗金”。更为可喜的是周边的商贸、旅游、餐饮得到极大推动，宾馆酒店入住率提高50%、商贸营业额突破2800万元、招商引资突破13亿元……再来看看花博会，自2002年9月28日开幕以来，有超过30万的人流涌入。来自美国及国内杭州、上海等地的著名花卉园艺公司均来参与，达到了预期的“宣传南昌、宣传江西”的目的。

经贸活动月的“战果”自然也不菲。自2002年9月26日开幕以来，招商洽谈会、城市规划展、科技成果展、美食节、名车秀、中美滑水对抗赛、商品交易会等活动将金秋的南昌搅动了起来，来自海内外的客商看到了南昌“自上而下”的发展动力，看到了南昌作为区域性中心城市的巨大潜在市场。

南昌作为一个历史名城，自古以来就是华东南商贸集散地，是江南鱼米之乡，是中西部与东南沿海商业信息流通的要塞。南昌良好的地理位置具有作为区域性会展中心的先天优势。而“会展经济”在南昌的起步，说明在市场经济日渐成熟和国际经济一体化的今天，单单依靠自我的力量想要获得更大的发展已经不可能了。因为市场信息瞬息万变，科学技术日新月异，关闭自己的视野就等于扼杀了成功的希望。南昌市举办具有国际规模的大型会展，必将吸引来自海内外的客商，使南昌这座历史名城名扬中外，南昌的会展也名扬中外。为南昌市经济的发展注入新鲜的活力。所以南昌需要大力发展“会展经济”，尤其是品牌“会展经济”。只有这样，才能让南昌在东部已经相当发达、有关部门加快西部大开发的情况下获得好的发展机遇，为实现江西在中部的崛起提供强有力的经济支持。

——《国际商报》

福州市政府大力扶持会展业

福州会展业2002年赚了12亿，这无疑是个鼓舞人心的数字。如火如荼的会展经济不仅让众多的商家乐开了花，更让政府部门踌躇满志。据福州市贸发局透露，2003年在金山开发区落成的福州新展城只是一个过渡性的展城，5年后在闽侯上街大学城还将崛起一座功能齐备的国际会展中心。此外，福州市近期还出台了一个奖励办法，动员民间力量为政府拉展。看来，福州市政府是下决心要做大会展经济这块蛋糕，把会展业作为一个永久的行业来扶持。

会展业：须破四瓶颈

2002年的全国书市和绿博会将福州的会展业带入了一个高潮，会展业作为经济发展“助推器”的作用已充分显现。会展经济作为经济的的一张晴雨表，经济越发达，会展活动就越丰富多彩。目前，全国各地会展业的竞争也日趋白热化。福州的会展业要如何做大做好？业内人士认为要突破四个瓶颈。

福州会展公司总经理李敏胜认为，现在的展览市场还比较杂、乱，问题的根源在于首先很多部门都有办展的审批权。这样就可能在同一时期出现题材相同的展会，这对培养有品牌、上规模的展会十分不利。目前，福州除了打海峡牌外，还没有上规模、上档次、有品牌的展会。虽然2002年有4次全国性的展会，但都不是自己独有的品牌。他说，2003年福州的汽博会正在酝酿中，希望能将汽博会培育成品牌会。

其次是办展资质问题。现在福州专业展览公司还只有一家，其余多是一些广告公司、传媒公司在办展，展会质量好坏不一。有的主办者缺乏办展经验，也有的在宣传上言过其实，从而搞乱展会秩序，甚至出现罢展、闹展的事件。这不仅影响到参展者今后的参展热情，还影响了福州的形象。

除此之外，制约福州展业发展的还有两方面问题，一个是福州城市小，交通不便，辐射面小，影响到福州的办展能力。另一个是硬件设施尚不完善，福州目前的展馆设施在全国属中等档次，地级市温州、东莞的展馆硬件投资都比福州大，甚至晋江的都比福州好。而且，现在福州的会展中心处于闹市区，周边交通拥挤，不利于大客流。

创优势：打好“海峡牌”

尽管如此，福州会展业也有自己得天独厚的优势。市贸发局服务业处林处长介绍说，近台就是福州的一大优势，福州的展会可以充分打好“海峡牌”。

2002年6月9日至11日，为期3天的福州商品金门展销会创造了两岸经济往来史上的3个“第一”，即福州成为祖国大陆第一个直航赴台举办商品展销会的省会城市；第一次由两岸社会团体主办、两岸企业共同承办大型展销活动；第一次实现了福建货物从马尾港直航金门。2002年12月14日在福州举办的首届福州烹饪技术创新大赛及展示，台湾烹饪界也组团到榕参赛参展。

而目前政府正全力改善的办展硬件设施也将大大方便今后进一步承接展会。这3年来，福州会展业的迅猛发展有目共睹，从最初的一年只有一两个展览，发展到现在光是大型的展览一年就有十几个。

福州的会展将会办得越来越火热。

——《国际商报》

厦门发挥资源优势　带动发展会展旅游

参加2003年“9·8”论坛的近30场研讨会、论坛与会嘉宾的接待工作的旅行社，是由北京中国投资贸易洽谈会组委会从12家厦门旅行社中挑选出来的。这是多年来厦门的旅行社第一次正式介入“9·8”盛会。这正预示着会展旅游在厦门的起步。

会展经济带活会展旅游

由于会展业对科技普及、产品推销、消息传播等发挥重要作用，在国际市场获得迅速发展。在我国也逐渐成为各地关注的热点。近年来，以北京、上海、广州、成都等中心城市为主体的会展经济呈迅猛发展之势，“会展旅游”也枝繁叶茂，成为当地旅游业发展新的增长点。

相比而言，厦门会展经济的发展因地区偏、腹地小、人口少、经济总量小、辐射面小而受到制约，这同样制约了会展旅游的发展。据长期从事会展业的厦门“9·8”协调办副主任郑智分析，如果厦门一年能举办50~60个类似“9·8”、“绿博会”这样的大型会展，厦门国际会议中心才算进入良性运作状态，厦门的会展业才算得到充分发展。他认为，2002年厦门有5~6个大型会展，这只能说明厦门会展业尚处于起步阶段。

旅行社初探会展旅游

根据调查，在近三四年的时间里，至少有十几家旅行社涉足会展旅游业务。这些年厦门小会小展还真不少，宾馆、饭店最能证明。白鹭宾馆隔三差五就有个订货会、推销会，客人多得连旅行社的团队都懒得搭理；京闽酒店业总有横幅打出，“热烈祝贺某某会议召开”、“热烈欢迎某某莅临”……因此，有的旅行社同时挂出了会展公司或会议公司的牌子。

厦门春辉国际旅行社是1998年开始经营会展旅游业务的。总经理马志强说，全世界都在办会展，无论出去进来，都需要有接待、有代理，旅行社当然是最合适的。他说，由于介入早，旅行社在会展旅游方面的经济效益已经显现。“如果单纯旅游一年的利润是20万，会展旅游就可以达到80万。”在他看来，会展旅游不仅利润高，现款结算，资金不被套住，还免去了单纯旅游低价恶性竞争的心力交瘁。

但是，厦门多是小会小展，向春辉这样在会展旅游上尝到甜头的并不多。同时由于旅行社没有会展方面的专门人才，使得厦门的会展旅游目前多限于会后旅游接待，旅行社并没有得到所希望的回报。

一位旅行社的老总坦言道，会展旅游做得好利润高，也有人为此大笔“投资”。他说，上海“春秋”为了抢占上海会展旅游的头把交椅，专门派出总经理秘书前往瑞士学习会议策划和接待，半年的学费是8千美元。他们肯这样做，是因为上海的大型会展足以使“春秋”每次接待会展旅游都赚回几倍学费的回报。他说，厦门目前大型国际会展少，没有人会做这样的“投资”。

可是，由于看到厦门会展旅游的前景，旅行社也在努力中。据了解，目前“春辉”已开始淡出传统旅行社的地接业务，专门成立了会展旅游部，招聘了一些会展业的专业人才，他们毫不隐瞒地说，以前没有机会和能力接大型会展旅游团是人才缺，现在厦门的大型会展多起来，“我们引进了人才，今后我们的发展方向就是会展旅游。”目前：“春辉”正在争取一个跨国公司的会议在厦门召开。这暗示着“春辉”已经介入会议前的策划。

建发国际旅行社在招募会展专业人才的同时，也开始成立专门接待会展旅游的单位。

所有开展会展旅游的旅行社都认为，只有介入了会前策划、会中服务和组织会后旅游，才算完全进入了会展旅游的圈子。

发挥优势推动会展旅游

尽管目前厦门大型的、国际性的会展太少，但举办大型会展的优势也是有目共睹，这也是旅行社执着于此的理由。厦门交通便利、通信发达，自然环境优美，同时，与国内城市相比，会展设备比较完备，这足以吸引会展主办者将目光投向这里。厦门面对台湾，紧靠香港和东南亚，这样的地理条件不得不使会展主办者心动。厦门已经达到国际水准的酒店接待、包括国内外美味佳肴的餐饮以及水平日渐提高的旅行社接待，为主办者免去后顾之忧。此外，厦门还有叫得响的中国“投洽会”品牌，它的带动作用是巨大的。

所有这些都成为厦门发展会展旅游的坚实后盾。在此之上，政府意志和社会、企业的积极性正在形成共识；要把厦门建设成国际性、地区性中心城市，必须提高国际化的社会服务水平和能力，尽量减少政府介入，建立完善的社会服务体系。对此，2002年的“果蔬博览会”就是一次“彩排”，组委会将与会者的部分接待，如住房、接站工作委托给已经开展会展旅游业务的旅行社。由于效果不错，2003年“9·8”厦门的旅行社才得以正式介入接待。

——《国际商报》

长沙：打造湘鄂赣的会展中心

中国幅员辽阔，国内的会展业专家在谈到重复办展问题时，都会以展会的辐射区域为前提，认为一定量的重复办展是必须的，重点是要看展会的办展时间和辐射区域是否重叠，是否造成了资源浪费。所以，国内除了北京、上海、广州、深圳这样的一级会展中心城市外，其他想要发展会展经济的城市，必须以城市的产业发展、经济辐射能力为基础，不应贪多求大，而应依托某个产业带或者都市圈进行发展。比如杭州、宁波等上海的周边城市，以长江三角洲为依托，根据上海的发展情况调整自己的会展业发展策略。吉林长春则立足于东北地区，发挥自身的产业优势开发汽车展、教育展、农博会。

根据我国经济学家测算，中国将最先形成9大都市圈，其中包括以长沙、武汉和南昌为中心城市的湘鄂赣都市圈。而历史文化名城长沙，最近的几年来，又以其城市建设、媒体发达、科技进步闻名于世人。2002年，金鹰节、糖酒会、农博会、煤炭订货会在长沙的成功举办，让古老的长沙弥漫着一股商业气息，发展会展经济的意图呼之欲出。

的确，短短几年，会展经济在长沙从无到有，从小到大，从各种名目的展销会、洽谈会、交易会，到一年一度的农博会及在长沙两度举行的全国性糖酒会，会展经济给长沙带来的不仅是直接的经济效益，还推动了整个城市的向前发展。

长沙的会展经济是在1999年开始逐步发展起来的。首届农博会举办时，红星市场周围还是一片萧条，只过了几年时间，在红星市场的周边矗立起了5个专业市场，周边开办了几十家农产品深加工企业及更多的小型加工作坊，使这一地区有了繁华的都市气氛，农博会的主办单位财务状况也由首届的亏损到现在的持平或略有盈利。从现有情况看，长沙会展业虽然起步晚，但是发展很快，每年均以20%至30%的速度快速发展。目前，湖南省共有各类会展机构50余家，每年举办各类展览70多个，绝大部分集中在长沙。此外，湖南省每年出国参展企业达100多家，申请各类国际展位150个，并日益向国际化、专业化、规模化和品牌化方向迈进，这些企业大部分都在长沙或在长沙设有办事机构。

展馆是会展经济发展的火车头，为了更好地发展会展经济，由湖南广播影视集团在长沙市金鹰影视文化城内投资兴建了湖南国际会展中心，该中心是湖南省乃至华中地区最大规模高科技智能化、现代化专业展览场馆，集现代建筑艺术、服务设施之大成于一体。展馆总建筑面积10万平方米，展厅面积5万平方米，可设国际标准展位1601个。湖南国际会展中心为了更好地与外界合作，发展会展经济，在中心建造期间就展开了一系列的运作，与某外资公司洽谈合作项目，申请加入中国展览馆协会，与香港贸发局建立联系，开展大量的宣传活动，组织和开发展览会等等。

行业协会的建立也彰显了长沙乃至整个湖南省对会展经济的重视。2002年9月5日，湖南省会议展览业协会在长沙正式挂牌成立，标志着湖南省会展行业走上规范化发展的轨道。

然而，在快速发展的同时，长沙会展业也存在一些问题，如行政办展倾向明显、市场运作不力等。同时，会展市场无序竞争、恶性跟风的现象也较严重。

虽然就整体而言，长沙会展业发展的大环境一直较好，增长率和盈利率一直保持较高的水平。但同一些发展很快的地方相比，长沙会展业还需要迎头赶上。此外，办会办展过程中存在的办展重复、只重利润不重效果等多种不良情况值得警惕。长沙曾出现过两个建材方面的展会在两个不同的展馆同时进行的现象，不仅分流了参展商和观众，浪费资源，也不能体现行业展、专业展应有的水平。

针对这些问题，长沙会展业首先根据自身经济发展方向，树立会展业的品牌。以农博会为例，湖南是农业大省，成功举办了3届的湖南农博会，已发展成为湖南农业的名牌展会，并开始面向全国。2002年的农博会还首次融入了“国际”概念，专设了部分国际展台，吸引国外参展商。同时，展会也从单纯的产品展示延伸到农业的新技术、新设备、新项目的展示、展销以及投资洽谈，在全国有了一定的影响。还有，湖南的信息产业在全国也有一定的地位，计算机等一批高新技术企业在全国都享有知名度，打造一个信息类的名牌展也大有可为。

其次，目前整个长沙的会展业发展还处于低水平发展的阶段。长沙要提高会展业水平，必须积极与国际上著名的大型展览公司合作，与国际知名协会建立密切联系，利用灵活多样的合作方式，引进更多的国际大展会、专业巡回展和世界品牌展会。在合作的过程中，不但可以提高自办展的水平，学习先进的组织管理经验，还可以办好引进展和出国展，三管齐下，把会展业办好办活。

第三，会展业的发展离不开政府的支持。长沙市主管副市场向力力表示，政府要逐步停止直接参与展览的行为，转而制定相关的产业发展政策，监督展览活动规范有序开展，创造良好的配套环境。会展行业协会也将开展行业调查，研究会展行业发展方向，协助政府及会员单位组织制定本地区会展业的中、长期规划；帮助会员单位提高会展水平和服务水平。并将会展人才的培训也纳入了工作计划，以培训会议展览业专业人员，提高从业人员素质。

长沙既是历史悠久的文化名城，又有着开放的市场环境，作为湘鄂赣都市圈的中心城市，从会展业的发展势头来看，长沙只要把握机遇，有条件，也有能力发展成为区域性的会展中心城市。

——《国际商报》

武汉采取新举措　推进展览业发展

2002年，武汉市举办各类展会逾百个，办展规模及水平均有所提高。机电博览会、经贸洽谈会、光博会、食博会、农博会、房地产博览会、美容美发展、建筑装饰材料展等如期举行，规模都比2001年扩大。一些展会还在专业化等方面有新的突破。除了本地举办的展览稳步发展，外地到汉办展也日渐增多，据统计有20个。外地来汉举办经贸暨产品博览会的有贵州、宁波、中山等。外地来汉办展的企业涉及上海、北京、广州等城市。

但2002年武汉市展览市场还存在着一些问题。具体表现在以下几方面：①同类展会频撞车。在春秋两个办展旺季，经常出现展会撞车现象，特别是房地产、建材等题材的展会撞车频率更高，一些展会几乎是“同名同姓”；②招商和办展内容不统一，有的展览公司违反《商品展销会管理办法》的有关规定，有的招商函内容与登记的内容不一致；③展览服务不到位。目前，武汉市举办的展览，时间一般都在3～4天，有些展会服务工作不到位，展会时间，会务组形同虚设，对展览中出现的问题，不能及时发现和处理。针对这些问题，2003年伊始，市长李宪生要求市政府办公厅向各有关部门收集、整理、筛选2003年拟办重大活动的信息，年初即予以统筹安排，避免活动过多过滥。此举旨在开展总体策划，提高市场意识和市场运作水平，壮大武汉市会展经济。李宪生说，这是政府工作的一个新尝试。政府要推进会展经济，不能总是用计划经济的手段，要有市场意识。要明确责任主体，以市场运作为主，政府给予相应扶持。现在武汉会展不是多了，而是很不够。要明确会展经济的牵头部门，并由其负责全年的会展策划。

2003年初步定下21项全市性重大活动，既有国际性的，如女足世界杯系列活动、中国武汉国际抢渡长江挑战赛、第二届光博会暨“中国光谷”论坛；也有全国和全市性的，如海峡两岸知识产权保护研讨会；既有传统性的，如武汉国际机电产品博览会、第三届（武汉）国际农业高科技及产品博览会；也有新增的，如民营经济发展论坛。而且，是经过与多个大城市竞争，才使民营经济发展论坛落户武汉。

武汉市中部金融贸易中心。目前，武汉有两个较为重要的展览，一是从2000年开始的中国武汉国际机电产品博览会；二是从1999年开始的武汉经贸洽谈会。2002年两个展览共签订合同金额6.2亿多美元，仅这个数字就占了武汉2001年国民生产总值的3.78%。所以，市长办公会提出，今后的重大活动要进行细分，该政府投入的政府投入，更多的要以市场行为为主，政府侧重做好服务。2003年会展活动最集中的月份是5月和10月，分别有4个和5个。今后要突出办好几个在国际上产生影响的会展活动。

针对武汉市展览业存在的问题，武汉市“对症下药”采取了三项措施以推进展览市场健康发展。

一、以行业管理指导全市展览业工作，制定行业自律准则和进入标准，把好市场准入关

目前，武汉市有大大小小的展览公司几十家，承担着武汉市每年近百次的展会，这些公司既有民营的，也有国有的，一直是各自为政，竞争无序。2002 年下半年，在政府有关部门的推动下，武汉市酝酿成立武汉展览业协会，2002年底已正式挂牌。2003年武汉市充分发挥行业协会的作用，以行业管理指导全市展览业的发展。协会将根据展览市场的具体情况制定市场准入制度。按照三个有利于：有利于开放搞活、引入先进经验；有利于本地展览公司发展；有利于公平竞争的原则，负责对新开办展览公司的资格初审，展会、展题的初审，和日常监督管理工作，把好市场准入关。武汉市还将建立展览公示制度，在展会的批准审查中按照不知名的展会让路知名展会，小展会让路大展会的思路，通过行业自律和行政管理相结合的办法，规范展会秩序，改善和优化展会环境。

二、提高办展水平，争创名牌展会

为做大做强武汉会展业，2003年武汉市在全力保护现有知名展会的基础上搞联合，把几个同类型的展会联合成一个大展会，实现强强联手合作，共同开发有潜力的大型展会；鼓励展览公司充分发挥各自特长，把各自专业展会做精做大，鼓励创新，开拓展题；展览馆配合行政管理，扶优扶强，为创办名牌展会营造好办展环境。

三、加强展会专业人员培训和信息交流，开展评优活动

从2003年开始，武汉市每年举办两期培训班，对展会专业人员进行培训。对合格者，发专业培训合格证书，提高行业从业人员整体素质。同时，通过行业协会，在行业内经常开展业务、信息及学术交流，定期举办经验交流会、信息发布会，采取“走出去，请进来”的办法开阔视野，拓展思路。“走出去”是组织业内人士到外地参观，学习外地名牌展会的操作经验、管理办法；“请进来”是将外地好的展会请到武汉，促进自身发展。武汉市还欲开展“信得过办展企业”和“年度最佳展会”评比，由展览业协会进行评审及颁证，对评上最佳展会的企业，第二年将在展题和举办时间上予以优先考虑。

（未名）

从区域经济角度做大广东会展业蛋糕

中国对外贸易广州展览公司　叶志群

一、会展业对经济的推动作用

提到会展业，其对城市、地区乃至国家经济发展的带动和推动作用已经被广泛接受，而且可以通过量化的数字比例关系来说明，国际上，这种比例关系通常为1∶5～10左右。在德国，贸易展览会的组织者年收入约为45亿马克，拉动参展商

和参观商的消费为170亿马克。综合评估展览业为经济发展创造的价值，每年展览业的综合产值为410亿马克。办展单位的经营收入与展览业创造的社会综合产值之比为1∶9.1。在香港，展览业的年收入约为1.9亿美元，为国民生产总值创造的价值为10亿美元，两者之间的比例也超过1∶5。我国历史最悠久、最广为人知的广交会，且不说它在中国对外贸易史上扮演着非常重要的角色，单是一年两次给广州的酒店、餐饮、交通、百货零售等带来的滚滚财源，就使人们对会展业带动经济的能量充满遐想。再说深圳，据不完全统计，2001年，由深圳展览行业直接创造的经济收益就有3亿元以上，并为相关行业，如交通、运输、金融商贸等带来了数十亿元的附加产值，成为深圳经济发展的一个新增长点。正是这种效应，使会展业近年来在全国各地迅速发展起来，不少省市、地区对会展趋之若鹜，都希望通过会展业带动整体经济的增长。

二、发展会展业依赖当地整体经济实力

既然会展业对经济的拉动作用如此明显，会展业对于地方经济发展是否是万试万灵的妙药？还是一厢情愿的想法？会展业的发展有没有前提条件？纵观会展经济在全球的发展情况就不难看出，一个国家会展经济实力和发展水平，是与该国综合经济实力和经济总体规模及发展水平相适应的。全球会展业最发达的当数德国和美国。这些发达国家凭借其在科技、交通、通信、服务业水平等方面的优势，在世界会展经济发展过程中处于主导地位，占有绝对的优势。

会展业的发展有其内在规律，它在一个国家、地区取得成功，通常要具备一些条件。以新加坡为例，首先，经济上经历了飞速发展的阶段，是全球著名的贸易港，拥有发达的交通，良好的基础设施，以及成熟的经营理念和规范的管理。归纳起来，会展业的发展依赖下列重要因素：第一，发达的经济。展览存在的意义就在于通过这种方式为参与各方扩大销售，交流信息，因而总是与一定的经济实力相依存。第二，交通方便。会展业就是要打破地域的限制，促进各地资源的流动，国际上著名的展会对航空港、公路的要求都非常高。第三，有足够吸引力的产业。一方面是与展览题材本身相关的产业，另一方面是配套产业发达，能吸引展商和观众到会，如美国的拉斯维加斯，是美国举办展览最多的地方之一，支柱产业是博彩业和旅游业，其凭借的并非与展览题材相关的产业优势，而是理想的会展地点，完善的服务。第四，有利于竞争的环境和规范的管理。一个宽松的环境和管理有序、透明度高的社会环境，有利于会展业的健康发展。就具体展览项目而言，一个项目要取得成功，通常需要具备产业基础好这个因素。或者表现为生产基地，或者市场容量大，或者是科研基地、信息交汇地。像北京的国际家电展，他们提出用五到十年时间，把此展打造成全球第一家电品牌展。首先这是全球产业格局转变提供的条件。北京虽然不是此行业区域产业基地，但却是很多跨国公司的研发基地和亚太区总部所在，北京已经成为家电企业政策、金融、市场、技术等综合性信息资源中心，这就是北京家电会展业品牌的优势所在。

三、广东会展业蓬勃发展

广州有广交会，深圳有高交会、东莞有电博会……广东省尤其是珠三角地区各城市会展业发展风起云涌。在广州，有“中国第一展”之称的广交会，历经40多年的发展，现每届出口成交额超过150亿美元，客商超过12万人，是全国展出规模最大，到会客商最多，国际化程度最高，参展效果最好的展会。2002年，德国法兰克福展览公司副总裁参观了广交会，他对展会上热烈的洽谈气氛感到很惊讶，表示即使在展览王国德国，近年已很难见到这样的场面。除了广交会，在中国出口商品交易会展馆，每年都有70多个展览，其中一年两届家具展、建筑材料展、一年两届美容美发展、照明展、涂料展、医疗器械展等，都是超过一万平方米的大展，在业内有相当的影响力。从1999年开始，深圳会展业进入超高速发展阶段，会展业7年增长20倍，稳固地确立了会展经济在深圳第三产业的重要地位。在规划蓝图中，深圳会展业近三年将培育并壮大10个以上会展品牌，在新的会展中心建成后，力争再用5至10年时间，发展成为国际会展名城之一。2001年东莞市共举办大小展览41个，展览成交额近300亿元人民币。东莞市第一届电博会的参展企业为200多家，成交额为1.6亿美元，到了第三届，参展企业近500家，成交额为17.15亿美元。在顺德，2002年10月的首届顺德家电博览会，收获了19.5亿元的成交额，涌来了世界各地的284家家电参展企业和8万观众。还有珠海、中山等地，也举办过大大小小的展览。展览场馆方面，广州和深圳都在建设总面积超过20万平方米的超大规模会展中心，东莞、中山、珠海、顺德等城市也在积极筹建大型展览中心。预计3年后，广东将成为亚太地区展览场馆最集中的地区，仅珠江三角洲地区的展馆面积就将超过120万平方米。

广州会展业的发展具有几个突出特点：一是功能不断增强。广交会、广州博览会、广州国际美食节等大型会展不断开发与会展有关的功能，集产品展销、经贸洽谈、信息交流、文化交流等多种功能于一体；二是举办单位多。既有由有关政府部门举办的会展，又有由政府部门与企业共同组织或完全由企业运作组织的会展；三是专业展占主导地位。会展业已渗透到各个经济领域，服装、美食、皮具、汽车、装饰材料、花卉等各行业都有自己的专业会展；四是由民营展览机构所办的展览呈上升趋势。涌现出了一批实力较强并在业内有一定知名度的民营展览公司，不少在国内外有一定影响力的品牌会展都是由民营展览机构所办；五是运作逐步走向规范。一些大型的会展

展前进行市场调研，展中进行正规的观众登记，展后还对各项展览数据进行统计分析。

据粗略统计，广州/珠江三角洲已经和北京、上海一起占据了国内展览市场的80%，是展览业发展最快的地区之一。经过前一阶段的自发竞争，广州/珠江三角洲凭借其特殊的地理环境、较强的经济实力，在全国会展业占据了重要位置，奠定了继续发展的基础。同时也暴露出管理上的一些问题。

四、广东会展业存在的问题

虽然目前在展览数量上我们与发达国家相比距离在缩小，但在展览规模、质量和效益上差距还很大。除中国出口商品交易会，中国还没有超过十万平方米的综合性展览，更毋论专业展会。而在德国，十几万、数十万平方米的大型展览并不鲜见，专业观众及买家也在十万人以上。德国慕尼黑IFAT，是一个环保、水处理方面的专业展览，规模达到17万平方米，专业观众超过十万人，所有参展企业几乎都对展位进行特装，风格各异，形象鲜明，展出的产品技术先进，制作精良，欧美行业协会高层藉此举行会晤，展览期间还有内容丰富的研讨会、技术交流等活动。而在我国，同题材展会超过一万平方米的都极少，差距还很大。

像中国其他地方一样，广东会展业目前还缺乏游戏规则。在宏观管理方面，至少存在以下三大缺陷：①多头审批，重复办展。各级政府部门、行业协会、各类学会等都有审批权。受各自利益的驱动，一年中，相隔不远的地方，甚至在同一展馆就有同题材展览，我方唱罢你登场，直接的后果就是使展商和专业观众分流，各展之间为争客户低价竞销，恶性竞争，无法把展览做大、做好。②缺乏行业约束和监管机制。各种展览公司良莠不齐，鱼龙混杂，使相对有实力的展览公司疲于应付混乱的局面，无法集中精力做好展览；参展商则无从辨别展会好坏，对参加展览失去信心；另外参展产品是否符合行业标准、知识产权规定等也没有明确的监管，影响展会的信誉。③展览场馆重复建设，无序竞争。投资方只从收回投资角度考虑，逢展必接，使得同一地方不同展馆举办同题材展览，“搭便车”现象屡见不鲜，导致不正当竞争。在具体的展览项目操作上，存在问题包括为办展而办展，对行业缺乏研究，展览定位不明确；缺乏规范操作的程序，短期行为突出；管理服务水平低，不少展览只做到了“展商领进门，买卖在自己”，邀请专业观众、买家的工作不到位或基本不做；缺乏谙熟展览运作的高级人才。展览从业者文化素质偏低，销售人员的推销工作很大程度上停留在“凭三寸不烂之舌”阶段；同时，缺乏贯通理论与实践，具有开拓、创新能力的项目经理人。

五、促进广东会展业与区域经济发展的相生相长

1. 会展业必须与整体经济布局相适应

对于广东经济发展的方向，广东省委2001年正式提出中心城市带动战略。该战略将广州、深圳作为一个经济发展层次来考虑，明确要求广州和深圳要增强创新能力，打造工业和商业“航母”，加快发展现代服务业，充分发挥辐射带动作用，促进全省经济发展。体现在产业政策上，对广东的经济发展，不再一般性地规定三大产业的比例要求，以及各自配套的产业体系，而是从区域经济整体发展考虑。重点建设广州和深圳两个国际城市和一批区域中心城市、产业中心城市以及一大批专业镇，形成层次分明、功能协调的城市体系和差别化、个性化的区域及城市产业结构。

作为地区经济发展晴雨表的会展业，必然要与整体经济布局相适应，加强区域协作，避免恶性竞争，只有大家都发展，又各有优势，才能得到整合，谋求共同发展。通过整合区域内的各种资源和优势，让它们产生叠加优势。加强与港澳台和邻省会展业的联系。港澳与珠三角的基础设施、产业布局、商贸活动都是连为一体的，而且人流、物流通畅，容易通过资源整合、优势互补产生叠加的优势和效益。为适应国际经济形势发展，香港和澳门正在对各自城市和未来发展方向重新定位。传统的粤港澳关系正发生许多新的变化，香港、台湾产业的一些上游和下游部门，如设计和营销正在向珠三角转移，这个区域的经济已成为亚太地区的一个热点。在发展广东会展业时，把港澳台考虑进去是经济发展的必然要求，以求全面提升区域整体综合竞争力。香港的会展业走在世界前列，无论在硬件设施还是在规范管理上，都比我们走在前面。借鉴其经验，将对广东会展业产生积极影响。同时，广东的会展业可以考虑把经济活力扩散到广西、湖南、江西一线，甚至可以扩展到贵州、云南等地，使产业发展赢得更大的空间。

2. 整合广东会展业资源

经过数年的发展，得风气之先的广东会展业已经占据了国内市场的相当份额，积累了一些资源。但如何在区域发展的框架下整合已拥有的资源，使其产生叠加效应，而不是相互消耗，却是摆在会展业面前的迫切任务。

（1）避免重复办展和恶性竞争。广州、深圳、东莞等地的大展馆正陆续投入使用，这些展览场馆分散在不同的城市，各地政府必须高度重视，从区域经济发展的角度做好协调工作。现在广东各城市都在举办各种各样的展览会，重复办展比较普遍，这虽然是会展业发展初期的一个必经阶段。但是，如果任凭内部互相竞争，而不从协调发展的角度加以调整，将不利于把区域内有品牌优势的展览做大、做强，而且也必将造成资源的浪费。广州、深圳每年都要举办两届家具展，东

莞、顺德等城市也在举办家具展，都是超过4千个标准展位的大展，它们各有特色，广州的国际化程度高，深圳的知名品牌多，东莞的展出面积大，如果四地加强协作，对家具行业的内涵进行专业化细分，完全可以联合举办标准展位达到上万个的规模最大的国际家具展，这将对广东乃至全国的家具业产生更大的影响。

(2) 兴建场馆应加强宏观调控，尽量避免不必要的重复建设。事实上，除了北京、上海、广州三大城市外，很多展馆利用率都不高。场馆建设一次性投资大，回报期长，盲目建设会造成资源的极大浪费。其实区域内的基础设施完全可以实行资源共享，各地不必"占山为王"。同一城市中更要控制展览场馆的数量，如果展馆数量的增长不是基于展览总面积的增长，对地方经济产生的将不是增量，而是减量。

(3) 逐步建立符合国际惯例的行业自律机制和规范。自律机制的建立有赖于监管机制的完善。行业必须有准入规则，要对展览进行综合评估。对展览公司进行综合评估，使竞争趋向有序。规范展览公司的行为，最大程度改善展览公司与参展商信息不对称的状况，减少并杜绝展览操作中的欺诈成分和随意性。充分发挥展览会促进销售，加强交流的作用。

(4) 扶持符合区域经济发展现状及趋势的展览项目。目前广东效果好、较有影响的专业展览，有美容美发展、家具展、建筑装饰展等，这也是符合广东产业结构现实的，具有很强的生命力。以建筑装饰展为例，自1999年始，已经举行四届，展出规模每年都以两位数的速度扩大，2002年比2001年增长超过30%，专业分馆更趋科学，国际化程度逐步提高，是亚洲最大的建筑装饰展，2003年的展出规模还有较大增长。此类展览在自发状态的竞争中已经脱颖而出，基本上使竞争者望而却步。政府及有关行业协会如能在产业政策引导、行业信息数据库的建立、更好地利用城市资源等方面给予展览适当的帮助，不仅使展览本身得到健康快速的发展，同时也将提升广东建材行业在全国乃至世界的地位，为产业创新带来新的活力。家具展也是在广东蓬勃发展的展览题材之一，广州、深圳、东莞、顺德四地的家具展，累加起来展出面积超过20万平方米。对这个展览项目的扶持和整合，将会产生巨大的能量，带动相关产业的发展。纵观全球会展业发展趋势，发展方向必然是更趋向商业化操作，但这并不否认政府在其中所起的作用。政府不必介入展览的具体操作，但对关系地区经济发展的展览项目进行服务、引导是政府应负起的责任。

(5) 扶持有实力的商业化运作的展览公司。按照国际通行的商业化运作模式，政府应对这些公司举办的展会给予必要的支持，帮助他们把展览做强、做大。商业化运作的展览公司是会展业的主体，有实力、信誉良好的展览公司发展起来，对于净化展览市场，促进地区经济发展很有好处。展览大国德国，每年展览数量虽然很多，但四大展览公司法兰克福、慕尼黑、杜塞尔多夫、汉诺威瓜分了大部分市场，由最强的公司来做最好的展览。

3. 区域内其他配套产业的主动融合

与会展业的发展相配套的交通、酒店、旅游、金融等行业，不能只是被动充当其带动作用的得益者，应该主动地担负起各自的角色。比如到德国科隆参加展览，凭展会门票就可以免费使用城市内的公共交通设施，一方面给人一种很友好的关怀，同时也能起到鼓励消费的作用。从美国拉斯维加斯——一个以博彩为主业的城市——成为世界上著名的会展中心可以看出，会展业的发展与其他配套行业的发达程度已经密不可分，或者说会展业与旅游业等的结合日益密切。随着经济的发展，科技、社会的进步，人性化销售、人文关怀越来越被摆在重要位置。对于会议地点的选择，出现了"快乐会议"趋向，不仅要达到预期目的，还要精神愉悦，这不能不说对会展业提出了更高的要求。在每一位参与会展的客户的整个旅途中，任何一个环节出现问题，都可能影响其对会展的印象。因此，围绕会展的所有服务环节，必须是紧密链接，环环相扣。区域内其他配套产业只有整合资源，主动与会展业相结合，才能使整个服务过程完美无暇；也只有通过融合，才能实现自身的收益，体现会展业对经济的拉动作用。

会展经济耀鹏城

一、2002年深圳会展业概况

2002年深圳共举办62个展览会，其中专业展、品牌展、规模展占绝大多数，且新的展会不断涌现。各种展会起点高，规模大，非常有生命力。深圳展览业在2002年发展过程中，市场在不断成熟，规模在不断扩大，展览品牌更为明显。深圳展览业的发展给广州及珠江三角洲地区的展览业带来了新的发展机遇。

1. 展会市场走向成熟

深圳展览业在经过一段时期的乱世出英雄的浪潮之后，在2002年显得理智了许多，市场逐步走向成熟。业界人士不难发现，像2001年的电梯展览事件不会重演，那些盲目办展、盲目跟风现象也在逐步减少，被市场留下的展览会将逐步向专业化、规模化、品牌化、国际化方向发展。

2002年在高交会展览中心举行的62个展览会的展览规模均有扩大。

2002年3月25日至28日举办的第四届中国（深圳）国际机械及模具展览会，展览面积为25万平方米，比2001年增加了12%，展位拓展了43%，展览阵容一届比一届大，形成了巨大的规模效应，在整个华南地区首屈一指。

2002年7月25日至28日举办的第二届深圳服装交易会在

其首届一炮走红，名扬四海以后，展会规模势不可挡，其展览面积由2001年的2万平方米猛增到3万平方米，展位1300多个，成为中国展览业界增长速度最快的展览会之一。

2002年8月13日至17日举办的第十一届深圳国际家具展览会，展览面积突破了5万平方米，仅次于深圳高交会，成为深圳第二大展。

2. 品牌展会增多

近几年，深圳已培育了一批国际国内品牌展览会。像大家熟悉的高交会、家具展、礼品玩具展、钟表展、珠宝展、服装展、光博会、住交会、日本电子采购展等展会，都是深圳的“城市名片”。

已举办了十届的深圳玩具及礼品展览会，已成为国内规模最大、专业性最强、最具影响力的玩具和礼品界盛会之一。

深圳国际珠宝展经过两年多的发展，至今已成为世界第四大珠宝展，其展会规模与品牌紧逼世界第三的香港（秋季）国际珠宝展，有望成为世界排名第三的国际珠宝展。

2002年涌现的、具有一定生命力和发展潜力的展会有中国（深圳）消费品采购大会、中国名牌博览会等。这些展会将进一步促进深圳展览业的发展，提升深圳会展品牌。

二、会展业面临严峻挑战

深圳展览业尽管有着可喜的进步与发展，但是在飞速发展的同时还有一些深层次问题亟需解决。

如目前全国各地都在加紧展馆建设，制定优惠政策，以吸引更多的外地展览。据了解，深圳市周边的东莞、广州、珠海、中山、顺德、番禺等地都建了面积不小，甚至大于深圳的展馆，并制定了相应的优惠政策，这些无疑给深圳的会展市场带来了不小的压力。

在硬件方面，深圳目前仅有一个面积5万平方米的高交会馆，新的会展中心离正式启用还有一段时间。即使启用，由于该展馆建在市中心，没有可持续发展的余地，且交通疏导、展览服务、仓储运输等都会成为展览举办单位不得不考虑的因素。

然而，最让人担心的是深圳会展市场管理的软环境问题不少，例如：多头审批、多头管理、展览项目的不平等竞争、同类展览在同一展馆同期举办造成恶性竞争、展览服务市场混乱、参展质量得不到保证、展览行业协会无法发挥作用等等。这些情况，削弱了近年来深圳与周边地区在会展方面的竞争力。

切实地讲，2003年深圳展览业的客观形势并不乐观，但这并不能阻碍行业发展的总趋势。

可以预见，新会展中心的建成，将使深圳会展业进入一个前所未有的新局面，同时也将打破现有的行业格局。在这个新机遇成熟之前，深圳会展业的种种问题也逐渐浮出水面。除一直困扰深圳展览业发展的粗放经营、规模小、服务不完善等问题之外，还有展览项目的多头管理、会议场馆的职能分配、行业沟通不畅、协调不力等问题也引起业界越来越多的关注。随着深圳市政府明确把会展业看作深圳市第三产业重点支柱产业发展，客观鼓励的同时也对行业管理和规范提出了更高的要求。如何避免无序发展，是摆在政府主管部门、行业协会和全行业面前的一大挑战。加上国内国际的竞争态势也不容忽视，比如同期雷同展越来越多，使展会招商难度增大。正确估计形势，能更好更高效地工作。深圳市展协对2003年的工作做了详尽的规划。

三、加大力度，“走出去、请进来”

2003年初，深圳市会议展览业协会作为全国惟一一家以协会名义进入并担任常务理事的单位，加入了中国展览馆协会和中国展览组织者协会。只有进一步加强与国内外会展业界的信息沟通和经验交流，促成合作，才能不断提升深圳会展业的地位和知名度，为展览业腾飞做准备。

国际上，展协与德国、美国展览行业协会建立了联系，并正在积极筹备2003年6月组团赴德考察；与港、澳展览协会就展览项目合作、专业人才培训和教材书籍编撰等多个方面签订长期合作协议。

在国内，展协已经与国内多座城市展览协会和机构建立了互动关系，在展会的举办、招商各个方面达成合作意向。一方面力争把深圳展会和企业推向内地市场，把深圳展览业在内地做成品牌；另一方面，吸引内地大型展览企业来深办展和组织内地企业到深参展，壮大深圳展会的实力与规模。

1. 精心打造品牌展会

品牌展会的数量和质量是会展经济发展的一面镜子，品牌展越多，影响力越大，深圳展览业就飞得越高。深圳市现有的展览可以分为三类：一类是已经做大、有较高知名度的展览会，如高交会、家具展、服装展、珠宝展、光博会等。对这些品牌展会，展协将促使其进一步规模化、国际化；第二类是中型展，这类展览不管展位数量还是展览服务都有很大的上升空间，2003年展协将加大对这类展会人才、服务和技巧方面的培训，协助这些展会向品牌经营方向发展；第三类是一些小型、综合性展览，无论资金、规模、管理还是服务都难成气候。展协的工作是尽可能整合资源进行联合配对，多方协调关系，开辟一条新的品牌展览建设之路。

据悉，目前市政府有关部门正在研究制定深圳会展业的发展计划和发展政策。

深圳将争取在三年内培育并壮大10个以上会展品牌。近期，深圳会展业将重点发展五个方面：一是以本地展会为主，发挥展会对本地相关产业的带动作用；二是形成一大批每年固定举办的展会；三是重点发展有产业和市场为支撑的展会，为本市、本省经济发展服务；四是重点培育著名品牌展会，发展专业化的展会项目和服务体系；五是大力拓展国际性展会，逐步形成具有国际竞争力的深圳会展经济。在展会主办机构方面，政府部门、事业和社团组织、公司三者将担负起不同的“使命”：政府参与举办事关城市声誉、社会经济发展全局的重要展会，促使该类展会逐步商业化并在条件成熟时退出；充分发挥社团组织举办展会的作用，大力吸引全国性和国际性社团组织到深圳举办展会；公司是展会承办机构和展会商业化运作的主体，深圳将允许各类经济成分的公司主办和承办展会，并积极吸引国际著名会展公司来深开展业务。

2. 整体实力再上一个台阶

没有一套切实的行业自律规范，没有良好的软环境，深圳展览业就很难形成整体优势。深圳会议展览业已经完成《深圳会议展览行业规范》的编撰修改，经市政府审批，已于5月15日出台，这一《规范》的出台将极大改善目前展览行业无序经营的局面。展协2003年还将加强对专业展览人才的培养，通过种种措施，使深圳市会展行业整体实力得到提升，是深圳会展业真正“起飞”的关键。

四、2003深圳会展业：六大看点

2002年，是深圳会展业辉煌的一年，在这一年里，深圳第四届高交会继续书写传奇；传统知名展会继续大放异彩；深圳玩具、礼品展，声名远扬；深圳珠宝展、服装展异军突起，享誉四方。倍受瞩目的2003年，深圳会展业又有哪些亮点？

1. 高交会独占鳌头

一个城市展览业的品牌，与其本身经济和产业发展的特点密切相关。深圳近几年来高新技术产业占深圳市国民生产总值的比例越来越高。2002年第四届高交会共签订合作协议1581项，成交总额达121.6亿美元，其中高新技术项目成交1453项，成交金额112.3亿美元。深圳高新技术产业的优势给高交会享誉中外奠定了基石，并直接促成了2002年中国国际互联网展的巨大成功。

依托高交会的品牌影响力，依靠深圳的产业优势，努力培育优势产业的品牌展，将成为深圳会展业的一个特色。于2003年10月举办的第五届高交会仍是2003年会展业瞩目的焦点。

2. 新展场众人瞩目

目前深圳每年超过1千个标准展位的大中型展览有10多个。但若要承办更大规模的展会，则受制于现有的场馆资源。于是，深圳市政府在深圳中心区南面已在动工兴建新的深圳会议展览中心，预计2004年8月投入使用。新的会展中心总投资28亿元人民币，建筑面积25万平方米，展览面积12万平方米，能举办6千个标准展位的超大型展览。

省委常委、市长于幼军在视察会展中心工程进展时，强调立即进一步研究解决会展中心建成后的交通、酒店等配套设施问题。要求外经贸部门采取有效措施，吸引国内外著名展览公司进驻深圳，做大做强我市的会展业。

3. 展览服务做强做大

深圳发展会展业拥有得天独厚的先天条件，但深圳市副市长郭荣俊提出必须进一步提高服务质量，与国际接轨，实现服务流程的规范化和标准化。2002年7月深圳高交会展览中心推出的“一站式服务”，为深圳会展服务提出了一个新思路，但是涉及展台设计、搭建、视听设备供应、电气安装、清洁等方面的会展保障体系，目前仍是深圳会展业的软肋，专业的会展服务公司在深圳并不多。

4. 国际竞争正面迎击

早在入世之初，业内人士就不无忧虑地指出，会展业将面临前所未有的冲击。近期，德国科隆国际展览中心向深圳展览业抛出了“绣球”，希望参与2004年完工的会展中心新展馆的经营管理及加强在国际性展览等方面的合作。美国光学学会（OSA）及美国光纤光通信研讨会／展览会（OFC）也与深圳光博会（CIOE）形成了合作意向，为中美两国国际会议展览中光电产业项目的合作奠定了基础。

就CIOE而言，引进海外知名品牌会展集团合作，能加强海外参展商和专业人士及采购商的组织力度，提供更加完善的展览服务。但对深圳会展业来说，与国际知名展览公司的竞争和正面碰撞将会越来越多。

5. 深港联动广深协作

香港不少展览会规模、知名度和排名都位居世界或亚太地区前列，如排名世界第三的香港玩具展、亚洲之最的香港服装节、享誉世界的香港钟表、珠宝展等。加强与香港会展业的合作，形成深港互动与联合，将加快深圳会展业与国际社会的平稳接轨。同时内地每年超过四成的对外贸易通过香港进行，历届高交会成交项目中，香港一直占据很大的份额。深圳展览业必须充分把握契机，不断调整、更新和优化现有展览项目，合理而有针对性地面向香港，促进合作。广州是珠三角地区会展业的中心，“依托久负盛名的广交会的影响力，广州周边地区的展会正蓬勃发展，深圳会展业也因此受到诸多积极影响。”深圳市会展界人士曾直言。与广州加强交流和协作是必要的。一方面有助于促进两地会展经济一体化；另一方面，两地优势互补，资源整合，可以提高市场竞争力和占有率，有效地参与国际竞争。

6. 会展名城呼之欲出

2003年1月15日，在广东省政协九届一次会议上，时任省政协委员、深圳市副市长宋海作了“以展会商、以展兴业、以展聚财、以展兴省”的发言。与此同时，深圳市政府已将促进我市会展业的进一步繁荣作为“十五”期间商贸流通业的发展重点之一。在这个规划蓝图中，深圳会展业近3年将培育并壮大10个以上会展品牌；在新的会展中心建成后，力争再用5～10年时间，发展成为国际会展名城之一。深圳市副市长王穗明出席中国国际会展论坛时，首次提出了深圳着力培育会展经济的三大措施：一是促进会展经济的市场化程度，政府为辅，市场为主；二是培育会展业的品牌，精心打造几个国际上有影响的展览；三是加快场馆建设和探讨新的会展业运作模式。2003年，将会为深圳打造会展名城迈出坚实的一步。

（宗和）

会展东莞

东莞目前正在进行着从“国际制造业‘基地’”向“国际制造业名城”提升的努力。作为这一提升过程的助力，东莞的会展业发展速度前所未有。不少原先在北京、广州、深圳甚至香港等地举办的会展搬到了东莞，这种现象2001年开始出现，数量达20多个，2002年这种现象更为普遍，预计2003年将会有近50个展会由外地迁入东莞举办。

东莞会展吸引众多目光

2003年8月，第五届“中国国际电子产品展览会”在东莞落下帷幕，作为众多在东莞举办的展会之一，它引起人们注意的原因在于它是一个由其他地方迁移到东莞举办的展会。据主办方介绍，该展会从2000年开始举办，此前4届的举办地点都在深圳。

作为“外来户”，电子产品展的身影并不孤单。据东莞奥华国际展览有限公司总经理称，近期以来有不少原先在北京、广州、深圳甚至香港等地举办的会展搬到了东莞，其中不乏“健博会”、“中国国际工业加工技术与装备博览会”等国家级的展会，至于一些诸如玩具展、电子展等中小规模的展会更是为数众多。

与国内其他地方的展会大量进入东莞相呼应，境外不少知名的会展商也纷纷把目光瞄准了东莞。中国香港、台湾、澳门以及新加坡甚至德国等地的会展商接连赴东莞考察，主动提出要与东莞合作举办一系列的会展。

香港迅通展览公司目前已经在东莞成功举办了多届机械展，香港雅式展览公司2002年4月在东莞成功地举办了首届“广东（东莞）国际玩具、礼品及家庭用品展览会”后，近日又迫不及待地宣布于10月在东莞举办第二届。国际知名的德国杜塞尔多夫展览公司在对国内大中城市进行过一番统一的考察之后，决定于2003年4月在东莞举办全球最大型的GDS鞋展。就连香港特别行政区财政司司长梁锦松也在2002年5月专程前往东莞了解当地的会展业情况。

在国内外众多的会展纷纷涌入东莞的同时，东莞本地的会展也在迅速升温。东莞的会展业从1996年首届“中国虎门国际服装交易会”开始起步，在短短的几年时间内得到了长足发展，目前已经形成了以“东莞国际电脑资讯产品博览会”（电博会）、“虎门国际服装交易会”等为龙头的一个数量众多、门类齐全的会展体系。尤其是已经成功举办了三届的电博会，已经成为继“美国拉斯维加斯秋季电脑展”、“德国汉诺威电脑电信博览会”、“中国台北国际电脑展”之后的全球第四大电脑产品展。据东莞贸促会提供的材料，2001年东莞举办的各类大型展览达41个，各类展览总成交额近300亿元人民币，参观总人数为250万人次；2002年东莞的会展业继续保持良好的发展势头，仅上半年在东莞国际会展中心就举办了纺织展、家具展、玩具礼品展、电子信息产品展等多个大型展会。

目前，东莞已经成为珠江三角洲地区继广州和深圳之后第三位的会展城市，会展业已经成为东莞经济的一大亮点。

工业展的首选地

“办会展最重要的就是找准市场。像消费类的产品展一般会选在北京、上海和广州这样的大都市，而机械、设备、原料一类的工业展当然要首选东莞这样的地方。”广东智展展览有限公司的总经理说。智展的总部在广州却把绝大部分的展会都选择放在东莞举办，就在2002年的9月和10月，他们还在东莞举办两个机械设备和原材料一类的展会。

说到东莞会展业的特点，就不能不提到东莞经济的特点——一个典型的外向型经济区。东莞的产业基础和外向型经济的特点也正是地处广州和深圳之间的东莞素以“东莞制造”闻名国内外。一句“东莞塞车，全球缺货”凸显出东莞国际制造业的地位。在“三来一补”的基础上发展起来的加工制造业是东莞经济的支柱。沿着广深高速公路，在东莞路段给人印象最为深刻的莫过于公路两旁那些鳞次栉比的厂房，不经意间，映入你眼帘的可能就是诺基亚、三星、日立等国际知名品牌的生产工厂。东莞的加工制造类企业众多，并形成了IT制造、服装、家具等多个在国内外都有较大影响力的产业。东莞的外资企业多达16000多家，产品大多以外销为主，是东莞会展业发展的根基所在。

很多人愿意跑到东莞去参展、办展，就是因为客户在那里，市场在那里，在东莞这样的加工制造类企业聚集的地方办工业展，就是让参展商进入客户群体区域进行直面交流，目标客户集中，效果当然会比较好。

而在台湾天行展览策划公司董事长的眼中，出现的是一个更为细分的市场。在他看来，仅在东莞的台资企业就有4800多家，这些企业在东莞的就地采购可以节省关税、长途运输费用等多项成本，而这么多台资企业的采购本身就是一个不容忽视的大市场，因而他看好在东莞举办的展会。

众多制造类企业集聚的东莞不仅是一个对机械设备和原材料需求巨大的市场，同时，由于这些企业的辐射作用，这里还是一个对采购商有着巨大吸引力的地方。有一位做家具生意的人士曾半开玩笑半认真地说他呆在东莞的时间可能比呆在自家商场的时间还多。也正因为这样，东莞的许多消费类产品展也非常火爆，像香港雅式2002年在东莞举办的首届玩具礼品展就吸引了包括沃尔玛、家乐福等国际知名买家前往参观洽谈。

“东莞是一个生产、出口基地，这对主要针对进出口批发的消费类产品展会来说也是非常有利的。”香港雅式展览公司的董事总经理说，“生产的厂家都在这里，买家不仅可以看到产品，更可以直接到厂家去了解生产情况，这对买家下单采购是很重要的。”

基于东莞外向型经济的特点，在东莞举办的会展还有一个非常吸引参展商的地方，那就是可以通过参加会展联系到国际上的买家，促进出口。东莞的外资企业众多，产品也大都以出口为主，因而在东莞办展吸引到的客户也有许多是来自国外的，这就为参展商的产品出口提供了一个很好的机会。浙江玉环县一家民营家具企业的总经理介绍，“2000年东莞厚街第三届名家具展”时他们第一次参展，当时玉环县只来了他们一家，也没有什么把握能拿到订单，没想到开展第一天就接了800万元的订单，到第二天时他们都不敢再接订单了，因为厂子小做不了。就在那次展会上，他们结识了一位中东客商，从而进入国际市场，将自己的产品远销到中东等地。据称，受此带动，在2002年的第七届名家具展时，该县已有近20家家具企业前往参展。

对于会展商来说，愿意把展会办在东莞还有一个成本方面的原因。东莞在城区和厚街先后建起了两个在国内处于领先水平的现代化会展场馆，与邻近的广州和深圳相比，这里的场馆尽管设施一流但收费却要低1/3左右。据记者了解，广州租赁场馆的费用大概是每天10元／平方米，而在东莞则只要7元左右。此外，东莞在会展场馆租赁费用上实行“内外同价”，而据称在其他地方外资会展机构办展场馆租赁费用一般是国内机构的3倍左右。相对低廉的成本对办展机构尤其是外资办展机构来说也有不小的吸引力。

会展掘金智慧

东莞会展业的崛起，除了本身具备的有利条件之外，与办展机构的巧妙运作也有着密切的关系。

依托产业办展会是东莞会展业的一大特点。如一年一度的“电博会”依托的就是东莞3000多家电脑资讯企业和电脑整机配套率高达95%的巨大产业优势。与此相类似，虎门的服装交易会、厚街的名家具展、大朗的毛织品展都是在各自优势产业的基础上办起来的。反过来，这些会展也有力地推动着产业进一步向前发展。1996年就在厚街办厂的台湾老板吴先生对此感受颇深。据他称，这些年来他的公司一直没有聘请业务员，全年的销量都是靠一年两届的名家具展接的订单。他还说，台商、港商和国外的客商通过到厚街参展后有不少人把厚街选做他们的生产基础，而厚街本地的家具制造业也在这些外来家具厂商带来的新资讯的影响下，大大地提高了产品更新换代的速度和生产质量水平。

但东莞会展业的依托并不只限于优势产业，其他的各种有利条件也被积极地利用起来了。

东莞地处广州和深圳之间，广深两地是珠江三角洲地区会展业最为发达的两个城市，广州的广交会、深圳的高交会都是有着极强品牌效应的知名展会。身处二者夹缝中的东莞会展业不仅没有受到影响，反而异军突起在珠三角成为仅次于二者的老三，个中原因与东莞的展会善于择时借势不无关系。

一个有趣的现象是，每年的秋交会、高交会、电博会再加上2001年刚举办第一届的顺德家电博览会等几个珠三角城市的大型会展的举办时间总是大致相同地交错在一起。对此，有人斥为恶性竞争，但更多的人把这称为对会展的客商资源进行充分利用，同时也使不少买家不必为这几个内容不同的展会多次往返于珠三角与住地之间，以最大的效率完成采购任务。更有精明的会展商趁机与旅行社合作，专门给买家组团，以方便买家能够在最适当的时机以最高的效率穿梭于这几大会展之间。

制造业发达的东莞由于与外界商务往来频繁，诸多的商务接待催生了数量众多的星级酒店，是国内星级酒店最为密集的地区之一。每到广州和深圳举办大型会展的时候，东莞的酒店里就会住进大量的赴两地参加会展的客商。每到此时，东莞也会冒出为数不少的展会，趁机大搭顺风车，一些没有在此期间办展组展的机构也趁机在酒店里大搞宣传。尤其像2002年广州的春交会一届改为两期，在两期之间有几天的换展时间，更是给东莞的顺风会展带来了巨大的收益。而一些办展机构更是看准了这一点，专挑这个间隙举办会展。如香港雅式展览公司在2002年4月份举办的首届玩具展和于2002年10月份举办的第二届在时机选择上都留出了与广州春交会和秋交会换展期相重复的时间，显然就是出于这方面的考虑。对此，香港雅式展览公司的汤锦成并不否认，他甚至直言挑这个时间不仅是借广州和深圳的光，还要借香港会展的光。

在对展会的具体运作方面，更是诸多巧思。东莞的展会组织者先是直接到这边组织采购团，然后有旅行社帮你安排吃、住、行的问题，展会期间还安排你直接到厂家去，一边参观一边洽谈业务。

寻找东莞提升的助动力

先来看一看虎门的例子。虎门从1996年开始，凭借“全国四大服装基地”的产业优势，连续举办了六届国际服装交易会，一届比一届成功，2001年的第六届成交额为20多亿元，到会的客商超80万人次。连续六届服装交易会的成功，不仅使当地的服装生产企业新增了820多家，服装商铺猛增一倍多，达13000多间，也使得虎门的服装业名声大振，成为“南派”服装的代表。

在服装交易会的带动下，虎门的会展业得到了长足发展，每年在当地举办的各类会展达20多场，该镇2002年举办的各类展会的总成交额达40亿元以上，虎门也被称为“中国会展第一镇”。

在东莞，类似虎门镇的例子还有不少。对于会展业的作用，人们最喜欢谈的莫过于1∶10的经济拉动效益。然而在东莞，会展业所能起到的作用远不是那么简单，会展业已经和当地的产业发展、升级以及城市建设、形象提升等紧密地联系在了一起。谈到会展业对东莞的促进作用，不可忽视的一个背景就是东莞目前正在进行着从“国际制造业基地”向“国际制造业名城”提升的努力。

通过会展，东莞的企业可以见识并引进先进的技术装备，进而提高制造水平，整个东莞的工业结构也就在企业的这种行为中得到升级和提高，他同时认为，会展不仅仅是一种产品的展示，更是一种相互间信息和观念的交流，东莞的企业经营者在这种交流的过程中开拓了眼界，提高了对先进的产品及经营思路的认识，这对提升东莞经济水平更有价值。对此，奥创家具的老板有自己的切身体会。他表示，通过参加会展，不仅可以获得大量行业信息，还可以从会展的论坛中听到专家对行业发展趋势的分析，正是通过参展，使得他对原有的以红木家具为主的产品结构做了调整，开始跟上了国际潮流。

通过会展聚集起来的巨大人流对东莞的城市配套设施、服务水平甚至当地的人员素质等都提出了更高的要求，而东莞要想实现会展业的持续发展，则必然会在这些方面下功夫，这就间接推动东莞的城市建设及城市形象的提升。还是以厚街为例，会展业的兴起使当地的一些人士意识到了商机，集资建起了国内领先水平的广东现代国际展览中心，为了充分发挥这一展馆的作用，路修起来了，其他的一些配套设施也在加紧兴建，该镇原先就有两家五星级的酒店，三星级以上的酒店更是多达23家，现在又有1家五星和两家四星的酒店正在兴建之中。

正是基于会展业对东莞的巨大促进作用，东莞市提出了成为面向国际市场的区域性会展中心的目标，并重点扶持电博会、名家具展、服装交易会和农副产品交易会等几大展会。市政府提出要从硬件和软件两方面着手，一方面将会展场馆配套好、经营好、管理好；另一方面要确立会展的品牌意识，提高专业化、商业化和国际化的水平。

——《中国经营报》

桂林“会展”带来人气带旺经济

2003年初，世界旅游组织秘书长弗朗加利先生表示，世界旅游组织将把桂林作为主要旅游目的地向全世界宣布。还有一些亚洲国家的官员说，亚洲区域间的国际会议，将首先考虑选择桂林。国家旅游局局长何光伟也已经接受了桂林申办2004年中国国内旅游交易会的报告。

刚刚在桂林闭幕的“博鳌亚洲旅游论坛”，给桂林乃至广西的旅游经济带来了不可估量的作用。会议的成功召开，使桂林举办高规格国际会议的能力和环境得到了国内外政要、旅游业主要官员、专家学者以及新闻记者的一致好评。

桂林是世界旅游名城，环境优美，景色宜人，享有“桂林山水甲天下”的美誉。桂林丰富的旅游景点资源和独特的少数民族风情，每年都要吸引百万人次以上的中外旅客，历年累计接待总人数和年均接待人数仅次于北京、上海、广州，居全国第四位。新中国几代主要领导人，许多外国元首和世界名人都来过桂林。桂林还曾承办过许多大型国际会议和国内会议。如著名的亚太地区议员发展会议和几万人的全国煤炭会议、全国石油会议、全国糖业会议、全国旅游会议、全国农业会议等，都曾引起过很大轰动。近年来，桂林市为进一步发展当地的旅游和会展经济，坚持政府主导、市场运作的方式，高标准、高质量地完成了一系列重点工程，其中改造街道35条，改建、新建桥梁19座，公厕800多座。“九天银河”大瀑布、中心广场巨幅花岗岩世界地图等，在桂林的城建史上留下了光彩的一笔；尤其是“两江四湖”环城水系工程，将桂林的城市建设、旅游景区景点建设和环境保护融为一体。

为使桂林旅游从传统的观光旅游发展成为会展旅游，2001年年底，桂林国际会展中心建成，其主体建筑面积5.1万平方米，展厅内可设2千个国际标准展位，并设有多功能厅、国际会议厅、新闻发布厅、展团办公室、洽谈室、贵宾室、商务中心以及配有先进的计算机网络系统、综合布线系统。与中心配套的展馆前广场，占地10万平方米，由室外展场、绿地、硬地广场组成。

会展中心投入运行一年以来，为桂林举办国际、全国性的大型会议提供了高规格、高档次的场地。桂林发展会展经济除得益于桂林得天独厚的山水风光，高品位的城市建设改造，更为桂林增添无限魅力。同时，桂林还具备完善的城市配套设施，有旅客年吞吐量5百万人次的两江国际机场，有三星级以上的大酒店近30家，有相当规模的空调巴士，有国际会展中心等各类展场。桂林发展会展经济已不仅是政府行为，旅游、文化、教育、科研、体育、经贸、民间社团等有关部门及一批国家级科研院所和大专院校均利用各自的行业、专业优势、桂林地域优势，组织各科学术、研讨、交流、展览会议。

另外，2001年10月落成的桂林国际博览园，占地27万平方米，建筑面积22万平方米。其中展览中心建筑面积468万平方米，共有6个展厅，2千个国际标准展位。为展览中心配套的还有1.5万平方米的室外展场、9千平方米的商务楼、展团办公室、会议室、洽谈室、新闻信息发布室，以及银行、邮局、通信、仓储货运、报关、旅游、餐饮、娱乐等系列服务设施和项目。

作为著名的旅游城市，桂林有着优于其他地方的比较优势，即拥有大量经验丰富的会展旅游服务人员和完善的旅游服务设施。全市现有大小旅行社100多家，桂林中国国际旅行社于1959年成立，是全国成立最早的旅行社之一，有接待各国语种翻译导游和国内导游300多人，承担着桂林外宾接待量的50%以上，并设有专门的会展旅游接待部门。

桂林着力建设的软硬件环境，带来了巨大的回报。仅只2002年一年，桂林就已成功地举办了"全国乡镇企业东西合作洽谈展销会"、"全国第48届医疗器械（秋季）博览会"、"博鳌亚洲旅游论坛"等全国、国际性的大型会议和各类中小型国际、全国性会议；其中仅"医博会"就吸引了生产厂家、客商近10万人参加，一时间桂林酒店、旅游、交通等异常火爆。会展经济这块城市面包，已在桂林呈现出强劲的发展势头。

——《中国贸易报》

贵州会展业大有潜力

现代会展产业是市场经济发展的产物，是集商务活动、信息交流、观光旅游、文化娱乐于一体的综合性服务产业。在现代经济生活中，会展业与经济社会发展的联系越来越紧密。据不完全统计，1998年至2002年，贵州省内举办的较大型展览会，吸引了国内外600多家企业近2万人参展，参观人数约10万人，协议合同签约金额达409亿元，商品现场销售和合同销售额达到8.2亿元。其中由专业办展企业举办的"西电东送配套设备展览会"和"中国西南汽车工业博览会"，吸引了世界500强的ABB、西门子、阿尔斯通、德国大众和日本丰田公司参展。这些会展促进了贵州对外开放，推动了贵州与国内和国际的交流与合作。

然而，业内人士也指出，贵州省会展业目前还处于起步的初始阶段，虽然1999年以来发展较快，但除了省、市政府主办或合办的"全国乡镇企业东西部合作经贸洽谈会"、"首届贵阳国际围棋节"、"99贵州民营企业投资贸易洽谈会"、"贵州兴义马岭河峡谷漂流节"、"中国国际风筝节"等少数会展的规模、影响较大外，多数规模小、档次低，展销产品单一，对相关产业的带动力很弱。其中除贵阳市以外，其他地、州、市、县的展品主要是针织品、服装、食品、家电四大类产品，展览也多在室外体育场、集贸市场进行。目前贵州全省展馆和星级宾馆主要集中在贵阳市，省展览馆、乡镇企业贸易城和省博物馆面积合计为3.8万平方米；贵阳市有星级宾馆42家，接待能力1万人左右。就目前的条件，贵阳市只能够举办1万至1.5万人规模的展览和展销会。由于会展业发展滞后，省展览馆主要用于商品批发、零售场地对外出租，乡镇企业贸易城和省博物馆每年闲置时间70%以上。这一方面反映出贵州省展览会"小、散"的特点，另一方面也说明展览馆有潜力可挖。

有关人士认为，贵州省有良好的生态环境和气候，特色显著的自然风光和民族风情资源，相对优越的区位和不断改善的交通条件，以及多年来政府组织办展和参展积累的经验，这为会展业发展提供了一定的物质文化基础。贵州应该从省情出发，抓住机遇，推动会展业的发展，把发展会展业纳入国民经济发展总体规划，加强政府指导。

另外，贵州要培育具有贵州特色的会展品牌，以会展品牌为龙头，带动全省会展业的发展。从目前国内外会展业发展情况看，突出特色，专业性强的会展发展快，如建材、汽车、糖酒、服装等，贵州应选择与省外会展不重复而又具有本地资源优势和特色的产业，围绕中药材、绿色食品、军工加工能力，确定会展内容，并上规模，达到定期举办的目标；要加快会展设施建设，提高服务水平；要下决心兴建或扩建具有一定规模和档次，能够举办全国性、国际性会展的场馆；要借鉴外省的先进经验，制定相关的服务标准，引进和培养人才，逐步提高会展服务水平。

——《国际商报》

四川会展业崛起西部

四川省贸促会会长向玉明前不久在省贸促会和国际商会第三届会员代表大会上指出，近年来四川省贸促事业已进入不断开拓前进的时期。对外经贸增长迅速，外贸进出口总额已由2001年全国第十六位升至全国第十一位，已与30多个国家和地区签订了双边合作协议，近几年共邀请和接待来自世界各国的经贸团组700多个，人数6千多人。特别是利用会展经济为企业搭建贸易"舞台"，对四川经济发展起到了重要作用。几年来共组织展览194个，展场面积共360万平方米，贸易成交金额约232.46亿元。他们每年在抓好国际医疗展、国际百货展等传统展览的同时，积极根据经济发展的需要，新开辟了国际粮油、饲料加工、机械及技术展览会，四川国际教育交流展览会等展会。特别是与国家有关部委合作，成功地在川举办了“国际供用电专业设备展览会”和“国际大型水电设备和水利设施展览会”，展场面积7千平方米，其中外商参展面积2500平方米，350个厂商参展，成交金额90亿元人民币。在积极走出去参加或举办国际展览方面，几年来已组织和参加了国外展会122个，有效地促进了四川企业的商品出口。

四川省为贯彻市场多元化战略。还利用重大经贸活动为企业贸易提供载体。几年中他们共举办重大涉外经贸活动30多个。特别是1998年举办的“四川国有企业资产重组国际研讨会暨招商洽谈会”，为四川加速国有企业资产重组、扩大对外开放、广泛招商引资发挥了重大作用；这个活动吸引了美国、法国、日本和港、澳等18个国家和地区的专家、学者、企业家代表100多人，地、市、州代表300多人出席会议、参与洽谈；会上收购破产企业15户，兼并企业23户，涉及企业资产总额33.36亿元。2002年他们在南非举办了“四川商品展”，吸引了约翰内斯堡的一些有名企业以及南非工商界、企业界、新闻界人士参加了展览会，在非洲产生了积极影响。另外，还在柬埔寨金边举办了四川商品展览会暨经贸洽谈会，参会企业75家，展览面积700多平方米，参展商品500多种，展品十分畅销，样品抢购一空，贸易合同金额和协议金额3200万美元，为四川商品走向东南亚开了一个好头。

为“构建”贸促载体，创立品牌展会，四川省创建并承办了三届中国西部国际博览会，共举办专业会议60多场，30多个国家和地区的政府官员、知名企业家、专家学者代表3千多人参会，1万多家企业参展、展场面积达6.3万平方米，专业观众达38万人次，贸易成交额219亿元人民币，协议投资额400亿元人民币。西部博览会规模大、声势大、影响大，已逐步成为西部具有重要影响的国际博览会。

谈到今后五年会展经济的发展前景，向玉明认为，我国西部大开发必将为四川经济的发展迎来前所未有的历史机遇。他们要充分发挥四川省贸促会作为展览管理办公室的作用，搞好四川展览事业的归口管理和服务，协调好四川省内的展览活动，以及四川的出国展览、国外来川展览，促进各种展览的质量和效益的提高，进一步搞好传统展览，同时不断开拓新的展览项目。密切与欧美国家、香港地区等有实力的贸促组织和机构合作，主动与各国跨国公司接触，邀请他们来川举办产品介绍会，积极为他们寻找总代理，介绍贸易伙伴。借国家有关部委对四川展览政策倾斜的机会，多争取国家有关部委来四川办大展，与众多客户建立良好关系，更好地为企业和商品拓展国际市场服务，促进四川企业参与国际竞争。

要着力培养名牌展会。继续办好中国西部国际博览会等国际展览会，使之成为真正的西部品牌大会，吸引外商到四川参与经贸合作，也推动四川企业和产品拓展新的市场。要继续实施市场多元化战略，有重点地到国外举办四川产品展览会、博览会。组织企业参加国家贸促会举办的各项出展活动，重视参加在南美、非洲、海湾国家等一些非热点地区的出展促销活动，扩大四川产品的促销渠道和促销力度。

——《国际商报》

成都全力打造会展商务圈

会展经济带动区域经济的发展，这块迷人的“城市面包”已经让越来越多的城市明白：谁拥有了会展这个朝阳产业，谁就会以更加开放的姿态融入世界。于是，在北京、上海、广州、三亚等城市会展经济火爆之时，西部中心城市也开始了跃跃欲试。其中成都这个有着西部国际大都会靓影的城市，随着其建设会展商务圈拆迁工程的启动，会展产业的灿烂前景已在蓝图中浓墨重彩地勾画。

发展会展水到渠成

翻开成都的历史，可以清晰地看见会展经济发展的脉络。历史上，唐宋两个朝代成都最为繁盛。清代学者纪晓岚曾在他的著述中总结道：“成都自唐代号为富庶，甲于西南。”唐时的成都，土地肥沃，耕作技术高，灌溉农业发达，除了生产力水平较高外，还有着厚重的文化根基。而繁荣必然市兴。“市”，就是会展活动的雏形。据记载，唐时成都有卖药的药市，还有卖珠宝器物的七宝市。到了宋代，市场演变为季节性的专业市场，月月都有，譬如：一月灯市，二月花市，三月蚕市，四月锦市，五月扇市，六月香市，七月七宝市，八月桂花市，九月药市，十月酒市，十一月梅市，十二月桃符市，此类市场的性质已经有了商业贸易、游乐享受、沟通交流的性质，这正是会展的显著特征。当时大慈寺前的蚕市特别有名，有词人张仲殊的《望江南》为证：“成都好，蚕市趁遨游。夜放笙歌喧紫陌，春邀灯火上红楼，车马溢瀛洲。”一时间，成都的繁华声名远播，获得了“扬一益二”的美誉。

建国后，成都的经济有了更大的发展，成为了中国西部特大中心城市和全国三大商品集散地之一，具有地缘优势，城市辐射功能强；丰厚的文化资源、旅游资源作为城市亮点吸引着南来北往的游客和世界好奇的目光。几乎是水到渠成，1984年，全国首届糖酒商品交易会在成都成功召开，这是生产力发展到一定阶段的必然产物，是成都的经贸交易活动真正由“市”向“会”和“展”转变，具有里程碑意义。从那时起到现在，18年间，成都市已经举办全国或国际性的大型展览170多个（次），会展业已经渗透到国民经济的各个领域，包括电子、机械、汽车、建筑、医药医疗设备、花卉、食品、美容、家具等等。其中，2001年举办的“2001年第一届成都双年展”使成都一跃成为我国继北京、上海之后，第三个举办高规格国际会展的城市，在海外产生了良好影响。

会展商机，带动了其他相关产业的发展。成都会展经济带来的人气激活了吃、住、行、购、游、娱乐业，每年至少为市里增收100亿元。更为重要的是，大型展览活动可以带来源源不断的商流、物流、人流、资金流、信息流，在“扩大开放”、“招商引资”、“拉动内需”、“展示形象”等方面具有显著的社会效益和经济效益。

谁执西部会展牛耳

然而，西部其他城市咄咄逼人的竞争攻势，也让人不能等闲视之。重庆是西部惟一的直辖市，拥有发达的工业基础，交通通信便利，拥有服务质量优良的酒店、餐饮、娱乐、旅游等配套设施。近年来，会展市场呈高速发展的势头，年均增长率达75%。目前，江北区政府正投资建设20万平方米的会展中心，力争拿下具有影响力的展览。西安，同样是历史文化名城，城市对外的影响力略胜成都一筹。西安拥有两个展览中心和一个展馆。其中，西安市陕西国际展览中心由1997年每年只承办1个会展上升到2000年的50个会展，平均每天都有会展，同时，长城、振威、三联科技等国内外知名专业的展览公司也在西安安营扎寨。西安，将是四川会展业最有力的对手。昆明的展览业虽然起步较晚，但自从世界园艺博览会、国际旅游展览会举办后，昆明会展名声鹊起，大有后来者居上之势。

审时度势，在强手林立的今天，发展会展业的最关键因素就是改变会展环境，力争举办更大的、更有影响力的展览。成都目前具备举办大型会展能力的场馆有省展览馆、成都市体育馆、成都国际会展中心三家。省展览馆和成都体育中心位于城市中心，地理位置不错，但拓展空间有限，配套设施及功能不够完备，举办上规格的会展已经勉为其难。成都国际会展中心现在虽有两个国际展馆，能提供国际标准展位2400个，1997年至2001年，短短4年多的时间里，成都国际会展中心相继成功举办了以全国春季糖酒交易会、四川国际电视节、成都国际汽车博览会为代表的各类大中型国际展、博览会、专业展、城市展、艺术展等，累计达200余场次，参展和观展人数达400多万人次，同时还成功举办了中国西部论坛和中法经济论坛等各种会议1500多场次，展览和会议交易总额初步统计达1千多亿元人民币。按每位参会参展代表在成都平均消费3千元计，4年累计消费达120多亿元。成都国际会展中心已经成为成都政治、经济、文化对外交流的一个重要平台。

然而，随着成都市对外开放的不断扩大和会展日益的专业化、现代化，成都国际会展中心现有的硬件和周边环境已经逐渐暴露出不相适应的困窘。为此成都市委、市政府站在更高的角度，做出了拓展会展商务圈的决定。2001年，市委书记王荣轩三次强调：整治环境，做大会展产业。政府有力的姿态给了会展商务区所在地金牛区信心，他们立刻组建了成都国际会展商务建设开发有限公司，职责是拆迁、整治、建设、开发。为此，公司在金牛区委、区政府的领导下，对会展商务区的建设做了初步规划，并委托美国的AM公司对会展商务区建设进行了设计。2002年5月，成都市规划局组织专家评审通过了设计方案。9月，这套方案的前期准备工程——拆迁正式开始。

会展商务圈前景无限

“城市，让生活更美好”是上海申博的主题，也是成都发展会展业的终极目的。专家认为，会展活动，通过集体性的物质、文化交流，使其中的每一参与方都能不同程度地共享某些物质、文化交流信息，调整自己的行为以适应环境，达到预期的目的。因此，会展经济的繁荣对社会文明程度的提高，人的素质改变效果是显而易见的。以2000年举办的“西部论坛”为例，这次盛会，吸引了30多个国家和地区近千名商业巨子、专家学者莅蓉，大大提高了四川的知名度，富森·美家居城、日本碳泥开发有限公司等纷纷落户蓉城，外资药业、香港飞大集团等也抢滩成都。美国英特尔公司总裁兼首席执行官亲自到蓉城居民家中了解数字化家庭生活情况，推动了数字化工程在成都的普及进程。论坛期间，城市规划如火如荼，政府对蜀都大道、人民南路上的公交站点以及市区5大出口进行了大换装，用候车亭取代了铁站牌；府南河首捧人居奖；天府广场修饰一新，论坛会址和外围用鲜花装饰；加大卫生监督力度，食品、饮水等卫生合格率有了上升。受外来思想文化的冲击，川人解放思想、走向观念的前沿；学生、市民甘当志愿者，敬老助残、保护环境，经受了一次特殊的洗礼。据记载，西部论坛期间直接吸引外资比前一年增长20%，吸纳省外资金增长53.6%，外贸出口增长22%，省、市政府一系列鼓励外商投资的政策也纷纷出台。经济、社会如此快速发展，成都人确实受益匪浅。

秉承该宗旨，金牛区所作的会展商务圈规划，依然坚持了“人、环境、现代贸易”三者有机结合，以会展中心为依托，以会展产业为龙头，具备较强的区域辐射功能，吸引营销、保险、金融、电信、信息咨询等机构和国际知名企业入住，成为名牌公司汇集、知识信息资本密集、具有规模效应与集散效应优势的区域。该规划方案为：商务圈以会展中心为中轴，东至金沙路，西接二环路，北到沙湾路，总占地面积约430余亩。金牛区还建议，将营门口立交桥沿二环路至沙湾路口约800米长的路段，等距离平等向外延伸至交大附小区域，纳入会展商务区控制性规划的范围。现阶段，已投入2亿资金进行拆迁，预计5年内完成会展商务区的建设目标。据介绍，这个商务区主要由五大板块组成：商业综合区——大型商场、商业楼、办公楼，占地47亩；会议展览区——原成都国际会展中心和扩建展览馆组成，占地33亩；商务办公区——商务、办公、商场、餐饮娱乐和专卖店，占地72亩；商务住宅区——公寓、住宅、学校占地36亩；市政配套区——商务楼、地下停车场、绿化广场等等，占地46亩。如此庞大的现代商务圈在西部绝无仅有。商务建设区建设开发中心的总的目标是以发展会展经济为主体，以促进经济结构调整为主线，以土地开发及市政建设为基础，以投资环境改善和政策导向为手段，通过市场运作把会展商务区建设成西部最具特色的会展活动区和成都市对外开放的窗口。会展商务区的建设，将带来道路、交通、供电、供水、餐饮、娱乐等配套设施的完善，5年之后，一个如朝阳初升般的新型成都将展现在世界的面前。

——《国际商报》

发挥会展资源优势　促进经济全面发展

昆明市副市长　雷晓明

为促进会展业的发展，加强会展业各界的交流和合作，今天（2003年8月18日）昆明市和全国城市工业品贸易中心联合会共同在这里（北京）召开会议，着重就如何抓住我国参与建设“中国－东盟自由贸易区”的历史机遇，进一步加快昆明会展业发展进行研究。本次会议得到了国家有关部门领导、首都会展界同仁和专家们的大力支持与帮助。在此，我代表昆明市人民政府，对与会的各位领导、各位专家和朋友们表示热烈欢迎和衷心的感谢。

为便于各位领导、专家和朋友们对昆明会展业发展进行指导，我先就昆明市拥有的会展资源及其优势等有关情况作个简要介绍。

一、昆明的会展资源与优势

（1）昆明是连接东南亚、南亚的桥头堡，区位优势十分突出

在昆明拥有的举办会展诸多的资源与优势中，最为突出、最具发展潜力的是我国决定参与“中国－东盟自由贸易区”建设，并将在10年内建成。

建设中国－东盟自由贸易区是党中央、国务院高屋建瓴、面向新世纪做出的重大战略决策，它的实施，必将对中国乃至亚洲和世纪经济发展产生重大影响。江泽民同志曾指出：“西南边境省区处于东亚、东南亚、南亚的结合部，战备位置十分重要。……要扩展视野，把重点区域的开发同中国与东盟自由贸易区的构建结合起来，寻求更大的发展空间。”

云南与东南亚、南亚国家相毗邻，有4千余公里的边境线。拥有十几亿人口、处于快速发展中的东南亚、南亚国家，是我们需要去开发和拓展的具有巨大潜力的国际市场。

2002年11月，我国与东盟十国签署了《中国－东盟全面经济合作框架协议》，标志着中国与东盟的经贸合作进入了全面的实施阶段。据估计，中国－东盟自由贸易区于2010年建成后，将形成一个拥有17亿消费者，近1.8万亿美元国内生产总值和1.23万亿美元贸易总额的经济区，从而成为世界上人口最多的自由贸易区。根据中国东盟经济合作专家组用GDAP模型进行的初步预算，届时，东盟国家对中国的出口将增长48%，中国对东盟国家的出口将增长55.1%。

云南省委、省政府抓住西部大开发和中国－东盟自由贸易区建设的契机，拟定了《云南参与中国－东盟自由贸易区建设实施意见》，提出了建设“五大通道”（交通通道、贸易通道、产业通道、生态通道、友好通道）；构筑“五大平台”（信息平台、贸易平台、金融平台、人力资源开发平台、公共事务平台）；本着平等互利、优势互补、扩大交流、加强合作、共同发展的原则，推进“六大产业的合作”（农业开发合作、烟草产业合作、能源开发合作、矿产业开发合作、旅游业开发合作、劳务开发合作）。

根据云南省《参与中国－东盟自由贸易区建设实施意见》和把云南建设成为“中国连接东南亚、南亚的国际大通道”的战略目标，昆明市委、市政府提出了以下几项主要措施：

① 加大“营销昆明”的力度，积极构建昆明通向东盟的贸易通道。

② 建设“昆明国际商品交易市场”，构筑国际贸易平台。在2003年8月26日举办的“中国昆明出口商品交易会”上首次开设了东南亚展馆。十个东盟国家都报名参展，承租的展位超过一百多个。这一事实充分说明，东盟国家对于自由贸易区的建设具有极大的热情和积极性。

③ 完善展览场馆建设，把昆明建成国际性会展中心，省市政府对于会展场馆建设将做出新的规划与部署。

④ 积极做好将于2003年12月初在昆明举办的“东亚城市市长论坛”有关的筹备工作，努力提升昆明在建设“中国－东盟自由贸易区”的地位和作用。

目前，滇－缅、滇－越、滇－泰公路正在建设和改制；滇－越、滇－缅和滇－泰铁路也将启动；澜沧江－湄公河航道和红河航道改造工程正在实施。这些基础项目的建设，为中国与东盟的合作创造了必备的条件，为我省、我市，也包括愿意进

入和拓展东南亚、南亚市场的全国各行各业，包括会展业提供了极好的发展机遇，创造了无限的商机。昆明市政府愿与全国各有关行业，采取“走出去，请进来”和采购会等不同方式的招商、招展措施，为积极拓展东南亚、南亚市场而共同努力。

(2) 昆明有配套完善的会展基础设施

目前，昆明拥有西南最大的会展专业场馆——昆明国际贸易中心，其场馆占地12.5万平方米，建筑面积15万平方米，展场面积达7万平方米，可搭建3千个国际标准展位。有当今国内外领先水平的单体大空间展厅，有可容纳2千人宴会、3千人会议的大型多功能厅，有上千个停车泊位。它集展览、会议、商贸、信息、广告、储运、餐饮、住宿、娱乐等多项功能于一体，能满足目前各种类型会展的要求。自1993年建馆以来，昆明国际贸易中心已连续成功举办各类展览活动300余次和会议2千余个，具有较为成熟的办展经验。除国际贸易中心外，昆明市可供千人以上集会的场所有30多处，可供接待会议的各类会议厅、室拥有近800个，总座位数达7万多个。在各类会议场馆中，设施配套完善，可提供同声翻译、多媒体演示以及电视电话会议等专项服务。

昆明地区有各类接待单位近1300个，包括宾馆、度假区、培训中心等，客房数达8万余间，合计床位11万余张，具备日均10万人次的接待能力。由于昆明展馆和接待单位设施配套齐全，服务周到完善，在全国同类接待单位中，收费合理，价格相对较低。因此降低了主办单位组展办会的成本。

昆明市交通发达、通信便捷。拥有百余条国际国内航线，其中，有国际和地区航线13条、国内航线117余条，省内航线9条。使昆明机场成为中国五大国际航空港之一；昆明拥有至成都、贵阳、南宁、河口等12条省内外铁路干支线；昆明的通信已率先实施市话全网程控化。国际直接电话可直拨200多个国家和地区，电话普及率居全国前十位。此外，无线寻呼、移动电话、自动声讯服务、国际邮政汇兑、电子信函等业务也已普遍开发。

(3) 昆明有得天独厚的自然资源条件

昆明年平均气温15.1℃，最热月平均气温19.7℃，最冷月平均气温7.5℃，冬无严寒，夏无酷暑。故而鲜花常年不谢，草木四季长青，素有“春城”的美誉。这一得天独厚的气候条件，为昆明能在年度全时段举办和召开各种展览、会议，成为最理想的城市。

昆明海拔近1890米，处于云贵高原的中部，是开展各项体育训练和康体运动的好地方。昆明可供各种比赛和康体运动的设施十分丰富。其中，昆明海埂国家体育训练基地、红塔体育训练中心和春城湖畔高尔夫球场，在国内外享有较高的知名度。2003年8月，昆明红塔体育中心被选为世界著名的西班牙皇家马德里足球俱乐部远东之行的训练基地，并进行了为期一周的训练，在国内外引起热烈的反响。昆明拥有设施完善的网球赛场164余块；已投入使用的高尔夫球场4个，在建的高尔夫球场7个。环境优美、价格低廉，吸引了大量国内外尤其是东南亚高尔夫球爱好者前来消费。此外，保龄球、游泳馆等体育设施也具有相当规模。

(4) 昆明旅游资源丰富多彩，是理想的休闲、观光之地

昆明是首批全国优秀旅游城市之一，拥有众多的国家、省及市级风景名胜。“天下第一奇观石林”、规模宏大的九乡溶洞和“高原明珠——滇池”名扬四海；位于滇池湖畔的民族村和1999年为世界园艺博览会兴建的世界园艺博览园，更为昆明增添了新的独特景观。昆明历史悠久，具有2300多年历史，是国家首批公布的24个历史文化名城之一，现有国家级文物保护单位7个，省市级文物保护单位60余个。云南和昆明民族众多，有彝、回、白、苗等26个各具特色的少数民族。自然景观与人文景观相映生辉，形成了众多的名胜古迹和异彩纷呈的民俗风情，令人目不暇接、流连忘返。由于云南和昆明丰富多彩、独具特色的旅游资源，把参会、考察和观展、观光，较完美地融为一体，提高了办会、办展的综合效益。

(5) 昆明具有相对成熟的办会、办展经验

自20世纪90年代以来，云南在中央各部委和各省区的支持帮助下，以昆明为主办地，已先后举办了国际性、全国性会展200余个，其中有：’99世界园艺博览会、十届中国昆明出口商品交易会、两届中国国际旅游交易会、三届中国昆明国际旅游节、第29届国际民间艺术节组织世界年会暨第六届亚洲民间艺术节、第三届中国艺术节、首届中国昆明国际花卉节、首届中国民族服装服饰博览会、首届全国民营企业交易会、全国针棉织品订货会、全国医疗器械博览会、全国发明展、全国教学仪器设备展览会、全国五金订货会、全国书市等。特别是1999年举办的世界园艺博览会，接待参与、旅游观光者近千万人次。这些大型会展活动的成功举办，极大地锻炼和提升了昆明市举办各类会展活动的组织、协调和接待能力。近几年，每年至少有5到8个在国际、国内较有影响，知名度高的节、会、展、演、赛在昆明举行；年度举办的各种不同风格和内容的展览60余个；100人以上的中型会议达几千个。昆明成了我国会展活动的热点城市之一。

(6) 昆明社会稳定，治安良好，交通顺畅，秩序井然，是全国治安评比最佳的城市之一

由于省、市党委政府高度重视安全工作，始终把安全作为办展办会的重要工作来抓，以确保展会安全、万无一失，所以到现在为止在昆明举办的大型会展活动做到了大事不出，小事也很少，得到了各有关方面的充分肯定。

二、昆明的会展目标与工作措施

根据昆明拥有的会展资源和办展条件，尤其是作为“中国－东盟自由贸易区”的桥头堡，我市会展业发展的基本目标是：经过几年的努力，把昆明建设成为“国际区域性会展之

都”。环绕这一目标，并根据会展产业的发展规律，我市已经和正在开展的工作主要是：

（1）把会展业作为我市重点培育的产业纳入产业发展“十五”计划和中长期发展计划。从而使会展产业能够保持连续、健康、有序的发展。不因领导人的变更和注意力的改变而改变。

（2）建立和完善会展业的组织领导机构。我市根据多年举办会展的经验和教训，为规范会展业的运作行为，保障其健康有序的发展。建立和完善了组织领导机构。市政府于2002年2月正式成立了全市会展工作领导小组，由市长任组长，常务和分管副市长任副组长，全市20余个相关部门的主要领导为成员；在领导小组下，设立负责日常工作的会展活动办公室。领导小组的基本职责是对全市会展业进行宏观规划和决策，对重大会展活动进行组织与领导。会展活动办公室负责全市会展活动的统筹安排与组织协调。

（3）制定促进和保障会展业快速发展的相关政策。根据我市实际情况，由会展办牵头，会同市法制办、政策研究室等相关部门草拟了《加快昆明市会展业发展的若干意见》和《昆明市会展业管理暂行规定》。在这两个文件的制定过程中，认真听取和征求了会展企业的意见。

（4）筹组会展行业协会，发挥企业自治组织的作用。会展业的主体是企业，政府相关职能部门的主要职责是宏观规划、综合协调、做好服务。为处理好政府部门和企业的关系，成立行业协会是必要的。

（5）建立举办会展的绿色通道。凡涉及公安、工商、消防、税务等政府行政审批的有关事项，我市采取由市会展办牵头、相关部门参加的会审制度，“一站式”做好服务协调工作。简化手续，方便办展。

三、几点认识与体会

通过多年举办会展的工作实践，对于会展业的认识以及如何办好会展活动，我们有以下几点认识与体会：

其一，会展业是一个新兴产业，其产业特性和运行规律有其独到之处：一是多要素、多种产业融合；二是跨区域、多空间扩展。它不仅涉及资本、土地、劳动力、企业家等生产要素；还涉及知识、技术、信息等无形要素；不仅涉及自然资源，还涉及社会资源和管理资源。多要素流动与配置有利于各产业之间形成较为密切的投入产出联系，同时让多个产业乃至多个区域受益。多层次，多种类的会展活动，不断创造商机，吸引投资，进而带动其他产业发展，形成一个以会展活动为核心的经济群体，会展业的发展也需要其他各行各业的支持。

其二，要正确认识和处理好政府、行业和企业三者的关系。我们认为，政府在会展业发展中的基本职责是宏观规划、综合调控、做好服务；行业协会要在规范市场行为、设立会展业评估机制、维护会展业合法权益、提高会展服务水平等方面发挥行业管理作用；会展企业则是会展业发展的主体。要充分发挥组展单位，场馆单位和参展单位各方在会展业发展中的主体作用。

其三，我们认为，昆明会展业是全国会展业的一个组成部分，昆明拥有的举办会展诸多条件和优势，是昆明的，也是全国的。我们愿意为全国会展界拓展东盟市场提供更为完善的平台和良好的服务，为会展行业的繁荣发展而共同努力。

我们愿与全国各组展机构、会展中心等单位建立更为密切的合作伙伴关系，相互支持、优势互补，各尽其能、共谋发展。

昆明会展业打造五大品牌

王　敏

1999年的昆明世博会给昆明也给中国留下了一个永久的世博园，几乎一瞬间便让昆明成了世人瞩目的焦点。可以说，昆明饱尝了会展带来的“甜头”：城市知名度迅速提升；引来超出常规的人流、物流、资金流、信息流；城市基础建设步伐加快了20年；市民素质和现代化意识得到提高。这就是会展带来的效益。而为了强化对昆明市会展业发展的组织、领导和协调，2003年昆明市人民政府专门成立了会展工作领导小组，设立了昆明市大型会展活动办公室，这进一步表明了昆明发展会展经济的信心。

据昆明市大型会展活动办公室负责人介绍，从会展场所看，昆明已建成了规模及设施在西部城市首屈一指的昆明国际贸易中心，加上科技馆、博物院等一批中型会展场所，展馆面积约8万平方米。昆明国际贸易中心是我国九个大型会展基地之一，展馆面积达7万平方米，可举办各种展会。从接待能力看，昆明拥有500多家各类宾馆、酒店、招待所、度假村，足以接待大型国际会展所带来的巨大人流。从配套能力看，拥有200多家高水准的旅行社和世博园、石林等一批国家级、世界级的景区景点及精品旅游线路和旅游商品。从管理上看，通过一系列的会展活动，培养了一批在活动的策划、运作、管理等方面具备一定知识和能力的人才。会展业已经成为继旅游业之后昆明的又一个新的经济增长点。

在昆明市首次会展工作研讨会上，昆明市有关领导提出“在前五年会展经济发展的坚实基础上，再用5至10年的时间，把会展业发展成为昆明市新的优势产业，不断提升会展业在昆明国民经济和社会发展中的地位和作用，朝着区域性的国际会展城市迈进。”昆明市会展业发展的特点将定位于“节、会、展、演、赛”的产业化发展模式，就是“以会为主，会展结合，节会展演赛并举”的方针。充分发挥云南的区位优势、气候优势、自然资源和人文资源优势，发展有自己特色的会展产业，创立五个品牌，即：

节庆品牌——以旅游业为主线，培植“中国昆明国际旅游节”等一批旅游节庆品牌；以民族节庆为主题，创一批诸如“火把节”等具有浓郁民族特色和较高知名度的节庆品牌。

会议品牌——瞄准高规格的全国性以及区域国际性会议，策划诸如“昆明与东盟主要城市市长论坛”等具备较大影响的会议活动。

演出品牌——充分发挥云南的民族文化资源，推出具有云南独特风格的民族、民俗文化展演品牌。

比赛品牌——发挥昆明低纬度、高海拔的区位优势，推出高原体育系列品牌；突出民族特色，推出民族体育品牌；利用气候、生态优势，推出高尔夫、网球、越野汽车等休闲体育品牌。

针对有人提出以政府行为管理展览市场与协会管理的关系问题，有关人士认为，昆明会展业刚刚起步，政府在会展业发展的政策方面给予较多的干预，投入一定的资金，制定鼓励发展的特殊政策，快速整合发展资源，对加快会展业发展步伐是十分必要的。设立会展领导小组并不是政府要把会展业统死，而是政府看到会展管理的不规范，为了强化对昆明会展业发展的组织、领导、协调，统筹安排各类大型会展活动的近期工作目标和长远战略规划，建立良好的管理运行机制，促进会展经济健康有序发展。同时，要推进加快会展业协会的建设，赋予行业协会在市场规范和行业协调方面的功能，使行业协会在规范行业市场行为、设立会展企业评估机制、维护会展企业合法权益、提高会展企业服务水平等方面发挥行业管理的作用。市政府每年主办、承办的会展活动将逐步减少，争取用2至3年完成会展业的市场运作转变，商业性的会展完全由企业运作，政府提供环境和服务。随着会展活动市场化程度的不断提高，会展办的职能将逐步由会展协会所替代。

忧虑陕西会展业

近几年来，伴随着西部大开发的实施，陕西的会展业发展迅速，影响日益扩大。特别是“东西部贸洽会”和“西部论坛”等一批大型会展的成功举办，使西安成为西部地区重要会展中心之一。但是，陕西会展业在快速发展过程中，也同时存在一些值得关注的问题。

陕西缺少规模化的展览公司

据陕西省工商局市场分局统计，2002年西安举办了西安、西部、中国、国际等档次的80个大型会展，2003年超过100个。这些展会有的是市政府主办的，有的是外地展览公司承办的，有的是本地展览公司承办的。

据业内人士介绍，西安目前有10家左右本地的展览公司，还有20家左右外地的展览公司。后者有的在西安有办事机构，有的是“游击公司”，办展时来，办完就走，全国到处赶场。

据了解，一般的展览公司只要10多个人、几部电话和一个场地而已。而西安现在最大规模的展览公司也只不过30多个人，硬件设施也是难以与大公司相比，真正有能力、有资格操作大型涉外展会的展览公司，西安还没有一家。由于缺乏实力组织展源，以及进行充分宣传和招商，难以承办高质量大规模的全国性和国际性展览，个别展览规模名不符实、效益低下。记者近日走访了几家西安的展览公司发现，工作人员办公形式落后，办公室也显得拥挤，甚至给人一种压抑的感觉。一家展览公司的经理说，我们也想改善设施，但总是没有力量，因为我们的效益差强人意。

陕西不缺展览中心　缺少办展人才

据了解，陕西省有关方面计划在西安再建一所占地1000亩的大型展览中心。业内人士对此评论说，对西安来说，目前最迫切的问题不是缺少展览中心，而是缺少人才和规模化的、像样的展览公司，以及市场开发等问题。

西安市目前有陕西省工业展览馆、陕西国际展览中心和西安国际展览中心三大展馆。由于许多小规模展会的冲击和分流，西安现有的3家展览中心实际上处于“吃不饱”状态。

“我们所办的真正成功的展览会实在是太少了”，陕西省工业展览馆负责人说，西安现有的展馆虽然面积已经足够，但配套设施不齐全。有的没有停车场等设施，有的内部设施落后，连举行稍大一点的新闻发布会的场所都没有，和国内相当多的省会城市相比，有不小的差距。

某展览公司的负责人说，客户是针对整个市场而来的，而不是针对某个人而来的，只要对他们有利、有市场，他们就来参展，就来投资。事实上，除了市场以外，我们陕西最缺少的就是人才和规模化的像样的展览公司和有效的管理。在这些因素中，除了政府的有效管理以外，人才是最主要的。陕西期待展览行业优秀人才。

在规范中成熟　陕西省会展业期待政府引导

会展经济一般被认为是高收入、高赢利的行业，其利润率大约20%～25%。会展经济的发展是与政府的积极引导和大力协助分不开的。

与上海、北京、广州、大连等发达城市相比，地处内陆的西安，无论在政治信息、经济总量、人力资源、国际化，以及城市环境建设方面，都有相当差距。但是，作为地处西部大开发桥头堡和第一阶梯的陕西，以及作为古“丝绸之路”起点和新欧亚大陆桥枢纽地位的西安，也有自己独特的区位优势和窗口地位。而西部大开发的浩荡春潮，我国加入WTO的良好机遇，将给西安会展业带来无限生机。

作为吸引物流、人流、信息流、资金流的重要接口，作为“朝阳产业”，会展业大有作为。启动会展经济对于思想久被封闭的西部地区发展具有现实意义。据了解，专门负责省内会展和大型批发市场管理工作的陕西省工商局市场分局，目前正在对陕西会展业做进一步调研，准备出台一些有利于陕西会展业上规模、上档次的规范性文件。相信这些政策的出台，必将使陕西会展业走向辉煌。

——《国际商报》

会展春风绿西北

说起“会展”与“节庆”，西部人并不陌生，从闻名于世的广交会、大连服装节、青岛啤酒节到海南的博鳌亚洲论坛，中国东部的“会展”与“节庆”经济，已经成了东部城市经济文化联袂演出的大舞台。然而在西部，除了西安、成都、重庆少数几个综合经济实力与东部都市不相上下的大都市有举办“会展”、开展“节庆”的传统和经验外，南宁、兰州、乌鲁木齐、西宁、贵阳等中等城市因基础设施薄弱，经济总量较低而长期不为外界所知。

这样的窘况自20世纪90年代中期到新世纪初开始发生了根本的变化。许多西部城市在“会展”与“节庆”这对有力“翅膀”的带动下，开始了观念和行动上的全面腾飞。短短几年，“会展”与“节庆”已经成为展示西部形象，带动西部经济腾飞的有力翅膀。

会展：西部从沉寂走向辉煌

拿地处西部的广西南宁市来说，尽管南宁是广西的首府，但人们知之甚多的却是桂林和柳州。自从1999年南宁推出了“国际民歌艺术节”以后，情况就大不相同了。前三届“民歌节”上签约的项目资金总额由50亿元到150亿元再到200亿元，2002年12月落幕的第四届签约高达300亿元。外资进入广西、进入南宁的速度大大加快。在2000年南宁国际民歌节期间，仅从旅游方面看，南宁涉外宾馆饭店平均出租率达83.95%，共接待过夜游客4.9万人次，比上届增长237.96%，全市8个旅游景点共接待游客14.96万人次，比上届增长88.4%，其中一日游游客达11.06万人次，旅游收入达4.86亿元。而到2001年，仅民歌节期间，南宁就接待国内游客29.02万人次。2002年则更上一层楼，艺术节几乎给南宁增加了一个旅游黄金周。南宁的整体经济发展趋势颇有压倒广西工业重镇柳州而成为广西新的经济中心的势头。

地处西部边陲的新疆乌鲁木齐市，更是尝到了“会展”的甜头。新疆每年要举办大大小小的“会展”几十个，而办出特色，办出效益的要数“乌洽会”。“乌洽会”已经连续举办了10届，在中亚国家和中国内地形成了一定的影响。可以说，以“乌洽会”为龙头的新疆会展经济正初显端倪，形成了一种蓄势待发的新气象。每年9月1日“乌洽会”开展之时都已成为国内外重要的经济活动时间，首府乌鲁木齐宾馆饭店客商、游人爆满，展览中心每天的门票收入平均都在25万元，这在国内的会展中还不多见，仅此一项，2002年就收入180万元；“乌洽会”的展会价值得到了越来越多客商的认可。

如果我们从春天开始，将关注的目光移到中国广袤的西部，在每一座城市里，“会展”和“节庆”陆续开始，歌舞翩翩，客商云集的场面一直要到秋色深深才恋恋不舍地拉下帷幕……

青海：咬定“会展”不放松

相对于人口众多的西部的几个大都市，青海以及省会西宁仍然处在长久的沉寂中不为大多数人所知。为此青海人也在苦思冥想之中，在外面的“会展”、“节庆”开展得五彩缤纷、五花八门之时，终于找到了适合高原经济发展、文化繁荣的“节会”新亮点。

每到盛夏，古城西宁就开始红火起来。连续举办已三届的“东部企业参与西部经济结构调整贸易洽谈会”已经小有名气。尽管它的全称比较冗长，但熟悉它的人们都亲切地称为“青洽会”。签约项目资金总额由首届的四五十亿元到第三届的逾百亿元，着实让开发建设资金本来就匮乏的西宁兴奋不已。

在“五·一”黄金周前后，夏都西宁的“中国·青海郁金香节”后来居上，吸引了众多的国内外游客到夏都赏花、浏览。关于“郁金香节”，许多人有相见恨晚之感喟。面对花节的盛况，许多土生土长的西宁人心里都清楚，由于观念陈旧，视野不开阔，郁金香故乡的“花节”却在新世纪到来的第二年才姗姗而至，迟到的感觉足以让每一位关心西宁发展的人士顿足不已。

在青海，“环青海国际公路自行车赛”的成功举办，足让国人吃惊不小。尽管它是一项体育赛事，但从观众云集、人气十足的架势来看，更像一个涵盖地域较为广泛的“节会”。而刚刚被青海人所关注的“热气球节”更具有“短小精悍”之特色，吸引着更多人的目光。

在西部，一向寂静的古城西宁正以无比的热情，营造着高原风格鲜明、民族特色浓郁的“节会”经济全新氛围。

西部：民族文化就是经济的资源

西部地区的节庆、会展文化发展到现在，已经不再是单纯的节日庆典文化活动，而是有机地融入了当地的经济发展，举办节庆活动为当地的经济注入了新鲜血液，带来新的发展活力。

与东部枝繁叶茂的节庆文化相比，西部地区的众多城市却处在苦心栽植培育阶段。四川省自1984年成功举办“自贡灯会”以来，共招徕海内外宾客5000多万人次，为自贡市带来了无限商机。云南的“泼水节”等仅有的几个少数民族节庆也为云南等少数民族地区“挣”到了些“名气”，招来了些“商机”。而在少数民族文化十分丰富的内蒙古、青海、宁夏、甘肃等省区，“历史悠久”的各种少数民族“节庆”并没有形成气候。在青海，被誉为“世界上参与民族最多、持续时间最长、举办地区最多的狂欢节”——“花儿”会，尽管影响较大，但始终没能走出山野乡间，创造出可观的经济、文化效益来。

那么，西部地区如何在深厚的文化故土上办好节会，亮出“名片”呢？世界知名节庆组织之一“格莱美唱片学会”前主席迈克尔·格林认为，成功的节庆文化不能丢掉“本土化”。他说，有很多原因使中国西部吸引了世界的目光，但最重要的一个原因是中国西部悠久而神秘的文化和历史。正是这些有别于世界其他地方的“本土化”，中国西部才对世界产生的吸引力，其独特的人文景观、风土人情对世界有很大的诱惑。而经济和文化就像人的左右手一样关系密切，失掉了特有的本土文化展现机会，也就同样失掉了经济发展的机遇。

国务院发展研究中心市场研究所副所长陈淮认为，对于西部来说，少数民族文化是非常重要的经济资源，将这些资源开发出来，会给区域经济带来新的发展契机。而以各种文化形式为依托的各种节庆活动是发展区域经济、促进产业结构调整的重要战略措施。陈淮说，以西部省份特有的民族风俗文化为底蕴而举办的各类节庆文化活动，不但会加强各省份之间的经济、文化交流，还将会极大地吸引外界来关注、参与，进而达到招商引资的目的，在更大范围内促进西部大开发的进程。

有些参与西部会展、节庆活动的业内人士也指出，举办这些冠以“中国·××市”之名的活动，一定要做到组织严谨、品位高雅。而目前西部一些地区的“洽谈会”上，名优企业、大型企业和上市公司的参与显然不太多，大部分除了政府部门外，中小企业和个体商家纷至沓来，难免给人以“大杂烩”和“大集市”之感。因此，大力培育展览队伍，形成有品牌、有实力的展览承办机构和中介机构，是当务之急。成熟的会展业必须依靠展览公司，而成熟的展览公司是会展业发展的基础。目前，西部地区完全按照市场化运作的展览公司实在是寥若晨星。

西部，面对“会展”和“节庆”两块诱人的蛋糕，如何做大做强，艰难的选择正摆在每一座欲想亮出响当当“名片”的城市面前！

——《国际商报》

第四章 重点展会介绍

第一部分 国内重点展会精选

一、北京

1．第八届中国国际建筑建材贸易博览会

2．第十届中国国际石材产品及技术装备展览会

3．第十四届国际制冷、空调、供暖、通风及食品冷冻加工展览会

4．第八届中国国际机床展览会

5．中国国际农牧业及食品工业展览会

6．中国国际专业音响、灯光、乐器及技术展览会

7．第十届北京国际图书博览会

8．第六届中国北京国际科技产业博览会

9．第十六届中国国际陶瓷工业展览会

10．第十届国际广告新媒体新技术新设备新材料展示交易会

11．第十一届中国国际纸浆造纸、林业展览会及会议

12．第七届中国国际远程教育/校园网群、电教多媒体技术应用、设备与软件博览会

13．第七届中国国际电力设备及技术展览会

14．中国国际包装科技展

15．第十届北京国际电子生产设备暨微电子工业展览会

16．第十二届北京国际广播电影电视设备展览会

17．第九届中国国际纺织机械展览会

18．第七届北京国际工程机械展览与技术交流会

19．第八届北京－埃森焊接与切割展览会

20．2003 中国国际动力传动与控制技术展览会

21．2003 北京国际钱币博览会

22．第八届北京国际汽车工业展览会

23．第八届北京国际食品加工和包装机械展览会

二、上海

1．2003 亚洲食品配料及技术展

2．第十一届中国国际建筑装饰展览会

3．第十三届上海国际电子生产设备暨微电子工业展览会

4．第十二届上海国际酒店用品博览会

5．中国国际花卉园艺展览会

6．第十届上海多国纺织工业展览会

7．第六届亚太国际橡塑工业展览会

8．中国国际皮革展

9．第九届中国国际家具展览会

10．2003 上海国际石油石化展览会

11．第六届上海国际专业灯光音响设备和技术展览会

12．2003 中国国际缝制设备展览会

13．2003（第八届）中国国际渔业博览会/中国国际水产养殖展览会

14．第八届中国国际涂料油墨及粘合剂展览会

15．第十六届中国国际表面处理涂装及涂料产品展览会

16．第十届国际燃气技术和设备展览会

17．2003 上海国际服装博览会（第九届）

18．中国国际家用纺织品及辅料（秋季）博览会

19．中国国际纺织面料及辅料（秋冬）博览会

20．第十届中国国际建筑及装饰博览会

21．第十届中国国际门窗及建筑五金展览会

22．第八届中国国际食品添加剂展览会暨第十四届全国食品添加剂生产应用技术展示会

23．第八届中国国际医药展览会暨技术交流会

24．MICONEX 2003 第十四届多国仪器仪表展览会

三、大连

第十五届大连国际服装节博览会暨中国服装出口洽谈会

四、南京

第九届江苏国际制衣设备展览会

五、杭州

第九届国际地铁、轻轨及高速轨道展览会

六、温州

第八届国际鞋类、皮革及制鞋技术和设备展览会

七、厦门

1．第七届海峡两岸机械电子商品交易会暨厦门对台出口商品交易会（台交会）

2．第十二届中国国际纺织机械展览会

八、广州

1．中国国际包装工业展览会

2．中国国际啤酒及饮料工业展览会

3．第十届华南地区国际印前设备及印刷工业展览会

4．第七届中国国际食品添加剂展览会

5．第十七届中国国际陶瓷工业展览会
6．第七届广州国际印刷工业展览会
7．第七届广州国际广告展
8．中国国际标签展
9．第八届中国国际石材工业展览会
10．中国出口商品交易会

九、深圳

1．第九届深圳国际电子生产设备暨微电子工业展览会
2．深圳国际机械及模具工业展

十、汕头

2003中国澄海国际玩具工艺品博览会

十一、东莞

国际名家具（东莞）展览会

十二、成都

1．第七届成都国际大型水电设备及水利工作展览会
2．第九届成都国际供用电专业设备展览会

十三、昆明

中国国际旅游交易会

十四、西安

2003西安国际电力电子与电气传动展览会

注：

做此精选，旨在推动展览会的品牌化，选择展会的条件参照《展览会等级的划分及评定》中A级展会的主要标准：

展出面积：5千平方米以上；

参展外商比例：20%以上；

连续举办届数：5届以上（截止到2002年）。

展会数据参照中国贸促会编辑的《2003中国展览会与博览会》及经济日报出版社出版的《2003～2004中国及海外会展概览》，有些展会是在不同地区轮流举办，选择时按2002年举办地选编。

第二部分　境内重点展会

第十一届北京国际广播电影电视设备展览会

“BIRTV 2002”于2002年8月22～25日举办。展览会上展示了300多家国内外厂商最新的广播影视技术和产品，并举办了40余场技术交流会。

一、展览场地的改善为展览会的发展提供了必要条件

2001年，始终受到场地限制的BIRTV从中国国际贸易中心走出来之后，在北京展览馆获得了极大成功。然而，北京展览馆复杂的连接、低矮的屋顶和林立的柱子依然是令广大参展厂商头疼的问题，为此，主办单位决定BIRTV 2002移师中国国际展览中心——目前北京场馆条件相对较大的展览馆，展览面积达到3万平方米。面积的扩大使得组委会能够增加部分通道的宽度，展馆中将不会再见到以往令人头晕眼花、到处密集型排列的展位，厂商做展位装修时的选择余地也更多，观众参观起来也会更加舒适。同时由于规模扩大，2002年BIRTV的展位安排将更有序、更合理，组委会按照国外大型同类展览会的一般做法，将同类产品的厂家集中在一起，形成一个个展品“特区”，这样既便于用户参观选购，也便于厂家进行集中宣传，展台效果和公司形象更加突出。因此，2002年的BIRTV，是一个轻松愉快又舒畅的展会。

广播电视数字化、网络化是本届展览会的主题。在BIRTV 2002展上，来自内地和20多个国家和地区的300余家广播电视、计算机、网络等企业展出了他们在高清晰度、新闻制播系统、媒体资产管理、交互电视、网上广播、虚拟演播室、宽带网络和DV等方面的最新产品，涉及广播电视节目的采集、制作、存储、传送、播出、发射和接收等各个方面。从4月份看来，各家厂商的技术和产品已经进入逐步改进和完善的阶段，高清晰度电视系列产品、媒体资产管理系统和新闻制播系统仍是众所瞩目的焦点，也是各厂家争夺的重点。国内外著名公司如Sony、松下、汤姆逊、品尼高、史诺伟思、Avid、NDT、JVC、ACE、DPS、大洋、索贝、方正、奥维迅等竭尽所能，在这些领域展示其最新推出的产品、技术和理念。

二、场地的改善为服务水平的提高创造了条件

为广大厂商和用户提供最好的交流环境、最好的服务一直是BIRTV主办者的目标。而2002年场地条件的改善为展览会整体服务水平的提高创造了必要条件，带给厂商的是更多的“实惠”：主办单位在场馆中设立了厂商专用的洽谈间，方便厂商和重点客户的交流：公共洽谈区的设立使观众在参观展览之余有了临时休息的场所；为解决观众和厂商在展览

会期间用餐不方便的问题，主办单位专门开辟了参展商和观众的专用用餐区；成立BIRTV新闻中心，方便厂商做现场宣传；设立专家咨询中心，为观众参观展览会和了解技术发展趋势提供方便。所有这一切的实现都有赖于场地条件的改善。

三、积极扩大观众覆盖范围，做好京外观众的接待工作

广大广播电视工程技术人员的热情参与是展览会成功的关键，而代表接待工作也是我们展览会组织工作的重点。2001年，组委会在不断提高系统内部观众接待工作水平的同时，开始逐步吸引来自教育、金融、交通、医疗、能源和气象的专业观众，展品内容也适量地加入了专业级广播电视技术和产品，丰富了BIRTV的内容，收到了良好的效果。2002年的展览会包含了更多这些方面的内容。

2002年，BIRTV展览会是第一次在中国国际展览中心举办，展览场地面积大，又比较分散，而且，参展商和观众对于新展馆都不是很熟悉，参展参观势必有很多不方便。为此，主办单位重点做好参观引导工作：制作展品手册，将参展展品按厂商、类别等进行分类，在展馆明显位置发放给参观观众，方便参观；场馆内外悬挂清晰明确的指示标志；适当的人员引导等。另外，组委会还在场馆内设立公共因特网接入点，厂商、观众可以免费收发E-Mail。

四、广播电视发展战略研讨会

BIRTV在充分展示新产品的同时，为了集中反映当前国内、国际广播电视发展的宏观特征和最新科技动态，向业内传达国家有关的技术政策，从1998年开始，在展览会期间开辟了专门时段，邀请广电总局及国家有关部门的领导，就当前行业发展政策及热点问题做报告，受到广大厂商和参观人士的热烈欢迎。大家普遍认为，这项活动的开展，大大提高了展览会的水平。2002年的广播电视发展战略研讨会于8月21日上午在中国大饭店会议大厅举办。由国务院信息化办公室曲维枝副主任、广电总局副局长张海涛等领导就我国信息产业和广播电视的发展趋势、产业政策和体制创新等问题做了主题报告。

背景资料：

经国家工商行政管理局批准，
BIRTV作为知名的
广播电影电视专业设备展览会
成为国家注册商标

经过十多年的发展，北京国际广播电影电视设备展览会（BIRTV）已成为我国最具影响力的专业广播电影电视设备展览会。2002年初，经国家工商行政管理局批准，BIRTV作为国内知名的广播电影电视专业设备展览会成为国家注册商标。

第十届中国国际金融（银行）技术及设备与装备展览会

本届金融展是中国加入世界贸易组织后的第一届，其意义之重大，可想而知。本届金融展展示面积达18800平方米，整个展区分布于国际展览中心2至6号馆，其中，2号馆、6号馆以国内参展商为主，3号馆、4号馆、5号馆以国外参展商为主，共有国内外210家厂商参展，参展商中既有IBM、INTEL、日立、华为、神州数码等国内外知名大企业，同时也不乏柯达、用友软件、RSA等一些新面孔。2002年的展会全面展示了金融通信、网络应用、存储、银行卡应用、银行机具、信息安全等技术和产品，本届金融展成为各路厂商充分展示其高新技术的舞台，广大观众也亲身感受到当前金融科技界的迅猛发展。与展览会同时进行的还有“第三届中国金融信息化发展论坛”和“技术交流会”。在2002年的论坛上，将有金融机构的领导、金融信息化专家和企业高层人士畅谈中国加入世界贸易组织后加快金融信息化建设的新思路。在技术交流会上，各界IT精英将同与会代表一道，深入探讨当今行业内的最新技术成果及产品，以求增进交流，扩大合作。

表4－1 技术交流会一览表

题　　目	主讲单位
Teradata银行业数据仓库解决方案	NCR（中国）有限公司
银行票据集中处理的技术与应用方案	深圳市银之杰科技有限公司
OCSI新一代金融端末系统简介	敦阳科技股份有限公司
超小型无线自助识别IC芯片（Mu-chip）的应用范例（ID管理）	株式会社 日立制作所（1）
建立面向未来的异构数据网络	株式会社 日立制作所（2）
净利润为基础的市场策略	株式会社 日立制作所（3）
移动巨人——诺基亚搭建网络安全平台	诺基亚（中国）投资有限公司
银行卡网上支付及风险控制管理	北京网际威信科技有限公司

续表 4－1

题　　目	主讲单位
银行解决方案：迎接未来挑战	英特尔（中国）有限公司（1）
联接技术和战略：今日金融服务业保有持续竞争力的关键	英特尔（中国）有限公司（2）
案例研究：从概念到整合，基于英特尔架构的金融行业成功案例	英特尔（中国）有限公司（3）
银行卡发卡技术新突破——Datacard Maxsys 高速发卡系统	珠海众智科技有限公司（Datacard Group）
完善新世纪银行业的 IT 基础设施	国际商业机器中国有限公司（1）
构建安全的 Web 应用	国际商业机器中国有限公司（2）
未来存储解决方案及容灾管理	国际商业机器中国有限公司（3）
高质量金融服务水平的保障——业务影响管理	国际商业机器中国有限公司（4）
完善的金融企业门户解决方案	国际商业机器中国有限公司（5）
业务整合在金融中的应用	国际商业机器中国有限公司（6）
从数据到商业智能	国际商业机器中国有限公司（7）
IBM 莲花软件知识管理解决方案	国际商业机器中国有限公司（8）
银行商业智能系统解决方案	广州菲奈特融通软件有限公司
中小银行贷记卡管理应用方案——Bank Works on Open Platform	北京网际威信科技有限公司
金融数字视频网络监控应用方案	研华集团研宇科技
“银行科技信息管理系统”介绍	成都金电科技有限责任公司

北京国际家电展欲做成全球大展

2002 年 9 月 10～13 日在中国国际展览中心举办的“2002 年中国（北京）国际家电展”吸引了大多数国际知名家电品牌，有将近 150 家国内外知名家电厂商参展，展览面积超过 1 万平方米。外资以及中外合资企业的比例超过 40%。这是中国所有家电展中涉外企业比例最高的一次。

亚洲、欧洲、北美三大家电产区的家电强势品牌如东芝、日立、松下、夏普、西门子、伊莱克斯悉数到会。2001 年度中国家电销售收入超过 10 亿元的企业有 15 家参展，海尔、科龙、新飞、美菱、华凌、小天鹅、荣事达、小鸭、格兰仕、海信、乐华、志高、彩虹、亿龙等大小家电、黑白电器齐聚一堂。沃尔玛、普尔斯玛特、麦德龙、国美、苏宁、大中等众多国内外家电经销商均赴京参展。本届展会已经成为中外家电企业展示全球领先技术、争夺未来市场的最佳平台。

据中国家电协会有关负责人表示，利用北京会展产业的比较优势，把北京国际家电展打造成亚太地区最大的家电展览会，争取在 5 到 10 年时间把北京国际家电展办成全球领先家电展品牌，赶上和超过德国科隆和美国拉斯维加斯两大国际品牌家电展应该不成问题。

目前，中国家电市场已经快速增长了 15 年，家电的市场总量在 370 亿美元左右，已经成为世界主要家电生产国和消费国。按照每年 20% 的速度增长，10 年后中国的家电市场总量将超过 1800 亿美元，很可能成为全球最大的家电市场。

中国消费能力的快速增长已成为全球关注的焦点，本次展会成了跨国公司的“试金石”，他们纷纷把在世界各地销售的产品拿来亮相，以便测试、揣摩中国市场。中外企业的参展产品基本上分为两个层次，一是最近几年就可商业化的产品。二是前瞻性产品，如数字网络家电、节能家电等产品。在参展的产品中，让繁琐的家务变得轻松而富有乐趣的家电受到参观者的格外青睐，看得出来，智能化、人性化、多功能已成为家电业发展的趋势。

目前世界范围内的著名家电展览会主要有两个：一是德国的科隆家电展；一个是美国的 CWS 也就是由美国消费电子协会主办的拉斯维加斯家电展。这两个国际家电展主要依靠欧洲、北美大市场的支持。

从消费方面看，北京每年仅空调、冰箱等白色家电的消费就达六七十亿元，在全国始终处于数一数二位置，成为各个家电品牌的市场必争之地。北京作为中国最大的会展城市，最有条件成为中国家电展的代表。

从都市建设发展速度看，未来 10 年之内，在 2008 年奥运会的带动下，北京的通信、交通等城市软、硬件都将得到根本的改善，北京的城市影响力会得到大幅度提升，北京将快速提升为最重要的国际性展览城市，举办全球最大的家电展会的条件亦日趋完善。

在全球产业格局的转变中，北京有越来越多的条件成为世界著名家电展的举办地。

比较优势与巨大的市场吸纳能力，使跨国家电企业纷纷向中国转移自己的新家电产业，制造基地的转移成为产业转移的第一股浪潮。

为了对制造某地提供本地化的技术支持，研发中心的转移成为第二次转移潮，使北京正在成为中国乃至亚洲最大的技术研发中心。

研发中心之后是亚太总部。北京已经成为跨国家电企业亚太总部的上佳之选。最近，韩国的LG已投资4亿美元在长安街建设自己的中国总部，越来越多的公司正在把中国总部新建或改迁到北京。

综合管理与技术研发在北京、制造在三大生态圈、销售在全国，正成为跨国家电企业的发展模式。北京已经成为家电企业政策、金融、市场、技术等综合性信息资源的中心。

从全球范围看，中国正在成为全球最大的家电市场之一，再加上韩国、日本市场、应该说中、日、韩三国家电市场组成了世界最大的家电市场，以中国为中心的大市场群正在成为继欧洲、北美之后的世界家电第三极。一个如此庞大的区域市场需要一个有强劲辐射能力的会展中心，来促进信息交流、加快要素移动、科学配置资源。从区位优势看，这一中心非北京莫属。

中国已经成为世界上主要的家用电器生产国和消费国，国内家电产业的发展已经显示出强烈的要求，那就是中国必须建立自己具有全球影响力、综合性的品牌家电展。从1987年开始，中国家用电器协会就在组织举办中国的家电展览，到现在已有15年的历史，并长时间牵头组织中国家电企业参加国外的家电展，积累了丰富的主办国内展和国际展的经验，在国内又拥有稳定的客户群，这为打造北京国际家电展提供了丰富的经验支持。从天时、地利、人和等角度分析，北京展应该最有条件成为中国家电展的代表。

第六届中国投资贸易洽谈会

初步统计第六届投资贸易洽谈会，签订投资合作项目1814个，总投资金额136.5亿美元，利用外资112.35亿美元。与前五届投资贸易洽谈会不同，本届投资贸易洽谈会上，拥有160个国家成员的世界投资促进机构协会——世界投资促进机构协会，首次参与协办在厦门开幕的第六届中国投资贸易洽谈会，并组织其成员积极参与对华投资和双向投资的促进活动。参会的外商团组和各类经济团体达240个，其中国际机构和投资机构40家，比上届翻了一番；国际友好城市代表团16个，海外商会代表团90多个，投资中介机构和企业代表团58个，柯达、摩托罗拉、美国通用电气、埃克森美孚、日本东芝等20多个著名的跨国公司代表团也在投资贸易洽谈会上设展馆并举办投资研讨会。与此同时投资贸易洽谈会启动国际投资促进活动，境外客商参会踊跃，到会客商团组档次规格明显提高。目前仅国际机构和投资机构就达到40家，比上届翻了一番。有47个国家政府代表团；16个国际友好城市代表团；还有20多家跨国公司的代表团和58个投资中介机构和企业代表团参会。

同时，围绕国际投资领域所关心的国际物流、服务业吸收外资、跨国并购、台商投资政策、开发区发展战略等热点问题，举办28场研讨会。

引资：风雨二十载

中国真正的大规模引进外国直接投资是从改革开放后开始。这期间，主导外资进入中国市场的最大因素是不断变化的中国政策。直到加入WTO，意味着中国的政策具有了更大的稳定性。

整个20世纪80年代，外商直接投资主要来自台港澳地区，直到90年代以后，跨国公司逐渐把中国当作战略市场看待，开始进入高端制造业和金融、电信、物流、咨询等服务业，外商投资问题才变得更加复杂。从开始的吸引资金，到后来提出的“引进先进管理经验”，“以市场换技术”，这一方面反映出中国在吸引外资的过程中有着越来越复杂的目的，而如何综合平衡上述因素的利弊，也进一步要求中国企业必须在战略层面上做出清晰的规划才能找到与跨国公司合作、竞争、联盟的恰当选择。另一方面，跨国公司也在不断考察中国的投资环境，规避风险，掌握时机，恰当取舍。但显然它们并不是来中国扶贫的，而是要通过为中国市场提供有价值的产品和服务，实现最大投资回报的。

在引资上，政府也开始进一步完善投资规则。1995年，《外资投资管理暂行办法》发布，1997年，外经贸部发布《外商投资产业指导目录》，对外商投资有了详细的规定。此后，中国又相继发布了关于外商投资的一些法规和政策，特别是加入WTO以后，中国对于外商直接投资的吸引力随着开放力度的加大越来越强。

引资的内外部环境

国际环境 全球跨国投资仍将持续增长：过去五年，全球跨国投资保持较高的增长速度，跨国投资金额从1995年的3287亿美元，增加到2000年的1万多亿美元，据国内外一些权威机构预测，未来五年，全球跨国投资仍将持续增长。大量的跨国资金流动，为我国吸引外资提供有利的外部条件。

并购投资成为跨国投资的主要方式：我国以往吸引外资，主要采用“绿地投资”的方式，即新设中外合资企业或外商独资企业。

高技术产业领域是跨国投资的重点领域之一：最近所做的一项研究表明，高技术产业领域的跨国公司跨国程度和全球化指数明显高于其他制造业，高技术产业领域中的跨国公司，全球扩张能力也明显高于其他制造业中的跨国公司，使得高新技术产业成为全球化程度最高的产业。

许多发展中国家进一步对外资开放：近两年，许多发展中国家加大了引资力度，更多发展中国家利用外资环境和政策的改善，使中国吸引外资面临更加竞争性的局面。

国内环境　中国经济将保持较快的增长速度：在未来10年，中国经济将保持7.2%的增长速度。较快的增长速度，表明国内市场不断扩张，为外国投资者提供更多的投资机会。

加入世贸组织将使中国更加开放。深化国有企业改革将更多地吸引外资：竞争性领域的国有企业，将要实现产权结构多元化，其中一个重要的投资来源，是吸收外资推进国有企业改革。未来国有企业改革，将允许外商以更多的方式参与，包括兼并收购和其他方式的重组。

加快高新技术产业发展将给外资提供更多的投资机会。从2002年到2005年，外商对华投资将表现出如下的趋势及特点。

1. 外商直接投资的总量将有稳定境长

外商直接投资的总量将有稳定境长，但由于以下几方面的原因，年均增长率预计不超过5%。

中国已经连续八年是吸引外资最多的发展中国家。外商在华投资的数额，已连续五年超过400亿美元。

国内市场竞争激烈：在中国的一些制造业中，生产能力过剩和格外激烈的价格竞争，已使得中国某些制造业产品的市场，成为全球竞争最激烈的市场。

国内企业的竞争力进一步加强：经过多年的改革与开放，国内企业的竞争力明显增强。

新投资领域和新投资方式的开放是一个渐进过程　中国承诺入世后，将开放较多新的投资领域和新的投资方式。

2. 投资方向逐步调整，服务业成为重要投资领域

参与国有企业改革、向高新技术产业投资和向服务业投资，将是未来外商投资的重点领域。外资在这些领域中的比重将会加大。

3. 外商独资企业和控股企业增加

近几年，外商独资经营企业增加较快。上海对48家增资的外商投资企业做过统计，其中20家发生了股权份额的变化，外方股份在增资中比例上升的有14家。天津120家500强投资项目中，约有40%是通过增资扩股实现控股的。目前500强在深圳的合资企业中，大多数已经是外方控股企业。

4. 外资在我国高新技术产业中的重要地位还将进一步加强

自20世纪90年代中期以来，我国高新技术产业吸引了较多的跨国投资，外商投资高新技术企业已经成为推动我国高新技术产业发展的主力军之一，有举足轻重的地位。近年来，外商投资高新技术企业的地位继续呈现出上升的趋势，以高新技术产品出口为例，外商投资企业所占的份额，已经由1999年的76%上升到2000年的80%。“十五”期间，这个趋势仍将继续下去。

5. 外资将进一步参与大型国有企业的改革

竞争性领域大型国有企业产权结构实现多元化，已经是一个明确的改革方向。但是，我国国内的非国有投资者，目前总体上不具备作为战略投资者参与大型国有企业产权制度改革的能力。大型跨国公司参与国有企业改革，不仅能提供巨额投资，而且随着资金的进入，经营理念、技术、全球营销网络、管理等各种资源，都会进入被并购的企业。因此，从推动大型国有企业改革的角度，中国将积极吸引跨国公司的投资，包括并购方式的投资，使其成为推动国有企业改革的重要战略投资者。

高质量引资有“秘诀”

在厦门国际会展中心召开的“如何吸引高质量外国直接投资”专题研讨会上，海内外专家为我国开出了三大“秘诀”：保护知识产权、构筑人才高地和优化创业环境。

“秘诀”一：保护知识产权

要加速推动国家综合竞争力的提升，必须把更多以高技术含量为特征的高质量外资引进来。

来自英国、美国的投资专家不约而同地指出，具体反映到一个国家，就是要有保护知识产权的可靠举措。因为只有这样，投资者才会把先进的技术带进来，而不仅仅将投资项目当作一个简单的生产基地。专家认为，中国政府一直高度重视知识产权保护，致力于打击假冒伪劣，这无疑为吸收高质量外资创造了条件。

一家企业在任何一个国家，都不可避免地会碰上包括知识产权在内这样那样的纠纷。高质量外资所看重的是这个国家是否有公开、公正的争端解决机制。对中国而言，这一点同样不容忽视。

“秘诀”二：构筑人才高地

研讨会上，经济合作与发展组织的高级经济学家戴维斯先生举了一个典型的例子：许多外商在了解一个城市的投资环境时，问的第一句往往就是“这个城市有没有大学？”言下之意，外国投资者首要看重的是城市的教育水平，并从中判断出一个城市人才聚集和培训的程度。

的确，高质量外国直接需要大量与其产业发展相适应的人才。专家建议，我国应该不断加大教育方面的投入，培养更多高素质的人才。对每个城市来说，要注意处理好保护环境与经济发展的关系，以优美的环境吸引人才，留住人才。谈到这里，戴维斯先生用赞赏的口吻说，厦门是成功的范例。

"秘诀"三：优化创业环境

衡量一个城市的投资环境，基础设施、优惠政策等已不是最重要的指标，能够起决定性作用的，往往是以城市政府服务水平、政策导向等为标志的创业环境。

对此，经常奔波在我国各个城市之间的美国美中贸易全国委员会Patrick Powers先生感触至深。他在研讨会上说，中国已经成为世界贸易组织的成员，城市政府也应该适应新的形势，找准自己的角色定位，减少审批环节，提高办事效率，多服务少管理。还有一点是，要积极转变观念，不要被地方保护主义框住思想，不应该害怕竞争，对内、外资要一视同仁，给外资企业提供稳定、公平的创业环境，让外资企业成为地方经济的一份子。据悉，我国地方政府在引资工作中存在一定程度的竞相优惠的恶性竞争现象，还有一些做法缺乏透明度，地方合作者的效率有待提高，加之一些文化传统等交流方面的障碍，降低了外商投资信心。创业环境对吸引外国直接投资正在显示越来越重要的作用。

综上所述，中国无论在过去20年，还是现在、未来，吸引外国直接投资（FDI）都逐步向高质量转变。中国在成为WTO成员后，开放的领域会更宽更广，投资的机会也会更多。根据一项针对136家欧盟在华投资企业进行的调查结果显示，目前发达国家服务业向发展中国家转移趋势有所加快，未来时期，欧盟企业对华投资中制造业投资的比重将会明显下降，对电信服务和与交通运输有关的服务业投资将出现快速增长，金融保险业投资将成为优先选择的领域之一，商业批发零售等行业的投资也可能出现较快增长。有项调查表明，跨国公司对中国的投资信心上升，中国已取代英国成为继美国之后的第二投资目的国。

背景资料

前五届投洽会回放

中国投资贸易洽谈会（简称"投洽会"，英文缩写CIFIT）是中国惟一以吸收外商直接投资为主的全国性国际投资促进活动，由"投资促进展览"、"国际投资论坛"、"多边投资洽谈"三大主要活动构成。它自1997年开始每年9月8日至12月在中国厦门举行，迄今已成功举办了五届。2002年的第六届会期由原来的五天调整为四天。

1997年，中国对外贸易经济合作部将福建省投资贸易洽谈会升格为中国投资贸易洽谈会，由对外贸易经济合作部主办，福建省人民政府和厦门市人民政府承办。洽谈会吸引了6200多名海外客商，共签订外商投资项目2714个，外资金额146.32亿美元，进出口贸易成交额达11亿美元。

第二届投洽会举办了"跨国公司投资战略研讨会"和"中国吸收外资政策研讨会"两场高规格的研讨会活动。吴仪国务委员亲临大会演讲，联合国贸发会议秘书长鲁本斯·里库佩罗先生等作专题演讲。本届洽谈会共签订外商投资合作项目2766个，利用外资总金额142亿美元，进出口贸易成交总额达10.53亿美元。

第三届投洽会继续强化招商引资主题，举办了"迈向二十一世纪的国际投资合作"高层研讨会，吴仪国务委员、国际经济合作与发展组织（OECD）秘书长唐纳德·法基先生等海内外政府高官、工商界精英等人士到会演讲。其中欧美客商879人，比上届增加了14%。

第四届投洽会在厦门新落成的国际会展中心举行，进一步突出投资洽谈主题，还首次设立台资、外资两个贸易馆和国际投资论坛。吴仪国务委员、外经贸部石广生部长等莅会。本届投洽会共接待来自世界89个国家和地区的客商8500人，其中欧美客商近1400人，均比往届大幅增加。

第五届投洽会"国际投资论坛"主题为"中国·WTO·机遇与挑战"。国务院副总理吴邦国，中国入世谈判首席代表龙永图，约旦首相穆罕默德·哈拉伊格等在论坛上发表了演讲。本届投洽会共接待来自世界97个国家和地区的8950名客人，比往年又有增加。

——《国际商报》

第三届（北京）朝阳国际商务节

"第一届商务节是向百姓普及'CBD'的概念，第二届商务节上，CBD的规划被确立，"朝阳区政府招商投资服务中心主任蒋希晨说，"那么这一届(2002)商务节，就要以实质性推进CBD发展为核心。"以"发展"为主题的商务节，2002年推出了不同于往届的三大亮点：CBD国际金融服务展、中外CBD发展战略论坛、各国商务参赞洽谈会。

12家海外银行参加国际金融服务展

2002年的商务节上出现了两个与金融有关的活动：国际金融服务展与国际融资论坛，目的是为CBD发展注入资金。"我们最终希望商务区形成一片金融产业。"蒋主任说。

目前西城已有金融街，海淀正在建设专为支持中关村建设的金融走廊，而朝阳区CBD的金融服务链将如何区别于前两家？蒋主任说：朝阳商务中心区将以吸引国外金融企业为主。

据悉，已有12家海外银行将参加今天启动的国际金融服务展。金融服务展将分为六个板块进行：银行大道、投资广场、保险社区、交互平台、项目推介区、海外金融人才洽谈区，随后还要举办"CBD国际融资与服务论坛"。这两项活动就是为了吸引与CBD区域商务圈密切相关的国内外金融、保险、证券企业、国内外投资咨询顾问公司、中介代理公司等企业参与其中，分板块共同发展商务区。

目前CBD区域内的一些项目，如北京财富中心、新城国际等项目已经开工，而且引进了一些高科技合作项目和城市改造项目，如中国科学院研究生院科技园项目、南三里危改合作开发项目等。

全球商务参赞展示推介艺术

此次大会，全球的商务参赞也要到CBD来“赶集”，这就是“商务参赞国际投资洽谈推介日”。

“我们希望通过这次活动给世界各国一个与中国相互交流的机会。很多发达国家的商务推介手段非常别致，能让我们学到很多东西。”蒋先生对此深有感触，他介绍，我国很多企业在做项目推介时，只是简单地介绍政策、产品、土地等，而国际通行的一种方式却是，首先介绍自己这一区域的风景、气候、人文、物价等，之间差别非常悬殊。

此次大会将邀请经济、技术比较发达的众多国家的商务参赞参会，同时他们还带领或组织本国部分政府官员、行业代表和企业到会。大会还特邀欧、美、亚、非各洲与中国经济互补性较强的参赞现场推介、发表商务演讲。他们着重介绍和发布本国经济背景、产业政策导向、政府贷款途径、合资合作政策、采购清单、进出口商品名录和对华投资方向等经济贸易问题。

商务参赞是各国政府委派的专司商务的高级别外交官员，他们最了解本国和驻在国的经济特点，肩负着促进本国与驻在国间经济往来的使命。此次有40多个外国驻华使馆、100余家跨国公司、外国企业等参加，其中不乏世界500强企业。会上进行推介的国家是从美、英、俄、加、韩、日、新、澳、瑞典、南非、越南、埃及等具有代表性的国家中产生。

纽约、巴黎、伦敦市长为CBD出谋划策

从“中外CBD发展论坛”的规格上看，几乎相当于一场全球市长的聚会。

来自美国纽约、芝加哥、法国巴黎、俄罗斯的莫斯科、英国伦敦、日本东京、中国香港中环等世界著名CBD所在城市的市长，或者是规划管理部门负责人要云集朝阳，共同为北京朝阳商务中心区今后的发展出谋划策。

“吸收全球著名CBD的经验，对北京CBD的发展是非常重要的。”蒋先生举例说，2001年商务节上CBD规划出台，就是充分借鉴了美国曼哈顿的经验。美国曼哈顿CBD夜晚凶杀案发案率一直较高，原因是这里全部为商业区，导致白天繁华异常，夜晚却变成了难见人影的“石林”。因此，北京CBD要做24小时的商务区，既有写字楼，也有居民区。

此次CBD发展论坛也是围绕当地CBD的建设发展历程、规划、投资融资发展战略及对当地城市建设与经济发展的作用，特别是对北京CBD建设发展的建议等进行深入探讨。

撮合599亿元大单

在此次商务节上，朝阳区政府以及部分企业与多家金融机构达成合作协议，签约总金额达599亿元人民币。

商务节还得到了国内外专家学者及商业人员对北京商务中心区发展、融资渠道的建议。“这更加可贵，”朝阳区区长李士祥说，“因为CBD将成为国际金融、保险、证券聚集之地。”

区政府成大赢家

商务节期间共组织了17家国内外金融机构、21个重点项目参加了CBD国际金融服务展，为期4天的展览共接待中外来宾近3万人次。朝阳区人民政府与国家开发银行签订了授信额度200亿元的金融合作协议，与华夏银行等5家银行签订授信额度300亿元的合作意向协议。此外，商务节期间还达成银企合作项目9项，协议与合同总金额达99亿元。

——《信报》

第八届中国国际纺织机械展

由中国纺织工业协会、中国国际贸易促进委员会主办，中国贸促会纺织行业分会、中国国际展览中心集团公司、中国纺织机械器材工业协会承办，香港展览有限公司、中国纺织机械和技术进出口公司协办的第八届中国国际纺织机械展于2002年10月15日至19日在北京中国国际展览中心举行。有来自德国、意大利、日本、瑞士、西班牙、英国、法国、美国、比利时、中国（含香港特别行政区和台湾省）等22个国家和地区的850家企业参展。展览面积达5万多平方米，比上届净增15%，参展企业比上届增加了100余家。在占用了中国国际展览中心的所有展馆后，又搭建了3千多平方米的临时展馆。参展企业数量和展出规模均达历史最高水平。

展会期间，国内外展商还举行34场技术交流讲座。第八届中国国际纺织机械展汇聚众多世界知名纺织机械企业，展示众多高科技产品，传递业界前沿新知，为中外纺织界人士创造众多贸易商机。

1．世界纺织机械（纺机）市场重心移向中国

在世界经济普遍不景气的今天，中国经济仍保持着较高的增长速度。中国纺织业经过前几年的压锭和结构调整，提高了

综合竞争能力，在国际市场上取得了骄人的业绩。与此同时，中国纺织行业技术改造的力度也在逐步加强，从海外引进先进的纺织机械的金额也呈现逐年递增趋势。据中国海关统计，2000年、2001年进口纺织机械金额分别达到19.13亿美元、25.14亿美元，分别比上年增长60.13%和31.4%。2002年上半年进口纺织机械金额达13.14亿美元，比2001年同期增长5.8%。

国际纺织机械制造商联合会（ITMF）最近发表的市场报告显示，中国是世界纺织机械市场的最大买家，2001年中国棉纺纱机械采购量居世界第二位，毛纺机械、转轮纺机、织机采购量均居世界首位。世界纺织工业向亚洲转移尤其是向中国转移的趋势仍在继续，这使得亚洲成为世界上纺织机械最大的需求市场，亚洲的纤维加工、纺织品和服装的生产依然呈现着强劲的增长势头，中国和印度尤为突出。ITMF通过对以世界上的120家主要纺织机械生产企业为对象的调查显示，2001年国际市场上新订购的纺纱机械中的84%、纺织机械中的94%，都是来自亚洲地区的订单，印度是棉纺纱机械的最大进口国，中国的采购量居第二位，第三、第四位是巴基斯坦和孟加拉国；而在毛纺机械订购方面，中国居第一位。

2．国外纺机巨头竞逐中国纺机市场

世界纺机市场的商机在亚洲，亚洲纺机市场的商机在中国。在这种背景下，世界纺机强国都把开拓亚洲市场尤其是开拓中国市场作为其战略重点，参加中国国际纺织机械展是国外纺机企业开拓亚洲市场重要途径。第八届中国国际纺机展，世界纺机强国纷纷组织国家展团参展。最大的国家展团是德国展团，本次德国展团的规模比历届都大，63家德国公司在展会上展示了其高性能机械、配件和产品，展览面积达1900平方米。德国工程协会VDMA纺织机械分会表示，德国纺机生产厂商非常关注中国的纺织产业。德国经济和技术部（BMWI）、德国展览业协会（AUMA）和德国工程协会（VDMA）全力支持德国展团的参展工作。德国的纺织工程行业在全球居领先地位。德国企业的出口已扩展到了亚洲，2001年1/3（12亿欧元）的出口总额出口到了该地区。这个数字比2000年增长了20%。而中国是德国目前在亚洲最大的出口地，其对中国的出口比上一年度增加了两倍还多。在2000年对中国的出口还排在第四，而在2001年跃升到第一，占总出口额的12.4%（4.42亿欧元）。意大利国家展团位居第二，共有85家企业，参展面积达1700平方米。据意大利纺织机械生产商联合会（ACIMIT）透露，近年，作为意大利在纺织机械领域出口的最终目的地亚洲的地位在逐渐增强。2001年，亚洲占意大利纺织机械出口的37%，比2000年上升了27%，比1999年增长了40%。特别是中国，是意大利纺织机械出口的重要国家。中国是意大利出口的主要市场，2001年意大利出口的产品比2000年翻了一番，现在超过4亿欧元，占意大利总出口量的17%。意大利纺织机械行业2002年有显著增长。此外，日本、瑞士、印度、西班牙、韩国、英国、法国等国也组织了国家展团参展。其中，日本展团参展面积达1400平方米，瑞士展团参展面积达1000多平方米。印度纺机协会组织了20多家企业组成国家展团参展。美国纺机协会也组织其会员单位首次以美国展团的形式参展。

3．高技术产品为买家提供多种选择

中国已成为世界纺机的主要市场。以高科技产品吸引中国乃至亚洲的买家，是世界纺机巨头拓展中国市场的重要手段。第八届中国国际纺机展无疑已成为世界纺机巨头高科技产品竞技的比武场。

史陶比尔公司是来自瑞士的世界知名的纺机企业，此次该企业带来了多款适用新型织机的配套产品参加第八届中国国际纺机展。史陶比尔公司展示了两台多臂机：2650型积极式旋转多臂，可配套剑杆织机作多达20片提综的织造；2571型上置式消极多臂，用于喷水、喷气作16片提综织造。两种多臂机均为电子式程控，可织高达12800纬的花型，适用范围极广。在中国馆中，史陶比尔公司的合资企业还展出CX880，2688针提花机。在瑞士展馆中，史陶比尔公司展出了最高速的2871型旋转多臂机。另外，DELTA-110型自动穿经机也首次在中国的展会上亮相。此穿经机将使穿经车间合理化，增强灵活性，提高生产效率和品质。

瑞士立达纺织公司推出的立达纺织系统最新产品R40转杯纺纱机也在第八届中国国际纺机展上亮相。R40转杯纺纱机结合了R20领先的机器和传输自动化理念以及SC-R领先的纺纱器技术。具有能经济地生产高质量气流纱的独特优势。

德国与中国香港的合资公司立信门富士纺织机械有限公司，在第八届中国国际纺机展上展出了他们最新带有逻辑编程控制系统Master-Mind的定形机及另一新产品Jetair5000拉针松式烘干机，再次把德国的最新科技引进中国市场。

4．中国纺机企业积极参与竞争

中国纺机企业在海外纺机厂商强大的攻势面前也毫不示弱，已有400多家中国纺机企业报名参展。通过“八五”、“九五”的科技攻关、开发、技术引进，消化吸收，中国纺织机械行业的技术水平有了很大提高，纺机企业整体实力有所增强，开发了一大批纺机新产品，缩短了与国际先进水平的差距，形成了批量生产能力，能够满足国内中低档和少部分高档产品的需要。国产纺机自给率逐年提高，2001年达48%。此外，中国纺机产品还逐渐走出国门，积极参与国际市场竞争，特别是在东南亚等发展中国家有一定的市场份额。1999年，纺机产品出口近1.8亿美元，2000年达2.9亿美元，2001年约2.8亿美元，2002上半年我国纺织机械出口继续大幅增长，1至6月纺机出口金额为1.42亿美元，同比上升12.27%。400多家参加第八届中国国际纺机展的中国企业，也携带各自最新的产品和技术，角逐中国和亚洲纺机市场，争取赢得更多的市场份额，更大的发展空间。

5．与国际接轨，培育品牌展会

中国国际纺织机械展览会凭借其十几年来在中外纺织界的影响力以及宏大的规模、良好的贸易效果，逐渐确立了自己的位置，已跻身于世界四大纺机展之一。中国国际纺机展览会主办机构的有关负责人认为，在当今展览业竞争日益激烈的形势下，纺机展要想保持原有的优势并创造新的商机，就必须大力拓展服务的内涵与外延，以促进纺机展进一步市场化与国际化。为此，纺机展组委会推出了一系列措施：

首先，组委会加大海外招展工作的力度，及时向海外参展商宣传中国纺织工业正在进行结构调整、产业升级、产品更新换代的最新信息，尤其是在中国加入世贸组织后纺织工业将加强对技术装备进行改造的力度，为国内外纺机厂商提供新的商机。这些宣传推广工作已见成效。例如纺机展组委会也加强了与以往联系较少的印度、美国有关机构的联系。在中国纺织工业协会有关领导出访印度后，2002年1月，印度纺机行业派团来中国举办研讨会，并组织了20多家印度企业参加本届展览会。在组委会加强与美国纺机协会的联系与沟通后，中国纺机市场的重要性逐渐为美国纺机企业所认识，也有十几家企业来参展。组委会对新市场的开拓推广工作取得了成效。

其次，充分利用现代信息技术，为参展商和专业观众提供全方位信息服务。纺机展组委会开通了专用网站，并利用网站为参展商和专业观众提供展会动态、行业背景、政策法规等信息，并在网站上用中、英文介绍中国国际纺机展招展的进展及参展商的有关情况。同时编辑发行了“中国国际纺机展信息通讯”，利用主办机构整理的数千家参展商数据库和数万家专业观众数据库通过邮件、电子邮件、传真等形式向参展商和专业观众提供有关纺机展最新信息、中国纺织工业及纺织机械行业发展状况与动向。促进了展会主办机构与参展商及专业观众间的联系与沟通。

第三，为进一步扩大中国国际纺织机械展在亚洲乃至世界范围的影响力，组委会加强了海外专业观众的组织工作。针对世界纺织业的发展重点在亚洲的特点，组委会先后与巴基斯坦、印度、孟加拉、越南、老挝、柬埔寨、缅甸、菲律宾、马来西亚、印度尼西亚、新加坡、韩国、土耳其、埃及等国有关机构和组织取得联系，并建立了3000多个海外厂商专业观众数据库。组委会还成立专门机构，做海外专业观众的邀请和组织工作。

第四，组委会还加强与国内外专业媒体的合作。有10余家海外专业媒体与中国国际纺织机械展组委会建立了合作关系，他们对2002中国国际纺机展进行全方位的跟踪报道。组委会还与海内外有关纺织专业网站建立了合作关系，利用其强大的辐射作用为2002中国国际纺机展做宣传和推广工作。

纺机展主办者深知，管理与服务水平的不断提高，是一个展会成功的关键。与国际接轨，提高为参展商、为专业观众服务的质量与水平，是培育品牌展会的根本。为了用高标准严格要求和规范自己，中国国际纺织机械展已提出了加入世界展览联盟组织的申请，他们给自己树立了一个更高的目标，并正在向这个目标迈进。

6．介绍纺机最新技术，把握行业发展先机

丰富多彩的技术交流内容涉及广泛，既有纺机业人士关心的纺纱、织造、后整理相关机械的最新技术与应用，诸如精梳加工机、喷气和剑杆织机等在纺机领域中的运用及发展，又有关于用于产品品质检测的仪器设备最新进展介绍。

另外，关于纺织机械自动化如何与生产质量控制及工艺优化管理紧密结合也是部分公司集中交流的一个重要内容。

表4－2　技术交流日程安排

序号	单　位	题　目
1	中国纺织机械(集团)有限公司	我国织造设备的多元化发展趋势分析
2	山西经纬合力机械制造公司总厂	新型精梳机性能介绍与实际应用
3	贝加莱工业自动化(上海)有限公司	贝加来纺织机械控制新技术
4	天门纺织机械有限公司	天门纺机高速并条机简介
5	Picanol 公司	喷气、剑杆织机的实际应用
6	香港中大实业有限公司	布鲁克纳预缩机——机织物和针织物预缩机的最新发展
7	Thibeau NSC/ schlumberger Group	气流成网 Airweb 与 ProDyn 技术简介
8	西门子(中国)有限公司	西门子自动化产品及其在纺织机械行业的应用
9	Sangiacomo S.P.A	胜歌牌珍宝型无缝内衣机的产品介绍(内衣－外衣)
10	Premier Polytronics Pvt. Ltd.	纺纱质量控制及生产管理
11	TEX.BI.MA	毛纺工业的技术革命
12	Introtech Ltd/James H. Heal&Co., Ltd.	1．检测的益处　2．检测仪器的用途
13	SKF CHINA LTD	SKF综合维修解决方案为纺织行业提高生产率

续表4－2

14	村田机械株式会社	新型纺纱机
15	Adolf Bockemuehl Gmbh & Co.KG	波克美产品100年来在纺织业的发展——展望毛纺，精纺系统
16	Staedtler+UHL KG	长纤维及棉花的精梳加工
17	瑞士乌斯特	竞争市场中的质量管理
18	西门子(中国)有限公司	西门子工程型驱动的应用(化纤生产线、浆纱机、织机)
19	Elbit Vision System Co., Ltd.	纺织品自动检布系统
20	Meiden Pacific(China)Ltd.	推动纺织化纤设备发展的最新变频技术
21	长岭(集团)股份有限公司	纱线外观测试与布面仿真技术
22	中国纺织机械(集团)有限公司	化纤、印染、无纺布、浆纱新型设备及工艺应用发展趋势探讨
23	SANTONI SPA	无缝服装的未来
24	香港中大实业有限公司	布鲁克纳弹力针织物的松式后整理
25	中国纺织机械(集团)有限公司	最新棉纺成套设备工艺发展及实际应用(上)
26	德国科比有限公司上海代表处	KEB伺服系统在纺织机械中的应用
27	中国纺织机械(集团)有限公司	最新棉纺成套设备工艺发展及实际应用(下)
28	Benninger Co., Ltd.	1.针织物的平幅加工　2.梭织物的平幅整理加工
29	Elbit Vision System Co., Ltd.	在线色差分析设备
30	昆山市凯宫机械有限公司	精梳机、条并卷联合机、紧密纺装置

7. 背景资料

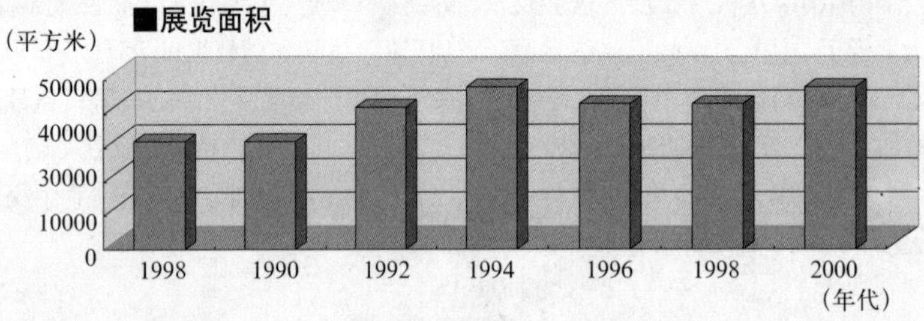

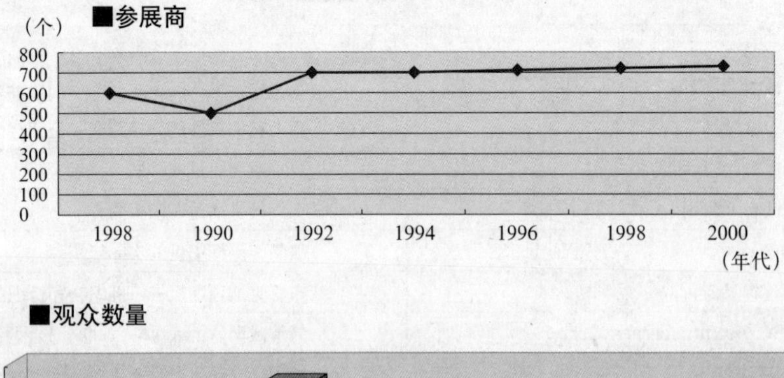

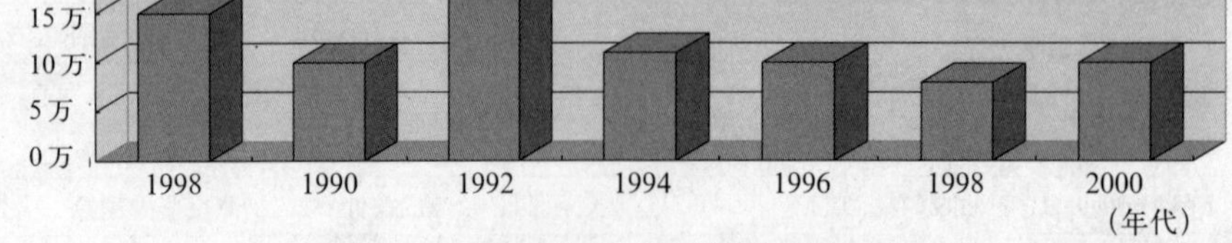

图4－1　中国国际纺织机械展历届展会回顾

亚洲资本论坛发展历程回顾

“前身”只谈期货

亚洲资本论坛1998年9月在香港注册成立，为一个俱乐部式的国际性组织，其前身为《中国证券期货》杂志所主办的“国际期货研讨会”。

1994年《中国期货》(即《中国证券期货》）杂志创刊，杂志主办方发现，期货市场的国际性体现得十分明显，而《中国期货》杂志这个平台的交流层面只限于国内，只通过杂志这个平台与全行业进行交流有一定的局限性。为完善国内期货业与国际同行的交流平台，1994年在庐山举办了首届“国际期货研讨会”，美国、德国、日本等国的期货界人士踊跃与会。

此后1995年、1996年、1997年都举行了“国际期货研讨会”。

1997年，“国际期货研讨会”在会议内容中加入了对证券市场的关注。随着该论坛所涉及内容的增多，这一论坛在国际期货业的号召力和影响力，从某些程度上已经超越了论坛的主办方《中国证券期货》杂志，更为国内外的期货、证券业人士所熟知和认同，1997年时共有40多个国家的期货业人士参加研讨。为了更好地利用论坛这一品牌效应，《中国证券期货》杂志决定，借鉴美国《财富》杂志创办“财富论坛”的模式，将该论坛从杂志中分离出来，独立积极引导其发展。

定位“资本领域”

之后，论坛要做好4件事：一是对论坛的定位进行重新准确界定；二是为保证论坛在证券期货方面的高水准，需要有一批专家为论坛提供长期的服务；三是为促进论坛的长期发展和处理好论坛的日常事件，需要成立论坛的常设机构；四是为保证论坛的持续性，论坛需要寻找一个固定的年会会址。

李俊说，论坛在香港进行注册时正是亚洲金融危机余波未定之时，世界资本对亚洲的经济环境正有较重的疑虑。论坛的主办者之所以将论坛的名称从原来的“国际”重新定位于“亚洲”，有于经济环境布满疑云之时，仍坚信亚洲经济前景广阔之意；将论坛涉及内容从“证券期货”改为“资本论坛”，目的是想通过名称上的变化，从实际上表明该论坛的定位将更为广阔，从一开始的“期货”到目前的“证券期货”，最终要发展到证券、期货、银行、保险等领域，拓展到更全面的资本领域。

为维护该论坛在资本领域的前瞻性、高水准性，论坛的组织方特意请来了刘鸿儒、董辅、萧灼基、厉以宁等一大批国内的经济学家、学界权威在论坛任职，并由专家学者详细论证提出每年年会的议题，为保持与专家的密切联系、处理好日常的工作，亚洲论坛在香港成立了总部，在北京设立了联络处。

会址定在苏州

1998到2001年的前四届论坛年会都选在北京举行。但2002年年会在太湖之畔的苏州进行，此后，苏州将成为亚洲资本论坛的永久性会址，苏州市人民政府将成为亚洲资本论坛年会的主办方。

李俊说，亚洲资本论坛之所以定址于苏州，主要是看中江浙一带的经济十分活跃，对金融衍生品等新生事物的认同度较高。苏州一向有“上海后花园”之称，而上海正是我国的经济中心，内外资充裕活跃；苏州本身在资本市场方面发展较弱，但它又是经济较为发达的城市，实体经济的发达与金融产品单一的矛盾较为明显。

据了解，国内的各种论坛很多，但确定了永久性会址的只有三个：一是博鳌论坛；二是亚布力的中国企业家论坛；第三个就是亚洲资本论坛。

亚洲资本论坛影响与日俱增。据悉，诺贝尔经济学奖得主、美国芝加哥大学教授默顿·米勒、诺贝尔经济学奖得主、美国宾州大学教授劳伦斯·克莱因、美国证券交易委员会主席彼特·贺维等国际知名专家曾先后出席过亚洲资本论坛年会，并在年会上作过主题演讲。

■小资料

以往四届年会主题：

1998年第一届：世纪末的反思与21世纪展望；

1999年第二届：21世纪前10年的中国资本市场；

2000年第三届：新经济条件下资本市场的风险与对策；

2001年第四届：中国与世界期货市场的机遇与挑战。

——《京华时报》

第五届中国国际通信设备技术展览会

由中华人民共和国信息产业部和中国国际贸易促进委员会主办，中国邮电器材集团公司和中国国际展览中心集团公司承办的“2002年中国国际通信设备技术展览会”，即“PT/EXPO COMM CHINA 2002”，于2002年10月29日～11月2日在北京中国国际展览中心举行。该展览会的协办单位包括：国家邮政局、中国电信集团公司、中国网络通信集团公司、中国联合通信有限公司、中国移动通信集团公司、中国卫星通信集团公司、铁道通信信息有限责任公司。美国克劳斯公司作为海外组织单位。

信息技术是当今世界发展最迅速、影响最广的高新技术。

信息产业是全球经济高速发展的重要推动力。当前，世界上部分地区虽然出现了经济增长趋缓、通信发展低迷状况，但人们仍然坚定地相信：信息通信技术的活跃与创新是全球经济发展的主要驱动力。

中国的信息通信业保持了20%以上的发展速度，已由制约国民经济发展的瓶颈，成为带动国民经济增长的支柱产业、基础产业和先导产业，实现了历史性跨越。邮政通信业继续保持增长，业务种类趋于多样化，邮政通信网络不断完善，服务质量不断提高，通信能力进一步提高。到2002年8月底，中国电信运营业的固定电话和移动电话用户总数达到3.88亿户，跃居世界第一位，其中固定电话突破了2亿户，达到了2.03亿户；移动电话用户达到1.85亿户，电话普及率达到30.22%，互联网用户达到4331万户，网络数字化水平进入世界先进行列。电子信息产品制造业已成为中国第一大产业，程控交换机、彩电、电话机、收录机等产品产销量位居世界首位。信息技术自主开发能力和技术装备国产化比重得到明显提高，正在成为国民经济新的增长点。

本次在北京中国国际展览中心举办的第五届中国国际通信设备技术展览会，共有来自中国（包括香港、澳门特别行政区以及中国台湾省）、澳大利亚、比利时、巴西、加拿大、芬兰、法国、德国、印度、以色列、意大利、日本、韩国、爱尔兰、马来西亚、挪威、新加坡、瑞典、瑞士、英国、美国等24个国家或地区的500多家企业参展，展出面积超过55000平方米，是在中国举办的规模最大的国家级国际信息通信展览会，也是在亚洲举办的规模最大的国际信息通信展览会之一。展品包括：公众信息通信服务、网络信息通信服务；信息通信交换、传输技术与设备；通信终端设备；计算机硬件设备与软件产品；网络技术及相关产品；信息通信配套设备等。

虽然本次展会依然属于厂商们和运营商的常规亮相。但是有两个热点引人注目。

两大看点　不容错过

3G依然是永恒的主题。尽管高昂的牌照费用给产业蒙上阴影，尽管各大公司一再推迟商用期限，尽管杀手级应用迟迟未现，但是在本届通信展上，各个厂家依然对3G表现出充足的信心。更为重要的是，这种信心不是建立在概念炒作和宏观分析的基础上，而是体现在具体的技术和产品上。在舆论界炒作概念的同时，设备制造商并未停滞观望，而是通过加快研发和实验的力度，稳健地将技术向前推进。从各家公司展出的内容看，3G商用化系统的清晰轮廓已经浮出水面，从而给运营商提供了足够的技术支撑。

有专家认为，3G被推迟的一个非常重要的原因就是终端产品的不成熟。从总体的发展趋势看，3G终端的成熟，一方面需要标准和技术的完善，另一方面也需要市场需求的推动。

本届展会上所能见到的最新技术展示也许就应该算是下一代网络了，相信许多公司已经能够展示面向网络演进与融合的全网解决方案，并且最关键的也是运营商观众群最想看到的是：利用下一代网络做什么？在展会上，一批在下一代网络上所能开展的智能业务、多媒体通信、宽带公用电话等实用业务被演示。

国内运营商悉数亮相

中国电信本次参展方案分为形象宣传区、互动参与区和业务展示区。其中形象展示区表现形式包括固定展板、形象广告、业务宣传单页和宣传册；互动节目分为两类：视频互动类和游戏抽奖类，其中视频互动类节目包括远程网络游戏（邀请北京参展的观众与南京游戏玩家进行实时游戏竞赛）、在线股评（由现场观众提问，邀请华泰证券的著名证券分析师进行实时股评）。业务展示区展示的内容包括电子政务、行业解决方案、互联星空、天翼通、家家e、新视通、网络电视等，表现形式包括固定展板、自助操作、模拟演示、flash、动画、现场秀等。

在本次展会上，中国移动以其成熟的基于2.5G数据应用的实例，将数字业务“移动梦网”旗下三大主营业务，即针对时尚年轻人、商务人士、集团客户推出的三大子品牌——M-ZONE（动感地带）、M-OFFICE（商务干线）、M-GROUP（数码乐园）整体亮相于世人。另外，中国移动还着力推广其“彩信”新业务。

中国移动作为世界上最大的GSM移动通信运营公司，在我国移动通信大发展的进程中，始终发挥着主导作用，并在国际移动通信领域占有重要地位。

在此次展览会上，中国移动打造了300平方米的多媒体展台，展台内部区域划分明确，设MMS彩信、手机＋笔记本无线上网、GPRS手机应用、移动梦网图片铃声下载等演示台，展台还设置了表演舞台，现代感强的歌舞以及趣味有奖问答帮助参观者与中国移动展台演示形成互动。

此次参展主要由中国移动集团公司下属北京移动分公司承办。作为中国移动的代表性分公司，近年来北京移动加大了微蜂窝室内分布系统建设，北京市商业区的室内无缝覆盖率已高于80%。

本次展会上，中国联通的“新时空”上演了一幕大戏。展览内容拟包括移动通信业务、数据通信业务、固定通信业务、互联网与电子商务业务、增值业务及客户服务等。

数据通信方面主要展示一线多业务和视频会议，寻呼通信主要展示两网通、联通新资讯、人工秘书、人工短信等。在互联网与电子商务方面，联通主要展示宽带互联网应用，包括宽带上网、视频应用、游戏；互联网增值应用包括WAP应用、信息查询、手机银行、语言互联网、网上营业厅、小额支付、智能家庭等。

中国网通则全面展示其重点业务及新业务。网通此次展示的内容包括语音业务、数据业务、宽带业务及增值业务。其中，语音业务包括固定电话、ISDN、电话卡、IP电话超市、IP主叫识别和VOIP专线等各个方面。数据业务涵盖了数据中心、DDN、VPN、VPDN、帧中继和ATM。宽带业务方面有宽带接入——ADSL、宽带应用——宽带商务、智能小区等等。另外，还展示IP电话会议、视像会议、视频点播、统一消息和卫星互联网等增值业务。

铁通在通信展上推出了“全视通”视频新业务，这是中国铁通适应全球经济信息化而推出的一项新的电信增值业务。基于中国铁通IP骨干网和ATM数据网，“全视通”可以使相隔几千公里的人坐在自己的办公室里，利用终端实时、有效、交互式地进行视频、音频、数据等信息的交流，并通过应用程序、共享功能进行实时交互和协作，达到“面对面”交流的效果。

国际巨头带来全新沟通体验

思科电信事业部总经理徐启威和吴世楷在接受记者采访时表示，随着国内电信改革的不断深入，电信业面临着前所未有的发展机遇，但同时也经受着如何提升竞争优势的巨大考验。基于此，思科系统公司携多个核心解决方案全新亮相通信展。今天，思科公司现场展示了光通信、IP语音、ATM多业务、无线等先进技术的创新应用，并全面阐述了思科的解决方案将如何帮助电信运营商快速灵活地推出新业务、提升服务质量，带来更多收益。

展会期间，北电网络在3号馆现场演示了CDMA 1X EV-DO和UMTS移动技术和Succession* IMS下一代网络(NGN)多媒体业务解决方案，使观众亲身感受同址浏览、协同工作等耳目一新的多媒体通信业务，现时还展示NGN Succession CS2Kc电信级本地分组话音解决方案。

当国内运营商展示自己新业务的同时，国外的运营商也将自己的能量带给中国。参展的观众可以看到，韩国SK电讯在展厅内构建了一个以2.4Mbps超高速传送数据的CDMA2000 1X EV-DO（1X EV-DO）网络，可以演示可视手机，以及能移动连接互联网的移动网卡服务。拥有各种移动互联解决方案的SK电讯，同时还推出了可以欣赏电影或音乐的视（音）频点播、动画电子邮件收发、摄影和传送、应用GPS（卫星定位系统）导游等服务，还介绍了手机支付应用在地铁、现金提款机、自动贩卖机等可代替信用卡结算费用的系统。利用车载终端的移动互联服务，“随时随地随身均可连接的网络”就这样实现了。

彩信军团齐登场

诺基亚组成了令人目不暇接的新款手机“彩信军团”。其中包括新近上市的诺基亚首款内置数码相机的彩信手机——诺基亚7650、出位出色的时尚彩信手机——诺基亚7210、为移动专业人士精心打造的商务彩信手机——诺基亚6610，诺基亚第一款内置可携式摄像机的彩信手机——诺基亚3650和旨在为大众消费市场增添更多色彩的个性彩信手机——诺基亚3530。通过移动多媒体信息服务（“彩信”）演示随时“报告”着发生在会场内外的热门见闻——四位诺基亚“旅行家”用诺基亚7650捕捉各种精彩瞬间，并通过彩信服务与现场观众实时分享。而现场观众也可以亲自体验用诺基亚图像手机拍摄照片、编辑彩信以及发送给亲朋好友的沟通乐趣。

第九十二届广交会

2002年10月30日第92届广交会落下帷幕。

截至2002年10月29日，此届交易会到会客商共计135482人，比上届同期增长12.4%，超过2002年春交会120576人的最高纪录。其中10月25日当日到会客商20250人，创单日到会客商人数的最新纪录。这些客商来自五大洲191个国家，其中欧洲（特别是欧盟国家）、非洲和中东的客商人数增长较快，分别比上届同期增长20%、19.4%和18.8%；美洲到会客商与上届持平；大洋洲的客商与上届相比有所下降。

截至10月29日，此届交易会共成交184.7亿美元，比上届增长9.6%，创历届广交会最高水平。

从成交商品情况看，轻工与机电产品仍是我国出口的重要商品。从成交的绝对数来看，轻工与机电产品的成交额位居前列，两者共成交123.7亿美元，占总成交额的70%。从增长的情况看，食品、土畜产品、医药产品的增长幅度最大，分别为46.3%和31.8%，五矿、纺织和机电产品的增长比较平稳，而轻工产品的成交额则与上届基本持平。

从成交的地区分布来看，欧美地区仍是我国最大的出口市场。本届成交位居前三位的地区分别为欧盟、美国、中东，分别占总成交额的29.7%、17.7%和10.4%；东盟以6.8%的比重位列第四。

从各交易团的成交情况来看，东部地区仍是成交的主力，西部地区出口成交快速增长。广东、浙江、山东、江苏、上海、福建和辽宁等东部地区的成交额共计117.2亿美元，占总成交额的63.4%。而西部地区的新疆、内蒙古和贵州的成交额比上届均有一倍以上的增长，增幅分别为166.2%、162.2%和94.5%。尽管这些省份的成交量还相对较小，但是增长潜力巨大。

从成交价格情况来看，名牌产品、系列化产品和采用新材料、新技术的产品价格较高。

广交会分期举办后参展企业增多，更多的生产企业进入广交会，一般性商品的竞争更加激烈，成交价格有所下降。

随着改革开放的发展，特别是在我国加入世贸组织后，保护知识产权已成为中国外经贸发展的必然要求。作为中国第一展，交易会的维护知识产权工作为世界各国客商所瞩目。外经贸部领导多次对交易会的保护知识产权工作作出重要指示，这届展会完善了知识产权保护的规章制度，加大对侵权行为的打击力度，集中查处了影响较大、连续几届侵权和涉外侵权案。大会期间，投诉站共受理了知识产权侵权投诉个案93宗，涉及摊位563个。日本的HELLO HITTY等多家企业向大会赠送锦旗或发来感谢信，对交易会在维护知识产权方面所付出的努力表示感谢。

此外，众多私营企业的参展，为第92届广交会增添了无限生机和活力。此间专家指出，随着私营企业大量涌入外贸领域，以国有外贸公司、大型生产企业和外商投资企业为主体的传统外贸格局正在被打破。

最近几年，每届广交会都吸引来自世界各地的采购商12万多人，被视做中国产品进入国际市场“最大的展示橱窗”，外贸领域的一些新变化也最先从这里显现出来。据大会组织者称，本届广交会私营企业的参展数由上届的141家增加到588家，增长了4倍多。

过去私营企业没有进出口经营权，也没有资格进入广交会。1999年，国家放宽了对私营企业进出口经营权的限制，一些私营企业开始进入外贸领域。2001年底中国加入世贸组织，承诺三年内全面放开外贸经营权，并加快推进这项改革，使获得外贸经营权的私营企业急剧增加。在私营经济活跃的浙江省，2002年新批准获得外贸经营权的企业1700多家，其中80%是集体、私营企业。在经济中心城市上海，从改革开放初期到2001年7月的20多年间，仅有68家私营企业拥有外贸经营权，但自2001年8月以来，这一数字已突破1000家。

除生产型的私营企业获准从事进出口贸易外，一些私营的流通型企业也已获准从事对外贸易。参加本届广交会的绍兴县炎中贸易有限公司，自2001年9月获得外贸经营权后，积极开拓国际市场，一年来出口额已达到1000万美元。

外贸专家分析认为，2002年1至9月我国外贸出口取得19.4%的高速增长，原因之一就是私营企业出口的超常规增长。统计显示，2002年以来在外贸出口中居前两位的广东和浙江，私营企业出口分别比上年同期增长了114.6%和2.5倍，成为拉动外贸出口的重要力量。

（未名）

中国－欧盟合作伙伴洽谈会

2002年11月7日至8日，由中国国际贸易促进委员会和欧盟委员会联合举办的“中国－欧盟合作伙伴洽谈会”在北京中国国际展览中心举行。该项目是以政府财政、国家级商会和信息技术的强大资源做为后盾，会前做了充分准备。其中所有参会企业均参加了主办者的会前培训，主办者还对项目的洽谈内容进行了长达6个月的评估调查。中国和欧盟委员会共同赞助了此次洽谈会。会议经中国国务院批准，得到了外经贸部的支持和指导，由贸促会和欧盟委员会合作执行。

此次洽谈会的宗旨是：帮助中国和欧盟的中小企业建立起长期的合作伙伴关系，促进双方经济技术合作、相互投资和贸易往来。此次参会的欧盟企业代表几乎占参会总人数的一半。

主办单位之一的中国贸促会有关负责人透露，这次洽谈会，欧盟委员会组织了意大利、法国、德国、英国、荷兰、比利时、西班牙、奥地利、卢森堡、丹麦、爱尔兰、葡萄牙、希腊、芬兰、瑞典等15个成员国的296家企业参会；中国参会企业有384家，比欧盟参会的企业多了近1/3。

面积达2万多平方米的五个展场内，中欧双方企业代表都在忙碌着寻找自己的谈判对象。为了保证双方企业对感兴趣的行业和企业有一个全面的接触，洽谈会使用了欧方为会谈开发的N&H软件，为双方企业配对洽谈。在各洽谈间和展台里，随处可见双方企业代表促膝交谈，气氛十分融洽。

在洽谈会上，还举行了以行业划分的“会中展”，有来自国内的电气及器材制造、机械设备、信息技术、环境保护、食品和饮料、金属制品和工程辅助等行业的参展企业展示其产品，展品之多，令人目不暇接。

洽谈内容包括多种形式的经济技术合作，贸易与投资，以及合作生产与技术转让等。

据介绍，欧盟多行业合作伙伴洽谈会始创于1988年，当时是在欧洲工业化国家中小企业发生结构性变化的环境下诞生的。洽谈会的产生主要基于以下原因：一是欧盟中小企业在服务业的整体规模上已成为欧洲发达国家经济总量中的绝对优势，发展前景非常看好；二是发展中国家制造业对欧盟传统中小型企业提出了严峻的挑战，同时还要面对美日等发达工业化国家和地区制造业的激烈竞争，产品和服务大幅度向设计创新和高技术含量高端市场转移，尤其在纺织服装、金属制品和机械设备中小型企业密集的传统行业最为明显。

于是，欧盟委员会推出了“欧洲合作伙伴计划”，也称“欧盟多行业合作伙伴洽谈会”，如今已经举办了23届，成为欧盟最大的经贸洽谈活动。20世纪90年代后期，此项目进一步推广到亚洲地区，并先后在新加坡、印度、马来西亚举办过。据组委会介绍，贸易和合作的成功率均达到30%的水平。其中，中国国际贸易促进委员会曾组织我国企业参加了5届洽谈会。

据统计，目前每年参加“欧盟多行业合作伙伴洽谈会”的企业已达2.5万家左右，达成进出口贸易和合作项目8万多宗。现已推广到了亚洲地区，并取得了良好的效果。

在展会上，不少中国的参展企业带来了自己的好项目。哈尔滨翔鹰集团股份有限公司带来了水处理和镁合金焊接项目。其中水处理项目投资额达2亿元人民币。

一些中国的参展企业反映，以前参加过不少洽谈会，但是见到的大都是驻华机构的代表，真正的外企代表则很少，洽谈成功率较低。他们希望每年都能举办一两次这样的洽谈会。中国企业非常需要这样的洽谈会，因为在这里，不仅可直接与外企代表洽谈，而且成功的机率更大一些，这种点对点的洽谈方式，省去了依靠中介公司所需的大量时间和费用。

对这次中欧中小企业合作洽谈会，一些地方政府抓住契机积极参与，有22个省市政府（包括部分经济技术开发区）和欧盟10个商会、协会也在洽谈会上设展台亮相宣传自己。

中国国际贸易促进委员会会长俞晓松在洽谈会上指出，中国是世界上最大的发展中国家，欧盟单一市场则是最大的由发达国家组成的区域性经济集团，双方经济具有很强的互补性。他强调：“本次洽谈会以帮助中欧企业间建立起长期的合作伙伴关系，促进双方经济技术合作、互相投资和贸易往来为宗旨，充分反映了中欧企业界加强对话、寻求合作、实现共同发展的美好愿望，对增进双方了解、发展长期合作伙伴关系具有重要意义。”

2002中国国际会展论坛（深圳）暨展览中心经营管理高级培训班

由中国展览馆协会和中国贸促会联合主办、美国IBM公司协办的2002中国国际会展论坛暨展览中心经营管理培训班于2002年12月10日至12日在深圳举行。

目前我国会展界的人才十分匮乏，而集参展、招展、经营、运输、外语和布展的跨行业、多学科于一身的专业人才更是凤毛麟角，尚难参与国际竞争。加入世界贸易组织给我国会展业带来走向世界的机遇，同时国内会展业也面临更为激烈的竞争，形势不容乐观。参加此次论坛和培训班的对象多为总经理或相当于该职的高层次人才，培训的目的是为提高我国会展界部分管理人员全方位素质，对他们就当前会展业存在的各种问题进行解读，并提出合理化、规范化方面的建设性意见，启发他们在办展（会）理念上、经营方式上、效益评估上逐步走向国际化，不断提高企业的经营管理水平，取得更佳的社会效益与经济效益。培训班邀请了中外会展界高级专家、学者和政府官员从务实的角度进行授课，因此有较高的权威性和实用性。

由美国前国会议员和多个城市市长组成的美国市长代表团、香港展览会议业协会和澳门会议展览业协会、澳门展贸协会组成的港澳代表团出席本次论坛，国内外知名大中城市领导和国外著名会展中心城市官员（美国奥兰多等城市、澳大利亚布里斯班、德国慕尼黑、意大利米兰、北京、上海、深圳、大连、长春、昆明、青岛、厦门等）都来参会并作了主题演讲。

论坛主题：

1．中国会展业与区域经济建设；

2．会展业对美国城市经济拉动力的评估；

3．会展业对欧洲城市经济发展的作用及评估；

4．地方政府对如何制定和实施鼓励发展会展业的政策和措施；

5．澳大利亚布里斯班市如何利用举办世博会发展会展经济；

6．商业展览会带来的经济价值和效应；

7．品牌展览会对地区经济的影响；

8．会展中心建设与城市规划；

9．会展中心规划与建造，选址及其他考虑因素；

10．信息技术在全球会展业的应用及趋势预测。

这次论坛的主讲人有中国贸促会副会长戴克祥、青岛市原副市周嘉宾、长春市政府副秘书长张明、前美国国会议员兼前印第安纳波利斯市市长Bill Huduut、慕尼黑展览中心副总裁Eugen Egetenmeir、美国诺斯克维尔市市长Victor Ashe、澳大利亚布里斯班市市长James Soorley、日本展览组织者协会会长小河信雄、科隆展览中心亚太区总裁Michael Dreyer、美国TBS建筑设计所总裁Bill Halter、美国奥兰多市市长Glenda Hood、中国工程院院士马国馨。

培训班课题：

1.《会展中心经营理念与管理原则》；

2.《展览场馆的出租与管理》；

3.《会展中心的硬件管理》；

4.《展览场馆和展览信息管理》；

5.《信息网络化对会展业发展的贡献》；

6.《现代化展览场馆信息化管理案例分析》；

7.《展览展示工程设计对展览场馆的技术要求》；

8.《国际展览会的主办单位如何选择展览场馆》；

9.《贯彻ISO 9000标准促进会展业发展》；

10.《日本主要展览设施（场馆）的介绍》。

培训班的主讲人有中国国际展览中心集团公司信息部经理张云崖、北京中展国际展览工程有限公司副总经理穆桦、香港展览会议业协会会长朱裕伦、新标智业集团副总裁张元琦、香港会展中心董事总经理 Cliff Wallace、慕尼黑展览中心副总裁Eugen Egetenmeir、澳大利亚国际体育建筑公司总裁Alastair Richardson、日本展览组织者协会会长小河信雄、日本吉冈市市长吉冈纯二，以及IBM公司的有关负责人等。

今后该论坛将以不同主题，选择国内知名会展中心城市轮流举行。

第四届中国国际航空航天博览会

由广东省人民政府、国防科学技术工业委员会、中国民用航空总局、中国国际贸易促进委员会、中国航空工业第一集团公司、中国航空工业第二集团公司、中国航天科工集团公司共同主办的第四届中国国际航空航天博览会于2002年11月7日在珠海市落下帷幕。

本届航展在前三届的基础上，向专业化、国际化、科学化、市场化方面又迈上了一个新的台阶，取得了圆满的成功。来自世界28个国家和地区的近370多家航空航天企业参加了航展，室内展位面积达15000平方米，比上届航展扩大21%。航展期间举行的高峰论坛、新闻发布会、学术交流研讨会等达62场次，签订了20个项目价值37亿美元的合同，成交31架各种型号的飞机，共接待专业观众6万人次。

本届航展和前三届航展相比有明显的进步，主要体现在以下几个方面。

1. 学术研讨会规格高，专业化氛围更浓厚

频繁的技术交流会与高规格的研讨会为本届航展奏响了新的“蓝天交响曲”。其中，由国防科学技术工业委员会主办的主题为“经济全球化带来的机遇与挑战”的2002年中国国际航空航天高峰论坛最为引人注目。来自11个国家和地区的航空航天界高层领导和嘉宾近200人参加了论坛，是一次国际化、高层次的航空航天业界专业会议，它的成功举办，提升了本届珠海航展的专业化和国际化水平，成为本届航展人们关注的亮点。

2. 商贸洽谈十分活跃

各个国家与地区的航空航天参展商十分重视在世界最大市场之一的中国举办的这届航展的商机，表现出空前的热情和主动。在为期4天的航展期间，各参展商之间商贸洽谈十分活跃：空中客车公司与中国航空工业第一集团公司签订了价值1.7亿美元的A320飞机部件转包合同；加拿大CAE国际控股公司与中国南方航空股份有限公司合资组建的珠海翔翼航空技术有限公司成立，标志着我国民航飞行训练冲出亚洲，走向世界。庞巴迪、波音、安东诺夫设计局等著名航空航天企业都有签约。不少航空航天企业还专门召开了招商引资洽谈会和产品推介会，FTC-2000高级教练机、FC-1轻型歼击机、ARJ21支线飞机、“昆仑”发动机、A380空中“巨轮”、ERJ170等一批正在研制或刚研制成功的中外航空航天精品昭示着新世纪航空航天发展的潮流。

在本届航展上，中国航空航天四大集团公司以更加灵活、更加有效的方式与外国航空航天厂商进行了广泛的交流和合作，并取得了丰硕成果。为了发挥自身优势，发展具有自主知识产权的航空航天事业，全面参与国际市场竞争打下了良好的基础，同时，也推进了构筑国际航空航天经济贸易合作平台的步伐。

3. 展览程序逐渐与国际接轨，科学化水平更高

本届航展程序简洁而隆重，为参展商和专业观众提供了更宽松的技术交流与商贸洽谈的环境。展厅安排科学合理，既突出了世界著名大企业，又照顾了中小参展商，同时也展现了中国航空航天事业发展的巨大潜力。

喧嚣中潜藏危机　冷清中蕴藏力量

——“展中展”展览人一起走过

2003年1月15日到17日，在号称“大武汉”中心的武汉国际会展中心举行了第四届中国“展中展”。“展中展”作为会展业内一项经典的活动，曾经由于题材的新颖独特，参展商的高水平一时在业界风头甚劲，业界无人能出其右。随着会展业的发展和变化，它的权威地位逐渐受到了挑战。不过，主办单位依旧尽心尽力办好“展中展”，力求保持其特色，为业内人士提供一个良好的信息交流的平台。

让我们共同回顾“展中展”与展览人一起走过的岁月。

首届：展览人体味从幕后到台前的新鲜滋味

中国市场经济的迅猛发展，使中国会展业进入了一个蓬勃发展的兴旺时期。中国会展业属于朝阳行业，如何发展，如何提高，如何走向成熟，业内人士希望有一种方式来研究、探讨和交流。于是，“展中展”应运而生。第一届“展中展”是于2000年1月8日至20日在上海展览中心举行的，由中国贸促会和中国贸促会上海分会联合主办、中国国际展览中心集团公司和上海国际展览中心联合承办。

“展中展”使原来展览会的组办者变成了参展者，与展览相关的各组办、承办、设计、施工、运输等单位，由后台走上前台，在展示会上各显身手，树立形象，扩大影响，拓展市场。首届“展中展”展出面积6000平方米，有来自英国、美国、法国、意大利、德国、瑞士、新加坡及中国大陆、中国香港、中国台湾地区的137家展览界机构和企业参加了现场展示。展览广泛采用声、光、电等多种技术，“特装修”异彩纷呈，展出内容充分体现了国内外展览业的现状和发展趋势。展出期间，有3600多名专业人士参观了展览。

与现场展示相配套的会议研讨部分，共计举行主题报告会、研讨会和专题讲座32场。有来自美国、德国、荷兰、墨西哥、日本等地和中国及香港地区的34名专家进行了专题演讲，其中包括国际展览管理协会主席、国际展览联盟国际合作委员会副主席、德国贸易展览协会董事总经理等展览界权威人士。专家们系统分析介绍了国内外展览市场的现状和发展趋势，举办展览会的国际惯例和专业、技术知识、展览场馆的现代化管理及国内外展览场馆和机构介绍等。关于我国的展览市场，有关专家认为：中国展览业仍处于起步发展阶段，属于朝阳行业，进一步发展需要业内人士的努力和政府等各方面的支持和扶植；随着世界经济的持续增长和中国经济的稳步发展，中国展览业将会处于快速发展的良好时期；在中国加入WTO后，进出口贸易和国内贸易将相对活跃，展览作为推销产品、了解市场、交流信息、开展合作的有效途径，将会发挥日益重要的作用，展览业的发展，还将带动相关的设计、施工、运输、广告、餐饮等行业的发展；同时，与会者认为，中国的展览业在中国加入WTO后也将面临新的竞争与挑战，国外展览公司的大量涌入，将会对中国展览行业形成不小的冲击，中国展览业要想很好地参与国际竞争，必须努力提高自身在专业化、规范化、国际化、现代化方面的水平。

第二届：中国会展的脉搏把得更准

第二届“展中展”于2001年1月9日至11日在北京中国国际展览中心举行。来自中国、美国、德国、奥地利、意大利、北欧、新加坡等国家和地区的120家公司参展，展出面积8000平方米，参观人数5500人，90%的观众来自会展业，10%来自会展相关行业；举行主题报告会、热点问题论坛和专题讲座27场。有来自美国、德国、泰国、荷兰等地和中国大陆及香港地区的47位专家进行了专题演讲。其中有国际展览管理协会、美国Penton　Media公司、德国Octanorn公司、泰国贸易会展中心、美国展览杂志集团等会展界权威人士。专家们系统分析了中国会展业的现状和发展前景，加入WTO后中国会展业的机遇与挑战，会展业市场竞争现存问题与解决办法，信息技术在会展业中的应用以及会展业经营促销方略等。

关于中国会展市场，专家们认为，在改革开放后短短的20年内，中国会展业从无到有，走过了欧洲国家近百年的历程，取得的成绩令人瞩目。据不完全统计，全国经贸展览会1998年为1262个，1999年为1326个，2000年迅速上升到1684个。内容覆盖到机械、电子、冶金、矿产、石化、纺织、农林等所有生产性行业，也涉及到商业流通、运输、通信、旅游等大部分服务性行业。全国已经形成以北京、上海、广州、大连、深圳等城市为中心的全国性展览网络。会展在中国已经初步形成一个产业，会展经济也成为在中国社会经济生活中的热点经济现象。今后10年，中国改革开放将进一步深入，社会主义市场经济将进一步完善，国民生产总值将增长一倍，国民经济总量将不断扩大，这一切将为会展业提供内在强大动力和外部宽松环境，会展业需求和发展前景十分广阔，中国成为东亚地区的“展览中心”，完全是可以预期的。

专家们指出，中国会展业处于发展阶段，存在许多亟待解决的问题，如会展业管理机制带有计划经济特点，管理手段不能适应市场经济发展需要等。因此，中国会展业的管理部门要加强宏观管理，调整现行政府管理办法，创造公平竞争的环境。要按市场规律引导中国会展业走有序竞争、协调发展的道路。要将工作重点逐步转移到调查研究政策指导上，弱化对展览项目一事一批的微观管理，转向法律手段、经济手段管理。用制度创新提高经济管理水平，增强发展后劲。要抓住加入世贸机遇，通过竞争，培育“名牌展”、“专业展”，不断提高办展水平。要积极做好会展业人才的培养工作，建立一支高素质的展览队伍。

专家们一致认为，成立全国性的展览行业协会，对我国会展业进行行业间的协调和管理，是解决我国会展业存在的各种问题的有效途径，也是目前会展界最急迫的任务。当前，我国尚无一个全国性的展览协会，随着我国会展业的发展，急需推动成立我国展览业的中介组织，加大对全国展览信息的收集、整理、分析、交流和服务工作，制定对展会的资质评估标准并承担起对展会的评估职能，利用市场机制和行规对展览业的秩序、效益和发展进行协调。美国国际展览管理协会主席Robert Dallmeyer是应邀作为专题演讲的专家，参观展示会时说：“我没有料到中国展览业发展如此迅速，丝毫不比美国和欧洲的展会逊色。”他做演讲时，报告厅座无虚席，报告完后听众将他团团围住提问题、留地址，对此，他深有感触地说：“中国有这么多敬职敬业的人才，中国的展览业今后一定会取得更加飞速的发展。我一定要将我看到的、听到的写成报道，让我在美国和欧洲的同行们都能了解中国展览业的发展。”

第三届：中国入世　反响更大

第三届“展中展”于2002年1月16日至18日在广州“中国出口商品交易会展览馆”举行。展出面积8000平方米，有来自中国、美国、德国、新加坡等国家和地区的102家公司参展。参观人数达7870人次。举办了31场会展界高峰论坛、主题报告会、研讨会和专题讲座等。

在中国入世的背景下，该届展览会的举办在海内外展览界引起了很大的反响。国际展览管理协会、亚洲太平洋地区展览会及会议联合会、欧洲展览馆管理协会、国际展览运输商协会、国际展览联盟、德国贸易展览业协会、香港展览会议业协会等国际展览组织和励展博览集团、德国法兰克福展览公司、德国杜塞尔多夫展览公司、德国慕尼黑展览国际公司、香港会议展览中心等国际知名公司给予该届展会很大的支持，专门派员参观展览并出席会议。

在专题演讲中，中国贸促会副会长戴克祥先生以《入世后的中国展览业发展趋势》为题，作了专题演讲。他指出，中国展览业在中国加入WTO后，将呈现出八大发展趋势：①入世将有力地推动中国展览业更快发展；②入世将更加加剧中国展览业的竞争；③入世将推进中国展览业的整合；④入世将促进我国展览馆设施水平的提高；⑤入世将促使政府办展行政色彩逐步淡化；⑥入世将改变中国展览业的审批管理制度，向登记备案制方向发展；⑦入世将促使中国展览市场中外价格逐步并轨；⑧入世将加快中国展览业行业自律的步伐。这一讲座切中时势，高屋建瓴，博得了与会者的高度评价。

通过此次展会，显现出蓬勃发展的中国会展业已得到了国际社会的青睐和肯定。在中国入世的大背景下，众多海外展览机构已将目光聚集到中国市场，德国法兰克法展览公司成为了此届展览会上最大的海外展商，展会观众8.8%来自港澳台及海外。该届展会特邀嘉宾，Show&Sell展会公司总裁、国际展览管理协会基金会前任主席Jim Lynn先生代表国际展览管理协会（IAEM）参观了展会并在展会现场同近300名参观者进行了交谈。他在接受香港媒体采访时说："我用两个小时回答问题并分发了150张名片，这一切都显示出了中国的行业人士对会展业的关注。"Lynn先生还说："其实在展会领域中国人已经赶了上来。"他认为此届展览会与国际展览管理协会举办的博览会一样具有相当水平，并说："这次展会展品的精致令我惊讶——高科技、明亮的色彩、铝和不锈钢——精致程度超出我的想像。"

第四届：与时俱进　议题务实

第四届"展中展"由中国国际贸易促进委员会、武汉市人民政府支持，中国国际展览中心集团公司和中国贸促会上海市分会联合主办，中国国际展览中心集团公司和上海国际展览中心有限公司共同承办，武汉国际会展中心协办。展会还得到了中国展览馆协会、国际博览会联盟、国际展览管理协会、亚洲太平洋地区展览会及会议联合会、欧洲展览馆管理协会、国际展览运输商协会等国内外展览组织和机构的大力支持。

由主办承办单位请来的国外会展界经营所做的演讲成为参展商和观众追逐的热点。他们演讲的内容为与会的参展商和听众提供了有关会展业发展的有效信息"养分"。

新当选德国际博览联盟（UFI）主席R.G. Van INGEN所做的《全球展览业的发展趋势》的主题报告介绍了欧洲会展业发展的三大阶段以及将来会展业发展的三大趋势。上海新国际博览中心有限公司董事总经理的两场讲座《展览会的评估》和《在中国建造更多的展览中心，谁从中得益》切中了当前中国会展业发展的两大关键要害——展览会如何划分等级和各地兴起的会展场馆修建热。德国慕尼黑国际博览集团海外分公司（IMAG）董事总经理H. MULLER的《中外展览企业合作的经验和存在的问题》则充分把握住了中国加入WTO之后各个会展企业所关心的如何与海外展览企业合作的问题。此外还有国际展览管理协会（IAEM）高级副总裁C. BREDEN的《协会在展览业中的角色和作用》的演讲等，这些演讲和讲座都是听者如潮，而且与会者都热衷与演讲者讨论，部分听众直接用流利的英语向演讲者提出问题，充分地显示了我国会展从业人员素质的提高和热切希望与国外高水平的同行们进行交流的愿望。

考虑到当前会展业进入的门槛低、民营和中小企业多的实际，本次论坛的讨论热门话题牵涉到了品牌展览、展览业中小型企业的生存和发展以及中小城市会展业的发展等方面。在热门话题的讨论上，听众的热情非常高，常常是台上嘉宾正在解答问题，台下提问纸条不断递上去。嘉宾们提出的"打造核心竞争力"和"如何防止人才流失"等问题都引起了听众的极大兴趣。特别是在"我国展览业中小型企业面临的问题以及如何生存和发展"的讨论上，嘉宾对业内中小型企业状况的精彩陈述，赢得台下热烈掌声。

规模缩小　展商失望

虽然演讲和论坛充分激发了参展商和观众的情绪，但在武汉国际会展中心一楼的展览场地的状况却不尽如人意。面积达3000平方米左右的展厅，参展商仅70多家。虽然在展览场地中还是有很多特装展位，但整个展场在开展的第一天热闹过一阵子后，基本上处于平静。有业内人士认为，引起这种现象主要有两个原因：首先是有的单位或企业已经宣传过了，不用在这个机会宣传。因为就在2002年的12月份，北京和深圳就连着开了两个会展业峰会，这么短的时间内，就举办了三个会展业内的论坛和展览，分流了参展单位是很正常的现象；其次是从武汉展览市场的份额来看并非会展企业理想的参展目标地。一个展会需要行业背景的支持，对"展中展"来说，这个展会的行业优势就要看它的举办地会展业发展的水平与速度。显然，从现场的情况来看，武汉会展业的发展有待提高。一些参展商就表示，如果是在北京、上海和广州三大会展城市举办"展中展"，那么不管公司有没有项目都会去，而在其他的地方举办的话，则要看公司的经营目标而定了。同时，由于武汉会展业市场还没有引起外界足够的重视，所以那些进行了精装修，希望在展会上吸引外地和海外客户的单位也颇为失望。一家精心装修了展位的展示设计公司的职员就说，公司原本希望能有更多的海外客户，结果除了一家日本公司外，就是武汉本地的广告公司来看看，专业观众没有预期多。

不过，“展中展”对武汉会展业的发展还是起了一个良好的促进作用，吸引了更多的关注目光。在会场上，武汉几家大报的记者都在搜集资料，准备为会展业的发展做进一步的宣传。

积蓄力量　展望未来

任何一个展会的发展都与其区位优势、产业优势和配套产业的发展分不开，“展中展”也不例外。本届“展中展”上，可以看到，随着中国加入世贸组织和上海申博的成功，大家都对会展业的发展充满信心。有的与会人员表示，在这样一个充满希望的朝阳行业，自己没有入错行，有业内人士就用数据说明，即使会展业的利润降低了，也比其他行业的利润要高。各个经济发达的中小城市的活跃也让人看到了一支崛起的会展生力军。如温州新建了温州国际会展中心，宁波会展管理办公室前来参展除了带来了宁波发展会展业的经验和政策外，还带来了宁波5家媒体的记者对“展中展”进行报道。此外，媒体的竞争也可说明会展业的发展充满诱惑，在本届“展中展”上，会展业内的杂志名称不仅多，而且相近，常让与会人员弄混了。

可见，不论“展中展”现状如何，但它有一个蓬勃发展的行业背景，人气旺盛是不争的事实。据了解，组织者已决定下届“展中展”将在上海举行，届时，区位优势、产业优势和配套产业优势三者齐备，“展中展”可以办得更好。

背景资料：

中国国际展览和会议展示会，简称“展中展”，是由中国国际展览中心集团公司和上海国际展览公司有限公司于2000年共同发起和组织的，它是在我国会展业蓬勃发展的过程中，适应市场需求应运而生的。其宗旨是推动我国展览业的发展和促进同行间的交流。经过几年的精心培育，目前已经成为我国会展业知名的专业展会。在推动我国会展业的健康发展，增进行业内的业务交流和沟通、促进各地会展经济的持续增长等方面发挥了巨大的作用，在海内外产生了广泛的影响。“展中展”分为展览和会议两部分。展览是展示所有与会展业有关的产品和服务，如展会的主办机构、行业协会或学会、展览场馆、展台设计和搭建、展品运输、旅行代理、酒店、印刷、广告、展示器材等等。会议部分也是围绕会展行业内部相关的报告会和讨论会。

历届研讨会题目

第一届（2000年）

(1) 上海会议展览业的发展战略思考
(2) 美国展览市场专题
(3) 运用国际互联网络技术进行展览会销售和市场推广
(4) 怎样开拓展览业务——展览会前期市场调研、计划和选题
(5) 与世界市场的交流：德国贸易展览业——现状与展望
(6) 如何赴美参加贸易展览会
(7) 展览行业的专业化发展
(8) 香港——国际展览中心
(9) 如何提高你的参展技巧
(10) 展界人士如何更好地利用专业领域个人发展的机会
(11) 展览会市场推广和观众组织——要素与技巧
(12) 现代展览建筑的设计——功能性与案例分析
(13) 如何使你对海外贸易展的投资获得最大收获
(14) 论贸易展览会的营销
(15) 运用型材创造出变化多姿的展台设计
(16) 参展贸易展览会并获成功的7把金钥匙
(17) 中国企业如何在海外展览会上获得展览成功
(18) 现代展览馆的管理——计划与预订、预算与财务控制、服务功能、安全管理
(19) 21世纪展览设计策略
(20) 日本的展览会、展示会
(21) 如何通过参与海外展览会扩大您的国际市场
(22) 如何为参展商及参观商提供最佳现场服务
(23) 贸易展览会怎样争取国家展团
(24) 中国近年出国展览市场，并论如何成功地组织中国企业参加国外贸易展览会
(25) 展览会观众统计与分析
(26) 新加坡展览与会议市场
(27) 有关国际展览的法律保障
(28) 国际展览运输商协会（IELA）

第二届（2001年）

(1) 入世后中国经贸发展的机遇与挑战
(2) 中国展览业的现状和发展
(3) 中国展览业如何走向有序竞争，规范化管理
(4) 中国展览业的新发展及其面对的新问题、新思路
(5) 中国展览业价格双轨制并轨以及如何看待中国展览业中存在的各种经营、服务的垄断问题
(6) 贸易展览中的电子商务战略
(7) 国际展览的全球推广
(8) 国际展览服务之新思维

(9) 走中国展览业可持续发展之路——品牌、服务、策略
(10) 展览产业的发展与展览市场的规范
(11) 国际名牌展览在国际上的移植和培育
(12) 我国出国展览业的发展趋势及政策导向
(13) 展台设计的新概念、新技术和新材料
(14) 借鉴海外经验，发展我国展览事业
(15) 让参展商了解展览会的价值和作用
(16) 利用专业会展软件3W show产品提高主办单位的竞争力
(17) 组织出国展览的成功经验
(18) 通过专业展览发展行业大市场
(19) 如何建立展览会全球销售网络
(20) 应用高科技 塑造品牌展览
(21) 中国第一展的成功和广州展览业的繁荣
(22) 中国企业如何参加欧洲的展览会
(23) 如何使客户连续参展的策略
(24) 如何运用数字来支持贸易展览项目
(25) 网上展会 永不落幕的交易会——构建企业全球化市场渠道
(26) 会展产业化需要数码神经
(27) 中国中西部展览业的发展现状和趋势
(28) 展览业在国民经济中的影响

第三届（2002年）

(1) 入世后中国服务贸易面临的局面以及会展业的对策
(2) 战略合作伙伴的选择
(3) 国际展览最新发展趋势及9.11事件对展览业的影响
(4) 保持企业最大的稳定性——你的员工在想些什么
(5) 展览会的知识产权和无形资产评估
(6) 中国会展业发展的8大趋势、4大焦点、6大对策
(7)中国展会如何与国际接轨——经验教训和海外展商的期望
(8) 讨论会：入世后中国展览业的机遇与挑战
(9) 讨论会：展览市场的规范与有序竞争
(10) 入世后中国展览业的发展趋势
(11) 广州发展会展经济的思路和动向
(12) 现代化会展中心规划、建造
(13) 中国会展业的发展趋势与营销理念的创新
(14) 当代场馆管理的最新趋势
(15) 西部开发与会展经济
(16) 如何选择合适的商旅服务商
(17) 室内展场的户外延伸——灵活、专业及经济的解决方案
(18) 会议展览中心的经营和管理
(19) 国际会展业发展趋势
(20) 企业实施IT战略的方法与策略选择
(21) 展览会的品牌化运作
(22) 新的沟通技巧——电子营销e-Marketing
(23) 贸易展览中的电子商务战略暨广交会电子商务战略案例分析
(24) 出国展览组织工作中的市场营销
(25) 会展业组织工作中的市场营销
(26) 专业的会议，专业的起点
(27) 展览与媒体
(28) 新技术、新材料在展览会上的应用——展览工程材料标准化的经济价值
(29) 观众信息处理系统的操作和应用
(30) 出国展览布展规划与实务技巧
(31) 做好参展的准备工作是成功的一半

第四届（2003年）

(1) 中国经济发展前景与对外开放新举措
(2) 全球展览业的发展趋势
(3) 我国展览业未来几年的发展趋势分析和预测
(4) 协会在展览业中的角色和作用
(5) 展览会的评估
(6) 我国展览业向外拓展的探讨
(7) 贸促会的展览工作＋美国LAEM培训计划（CEM）的引进和推广介绍
(8) 什么是德国展览公司的核心竞争力
(9) 海关与货代企业座谈会
(10) 在中国建造更多的展览中心，谁从中得益
(11) 中外展览企业合作的经验和存在的问题
(12) 什么是品牌展览，品牌应该包括哪些方面
(13) 我国展览业中小型企业面临的问题及如何生存和发展
(14) 中小城市地方经济的发展与会展业发展的关系及其值得注意的问题
(15) 我国西部地区展览组织和展览场地的经营策略
(16) 我国会展服务市场的探讨
(17) 参展商：我们是如何选择和参加展览会的
(18) 从艺术的角度，谈如何科学地组织和管理现代化国际展览
(19) 我国会议旅游市场的发展
(20) 如何利用旅游市场的发展

（文中资料引自：《中国对外贸易》——中国展览）

引人瞩目的第五届上海纺博会

三月的江南春意萌动，作为中国时尚都市的上海，第五届上海国际纺织面料及辅料、家用纺织品贸易博览会（SIT/SIY）于2003年3月18日举行，同时举行的还有国内最具规模的第四届上海国际纱线贸易博览会。

服务为先 茁壮成长

SIT 2003以为供应商和采购商提供优质服务为宗旨，积极将中国纺织品生产企业介绍给国内外广大买家。由于SIT的品牌效应，它每年都以高于25%的速度在递增，今年规模达到1.2万平方米。近430家纺织面料、纤维、纱线、辅料企业济济一堂，将本年度企业的最新产品提供给广大客户。SIT 2003注重建立现代服务理念，高速成长的同时，更突出专业化、贸易化，使国内外人士在展会期间不仅能看到各种丰富的展品，还能从国际纺织品流行趋势发布、纺织专家报告会、学术研讨会、时装表演等各项活动中得到大量的专业信息、创造灵感和宽泛的选择范围，借助这些活动和活跃的元素，以构思、创造、萌发新时代的时装作品。

追踪流行 预测时尚

在有限的时间和空间里，如何把握当今国际最有影响力的风格和色彩，向设计师最大可能地提供创意元素、设计理念，是SIT/SIY2003主办者孜孜以求的目标。在SIT/SIY2003展会上以纺织品流行趋势静态发布，专家报告会、时装表演等多种形式，全力推出SIT 2004春夏纺织品流行趋势，以构筑流行趋势预测平台，向专业观众提供大量而及时的信息。

SIT 2003在展馆中心区域以400平方米的超大面积，运用特种造型、文字、图片、色谱发布了2004春夏流行趋势，它以四大主题“新艺薪忆、舒适殊饰、玩色玩设、文明纹民”来诠释了下一年度春夏季纺织品的风格、色彩和文化寓意，力求以国际时尚为背景，突出亚洲风格和中国特色，以多元化来丰富纺织品流行主题，同时吸收了国际服装色彩系统最新色谱，以丰富纺织品色彩标准，这是国际色彩研究机构瑞典NCS色彩中心第一次正式在中国发布其色彩资讯和标准。本次流行趋势发布共选用了37家海外展商和25家中国展商的最新布样。同时，SIT 2003邀请中国流行色协会、中国台湾纺拓会流行趋势研发中心、法国卡兰风格设计中心、美国棉花公司、NCS（中国）色彩中心、日本In－foship以及部分高级纱线设计师亲临现场举办和展示专家报告会，介绍当今国际流行色、流行纱线和纺织品流行趋势，使设计师得到启发和创作原动力。

强调专业 突出技术

SIT 2003多年来十分看重专业技术及信息的沟通、传递和总结，重视汇集海内外专家学者的理念，以推动产品开发和扩大新展品的应用。在SIT/SIY2003期间，主办者组织安排了8场专家报告会，同期举办3场国际纺织品加工技术研讨会，结合目前国内纺织服装行业重视关心的新产品、新原料、新工艺，组织科研机构、纤维企业、面料企业、服装企业共同研讨，寻求新的突破。

这些专业技术活动，使SIT/SIY2003在强调贸易性的基础上，突出了专业性，丰富了展会的技术含量和信息容量，这种适合国内纺织服装企业发展需求的专业活动也是SIT/SIY 2003的专业特色之一。

内容丰富 品种齐全

SIT/SIY2003自迁入上海浦东新国际博览中心以来，由于得益于场馆的宽大空间，使展会的内涵和关联得到充分体现。本届展会中有近300家面料企业，64家纱线企业，57家辅料企业构成为服装业设计、生产提供强有力支持的产业链条，同时在相邻展馆同期举行服装博览会，共有370家男装、女装、休闲装和童装企业同期展出。500多个展台和2.7万平方米展出面积，构成了庞大的产业链和供应链，这给国内外的纺织品服装贸易商提供了纵览中国企业群体的最佳机会，同时，来自日本、韩国、法国及中国台湾、中国香港、中国澳门等地区的服装、纺织面料、纱线企业也有机会与中国大陆进出口贸易商和制造商洽谈业务，寻求更大的商机。

由于采用了按产业分布划分区域的方法，进出口贸易商、成衣企业可以得到流行趋势、纺织面料、辅料、纱线的商业信息，而纺织面料企业又可了解成衣企业 、纱线进出口贸易企业发展动态和最新要求，结合产品开发，推出符合市场需求的新产品，这种产业链之间的充分互动，有益于上下游企业之间的合作与发展。

打造品牌 客户至上

SIT/SIY立足上海，服务全国的理念，是通过优质服务和以客户至上得以体现的。加入WTO后，中国纺织服装企业将以海内外两个市场作为发展空间，这样就需要有一个贸易平台，连接广大海内外客户。意识到这一点，SIT/SIY主办单位果断决定将展会迁到上海最新的条件最好的展览场馆——上海新国际博览中心，并邀请上海最好的展台搭建商加盟SIT/SIY ，希望通过好的展商在展出优秀产品时有一个理想而满意的展出环境。

同时SIT/SIY2003分析中国纺织品未来出口走向，邀请北美、欧洲、中国香港及东南亚的买家云集上海，向他们全力推荐SIT/SIY的纺织面料、纱线、辅料产品，使专业买家来到展会后可以采购到服装制造所需要的各类配套原料、辅料。

正如SIT/SIY主办机构之一的上海纺织控股集团公司杜双信副总裁所说：SIT/SIY始终以客户至上为宗旨，以推动国际纺织服装的交流和合作为重点，努力打造一流的品牌，并积极要求与国际顶尖纺织企业合作，促进中国纺织服装业的稳定持续的发展。

——《国际商报》

中国国际广播电视信息网络展览会(CCBN)

俗话说：展会是一个行业发展的"风向标"。2003年3月21～23日在北京中国国际展览中心举办的中国国际广播电视信息网络展览会(CCBN)成为这句话最好的佐证。

CCBN是由国家广播电视总局主办，由国家广播电影电视总局广播科学研究院、广播影视信息网络中心和全国各省市自治区广播电视厅局共同承办的一个专业性的、世界级行业盛会。CCBN每年举办一届，今年已经是第11届了。在展会名称中加上"网络"二字也有6年。国家广播电影电视总局将2003年定为网络发展年，CCBN 2003展会名称中的"网络"二字至此大放异彩。

本次展览会吸引了来自中国（含港澳台地区）、美国、英国、法国、德国、荷兰、加拿大、日本、瑞典、瑞士等20多个国家和地区700余家广电和信息通信企业参展。包括中外政府官员、高级管理人士、专业技术与贸易人员在内，观众超过了20万人次。

内容网络化

本届CCBN有世界30多个国家的厂商及国内企业共700多家报名参展；观众突破20万人次；展出扩大到8个展馆，展出面积近4万平方米；参展范围已经从产品、技术的展示发展到解决方案的亮相，汇集了全球范围内数字电视与宽带网络方面的创新成果，全面展示了广播电视采、编、播、传、收、测设备与技术，编播网络与传输网络建设、媒体资产管理、高清制作、用户管理系统、数字电视、新业务应用设计与开发等内容。主题报告会与技术交流会作为CCBN的核心活动，更是受到行业内外的关注。

国家广电总局副局长张海涛在2003年3月20日的主题报告《以发展为第一要务，全面推进广播影视的数字化、网络化》中指出，要从实际情况出发，全面推进数字化、网络化进程，加速中国广播影视的发展。到2005年底前实现付费影视频道达到50～80个，全国有线数字广播节目达到150套左右，数字机顶盒用户扩大到3千万户，初步形成导向正确、品牌突出、特色鲜明、内容丰富、门类齐全的付费广播影视消费市场，东部发达地区地市以上城市、中西部地区大部分省会城市基本实现数字化过渡。为了响应这一精神，CCBN 2003首次设置了一个面积达2千多平方米的"运营商展区"以集中展示20多家海内外卫星运营商、网络运营商及卫星设备商提供的技术和服务。中央电视台、中国教育电视台等广电机构也在这个展区参展。

一个展会的主要内容由政策、技术和市场要求所决定。纵观以往的CCBN展会，由于侧重于有线电视网络技术，因而参展商中鲜有卫星运营商，卫星设备商也不多。本届CCBN组委会请来多家卫星运营商，设置"运营商展区"，就是考虑到卫星在21世纪中国广播电视业向数字化发展的进程中将发挥更大作用的新情况。此次CCBN的召开，还为广播电视以外的厂商提供了机会。新浪和搜狐两家国内权威门户网站在"运营商展区"的出现就让人眼前一亮。根据有关人士的介绍，两家网站的参展主要是因为他们看好有线数字网络的发展，希望能打造自身的宽带网络，把原本的网上平面媒体发展成为视频媒体。

索尼、松下、索贝、大洋、贝尔、星光、长虹、摩托罗拉、西科网络等公司的参展也彰显了整个展会的水准，作为全球排名首位的宽带网络与数字电视展览会，CCBN有着不容忽视的权威性。国际馆内财大气粗的参展商引人注目的特装吸引了众多的眼球，也表明敏感的参展商把本次展会看作是展示自身实力，抓住机会，进入中国市场的好场所。值得注意的是，在中国广为人知的日本东芝公司在此次展会上没有像其同行那样引人注目，只占用了一个标准展位。据东芝展台的现场工作人员透露，东芝的实力主要在广播电视应用方面，现在已经开始重视中国数字电视网络化应用方面的市场，此次参展主要是为将来的发展"把把脉"。

服务个性化

国内展会最让人诟病的就是服务水平，可以说，一个展会内容再丰富、规模再大，服务跟不上，展会的档次也随之降低。作为业内展会的排头兵，本届CCBN的服务也让人称道。

对展会来说，最有价值的部分是其专业观众的比例。据CCBN组委会媒体总监张宏介绍，本次CCBN共组织了专业用户9千多人，其中由组委会安排接待的就有3千多人。组委会还为参展商专门印制了《参观代表名录》，可以说，做好了这一步，展会服务就做好了一大半。

为了提高招商服务的效率，CCBN组委会自"CCBN 2002"结束伊始，就开始着手制定2003年展会的全面计划，并开通了24小时双语热线电话和电子邮件服务。同时，为了适应信息时代的新要求，CCBN网站（http//www.CCBN.

com.cn）全面升级。无论是参展商、采购商还是观众；无论是报名还是了解情况，都能通过网络解决几乎所有问题。特别值得一提的是，CCBN 网站专门设立一个“My CCBN→我的行程→我的展区”，为专业观众与参展商建立直接联系提供了方面。

除了全国提供展前的便利服务外，“CCBN 2003”在展中和展后的服务也上了一个台阶。就拿人们普遍关注的国家广电总局副局长张海涛的主题报告会来说，为了满足众多渴望在第一时间现场听会者的要求，本次主题报告会将以往的5千个座位增加到了6千个，并在主会场之外，又于2号和17号厅开辟了两个分会场，并同步转播主题报告会实况。此外，有部分企业和采购商希望在会后到重点参展商的生产基地去参观，CCBN 组委会也全程提供帮助，预示着 CCBN 的服务功能正在从以往单纯在展会期间构筑买卖双方联系平台，向全面介入广电交易服务迈出了第一步。

——《国际商报》

第七届中国东西部合作与投资贸易洽谈会

2003年4月6～10日第七届中国东西部合作与投资贸易洽谈会在西安举办。

本届大会的会场设在陕西国际展览中心、西安国际展览中心和陕西工业展览馆。共设标准展位2315个，室外展区8千平方米。大会设投资洽谈馆、高新技术成果交易馆、综合贸易馆、新医药馆；大会期间还举办了第二届中国西部吸收外商投资洽谈会及中国东西部洽谈会第二届IT产业博览会。本届洽谈会由国防科工委、国家工商总局、中国贸促会、香港贸易发展局、香港中华总商会、澳门中华总商会等38家部委、省区、机构参与主、协办。

从1997年到2002年，已连续举办了六届的“中国东西部合作与投资贸易洽谈会”，不仅为外资的西进和东西部经济的协调发展提供了一个互动、交流、合作的平台，而且以其宏大的规模、特殊的地位及巨大的经济、社会效应，形成了一个在国内外具有一定影响和相当知名度的会展品牌。

六年来，东西部贸洽会参展省区及企业、人数逐年攀升，到去年已由首届的十几个经贸代表团增加到23个省区市和包括香港、澳门特别行政区在内的8千多家企业10万多名客商；签订的国内横向联合项目从1997年的305个增加到2002年的831个，总投资额由36.4亿元增加到357.34亿元；利用外资项目合同总投资额从5.12亿美元增加到9.96亿美元；履约率从最初的不足30%提高到2002年的70%，远远超出全国同类活动项目合同履约率平均40%的水平。

主办方：注重实效 力求节俭

第七届中国东西部投资与贸易洽谈会已成为促进东西部优势互补的“黏合剂”和加速西部发展的“催化剂”。本届大会的主题是：扩大对外开放，推动科技创新，调整产业结构，促进西部开发。投资洽谈是本届大会的重点，来自东、中、西部省区市的28个代表团带来了精心准备的招商项目和投资意向，一大批中央企业和非公有制企业积极参会寻找商机，大会为各类型企业提供了便捷高效的投资促进服务平台，参会客商大多都取得满意的收获。

本届洽谈会按照突出重点、项目带动、企业为主、市场运作、注重实效、力求节俭的指导思想，以投资洽谈为重点，组织安排各项活动，去掉了很多过去注重形式，不注重内容的活动。现在完全以市场化运作的方法，政府搭台，企业唱戏，怎么有利于企业，政府就怎么做。此次展会进行了结构调整，把投资与贸易分设场馆，强化了投资促进服务功能，突出了招商引资项目的包装和推介。大会投资类展位总数达到1362个，占大会展位总数的59%，为投资洽谈创造招商引资内外并举、投资引资紧密结合的互动对接条件。

本届洽谈会“投资洽谈”部分作为中介服务部门与往年最大的不同之处是开展了“预约洽谈”项目服务。预约洽谈是目前国际会展业上最流行的先进模式，陕西省政府在这种大型活动中把项目尽可能地做实，在2003年首次采用了此种先进的会展管理理念。这是本届洽谈会最具特色的服务项目，这套服务系统的使用大大提高参会客商开展商务洽谈的效率，为参展企业提供全方位的信息服务。各省区市代表团共有1700个企业的2401个项目申请参加投资预约洽谈。

“预约洽谈”是一种投资洽谈的促进活动，有意投资的投资者在大会“投资洽谈”部先把自己的投资意向报上去，计算机自动撮合系统将根据投资者的兴趣或意向，初步安排投资方和项目方洽谈，并会自动安排洽谈时间和地点。这就有利于投资方寻找到项目方、项目方寻找投资方，减少了双方的盲目性，提高了投资洽谈的效率。

陕西省省长贾治邦说：“几年来，陕西的发展速度之所以高于全国平均水平，一个重要原因就是投资的拉动作用比较明显。现在，一届比一届红火的洽谈会已经成为陕西省招商引资的重要媒体和桥梁。陕西省以适应入世为主题，以企业为主体，以加强东西部合作为目标办好洽谈会，尽可能地运用经济手段，减少政府投入，依靠市场运作，强化服务功能，力争通过洽谈会推进西部大开发和东西部的合作与发展。”

参展方：洽谈会上来掘金

西部这片沃土，将成为未来中国经济发展亮点，对西部发展的深切关注,对自身发展的深切关注,从各省各方的参展参会的人员情况可见一斑:截至4月3日,各代表团总计来陕人数12140人,参展企业总计2504家,带来参展项目5128项。

首次参加东西部洽谈会的浙江省代表团，在3月31日洽谈会报到第一天就抵陕。浙江省委、省政府对组团参加本届洽谈会的工作高度重视。组成了以副省长巴音朝鲁为团长的浙江省代表团参会参展,参会代表510人,企业80多家,这些企业多是有一定知名度的民营企业,体现了浙江省大力发展民营经济的特色。在洽谈会开幕新闻发布会上,浙江代表团负责人说:“浙江参加本届洽谈会的目的,主要是更加看好西部市场,进一步加强和扩大与中西部地区的合作和交流。浙江省代表团今年主要参加大会投资洽谈馆的活动,寻找投资项目,开拓新的市场,洽谈各种商务。浙江民营企业多,有近100万浙江人在西部地区投资创业，仅在陕西就有15万人。我们此次来了一大批民营企业,带来了很多项目,他们都想通过东西部洽谈会这一有效平台,达成更多投资合作项目。同时我们也可以借此机会加强与兄弟省份合作,进一步宣传浙江,拓展西部的市场。”

通过前一阶段的筹备与交流,浙江代表团在大会期间的签约合作已经确定有52个,投资额37.5亿元。

已连续6年参与主办洽谈会的安徽省本届组团1千余人来陕,准备再在贸洽会上“掘金”。安徽省参展团的负责人说,安徽省在过去6届贸洽会上取得了丰硕成果,本届洽谈会准备了经贸代表团和15个市分团以及产学研对接分团,组织了70家单位参展，100余家企业参会,参会人数超过了1千人，携300个经济技术合作项目来陕。安徽将力求通过多种渠道与陕西合作,实现优势互补和共同发展。

对于政府代表团来说,组织其省市区内有关企业和机构来参与东西部合作与投资贸易洽谈会，一方面作为主办方，另一方面又是参展方。江苏代表团有关官员说：“江苏是连续七次参与洽谈会，每届参会都上一个台阶，前六年来，我们参会达成经济合作669项，涉及资金100多亿元，达成贸易额622亿元。我们此次来了613家企业，1千多人参会。”

作为此次参会人数最多的山东代表团，参展人数达1581人,其团长说:“东西部合作与投资贸易洽谈会参加人数多、客户多，商机当然也多，洽谈会是一个很好的品牌，主题明确，以企业为主，项目对路,这些都是吸引我们参会的因素。我们今年带来了64个项目，预计签约将达200亿元。”

展位设在中国西部吸收外商投资洽谈会展馆的中国贸促会的展台前，几位工作人员忙着回答参会人员的各种问题，中国贸促会经济信息部刘振华副处长说:“我们此次带来了十几种国别调研报告和国别市场报告,都成为参会人员、企业关注的资料。像《美国天然/有机产品市场调研》、《美国、欧洲、南美洲摩托车市场调研》、《各国玩具市场调研报告》等很受欢迎。对于有些客户要求编制更专业、分类更细的国别调研报告，我们将陆续出版更多的调研报告，更好地为企业服务，指导他们更加理性地投资。”

参观者：在寻找与被寻找中谋求合作

其实,在此次洽谈会中要严格地区分主办方、参展方和参观者已是不可能,因为大量的政府组团参展,既是主办方,又是参展方，资金、技术、项目在互相追寻，所以在展会上各个展团之间互相交换资料也成了他们的一大任务。来自上海理工大学科研处的陈善忠在展台上摆了很多《科技成果选编》,成为参会上抢手的资料,他说:“我们也希望能带一些西部的项目回去,我们推广一些科技成果，但我们也希望西部地区能够告诉我们他们需要什么样的技术,所以我们也要参观别人的展台，找结合项目。”

东部各经济发达的省区的政府和企业大多是经济发达的投资大户,他们有资金、有技术、有人才、有管理,对于投资西部都有很强烈的愿望，于是,西部代表团闻风而动,立即组调人员,策划形式多样的活动，纷纷主动上门,积极与他们接触交流,寻找客商,开展洽谈活动。

——《中国贸易报》

第八届中国国际机床展览会

一、规模空前　商机无限

第八届中国国际机床展览会2003年4月16～22日在北京中国国际展览中心举办。该展会是由中国机床工具工业协会主办，是世界机床工具行业的一次盛会，是一个高品位的展会，参展厂商多、展览面积大，展品水平也是历届最高的，体现了当代世界机床技术发展的总趋势。中国机床工具工业协会总干事长于成廷说：“当今四大国际机床名展中，商贸活动最为活跃的当数中国国际机床展览会，即CIMT。而CIMT 2003又是在我国入世后举办的第一次国际机床大展，是体现高水平的、荟萃国际知名制造厂商和机床精品的盛会。”本届有来自美、日、德、瑞、意、韩及中国大陆等26个国家和地区的厂商组团参展，参展商达到1200余家，展览面积72000平方米，规模超过上届。其中海外参展500余家，占42%以上。几乎汇聚了国际所有机床制造知名企业，如德国德马吉公司、西门子公司、美国哈挺公司、辛辛那提公司、格里森公司、哈斯公司、瑞士阿奇夏米尔公司、莱斯豪公司、迪克西公司、日本马扎克株式会社、森精机制造研、大隗株式会社、韩国大宇公司、西班牙达诺巴特公司、意大利萨尔瓦尼尼公司、瑞典山德维克公司等。其中国内600多家企业推出一大批机床工具新产品，国内外有1200多台多切机床、锻压机床、板材设备、量仪和上万件工量辅具、磨具、数控数显装置、机床电器等产品参展，是一次十分难得的考察、学习、选购性价比最优设备的机会。此次展会还加盖了两个共7800平方米的临时展馆，但还是不够，仍然有60多家厂商因面积限制进不了展会。

主办单位介绍说，为充分发挥CIMT国际机床工具大市场的功能，他们预先向广大机床行业用户提供了解展览会筹备工作和国内外主要参展展品情况，使用户能够充分利用展会之际开展贸易活动，中国机床工具工业协会于2003年3月分赴全国六大城市组织召开由各地主要用户参加的CIMT 2003贸易联络会，向各地用户介绍国内外主要展品亮点及选购设备的主要事宜。

CIMT每两年举办一次，由中国机床工具工业协会和中国机床总公司轮流主办。由于“非典”的原因，展会多少还是受到一些影响，不过这些影响不大，国外知名企业很踊跃参加，有的国外企业本国人员没有来，但也派出了其驻中国代表处的工作人员参会。在以往的展会上，很多国家为展示其高端技术和精密产品，都会为其国家展团举办馆日活动，以密切客户关系，交流技术，洽谈贸易，但今年国外展团取消了馆日活动。

二、展示形象 连接市场

即使面对“非典”的影响，很多国家的展商还是坦然参展，德国、美国、意大利、西班牙、瑞士、英国等都派出了强大的参展阵容。德国著名的斯莱福临集团（SCHLEIFRING）不但从德国派来了十几名工程技术人员，还从其瑞士的公司抽调了两名工程师来为展会服务，而且还把其设在中国的上海、西安、北京等地的办事处的人员都调来了。斯莱福临集团北京代表处斯图特机床部项目经理陆宾说：“德国展团大概是此次参展的国外展团中展出面积最大的一个，而斯莱福临集团又是国外参展企业中展位面积最大的一个。”该公司总共带来了11台机器参展，总展出面积达450平方米。斯莱福临集团还在展位中央搭建了宽敞的洽谈中心，客户与专家及销售人员可在此进行交流。斯莱福临集团带来参展的机床中好几台都贴着标签“感谢杭州娃哈哈集团精机公司惠购此机”、“感谢云内动力股份公司惠购此机”、“感谢郑州钻石精密制造惠购此机”……看来，客户对于他们的付出也给予了肯定和回报。

中国沈阳机床集团在展会上搭建了达633平方米的巨大展台，并布置了三个洽谈间，他们在展会上展出了多台具有国际水准的高精度、多功能、复合型数控机床。

北京第一机床厂厂长王记生说：“北京第一机床厂始终是这个机床盛会的积极参与者，我们把它作为展示形象的舞台、连接市场的桥梁。我们想通过它，传递不断发展、进取的信息，感受市场脉搏的跳动，结识更多朋友。中国机床市场的快速发展，向世人印证着中国经济的勃勃生机。我们珍惜这千载难逢的发展机遇，更珍视享誉国内外的世界机床名展——CIMT的国际机床大市场，我们将抓住这个机会，寻找到更多的战略合作伙伴。”

中国巨大的市场潜力，给本届展览会带来了无限商机，中国经济高速增长的态势，使机床工具工业市场保持快速持续增长，金属加工机床消费量2002年增长到55亿美元以上，首次成为世界第一机床消费大国和全球第一机床进口大国。预计到2005年中国机床消费将超过70亿美元，机床进口将超过35亿美元以上。

三、观众踊跃 成就合作

本次展会的配套活动非常丰富，多项吸引观众的活动无不体现着展览会的品位。会展期间举办了“汽车制造技术与工艺装备”研讨会、开设了67场中外技术交流讲座，各国和地区机床协会也开办了市场报告会，深深吸引着专业人士的注意力。

河南新乡日升轴承设备制造有限公司的工程师郭继军捂着大口罩边走边看，看到感兴趣的就驻足参观：“我们是个加工轴承设备的小厂，但我们也跟踪先进技术，学习先进技术，提高自己的产品质量，在展会上我们总能找到自己所需要的产品和技术。”

来自河北省徐水晨光机械厂的李凤龙干脆就在场馆内“大扫荡”——一家挨一家的问“有没有小型数控机床”，并拿出只能套在手指上的一个小型零部件“就是这种型号，有没有生产这种产品的机床？”参展厂家热情地接待了他，并为他提供各种资料和联系名片。

本次展会展出的高水平展品，极大地吸引了高水平的观众和用户群体，各地机械、军工、铁路、汽车、航空、纺机等重要工业部门，京、沪、沈、渝等主要城市都纷纷派员参观选购。会前，就有大批专业观众预约登记参观采购，这其中企业决策者多，从事贸易、采购、开发、生产、管理的专业人员多，这也反映了CIMT对高水平观众和有实力的经贸团组具有愈来愈大的吸引力。

13个国家和地区的机床协会负责人和10个国家的驻华使节对CIMT表示了热切的关注，到会考察或出席开幕式，对CIMT寄予了殷切的期望。更有一些国外官员、游人纷纷题辞祝贺，美国商务部部长唐纳德·伊文斯，欧盟驻华代表团团长安高胜，英国、瑞士、捷克、德国、意大利等国的驻华使节都表示了美好祝愿，捷克共和国驻华大使托马什·斯麦坦卡在贺信中说“谁又能错过CIMT——一个在机床行业界卓越的展览会。有着机床生产悠久历史在半个世纪以来与中国长期合作的捷克机床公司肯定不会错过。”瑞士驻华大使周铎勉说：“自第一次举办展会（CIMT）以来，瑞士机床制造商表示出了极大热情，一直积极参与。感谢中国机床工具工业协会为机床制造商和观众提供这个宝贵的商业平台，让大家得以交流与合作。”看着这些诚恳热切的话语，或许也说出了观众内心的感言。

四、顶尖技术　争奇斗艳

本次展会展出的各种金属切削机床有：加工中心及并联机床，柔性制造单元及制造系统，组合机床，专用设备，电加工、激光、等离子及其他特种加工设备，快速仿型制造设备，各种金属成型机械（锻压机械），生产过程自动化有关设备，板材、线材加工设备，物料输送装置，量仪、量具、机床功能部件、配套件及辅助设备，检测设备，工具、刃具、夹具及相关产品，磨料磨具、超硬材料及制品，电器、电动液压配套件，计算机控制系统、装置及服务软件，机械制造加工管理软件，其他相关的最新制造技术与设备等。体现数控机床高水平的五轴联动数控机床展品品种、数量之多，反映出展品的高水平。

这次展会展出五轴联动数控机床近40台，其中境外20多台，境内18台。德国CHIRON公司、日本马扎克株式会社、中国台湾欧马公司、宁江机床集团公司、江苏多棱数控机床公司、自贡长征机床公司、北京机床研究所、厦门先弘机械公司等单位都有五轴联动数控机床展出。数控机床向高速化发展更为突出。如瑞士米克朗公司的高速加工中心，主轴转速30000r/mm；德国GROB公司的直线电机驱动的高速加工中心，主轴转速18000r/mm。复合加工机床展品类型广泛，其代表产品是日本马扎克株式会社的五轴联动车铣复合加工中心、德国德马吉公司的五轴联动铣车复合加工中心、德国IMAG公司的倒置式立式车磨中心。国内企业加快数控机床产业化进程，取得突破性进展，在展会上展示实力与国际同行争奇斗艳，成为本届展览会的一个亮点。在这次展览会上国内厂商组织了最强阵容，推出一大批新品、精品。展出金属切削机床中数控机床占75%；锻压设备中数控产品达54%。高水平数控机床的成批展出，是我国机床工业发展的重大突破，反映我国机床工业面向市场，加速结构调整取得了可喜进步，说明中国装备水平有了新的提高。

五、非常时期 非常服务

据中国机床工具工业协会总干事长于成廷介绍，为解除中外参展商、观众的顾虑，他们和中国国际展览中心采取了力所能及的预防措施。每天开馆前、闭馆后在展馆喷洒消毒水，按时净化展馆空气，完善通风设施，定期对滚梯扶手进行消毒，随时清洁馆内卫生。对此，参展商和观众都比较满意。一位参展商告诉记者，自己的客户都基本如期前来，参展效果没有受到“非典”冲击，他希望承办方能进一步加强“非典”的防治工作。当记者问及一位来自山东的观众是否因为“非典”而心有余悸时，她说：“刚开始有一点，我还准备了口罩，但是这样大型的展会不来看太可惜了，我还想看看有没有我想要的设备呢！到了这里发现展馆通风、消毒情况挺好的，就放心多了。”

为了使本次展会更具吸引力，组展方面把服务当成办展的宗旨，各项工作无不围绕协会会员、参展商、采购商、观众的需要而展开。各种配套活动延伸了展会的内涵，拓宽了展览空间，不仅给展会增添了生机和活力，而且在很大程度上缓解了“非典”给展会带来的压力。如：“汽车制造技术与工艺装备国际研讨会”就引来了像一汽、东风康明斯等大批高质量的听众；中国海洋石油工程公司用户团等经贸组也组团前来；清华大学、北京理工大学等全国11所理工大学的工科学生代表也应邀参观了本届展会。展会举办的国际市场报告会、第十四届亚洲各机床信息协调会、大约60场技术讲座，还有美国、日本、瑞士、英国、意大利、西班牙等展团的盛大馆日活动，都让参展和观展的人们颇有不虚此行之感。

此外，本次展会的配套服务和设施也深得展商赞许。重庆机床厂的参展人员告诉记者，中国国际展览中心的重型机械起吊人员、工具非常专业，水、电、气等配套设施也提供得不借，因此对本届展会非常满意。

拨开“非典”的云雾，我们看到的是第八届机床展的盛况。看来，西门子公司的参展人员所言：“CIMT完全能达到德国汉诺威的欧洲国际机床展览会的水平”，确实不无道理。

第十届上海国际汽车工业展览会

“上海国际汽车工业展览会”始于1985年，经过主办单位18年的精心培育，现已步入一个崭新的时期。2003年4月20～24日在上海新国际博览中心隆重举行的“第十届上海国际汽车工业展览会”吸引了来自23个国家和地区的730家厂商参展，展出面积8.1万平方米，观众达到15万人次，中外媒体576家，记者3千多名。上海市委书记陈良宇和市长韩正亲自参观了展览会并接见了重要展商和主办单位负责人，充分肯定了本届汽车展的成功，明确指出“本次车展是我国建国以来规模最大的汽车展，众多跨国汽车公司的参与使上海国际汽车工业展真正成为中国最具行业知名度和影响力的汽车工业盛会之一，并希望上海汽车展能发展成为亚洲最大的国际车展。”

一、展商阵容强大，精彩纷呈

本届车展吸引了全球跨国汽车集团及国内主流汽车公司的密切关注和积极参与，近730家展商共展出整车459辆。代表世界汽车工业未来发展的九大汽车巨头（6+3格局）悉数到场，如美国通用、福特、戴姆勒－克莱斯勒，日本丰田，德国大众，法国PSA集团（雪铁龙－标致），及日本本田、德国宝马、法国雷诺等；国内汽车界的重要代表如一汽集团、上汽集团、长安集团、华晨集团等均积极参展。

参展商们带来了各自的最新产品及最新技术，并以豪华展台设计将整个展场修饰的美仑美奂。如代表汽车工业未来的最新概念车通用公司的自主魔力；最激动人心的各款跑车、赛车，如火红的法拉力跑车；最新的汽车产品，如VOLVO刚刚面世的S340；最昂贵的汽车，如宾利公司价值1180万元的展车等等。而车展也成为国内主要汽车公司的新产品发布平台，即将下线的主打新车20余款在本届车展亮相。如上海通用的凯越、广州本田的飞度、一汽奥迪的A4、东南汽车的菱帅等。

展会集中体现了当代汽车工业最新成就及国内企业近年来的领先技术和产品，全面展现了当代汽车工业的发展水平，正如美国通用汽车（中国）董事长兼首席执行官墨斐所说："这次汽车展非常成功。中国和上海为汽车工业的发展创造了良好条件，我们将进一步扩大投资，加强合作，促进中国汽车工业的发展。"

二、观众如潮，组织工作有新思路

本届车展共接待了观众15万人次，其中国内观众13.8万人次，来自29个国家和地区的海外观众1.2万人次；专业观众占总数的46%。同时，首次采用了磁卡门票并设置了触摸式电脑查询系统。

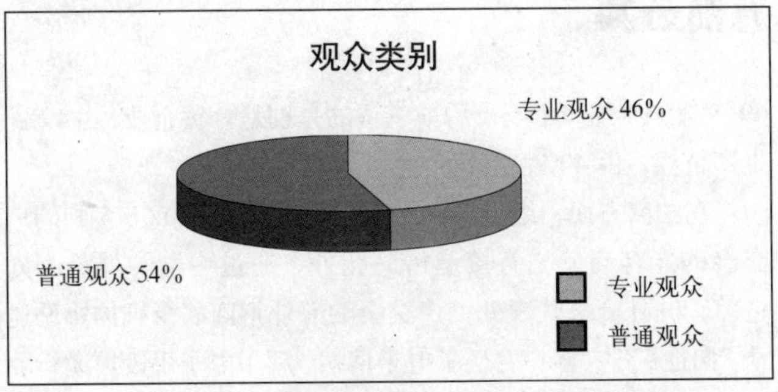

图4－2　第十届上海国际汽车工业展览会观众分类比例

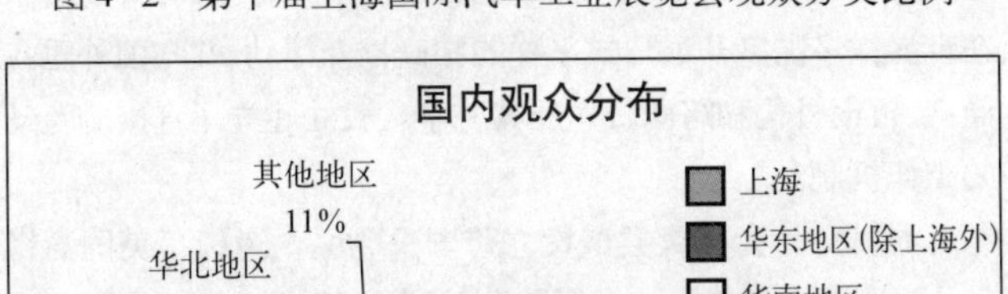

图4－3　第十届上海国际汽车工业展览会国内观众分布比例

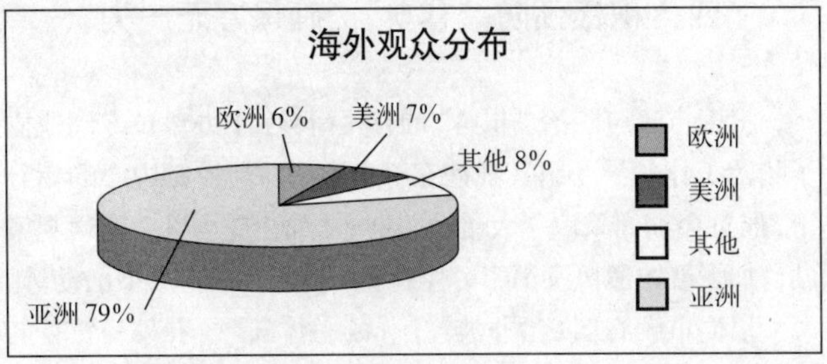

图4－4　第十届上海国际汽车工业展览会海外观众分布比例

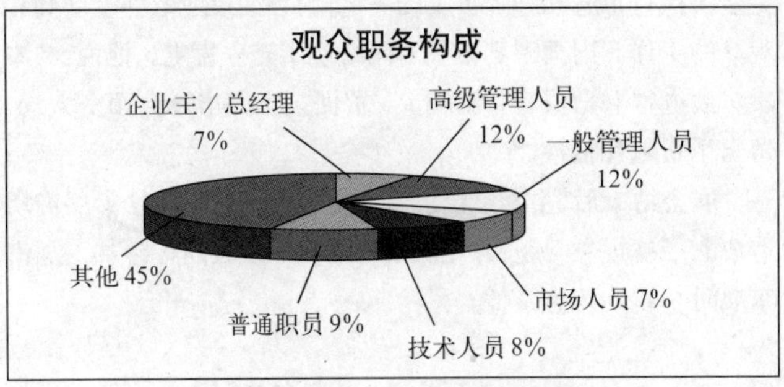

图4－5　第十届上海国际汽车工业展览会观众职务构成比例

三、媒体报道声势浩大，反映良好

海内外媒体对上海车展投入了极大的热情，参与报道的记者人数之多、范围之广、关注程度之高也创下历届之最。主办方首次将开幕前一天设为媒体日，并首次建立起大型新闻中心。展览会期间共接待了中外新闻媒体576家，3千名记者全面报道了上海车展的盛况。

20多家主流媒体组成的媒体工作区内，电台、电视台、网站将直播室搬到车展现场，上海卫视把转播车、"大摇臂"开进车展，在车展媒体日上推出了有一个半小时的现场直播，这在上海车展历史上是第一次。覆盖面强的卫视使上海、全国及日本和澳大利亚的观众都看到了车展的盛况。上海电台交通台在现场搭建了一间全透明玻璃房，将直播间搬进了车展，他们会同中央广播电台、江苏8大城市广播电台及湖南、山西交通电台对车展开幕式及现场情况进行直播。新浪网、搜狐网、中国汽车网、中国汽车新网、人来车网、千龙网等知名网站也在现场进行网上直播。同时，很多媒体出了车展专刊、特刊，展开一场"新闻大战"，给予了车展高度评价。新华社报道："上海车展完全可以与世界五大车展比肩。"

图4－6　第十届上海国际汽车工业展览会参与媒体分类所占比例

四、积极预防“非典”，确保万无一失

根据市政府防治“非典”的有关精神，主办单位专门成立了防范工作领导小组，在浦东卫生疾病防治控制中心的指导下，展览会期间采取了大量预防措施，如在现场设立医学观察站，加强展馆通风及消毒，控制观众流量，减少大型活动等。

根据市政府“防治非典”工作的总体部署。在外经贸委的领导下，本届汽车展展期由8天缩短至5天。贸促会上海市分会坚决执行市府和外经贸委的决定，耐心细致地做好参展商和观众的工作。周禹鹏副市长对此给予了充分肯定，他说：“本次车展办得非常成功，影响大，贸促会上海市分会顾全大局，做出了贡献和牺牲。”

展会结束后，主办单位已着手处理因提前闭幕给参展商所造成的经济损失问题，并已决定给予本届参展商在参加下届汽车展时一定的优惠条件。

五、以人为本，服务至上

1．设立了大型新闻中心

首次在车展上设立的750平方米大型新闻中心包括接待报到区、信息资料区、工作区、采访区、新闻发布区和休息区六大功能区域。免费为记者提供撰稿、通信、上网、电子邮件、复印、光盘刻录等所需要的设施。

2．专业观众预登记

为保证良好的参观环境，特设了专业观众日，并对专业观众提供预登记，佩带专业观众胸卡。为提高参观效率，大会还向专业观众提供“参观指南”和车展光盘。

3．使用电子门票和磁卡证件

本届车展使用的电子门票和磁卡证件在全国各大车展中尚属首次。

4．设置触摸屏系统

主办单位在现场布置了20个电脑触摸屏，详细介绍了车展情况，不仅使观众对车展的总体情况有所了解，且方便观众有针对性地参观。

5．设立医学观察站

为了应对“非典”，确保现场人员健康和安全，特请疾病防治中心和仁济医院的医护人员在医学观察站值班，并在现场采取了大量预防措施。

6．提供班车

为方便观众，特开设了由地铁出口到展馆的免费班车，且使用的都是尚未使用过的新车。

7．搭建餐饮休息区

为方便数量众多的观众用餐，大会搭建了近4千平方米的餐饮休息区，可提供2～3万人次同时用餐。

8．加强通信设施

考虑到现场大量的人流会造成手机通信受阻，特请上海移动和上海联通派工程车到现场，确保通信畅通。

9．设立法律咨询中心

邀请律师现场办公，提供商标、专利、知识产权等方面的法律咨询。

（上海市国际展览有限公司）

展业航母　万商云集

一、第93届广交会如期开幕

第93届中国出口商品交易会如期于2003年4月15～30日召开。

本届广交会继续分两期举办，展出面积达31万平方米，折合国际标准展位15862个。其中第一期为4月15～20日，展出原材料、机械与工具、电子电器、纺织服装、食品土畜等五大类商品，共18个展区，7936个展位；第二期为4月25～30日，展出家居用品、礼品与装饰品、办公与户外用品三大类商品，15个展区，7926个展位。全部参展商品超过10万种。

本届广交会共有48个交易团，9128家企业参展，是历届之最。按企业性质分，参展的民营企业和外商投资企业有较大幅度增加。民营企业由上届的588家增加到1221家，增幅为107.5%，占参展企业总数的13.5%，位居第二；外商投资企业由上届的705家增加到1092家，增幅达55%，占参展企业总数的12%；集体企业由219家增加到474家，增幅为116%，占参展企业总数的5%；国有企业6341家，占参展企业总数的69.5%。从企业类型分，居前三位的分别是外贸企业，占49%；生产企业，占40%；工贸企业，占11%。

在招商方面，组委会向192个国家和地区16万多户的广交会的老客商发帖直接邀请。此外，通过中国驻外经商处（室）、驻外商务代表处、广交会的海外招商联络机构协助邀请。向近6万家客户发送了电子请帖。利用电子手段扩邀行业进口商、批发商5千户。广交会组织了多个出访招商工作小组，在世界许多国家开展形式多样的招商推介活动，并与国外重点商会、贸促机构和跨国公司及其驻华代表处建立了直接的互动的工作机制。

本届交易会首次尝试设立跨国采购区，邀请了美国嘉得宝、法国欧尚、美国中央采购和美国QVC公司等四家跨国采购集团于4月15～20日在展馆内进行定点采购，4月16日和17日上午，法国欧尚和美国QVC公司还分别在展馆内举办专场采购说明会。广交会网站还开辟定点采购专栏，发布四家采购商的资料和采购清单，提供预约服务，使参展企业与国际采购商之间进行更加方便、有效的业务交流，为采购商提供更舒

适的工作环境，进一步拓宽参展企业的国际销售渠道，有效提升了广交会的贸易成交功能。截至4月12日，已有231家国内企业在网上报名参加跨国采购区交易。

此外，为充分发挥电子商务对现场交易的补充作用，按照商务部的统一部署，第93届广交会还通过广交会的官方网站（WWW.CANTONTAIR.ORG.CN）开通与现场交易会同步进行的网上洽谈平台，并责成机电进出口商会中国机电贸易网（www.chinamet.com）等有关单位，参与此次“在线广交会”的组织实施。指定中国机电贸易网举办的“在线机电广交会”（http：//mececf.chinamet.met）为采购商和参展企业提供信息发布、贸易撮合、网上洽谈、辅助成交等电子商务服务。该平台可实现登记注册、供求信息发布、参展企业及展品信息查询、采购商及采购信息查询、贸易撮合、客户管理、合同管理、网上洽谈统计、用户管理等功能。

本届广交会进一步优化了服务体系，提高了服务水平。本届交易会也进一步完善和规范了各项服务，优化环境，竭诚为展商和客商营造安全、高效、舒适的交易平台。广交会网站还推出了多语种版本，目前共有中文简体、中文繁体，英、日、德、法文共六种版本。成立了翻译中心，组织了一支具有较高外语水平的翻译队伍，为来宾服务。来宾接待和报到、现场信息查询功能更为完善和方便。成立了广交会证件服务中心，全面实行网上办证，规范了证件管理；引入货物搬运竞争机制，提供从提运、仓储到送货进展位的运输服务。还采取严密防范措施，确保大会安全。

党中央、国务院对第93届广交会的工作，尤其是广交会期间的卫生防疫工作非常重视和关怀。国家商务部、卫生部、广东省和广州市人民政府制定了一系列保障本届广交会参展商和客商健康安全的预防措施。一是专门成立了以广东省常务副省长汤炳权为组长、卫生部副部长马晓伟、商务部部长助理郭莉、广州市副市长陈明德为副组长的第93届广交会防治非典型肺炎协调小组，交易会展馆内专门成立了由国家卫生部、商务部、广东省、广州市等有关单位组成的第93届广交会卫生保障工作办公室，统一领导和协调交易会期间及展馆内的卫生安全保障工作；二是对展馆及大院公共场所每天进行全面的常规清洁卫生和消毒；三是加强对工作人员和参展人员的健康情况的监控；四是制定了应对各种紧急和复杂情况的机制和预案，做好各种应对准备。

二、广交会全方位提升优质服务

在本届广交会首次成立的证件服务中心，原来按证件类别各自办理的多项业务已经有机地集中起来。内宾办证在一个窗口对外的原则下，实现了职责分离、组合办证。本届交易会对参展商和工作人员全面实行网络办证，证件配额计算和查询、办证申请和监督、人员资料管理等均可借助网络进行。在来宾报到处，4个办证区、39条通道、2个窗口、20个来宾报到点布置得井井有条，为客商和来宾提供了方便快捷的一站式办证服务。

针对往届有不少参展商反映大会提供的标准配置的展具不能满足自己布展要求的情况，本届广交会特别增设了“标准展位现场拆改”服务，可以为有需要的展商现场拆改，重新安装，大会还提供了多种样式的展具出租，使参展商在布展时有了更多的选择。

更具人性化的服务还随处可见：大会增购了多台安检设备，使与会人员排队等候验证的时间明显缩短；以星级标准规范展馆洗手间保洁服务流程管理；为展商提供从策划、设计、制作施工到撤展、仓储运输的展览特装工程一条龙服务，在空调机房安装紫外线等杀菌消毒设备，等等。

与广交会同步开通的“网上广交会”也加强了信息和展览服务功能，对参展企业与展品，客商与境外买家资料等各类信息服务内容进行及时更新和补充。在交易会场馆内布置了多台能够方便查询各种相关信息资料的电脑，宽带接口更是连到了每个展位。据统计，截至4月15日下午5点，广交会开幕当天的网站访问量已达到168.4万人次。

在“外经贸公共信息服务”的展台前，领取资料、登记入库、进行咨询的参展企业和客商络绎不绝。与之相同的还有中国国际电子商务中心（EDI）和电子商务中心的展厅，电子商务服务对现场交易起到了补充和促进作用，也充分体现了本届广交会的电子商务特色。

真情服务在广交，全方位提升优质服务水平，为客商和展商营造高效、舒适、安全的洽谈环境和交易平台，就是为促进我国外贸出口的大局服务。虽然受到一些客观因素的影响，本届到会客商的数量有所减少，但人们仍然可以真切地感受到细致的人性化服务，良好的交易环境给广交会带来的可喜的变化。

三、广交会成交活跃

第93届广交会副秘书长、新闻发言人徐兵4月17日介绍了本届交易会开幕以来客商与会及交易情况。他说，开展两天以来，虽然与会客商人数和出口成交金额与上届相比有所下降，但洽谈成交活动依然活跃，如跨国定点采购、网上洽谈平台等多种交易方式也对扩大成交起了很好的促进和补充作用。

截至4月16日，共有来自151个国家和地区7677位客商与会，其中美国、日本、韩国、英国、法国、德国、俄罗斯、澳大利亚等国家和中国香港、中国台湾地区的客商人数较多。与上届相比，来自阿富汗、吉尔吉斯斯坦、摩尔多瓦、萨尔瓦多、几内亚、马里、刚果和尼日尔等国的客商人数有所增加。出口成交金额为3.347亿美元。机电产品、纺织服装以及农产品成交额占总成交额的50%。成交额居前三位的交易团分别是广东、浙江和山东，占总成交额的57%。国有企业、外商投资企业和民营企业的成交额分别占总成交额的82%、6%和8%。

采购企业和参展企业都对广交会网站开通定点采购平台表示满意，一致认为这一方式有利于进一步加强参展商与采购商的业务交流。与现场交易会同步开通的广交会网上洽谈平台充分发挥了贸易撮合、辅助成交的作用，中国国际电子商务中心及机电商会等网站也发挥各自的优势，受到广大参展企业与海外客商的广泛关注。据不完全统计，截至4月16日16时，广交会各网站的访问量累计达651万次，网上意向成交额为5862万美元，确认成交额为57万美元。美国、埃及、德国等国家和地区的客商访问量位居前列，广东、浙江、江苏、山东、深圳、北京等国内企业的访问量亦较大。

四、广交会第一期圆满落幕

4 月20日，第93届广交会第一期顺利闭幕。据不完全统计，前四天成交额已超过13.5亿美元。

截至4月18日，成交额遥遥领先的为机电商品，成交7.02亿美元；其次为纺织服装类商品，成交2.75亿美元；位居第三位的是五金化工类商品，成交1.8亿美元。

在成交额最大的机电产品中，按地区划分，亚洲3.16亿美元，占成交总额的45%；欧洲2.04亿美元，占29%；北美洲0.75亿美元，占10.1%；三大出口市场格局没有变化。外贸企业成交占机电产品成交的45%，成为机电产品成交的领头羊。

纺织服装类商品中，亚洲、欧盟、北美洲同样是成交最集中的三大市场，分别成交1.14亿美元、0.64亿美元和0.44亿美元。

本届展会首次设立的跨国采购区在开幕之初便受到了广泛关注，由于参会的四家国际采购集团较早以前就将本次定点采购的清单在广交会的网站上公布，许多企业已经提前预约了见面洽谈，而更多的参展企业则是在开展之后来此领取预约登记表，希望能够获得商洽的机会，进而成为国际采购集团的供应商。据初步统计，仅在开展两天，现场填报预约登记表的展商就有1900多家，实际安排洽谈的有420多家。众多参展商表示，非常欢迎这种跨国公司到广交会定点采购的方式，他们认为这为参展企业与跨国公司之间实现高效、直接的交流和商洽起到了极大的促进作用。

此届广交会的网上洽谈，截至4月19日，访问量达847万人次。

历届广交会上，中国各地的参展企业为了吸引参观者，都纷纷把“扮靓”作为头等大事。只要一走进第93届广交会的会场，客商们就可立刻感受到异彩纷呈的展台魅力。不管是电子馆的“动感地带”、纺织馆的“色彩斑斓”，还是医保馆的“绿色海洋”都深深吸引着参观者。广交会的其他场馆也都各具特色，如土产馆多采用黄色等显示尊贵之美的色调；就连最容易使人沉闷的五金馆，也被别出新意的展商们“调配”的“红红火火”。

另据了解，截至4月19日，共有来自164个国家的15516名外国客商参加第93届广交会。其中亚洲客商占70.28%，欧洲占5.79%，大洋洲占2.05%，美洲占8.86%，非洲占8.87%。新客商占与会总人数的34.6%，新老客商比例与往届大致相同。

组委会在一期结束之后，没有发现一个“非典”病例。

五、广交会二期如期开幕

经过数日紧张的换展，第93届广交会第二期于4月25日如期开幕。据了解，此次广交会二期在卫生防疫工作方面又有新举措：新添置的12台遥感红外快速体温检测仪已布置在部分场馆主要通道并在开展当日投入使用，空调送风系统不间断进行紫外线灭菌消毒，对桌椅、公用电话、电梯等使用频繁的公共设施全天多次消毒。

当天上午，商务部副部长于广洲会同有关方面领导视察了展馆。他表示，受到各方广为关注的本届广交会第一阶段整体情况平稳，特别是卫生防疫工作组织严密，大会采取的多项支持保障措施经受住了考验，成效明显，一期良好的开局也为二期创造了极为有利的条件。于广洲强调，二期面临的困难和不确定因素更多，各有关部门要迎难而上，继续把卫生防疫作为头等大事来抓，要抓细、抓实、抓紧、抓好，推广一期的好经验和好做法，为参会人员提供可靠的健康保障；广交会要努力提高服务水平，帮助参展企业降低成本，不断创新交易方式，尽可能多成交。

据悉，在当前抗击非典型肺炎的严峻形势下，因到会客商减少、成交额下降给参展企业带来一定影响，本着对企业务实、负责的精神，商务部日前批准了外贸中心对本届广交会的展位费实行减收的方案。具体办法如下：

1．每个标准展位减收6千元展位费；

2．各交易团、各商会的办公室租金按原价减收32%；

3．支付给商会的商会管理费，按减少后的展位费为基数计算拨付。

针对广交会二期的工作，商务部部长助理郭莉指出，一定要从大局出发，尽全力组织好各项工作，保证交易会顺利进行。要重点落实卫生防疫、安全保卫等各项部署，抓好参展人员的思想政治工作，服从卫生防疫的要求，在保证身体健康的前提下，力所能及做好成交工作。她透露，近日广州各大酒店、宾馆的订房率较前半期已有所回升，不少原来持观望态度的海外客商已准备参加交易会。

按照广交会的安排，二期于4月25日至30日举行，主要展出家具用品、礼品及装饰品、办公及户外用品等3大类商品，共分5个展区，合计标准展位7926个。

六、第93届广交会胜利闭幕

第93届中国出口商品交易会于4月30日在广州落下帷幕。本届广交会在党中央、国务院的高度重视和亲切关怀下，一手抓防治非典型肺炎这件大事，一手抓出口成交工作不放松，经过各交易团和全体与会人员的共同努力，本届广交会整体情况平稳顺利，各项工作有序进行，实现了预定目标，取得了良好效果。大会新闻发言人徐兵介绍了本届交易会呈现出的几个新特点：

1. 始终如一地把卫生防疫工作作为头等大事抓紧，抓细、抓实、抓好，全力以赴保证全体与会人员的身体健康和生命安全，所有与会人员和到会客商中无一例非典型肺炎病例出现。

在非典型肺炎疫情依然严峻的形势下，做好卫生防疫工作直接关系到本届广交会的成败。按照党中央、国务院的统一部署，商务部、卫生部、广东省、广州市采取了一系列强有力措施。

(1) 加强部门、地区间沟通和协作，早做研究、早定预案。广交会筹备期间，在卫生部、商务部的具体指导下，广东省和广州市制定了周密的广交会防止非典型肺炎应急方案。

(2) 建立了严密的卫生防疫组织体系。成立由卫生部、商务部和广东省、广州市领导参加的第93届广交会防治非典型肺炎工作协调小组，全面负责广交会期间非典型肺炎的防治工作；广州市政府会同卫生部、广东省卫生厅和中国对外贸易中心组成广交会卫生保障办公室，全面负责广交会各项卫生保障工作的具体实施；各交易团设立卫生防疫工作小组，负责本团卫生防疫工作。

(3) 建立严格的各级责任制，确保任务到人，责任到人。各交易团、各商会、个展馆都指定了专人负责卫生防疫工作，密切监控本单位、本展馆的卫生防疫状况，及时发现问题，报告情况，快速处理。

(4) 尽最大可能创造优良的卫生防疫环境。保持展馆空气流通，加强展馆和各项公共设施的消毒，添购红外线体温检测仪器；选派卫生监督员对场馆内食品加工制售各环节进行严格的卫生监控，对有关饮食服务点的卫生设施和工作人员健康状况定时检查，并及时采取相应处理措施。

(5) 建立境内外与会人员健康监测预警系统，及时掌握与会人员健康状况。强化境内外与会人员入住的宾馆医务室的卫生防疫监测职能，做到“早发现、早报告、早隔离、早治疗”，将可能出现的疫情控制在最小范围。

在各方艰苦努力下，本届广交会卫生防疫工作成效明显，所有与会人员中无一例非典型肺炎病例出现，得到了境内外与会人员的普遍肯定。

2. 与会客商数量下降，出口成交仍然达到一定规模。

境外客商来源广泛，新客商占有相当比重，客商采购意向明确。截至4月29日，共有来自167个国家和地区的23128位客商与会，新客商人数为6973人，占总客商人数的30.1%，单位客商成交额比2002年春交会和秋交会分别增长36.9%和36.6%。

截至4月29日，累计出口成交44.2亿美元，主要成交商品为机电产品和纺织服装类商品，农产品成交降幅较低。上述三类商品分别成交20.4亿美元、8.1亿美元和2.3亿美元，分别占成交总额的46%、18%和5%。

成交市场集中，对亚洲、欧洲和美洲出口成交分别占总成交的45%、27%和19%，成交省市集中在东部沿海地区，国有企业是成交主体。广东、浙江、江苏、上海、福建、山东分别占出口成交总额的41%、11%、7%、1%、2%和4%，国有企业、民营企业和外商投资企业分别占出口成交总额的77%、8%和7%。品牌商品和新产品成交情况好于其他商品。

3. 积极探索新的贸易方式，拓展广交会贸易功能，千方百计促进出口成交。

针对本届广交会的特殊情况，为将非典型肺炎对出口成交造成的影响降至最低，本届广交会在创新贸易方式、充分发挥电子商务作用等方面进行了新的探索，取得了一定成效。

共有2892家企业进行了登记，建立了初步联系，923家国内参展企业进行了实质性贸易洽谈，拓宽了参展企业的国际销售渠道。

充实、加强电子商务手段，积极引导境内外企业开展网上交易。本届广交会在中国贸易中心原有“广交会网站”的基础上，增设了网上洽谈平台；进一步扩充了中国国际电子商务中心“在线广交会”；将中国机电产品进出口商会“机电贸易网”纳入广交会电子商务网络。三大网站互为补充，基本保障了参展企业开展网上交易的需要，受到参展企业的普遍欢迎。

截止到4月29日，三大网站接收全球点击数共计5900万次，比上届同期增长48.1%，网上达成进一步洽谈意向的出口商品近金额约3.1亿美元，为现场交易起到了积极的辅助作用，为参展企业会后拓展业务，扩大成交提供了帮助。此外，参展企业也通过利用国际知名网站、企业自身网站、发送电子邮件、邀请客商下厂看货等方式，积极推销产品，扩大出口成交。

第93届广交会各展区产品细目

第一期：2003年4月15～20日18时

一、原材料类建材展区：各类建材、建筑陶瓷、门窗外墙、卫浴设备

化工洽谈厅：

(1)化工原料

(2)各种染料，染料中间体，颜料，油漆，油墨

(3)塑料原料

(4)化肥，农药

(5)炸药，烟火制品，火柴，引火合金，易燃材料制品

(6)化学制剂

(7)橡胶及制品

矿产冶金及有色金属洽谈厅：

(1)黑色金属，黑色金属矿产品

(2)有色金属矿产品

(3)非金属矿产品

(4)水泥制品

二、机械与工具类

机械及设备展区：

(1)各类仪器

(2)各类仪表

(3)照相器材，印刷制版器材，电影器材

(4)动力和机电设备

(5)机床及附件

(6)缝纫机及零件

(7)大型机械及设备

小型车辆及配件展区：

(1)汽车配件

(2)自行车及摩托车：自行车，摩托车及其零配件

车辆及工程农机展区：

(1)载重汽车，客车，越野车，其他汽车，无轨电车及设备

(2)土建工程机械，汽车起重机，履带式起重机，农林机械

工具展区：

(1)量具，刃具，磨具，电动工具，手工具

(2)农具

五金制品展区：

(1)金属制品

(2)小五金

(3)铸铁制品，铸锻件

三、电子电器类

家用电器展区：

(1)家用小电器

(2)电冰箱，洗衣机，空调器，冷柜，热水器

电子及信息产品展区：

(1)音像视听产品

(2)信息产品

(3)通信产品

(4)商务自动化设备

(5)电子安全设备

(6)电子电工产品

(7)电子仪器，电工仪器

(8)计算机，计算机外围设备，计算机网络设备

(9)计算机软件

四、纺织服装类

服装展区：

(1)便服及都市流行服饰

(2)高级时装及宴会服饰

(3)睡衣及内衣

(4)运动服

(5)特别类

(6)时装饰品

(7)成衣配件

(8)其他服装

(9)服装面料

家用纺织品展区：床用针织品，桌用纺织品，装饰布，毛巾，窗帘，旗帜，流苏

抽纱展区：绣花制品，编织品，抽纱衣着，印花品，抽纱原料，其他抽纱品

纺织原料面料及纱线洽谈厅：蚕丝，棉纱线，麻纱线，毛纱线，化纤纤维及布

五、食品土畜与医药保健类

食品及茶叶展区：

(1)食品

(2)茶叶

土畜产品及地毯展区：

(1)土畜产品：饲料，香精及香料油，山货，畜产品，木材，种子，种畜，原蜡，蜡烛

(2)地毯及挂毯

裘革皮及羽绒制品展区：

(1)裘皮及制品

(2)革皮及制品

(3)羽绒及制品

医药保健品及医疗器械展区：

(1)中药：生药，中成药，中药酒

(2)西药：医药原料，西成药

(3)农兽药

(4)医疗器械及敷料

(5)保健美容用品

六、其他

石雕及园艺从第一期开始设展。

第二期：2003年4月25～30日18时

一、家居用品类

陶瓷展区：日用及餐厨具陶瓷，园艺及花园陶瓷，工艺及美术陶瓷，树脂陶瓷，其他陶瓷

器皿及餐厨用品展区：

(1)器皿

(2)餐桌用品及装饰：餐具，银器，餐桌用蜡烛，餐桌装饰

(3)厨房用品：碗碟，容器，炊具，厨房及专业刀具，家庭及厨房用品

家具展区：家庭用室内家具，宾馆饭店家具，办公家具，医用家具，户外家具，公共设施家具，家具半成品及零配件，其他家具

灯具灯饰展区：壁灯，吊灯，落地灯，台灯，灯泡

鞋帽展区：

(1)鞋类

(2)帽类

日用品展区：

(1)清洁用品

(2)洗浴用品

(3)个人护理用品

(4)一般家庭用品

二、礼品与装饰品类

礼品展区：

(1)宣传赠品，日常用礼品，工艺礼品，礼品包装，日历，贺卡

(2)珠宝首饰

(3)工艺品

装饰品展区：派对用品，窗门装饰，家居装饰品，节日用品，其他装饰品

玩具展区：婴儿玩具，车辆玩具，动作类玩具，游戏益智类玩具，毛绒及布制玩具，骑乘类玩具，玩具乐器，充气玩具，其他玩具

钟表眼镜展区：

(1)钟

(2)表

(3)钟表零配件

(4)各类眼镜，眼镜架，镜片，眼镜零件及配件

园艺展区：

(1)人造花

(2)园艺摆设及用品

三、办公与户外类

办公文具展区：

(1)笔类

(2)文件存储类

(3)桌上用品

(4)纸品类

(5)标签类

(6)一般办公用品

(7)办公桌摆设装饰品

体育及旅游消闲用品展区：

(1)运动用品：（A）室内、外运动用品（B）水上运动、潜水运动用品

(2)休闲用品

(3)乐器

(4)棋类，扑克

(5)体育纪念品

(6)旅游用品

箱包展区：

(1)日用箱

(2)公文箱

(3)包袋类

(4)其他箱包及配件

中国－东盟非典型肺炎出入境检疫管理会议

旨在加强中国与东盟合作交流，协调做好相互间出入境检疫管理工作，共同防控“非典”疫情的“中国－东盟非典型肺炎出入境检疫管理会议”经过一天紧张的议程，于2003年6月1日在北京圆满闭幕。

会议取得了重要成果，与会各国一致通过了《中国政府和东盟国家政府关于控制非典型肺炎传播的出入境检疫管理行动计划》（以下简称《行动计划》）。

东盟十国的卫生检疫和出版境管理部门的代表和中国国家质量监督检验检疫总局、卫生部、外交部、公安部、交通部、铁道部、民航总局、海关总署、国家旅游局、国务院港澳办公室、香港、澳门特别行政区的代表共十一个代表团出席了会议。此外，会议还邀请了世界卫生组织和孟加拉、印度、日本、哈萨克斯坦、韩国、蒙古、巴基斯坦、俄罗斯、塔吉克斯坦、乌兹别克斯坦和朝鲜等11国代表列席会议。

中国国务院防治“非典”指挥部卫生检疫组组长、国家质检总局局长李长江在会上说：“在全球化日前明显的今天，任何一种传染病的防治都不再是一个国家或者一个地区的事情，而是全世界的共同责任和义务。非典型肺炎是人类共同的敌人，惟有通过地区和国际合作，才能有效地加以控制和消灭。面对这场突如其来的非典型肺炎疫病灾害和疫病传播的严峻形势，中国政府时刻把人民健康和生命安全放在第一位，把防治非典型肺作为工作的重中之重。中国政府投入了大量的人力、物力和资金，改善和加强公共卫生设施建设，建立突发公共卫生事件的应对机制，探索有效的防治办法，全面抗击非典。目前，中国非典型肺炎病例明显减少，防治工作取得了明显成效。”

李长江进一步表示，会议要通过交流中国与东盟在防治“非典”出入境检疫管理方面的经验和作法，加强合作，保障中国与东盟各国出入境人员的身体健康和生命安全，促进交通运输顺畅，促进贸易往来和旅游业的发展，并最终战胜“非典”灾害，迎来亚洲特别是本地区更大的繁荣和发展。

会上，中国代表团团长、国家质检总局副局长葛志荣介绍了中国政府建立应急领导机制，全面加强对“非典”的监控、构筑出入境口岸防线所采取的各项措施。有努力必然有回报，中国控制“非典”的卫生检疫措施收到了较好的效果。从4月初到5月末，在全国出入境口岸，出入境检疫部门共对1247.8万出入境人员查测了体温，发现体温异常者3826人，送往指定医院作进一步检查395人，确认“非典”病人5例，有效地防止了非典型肺炎的传入传出。李长江局长还用一个例子说明了中国检验检疫的有效性。5月1日，2名法国人离开中国取道韩国回法国，回国两天后出现发烧的症状。法国方面为查找病源，向中方寻求帮助。国家质检总局马上就调出了这2人出境的医学报告及健康申报表，为法国方面查找病源提供了极大的便利。

东盟各国代表对中国政府面对“非典”疫情采取措施积极防控所作出的努力和成效一致表示肯定，对中国人民在政府领导下团结一心、众志成城、共渡难关所表示出来的强大的民族凝聚力表示钦佩和赞赏。

李长江说：“这是中国自发生“非典”疫情以来第一次在京召开的国际会议，这表明，到北京来是安全的，到中国来是安全的，中国政府是高度负责的政府，我们对每一位参会者和旅游者负责，我们有能力打赢这场攻坚战。”

据了解，《行动计划》的主要内容是：

1. 对出入境人员的管理。各合作方应在口岸加强对出入境人员的卫生检疫，配置医学专业人员以及相应的检查和防护装备、设施。出入境人员应接受针对传染性非典型肺炎的体温筛查和必要的医学询问，填写《健康申明卡》。各合作方发现入境人员有传染性非典型肺炎病人或疑似病人，都应以最快的方式通报其出境方。各合作方对在本国口岸或境内发现出入境人员中有传染性非典型肺炎病人或疑似病人，不应拒绝其入境。应就地进行医学检查，并送指定的医院进行隔离留观和其他措施。对各合作方邀请境外预防和治疗传染性非典型肺炎的专家、学者、政府官员及随身携带的工作用仪器、设备、药品、试剂等，应根据本国法律法规给予通关便利。各合作方应采取科学的预防措施，保护和促进本地区出入境旅游产业的发展。

2. 出入境交通工具的管理。各合作方应对传染性非典型肺炎病人或疑似病人乘坐过的交通工具（包括飞机、轮船、火车、汽车等）进行严格的消毒。各合作方的船舶在航行途中如发现旅客或船员中有传染性非典肺炎病人或疑似病人，可联系其他合作方在就近的港口停靠，采取紧急医学处置措施。各合作方港口所在地当局应给予必要的合作。

3. 出入境货物的管理。各合作方用于预防和治疗传染性非典型肺炎的药品、试剂和医疗器械、设备、防护用品等，应给予优先通关的便利。各合作方认为对出入境的货物不需要进行针对传染性非典型肺炎的消毒处理。

4. 建立合作机制，开展信息交流。各合作方应当建立密切有效的合作机制，指定各自的联络点，随时通报有关传染性非典肺炎的疫情情况，交流有效预防、控制、治疗传染性非典型肺炎的方法、药物和措施，以及流行病监测手段，充分利用信息监测网络沟通信息。各合作方口岸卫生检疫、海关、移民以及交通运输、医疗卫生部门之间应建立应急处置机制，并相互提供必要的支持和帮助。

《行动计划》进一步强调，所采取的一切措施，应保证交通畅通和出入境人员、交通工具、货物的安全。

中国－印度经济合作与发展研讨会

由中国贸促会主办的中国－印度经济合作与发展研讨会2003年6月24日在京开幕，这是中印企业双方在近10年来规模最大的一次见面会，两国的诸多大型企业代表在此次会议上进行交流并寻找合作机会。

中国商务部部长吕福源，中国国际贸易促进委员会会长万季飞，印度商工部长、印度工商会联合会副会长、印度工业联合会会长、印度商协会会长及来自中印双方的400余名企业家出席了研讨会。

印度总理瓦杰帕伊在研讨会上提出：中印贸易应求同存异。他说，中印贸易有相同之处，可以相互促进，但过去我们两个国家过分看重差异，不好合作，现在我们要尽量减少分歧，达成共识。瓦杰帕伊介绍，他和温家宝总理已经达成一项共识，两国将共同组建一个经济小组，总结以往的合作经验，分析中印双方将来有可能合作的领域。另外，2004年中印双方将开通中印贸易网站，为双方企业合作提供更好的交流平台。

瓦杰帕伊表示，中国现在是世界上发展最快的发展中国家，按购买力算，是第二大经济实体；而印度这些年的发展也取得了不小的进步，GDP每年增长百分之六，按购买力算，是第四大经济实体。他表示，近年来印中合作取得了很多成果，双边贸易快速增长。中国对印度的双边贸易中占了4%，不是很大，但是双边贸易2002年增长了七成，并正在持续快速增长。

瓦杰帕伊称，印中的投资近年开始复苏，印度在中国有71个投资项目，虽然不多，但说明两个大国已经开始接近。他说，这次与他同行的印度代表团的规模比以前的都要大，这就是一个两国关系重要性日益上升的标志。

他说，这次随他来到中国的印度商业代表团阵容庞大，这说明印度贸易和工业界对与中国经济合作潜力的重视。当前双方应进一步加强在运输、银行和贸易便利化等方面的合作。

他说，双方为进一步挖掘合作潜力，应首先解决两国商业界信息不畅的问题，这有利于向对方展示本国潜在的商机，使双边贸易多元化。两国领导人都相信双方在经贸领域的巨大合作潜力，领导人承诺将为这种快速发展的合作进一步创造条件。印中之间的经济合作成果是令人鼓舞的，双方每年30%的贸易增长率具有重要意义，照此速度，双边贸易额达到100亿美元的目标很快就能达到。

中国贸促会会长万季飞感谢瓦杰帕伊总理对发展双边经贸合作的重视。万季飞说："中国和印度同属发展中的人口大国，又互为邻邦，巨大的潜在市场和地理优势为两国开展经贸合作提供了基础。"

他说，"远亲不如近邻，中印开展经贸不必舍近求远，机会就在邻邦，两国有着广阔市场和巨大的经贸合作潜力，中印企业一定能在此次会议上找到合作的机会。中国贸促会作为中国最大的对外经济贸易促进机构，与印度工商联合会、印度工业联合会、印度商协会等同行们通过实现互访、产品展览、商标专利、法律仲裁、网络技术、信息交流等方式，长期发展着友好合作关系，共同为促进两国企业界的相互投资和贸易往来提供着广泛的服务，取得了丰硕的成果。"

中国商务部部长吕福源说："中印之间的共识和共同利益远远大于分歧，印度是中国在南亚地区最大的贸易伙伴，中国愿进一步加强与印度在经济贸易领域的合作与交流。面对经济全球化带来的机遇和挑战，加强地区经济合作、促进共同发展越来越成为世界各国的共同选择。在全球经济陷入低靡的大背景下，中印两个发展中大国加强双边经贸合作显得更为迫切和必要。"

中印两国企业都表示出了强烈的合作愿望，会议刚刚结束中印企业家就迫不及待地坐在一起寻求相互合作的商机。

研讨会期间，万季飞会长与印度商工部长阿伦·贾伊特莱伊共同开通了中国贸促会与印度工商会联合会的联合商务网络平台，万季飞会长还与印度工业联合会会长马幸拉共同签署了双方合作协议。

第三届中国长春汽车博览会

由吉林省人民政府和长春市人民政府共同主办、中国国际贸易促进委员会长春分会和长春国际经贸展览有限公司承办的第三届中国长春国际汽车博览会于2003年7月15～22日在长春国际会展中心举办。

经过精心培育，长春汽博会凭借许多先天优势在国内车展中已经迅速占有一席之地，与北京、上海车展并称国内三大车展。

本届汽博会是迄今为止国内最大规模的车展，无论从国内外参展商的数量、参展品种、汽车文化活动还是中外汽车工业新产品、新技术的推广都为历届之最。

本届汽搏会以"品牌、理念、时尚、潮流"为展览主题，以"开拓汽车市场、挑战汽车技术、探索汽车未来、推进信息交流、迎接绿色革命"为宗旨，具体特色主要表现为：文化活动极为丰富，其中许多开创了国内车展的先河，这也是长春汽博会区别于北京、上海车展的特色之处；本次车展使用了长春国际会展中心全部室内展馆及室外展场，是迄今为止国内规模最大的汽车展，其中分为A、B、C、D、E馆一层和展馆环廊七个展馆。A、B厅一层为中国馆，以长春一汽和国内主要的汽车生产车型为主。C、D厅一层为东亚馆，以日本、韩国和中国台湾所生产的车型为主。E厅和展馆环廊为欧美馆，以德国、美国、法国、瑞典、意大利等欧美车型为主。与第二届长春汽博会只有三家国际汽车厂家直接参展相比，今年有包括大众、奥迪、本田、雪铁龙、奔驰、沃尔沃、宝马、雷诺、克莱斯勒等九大著名国际汽车厂家参展。本届汽博会品种全、涵盖面广、文化气息浓。超越了以往国内车展轿车展示为主的范围。

一、打造品牌展会

长春汽博会之所以在短短的几年里能够跻身于全国各种车展的前列，主要是在突出特色上下了功夫，也就是发挥长春在汽车科技、汽车运动、汽车文化、汽车生产和流通等方面的优势，是其与汽车工业的发展有机的融为一体，进而体现汽车工业大概念，促进一个或多个领域的发展，使长春车展成为特色突出、内涵丰富、别具一格的车展。

今年汽博会的组织者围绕着"科技"作了大量的工作。例如，不仅有概念车参展，而且电动车、赛车等很多科技含量高的汽车都亮相于汽博会。

二、门票

本届汽博会门票首次采用国家邮政局发行的邮资明信片为载体，每张门票都印有供兑奖用的防伪编号，副券作为中国人保长春分公司提供的现场参观非典保险凭证，集门票、集邮、广告、兑奖凭证、非典保险凭证为一体，具有鲜明的特色和较高的收藏价值。

三、汽车现场拍卖

第三届长春汽博会看点多多，其中汽车现场拍卖活动即是其中一个。世界顶级跑车、豪华型轿车、刘老根道具车以及第一代红旗牌轿车CA72型和CA774型……也都在汽博会拍卖会上与广大车迷见面，而广大汽车消费者也从中得到实惠。

四、多款新车

1. 高尔夫

虽然高尔夫已经不算真正的新车了，这款车早在2003年5月9日就在长春下线，6月上旬公布价格，6月中旬在全国经销商处展示，就等着7月15日这一天宣布上市。但作为献给一汽50周年华诞的礼物，重要非凡。

高尔夫是一汽－大众一款经典引进车型，是世界上销量最大的汽车品牌。自1974年3月2日首次推出后，历经30年、4代改型，到现在全世界累计产量已突破2200万辆，超过了大众的传奇车型甲壳虫。此次一汽－大众推出的高尔夫为2.0版本，高尔夫1.6L、1.8L等级别随后也将相继推出。

2. 吉利神秘车型

除了吉利美日、吉利豪情、吉利优利欧和吉利美人豹外，据吉利相关人士透露，此次展出的车型当中还有一款吉利下半年的主打车型。无论在外观还是内饰方面，都让观众眼前一亮，对于不断推出价廉物美轿车的吉利来说，无疑是它们送给消费者的又一份大礼。

除了神秘车型的亮相，吉利还在车展期间举行了一项与吉利的发展方略与企业理念紧密切合的隆重活动，其主旨仍是回报社会。

3. 北京现代新型索纳塔

北京现代这次车展展示了刚刚推出的新型索纳塔，这款搭载2.7L发动机的顶级索纳塔除了前脸有些变化外，还进行了10多项改进。装配了VCD等，但价格却保持不变，因此具有强有力的竞争力。

五、五款概念车

本届汽博会上有5台概念车参展。除了上面所说的奥迪新款概念车外，日本本田公司还将其概念车Insight带到了展会上。

Insight采用Honda独特的IMA混合动力系统，作为批量生产的汽油机轿车，在世界上首次实现了每升燃料可行驶35公里的超低油耗，以及每行驶1公里所排放的CO_2仅为0.8克。

同时，Insight采用Honda先进的碰撞安全技术，实现了高水平的安全性能。Insight基于“超高效率的动力装置”、“优异的空气动力性能”和“超轻车身”三项主要课题开发，将卓越的环保性能与驾乘的乐趣完美地融合为一体。

六、五大类活动

本次长春展会围绕着汽车产品、汽车经贸、汽车科技、汽车文化及汽车运动共设计安排了6大类20余项活动。

（1）汽车产品及技术展示：①国内外新款汽车展（包括：各种轿车、客车、商用车、卡车、改装车、特种车、概念车、军车等）；②汽车零部件展；③国内外历史名车回顾展；④中外汽车模型展；⑤汽车性能演示。

（2）汽车经贸：①汽车项目招商引资及合作洽谈会；②汽车产品政府采购洽谈会；③信贷购车现场系列服务活动；④销售；⑤推介会。

（3）汽车科技：①中国汽车产业高峰论坛；②中国汽车消费政策研讨会；③中国家庭实用型轿车发展走势研讨会。

（4）汽车文化活动：①中国汽车工业50周年庆典活动；②汽博会大型开幕式暨文艺晚会；③中国汽车模特大赛；④中国汽车工业50周年彩车巡游；⑤世界汽车历史图片展。

（5）汽车运动：①国际汽车拉力锦标赛；②首届中小学生遥控车、四驱车大赛。

第五届亚欧经济部长会议

第五届亚欧经济部长会议于2003年7月23日至24日在辽宁省大连市举行。亚欧会议26方成员派部长级代表团与会，参会代表达300人。

此次会议由商务部部长吕福源任大会主席，并主持会议。

在为期两天的会议中，部长们就全球经济形势、加强亚欧经济合作、评估并共同推动WTO新一轮谈判等议题进行讨论，并于亚欧工商论坛主席举行了对话会。

据商务部国际司司长介绍，亚欧经济部长会议是亚欧会议机制的一部分，是协调和指导亚欧经贸合作的专业部长论坛，由来自中、日、韩3国，东盟7国，欧盟15国，以及欧盟委员会负责经济贸易事务的部长级官员参加，迄今已举办了四届。

作为联系亚欧两洲的重要合作机制，亚欧会议成立以来，确立了政治对话、经贸合作和科技文化交流三大合作领域，在促进两大洲的合作方面发挥了突出的作用，已经成为世界上有重要影响力的区域合作论坛。

此届会议有海内外130家跨国公司155名代表在亚欧经济部长会议期间参会，其中美国17家，加拿大2家，日本39家，德国5家，法国2家，英国2家，韩国11家，有80多名跨国公司的代表专程从海外前来参会。此次会议引起国内外媒体的高度关注，前来采访的中外记者达385名，其中包括美联社、路透社、法新社、日本共同社、朝日新闻、读卖新闻、德国尚报等17家海外新闻媒体派出的30多名记者。

内容丰富

此次会议的召开正值全球经济复苏放缓，伊拉克战争结束、“非典”流行、欧盟东扩、世界贸易组织坎昆部长会议即将举行等重大历史时刻，意义重大。亚欧经济部长通过此次会议的良好契机，共聚一堂评估全球经济发展形势，探讨如何应对新形势下的新挑战，从而增强共识，推动世贸组织多边谈判进程，重振促进世界经济增长的信心。

此次会议的主要议题包括WTO新一轮谈判、全球经济的发展形势、区域经济合作、未来亚欧经济合作的展望等。

首先，参会的亚欧各国经济部长利用此次会议，就当前世界经济形势交换看法和意见，特别是共同评估伊拉克战争、“非典”流行、美元贬值等事件对亚欧以及世界经济的影响，制定对策以应对经济增长低迷的挑战，恢复对世界经济增长的信心。

其次会议审议了《贸易便利行动计划》和《投资促进行动计划》的执行情况，并通过《亚欧经济合作审议报告》。报告拟订未来亚欧经济合作的方向和优先领域，从而进一步促进亚欧贸易、投资便利化、充分发挥亚欧经济合作的互补互利性和巨大潜力。

此外，会议一项重要也是最引人注目的一个议题是WTO问题。众所周知，WTO多哈谈判进程缓慢，众多实质性议题的谈判没能如期结束。而此次会议正值WTO坎昆部长会议前夕，亚欧经济部长将共同商讨谈判进程中所出现的问题，并相互交换立场和看法，努力在某些问题上达成共识，并展示亚欧会议成员国的政治意愿以推动谈判进程，向坎昆会议发出积极信号，为新一轮谈判取得成功作出贡献。

在当前区域经济合作进程加快、欧盟实现东扩、东亚地区经济合作活动日趋活跃的背景下，与会经济部长还就区域经济合作包括自贸区的建立、欧盟东扩的影响、区域内贸易投资自由化和便利化等问题进行广泛深入的讨论，从而促进区域内的经济合作，进一步推动亚欧内部经济合作的进程。

意义深远

对于中国来说，举办此次会议意义重大。首先，此次会议在经济全球化进程加速、亚欧经济合作互补和互利性日益加强的背景下召开，对确定未来亚欧经济合作重点领域和未来合作方向，从而进一步加强亚欧经贸关系，促进经贸往来无疑将起到很大的促进作用；同时对促进我国多边经贸合作的发展、增强我国同亚欧成员的经贸关系，促进经贸合作也将会起到重要的作用。

其次，此次会议是我国新一届政府组成以来所召开的较重要的国际会议，又是在我国部分地区发生爆发“非典”疫情以来，全国抗击“非典”工作取得重大进展之际举办的一次大型高级别国际会议。会议的成功举办将有助于减少“非典”疫情爆发对我国造成的负面影响，重建国际社会对我国的信心，树立良好的国际形象，从而促进我国的经济恢复和建设工作。

第三，此次主办亚欧经济部长会议经过再三考虑，地点选在大连召开，这也是希望此次盛会能够对重振东北老工业基地经济、促进东北地区招商引资和外经贸发展发挥积极作用，让世界更加直接地认识大连，认识东北，并最终促进“环渤海湾”经济圈的繁荣和发展。

总之，此次会议在我国的召开，将对我国开展多边经贸合作，提高国际声誉，进一步加强与亚欧会议成员的经贸关系与合作发挥巨大作用。

经贸关系

亚欧会议共有26方成员，即亚洲的中国、日本、韩国和东盟7国，欧盟15国和欧盟委员会。我国同绝大多数亚欧会议成员有着重要的经贸关系，2002年，我国与亚欧会议成员国贸易额达2874.96亿美元，约占我国贸易总额的46.3%，比2001年增长18.8%，其中中国出口1357.14亿美元，进口1517.82亿美元。2002年，亚欧会议成员在我国的合同外资金额为197.04亿美元，实际投资金额为138.78亿美元，分占当年总额的23.81%和26.31%。

中国是世界上最大的发展中国家，欧盟是发达国家集中程度最高的政治经济联合体，经贸合作是中欧合作的重要方面。目前，欧盟是中国的第三大贸易伙伴，仅次于日本和美国；中国则是居美国、瑞士和日本之后的欧盟第四大贸易伙伴。统计表明，对欧盟地区的出口占我国出口总额的14.8%。20世纪90年代以来，欧盟企业的对华直接投资也在稳步增长，欧盟已成为中国吸引外资的主要对象。截止到2002年底，我国从欧盟成员国累计引进外资项目数14084项，合同总金额约600.88亿美元，占中国吸引外资总额的7.26%，实际利用外资339.43亿美元，占中国实际利用外资总额的7.58%。

中国同亚欧会议亚洲成员的经贸合作近年来得到进一步发展。从双边贸易额来看，日本为我国的第一大贸易伙伴，韩国则是我国的第六大贸易伙伴。2002年，中国同日本、东盟和韩国的双边贸易额分别为1019亿美元、547.7亿美元和440.7亿美元。在投资领域，根据商务部统计，截止到2002年底，日本直接投资项目累计达25147个，合同外资金额达到495.3亿美元，占中国吸引外资总额的5.98%；实际使用外资金额达到363.4亿美元，占中国实际利用外资总额的8.11%，是中国吸引外资的第一大国。韩国对华直接投资项目累计达22208个，合同外资金额达到274.8亿美元，占中国吸引外资总额的3.32%，实际使用外资金额达到151.99亿美元，占中国实际利用外资总额的3.39%。东盟国家在华合同外资金额580.85亿美元，占中国吸引外资总额的7.0%；实际利用外资294.32亿美元，占中国实际利用外资总额的6.57%。

在中国与东盟的经贸交往中具有重大意义的事件是2002年签署《中国－东盟全面经济合作框架协议》，决定到2010年建成自由贸易区。这是中国与其他国家/地区签订的第一个区域自由贸易安排，是中国在积极参与国际多边贸易体系的同时，努力加强与周边邻国的区域经济合作的一项重要举措。中国与日本、韩国的经贸关系也通过10+3的区域合作机制得到加强。

从以上的数据可以看出，亚欧成员与我国的经贸关系发展仍具有巨大潜力，而中国在2001年加入世界贸易组织则为中国同亚欧会议成员经贸关系的快速发展创造了更加有力的条件和广阔的合作前景。中国将一如既往地积极参与亚欧合作进程，重视亚欧会议的作用，通过积极参加亚欧会议的各项活动，巩固并加强中国与欧盟各国以及亚洲其他国家业已建立的良好的经贸关系，从而进一步推动我国市场化进程，吸引更多地对华投资并开辟更广阔的国际市场。

背景资料

在经济全球化进程加快的今天，亚欧两洲在经贸领域的互补和互利性在不断增强，而亚欧会议是连接亚欧两洲的重要的合作机制。亚欧会议成立于1996年3月，目标是建立"促进日益加强的亚欧新型全面伙伴关系"，加强亚欧之间的联系，为和平、全球稳定和繁荣做出贡献。合作的领域包括政治对话、经济合作和科技文化交流。

经过了几年的发展，亚欧会议已经初步形成了以首脑会议为核心的政策指导和协调机制。按照惯例，亚欧首脑会议召开前要举行亚欧外长会议、财长会议和经济部长会议。亚欧首脑会议每两年召开一次，至今已经举行四届。

亚欧经济部长会议是专门协调和指导亚欧经贸合作的部长论坛，至今也已举办四届。2001年前每两年举办一次，应亚欧会议经济部长们的要求，自2001年起改为每年举办一次。作为有广泛影响力的洲际论坛，亚欧经济部长会议讨论的内容主要包括两洲贸易、投资合作、世贸组织、区域经济合作、全球性经济问题及工商合作等内容，为密切亚欧经贸联系、创造宽松和可预见的经济发展环境起到了巨大的促进作用。

经贸合作是亚欧强有力伙伴关系的基础，其基本目标是促进两大洲之间的双向贸易和投资流动，主要包括通过实施《贸易便利行动计划》和《投资促进行动计划》，推动两洲间贸易和投资合作，探讨两洲共同关心的全球或地区经济问题。其中，在促进贸易便利化方面，亚欧会议在海关程序、标准和一致化、政府采购、动植物检验程序、知识产权、商务人员流动和电子商务领域开展了大量卓有成效的活动；在投资方面，通过开展"投资促进"和"投资政策与法规交流"两方面的活动，有效地改善了亚欧会议成员间的投资环境，促进了两洲间投资的双向流动。与此同时，亚欧会议的经贸合作还重视加强工商界与政府的合作，并致力于在各成员有共同利益的领域，如农业技术、环境技术和基础设施建设、中小企业发展、缩小数字鸿沟等方面开展合作。

中国政府一向非常重视亚欧会议的合作，本着扩大共识、增进友谊、促进和深化合作的方针，积极参加了亚欧会议及各项活动。李鹏同志和朱镕基同志分别率团出席了前四届亚欧首脑会议，江泽民同志和朱镕基同志曾出席2001年5月在我国举办的第三届亚欧外长会议。中国在亚欧会议上提出的合理主张和建议受到普遍重视，为促进两大洲的合作与交流发挥了积极的建设性作用。

第三部分　境外重点展会

首届留学中国教育展

值中德建交30周年之际，教育部留学服务中心组织了中国重点大学于2002年11月22日、23日在德国柏林举行2002年首届"留学中国教育展"暨中德高校交流研讨会，并于11月29日在法国巴黎举办"留学中国说明会"。有来自全国的18所著名大学参加"留学中国教育展"，同时8所著名大学的校领导参加了"中德高校交流研讨会"，中德两国高校领导和教育专家就高等教育国际化等议题展开了交流。

举办本届教育展和研讨会旨在宣传我国高等教育，探讨高等教育国际化发展，加强中国高校在国际间的交流与合作，促进我国来华留学生教育事业的发展。此次活动由教育部留学服务中心主办，德国国际交流文化学院、德国洪堡大学承办，德意志学术交流中心、德国人民学习基金会协办。

第二届澳大利亚中国纺织服装展

2002年11月27日至30日，中国纺织品进出口商会在澳大利亚悉尼成功举办了第二届"中国纺织服装展览会"。这次展览是继2001年首届"中国纺织品服装展览会"之后，纺织商会在南太平洋地区举办的又一次规模较大的中国纺织服装专业展。展览会恰逢中澳建交三十周年，在当地纺织服装业界、新闻媒体和普通消费者中引起轰动，澳大利亚新南威尔士州州长代表，州上议员曾筱龙先生、中国驻悉尼总理事廖志洪等嘉宾到会视察参观。

本次展览会参展企业共84家，来自全国19个省、市、自治区，其中国有企业59家，民营企业15家，三资企业10家。外贸企业和自营生产企业各占约50%。展出面积达5千平方米，参展商品涵盖纺织面料、男装、女装、童装、家用纺织品、帽类和服饰品等各类纺织服装产品。一些国内知名服装企业，如“鄂尔多斯”、“雅戈尔”、“丝丽”、“舜天”等，利用此次展览会的机会向澳大利亚大力推介自己的品牌；一些新近开发的产品，如湖北棉花公司的系列室内装饰纺织品、成都丝绸公司的数码喷印纺织品等也在展会上亮相，赢得了众多客商的青睐。考虑到很多企业是第一次到澳大利亚开展业务，商会从会费收入中拨款资助参展企业，对所有参展企业收取50%摊位费。

展馆设在悉尼最大的展览中心——悉尼国际会议展览中心1号馆。展会期间洽谈、参观的人数达2.7万多人次，平均每家参展商接待专业客户50余名，成交金额达3700余万美元，成交商品主要为休闲装、运动装、沙滩装、女士时装、室内装饰系列面料等。

为推动中澳双方的贸易合作，加大展览的宣传效果，主办方纺织商会于展览开幕当晚依澳方习惯举行了开幕酒会。展览期间，纺织商会还在展馆举办了中国知名品牌时装发布会，每天两场，吸引了大量慕名而来的澳大利亚客户和观众。纺织商会拨专款聘请当地导演编排了独具澳大利亚特色的演出，澳大利亚模特身着精美的中国服装，向观众展示了“丝丽”、“凯喜雅”、“舜天”、“鄂尔多斯”、“雅戈尔”等七个品牌的最新设计，包括男女礼服、时装、休闲装、运动装、沙滩装等多个系列。时装发布会向澳大利亚参观者展示了中国服装出口行业的最新发展水平，为推介参展企业品牌起到了积极作用，有力地促进了成交。

展览期间，为促进参展商对澳大利亚市场的了解，主办方纺织商会举办了“中澳纺织品服装贸易研讨会”，专门邀请澳大利亚纺织服装业界有关专家为参展商介绍澳大利亚市场的具体情况，主要内容为：澳大利亚羊毛局官员介绍中澳羊毛贸易关系；澳大利亚纺织服装专业杂志高级编辑介绍“如何进入澳大利亚纺织服装市场”；澳大利亚进口商介绍“中国纺织服装产品对澳出口应注意的问题”。研讨会内容丰富，针对性强，受到参展企业的欢迎。

纺织商会出资聘请澳大利亚设计公司精心设计了中心展台，针对澳大利亚市场的消费特点，中心展台以休闲居家为主题，以草坪、花园和沙滩为背景，几组身着时尚休闲服装的模特点缀其中，充分体现了中国服装出口企业的生产和设计水平。在展馆入口处，3米×3米大屏幕彩色电视墙不间断播放中国时装展演录像。整个展馆采取国际化风格的18平方米大摊位、通透式布展，令人耳目一新，有效提升了展馆档次和展品的展出效果。为加强宣传效果，纺织商会还出资为20余家参展品牌企业制作了喷绘广告图板在展馆中悬挂，并在参展商目录中加印了参展商广告宣传画页，为宣传企业品牌形象、推介中国纺织服装产品起到了促进作用。

在客户邀请方面，主办方除委托澳专业展览服务公司向澳大利亚专业客户发放近3千份邀请函外，还直接向澳大利亚近30家行业、贸易组织和协会以及百家服装零售企业发了邀请，并提前半个月在澳大利亚各州的专业杂志、报纸和电台上多次投放广告。为吸引专业客户，主办方还从每日客户留下的名片中现场抽出4张名片作为中奖者，并当场颁奖，奖品为高档中国丝绸服装。这项活动大大提高了客户到会和递交名片的积极性。

从本届展览会情况看，展前充分进行市场调研、展品适销对路的企业获得了比较明显的参展效果。中纺湖北棉花公司在本届展览会上推出系列室内装饰用面料产品，由于花色时尚、配套设计新颖，符合澳市场消费特点，吸引了许多客户，在展览第一天就首战告捷，与澳两家大进口商分别签订了独家代理包销协议。广东省丝绸集团公司则在展览上打出本公司的“SILIQUE”品牌形象，并分品类、分色系精心摆放样品。该公司针对澳大利亚市场专门设计的中高档时尚女装，由于款式新颖、面料独特，吸引了大量客商。

为期四天的展览向澳大利亚纺织服装业界和广大消费者展示了中国纺织服装生产和出口的最新发展水平，增进了澳大利亚各界对中国纺织服装产品的认识和了解，在澳大利亚市场树立了中国纺织服装的新形象，取得了良好的展示和成交效果

——《中国贸易报》

第四部分　重点展会选粹

走向世界的深圳高交会

一年一度的深圳高交会已经成为中国高新技术领域对外开放的重要窗口之一，为中外企业科研教育机构参与国际经济技术交流与合作，不断开拓国际市场创造了良好的契机，提供了新的、广阔的舞台。中国国际高新技术成果交易会，这个极具诱惑的品牌，不仅吸引着国内外的科学家、知名专家，同时更吸引着学者、政界要员以及诺贝尔奖的获得者，因为这里是全球“高新技术”碰撞和融合的海洋。或者说，中国国际高新技术成果交易会更像是一个节日，一个为“高新技术”而筹备的盛大的节日。

中国国际高新技术成果交易会自1999年首次举办以来，就以其大规模、高水平、专业化，不断创新，得到社会各界的认可和称赞。

2002年10月，第四届中国国际高新技术成果交易会又一次落下了帷幕。闭幕式上，组委会对部分参展单位进行了表彰，如颁发优秀成交奖、布展奖和组织奖等，活动内容十分丰富、亮点纷呈。

首先，在“中国高新技术论坛”上，国家外经贸部部长石广生和两名诺贝尔奖获得者等62位国际知名专家、著名学者及政界要员，进行了10场主题演讲、两场院士论坛和4场经营管理大师峰会的精彩演讲。让世界各地的科技思潮再一次在这里碰撞、融合，集中展示了世界科技的前沿动态。

其次，留学人员创业大会、技术成果展示与交易、专场讲演暨项目发布、留学人员和各省市投资引智机构联谊会等4大主题活动，吸引了来自13个国家的近千名留学生参加，290多人带着378个项目参展，成交项目105项，成交金额2.59亿美元，比上届增长52.6%，留学人员成交项目遍布15个省市(区)。“中国企业海外上市咨询洽谈活动”初现异彩。包括6家“全球十大证券机构”在内的10家证券交易所以及100多个海外创业投资机构参加了这一别具特色的活动，各大证券交易所和100多家中介机构与1500多名企业家和专业人士进行了现场咨询、洽谈。如此大规模的上市咨询活动，反映了海外交易所对中国高新技术企业的高度重视，在国际资本市场产生了强烈的反响，推动了科技与资本更加紧密的结合，拓展了利用国际资本发展我国高新技术产业的有效途径。

第三，“super-SUPER”系列个性化服务倍受瞩目。根据与会各方的实际需求，大会安排了国内省长、市长、大学校长与国外政要、跨国公司CEO、著名科学家等进行不同形式的交流与会晤，通过举行高级别的“圆桌会议”、协助海外组团和展上联络洽谈对象等个性化的服务，为企业、大学和政府提供了直接交流的宝贵机会，搭起了一个互动与合作的平台。这种富有创意的服务形式，得到了参会者极高的赞誉，引起了国内外新闻媒体的广泛关注，同时也丰富了高交会的服务内涵。组委会已经决定，下一届高交会将继续举办并不断完善这一活动内容。

据统计，2002年第四届高交会有来自40个国家和地区的88个代表团、3691家参展商和1124家国内外投资商参加了展示、交易和洽谈，参观人数达30多万人次，签约会达67场次，共签订了合同或协议1581项，成交总额达121.6亿美元，比上届高交会增长了16.7%，其中高新技术项目成交1453项，成交金额112.3亿美元，占总成交额的92.4%，比上届高交会增长23.4%。在成交总额中，进出口成交总额20.54亿美元（出口成交15.59）亿美元。深圳展团在本届高交会上成交534个项目，成交总额43.7亿美元，比上届增长22.2%。

另外，2002年第四届高交会上，由66家中央媒体和58家境外媒体，1100多名记者组成的庞大的报道队伍成了高交会上一道醒目的风景。

第五届中国国际高新技术成果交易会，定于2003年10月12日至17日在深圳中国国际高新技术成果交易会展览中心举行。

背景资料:

中国国际高新技术成果交易会（以下简称“高交会”），是经中华人民共和国国务院批准，由中华人民共和国对外贸易经济合作部、中华人民共和国科学技术部、中华人民共和国信息产业部、中华人民共和国国家发展计划委员会、中国科学院、深圳市人民政府联合主办，每年秋季在中国广东省深圳中国国际高新技术成果交易会展览中心举行。

首届中国国际高新技术成果交易会，共有2856家中外知名企业和机构、4150项高新技术成果参加了展示和交易。全国31个省、自治区、直辖市、港澳台地区、农业部，以及北京大学、清华大学等22所著名高校均派出了强大的参展阵容。来自美国、加拿大等26个国家的402家高科技企业、大学、研究所、金融机构和一批国际风险投资机构齐集深圳。

第一届高交会参观人数达30万人次，成交金额65亿美元，实现了大规模、高水平、国际性的既定目标。首届高交会成为深圳乃至我国发展高新技术产业的一个里程碑。

第二届中国国际高新技术成果交易会，在促进高新技术领域的国际经贸合作和推动科技成果转化方面成效显著。全国31个省、自治区、直辖市、港澳台及26所著名高校、院所组团参展，英国副首相约翰·普雷斯科特率团参加了该届交易会。来自美国、英国、加拿大、德国、法国、俄罗斯、瑞典、澳大利亚等33个国家和地区的企业参会。签约项目中，高新技术项目835个，电子信息、生物及医药、光机电一体化和新材料等4个高新技术领域的交易尤其活跃。共有86个代表团、2968家参展商、15000余项参展项目、1300家投资商参展、参会，310家新闻媒体报道了高交会的盛况。

该届高交会参观人数达30万人次，总额为85.4亿美元，比首届高交会增长31.4%。

第三届中国国际高新技术成果交易会，共有包括中国、美国、英国、加拿大、德国、法国、俄罗斯、瑞典、澳大利亚、日本、韩国等37个国家和地区参会；其中10个国家由政府组团参加。中国7个部（委、院）和31个省（直辖市、自治区）、4个计划单列市、港澳台地区及北京大学、清华大学等30所著名高校组团参加。INTER、CANON、EPSON、三星、NEC、三洋、西门子、CISCO、奥迪坚、威图等41家跨国公司参加了展示和交易。另外，还有包括3位诺贝尔奖获得者在内的61位国内外著名经济学家、科学家、企业家、政界人士在第三届高新技术论坛上发表精彩演讲。

该届高交会参观洽谈人士超过30万人次，成交金额达104.18亿美元。

北京国际工程机械展览及技术交流会的三维观察

北京国际工程机械展览及技术交流会（BICES）自1989年起已经成功地举办六届了。2000年11月BICES成为国际展览联盟（UFI）的正式成员，是中国境内较早加入国际展盟组织的展览会之一。

该展览会由隶属机械行业的中国工程机械成套公司和中国贸促会机械行业分会主办和承办，现已发展成为被海内外公认的在中国工程机械领域最具代表性、最有影响力的一个专业性、国际性大型展览会。

历程回顾

艰难起步：1988年下半年，酝酿组织首届北京国际工程机械展览及技术交流会（BICES）时，中国贸促会机械行业分会刚刚成立，中国工程机械成套公司也成立不久。当时，一个作为机械行业对外经贸技术交流的窗口，一个作为工程机械专业的工贸公司，都认识到在中国工程机械领域需要一个能够吸引国际国内同行与用户的专业展览会，以形成集展示、交流、贸易功能为一体的载体。两家单位在此基础上分工合作，开始了展览会的具体筹备事宜，终于使首届BICES展览会于1989年11月如期举行，首届参展商达到120多家，来自6个国家和地区；观众近2.5万人次。BICES在艰难之中成功地起步了。

果断转移：按照预定计划，第二届BICES展览会于1992年11月在北京展览馆开展。参展厂商增加到8个国家和地区的200多家，观众也增至3万人次。当时，在慎重分析研究以后做出了将展览会变3年间隔为2年间隔，地点由北京展览馆移至农展馆的重要决策，也就是在时间和地点上都做出了变更和转移的决定。

当时我国经济正处于从“过热”转向“软着陆”的调整时期，企业参展的经济压力较大；而且当时农展馆的交通地理方便程度尚不及北京展览馆。但从展览会发展的长远大计考虑，展览组织者还是清醒地认识到这种转移是完全必要的，而且必须是果断和坚决的。尽管1995年的BICES展览会参展商有所下降，但国际性却有所提高。转移的决策为BICES的健康发展起到了积极作用。

走向规范：三届BICES展览会以后，展会即开始酝酿加入国际展览联盟（UFI）的有关事宜。当时组委会又一个比较明确的指导思想，就是通过申请加入国际展览联盟，使BICES逐步走向规范化。

实际上，三届以后的BICES已经有了一定的声誉，经济收益也有了明显提高。如果持有“小富即安”的想法，完全可以依靠“惯性”进行下去。但展览会的组织者始终具有明确的办展目的。

开始填报申请加入国际展览联盟的表格的时候，组织者才感到一系列的差距。入盟的条件之一是国际参展商达到20%；在展览会的管理、服务、统计、审计等方面国际展盟都对申请者有着严格、具体的要求，而对于这些要求，BICES当时还难以做出全面的、规范的回答。这也是展览会的组织者看到了努力的方向。

除了国际展览联盟的标准，国际上一些著名的大型工程机械展览会也是学习的机会。就是国内一些内容相近的展览会，尽管是竞争对手，却也是BICES参照比较和进行学习的对象。当时明确的指导思想是：办一次展，进一大步。

国际接轨：在第五届BICES展览会上，该展会通过了国际展盟的现场考核，于2000年11月获得了加入国际展览联盟（UFI）的资格。但是，从“入盟”到“接轨”还要有一个逐步发展的过程。由于中国展览会市场远没有发育成熟，展览会在硬件和软件方面均存在不少问题。因此，必须在发展中不断解决新问题，不断进行改进和提高，力争不断保持BICES展览会在中国国内工程机械领域展览会的领先地位。

主要特色

专业性：工程机械是机械大行业中的一个具体行业，涉及土方施工机械和建筑施工两大类别。为突出展览会的专业特色，除采用其他专业展览会一般都有的专业信息发布会、专题技术研讨会、专项产品介绍会等形式，组织者更把精力集中于配合展览会所特别安排的各项专业的、行业的活动上。譬如，在每届展览会上都要在现场开展相关的专业学术交流；都要利用展览会期间召开工程机械业内的各种相关行业活动。又譬如，充分利用展览会这一机会，形成惯例地邀请在此行业工作多年的老专家、领导前来聚会，与参展厂家见面，彼此沟通，让大家把每次展览会看作是工程机械行业的定期的欢庆节日。

国际性：从第六届BICES展览会有21个国家和地区厂商参展的情况看，可以认为展览会的国际性特点已经比较明显了。那么，BICES展览会如何逐步发展形成了这样突出的国际性？展会组织者认为，与我国境内其他国际大展相比，BICES具有特色的一个方面就是国际招展工作。具体地说，是在国际招展过程中基本不借助海外的招商代理，而是由主办单位直接与海外客户联系。之所以这样做，是从展览会的特色和主办单位各自的特点出发的，也就是要充分发挥国际联络方面的优势和与行业、与市场广泛联系的优势。同时，这种做法也可减少中间环节，提高效益效率，突出重点厂商，这是一种符合目前我国国情的切实可行的做法。

结合当前北京展览馆场地的现有条件，展会组织者也充分认识到BICES展览会必须在相对有限的面积里，最大限度地将海外最有代表性的厂家和最有典型性的产品展示出来。为此，专门有针对性地对他们“点菜”，邀请他们展出最有特色的产品。现在，国际上著名的一批工程机械制造厂家，如美国的卡特匹勒、日本的小松、德国的利勃海尔、瑞典的沃尔沃等，都在BICES展览会上设有较大的展出面积，形成了世界一些著名大公司在展览会上争奇斗艳的局面。这也说明BICES国际招展取得了较好的效果。

市场性：对于任何一个经贸展览会来说，都会有其营造市场的目的。但是，一个展览会是否真正具有市场性，其效果如何，这都是值得重视的问题。从BICES来看，它的市场性确实从指导思想到各项措施都得到了充分的体现。

首先，从市场需求出发，在展品的选择上，它既着眼于当前市场的热销产品，更注重代表技术发展方向具有市场潜力的先进产品。在配合展览会的信息交流与技术研讨活动中，它紧紧抓住市场导向，及时发布具有前瞻性和指导性的有关行业发展和市场预测方面的信息。在每届展览会的筹备过程中，都始终抓住市场这个主题进行宣传介绍和组织招展。在国际交流与合作方面，则是通过介绍中国市场需求和相关方针政策入手，努力做好招商引资和合作搭桥的中介服务工作。此外，在邀请、组织工程机械用户部门和单位的观众参观方面，也做了大量细致的具体工作。力求通过服务，联系买方与卖方，展商与客户，展会与观众，真正使BICES展览会发挥出营造市场和贸易桥梁的作用。

权威性：所谓展览会的权威性实质上就是形成展览会的品牌并使其产生名牌的效应。现在BICES可以说已经具备了一定的或者说较高的权威性。第一，它已经具有了一大批连续、固定参展的海内外参展商；第二，海内外的工程机械同行们已经把每两年一届的BICES展览会当成技术交流、经贸合作的定期的、重要的和有效的活动场合；第三，自加入国际展盟以后，BICES的国际影响力进一步得到提高，也增加了它的权威性；第四，随着BICES的成长壮大，国际上其他一些著名的工程机械展览会开始关注BICES展览会。

组织者的品牌思考

BICES展览会从起步筹备的第一届算起，已经跨入第15个年头。BICES展览会的成功在带来了喜悦的同时也促使组织者不断地进行着思考。在中国加入WTO之后，随着当前会展经济热潮的不断高涨，作为中国尚属不多的加入国际展览联盟的展览会之一，展会的组织者认为，他们应该想得更深刻一些，也更长远一些。

品牌意识：品牌意识是创立、维护和推进品牌的自觉性。当市场经济进一步发展，中国的经济环境日益与国际接轨的时候，把展览会的品牌作为一种无形资产的理念应当牢固地树立起来。譬如，在德国慕尼黑举办的国际工程机械展览会（BAUMA），在美国拉斯维加斯举办的国际工程机械展览会（CONEXPO—CON/AGG），在法国巴黎举办的国际工程机械展览会（INTERMAT），都是一些已经享有世界声誉的展览会品牌。与这些世界名牌展览会相比，BICES还有不小的差距。

品牌培养：品牌的培养不仅需要相应的时间和必要的过程，而且作为品牌的拥有者还必须通过自觉的品牌意识，从展览会起步阶段开始，就要有计划、有步骤地对品牌加以培育。以BICES展览会为例，为了不断地树立和强化其品牌形象，就以其图像标志为载体，为每一届展览会为重点，努力加强品牌宣传的视觉、听觉、感觉、印象等方面的综合感受力。在第六届BICES展览会上，组织者特别为连续参展的单位和美工布置有特色的展台分别颁发“明星参展企业”奖牌和“最佳布展”奖牌；每届展览会都邀请最有代表性的参展企业登上展览开幕式的主席台；下大力在相关媒体上进行展览会的品牌宣传报道；在展览会以后及时将展览会的现场录像资料制成光盘分送给国内外参展企业和有关用户单位。通过各种有形的手段，加大品牌无形资产的效果与效益。

品牌保护：品牌的保护，首先是需要认真搞好每一届展览会，以增强其自身的生命力和竞争力。同时，要正确对待和处理展会在已经具有一定品牌影响和品牌效益后的自身保护。当我国加入WTO以后，中国的展览会市场必然走向逐步开放。一些国际上的大型展览公司将进入中国的展览市场，这就使得竞争将日趋激烈。在这种新形势下，品牌保护的要求也必须进一步提升。当前，我国会展业的品牌保护尚处于初始阶段，法律法规有许多不够健全之处。因此，BICES在实践中探索中国会展的品牌保护，是以自己的成败为后者铺路。

品牌发展：品牌发展要与时俱进。事实上，BICES展览会的发展过程也就是其品牌的影响与效力逐步发展和扩大的过程。我们经历了从不断明确到自觉树立品牌意识的过程；经历了努力培育和促进品牌成长的过程；经历了在与国外展览会的竞争和合作中保护自身品牌的过程。因此，对于BICES展览会品牌的发展是深有体会和感悟的。

表4－3　北京国际工程机械展主要数据

年份	参展国家和地区（个）	展出面积（其中室外面积）（平方米）	参展厂商（其中海外参展厂商）（家）	专业观众（其中海外观众）（人次）
1989年	6	8000　(4000)	128　(16)	25000　(90)
1992年	8	16000　(8000)	182　(25)	30000　(120)

续表 4－3

1995年	14	15000　(9000)	102　(57)	32000　(210)
1997年	15	18000　(12000)	279　(83)	22100　(460)
1999年	18	22000　(16000)	336　(161)	31463　(1258)
2001年	21	31000　(20000)	470　(215)	40000　(1500)

——《中国对外贸易》

大连国际服装博览会如何长大

2002年11月大连国际服装博览会成功地通过国际展览联盟的认证，其承办机构——大连国际服装展览有限公司正式成为该联盟的成员。这是中国第一个通过国际展览联盟认证的服装类展会；也是中国第一个以展览公司名义加入展览联盟的成员。

它是如何长大的，我们来看看它的足迹。

1988年8月20日，大连服装节启程。当时的正式名称是"首届大连服装节暨'康艺杯'中国农民吹奏乐邀请赛"。对于这样一次既是有经济内容的文化活动，又是有文化色彩的经济活动，尽管当时有近百万群众参加和观看了"节日"中的着装游行，但是，许多人并没有预见到它将来的远大前程。

第二届服装节开始向经贸活动倾斜，注重了服装的展示和销售，7天的博览会，销售额达1.32亿元，其中还开设了服装夜市一条街。但是，浓郁的文化色彩依旧，其间共办有游园会、花灯会、演唱会等12项大型活动。这次，来自海外的宾客明显增加，有了34国家和地区的2000多名外宾，服装节的国际化色彩初现。

第三届服装节事后被人们普遍认为，无论是规模还是档次，它都上了一个重要的台阶。这是服装节第一次被冠上"国际"二字。中国国际贸易促进委员会等国际经贸的权威机构开始加入到服装节主办单位的行列。服装交易额比上届增长了76.9%，服装表演也有了来自美、苏、日、法的职业模特队。

第四届服装节是在"相聚在星空下"这样一个浪漫名字的开幕式上拉开了帷幕。它首次与香港的时装节结成了姐妹节，国际的色彩更加地丰满，海外的57家参展企业占据了1/4的摊位。大型活动，包括开幕和闭幕式减少到10项。海灯会、巡游表演等传统的项目被保留，但其中国际服装博览会、中国服装出口洽谈会、中国青年时装设计大赛显得更加地突出。来自海外的记者多达142名，而国内参与报道的新闻机构为91家。

1993年7月12日，服装节组委会提前两个月举行升旗仪式，拉开了服装节的序幕。两个月后，第五届大连国际服装节隆重举行。在这次服装节上，中国服装洽谈会打破由中国纺织品进出口商会一统天下的格局，首次吸收了外商投资企业的参加。期间，还举行了中美大型经贸投资洽谈会，项目涉及化工、环保、钢铁、房地产等。服装节带来的大量信息也对大连的服装工业的发展起到了重要的引导作用。

开幕式那场气势恢宏的"大连之恋"让人留恋至今。服装节期间举办的中国青年服装设计大赛将全国"金剪奖"纳入麾下，档次明显提高；而巡游表演有了夜场，表演效果成倍放大。为解决摊位紧张的问题，服装博览会开始分设两期。

有17家机构成为了第七届大连国际服装节的主办单位。除了传统的项目，服装节又首次加入了国际珠宝首饰展销会和国际服饰文化理论研讨会。服装出口洽谈会在摊位减少的情况下，平均摊位成交额却高于上届，5天内共成交3860万美元。

出席这届服装节的40多个国家和地区的8000多位海内外嘉宾让组织者更加的自信。它的开幕式晚会被命名为"这里通向世界"。而逐渐成熟的大连服装节也有了回顾总结的素材——"大连国际服装节摄影回顾展"登台亮相。世界名师时装精品展示会、名师名牌论坛，让服装节开始把群众文化活动和高雅艺术融为一堂。

第九届服装节上来了更多的国际政要，而普通的大连市民也更加喜爱这个他们已经离不开的节日。良好的祝愿成为这届服装节贯穿始终的声音，它是在"明天更美好"中开场，在"共爱一方热土"中谢幕。海外参展商的比例继续攀升，18个国家和地区的184家海外厂商占据了服装博览会一期展中67%的席位。

1999年9月12日开幕的第十届大连国际服装节开始更加有意识地推出和展示大连自己的服装品牌，海外时装设计流行趋势讲座、中外服装交流会……组织者希望在更多的方面拉近大连人民与世界的距离。第四届亚洲婚礼文化研讨会、首届全国花卉科技信息交流会暨第二届中国花卉交易会也开始加入服装节活动的行列。

经济效果明显并且稳固的大连服装节，开始有了在大连星海广场举办的狂欢节。市民服装设计大赛，市民模特大赛不仅让普通的人走上了T型台，而且让服装节更深地扎根、更好地发展。彩车队、锣鼓队、动物车队，十里长街巡游，市内万人空巷。服装节开始有了"大连走向世界的一张靓丽的名片"的说法。

星光灿烂，霓裳锦衣，第12届服装节移师到大连市人民体育场举行，一场新颖的入场仪式成为了服装节的开幕典礼。

同年4月，朱镕基总理在考察大连时提出希望，大连服装节要办下去，要办一百届、二百届。

网络媒体首次介入到服装节的宣传报道中，国内10家较大的网络媒体齐赴大连。大连服装节推动区域经济发展的作用更加地明显，在这届服装界上首次出现了“大连百家企业千款展销会”、“大连高级成衣专场”。

展会面积达1.7万平方米的大连星海会展中心早在1996年就不能满足中外参展商的要求，展会开始分两期进行。而这届服装节的展会在星海国际会展中心和星海网球中心同时举行，展地面积增加到2.3万平方米。与最开始时海外厂家集中于第一期展会不同，这次来自30多个国家和地区的海外厂商分别出现在一、二期的展会上。

大连国际服装节，是中国现代城市会展热的参与者之一。但是，为什么其他的许多展会几届过后无疾而终，而大连的服装节却连续红红火火了14届。

用经济学的常识看问题，在市场经济的条件下探求一个展会的成功，需要追寻的是它核心的竞争力。

大连服装节开办之初，它并不具备比别的城市更多的优势，也就是说，服装节的核心竞争力是在发展中形成的，而不是先天就有的。

从技术操作层面上讲，把一个展会办成全社会都能参与的节日，为大连服装节赢得了最广泛的群众基础。因此，出自最先创意者口中的“服装节”，而不是“服装展”，一字之差为这个展会寻得了一个有生命根基的定位。如果大连服装节仅仅是一个商业展，而不是当地民众都能普遍参与的节日。那么，它就不会有后来逐步显现的社会影响力和品牌号召力。

但是，光有了节日还不行，因为商家需要的是实惠，而不仅仅是热闹。突出贸易的内容，强调交易额，引入国际经贸的权威机构，使得大连服装节成为了商家也看重的“节日”。如果没有这实实在在的经济收益，商家们谁还会一而再、再而三地跑到一个中国的北方城市去赔本赚吆喝。

做好人气，做大交易额，这是大连服装节组办者都明白的道理。但是，这第一个雪球如何攥，却是学问，甚至是智慧。大连的做法是动用行政的力量调配资源，包括邀请来中外的政要。这在20世纪80年代的中国会展市场是一种最有效率的方法。当然，组织机构上的保障，领导者持之以恒的定力，都成为大连服装节成功必不可少的要素条件。

但是，回头细看大连举办过的14届服装节，与时俱进才是它真正的生命源。

在有计划的商品经济时期，服装节倚仗于行政的力量，在向社会主义市场经济过渡的时期，它开始更看重市场的号召力。从历届服装节主办机构的变动，就能看到这种与时俱进的印记。而服装节内容的变化更是这种生命力的体现。第一届与中国农民吹奏乐联在一起，第三届开始定名为“国际服装节”。最开始时的电影周、美容美发表演、书市书展……随着时代的变迁，都让位于博览会、交易会、设计大赛这样一些更加专业的内容。

其实，大连服装节一直处于变与不变之中。它变的是几乎每届都根据时代的变化而加入新的内容，如珠宝展、投资洽谈会，不变的除了气势宏大的开（闭）幕式，极受市民欢迎的巡游和商家看重的交易会、博览会，还有就是它那种与时俱进的精神和办展理念。也只有这样，大连国际服装节才有可能成为中国会展业的百年品牌。

——《中国对外贸易》

重庆第四届高交会参展商调查分析

应丽君　罗兹柏　张颖

展览会的目的之一是为参展商和参观观众服务。有了参展商、参展观众的到来，才会产生经济效益，为其服务的会展业才会兴旺发达，这反映了会展业典型的市场经济特征。发展会展经济一定要以市场为导向，要研究作为会展市场主体的参展商和参观观众。离开了对客源市场的调研分析、目标市场的准确定位，将使会展经济成为无源之水，无本之木。

重庆市高新技术交易会作为西部地区的综合性科技展会，是技术、信息、人才等要素聚集的平台，至今已连续举办了三届。本届“高交会”成交项目790项，成交总额达125.41亿元，比上届增长100%。其中合同金额80.01亿元，是前三届总和的1.63倍。此次参展团66个，代表团35个，其来自8个国家和地区的参展项目近7千项。

“高交会”对于展示东西部技术合作成就，树立新重庆形象、展望西部未来蓝图，对于加快重庆建设长江上游经济中心的步伐，具有十分重要的意义。“高交会”为研究重庆会展经济提供了一个很好的切入点。

一、重庆第四届“高交会”的调研方法

为了客观、真实、准确地获取“高交会”参展商和参展观众的资料和信息，重庆海钠会展研究所采用问卷自由访谈调查方式，对会展现场的参展商和观众进行了抽样调查。

1. 问卷设计

为提高调查的针对性和有效性，在拟定问卷时，首先参考国内外的相关资料，然后根据高交会组委会的背景资料，最后是对第二、三届该研究所的调查问卷以及调查分析报告作回溯性研究，综合各种因素确定了市场调查的问卷形式和内容。其中，问卷涉及参展商和参展观众的基本信息及其对展会的评

价，内容包括：

◆ 参展商调查内容

参展的主要目的、获得信息的渠道、展台搭建情况、对展会组织管理水平和服务水平的总体看法、对重庆高交会的总体评价、参展目标的实现程度。

◆参观观众调查内容

包括展台吸引注意力的主要因素：对展台工作人员的看法、对展会服务水平的看法、对重庆其他会展名称的了解、观众文化程度等。

2. 调查设施

为了提高调查操作方法的科学性和问卷的合格率，以同一问卷同一方法在场馆的四个馆区（A、B、C、D）开展随机抽样调查。在样本的选择上：

◆ 对于参展团队，按照先海外、后国内；先外省、后本地的原则，采取在团队中选取一位作为代表，力争选择的是其中的管理者，这样更具有代表性；

◆ 对于参观观众，我们优先调查佩带有嘉宾证以及来自境外、外省的参观者，力争提高评价观点的代表性。

调查为实地随机抽样，以便提高样本量的代表性、有效性。在问卷的填写上，采取以个人填写问卷为主，调查人员指导为辅的方法，现场填写回收，以保证调查数据的可信度。最后用统计软件进行分析。

3. 调查样本量

这次调查对参展商发放调查问卷70份，回收65份，回收率为92.8%。其中，有效问卷64份，无效问卷1份。经统计，在参展商中外地参展商共调查了36个展位，本地参展商共调查了28个展位。

对参展观众共发放调查问卷130份，回收130份，回收率为100%。其中，有效问卷117份，无效问卷13份。经统计，在参观者中专业参观者共调查了45人，一般参观者共调查了72人。分别占38.4%、61.6%。

以下将分为"参展商"和"参观观众"两部分分别加以说明。

二、参展商调查结论统计分析

1. 参展商获知重庆第四届"高交会"信息的渠道

参展商是由组委会直接发函得知，占78.2%，这说明组委会在招展方面的确下了一番功夫，也取得了较为明显的成效。通过报刊、新闻得知本次展会的占11.0%；通过互联网信息得知的占1.6%；通过行业内部刊物得知的占3.2%；其他途径的占6.0%，如上级主管部门通知、省里通知、科技部委派等等。政府主动招展是参展商的主要信息来源，政府在"高交会"中起到积极的作用。同时也说明"高交会"的信息传播途径十分单一，以单一渠道为主，其他各种辅助手段使用并不突出，以后应加强传播手段的多样化、立体化、扩大传播效果。

2. 参展商来参展的主要目的和动机

了解参展商来参展的动机对于有针对性地提供展会服务大有好处，通过调查发现展商的目的不一，普遍具有多重性，主要目的经统计，前三位为：展示企业形象或产品（占65.8%）、收集市场信息（占31.4%）、产品直接销售（占23.4%）。其他目的还有：寻求代理（占14.1%）、招商引资（占12.5%）、投资（占3.2%）、合作（占1.8%）、高新技术转让（占2.9%）、其他（占0.1%）。

从结果我们可以看出展商的动机相对比较集中，展示企业形象的比重很大，其他的目的，如合作、高新技术转让所占比例太小。对于一个展会而言，对地方经济贡献最大的是展商的投资、技术转让等内容，而来参展的展商并没有太多地关注这些方面。

会展成功与否的最终衡量标志是订单的多少，展览会是更高层次的投资、贸易、洽谈等商务活动，并非产品的直接销售，直销是商场里的事，而不少展商却抱着现场卖展品的目的来参展，层次较低，参展商对此问题的认识有待提高，这也是提高一个展会质量的表现。

3. 参展商的展台布置情况

参展商的展台布置往往是各方面关注的焦点，富有创意的展台更能吸引公众的目光，并且展台的花费历来也是参展花费中较高的一块。参展商的展台依靠专业展览公司布置的，占26.5%；广告策划公司布置，占25.4%；一般装饰公司布置，占18.1%；自己动手布置，占30.0%。分布比较平均，自己布展的比例略高一些。这基本可以说明两方面原因：一方面，参展商的意识不到位，专业展览公司布展是今后的一个发展趋势，专业公司经验丰富，职业化运作还可以节省展商大量的时间、精力；另一方面，反映了会展中心的服务不到位，展览服务中心可以通过推荐专业布展公司给参展商对其加以引导，或组织相关布展公司现场及时提供指导，促进双方观念意识上的沟通。

4. 展商对展会组织管理水平和服务水平的总体评价

外地展商和本地展商对本届"高交会"组织管理水平和服务水平的评价不一。虽然在问卷中我们分别设置了管理水平和服务水平的不同调查，但展商基本上将服务水平与管理水平划了等号，他们大多认为，服务水平也体现在了管理水平上。

外地展商接近半数左右认为组织管理水平一般，评价为"一般"、"较差"和"不满意"三者的比例共达61.5%，超过了半数，这充分说明"高交会"的管理服务水平有待提高。

本地展商的评价较高，"非常满意"和"满意"的占了49.9%，有一半左右。

进一步询问，展商们反映了不少问题，主要有：

◆ 场地规划不行；

◆ 进场秩序混乱；

◆ 治安问题（小偷多、不安全）；

◆ 专业性较强的展区宣传不够，如：医疗展区参观者多数不是专业观众，展商将其归为组办机构未大力宣传；

◆ 会场出入手续繁琐；

◆ 对参展单位应提供最基本的物品；

◆ 一个标准展位4000元较合适；

◆ 部分展商反映没有会展的平面布置图(小型宣传材料)；

◆ 场馆的配套服务设施不齐全；

◆ 服务人员不清楚场馆情况，一问三不知，应加以培训；

◆ 名片盒、来宾登记本等常用物品，其他地方的展会均予以提供，但高交会没有提供，应提供最基本的物品；

◆ 卫生条件差，垃圾桶到处堆放不移走等等。

这充分说明了参展商对会展服务的要求是全方位的，并且越来越高，细节之处更能以小见大，反应出组织管理和服务水平。

5. 参展商对客户群质量的评价

参观展台客户群的质量直接影响着展商目的的实现，客户群的质量也是展商最关心的内容之一。展商对客户群总体质量的评价如下：基本达到预计水平的占43.7%；没有达到预计水平的占39.1%，达到预期水平的占15.6%，超过预计水平的占1.6%。这充分反应了本届“高交会”所暴露的一个严重问题，参观者目标市场的定位不准确，信息传播不到位，以至看似人山人海，但实质看新鲜、看热闹的多，奔高新技术来的少。正如“高交会”会场出现大家排长队仅仅是为了得到赠送的礼品，技术宣传单扔了一地。医疗展台前观众稀少，而手机抽奖的摊位却门庭若市。“高交会”不能获得展商理想的客户群，最终也将失去展商。

6. 外地参展商和本地参展商对重庆“高交会”优势的评估

当与全国同一主题的其他专业性展会相比，本地参展商和外地参展商对这一问题看法不一，评价各不相同。本地展商对重庆“高交会”较为乐观，评价普遍较高，原因是本地展商参加同类展会的机会明显小于外地展商。外地展商相对而言见多识广，因此对重庆“高交会”的评价不高，认为重庆“高交会”没有优势的和认为仅有微弱优势的共占40%；没有展商认为重庆“高交会”具有非常大的优势，个别展商还认为“高交会”前景不容乐观。

通过对选择“没有优势”的外地展商的深度访谈得知，相对沿海地区如：广交会、深交会，的确重庆“高交会”优势并不明显，依然处于粗放阶段。但就西部地区而言，重庆高交会如定位于区域性展会，还是具有明显优势。毕竟，西部地区也需要这么一个展会作为交流的平台。重庆“高交会”未来的定位和走势值得我们深思。

——《中国对外贸易》

打造中国强势专业展　提升服装品牌竞争力
——CHIC 2003：以新起点营造新商机

由中国服装协会、中国国际贸易中心股份有限公司和中国国际贸促会纺织行业分会共同主办的第十一届中国国际服装服饰博览会（CHIC 2003）于2003年3月27日在北京中国国际展览中心开幕。

伴随着中国服装业从粗放经营走向集约经营、从产品竞争走向品牌竞争的历程，中国国际服装服饰博览会（CHIC）走过了十年的风风雨雨，以其专业性之大、市场性之显赫、国际性之强，成为中国服装业的助推器和风雨表。亦成为目前亚洲规模最大的专业服装服饰展。每年三月的CHIC已成为业内一大盛事，而于2003年3月27～30日举办的CHIC 2003，更是恰逢中国入世第二年、服装业面临发展新机遇的关键时期，作为众望所归的中国最具影响力的服装专业展，它承载着更重大的历史使命。“百尺竿头，更进一步”，在总结以往经验的基础上努力创新，CHIC 2003突出”专业展“概念，提高服务质量，增强展会的品牌影响力。第十一届中国国际服装服饰博览会在筹备过程中，按照国际展会的通行标准，与时俱进，努力使它的第二个十年有一个坚实的、令人耳目一新的起点。

观众专业化

CHIC 在过去十年的发展历程中，始终以提高展会的专业化水平为第一要务，今年也是如此，一个突出的特点是加强对现场观众的管理。为此，主办者采取了许多措施：首先，博览会首次推出专业观众“网上预登记”服务，并在展会现场为进行了“预登记”的专业观众入场设置专用通道，以保证专业观众快速入场、提高效率，使专业观众和专业买家享受到更好的服务。其次，为做好现场观众的组织和服务，CHIC 2003 在展会现场也进行专业观众登录工作，为没有提前“预登记”的专业观众进行登记。这样有效地区分专业观众和非专业观众，维护了正常的参观秩序，保证展会现场的商贸洽谈环境。为提高观众的专业化水平，使参展商与贸易商的数量达到一定的比例，本届展会利用往届相关数据库，专函邀请专业观众和专业买家参观展会。另外，主办者还与参展商逐一联系，请参展商通知其客户以网上或传真方式进行预登记，提前索取参观证，直接入场参观、洽谈。来展会的“核心”观众和专业买家多了，其中的贸易机会不言而喻，使与会参展商有一个满意的结果。

展区细分化

CHIC 2003 展场总面积为6万平方米，中国国际展览中心1至8号馆全部吸纳进来。由于参展商参展踊跃，展会增加使用了9号、10号两个临时馆。在国内展馆部分：1号馆1层为男装区，1号馆2层为休闲区，1号馆3层和6、7、8号馆为女装区，9号馆为童装区，10号馆为综合时尚区。2至5号馆为海外品牌展区，其中2、3号馆为海外组团；4号馆为国际男装区；5号馆为国际女装区。展区明确地按服装类别划分，便于专业人士参观和买家看样定货，这也是CHIC 借鉴国际通行做法，向专业展会迈进的一大尝试。

检验展会含金量的直观标志是其参展商众多，知名品牌云集，CHIC 2003 真正体现了这一点。此届展会国内外参展商有850家，来自13个国家和地区。国内厂商都把参加每年一度的中国国际服装服饰博览会作为自身品牌推广、形象树立、加盟招商等方面宣传的一个最有效平台，CHIC2003 为参展厂商面向全国、面向世界扩大品牌影响搭建了一个高水平的舞台。此外，为促进地方服装产业的发展、树立整体形象，深圳、杭州、广东、上海、天津、大连、山东、江苏、福建、武汉、四川、重庆及泉洲石狮等13省市组团参展。其中：拥有79家参展企业的深圳展团作为最大地方展团参加，并举办系列推广活动。而占用了整个6号展馆的杭州展团，还推出“杭州女装日”活动，以充分展示杭州品牌女装的整体形象。另外，自去年起大造声势的福建服装板块继续高扬大旗，泉洲石狮以本届展会“特别协作城市”的身份加入，意欲凸显集群带品牌实力，再铸辉煌。广东、天津等其他地方展团也不甘示弱，也举办多场相关活动，以突出自己的地方特色。

展商国际化

中国加入世界贸易组织后，其巨大的服装市场潜力越来越引起海外参展商的关注。本届展会海外参展商的数量和展览面积都比上届有所扩大，有来自意大利、法国、西班牙、德国、芬兰、土耳其、美国、日本、韩国，及中国香港、澳门、台湾等12个国家和地区的企业参展。尤为值得一提的是，意大利外贸协会组织了近50个品牌及公司来华参展，在欧洲国家中其参展企业数量是最多的。以往参展商不是很多的法国、德国，也有众多服装品牌参展，充分显示出欧洲国家对中国市场的重视。亚洲国家中，韩国衣类产业协会连续三年组织了22家企业参展，显示了他们对中国市场的信心和热情。他们的加入使整个海外参展企业达到230家以上，海外参展商数量比上届增长30%以上。

活动多样化

在展会相关活动的设置上，本届展会紧紧把握服装业发展的脉搏，推出了一系列精彩纷呈的专业活动。例如，作为中国最高层次和最具权威性的“中国服装论坛”，邀请了国内外高层人士和专家发表演讲和对话，以“品牌经营”为主题的论坛，强调把宏观的意识和观念，与行业发展、品牌经营相结合，将世界范围内的先进思想、知识、经验服务于中国的服装企业和服装企业家。另外。为提高企业的核心竞争力，促进企业可持续发展，CHIC 2003 还举办了系列培训活动。培训活动之一是：瑞士纺织检定中心承办的“服装、纺织品的绿色通行证Oeko−Tex Standard 100/1000”课程。培训活动之二是：“与成功对话专题培训”，邀请了国际及国内成功的服装企业家及知名的管理专家讲述成功经验，并通过具体案例的微观分析，与服装业内人士共享成功经营之道。在展会期间，与企业品牌推广密切相关的动态展演、专场展示和地方展团的系列活动仍是CHIC 2003 不可缺少的靓丽风景。明星，时尚，新生活方式的叠加往往将时装的魅力完美地释放出来。为充分发挥展会的资讯平台作用，使中国的服装企业、设计师更快地了解国际流行趋势，CHIC 2003 主办者与中国流行色协会、美国Pantone、荷兰 Viewontextile 等国内外专业机构还联手举办了“2004春夏国际服装流行趋势预测发布”，分别在展会的男装、女装和童装展区设立男装、女装和童装三个流行趋势静态发布区，将国际最新流行信息引入中国，带到展会现场。

不断以创新求发展的CHIC 成为中国服装展会的一面旗帜，它的辉煌业绩和积极探索为专业展会如何促进行业发展带来了许多可贵的启示。有识之士指出：随着经济全球化的不断发展，中国的服装产业正在朝着国际化、专业化、市场化方向快速发展，所以作为能集中体现服装行业水平的服装展览业更应加快步伐，引入国际成熟的展览模式和专业运作方式，提高办展档次和水平，不断缩小与国际专业展览会之间的差距，并在发展中不断更新和创新，塑造具有持久生命力的品牌展览会。CHIC的发展，牵动着整个中国服装业的神经。可以预见，它必将海纳百川，开辟自己和中国服装产业及市场更加美好的未来。

“菜博会”何以成为招商会
——第四届中国（寿光）国际蔬菜科技博览会招商引资走笔

2003年4月20～30日在山东寿光举办的第四届中国（寿光）国际蔬菜科技博览会圆满结束。会展期间，共签订合资、合作及独资项目76个，项目总投资达43.3亿元，引资额37.8亿元，其中，合同项目65个，合同金额40.2亿元，协议11个，协议投资总额3.1亿元，招商成果大大超过前三届。在所有的大项目中，投资过亿元的大项目就有10个，其中贾思勰国际农业生态博览园建设项目、银宝60万套全钢子午胎项目投资额均超过5亿元。另外，还有15个投资过5000万的项目相继签约。菜博会期间，晨鸣集团还与中行潍坊分行签订了3亿美元的授信贷款合同，为企业扩张和升级改造集聚了雄厚的资金支撑。

以农业新技术、新品种交流、展示为主要内容的寿光蔬菜博览会，何以成为涉猎广泛、规模宏大的招商盛会呢？

依托一个大产业
产业招商商机无限

寿光蔬菜作为寿光的金字招牌，不仅使寿光农业摆脱了弱势地位，鼓起了当地菜农的钱袋子，而且作为一个关联性较强的产业，为众多国内外相关企业带来了无限商机。自1989年蔬菜大棚诞生起，经过十几年时间，如今的寿光蔬菜已发展成为一项种植面积80万亩、年销售收入40亿元的庞大产业体系。围绕蔬菜生产、销售和加工，一个年营销额达几十亿元之巨的种子、肥料、农膜、农药等农资市场蓬勃兴起，吸引了全国各地众多的生产商和营销商。吉林喜丰、新疆德隆、韩国自康塑料等农资生产、营销企业蜂涌而至，动辄投资上亿元，竞相抢占寿光农资市场。落户在寿光市科技工业园的山东自康塑料有限公司，老板是韩国人，四届菜博会，他一届未落。寿光农资市场巨大的消费需求，让他看到了农资生产的无限商机，第三届菜博会召开之际，他投资1千万美元在寿光建厂，生产高档薄膜。

蔬菜生产快速发展带来的商机，吸引了众多国内外相关企业竞相投资；被誉为“中华之最”的寿光蔬菜批发市场，同样汇聚起了旺盛的资金流、技术流和信息流。据了解，该市场目前年交易量达到15亿公斤，交易额20多亿元，每天都有近万人从事市场交易、提供劳务服务，是全国的蔬菜集散中心、价格形成中心和信息交流中心。2003年菜博会开幕前夕，又投资4千万元建设了蔬菜电子拍卖中心，在国内首开电子拍卖先河，掀起了蔬菜交易方式上的一次革命。

旺盛的人气，带动了三产的兴盛。房地产开发、餐饮、旅游、宾馆等行业成为黄金产业，各类资本竞相进入。广东揭阳中萃房地产开发有限公司董事长林榜昭，看中了寿光的经济发展速度和人流物流信息流的优势，投资1.6亿元建设阳光温泉度假村和中华牡丹园工程，项目之一温泉大酒店已于第四届菜博会开幕前投入使用，是寿光第一家星级酒店。随后，在菜博会开幕后的第二天，他又同寿光市政府签订了贾思勰博览园开发项目，投资额达到5个亿。另外，北京美林正大集团、世纪鹏飞房地产开发公司等也纷纷投资寿光，开发建设美林花园、文化名园等精品工程，为寿光城市建设增添了一道亮丽的风景线。

借助一个硬品牌
特色招商魅力无穷

四届菜博会的成功举办，使得菜博会成为寿光的一张金色名片。刚刚结束的第四届菜博会，更是匠心独具，新意迭出，韵味十足，展现了特色会展的无穷魅力。随意在展区走一走，转一转，“南国风情”、“沙漠绿洲”、“小山清泉”等用各种蔬菜构建的园林式的景点比比皆是；蔬菜巨龙、绿色长城等各色各样的蔬菜配之以小桥流水、水车木屋，各式菜柱、花柱、假山、水池点缀其中，动静结合，高低错落，处处充溢着浓郁的文化韵味和田园风情，让参观者流连忘返，大开眼界。在展示内容上，则突出了以无公害蔬菜与标准化生产为核心的设施农业、生态农业和观光农业，以及各种国内外蔬菜生产前沿科技。一行行的无土栽培、水培、盐生菜栽培等多种前沿栽培模式的对比展示，让参观者一览高科技蔬菜的种植技术和风采；南瓜、辣椒、西红柿等盆景蔬菜，或花开正旺，或叶绿果黄，造型巧夺天工，色彩五颜六色，惹人喜爱，让人叹为观止、目不暇接。

新颖的形式和丰富的内容，强烈地吸引了国内外企业和科研院所的关注，使寿光菜博会成为一个以会招商的“强磁场”。瑞士先正达、以色列海泽拉、荷兰瑞克斯旺等世界知名种子公司，都是通过菜博会找到了在寿光投资的切入点，纷纷在寿光投资建立示范基地和种苗研发基地，抢滩寿光，并以此作为进军中国市场的跳板。在本届菜博会的主展区展位中，美国嘉吉投资有限公司、美国帮龙生物发展有限公司、以色列泽文公司、泰国正大种子公司等国际著名农业企业的展位占到了25%，菜博会的国际化程度进一步提高。据了解，目前已有以色列纳瑞特公司、荷兰莎公司、美国盛尼斯公司等表示有意投资寿光，部分公司已与寿光签订合同或达成协议。

菜博会的举办，让世界认识了寿光，使寿光走向了世界。三年来，先后有十几家国内外知名公司落户寿光，菜博会成为寿光对外招商引资的硬招牌。

長春国际會展中心

梁法霞（右）总经理向新加坡数码

会展集团张保罗博士颁发聘任顾问证书

杨振宁在中国科协2001年学术年会上

第三届中国长春国际汽车博览会

长春国际会展中心全貌

会展中心体育场

长春国际会展中心是集展览、会议、商贸、餐饮、客房、体育赛事、娱乐休闲、旅游观光为一体的大型现代化多功能活动中心。占地面积 63.17 万平方米，建筑面积 15万平方米。展馆有A、B、C、D、E 五个展览大厅，拥有1580个国际标准展位，并有占地15500平方米的室外展场。展馆配套设施采用先进的综合布线系统、程控交换系统、消防控制系统、保安监控系统和大型中央空调系统，各展位电信接口、网络接口、强电、上下水全部到位。会议室、贵宾室、洽谈室、接见厅、签字厅、报告厅、音乐厅、宴会厅一应俱全，设施完备。四星级的会展中心大饭店拥有各式客房233间，可同时入住 450人，酒店同时提供中、西餐服务。网球俱乐部拥有两片室内、六片室外国际标准网球场地，可容纳 2.6 万人的体育场是举办足球和田径比赛及大型文艺晚会场所。整个会展中心建筑规模宏大，配套功能齐全，独具特色。

宴会厅

音乐厅

上海对外科学技术交流中心

简 介

上海对外科学技术交流中心成立于1973年，是在上海市人民政府科学技术委员会直接领导下，从事对外科学技术交流活动为主的事业机构。中心以促进上海科技进步，经济与社会发展和各国、各地区人民之间的友好合作为宗旨，通过各种方式推动上海科技界、经贸界人士同海外相应机构及人士之间的交流与合作。自成立至今，已同50多个国家和地区开展了富有成效的交流与合作。

BRIEFING ON SSTEC

Shanghai Center for Scientific and Technological Exchange with Foreign Countries (SSTEC) founded in1973, is a professional organization mainly involved in international scientific and technological exchanges under the leadership of Science and Technology Commission of Shanghai Municipality.

SSTEC, through its activities of different forms, organizes and promotes exchanges and cooperation between the organizations and individuals in Shanghai and their offshore counterparts in the circles of science and technology, economy and trade, with the aim of speeding up science and technology progress, economic and social development of Shanghai as well as enhancing friendly cooperation between the Chinese people and the peoples of other countries and regions worldwide.

SSTEC, since its foundation, has conducted fruitful and successful exchanges and cooperation with more than 50 countries and regions in the world.

业务范围

1、在上海举办各种类型的国际经济技术展览会；
2、赴海外举办上海技术展示交流（贸易洽谈）会；
3、在上海组织各种形式的学术研讨会、报告会；
4、为海内外客商经贸合作提供咨询服务；
5、邀请和接待外国专家和华人来沪访问、讲学、考察或短期工作；
6、组织上海技术人员赴境外访问和技术考察；
7、同兄弟省市对外科技交流中心进行各种业务合作。

Business Scope

1. To sponsor international scientific and technical and economic exhibitions of different topics in Shanghai;
2. To organize Shanghai Technology Fair abroad;
3. To organize international scientific and technical conference, symposiums and seminars of different forms;
4. To provide consultation services to companies both at home and abroad for technical and economic cooperation;
5. To invite foreign and overseas Chinese experts to Shanghai for visit, lecture, study, short-term work, etc.;
6. To arrange technical professionals from Shanghai to trip to abroad for visit, study. etc.;
7. To conduct various cooperation with corresponding centers of other provinces and municipalities all over China.

西藏展览中心

西藏展览中心，原名西藏革命展览馆，始建于1965年，是在老一辈党和国家领导人的亲切关怀和支持下建成的。当年由陈毅副总理提议并选址修建在布达拉宫前面，由朱德委员长亲笔写馆名。西藏展览馆的建成，在西藏文化事业建设和发展史上，具有深远的影响和意义。

建馆近40年来，在区党委、政府和文化厅的直接领导下，先后举办了《阶级教育展览》、《中印边境自卫反击战胜利成果展》、《农奴愤》大型雕塑展、《西藏自治区概况展》、《庆祝西藏和平解放二十周年、三十周年、四十周年成就展》、《西藏自治区成立十周年、二十周年、三十周年建设成就展》等百余次各种类型的展览，累计接待中外观众百万人次。同时参与了多次全国性的展览活动，为宣传、贯彻党在各个历史时期的方针、政策、推动西藏两个文明建设做出了应有的贡献。

1994年，因自治区成立三十周年大庆工程之一的布达拉宫广场修建，搬迁至拉萨罗布林卡路水泥制品厂院内。几年来，自治区党委、政府以及文化厅党组对展览中心重建工作给予了高度重视，到目前中心重建项目已经确定，在国家及自治区有关部门的关怀下，具有现代意义上的自治区展览中心即将动工修建，预计投资超一亿元。

展览中心目前设主任一人、副主任二人，下设业务科、行政办公室两个科室，业务科下设编译组、摄影组、雕塑组、美术组、资料室共五个业务小组，是西藏自治区惟一的省级专业展览机构。

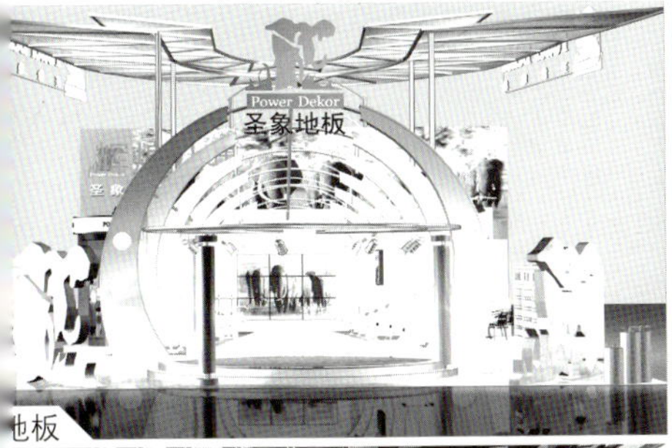

地板

格伦堡

西门子电器

nk

乔山国际

海南马自达

波司登

宁夏展览馆

宁夏展览馆始建于1958年，目前已发展成为集宁夏经济和社会发展概况、建设成就陈列展示，区内外政治、经济、科教、文化信息交流。贸易洽谈、产品展销和群众文化娱乐大型活动场所等社会功能于一身的省级综合性展览馆，并作为中国展览馆协会理事馆而蜚声海内外。

该馆位于宁夏回族自治区首府银川市商务闹区黄金地段，场馆外观气势壮观，颇具伊斯兰民族风格，堪称首府一大景点，建筑面积8000余平方米，展厅面积5000余平方米。

该馆展览专业门类齐全，技术力量雄厚，主要专业有：展览总体设计、广告设计、沙盘模型、电光展示等特装制作，书画美术创研，城市雕塑，装饰、装裱等。专业技术人员70余人，其中，教授级5人，副教授级8人，中级20余人。建馆40余年来，该馆设计、制作和主办过多次出国美术展览，参加了众多全国性和大区级大型展览，承接了国内大量展览、展销、展贸活动和城市雕塑工程，受到社会各界广泛赞誉。其中参加全国性展览30余次，5次荣获国家级最佳设计装饰奖。1996年和2000年分别被授予“全区宣传思想工作先进集体”和“全国文化工作先进单位”称号。

地址：银川市民族南街85号　邮编：750004

传真：(0951)6024502　电话：(0951)6026836　6023106

法定代表人：王茂桐（馆长）

BOFENG CONVENTION

CONVENTION

北京博风展览服务有限公司

WWW.bofeng2000.com

公关策划部

地址:北京市朝阳区南新源西路御景园1#楼5层
电话：（010）87361103
传真：（010）87361102
E-mail:hofeng2000@sohu.com

会展招商部

地址:北京市朝阳区南新源西路御景园1#楼5层
电话：（010）87361104
传真：（010）87361102
E-mail:bofeng2000@elong.com

会议活动部

地址:北京市朝阳区南新源西路御景园1#楼5层
电话：（010）87361106
传真：（010）87361102
E-mail:bofeng2000@263.net.cn

特装制作部

地址:北京市朝阳区小红门路
电话：（010）87972747
传真：（010）87972747
E-mail:bofeng2000@sohu.com

展览展示部

地址:北京市朝阳区南新源西路御景园1#楼5层
电话：（010）87361105
传真：（010）87361102
E-mail:bofeng2000@sina.com

美工制作部

地址:北京市朝阳区小红门中街105号
电话：（010）87601597
传真：（010）87608248
E-mail:holly21@sohu.com

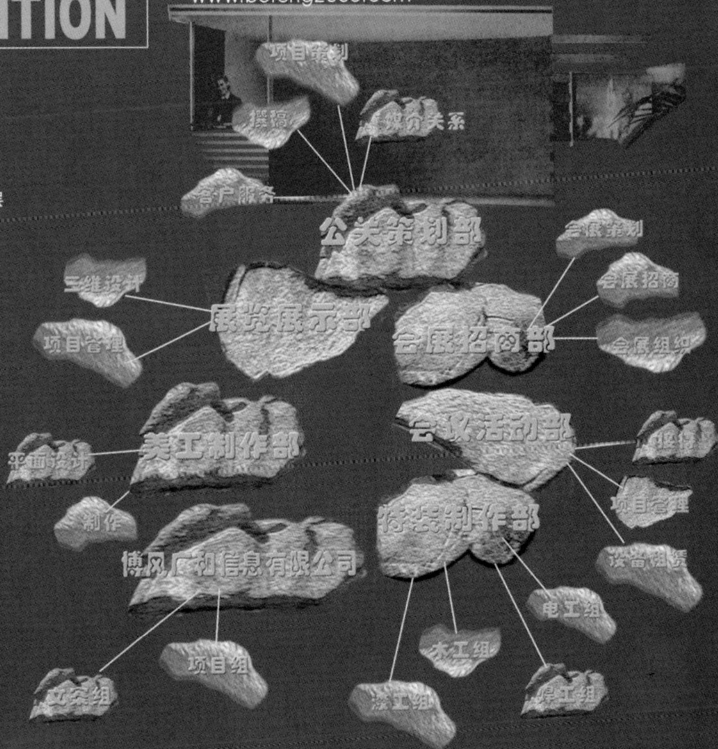

用活一个好支点
会展招商带动经济发展

如果把招商引资比作撬动经济整体发展的杠杆，那么菜博会就是这根杠杆的支点。从当初单纯的农业会展，到今天的经济腾飞“助推器”，寿光蔬菜博览会对地方经济和社会发展的提升作用日益凸显。

会展期间，农业新技术、新品种及各类信息的大密度汇聚，开阔了寿光的视野，搭建起了寿光走向世界的平台，寿光农业产业化、标准化、国际化程度进一步提高，农业龙头企业的园区建设生机勃发，方兴未艾；会展招商的突破性进展，保障了工业投入连续不断，拉动寿光工业跨入高速增长期，全市工业速度、效益同步提高，规模越做越大。晨鸣纸业、海源盐化、巨能电力、联盟化工、鲁丽集团、墨龙集团、富康制药等名牌产品企业群雄并起，发展后劲强劲有力。2003年1至4月份，全市工业企业实现销售收入52.6亿元，利税7亿元，利润4.4亿元，分别比上年同期增长50.8%、56.1%和70%；菜博会对社会各项事业的拉动作用，集中体现在城市软硬环境的建设和完善上。近年来，该市累计投资4.3亿元，在全省率先实现了村村通等级柏油路，拓宽了市区四环路，建成了中华牡丹园、弥河风景区二期工程等一大批精品工程，搭起了现代化中等城市的框架，城市文明程度进一步提高。软环境建设上，他们出台了一系列优化环境的政策措施，成立了行政审批中心，开展了“百家企业评议职能部门”、“行风热线”、“窗口对话”活动，用宽松到位的政策吸引八方客商，使寿光迅速成为投资创业的一方热土。另外，菜博会形成的“绿色冲击波”，还惠及餐饮、旅游、运输等诸多行业，使第三产业成为经济发展最具活力的领域之一。据统计，截至2003年4月底，该市城乡居民储蓄存款余额达到86.4亿元，比年初增加了8.6亿元，累计完成国内生产总值34.8亿元，同比增长13.3%。

——《国际商报》

北京如何运作“科博会”

储祥银

“中国北京高新技术产业国际周”创办于1998年，于2002年正式更名为“中国北京科技产业博览会”，是中国第一个以高新技术为主题的综合性国际会展活动。经过五届的连续举办，以庞大的会展规模、丰富的内容、广泛的国际参与和所取得的丰硕成果，在国际社会和国内高新技术业内产生热烈反响，目前已成为我们国家进行国际科技经贸交流的重要活动之一。

“国际周（科博会）”办到第五届，其内容和范围远非一个周或一个节日之类的活动就可以涵盖。为了与国际接轨，更加明确高科技展览展示与交易的本质内容，“中国北京高新技术国际周”2002年更名为“中国北京科技博览会”（简称“科博会”）。该届“科博会”期间，几经压缩，最后还是组织了展览、演讲论坛、技术交易和经贸洽谈、专项交流等活动120多场。此外，“国际周（科博会）”还举办了“世界发明大会”、“国际保护环境大会”等十余场国际专项交流活动，共有60多万人次直接参加了相关活动，通过网上和收看“科博会”特别电视节目的观众更是不计其数。

“科博会”成功的运作方式

把握正确的指导思想

“国际周（科博会）”从策划之初，即在指导思想上将其定位为国家级的国际科技经贸交流活动。

运作中主要体现在：在组织机构上，逐步强化国家级活动的规格，首届“国际周（科博会）”由国家科技部和北京市政府主办，组织了全国53个开发区代表团参加；随着“国际周（科博会）”规模的扩大和活动档次提高，国家级活动特征愈加明显，至第四届“国际周（科博会）”，主办单位增加到科技部、外经贸部、教育部、信息产业部、中国贸促会和北京市政府六个国家级部门，形成了国家科技、外经贸、教育、信息产业等政府主管部门和北京市政府共同搭台的国家级活动组织框架；在参会范围上，提出了面向全国、面向世界的招商招展方针，加强了对国外政府和工商企业界代表团的邀请和对世界知名跨国企业的招商力度，请市领导带团分赴全国重点城市宣传推介“国际周（科博会）”，并为各省市地方项目的对外招商提供种种便利和优惠条件；在创建特色上，区别于常规的专业展和单纯的会议，将“国际周（科博会）”确定为以高新技术为主题的综合性国际交流活动，首次在一个核心主题下，以同一时间，同一地点，多种形式相结合而展开综合经贸活动。这一做法打破了传统的单一会展形式，开创了集展览、论坛、经贸洽谈会、大型专题经贸活动为一体的新的会展模式，不仅使人耳目一新，也使这个大型经贸活动舞台的外延以无极限的势态扩展，从而获得了出乎预料的成功。

政府支持与市场运作相结合

首先，紧紧依靠政府支持，提高展会权威性。作为国家级活动，“国际周（科博会）”首先取得了国家政府的全力支持，从第一届筹备开始，“国际周（科博会）”即报国务院批准后实施，至第三届时，国务院批准“国际周（科博会）”作为定期的活动，每年5月在北京举办，从而确立了“国际周（科博会）”在我国高科技领域的权威地位。

组委会的政府支持力度也很强，主席由当时的北京市市长刘淇和科技部部长徐冠华担任，其他参与主办的每个中央部委一位副部长和北京市的四位副市长担任副主席，由张茅副市长担任组委会秘书长。事实证明，在会展业并未完全市场化的现状下，借助政府力量运作大规模会展活动，会增强展会的权威性、号召性。同时，“国际周（科博会）”作为国际会展活动，从创办伊始即确定了政府支持与市场运作相结合的原则，并逐步加大市场运作成分，如“国际周（科博会）”展览会的组织运作、大部分活动的招商及广告赞助等，力求按照国际惯例，实行商业化运作，以使“国际周（科博会）”在市场经济条件下保持日益强盛的生命力。

统一策划，分工实施

尽管“国际周（科博会）”主办单位和协办单位很多——有中央单位和北京市的各委办局，但承办单位则始终由北京市贸促会担任。“国际周（科博会）”组委会成立了展览组、论坛组、项目组、宣传组等若干个专项领导小组，日常办事机构即组委会办公室常设在北京市贸促会。由贸促会统一策划“国际周（科博会）”的展览、论坛、洽谈会和大型活动整体方案，统一安排活动的时间、场地等，并负责各个项目之间、各个合作单位之间的协调，这样就保证了整体活动的一致性和组委会对各个项目的领导，使“国际周（科博会）”每年近百个活动项目虽有交叉，但不致发生重大冲突。

借用社会力量，实行开放式运作

任何大型国际盛会的成功举办，离不开社会各界的广泛参与。作为承办单位——北京市贸促会只有90多人，运作“国际周（科博会）”活动这样庞大的系统工程，无论人力，还是权威性都是不够的。为此，“国际周（科博会）”采取了开放式、社会化运作方式，广泛吸纳国际组织、中央部委、海内外科技贸易机构以及各类社会中介组织承担有关活动，形成了组委会办公室负责整体策划、宏观管理重大活动安排，对协办单位实施监督，协办单位负责具体承办和落实具体活动的格局。至第四届“国际周（科博会）”，协作机构近百家，其中相当部分是每届或多次承担“国际周（科博会）”活动任务而形成的长期固定的合作伙伴。正是由于有效地集纳了社会各方面的精英优势，使“国际周（科博会）”不再是北京市政府一家的事情而是关系到各个行业、各个层面甚至是国家整体经济链条中的重要环节，显示出市场化运作大型活动的模式；也正是参与活动主体的多样性，决定了活动内容的丰富性、广泛性。由于是凝聚在一个主题之中，其方方面面的热点问题得到淋漓尽致的展现和广泛深入的探讨，使“国际周（科博会）”活动既有点上的深刻独到新颖，又有大面积、大范围铺设开来的气势。从这个角度讲，“国际周（科博会）”能够引起“国际周（科博会）”内相关行业方方面面的强烈关注就不足为奇了。

采用现代化科技运作手段

作为以高科技为主题的活动，“国际周（科博会）”在组织筹备中尽可能采用现代化高科技手段，如网上招商与推介，将“国际周（科博会）”各项现实活动在网上进行虚拟，进行网上招商、网上宣传、网上展览、网上洽谈、网上信息服务和售票服务；设立“国际周（科博会）”专用网站，把各项活动的筹备情况等编辑上网，并随时更新；与主办单位、合作单位的网站以及政府项目数据库相连接，丰富了网上内容和“国际周（科博会）”项目库；从2000年开始，开通“客户咨询服务中心”，依托呼叫中心平台，应用自动应答系统，简化了大量繁杂的问询工作；聘请专业统计、调查公司，广泛开展市场调查、研究和分析。

成功运作的背后

创意新颖，切中时代脉搏

“国际周（科博会）”之所以越办越火，影响越来越大，首要原因是突出了北京的优势特点，符合国家经济发展方向，有其潜在的发展可能。

过去北京成功的展览大多为生产资料展览，这与计划经济政府对市场的干预有关。近年来，北京也出现了一些成功的消费品展览会，如房产和消费电子展会等，这与北京这方面市场的形成与发展有关。

在做“国际周（科博会）”选题时，我们认真研究了北京的核心竞争优势和未来经济发展方向。北京最大特点在于知识密集，具有科技、智力、人才资源优势，北京的科研力量很强、各学科研究成果很多，这是全国其他地区无法比拟的；但科技成果转化为生产能力严重脱节，这是一个必须解决的问题，同时也是国家领导、有关主管部门和科学家、发明家、企业共同关心的问题。另外，北京的水资源、土地资源和环境保护要求，决定了北京不适宜发展重工业，北京发展大规模工业受到多重因素的制约。针对北京这一特定情况，在“国际周（科博会）”展览等活动创意上，我们瞄准北京的科技实力，将主题定位在科技成果转化为生产力上。

美国硅谷的科技发展带动了美国经济的发展，美国经济前所未有地连续上百个月的经济繁荣，高科技领先在这里发挥了关键性作用。北京的情况与硅谷大体相似，“国际周（科博会）”旨在促进高新技术商品化、产业化、国际化，符合首都经济发展方向，可以使北京的优势得以充分发挥，并对全国起到带动作用。因此，“国际周（科博会）”的创意很快得到市政府和中央相关部委的全力支持。由此可见，展览的创意必须符合时代要求，符合国家经济发展大方向，符合客观条件，有助于构成新的经济增长点。

定位准确，以服务全国，促进科技成果商品化、产业化、国际化为宗旨

一是市场定位，“国际周（科博会）”从创办之初即定位于立足北京、服务全国、面向世界。北京的市场毕竟有限，请来全国乃至全世界的商家，汇聚世界范围的商业合作机会，在推动全国高新技术产业发展的同时，使北京的市场更有生命力。几届“国际周（科博会）”一直在宣传北京搭台、全国唱戏，每年下大力邀请兄弟省市来参展、推介项目。目前，有些省市还成立了定期组织参加“国际周（科博会）”活动的专门机构。

二是内容定位，“国际周（科博会）”的所有活动，紧紧围绕促进科技成果商品化、产业化和国际化展开。商品化是指承认知识成果也是商品，搭建多层次、多形式的舞台进行高新技术成果交易；产业化是指知识成果构成的商品形成产业；国际化则是促进国内的科技成果走出去，将国外的成果请进来，在国内形成产业。

仅四届“国际周（科博会）”会议期间签订的国内外合资合作、贸易协议总额就超过了百亿美元。“国际周（科博会）”促进了北京城市经济的发展，诺基亚公司在北京经济开发区投资100亿元建立了星网科技园，生产其配套产品，推动了北京产业结构的重新调整和提升，“国际周（科博会）”还促进了北京服务业的展览，增加了北京新的经济增长点，“国际周（科博会）”还促进了北京市利用外资工作的开展。与此同时，“国际周（科博会）”还推动了海外留学人员归国创业高潮的兴起。

锐意创新，不断开创新的亮点

在保持基本活动框架基础上，根据新的时代特征赋予国际周（科博会）的新内容是“国际周（科博会）”常办常新的最根本原因。第一届“国际周（科博会）”只有一个展览、两场论坛。这几年相继增加了科技成果拍卖、政府采购项、联合国采购、风险投资、高新技术产业投资保险、科技旅游、知识产权案例庭审等新内容。我们每年保持20%以上的创新内容，因而增强了“国际周（科博会）”的内在魅力。

如第四届“国际周（科博会）”无论是展览布局、内容设计，还是对外联络、宣传包装都紧紧围绕进入新世纪，抓住入世新机遇，迎接新经济挑战这一时代主题展开。开幕式一改往届和同类活动的剪彩仪式，代之以李岚清副总理做主题报告、中科院院长路甬祥作专题报告的崭新形式，加之在人民大会堂数千人到会聆听的阵势，大大强化了“国际周（科博会）”的主题和时代特征，使与会者受到较大的震撼，产生了很好的效果。“国际周（科博会）”展览会结合我国经济发展的实际需要以及往届“国际周（科博会）”的市场需求，增设了现代农业科技成果展、个人科技成果展等，吸引了众多参观者，受到社会各界的普遍好评，成为该届展会中的新亮点。同时在论坛的现场组织、会场布置等方面，不断推陈出新，突出国际性、营造了良好的现场气氛，给听众耳目一新的感觉。“国际周（科博会）”大型专项交流活动首次推出的中关村创业计划大赛、科技广告影展等，都以比较前卫的创意和较大的市场潜力，引起较大社会反响。

第五届“国际周（科博会）”的展览会从高科技展示向现代服务业延伸，首次推出了国际金融商品、现代国际传媒、国际著名商业街、北京教育周等活动。在现代国际传媒展上，北京宣武区推出的现代传媒大道将启动国际新闻中心、国际传媒中心等5大建设项目，投资总额达94.65亿元人民币。国际著名商业街研讨会将纽约第五大道、英国牛津大街、日本新宿大街等商业街代表聚在了一起，共同谋划21世纪商业街的发展蓝图。北京教育周通过展览、咨询和研讨活动，集中全面地反映了北京教育的新发展、新风貌和新成就。

宣传到位，努力提高“国际周（科博会）”的知名度，扩大品牌效应

“国际周（科博会）”媒体宣传启动早，时间长，力度较大。据抽样调查显示，社会公众对“国际周（科博会）”的认知率达到73%，而主要渠道是通过电视和报刊媒体。第四届“国际周（科博会）”期间，共有来自境内外300多家电视台、电台、报刊、杂志等新闻媒体的1619名中外记者到会注册采访报道。中央电视台作为支持单位，在“新闻联播”、“现在播报”、“晚间新闻”、“中国新闻”等多档新闻节目中对“国际周（科博会）”进行了全方位报道，编发各种活动新闻100多条；其与组委会联合摄制的“直通未来”两场“国际周（科博会）”特别节目，在黄金时段播出，社会反响十分热烈。人民日报、经济日报、中国日报等中央主要报刊都在显要位置刊出“国际周（科博会）”活动报道，并编发了“国际周（科博会）”专版；北京市各主要新闻媒体更是全面介入，从年初开始逐步升温，通过电视、广播、报刊等对“国际周（科博会）”进行持续、全面的报道；近50家外省市报刊、30家电视台参与“国际周（科博会）”报道。

与传统媒体相呼应，网络媒体开始全面介入“国际周（科博会）”宣传。全国四大新闻网站人民网、新华网、央视国际网和千龙网首次联手对“国际周（科博会）”进行了文字、语音、图像、现场实况等多层面、立体式报道，各网站分别设立了“国际周（科博会）”网页和专区，仅人民网发出“国际周（科博会）”活动消息800多条，同时以五种外文向海外发送；新浪、搜狐、焦点、网易、OK960等几大著名商业网站分别在主页或科技频道设立了“国际周（科博会）”专题，每日平均页面访问量50万人次。媒体广泛介入，为扩大“国际周（科博会）”在海内外的影响提供了强大的舆论支持。

经过几年的努力，“国际周（科博会）”已经取得了巨大的成功，但是，要想使“国际周（科博会）”继续保持旺盛的生命力，常办常新，还必须付出更加艰辛的努力。“国际周（科博会）”今后发展的方向应当是创新和求实，努力为企业搭建一个确有实效的交流与合作平台，提供更加优质、规范的服务，争取使每一个参加“国际周（科博会）”的企业都能从中获得成效。

第五章　行业简况及展会

中华人民共和国
2002年国民经济和社会发展统计公报

中华人民共和国国家统计局

2003年2月28日

2002年，全国各族人民在党中央、国务院的正确领导下，高举邓小平理论伟大旗帜，全面贯彻“三个代表”重要思想，团结奋斗，开拓创新，努力克服前进道路上的困难，顺利实现了国民经济和社会发展的主要预期目标。国民经济保持良好发展势头，经济总量迈上新的台阶；积极财政政策和稳健货币政策取得明显效果，国内需求持续增长；经济结构战略性调整初见成效，产业结构优化升级取得进展；各项改革不断深化，对外开放水平进一步提高；社会主义民主法制和精神文明建设取得新成果，科技、教育、文化、卫生、体育等各项社会事业全面进步；城乡居民收入稳步增长，人民生活继续改善。

一、综　合

国民经济持续较快增长。全年国内生产总值跃上10万亿元的新台阶，达到102398亿元，按可比价格计算，比上年增长8%。其中，第一产业增加值14883亿元，增长2.9%；第二产业增加值52982亿元，增长9.9%；第三产业增加值34533亿元，增长7.3%。

价格总水平小幅下降。全国居民消费价格总水平比上年下降0.8%。其中，城市下降1%；农村下降0.4%。商品零售价格下降1.3%。工业品出厂价格下降2.2%。原材料、燃料、动力购进价格下降2.3%。固定资产投资价格上涨0.2%。居民消费价格中，服务价格上涨1.8%。

就业规模继续扩大。年末全国就业人员73740万人，比上年末增加715万人，其中城镇就业人员24780万人，增加840万人。年末国有企业下岗未实现再就业职工人数为410万人，比上年末减少105万人。年末城镇登记失业率为4%，比上年末增加0.4个百分点。

国际收支状况良好。全年对外贸易顺差304亿美元。实际使用外商直接投资527亿美元，比上年增长12.5%。年末国家外汇储备达到2864亿美元，比上年末增加742亿美元。人民币汇率保持稳定，年末1美元兑8.2773元人民币。

经济体制改革和结构调整稳步推进。电信、民航、电力等垄断性行业改革不断深入，市场竞争格局逐步形成，军工企业改革和脱困工作稳步推进；财税、金融、社会保障、粮棉流通体制等改革继续深化；行政审批制度改革加快；农村税费改革试点逐步扩大，取得明显成效。西部大开发积极推进，基础设施和生态环境建设明显加快；农业生产加快向区域化、优质化、产业化方向发展；工业结构调整步伐加快，以信息技术为代表的高新技术产业比重提高；商业流通手段不断创新，现代流通方式发展较快。

国民经济中存在的主要问题是：经济增长仍然受到有效需求不足和供给结构不合理的制约；就业压力仍然较大；农民增收困难，部分城乡居民生活比较困难；市场经济秩序混乱的问题还亟待解决；重大安全生产事故时有发生。

二、农　业

种植业结构继续调整。适应市场需求变化，全年粮食种植面积10399万公顷，棉花种植面积418万公顷，分别比上年减少209万公顷和63万公顷；油料面积1487万公顷，增加24万公顷；糖料面积180万公顷，增加15万公顷；蔬菜面积1728万公顷，增加88万公顷。

粮食、油料、糖料等主要农产品增产，蔬菜生产在提高品质的基础上继续保持较快增长，棉花因种植面积下降较多而减产。全年粮食产量45711万吨，比上年增长1%。

畜牧业、渔业生产稳步发展。全年肉类总产量达6590万吨，比上年增长4%；全年水产品产量达4513万吨，增长3%。

林业、水利建设取得新进展。全年完成造林面积747万公顷，比上年增长51%，其中退耕还林工程完成退耕地造林和育林、荒山荒地造林共540万公顷。长江中下游干流3576公里堤防加固工程基本达标；黄河下游堤防加固完成断面达标982公里。全年新增有效灌溉面积90多万公顷；新增节水灌溉面积140多万公顷；综合治理水土流失面积4万多平方公里。

三、工业和建筑业

工业生产快速增长，产销衔接进一步改善。全年工业增加值45935亿元，比上年增长10.2%。其中，规模以上工业企业（即国有工业企业及年产品销售收入500万元以上的非国有工业企业)增加值31482亿元,增长12.6%;产品销售率达到98%,比上年提高0.3个百分点。

工业产品结构调整取得新进展。出口导向型产品、高技术产品、适应消费结构升级的消费产品产量快速增长。全年工业新产品产值比上年增长24%;工业品出口交货值增长23.4%。微型电子计算机、移动电话机、半导体集成电路、彩色电视机等电子通信产品产量比上年增长25.9%以上;纱、布、丝织品、服装增长8.5%至19.9%;汽车增长38.8%,其中轿车增长55.2%;钢和钢材分别增长19.7%和19.6%。能源工业生产形势良好。全年发电量16540亿千瓦·小时,比上年增长11.7%;生产原煤13.8亿吨,增长18.9%;生产原油1.67亿吨,增长1.8%。

工业企业实现利润在连续几年较大幅度增加的基础上继续快速增长。全年实现利润5620亿元,按可比口径计算,比上年增长20.6%,其中国有及国有控股企业实现利润2636亿元,增长15.3%。

建筑业生产和利润持续增长。全社会建筑业实现增加值7047亿元,比上年增长8%。全国四级及四级以上建筑业企业实现利润336亿元,增长14%;税金总额532亿元,增长6.6%。

四、固定资产投资

固定资产投资快速增长。全年全社会固定资产投资43202亿元,首次突破4万亿元,比上年增长16.1%,增速为1996年以来最高水平。

东中西部地区投资全面增长。全年国有及其他经济类型投资中,东部地区投资18456亿元,比上年增长16.2%,增速提高2.9个百分点;中部地区投资7580亿元,增长20%,提高3.7个百分点;西部地区投资5672亿元,增长20.6%,提高1.3个百分点。

投资结构继续改善。全年第一产业投资1106亿元,比上年增长23.5%,呈恢复性快速增长态势;第二产业投资10703亿元,增长22.9%,呈加速增长态势;第三产业投资继续保持较快增长,全年完成投资21132亿元,增长14.4%。

重点工程建设进展顺利。长江三峡工程导流明渠截流成功,左岸大坝主体工程基本完成;青藏铁路工程进展顺利;西电东送工程南部通道建设全面展开,中部通道抓紧推进,北部通道建设步伐加快;西气东输工程和南水北调工程已正式开工建设。企业更新改造取得新进展,在结构调整中发挥了重要作用。

五、国内贸易

消费品市场销售平稳增长。全年社会消费品零售总额突破4万亿元,达到40911亿元,比上年增长8.8%。其中,城市消费品零售额25898亿元,增长10%;县及县以下消费品零售额15013亿元,增长6.8%。分行业看,批发零售贸易业零售额27860亿元,增长9.2%;餐饮业零售额5092亿元,增长16.6%;其他行业零售额7959亿元,增长3.2%。考虑物价下降因素,社会消费品零售总额比上年实际增长10.2%。

通信、汽车及其相关商品消费热点初步形成,家用电器继续保持旺销势头。县以上批发零售贸易企业销售的通信器材类零售额比上年增长69.2%;汽车类增长73%;家用电器类增长14.6%。

六、对外经济

对外贸易高速增长。全年进出口总额达6208亿美元,比上年增长21.8%。其中,出口总额3256亿美元,增长22.3%;进口总额2952亿美元,增长21.2%。

对主要贸易伙伴的出口均有不同程度的增长。全年对美国出口700亿美元,比上年增长28.9%;对香港地区出口585亿美元,增长25.6%;对日本出口484亿美元,增长7.8%;对欧盟出口482亿美元,增长17.9%;对东盟出口236亿美元,增长28.3%;对韩国出口155亿美元,增长23.8%;对台湾省出口66亿美元,增长31.7%;对俄罗斯出口35亿美元,增长29.9%。

外商直接投资稳步扩大。全年外商直接投资合同金额828亿美元,比上年增长19.6%;实际使用金额527亿美元,增长12.5%。

对外经济技术合作保持良好发展势头。全年对外承包工程和劳务合作完成营业额144亿美元,比上年增长18.2%;新签合同额179亿美元,增长8.7%。

七、交通、邮电和旅游

交通运输和邮电通信业继续保持稳步增长。全年实现增加值5518亿元,比上年增长7.7%。

邮电通信业全年完成邮电业务总量5547亿元,比上年增长21.7%。其中,邮政业务总量495亿元,增长8.2%;电信业务总量5052亿元,增长23.2%。全年新增局用交换机2792万门,总容量达到28358万门。新增固定电话用户3405万户,达到21442万户,其中城市电话用户13595万户,乡村电话用户7847万户。年末全国固定及移动电话用户总数达到42104万户,比上年末增加9545万户,电话普及率达到33.7部/百人。

旅游业持续发展。全年国内旅游人数87782万人次,比上年增长12%;国内旅游收入3878亿元,增长10.1%。全年境外入境人数9791万人次,比上年增长10%。其中,外国人1344万人次,增长19.7%;香港、澳门和台湾同胞8447万人次,增长8.6%。在入境旅游者中,过夜人数3680万人次,增长11%。国际旅游外汇收入204亿美元,比上年增长14.6%。全年国内出境人数达1660万人次，比上年增长36.8%，其中因私出境1006万人次，增长44.9%，占出境人数的60.6%。

八、金融、证券和保险

货币供应量增长加快。年末广义货币供应量（M2）余额为185007亿元，比上年末增长16.8%；狭义货币供应量（M1）余额为70882亿元，增长16.8%；流通中现金（M0）余额为17278亿元，增长10.1%。

金融机构存贷款增加较多。全部金融机构本外币各项存款余额183388亿元，比上年末增长18.1%。贷款结构继续改善。全国农村信用社贷款余额13940亿元，增加1953亿元。消费贷款余额10669亿元，增加3694亿元，其中个人住房贷款余额8258亿元，增加2671亿元。

全年在上海、深圳证券交易所通过发行、配售股票共筹集资金962亿元，比上年减少290亿元。其中，发行A股（包括增发及可转债）102只，配股22只，筹集资金780亿元，减少402亿元；发行B股、H股共16只，筹集资金182亿元，增加112亿元。年末境内上市公司（A、B股）数量由上年末的1160家增加到1224家，市价总值38329亿元，比上年末下降11.9%。

全年内外资保险公司保费收入3053亿元，比上年增长44.3%。其中，寿险保费收入1957亿元；健康险和意外伤害险保费收入318亿元；财产险保费收入778亿元。支付各类赔款及给付707亿元。其中，寿险业务给付225亿元；健康险赔款和给付50亿元；财产险和意外伤害险业务赔款432亿元。

九、教育和科学技术

各级各类教育进一步发展。全国普通高等教育招生321万人，在校生903万人；成人高等教育招生222万人，在校生559万人。全国研究生教育招生20万人，在学研究生50万人。全国普通高中招生677万人，在校生1684万人。各类中等职业教育招生470万人，在校生1197万人。全国初中招生2281万人，在校生6687万人，毕业生1904万人。普通小学招生1953万人，在校生12157万人，毕业生2352万人。特殊教育招生5.3万人，在校生37.1万人。幼儿园在园幼儿2036万人。

科技研究开发及产业化取得较大进展。全年全国科学研究与试验发展（R&D）经费支出1161亿元，比上年增长11.3%，占国内生产总值的1.1%，其中基础研究经费74亿元。年末国有企事业单位共有各类专业技术人员2848万人。全年国家安排了219项科技攻关计划项目和1812项“863”计划项目，组织了1318项重点技术创新项目和1288项重点新产品试产计划项目，完成了105项重大技术装备的研制及鉴定验收。新安排高技术产业化示范工程项目347项。全年共取得省部级以上科技成果2.9万项。其中，基础理论成果2000项，应用技术成果25700项，软科学成果1300项。全年受理国内外专利申请252632件，授权专利132401件，分别比上年增长24%和16%。全年共签订技术合同23万项，技术合同成交金额880亿元，比上年增长12.5%。通用CPU芯片“龙芯一号”研制成功，水稻基因组研究成果显著，“神舟”三号、四号飞船成功发射并返回，这些成果标志着我国在信息技术、生物技术和载人航天技术方面取得重大突破。

综合技术服务进一步完善提高。全国共有产品质量检验机构5500个，其中国家检测中心240个。全国现有产品质量、体系认证机构122个，已累计完成对4.6万个企业的产品认证。全国共有法定计量技术机构4770个，全年强制检定计量器具3105万台件。制定、修订国家标准1049项，其中新制定514项。全国共有气象雷达观测站点256个，卫星云图接收站点356个。全国共有地震台站1305个，地震遥测台网35个。全国共有1505个海洋观测、监测站点。测绘部门公开出版地图1552种，图书340种。

国土资源调查及地质勘查新发现大中型矿产地156处，有43种矿产新增查明资源储量。其中，石油10.5亿吨；天然气4411亿立方米；原煤7.6亿吨。全国省级地质环境监测站31个，成功预报地质灾害703起。

十、文化、卫生和体育

文化艺术、广播影视、新闻出版等各项事业继续较快发展。年末全国共有艺术表演团体2592个，文化馆2847个，公共图书馆2689个，博物馆1451个。广播电台306座，中、短波广播发射台和转播台770座，电视台360座。全国有线电视用户9638万户。生产故事影片100部，科教、纪录、美术片69部。出版全国性和省级报纸230亿份，各类杂志30亿册，图书68亿册。年末全国共有档案馆3902个，已开放各类档案4908万卷（件）。

卫生事业稳步发展。年末全国共有卫生机构29万个，其中医院、卫生院6.5万个；病床床位321万张，其中医院、卫生院220万张； 卫生技术人员444万人，其中医生211万人，护师、护士130万人。全国共有卫生防疫、防治机构5687个，卫生技术人员22万人；妇幼保健院、所、站3047个，卫生技术人员14万人。农村乡（镇）共有卫生院4.8万个，床位75万张，卫生技术人员103万人，已有89.8%的村拥有医疗点，乡村医生和卫生员129万人。

体育事业蓬勃发展。全年在国内外的各项比赛中，我国运动健儿共获得了110个世界冠军；17人5队33次创29项世界纪录；14人11队25次创24项亚洲纪录。在第十四届亚运会上，我国体育代表团共获得150枚金牌、84枚银牌和74枚铜牌，金牌总数和奖牌总数蝉联第一。

十一、环境保护

城市空气质量逐步提高。监测的339个城市中，有117个城市空气质量达到二级标准，占监测城市数的34.5%，比上年提高1.1个百分点；有114个城市达到三级标准，占33.6%，与上年基本持平；有108个城市未达到三级标准，占31.9%，减少1.3个百分点。对道路噪声监测的322个城市中噪声污染严重的占5%，对区域环境噪声监测的315个城市中52.1%的区域环境噪声优于城市居住区声环境质量标准。全国建成了3369个烟尘控制区，面积达2.3万平方公里；建成了3128个环境噪声达标区，面积达1.5万平方公里。

地表水水质有所改善。七大水系干流地表水水质有52.9%的断面满足国家地表水Ⅲ类水质标准要求，比上年上升1.2个百分点；19.0%的断面为Ⅳ类水质，下降7.1个百分点；7.8%的断面为Ⅴ类水质，下降5个百分点；超过Ⅴ类水质标准断面的比例为20.3%，上升10.9个百分点。近岸海域海水水质呈改善趋势。381个近岸海域海水水质监测点中，达到国家一类海水水质标准的监测点占21.3%，比上年增加7.9个百分点；二类占28.3%，三类占14.4%，四类占8.9%，劣四类占27.1%。

生态环境保护力度加大。全国已批准国家级生态示范区82个，生态示范区建设试点地区和单位314个；全国自然保护区达到1757个，其中国家级自然保护区188个；自然保护区面积13295万公顷，占国土总面积的13.2%。

十二、人口、人民生活和社会保障

人口自然增长率继续下降。年末全国总人口为128453万人。全年全国出生人口1647万人，出生率为12.86‰；死亡人口821万人，死亡率为6.41‰；全年净增人口826万人，自然增长率为6.45‰。

城乡居民生活继续得到改善。全国城镇居民人均可支配收入7703元，考虑物价下降因素，比上年实际增长13.4%；农村居民人均纯收入2476元，实际增长4.8%。居民家庭恩格尔系数（即居民家庭食品消费支出占家庭消费总支出的比重），城镇为37.7%，比上年降低0.2个百分点；农村为46.2%，降低1.5个百分点。2002年末农村贫困人口为2820万人，比上年末减少107万人。

社会保障工作进一步加强。年末全国参加基本养老保险人数为14731万人。其中，职工11128万人，离退休人员3603万人。离退休人员实行社会化管理人数达到1434万人。全国参加失业保险人数为10182万人，领取失业保险金人数为440万人，比上年增加127万人。全国参加基本医疗保险人数为9400万人，增加1770万人。全国共有2054万城镇居民得到政府最低生活保障救济。

社会福利事业持续发展。年末全国各类收养性社会福利单位床位119万张，收养各类人员89万人。城镇建立各种社区服务设施19万个，其中综合性社区服务中心8820个。全年销售社会福利彩票170亿元，筹集社会福利资金近60亿元，直接接收社会捐赠款12亿元。

注：

1. 本公报为初步统计数。
2. 各项统计数据均未包括香港特别行政区、澳门特别行政区和台湾省。
3. 国内生产总值、各产业增加值绝对数按现价计算，增长速度按可比价计算。
4. 基本建设新增生产能力中新增局用交换机容量、新增光缆线路长度及新增数字蜂窝移动电话交换机容量含更新改造增加的能力。
5. 邮电业务总量完成额按2000年不变价格计算。

扩大对外合作 促进共同发展

商务部部长 吕福源

中国实行改革开放以来，国内外贸易快速发展，市场规模不断扩大。从1978年到2002年，中国社会消费品零售总额年均增长8.2%，货物进出口年均增长15.2%。到2002年，中国社会消费品零售总额突破4万亿人民币，进出口总额达到6208亿美元。

目前，中国市场规模已居世界前列，在未来20年里，仍具有发展的巨大潜力。2002年，中国消耗钢材相当于全球产量的1/4；用掉水泥占全球产量的40%以上；高速公路已增加到2.5万公里，居世界第二位；电话用户超过4亿户，居世界第一位；互联网上网人数5910万，居世界第二位。从1998年到2002年的5年间，中国货物进出口总额达到10689亿美元。2002年，中国进口2952亿美元，增长21.2%，当年新增进口额517亿美元，其中从亚洲地区进口增长了29.3%。

中国为世界各国各地区工商界带来了巨大商机。截至2002年底，中国累计批准设立外商投资企业超过42万家，合同外资金额8281亿美元，实际使用外资金额4480亿美元。2002年，在中国新设立的外商投资企业34171家，增长30.7%。目前，绝大多数外商投资企业经营良好，从快速发展的中国经济中获得了丰厚收益。

近两年世界经济陷入低迷，中国经济保持快速发展，为世界经济发展注入了活力。2002年，中国经济的增长相当于全球经济总增量的17.5%，贡献率仅次于美国，中国对世界贸易增长的贡献率达到了29%。

2002年是中国加入世贸组织、对外开放进入新阶段的第一年。这一年，中国认真履行承诺，开放市场，行使权力，通过世贸组织首次过渡性审议，得到了广大世贸组织成员的普遍赞扬。世贸组织总干事素帕猜先生对此有很明确的评价：中国至今所做的一切符合加入世贸组织的承诺。

过去的一年，中国对外开放不断推进，投资环境日益完善，吸收外商投资稳步发展。2002年，中国实际吸收外商直接投资527亿美元，增长12.5%。以IT为代表的高科技产业、服务业和汽车等行业，成为当前外商投资的热点。一些跨国公司通过对华投资合作，赢得了新的发展。以汽车工业为例，2002年，中国轿车产量达109万辆，增长55%；轿车销售量112.6万辆，增长56%；汽车行业1.5家重点企业利润突破200亿元，增长56%，中外合资企业取得了显著的经济效益。

过去的一年，中国在多边贸易体制中发挥了建设性作用。2002年，世贸组织中影响最大的贸易争端，是美国对进口钢材实施201保障措施引发的。这一争端牵涉到欧盟、日本、中国和韩国等许多国家和地区。在一个又一个经济实力强大的国家和地区实施了保障措施之后，中国作为一个新成员，也行使了应有的权利，实施了保障措施。但我们并没有采取保护主义做法，而是按照世贸组织的非歧视、公平、透明原则和市场经济的机制，根据国内市场需求，进口了2910万吨钢铁，增长了14.1%，成为全球第一大钢铁产品进口国，为解决这一全球贸易争端发挥了重要的作用。

过去一年的实践再一次证明了中国在加入世贸组织之前的预言——中国的发展离不开世界，世界的发展需要中国。

当前，国际局势正在发生深刻变化，科技进步日新月异，综合国力竞争日趋激烈。面对经济全球化带来的机遇和挑战，加强国际经济合作，促进共同发展，越来越成为世界各国的共识和必然选择。今后，中国将坚持“引进来”和“走出去”相结合，不断提高对外开放水平，为在全面建设小康社会进程中，实现中国与世界的共同发展而不懈努力。

中国将进一步扩大商品和服务贸易，保持进出口基本平衡，实现贸易双赢。2003年1至3月中国货物进口达873.4亿美元，增长52.4%。按此规模发展，未来3年中国货物的进口将达到1万亿美元，相当于过去5年的进口总额，对世界经济发展的推动必将进一步增强。

中国将大力实施西部大开发战略，进一步改善投资环境，促进中西部地区对外开放和经济发展。随着中西部地区市场规模的不断扩大，中西部地区的比较优势将进一步显现出来，为外商到中西部地区投资提供更大的商机。

中国将坚持走新型工业化道路，大力实施科教兴国战略和可持续发展战略，积极发展高新技术产业，努力改造传统产业，加快发展现代服务业。这些都将为外商来华投资提供新的发展空间。

中国将加快实施“走出去”战略，引导和支持更多有比较优势的企业对外投资，开展平等互利、形式多样的经济技术合作。截至2002年底，中国设立的境外中资企业达6960家，中方投资金额近100亿美元。中国企业开展跨国经营，不仅为自身赢得了广阔的发展空间，也有利于增加当地的就业和税收，促进当地经济发展。同时，中国将继续在力所能及的范围内向发展中国家提供援助。

中国还将进一步加强双边、多边和区域经济合作，实现中国与世界各国各地区的优势互补、利益共享。

21世纪头20年，不仅是中国全面建设小康社会的重要战略机遇期，也是国外工商企业从中国这块热土获得更大发展的历史机遇期。2002年11月8日，中国领导人在提出全面建设小康社会这一宏伟目标的同时，还把维护世界和平与促进共同发展作为新世纪的三大历史任务之一。这也是我们在扩大国际经济合作中坚定不移的方针。正如中国改革开放20多年的历史所证明的那样，未来20年中国的发展会以更有说服力的事实来证明——中国一定会实现全面建设小康社会的目标，中国一定会对世界经济的发展做出历史性的贡献，中国同世界各国的共同发展一定会实现！

SARS经济影响显现　政府初步对策出台

SARS影响显现

SARS不仅破坏了北京难得一见的好春天，也使终于重拾高速增长势头的中国经济打了一个趔趄。虽然人们希望SARS只是一场在二季度吹过的穿堂风，但科学家对SARS病毒的重新定位表明这种想法过于乐观。SARS对经济的影响与控制疫情需要的时间直接相关，时间确定之前，影响很难评估。

截至2003年5月23日，已有125个国家对来自中国人员采取程度不等的限制措施（见表5-1）。国内跨地区的人员往来亦大受影响，在疫情严重的城市，甚至同城的人员往来也受到影响。

首当其冲的是服务业。旅游业早在3月就已受到冲击，此间媒体的报道显示旅游业已基本陷入停顿。比如中旅首都旅行社有限责任公司总经理就表示2003年的“五一”黄金周，公司“颗粒无收”。

据CCTV报道，国内三大航空公司4月份以来的损失如下：中国国际航空公司减少了2100个航班，东方航空公司减少了2969个航班，南方航空公司取消了9705个航班，占到总航班数量的30.8%。

铁路、公路、水路的运营也受到打击，但是只有零散的统计数字公布。

也有报道说，与客运受到沉重打击相反，国内货运业务受到的影响很小，其中航空货运业务则有增无减，国内国际的货运价格已有小幅上扬。

北京市统计局宣布，4月间北京餐饮业零售额自2000年以来首次下降，比2002年同月减少了3500万元。5月8日，在呼和浩特，一名北京记者傍晚在闹市区转悠了一个小时还没找到吃饭的地方。至于长沙，当地媒体报道说，长沙最大的火锅店"五一"期间日最高营业额只有1.2万元，而2002年同期是3万。但在广州，这里的餐饮业看上去没受多大影响。

零售业也难以幸免，北京本地媒体报道说，超级市场之外的商场客流均大幅下滑，以至于部分售货员希望停业放假。

娱乐业，在北京，至少电影院已经停止营业。

电信业无疑是最大的赢家，仅仅观察周围人就可以得出这个结论。

制造业的损失相比服务业尚不明显，但国内外的分析师们正紧张地注视着态势的发展，因为制造业占中国GDP的一半左右，是中国经济增长的主要动力。

局部的影响实际上已经发生。CCTV报道说，在亚洲最大的IT业制造基地广东东莞，由于来自香港的订单减少，东莞至香港的货运量减少了1/3。生产电脑配件的金河田公司表示，公司4月的销售量比3月下降了30%左右。

在另一个制造业基地江苏昆山，当地官员说，22批原定4月前来考察的客商已经全部取消行程。但愿这些新的投资项目只是被推迟而不是就此取消。

对于汽车制造业，SARS似乎反而刺激了消费，至少北京如此，本地媒体4月下旬就开始报道轿车销量猛增，"五一"之后更有报道说5月6、7、8日3天就卖出了3003辆车，并且有专业人士分析说车市火爆还会持续一个月左右。

与SARS相关的中药西药、口罩、消毒液等销量则倍增，但是医院门诊量的剧降使其他药物销量大降，再加上限价政策，因此医药业因祸得福的说法值得怀疑。

在北京，只有为数不多的工地因SARS而停工，但住宅的销售大受影响。此间媒体报道说，从4月下旬开始，北京市平均每天看房买房的人数比这之前减少了70%～80%。不过，万科集团的统计数据显示，除了北京和天津由于疫情较重导致销量下降以外，其他各大城市的楼盘销售并没有受到"非典"疫情的影响，从5月1日到5日，全国11个城市的房地产项目销售的总量比2002年同期增加了20%多。

政府出台第一轮政策

针对逐步显现的经济影响，中央政府和地方政府从4月下旬以来出台了第一批应对政策。

4月23日，国务院从年度财政预备费中拨出20亿元成立SARS防治基金。5月11日，国务院批准国家发展与改革委员会适时调整国债资金投向，并增资8.126亿元用于加快SARS防治设施建设。

5月9日，国务院决定自2003年5月1日起至2003年9月30日，对受SARS影响较大餐饮、旅店、娱乐、民航、旅游、公路客运、水路客运、出租汽车等行业减免行政事业性收费。

同一天，财政部紧急通知各地区和有关部门对受疫情影响比较严重的行业减免部分政府性基金。通知要求，从2003年5月1日起至9月30日，对餐饮、旅店、旅游、娱乐、民航、公路客运、水路客运、出租汽车等行业减免城镇公用事业附加、城市教育费附加、三峡工程建设基金、民航基础设施建设基金等15项政府性基金。这15项基金中，属于中央的收入全部免收；属于地方的收入，具体减免幅度由当地政府决定。

5月11日，国务院决定对受疫情直接影响比较突出的部分行业在2003年5月1日至9月30日期间实行税收优惠政策。民航的旅客运输业务和旅游业免征营业税、城市维护建设税、教育费附加。此外，各省、自治区、直辖市人民政府可以根据当地疫情和对相关行业生产经营影响的实际情况实行如下税收优惠政策：对饮食业、旅店业减征、免征或缓征营业税、城市维护建设税、教育费附加。对出租汽车司机免征个人所得税或降低征收定额。对出租汽车公司和城市公共交通运输公司减征、免征或缓征营业税、城市维护建设税、教育费附加。国务院还特别规定，对出租汽车公司减免的税收必须全部用于调低出租汽车司机向公司上交的承包费（份儿钱）。

5月12日，国务院发出紧急通知，要求切实加强SARS防治期间农民负担监督管理工作。

截至5月6日，地方各级财政安排的SARS防治经费总数已经超过50亿元，其中北京和广东都超过了6亿元。

在此前后，与国务院政策相配套，各地方的其他政策也陆续出台。其中：

北京，5～7月，出租汽车司机承包费减半、个人所得税免征、养路费减免，营业税计税额一律调低至1000元。另据此间媒体报道，北京市政府还将对受疫情影响较大的酒店、餐饮、商贸等旅游服务性企业，暂缓或减半征收部分行政事业性和经营服务性收费，税收优惠政策也在制定中。

上海，市政府决定在5～7月实行12项政策，包括：减免医护人员和医学科研单位的税费；取消旅馆业和公交业的行政事业收费；通过专项资金补贴出租汽车业、民航、旅游饭店、旅行社、客运交通业；对旅游、餐饮、娱乐业中资金周转困难的中小企业，市区两级政府给予短期流动资金贷款担保运行等等。

广东，对全省受SARS影响较大的交通运输、饮食业、旅店业、旅游业、娱乐业等六大行业的相关税种和社保费征收规定进行了调整，对一线医护人员免征个人所得税的事项也作了规定。

杭州，出台了包括调整营业税起征点、缓交税款、调整养老保险缴费比例、减免房产税、免交部分行政事业收费、免收培训费用、提高出口退税补贴比例、加大财政对医药储备支持力度等17项财政政策。

下一步棋怎么走

从政府高级官员近日的表态来看，一手抓防疫、一手抓经济的思路已经确定，那么在第一波救火式的应急措施实施后，是否会出台进一步的经济刺激政策呢？

SARS疫情扩散之前的一季度，中国GDP增长9.9%，为1997年来之最高记录，官方和多数学者认为中国经济已经开始进入新一轮快速增长周期。但也有一些学者认为中国经济存在过热的隐忧，论据是投资增长接近30%，几乎是GDP增长的三倍。同时上游原材料产品价格已经迅速上涨，继续下去的话势必带动中下游产品上涨，从而招致通货膨胀。

因此，有学者认为，SARS对经济迅猛增长的势头有所遏制，这反而是件好事。相反的论点是，中国经济重拾高增长态势来之不易，需要备加呵护，如对SARS影响掉以轻心，通货紧缩就可能卷土重来。

国内学者对于SARS的经济影响也有意见分歧。比如清华大学教授胡鞍钢在4月14日的报告中认为：在SARS影响下，中国2003年的经济增长率可能是8%～9%，比预期减少0.3%～1.0%，最好的情况是二季度即能控制住疫情，最坏的情况是疫情在年底才被控制住。

胡鞍钢认为，即便是8%～9%的增长率，在全世界也是最高的。SARS的影响与其说是对经济的，不如说是对人们心理的影响。而且这种影响也是短期的。

北京大学教授海闻等人则根据截至到4月18日的数字认为，2003年中国要实现原定8%的增长很困难，估计2003年GDP的增长率在6%～7%之间，比预期低1至2个百分点。他们据此建议政府采取一系列刺激消费的措施，例如在城市鼓励住房信贷和汽车信贷、采取积极措施启动农村消费等等。

显然，对政府而言，决定下一步棋的首要因素是疫情控制进度，其次取决于对经济形势和疫情影响的判断。当然，政府对GDP增长数字的认识也会直接影响决策。

就目前情况看，主流的看法仍然可以用《远东经济评论》4月24日的话来概括："这是一场影响到经济的危机，而不是一场经济危机。"

表5－1 有关国家因非典对我往访团组和人员采取限制措施的情况

（截至2003年5月23日）

亚 洲

序号	国家	措施
1	朝鲜	中朝边境口岸限制人员往来；入境人员在指定地点隔离观察10天
2	韩国	入境口岸检查
3	日本	入境口岸检查
4	蒙古	入境口岸检查，暂时关闭除二连—扎门乌德、珠恩嘎达布其毕其格图、策克西伯库伦以外的所有季节性口岸
5	泰国	入境口岸检查；如发现异常状况者，将视情对同航班有关个人、团体或全机人员进行隔离；入境10天内须戴口罩，否则3天体检一次
6	新加坡	入境口岸检查；劳务人员隔离10天后才能工作
7	马来西亚	申请签证须有正规医院出具的健康证明（七日内有效）；入境时填写健康保证卡并接受检查
8	印度尼西亚	入境口岸检查
9	菲律宾	提交检疫报告；入境口岸检查；自动隔离7天
10	文莱	暂停颁发旅游签证；入境口岸检查
11	越南	暂停颁发旅游签证；入境口岸检查；填写卫生检疫申报表；向居住地卫生部门提供住址和电话，10日内跟踪健康状况
12	柬埔寨	入境填写健康申报表
13	老挝	入境填写调查表并接受检查
14	缅甸	入境口岸检查
15	印度	入境口岸检查
16	巴基斯坦	入境口岸检查；填写健康登记卡；推迟开放红其拉甫口岸
17	孟加拉国	入境口岸检查
18	马尔代夫	入境口岸检查
19	沙特阿拉伯	暂停颁发签证，不准入境
20	科威特	不准入境
21	阿联酋	入境口岸检查；暂停颁发劳务人员签证
22	卡塔尔	不准入境
23	阿曼	入境口岸检查

续 表5－1

序号	国 家	措 施
24	巴林	入境前须在无“非典”流行国家停留10天以上，并确认无“非典”症状
25	约旦	不准劳务人员入境；入境前进行体检和健康观察
26	也门	暂停颁发签证；不准入境
27	以色列	不准劳务人员入境；入境口岸检查；填写跟踪调查表
28	黎巴嫩	入境口岸检查；登记住址、联系方式等，7日内跟踪查询
29	土耳其	入境口岸检查；登记住址、电话号码，跟踪观察；须在住处观察10天；6月10日前土航暂停赴华航班
30	阿塞拜疆	入境口岸检查
31	斯里兰卡	入境填写健康表并接受检查
32	尼泊尔	入境口岸检查；入境人员填写健康状况表；暂停加德满都—上海航班
33	不丹	入境口岸检查
34	阿富汗	暂停颁发签证（政府官员除外）。
35	哈萨克斯坦	中哈边境口岸限制人员往来（持外交、公务护照人员除外）；暂停中哈间航班、客运列车
36	土库曼斯坦	入境口岸检查
37	塞浦路斯	9月前暂停颁发工作签证；入境口岸检查；9月前暂停招收留学生；留学生入境隔离10天
38	亚美尼亚	入境口岸检查
39	吉尔吉斯斯坦	暂时关闭中吉边境“伊尔克什坦”、“吐尔尕特”口岸；暂停中吉间航空和公路运输

非 洲

序号	国 家	措 施
1	阿尔及利亚	团组和人员入境受阻
2	摩洛哥	暂停办理签证（外交、公务除外）；入境口岸检查
3	埃及	入境口岸检查；跟踪观察；暂停埃航开罗—北京航线
4	利比亚	暂停颁发签证
5	埃塞俄比亚	入境口岸检查；要求入境人员10日内自我观察，发现问题及时报告和治疗
6	苏丹	不允许来自“非典”流行国家人员入境；暂停颁发签证
7	尼日利亚	入境口岸检查
8	加蓬	暂停颁发签证；入境前须在无“非典”流行国家停留10天以上，并确认无“非典”症状
9	安哥拉	暂停颁发签证；入境口岸检查
10	莱索托	暂停颁发签证；入境口岸检查
11	加纳	只受理外交部送办的签证
12	刚果（布）	只颁发官方代表团成员、工程技术和劳务人员签证
13	塞舌尔	不准入境
14	几内亚	不准入境
15	马里	入境口岸检查
16	赞比亚	入境口岸检查
17	中非	入境口岸检查
18	喀麦隆	入境口岸检查
19	吉布提	入境口岸检查
20	佛得角	入境口岸检查
21	纳米比亚	入境口岸检查
22	毛里求斯	暂停颁发签证；暂不引进劳务人员
23	坦桑尼亚	入境口岸检查；填写健康状况申报表，写明14天内是否到过疫区或接触过“非典”病人，在坦确切住址等
24	马达加斯加	入境口岸检查；对入境者需进行10天的健康状况观察
25	津巴布韦	对入境人员实施至少10天的健康监测
26	莫桑比克	入境口岸检查
27	卢旺达	不准入境
28	乌干达	入境口岸对出现“非典”症状人员检查；要求同机乘客留家观察不少于10天
29	博茨瓦纳	暂停颁发签证；入境隔离10天
30	南非	入境口岸发放“非典”应对措施材料；入境自行隔离14天
31	厄立特里亚	入境口岸检查

续 表5－1

欧 洲

序号	国 家	措 施
1	法国	入境口岸检查
2	西班牙	在抵达的航班机舱口对乘客进行询问和目检，要求在飞机上填好《旅客健康申报表》
3	葡萄牙	暂停颁发一般人员签证；入境人员在隔离间填写健康状况及个人资料；对入境者实施监控隔离措施
4	荷兰	要求南方航空公司在旅客登机前对旅客进行检查并填写表格，写明两周内是否到过疫区、72小时内是否与“非典”患者接触及在荷的联系电话等
5	奥地利	对疑似患者进行检查；6月底前暂停奥航维也纳—北京航线
6	瑞士	入境填写健康申报表，写明联系地址和电话。驻瑞士的一些国际组织要求赴瑞参加国际会议人员携带健康证明，会前接受体检，出入会议和办公场所须戴口罩
7	意大利	入境口岸检查；检疫所有乘客的行李；没收和销毁随身携带的食物和药品；入境填写健康登记表，说明未来10天日程，跟踪观察；向住地卫生部门报告，自觉隔离至少1周
8	马耳他	暂停颁发签证；要求入境人员主动申报健康状况并接受口头查询
9	瑞典	入境口岸对出现“非典”症状人员检查
10	芬兰	入境口岸对出现“非典”症状人员检查
11	丹麦	入境口岸对出现“非典”症状人员检查
12	俄罗斯	入境口岸检查；滨海边疆区关闭4个口岸、不准北京、广东、山西、四川、湖南和广西的游客和劳工入境；哈巴罗夫斯克边疆区停止办理邀请函和劳务输出许可；暂停哈巴—广州航班；车里雅宾斯克州不准劳务人员入境；阿穆尔州“布拉戈维申斯克河港”口岸不准入境；滨海边疆区、阿穆尔州、哈巴罗夫斯克边疆区停止边民免签证入境；与中国毗邻地区几乎全部采取入境先隔离10天的措施
13	白俄罗斯	入境口岸检查
14	乌克兰	乌航机组报告旅客中出现“非典”症状，机场卫生检疫人员登机检查，隔离疑似患者
15	格鲁吉亚	入境口岸检查
16	立陶宛	入境填写身体健康状况表；对“非典”症状人员进行监控
17	爱沙尼亚	暂停颁发签证、居住许可证和工作许可证
18	斯洛文尼亚	暂停颁发因私签证，严格控制因公签证
19	波黑	入境口岸检查；填写调查表格；已取得签证人员须向波方通告其在该国住址，以便体检，否则将被要求离境
20	克罗地亚	入境口岸检查
21	塞尔维亚和黑山	对入境人员进行监护
22	阿尔巴尼亚	入境口岸检查
23	罗马尼亚	在机场设立防疫室；入境人员须填表，注明来自何方、航班号、在罗详细地址及电话等；6月7日前停飞布加勒斯特—北京航班
24	保加利亚	入境口岸检查；填写“非典”登记卡
25	波兰	入境口岸检查
26	匈牙利	在机场设立留验站；入境人员须填调查表
27	捷克	入境人员须填登记卡，写明姓名、护照号、出境国、在捷地址、停留时间等
28	拉脱维亚	暂停办理因私签证；入境人员填写调查表，写明联系地址和电话
29	希腊	入境口岸检查；对疑似“非典”患者和同机人员隔离检查；旅馆不为来自疫区人员提供住宿
30	摩尔多瓦	入境口岸检查；填写健康申报表

美 洲

序号	国家	措 施
1	美国	入境口岸发放警示卡；旧金山机场要求填写症状声明表，提供入境后的联络电话
2	加拿大	入境口岸检查；填写健康申报卡和联络办法表；入境者一般自行隔离10天
3	巴拿马	暂停颁发签证
4	特立尼达和多巴哥	达填写“非典”申报单；入境口岸检查
5	玻利维亚	入境口岸检查
6	墨西哥	入境口岸检查
7	伯利兹	不准入境
8	牙买加	入境口岸对来自或途经广东的人员检查
9	厄瓜多尔	入境口岸检查
10	巴巴多斯	暂停颁发签证；婉拒劳务人员入境
11	巴西	入境口岸监控，所有国际航班乘客须填写健康状况登记表，说明近10天内密切接触人员及本人联络方式；对疑似“非典”患者严格检查，同机人员需隔离观察10天
12	阿根廷	入境口岸检查

续　表5－1

序号	国　家	措　　施
13	圭亚那	原则上暂停颁发签证（官方交往人员除外）；入境隔离7天
14	古巴	入境口岸检查；登记健康状况；所处区域医生对入境人员观察14天
15	智利	入境申报；接触过"非典"患者的旅客需隔离10天，并追踪被隔离者情况

大 洋 洲

序号	国　家	措　　施
1	澳大利亚	入境口岸检查
2	新西兰	入境口岸检查；填写"非典"健康表
3	密克罗尼西亚	不准来自广东、山西人员入境
4	瓦努阿图	入境须填写"非典型肺炎调查表"
5	汤加	暂停颁发签证，对入境人员进行询问
6	马绍尔	不准广东、山西等地人员入境
7	瑙鲁	入境口岸检查
8	基里巴斯	不准入境
9	斐济	入境口岸检查
10	巴布亚新几内亚	巴航不准"非典"患者及无健康证明的疑似患者登机

注："入境口岸检查"系指询问、目检、测体温、查心肺等，疑似患者将被隔离诊治。

——《南方周末》、《国际商报》

1. 轻工行业

① 玩具、礼品业展会

展　会

首届中国国际玩具展

首届中国国际玩具展览会于2002年10月8日至11日在上海世贸商城举行。此次展会的外方主办者是全球最大的玩具展览公司——德国纽伦堡国际玩具展览公司，中方主办者为中国玩具协会和中国工艺美术（集团）公司。据德国工商总会北京代表处首席代表葛礼慕博士介绍说，德国纽伦堡国际玩具展览公司看中的是价值千亿元的中国市场。在美国，14岁以下人口的玩具消费达到人均200美元左右，在欧洲和日本为人均100美元左右。据统计，2000年中国14岁以下人口为2.89亿人，如果按照人均消费5美元计算，中国将有100多亿美元的玩具消费市场。

展览会邀请了国际著名的专业经销商观展，美国、澳大利亚、墨西哥、德国等国家玩具协会以及国际玩具工业理事会成员莅会。业内人士称，本次玩具展览会是中国玩具厂商和经销商了解世界玩具发展趋势、学习国际玩具产业发展经验、参与中高档玩具市场竞争的良好开端。

据介绍，以专业化为发展方向，打造规模化、国际化的品牌会，是本次展会的一大特点。参展企业64%为外销企业，12%为内外销结合的企业，24%为内销型企业。而近年来，中国的玩具、礼品产业在国际市场上日益受到重视，世界上约1/2的玩具是在中国生产的，产品已销往100多个国家和地区。到2001年，我国出口玩具达到75.81亿美元，但至今还没有一个国际性的玩具展览会。加入世界贸易组织之后企业已直接面对国际市场，特别是玩具企业，更是迫切需要更快地与国际市场接轨，并通过直接面对买家和消费者，了解最新信息，拓展销售渠道，以提高国内企业在国际市场上的知名度和参与市场竞争的能力。因而，在国内组织大型国际玩具及礼品展览会成为当务之急，本届展会无疑成为我国玩具产业的一次历史性转折。

本届展会吸引买家超过了5000人。

第八届北京国际礼品、工艺品暨家用品展览会

2003年2月28日至3月3日，一场命名"Modern Life"的盛会——第八届北京国际礼品、工艺品暨家用品展览会在北京展览馆举办。本次展会是由北京台企捷达展览事业有限公司主办，自1993年以来，已在北京、上海等地多次举办，颇具规模，极富专业性。无论展品的层次与类别、展会的规模与效应，都具有较高知名度和广泛影响力，从以往的华东地区，迅

速扩大至全国乃至东南亚。北京地区业已办至第八届。

据了解，本次“Modern Life”展占用了北京展览馆6个馆，展出面积达1.2万平方米，邀请礼品、工艺品、家用品界参展商共计500余户。精美化妆品、工艺品、广告礼品、圣诞礼品、纪念礼品、保健精品、旅行用品、流行珠宝、家用电器、钟表、灯饰、皮件、文具、玩具、餐具、日历暨相簿、陶瓷水晶暨玻璃器皿、各类艺术品暨画框等等竞相亮相，尽显艺术风采，可为万名采购商提供一个空前活跃的交易空间，让他们的购买欲在“Modern Life”展中得以完美的体现和最大的满足。

尤为值得关注的是，此次展会上，国内首创、在陕西咸阳研制成功的家用纯中药面膜“七白净”，中国科学院生化所强档推出的保健品英泰含片，上海最新生产的鼎铃豪华小家电，北京汇仁力达新近面世的系列银饰品等一批新产品脱颖而出，均亮相展会。这些新产品研制单位都在讲诚信、重质量方面做出了切实的努力，希望以此而使其产品真正赢得广大消费者的信任与青睐。

境内展

展名：香港玩具展
时间：2003年1月7日 ～ 10日（香港）
上届数据：
展出面积（平方米）：48670
观众人数（人次）：28350
参展商数目（家）：1612

展名：第六届亚太礼品、文具暨家庭用品展览会
时间：2003年2月27日～3月2日（上海）
周期：一年两届

展名：第八届北京国际礼品工艺品暨家用品展览会
时间：2003年2月28日～3月3日（北京）

展名：中国（北京）春季国际礼品暨家庭用品展
时间：2003年3月5日 ～ 8日（北京）
周期：一年一届
上届数据：
展出面积（平方米）：15000
其中外国参展面积（平方米）：1000
参展商数目（家）：600
其中外国参展商数目（家）：60

展名：2003年第6届春季广州国际礼品、赠品及文具展览会
时间：2003年3月10日～13日（广州）
周期：一年两届
上届数据：
展出面积（平方米）：9000
观众人数（人次）：58300
参展商数目（家）：450

展名：中国（上海）第五届国际玩具展暨上海第三十六届玩具博览会
时间：2003年3月18日～21日（上海）

展名：第二届中国东北国际家纺装饰布艺及家居用品展览会
时间：2003年3月26日 ～ 29日（沈阳）

展名：第五届郑州国际美容美发化妆洗涤用品暨珠宝首饰礼品工艺品博览会
时间：2003年3月26日～31日（郑州）

展名：第六届上海国际礼品文具暨钟表玩具展览会
时间：2003年3月（上海）
周期：一年一届
上届数据：
展出面积（平方米）：6000
观众人数（人次）：20000

展名：第15届中国广州玩具、儿童用品及礼品展览会
时间：2003年4月2日～4日（广州）
周期：一年一届
上届数据：
展出面积（平方米）：10500
其中外国参展面积（平方米）：500
观众人数（人次）：7500
参展商数目（家）：292
其中外国参展商数目（家）：25

展名：第八届进口优良家居用品展
时间：2003年 4月4日 ～ 7日（台北）

展名：第十一届深圳国际礼品、工艺品、钟表及家庭用品展览会
时间：2003年4月18日～21日（深圳）
周期：一年一届
上届数据：
展出面积（平方米）：16000
其中外国参展面积（平方米）：1000
观众人数（人次）：60000
参展商数目（家）：670
其中外国参展商数目（家）：126

展名：香港家庭用品展
时间：2003年4月21日 ～ 24日（香港）
上届数据：
展出面积（平方米）：43500
观众人数（人次）：26758
参展商数目（家）：1894

展名：台北国际礼品暨文具春季展览会
时间：2003年4月25日 ～ 28日（台北）

展名：香港礼品及赠品展
时间：2003年4月28日 ～ 5月1日（香港）

上届数据：
展出面积（平方米）：56600
观众人数（人次）：56853
参展商数目（家）：2898

展名：2003 中国澄海国际玩具工艺品博览会
时间：2003 年 4 月 29 日 ～ 5 月 2 日（澄海）
周期：一年一届
上届数据：
展出面积（平方米）：14200
其中外国参展面积（平方米）：4000
参展商数目（家）：178
其中外国参展商数目（家）：50

展名：广东（东莞）玩具、礼品及文具、家居用品展览会
时间：2003 年 4 月（东莞）
周期：一年两届
上届数据：
展出面积（平方米）：10000
其中外国参展面积（平方米）：400
观众人数（人次）：20000
参展商数目（家）：410
其中外国参展商数目（家）：195

展名：2003 年第 7 届秋季广州国际礼品、赠品及文具展览会
时间：2003 年 8 月 8 日～11 日（广州）
周期：一年两届
上届数据：
展出面积（平方米）：9000
观众人数（人次）：58300
参展商数目（家）：450

展名：第九届北京国际礼品工艺品暨家用品展览会
时间：2003 年 8 月 14 日～17 日（北京）

展名：第七届台北国际家居精品大展
时间：2003 年 8 月 30 日 ～ 9 月 2 日（台北）

展名：2003 上海国际礼品暨日用品展览会（秋季）
时间：2003 年 9 月（上海）
周期：一年一届

展名：中国国际玩具、婴儿用品及礼品展览会
时间：2003 年 10 月 8 日 ～ 11 日（上海）
周期：一年一届
上届数据：
展出面积（平方米）：8000
其中外国参展面积（平方米）：2000
观众人数（人次）：10000
参展商数目（家）：300
其中外国参展商数目（家）：100

展名：成都国际礼品展览会暨新潮、流行居家用品展览会
时间：2003 年 10 月 18 日 ～ 21 日（成都）
周期：一年一届
上届数据：
展出面积（平方米）：3000
其中外国参展面积（平方米）：200
观众人数（人次）：22000
参展商数目（家）：180
其中外国参展商数目（家）：15

展名：第七届亚太礼品、文具暨家庭用品展览会
时间：2003 年 10 月 22 日～25 日（上海）
周期：一年两届

展名：台北国际礼品暨文具秋季展览会
时间：2003 年 10 月 23 日 ～ 26 日（台北）

展名：第十一届深圳国际玩具及礼品展览会
时间：2003 年 10 月 23 日～26 日（深圳）
周期：一年一届
上届数据：
展出面积（平方米）：22000
其中外国参展面积（平方米）：1200
观众人数（人次）：80000
参展商数目（家）：1000
其中外国参展商数目（家）（家）：150

展名：第十二届香港国际玩具及礼品展
时间：2003 年 10 月（香港）
周期：一年一届
上届数据：
展出面积（平方米）：41000

展名：第四届广东（东莞）国际玩具、礼品及家庭用品展览会（秋季）
时间：2003 年 10 月（东莞）
周期：一年两届
上届数据：
展出面积（平方米）：10000
观众人数（人次）：20000
参展商数目（家）：300

展名：第十一届亚洲赠品及家居用品展
时间：2003 年 10 月（香港）
周期：一年一届
上届数据：
展出面积（平方米）：4000

展名：中国（上海）文具礼品博览会
时间：2003 年 11 月 26 日～28 日（上海）

展名：第八届台北家的世界展览会
时间：2003 年 12 月 12 日 ～ 15 日（台北）

境外展

展名：多伦多国际礼品展
时间：2003年1月24日～27日（多伦多）

展名：多伦多玩具展
时间：2003年1月26日～28日（多伦多）

展名：德国纽伦堡春季国际玩具博览会
时间：2003年1月30日～2月4日（纽伦堡）

展名：美国纽约国际玩具博览会
时间：2003年2月16日～20日（纽约）

展名：日本东京国际礼品展
时间：2003年2月19日～21日（东京）

展名：美国纽约国际礼品及消费品博览会
时间：2003年5月17日～19日（纽约）
展名：马亚西亚国际礼物精品展览会
时间：2003年6月5日～8日（吉隆坡）
周期：一年一届

展名：巴西圣保罗国际家庭用品及礼品博览会
时间：2003年7月11日～13日（圣保罗）

展名：美国费城国际礼品展
时间：2003年7月20日～23日（费城）

展名：美国亚特兰大礼品及家用品交易会
时间：2003年7月（亚特兰大）
周期：一年两届

展名：拉斯维加斯礼品及商品博览会
时间：2003年8月10日～14日（拉斯维加斯）
周期：一年两届
上届数据：
观众人数（人次）：60000
参展商数目（家）：3300

展名：CGTA国际礼品展
时间：2003年8月10日～14日（多伦多）

展名：第十九届汉城国际礼品、家庭用品及流行饰物展览会
时间：2003年9月17日～20日（汉城）
周期：一年一届
上届数据：
观众人数（人次）：26770
参展商数目（家）：364

展名：西班牙马德里国际礼品展览会
时间：2003年9月18日～22日（马德里）
周期：一年两届

展名：日本东京国际礼品展
时间：2003年9月（东京）

② 皮革业简况

中国有望成为世界皮革生产贸易中心

据中国皮革工业协会介绍，有关专家预测，最迟到21世纪30年代，亚洲地区特别是中国将取代欧洲成为世界皮革生产贸易中心。

据介绍，在20世纪80年代以前，欧洲不仅是世界皮革加工及贸易中心，同时也是皮革科技、教育、展览中心。随着世界生产及贸易格局的变化，到20世纪末，世界皮革生产和贸易中心开始向亚洲转移。中国在2001年加入世界贸易组织后，正日益成为世界上皮革生产和皮革贸易最有潜力的地区之一。

目前中国已成为世界公认的皮革生产大国，在遵守《濒危野生动植物种国际贸易公约》和中国《野生动物保护法》的前提下，中国的皮革行业呈现出3大特点：首先是原料资源、产品产量、进出口贸易均名列世界前茅。中国皮革工业协会的资料显示，目前中国的猪皮、羊皮原料资源居世界第一位、牛皮居世界第三。其次是产量大。中国每年轻革产量4亿多平方米，居世界第一，占世界总产量的20%以上；鞋类产量50多亿双，同样居世界第一；皮具综合产量也居世界首位。第三是出口额大。2001年中国皮革工业主要商品出口124.8亿美元，居世界第一。

据了解，目前，包括制鞋业在内的中国皮革行业正进行着产业升级。以往中国皮革产品是以质低价廉取胜，而如今中国的皮革产品正力争以品质取胜。一度与“劣质”同义的温州皮革已走出了低水平生产的怪圈，进入了国际市场。与此同时，国内与皮革相关的科技市场、专业媒体市场、皮革专业展览市场也正在茁壮成长。在不久的将来，中国无疑将成为世界上最大、同时也是最活跃、最受关注的皮革大市场。

——《国际商报》

展　会

中国国际皮革展

一年一度的中国国际皮革展于2002年9月18日至20日在上海光大会展中心举行。据展会主办单位中国皮革工业协会介绍，2002年的国际皮革展以其展会知名度高、国内外参展商密集、展品覆盖面广而吸引了众多国际采购商。

中国是全球皮革工业最重要的加工中心和贸易中心，也是最具潜力的科技市场和消费市场，中国皮革工业在原料皮资源、皮革制品产量和进出口贸易方面均名列世界前茅。作为典型的出口创汇型行业，2002年上半年皮革及皮革制品出口继续增长，据统计，2002年1～6月，我国皮革工业主要商品出口金额为59.5亿美元，比2001年同期增长2.3%。美国是我国鞋类产品出口的最主要市场，约占我国鞋类产品出口总值的49.93%，欧洲位居第二，俄罗斯和东欧则是我国鞋类出口最具潜力和亟待拓展的新兴市场，近年来贸易额逐年上升。加入世贸组织后，中国皮革工业以其独特的优势更加受到世界皮革业的瞩目，中国正在成为世界皮革原料及皮革制品的采购中心。

中国国际皮革展是我国境内举办的国际化程度最高、规模最大的皮革专业展览会，海外展商逐年增多，2001年海外展商的展出面积已占整个展出面积的50%，中国国际皮革展成为被世界皮革界公认的国际性展览会。2002年参展的海外客商更加踊跃，有27个国家及地区的参展商前来参展，其中包括13个来自欧洲、亚洲、美洲及澳大利亚的参展团。墨西哥此次增加50%的参展面积，韩国的参展面积也比2001年增加20%，巴西的知名制革组织则首次参加这一国际皮革盛会。另外，来自苏丹的Evadg Trading、瑞士的KT Trading以及印度、澳大利亚的参展商也首次参展。

本届展览展品包括：

制成品：皮革服装、皮革、旅游鞋、箱包、手套、票夹、皮毛制品、合成革制品等。

材料：原皮、皮革、毛皮、PU和PVC合成材料、鞋材、鞋楦、皮革化工、皮革五金等。

设备：制革设备、制鞋机械、箱包机械、缝纫机设备、电脑设计辅助设备等。还包括软件及相关网络、媒体杂志等。

境内展

展名：2003春夏季台北鞋展
时间：2003年1月4日～7日（台北）

展名：第29届中国国际裘皮革皮制品交易会
时间：2003年1月10日～13日（北京）
周期：一年一届
上届数据：
展出面积（平方米）：5500
其中外国参展面积（平方米）：200
观众人数（人次）：
参展商数目（家）：137
其中外国参展商数目（家）：18

展名：第三届中国（东莞）国际鞋机鞋材料及皮具箱包原料设备及技术展
时间：2003年3月6日～9日（东莞）

展名：中国（东莞）国际皮革生产技术展览会
时间：2003年4月3日 ～ 5日（东莞）
周期：一年一届
上届数据：
展出面积（平方米）：6200
其中外国参展面积（平方米）：1830
观众人数（人次）：5000
参展商数目（家）：173
其中外国参展商数目（家）：98

展名：中国东莞国际鞋类及皮革制品生产技术及材料展览会
时间：2003年4月9日～13日（东莞）
周期：一年一届

展名：2003第二届广州国贸纺织服装鞋帽展
时间：2003年4月15日～19日（广州）
周期：一年两届
上届数据：
展出面积（平方米）：10000
其中外国参展面积（平方米）：4000
观众人数（人次）：50000
参展商数目（家）：285
其中外国参展商数目（家）：112

展名：第五届中国晋江国际鞋业博览会
时间：2003年4月19日～22日（晋江）
周期：一年一届
上届数据：
展出面积（平方米）：28000
其中外国参展面积（平方米）：5725
观众人数（人次）：50000
参展商数目（家）：350
其中外国参展商数目（家）：82

展名：第五届国际鞋类、皮革及制鞋技术和设备展览会
时间：2003年8月15日～18日（成都）
周期：一年一届
上届数据：
展出面积（平方米）：8000
观众人数（人次）：20000
参展商数目（家）：203
其中外国参展商数目（家）：3

展名：中国国际皮革展
时间：2003年9月2日~4日（上海）
周期：一年一届
上届数据：
展出面积（平方米）：22000
其中外国参展面积（平方米）：7038
观众人数（人次）：6119
参展商数目（家）：540
其中外国参展商数目（家）：237

展名：中国国际鞋类展
时间：2003年9月3日~5日（上海）
周期：一年一届

展名：湖南皮革制品及设备暨化工原料及产品博览会
时间：2003年9月22日~24日（湖南省展览馆）
周期：一年一届
上届数据：
展出面积（平方米）：4000
观众人数（人次）：5000
参展商数目（家）：300

展名：第八届国际鞋类、皮革及制鞋技术和设备展览会
时间：2003年10月26日~29日（温州）
周期：一年一届
上届数据：
展出面积（平方米）：24000
观众人数（人次）：30000
参展商数目（家）：530
其中外国参展商数目（家）：180

展名：2003中国（北京）国际鞋业博览会
时间：2003年11月17日~23日（北京）
周期：一年一届
上届数据：
展出面积（平方米）：5500
其中外国参展面积（平方米）：400
观众人数（人次）：5000
参展商数目（家）：150
其中外国参展商数目（家）：10

展名：第七届大连国际裘皮、革皮暨制品展览会
时间：2003年11月8日~12日（大连）
周期：一年一届
上届数据：
展出面积（平方米）：7000
其中外国参展面积（平方米）：100
观众人数（人次）：150000
参展商数目（家）：134
其中外国参展商数目（家）：9

展名：2003成都鞋业、皮革产品及加工设备与技术展览会
时间：2003年12月9日~12日（成都）
周期：两年一届
上届数据：
展出面积（平方米）：3000
其中外国参展面积（平方米）：500
观众人数（人次）：15000
参展商数目（家）：200
其中外国参展商数目（家）：20

境外展

展名：美国拉斯维加斯国际鞋类展览会
时间：2003年2月8日~11日（拉斯维加斯）

展名：德国杜塞尔多夫国际鞋类博览会
时间：2003年3月13日~16日（杜塞尔多夫）

展名：日本东京国际鞋类及皮革制品展
时间：2003年4月23日~25日（东京）

展名：箱包、皮革制品、手包及部件展
时间：2003年4月27日~29日（多伦多）

展名：意大利加答国际鞋类博览会
时间：2003年6月14日~18日（加答）

展名：越南国际鞋类、皮革及工业设备展
时间：2003年7月2日~4日（胡志明）
周期：一年一届
上届数据：
观众人数（人次）：7700
参展商数目（家）：130

展名：美国拉斯维加斯国际鞋类展览会
时间：2003年7月31日~8月3日（拉斯维加斯）

展名：意大利米兰国际鞋类展览会
时间：2003年9月20日~23日（米兰）

展名：德国奥芬巴赫国际箱包及皮革制品博览
时间：2003年9月27日~30日（奥芬巴赫）

展名：日本东京国际鞋类及皮革制品展览会
时间：2003年10月22日~24日（东京）

③　珠宝、钟表与眼镜行业展会

第三届国际珠宝展

深圳国际珠宝展经过两年多的发展，如今已成为世界第四大珠宝展，其规模与品牌紧逼世界排名第三的香港（秋季）国际珠宝展，有望成为世界排名第三的国际性珠宝展。

参展踊跃　展位匮缺

2002年9月13～17日在深圳高交会展览中心举办的第三届国际珠宝展，展位面积达2万平方米，展厅有4个，展位近千个。由于2002年展会有不少新的企业要求参展，加之展馆不足，出现了许多要求参展的企业等待展位的现象，这种火爆场面连组委会都意想不到。深圳市黄金珠宝协会秘书长表示，2003年珠宝展将扩大展位面积，将定下高交会展览中心的A、B1、B2、B3、C、F1、F2馆，或者在2002年A馆、B1、B2、B3馆的基础上再增加D馆，这样可以满足更多的参展商参展，使展会规模超过1200个。

深圳国际珠宝展为什么能从第一届的430个标准展位发展到第三届近千个展位呢？其中一个很重要的成功因素是：深圳已成为全国最大的珠宝黄金加工基地，数量占全国的70%。加上近来香港、台湾的珠宝加工商纷纷“北移”深圳，使得深圳有得天独厚的地理优势和资源优势。深圳毗邻香港，加工成本低，但运输与香港相比同样方便，这已成为深圳珠宝展发展壮大的主要原因之一。

信息丰富　大量发函

第三届组委会在总结前两届招商工作成功经验的基础上，对参加前两届的近3万名业内买家的详细资料进行了归类整理，并大量投寄“第三届深圳国际珠宝展邀请函”，以吸引更多的国内外业内人士参观、考察及指导，邀请更多的生产商、经销商和零售商前来展览会交流，并进行商贸洽谈。应该说，加强参展商与买家的服务是展会做大做强的基本因素之一，因此展会才能吸引更多的参展商与买家参加。此次展会的参观人数超过5万。

宣传鼓动　周密到位

展会组委会制定了周密而经济实用的宣传广告计划。在国内外近20家企业报刊、网站刊登了数期宣传广告及新闻稿。在8月份以后，大众媒体（包括电视、报纸、杂志、广播电台及互联网）还投放大量的广告宣传，频繁地报道使深圳国际珠宝展览会知名度大大提高。展会期间还举办数场高规模、高水平的学术研讨会，就业内广泛关注的商贸、政策动向及学术问题进行专项研讨活动。

深圳国际珠宝展定位准确，国际味较浓，坚持为行业服务，为会员服务。因此发展较快，如今已拥有1000多个国际标准展位，国际化更强的大型国际珠宝展，目前，有意大利、美国、印度、以色列、泰国、日本等国家组团参展参观。

几年来，深圳国际珠宝展以每年20%的速度迅速增长。深圳珠宝行业协会利用展会平台为深圳珠宝商与国际客商提供了更多的发展与交流的商机，促进了珠宝加工商与内地联销和互动，促进了中国珠宝行业的发展。

首届中国（昌乐）国际宝石节

为使资源优势尽快变成商品和市场优势，打造中国珠宝国际品牌，由中国宝玉石协会主办，山东省宝玉石协会、山东省旅游局协办，潍坊旅游局、山东昌乐县承办的首届中国（昌乐）国际宝石节在2002年“十一”旅游黄金周期间举办。

据地矿部门勘察，昌乐县蓝宝石矿是中国储量最大、品位最高的蓝宝石矿床，蓝宝石蕴藏量达数亿克拉，且具有晶体粗大、晶形完好、颜色纯正、易采易加工等特点，原生矿、砂矿并存，储量、质量不仅居全国六大蓝宝石矿之首，而且可与澳大利亚、泰国蓝宝石媲美。

自1996年以来，昌乐县已成功举办了七届全国珠宝展销订货会和三届旅游商品交易会，吸引了来自美国、澳大利亚、泰国、斯里兰卡及香港等国家和地区的数千名同行前来参观、技术交流及洽谈合作。此次有上百家国外参展商前来参展。为进一步挖掘珠宝业的潜力，加快昌乐向国际性珠宝首饰集散地迈进，让昌乐宝石产业叫响国际市场，昌乐县政府决定，从2002年起，每年的10月2日至6日举办国际宝石节。此外，昌乐县已建成占地120亩，现有营业面积45000平方米的全国最大的珠宝交易市场——中国宝石城。中国宝石城主要经营世界各地的珠宝、玉石、翡翠、金银镶嵌饰品、宝玉石原料及半成品、人造宝石饰品、水晶、珍珠等，汇集了泰国、斯里兰卡、马来西亚、澳大利亚、南非、缅甸等世界及国内各地的钻石、红蓝宝石、祖母绿、珍珠、翡翠、玉器等名贵珠宝类，年交易额达3亿多元。

此次中国（昌乐）国际宝石节期间，还举办宝石博览会、大型拍卖会、珠宝发展研讨会、经贸洽谈会、珠宝表演等一系列活动。

2002年北京珠宝展

2002年11月27～12月1日，中国国际展览中心1号馆迎来了历年来国内档次最高、汇聚品牌最多的一次珠宝业盛会——2002北京珠宝展。同时，由主办方国土资源部珠宝玉石首饰管理中心、中国宝玉石协会联合主办的“2002年中国珠宝首饰行业发展论坛”也同期举行。

此次珠宝展是在珠宝行业规模不断扩大、开始启动创名牌和实施品牌战略的大背景下举办的有150多家珠宝企业参展。

与往届以展销性质为主的珠宝消费展览不同，本届展会主要以品牌展示为主，无论是在展会的内容、质量、规模和服务方面都是一次新的飞跃。

精彩纷呈且丰富务实的展会活动安排是本次展会的另一特色。本届可以说是当之无愧的一次珠宝行业的盛宴。珠宝业内名家名士撰写的《珠宝行业发展战略论坛》为行业的发展指明了方向；美国华点通国际咨询有限公司总裁苏珊博士的《加入WTO后中国企业成功发展和品牌管理》为企业发展出谋划策；特设的企业文化展示区和时尚炫目的T型台为参展商展示企业文化及产品提供了极好的舞台；著名专家的行业专业讲座为珠宝爱好者叩开了名贵珠宝玉石神秘的大门……不管是资深的珠宝从业人员，还是刚刚对这行业发生兴趣的新手，都能在这个展会各得其所，找到自己的兴趣点。

首届中国国际黄金珠宝玉石展暨第二届中国国际黄金展

由中国黄金协会、博闻中国有限公司和中国国际展览中心集团公司三家联合主办的首届中国国际黄金珠宝玉石展暨第二届中国国际黄金展于2003年3月1日在深圳降下帷幕。

据该展主办单位中国黄金协会秘书长吕文元介绍，中国是现时全球最大的铂金消费市场及第四大黄金消费市场，也是亚洲最大的钻石市场。适逢这是中国黄金市场开放后的第一个大型黄金珠宝玉石展会，国内外业界都想借此渠道，全面开拓中国乃至全球市场。

以香港著名珠宝首饰品牌周大福、谢瑞麟为首的香港首饰参展团，以及比利时安特卫普、韩国Minigold等许多世界著名公司等来自14个国家的259家企业齐齐聚集深圳，寻求发展商机。

而此前在上海举办的首届中国国际钟表、珠宝首饰、银器及加工设备展览会上，占有世界珠宝首饰贸易额37%的意大利也组织了129家珠宝商到场参展。

其实，在展览场之外，诸多国际珠宝巨头早已加紧“抢滩”行动：早年就介入中国市场的全球最大钻石经销商戴比尔斯近年特别加大在消费营销方面的投入，并透过位于北京、上海和广州的“钻石推广服务”中心和“钻石信息中心”，举办各种行业会议、培训研讨，大大推动其在中国钻石饰品消费市场的占有率。有150多年历史的法国著名珠宝钟表巨头卡地亚目前已在北京、上海拥有3家精品店，并在内地17个大中城市设立多家形象专柜。而法国珠宝名牌“钻石世家”也于2002年底登陆广州，其目标是未来5年拟发展连锁加盟店达500家。世界四大名珍珠之一的大溪地珍珠国际宣传协会决策人表示，用3～4年的时间，透过在中国参加大型展会全面推广大溪地珍珠品牌影响力。

争相在市场分一杯羹的还有香港的珠宝巨头，香港谢瑞麟珠宝在内地已通过特许经营方式设立近百个销售点；周大福则用3年多时间开设了100家特许经营店。

据行家预测，随着上海钻石交易所、上海黄金交易所的相继建立以及中国对外开放政策不断松动，国际珠宝厂商进军中国市场的步伐还会加快，国内珠宝厂商难以避免要面对激烈的品牌大战。

尽管国内珠宝参展企业的知名度相对较弱，但也有不俗表现。其中尤以中国黄金集团公司为龙头的大型黄金生产企业最为引人注目。中金、招金、紫金、金创、金鼎、天承等品牌金条成为此次展会一大亮点。业内人士认为，这标志着我国黄金市场开放后，黄金生产、加工、销售三大环节与国内外珠宝行业进一步融合，而目前中国在国际珠宝业的优势更多地是体现在首饰打磨加工业方面。

目前在中国从事钻石打磨切割的加工人员已经达到1.8万人，居世界第二位，年加工生产能力达到百万克拉以上，尤其由中国加工生产的1克拉以下的中小型钻石不仅在国内热销，还出口到欧美等发达国家，去年中国钻石加工品的出口额达6亿美元。未来2～3年，中国市场将会成为世界钻石加工生产中心。

有行家分析，该展览受到了国内外专业买家和一些国际行业协会的青睐，而2000多名海外买手前来参会，其中有116名还是出手不凡的国际重要买家，正是看好中国珠宝加工业蓬勃发展的前景。

境内展

展名：中国国际黄金珠宝玉石展览会
时间：2003年2月26日～3月1日（深圳）
周期：一年一届

展名：香港国际珠宝展
时间：2003年3月4日～7日（香港）
上届数据：
展出面积（平方米）：33500
观众人数（人次）：16901
参展商数目（家）：990

展名：上海国际钻石贸易展览会
时间：2003年3月21日～24日（上海）
周期：一年一届

展名：中国重庆珠宝首饰展览会
时间：2003年3月27日～30日（重庆）

展名：第六届上海国际礼品文具暨钟表玩具展览会
时间：2003年3月（上海）
周期：一年一届
创办时间：1999年
上届数据：
展出面积（平方米）：6000
观众人数（人次）：20000

展名：第十一届深圳国际礼品、工艺品、钟表及家庭用品展览会
时间：2003年4月18日～21日（深圳）
周期：一年一届
上届数据：
展出面积（平方米）：16000
其中外国参展面积（平方米）：1000
观众人数（人次）：60000
参展商数目（家）：670
其中外国参展商数目（家）：126

展名：2003温州国际眼镜、烟具、剃须刀贸易展览会
时间：2003年4月21日～23日（温州）
周期：一年一届

展名：上海国际珠宝首饰博览会
时间：2003年4月24日～27日（上海）
周期：一年一届

展名：中国（深圳）国际钟表珠宝礼品展览会
时间：2003年4月25日～28日（深圳）
周期：一年一届

展名：香港钟表展
时间：2003年9月3日～7日（香港）
上届数据：
展出面积（平方米）：34600
观众人数（人次）：14362
参展商数目（家）：720

展名：台北国际珠宝展览会
时间：2003年9月5日～9日（台北）

展名：九月亚洲时尚首饰及配饰展
时间：2003年9月17日～20日（香港）
周期：一年两届

展名：北京国际眼镜展览会
时间：2003年9月（北京）

展名：台北内销家具、寝具暨婚纱摄影珠宝大展
时间：203年10月3日～6日（台北）

展名：第二届西部国际珠宝、首饰、钟表重庆展览会
第二届西部国际礼品、工艺品、玩具、家用精品重庆展览会
时间：2003年10月16日～19日（重庆）
周期：一年一届

展名：中国国际珠宝展览会
时间：2003年10月22日～25日（北京）
周期：一年一届
上届数据：
展出面积（平方米）：10000
观众人数（人次）：20000
参展商数目（家）：180

展名：2003中国国际钟表展览会
时间：2003年10月（北京）
周期：一年一届
上届数据：
展出面积（平方米）：8000
其中外国参展面积（平方米）：500
观众人数（人次）：23000
参展商数目（家）：120
其中外国参展商数目（家）：21

展名：第五届大连国际珠宝博览会
时间：2003年11月8日～12日（大连）
周期：一年一届
上届数据：
展出面积（平方米）：3000
其中外国参展面积（平方米）：200
观众人数（人次）：50000
参展商数目（家）：65
其中外国参展商数目（家）：30

展名：2003台北婚纱摄影暨珠宝大展
时间：2003年12月25日～28日（台北）

展名：第四届北京国际珠宝展
时间：2003年12月（北京）
周期：一年一届
上届数据：
展出面积（平方米）：5500
其中外国参展面积（平方米）：500
观众人数（人次）：40000
参展商数目（家）：260
其中外国参展商数目（家）：41

境外展

展名：珠宝世界展览会
时间：2003年8月10日～12日（多伦多）

展名：纽约亚洲珠宝博览2003
时间：2003年8月24日～27日（纽约）

展名：国际珠宝首饰展
时间：2003年9月5日～8日（巴黎）
周期：一年两届

展名：国际光学眼镜展
时间：2003年10月17日～20日（巴黎）
周期：一年一届
上届数据：
展出面积（平方米）：70000
观众人数（人次）：27000
参展商数目（家）：950

展名：马亚西亚国际珠宝展览会2003
时间：2003年10月23日～26日（吉隆坡）

④ 食品行业简况

2005年我国饼干生产规模将达170万吨

记者从中国轻工业联合会有关部门获悉，在我国目前所有的方便食品中，饼干市场规模最大，饼干产品的年产量正以每年10%～15%的速度递增。同时，由于国外的饼干商也十分看好中国这一巨大消费市场，部分高档饼干品牌已较早地进入了中国，使这一领域的竞争日趋激烈。我国的生产企业欲在激烈的竞争中将饼干产业做大做强，有关方面预计，到2005年我国饼干业的生产规模将达到170万吨。

改革开放以来，我国大量引进了外国的先进饼干生产线，再加上合资企业的蓬勃发展，使我国饼干产品的生产能力大为提高。特别是最近几年，饼干业在我国的发展呈现出激烈的竞争态势。研究表明，海外饼干品牌由于较早进入中国市场，抢占了商机，目前已经垄断了中国的中、高档饼干市场。国外厂家如达能、纳贝斯克、奇宝等，利用其强大的品牌效应和有力的市场推广，占据了饼干市场的主要份额。“达能”靠着他强大的市场推广力度，使产品深入中国市场的每一个角落，甚至是街边的小杂货店，已经成为消费者随意可得的商品。而“纳贝斯克”的奥利奥巧克力饼干凭借其新奇而有趣的食用广告，深受儿童的喜爱；“奇宝”则通过它可爱的卡通小矮人的品牌形象，提高了产品的知名度，拉近了与消费者的距离。从有关机构对2002年北京、上海、广州三大城市的抽样调查来看，以外资品牌为主的高中档饼干统领了市场。

业内人士分析，虽然外资企业进入中国饼干市场时间不长，但由于其具有起点高、规模大、产品质量好、经营方式灵活等优势，因而一经进入市场便很快占有了较大的份额，并迅速占据了中、高档产品市场。目前市场占有率较高的饼干品牌，几乎都是外来的国际性食品公司的产品品牌。而我国一些老牌国有企业由于技术、设备较为陈旧，管理观念也落后于国际先进水平，使产品一直在低水平徘徊，因此，国内品牌目前只是在低价位饼干市场占据主要的市场份额。

专家认为，我国的饼干生产企业要在竞争中立于不败之地，除了需要在技术、设备、配方、工艺等方面迎头赶超国际先进水准，还应该在产品结构调整及营销理念上迅速同国际接轨。我国的饼干品牌不仅要占领和扩大国内各个档次的市场份额，还应积极开拓国际市场。

——《国际商报》

中国调味品业发展现状及展望

中国调味品协会会长　卫祥云

随着21世纪的到来和人民生活水平的提高，我国调味品工业获得了迅猛发展，去年总产量已超过1000万吨，成为食品行业中新的经济增长点。国家有关部门越来越重视调味品生产销售的行业管理工作，质量和标准化工作进一步加强，与国际接轨的步伐加快，调味品产业“小产品、大市场”的格局正在形成，发展前景非常广阔。

1．行业现状

（1）产品产量稳步增长，产品结构得到有效调整

据国家统计局统计和典型抽样数据显示，2002年我国调味品工业总产值380.5亿元，实现利税15.3亿元，利润3.2亿元。主要产品的产量为：酱油500万吨，食醋260万吨，酱类95万吨，酱腌菜270万吨，复合调味料120万吨以上。传统调味品如酱油、食醋的产量保持稳定，产销两旺。新产品层出不穷，产销量逐年上升，具有广阔的市场空间和发展前景。高档酱油形成了东西南北的发展格局：北方以河北珍极酱油、北京王致和、龙门和田宽为主；南方以广东海天、致美斋、美味鲜、李锦记、福金香、美味源为主；西部以大王酱油和千禾香为主；东部以淘大和统万为主。食醋行业以江苏恒顺醋业为龙头，形成天津独流、北京龙门和田宽和北京龙门醋、山西水塔和东湖、四川保宁醋点状分布的格局，竞争日趋激烈。在传统调味品生产增长的同时，其消费领域也越来越宽。已不仅仅是过去的调味和佐料，而是作为人们不可缺少的消费品和食品工业的原料，向食品工业领域的深度和广度延伸。

新开发的调味品以及调味品生产原辅料产品日益增多，如河南“十三香”的香辛调味料，上海“太太乐”鸡精、蘑菇精等产品。值得一提的是由国家公众营养中心、中国疾病预防控制中心和中国调味品协会联合推动的酱油营养强化补铁工程于2002年正式启动，为调味品行业增加了一个新品种：铁强化酱油。目前首批试点企业的产品已上市，消费者反应良好。在调味品原辅料方面，发展突出的有湖北“安琪”酵母、河北保定味群食品公司的“植物蛋白调味粉”和广东东莞的“一品鲜”等新产品。

（2）国有企业在深化改革中逐步建立现代企业制度，跨国食品集团涉足调味品生产，民营调味品企业发展迅猛

国有调味品生产企业正加大改制力度，明晰产权，转变机制，明确定位于竞争性行业，各种形式的配套改革取得了显著成效。如江苏镇江恒顺集团，积极建立现代公司制度，通过资本运营成功上市，为调味品行业的资本经营开了先河。成都、

杭州、哈尔滨等城市的大型调味品企业通过改革、改制，增强了企业竞争能力和活力，通过市场创新、产品创新，实现了企业的跨越式发展。与此同时，国际著名跨国食品集团如达能公司、联合利华公司、雀巢公司、美国亨氏集团开始涉足国内的调味品生产，在国内频频展开收购、兼并。如达能控股的上海淘大食品公司收购上海海鸥酿造公司的酱油生产车间和上海金山食品酿造厂，酱油年产量达到10万吨；美国亨氏集团收购广东美味源食品厂后，正试图向北方扩张；瑞士雀巢已入主上海太太乐和四川豪吉，成为大股东；联合利华在收购老蔡酱油后正谋求新的发展，家乐品牌的鸡精和铁强化酱油已上市销售；香港特区李锦记设在广东新会的4万吨高档酱油生产线已投产；台湾省味全也在武汉、成都和北京建立了新的生产基地；台湾省金兰在无锡的生产基地正欲扩大规模。跨国食品集团凭借雄厚的资本实力，先进的经营理念和经营手段，对国内酿造业形成了强烈冲击，同时促进了国内调味品生产技术和管理水平的提高。

值得一提的是，一些民营企业在调味品行业虽然起步较晚，但起点较高，发展很快，成为行业的后起之秀。可以说，通过市场的优胜劣汰，各种所有制企业纷纷抢占位置和市场，占领一部分原国有企业让出的市场份额。中国调味品行业正处在重组、改革的大转折时期。

(3) 企业和行业的国际意识增强，国际间合作与交流不断加强

随着经济全球化进程的加快，一些调味品企业引进国外技术与资金，学习国外先进的管理经验，立足国内，开拓国际市场，参与国际竞争取得了一定成绩。广东中山福金香食品有限公司生产的“珠江桥”牌酱油，广东佛山海天调味食品公司生产的“海天”牌酱油，长期坚持开拓欧盟等国际市场，外销量逐年增长。河北珍极酿造有限公司在产品销往美国的同时，实现了技术输出和品牌输出。随着我国加入WTO步伐的加快，贸易全球化在向资本全球化发展。一些国外调味品企业与我国部分调味品优势企业合作，已显示出强大的生命力和竞争态势。

(4) 生产工艺水平不断改进，促进了行业技术进步与国际接轨

进入20世纪90年代，传统调味品生产企业纷纷投资进行技术改造，引进国际先进设备和技术，提高产品品牌的技术含量，从而达到行业先进水平。通过技术改造，涌现了一批拥有较高技术水平和工艺水平的生产企业。以河北珍极、北京和田宽为代表的采用日本工艺酿造酱油的生产水平和工艺水平已达到世界先进水平。西南地区民营企业千禾香调味食品有限公司生产酱油采用日本生产工艺，瞄准国际先进水平。北京龙门和田宽在开发新产品的同时，注重科技投入，生产的产品达到了“清如水，亮如油”的标准，受到国际市场的欢迎。山东玉兔调味品公司利用生物技术改造传统酱油，产品风味得到显著提高。另外，随着科学技术的进步，各种新技术如生物酶解技术、固定化酵母技术、膜技术、萃取技术、微胶囊技术不断应用于调味品生产，提高了产品质量和包装水平，做到了与国际接轨。很多企业通过加强管理，引进ISO 9000系列质量管理体系和ISO 14000环保认证体系，通过参加GMP和HACCP认证，增强了企业发展后劲。

(5) 质量管理和标准化工作进一步加强

近两年来，国家质监局发布了《酿造酱油》、《酿造食醋》国家标准。原国家内贸局发布了《配置酱油》、《配制食醋》和《酸水解植物蛋白调味液》行业标准。这五个新标准的发布实施，与我国现有的《酱油卫生标准》、《食醋卫生标准》和《调味品卫生管理办法》相结合，完善了我国调味品标准体系，这是我国调味品行业标准化管理的里程碑。配套发布的五个调味品标准，是我们国家第一次颁布酿造酱油、酿造食醋国家标准；第一次颁布配制酱油、配制食醋行业标准，从而有利于对酿造和配制两种产品给予规范管理；第一次颁布酸水解植物蛋白调味液行业标准，从而首次把酸水解植物蛋白调味液的产品标准及管理工作列入国家行业标准的管理范畴，并与卫生部1991年颁布的《调味品卫生管理办法》相配套，使我国的酸水解植物蛋白调味液的生产有标准可依；第一次在新发布的五个标准中采用条文强制，这是我国食品工业标准化管理的一项新内容，在调味品行业管理工作中可以说是正逢其时，对指导调味品工业的发展有着十分重要的作用和意义。

2．存在问题

(1) 生产设备和工艺技术水平的提高比较迟缓，科技研究相对滞后，科研人才流失比较严重

酱油生产虽然起源于我国，但传统的中国酿造酱油技术率先在日本完成了工业化进程，我国调味品生产和工艺水平总体上与国际水平存在着差距。

(2) 机制改革滞后，国有企业存在调整空间

酱油行业作为生活必需品行业，刚刚从确保市场供应转为市场竞争。多数调味品厂为国有中小型企业，产权关系不清，企业管理水平参差不齐，企业改革滞后，市场份额在日益下降，特别是西部地区，企业生产工艺落后，市场不断萎缩。

(3) 产品质量问题比较突出，假冒伪劣情况比较严重

调味品行业管理工作在很多省、市流于形式，国家机构改革在一些方面使行业管理工作衔接不够，甚至短期或暂时出现管理职能的“真空”，或多或少地对行业发展和管理造成一定影响。著名品牌调味品都深受假冒之苦，假冒侵权产品直接冲击了调味品市场。随着城市打假工作力度的加大，假冒伪劣产品有向农村转移的趋势，市场监管任务日益繁重。

(4) 调味品生产企业税负较重

调味品生产主要以农副产品为原料，其产品属微利产品。按照我国目前的增值税条例，调味品生产企业购进原料如大豆、小麦时，增值税税率为13%，有些只能直接从农民手中收

购的原料如谷糠、稻壳等只能按10%的折扣率抵扣，但生产的产品却都按17%纳税，造成调味品生产企业的税负不合理，企业纳税负担较重。

3．发展展望

我国加入WTO后，调味品生产销售将面临新的发展机遇，产品结构调整和上规模、上档次将是未来调味品行业的发展主流。国有企业的改革和改制将促使一部分企业兼并或破产，市场竞争将越来越激烈。食品工业的发展和餐饮业的兴旺，将为各类调味品提供更加广阔的市场空间。东方调味品与西方调味品的融合，发酵调味品与各种香辛调味品的融合将呈现百花齐放的局面。各种方便调味品和保健调味品的发展将有新的突破。资本市场的全球化将促使我国传统调味品工业提高技术和管理水平，国外先进的生产技术和食品卫生标准也将进一步促进我国调味品与国际接轨。从生产产量和市场来看，除酱油产品市场基本饱和，重点是提高质量和调整结构外，其他产品如食醋、酱类、酱腌菜和各种复合调味料将以较快的速度发展。近期实施的铁强化酱油项目将成为调味品行业的一个新亮点。市场营销工作将成为今后调味品企业参与市场竞争的重头戏，人才的竞争将趋于白热化。

——《国际商报》

我国罐头产业进入快速发展期

2002年我国罐头行业，出现产销两旺的喜人局面，出口保持平稳增长，国内消费快速增长。

生产经营出现了三大突破，一是罐头总产量、出口量、创汇保持两位数增长，综合经济效益创历史新高。罐头总产量：223万吨，比同期增长25.8%，出口量：139.6万吨，同比增长16.9%；创汇：10.41亿美元，同比增长24.4%，创汇额首次突破10亿美元大关。二是出口额增长幅度高于出口量增长幅度，出口罐头市场价格普遍提高。高质低价、无序竞争的势头初步得到遏制，出口经营秩序有所改善，有效地拉动了出口效益增长。三是国内罐头消费呈现快速增长势头，国内销量增长幅度远远大于出口增幅。2002年罐头内销量达到83.4万吨，比2001年净增近30万吨，从各地反馈的信息看，新疆、福建、浙江、广东、山东5省区罐头产销量呈现强劲增长，部分骨干企业罐头内销量实现成倍增加，产销两旺。云南、辽宁、广西、四川等省区罐头行业生产全面回升，整体效益提高。

2002年我国罐头行业总体运行质量提高，效益保持较快增长，最关键在于市场结构、产品结构调整加快，龙头企业带动力增强。出口企业在保持对欧盟、美国、日本等传统市场优势的基础上，加大了对新市场开拓力度，收到了很好的效果。特别值得高兴的是，出口龙头企业在抓好国外市场的同时，重视国内市场的开发，加大了市场投入，有力推动了我国罐头行业发展。

中国罐头工业协会2002年开展的一系列卓有成效的工作，加速了罐头产业的发展。2002年8月份，中国罐头工业协会首次评选出上海梅林等行业10强企业；2002年10月18日，协会理事长梁仲康率团赴欧洲，就西班牙向欧委会申请对中国产柑橘罐头实施特别保障措施一事开展民间游说活动；梁仲康理事长接受多家媒体采访，大力宣传我国罐头行业取得的发展成就。一系列的重大活动，大大提升了我国罐头行业的国际形象，增强了企业发展的信心，同时，也有力地促进了罐头食品国内的消费。

梁仲康在会议上表示，我国罐头产业已进入快速发展期，协会2003年工作的重点，一是要大力实施名牌战略，下大力培育一批名牌产品，特别是要争创中国名牌产品；二是要开展一系列市场推进活动，加大宣传力度，扩大影响，增加出口，更快更好地拉动罐头食品国内市场消费；三是要尽快出台《中国罐头生产企业工厂代号管理办法》，制定“行业公约”，依法规范企业生产经营行为。

展　会

中国国际啤酒、饮料技术展

2002年中国国际啤酒、饮料制造技术及设备展览会于2002年9月2～6日在北京中国国际展览中心举办。本次展览会总面积达3万平方米，云集近500家来自22个不同国家及地区的著名供应商及代理商，荟萃千余种崭新产品及技术，规模继续雄踞亚洲之首，吸引来自全球各地逾5万名专业买家及技术人员到场参观。

展览会近500家展商分别来自22个国家及地区，当中包括澳洲、奥地利、比利时、加拿大、丹麦、法国、泰国、英国、美国及中国大陆、中国香港、中国台湾等地区。

德国及意大利以国家馆形式展示雄厚实力。由德国机械制造协会食品与包装机械专业协会所率领的庞大展团展示了德国厂商在世界酿酒及饮料市场的过人优势及杰出成就。至于意大利展团则由意大利自动化包装机械制造厂商协会及意大利对外贸易协会率领，与中国及亚洲同业进行深入友好的交流。

中国企业也积极参与此届展览会，逾100家国内著名供应商在展览上展示中国啤酒、饮料行业的最新发展，展出面积达1.2万平方米。

此次展的展品涵盖各领导企业的崭新产品及先进技术。这些创新设备及尖端科技将领导全球酿酒及制造技术迈向一个新纪元。其中包括：机械及有关安装服务；操作设备；测量及控制系统；能源管理；饮料供应设备；消毒设备；实验室设备；加工材料；标贴及包装原料、辅料；工业安全、资源再利用及环保设备；生产原料及添加剂以至啤酒及饮料等。

展览会期间，大会还举办了一系列的技术交流会，探讨的范围涵盖市场趋势、加工技术、现代工艺用水技术、酵母管理系统、灌装系统、包装机、过滤技术、贴标新趋势等。

与此同时还举办了世界级的论坛，由多位国际专家作专题报告及市场分析，包括国际及中国市场前瞻、最新微生物安全灌装及PEN聚脂瓶工艺等。

第四届中国粮油精品、绿色食品展示交易会

由国家粮食局、湖北省等九省、市人民政府共同主办，中国贸促会粮食行业分会、中国粮食行业协会和湖北省粮食局承办的“第四届中国粮油精品、绿色食品展示交易会”于2002年10月16日至18日在湖北武汉国际会展中心举办，展览面积1万平方米。

本届展览会是继大连、厦门、北京“全国粮油精品展”之后又一次全国粮食行业规模最大的展览贸易盛会。同期还进行国际粮油加工、贮藏、检测、监控等新技术、新设备展览、粮油票证展览、陈化粮竞价销售，以及新技术、新产品信息发布会等，同时举办世界粮食日宣传纪念活动。中国粮油精品、绿色食品展示交易会网上展也于同日开幕。据介绍，该展一届比一届档次高、规模大，每届交易额均超过40亿元人民币。

本届展览会展示了粮食行业改革开放的成果，进一步宣传国内外先进的技术设备、粮油精品、绿色食品，推广和引导消费无公害、无污染食品，开拓粮油深加工市场，优化产品结构，加快粮食行业与国际接轨，尽快适应加入WTO后的新形势，为提高和丰富人民生活服务。

2003国际乳业论坛与品牌对话
暨中国（广州）国际乳品工业展

“2003年国际乳业发展高峰论坛暨国际乳业资本与品牌对话”于2003年3月3日至4日在广州出口商品交易会馆4楼举行。

“白色时代”是什么

牛奶被誉为“绿色食品，白色血液”。乳业的发展是关系到我国人民身体健康和国民经济发展的重要产业。近年来，随着中国经济持续、稳定的发展和人均生活水平的不断提高，我国乳业进入黄金发展期，并成为我国食品工业中发展最快、成长性最好的产业之一，奶制品正在成为人们每天必须的日用消费品。据中国奶业协会资料显示，我国奶业总产量已达1120万吨，其中，鲜奶产量为919.1万吨，干鲜奶制品82.92万吨，液态奶150万吨，人均占有量7.2公斤，但是，我国牛奶产量和人均占有量同发达国家相比，还相对匮乏，乳业市场潜力巨大。

中国政府对乳品工业的发展历来都非常重视，1999年，农业部、中宣部、教育部、国家计委等国家九部委局联合推出国家“学生饮用奶计划”，该项计划的实施，预示着中国食品消费“白色时代”的到来，未来10年中，中国将成为世界上最大的牛奶消费市场。

“资本与品牌”成为主题

在过去的一年中，中国的乳业从未安静过，产业重组，资本较量。据有关人士透露，中国的乳品行业已进入整合时代，而中国的乳品企业也在产品、资本、品牌、技术、市场推广等方面加大投资力度。本次对话将围绕“资本与品牌”的主题，在一个更高的层次与国际接轨，探讨行业间国际的竞争和合作。对话将分析奶业的发展趋势及入世后中国奶业的变化、中小企业如何发展，企业的成长极限、联合并购的利弊、如何有效避免风险、上市与资本、国内与国外企业竞争领域与合作的空间（包括奶业产业链——资本、品牌、奶源、技术、牧场、产品、质量及管理、人才、市场等）、国外与国内企业经营模式和管理方法的比较、国内外企业的差距，如何缩短等问题进行探讨。更为精彩的是，对话采取了互动形式，主持人与特邀嘉宾访谈，自由对话，真正使交流面对面。

中国乳业企业的国际化

国内乳品市场的日益成熟，亟待国内的企业家加快自己的步伐，与时俱进。本届论坛围绕“中国乳品企业如何走向国际化”的主题展开讨论，使企业能了解最新的国际乳业的信息及动向，学习实战营销策略，包括跨国企业在中国的策略和战略，借鉴学习国外新的技术，包括养殖技术和胚胎移植等澳洲领先的技术。

由中国奶业协会与广东振威国际展览有限公司共同主办的“2003中国（广州）国际乳品工业展览会”同期召开。届时国际乳品行业的著名学者、专家、国内外知名企业和权威机构聚首一堂，共同探讨有关乳品行业的重大课题。组委会的负责人介绍，论坛邀请了国外乳品行业组织，诸如澳大利亚奶品局和美国农业部中国代表处的官员和专家出席演讲，同时邀请了国内外知名的乳品企业诸如上海光明、内蒙伊利、北京三元、广东燕塘、澳大利亚澳士佳乳业、瑞典利乐、瑞典爱克林、芬兰伊莱克斯德等的代表出席。而地方机构广东省奶协和广州市奶协及驻穗的各领事馆都给予“论坛和对话”大力支持和帮助。

本次参展企业有150多家，展出面积首次突破5千平方米。

参展产品有：奶产品鲜奶、酸奶、豆奶、奶粉、奶糖、奶油、冰淇淋和各种含乳饮料及学生饮用奶；奶酪、甜点、干酪素、初乳制品、乳清粉、乳品生产原料等。展出设备有：乳制品加工机械，监控和测试设备，填充和包装设备；冷冻和储存，保险和运输，分销和物流，出版物和市场服务；印刷设备。展

示的技术则包括：奶牛繁殖基地和养殖技术、牧场样板展示、牧草培植技术、奶牛饲料与防疫药物等。

境内展

展名：上海国际咖啡、巧克力展览会
时间：2003年2月14日～17日（上海）

展名：2003亚洲食品配料及技术展
时间：2003年3月5日～7日（上海）
周期：一年一届
上届数据：
展出面积（平方米）：23000
其中外国参展面积（平方米）：5000
观众人数（人次）：14000
参展商数目（家）：670
其中外国参展商数目（家）：150

展名：中国国际啤酒及饮料工业展览会
中国国际包装工业展览会
时间：2003年3月25日～28日（广州）
周期：一年两届
上届数据：
展出面积（平方米）：11951
其中外国参展面积（平方米）：6290
观众人数（人次）：30000
参展商数目（家）：368
其中外国参展商数目（家）：216

展名：第七届中国国际食品添加剂展览会
时间：2003年4月2日～4日（广州）
周期：一年一届
上届数据：
展出面积（平方米）：23000
其中外国参展面积（平方米）：2500
观众人数（人次）：25000
参展商数目（家）：628
其中外国参展商数目（家）：127

展名：中国国际农牧业及食品工业展览会
时间：2003年4月23日～25日（北京）
周期：一年一届
上届数据：
展出面积（平方米）：6000
其中外国参展面积（平方米）：3000
观众人数（人次）：15000
参展商数目（家）：202
其中外国参展商数目（家）：112

展名：2003年新疆（绿色）食品博览会暨农副产品加工技术及设备展览会
时间：2003年4月23日～28日（新疆）

展名：2003年中国（芜湖）国际茶叶博览交易会
时间：2003年4月～5月（芜湖）
周期：一年一届
上届数据：
展出面积（平方米）：40000
其中外国参展面积（平方米）：400
观众人数（人次）：50000
参展商数目（家）：2000
其中外国参展商数目（家）：50

展名：2003年第十四届台北中华美食展
时间：2003年8月7日～10日（台北）

展名：台北国际酒展
时间：2003年8月14日～17日（台北）

展名：美食博览
时间：2003年8月14日～18日（香港）
上届数据：
展出面具（平方米）：12636
观众人数（人次）：224763
参展商数目（家）：228

展名：第四届全国食品博览会
时间：2003年8月下旬（烟台）
周期：一年一届
上届数据：
展出面积（平方米）：10000
其中外国参展面积（平方米）：800
观众人数（人次）：43000
参展商数目（家）：360
其中外国参展商数目（家）：28

展名：第四届中国（上海）国际食品博览会
时间：2003年8月（上海）
周期：一年一届

展名：2003年新疆首届国际瓜果博览会
时间：2003年8月（新疆）
周期：首届

展名：第七届大连国际食品原辅料及食品添加剂展览会
第七届大连国际食品加工及包装机械展览会
时间：2003年9月27日～30日（大连）
周期：一年一届
上届数据：
展出面积（平方米）：3000
其中外国参展面积（平方米）：500
观众人数（人次）：10000
参展商数目（家）：150
其中外国参展商数目（家）：20

展名：第五届中国粮油精品绿色食品展示交易会
时间：2003年10月16日～18日（北京）
周期：一年一届

上届数据：
　展出面积（平方米）：8000
　其中外国参展面积（平方米）：100
　观众人数（人次）：30000
　参展商数目（家）：500
　其中外国参展商数目（家）：5

展名：第八届北京国际食品加工和包装机械展
时间：2003年10月22日～25日（北京）
周期：两年一届
上届数据：
　展出面积（平方米）：14000
　其中外国参展面积（平方米）：3000
　观众人数（人次）：12240
　参展商数目（家）：325
　其中外国参展商数目（家）：85

展名：中国餐饮食品、原材料及设备展览会
时间：2003年10月（北京）
周期：一年一届

展名：第五届中国汕头国际食品博览会
时间：2003年11月15日～19日（汕头）
周期：一年一届
上届数据：
　展出面积（平方米）：20000
　其中外国参展面积（平方米）：1500
　观众人数（人次）：300000
　参展商数目（家）：600
　其中外国参展商数目（家）：120

展名：中意葡萄酒展览会
时间：2003年11月（北京）
周期：一年一届
上届数据：
　展出面积（平方米）：1500
　其中外国参展面积（平方米）：1500
　观众人数（人次）：1500
　参展商数目（家）：150
　其中外国参展商数目（家）：150

展名：2003年中国国际乳业展览会
时间：2003年11月（北京）
周期：一年一届
上届数据：
　展出面积（平方米）：5000
　其中外国参展面积（平方米）：500

展名：中国国际品牌酒展览会暨国际酿酒工业展览会
时间：2003年12月7日～13日（成都）
周期：一年一届

展名：第十三届台湾国际优良食品暨设备展
　　　2003台北国际网络世界、电子商务暨物流展览会
时间：2003年12月18日～21日（台北）

境外展

展名：加拿大食品及饮品展
时间：2003年2月16日～18日（多伦多）

展名：印度国际食品技术展
时间：2003年2月（科隆）

展名：国际糖果蜜饯巧克力展
时间：2003年3月9日～12日（巴黎）
周期：一年一届

展名：蒙特利尔国际食品饮料及酒展
时间：2003年4月2日～4日（蒙特利尔）
周期：两年一届

展名：国际食品技术展
时间：2003年4月8日～11日（科隆）

展名：2003汉城国际食品展
时间：2003年4月22日～25日（汉城）

展名：越南国际食品包装机械设备及技术展
时间：2003年5月13日～16日（胡志明）
周期：一年一届

展名：国际葡萄酒及烈性酒展
时间：2003年6月22日～26日（波尔多）
周期：两年一届
上届数据：
　展出面积（平方米）：40596
　观众人数（人次）：54143
　参展商数目（家）：2372

展名：亚洲食品饮料展
时间：2003年7月2日～4日（新加坡）
周期：两年一届

展名：阿根廷国际食品饮料展
时间：2003年8月26日～29日（阿根廷）

展名：阿根廷国际食品加工技术及设备展
时间：2003年8月26日～29日（阿根廷）
周期：两年一届

展名：阿根廷国际葡萄生产及酿酒工业技术展
时间：2004年5月（阿根廷）
周期：两年一届

展名：印尼雅加达国际食品包装机械设备及技术展览会
时间：2003年9月3日～6日（雅加达）

周期：一年一届

展名：俄罗斯莫斯科世界食品展览会
时间：2003 年 9 月（莫斯科）

展名：2003 日本健康食品原料展
时间：2003 年 10 月 7 日～9 日（东京）

展名：国际葡萄酒酿制技术及设备展
时间：2003 年 10 月 15 日～16 日（波尔多）
周期：两年一届

⑤ 美容、化妆行业展会

境内展

展名：第十一届中国（武汉）国际美容美发美体春季博览会
时间：2003 年 3 月 19 日（武汉）
周期：一年两届
上届数据：
展出面积（平方米）：7800
其中外国参展面积（平方米）：100
观众人数（人次）：40000
参展商数目（家）：270
其中外国参展商数目（家）：7

展名：第五届郑州国际美容美发化妆洗涤用品暨珠宝首饰礼品工艺品博览会
时间：2003 年 3 月 26 日～31 日（郑州）

展名：2003 重庆美容美发时尚周
时间：2003 年 3 月 27 日～30 日（重庆）

展名：第三届春季美容美发化妆品（长沙）展览会暨减肥瘦身美体用品展示会
时间：2003 年 4 月 17 日～20 日（长沙）

展名：2003 中国北方国际美容美发用品博览会
时间：2003 年 4 月 18 日～21 日（沈阳）
周期：一年一届
上届数据：
展出面积（平方米）：3000
观众人数（人次）：50000
参展商数目（家）：150

展名：上海国际美容和美体瘦身博览会暨美容院设备和用品博览会
时间：2003 年 4 月（上海）
周期：一年一届

展名：第五届亚及美容节
时间：2003 年 8 月 1 日～6 日（昆明）

展名：首届安徽美容美发大赛暨婚纱摄影器材展览会
时间：2003 年 9 月 5 日～8 日（合肥）

展名：第二十届广东国际美容美发化妆用品博览会
时间：2003 年 9 月 25 日～28 日（广州）

展名：第七届温州国际美发、美容器材、化妆用品博览会
时间：2003 年 10 月 23 日 ～ 25 日（温州）
周期：一年一届
上届数据：
展出面积（平方米）：3000
观众人数（人次）：20000
参展商数目（家）：200
其中外国参展商数目（家）：40

展名：第 92 届中国日用百货、化妆品美容美发洗涤商品交易会
时间：2003 年 10 月 30 日～11 月 1 日（北京）

展名：第二届上海国际美容美发化妆品及洗涤用品展览会
时间：2003 年 11 月（上海）
周期：一年一届
上届数据：
展出面积（平方米）：6000
其中外国参展面积（平方米）：1000

展名：第九届中国食品博览会暨交易会
时间：2004 年 5 月 6 月间（长春）

境外展

展名；多伦多美容用品展
时间：2003 年 3 月 30 日～31 日（多伦多）

展名；日本东京国际美容美发用品博览
时间：2003 年 5 月 20 日～22 日（东京）

展名：美国拉斯维加斯美容博览会
时间：2003 年 7 月 28 日～30 日（拉斯维加斯）

展名：巴西圣保罗国际美容博览会
时间：2003 年 9 月 21 日～24 日（圣保罗）

展名：纽约国际美容展 2003
时间：2003 年 9 月 30 日～10 月 2 日（纽约）
周期：一年一届
上届数据：
观众人数（人次）：16390
参展商数目（家）：500

展名：国际保健、美容、健身展览会
时间：2003 年 10 月 23 日～26 日（法兰克福）

周期：一年一届
上届数据：
观众人数（人次）：9000
参展商数目（家）：180

⑥ 办公用品行业展会

境内展

展名：香港国际文具展
时间：2003年1月7日 ～ 10日（香港）
上届数据：
展出面积（平方米）：6000
观众人数（人次）：15452
参展商数目（家）：156

展名：第十一届台北国际书展
时间：2003年2月11日 ～ 16日（台北）

展名：2003中国（上海）国际制笔、文具及礼品展示交易会
时间：2003年3月7日～9日（上海）
周期：一年一届
上届数据：
展出面积（平方米）：6000
其中外国参展面积（平方米）：300
观众人数（人次）：30000
参展商数目（家）：285
其中外国参展商数目（家）：23

展名：2003年第3届春季广州国际办公设备及用品展览会
时间：2003年3月10日～13日（广州）
周期：一年两届
上届数据：
展出面积（平方米）：9000
观众人数（人次）：58300
参展商数目（家）：450

展名：第六届上海国际礼品文具暨钟表玩具展览会
时间：2003年3月（上海）
周期：一年一届
上届数据：
展出面积（平方米）：6000
观众人数（人次）：20000

展名：台北国际礼品暨文具春季展览会
时间：2003年4月25日 ～ 28日（台北）

展名：广东（东莞）玩具、礼品及文具、家居用品展览会
时间：2003年10月23日～26日（东莞）
周期：一年两届
上届数据：
展出面积（平方米）：1000
其中外国参展面积（平方米）：400
观众人数（人次）：200000
参展商数目（家）：410
其中外国参展商数目（家）：195

展名：台北国际礼品暨文具秋季展览会
时间：2003年10月23日 ～ 26日（台北）

展名：第七届南宁国际学生用品交易会
时间：2003年10月（南宁）
周期：一年一届
上届数据：
展出面积（平方米）：3000
观众人数（人次）：180000
参展商数目（家）：2600

境外展

展名：加拿大多伦多国际礼品展
时间：2003年8月9日～12日（多伦多）
周期：一年两届

展名：巴西圣保罗国际文具及办公用品展
时间：2003年9月（圣保罗）

展名：办公用品及服务设施展
时间：2003年10月（巴黎）
周期：一年一届

⑦ 家具行业展会

第八届国际名家具（东莞）展

2002年8月19日～22日，第八届国际名家具（东莞）举办。

本届名家具展在继续保持13万平方米亚洲最大专业家具展览规模的同时，采取了一系列改革措施，将木工机械、原木工机械、原辅材料独立展出。此次共设有现代家具馆、软体馆、古典家具馆、办公家具馆、金属、石材、玻璃家具馆和工艺家具及家居饰品馆；组委会特别设立了团体采购服务部，为来自海内外的大型采购团提供专业服务；本次展览会的时间由以往的4天延长到5天。这些措施使得名家具展的专业性更强，展品种类更加丰富，服务水平更高，更加方便参展商和采购商的交流贸易。来自海内外的430多家优秀家具企业参加了本届名家具展，涵盖了两岸三地七成以上的优秀家具品牌。本届展览会所有展位全部特装，气势恢弘。作为广东秋季家具展览周的

压轴戏，名家具展览会无论是规模还是档次，在中国乃至亚洲都堪称一流。

本届展览会继续得到全球家具行业的高度关注，世界重要家具产区和消费市场的美国、意大利、德国、中东及东南亚各国均派出规模庞大的采购团或参展团。据组委会介绍，本届展览会登记参观的海外买家超过1000人，估计前来参观采购的海内外买家超过8000人。而内地上市公司莱茵达置业股份公司挟巨资进入家具流通行业，也选择了名家具展，抛出其家居商品亿元采购方案。

中国国际家具展

一年一度有着中国家具行业"广交会"之称的中国国际家具展，于2002年9月11日至15日在新落成的上海新国际博览中心和上海光大会展中心举行。据展会的主办者中国家具协会介绍，2002年第八届中国国际家具展最显著的特色是"以出口为导向"。海外国家展团的阵容更加齐全，有些还是首次叩开中国"大门"。有众多的国际买家云集上海，"到中国买家具"正在成为全球家具采购商的共识。

据介绍，本届展出面积与2001年相比增长了80%，达到3500个展位，整个展出面积达到8万平方米。

据分析，加入世贸组织以来，我国家具产业的进出口贸易正在发生一系列的变化，一方面我国家具出口快速增长，正逐步成为家具出口的强国之一；另一方面随着进入中国市场的国际家具品牌日益增多，给我国的家具产业带来了前所未有的挑战。

海关统计数字显示，2002年上半年我国大陆家具出口达到26.5亿美元，比2001年同期增长32.76%。这一较高的增长态势表明，在中国国际家具展的强劲推动下，我国有望超额完成预定的家具出口计划，同时也反映了加入世贸组织后中国家具出口的可喜前景。其中广东凭借传统的出口优势，保持了原有的增长水平而名列前茅，福建、浙江、上海和江苏则成为紧随之后的华东地区集团性出口大军，其出口金额在全国家具出口总额中的比例逐步上升，引起了世界范围内家具贸易买家的广泛关注。另外，在出口所涉及的国家与地区中，欧美家具业发达的国家已成为我国贸易合作的重要伙伴。

在家具进口方面，由于国内进口家具市场份额有限，进口数量占进出口贸易总额的比例较小，贸易顺差比较大。据分析，这或许与我国家具行业对外信息沟通以及我国的人均消费水平有关。但目前欧美国家的一些著名品牌已经瞄准了中国这块尚未完全开发的土壤，并不断地在中国的东南沿海地区开设办事机构和专卖窗口。这些"洋"家具的涌入，预示着中国家具产业将面临着更高层次的市场竞争，因而，迅速提升中国家具设计与产品的整体水平已经迫在眉睫。

据了解，在中国国际家具展的品牌影响和号召下，海外"洋"家具十分看好中国市场，因而2002年海外参展商的热情依然不减。

2002年的展会吸引了包括意大利、德国、韩国、中国大陆及中国香港、中国台湾地区在内的16个国家和地区的800多家中外展商前来参展。意大利展团2002年已是连续第6次来华参展，是历年展会上最重要的角色，其他国家展团如泰国和韩国也毫不逊色。值得一提的是，美国家具厂商也大规模地重返故地，其中著名的美国室内装饰品公司HOME IMPRESSION，首次参展就预定了330平方米的展位。展会迎来了世界各地50余个国家和地区的2500多位专业买家。

中华国际家具展

2003 IFFD（中华国际家具展）于3月7日在一片锣鼓声中隆重开幕，这是2003年春季广东首个登场的家具展。2003 IFFD是两岸三地共同打造的国际性"家具出口展、精品展"，美国北卡罗莱纳州亚太办事处、欧盟家具制造业联合会等海内外家具权威机构加盟或支持，无不显示此次展会的主办地——东莞家具业在亚太中的显赫地位。

多方权威机构加盟

首届IFFD的成功及定位明确使得年轻的IFFD备受国际家具业瞩目。香港家私装饰厂商总会由2002年的支持机构变成了承办机构，并积极推动和协助香港出口家具厂商参展。2003 IFFD还吸收了欧盟家具制造业联合会、中华全国工商业联合会家具装饰业商会为IFFD的协办机构。世界最著名的家具展是美国家具展，其所在地北卡罗莱纳州素有家具之都的美称，此次家具展也争取到北卡罗莱纳州亚太办事处做IFFD的支持机构。

IFFD的大部分参展商都是有着丰富出口经验的港台及大陆大中型企业，其中有中国"家具教父"郭山辉的台升集团，亚太家具协会会长陈燕木的运时通集团，垄断家具涂料界的大宝集团以及振璇、亚力山卓、南亚、黄河等在国内首屈一指的专业出口家具制造商。

加强中国家具设计力量

本届IFFD开辟了五个主题馆：中国古典家居馆、中国现代家居馆、设计时尚馆、现代办公空间和美式家具馆。各馆均由家具企业或设计公司或家具研究中心或学院承办。

2003 IFFD明显加强了设计力量，专门开辟了中国现代家具馆和设计时尚馆。据IFFD组委会称，针对目前中国设计抄袭多原创少的尴尬局面，IFFD希望通过展示中国家具的传统工艺与中国现代家具设计，加强中外交流，以倡导保护家具设计知识产权和保护设计师作品。

国际专业交流盛会

3月7日出席2003 IFFD的包括中国内地、欧盟、日本、新加坡及中国台湾家具协会的高层。7日下午有关国际专家学者就美国、欧洲以及日本等国家和地区的家具市场、进出口状况、销售渠道等做了专题演讲；8日下午来自香港理工大学和意大利佛罗伦萨大学的设计大师就当今世界工业设计及家具设计的潮流与趋势以及中国家具本土化设计做了专题报告。

广州家具展

2003年3月18～21日，中国广州国际家具博览会汇集了各路家具名角，在中国出口商品交易会展览馆热力上演羊年首场出口大戏，同期联展的还有中国广州家纺装饰布艺展览会（广州家纺展）和中国国际木工机械、家具配料展览会。此次博览会有来自美国、德国、意大利、西班牙、土耳其、韩国、印尼、新加坡、马来西亚等国家和地区及国内二十多个省市的900多家知名企业参加，展示面积超过8.3万平方米。

广州国际家具博览会组展单位长期坚持以"出口为导向，内外并重"的办展方针，顺应国内企业不断拓展海外市场的需求，同时应用"广交会"的招商模式，使参展商、采购商最大程度地汇集在同一交易平台，为参展企业的产品出口提供切实可行的服务。据主办机构统计，本次家具展在招商方面得到了极好的反馈，截至2003年2月28日，海外买家人数达1300多人，主要来自北美、欧洲、中东和东南亚。

广州家具展为了使参展企业立足国内，着眼海外，引进国际先进的市场理念，不断增强企业自身实力，邀请了法国巴黎国际家具展总裁和业内专家在研讨会上作专题演讲，并评出最佳展位设计奖。

第十二届深圳国际家具展

第十二届深圳国际家具展2003年3月15～19日举办。本次展览会共成交22亿人民币，承接国外订单1亿美元，与上届深圳国际家具展成交21亿人民币；承接国外订单8千万美元相比，分别增长4.8%和25%。

本次展览参展商达288家，共接待国内客商4.5万人，国外专业买家2500人。国外买家主要来自美国、加拿大、欧洲、韩国、马来西亚、日本、泰国、中东等国家和地区，其中包括比利时、墨西哥、韩国、马来西亚等国家的6个大型采购团。

深圳市家具行业协会对本次参展企业所作的调查表明，本届展会的参展企业创新意识在不断增强，很多厂家纷纷推出新品牌、新产品，如腾坤家具推出别墅至尊，艺蜂家私推出自然主义，都是与往年的风格和定位完全不同的产品。由此可见，深圳家具的品牌理念和推广意识不断加强。2003年展馆共分为现代板式区、软体沙发区、古典家具区、明星企业馆、饰品区、办公家具区及配件材料共七大展区。

境内展

展名：第三届中国国际家具、装潢及建筑用木料和木制品展览
时间：2003年2月25日～28日（上海）

展名：中华国际家具（东莞）展览会
时间：2003年3月6日～9日（东莞）
周期：一年一届
上届数据：
　展出面积（平方米）：40000
　其中外国参展面积（平方米）：4230
　观众人数（人次）：60000
　参展商数目（家）：210
　其中外国参展商数目（家）：23

展名：2003年台北国际家具展
时间：2003年3月7日～10 日（台北）

展名：第十二届深圳国际家具展览会
时间：2003年3月16日～19日（深圳）
周期：一年两届
上届数据：
　展出面积（平方米）：60000

展名：第五届龙家具精品展览会
时间：2003年3月17日～20日（顺德）
周期：一年两届
上届数据：
　展出面积（平方米）：40000
　其中外国参展面积（平方米）：2000
　观众人数（人次）：60000
　参展商数目（家）：250
　其中外国参展商数目（家）：20

展名：国际名家具（东莞）展览会
时间：2003年3月17日～21日（东莞）
　　　8月17日～21日
周期：一年两届

展名：中国广州国际家具博览会
时间：2003年3月18日～21日（广州）
周期：一年两届
上届数据：
　展出面积（平方米）：60800
　其中外国参展面积（平方米）：3528
　观众人数（人次）：43280
　参展商数目（家）：515
　其中外国参展商数目（家）：65

展名：2003中国广州国际木工机械及原辅材料博览会
时间：2003年3月25日～28日（广州）
周期：一年两届

展名：中国东北第七届国际木工机械及家具生产设备展览会

时间：2003年4月10日～13日（辽宁）

展名：第十届全国家具展览会
时间：2003年4月16日～19日（北京）
周期：一年一届
上届数据：
展出面积（平方米）：25000
观众人数（人次）：20000
参展商数目（家）：320
其中外国参展商数目（家）：3

展名：2003中国武汉木材、人造板、地板及设备展览交易
时间：2003年4月23日～26日（武汉）

展名：第五届济南国际家具及木工机械展览会
时间：2003年4月26日～29日（济南）
周期：一年一届
上届数据：
展出面积（平方米）：25000
其中外国参展面积（平方米）：1000
观众人数（人次）：100000
参展商数目（家）：400
其中外国参展商数目（家）：25

展名：台北进口内销家具大展
时间：2003年8月7日～10日（台北）

展名：第十三届深圳国际家具展览会
时间：2003年8月17日～20日（深圳）
周期：一年两届
上届数据：
展出面积（平方米）：60000

展名：第十二届中国广州国际家具博览会
时间：2003年8月18日～21日（广州）
周期：一年两届
上届数据：
展出面积（平方米）：51000
观众人数（人次）：42800
参展商数目（家）：513

展名：第六届中国（北京）国际家具及木工机械展览会
时间：2003年9月1日～4日（北京）
周期：一年一届
上届数据：
展出面积（平方米）：25000
观众人数（人次）：46180
参展商数目（家）：502

展名：第九届中国国际家具生产设备及原辅材料展览会
时间：2003年9月11日～14日（上海）
周期：一年一届
上届数据：
展出面积（平方米）：4500
其中外国参展面积（平方米）：1200
观众人数（人次）：12000
参展商数目（家）：230
其中外国参展商数目（家）：42

展名：第四届成都国际家具工业展览会
时间：2003年9月23日～26日（成都）
周期：一年一届
上届数据：
展出面积（平方米）：35000
其中外国参展面积（平方米）：200
观众人数（人次）：60000
参展商数目（家）：300
其中外国参展商数目（家）：5

展名：第六届中国济南国际家具及木工机械展览会
时间：2003年9月26日～29日（济南）
周期：一年两届
上届数据：
展出面积（平方米）：25000
其中外国参展面积（平方米）：2000
观众人数（人次）：100000
参展商数目（家）：400
其中外国参展商数目（家）：40

展名：第九届中国国际家具展览会
时间：2003年9月（上海）
周期：一年一届
上届数据：
展出面积（平方米）：60000
其中外国参展面积（平方米）：8000
观众人数（人次）：100000
参展商数目（家）：1000
其中外国参展商数目（家）：300

展名：2003年中国（昆明）国际家具工业博览会暨木工机械及原辅配件展览会
时间：2003年10月15日～21日（昆明）
周期：一年一届
上届数据：
展出面积（平方米）：2000
其中外国参展面积（平方米）：60
参展商数目（家）：40
其中外国参展商数目（家）：1

展名：2003中国国际家具（武汉）展览会
时间：2003年10月23日～26日（武汉）

展名：国际名家具机械材料展览会
时间：2003年11月6日～9日（东莞）
周期：一年一届
上届数据：

展出面积（平方米）：40000
其中外国参展面积（平方米）：4000
观众人数（人次）：16000
参展商数目（家）：281
其中外国参展商数目（家）：15

展名：第九届福尔摩莎家具展
时间：2003年11月7日～10日（台北）

展名：第六届国际流行家具暨家具精品（大连）展销会
时间：2003年11月21日～24日（大连）
周期：一年一届
上届数据：
展出面积（平方米）：7500
其中外国参展面积（平方米）：81
观众人数（人次）：50000
参展商数目（家）：132
其中外国参展商数目（家）：3

展名：上海时尚家具设计精品展览会
时间：2003年12月（上海）
周期：一年一届

境外展

展名：多伦多国家家庭家具市场展
时间：2003年1月11日～14日（多伦多）

展名：德国科隆国际家具生产设备、木工及室内装饰展览会
时间：2003年5月23日～27日（科隆）
周期：两年一届

展名：加拿大家庭家具市场（夏季）
时间：2003年5月31日～6月2日（多伦多）

展名：多伦多木工机械展
时间：2003年10月（多伦多）

2. 石化行业

行业简况

未来几年我国塑料市场供需两旺

近年来，我国塑料工业以塑料加工为核心，包括塑料用合成树脂、助剂及添加剂、塑料加工机械与模具在内的整个塑料工业取得了辉煌业绩，塑料制品产量年均增长速度达到10%以上，高于同期国民经济增长速度。业内专家分析认为，近年我国塑料市场需求旺盛，其中工程塑料、塑料棒管材和塑料薄膜需求呈上升态势。

塑料市场供需仍将有较大增长

据中国轻工业联合会统计，近年来，我国塑料制品产量始终保持在每年1500万吨以上（不包括私营和个体企业）。在轻工20个行业中，塑料制品行业的主要经济指标排序为：工业总产值位居第二，工业增加值位居第三，工业销售产值位居第二，出口交货值位居第二。

2002年世界经济不景气，但我国塑料制品行业产销两旺，形势喜人，多项经济指标同比都处于平稳增长状态。据统计，去年累计完成塑料制品产量1185.3万吨，同比增长13.1%；累计完成工业总产值2043.86亿元，同比增长14.9%；产品销售收入2005.9亿元，同比增长15.3%；实现利税154.7亿元，同比增长22.1%；利润总额91.6亿元，同比增长31.1%。塑料行业已成为我国国民经济的重要行业之一。

目前我国塑料加工企业总加工能力达到2千万吨，而且总产量也接近年2千万吨，这说明无论是从行业规模，还是从塑料制品总量上看，我国都已步入世界塑料制品生产大国的行列，在世界塑料各国塑料制品总产量排名中稳居第七位。

我国目前生产的塑料制品主要品种有塑料薄膜、塑料棒管材及日用塑料制品。2002年塑料薄膜产量242.55万吨，塑料棒管材产量121.40万吨，日用塑料制品产量128.79万吨，塑料板片材产量78.81万吨，泡沫塑料制品产量53.96万吨，塑料包装箱及容器产量53.76万吨，其他塑料制品约占总量的25%。塑料制品在建筑领域的应用迅速推广，塑料棒管材、塑料板片材和泡沫塑料产量增长很快。此外，塑料薄膜、塑料人造革和塑料包装箱及容器的增长也都很快。据专家预测，未来几年我国塑料市场供需仍将有较大增长。

工程塑料制品需求潜力巨大

据业内专家估计，今后几年工程塑料制品增幅可达12%，市场需求潜力巨大。其中电子电气需求约占30%，机械占20%，日用品占30%，汽车及其他行业占20%。我国工程塑料市场将在以下几方面得到快速发展：用于冰箱、冷柜、洗衣机、空调以及小家电产品所需的各种工程塑料制品每年将达60万吨；2005年我国汽车行业需要各种塑料配件将达40万吨；邮电通信用各种电缆料、铁路和公路建设用各种工程塑料预计总需求量约为450万吨；工程塑料在轴承上应用广泛，开发利用空间很大；另外埋地塑料排水管和塑料燃气管的需求潜力也不容小觑。

我国在工程塑料工业“十五”发展规划中提出，工程塑料行业的发展要根据产业化程度高低采取不同的策略。因此，预计今后5年内，我国塑料管产量平均年增长速度为

20%，到2005年总产量将达到160吨。

据全国塑料加工工业信息中心介绍，根据国家重点发展规划，今后我国将重点发展农用塑料、包装塑料、建筑塑料、工业及工程塑料制品四大类产品。

农用塑料制品。国家重点发展蔬菜、花卉、经济作物栽培等所需要的各种功能性棚膜、地膜和饲草用膜等。水利方面主要发展节水灌溉器材、渠道防渗管材和防渗膜、不同类型的微灌（滴灌、微喷、渗管等）器材以及各种土工材料，满足节水农业发展的需要。

包装塑料制品。重点发展各种食品、饮料、药品等塑料包装物，以提高保护功能、延长货物寿命的高阻隔包装材料、热灌装包装材料、保险材料、粮食存储的防霉防虫材料。

建筑塑料制品。重点发展适应不同地区、不同建筑类型的系列化、标准化的各类配套管材、管件和型材（门窗），如大口径上下水管、新型室内上水管、热水管、燃气管、复合管与复合型材、各类保温材料、防水材料、墙体装饰材料等。

工业及工程塑料制品。重点发展电子、电器、汽车、交通、邮电通信、办公设备、文体健身器材以及国防工业应用的各种通用塑料及工程塑料配件。

2003年我国塑料市场，受拉动内需及扩大基础设施建设等政策影响，工程塑料和塑料管的增长最快。据水利部门的初步规划，到2005年，节水灌溉工程面积要在目前2.5亿亩的基础上新增1.4亿亩，需要各种塑料节水器材如管材、管件等塑料150万吨。随着农村城市化、市场国际化的步伐加大，工程塑料和塑料管在水泥、化肥、粮食、食品、饮料、药品、洗涤用品、化妆品等领域都有很大市场，其需求量在未来几年内还将大幅度增长。此外，汽车、通信、交通等领域工程塑料和塑料管的应用也极为广泛。

——《国际商报》

展　会

第四届塑料博览会

第四届中国塑料博览会（塑博会）于2002年10月28～31日在有“塑料王国”之称的浙江省余姚市举行。这次盛会成为我国加入WTO后，塑料产业参与国际市场竞争的一次“大阅兵”。

塑博会由中国石油和化学工业协会、中国石油天然气股份有限公司、中国石油化工集团公司、中国化工进出口总公司、中国轻工业联合会和余姚市人民政府联合主办，中国塑料城管会、中国轻工模具城管会及国内43家著名石化企业承办和协办。

本届塑博会设置塑料原料、塑料机械、模具技术设备、塑料制品、对外招商、余姚工业产品等展馆，展馆总面积3.5余万平方米。博览会期间，举办大型产品展示展销、对外经贸洽谈以及人才交流和科技研讨等活动。

本届塑博会主打“高科技”特色牌，10余项科技活动贯穿塑博会始终，其中包括举办中国工程塑料加工应用技术研讨会、研究院所科技成果展示及信息发布会等活动。博览会还举办塑料加工新工艺、新材料研究及应用等讲座，进行科技成果信息发布，生产难题答疑等。

余姚是我国最大的塑料产地，当地的“中国塑料城”已成为全国最大的塑料交易专业市场，与其毗邻的“中国轻工模具城”也已成为华东地区模具加工中心和模具材料交易中心。余姚已经举办了三届塑博会，实现交易额55.3亿元。

第四届华南国际塑料工业展览会

举办“有根”的展览会是深圳高交会展览中心一贯的办展原则，所谓“有根”是指坚持“产业＋市场”的原则，展览涉及到的产业应该是展览举办地的优势产业，并且展览举办地及其周边地区要有强大的市场需求，能吸引到大量的国内外参展商和买家。只有这样才能体现出交易方便、信息及时的特点，也才能在为本地产业发展提供展示窗口的同时，积累长远的客户源。

于2003年3月25～28日在深圳举办的第四届华南国际塑料工业展览会（Plas Expo ’2003，以下简称“塑胶展”），正是高交会展览中心在这样的原则下全力打造的专业、品牌展览会。

目前我国塑料工业已步入世界塑料大国的行列，年塑料制品产量居世界第二位。改革开放20多年来，我国的塑料加工工业以年均10%以上的速度迅猛发展，2001年塑料制品总产量已达2000多万吨，已形成门类完整的工业体系，塑料已成为与钢铁、水泥、木材并驾齐驱的新型材料产业。

广东省是我国最重要的塑料制品生产基地，塑料制品年产量约占全国的1/3，塑料工业已成为广东的支柱产业之一。珠江三角洲地区已积累了众多的塑料加工企业群体，形成了较完整的塑料产业链，市场潜力极为广阔。深圳作为改革开放的窗口，具有毗邻港澳及东南亚的有利地理位置，华南国际塑料工业展览会选在深圳举办，得到了业内外人士的一致看好。《亚洲塑料商情》杂志的资深编辑薛小姐就说：她们在国内每年只参加北京、上海、深圳等地几个主要的塑胶行业展览会，在华南地区每年都确定参加的就只有深圳的塑胶展。

华南国际塑料工业展览会因为其在海内外的巨大影响力，刚一推出就获得了业内著名企业的全力支持。来自中国台湾的全立发机械厂股份有限公司、台湾今机机械有限公司，以及震德塑料机械厂有限公司、香港利源塑料机械有限公司、东华塑料机械有限公司、南京科亚化工装备有限公司等业内响当当的企业均携最新技术设备在展会上亮相。

这届展览会展览面积近万平方米，展览内容涵盖了三大专业展和若干热点技术研讨会。分别包括：①塑料加工机械——包括塑料注射成型生产技术及设备、中央供料及辅机设备、模具及模具零组件制造设备、塑料挤出生产技术及设备、塑料中空成型生产技术及设备、塑料包装及印刷机械等；②塑料原辅料展——包括塑料及橡胶原料、各类中间体、添加剂、半成品等；③塑料制品及新技术展——包括工业塑料制品、农用塑料制品、建筑材料、包装材料、塑料日用制品，以及塑料加工制造新技术、模具应用新技术、材料改性技术及其他新材料、新技术、新工艺。

华南国际塑料工业展览会是由中国塑料加工工业协会、广东省塑料工业协会、深圳市塑料行业协会联合主办的华南地区最为重要的行业盛会。从2003年3月举行的第四届展会开始，该项盛事将由实力雄厚的深圳高交会展览中心承办。与一些小型展览公司单纯追求短期利益所不同的是，深圳高交会展览中心把这次展会当作品牌展、专业展来经营，把满足客户的利益、做好对客户的服务放在首要位置。

为此，高交会展览中心做出了周密细致的宣传推广计划，通过近20家海内外权威专业媒体进行专题新闻报道。

境内展

展名：第三届中国国际石油石化和化工技术设备展览会
时间：2003年3月10日～12日（北京）

展名：2003中国（上海）国际新材料与加工、应用博览会暨研讨会
时间：2003年3月18日 ～ 21日（上海）
周期：一年一届

展名：第四届中国国际农用化学品及植保展览会
时间：2003年3月19日～21日（上海）
周期：一年一届
上届数据：
展出面积（平方米）：3300
其中外国参展面积（平方米）：390
观众人数（人次）：8000
参展商数目（家）：341
其中外国参展商数目（家）：40

展名：第二届中国国际表面处理及涂料、涂装（温州）展览会温州国际化工、黏合剂、密封剂展览会
时间：2003年4月12日 ～ 15日（温州）
周期：一年一届
上届数据：
展出面积（平方米）：1500
观众人数（人次）：3000
参展商数目（家）：128
其中外国参展商数目（家）：23

展名：第三届中国国际染料工业暨有机材料印染助剂展览会
时间：2003年4月1日～3日（上海）
周期：一年一届
上届数据：
展出面积（平方米）：6000
其中外国参展面积（平方米）：1500
观众人数（人次）：20000
参展商数目（家）：190
其中外国参展商数目（家）：45

展名：2003中国（沈阳）国际化工展览会
时间：2003年4月3日～5日（沈阳）
周期：一年一届

展名：中国国际化工、石化装备技术展览会暨国际制药工业交流会
时间：2003年8月26日～28日（北京）
周期：一年一届
上届数据：
展出面积（平方米）：2000
其中外国参展面积（平方米）：100
观众人数（人次）：10000
参展商数目（家）：137
其中外国参展商数目（家）：4

展名：中国北方塑料工业展览会
时间：2003年9月24日 ～ 27日（天津）
周期：一年一届
上届数据：
展出面积（平方米）：3000
其中外国参展面积（平方米）：500
观众人数（人次）：8000
参展商数目（家）：80

展名：2003年上海国际石油石化展览会
时间：2003年9月（上海）
周期：一年一届
上届数据：
展出面积（平方米）：10000
其中外国参展面积（平方米）：6000
观众人数（人次）：8000
参展商数目（家）：200
其中外国参展商数目（家）：100

展名：湖北国际化学工业展览会
时间：2003年9月（武汉）
周期：一年一届

展名：第三届中国国际润滑油、脂及调和技术设备展览会
时间：2003年10月29日 ～ 31日（上海）

周期：一年一届
上届数据：
展出面积（平方米）：7500
观众人数（人次）：10526
参展商数目（家）：140
其中外国参展商数目（家）：40

展名：2003年秋季全国化工商品交易会
时间：2003年10月（西安）
周期：一年两届

展名：第八届中国国际涂料、油墨及黏合剂展览会
时间：2003年11月5日~7日（上海）

展名：中国国际气雾剂展览会暨技术交流会
时间：2003年11月12日 ~ 14日（上海）
周期：两年一届
上届数据：
展出面积（平方米）：5000
其中外国参展面积（平方米）：2000
观众人数（人次）：15000
参展商数目（家）：120
其中外国参展商数目（家）：40

展名：第六届中国国际胶黏剂及密封剂展览会
时间：2003年11月13日~15日（广州）
周期：一年一届
上届数据：
展出面积（平方米）：3800
其中外国参展面积（平方米）：1200
观众人数（人次）：5020
参展商数目（家）：103
其中外国参展商数目（家）：23

展名：第十六届中国国际表面处理涂装及涂料产品展览会
时间：2003年11月（上海）
上届数据：
展出面积（平方米）：15000
其中外国参展面积（平方米）：10500
观众人数（人次）：50000
参展商数目（家）：680
其中外国参展商数目（家）：476

境外展

展名：国际塑料工业展览会
时间：2003年2月15日~20日（新德里）

展名：美国精细化工展
时间：2003年2月25日~28日（新奥尔良）

展名：中东国际化工展
时间：2003年3月16日~20日（利雅得）

展名：阿拉伯国际橡胶塑料博览会
时间：2003年3月30日~4月2日（迪拜）
周期：两年一届
上届数据：
展出面积（平方米）：6500
观众人数（人次）：6133
参展商数目（家）：204

展名：越南国际塑料机械及技术展览会
时间：2003年5月13日~16日（胡志明）

展名：欧洲精细化工展览会
时间：2003年6月4日~5日（曼彻斯特）

展名：印尼雅加达国际塑料机械及技术展
时间：2003年9月3日~6日（雅加达）
周期：一年一届
上届数据：
观众人数（人次）：4800
参展商数目（家）：103

展名：俄罗斯国际化工展览会
时间：2003年9月8日~12日（莫斯科）

展名：泛阿拉伯/非洲塑料和橡胶机械展览会
时间：2003年10月16日~19日（开罗）

展名：美国国际化工展
时间：2003年11月18日~20日（纽约）

展名：意大利国际化工展览会
时间：2003年11月25日~28日（米兰）

展名：越南石油及天然气展览会
时间：2003年12月1日~3日（胡志明）

3. 纺织行业

行业简况

中国纺织服装市场未来走势

随着纺织、服装生产技术在高效化、自动化、智能化方面的进展，发达国家已实现了纺织、服装加工企业的全面升级。但是，我国目前纺织、服装的生产技术还相对滞后，仍未脱离劳动密集型产业，科技成果的推广仍存在许多困难，纺织、服装的生产质量与国际标准相比差距较大，而人们对纺织品的需求无论在数量上还是在质量上都有了更高的要求，特别是城市居民的消费更加注重个性化、舒适化、品牌化和时尚化。纺织、服装的生产质量已直接影响到纺织服装市场的生存和发展。因此，深入分析纺织服装市场未来的走势和发展，对引导纺织、服装业的生产和流通具有十分重要的意义。

一、纺织服装业现状

(1) 纺织服装业销售额增幅低于同期1.6个百分点。2002年1至8月，限额以上批发零售贸易业商品销售额中服装鞋帽、针织、纺织品类为2020.9亿元，虽比2001年同期增长6.8%，但低于同期增幅1.6个百分点；其中服装类低于同期增幅4.4个百分点。2002年上半年布的销售量15.4亿米，虽比上年同期增长13%，但零售量却下降了7%。

(2) 纺织服装市场分布集中。在247个亿元以上纺织品服装鞋帽市场中，华东地区有119个，占48.2%；中南地区有70个，占28.3%。2002年上半年，亿元以上纺织品服装鞋帽市场成交额为1200.5亿元，华东地区成交额为760亿元，占63.3%；中南地区为205.6亿元，占17.1%。

(3) 纺织服装市场经营向农村地区延伸。2002年上半年，亿元以上商品交易市场服装鞋帽、针、纺织品类摊位数为689355个，比2001年同期增长3%；成交额为2523.9亿元，比2001年同期增长24.7%。亿元以上的纺织服装市场数量在大、中、小城市的分布趋向平均，大致各占1/3左右，而2002年1～8月成交额在大城市所占比重仅为21.5%；中城市占29%；小城市占49%。农村衣着消费仍以物美价廉的纺织品为主，特别是一些化纤纺织品，纺织服装交易市场同大商场比具有价格低、品种多、营业场所规模大的优势，深受农村消费者的欢迎，市场前景广阔。

(4) 纺织品应用领域出现新变化。我国纺织品在服装、装饰、产业三大领域纤维消费的比重，与发达国家的纤维消费结构有着很大的差异，用于服装面料的比重明显偏大，产业、装饰用面料比重较低。随着居住条件的改善和农业、水利、交通、建筑等行业对用于产业纺织品需求的增加，特别是纺织新产品的运用和新材料的开发，进一步拓展了纺织品的应用领域。

(5) 不符合环保标准的纺织服装品数量较多。中国消费者协会最近对标有纯棉免烫字样衬衫的甲醛含量进行测试，部分样品的甲醛含量远远超过我国正在制定的贴身服装甲醛含量标准；北京市消费者协会测试24种针织童装，有6种甲醛含量较高，最高超标近两倍。服装在生产加工过程中存在诸多污染源：如纤维原料种植过程中的杀虫剂、除草剂、化肥；纺织原料储存过程中的防腐剂、防霉剂、防蛀剂；织造过程中的氧化剂、催化剂、去污剂、荧光增白剂；印染过程中的偶氰化剂、卤化物载体、重金属等。我国虽然连续6年保持服装生产和出口大国的地位，出口量从第七位上升到第一位，但是出口服装档次不高、附加值低，海关每年要退回高达几十亿美元的服装纺织品，其主要原因是纺织服装企业在生产生态纺织品和绿色环保服装上缺乏市场竞争力。

二、未来走势和发展

(1) 纺织服装业的竞争格局将发生较大变化。与发达国家相比，我国纺织服装业在劳动密集型产业中占有较大的优势，但要实现从产业优势向竞争优势的升级，关键在于培育企业的核心竞争力和技术创新优势，实现从产品单一、类型单一向多品种、多类型、高科技含量、高附加值跨越。目前，浙江轻纺城已有39家经营户获得自营进出口权，2002年又有600多家经营户开展外贸经营。有些经营户不惜重金，相继赴美、日、法、韩等国参加纺织品展销会。浙江轻纺城大众装饰品有限公司最近在土耳其举办的国际面料展上，接到了200多万美元的订单。2002年1至7月，浙江轻纺城出口交货值已达25亿元，比2001年全年的总量还高出20%。在企业走出去的同时，一些外商也纷至沓来，日本、韩国、巴基斯坦等19个国家和地区的企业在轻纺城还设立了办事处，日本东久商事株式会社是最早在浙江轻纺城设立常驻机构的外国公司之一，他们每月在轻纺城采购5至6个集装箱的纺织品，转销世界各地。

(2) 加强环保和绿色营销意识。在世界性崇尚自然、绿色消费的浪潮下，各国都在积极开发、生产有利于环境保护、有利于人体健康的产品，同时纺织品的功能性也成为人们提高生活质量的期望。随着新材料、新技术的发展，人们对服装功能要求的提高，各种各样的功能性纺织品不断推出，如防紫外线、抗菌、免烫抗皱、阻燃、防静电、防水、防电磁波等纺织品，纺织服装业要求生产商、销售商树立环保和绿色营销意识，积极开发和生产生态纺织品和绿色环保服装，以增强市场的竞争力。

（3）实施工商联动，组织强有力的市场攻势。产品的竞争，一定意义上是企业市场化运作水平、能力、机制、体制的竞争。通过联合协作，把纺织服装的工业生产和商业经营紧密结合起来，建立以全国性中心市场为枢纽、区域性市场为骨干、集贸市场为基础的纺织服装品市场体系，实现流通组织形式和经营方式的现代化。同时，通过建设一批跨地区经营的社会化大型专业物流中心和规模化、规范化的代理制及连锁经营企业，使产品尽快走向国内外市场。

（国家统计局贸易外经司　李敏）

国产面料市场竞争力提高

2002年我国纺织品服装一般贸易出口继续增长，合计金额386.00亿美元，年比增长27.35%，占纺织品服装出口总额的62.49%，其中纺织品一般贸易出口140.16亿美元，年比增长33.07%；服装一般贸易出口245.84亿美元，年比增长24.32%。来料加工贸易出口合计金额97.01亿美元，年比下降3.16%，进料加工贸易出口金额为123.52亿美元，年比增长1.54%，来料加工贸易出口呈现负增长，进料加工贸易出口微增长。这表明，我们可以更多地依靠国产面料出口服装了，同时也反映出我国纺织企业技术水平有了充分提高，纺织产品的国际竞争力在不断增强。

中国国际纺织面料及辅料博览会及中国国际纺织面料、家用纺织品博览会可以见证国产面料的进步。在前几届的展会上，国外参展企业档次明显高于国内企业。在与国外企业和产品同台竞技中，国内企业成长迅速，产品档次有了很大提高。国产面料市场竞争力的提高主要体现在以下几方面：

首先，中国面料、家纺产业发展迅速。近年，中国纤维加工量增长迅猛。1980年，中国纤维加工量为340万吨，1990年，增长到930万吨，2000年达1210万吨，2002年超过了1500万吨。未来10年是中国纺织服装业高速发展时期，预计纤维总量在2005年将达到1800万至1900万吨，2010年将达到2400万吨。在这种背景下，中国的面料产品必将大幅增加，所占国际市场份额也将进一步扩大。

其次，中国面料产品质量、面料生产水平及国内配套能力大大提高。在经过了20世纪90年代末的战略结构调整和大规模技术改造之后，中国面料企业生产技术已缩短了与世界的差距，无论是加工装备、生产工艺，还是管理水平都有明显进步，使产品质量有明显提高。2002年浙江绍兴轻纺城在提高品位和面向高档两方面进步非凡。以绍兴恒美企业和浙江大和纺织印染服装集团公司为代表的数码纺织面料，不仅为服装面料提供了巨大的发展空间，也为装饰面料拓宽了新领域，而数码印花技术为提高染整水平开辟了新途径。中国已涌现一批接近国际先进水平的面料企业和面料产品，已有多家面料企业通过Oeko-Tex Standard 100认证。

另外，中国面料新产品开发能力明显增强。纺织工业应对加入世贸组织的一个重要对策是提高对国际市场的快速反应能力和加大研发投入，使其对市场的适应性和竞争力明显提高。在产品的创新上，西樵轻纺城总是走在市场的前面。西樵的棉制品、牛仔面料以时尚、休闲、环保为切入点，突破传统棉和化纤的思维模式。另外，西樵打造面料品牌呼声一浪高过一浪，以文化理念提升面料销售是西樵纺织业的创新。2002年，江苏阳光集团累计投资近2亿多元用于新品开发，共开发新品7000多个，在男装品种开发方面，继续保持国内领先，女装品种和休闲装品种开发与国际同步；承担纳米精纺面料的开发项目被列入国家863计划，同时近年来阳光集团已有10个项目被列入国家技术创新及国家火炬计划项目，18个产品被认定为国家重点新产品。在国际市场方面，2002年新设阳光意大利分公司、阳光俄罗斯分公司、阳光日本贸易代表处，并使产品成功地打入世界毛纺强国意大利以及欧美等著名连锁网络。

目前，国产面料与国外面料的差距主要在新纤维的应用、加工的精度、产品的品种及新品开发等方面。伴随着经济全球化的发展趋势，纺织工业出现高科技化的局面，面料在功能的开发研究上如防静电、透气、吸汗、阻燃、抗紫外线、抗菌方面以及对环保生态性能的要求方面越来越高。当前，纺织面料出现纺织纤维新颖化、原料多样化、色彩运用流行化等趋势，这要求面料生产企业紧跟时代潮流，加大技术投入，加强产品创新。

业内人士谈到，目前来看，提高国产面料档次和水平存在三个方面的问题，一是整体开发不够，上下游企业各自为政，缺乏有效衔接，技术分割现象较为严重。国内企业目前还不能做到像美国杜邦那样，从纤维、纺纱、织布、染整到服装加工这个产业链整体角度来提高面料产品的水准，由最终产品拉动初级产品的需求和技术开发。二是技术创新能力不足，具体表现在缺乏自主技术创新能力。尽管多年来各方面为促进行业技术进步做了大量工作，也取得了一些成绩，但始终没能改变技术“跟随”状态，在印染后整理技术、纤维技术等关键技术上没有突破。三是相关政策配套还不够完善。

针对目前存在的问题，国家经贸委有关部门明确了促进面料国产化下一阶段的工作重点：一方面加强产业整体创新，提高产业整体的竞争能力，组织有关力量对关键技术进行重点攻关，力争在影响整个行业发展的核心技术、公共技术及其配套开发上有所突破。另一方面在国家实施积极财政政策的宏观条件下，国债技改项目、“双高一优”项目，以及国家经贸委实施的技术创新重点项目，将继续以纺织面料为重点，给予政策支持。

——《国际商报》

展　会

中国举办首届“时尚北京”国际服装周

在天安门举办服装秀一直是中国几代服装界人士的梦想。而今，为了加快中国加入世贸组织后服装业与国际接轨的步伐，首届“时尚北京”国际服装周于2002年8月23～28日在京举行。有百余家中外服装品牌及企业汇聚京城，一展企业形象和企业品牌。

服装周由中国服装集团公司、首都旅游集团公司和中国文化艺术有限公司联合举办。举办者称，服装周旨在为中国服装业营造一个加入世贸后参与国际竞争的热身场所，并以此创立国际化的时尚发布中心，从而进一步提升中国服装业的国际竞争力。“时尚北京”的举办，不仅填补了中国服饰文化会展活动的空白，也为北京承办2008年奥运会增添了时尚与文化的内涵。

首届服装周在天安门广场东侧举办国际服饰文化汇演，来自法国、意大利、丹麦等5位国际顶级大师和100家中国服装品牌及企业举办专场发布会，集中展示国际时尚潮流的发展趋势和中国时装品牌的整体形象。

为了树立新世纪、新北京的形象，扩大民众参与度和企业品牌的社会认同度，服装周期间，长安街沿线酒店、宾馆每天都同时举行规模不等、形式不同的服饰展示，传播最新服饰动态和设计理念。

服装周还邀请中外著名时装设计大师和企业家共同参与服饰论坛，研讨当代世界服装发展趋势，为中国服装业提高国际竞争力提供“范本”。通过举办服装服饰博览会，服装周还为中国服装业与国际同行搭建有益对话平台，促进服装业的对外贸易与合作。

专家认为，改革开放以来，中国已涌现出一批能够应对市场需求的职业设计师和具有自主设计能力的服装企业，他们将成为中国服装业迎战经济全球化竞争的栋梁。

首届中国国际内衣博览会

由中国服装协会和广东省南海市人民政府联合主办的首届中国国际内衣博览会于2002年9月27～29日在广东省南海市举行。

有关专家称，随着我国居民生活水平的进一步提高，内衣市场发展潜力巨大，2002年全国内衣销售额高达900亿元。据介绍，作为本次博览会承办地的南海市盐步镇是我国高档内衣的重要生产基地，现代内衣生产企业100家，内有产值15亿元。在全国15个知名内衣品牌中，这个镇就占了7家，在业界素有“中国内衣重镇”之称。为了举办本届盛会，该镇还于2002年建成总投资达5亿元的集交易、展览、设计等多功能于一体的中国南海国际内衣城。

本届博览会期间同时举办了中国国际内衣文化节和第二届中国内衣模特大赛。

第八届中国国际纺织面料、家用纺织品及辅料博览会

第八届中国国际纺织面料、家用纺织品及辅料博览会2002年首次移师浦东，于2002年10月9～11日在上海新国际博览中心举行。为了体现专业性，由本届起，博览会同时使用两个名称，分别为“中国国际纺织面料及辅料博览会”及“中国国际家用纺织品及辅料博览会”。

本届博览会无论是展览面积还是参展企业数量均为历届之最，展览总面积达到4.9万平方米，比上届增长了64%，中外参展商数目突破900家，比上届增加了120余家，分别来自18个国家和地区。第八届中国国际纺织面料、家用纺织品及辅料博览会招展火爆再次说明，中国面料市场蕴含的广阔商机，为世界各国面料企业所瞩目。

中国是世界上最大的纺织品、服装生产国，纤维加工总量在1200万吨以上，约占世界纤维加工总量的1/4；中国也是世界上最大的纺织品、服装出口大国，2001年，中国纺织品服装出口达533亿美元，其中服装出口达366亿美元，服装出口需要大量的纺织面料，其中部分中高档面料依赖进口。中国年进口各类布50亿米，其中95%以上是加工成制成品再出口的。受中国加入世贸组织给纺织业带来利好效应以及世界纺织产业进一步向中国转移这种大趋势的影响，中国纺织业近年对面料尤其是高档面料仍有很大的需求。为了抓住发展机遇，众多中外面料企业加大了拓展中国市场的力度。

本届面料展共有670余家展商，其中国际展商达310余家，西班牙、澳大利亚、意大利在其各自行业协会的组织下加盟了本届博览会，其中意大利展团展商数达97家，韩国为48家，20余家印度厂商继2002年3月份参加了春季面料展后，再次以全新形象亮相本届博览会。

在国外面料厂商到自己家门口拼抢市场的时候，中国的面料企业也毫不示弱。本届博览会，国内展商达360家。本届博览会国内面料馆呈现出一些新的特点：严格按照棉、毛、丝、麻等产品类别划分展位。同时，为了让各领域的买家都能获得满意的产品，本届博览会加大了其他领域的招展力度，针织、丝绸、辅料等都有了实质性突破，其中辅料企业达到了40余家。

2002年家纺展在展品的构成上有很大的突破，告别了以往只有布艺类展品的单一局面，增加了床上用品、窗帘、毛巾、浴巾等多类生产企业，丰富了展示内容。本届博览会，家纺展

商达200余家，其中国内161家，比2001年增加了30多家，但展馆面积却扩大了近一倍，这表明，家纺企业更加注重形象展示。另悉，2008北京奥运酒店纺织品时尚概念展也在博览会期间举行。

中山国际休闲服装节暨第三届中国休闲服装博览会

以“引领休闲时尚，共创发展商机”为主题的2002中山国际休闲服装节暨第三届中国休闲服装博览会(ZSIC 2002)，于2002年10月25～28日在广东省中山市沙溪镇休闲服装生产基地举办。

中山市沙溪镇目前共有休闲服装生产企业600多家，有鳄鱼恤、剑龙、马克·张、适马、雷柏高等60多个休闲服装品牌。还成立了为休闲服装生产企业进行科技服务的休闲服装工程开发中心，形成了纺织、整染、洗水、制衣、营销、科研相配套的完整体系。吸引了国内外不少厂商，纷纷到沙溪投资设厂或前来订货。仅2001年，该镇就新增了近200家服装企业，全镇休闲服装年产值达60多亿元。此外，还有3200多家连锁专卖店，遍布全国各地。为了聚集沙溪休闲服装产业要素和扩大产地效应，方便国内外休闲服装厂商，沙溪镇在中山市的支持下，承办了这次国际展会。

中山市副市长介绍说，中山市已将服装产业确定为支柱产业之一，为了营造良好的产业投资环境，还出台了具体有效的支持服装产业发展的政策。同时，把休闲服装生产基地和展览贸易紧密地结合在一起，互为平台，优势互补，互相促进，共同提高。把企业做大，把品牌做优，把产业做强，让它成为国内外重要的休闲服装生产基地和展览贸易的窗口。

中国服装协会常务副会长在会上指出，沙溪的休闲服产业集群现象已凸现出来，而成功的展会活动将对推动一个地区服装产业的发展起到积极作用。中国服装协会准备就各地服装产业集群现象形成一个综合的评价体系，并将有重点地支持这些地区服装业的进一步发展。

据组委会介绍，本届展会以形象展示为主、贸易洽谈为主、专业人士参与为主的特点。借助前两届服装节形成的会展效应和中国休闲服装生产基地的产业聚集效应，通过各种经贸活动及丰富的服饰文化活动，吸引大批海内外客商及服装企业的参与。此次展会共设900个国际标准展位，还安排全国大型商场和国外采购团与服装企业展开商务对话；举办中国服装协会休闲服装专业委员会年会及专题研讨会、“国际休闲服装发展趋势”高级论坛。在由多家知名休闲服装品牌组成的开幕式晚会上，中国休闲服第一次与国外著名品牌同台亮相；多场休闲服装品牌发布会传达了未来市场的流行趋势；闭幕式则由知名设计师张肇达、张天爱联袂演绎最新休闲时尚。

另悉，这一博览会由广东省中山市人民政府、中国服装协会、中国服装设计师协会共同主办，中山市沙溪镇人民政府、中山市经济贸易局、广东省服装服饰行业协会承办。作为大型的国际性休闲服装经贸活动，前两届（ZSIC）曾吸引了来自世界20多个国家和地区的客商，来宾累计达50多万人次，共签订投资项目529个，总投资额达25亿多元；签订贸易成交合同1058宗，成交额55.5亿元。

中国国际纺织面料及辅料（春夏）博览会

由中国国际贸易促进委员会纺织行业分会，法兰克福展览（香港）有限公司与中国纺织信息中心联合主办的interTEXTILE“中国国际纺织面料及辅料（春夏）博览会”于2003年3月17～19日在北京展览中心举办。在2002年中国纺织品服装进出口总额创历史新高，纺织行业经济运行情况良好的形势下，中国国际纺织面料及辅料博览会也步入成长高峰期，本届展会规模比上届增长100%，参展企业比上届增加53%，国内、外知名企业皆踊跃参展。

本届博览会使用了北京展览中心的11个场馆，博览会总面积达2.2万平方米，比上届的1.1万平方米增加了一倍。展会展示了海内外知名企业的各类服装面料、辅料以及相关计算机系统。此次有来自19个国家和地区的465家企业参展，比去年302家企业增加了54%，其中大陆参展商239家，比去年156家增加了53%。国内展区，按棉、麻、丝、毛、化纤、针织、辅料等产品类别分布。许多国内知名企业均积极参展，如上海远纺、湖北迈亚、泰州吉泰、福州华冠、广州科丽达等。国内参展企业中，增长最快的是棉纺企业，增加了4倍，其次是化纤企业。这与棉纺行业、化纤行业的行业状况及市场状况是相一致的。近年，由于中国棉纺企业核心竞争力的提高，化纤行业产品质量大幅度提高，棉制品与化纤制品出口成为2002年纺织行业出口的新亮点。与此相对应，棉纺、化纤参展企业增长迅猛也成为2003年中国国际纺织面料及辅料博览会的亮点。

海外参展商226家，比2002年的146家增加了80家。海外展团中，意大利占据了首位，共有79家，较去年增加了29家。日本展团也由2002年的6家企业增加到2003年的18家。韩国，泰国，印度，法国均为首次组团参加中国国际纺织面料及辅料（春夏）博览会。

博览会期间，主办单位举办了众多的精彩活动，包括：2004/2005春夏国际面料流行趋势和2004/2005春夏中国服装面料流行趋势发布，此趋势是通过国内外专家研究预测并提供国际国内面料潮流资讯，以达到向行业传达未来季节的色彩、纱线及面料新动向的目的，对纺织企业的产品开发提供方向性指导。为了促进国内外纺织行业的技术交流与合作，展会同时举办了7场主题技术交流会，分别为：2004春/夏中国纺织面料流行趋势；面料的防紫外性能；生态/功能性纺织品加工技术；纺织企业信息化；国际纺织品检测等。

上海国际服装文化节

第九届上海国际服装文化节于2003年3月14日拉开序幕，至4月6日闭幕，历时24天。本次服装节主要有11项活动：开幕式、博览会、国际著名服装品牌及设计师作品发布、流行趋势信息发布、经典联想、中华杯服装设计大赛、国际模特儿大赛、国际服装论坛、创意服饰绘画艺术展览、重要街区商业营销活动等，从内容性质划分，主要有展览展示、大赛评选、服饰表演、专业研讨、商贸营销、闭幕式六个大类。

展览展示：本次服装节共有六项，即第五届上海国际纺织面料及辅料、家用纺织品展览会、第四届上海国际纱线展览会、中国上海国际少年儿童服装及用品四大博览会。上海服饰学会与长宁区政府、上海工程技术大学联手举办的“长宁杯”创意服饰设计、绘画、视觉艺术大展；东华大学举办的学生平面设计作品展和国际服装教育交流展。

大赛评选：本届服装文化节共有大小赛事四项，为历届最多。上海国际模特大赛和“中华杯”服装设计大赛于3月19日开赛。此外还有“长宁、东华”服装院校学生作品表演大赛、东华大学“日弛尼杯”九九级毕业生作品表演大赛。

服饰表演：服装文化节期间的各类服装、服饰演示发布共42场，为历届最多。其中有7个国际大师级设计师和顶尖品牌的专题发布；9位国内重量级的设计师做展示交流；14家国内服装品牌品牌企业参与最新产品的发布及中外学生、设计人员作品展演。

专业研讨：本届服装节在专项交流、技术研讨、理论研究方面广泛举办各种研讨会，内容丰富，涉及面广，共达49场，为历届之最。

商贸营销：由上海市商委、服装行业协会牵头，通过联销、汇展、评比等方式将全市的纺织服装销售推向高潮，发展节庆与社会、市场的联动效应。

此次自带作品来服装节发布的世界知名品牌有英国VIVIENNE、WESTWOOD，法国LANVIN、GIVENCILY、UNGARO、意大利FERRAGAMO以及德国鲍姆勒等十多个。其次，国际著名的纺织服装组织加盟，如美国棉花公司、台湾纺拓会、NCS色彩公司、中国流行色协会等。三是中外著名设计师加盟，如欧洲图莎蒂、日本桂友美等。四是国际著名的服装院校加盟。适逢第五届国际服饰院校IFFTI基金会年会在服装节期间召开，人称服装院校的小APCE会议，有十多个国家的服装教育专家来沪，举办28场交流报告，大大提升了本届服装节的内涵和档次。使上海国际服装文化节这一品牌更为凸现。

境内展

展名：香港时装节秋冬系列
时间：2003年1月14日 ～ 17日（香港）
上届数据：
展出面积（平方米）：28756
观众人数（人次）：19062
参展商数目（家）：909

展名：香港国际时尚荟萃
时间：2003年1月14日 ～ 17日（香港）

展名：第六届海峡两岸纺织服装博览会暨2003年休闲服装博览
时间：2003年3月9日～12日（石狮）

展名：第二届郑州服装服饰博览会
时间：2003年3月14日～24日（郑州）

展名：中国国际针织博览会
时间：2003 年3月17日 ～ 19日（北京）
周期：一年两届

展名：中国国际纺织面料及辅料（春夏）博览会
时间：2003 年3月17日 ～ 19日（北京）
周期：一年两届

展名：第81届中国针棉织品交易会
时间：2003年3月20日～22日（上海）

展名：第80届中国纺织品服装交易会
时间：2003年3月20日～22日（上海）

展名：香港国际春季时装材料展
时间：2003年3月25日 ～27日（香港）
周期：一年一届
上届数据：
展出面积（平方米）：9000
观众人数（人次）：9457
参展商数目（家）：250

展名：中国国际服装服饰博览会
时间：2003年3月27日 ～ 30日（北京）
周期：一年一届
上届数据：
展出面积（平方米）：58000
其中外国参展面积（平方米）：8000
观众人数（人次）：120000
参展商数目（家）：850
其中外国参展商数目（家）：100

展名：2003中国国际内衣展览会
时间：2003年3月31日～4月2日（上海）
周期：一年一届
上届数据：
展出面积（平方米）：8000
观众人数（人次）：6000
参展商数目（家）：100

展名：中国国际针织博览会
时间：2003年3月31日～4月2日（上海）
周期：一年一届

展名：第五届上海国际纺织面料及辅料家用纺织品贸易博览会
时间：2003年3月（上海）
周期：一年一届
上届数据：
展出面积（平方米）：6000
其中外国参展面积（平方米）：1500
观众人数（人次）：16000
参展商数目（家）：220
其中外国参展商数目（家）：60

展名：第四届上海国际纱线贸易博览会
时间：2003年3月（上海）
周期：一年一届
上届数据：
展出面积（平方米）：2000
其中外国参展面积（平方米）：500
观众人数（人次）：8000
参展商数目（家）：80
其中外国参展商数目（家）：20

展名：第九届上海国际服装博览会
时间：2003年3月（上海）
周期：一年一届
上届数据：
展出面积（平方米）：12000
其中外国参展面积（平方米）：1200
观众人数（人次）：41701
参展商数目（家）：300
其中外国参展商数目（家）：30

展名：2003第二届广州国贸纺织服装鞋帽展
时间：2003年4月15日～19日（广州）
周期：一年两届
上届数据：
展出面积（平方米）：10000
其中外国参展面积（平方米）：4000
观众人数（人次）：50000
参展商数目（家）：285
其中外国参展商数目（家）：112

展名：2003第二届广州国际内衣、沙滩装及面辅料展
时间：2003年4月15日～19日（广州）
周期：一年两届
上届数据：
展出面积（平方米）：8000
其中外国参展面积（平方米）：8000
观众人数（人次）：15000
参展商数目（家）：220
其中外国参展商数目（家）：70

展名：上海韩国纺织服装博览会
时间：2003年4月24日～26日（上海）
周期：一年一届

展名：中国（东莞）国际纺织品交易会暨国际制衣机械整烫设备展览会
时间：2003年8月（东莞）
周期：一年一届
上届数据：
展出面积（平方米）：4000
其中外国参展面积（平方米）：1000
观众人数（人次）：30000
参展商数目（家）：250
其中外国参展商数目（家）：50

展名：江苏国际服装节
时间：2003年9月4日～7日（南京）
周期：一年一届
上届数据：
展出面积（平方米）：27300
其中外国参展面积（平方米）：9000
观众人数（人次）：100000
参展商数目（家）：300
其中外国参展商数目（家）：97

展名：第82届中国针锦织品交易会
时间：2003年9月5日～8日（青岛）
周期：一年一届
上届数据：
展出面积（平方米）：26000
其中外国参展面积（平方米）：1000
观众人数（人次）：80000
参展商数目（家）：1500
其中外国参展商数目（家）：20

展名：中国国际高级成衣展
时间：2003年9月9日～11日（上海）
周期：一年一届
上届数据：
展出面积（平方米）：12000
其中外国参展面积（平方米）：3000
观众人数（人次）：10000
参展商数目（家）：170
其中外国参展商数目（家）：80

展名：第十五届大连国际服装节博览会暨中国服装出口洽谈会
时间：2003年9月14日～17日（大连）
周期：一年一届
上届数据：
展出面积（平方米）：23000
其中外国参展面积（平方米）：7000

观众人数（人次）：300000
参展商数目（家）：500
其中外国参展商数目（家）：190

展名：2003青岛国际时装周
时间：2003年9月16日～20日（青岛）
周期：一年一届
上届数据：
展出面积（平方米）：10080
其中外国参展面积（平方米）：1422
观众人数（人次）：100000
参展商数目（家）：402
其中外国参展商数目（家）：38

展名：香港国际秋季时装材料展
时间：2003年10月7日～9日（香港）
周期：一年一届
上届数据：
展出面积（平方米）：12000
观众人数（人次）：11906
参展商数目（家）：475

展名：中国国际纺织面料、家用纺织品及辅料（秋季）博览会
时间：2003年10月14日～16日（上海）
周期：一年两届
上届数据：
展出面积（平方米）：
观众人数（人次）：30012
参展商数目（家）：682

展名：国际名品、精品服饰（长沙）博览会
时间：2003年10月18日～20日（长沙）
周期：一年一届
上届数据：
展出面积（平方米）：12000
观众人数（人次）：10000
参展商数目（家）：480

展名：2003中国国际缝制设备展览会
时间：2003年10月18日～24日（上海）
周期：一年一届
上届数据：
展出面积（平方米）：44000
其中外国参展面积（平方米）：11138
观众人数（人次）：50000
参展商数目（家）：600
其中外国参展商数目（家）：150

展名：第七届中国国际男装展／第七届宁波国际服装博览会
时间：2003年10月19日～22日（宁波）
周期：一年一届
上届数据：
展出面积（平方米）：90000
观众人数（人次）：50000
参展商数目（家）：500

展名：第六届宁波国际服装节／第五届宁波国际制衣工业展览会
时间：2003年10月20日～23日（宁波）
周期：一年一届

展名：2003年中国合肥国际服装服饰博览会
时间：2003年10月24日～26日（合肥）

展名：广州国际时尚内衣、沙滩装及原辅料展览会
时间：2003年10月（广州）
周期：一年一届
上届数据：
展出面积（平方米）：5500
其中外国参展面积（平方米）：1000
观众人数（人次）：10000
参展商数目（家）：200
其中外国参展商数目（家）：50

展名：中国国际女装展览会
时间：2003年10月（杭州）
周期：一年一届
上届数据：
展出面积（平方米）：12000
其中外国参展面积（平方米）：2400
观众人数（人次）：67000
参展商数目（家）：171
其中外国参展商数目（家）：38

展名：哈尔滨国际服装服饰博览会
时间：2003年10月（哈尔滨）
周期：一年一届
上届数据：
展出面积（平方米）：7500
其中外国参展面积（平方米）：500
观众人数（人次）：220000
参展商数目（家）：186
其中外国参展商数目（家）：21

展名：中国（成都）服装服饰博览会
时间：2003年（成都）
周期：两年一届
上届数据：
展出面积（平方米）：12000
其中外国参展面积（平方米）：2000
观众人数（人次）：100000
参展商数目（家）：300
其中外国参展商数目（家）：8

境外展

展名：国际牛仔及休闲装展／国际少儿用品展

时间：2003年1月31日～2月3日（科隆）

展名：德国杜塞尔多夫国际服装博览会
时间：2003年2月2日～4日（杜塞尔多夫）

展名：美国拉斯维加斯国际服装展览会
时间：2003年2月18日～21日（拉斯维加斯）

展名：法国巴黎国际专业工装及劳保服装博览
时间：2003年3月25日～27日（巴黎）

展名：国际织物精品展
时间：2003年3月（科隆）

展名：国际产业用纺织品及非织造布研讨会
时间：2003年4月7日～10日（法兰克福）
周期：两年一届
上届数据：
观众人数（人次）：736

展名：国际服装生产技术及纺织品加工博览会／国际服装生产论坛
时间：2003年5月6日～10日（科隆）

展名：时装批发展
时间：2003年5月13日～15日（巴黎）
周期：一年两届

展名：巴西圣保罗国际纺织工业及服装贸易博览
时间：2003年6月24日～27日（圣保罗）

展名：日本横滨国际服装展览会
时间：2003年7月24日～26日（横滨）

展名：德国科隆国际青春休闲服装展览会
时间：2003年8月1日～3日（科隆）

展名：杜塞尔多夫国际服装服饰博览会
时间：2003年8月3日～5日（杜塞尔多夫）
周期：一年一届
上届数据：
展出面积（平方米）：200000
观众人数（人次）：50000
参展商数目（家）：2350

展名：美国拉斯维加斯国际服装展览会
时间：2003年8月25日～28日（拉斯维加斯）

展名：国际面料展
时间：2003年9月3日～4日（里尔）
周期：一年两届

展名：国际时尚展
时间：2003年9月5日～7日（巴黎）
周期：一年两届

展名：国际女成衣展
时间：2003年9月5日～8日（巴黎）
周期：一年两届

展名：欧洲女内衣泳装及饰物材料展
时间：2003年9月6日～8日（里昂）
周期：一年一届

展名：法国第一视觉面料博览会
时间：2003年9月18日～20日（巴黎）
周期：一年两届
上届数据：
展出面积（平方米）：145000
观众人数（人次）：52500
参展商数目（家）：900

展名：国际织物精品展
时间：2003年9月（科隆）

展名；美国纽约国际纺织品展览会
时间：2003年10月11日～14日（纽约）
周期：一年两届

展名：日本东京国际室内纺织品展览会
时间：2003年11月26日～29日（东京）

4. 建材行业展会

北京市建设工程材料及配套产品博览会

2003年2月23日，春节后北京首个大型建材类展览——北京市建设工程材料及配套产品博览会在中国国际展览中心闭幕。此次展会是由北京市建设委员会与北京市经济委员会联合主办，北京工业奥运经济领导小组与北京市建筑材料行业管理办公室承办。规格不低，然而，一位不愿透露姓名的参展商告诉记者：比起上海、宁波的同类展会，这里人要少一些，即使是来观展的，热情也不太高。他说：“现在展会已经过去两天了，我们还没有碰上一家有意向的客户。”

据组委会透露，本次展会已是第六届，共有500家建筑材料和建筑工业配套产品及设备生产厂家参加，占满了中国国际展览中心的2、3、4、5号馆，在规模上是历届展会中规模最大的一届。有关人士分析说，这是由于目前北京市建筑市场的火爆而带来的商机。大连实德集团、LG金化学贸易有限公司、青岛海尔塑材门窗有限公司和北京朗贝尔化学建材有限公司等一些行业内较有影响的企业皆来参展。在展品中，门窗类建材产品占据了展馆的“大半江山”。管材、型材、涂料、砌块、防水涂料、保温材料、石材等产品相比之下展出规模要小许多，从整体来看，这次展会的展品档次较高，但展出的门窗产品在工艺上的突破不大，各企业间的产品差异也不大。

众参展商对此次展会的组织还比较满意，整体感觉也比较好。但观展的人少了些，可能是刚过完春节的原因吧。

第十届全国建筑装饰行业订货会

备受行业瞩目的“第十届全国建筑装饰行业订货会”于2003年3月5～8日在北京中国国际贸易中心展览大厅举办。该展会有中国建筑装饰协会、中国国际贸易中心和中国建筑装饰网共同主办，是目前国内颇具知名度，举办历史最长的展会。在北京申奥、上海申博相继成功之后，我国城市现代化建设的速度加快，城市化水平不断提高，为建筑装饰行业提供了新的市场发展空间。专家预测，2003年我国建筑装饰行业还以超过20%的速度增长。

本届展会吸引了众多国内、国外著名建筑装饰材料厂商，如来自美国的赫福高隔断、加拿大德仕壁柜、丹麦威卢克斯斜屋顶、德国AS墙纸等名牌产品，都是首次在中国建筑装饰行业亮相。此外，我国的圣象墙纸、深圳泽悦壁柜、旋转衣架、卷帘门、满天路遮阳系统、泰康标玛地板、雅利特窗饰、欧陆雅园砂岩、星冠涂料等产品也都在展会中接受行业的检阅。本次展会，参展厂商达800余家，数量之多，创历届展会的新纪录，品种之多、档次之高，也超过了以往的九届，充分反映了建筑装饰行业良好的发展势头。

本届展会，还重点邀请了华北、东北、西北、华东地区的建设与投资单位，建筑与建筑装饰工程设计、施工承包商、房地产开发商、物业管理商、监理单位、建筑装饰材料市场、科研教学单位的专业人士与会参观洽谈，为参展厂商构筑一个沟通信息，加深了解，建立友谊，加强合作，进行市场开发与拓展的平台。

另外，展会期间，组委会还精心策划和组织了一系列的报告会、新闻发布会、技术研讨会等科学技术交流活动。对传播装饰文化、设计理念、推广新材料、新技术、沟通技术发展信息、满足行业更高层次的需求起到了重要的作用。

第八届北京国际建筑建材贸易博览会

每年一届的北京国际建筑建材贸易博览会，2003年3月5日如期召开了。这是一个最具规模和影响力的国际盛会，到2003年已历经8届。

第8届北京国际建筑建材贸易博览会汇集了众多国内外知名建材企业，如科勒、东陶、乐家、鹰牌、德高瓦、欧文斯科宁、宣威、圣象等。

前来参观这个博览会的贸易采购团中，除国内的贸易商团、设计院和行业协会外，还有来自德国、美国、加拿大、新加坡、越南、马来西亚、韩国、日本等国家的贸易采购团。在众多建材企业的热切关注与支持下，这届博览会又成了北京乃至华北地区规模最大、影响力最广的行业盛会。

据了解，在这一年筹备时间里，组织者除了对上届展会进行盘点和对下届展会进行宣传外，大部分时间都花在参展商和参观商身上了。

每一届会后，他们要整理出大量的材料、数据并入库以供查询；每天，他们要处理5至6件国内外的贸易咨询信件，如哪家建材企业生产某个型号、某种规格的采暖设备？或哪家贸易商需要什么规格什么档次的建筑材料？粗略计算，每天有10%的工作量是来为参展商和采购商处理咨询和查阅材料的。

由于基础工作做的到位，2003年的博览会，他们共邀请包括国外建筑建材协会工作人员（政府方）、国外研究人员（推广方）、贸易商（购买方）等在内的1.2万多名国外贸易观众来观展。

本届展会共计有250多家参展商。人们从这个展会上便能看到建材行业的前沿技术和前沿产品。

第十届中国（北京）国际石材产品及石材技术装备展览会

2003年3月12～15日在北京中国国际展览中心举办的第十届中国（北京）国际石材产品及石材技术装备展览会已超过了日本、土耳其国际石材展，成为亚洲最大的国际石材展。

本届国际石材展有国外144家企业参展，国内企业200多家参展，近400家企业将2.2万平方米展厅中的850个展位全部占满。参展国涵盖了现在世界上年产天然石材200万吨以上所有的国家。国外企业占参展总数的41.5%，已大大高于国际展外国企业最低达到20%的水平。

2003年天津市建设工程材料展销会

由中国建材市场协会、天津市建委、经委、纪委共同主办，天津市墙体材料革新和节能办公室、天津市住宅产业化办公室、天津市建材业协会、天津建材集团（控股）有限公司协办，环渤海展览业有限公司承办的2003年天津市建设工程材料展销会暨中国（天津）第三届现代住宅产品及新型建材博览会于2003年3月26～29日在天津体育展览中心举行。

本届展会包括能容纳500个国际标准展位的建材产品展示厅、专题洽谈厅以及2003年要执行的法规、政策、标准发布及义务咨询厅，规模近1万平方米。

本届展会突出了“科技与环保”的主题，围绕以下五个热点进行展示和产品推广：

（1）全面限时禁止使用实心黏土砖，推广新的建筑体系和新型建材的应用、集成房及与之配套住宅产品。

（2）落实2003年新的淘汰、限制、推广目录，重点推广大口径塑料管道的应用；重点展示各种门窗型材、门窗五金配件、各种塑料管材、管件；各类大口径给水排水、燃气管道、防水材料、涂料等。

（3）服务于海河综合开发和城市综合整治的园林园艺及室外灯光、广场和道路铺地材料、建筑立面整修与材料。

（4）适应建设节水型示范城市的要求，推动新型节水器具的应用。重点展示各种节水技术、成套设备、节水五金制品、陶瓷制品及各类节水器具。

（5）新型供热采暖设备和住宅智能、安保产品。

本次展会集中发布了天津市2003年重点项目及政策信息，包括海河综合开发项目、城市基础设施项目、房地产项目、供热项目、配套项目等。还组织了建筑设计、建设施工、房地产开发、重点项目、监督管理、装饰装修等单位参会，并进行专题洽谈。

境内展

展名：2003广州绿色住宅与家居装饰交易会
时间：2003年1月1日～4日（广州）
周期：一年一届

展名：上海第九届国际建筑装饰展览会
时间：2003年2月24日～27日（上海）
周期：一年一届
上届数据：
展出面积（平方米）：8000
其中外国参展面积（平方米）：1000
观众人数（人次）：40000
参展商数目（家）：300
其中外国参展商数目（家）：10

展名：第十届全国建筑装饰行业订货会——不锈钢自动门、金属门、车库门、建筑装饰五金专场
时间：2003年2月26日～3月1日（北京）
周期：一年一届
上届数据：
展出面积（平方米）：20000
其中外国参展面积（平方米）：1500
观众人数（人次）：30000
参展商数目（家）：500
其中外国参展商数目（家）：50

展名：第四届中国国际建筑装饰材料及配套产品博览会
时间：2003年3月1日～4日（北京）

展名：第二届中国（武汉）照明电器展览会/城市亮化、道路照明技术设备展览会
时间：2003年3月2日～4日（武汉）

展名：2003中国国际地毯交易会暨化纤地毯、地毯设备及地毯清洁用品展览会
时间：2003年3月4日～7日（上海）

展名：第八届中国国际建筑建材贸易展览会
时间：2003年3月5日～8日（北京）
周期：一年一届
上届数据：
展出面积（平方米）：25000
其中外国参展面积（平方米）：8000
观众人数（人次）：35000
参展商数目（家）：470
其中外国参展商数目（家）：120

展名：2003年华南光电展览会/2003年华南磁性材料展览会
时间：2003年3月10日～12日（广州）

展名：第三届中国东北门窗博览会
时间：2003年3月10日～13日（沈阳）
周期：一年一届
上届数据：
展出面积（平方米）：4000
观众人数（人次）：20000
参展商数目（家）：100
其中外国参展商数目（家）：7

展名：第二届东北国际建筑钢结构展览会
时间：2003年3月10日～13日（沈阳）
周期：一年一届
上届数据：
参展商数目（家）：120

展名：第十届中国国际石材产品及技术装备展览会
时间：2003年3月12日～15日（北京）
周期：一年一届
上届数据：
展出面积（平方米）：12000
其中外国参展面积（平方米）：2000
观众人数（人次）：2000
参展商数目（家）：300
其中外国参展商数目（家）：150

展名：2003中国（北京）第四届国际照明电器博览会
时间：2003年3月15日～17日（北京）
周期：一年一届
上届数据：
展出面积（平方米）：6000
其中外国参展面积（平方米）：175
观众人数（人次）：30000
参展商数目（家）：300
其中外国参展商数目（家）：15

展名：中国广州国际木工机械、家具配料展览会
时间：2003年3月18日～21日（广州）
周期：一年一届（轮流在北京及广州举行）

上届数据：
展出面积（平方米）：60000
观众人数（人次）：34150
参展商数目（家）：515

展名：2003中国建设工业展览会暨绿色（环保）建材（长沙）展览会
时间：2003年3月19日～23日（长沙）
周期：两年一届
上届数据：
展出面积（平方米）：6000
其中外国参展面积（平方米）：1000
观众人数（人次）：50000
参展商数目（家）：148
其中外国参展商数目（家）：2

展名：第三届中国（厦门）国际石材工业及技术装备展览会
时间：2003年3月20日～23日（厦门）
周期：一年一届

展名：第四届大连国际建筑五金、电动工具展览会
时间：2003年3月21日～24日（大连）
周期：一年一届
上届数据：
展出面积（平方米）：1500
其中外国参展面积（平方米）：54
观众人数（人次）：80000
参展商数目（家）：30
其中外国参展商数目（家）：5

展名：2003北京·第八届国际建筑、建材及其建设展览会
时间：2003年3月24日～27日（北京）
上届数据：
展出面积（平方米）：22000
观众人数（人次）：40000

展名：第五届中国东北国际建筑门窗、屋顶技术、管材及加工设备展览会
时间：2003年3月26日～29日（沈阳）

展名：2003中国国际电工、照明及灯饰展览会
时间：2003年3月26日～29日（上海）
周期：每年一届
上届数据：
展出面积（平方米）：4000
其中外国参展面积（平方米）：18000
观众人数（人次）：80000
参展商数目（家）：600
其中外国参展商数目（家）：280

展名：第三届大连国际智能楼宇材料设施及技术展览会
时间：2003年3月28日～31日（大连）
周期：一年一届

展名：第九届中国国际照明电器展览会
时间：2003年4月2日～5日（上海）
周期：一年一届
上届数据：
展出面积（平方米）：6500
观众人数（人次）：18000
参展商数目（家）：120

展名：第四届中国国际建筑陶瓷及卫浴科技精品展览会
时间：2003年4月2日～5日（上海）
周期：一年一届
上届数据：
展出面积（平方米）：20000
其中外国参展面积（平方米）：3000
观众人数（人次）：
参展商数目（家）：200
其中外国参展商数目（家）：50

展名：第十一届中国国际建筑装饰展览会
时间：2003年4月2日～5日（上海）
周期：一年一届
上届数据：
展出面积（平方米）：22000
其中外国参展面积（平方米）：2000
观众人数（人次）：35005
参展商数目（家）：462
其中外国参展商数目（家）：101

展名：2003中国成都（春季）住宅产业博览会
时间：2003年4月4日～8日（成都）
周期：一年两届
上届数据：
展出面积（平方米）：25000
其中外国参展面积（平方米）：300
观众人数（人次）：50000
参展商数目（家）：200
其中外国参展商数目（家）：2

展名：2003年华南国际建筑防水技术展览会
时间：2003年4月8日～10日（广州）

展名：2003年华南国际门窗应用及装备工业展览会
时间：2003年4月8日～10日（广州）

展名：2003年华南国际房屋建筑科技产业博览会
时间：2003年4月8日～10日（广州）

展名：第五届中国国际玻璃工业技术及设备展览会
时间：2003年4月8日～11日（上海）
周期：两年一届
上届数据：
展出面积（平方米）：8000
其中外国参展面积（平方米）：1600

观众人数（人次）：10000
参展商数目（家）：269
其中外国参展商数目（家）：102

展名：长春第三届家庭装饰装修洽谈会暨成果展示会
时间：2003年4月9日～12日（长春）

展名：吉林（长春）第六届建筑门窗、板材、管材、幕墙、涂料及加工设备展览会
时间：2003年4月9日～12日（长春）

展名：第四届浙江国际建筑装饰材料及装备贸易展览会
时间：2003年4月10日～13日（杭州）
周期：一年一届
上届数据：
展出面积（平方米）：50000
其中外国参展面积（平方米）：1500
观众人数（人次）：120000
参展商数目（家）：200
其中外国参展商数目（家）：20

展名：第八届住宅产业与科技成果交易会
时间：2003年4月10日～13日（福州）

展名：第七届哈尔滨国际建筑装饰材料及卫浴设备展览会
时间：2003年4月10日～13日（哈尔滨）
周期：一年一届
上届数据：
展出面积（平方米）：5000
其中外国参展面积（平方米）：1400
观众人数（人次）：40000
参展商数目（家）：150
其中外国参展商数目（家）：26

展名：2003年湖南建设展
时间：2003年4月10日～14日（长沙）
周期：一年一届
上届数据：
展出面积（平方米）：4000
观众人数（人次）：30000
参展商数目（家）：300

展名：2003中国（青岛）国际建筑装饰材料博览会
时间：2003年4月11日～14日（青岛）
周期：一年一届
上届数据：
观众人数（人次）：26000
参展商数目（家）：287
其中外国参展商数目（家）：18

展名：第三届西部住宅科技产业博览会
时间：2003年4月16日～20日（西安）
周期：一年一届
上届数据：
展出面积（平方米）：15000
其中外国参展面积（平方米）：3000
观众人数（人次）：120000
参展商数目（家）：457
其中外国参展商数目（家）：18

展名：第六届河北建筑装饰材料展览会
时间：2003年4月17日～20日（石家庄）
周期：一年一届
上届数据：
展出面积（平方米）：4000
其中外国参展面积（平方米）：300
参展商数目（家）：170
其中外国参展商数目（家）：6

展名：中国建筑装饰（福州）博览会
时间：2003年4月18日～21日（福州）

展名：湖南省首届铁艺博览会
时间：2003年4月（长沙）

展名：第十届中国国际星级饭店建筑装饰材料博览会
时间：2003年8月16日～19日（北京）
周期：一年一届
上届数据：
展出面积（平方米）：10000
其中外国参展面积（平方米）：2000
观众人数（人次）：30000
参展商数目（家）：300

展名：四川首届城市亮化、绿化、美化工程展览会
时间：2003年8月25日～29日（成都）
周期：一年一届

展名：中国建筑装饰装潢材料出口俄罗斯满洲里洽谈会
时间：2003年8月26日～28日（内蒙古）

展名：第三届山东国际建筑建材、装饰材料博览会
时间：2003年8月28日～31日（青岛）
周期：一年一届
上届数据：
展出面积（平方米）：15000
其中外国参展面积（平方米）：3000
观众人数（人次）：34600
参展商数目（家）：420
其中外国参展商数目（家）：36

展名：中国国际地面装饰及地毯展览会
时间：2003年9月2日～5日（北京）
周期：一年一届

展名：第九届中国国际复合材料工业技术展览会
时间：2003年9月3日～5日（北京）

周期：每年一届
上届数据：
展出面积（平方米）：5000
其中外国参展面积（平方米）：2000
观众人数（人次）：6000
参展厂商（家）：141
其中国外展商（家）：45

展名：第五届中国国际建筑装饰材料及配套产品博览会
时间：2003年9月8日～11日（上海）

展名：中国（北京）国际绿色建材展览会
时间：2003年9月17日～20日（北京）
周期：一年一届
上届数据：
展出面积（平方米）：17000
其中外国参展面积（平方米）：400

展名：第十届中国国际给水排水技术及设备展览会
时间：2003年9月17日～20日（北京）
周期：一年一届
上届数据：
展出面积（平方米）：3000
其中外国参展面积（平方米）：400
观众人数（人次）：9000
参展商数目（家）：100
其中外国参展商数目（家）：10

展名：2003厦门·第八届海峡两岸建筑装饰材料与酒店设备展览会
时间：2003年9月18日～21日（厦门）
上届数据：
展出面积（平方米）：8000
参展商数目（家）：400

展名：2003年广东国际建筑装饰新技术、新材料、新装备展览会
时间：2003年9月23日～26日（东莞）

展名：第二届成都国际装饰产业展览会
时间：2003年9月25日～28日（成都）
周期：一年一届
上届数据：
展出面积（平方米）：25000
其中外国参展面积（平方米）：200
观众人数（人次）：60000
参展商数目（家）：300
其中外国参展商数目（家）：10

展名：第四届中国国际住宅建设及建筑建材展览会暨2003年中国智能建筑展
时间：2003年10月8日～11日（上海）
周期：一年一届
上届数据：
展出面积（平方米）：12000
其中外国参展面积（平方米）：4000
观众人数（人次）：13000
参展商数目（家）：105
其中外国参展商数目（家）：42

展名：上海国际专业灯光音响设备与技术展览会
时间：2003年10月15日～18日（上海）
周期：每年一届

展名：2003全国建材商品展销会
时间：2003年10月16日～19日（天津）
周期：一年一届
上届数据：
展出面积（平方米）：20000
其中外国参展面积（平方米）：540
观众人数（人次）：100000
参展商数目（家）：850
其中外国参展商数目（家）：60

展名：中国建筑装饰（福州）博览会
时间：2003年10月17日～20日（福州）

展名：成都国际新时尚家居设计暨装饰材料展览会
时间：2003年10月18日～21日（成都）
周期：一年一届
上届数据：
展出面积（平方米）：3000
其中外国参展面积（平方米）：200
观众人数（人次）：22000
参展商数目（家）：180
其中外国参展商数目（家）：15

展名：中国轻工业产品建筑五金材料出口蒙古国二连浩特洽谈会
时间：2003年10月20日～22日（二连浩特）

展名：首届中国昆明绿色家居与环保建材博览会
时间：2003年10月（昆明）
周期：一年一届

展名：2003年中国国际建筑门窗及加工设备（大连）展览会
时间：2003年11月1日～5日（大连）
周期：一年两届
上届数据：
展出面积（平方米）：18000
其中外国参展面积（平方米）：72
观众人数（人次）：100000
参展商数目（家）：300
其中外国参展商数目（家）：5

展名：2003年国际照明设备与技术展览会
时间：2003年11月5日～7日（北京）

展名：第八届中国国际石材工业展览会
时间：2003年11月6日～9日（北京）
周期：一年一届
上届数据：
展出面积（平方米）：10000
其中外国参展面积（平方米）：3500
观众人数（人次）：20000
参展商数目（家）：320
其中外国参展商数目（家）：190

展名：上海国际建筑及室内装饰展览会
时间：2003年11月18日～21日（上海）
周期：一年一届（轮流在北京及上海举行）
上届数据：
展出面积（平方米）：7000
观众人数（人次）：25000
参展商数目（家）：272

展名：第十届中国国际建筑及建材机械展览会
时间：2003年11月18日～21日（上海）
周期：一年一届（轮流在北京及上海举行）
上届数据：
展出面积（平方米）：7000
观众人数（人次）：25000
参展商数目（家）：272

展名：2003中国（深圳）国际住宅与建筑科技展览会
时间：2003年11月21日～24日（深圳）
周期：一年一届
上届数据：
展出面积（平方米）：26000
其中外国参展面积（平方米）：2340
观众人数（人次）：160000
参展商数目（家）：600
其中外国参展商数目（家）：180

展名：台北国际建材暨家具大展
时间：2003年11月21日～24日（台北）

展名：第八届中国（广州）国际石材工业展览会
时间：2003年12月3日～6日（广州）

展名：第十五届优良建筑材料暨产品展
时间：2003年12月25日～28日（台北）

展名：第三届国际建筑建材及设备展览会
时间：2003年12月（苏州）

境外展

展名：加拿大五金及建材展
时间：2003年2月2日～4日（多伦多）

展名：2003装饰用品展
时间：2003年2月2日～4日（多伦多）

展名：国际百叶窗、门及防晒专业博览
时间：2003年2月18日～22日（斯图加特）

展名：2003日本建筑建材博览会
时间：2003年3月4日～7日（东京）

展名：俄罗斯莫斯科国际建筑博览会
时间：2003年4月9日～12日（莫斯科）

展名：德国法兰克福国际室内照明及灯具博览
时间：2003年4月26日～29日（法兰克福）

展名：国际灯饰博览会
时间：2003年5月6日～8日（纽约）

展名：巴黎国际建筑及土木工程机械展
时间：2003年5月13日～17日（巴黎）
周期：三年一届
上届数据：
展出面积（平方米）：250000
观众人数（人次）：208000
参展商数目（家）：1344

展名：国际门窗及外墙技术展
时间：2003年6月19日～21日（斯图加特）

展名：国际室内设计装饰展
时间：2003年9月5日～9日（巴黎）
周期：一年两届

展名：国际家庭用品展
时间：2003年10月10日～13日（多伦多）

展名：第24届巴黎国际建材及设备展
时间：2003年11月3日～8日（巴黎）
周期：两年一届
上届数据：
观众人数（人次）：502000

展名：国际照明灯具及电气、空调和建筑贸易博览会
时间：2003年11月19日～21日（新加坡）

展名：第九届越南国际建筑机械展览会
时间：2003年12月
周期：一年一届
上届数据：
展出面积（平方米）：2500
观众人数（人次）：8000
参展商数目（家）：60

5. 房地产行业展会

2002 年北京冬季房展会

2002 年 12 月 19～23 日在国贸举办的冬季房展会，共有 85 个楼盘参展，北京青年城、华城等 21 个新项目均在展会上亮相。与以往的房展会不同的是，本次房展会还根据“团购”方式受到买房人青睐的情况下，在展会上设立了“团体购房服务台”。

以往到年底，开发商往往采取多种优惠手段让利促销楼盘，买房人也会在年底购置新房。本次冬季房展会为年底的这种供需提供一个大平台，展会场地达 8000 平方米，参展项目达 90 余个。也正如此，使在房展会上亮相的 21 个新项目和为集体购房设立的“团体购房服务台”成为本次展会的重头戏。

此次在房展会上亮相的 21 个新楼盘中，有位于北五环附近的北京青年城，位于西三旗附近的知本时代，位于京承高速的白露雅园等项目。其中，80% 的新楼盘位于四、五环附近，交通便利、环境优美。而价格在 5000 元／平方米以下，均是工薪阶层所青睐的经济房。

据统计，此次展会共卖房 2682 套，成交面积近 27 万平方米。其中，城市铁路东线、八通线等轨道交通沿线的房地产项目和本届冬季房展会首次推出的团体购房服务平台堪称是四天展会的热点。据介绍，销售量排在前四名的，像位居榜首的北京青年城等三个项目地处轨道交通沿线，而参加团购的人数达 140 多个。

四天中共有 9.8 万人次来展会现场。与以往几次展会不同的是，来现场买房的人群越来越年轻，大都是 20 岁到 35 岁之间的工薪阶层或白领。本次展会上，位居销售榜首的北京青年城虽然是在展会上新开的盘，但却以 4800 平方米／元的价格和北五环、城市铁路东线沿线的地理位置而受到关注，展位前曾几次出现需要保安维持秩序的热购场面，四天共卖房289套。

——《北京青年报》

首场房展会跌声四起

23 万人赶场房展会

个人购房展和四季房展、房地产交易会，已经成为北京房展会的中坚力量，而新年首场房展会又素有“楼市风向标”之称，它的一举一动自然引起了购房者和业内人士的关注。

2003年2月20日早上9时30分，在军事博览馆举办的2003年首届房展会的展厅已经被消费者挤得水泄不通了，多数展位前少则围着十多名消费者，多则数十人，不少展位前的咨询者还排起了长龙。一位参展商这样描述展位与人流：“消费者都不是围过来的，而是‘涌’进来的，我们所有的员工都上阵（现场咨询）还忙不过来。”

展会的主办方显然对本次展会可能引发的消费者参观热情估计不足。早上9时开展，但是上午8时不到就有来看房展的市民陆续抵达展会门前等待了。主办方不得不在8点半就提前开展。与此同时，在通往军博的地铁上、公交车上、出租车上，还不断有怀揣买房热望的市民正在赶往军博的途中。据统计，23 万人参观了此次展会。

1/3 楼盘集体跳水

大家都希望能早点买到自己如意的房子。但是，消费者庄先生在转完了房展会后却打消了近期买房子的打算。这位从事股票交易数年的精明消费者从房展会上嗅到了市场的动向，“房地产的熊市就要到了，再坚持坚持，会省不少钱的。”庄先生的理由就是展会的优惠幅度和范围，还有近期楼市的表现。

细观本届展会，1/3的参展楼盘推出了不同程度的优惠措施，以往展会遮遮掩掩的以送家电为主的暗折也变得明目张胆起来，不少楼盘直接打出降价的牌子，最大的降幅达到了每平方米1320元。虽然其中以尾房居多，但隐约透露出熊市的气息。

事实上，北京楼市劲刮降价风的范围并不仅限于房展会。

从 2002 年年底开始，后现代城每平方米6000元开盘，送精装修；“炫”特区以每平方米5500多元的均价出现，带精装修并送全套家电；东区国际均价每平方米6000元左右开盘，厨房、卫生间送精装修；苹果社区初定价格每平方米6200～6400元……而在此之前，这些地段周边的楼盘普遍在每平方米 7000 元以上。

在本应是楼市淡季的元旦春节前后，如此密集的楼盘开盘，似乎使得低于周边项目千元的超低价入市成了一种时尚。

对此，北京永联房地产开发公司的销售经理杨仕弼的评价是“部分开发商开始沉不住气了。”

经济适用房挤压大盘

北京市建委介绍，2003年北京市有200万平方米的经济适用房竣工，有 300 万平方米的经济适用房开工。同时，北京将在连续 4 年的时间里，建设 1200 万平方米的经济适用房。建成的经济适用房大部分价格会控制在每平方米 4000 元以下，其中近 5 成的项目价格将在每平方米 3500 元左右。

据了解，2003 年经济适用房的一大特点是不再限于远郊地区，闹市区如三环附近也会出现大规模经济适用房小区，这些经济适用房小区一旦上市，势必影响周边项目的价格。比如方庄地区，当周边商品房普遍为每平方米 6000 元时，出现每平米 4000 元以内价格的经济适用房，在该地段新开的楼盘以每平方米低于 6000 元入市似乎是顺理成章的价格策略。

供大于求初露端倪

决定房价的主要因素是市场的供需关系。北京协成地产经纪公司市场研究中心经理牟鑫表示，从 2002 年北京楼市的供需走势看，逐步放大的市场供应量和减缓的销售以及同时形成的空置率，成为2003年京城房价整体看跌的重要原因。

据了解，2002年全市商品房开复工面积高达7510.8万平方米，商品房竣工面积达2384.4万平方米，但2002年全市累计销售各类商品房仅1708.3万平方米，沉淀下来的600万平方米商品房的销售只能指望2003年了。2003年北京市商品房的开复工面积依然有不小的增幅。

与此同时，北京市国土资源和土地管理局近日出台了一项政策，从2003年3月1日起，已购公房交易收入全部归房主所有，并且大幅下调土地出让金。此政策的出台给北京市沉寂已久的二手房市场带来了不小的震动。交易收入比例改变、交易费用下调、手续简化，这势必会推动大量二手房入市交易，在原本就不小的总量上再加一笔。

新建商品房、经济适用房、二手房，再加上历年积累的空置房，北京市场一向供不应求的情况，2003年将被打破。当楼市从供不应求逐渐转向供大于求时，消费者就会享受到价格的实惠。

——《京华时报》

第四届香港房地产服务博览会

2003年3月3日至3月5日在广州举办的香港房地产服务博览会，首次向华南市场全面介绍香港多元化的房地产增值服务，促进两地业界交流合作。

博览会有48家香港参展商参展，展示了一系列房地产服务，包括测量、估价、物业管理、地产租售代理、建筑及室内设计、建筑工程、维修保护、城市规划及市场推广等。场内设有大型中央展示区，除了介绍行业发展概况，还全面展示了香港服务供货商如何将环保概念融入房地产建设中，包括低废建筑、环保建筑设计、环保物业管理及循环再造建筑废料四方面。

香港贸易发展局华南地区首席代表张淑芬表示，内地房地产市场已趋成熟，房地产质量日益成为项目能否取得成功的重要因素。发展商迫切需求增值的专业服务，以改善房地产质量，加强营销策略，提升整体竞争能力。香港房地产服务业界具有专业素质、国际水平和丰富的内地参与经验，可与内地房地产同业携手提升物业市场竞争力，加快与国际接轨。

一连3天的展览期间，还举行3场大型专业研讨会及18场专场讲座，邀请了香港房地产业精英主讲。介绍了如何通过优质房地产服务提升商场及住宅小区的市场价值，并与内地业界探讨粤港两地加强合作的空间。

这是香港贸发局在内地举办的第四届香港房地产服务博览会。过去三届分别在北京和上海举行。

“四季房展”京城独树一帜

2003年4月3日至6日，四季房展会的几家操盘手北京市房地产开发市场、北京建亚房地产展示交易公司、浮士德展览展示公司以一个崭新的形象集体亮相北京国贸中心，这意味着2003年京城房展的“老大”四季房展会发生了一个巨大的转折，即主办单位由原来分别承担，整合为三家操盘手统一形象、统一经营办展。有专家分析认为，这对京城房展会未来发展将产生深远影响。房地产展会也由初期的平淡、中期的混乱，走进了突出品牌、整合经营的新时代。

1993年至1997年“官办”房展平平淡淡

1993年4月起，中央颁布一系列政策，严刹“圈地”风，清理整顿房地产公司，遏制了房价猛涨的势头。从此，房价开始“理性回落”，市场走人疯狂之后的萧瑟。同其他城市一样，北京房地产市场也在一年后进入长时期的全面盘整。

由北京市房管局主办的第一届房地产展会，给1993年低迷的市场带来了一点亮色。这届房展会是纯粹的“官办”。之后，北京又连续举办了数届房地产展会，从参展项目看外地项目不少，最多能达到40%。展会上也有成交，但以集团购买为主，普通商品房参展的踊跃度远不及高档写字楼和公寓；从观展人群来看，个人较少，来展会的通常是单位行政科、行政处的人。

直到1997年秋天，第一场不带政府色彩的“民间”房展会在国贸举办，这届名为“97中国北京秋季房地产展示交易会”的房展，由如今四季房展的主办方之一建亚公司主办。

1998年至2000年“虚火”房展纷纷乱乱

1998年7月，住房体制改革等一系列政策出台。1999年春，北京春季房地产展示交易会在国贸举办，京城众媒体惊呼：房展会“爆棚”了！此时的房展市场，数台“市场派”展会与官办房展势均力敌，展会成交金额日渐走高。

此阶段的房展市场也表现出一些不良“症状”——房展会遍地开花，一些非房展专业的外地公司、仓促组合的草台班子纷纷攒起了房展会。1999年的房地产展会达到12个，办展纠纷愈演愈烈。2000年展会更是达到了24个。

在房展会出现诸侯争战局面的同时，一些专业展会却在悄悄积聚力量、打造品牌，为强强联合打下了良好基础，房展会也开始有了“品牌”一说。

2001年之后“品牌”房展未来看好

2001年8月，建委、规委、工商局、房管局联合发布《关于规范北京市房地产展会市场的通知》，规定政府机构不许办展，参展项目必须具备“五证”。房展的混乱局面得到控制。与此同时，房展的联合舰队也正式出场了。

2001年4月，北京春季房地产展示交易会首次以“四季房展”的“头牌” 出现，其史无前例的680个展位、1.2万平方米的规模，将人们的眼光吸引到了“四季房展”这一首次出现的特殊展会模式上。

北京市房地产开发市场、北京建亚房地产展示交易公司、浮士德展览展示公司3家操盘手终于由竞争走向紧密联合。

2003年，四季房展的主办方实现真正意义上的整合。除了奉献4台风格各异的大型房展会外，展会的服务大大外延，不仅在展会期间提供服务，展场服务内容还延长到365天，每年还会组织十次以上的大型相关活动；此外，四季房展的服务还实现细分，可能派生出新的推介会、论坛、专题展会等，力争以房地产为中心，辐射到建材、家装等行业，并以北京为中心，辐射全国，形成四季房展的产业链。同时，还要提倡房展文化、为大家营造房地产的节日盛会，北京乃至全国最大的房地产节，已被放在了四季房展的议事日程之上。

本届展会在规模、招展速度、新盘数量和社会反响等多方面创下了几个历史之最：展场面积近13500平方米；展位700个；参展商超过160家；参展项目近145个，其中新盘50余个。众多参展商在展会上打出让人心动的打折促销措施。展会期间，有新盘集体亮相和推介、新居试住、房模大赛、购房课堂等丰富多彩的现场活动。

本次展会，参展的新楼盘比例超过1/3，这在市政府主管部门规范房展会后还是首次。展会期间，众多参展商打出折扣和优惠的招牌，有赠送精装修、配套设施的，也有赠送进口家具、家电的，这对买房人来说当然是利好消息。春季房展会开幕当天，在三号馆大会专题活动区还全天举办声势浩大的新盘集体亮相和重点推介活动。会上还采用声像多媒体高科技手段，向与会的购房者介绍新项目的风采。春展期间，“春季房展房屋模特大赛”在三号馆大会专题活动区闪亮登场，青春靓丽的模特进行表演，并穿插房地产知识有奖问答。展会上还有家居装饰装修、有关法律、政策咨询等服务。

在这次展会的闭幕式上，展会还与北京音乐台共同举办了“中国歌曲排行榜第一季度颁奖典礼”，邀请众多歌星助兴。

北京举办2003媒介房展

北京市国土资源与房屋管理局与北京市建设委员会决定利用市房地局所属的北京市房地产交易所及其工作网站——北京市房地产信息网，联合京城各家网站和媒体，发起一期融楼盘展示、在线购房预订为一体的全新网络、媒体联合房展，2003年5月28日开展，展期为3个月。

本次展会由北京市房地产交易所牵头主办，主承办为北京市房地产信息网（www.e-fdc.com）。此举获得广大媒体和业界的热烈响应，多家平面媒体及网络共同搭建网上交易平台。

本次展会的主题和名称是“(拒绝“非典”，快乐生活)2003北京网络、媒体联合房展”。本次展会的主展区设在北京市房地产信息网上，并在各参与联展的网站和媒体上开设分展区。主展区还开设功能强大网上交易柜台区，展示有各参展项目的部分楼盘资料，并提供了在线购房预订通道。

境内展

展名：2003第二届中国武汉城市建筑博览会
时间：2003年3月2日～4日（武汉）
周期：一年一届
上届数据：
展出面积（平方米）：4000
观众人数（人次）：20000
参展商数目（家）：120
其中外国参展商数目（家）：10

展名：香港房地产服务博览会
时间：2003年3月3日～6日（广州）

展名：北京市房地产博览会
时间：2003年3月5日～8日（北京）

展名：2003北京第八届国际建筑、建材及城市建设展览会
时间：2003年3月24日～27日（北京）

展名：2003年大连春季房屋交易大会暨住宅配套产品展览会
时间：2003年3月28日～31日（大连）
周期：一年一届
上届数据：
展出面积（平方米）：15000
其中外国参展面积（平方米）：27
观众人数（人次）：100000
参展商数目（家）：310
其中外国参展商数目（家）：3

展名：2003上海绿色人居房地产展示交易会
时间：2003年3月（上海）
周期：一年一届

展名：2003年中国北京四季房地产展示交易会
时间：2003年4月3日～6日（春季）（北京）
2003年7月3日～ 7日（夏季）
2003年9月4日～7日（秋季）
2003年12月8日～21日（冬季）
周期：一年四届

展名：2003中国成都（春季）住宅产业博览会
时间：2003年4月4日～8日（成都）
周期：每年两届
上届数据：
展出面积（平方米）：25000
其中外国参展面积（平方米）：300
观众人数（人次）：50000
参展商数目（家）：200
其中外国参展商数目（家）：2

展名：春季房地产展示交易会
时间：2003年4月10日～13日（重庆）

展名：第八届住宅产业与科技成果交易会
时间：2003年4月10日～13日（福州）

展名：郑州春季房展会
时间：2003年4月16日～23日（郑州）

展名：2003春季合肥人居环境博览会
时间：2003年4月30日～5月3日（合肥）

展名：武汉国际住宅产业博览会
时间：2003年4月30日～5月3日（武汉）
周期：一年两届
上届数据：
展出面积（平方米）：10000
其中外国参展面积（平方米）：200
观众人数（人次）：20000
参展商数目（家）：104
其中外国参展商数目（家）：5

展名：第三届（广州）房地产（秋季）博览会
时间：2003年10月1日～4日（广州）
周期：一年两届

展名：2003年中国合肥秋季人居环境博览会
时间：2003年10月11日～14日（合肥）

展名：北京国际房地产交易会
时间：2003年10月16日～19日（北京）
周期：一年一届
上届数据：
展出面积（平方米）：5500
其中外国参展面积（平方米）：200
观众人数（人次）：80000
参展商数目（家）：120
其中外国参展商数目（家）：10

展名：2003中国昆明房地产及相关产业交易会
时间：2003年10月（昆明）
周期：一年一届

展名：2003上海绿色人居别墅房产展览会
时间：2003 年10月（上海）
周期：一年一届

展名：2003年大连秋季房屋交易大会暨住宅配套产品展览会
时间：2003 年11月1日～5日（大连）
周期：一年两届

展名：2003年第二届商务写字楼租售洽谈会
时间：2003年11月4日～9日（北京）

境外展

展名：城市规划与市政配套设施展
时间：2003年（巴黎）
周期：一年一届

6. 服务行业

1）金融业展会

上海举办服务展

将服务作为商品展出，是上海市最近推出的展会新理念，2002年9月在上海展览中心举行的“首届上海国际现代服务业展览会”就是率先在我国展示中外服务品牌、引导现代服务消费、推动中国服务发展的新型展会。

这个由上海市政府支持，上海市对外经济贸易委员会、上海外国投资委员会主办的展会被列入即将出台的《上海加快发展服务业行动计划》系列工程，得到服务领域和主要行业协会的支持和参与。

展览的创意主题体现了政府的产业导向。近年来，国家十分重视发展现代服务业，包括加快发展金融、会计、咨询、法律等服务行业，推行连锁经营、物流配送、代理制、电子商务等组织形式和服务形式。引进品牌影响和信誉度高的境外服务业，推动我国服务业的发展，市政府把上海服务业的吸引外资和扩大开放列为2002年的重点工作来抓。充分发挥经济中心城市的综合优势，以扩大服务贸易领域的开放为重点，进一步推进全方位、多层次、宽领域的对外开放，提高利用外资的质量和水平。推动金融创新、加快上海国际金融建设的步伐。扩大信息服务、外贸、商业、旅游、会展等领域的对外开放，促进高增值服务业发展。

将服务作为商品展出也反映了市场的内在需求。这次展示的有投资、融资、担保、基金、上市辅导等金融服务；银行、保险、证券等金融服务单位；包括法律、会计、各类咨询、公共关系、各类认证、贸易代理等专业服务产品；IT信息服务等。这些服务，都构成了企业发展过程的服务链。与服务链相辅相成的是上海迅速崛起的制造业产业基地以及周边地区乃至全国蓬勃发展的各类经济实体在企业发展中对专业化服务的需求，这些需求，也就构成了展览的另一个重要组成部分——专业观众。参展方和专业观众是展览的两个重要端口，是衡量展会成功与否的重要标志。业内人士认为，上海首次推出以“服务业”为主题的展览，也是拓宽展览题材，发展会展经济的重要实践。而会展业的发展，是上海服务业的重要组成部分。纵观上海有影响的展览会如工博会、华交会、上交会等，都是以实物为主的产品展。本次展览会是一个高层次展会，有中银、中银万国、德勤、毕马威、国际汽车城商贸服务中心、东浩服务贸易集团、国际商品拍卖、挪威船级社、南澳国际论证等境内外著名企业参展。

这次展览除有参展商参加的常规商务展示外，还配有引导展示，如：中外城市服务业比较，从宏观上引导现代服务消费理念；有案例展示，从个案上培育潜在消费群。

第十六届世界会计师大会

第十六届世界会计师大会于2002年11月18日至21日在香港会展中心举行，这是该大会首次在中国举办。

世界会计师大会每5年举行一次，为全球会计专业提供交流意见和提出解决共同问题的方案的机会。本届大会由香港会计师公会主办，国际会计师联会协办。国际会计师联会拥有来自全球114个国家的156个专业会计成员组织，代表全球200多万名会计师。

今年的大会主题为“知识经济与会计师”。大会设有多个专题会议、研讨会和展览。各与会者还讨论了知识经济为会计专业带来的各种机遇和挑战，并检讨了旧经济中的各种会计方法和事物是否是用于新的经济模式。大会特设中国事务论坛。中国加入世贸组织对国内会计专业、财务申报和公司治理等方面有着深远的影响。有鉴于此，与会者还探讨了中国会计架构和会计准则的最新发展、中国会计准则与国际准则的接轨以及中国证券市场规范发展等问题。

香港会计师公会会长黄德伟说，取得该大会的主办权犹如争取申办奥运会一样，竞争十分激烈。为了争取世界会计师大会的主办权，香港进行了长达7年的筹备工作。大会主办权属谁，由国际会计师联会决定。香港能够脱颖而出，击败了新加坡、耶路撒冷及哈拉雷，是因为香港拥有优良的基建设施、先进的会议展览设施、四通八达的交通系统及一流的酒店住宿设备。过去数届世界会计师大会的主办城市分别为1997年的巴黎、1992年的华盛顿和1987年的东京。第一届世界会计师大会是1904年在美国圣路易市举行的。

鉴于世界会计师大会的重要地位和声誉，在过去的大会中，主办国家的领导层大多会出任大会的主礼嘉宾。2002年，朱镕基总理出席了大会。此外，公会还邀请了多位知名人士出席并演讲，包括国际会计准则委员会基金信托主席兼美国联邦储备局前主席Paul Volcker先生和国际会计准则委员会主席David Tweedie爵士等。

境内展

展名：中国第三届税收电子化展览会暨研讨会
时间：2003年4月16日～18日（北京）
周期：一年一届

展名：中国第七届证券保险信息服务博览会暨论坛
时间：2003年4月16日～18日（北京）
周期：一年一届
上届数据：
　展出面积（平方米）：3500
　观众人数（人次）：30000
　参展商数目（家）：60

展名：保险会议
时间：2003年8月22日（上海）

展名：深圳国际融资博览会
时间：2003年8月（深圳）

展名：2003中国国际金融（银行）技术暨设备展览会
时间：2003年9月2日～5日（北京）
周期：一年一届
上届数据：
　展出面积（平方米）：18000
　观众人数（人次）：80000
　参展商数目（家）：210

展名：2003沈阳国际金融保险服务项目展洽会
时间：2003年9月5日～8日（沈阳）
周期：一年一届

展名：2003北京国际钱币博览会
时间：2003年10月23日～26日（北京）
周期：一年一届
上届数据：
　展出面积（平方米）：7600
　其中外国参展面积（平方米）：1500
　观众人数（人次）：40000
　参展商数目（家）：130
　其中外国参展商数目（家）：50

展名：2003昆明中国金融技术、设备成果创新展览会
时间：2003年（昆明）
周期：一年一届

境外展

展名：澳大利亚墨尔本金融投资展
时间：2003年10月（墨尔本）

展名：德国国际银行金融技术博览会
时间：2003年10月（法兰克福）

2）物流业展会

行业简况

2002年中国物流发展特点及评析

中国物流与采购联合会常务副会长　丁俊发

加入WTO一年以后，中国物流业的发展特点具体体现在以下8个方面。

第一，现代物流业引起了各级领导、各级政府、各界人士的高度重视。

江泽民主席，朱镕基总理，李岚清、吴邦国副总理，吴仪国务委员等党和国家领导人，对发展中国物流业都做了一系列明确的指示，特别是江泽民主席，对现在物流业的发展，也包括对流通业的发展，都提出了非常深刻的意见。

第二，中外合资合作企业，外商独资企业在中国的进一步发展，以及跨国物流公司加速进入中国市场，对推动中国现代物流业的发展起到了积极的作用。这一方面大概有4个特点：

第一个特点是原有的中外合资企业以及外商独资企业在激烈的市场竞争中，一方面扩大规模，另一方面把更多的物流活动交给第三方物流企业来运作，以降低成本提高竞争力。

第二个特点是2002年外资进入中国的速度加快，外国企业都想利用目前中国廉价劳动力的优势，把制造业，特别是劳动密集型产业转移到中国，对中国物流业发展提出了迫切的要求，这有利于中国物流业的发展。2002年1～9月份外商直接投资合同外资金额同比增长38.4%，其中外商独资增长48.6%，实际利用外资达395.6亿美元，同比增长22.6%，中国外商独资233.5亿美元，同比增长38.7%。中国已连续8年成为发展中国家吸收外商直接投资最多的国家。特别可喜的是物流业已成为外资新的投资方向，具体有这几个方面，第一个是物流基础设施建设，第二个是第三方物流公司，特别是现在包括一些外向的软件公司，也开始做物流的信息平台建设等等。

第三个特点是跨国大公司纷纷进入中国，联合国贸发会议《2001年世界投资报告》的调查数据表明，目前《财富》的500强公司，已经有近400强在中国投资了2千多个项目，国际上50家最大的零售企业已有2/3进入中国，这些跨国集团纷纷在中国设立采购中心，使与采购相关的物流业快速起步。据统计，跨国公司在中国的采购量从目前的200多亿美元增加到500多亿美元，拿上海来讲，已经有200多家跨国采购机构进入，采购额年均增长30%。

第四个特点是跨国物流公司快速进入中国，与中国企业合作，扩大了市场占有份额。

第三，传统的国有交通运输与仓储企业实行资产重组和流程再造，加速向第三方物流企业转型。

第四，一些著名工业与流通企业开始重视企业采购系统与物流系统的流程再造。

第五，信息化带动物流现代化得到普遍关注，这是2002年最大的一个特点。

第六，物流科技与物流标准化建设有所推进。这表现在以下几个方面：第一是物流理论研究已经出现了欣欣向荣的局面；第二是物流技术取得了较快的发展；第三是有关部门与有关协会在推进物流标准化工作方面做了不少有成效的工作。

第七，物流人才教育工程继续推进。

第八，涌现了一批物流先进典型。

比如，中国物流与采购联合会命名了两个示范基地，一个是海尔物流，另一个是广州的宝供物流。此外，现在也出现了很多先进的典型，像广东、上海、浙江、江苏、山东、北京、天津等都有物流先进典型。

2003年中国物流主要应该在8个方面发展：

第一，我们东部的地区已经完成了规划期，开始进入实施阶段，从2003年开始，有许多城市经过规划，开始招商引资。

第二，根据加入WTO的承诺，以及外经贸部《关于开展试点设立外商投资物流企业工作有关问题的通知》，跨国物流公司将加快在中国实施扩展与布点战略。

第三，是传统运输与仓储企业将加快资产重组，全部或一部分转为第三方物流，并利用自己的优势，扩大自己的客户群，与外国物流公司合作或竞争。

第四，一部分工业与流通企业，特别是外商独资与中外合资企业，像家电行业、服装行业、汽车行业、日化行业、连锁行业、饮料行业、医药行业、烟草行业等将首先释放物流需求。

第五，国务院各部委在2003年将进一步加强对物流业发展的政策指导，国家计委、国家经贸委将出台全国物流业发展总体规划设想与有关产业政策，地方政府特别是沿海有关省市将逐步出台有关物流业发展的相关政策。

第六，信息技术在物流中的应用将进一步得到重视，2002年年底，中国物流与采购联合会已评选出了16个物流信息技术解决方案典型案例，并在全国推广。2003年建立物流信息平台成为物流业投资的重点之一。

第七，物流人才教育工程将启动。

第八，物流基础设施建设将继续成为国家的投资重点，民间资本与外国资本将把物流业作为投资的新方向。物流装备将受到重视，提高物流装备技术已成为发展物流业的一个重要组成部分。

2003年慕尼黑国际物流博览会凸现全球物流大趋势

2003年5月20日～24日，全球物流业的盛会——“2003年国际物流博览会(transport logistic)”在德国南部城市慕尼黑举行。该博览会从1978年开始每两年举办一次，目前已成为有近4万专业人士参加的世界级品牌展会，主题涵盖了交通、运输、物流、仓储、后勤服务等各个专业领域，囊括了全球所有的著名物流、运输公司及与物流、交通运输相关的最新通信技术等近千家公司，同时会展中心还邀请了许多来自院校、科研机构和物流、运输企业的世界著名专家举行各种论坛、研讨会。在此将本次展会的主要论题介绍如下。

全球运输物流一体化趋势

数不胜数的集合化网络和电子管理解决方案都在此届慕尼黑博览会上得到展示，他们不仅提供货物和人员的便捷运输方案，而且还使得库内运输和物流变得简单高效。同时，通信、程序控制、运输控制和交通管理将使未来的运输物流更加准点。

一体化趋势是运输物流业的新兴理念，经过尝试和检验，博览会将运输物流分为四个组成部分：后勤保障、库内搬运、货运和客运。

与会专家认为，后勤保障使得已经被广泛使用的电子管理系统成为行业的支柱。国际互联网正成为不可缺少的组成部分。网络一词使得后勤保障管理职能化、运输方式快捷转换成为可能。

库内搬运的意义在于能有效地利用仓库储存能力和协调内外部物流，这对公司业务具有十分重要的意义。在此次博览会上可以找到全套的系统解决方案和对付这一繁重工作的方法：储存系统、物品装卸、传送等全套卸货所需专业设备。

货运在传统的物流领域，比如陆路运输、水上运输和航空运输占很大比重，行业的发展将给人以极深的印象。公路、铁路、内河航运、海运、空运和新的联运解决方案在这次展会上都得到展示。所有的服务提供商，如：港口、机场和承运人都在会上展出。

在全球家用轿车不断增长的情况下，客运——公交运输在快速、安全和环保等方面正在具有越来越重要的意义。为了迎合不断增长的需要，很多领域正在大踏步地前进，比如磁悬浮技术，很多国家的政府也都在积极寻找制造商和服务提供商。

现代物流业的主要趋势：提供尽可能多的增值服务

“对于现代物流企业来说，单独的运输业务已经无法构成企业牢固的基础。”德国物流顾问公司MIEBACH的高层发言人Jugren Hess先生在此次博览会上说：“所以一方面他们必须提供新的附加业务，扩大业务范围；另一方面也必须不断推陈出新，为客户提供独家的、或者至少是特别的服务内容——即增值服务，以增加自己企业的竞争力。”

物流增值服务(VAS-VALUE-ADDED SERVICES)起源于竞争激烈的信件和包裹快递业务，现在则在整个物流行业全面展开。不论是在海运、空运还是陆运，事实上几乎所有和物流运输业有关的公司都在想方设法地提供增值服务。

全球性的大运输公司和快递公司选择为顾客提供一站式服务，他们的服务涵盖了一件产品从采购到制造、仓储入库、外包装、配给、发送和管理回返、修理以及再循环的全过程。比如传统的物流企业——船运公司现在不仅仅负责运输货物，而且还提供诸如打制商业发票、为货物投买保险和管理全程的服务，事实上也就是在努力提供完整的供应链管理，使得客户可以在第一时间追踪到自己的货物方位、准确进程和实际费用。

这些以海上运输为基础，又大大超越了传统运输范畴的增值服务，原本是船运公司在他们核心业务——集装箱业务下降时的弥补方法。不过事实上，物流行业的两个终端都能从中受益匪浅：客户能得到更全面和细致的服务，从而能省时省力地去做自己的核心业务；而提供服务的物流企业也因为这种新颖而特别的服务而深得客户人心。

在这种给客户提供更多更灵活和高效增值服务的概念下，物流企业不仅扩大了业务范围，而且比原来仅仅提供寄送包裹和运输货物的服务找到更多的利润源。由于现在的竞争仍然很激烈，也从另一方面证明增值服务的发展还有很大的上升空间。

正如Hess先生所说：“现在的物流服务已经超出了传统意义上货物传送、仓储或者寄存。实际上从客户接到订单开始，物流公司就已经参与产品本身的全过程。”

对现代物流业的挑战：第4方物流（4PL）

是否有公司能将物流行业中错综复杂的人体服务整合成为一包罗万象的物流新概念？一家在物流管理链中并不占操纵地位的企业是否有可能成为现代物流的先锋旗手？在现代物流的理论领域中，还没有一种概念像“第4方物流”这样遭遇如此激烈辩论。在这次世界物流博览会上，4PL概念及其实际操作的样本模式也被列为重点论题进行讨论和展示。

前面所提到的全球化趋势和日益扩大的服务范围，使得物流运送链的概念和以前完全不同，过程变得越来越复杂，客户的要求越来越严格。因此近年有专家提出了4PL的概念，希望为供应链管理的难题提供一个可操作的解决模式。

在4PL的模式下，一个外部的物流整合者或者综合性服务机构会承担起顾问、咨询、计划、控制以及将程序链维持最佳状态的任务。这就如同在客户和传统的物流之间增添了一层高效率的服务膜。在理论上，4PL提供者是完全中立的，作为一个提供长期战略咨询的服务公司，它的任务是提供交换数据的信息平台、挑选合作伙伴、为客户提供更加透明的程序、削减成本以及提供完整的管理服务。从这个“岗位描述”中，我们可以清楚看到谁是提供和促进4PL的解决者——咨询公司和软件制造业者。

至于在这些众多的服务类公司中，哪些会成为未来的4PL公司主力？现在还无法回答。目前业界正在尝试不同的模式，大部分是从3PL的服务公司、信息技术提供者和咨询公司等衍生而来；另一些则是各种不同种类公司的“合体”，比如同一供应链上的操作公司和信息技术的参与者，或者是针对某一特定项目时，同一家大公司下属的一系列子公司所采取的联合管理。

不可否认的是，物流领域所包涵的复杂因素：从咨询到技术、操作处理，以及如何才能将增值服务链中的问题和麻烦降低到最低，等等，使得一家公司很难独立完成实际操作。4PL公司和物流专家们面临的挑战是，如何调和统一那些原本为不同行业和贸易提供服务的公司利益？

无论如何，4PL都会超越仅仅提供一个互联网平台的作用，真正的4PL公司应该是那些能同时成为专业的组织者、不同服务的整合者、流程的控制者、数据的提供者以及资本运作的“无麻烦”管理者，而且除了必不可少的信息技术，还必须具备实际的运输能力和仓储网络。

现代物流业的最新技术：标签（TAGGING）传送系统

此次博览会的物流业专家认为，最新的标签技术将给现代物流业带来改革和促进，拥有巨大的市场潜力。根据德国的研究人员预测，自动化识别系统的运用在未来2～3年的增长将超过20%，专家认为明年欧洲市场的容量将达到45亿欧元。

在货物和数据的传送过程中，现代化的信息信息确认技术能帮助企业节约更多的成本。超级市场的条形码早已成为日常生活最普通的情景——收银员只要用激光对着黑色条形码扫描一下，货物的价格、项目名称和重量以及卖出日期都将即刻显示并记录。作为最普通最常见的产品确认形式，长形码的优点是印刷成本和认知机器的价格都相对便宜；但同时也有不可忽视的缺点，那就是是只能提供和记录少量的数据，并且在机器认知信息时必须是“无障碍阅读”。

因此，最新的电子附加签条（ELECTRONIC TAGGING）已经开始引起业界的重视和研究。这种所谓的“异频雷达收发机”，或者也叫“标签”，是由极微小的微芯片组成，利用无线电波储存信息，可以在几英尺以外的地方用机器认知信息。这些细条纹的“聪明”之处在于：即使有“阅读障碍”时，也可以顺利认知信息。

现在已经有少量的公司在使用这种标签，它们最常被用在服装商的仓库和无纸化订单管理中。对于现代物流业，很多专家认为它将给货物的合理化程序管理提供无限的发展空间。标签技术使得每个货物个体都像是随身携带了一个电子托付合同，有关货物的众多关键数据都已被输入在内。当货物被装卸时，像货物的出产地、数量、运送日期、储存条件等详细信息都能在不打开外包装的情况下得到监控，进行“无障碍阅读”，并马上被转移到数据库中记录。

假如能在饮料罐的外面贴上防水的高智能标签，即使铁罐被挤压变形，我们也能很快从标签上识别制造商和供货商，这样就会使饮料罐的回收过程大大简单化。再进一步，如果把标签的应用范围更加扩大，比如建立一个全球定位系统，这样就能把全球运输中的集装箱都得到监控，并会节省大量的成本，提高竞争力。

当然，研究人员面临的挑战是如何更快地设计出更小、更灵活，最重要的是更廉价的“标签”，因为业界人士的目标是要把这些“更聪明的”标签贴在现在日常所见的普通货物上。

——《中国经营报》

展　会

2002中国国际物流及交通运输展

随着中国工商业往来的日益频繁，政府将投放更多资源发展物流产业，计划10年内建上百个物流中心，并在北京建立全国物流交易中心中央处理系统和管理决策系统。为配合货物处理及物流业的发展，北京华港展览有限公司及雅式展览服务有限公司于2002年11月13～16日在北京的中国国际展览中心举办了中国国际物流及交通运输展览会。

为了加快发展中国物流产业，国务院已将“物流配送”列为“十五”规划重点发展的服务业。随着中国入世，根据WTO的协议，中国道路货运、仓储行业、货运代理及其他辅助服务等3年内将逐步对外开放，这为国际物流企业进入中国市场提供了有利的条件。国家经贸委指出，中国物流市场目前的总值达1000亿元人民币，而这个数值仅为市场整体潜力的1/3，由此可见，市场发展空间很大。北京将投资110亿元人民币建设中国内地最大的物流港。面对货运、陆运交通及物料处理、仓储业务、电子商务、物流增值服务等技术、方案及新概念，此次举办的“2002中国国际物流及交通运输展”为相关企业提供了一个洽谈业务的最佳舞台。

本届展览展出范围包括：航空货运、陆路货运网络供应、海运及船队服务；货物处理设备、集装箱、输送机械系统、叉车、人工搬运车辆、起重机械、工业搬运车辆、物料处理设备、港口处理设备、搬运车辆监控定位、仓储业务、自动化辨认、立体自动仓库、条码及扫描装置、升降台、集装单元器具、货架系统、储存系统、仓库管理及设备；企业资源规划及管理系统、供应链管理系统、网上在线物流；第三方物流、通信及无线技术、策划及咨询服务、进出口报关及托运、资讯及资料处理、库存管理、税款缴纳服务、采购系统等。

境内展

展名：2003年义乌（国际）通用机械及仓储物流展览会
时间：2003年3月10日～12日（义乌）
周期：一年一届

展名：2003中国（辽宁）国际物流与仓储设施技术展览
时间：2003年3月25日～28日（沈阳）
周期：一年一届

展名：长春第四届汽车工业、物流、铸造装备展览会
时间：2003年3月25日～31日（长春）

展名：2003年第二届天津国际现代物流展览会
时间：2003年4月3日～5日（天津）

展名：2003中国大连国际船艇展览会
时间：2003年4月3日～6日（大连）

展名：中国国际船艇及技术设备展览会
时间：2003年4月9日～12日（上海）
周期：一年一届
上届数据：
展出面积（平方米）：2063
其中外国参展面积（平方米）：850
观众人数（人次）：10015
参展商数目（家）：105
其中外国参展商数目（家）：55

展名：中国东北第四届国际仓储物流及运输系统展览会
时间：2003年4月10日～12日（沈阳）

展名：第三届中国（青岛）国际物流展览会
时间：2003年4月22日～24日（青岛）
周期：一年一届
上届数据：
展出面积（平方米）：3000
其中外国参展面积（平方米）：800
参展商数目（家）：110
其中外国参展商数目（家）：16

展名：中国国际运输物流展览会
时间：2003年4月（上海）

展名：第二届青岛国际物流展览会
时间：2003年8月13日～16日（青岛）
周期：一年一届
上届数据：
展出面积（平方米）：12000
其中外国参展面积（平方米）：3000
观众人数（人次）：25000
参展商数目（家）：450
其中外国参展商数目（家）：40

展名：2003大连（国际）交通业博览会
时间：2003年8月29日～9月1日（大连）
周期：一年一届

展名：2003中国华南国际商贸物流技术设备展览会同期举办连锁零售商国际采购会
时间：2003年10月6日～8日（广州）
周期：一年一届

展名：北京国际停车设备及智能交通展览会
时间：2003年10月（北京）

展名：第七届国际公路、水运交通技术与设备展览会
时间：2003年10月（北京）
周期：两年一届

展名：2003年中国国际海事技术学术会和展览会
时间：2003年11月1日～5日（上海）
周期：两年一届
上届数据：
展出内容（平方米）：13000
观众人数（人次）：22865
参展商数目（家）：718

展名：亚洲国际物流技术与运输系统展览会
时间：2003案11月18日～21日（上海）
周期：一年一届
上届数据：
展出面积（平方米）：4110
其中外国参展面积（平方米）：789
观众人数（人次）：30000
参展商数目（家）：145
其中外国参展商数日（家）：35

境外展

展名：欧洲物流技术展
时间：2003年3月11日～14日（巴黎）
周期：两年一届

7. 医疗行业

行业简况

医药行业六大走势

国家经贸委经济运行局的统计显示：2002年，医药行业生产经营形势随宏观经济形势的发展而发展，生产增速持续加快。

(1) 工业生产增势明显。2002年1～11月份，全国医药行业按可比价格计算共完成工业总产值2895.4亿元，比上年同期增长17.4%；完成工业增加值852.68亿元，同比增长15.0%。在全国重点监测的12个工业行业中，医药行业生产以高于全国工业平均增速1.7个百分点而名列第四，仅次于机械、煤炭、电子行业的生产增速。

(2) 工业销售稳定增长，产销衔接基本稳定并已顺利走出上半年的低谷。2002年1～11月份，全国医药工业实现销售产值2205.8亿元，同比增长14.82%。11月末，全国医药工业平均产销率为93.65%，与上年同期基本持平，但仍低于全国工业平均产销率水平4.4个百分点。2002年以来，医药工业产销衔接始终不够理想，低于全国工业平均水平的状况始终没有得到扭转，至2002年4月间曾一度跌入历史最低点，但至年中开始，产销率震荡下行的态势有所好转，并顺利走出低谷，逐月稳定上升。

(3) 工业效益增速提升，经济效益增长好于预期。2002年1～10月份，全国医药工业实现产品销售收入1973.72亿元，同比增长17.99%。截至2002年10月末，工业企业盈亏相抵后实现利润168.19亿元，同比增长24.55%；医药工业销售利润率8.52%，较2001年同期提高0.56个百分点。与2001年医药工业主要经济效益指标走势相比，2002年医药工业效益增长明显好于2001年，始终保持了较快的增长幅度。医药工业利润增幅以比全国工业平均利润增幅高10.95个百分点的骄人业绩，名列于全国重点监测12个行业的季军，仅次于煤炭和机械行业。从2002年以来医药工业经济效益的总体走势看，医药工业效益增长好于生产经营的增长，增长幅度较快，整体运行平稳。三季度以后，销售收入的增长幅度稍有减弱，但利润增长仍较平稳，预计全年医药工业主要经济效益指标完全可以达到或超过预期目标。

(4) 进出口形式表现良好，尤其是我国具有传统优势的产业出口增长较快。2002年1～10月份，医药行业进出口总额达61.7亿美元，同比增长8.46%，其中：进出口总额30.2亿美元，同比增长5.27%；出口总额31.5亿美元，同比增长14.47%。进出口相抵，出口大于进口1.3亿美元。从2002年全年医药商品进出口形势看，出口形势明显好于预期，已完成2002年全年预定目标。医药商品进出口贸易构成与前几年表现基本相同，所占比重最大的仍然是化学原料药和医疗器械两大门类。其中：化学原料药占全部医药商品进出口总额的34.28%，金额同比增长11.65%；医疗器械占全部医药商品进出口总额的36.50%，金额同比增长3.54%。在进口贸易中，医疗器械出口贸易占全部医药商品进口总额的48.49%，进口金额同比下降4.88%，亦即医药行业约近一半的进口贸易为医疗器械商品，但近年来医疗器械进口贸易增长过快的势头得到一定扭转。在出口贸易中，化学原料药出口贸易占全部医药商品进口总额的47.80%，进口金额同比增长11.87%。表现出医药行业出口贸易格局仍未发生大的变化，主要是依靠化学原料药出口的拉动。化学原料药是我国医药行业具有比较优势的产业，在国际市场上具有较强的竞争力和稳定的市场份额，2002年以来该产业出口增长势头较好，对进一步发展我国这一优势产业十分有利。

(5) 产成品资金占用和应收账款始终居高不下，仍是全国医药工业资产运营的瓶颈。截至2002年10月末，全行业流动资产平均余额为1973.72亿元，而产成品资金占用和应收账款净额分别为254.06亿元和567.14亿元，两项合计达821.2亿元，占企业全部流动资金的30%～40%。其中，生物制药行业的两项资金占用比例最低，为37.01%；制药机械行业的两项资金占用比例最高，为52.75%；化学制药行业两项资金占用高于医药工业平均水平1.35个百分点。从总体情况分析，两项资金近年来始终居高不下，不仅成为医药经济发展中多年未能有效缓解瓶颈环节，而且拖累了企业资产运营绩效，影响了医药企业资金流转和行业经济效益的进一步提高。

(6) 资产运营绩效有所提高，销售成本费用有待进一步降低。2002年以来，医药行业各项资产运营主要经济指标均较上年有所提高，其中成本费用利润率为9.27%，较上年未提高0.12个百分点；销售收入增长率超过成本费用增长率1.15个百分点，为全行业的效益增长赢得了一定空间。但细分析成本费用构成情况，其中成本费用增长仍达到16.84%，特别是管理费用增长达到17.53%，仍表现增长过快，抵消了行业部分经济效益，说明降费增效工作亟待重视，营销体制改革急需加快，成本费用需要进一步压缩。

——《中国经营报》

展　会

SARS 诊断试剂盒登堂

包括SARS诊断试剂盒、医用防护服、红外体温速检仪等92项最新“防非”科技成果2003年5月29日在北京海淀展览馆亮相。北京市副市长范伯元在参观展品后说，强有力的科技保障增添了公众战胜疫情的信心。

神秘的SARS诊断试剂盒是第一次在公众面前露面，巴掌大的试剂盒吸引了众多媒体的镜头。据技术人员介绍，将疑似患者的血清放入盒中检测，只需一个小时就能测出结果。目前，该试剂盒正在国内推广使用。

一位身穿洁白医用防护服的展出售货员引起了大家的兴趣，在耀眼的阳光下，防护服内的人员无丝毫汗迹。据工作人员讲，这种防护服透气透热，并可以反复使用。据了解，这种正压式防护服的特点是衣内气压高于外部，衣内湿汽和热量可以排出而外界而病毒不会侵入。

据北京市海淀区副区长于军介绍，虽然“非典”疫情对经济产生了一定的负面影响，但也给一些产业提供了发展的机遇。一大批“防非”技术成果应运而生。此次展出的“应急视讯指挥系统”、“红外测温仪”等高科技产品都是应抗非典的需要推出的。中关村海淀科技园的高新科技企业正在努力促进防控非典经济，以弥补非典带来的损失。

同日，参展企业还纷纷捐款捐物，当场共捐赠达355440元。为防止交叉感染，部分活动都在露天中进行，展区只接待媒体和特邀企业代表。

境内展

展名：中国（中山）国际中西药医疗器械与技术展览会
时间：2003年1月（中山）
周期：一年一届
上届数据：
展出面积（平方米）：5000

展名：2003年（第五届）中国沈阳国际医疗器械设备展览
时间：2003年3月4日～7日（沈阳）
周期：一年一届
上届数据：
展出面积（平方米）：3500
观众人数（人次）：20000
参展商数目（家）：143

展名：2003第八届华南口腔医疗设备暨技术展览会及技术交流会
时间：2003年3月10日～13日（广州）

展名：2003年中原制药机械及药品包装设备展览会
时间：2003年3月13日～16日（郑州）
周期：一年一届

展名：2003云南医疗器械设备与技术展览会
时间：2003年3月15日～21日（昆明）

展名：第十七届成都国际医疗器械及制药设备展览会
时间：2003年3月16日～20日（成都）
周期：一年一届
上届数据：
展出面积（平方米）：3000
其中外国参展面积（平方米）：200
观众人数（人次）：22000
参展商数目（家）：200
其中外国参展商数目（家）：16

展名：第七届西北国际先进医疗器械展览会
时间：2003年3月20日～22日（兰州）
周期：一年一届
上届数据：
展出面积（平方米）：1800
其中外国参展面积（平方米）：800
观众人数（人次）：20000
参展商数目（家）：86
其中外国参展商数目（家）：40

展名：湖北国际制药机械与药品展览会
时间：2003年3月25日～28日（武汉）
周期：一年一届

展名：医疗器械暨药品展览会
时间：2003年3月21日～23日（合肥）

展名：湖北（武汉）第九届国际先进医疗仪器设备展览会
时间：2003年3月25日～28日（武汉）
周期：一年一届
上届数据：
展出面积（平方米）：4800
其中外国参展面积（平方米）：1100
观众人数（人次）：22000
参展商数目（家）：220
其中外国参展商数目（家）：46

展名：2003年中国（厦门）国际保健品展览会
时间：2003年3月28日～4月1日（厦门）

展名：中国东北第五届国际口腔设备及材料展览会暨东三省国际口腔专家学术交流会
时间：2003年4月10日～12日（辽宁工业展览馆）

展名：2003国际制药机械及医用包装设备展览会

时间：2003年4月（上海）
周期：一年一届

展名：2003年中国国际制药原料展览会
时间：2003年4月（上海）
周期：一年一届

展名：第五届中国国际非处方药工业展览会暨研讨会
时间：2003年4月（上海）
周期：一年一届

展名：2003年中国国际医药实验室设备、生物分析及诊断产品展览会
时间：2003年4月（上海）
周期：一年一届

展名：2003年国际医疗器械、康复理疗设备展览会
时间：2003年4月（上海）
周期：一年一届

展名：2003年中国上海生物技术和医药工业展览会暨研讨会
时间：2003年4月（上海）
周期：一年一届

展名：第二届中国（深圳）国际中医药创新技术及产业技术展览会
时间：2003年4月（深圳）
周期：一年一届
上届数据：
展出面积（平方米）：10000

展名：第八届大连国际医疗仪器、卫生设备展览会
大连国际妇女儿童保健品展览会
时间：2003年8月13日～16日（大连）
周期：一年一届

展名：中国天津国际医疗器械展览会
时间：2003年8月20日～22日（天津）
周期：一年一届
上届数据：
展出面积（平方米）：3000
其中外国参展面积（平方米）：80
观众人数（人次）：10000
参展商数目（家）：100
其中外国参展商数目（家）：5

展名：第三届中国国际生物技术展览会
时间：2003 年8月（北京）
周期：一年一届
上届数据：
展出面积（平方米）：3000

展名：2003上海国际危重病和急救医疗设备展
时间：2003年8月（上海）
周期：一年一届

展名：2003年大连国际中老年健康产品展览会
时间：2003年9月27日～30日（大连）
周期：一年一届
上届数据：
展出面积（平方米）：4000
参展商数目（家）：200

展名：2003年大连国际残疾人康复工程展览会
时间：2003年9月27日～30日（大连）
周期：一年一届
上届数据：
展出面积（平方米）：2000
参展商数目（家）：100

展名：中国（广州）国际制药工业展览会
时间：2003年9月（广州）
周期：一年一届

展名：中国（广州）国际医疗器械展览会
时间：2003年9月（广州）
周期：一年一届

展名：中国（广州）国际中药现代化与生物技术展览会
时间：2003年9月（广州）
周期：一年一届

展名：广州国际中老年护理、保健及生活用品展览会
时间：2003年9月（广州）
周期：一年一届
上届数据：
展出面积（平方米）：4000
其中外国参展面积（平方米）：900
观众人数（人次）：50000
参展商数目（家）：200
其中外国参展商数目（家）：20

展名：台北国际医疗器材暨药品展览会
时间：2003年11月7日～10日（台北）

展名：中国天津第四届医药保健品、绿色食品展销订货会
时间：2003年11月21日～24日（天津）
周期：一年一届
上届数据：
展出面积（平方米）：3000
观众人数（人次）：20000
参展商数目（家）：100

展名：2003中国国际卫生材料展览会
时间：2003年11月（上海）
周期：一年一届

展名：2003中医药新技术新产品展览会

时间：2003年下半年（成都）
周期：一年一届
上届数据：
展出面积（平方米）：35000
其中外国参展面积（平方米）：500
观众人数（人次）：100000
参展商数目（家）：500
其中外国参展商数目（家）：20

境外展

展名：2003世界制药原料日本展
时间：2003年4月15日～17日（东京）
周期：一年一届
上届数据：
观众人数（人次）：15000
参展商数目（家）：500

展名：美国东部化工和医药贸易展览会
时间：2003年5月5日～7日（美国）

展名：巴西医药博览会
时间：2003年5月14日～16日（圣保罗）

展名：2003世界制药原料展览会
时间：2003年10月27日～29日（法兰克福）
周期：一年一届
上届数据：
观众人数（人次）：10096
参展商数目（家）：1142

展名：国际医疗技术及设备展
时间：2003年11月23日～25日（杜塞尔多夫）

8．农业行业

行业简况

世界农产品市场的新变化与我国农产品出口发展前景

2002年以来世界农产品市场峰回路转，出现了一些引人瞩目的重要变化，不少产品产量下降，供应紧张，价格出现止跌回升或呈大幅反弹。与此同时，在国际贸易中保护主义抬头，一些农产品，特别是许多劳动密集型产品的出口却继续不断遭遇"技术贸易壁垒"、"绿色贸易壁垒"以及反倾销等百般阻截。这种情况给我国农产品出口带来了良好机遇，但也有严峻挑战。

世界农产品产量长期以来不断有所增长。据联合国粮农组织统计，20世纪60年代世界农产品的产量平均年增2.6%，70年代为2.3%，80年代为2.5%，90年代上半期为2.6%，但近年来增幅逐渐有所减缓，至2000年降至为1.2%，2001更降至为0.6%。2002年以来则不少产品的产量还有绝对下降，有的甚至出现严重减产。

2002年以来，由于受气候不良影响，特别是美国、加拿大、澳大利亚和印度、巴西等地出现了多年来、有的甚至是近百年来少见的严重干旱，使不少农产品的产量严重受损。据统计，继2001/2002年度减产12.3%后，2002/2003年度美国小麦产量再减少17.4%；玉米产量分别减少4.1%和5.3%；大豆和棉花在上年度增产后，2002/2003年度产量也分别减少5.6%和12.3%。2002/2003年度澳大利亚小麦的产量较上年度减少58.3%，羊毛产量更降至其50年来的最低水平。继上年度减产18%后，2002/2003年度印度蓖麻油的产量预计再减13.6%，花生的产量也下降7.9%。加拿大油菜籽的产量继上年度减产28.6%后，2002/2003年度产量预计再减26.2%（降至其13年来的最低水平）。鉴于椰树生长周期的特点，2002年菲律宾椰干产量较上年减少21.6%。此外，为支持和稳定价格，一些国家如泰国、马来西亚和印尼等国2002年达成了减产协议，也使天然橡胶等产量有所下降。

随着产量的减少，供应紧张，2002年以来世界市场许多农产品的价格出现止跌回升，有的甚至出现大幅反弹。据英国《经济学家》编发的"世界初级产品价格指数"（不含石油），其食品饮料类农产品价格指数继上年下降5.2%后，截至2002年12月，较上年同期回升16.2%，农产品原料类价格指数更分别为下降13%和上升25.2%。如分别就各主要商品来看，则2002年尤以咖啡、羊毛和亚麻油等价格升幅为大，同期分别升逾90%；其次，天然橡胶价升76.8%，可可、椰干和茶叶等价格各升逾40%，大豆、豆油、棕榈油、椰油和花生等价格各升逾30%，小麦、棉花和花生油等价格各升逾20%，玉米、蓖麻油和桐油等价格各升逾10%。此外，大米、糖等价格也有不同程度的上升。

但与此同时，随着世界市场竞争的加剧，近年来世界农产品市场上的贸易保护主义抬头，一些国家的反倾销、特别是技术性贸易壁垒（含绿色壁垒）等越来越有所发展和加强，技术壁垒的要求指标越来越严格，实施商品的范围也越来越宽广。如近年来仅针对我国食品土畜类商品的反倾销诉讼即多达30余起，涉及到松香、蜂蜜、大蒜、小龙虾、浓缩苹果汁等多种商品，部分商品还遭到多国起诉，其中有的商品甚至迄今已被征收反倾销税超逾十年。2000年7月起，欧盟开始执行新的茶叶农药残余限量标准，不仅扩大了检测项目，且大幅度提高检测标准，宣布禁止使用的农药从旧标准的29种增至62种，部分农药标准甚至比原标准提高了百倍以上。

2001年7月起，美国对来自中国水产品氯霉素的检测加大了抽样比例，只要有一个样品不合格，整批产品就判为不合格。2002年1月，欧盟以我国出口的禽肉、龙虾制品中所含氯霉素超标为由，宣布全面禁止我国动物源性产品进口。同月，日本以上年中国蔬菜有2.8%抽检不合格为由，开展了一个中国农产品检查强化月的活动，每批进入日本的蔬菜都要检查，过去只检查6种农药，现在要检查40多种。3月，俄罗斯宣布暂停进口中国猪肉、牛肉和家禽肉近一个月。4月，我国出口欧盟的蜂蜜被以"抗生素超标"为由，遭到封杀，对不合格货品予以查封、退货或销毁。随后，日本、加拿大、美国等国也加强了对来自中国蜂蜜的检验。

据粗劣统计，仅2002年，亚洲、欧洲和美洲等地区对中国农产品设置的各种技术壁垒即多达20余项。产品涉及粮食、水果、蔬菜、鸡肉、鳗鱼、小龙虾、茶叶、蜂蜜、大蒜、肠衣、羽毛羽绒及制品等大部分农产品。

世界农产品市场贸易保护主义抬头，贸易壁垒日趋加剧，对我国农产品出口造成了很大的影响，但2002年以来世界农产品市场出现的上述变化仍为我国农产品的出口提供了良好的机遇。据我国海关统计，2002年我国农产品出口为187.8亿美元，较上年增长13%，其中不少大宗农产品出口都有大幅增长，甚至有些原来我主要进口的商品如食用小麦等2002年也开始有所出口。如2002年我国首次出口食用小麦0.5万吨；此外，玉米出口1167万吨，较上年增长94.6%；鲜、冻猪肉16万吨，增长56.9%；鲜、冻对虾2.05万吨，增长93.5%；鲜或冷藏蔬菜240万吨，增长36.1%；鲜苹果43.87 万吨，增长44.5%；等等。

世界农产品市场的发展前景如何呢？从目前情况看来，市场供应暂时还难有变化，价格短期内似仍将持坚或在高位徘徊。但一些主要国家主要农产品的产量在2003年晚些时候可有所回增，供应趋于增长。据预计，由于气候情况好转，2003/04年度美国玉米、小麦和大豆的产量将分别较上年度增长14.4%、6.2%和4%。加拿大和澳大利亚小麦的产量预计也将获得丰收，"将重新夺回其失去的市场份额"。其他一些农产品如茶叶、葵花籽等世界产量也将有所回增或市场供应较充裕。这些影响价格可能出现回落，值得我们严密关注。

由于世界经济复苏缓慢，市场竞争激烈，世界农产品市场贸易保护主义将更趋加剧。据报道，2003年新年伊始，日本便在全国推行"大米身份认证制度"，并有可能将认证范围扩展至蔬菜。同时从2003年起，日本还将用3年时间新设约200种农药残留标准，2006年后，将全面禁止含有未设定标准农药的进口农产品的流通。欧盟委员会2003年2月也通过了新的食品安全议案，旨在加强欧盟各国现行的食品法规，全程监管食品和饮料生产销售，要求有关食品和饲料的进口必须符合欧盟标准。这些情况表明新的贸易壁垒和反倾销等还将不断有所加剧。

一些产品生产回增，价格或将转软，加之贸易保护主义趋于加剧，无疑将为我国未来农产品的出口带来不利影响，另一方面我国农产品的出口仍有不少有利条件。

首先，我国农业综合生产能力已经达到了较高水平，确保了农产品供求的基本平衡，部分产品还存在着季节性和区域上的过剩，农产品数量安全基本解决。

其次，目前我国农产品出口数量仍小，加工程度也低，仍大有发展余地。据已发表的2000年的统计数字来看，该年世界农产品的出口总值为5582.8亿美元，我国仅占2.9%。此外，我国农产品出口量占我国农产品产量的比重也很小，粮食、水果、蔬菜等大宗农产品出口量占生产总量的比例在1%～2%之间，蔬菜更为0.5%左右。与其他国家相比，我国农产品出口的绝对水平也不高，2000年我国农产品出口额仅相当于美国的23%；法国的45%；荷兰的48%。同时，我国粮食、油料、水果、豆类、肉类、蛋类、水产品等产量均占世界首位，但加工程度很低，仅占25%左右，而发达国家加工产品占其总产量的90%以上。因此，我国农产品的出口发展仍有很大潜力。

第三，我国水果、蔬菜等农业经济作物及肉类和水产品等在国际市场上具有较强的竞争优势。例如，目前我国一些主要水果的价格大都低于国际市场价格，其中苹果低41%、鸭梨低79%、柑桔低47%；我国蔬菜由于气候类型复杂，适合各种蔬菜生长，目前菜价仅为国际市场价格的1/5至1/8；我国猪、牛肉出口价格较美国同类产品出口价格分别低42%和53%，这些产品我国出口发展的空间都很大。

第四，我国已采取并继续采取措施，积极应对国外技术贸易壁垒和反倾销等，并陆续取得成效。目前我国已初步建立起农产品质量安全检验检测体系，积极开展了无公害农产品安全认证工作；我国已组织制定农业国家标准400余项，行业标准1200余项，标准范围从农作物种子、种畜禽发展到种植业、畜牧业和饲料工业等各个领域；我国现已颁布6部环境法、13部资源管理法和395项环境保护标准，大体完成了环境立法的框架并积极参与国际环境公约和国际多边协定中环境条款的谈判等。一些方面已取得一定成效。如为应对日本对鸡蛋要求无菌、无药残、无腥味、无激素、低胆固醇、高活力钙……即所谓的"零检测"，我国大连韩伟企业集团经过认真努力，其著名的"咯咯嗒"禽蛋已最终获得了日本冷冻食品检查协会检验合格证书。为此，国家质检总局并已联同有关部门正着手制定自己的"中国蛋品标准"。又如，我国浙江宁海县望府茶业有限公司发展的有机茶，已获得国际认证，出口因而迅速增长，有关这方面的例子还有很多。

可以相信，不管世界农产品市场将发生何种变化，只要我们充分利用、发挥我国的有利条件和竞争优势，积极克服和有效应对种种不利因素的影响，我国农产品的出口仍将极具潜力，市场发展前景依然十分广阔。

——《国际商报》

展　会

第三届长春农博会

为期一周的第三届中国长春国际农业食品博览（交易）会，于2002年8月21日在长春市会展中心落下帷幕。本届农博会人气旺盛，参观人数突破100万人次。吉林省乃至整个东北的优质农产品成了抢手货，许多厂家不得不再三补充货源。

本届展会从开幕到闭幕，每天从早7点到晚6点，始终人如潮涌，农民大约占参观人数的一半，而且外省（市）参加本届农博会的农民占有相当大的比例，主要来自黑龙江、辽宁、内蒙古、河北、河南等省。还有来自22个国家的97个展团、商团和采购团，外国来宾都对长春市和东北地区的农业产生浓厚兴趣。农博会开幕以来，长春市五星级宾馆客房入住率提高50%以上，每天有近万台次运输车辆忙于运人送货。据统计，本届农博会的参会人数超过100万人次，比上届翻了一番多。

第三届长春农博会共签约项目61个，合同金额达68.2亿元，比2001年增加21.8亿元。会上签约的项目中，与国外和港澳台地区企业签约项目17个，占47.2%；投资超亿元的16个，占44.4%；科技含量较高的生态农业、观光农业项目有12个。

据统计，共有13000多种农产品、食品、农机产品参展参赛，近万家中外企业、个体业户和专业户参与经贸活动。7天里共实现现场交易额1.5亿元，是上届农博会的3倍。展会期间，共有1800余种产品与中外客商签订了3400多份订货以及代理合同，合同金额达64.2亿元，是上届的1.6倍。

在科普大集现场，展示推广了25类85种农民急需的农业实用新技术、新品种。16位专家现场讲课答疑、5位科技致富明星现身说法，成为农博会一大亮点。每天从早到晚，前来“赶集”的农民络绎不绝。不少展位前边都排起几百米的长队，现场发放100万份图书和168万份科技资料，专家现场咨询达7.1万人次。展会期间，共成交农机具624台（套），成交金额1100万元，签订订货合同金额5600万元。

第四届国际果蔬博览会

由中国工程院、外经贸部、国家外国专家局等有关部门和联合国亚太经社会、联合国亚太地区农业工程与机械网络、联合国亚太技术转让中心联合主办的第四届国际果蔬博览会于2002年10月17～21日在山东省烟台市举行。

本届会议的主题是：“绿色与未来”。宗旨是通过果蔬科技研讨和产品展示，为国际间在果蔬领域开展技术交流与合作、转让科技成果、促进经贸合作搭建舞台，推动科技进步，提高果蔬业的科技含量，增强企业市场竞争力，加强实现果蔬生产、加工技术和市场的现代化、产业化和国际化。

第四届国际果蔬博览会的内容包括科技研讨、果蔬产品展览和经济技术合作三部分。科技研讨邀请了国内外专家、学者就果蔬领域相关技术作专题演讲和研讨，内容包括果蔬育种、栽培、植保技术及其产业化，果蔬贮藏、保鲜、加工及包装技术，果蔬企业管理和市场开发等。展览有展位800个，参展行业包括果蔬良种苗木，栽培技术与设备，园艺工具，采收、保鲜贮藏设备，果蔬产品及加工产品，加工技术与设备，包装材料与设备，自动化控制及温室工程，无公害化技术及设备，绿色食品系列，加工机械及农用机械，农业生产资料，果蔬新技术、新成果等。经济技术合作包括创汇农业项目的推介洽谈，果蔬及相关农副产品的贸易成交；果蔬新技术、新成果的转让等。

经国务院批准，国际果蔬博览会成为国家重大对外经贸活动的年度例会，每年10月在烟台市举行。烟台市已连续成功地举办了三届国际果蔬博览会。

2002青岛国际农产品交易会

由国家有关部委支持，青岛市人民政府主办以及日中贸易促进协会、美国颐德基金开发管理集团、上海富利农农业发展有限公司、伊藤忠、日商岩井、小松电器、中国巨龙新闻集团等协办的2002青岛国际农产品交易会于2002年11月5～9日在青岛国际会展中心举办。

本届农产品交易会的主题是扩大农产品的国际交易，提高我国农产品在国际市场上的竞争力，建设规范化的农产品生产、加工、出口基地。本届交易会呈现三大亮点：一是有许多国内相关农产品协会和企业集中亮相，包括一百多家中国优质农产品协会成员企业、一百多家国家级农产品龙头企业、一百多家山东省、青岛市农产品龙头企业，几十家海外企业等；二是一大批国际采购商云集展会，其中国际知名连锁采购商和世界五百强企业有伊藤忠株式会社、住友商事、三井物产、丸红株式会社、日本日棉、岩谷、日商岩井、住友商事、日本东食、富士通商、日本全农联合会、日本株式会社、天津大荣等日本大型商社及韩国三星、AROMA有限公司、泰国易初莲花、美国汉商、意大利新大等，在国内的著名连锁零售商如家乐福、佳世客、百盛、麦德龙、普尔斯玛特、法宝等采购中心，和各地的外贸进出口公司亦来参会；三是海关、商检、外经贸、货代、船代、物流等服务机构提供售后快捷的服务，以降低交易成本。另外，本届交易会还举办了专题论坛活动，主题为“建设国际化的菜篮子”。

首届秦皇岛苗交会

“2003年全国苗木展示交易会暨第三届河北省春季造林苗木招标调剂大会”于2003年2月18～20日在秦皇岛市奥林匹克体育中心举办。该会是由河北省林业局主办，河北省林木种苗协会、秦皇岛市林业局和秦皇岛典石会展有限公司共同承办的。

本次展会虽然是首届，但却吸引了全国22个省、市、自治区的200余家苗木企业参展，来自全国各地的数千采购商到会洽谈，本次展会苗木现场成交量为1285万株、成交额2145万元、签订购销意向合同1219份，其实际成效之显著，一时间在苗木行业内引起了强烈反响，给一直低调的苗木展带来了一个小小的高潮和一些起色，给对“展览”这一市场流通渠道有些失望的苗农们增加了一些信心。

本届苗木展之所以取得成功，主要有以下因素：

一、市场需求旺盛

展会的定位是至关重要的，该展会定位于苗木展就是因为：

(1) 当前“退耕还林还草”是我国“农村经济结构调整”的一项重大举措，是潜力巨大的朝阳产业，国家高度重视，政策大力扶持——选定苗木行业展，借助这一强劲的“东风”，必将事半功倍。

(2) 随着“林业六大重点工程的推进”、“西部大开发战略的实施”、“三北防护林建设”、“申奥成功”等工作的开展，苗木行业蓬勃兴起、初具规模——选定苗木行业展，已具备了广阔的市场，是有强大生命力的。

(3) 苗木产业和其他行业一样，新品种、新技术需要引进，成功经验需要交流，苗木市场亟待一种有效的途径引导——选定苗木行业展，是以市场为导向、符合市场经济运作规律的。

二、策划周详

为了掌握苗木展现状的第一手资料，该展会组委会通过直接参展，与参展商面对面交流，电话采访，走访，问卷调查等多种方式进行了深入调研，广泛听取大家的想法、交换意见，找到问题所在，并对自己的展会进行了全面策划：

(1) 地点：我国农业方面的展会大多都集中在南方或东北地区，而秦皇岛是连接东北与华北的枢纽、交通便利，市政府对生态环境建设高度重视，定位在这里，将更好地为东三省和西北地区交流苗木信息和搭建市场交易平台服务。

(2) 性质：现展会普遍存在覆盖面大而广，内容多且杂的现象，针对性不强，为此本次展会只针对苗木这一单一产业，力争做细做精。

(3) 时间：现展会普遍集中秋天，而2月份既是空闲时节，又是最佳的植树造林购苗的决策时期和交易时机。

(4) 创建一个品牌化的展览会是长远发展的根本，不能急功近利，而办一次实实在在为广大参展商服务的大会才是出发点。为确保展会的实际效益，在会上对河北春季造林所需苗木进行公开招标和举办以发布苗木需求信息为主的信息发布会，使买卖双方充分交流与洽谈，是本次展会注重实效的“卖点”，同时也将为展会的品牌化打下坚实基础。

三、客户至上

参展商的效益是展览综合效益的重要体现，本届展会的一切活动都是围绕“努力协助提高参展商的效益”展开的。

本届苗木展交会的成功举办留给业界一个启示：一个成功的展会是行业内进行经济合作与交流的重要平台和途径，一个成功展会的运作过程更是一个以市场为导向、以广泛的调查为基础、以科学的分析为保障，加之严密而扎实的工作作风、积极而端正的办展态度，环环相扣、有机联系的整体运作过程。

该展会组委会表示希望通过自身的不断努力，进一步以市场为导向，按照会展业规范的运作方式，提高办展水平，以本届展会的成功举办为基础，紧跟苗木行业发展的步伐，以满足广大苗木企业的需求、为其搭建起卓有成效的“绿色平台，绿色通道”为己任，争取把秦皇岛第二届苗交会办得更加规范化、专业化，并逐步做出自己的品牌以回报社会。

境内展

展名：第五届中国国际林业、木业机械与供应展览
时间：2003年2月25日～28日（沈阳）
周期：一年两届
上届数据：
　展出面积（平方米）：2750
　其中外国参展面积（平方米）：45
　观众人数（人次）：50000
　参展商数目（家）：280
　其中外国参展商数目（家）：5

展名：2003北方（沈阳）春季林业种苗、花卉交易会及辽宁省政府造林苗木采购信息交流会
时间：2003年3月7日～8日（沈阳）
周期：一年两届
上届数据：
　展出面积（平方米）：2750
　其中外国参展面积（平方米）：45
　观众人数（人次）：50000
　参展商数目（家）：280
　其中外国参展商数目（家）：5

展名：中国国际苗圃、营林、园艺技术与设备展览会暨研讨会
时间：2003年3月10日～12日（北京）
周期：两年一届
上届数据：
　展出面积（平方米）：3000

展名：全国春季农业机械订货会
时间：2003年3月23日～25日（廊坊）

展名：第三届中国（广州）国际畜牧业暨饲料工业展览会
时间：2003年3月26日～28日（广州）
周期：一年一届
上届数据：
展出面积（平方米）：5800
其中外国参展面积（平方米）：1200
观众人数（人次）：10805
参展商数目（家）：238
其中外国参展商数目（家）：39

展名：第三届东北国际节水灌溉及温室技术设备展览会暨第二届东北国际园艺花卉
时间：2003年3月27日～29日（沈阳）
周期：一年一届
上届数据：
展出面积（平方米）：3500
参展商数目（家）：95

展名：第三届东北国际畜牧、饲料工业展览会
时间：2003年3月27日～29日（沈阳）
周期：一年一届
上届数据：
展出面积（平方米）：1300
参展商数目（家）：75

展名：2003年中国河南国际现代农业博览会
时间：2003年3月（郑州）
周期：两年一届

展名：第二届中国江苏国际农业机械产品及机械技术展览
时间：2003年4月2日～5日（南京）
周期：两年一届
上届数据：
展出面积（平方米）：10000
观众人数（人次）：23000
参展商数目（家）：280
其中外国参展商数目（家）：50

展名：2003江苏（第二届）畜牧家禽水产及饲料工业展览会
时间：2003 年4月10日～12日（南京）
周期：一年一届
上届数据：
展出面积（平方米）：5000
其中外国参展面积（平方米）：1000
观众人数（人次）：10000
参展商数目（家）：211
其中外国参展商数目（家）：26

展名：中国国际花卉园艺展览会
时间：2003年4月16日～19日（上海）
周期：一年一届
上届数据：
展出面积（平方米）：10000
其中外国参展面积（平方米）：1200
观众人数（人次）：40000
参展商数目（家）：250
其中外国参展商数目（家）：52

展名：2003中国（昆明）第五届世界马铃薯大会
时间：2003年4月18日～24日（昆明）

展名：中国国际花卉园艺展览会
时间：4月20日左右（北京）
周期：一年一届
上届数据：
展出面积（平方米）：12000
其中外国参展面积（平方米）：约5000
观众人数（人次）：20000
参展商数目（家）：250
其中外国参展商数目（家）：45

展名：2003年中国（寿光）国际蔬菜科技博览会
时间：2003年4月20日～5月7日（寿光）
周期：一年一届
上届数据：
展出面积（平方米）：20000
其中外国参展面积（平方米）：5000
观众人数（人次）：
参展商数目（家）：910
其中外国参展商数目（家）：72

展名：中国国际农牧业及食品工业展览会
时间：2003年4月23日～25日（北京）
周期：一年一届
上届数据：
展出面积（平方米）：6000
其中外国参展面积（平方米）：3000
观众人数（人次）：15000
参展商数目（家）：202
其中外国参展商数目（家）：112

展名：湖南种子、植保、畜牧业和饲料工业展览会
时间：2003年4月（长沙）
周期：一年一届
上届数据：
展出面积（平方米）：3000
观众人数（人次）：4000
参展商数目（家）：250

展名：2003年中国长春国际农业食品（交易）博览会
时间：2003年8月15日～21日（长春）

展名：中国国际海鲜展览会

时间：2003 年 8 月 27 日～29 日（上海）

展名：2003 北京国际养猪研讨会暨展览会
时间：2003 年 9 月 9 日～12 日（北京）

展名：第四届（廊坊）中国林果种苗花卉洽谈交易会
时间：2003 年 9 月 18 日（廊坊）

展名：第四届全国农业高新技术成果产品交流交易会
时间：2003 年 9 月 20 日～22 日（合肥）

展名：2003 中国国际灌溉展览会
时间：2003 年 9 月 23 日～25 日（北京）
周期：一年一届
上届数据：
　展出面积（平方米）：1500
　其中外国参展面积（平方米）：500
　观众人数（人次）：4000
　参展商数目（家）：132
　其中外国参展商数目（家）：37

展名：第五届国际果蔬博览会
时间：2003 年 9 月 23 日～27 日（烟台）
周期：一年一届

展名：2003 中国（昆明）国际花卉展览会
时间：2003 年 10 月 13 日～19 日（昆明）

展名：2003 青岛国际农产品交易会
时间：2003 年 10 月 17 日～19 日（青岛）
周期：一年一届
上届数据：
　展出面积（平方米）：12000
　其中外国参展面积（平方米）：1800
　观众人数（人次）：35000
　参展商数目（家）：288
　其中外国参展商数目（家）：43

展名：中国国际水产养殖展览会
时间：2003 年 10 月 29 日～31 日（上海）
周期：一年一届
上届数据：
　展出面积（平方米）：1500
　其中外国参展面积（平方米）：500
　观众人数（人次）：17000
　参展商数目（家）：150
　其中外国参展商数目（家）：60

展名：中国国际渔业博览会
时间：2003 年 10 月 29 日～31 日（上海）
周期：一年一届
上届数据：
　展出面积（平方米）：12000
　其中外国参展面积（平方米）：4500
　观众人数（人次）：20000
　参展商数目（家）：580
　其中外国参展商数目（家）：260

展名：中国国际草业及林业展览会
时间：2003 年 10 月（上海）
周期：一年一届
上届数据：
　展出面积（平方米）：6000
　其中外国参展面积（平方米）：200

展名：第二届东南亚（南宁）农业博览会
时间：2003 年 11 月（南宁）
周期：一年一届

展名：第二届全国农业生产资料科技（寿光）展览会
时间：2003 年 11 月下旬（寿光）
周期：一年一届
上届数据：
　展出面积（平方米）：10000
　其中外国参展面积（平方米）：1000
　观众人数（人次）：20000
　参展商数目（家）：230
　其中外国参展商数目（家）：18

境外展

展名：国际农业设备及技术展
时间：2003 年 2 月 23 日～27 日（巴黎）
周期：两年一届
　观众人数（人次）：182000
　参展商数目（家）：1329

展名：国际园艺花卉用具及城市绿化设备展
时间：2003 年 9 月 15 日～17 日（巴黎）
周期：一年一届

展名：2003 年肯尼亚内罗毕国际农业和工业展
时间：2003 年 9 月 30 日～10 月 5 日（内罗毕）
周期：一年一届
上届数据：
　展出面积（平方米）：200000
　观众人数（人次）：420000

展名：花园用品、布景用品、灯具、家具和配件
时间：2003 年 10 月 22 日～23 日（多伦多）

9. 能源行业展会

展名：中国东北第三届国际太阳能、新能源、再生能源技术设备展览会
时间：2003年3月26日～29日（沈阳）

展名：2003中国（沈阳）国际矿业安全生产、矿业技术设备及相关产品展览会
时间：2003年4月3日～5日（沈阳）
周期：一年一届

展名：第六届中国东北国际电力、电工及电机工程展览会
时间：2003年4月10日～12日（沈阳）

展名：第三届新疆国际电源、电池博览会
时间：2003年4月17日～19日（乌鲁木齐）
周期：两年一届
上届数据：
展出面积（平方米）：2500
其中外国参展面积（平方米）：1000
观众人数（人次）：10000
参展商数目（家）：150
其中外国参展商数目（家）：14

展名：2003年中国昆明能源、环保产业博览会
时间：2003年4月24日～27日（昆明）

展名：2003西安国际电力电子与电气传动展览会
时间：2003年8月16日～18日（西安）
周期：一年两届
上届数据：
展出面积（平方米）：6000
其中外国参展面积（平方米）：1300
观众人数（人次）：20000
参展商数目（家）：120
其中外国参展商数目（家）：25

展名：第九届成都国际供用电专业设备展览会
时间：2003年9月9日～12日（成都）
周期：一年一届
上届数据：
展出面积（平方米）：7000
其中外国参展面积（平方米）：5000
观众人数（人次）：15000
参展商数目（家）：300
其中外国参展商数目（家）：80

展名：第七届成都国际大型水电设备及水利工作展览会
时间：2003年9月9日～12日（成都）
周期：两年一届

展名：第三届昆明国际电力、电气、电工、基础能源及可再生能源技术与设备专业展览及会议
时间：2003年9月（昆明）
周期：两年一届
上届数据：
展出面积（平方米）：8000

展名：第七届中国国际电力设备及技术展览会
时间：2003年10月17日～20日（北京）
周期：一年一届
上届数据：
展出面积（平方米）：8000
其中外国参展面积（平方米）：2000
观众人数（人次）：30000
参展商数目（家）：144
其中外国参展商数目（家）：40

展名：中国（上海）国际电力电子、电气传动与电源展览会
时间：2003年11月2日～6日（上海）
周期：一年一届

展名：2003中国（北京）国际节能环保产品技术设备博览会
时间：2003年11月4日～6日（北京）
周期：一年一届
上届数据：
展出面积（平方米）：3600
其中外国参展面积（平方米）：600
观众人数（人次）：40000
参展商数目（家）：110
其中外国参展商数目（家）：20

展名：第四届上海国际电力设备及技术展览会
时间：2003年11月11日～14日（上海）
周期：一年一届
上届数据：
展出面积（平方米）：8000
观众人数（人次）：25000
参展商数目（家）：160

展名：2003亚洲国际能源技术与设备展览会暨第七届国际电工装备与技术交流会
时间：2003年11月18日～21日（上海）
周期：一年一届
上届数据：
展出面积（平方米）：1500
其中外国参展面积（平方米）：500
观众人数（人次）：20193
参展商数目（家）：80
其中外国参展商数目（家）：12

展名：第五届中国国际电源技术与产品展览会暨国际UPS、蓄电池及通信电源展

时间：2003年11月（上海）
周期：一年一届
上届数据：
展出面积（平方米）：7000

展名：第十届国际燃气技术和设备展览会
时间：2003年11月（上海）
周期：两年一届
上届数据：
展出面积（平方米）：6000
其中外国参展面积（平方米）：1500
观众人数（人次）：30000
参展商数目（家）：130
其中外国参展商数目（家）：45

10. 环保行业

行业简况

中国环保产业市场前景可观

中国环保产业的市场很大，前景不错。

潜力比较大的是城市污水处理厂、垃圾处理厂、汽车尾气治理等，还有环保咨询服务业现在也比较薄弱。这些领域都有很大的市场，应该说外国企业进入中国的市场没有什么障碍。

据中国环保局负责人介绍，中国环保投入应至少提高0.3个百分点，占到中国GDP 的1.5%。

据了解，过去5年当中，中国用于环境保护生态建设的总投入是人民币5800亿元，占同期GDP的1.2%左右，其中用于污染治理的大体上是4800亿元到4900亿元。

关于环保投入的合适比例，根据国外的一些经验我国的一些实践体会，如果环保投入、污染治理投入占GDP的1.5%，大体上就能控制；如果超过1.5%，就能够改善；如果低于这个比例，说明这个地区的污染只能减少；再低，就说明只能污染了。

在水市场领域，德国、法国水务公司已抢先进入中国。2002年6月初，德国柏林水务公司在天津市经济技术开发区投资建立了合资水务公司；接着上海自来水浦东公司与法国著名的威望迪集团成立合资公司，这是外资全面进入中国水市场的开始。

然而在垃圾处理领域，外资却还未启动。国家环境保护总局外经办副主任罗高来在2002年10月中旬该局举行的新闻发布会上透露，“九五”期间，中国年垃圾产生量为1.4亿吨，处理率为63%，但真正达到无害化处理的不到10%。

据悉，中国大中城市近千座垃圾填埋场中有90%仍是简易的堆放。罗高来说，这种原始的处理方式给环境带来巨大的危害，除造成土壤、地下水、生物和周边环境污染以及潜伏着对人们财产、生命的安全威胁外，以甲烷为主要成分的垃圾填埋气，又是形成全球温室效应的主要温室气体之一。

同样在大气治理上，外资也未进入。据2003年1月初CCTV报道，在全国471个城市中，有209个城市的空气质量达到国家二级标准，占统计城市的44.4%，空气中二氧化硫平均浓度和总悬浮颗粒物浓度与2001年相比均有所下降。其中，天津、秦皇岛、石家庄、兰州、乌鲁木齐、太原、西宁等城市空气质量明显改善。

但是目前仍有超过一半的城市空气质量处于污染状态。在这些城市中，人口超过百万的特大城市空气污染更加突出，颗粒物仍然是影响我国城市空气质量的首要污染物，有53.5%的城市颗粒物浓度没有达到国家二级标准。

在中国政府与联合国合作中，中国政府态度积极。中国政府于1993年签署了《联合国气候变化框架公约》。2002年中国政府官员在南非约翰内斯堡召开的可持续发展世界首脑会议上宣布了中国已核准《〈联合国气候变化框架公约〉京都议定书》。

在上述环保领域，中国的环保市场巨大，而资金缺口也大，中资企业难于按市场要求运作，外资介入后，必将有收获。

——《国际商报》

展　会

首届中国国际环境监测仪器展

国家环保总局于2002年10月29日至31日在北京首次举办中国国际环境监测仪器展览。此次展览是面向国际的环境监测领域的大型专业展览会，也是我国惟一最有权威性的环境监测仪器展览会。

此次展会以多板块、多方位的形式涉及了环境监测仪器的多个领域，包括环境水质和废水在线自动监测系统，废气污染源在线自动监测系统，空气地面自动监测系统，单项气体污染物采样和监测专用仪器设备，单项水质污染物采样和监测专用设备，环境污染事故应急监测仪器设备，放射性、噪声、振动、光、热测定仪和自动监测系统，信息处理和传输及其他特殊监测的仪器和设备或装备，实验室常规分析仪器设备，各种污染治理设施监控仪表等。展会期间，组委会还组织众多企业、专家学者就目前国内国际共同关心的环境监测科技前沿课题进行探讨，同时国家计委、国家环保总局、中国环境监测总站还就我国环境监测的管理、投资和国产化方向以及技术的发展方向进行专题讲座。

此次有国内生产、销售环境监测仪器的150多家知名厂商、公司参展，以占领“十五”期间以及未来环境监测市场。

境内展

展名：西部环保节能、化工泵、阀装备展暨锅炉、压力容器、燃气展览会
时间：2003年2月27日～3月1日（成都）
周期：一年一届
上届数据：
展出面积（平方米）：4000
其中外国参展面积（平方米）：500
观众人数（人次）：8000
参展商数目（家）：190

展名：（第三届）中国国际管道工业展览会
时间：2003年3月10日～12日（北京）
周期：一年一届
上届数据：
展出面积（平方米）：4000
其中外国参展面积（平方米）：200
观众人数（人次）：7800
参展商数目（家）：258
其中外国参展商数目（家）：32

展名：第四届中国（广州）国际给排水、水处理技术与设备展览会暨第三届中国（广州）国际泵、阀门、管道展览会
时间：2003年3月10日～12日（广州）
周期：一年一届
上届数据：
展出面积（平方米）：8000
其中外国参展面积（平方米）：600
观众人数（人次）：12300
参展商数目（家）：231
其中外国参展商数目（家）：32

展名：第三届青岛国际水工业、泵阀管道及空调制冷燃气展览会
时间：2003年3月26日～28日（青岛）
周期：一年一届

展名：上海国际工业除尘及烟气净化技术设备展览会
时间：2003年3月26日～28日（上海）
周期：一年一届
上届数据：
展出面积（平方米）：4000

展名：第四届中国国际环保给排水水处理燃气技术及设备展览会
时间：2003年4月3日～5日（北京）

展名：东北第四届国际供水、水处理及泵阀管道展览会
时间：2003年4月10日～12日（沈阳）

展名：第三届河北给排水及水处理技术设备展览会
时间：2003年4月17日～20日（石家庄）
周期：一年一届
上届数据：
展出面积（平方米）：2500
其中外国参展面积（平方米）：300
参展商数目（家）：70
其中外国参展商数目（家）：6

展名：2003年中国昆明能源、环保产业博览会
时间：2003年4月24日～27日（昆明）

展名：2003湖北国际环保技术与装备展览会
时间：2003年4月（武汉）
周期：两年一届

展名：2003年中国国际环境保护博览会
时间：2003年9月5日～7日（大连）
周期：一年一届

展名：第二届中国（广州）国际环境保护技术及产品展览会
时间：2003年8月5日～11日（广州）
周期：一年一届
上届数据：
展出面积（平方米）：5000

展名：第六届中国国际水技术与装备展览会
时间：2003年8月（北京）
周期：一年一届
上届数据：
展出面积（平方米）：4000

展名：2003年中国国际环境保护博览会
时间：2003年9月5日～7日（大连）
周期：一年一届

展名：2003中国桂林国际环境博览会
时间：2003年10月28日～30日（桂林）
周期：一年一届
上届数据：
展出面积（平方米）：3000
观众人数（人次）：15000
参展商数目（家）：125

展名：第二届上海国际固体废弃物专用设备及清洁设备与技

术展览会
时间：2003年10月（上海）
周期：一年一届
上届数据：
展出面积（平方米）：4000
其中外国参展面积（平方米）：500
观众人数（人次）：18000
参展商数目（家）：70
其中外国参展商数目（家）：10

展名：第三届国际环保技术与装备展览会
时间：2003年10月（上海）
周期：一年一届
上届数据：
展出面积（平方米）：6000
观众人数（人次）：20000

展名：2003中国（北京）国际节能环保产品技术设备博览会
时间：2003年11月4日～6日（北京）
周期：一年一届
上届数据：
展出面积（平方米）：3600
其中外国参展面积（平方米）：600
观众人数（人次）：40000
参展商数目（家）：110
其中外国参展商数目（家）：20

展名：广州国际环保技术及产品展览会
时间：2003年11月（广州）
周期：一年一届
上届数据：
展出面积（平方米）：10000
其中外国参展面积（平方米）：2000
观众人数（人次）：50000
参展商数目（家）：300
其中外国参展商数目（家）：50

境外展

展名：柏林国际水利技术、污水处理展览会
时间：2003年4月7日～11日（柏林）

展名：国际废物处理及再利用展
时间：2003年9月23日～27日（科隆）

展名：2003美国城市污水处理大展
时间：2003年10月11日～15日（洛杉矶）

展名：国际环保工业展
时间：2003年12月2日～5日（巴黎）
周期：一年一届（逢双年在里昂举办，逢单年在巴黎举办）
上届数据：
展出面积（平方米）：95000
观众人数（人次）：68352
参展商数目（家）：2116

11. 造纸、印刷、包装行业

行业简况

造纸业：消费增长　供求趋衡

有关专家预测，2003年造纸行业会呈现3大发展特征：一是纸张消费量持续增长，市场仍具有发展空间，但纸张的供需缺口会逐步缩小；二是造纸企业业绩分化明显；三是行业的结构调整和市场整合速度加快，行业集约度将大幅提高。

2003年造纸行业投资机会主要集中在以下两类公司：规模和产品档次在国内居于前列、业绩有较大增长的公司；通过发展主业或资产重组，预计实现扭亏的公司。

2002年：造纸业产销两旺

由于市场需求的拉动以及国家产业政策和资金的重点支持，造纸全行业在2002年保持了较好的发展态势，前11个月全国造纸企业的产量和销售收入较上年同期有较大幅度的增长。其中，1月至10月国内机制纸和纸板的生产量分别较2001年同期上升了19.8%和18.8%；而机制纸和纸板的销售收入1月至10月达到1557.86亿元，较2001年同期增长15.5%。

2002年，全国工业企业的经营状况较2001年同期有很大的提高，而造纸行业利润的增长则远远超过了全国工业的平均水平。从国家统计局的统计数据来看，1月至10月造纸行业的利润增长较2001年同期上升了64%。表现最为突出的时期是2002年2月，造纸企业的利润总额较2001年同期有150%的升幅。

从华通数据网所公布的企业财务指标来看，导致造纸业利润迅速增长的原因在于产品销售收入的增长速度远远大于企业生产和销售成本的增长速度，同时在企业总体规模扩大的情况下，亏损企业数量和亏损额大幅度减少和降低。

专家分析，2002年整个造纸行业出现良好增长势头的主要原因在于：

一、国家对造纸行业的投资力度加大，重点企业技改项目的效益开始显现。1999年、2000年和2001年，国家增发国债资金中分别有90亿元、105亿元和70.4亿元用于技改，而造纸被确定为“六个半标志性目标”之一，得到了重点支持。目前造纸业国债技改项目已经实施了21项，总投资140亿元，其中贷款82亿元，重点行业的核心竞争力得到了明显增强。

二、部分外资企业和民营企业获得了长足发展。外资企业由于投资规模大和技术水平先进，一直在行业发展中占据重要地位。而2002年我国发布的《外商投资产业指导目录》，把化学木浆、原料林基地建设和部分高档纸及纸板生产列入鼓励外商投资的产业目录后，外资发展速度明显加快，势头直逼国内纸业。

三、国家进一步加大对中小企业的结构性调整，亏损企业数的逐步减少为行业整体效益的提升做出了贡献。造纸企业属资金密集型行业，规模的大小在很大程度上决定企业的经济效益。近年来，国家对行业内中小企业进行结构性调整的力度逐步加大，部分地区对年生产能力小于1万吨的企业进行关、停、并、转，这在一定程度上保证了企业的规模化运营。

2003年：整合速度将加快

根据中国造纸协会的预测，至2005年，国内纸及纸板消费总量将达到5千万吨，年均增长率在6%以上。因此，虽然国际市场环境在近两年来动荡较大，但国内宏观经济的稳定为造纸行业的发展提供了良好的支撑，2003年造纸业总体在国家政策的扶持下继续保持2002年的良好态势。尤其是国际市场需求发展较快的低克新闻纸、轻量涂布印刷纸、高强瓦楞纸等主要品种在国内市场的需求同样呈快速增长趋势。随着造纸行业规模的进一步发展，2003年造纸行业出现以下趋势特征：

——纸张消费量持续增长，市场仍具有发展空间，但随着很多国外企业和新企业的进入，2003年纸张的供需缺口逐步缩小。

——税率逐年降低，在今后几年将持续对国内企业产生冲击。

我国加入世贸组织后，各种纸产品关税减让已经确定，2002年纸产品平均关税由15.2%降至9.7%，平均降税幅度大约36%，对国内同类产品冲击很大。2002年最高关税26.3%（卷烟纸），最低关税7.2%（牛皮纸和纸板）。具体产品的情况是：新闻纸至2006年降至5%，是过渡期最长的一个品种；涂布纸2002年起下调9%，至2004年降至5%，其降幅大且过渡期短；包装纸类的各种纸及纸板自2002年起下调至7.2%～9.4%，至2004年下调至2%、5%、7.5%；卷烟纸调幅最大，由2002年的26.3%下调至2005年的7.5%；原税率较高的加工纸及纸制品多数由2002年的9%～16.3%，至2004年或2005年下调至7.5%。

税率的逐年降低将持续对国内企业产生冲击，因此国内造纸企业应充分利用好过渡期，加快调整产品结构，提高质量、降低成本、提升竞争力。

——造纸企业业绩分化明显。生产高档纸张产品的企业业绩明显优于定位在中低档产品的企业，中高档纸张在行业中的比重将大幅提高。

造纸行业在2002年整体表现良好，但企业业绩分化严重，一些中高档纸张产品的需求进一步加大，因此出现高档纸张产品的企业业绩明显优于定位在中低档产品的企业状况。在市场竞争日趋激烈的情况下，这种现象可能在2003年表现得更加明显。根据有关部门的报告，以下几种纸类被列为最有发展潜力的纸种：低克新闻纸、轻量涂布印刷纸、高强瓦楞纸、高档涂布牛皮纸和高档涂布牛卡、漂白牛皮纸、A级卷烟纸和汽车空气过滤纸。

——行业的结构调整和市场整合速度加快，行业集约度大幅提高。

从国际纸业发展趋势来看，并购重组加剧，生产集中度越来越高，世界上前20位的造纸企业产量合计已占世界总量的40%以上，对此国内企业面临着巨大的挑战。因此，造纸企业需要实施做强做大的战略，提高企业的核心竞争力。20世纪90年代以来，国内部分小规模的造纸业已经被关闭或整合，但目前造纸企业仍然存在数量多、规模小的问题。企业国际化和规模大型化正成为制浆造纸企业新的发展趋势，因此纸业的集中度将继续提高。从目前造纸类上市公司来看，晨鸣纸业和华泰股份已经成为纸业公司规模扩张成功的典范，而另外一些中小型公司如山鹰纸业等正努力通过各种渠道筹集资金进行生产能力的扩张。

——《国际商报》

展　会

第十届华南地区国际印刷设备及印刷工业展览会

由中国对外贸易中心（集团）及香港雅式展览服务有限公司主办，中国对外贸易广州展览公司承办，并由广东省包装技术协会及广东省印刷协会协办的“第十届华南地区国际印刷设备及印刷工业展览会”（简称“2003华南国际印刷展”）及“第三届华南地区国际数码影像展览会”（简称“2003华南国际数码影像展”）于2003年3月25～28日在广州广交会会场举行。来自德国、印度、日本、韩国、中国台湾省及香港特别行政区的100多家知名展商参与此次盛会。

参展企业有：爱克发、旭化成、艾利丹尼森、豹驰、北京高术（代理日本网屏）、博世力士乐、美国纸源、城市印刷材料（代理旭化成）、城市印刷器材、大鹏、大日精化、爱卡、瑞士大昌洋行、爱普生、鸿业、富士星光、富士印刷器材、巨山、金汉、济南兰光、嘉铭、祺昌号、琳得科、曼罗兰、马可印刷器材、彩通、蓝泰、世林、赛天使数码印刷、东洋油墨、美国联合（代理麦安迪）、北京伟伯康、爱色丽等。

由于展品种类众多，大会特设展题专区，包括：柔板专区、柯式专区、模切专区、商标及不干胶专区、数码影像及广告专区以及瓦楞纸业专区。

另外，大会于3月26及27日在中国大酒店举行一系列研讨会，主题为柔板印刷技术、数码影像技术及柯式印刷技术。

此次展览获得香港印刷业商会、香港印艺学会、香港瓦楞纸业厂商会及全美印刷、出版和纸品加工技术供应商协会赞助，而穿梭于香港及广州的广九直通车更是从1999年起就成为大会指定铁路，可见展会在华南地区的影响力。

境内展

展名：2003温州国际包装工业展览会暨温州国际印刷工业设备及材料展
时间：2003年2月20日～22日（温州）
周期：一年一届

展名：2003中国武汉报业及配套技术设备展览会
时间：2003年3月13日～15日（武汉）

展名：2003年第四届中原广告四新及印刷设备展览会
时间：2003年3月17日～21日（郑州）

展名：第十届华南地区国际印前设备及印刷工业展览会
时间：2003年3月25日～28日（广州）
周期：一年一届
上届数据：
展出面积（平方米）：11951
其中外国参展面积（平方米）：2900
观众人数（人次）：30000
参展商数目（家）：368
其中外国参展商数目（家）：160

展名：第三届华南地区国际数码影像展览会
时间：2003年3月25日～28日（广州）
周期：一年一届
上届数据：
展出面积（平方米）：6000
观众人数（人次）：18500
参展商数目（家）：100

展名：济南第四届国际广告印刷包装技术展览会
时间：2003年3月26日～29日（济南）
周期：一年一届
上届数据：
展出面积（平方米）：2500
其中外国参展面积（平方米）：300
观众人数（人次）：20000
参展商数目（家）：100
其中外国参展商数目（家）：12

展名：第三届中国（东莞）国际金属、模具、橡胶及包装工业展
时间：2003年4月2日～5日（东莞）

展名：2003年云南印刷包装机械暨物资展览会
时间：2003年4月7日～14日（昆明）

展名：第三届上海国际包装和食品加工技术展
时间：2003年4月9日～11日（上海）
周期：一年一届
上届数据：
展出面积（平方米）：8000
其中外国参展面积（平方米）：1500
观众人数（人次）：20000
参展商数目（家）：134
其中外国参展商数目（家）：37

展名：长春第五届印前设备及印刷工业展览会
时间：2003年4月10日～13日（长春）

展名：中国国际瓦楞纸展览会及会议
时间：2003年9月24日～26日
周期：一年一届
上届数据：
展出面积（平方米）：9000
其中外国参展面积（平方米）：6000
观众人数（人次）：15000
参展商数目（家）：230
其中外国参展商数目（家）：100多

展名：大连国际印刷工业及广告技术和设备展览会
时间：2003年9月28日～30日（大连）
周期：一年一届

展名：2003四川印刷工业展
时间：2003年9月（成都）
周期：一年一届
上届数据：
展出面积（平方米）：10000
其中外国参展面积（平方米）：1000

展名：中国国际包装装潢印刷技术与设备展
时间：2003年10月29日～11月1日（北京）
周期：一年一届

展名：中国国际包装科技展
时间：2003年10月29日～11月1日（北京）

周期：一年一届
上届数据：
展出面积（平方米）：10000
其中外国参展面积（平方米）：4000
观众人数（人次）：30000
参展商数目（家）：约200
其中外国参展商数目（家）：60

展名：第三届国际造纸工业、纸张、纸类制品加工，包装印刷机械及材料展览会
时间：2003年11月18日～21日（上海）
周期：四年一届
上届数据：
展出面积（平方米）：8000
其中外国参展面积（平方米）：3000
观众人数（人次）：20000
参展商数目（家）：200
其中外国参展商数目（家）：80

展名：第二届国际印刷设备、器材及印后处理机械展览会
时间：2003年11月18日～21日（上海）
周期：四年一届
上届数据：
展出面积（平方米）：8000
其中外国参展面积（平方米）：3000
观众人数（人次）：20000
参展商数目（家）：200
其中外国参展商数目（家）：80

展名：第二届上海国际报业印刷技术设备展览会
时间：2003年11月（上海）
周期：一年一届

境外展

展名：越南国际印刷、包装机械设备
时间：2003年5月13日～16日（胡志明）
周期：一年一届
上届数据：
观众人数（人次）：15068
参展商数目（家）：168

展名：印尼雅加达国际印刷、包装机械设备及技术展
时间：2003年9月3日～6日（雅加达）
周期：一年一届
上届数据：
观众人数（人次）：4800
参展商数目（家）：103

展名：欧洲包装及搬运机械展
时间：2003年10月21日～24日（里昂）
周期：两年一届

12. 船舶工业

行业简况

中国船舶扬帆远航

中国机电产品进出口商会 刘克增

2002年我国造船总量达到461万载重吨，连续8年排名世界第三，我国船舶出口到91个国家和地区，向世界发达国家和地区出口船舶的比重达到60%以上。2003年前两个月我国船舶出口又实现了开门红，出口金额达4.77亿美元，比2002年同期增长2.4倍，为2003年船舶出口突破20亿美元大关奠定了基础。船舶工业已成为我国机电产品出口的支柱产业。

一、国际船舶市场回顾

1. 新造船成交量略有下降。2003年初，世界新造船成交较少，多数船厂处在等待接单状态，4月份陆续接获造船订单。据外电报道，2002年1月至10月，全球新造船成交量达到4050万载重吨，预计全年新造船成交量在4900万载重吨，比2001年略有下降。

在全球新造船成交量中，日本居首位，占47.4%；韩国居第二位，占33.8%，中国仍居第三，占10.9%；欧盟占1.5%。散货船是订货的热点，成交量大幅增长，油船成交量有所下降，集装箱船订单大幅减少，液化天然气船则成为另一个热点。

2. 造船完工量明显增长。据英国克拉克森研究公司统计，2002年全年造船完工量约达5000万载重吨，比上年有明显增长。据报道，2002年韩国造船业创下新记录，完工量达到700万总吨。中国造船完工量占世界造船完工量的9.2%，比上年提高了近3个百分点。

3. 航运市场有所转机。一是由于世界经济有所回升，全球贸易量增长；二是国际船市船价止跌回升，使干散货船运输市场在2002年出现喜人形势。但总的来看，由于世界经济增长乏力，航运市场一直处于疲软状态，估计在短期内很难有较大的改善。

4. 新造船价止跌，个别船型船价略有回升。由于受“9·11”

恐怖事件、世界经济增长疲软、航运市场低迷三方面因素影响，船东又缺乏大量订船的信心，导致船舶市场出现衰退，船舶订单下降，船价全面低迷。2002年上半年新船船价基本处于低谷水平，甚至低于亚洲金融危机时的水平。进入下半年后，船舶市场出现转机，由于船厂2004年空余船台较少，以及国际货币汇率变动等多种因素，新造船有所增长，船价开始止跌，个别船型船价出现了回升，但总体上船价仍保持在上半年水平，估计2002年全年新船订单量低于2001年或持平。

二、我国出口竞争力增强

近年来，我国船舶工业的生产水平迅速提升，出口竞争力增强。据中国船舶行业工业协会统计，2002年我国建造的100总吨以上的钢质机动船达461万载重吨，比2001年增长18.2%，其中出口船占70%以上，创中国造船完工量历史纪录。海关统计显示，2002年我国船舶出口687291艘，出口金额19.26亿美元，比2001年出口船舶数量增长277%，出口金额基本持平。我国船舶出口呈几大变化：

1．两大船舶集团船舶出口大幅减少。中国船舶工业集团公司和中国船舶重工集团公司2002年船舶出口共72194万美元；占全国船舶出口总额的37.5%，比2001年的122112万美元下降40.9%。

2．船舶工业系统外的中央外贸企业船舶出口迅速增长。中央外贸企业2002年船舶出口30279万美元，占全国船舶出口总额的15.7%，比上年增长了1.68倍。增长速度很快。

3．钢质机动船出口增长，钢质非机动船等出口下降。2002年我国出口船舶中，滚装船、油船、拖轮、集装箱船、成品油船等出口均有增长，其他机动船出口均有不同程度下降。钢质机动船出口比上年增长2.8%，钢质非机动船则比上年出口下降35.9%。各种船艇、浮体和海洋工程产品出口下降15.5%。

4．船舶出口单船吨位增大，高技术高附加值船舶增多。2002年我国出口船舶中，第一次向伊朗出口30万吨超大型油船，结束了我国不能建造超大型船舶的历史。据不完全统计，在2002年交付国外船东的钢质机动船中，就有35艘是2万吨级以上船舶。另外，交付了一批成品油船、化学品船、高速滚装船和多用途工作船等高附加值高技术含量的船舶。

5．船舶出口市场扩大。2002年我国船舶出口到全世界91个国家和地区，比上年增加了4个国家。向非洲市场出口增长58.5%，向大洋洲、非洲和南美洲出口分别增长1.91倍、63.9%和1.7%，只有向欧洲和北美洲出口分别下降19.6%和49.1%。塞浦路斯、伊朗、马耳他、南非成为我国船舶出口的主要市场，沙特阿拉伯、马绍尔群岛共和国、英属维尔京群岛和毛里塔尼亚成为我国船舶出口的新兴市场。

6．船舶出口企业集中度相对增高。2002年我国船舶出口超过1亿美元企业由上年的3家增加到6家，出口额达88451万美元，分别比上年增长1倍和1.23%。出口额在1000万至1亿美元的企业达到30家，出口额达89970万美元，分别比上年增长50%和20%。

7．国有企业在船舶出口中占有比例下降，合资、外商独资企业增长迅速。2002年我国国有企业船舶出口额比上年下降7.3%，而中外合资企业出口额增长了53.7%，外商独资企业出口额增长了3.5%。集体企业和个体企业分别增长了20%和38%。

8．造船基地增加，地方造船力量大大加强。2002年我国船舶出口形成了以江苏、辽宁、上海、广东、福建和山东6省市为核心，船舶出口在1亿美元以上的造船出口基地。其中江苏省达到5.7亿美元，辽宁、上海分别达3.1亿美元，广东2.4亿美元。

三、全球船舶市场展望

据世界银行副行长卡苏姆先生估计，2003年全球经济增长率要比2001年和2002年都高，可望达到增长2.5%，但比2000年的3.8%增幅低得多。只要世界政治和经济形势稳定，世界航运市场和船舶市场就可能好转，船价就会回升，船舶订单也会好于2002年。

但仍然存在不少不稳定因素，如美国对伊拉克动用武力，世界经济复苏将被推迟，航运市场和船舶市场再度陷入困境。另外，世界航运能力过剩在短期内不可能得到缓解，全球造船能力供大于求，加上造船设施扩充和生产效率提高使世界造船能力进一步增强，但设施利用率大幅度下降，估计2003年世界造船能力将过剩近20%。预计2003年国际船舶市场仍然维持在2002年水平或会出现小幅的回升趋势。

但也有另外一种观点，如国际海事战略研究公司（MSI）在2003年初发表的“低成交量导致低船价”的研究报告中称，随着新船询价量不断回落，有可能迎来全球性船价的暴跌，而船厂的赢利情况将回落到20世纪80年代早期的水平，除非船厂在控制造船能力过剩问题上及早采取决定性行动。由于巨型油船（VLCC）、超巴拿马型集装箱船、好望角型散货船液化天然气船和豪华旅游船的新船订单量过低，这些大型船的新船造价将下跌30%～40%。总之，世界船舶建造能力过剩和世界经济增长缓慢等因素有可能促进新船造价在2003年继续走低。但由于世界经济增长缓慢复苏，世界航运市场在2002年的基础上有所改善。同时韩国、日本、中国的新船订单已基本可以满足到2004年的船台生产需要，船价经过近两年的下跌后，2003年继续下跌的空间已经非常有限，因此，预计今后半年到一年内新造船价格趋于稳定。

四、今年船舶出口预测

由于我国近两年新船订单大幅度增长，2002年新船订单又增加到674载重吨，比2001增长15.1%，2002年底手持船舶订单达到1362万载重吨，比2001年增长9%。各造船厂在2002年开工建造的船舶较多，据不完全统计，2003年1月份上旬出口船已交付4艘；2002年9月以来开工和下水的在建出口船就有近30艘，第2条30万吨VLCC也要在2003年内交船。估计2003年交付的出口船总额将达到历史最好水平。

据海关统计，2003年1月至2月，我国船舶出口达4.77亿美元，比2002年同期增长2.4倍，实现了开门红，为2003年船舶出口增长奠定了基础。2003年我国船舶出口如果按照2002年3月份之后的出口态势进展，平均每月船舶出口额达1.7亿美元，那么2003年全年船舶出口一定可以超过20亿美元大关，很有可能达到22亿美元。

表5－2　2002年我国船舶出口按地区分布统计

（万美元）

序号	地区	2002年			2001年		
		艘数	金额	占当年出口比（%）	艘数	金额	占当年出口比（%）
1	亚洲	35754	82532	42.86	26145	102712	53.24
2	欧洲	147889	87677	45.53	86174	55313	28.67
3	北美洲	36534	7458	3.87	25219	14653	7.59
4	南美洲	405337	7054	3.66	1457	6935	3.59
5	非洲	60794	4381	2.27	42443	12132	6.29
6	大洋洲	983	3475	1.81	870	1194	0.62
	合计	687291	192577	100.00	182308	192939	100.00

展　会

境内展

展名：第二届北京国际船艇及技术设备展览会
时间：2003年3月28日～30日（北京）
周期：一年一届
上届数据：
展出面积（平方米）：4500
观众人数（人次）：30000
参展商数目（家）：62

展名：2003大连国际船艇展览会
时间：2003年4月3日～6日（大连）

展名：中国国际船艇及其技术设备展览会
时间：2003年4月9日～12日（上海）
周期：一年一届
上届数据：
展出面积（平方米）：4000
其中外国参展面积（平方米）：987
观众人数（人次）：20000
参展商数目（家）：122
其中外国参展商数目（家）：37

展名：中国国际航空舰船与车辆模型博览会
时间：2003年10月4日～7日（北京）
周期：一年一届
上届数据：
展出面积（平方米）：7000
其中外国参展面积（平方米）：1044
观众人数（人次）：30000
参展商数目（家）：102
其中外国参展商数目（家）：15

展名：中国国际海事会展
时间：2003年12月3日～5日（上海）

展名：第二届中国国际航海博览会
时间：2004年5月28日～31日（青岛）
周期：两年一届
上届数据：
展出面积（平方米）：20000
其中外国参展面积（平方米）：6000
观众人数（人次）：30000
参展商数目（家）：386
其中外国参展商数目（家）：72

境外展

展名：多伦多国际船艇展
时间：2003年1月11日～19日（多伦多）

展名：汉堡国际船艇展
时间：2003年10月25日～11月2日（汉堡）

13．机电行业

1）电脑信息行业
行业简况

“十五”期间中国光电子技术产业发展战略

信息产业部电子信息产品管理司　季国平

一、发展光电子技术产业的战略意义

20世纪微电子技术的发展，伴随着计算机技术、数字技术、多媒体技术以及网络技术等出现，使人类社会进入了信息化时代。20世纪60年代初出现的激光和激光科学技术，以其强大的生命力推动着光电子（光子）技术与产业的发展，至今光电子（光子）技术的应用已涉及科技、经济、军事和社会发展的各领域，21世纪将是微电子和光电子共同发挥作用的时代，以致人们普遍认为，光电子产业必将成为21世纪的支柱产业之一。

光电子技术必定成为支撑未来信息技术的脊梁，成为信息产业的支柱，它必定是未来信息社会的“基石”。显而易见，光电子技术产业已成为一个国家的战略技术。光电子技术产业发展水平既是一个国家的科技实力的体现，更是一个国家综合实力的体现。毋庸置疑，发展光电子技术产业是我国政府制定“十五”规划发展战略中的极其重要一环。

二、现状与机遇

1．现状

我国的光电子技术从“六五”起步，经“七五”入轨，“八五”攻坚和“九五”拼搏，在信息光电子方面取得了可喜的成绩：①建立了北京、武汉、上海、石家庄、深圳和长春6个光电子成果转化产业基地。②一批有自主知识产权的高科技含量的光电子器件产品，逐步在国际市场上同国外产品一争高下。主要有2.5Gb/s SDH光收发模块、半导体光放大器，红、橙、黄高亮度发光二极管，大功率半导体激光器及其泵浦的小型绿光固体激光器等。③一批科研成果开始步入规模生产：主要有DWDM波分复用器、光环行器、光隔离器和CATV光发射/接收机、155Mb/s至1Gb/s光收发一体模块、DVD用红光半导体激光器、氮化镓材料为基础的蓝、绿光发光器件等。④逐步形成了以中科院半导体所、信息产业部武汉邮电科学研究所、信息产业部电子13所、信息产业部电子44所、清华大学、北京大学、吉林大学、天津大学、东南大学、南开大学、华中科技大学等为代表的光电子技术研究开发队伍。⑤培养出如：深科技、海特光电子公司、武汉电信器件公司、飞通光电子技术有限公司、国营七四六厂、厦门华联电子公司、佛山光电器件公司、河北立德电子有限公司、长春彩晶公司、深圳天马微电子公司、河北冀雅公司等一批骨干企业，在国际市场竞争中站住了脚。

2．机遇

我国光电子技术科研发展与国际基本同步，但在光电子技术水平和产业化程度上，在整体上与国际先进水平相差较大，如创新拥有自主知识产权的先进技术很少；研发仍处于跟踪科研和小批量生产阶段；光电器件和部件有相当部分不配套，不能满足整机和系统的需要；资金的严重不足和人才的匮乏，难于组织创新攻克和掌握核心技术等。

面对中国进入WTO及国际市场的巨大压力和挑战，我国政府和各级地方政府在制定“十五”规划时，均把发展光电子技术产业列入今后要发展的高新产业项目，在国家的总体规划下，选择有条件的地区加速兴建光电子技术产业基地。这是我国迎接21世纪国际经济竞争和挑战的一项重要举措。

三、光电子产业发展重点

1．光电子技术与产业

光电子（光子）技术主要是研究光（特别是相干光）的产生、传输、控制和探测的科学技术。通过光电子技术与微电子技术的结合，以及在各种科学和技术领域的广泛应用，产生并形成了一系列的交叉学科和应用技术领域，如信息光电子技术，激光医疗与光子生物学，激光加工技术，激光检测与计量技术，激光全息技术，激光光谱分析技术，非线性光学，超快光子学，激光化学，量子光学，激光（测污）雷达，激光制导，激光分离同位素，激光可控制核聚变，激光武器等不胜枚举。这些技术应用的快速发展及向其他科技领域的渗透，形成了许多市场可观、发展潜力巨大的光电子产业，包括光纤通信产业、光显示产业、光存储－光盘产业、光机电一体化、激光材料加工和合成产业、办公自动化与商用光电子产业、激光医疗器械产业、激光器件产业、激光全息产业、光电子材料产业、光电子检测产业和军用光电子产业。预计未来具有重大发展前景的光（电）子产业有：光子计算与光信息处理产业、全光光子通信产业、光子集成器件产业、聚合物光纤光缆产业、聚合物光电器件产业和光子传感器产业等。

综上所述，光电子产业大致可分五大类：光电子材料与元件产业、光信息（资讯）产业、传统光学（光学器件）产业、光通信产业、激光器与激光应用（能量、医疗）产业。如表5-3所示。

表5－3　光电子产业世界市场的分布

分类＼年份	1998年			2000年		
	比例(%)	年增长(%)	市场(亿美元)	比例(%)	年增长(%)	市场(亿美元)
光电材料与元件产业	18.6	13.3	308	20.3	18.6	365
光学器材产业	12	12.7	206	12	12.4	231
光信息资讯产业	47	10	674	43.8	7.8	726
光通信产业	16.3	24.3	280	18.7	22.3	342
激光器与激光应用（能量、医疗）产业	6.1	13.1	91.8	5.2	9.7	100
小计	100	13.1	1560	100	13.5	1764

2. 光电子技术产业发展总体目标

我国光电子在未来的十年的目标是：在基础研究方面，保持与国际先进水平同步发展的态势，力争有所超越、创新；在研发和产业化方面，突破若干关键技术，解决制约我国光电子产业发展的瓶颈，促进现有技术的产业化，建立起光电子产业群体，实现可持续发展。

3. 发展重点（见表5–4）

(1) 光纤通信：包括光纤、光缆及预制棒、光有源器件、光无源元件、光纤通信设备和系统及其检测、控制设备。

(2) 激光器：包括半导体激光器（用于光通信、光存储、医疗加工和装饰）和其他固体、气体等各类激光器（应用于加工、医疗、仪器仪表、装饰显示、图像、测控等）。

(3) 光电子晶体材料和光学玻璃。

(4) 光电子元器件，包括光显示、光输入与输出、光存储设备。

(5) 激光医疗设备。

(6) 激光全息技术。

(7) 激光加工，包括激光切割、激光打标、激光焊接和激光热处理等。

(8) 红外探测器及其配套件，红外测温、热像仪等专用设备。

"十五"发展的重点是光电子材料、元器件、光纤通信、激光器和激光加工等。

表5－4　中国各地光电子科技产业发展园区"十五"期间重点发展项目一览表（仅供参考）

光电园区	项　目	备　注
武汉·光电子产业基地	将在四大领域十六大类项目投资240亿元： (1)信息光电子（135亿元） (2)能量光电子（45亿元） (3)信息存贮及传输光电子(40亿元) (4)软件与电子商会	计划在"十五"期间建成占地50平方公里国家级光电子产业基地，年销售额达1000亿元
长春·光电子产业基地	重点发展：光材料、发光器件、光显示、激光技术和光电仪器	计划建成30平方公里光电园区，一期工程总投资249亿元，"十五"之后年销售收入达800亿元
广东·光电子产业基地	重点发展：光通信技术产品及光通信系统软件和光能量产业与之配套的包括机电工业、电子工业等相关产业	争取形成10家超50亿元，30家超10亿元年产值规模光电子企业"航空母舰"
上海·光电子产业发展基地	分别位于浦东新区、漕河泾开发区、嘉定、松江区等。发展：光通信、光显示、光存储、光学整机和系统关键的光电子元器件；其中重点：光通信和光显示	用5～10年建成国际一流的具有相当规模和核心竞争力的光电子产业基地
西安·光电子科技园区	重点发展以光电一体化的仪器、设备光电转化和光通信技术产业	占地900余亩，计划开发40多个项目，总投资30亿元
浙江·光电子产业发展基地	重点发展光纤预制棒及扩大基于宽带技术的光纤生产规模。"十五"期间将培育10个光电子产业园区	目前新建和在建项目投资超过10亿元，其中重点17个项目的总投资9亿元
重庆·光电园区	重点发展包括光通信技术及网络产品、图像、光机电一体化产品光电材料和元器件、光存储的光电子产业及新材料、环保、生物生化工程等新技术产业	该园区建设需投资100亿元，分三个发展阶段，8～10年后收入达500亿元
北京·（通州）光机电一体产业基地	重点发展：数控机床、智能仪表、激光技术、机器人等	"十五"期间将投资200亿元

四、政策措施

要实现上述我国光电子技术产业发展的总体目标，首先需要稳定和吸引一大批中青年科技人才和管理人才，需要有足够的资金的投入，创造一种加速我国光电子产业化进程的机制和环境，引进国际最先进的研究、开发和生产设备，并且有利于我们自己的创新。

(1)要重点支持自主开发和拥有自主知识产权的科研成果产业化，培育若干具有国际竞争力的企业集团，建设若干个光电子产业研发及生产基地；

(2) 建立重点工程专项，加强规划，协调发展，对其实行投资倾斜政策；

(3) 设立光电子产业发展基金，用于大生产技术、研究、科研成果商品化和重大引进技术的消化和吸收；

(4) 对发展光电子产业实行优惠税率政策；

(5) 注意加强相关配套的原材料、关键零部件项目的建设，发展相应的测试仪器和设备，做到同步发展；

(6)继续培育和造就一支高素质人才队伍，鼓励境外科技人员以及出国留学人员到光电园区工作，采取并落实措施。

五、展望

21世纪知识经济占主导地位，大力发展高新技术是迎接知识经济时代的必然选择。光电子技术是当今发展最快、应用日趋广泛的最重要的高新技术，必将成为21世纪的支柱产业。

据悉，2000年全球光电子产业总产值已超过1700亿美元，预计到2003年将达到2000亿美元，2010年将超过4500亿美元。

展望未来，21世纪的光电子技术与产业：①支撑并推进高速、宽带、海量的光通信、网络通信；②将引发一场照明技术革命，小巧、可靠、寿命长、节能半导体（LED）占领市场；③将推出品种繁多的光电子消费类产品（如VCD、DVD、数码相机、新型彩电、掌上电脑电子产品、智能手机、手持音响播放设备、摄影、投影和成像、办公自动化光电设备如激光打印、传真和复印）等，以及新型的信息显示技术产品（如CRT、LCD及PP、FED、OEL平板显示器）等，并进入人们的日常生活中；④光电子产品已成为现代武器的“眼睛”和“神经”，光电子军事装备将改变21世纪政治格局。

——《世界产品与技术》

电子信息业迎来开门红

信息产业部经济体制改革与经济运行司

电子信息产业在2002年平稳发展的基础上，增速有所加快，2003年一季度生产增长30.3%，增幅比2002年同期提高11.7个百分点。其中通信及计算机类增幅为42.2%，家用视听类为15.8%，元器件类为23.6%。从经济类型构成来看，外商与港澳台商投资企业仍然保持快速增长，对全行业生产增长的贡献率为69.2%，拉动全行业生产增长30.3个百分点中的21个百分点。国有控股企业生产增长22.3%，股份制企业生产增速达到41.6%。2003年一季度电子信息产业生产增幅高于全国工业整体增幅水平13.1个百分点，并且成为拉动全国工业增长作用最大的行业，继续对国民经济作出贡献。

在生产快速增长的同时，主要电子产品产销衔接较好，全行业产销率也保持在较好水平。根据信息产业部重点产品监测情况，大部分产品产销两旺，增幅较大的产品有手机、台式电脑及笔记本电脑、背投彩电、打印机等，显示器、集成电路等产品也保持两位数增长幅度。

在产销快速增长的同时，全行业经济效益在2002年逐季回升的基础上又有大幅度攀升，2003年一季度实现销售收入3178.5亿元，同比增长30.2%；实现利润113.1亿元，同比增长24%，其中三资企业实现利润90.9亿元，同比增长27.2%，而2002年同期则表现为负增长；2003年一季度全行业完成工业增加值662.7亿元，同比增长37.5%，增幅比2002年同期提高27.6个百分点。与2002年相比，行业经济运行质量有显著提高，速度、质量、效益日趋统一。

通信PC机加速　视听产品回落

由于电信运营商加大网络扩容力度、国内市场需求旺盛、出口形势持续看好以及企业生产规模不断扩大等因素影响，2003年开局以来，通信及计算机类产品一改2002年以来的低靡势头，发展速度出现强力反弹，2003年一季度增幅为42.2%，对全行业生产增长的贡献率为63.8%，拉动全行业生产增长19.4个百分点，其中计算机类产品增幅达到50.8%，拉动全行业生产增长30.3个百分点中的11.8个百分点，成为行业发展的主导力量。

2003年一季度家用视听产品生产增长15.8%，增幅比2002年同期回落11.1个百分点，对全行业生产增长贡献率为12%，拉动全行业生产增长3.6个百分点。家用视听产品增速减缓的主要原因是同期基数过高，在经历长期不景气之后，2002年我国的家用视听产品发展形势良好，出口也大幅增长，2003年以来产业发展仍然延续着2002年的良好态势，产销、出口稳定增长，产品结构调整取得显著进展，继续对全行业发展作出贡献，应该说15.8%的增长速度属于正常现象。

电子元器件行业也保持较快的发展速度，2003年一季度电子元器件类产品生产增长为23.6%，对全行业生产增长的贡献率为24.2%，拉动行业增长7.3个百分点。2003年一季度电子元器件产销量、出口均保持较大增幅，其中光电线缆行业增幅较大，销售收入同比增长约50%；电声器件产量增长约为30%；在阻容元件方面，片式瓷介电容器产量增长约30%；另外磁性材料、印制电路板、半导体分立器件、集成电路等产品的销售收入也都保持两位数的增长幅度。

经济效益大幅增长

在2003年逐季回升的基础上，2003年以来全行业经济效益又有大幅增长，一季度累计实现利润113亿元，同比增长24%。利润大幅增长的原因主要有以下几点：

(1) 生产规模不断扩大。由于国内市场需求稳定，出口增长较快等因素影响，计算机类产品和家用视听产品生产规模不断扩大。两个行业2003年一季度实现利润分别为24.9亿元和13.6亿元，同比增长57.1%、46.4%，对全行业利润增长起到极大的拉动作用。

(2) 一些行业发展形势转好。如电子器件行业受整机产品和出口拉动影响，2003年以来发展形势明显趋好，一季度实现利润达到13.8亿元，同比增长两倍以上。

(3) 自2002年末以来，不少外向型企业所接出口订单增长较多，加之不少跨国企业将生产基地转入我国，国内合资或独资加工企业出口订单大增。

(4) 一些企业转制初见成效。如无锡华晶在港资控股后，生产经营策略发生重大调整，目前已扭亏为盈。

(5) 高附加值产品发展迅速。如背投彩电、笔记本电脑、液晶显示器等产量不断增长，占全部产品的比重不断提高，这些产品利润空间相对较大，因此也使企业利润有所增长。

进出口快速增长

2003年以来，电子信息产品进出口延续着2002年以来的快速增长势头，累计到一季度末，我国电子信息产品进出口总额为515亿美元，其中出口额为257.1亿美元，同比增长44.4%，占全国外贸出口总额的29.8%；进口额达到257.95亿美元，同比增长59.1%。

当前电子信息产品进出口主要呈现以下特点：一是手机、计算机、集成电路等产品出口增长较快，成为拉动全行业出口的主要力量；二是外商来华投资持续增长，客观上也促进了电子信息产品的出口增长；三是在出口快速增长的同时，进口过快，手机散件和自动贴片机等产品表现得尤为突出，造成贸易顺差比2002年同期大幅度减少。

各地差异显著

目前电子信息产业仍集中于东部沿海地区，且由于外资、技术、人力资源、信息等资源不断向这一区域集中，因此产业规模有扩大的趋势。但在东部地区之间，发展情况又有所差异，浙江、福建、广东等地发展势头良好，生产、销售、经济效益同步增长，对全行业发展，特别是经济效益增长的带动能力增强，而北京、上海等地发展减缓，经济效益呈负增长，对全行业发展产生负面影响。

中西部地区，如湖北、湖南、四川等省发展迅速，且生产和经济效益同步增长。

问题不容忽视

在电子信息产业的经济运行中，也存在着不容忽视的问题：

(1) 电子产品进口增长过快。2003年一季度电子产品进口总额达到257.95亿美元，同比增长59.1%，增幅比上年同期高出38.8个百分点，由于进口过快，使得2003年一季度我国电子信息产品贸易出现逆差，为多年来未曾有过的现象。造成电子产品进口激增的原因主要有以下几点：一是加入WTO后，我国放开部分电子产品的进口配额，下调大量电子产品的进口关税，使电子产品进口大幅度增长。二是外商投资持续增长，也促使电子产品进口增长。三是关税倒挂现象，致使一些企业将国内采购改为直接进口。四是由于我国电子信息产品制造业以加工业为主，且生产规模不断扩大，因此一些电子产品，如自动贴片机、手机散件等进口量大幅增长，这些散件以中低档产品为主，附加值低，质量较差，对国内品牌手机的质量造成负面影响。总之，电子产品进口增长过快，必然对国内产业形成冲击，不利于产业结构升级。

(2) 生产资料价格上涨造成产品成本提高。尽管当前世界原油价格有所回落，但仍保持相对较高的水平，使国内部分重要生产资料价格大幅度上涨。据有关部门统计，我国生产资料价格在长期走低的情况下，2003年一季度出现强力反弹，平均价格同比上涨6.6%，其中石油及制品价格上涨29.5%，化工产品价格上涨8.4%，钢材价格上涨10.8%，部分地区电力供应出现紧张现象。生产资料价格上涨对电子产品加工形成压力，部分电子产品成本提高。

(3) 电子产品出口存在不确定因素。尽管一季度我国电子信息产品出口形势良好，但出口形势仍是“喜中有忧”。一是伊拉克战争对世界经济复苏进程和对我国经济的影响有待进一步观察；二是当前国际贸易保护主义抬头，国际贸易中的反倾销、技术贸易壁垒和知识产权保护等贸易纠纷不断增加，可能会影响我国电子信息产品扩大出口；三是非典型肺炎疫情的发展，将对我国电子信息产业生产活动和产品进出口产生不利影响。

(4) 产业投入不足，部分企业资金短缺。主要表现在：银行贷款、政府专项资金的支持仍然是企业所需资金的主要来源，产业发展资金和风险资金市场机制不健全，部分企业投入较少，一些重点项目配套资金不能落实；部分企业缺乏有效的融资渠道和融资手段，大多数中小企业特别是新型的电子信息企业，如软件企业等在产业化的过程中，资金问题更加突出。

(5) 市场竞争加剧。目前竞争手段已经从单纯的价格竞争，发展到质量竞争、技术竞争、销售渠道方面的竞争，国内市场国际化的趋势也日前突出。

中国电子商务协会呼吁推进电子商务发展

面对突如其来的“非典”疫情，中国电子商务协会日前向全社会呼吁，要求以电子商务技术抗击“非典”，要落实和贯彻好国务院“规范和改善电信、互联网业务的消费环境，推动扩大电子商务、电子政务、网络教育、网上文化娱乐等方面的消费”的指示精神，促进中国电子商务快步发展。

据了解，中国电子商务协会在举国协力抗“非典”的特殊时期，已经组织21世纪中国电子商务网校，面向北京高校学生开设免费《电子商务网络课程》培训。中国电子商务协会理事单位首信对入驻电子商城的网校和远程教育平台提供免费网上支付业务。中国电子商务应用中心黎明网络公司加强了对证券公司、银行及用户的网上交易、移动证券、银证服务等多终端综合交易，2003年4月以来网络交易上升21%。中国电子商务CA认证中心利用卫星通信和VOB－IP技术，努力在远程教育、医疗咨询、在线购物、电子娱乐等方面把多媒体应用放到中国电子商务综合服务平台上来。同时，中国电子商务协会正在开展网上调研和网上论文征集工作，并将开辟电子商务网上法律咨询等等，为把“非典”带来的损失降到最低尽着自己的一份力。

中国电子商务协会呼吁全社会，为了彻底战胜“非典”，为了实现十六大提出的全面建设小康社会的目标，希望全体会员和一切关注电子商务发展的同仁，团结奋战、抓住当前锲机，掌握运用好电子商务这个有力的武器。加速电子商务各项工作进程，用电子商务技术支持抗击“非典”战斗，要把与“非典”关键的经验用于电子商务，快速处理信息、协调各方力量，推广符合实际的标准规范。尽快推进和实现电子商务统一平台服务。振奋精神，团结一致，坚守岗位，努力创新，利用在线方式，做到资源共享，为会员服务、为全社会服务。

中国电子商务协会有关人士指出，在“非典”突发最危险的日子里，在线服务作为避免接触感染和高效低成本的经营方式更加发挥威力。IBM、HP、思科、SUN鼓励在家办公。联想CEO杨元庆讲“信息时代了，工作模式要变，生活方式要变，这次恰好是给出了我们一个变的推动力。”联想加强了网上销售和电话销售业务。青岛市根据商务部的要求，第一次推出了网上招商会的方式。AMD64位服务器芯牌新闻发布会也采用了网络直播方式。房产商用网络介绍楼市，社区网上采购也开始流行。当2003年4月22日北京中小学决定全面停课两周时，网上教学成了市场热点。北京市空中课堂一天点击率已超过1千万人次，课堂在线每天答疑5600余条。“五一”期间新浪聊天室创下了5.4万人同时在线的记录。总之，上网成了企业办公，学生学习和人们娱乐的一种主要方式。

据统计，2003年一季度，我国三大门户网站都已盈利：网易一季度创下830万美元净利润，搜狐净利润640万美元，新浪利润338万美元。一季度我国网上交易股民超过500万。首信2003年仅四个多月电子商务交易额已和2002年全年相当。

——《国际商报》

展　会

2003中国国际信息技术展览会暨信息产业发展成就展

由国家信息产业部主办的“2003中国国际信息技术展览会暨信息产业发展成就展”，于2002年2月27日～3月2日在北京中国国际展览中心举行。该展会的目的和宗旨是：展示、宣传信息产业所取得的成就，通过新技术、新产品的展示与交流，营造一个有利于国内技术创新、技术引进与出口、成果转化的技贸结合的新窗口；搭建一个适应入世要求有助于产业结构调整、推动企业实施走出去的发展战略参与国际竞争的新平台，构筑一个扩大开放、广泛促进国际间、地区间和企业间技术的联合、经济的联合与市场的联合，推动信息技术进入市场实现产业化的新桥梁。

本届展会经过近一年的筹备，总规模达到1.4万平方米。有来自全国27个省、自治区、直辖市、计划单列市参展，如北京、上海、天津、重庆、江苏、山东、河北、浙江、福建、广东、海南、广西、江西、安徽、山西、河南、湖北、贵州、四川、陕西、宁夏、甘肃、新疆、大连、烟台、厦门、深圳。参展单位300余家，如中国电信、中国移动、中国网通、中国联通、普天、CEC、烽火、大唐、华录、彩虹、航天科技、联想、海尔、上海贝尔－阿尔卡特、熊猫、TCL、迪比特、南方高科、科健、厦华、安彩等。

展会将展览中心全部4个展馆划分为3个部分，即信息产业部专项展示区——集中展示信息产业部五年来实施一系列重大产业政策的阶段性成果，综合馆——各省、自治区、直辖市，计划单列市展团综合展出本地信息产业发展成就和本地信息企业新技术、新产品，专业馆——独立参展的企业展示在国家产业政策指导和推动下，取得的成绩和最新的技术与产品。

另外，展会同期还举办《信息产业技术创新国际研讨会——企业信息化论坛》和《互联网产业发展论坛》等5个高层次会议。

“COMDEX/China2003”在创新中实现突破

随着中国信息产业的稳步发展，中国IT市场已进入到“创新与突破”的新的发展阶段。2003年我们看到中国IT产业为创新积蓄的力量正在逐步转化为具有竞争力的新产品、新技术、新方案、新应用。

第七届世界计算机博览会暨第二十四届中国计算机产品北京展览交易会（COMDEX/China2003）于2003年4月1日至4日在北京展览馆举办，本次展览会面积约为1.2万平方米，参展商近200家。

COMDEX/China2003作为信息产业部、科学技术部和中国国际贸易促进委员会主办的国内最大的计算机产品展览交易会之一，是中国IT产业供需双方极有价值的交流与业务合作平台。它的举办使全国各地的各类企业、科研院所和各级政府机关的信息化建设决策人员、采购人员、技术人员、科研人员能够直接面对国际国内各IT厂商的最新技术、产品和解决方案，同时也为各类IT渠道经销商和区域性IT解决方案提供商提供了一个拓展新业务的机会。

2003年中国IT市场依然是国际市场的一个亮点。根据由世界经济论坛、世界银行等机构联合发表的《2002～2003全球信息技术报告》显示，中国的信息技术综合竞争力在世界上的排名已经位列第43位。

2002年我国IT服务市场规模已经达到近429.3亿元，增长率达到32.87%，已经成为我国IT产业发展名副其实的领头羊。我们不难发现，个人消费类电子产品市场始终保持着高速增长，并且档次日趋提高、品种日益丰富，保险、教育、医疗、电子政务、电力等行业市场规模正迅速发展，而在2003年电信行业也以回暖，证券、税务行业的IT市场仍然平稳发展。未来几年，中国行业IT应用需求将继续扩大，应用系统将进一步完善，对信息技术、产品、服务的需求范围必将更广、层次必将提高。

与以往不同的是本届COMDEX/China是以“移动计算与无线互联”为主题，设立了通信与网络、软件平台与解决方案、计算机与数字家电展区、综合展区、国际展区等几大展区，紧扣电子政务、企业信息化、城市信息化等热点，同时也充分体现了移动和数码产品对各行业、对人们生活的强大渗透力。

此次展览可以归纳出四大特点：一是参展展品中，安全类比以往任何一届都多，这也正预示着信息安全市场的不断升温。二是通信产品琳琅满目，仅来自韩国的参展商中，与通信有关的就占了1/3。本次展会出现了各种尖端通信产品，而这显然是受到了近来通信类展会在国内人气火爆的启发。三是在PC市场逐渐疲软之时，显示器却因其向高端发展而一枝独秀，在本届展会上，人们见到触屏式LCD、具备TV和Video功能的显示器等多款新品。四是计算机周边产品专业化，产业正进一步细分。仅存储产品，人们就能看到诸如CD-R、CD-RW、DVD-R、DVD-RW、DVD-RAM、CF Card等一系列产品。

本次展会上，国内厂商精英荟萃，其中长城电脑、清华同方、神舟电脑、首信股份、杭州信雅达等厂商颇具代表性。

参加本次展会的海外和境外参展商有60多家，他们来自美国、俄罗斯、韩国、日本、中国台湾，他们带来了独具特色的产品和技术，代表着信息技术产业的国际化趋势，显示出中国市场的巨大吸引力。

大会组委会为参展厂商提供了良好的宣传和观众组织服务，众多大众和专业媒体对展会进行了全面的宣传和报道，在观众组织方面，通过网上观众登录、媒体广告回执、直邮、上门发送等多种方式，邀请到国内各大部委和各用户部门的有关领导、信息主管、技术专家、企业的相关主管，各IT分销商、代理商，驻华商社的代表参观展会，保证到会的观众都是专业人士。

境内展

展名：香港资讯基建博览
时间：2003年2月19日～22日（香港）
上届数据：
　展出面积（平方米）：12400
　观众人数（人次）：85800
　参展商数目（家）：363

展名：2003春节电脑特展暨多媒体展
时间：2003年2月21日～24日（台北）

展名：2003华南国际信息系统安全与计算机机房环境设备展览会
时间：2003年3月3日～6日（广州）
周期：一年一届
上届数据：
　展出面积（平方米）：8000
　观众人数（人次）：16000
　参展商数目（家）：150

展名：中国国际电子信息技术博览会
时间：2003年4月9日～12日（南京）
周期：一年一届

展名：中国东北国际制造业信息化解决方案展览会
时间：2003年4月10日～12日（沈阳）

展名：第二届国际企业信息系统安全设备及计算机房工程展览会
时间：2003年4月10日～12日（沈阳）

展名：2003年中国信息安全产业展览会
时间：2003年4月（北京）
周期：一年一届
上届数据：
　展出面积（平方米）3500
　其中外国参展面积（平方米）：80
　观众人数（人次）：15600

参展商数目（家）：50
其中外国参展商数目（家）：2

展名：中国（广州）国际电子元器件及电子生产设备展览会
时间：2003年8月8日～11日（深圳）
周期：一年一届
上届数据：
展出面积（平方米）：8000
观众人数（人次）：25776
参展商数目（家）：156

展名：2003国及软件大展
时间：2003年8月21日～25日（台北）

展名：台北国际电信暨网络展览会
时间：2003年8月23日～26日（台北）

展名：亚洲信息技术展览会
时间：2003年9月18日～21日（上海）
周期：一年一届
上届数据：
展出面积（平方米）：11999
其中外国参展面积（平方米）：8265
观众人数（人次）：25384
参展商数目（家）：509
其中外国参展商数目（家）：397

展名：2003中国（天津）计算机、软件、网络与通信产品展览会
时间：2003年9月下旬（天津）
周期：一年一届
上届数据：
展出面积（平方米）：8000

展名：中国互联网大会暨展示会
时间：2003年10月（上海）
周期：一年一届

展名：第三届温州国际信息技术与产品博览会
时间：2003年11月2日～4日（温州）
周期：一年一届
上届数据：
展出面积（平方米）：3000
观众人数（人次）：30000
参展商数目（家）：140
其中外国参展商数目（家）：20

展名：2003国际通信设备与信息网络展览会
时间：2003年11月18日～21日（广州）
周期：两年一届
上届数据：
展出面积（平方米）：17000
其中外国参展面积（平方米）：10000
观众人数（人次）：50000
参展商数目（家）：300
其中外国参展商数目（家）：150

展名：2003年中国（上海）国际档案信息化暨现代办公技术与设备展
时间：2003年12月（上海）
周期：一年一届
上届数据：
展出面积（平方米）：6000
其中外国参展面积（平方米）：1000

境外展

展名：国际计算机辅助技术博览会
时间：2003年6月19日～21日（斯图加特）

展名：德国互联网世界
时间：2003年6月24日～26日（柏林）

展名：慕尼黑国际信息技术及电信贸易博览会
时间：2003年10月20日～24日（慕尼黑）
周期：一年一届
上届数据：
展出面积（平方米）：110000
观众人数（人次）：120000
参展商数目（家）：2707

展名：无线信息技术和互联网展览会
时间：2003年10月22日～24日（拉斯维加斯）
周期：一年一届

2）电子电器行业

① 家用电器行业
行业简况

家电行业出口加速　结构调整升级

湘财证券研发中心　夏勇

一、2002年出口猛增复苏初现

对于2002年的中国家电行业而言，在出口增长的强劲拉动下，行业产销量快速增长，企业效益明显好转。中国家电产量已占据全球市场20%的份额，正在成为名副其实的世界家电制造基地。同时家电出口同比猛增48%，家电行业复苏迹象初现。

从整体看，家电产品出口对各类家电产品的拉动作用强劲。2002年中国空调器出口金额仍占全国家用电器商品出口总额的30%以上，是家电出口的大户。家电产品在美国、日本、中东、俄罗斯等国家和地区的出口增长较快，在其他国家和地区也有重点开拓。

不过，分行业情况看，家电行业依旧苦乐不均。2002年，中国彩电业一改颓势，复苏迹象初步显现，全行业销售形势乐观。从国内销售情况看，前10个月销售量同比增长了约7%、销售额增长了约10%；从出口情况看，彩电出口是2001年彩电行业最大的亮点，同比增长100%以上。反映了企业通过拓展市场、增收节支，实现了主营业务和利润的双增长。

而白色家电行业的数据显示，空调行业由于新进入企业激增导致竞争激烈，产品价格下滑严重（行业平均产品价格下降20%左右，最多的下降了50%），另外因为2001年气候凉爽导致企业利润严重下滑。而在企业盈利水平下降的同时，企业应收款和存货的压力进一步加大。空调企业上半年存货净额达到400亿元，显示曾经风光无限的空调行业已经是愁云密布。

冰箱行业维持稳定，容声、海尔、新飞和美菱仍然占据了国内将近50%的市场份额。但由于总体行业利润率较低，2002年业绩仍在低位徘徊。

二、2003年结构调整分化加剧

2003年是中国加入世界贸易组织后的第二年，随着我国家电企业与国外企业合作和竞争力度的不断加大，以及对WTO规则的了解不断深入，家电企业迎来对外拓展的关键时期。作为国内生产国已经严重过剩，但同时又是在制造力方面有着很强竞争力的行业，家电业发展前景非常广阔，但同时也任重而道远。“国内竞争国际化，国际竞争国内化”将是未来几年家电行业的发展趋势。

总体而言，2003年家电行业仍延续结构调整的势头，也不断有闪光点让大家惊喜，特别是在出口方面迎来快速增长，增幅超过30%。同时，家电企业两极分化的局面会愈演愈烈，一些不适应市场竞争的企业会通过不同渠道退出竞争市场，家电巨头将逐步浮出水面。未来的家电行业在5年内将形成在不同的子行业里只有5家左右企业竞争的局面。而2003～2004年这种局面将出现雏形。2003年家电行业呈现如下特点。

1．家电市场总体上仍呈现不断上升的趋势

随着信息技术的发展，“网络产品”正处在成长期，市场需求的增长将呈现不断上升的趋势。一些传统的家电产品，将沿着数字化、网络化的方向发展。通过不断开发适应时代发展需要和与人民生活质量提升息息相关的产品，家电行业进入新一轮增长期。

2．家电行业迎来出口的快速增长期

随着加入WTO和国外各种贸易壁垒的削弱乃至消失（如欧盟对中国空调企业征税由5%左右下降到1.5%；欧盟允许中国七家彩电企业在承诺一定的价格和出口数量后，重新返回欧盟），中国家电产品在国际市场的渠道将会逐渐拓宽，同时产品竞争力将越来越强。

由于中国国内市场已经逐步稳定，企业要想进一步拓展生存空间，摆脱目前的困境，扩大出口将是发展的重中之重。特别是2002年面临巨大库存压力的空调业，扩大出口，释放生产力是企业求生存、求发展的关键。

3．国内外企业的融合步伐将加快

国内家电企业为际提高自身实力，更快地拓展国际市场，将通过多种手段加快和国外企业的融合以提高竞争力，同时拓展的国家和地区会越来越多。在继续拓展美国、日本等传统国家市场的同时，在东南亚、中东、俄罗斯、欧洲、非洲等地也会全面开花。

4．生产过剩导致产业结构继续调整

彩电行业产能过剩短时间内不可能改变，但大的彩电企业如长虹、TCL等正在大力进行产业升级和产业拓宽。如长虹强力推出具有较高技术含量和性价比的“精显王背投”等第四代背投产品；TCL大力推行其PDP、液晶电视等新一代视听产品，意欲引领家电产业升级。

5．两极分化局面将日趋加剧

未来几年将是家电行业的高速振荡期，这种高速振荡带来的直接后果导致目前家电品牌阵营中两极分化的趋势将延续。

展　会

顺德家电展

目前我国上规模、上档次的展会很少，但也有成功者。广东顺德家电展便是一例。2001年10月，顺德家电展作为我国南部惟一的大型专业家电展会，充分发挥与“广交会”、“高交会”的互补作用，第一次亮相便初步奠定在国内家电会展行业的地位。当时，来自世界各地的284家企业和8万观众参展和参观，展会成交额达到19.5亿元人民币。2002年第二届顺德家电展于10月18日～22日举行，本届顺德家电展延续了2001年的轰动效应。展位供不应求，参展报名企业有390家，最终参加展览的企业有300家，其中首届回头企业占四成。

顺德家电展的成功并非唾手可得。顺德家电行业宠大的产业规模、云集的驰名品牌、完整的产业链条营造出浓郁的产业氛围，为顺德家电展提供了得天独厚的条件。2001年顺德市规模以上家电企业产值337.41亿元，占全市工业总产值的45%；如加上配件类企业产值，该比例将超过50%；另据不完全统计，顺德市家用电器工业产值占全国同业的15%左右。顺德拥有“美的”、“科龙”、“容声”、“万家乐”、“格兰仕”5个中国驰名商标，电冰箱、空调器、微波炉、电饭煲、电风扇、电子消毒柜、热水器等家电产品产销量居全国领先地位，具备一定规模的家电及配件生产企业超过2000家，顺德因而无愧于“家电王国”的美誉。

家电名城的魅力成就了顺德家电展的知名度和影响力，但展会定位准确、特色鲜明是顺德家电展脱颖而出的直接原因。家电展依托于顺德雄厚的产业基础，但并不局限于顺德的产业发展。

顺德家电展将构建家电制造商、经销商、配件商的“全球交易平台”作为展会的历史性主题，秉承商业性、专业性、国际性三大原则，全力培育国际家电会展名牌，立志成为“东方的科隆展”，致力于打造中国家电企业进入国际市场的平台，外国家电企业进入中国市场的平台，以及家电行业上、中、下游企业合作交流的平台。

顺德人向来以“务实”著称。他们从首届博览会的实践中意识到，一个成功的展会，必须对相关行业的产品交易和信息交流有杰出贡献，为与会者带来商业机会和商业效果。他们对2001年首创的展览会、采购会、研讨会“三会合一”，制造商、经销商、配件商“三商参展”的办展模式赋予了新的内涵和充分的现实意义，实现展示、交易、交流三项基本功能在顺德家电展中的有机结合。具体表现有以下几点：一是增大了展会的企业容量，二是吸引了国际知名品牌企业的参与。惠尔浦、三星、博世、大金、松下精工、东洋樱花、美的、科龙、容声、华宝、格兰仕、万家乐、威力等企业均来参展。三是培育了中小企业施展身手的基础。康宝、雄风、亿龙等众多发展潜力大、成长速度快的中型企业成为顺德家电展的亮点之一，避免了展会两极分化、主次分明的局面出现，为中小企业营造均等的贸易机会。四是创新了经销商参展的方式。五是恪守了专业性的原则。将专业性作为选择参展商的首要标准，明确参展范围，严格进行报名企业的专业性审查，维护展会的专业形象。六是加强了买家组织工作。很多展会因为利益驱动和短视行为，走入了形象工程的误区，甚至将售卖摊位作为办展的惟一目的，忽略了会展的交易功能。顺德家电展以构建“全球交易平台”为主题，将组织国内外买家作为工作的重中之重，在注重整理和运用首届客户资源的基础上，将招商与招展同步进行，通过参加国际知名家电展会面对面邀请、主动拜访政府和行业组织、广泛发布展会信息等多种渠道，千方百计地组织更多买家到场。七是突破了地区导向的局限。清醒的顺德人知道，产业优势是顺德家电展成长的土壤，但如果片面夸大地区产业发展，使展会蜕变为地区产业成就展，无疑是舍本逐末。顺德家电展强调成为世界的家电展，成为全球家电行业的交易平台。顺德是全国家电企业最密集的地方，短期内当地参展企业比例较大的情况难以避免。但顺德家电展坚持优先安排市外企业、限制市内企业数量和面积的做法，努力争取业界的认知。

——《中国经营报》

境内展

展名：第十三届台北电器视听大展
时间：2003年2月28日～3月4日（台北）

展名：中国国际采暖供热、空调暨国际环保、水处理技术与设备展览会
时间：2003年3月10日～12日（北京）

展名：第三届青岛国际水工业、泵阀管道及空调制冷燃气展览会
时间：2003年3月26日～28日（青岛）
周期：一年一届

展名：中国东北第六届国际供热供暖、空调、燃气及管道设备展览会
时间：2003年3月26日～29日（沈阳）

展名：2003年春季全国交电家电商品交易会暨首届中国（厦门）厨卫家电日用五金展
时间：2003年3月27日～29日（厦门）
周期：一年两届
上届数据：
展出面积（平方米）：8000

展名：2003 上海国际空调制冷、电力电工及自动化微系统展

览会
时间：2003年3月（上海）
周期：第一届

展名：第十四届国际制冷、空调、供暖、通风及食品冷冻加工展览会
时间：2003年4月9日～11日（北京）
周期：一年一届
上届数据：
展出面积（平方米）：28000
其中外国参展面积（平方米）：10000
观众人数（人次）：32771
参展商数目（家）：489
其中外国参展商数目（家）：106

展名：吉林（长春）第五届供热、供暖、空调燃气设备展览会暨太阳能技术设备展览会
时间：2003年4月9日～12日（长春）

展名：2003（春季）广州国际家用电器交易会
时间：2003年4月15日～19日（广州）
周期：一年两届

展名：2003中国重庆燃气技术设备、暖通空调、给排水展
时间：2003年4月16日～19日（重庆）

展名：第三届河北供热暖通空调制冷及燃气技术设备展览
时间：2003年4月17日～20日（石家庄）
周期：一年一届
上届数据：
展出面积（平方米）：4000
其中外国参展面积（平方米）：300
参展商数目（家）：170
其中外国参展商数目（家）：6

展名：2003中国上海中央空调设备与技术及车用空调、冷藏运输、冷藏技术展览会
时间：2003年4月18日～20日（上海）

展名：第二届中国国际住宅空调、供热、卫浴设备及技术展览会
时间：2003年10月9日～12日（北京）
周期：一年一届
上届数据：
展出面积（平方米）：8000
观众人数（人次）：50000
参展商数目（家）：128

展名：2003年秋季全国家电交易会
时间：2003年10月12日～14日（大连）
周期：一年两届
上届数据：
展出面积（平方米）：28000
参展商数目（家）：900

展名：台北国际电子成品展览会
时间：2003年10月16日～20日（台北）

展名：2003中国顺德国际家用电器博览会
时间：2003年10月（顺德）
周期：一年一届
上届数据：
展出面积（平方米）：12000

展名：2003年秋季全国交电家电商业交易会
时间：2003年10月（天津）
周期：一年二届
上届数据：
展出面积（平方米）：8000

境外展

展名：德国科隆国际家电、厨房用品及灯饰展
时间：2003年2月19日～22日（科隆）

展名：印尼雅加达国际制冷、空调、供暖、通风及食品冷冻技术展览会
时间：2003年9月3日～6日（雅加达）
周期：一年一届

展名：马来西亚国际制冷、空调、供暖、通风及食品冷冻技术展览会
时间：2003年9月23日～26日（吉隆坡）
周期：两年一届

展名：国际制冷及空调贸易展览会
时间：2003年10月22日～24日（汉诺威）

展名：电器工程、电子和照明设备博览会
时间：2003年10月22日～24日（柏林）

② 视听、摄影产品展会

第九届北京国际音响唱片展

第九届北京国际音响唱片大展于2002年11月1日在北京国宾酒店隆重开幕。由中仪总公司主办、北京音乐广播及北京鼎新太阳广告有限公司联合承办的北京国际音响唱片大展是国内规模最大、最具影响力的高级音响展览。

本次大展有近50家中外著名音响、唱片厂商展出几百个品牌近千种各类民用Hi-Fi及AV音响产品和丰富多彩的音乐唱片。2002年的音响展还特别保留了由专家和观众共同参与的音响器材主观评价活动，并且新开设了极有文化特色的“老

唱机、老唱片”展室。

境内展

展名：2003中国哈尔滨第六届国际摄影器材影像设备及婚纱影楼展览会
时间：2003年3月7日～10日（哈尔滨）
周期：一年一届
上届数据：
展出面积（平方米）：7500
其中外国参展面积（平方米）：1200
观众人数（人次）：35000
参展商数目（家）：216
其中外国参展商数目（家）：42

展名：2003中国国际婚纱及摄影器材博览会
时间：2003年3月11日～14日（北京）
周期：一年一届
上届数据：
展出面积（平方米）：10000
观众人数（人次）：20000
参展商数目（家）：150

展名：第三届华南地区国际数码影像展览会
时间：2003年3月25日～28日（广州）
周期：一年一届
上届数据：
展出面积（平方米）：6000
观众人数（人次）：18500
参展商数目（家）：100

展名：2003上海国际专业灯光音响、乐器及大屏幕投影与显示设备展览会
时间：2003年3月（上海）
周期：一年一届

展名：第六届上海国际专业灯光音响设备和技术展
时间：2003年10月15日 ～ 18日（上海）
周期：一年一届
上届数据：
展出面积（平方米）：6500
其中外国参展面积（平方米）：1500
观众人数（人次）：6570
参展商数目（家）：112
其中外国参展商数目（家）：25

展名：第二十四届台北国际音响影视大展
时间：2003年11月14日 ～ 18日（台北）

境外展

展名：国际乐器、音乐硬软件展览会
时间：2003年3月5日～9日（法兰克福）
周期：一年一届
上届数据：
观众人数（人次）：98000
参展商数目（家）：2148

展名：国际流行音乐及娱乐展
时间：2003年8月（科隆）

③ 通信器材行业展会

境内展

展名：2003年中国国际通信技术展览会
时间：2003年4月23日～26日（上海）
周期：两年一届

展名：2003年中国国际通信设备技术展览会
时间：2003年11月11日～15日（北京）
周期：一年一届
上届数据：
展出面积（平方米）：40000
其中外国参展面积（平方米）：28000
观众人数（人次）：235000
参展商数目（家）：400
其中外国参展商数目（家）：300

④ 仪器仪表行业展会

境内展

展名：首届中国（广州）国际计量测试技术（服务）及仪器设备展览会
时间：2003年3月3日～6日（广州）
周期：一年一届

展名：IEIG2003年中国国际线缆与连接工业展览会／中国仪器仪表测试设备、工控自动化暨传感器展览会
时间：2003年3月6日～9日（深圳）
周期：一年二届

展名：第六届南京工业自动化仪器仪表展览会
时间：2003年3月20日～22日（南京）
周期：一年一届
上届数据：
展出面积（平方米）：8000
其中外国参展面积（平方米）：500
观众人数（人次）：10000
参展商数目（家）：238
其中外国参展商数目（家）：9

展名：2003第二届国际工厂自动化、仪器仪表（深圳）展
时间：2003年4月1日~4日（深圳）
周期：两年一届
上届数据：
展出面积（平方米）：8000
其中外国参展面积（平方米）：2350
观众人数（人次）：18060
参展商数目（家）：200
其中外国参展商数目（家）：53

展名：第六届中国东北国际仪器仪表及工业自动化展览会
时间：2003年4月10日~12日（沈阳）

展名：中国东北第四届国际分析测试仪器与计量检测技术设备展览会
时间：2003年4月10日~13日（沈阳）

展名：IEIG2003年中国仪器仪表测试设备、工控自动化暨传感器展览会
时间：2003年8月25日~28日（深圳）
周期：一年两届
上届数据：
展出面积（平方米）：16000
其中外国参展面积（平方米）：2000
参展商数目（家）：500

展名：2003第十四届多国仪器仪表展览会
时间：2003年9月16日~19日（上海）
周期：一年一届（双年在北京，单年在上海）
上届数据：
展出面积（平方米）：23000
其中外国参展面积（平方米）：6000
观众人数（人次）：50000
参展商数目（家）：600
其中外国参展商数目（家）：100

展名：第十届北京分析测试学术报告会及展览会
时间：2003年10月13日~16日（北京）
周期：两年一届

境外展

展名：国际现代仪器技术及设备展
时间：2003年4月18日~20日（悉尼）

⑤ 电子元器件行业展会

中国最大的两个国际电子展首次携手

2003年3月12~14日，慕尼黑国际博览集团（MMI）与国际半导体设备及材料协会（SEMI）在上海国际新博览中心联手举办了中国最大的两个国际电子展：中国国际电子元器件、组件、电子生产设备和光电技术博览会(Electronic China 2003)和中国国际半导体设备与材料展览暨研讨会(SEMICON China)。PCIM电子功率器件、智能传送、电源质量国际研讨会和博览会也在同期举行。

博览会在上海新国际博览中心4万多平方米的展馆内，全面展示从元器件到生产设备等各个环节的行业领先产品和技术，并为国际电子行业的电子元器件、组件及电子生产设备提供了广阔的交流平台。约有来自中国和世界其他国家和地区的600名国内外参展商参加了Electronic China 2003，美国也首次组织国家展团来华参展。

作为Electronic China 2003的主办方，慕尼黑国际博览集团有着多年从多事展览行业的丰富经验和广阔的全球合作伙伴网络，始终走在开拓用户化行业展览理念的前列。本次和国际半导体设备及材料协会强强联手，同时、同地举办中国最大的两个电子展，并同期举办各类研讨会和论坛，旨在发布最新行业走势和行业技术，并以“会中套会”的形式为参展商和参观者提供参加一系列专业研讨会和用户论坛的机会，是一次“学习型、讨论型”的行业聚会，充分体现了国际一流的会展理念。

据了解，Electronic China 在2002年首次举办时就取得了较大的成功，共有近300家参展商，1.1万平方米的展出面积和超过1.5万名的专业观众。它是在中国举办的一次史无前例的国际性很强的电子展会；参展商和观众都对市场形势非常乐观。和其他在中国举办的电子展会相比，Electronic China优势明显，调查显示，95%的参展公司肯定或已考虑再次参加2003年的展会，而94%的观众将Electronic China列为中国内地最杰出的电子展会之一。

Electronic China 是重要的电子元器件、组件、电子生产设备和光电技术的区域性博览会，它是德国慕尼黑国际博览集团全球电子展的一部分。全球电子展包括遍布世界的电子展，世界级的电子展会如Electronica，Productronica，Laser World of Photonics 在德国慕尼黑展示国际主流趋势。重要的区域性展览会Componex/Electronic India， Electronic Asia，Electronic China和Electronic America建立于这些展会的专业知识之上，且展品范围与当地市场需求相匹配。全球电子展是一个动态的网络，它不断地开发未来的市场和地区。从2003年起，全球电子展又有了新内容：在慕尼黑将举办Embedded in Munich和Fiber Comm（光纤和通信电子展），2004年将在美国旧金山举办Electronica USA，在日本东京举办Electronica Japan。

因特网www.global-electronics.net对国际电子业而言，是一个特别的平台，其核心是7500多个来自世界各地登记的国际公司列表。该网站还提供了来自业界和博览会最新的业界

新闻、市场数据、产品革新及应用。全球电子展网站功能强大，涵盖7500多名展商和25万世界各地的观众。

第十一届中国国际电子元器件、设备及印刷电路、表面贴装展览会

第十一届中国国际电子元器件、设备及印刷电路、表面贴装展览会是珠江三角洲地区规模、影响最大的专业电子展。本届电子展是由中国电子学会主办、中国半导体行业协会、联通黄页信息有限公司协办并由中国电子学会展览部、深圳市多人行展览有限公司联合承办的。

本次展会于2003年4月1～4日在深圳高交会展览中心A馆举行。与往届相比，本届展会规模更大、更国际化。展会面积达1.1万平方米，共有来自美国、德国、加拿大、日本等数十个国家以及中国港、澳、台地区和内地20多个省市共400多家企业参展。展会设置了专业采购区，邀请了包括长虹、TCL、东芝、爱普生、惠普、宏基在内的多家著名企业前来采购。

展览同期举办多场演讲，力图涉及专业领域若干热点和尖端课题。组委会还邀请了国际SMD与SMT领域的权威Feldmann（非尔德曼）教授进行主题为“电子产品制造发展趋势及当前最新技术”的演讲。

境内展

展名：2003中国（广州）国际自动化展览会
时间：2003年3月3日～6日（广州）
周期：一年一届
上届数据：
展出面积（平方米）：13000
其中外国参展面积（平方米）：1890
观众人数（人次）：34600
参展商数目（家）：480
其中外国参展商数目（家）：86

展名：中国国际电子元器件、组件、电子生产设备、光电技术博览会
时间：2003年3月11日～14日（上海）
周期：一年一届
上届数据：
展出面积（平方米）：12000
其中外国参展面积（平方米）：8000
观众人数（人次）：15218
参展商数目（家）：285
其中外国参展商数目（家）：158

展名：中国国际过程控制与生产自动化展览会
时间：2003年3月18日～21日（上海）
周期：两年一届

展名：2003中国国际半导体（集成电路）产业展览暨研讨会
时间：2003年3月24日～26日（上海）
周期：一年一届

展名：武汉国际工业控制与自动化技术设备展览会
时间：2003年3月25日～27日（武汉）
周期：一年一届
上届数据：
展出面积（平方米）：7000
其中外国参展面积（平方米）：200
观众人数（人次）：8000
参展商数目（家）：128
其中外国参展商数目（家）：7

展名：第五届东莞国际电子元器件及电子设备、仪器仪表、工业自动化展览会
时间：2003年3月28日～31日（东莞）

展名：第三届大连国际智能卡应用技术及设备展览会
时间：2003年3月28日～31日（大连）
周期：一年一届

展名：第七届国际工业自动化与控制技术展览会暨第七届中国国际传感器、测试、测量及自动化技术展览会
时间：2003年3月（上海）
周期：一年一届
上届数据：
展出面积（平方米）：12000

展名：2003第十一届中国国际电子元器件、设备及印制电路表面贴装展览会
时间：2003年4月1日～4日（深圳）
周期：一年二届
上届数据：
展出面积（平方米）：8600
其中外国参展面积（平方米）：565
观众人数（人次）：26781
参展商数目（家）：382
其中外国参展商数目（家）：56

展名：第十三届上海国际电子生产设备暨微电子工业展览会
时间：2003年4月8日～11日（上海）
周期：一年一届
上届数据：
展出面积（平方米）：15000
其中外国参展面积（平方米）：10000
观众人数（人次）：15320
参展商数目（家）：450
其中外国参展商数目（家）：300

展名：2003春季（第61届）全国电子产品展览会
时间：2003年4月16日～18日（武汉）
上届数据：
展出面积（平方米）：20000
观众人数（人次）：50000

参展商数目（家）：1000

展名：台北国际春季电子展览会
时间：2003年4月18日～22日（台北）

展名：台北国际光电展览会
时间：2003年4月18日～22日（台北）

展名：IEIG东莞电子零组件及生产设备、线缆与电接插工业展览会
时间：2003年8月1日～4日（东莞）

展名：第七届中国无线电技术研究会暨展览会
时间：2003年8月（上海）
周期：一年一届

展名：第九届深圳国际电子生产设备暨微电子工业展览会
时间：2003年8月（深圳）
周期：一年一届
上届数据：
展出面积（平方米）：11000
其中外国参展面积（平方米）：7000
观众人数（人次）：13000
参展商数目（家）：402
其中外国参展商数目（家）：253

展名：台北半导体设备暨材料展览会
时间：2003年9月15日～17日（台北）

展名：2003年世界雷达博览会
时间：2003年9月17日～19日（北京）
周期：两年一届

展名：台北国际电子零组件暨设备展览会
时间：2003年10月9日～13日（台北）

展名：第四届台湾电路板国际展览会
时间：2003年10月31日～11月2日（台北）

展名：第十届北京国际电子生产设备暨微电子工业展览会
时间：2003年10月（北京）
周期：一年一届
上届数据：
展出面积（平方米）：8000
其中外国参展面积（平方米）：5000
观众人数（人次）：12000
参展商数目（家）：350
其中外国参展商数目（家）：205

展名：第62届全国电子产品展览会暨2003年中国（上海）国际电子展览会
时间：2003年11月11日～14日（上海）
上届数据：
展出面积（平方米）：35000
其中外国参展面积（平方米）：12000
观众人数（人次）：100000
参展商数目（家）：1200
其中外国参展商数目（家）：200

展名：亚洲国际动力传动与控制技术展览会
时间：2003年11月18日～21日（上海）
周期：一年一届
上届数据：
展出面积（平方米）：14500
其中外国参展面积（平方米）：5000
观众人数（人次）：21812
参展商数目（家）：361
其中外国参展商数目（家）：129

展名：第十四届深圳国际电子产品展览会暨深圳国际连接器工业展览会
时间：2003年11月（深圳）

展名：2003年国际自动监制技术展览会
时间：2003年（北京）
周期：一年一届
上届数据：
展出面积（平方米）：6000
其中外国参展面积（平方米）：1000
观众人数（人次）：1000
参展商数目（家）：110
其中外国参展商数目（家）：25

境外展

展名：慕尼黑国际电子产品博览会
时间：2003年11月（慕尼黑）

3）机械电机行业

①机床行业展会

境内展

展名：2003年第四届湖南工业装备展览会
时间：2003年3月11日～13日（长沙）
周期：一年一届
上届数据：
展出面积（平方米）：3500
其中外国参展面积（平方米）：1000
观众人数（人次）：8500
参展商数目（家）：158
其中外国参展商数目（家）：32

展名：台北国际工具机展览会
时间：2003年3月18日 ～ 22日（台北）

展名：第四届国际机床、工具模具技术展览会
时间：2003年4月10日 ～ 13日（沈阳）

展名：第八届中国国际机床展览会
时间：2003年4月16日 ～ 22日（北京）
周期：两年一届
上届数据：
展出面积（平方米）：34091
其中外国参展面积（平方米）：15288
观众人数（人次）：136400
参展商数目（家）：1078
其中外国参展商数目（家）：430

展名：大连国际铸造工具展览会
时间：2003年8月13日 ～ 15日
周期：一年一届
上届数据：
展出面积（平方米）：7000
其中外国参展面积（平方米）：2000
观众人数（人次）：35000
参展商数目（家）：300
其中外国参展商数目（家）：80

展名：2003第四届华东国际机床工具展览会
时间：2003年9月23日 ～ 25日（上海）
周期：两年一届
上届数据：
展出面积（平方米）：10000
其中外国参展面积（平方米）：2000
观众人数（人次）：15000
参展商数目（家）：180
其中外国参展商数目（家）：80

展名：第五届上海国际电线电缆光纤光缆产品及设备展览会
时间：2003年11月（上海）
周期：一年一届

境外展

展名：大阪机床及制造系统展
时间：2003年5月21日～24日（大阪）

展名：欧洲机床博览会
时间：2003年10月21日～28日（米兰）

展名：CMTS加拿大机床展
时间：2003年10月（多伦多）

展名：国际机床和金属加工机械贸易展览会
时间：2003年11月13日～16日（曼谷）

② 工具、模具行业展会

第七届中国五金博览会

由中国国际贸易促进委员会等单位主办，浙江永康市人民政府承办的第七届中国五金博览会2002年9月26～28日在有“中国五金之都”美称的永康市举行。200余位高等院校、科研院所的专家学者，2000多家企业的厂长经理、15万余名五金经销商，其中包括来自美国、德国、日本、印度、巴西、澳大利亚及中国香港、中国台湾地区等30多个国家和地区的800多名客商，以及当地参观者共23万多人参加此次博览会。

此次博览会设展位1200多个，其中800多个为永康市当地的生产和贸易企业，400多个展位为外地和外国企业。

3天的商品交易意向与合同额达到30.2亿元人民币，出口意向与合同额1.71亿美元，技术投资意向与合同额4527万元人民币。

一个“七山一水二分田”56万人口的县级市连续举办7届中国五金博览会，由第一届给参展企业人员补贴工资出让展位发展到2002年的几万元一个展位被热卖，设置展位之多，参展企业之多，参加人数之多，这在全国展览会、博览会竞争如此激烈，有些展会门可罗雀的今天，实属难得。五金博览会对进出口公司与经销商的吸引力在于：首先有门类齐全的五金产品。浙江永康的五金产品已由原来的传统五金（小五金）发展成为现代大五金，涵盖机械五金、装潢五金、日用五金、建筑五金、工具五金、小家电等方面的1万多个品种，出口的机电产品主要有不锈钢制品、电动工具、摩托车及配件、汽车零部件、滑板车、小家电等系列产品。其次有雄厚的生产能力和规模巨大的交易市场。全市近万家五金生产企业，设有2800家店铺，已形成了一个规模巨大的五金生产基地和全国最大的五金专业市场。年市场交易额达100多亿人民币，产品已销往全国各省市和出口到五大洲88个国家和地区，2001年直接出口额1.4亿美元，2002年预计可达2亿美元，同时为其他省市出口供货额几十亿元人民币。

首届中国国际磨料磨具、超硬材料和涂覆磨具展览会

由中国机械工业联合会支持，中国国际贸易促进委员会机械行业分会、中国机床工具工业协会磨料磨具分会、超硬材料分会、涂覆磨具分会共同举办的2002年中国国际磨料磨具、超硬材料和涂覆磨具展览会，于2002年10月16～18日在虎门国际机械展览中心举行。

此次展览会是1949年以来在我国首次举办的以展示磨料磨具、超硬材料、涂覆磨具行业，包括配套产品和专用设备的新产品、新技术为展示内容，以促进行业对外贸易和技术交流为目的的国际性专业展览会。展出面积6000平方米，参展的有美国、日本、韩国、欧盟，以及中国大陆、中国台湾、中国香港等十几个国家和地区的400多家厂商参展，吸引了金属加工、机床、汽车、交通、建筑、装饰、石材、玻璃、木材、耐火材料、陶瓷等用户行业的数千采购商、贸易商、技术专家，及多个行业组织、海外采购团体到会参观洽谈。

磨料磨具、超硬材料和涂覆磨具行业，是机床工具行业中一个古老的分支，在改革开放以后，我国磨料磨具、超硬材料和涂覆磨具行业发展很快，已具有规模大、产品品种多、制造体系完整、出口占有很大比例的特点。磨料、普通磨具及超硬材料、涂覆磨具的产量均居世界前列，其中磨料磨具年生产能力分别达140万吨、20万吨；涂覆磨具年产量1.2亿平方米；人造金刚石和立方氮化硼的年产量达到十亿克拉，成为世界第一。每年向美国、日本、欧洲等80多个国家出口近3亿美元。

当然，我国磨料磨具、超硬材料和涂覆磨具行业还存在着产品档次较低，产品质量不够稳定，产品配套性较差，一些超硬材料和涂覆磨具在国内或不能生产或产量较低的问题，不能满足用户的需要，每年进口呈增长趋势。因此，在我国举办国际磨料磨具、超硬材料和涂覆磨具展览会，可为国内同行提供学习国外先进技术，加强对外经济技术交流的机会，以缩短与国外同行的差距。

SIMM跃升华南第一展

由深圳市机械行业协会主办的第四届中国（深圳）国际机械及模具工业展览会（SIMM），于2003年3月25～28日在深圳高交会展览中心举行。目前，第四届中国（深圳）国际机械及模具工业展览会规模再创新纪录，成为华南第一机械专业展。有近500家国内外机械企业参展，展览面积近2.5万平方米，比上届拓展了30%，展位1千个，比上届增加了33%。

本届展会是由金属制造机械、钣金锻压机械及其配套产品，塑胶机械、包装印刷机械及配套产品，模具、工具及材料三大板块组成的专业展览盛会。与以往三届相比，内容上更趋丰富、精彩。如A馆金属加工机床展区参展企业爆满，世界一流的日本马扎克公司、美国明斯特公司、德国洛克公司以及国内小巨人机器公司等名牌企业带来最新、最适合中国华南市场需求的产品，A馆塑胶机械展区还有香港的力劲、恒生、奥克兰等知名企业参展；B1、B2馆主要以模具、工具及其配件和材料为主，是参展企业为数最多的展区；尤其值得一提的是，在本届展会新辟的B3馆，主办单位与广东省机电设备公司联合组建了一个规模庞大的“中国名牌机床展区”，国内一批超大型机床制造商集中亮相在SIMM上。这艘国内机床制造业“航空母舰”的诞生使本届展览会锦上添花；还有B3馆的包装印刷机械、A馆的应用软件等，亦有热门看点。

为了扩大展览会的影响力，使参展商获得最大收益，发挥协会作用，长期与美国、德国、法国、意大利、日本、澳大利亚等发达国家和中国香港、台湾地区的同行组织与企业保持广泛、友好的联系，主办机构在组织企业参加国外展览交流活动的同时，积极推介SIMM展会，构建了SIMM国际大交流的格局。

经过三年的努力，SIMM于2002年10月正式成为国际展览联盟成员，标志着SIMM上了一个新台阶，这一品牌效应已经显现。成为中国华南地区展示国内外先进制造技术、促进国内外机械同行交流合作的国际大市场。

境内展

展名：第十届中国模具设备展览会暨温州国际塑胶工业展览会
时间：2003年2月28日～3月2日（温州）
周期：一年一届
上届数据：
展出面积（平方米）：6000
观众人数（人次）：100000
参展商数目（家）：205
其中外国参展商数目（家）：5

展名：2003青岛国际模具及金属加工暨铸造、锻压及工业炉展览会
时间：2003年3月5日～8日（青岛）

展名：2003宁海国际模具制造技术和设备暨塑胶工业展
时间：2003年3月7日～9日（宁海）

展名：第五届西安国际工业自动化、机床工模具暨工业装备展示交易会
时间：2003年3月10日～13日（西安）
周期：一年一届
上届数据：
展出面积（平方米）：8400
其中外国参展面积（平方米）：1800
观众人数（人次）：27000
参展商数目（家）：460
其中外国参展商数目（家）：70

展名：东北第七届国际焊接技术设备展览会
时间：2003年3月20日～22日（沈阳）

展名：国际机械装备及机床工具展览会
时间：2003年3月27日～30日（长春）

展名：2003年华东国际模具和成型技术及设备展览会
时间：2003年9月2日～5日（上海）
周期：两年一届
上届数据：

展出面积（平方米）：6000
其中外国参展面积（平方米）：2000
观众人数（人次）：8000
参展商数目（家）：171
其中外国参展商数目（家）：35

展名：第七届广州国际焊接技术及设备展览会
时间：2003年9月14日～18日（广州）
周期：一年一届
上届数据：
展出面积（平方米）：3000
其中外国参展面积（平方米）：300
观众人数（人次）：30000
参展商数目（家）：66
其中外国参展商数目（家）：15

展名：中国北方国际模具、机床工具展览会
时间：2003年9月24日～27日
周期：一年一届
上届数据：
展出面积（平方米）：5000
其中外国参展面积（平方米）：500
观众人数（人次）：12000
参展商数目（家）：180
其中外国参展商数目（家）：6

展名：第十届大连国际工业零部件原材料展览暨专业协作配套洽谈会
时间：2003年8月13日～15日（大连）
周期：一年一届
上届数据：
展出面积（平方米）：7000
其中外国参展面积（平方米）：2000
观众人数（人次）：35000
参展商数目（家）：300
其中外国参展商数目（家）：80

展名：2003湖北国际冶金矿山工业展览会
时间：2003年10月（武汉）
周期：一年一届

展名：第八届北京埃森焊接与切割展览会
时间：2003年11月26日～29日（上海）
周期：一年一届
上届数据：
展出面积（平方米）：7500
其中外国参展面积（平方米）：5886
参展商数目（家）：262

展名：广州国际金属工业博览会
时间：2003年11月（广州）
周期：一年一届
上届数据：
展出面积（平方米）：10000
其中外国参展面积（平方米）：2000
观众人数（人次）：10000
参展商数目（家）：300
其中外国参展商数目（家）：60

展名：2003上海国际冶金工业展
时间：2003年（上海）
周期：两年一届
上届数据：
展出面积（平方米）：5000
其中外国参展面积（平方米）：3000
观众人数（人次）：10000
参展商数目（家）：83
其中外国参展商数目（家）：51

境外展

展名：德国科隆国际五金制品展览会
时间：2003年3月9日～12日（科隆）
周期：一年一届

展名：欧洲模具制造、加工设计及应用开发国际展览会
时间：2003年12月
周期：一年一届

③ 工程机械行业展会

中国国际装备制造业博览会

中国国际装备制造业博览会于2002年8月30日～9月5日在沈阳国际会展中心举办。此次“制博会”由国家外经贸部、中国贸促会和辽宁省人民政府主办，中国机电产品进出口商会协办，沈阳市人民政府等单位联合承办，这是我国装备制造业领域首次举办的国家级、国际性、专业化大型展览活动。境内外参展企业达431家，展位总数达1638个，远远超出了预期计划。

此次“制博会”受到了世界500强和知名跨国公司的关注。美国通用公司、德国西门子公司、韩国大宇公司等16家国际顶尖企业集团已报名参展，参展企业来自24个国家和地区。以色列、阿根廷、布基纳法索等较少参加中国展会的国家，也对“制博会”产生了深厚的兴趣。

本届“制博会”参展展品的类别和科技含量也远远超出当初预计。展品种类包括矿山、起重、传动等19个机械门类。大型数控机床、螺杆空压机、公路养护机等多项代表我国装备制造水平的大型高科技新产品也亮相沈阳。

此次，“制博会”期间举办的系列活动也吸引了大批中外来宾。其中，“2002年中国辽宁贸易促进国际论坛”有26个国家和地区60余人参会；“加工贸易洽谈会”也有21个国家近40人参会。

境内展

展名：2003义乌（国际）通用机械及仓储物流展览会
时间：2003年3月10日～12日（义乌）
周期：一年一届

展名：2003第四届东北国际工程机械、路桥设备及专用车辆展览会
时间：2003年3月15日～17日（沈阳）
周期：一年一届

展名：中国国际机械工业博览会
时间：2003年3月21日～24日（宁波）
周期：一年一届
上届数据：
展出面积（平方米）：10000
其中外国参展面积（平方米）：600
观众人数（人次）：15000
参展商数目（家）：220
其中外国参展商数目（家）：50

展名：2003年湖南第四届工程机械展
时间：2003年3月25日～27日（长沙）
周期：一年一届
上届数据：
展出面积（平方米）：5000
观众人数（人次）：5000

展名：第三届国际工程机械、建筑机械及园林机械展览会
时间：2003年4月9日～12日（长春）

展名：第七届北京国际工程机械展览与技术交流会
时间：2003年10月14日～17日（北京）
周期：两年一届

展名：第四届中国国际工程（建筑）机械设备及配件（大连）展览会
时间：2003年11月1日～5日（大连）
周期：一年两届
上届数据：
展出面积（平方米）：18000
其中外国参展面积（平方米）：72
观众人数（人次）：100000
参展商数目（家）：300
其中外国参展商数目（家）：5

展名：第十届中国国际建筑及建材机械展览会
时间：2003年11月18日～21日（上海）
周期：一年一届
上届数据：
展出面积（平方米）：7000
观众人数（人次）：25000
参展商数目（家）：272

境外展

展名：国际工业机械设备展览会
时间：2003年5月7日～11日（吉隆坡）

展名：国际工业机械展览会
时间：2003年5月20日～23日（墨尔本）

④ 纺织机械行业展会

境内展

展名：第四届中国（东莞）国际纺织及制衣设备及技术展
时间：2003年3月6日～9日（东莞）

展名：第九届江苏国际制衣设备展览会
时间：2003年3月26日～28日（南京）
周期：两年一届
上届数据：
展出面积（平方米）：5000
其中外国参展面积（平方米）：1500
观众人数（人次）：5000
参展商数目（家）：190
其中外国参展商数目（家）：40

展名：2003年第二届河北纺织机械及针织设备展览会
时间：2003年4月7日～9日（廊坊）

展名：第七届温州制衣设备技术博览会及面辅料展
时间：2003年4月12日～15日（温州）

展名：第六届青岛国际纺织机械及服装设备展览会
时间：2003年4月22日～25日（青岛）
周期：两年一届
上届数据：
展出面积（平方米）：4000
其中外国参展面积（平方米）：1000
观众人数（人次）：5000
参展商数目（家）：180
其中外国参展商数目（家）：50

展名：2003年郑州国际纺织服装机械展览会
时间：2003年4月（郑州）
周期：两年一届
展名：首届石狮市国际纺织服装机械设备展览会
时间：2003年8月18日～21日（石狮）

展名：大连国际纺织机械、制衣机械、洗涤整烫设备展览会
时间：2003年9月19日 ～ 24日（大连）
周期：一年一届
上届数据：
展出面积（平方米）：5000
其中外国参展面积（平方米）：50
观众人数（人次）：230000
参展商数目（家）：65
其中外国参展商数目（家）：5

展名：中国国际缝制设备展览会
时间：2003年10月21日～24日（上海）
周期：一年一届
上届数据：
展出面积（平方米）：24423
其中外国参展面积（平方米）：6228
观众人数（人次）：48096
参展商数目（家）：676
其中外国参展商数目（家）：122

展名：第七届（温州）国际制衣设备及面辅料展览会
时间：2003年11月22日～24日（温州）
周期：一年一届
上届数据：
展出面积（平方米）：3000
观众人数（人次）：15000
参展商数目（家）：130
其中外国参展商数目（家）：30

展名：湖北国际服装博览会暨第八届纺织、制衣机械展览会
时间：2003年11月（武汉）
周期：两年一届
上届数据：
展出面积（平方米）：20000
其中外国参展面积（平方米）：6000
观众人数（人次）：150000
参展商数目（家）：400
其中外国参展商数目（家）：80

境外展

展名：第十四届国际纺织机械展览会
时间：2003年10月22日～29日（伯明翰）
周期：四年一届
上届数据：
展出面积（平方米）：160000
观众人数（人次）：150000
参展商数目（家）：1000

⑤ 飞机、汽车、摩托车、自行车行业

行业简况

我国自行车出口提速

中国机电商会日用机械分会　张培生

出口强劲增长

2002年1～12月，中国自行车整车出口企业412家，向世界153个国家和地区出口自行车整车4557万辆，同比增长32%，创汇12.8亿美元，同比增长28.6%，整车加零件共出口创汇18.4亿美元，增长20%，达历史新高。

从海关统计的车型类别看，山地自行车的出口量最大，为1414万辆，同比增长33.5%；其次为16、18、20英寸越野自行车和其他未列名自行车，分别出口1302万辆和914万辆，增长30.7%和28.7%。

而16英寸及以下的未列名自行车出口增幅最大，共出口859万辆，同比增长47.6%。

出口金额在1000万美元以上的企业共有30家，出口量2497万辆，占总出口量的54.8%；出口金额1000至500万美元的企业20家；出口金额500至100万美元的企业83家。

在全年出口的412家企业中，三资企业38家，占企业出口数的9.2%，但出口量达2058.6万辆，占出口数量的45.1%。其中国有生产企业有13家，占出口企业数的3.1%，出口量456.5万辆，占总出口数量的10%。

美日市场仍占主导

1．美国市场。美国自行车消费是除中国之外世界上最大的单一国家消费市场，是我国出口第一大市场。2002年我对美出口整车1775.3万辆，增长42.9%，占美市场需求的98%以上，对美出口量占全国出口量的38.9%。通常年份美自行车市场消费在1700万辆左右，国内除极少量生产外，95%以上全部依靠进口，而其中很大部分是从中国大陆进口。2001年受“9·11”事件影响导致美国经济的衰退，减少了对自行车的进口。2002年为填补上年减少的份额，美进口商大大增加了对我自行车的订单，致使我对美出口激增，这种现象是受上年影响的结果，2003年不会有这么大的市场份额的增长。与此同时，自行车市场价格的下降在美国已成为不可阻挡的趋势，中低档自行车价格的下降逼迫专卖店高档车的价格下降。

从美国目前市场情况看,继续增加对美自行车数量的增长只会加剧价格竞争，对长远发展不利。培育、引导、提高才能最终发展一个市场,特别是对于美国这样消费层面多而清晰，消费水平较高的市场，我们要特别注意开发新品，提高质量，培育市场,引导消费,满足主消费层和进行青少年游戏类车种的研发等，这样多层面开发才能使得市场不断地扩大和发展。

2．日本市场。日本是我国自行车第二大出口市场，2002年我对日出口自行车整车640.1万辆，同比增长28.2%。日本自行车年市场消费在1千万辆左右，以城市轻便车为主。日本国内有着雄厚的自行车生产基础,但近几年,随着日本经济的不景气直至衰退,为求得成本的降低,日本一些自行车企业到大陆来投资建厂，同时，出口商也大量地到中国来采购，使得中国对日出口的自行车占日本市场消费的60%以上。日本自行车行业曾于2001年向日本政府要求限制来自中国的自行车,通过我们一年多的行业协调,日本自行车协会撤消了限制。因此，只要我们注重开发适合消费者需求的产品，注重品质，有序出口,积极协调中日自行车行业间出现的问题,日本市场是有很大的发展空间的。从发展趋势看，像自行车这样劳动密集型产品，中日相比更适合在中国生产。目前，日本从保护消费者利益和安全的角度考虑，进一步提高了JIS标准，同时，一直在推动政府对自行车实行PSC强制认证标准。因此我们的企业要加强企业管理,注重品质提高,在对日本市场出口的同时完善自己，提高竞争力。

3.欧盟市场。欧盟是自行车的发祥地，它曾经有过辉煌，即使是现在，世界级高档自行车专业比赛用车依然出自欧洲。欧洲人保守,自我保护和封闭的意识极强,对中国自行车征收反倾销关税已近十年之久。该市场年消费自行车在1500～1700万辆，自产1200万辆左右，进口500万辆左右，进口量不到市场消费的1/3。目前，欧盟许多老牌、大牌生产企业已不能承受制造成本过高的压力,纷纷倒闭和转卖,整个产能已不能完全满足消费者的需要。但同时，一些东欧国家新加入欧盟后，加大了欧盟自行车的生产能力，所以关税解冻仍不乐观。但市场的选择是无情的，消费者的需要决定事物发展的方向。因此，欧盟撤消限制，由中国提供消费者需要的自行车产品是市场选择的必然。2002年我国对欧盟自行车主要消费国出口量增长很大，显示了发展的潜力。2004年欧盟自行车反倾销到期,届时我们将组织企业努力抗辩,力争得到一个好的结果。

从我国出口市场看，主要市场是美国和日本，对这两个国家共出口2415万辆，占我国总出口量的53%，2002年的增长主要也是在这两个市场。但如此集中的市场是有很大风险的，同时市场再大容量也是有限的,因此鼓励支持企业努力开拓其他市场是2003年的重点。

低价竞销影响行业发展

目前，我国企业存在的主要问题：

1．销售渠道不健全；

2．过多地生产低价低档车，极微的利润，使得自身没有更多的资金投入到研发和多层次生产中；

3．没有自己的知名品牌；

4．为拿到订单而接受更长的放账期，将自己推到危险的边缘。

这些问题是企业应特别警惕的。在以上问题当中，低价竞销是影响行业发展的最大问题。十几年来自行车价格持续下降,可以肯定,降价的原因中有合理的部分,如技术日臻成熟,管理水平提高等降低了成本；新产品走过了成长期进入了成熟期等等。但更重要地是，近十几年来，随着我国的改革开放，自行车行业发展迅猛，独资、合资、国有、民营、集体等多种所有制并存。由于企业各自的经营理念不同，生产成本不同，经营手段不同，利益取向不同等，造成目前竞争的多样性，而最简单的手段就是价格竞争。由此带来的问题是各生产企业利润空间的极度压缩，企业疲于维持，无力技改投入。整车企业微利经营只有挤压零件配套企业的利润,使得零配件企业微利同时产品品质难以提高。长此以往恶性循环必会影响企业乃至行业的发展。

目前,自行车行业在中国的发展是有史以来最为兴旺的时期,同时也是竞争最为激烈的时期。由于国际自行车产业结构的剧烈调整，刺激了我国自行车行业的快速发展，如此的发展难免良莠不齐。因此，加强行业协调是非常必要的。

表5－5　2002年我国自行车出口各大洲情况

洲　名	数量（万辆）	增长（%）	金额（万美元）	增长（%）	单价（美元）	增长（%）
亚　洲	1796.8	26.5	54339.9	18.7	30.2	−6.2
非　洲	166.7	17.6	3524.5	12.4	21.1	−4.4
欧　洲	373.3	81.9	8894.6	65.8	23.8	−8.9
南美洲	280.3	−15.2	4760.9	−10.6	17	5.5
北美洲	1828.1	43	52754.4	41.5	28.9	−1.1
大洋洲	111.9	45.3	3695.5	41.6	33	−2.6

展 会

天津国际汽车贸易展

一年一度的天津车展于2002年10月26日～11月3日在天津体育展览中心举行。

本届车展继续由天津市人民政府滨海新区管委会、天津港保税区管委会与中国进口汽车贸易中心三家联合主办，有来自国内外的近百家厂商参展，展出车型达到200多辆，主要品牌涵盖了保时捷、法拉利、陆虎、劳斯莱斯等国外品牌，以及波罗、马自达、风神等国内知名品牌，展出面积达到3.2万平方米，全面超过2001年2万平方米的规模，参展人数也在2001年20万人的基础上有所增加。

2002年天津车展是新车发布的舞台，奔驰、玛莎拉蒂、法拉利、天津丰田威驰、夏利2000两厢车Yaris、中兴"巡洋舰"等国内外新车都首次在车展上亮相。

据了解，天津车展凭借天津港进口汽车占国内进口汽车总量1/2和天津作为国内最大经济型轿车生产基地的优势，在总结2001年车展经验的基础上，2002年实现了两大突破：一是将主题由原先的"21世纪中国进口汽车的门户"改为"21世纪中国进出口汽车的门户"，增加了"出口"的内容，随着夏利、长城、中兴汽车走出国门，天津车展将在促进国产车出口方面发挥重要作用。本次车展上，有来自东南亚、中东等地的国外客商参观洽谈订货。二是增强车展的贸易功能，本次车展特在天津港保税区滨海国际汽车城开设了分展场，该汽车城投资近亿元，于2002年10月份全部建成投入使用，有500辆新款进口车在车展期间展示销售；此外，车展组委会还组织了建筑、运输、旅游等专业采购团现场采购。

为配合车展的顺利举行，车展期间，天津国际汽车贸易展组委会还与新华社经济参考报联合举办了"融入全球的中国汽车"高层论坛，邀请了国家经贸委、外经贸部等单位的领导、专家和学者就加入WTO后中国汽车工业新变化等若干重大议题发表精彩演讲。

第五届广州国际汽车展览会

第五届广州国际汽车展览会(Auto South China 2002)于2002年12月7～11日在广州中国对外贸易中心举行。这是中外汽车界的朋友们在广州的第五次聚会，本届展览会得到中国汽车工业总公司、广州市人民政府的大力支持，由中汽对外经济技术合作公司、德国法兰克福展览（香港）有限公司和广州市汽车工业协会联合主办，广东省汽车工业贸易总公司协办。

本届展会共有来自20多个国家和地区的200多家国内外汽车及零部件厂商参展，展出面积达15000平方米。参展的厂商及带来的品牌有奥迪、菲亚特、莲花、现代、沃尔沃、上海大众、上海通用、一汽大众、海南马自达、东南（福建）汽车、沈阳金杯、江铃陆风、长安铃木、金龙客车、上海申沃客车等20多家整车厂商和韩泰轮胎、申毅交通器材、申雅密封件、北京飞勇比雄汽车油漆设备、中欧汽车电器、东炫马勒滤清器、中威玻璃膜等百余家汽车零部件及相关产品厂商参展。参展的产品涵盖面广，涉及各种类型汽车及汽车零部件、工艺装备、汽保设备、环保节能产品、计算机开发设计系统及应用技术、汽车用品、装饰件等。

本届车展的主题为："提升品牌形象、带动汽车消费"。通过展示国内外汽车工业的新领域、新发展、新理念和新产品，拉近汽车与消费者的距离，促进广东汽车工业的发展，营造珠江三角洲地区汽车生产与消费的良好发展环境，完善华南地区汽车售后市场的建立，着力打造一个区域性服务产销的、高档次的国际汽车品牌展会。本届车展期间，还举行"汽车摄影大赛"、"儿童绘画大赛"、"网上直播"、"慈善捐助"等汽车文化和社会活动。"网上车展"是主办单位同赛龙网合作推出的全新的展会服务项目——网上车展，本次活动的宗旨在于借助互联网的高科技手段，更加丰富，全面地展示参展厂商的企业形象。

广东省地处我国东南沿海，经济发展一直走在前列，据统计，截止到2001年底，广东省汽车拥有量200万辆，是全国汽车拥有量最多的省份；广东的私车拥有量达105万辆，占全省汽车保有量的52.5%。庞大的市场自然会吸引众多中外汽车厂商和经销商的眼光。广州市去年荣获"国际花园城市"称号，城市建设成效明显。2001年广州新建公路40.8公里（其中高速公路38.4公里），改速公路67.1公里（其中一级公路31.2公里）。2001年广东省公路通车里程达104000公里，其中高速公路1500公里，一级公路6050公里，二级公路14350公里，桥梁19987座，每百平方公里的公路密度达58.4公里，公路建设各项指标均排在全国前列。同时广州市是全国汽车、配件销售的集散地，尤其是中国南方汽车销售的重要市场，有不少有规模的汽车、配件市场，其销售额占全国很大比重。

为进一步提高社会舆论、生产企业、汽车流通领域对广州车展的认识，促进汽车品牌在华南地区的推广，更好地带动社会效益和经济效益的增长，进一步体现广州国际汽车展价值所在，中汽对外经济技术合作公司于1994年开始创办广州车展，经过八年的培育与发展，逐渐走向成熟阶段。特别是1998年以来，德国法兰克福展览公司加盟主办单位后，展览会的各项组织工作更向国际化迈进了一步。两年一届，定期举办的广州国际汽车展览会（Auto South China）作为北京国际汽车工业展览会（Auto China）的系列车展，目前已成为华南地区规模最大、影响力最广、专业性最强的品牌展会。

中国（厦门）汽车相关产业经贸合作洽谈会暨2003年汽车展览会

2003年6月14日中国（厦门）汽车及相关产业经贸合作洽谈会暨2003年汽车展览会于厦门国际会议展览中心隆重举行。组委会秘书长刘澄清在介绍时说，这次经洽会举行正是为了推动中外汽车及相关产业的促进和交流，以“交流互动共享汽车文明，创造美好生活”为主题，通过展示汽车及相关产业新产品、新技术，促进国内外资本对中国汽车工业领域的投资，提高国产汽车的国际竞争力，不断增强国家的综合经济实力。

我国加入WTO以后，汽车工业及汽车市场发展迅速，已经成为新的经济增长点，2002年汽车市场以超过30%的速度增长，轿车的生产和销售则更加令人鼓舞。未来10年内，中国汽车工业将在全球汽车市场的发展中扮演越来越重要的角色。国内外的汽车巨头在中国市场的竞争与角逐，将推动中国汽车及相关产业的大发展。在这种机遇与挑战并存的激烈竞争环境中，国内外汽车及相关产业都面临着全球化采购问题。本次“汽车经洽会”引进了国外专业展览的模式，设置整车馆、户外家用轿车展示区、汽车音响及美容改装展示区、汽车轮胎展示区、汽车用品及维修保养展示区、车迷活动区、客车展示区等7个专业展馆或展区，室内和户外展出面积共3万平方米左右。展会期间不仅有各类车型及相关产品的展览、汽车模特摄影大赛，更有来自新加坡两名亚洲著名赛车手表演，再加上优美的环境，给了观众一个强烈的视觉冲击。

同时，由中国汽车报社主办、厦门金龙联合汽车工业有限公司协办的“民促汽车品牌保护与发展战略高峰论坛”也在2003年6月14日下午召开。本次高峰论坛采用专家演讲与论坛相结合，并通过新浪网进行视频直播，与会人员超过200人。据介绍，本次高峰论坛对自主知识产权与品牌的产生、保护与发展，中国汽车工业健康发展的战略地位等重大课题进行讨论，如何让中国汽车本土品牌打入国际市场，并成为知名品牌成为本次论坛的主要目的。

组委会秘书长刘澄清表示说，此次“汽车经洽会”是获取中国最新汽车投资信息、了解中国汽车投资环境、广泛接触中国汽车投资合作伙伴和业内人士的最佳场所，也是招商引资的重要平台，有望成为中国东南地区最具影响力的汽车专业活动。

国际自行车展　规模亚洲第一

由中国自行车协会、上海市贸促会主办的每年一届的中国国际自行车展览会是我国最大规模，最具影响力的自行车及电动车博览盛会，该展会积聚了具有实力的自行车及电动自行车行业精英，展示当今自行车新技术、新品种和新趋势。第十三届中国国际自行车展览会暨2003年中国电动自行车及零配件展览会，于2003年8月14～17日在上海新国际博览中心举行。

本届展会以“环保、个性、多彩，与世界共行”为主题，以“新科技、新概念、新趋势”为导向，以“向全球充分展示中国业界的能量及个性”为目标，吸引了来自德国、意大利、印度、日本、韩国、泰国和中国大陆及中国香港、中国台湾等国家和地区的880家企业参展，展览总面积4.6万平方米，成为亚洲规模第一的业界盛会。展会期间观众达10万人次。

由于受非典疫情的影响，本届展会由原定于5月延期至8月中旬。据主办方有关人士介绍，尽管展会延期，又与欧洲同题展会相隔仅一个月，同时又适逢欧洲部分企业的年假，但仍有一定数量的海外企业参展，且参展面积仍有1200平方米。

值得一提的是，展会期间来自欧洲、美洲、亚洲、大洋洲的贸易商，证明上海国际自行车展已具有广泛的认知度和较高的知名度。

本届自行车展以“三新”的形象登台亮相：

新服务。2003年展会首次移师浦东新国际博览中心，布展面积比2002年增加了近1/3，展馆内的各项商务和生活服务设施，让参展商和观众既可方便快捷进出各个展厅，也可享受到现代化展馆所带来的舒适和悠闲，电子门系统的高效也为观众的入场提供更大的便利。

新格局。本届展会，四个展厅显示了强大的参展阵容，云集300多家企业，拥有600多个展位的电动自行车馆，成为2003年展会的又一个亮点。在组委会和参展商的精心构筑下，为广大厂商和观众提供了一个丰富多彩，魅力无穷的自行车世界。

新纪录。2003年展会又实现“三突破”的满堂彩，即参展企业数突破历史最高纪录、展位总数突破历史最高纪录、展览规模突破历史最高纪录。据统计，本届展会参展企业比2002年增加40%以上，展位总数达2400余个，展览规模比2002年增长了31.5%。

据介绍，作为自行车展的配套宣传活动，主办还在开幕当天举行“千家展商、千人骑游”活动。一方面为参展商提高品牌宣传创造良机，另一方面也鼓励SARS过后的市民多参加体育锻炼，增强身体素质。

境内展

展名：上海国际汽车、摩托车制造设备与技术展览会
时间：2003年3月5日～7日（上海）

展名：2003年全国汽车（温州）博览会
时间：2003年3月7日～10日（温州）

展名：第四届中国国际汽车维修检测诊断设备及汽车配件服务用品展览会
时间：2003年3月11日～14日（北京）
周期：一年两届
上届数据：
展出面积（平方米）：15000

观众人数（人次）：15000
参展商数目（家）：300
其中外国参展商数目（家）：60

展名：2003第四届中国国际汽车零部件及相关产品展览会
时间：2003年3月25日～28日（上海）
周期：一年一届
上届数据：
展出面积（平方米）：10000
其中外国参展面积（平方米）：3000
观众人数（人次）：20000
参展商数目（家）：250
其中外国参展商数目（家）：80

展名：2003第四届中国国际车用油品及相关产品展览会
时间：2003年3月25日～28日（上海）
周期：一年一届
上届数据：
展出面积（平方米）：10000
其中外国参展面积（平方米）：500
观众人数（人次）：10000
参展商数目（家）：250
其中外国参展商数目（家）：30

展名：2003第四届中国国际汽车电子电器及音响展览会
时间：2003年3月25日～28日（上海）
周期：一年一届

展名：2003第二届上海国际发动机展览会
时间：2003年3月25日～28日（上海）
周期：两年一届
上届数据：
展出面积（平方米）：6000
其中外国参展面积（平方米）：1000
观众人数（人次）：10000
参展商数目（家）：150
其中外国参展商数目（家）：20

展名：东北地区（长春）国际汽车模具技术及制造设备展览会
时间：2003年3月27日～30日（长春）

展名：台北国际自行车展览会
时间：2003年3月29日～4月1日（台北）

展名：2003第四届中国国际车用轮胎、轮毂及相关产品展览会
时间：2003年3月（上海）
周期、一年一届
上届数据：
展出面积（平方米）：10000
其中外国参展面积（平方米）：300
观众人数（人次）：20000
参展商数目（家）：250
其中外国参展商数目（家）：30

展名：2003中国东北国际燃气工业及燃气汽车、加气站设备博览会
时间：2003年4月3日～5日（沈阳）
周期：一年一届

展名：第二届中国重庆国际摩托车博览会
时间：2003年4月8日～11日（重庆）
周期：一年一届
上届数据：
展出面积（平方米）：7500
观众人数（人次）：30000
参展商数目（家）：130
其中外国参展商数目（家）：600

展名：中国沈阳电动车、自行车及零配件展览会
时间：2003年4月9日～13日（沈阳）

展名：中国北方自行车展览会
时间：2003年4月10日～13日（天津）
周期：一年一届
上届数据：
展出面积（平方米）：20000
观众人数（人次）：40000
参展商数目（家）：800
其中外国参展商数目（家）：20

展名：2003年（春季）中国第23届摩托车及配件展示交易会
时间：2003年4月14日～16日（廊坊）

展名：2003年国际轿车交易会
时间：2003年4月21日～23日（广州）
周期：一年一届
上届数据：
展出面积（平方米）：6000
其中外国参展面积（平方米）：2000
观众人数（人次）：30000
参展商数目（家）：210
其中外国参展商数目（家）：50

展名：第十届上海国际汽车工业展览会
时间：2003年4月21日～27日（上海）

展名：沈阳第二届国际家用轿车及商用、专用汽车展览会
时间：2003年4月24日～28日（沈阳）

展名：第二届中国重庆国际摩托车博览会
时间：2003年4月25日～28日（重庆）
周期：一年一届
上届数据：
展出面积（平方米）：7500
观众人数（人次）：200000
参展商数目（家）：130

展名：2003中国郑州汽车及零配件博览会
时间：2003年4月28日～5月2日（郑州）

展名：青岛国际汽车工业展览会
时间：2003年4月30日～5月4日（青岛）
周期：一年一届
上届数据：
展出面积（平方米）：15000
观众人数（人次）：60000

展名：第八届大连国际汽车暨零部件展览会
时间：2003年8月21日～25日（大连）
周期：一年一届
上届数据：
展出面积（平方米）：22000
其中外国参展面积（平方米）：2000
观众人数（人次）：188000
参展商数目（家）：220
其中外国参展商数目（家）：20

展名：上海国际摩托车展览会
时间：2003年8月（上海）
周期：两年一届
上届数据：
展出面积（平方米）：800
其中外国参展面积（平方米）：2000
观众人数（人次）：80000
参展商数目（家）：100
其中外国参展商数目（家）：15

展名：2003世界雷达博览会／第四届国际空中交通管制电子技术及设备展览会
时间：2003年9月17日～19日（北京）

展名：第十届国际航空展览会
时间：2003年9月17日～20日（北京）
周期：两年一届
上届数据：
展出面积（平方米）：10000
观众人数（人次）：10000
参展商数目（家）：150

展名：2003第四届中国国际汽车装备工业展览会
时间：2003年9月23日～25日（上海）
周期：一年一届
上届数据：
展出面积（平方米）：10000
其中外国参展面积（平方米）：2000
观众人数（人次）：15000
参展商数目（家）：180
其中外国参展商数目（家）：80

展名：广西（南宁）国际汽车摩托车工业博览会
时间：2003年9月30日～10月3日（南宁）
周期：一年一届

展名：2003年中国国际特种专用车及相关产品、设备展览会
时间：2003年9月（北京）

展名：北京国际汽车零部件及相关产品展览会
时间：2003年9月（北京）
周期：一年一届
上届数据：
展出面积（平方米）：26000
其中外国参展面积（平方米）：6000
观众人数（人次）：
参展商数目（家）：400
其中外国参展商数目（家）：30

展名：2003年中国河南汽车工业博览会
时间：2003年9月
周期：两年一届

展名：中国国际航空航天制造技术及装备展览会
时间：2003年9月（北京）
周期：一年一届
上届数据：
展出面积（平方米）：3000
其中外国参展面积（平方米）：500
观众人数（人次）：7000
参展商数目（家）：150
其中外国参展商数目（家）：30

展名：2003南京国际汽车展览会
时间：2003年10月2日～6日（南京）
周期：一年一届

展名：中国国际航空舰船与车辆模型博览会
时间：2003年10月4日～7日（北京）
周期：一年一届
上届数据：
展出面积（平方米）：7000
其中外国参展面积（平方米）：1044
观众人数（人次）：30000
参展商数目（家）：102
其中外国参展商数目（家）：15

展名：第五届中国（湖北武汉）国际汽车工业展览会
时间：2003年10月16日～19日（武汉）
周期：两年一届
上届数据：
展出面积（平方米）：20000
其中外国参展面积（平方米）：2000
观众人数（人次）：120000
参展商数目（家）：300
其中外国参展商数目（家）：20

展名：2003年国际空间技术应用及设备展览会
时间：2003年11月21日～24日（北京）
周期：两年一届
上届数据：
展出面积（平方米）：3000
其中外国参展面积（平方米）：500
观众人数（人次）：6000
参展商数目（家）：60
其中外国参展商数目（家）：17

展名：北京国际摩托车展览会
时间：2003年11月（北京）
周期：两年一届
上届数据：
展出面积（平方米）：8000
其中外国参展面积（平方米）：2000
观众人数（人次）：80000
参展商数目（家）：100
其中外国参展商数目（家）：15

展名：成都国际汽车展览会
时间：2003年（成都）
周期：一年一届
上届数据：
展出面积（平方米）：30000
其中外国参展面积（平方米）：5000
观众人数（人次）：200000
参展商数目（家）：100
其中外国参展商数目（家）：10

境外展

展名：北美国际摩托车超级展览会
时间：2003年1月3日～5日（多伦多）

展名：加拿大国际汽车展览会
时间：2003年2月14日～23日（多伦多）

展名：多伦多国际自行车展
时间：2003年2月28日～3月2日（多伦多）

展名：全国摩托车展
时间：2003年3月22日～23日（多伦多）

展名：国际专用车辆展
时间：2003年4月8日～12日（里昂）
周期：两年一届

展名：中东国际汽摩配件博览会
时间：2003年5月17日～20日（迪拜）
周期：一年一届

展名：巴西国际汽车零部件展览会
时间：2003年5月25日～29日（圣保罗）
周期：两年一届

展名：国际航天及航空展
时间：2003年6月15日～22日（巴黎）
周期：两年一届

展名：第八届泛阿拉伯/非洲车辆及零部件展览会
时间：2003年6月26日～30日（开罗）
周期：一年一届

展名：国际自行车展
时间：2003年9月11日～14日（科隆）

展名：米兰国际两轮车展览会
时间：2003年9月16日～21日（米兰）

展名：国际汽车工业展
时间：2003年10月16日～21日（巴黎）
周期：两年一届
上届数据：
展出面积（平方米）：205000
观众人数（人次）：123812
参展商数目（家）：2053

展名：法国巴黎汽车零部件展览会
时间：2003年10月（巴黎）
周期：两年一届（每逢双年）

展名：中东汽摩工业博览会
时间：2003年11月15日～12月15日（迪拜）
周期：两年一届
上届数据：
展出面积（平方米）：20000
观众人数（人次）：41200
参展商数目（家）：300

展名：美国拉斯维加斯国际汽车零部件及售后服务市场展览会
时间：2003年11月（每年11月间举办）
周期：一年一届
上届数据：
展出面积（平方米）：150000

14. 体育产业展会

中国体育用品博览会

近几年，随着国内人们物质生活水平的提高，体育消费总量逐年增加，体育用品企业也如雨后春笋般迅速增长，已经举办了9年的中国体育用品博览会无疑在其中起到了极其重要的作用。2002年9月27日～30日，中国加入世贸组织后新一届的体博会移师上海，这次体博会有什么新的举措？未来体博会又欲走向何方？

上海体博会规模再破纪录

自1993年第一届体博会开始以来，前8年时间，体博会一年换一个地方举行，就像火种一样，很大程度上促进了各地方体育用品企业的成长，也正因为如此，反过来，广大的体育用品市场也为中国的体博会的良性发展奠定了稳固的基础。目前，全球2/3的体育用品都产于中国，中国已成为世界上最大的体育用品出口加工基地，加之国内体育产业消费市场巨大的潜力，在中国建立好一个具有国际规模的体育用品商贸平台条件已经成熟，2001年由体育总局装备中心整体策划的北京体博会实现了由国内展会向国际展会的跨越，而2002年选择在上海举办，为的就是在“国际”二字上大做文章。

2002年体博会的规模是前所未有的，此次展会总的展览面积达到7.6万平方米，有1000余家参展商和至少15万人次的观众参加展会。这几年体博会的展览面积达到30%的增长率，也就是上海新国际展览中心，包括一个刚刚建成的为国际网球ATP比赛准备的展厅，一共5个馆再加上两万平方米室外面积，这恐怕才勉强够所有参展企业的需求。中国国际体育用品博览会（Sport Show）已达到亚太地区最大的规模，而展会下一步战略目标就是要使中国的体博会成为继德国慕尼黑体育用品博览会（ISPO）、美国拉斯维加斯体育用品展览（Super Show）之后，国际第三大体育用品类展会，当然这不仅仅指规模上，还包括展会的国际影响和办展水平。装备中心自2001年展会以来，调整思路，使展会走上了品牌经营和推广的道路，就是为了适应新时期竞争的需要。

为了适应更大的市场需求，从2002年开始，在一年一届的夏秋季体博会的基础上，将再举办一个冬春季体博会，进一步拓宽体博会品牌内涵。按照初步设想，未来2～3年，夏秋季体博会将选择每年5月或6月在上海举行，冬春季体博会则在北京10月或11月举行，其展出范围将以专为主，突出科技体育、数字体育的概念。据了解，这样安排一大一小的两个体博会，其实是借鉴了国外同类展会的经验，装备中心希望在有限的人力、物力基础上确保每一个展会都办出特色，办出效益，成为规范传统的两个国内权威体育用品展会。

第六届亚洲康体、休闲用品及设备展览会

已在亚洲多地区举办过5届的亚洲康体、休闲用品及设备展览会暨国际康体会议首次移师中国北京，于2002年11月15～17日在中国国际贸易中心举办。由北京市贸促会和立新国际展览公司主办的第六届亚洲康体展，是中国境内规模最大的一次国际性康体俱乐部、康体大师级专业教练和康体设施生产经营厂商的聚会。展览同期还举办“国际康体会议”，近百场国际康体专业人士的专业授课和商务研讨，是该展成为集康体商贸展览、康体专业授课和康体商务会议为一体的综合性专业交流活动。

本届展会有来自芬兰、德国、意大利、日本等几十个国家和地区的数百家康体俱乐部、康体设施制造厂商参展，展览面积达5500平方米，展品包括最新健身器材、体育休闲用品及设备、会所康乐设备、计算机软件及系统、康体服装及鞋袋、健康食品等。

期间还举行“国际康体高峰会议”，来自亚洲、欧洲和中国的业内权威人士和专家以“外资及中资会所在中国所面对的挑战和商机”为主题，共同研讨了中国康体业的发展趋势及经营会所的经验和问题。

北京国际水上运动器材及水上休闲娱乐设施展览会

随着人们收入及消费水平的日益提高，众多的国内外游艇生产企业都不约而同地悄悄盯上了极有潜力的北京市场。据了解，“北京国际游艇、快艇及技术设备展览会”、“北京国际水上运动器材及水上休闲娱乐设施展览会”于2003年3月28～30日在北京国际会议中心举办，本届展览会是首次在首都北京举办，吸引了来自国内外众多知名品牌的参与。世界游艇第一大品牌美国水星公司携带旗下SEARAY、BAYLINER、SEALINE、MERCURY等众多游艇品牌前来参展。与水星公司齐名的加拿大庞巴迪集团，由其中国总代理香港顺业船舶设备有限公司携带公司主打品牌JONHSON、EVINRUDE及SEADOO水上摩托车、SKIDOO雪地摩托车也声势浩大地来到展会现场。以生产先进精良的快艇及船舶动力机械而享誉世界的著名日本企业——雅马哈、本田、铃木、东发等也亮相了本届展览会。同时，众多国内的船艇及配件生产商也加入了本届展会的展示行列。针对我国日益发展的泳池休闲设备，以雅马哈、洁利尼为首的企业还在展会上推出了一系列新颖、美观、实用的游泳池休闲设备。此外，展览会期间，除了各企业展示产品的同时，还有权威部门组织举办“城市水系旅游及观光船艇发展”学术报告会和一系列的专业技术交流活动。

境内展

展名：第二届北京国际水上运动器材及水上休闲娱乐设施展览会
时间：2003年3月28日～30日（北京）
周期：一年一届
上届数据：
展出面积（平方米）：3000
其中外国参展面积（平方米）：1762
观众人数（人次）：
参展商数目（家）：95
其中外国参展商数目（家）：9

展名：2003大连国际水上运动用品博览会
时间：2003年4月3日～6日（大连）
周期：一年一届
上届数据：
展出面积（平方米）：7000
其中外国参展面积（平方米）：2500
观众人数（人次）：12000
参展商数目（家）：80
其中外国参展商数目（家）：20

展名：台北国际体育用品展览会
时间：2003年4月11日～14日（台北）

展名：第二届2003青岛国际体育用品博览会
时间：2003年8月15日～18日（青岛）
周期：一年一届
上届数据：
展出面积（平方米）：6500
其中外国参展面积（平方米）：1500
观众人数（人次）：100000
参展商数目（家）：92
其中外国参展商数目（家）：11

展名：2003大连国际体育用品休闲用品展览会
时间：2003 年8月29日～9月1日（大连）
周期：一年一届

展名：2003年天津国际体育用品展览会
时间：2003年9月23日～26日（天津）
周期：一年一届

展名：第四届中国（广州）国际体育用品博览会
时间：2003年10月（广州）
周期：一年一届
上届数据：
展出面积（平方米）：12000
其中外国参展面积（平方米）：2400
观众人数（人次）：15300
参展商数目（家）：158
其中外国参展商数目（家）：40

境外展

展名：冰球及体育用品展
时间：2003年1月12日～14日（多伦多）

展名：德国慕尼黑国际体育用品及运动服装博览会
时间：2003年2月1日～4日（慕尼黑）

展名：多伦多体育运动展
时间：2003年3月8日～16日（多伦多）

展名：2003年德国科隆国际体育用品、露营用品及花园家具博览会
时间：2003年8月31日～9月2日（科隆）
周期：一年一届

展名：国际休闲、体育及游泳池设备展
时间：2003年11月5日～7日（科隆）

15. 休闲产业

行业简况

中国旅游业进入平稳增长期

中国加入WTO已经一年多，在理论界不息的研讨和实业界或喜或悲的诚惶诚恐中，中国旅游业的发展吸引着世界的目光。

加入世贸后业绩良好

2002年，中国旅游业总收入超过预期，达到5566亿元，比2001年增长11.43%，高出国民经济总体增长速度3个多百分点，相当于全年国内生产总值的20%。其中，国际旅游外汇收入首次突破200亿美元，达到203.9亿美元，比上年增长14.57%，位居世界前列；国内旅游收入3878亿元，比上年增长10.11%。旅游业作为国民经济新增长点的地位进一步巩固。我国旅游业整体已经进入平稳增长期。

开放促进发展

1. 旅游业开放时间早，开放领域广

我国旅游业的发展得益于改革开放。作为改革开放的产物和对外开放的受益者、促进者，旅游业的对外开放一直走在其他行业的前面。1999年，《中外合资旅行社试点暂行办法》出

台，国家旅游局批准开始试办中外合资旅行社；旅游景区(点)、一般旅游商品生产等允许外国商业以合资、合作形式进入；旅行支票收受、旅游保险和旅游交通也放宽了市场准入。

2. 旅游业对外开放的基础扎实，承受外来冲击能力较强

从总体上说，旅游业是最早全方位进入市场的行业，其运行与市场经济的运行机制磨合得比较好；同时，与整个国际市场的对接状况也比较好。目前除旅行社尚未完全对外开放以外，涉及旅游业的吃、住、行、游、购、娱等要素都已对外开放。加入WTO，旅游行业适应能力较强。相对而言，我国旅游饭店业是一个市场准入较为宽松的行业，因为饭店业是我国对外开放最早的服务性行业，经过20多年的发展，形成了可观的产业规模，从整体上看，已形成全方位、多领域的开放格局。饭店业现有的开放程度与我国就加入WTO对美方所做承诺无太大差别。因而称受外来冲击的能力较强，加入WTO后对饭店业不会产生根本性的震动。

虽然旅行社行业是我国旅游业对外开放中相对薄弱的关键环节，但承诺中对旅行社的开放是有序、有条件的逐步开放，而且利润最高的出境旅游业务不允许合资旅行社经营。这为旅行社业提供了一个缓冲阶段，可削弱进一步开放对现有旅行社的冲击和利益分流。到2002年底，在中国虽已有合资旅行社11家，但由于短期内对外资旅行社控股权的限制以及地域、设立分支机构的限制等，境外资本的进入只是以试探为主，目前还没有外资控股的旅行社，进入的手段主要是与国内具有一定品牌知名度的旅行社合资合作为主，如国旅总社与美国运通成立的国旅运通国际旅行社，康辉与美国罗森布鲁斯成立的康辉罗森国际旅行社。

3. 加入世贸带来的积极效应

从相关行业来看，旅游业是中国加入世贸后的优势产业。作为我国服务业中具有竞争优势的少数行业之一，目前国家明确开放的三个领域，均利于旅游业的发展；金融业的扩大开放便于旅游支付，提高整体服务竞争力；信息产业推动随之进入的电子商务和销售网络发展，促使旅游运作现代化；降低进口汽车关税，使多年烦忧旅游业的用车难题得以解决；降低其他关税则使高档饭店经营成本下降。

中国民航的对外开放，对旅游业的促动尤其重大。铁路、水运的开放也在更大范围推进国际、国内旅游的发展。从旅游行业自身来看，加入WTO有利于促进我国旅游产业的法制建设、制度创新、提高整体质量。同时，加入WTO进一步改善对外开放的环境，促使我国和世界的经济交往更加频繁和密切，从而带动商务客人和观光客人的增长，吸引更多的客源。加入WTO还为我国旅游业的发展带来广阔的发展空间和机遇；提高我国旅游企业的经营管理水平，促进我国旅游产业结构的调整和优化等。

旅行社业竞争将加剧

有专家预测，加入世贸后，外资将会大举进入我国的旅游市场，2004～2008年是高峰期，这些资金将会集中在饭店、景区、商品和旅行社网络建设上。加入WTO对于旅游企业的威胁和冲击尚未真正到来。未来几年内，我国国内的旅游企业面临空前激烈的竞争，一些规模小、竞争力差的公司面临生存危机，重新整合与重组成为我国旅游业的发展大趋势。

旅行社作为一个未完全开放的领域，加入WTO后，在整个旅游业中所受的冲击是最为激烈的，面临着改革和重组。

我国旅行社目前存在着散、小、弱、差的结构性缺陷，集团化程度较低，缺乏跨地区性质的企业集团。国际竞争的较量，不是数量的比拚，而是综合素质、管理经验和资本实力等的综合竞争。加入WTO带来正负两方面的影响；一方面，通过引进国外知名旅行社，将引人外国先进的管理体制和经营理念，促进中国旅行社行业和旅游业整体开发能力和素质的提高。另一方面，也将使本已进入微利时代的中国旅行社业家具竞争，部分旅行社将被挤出市场。

在未来的几年内，外资控股甚至独资的旅行社将大举进入中国大陆市场，这些国际大社将与其国家已在华的航空公司、饭店、商场、餐厅联起手来，实现入境和国内接待“一条龙”服务，并与国内旅行社展开人才和客源的争夺战，这将打破外国旅游经营组团、我国旅行社接团的国际旅华市场分工体系，一旦这些外国旅游企业来国内开办独资、合资旅行社，将造成国内原有旅行社客源的自然流失。

面对冲击，一方面中国旅行社应抓住短暂的加入WTO过渡期，加快改组、改制、改造工作，要通过国内大旅行社兼并、参股、托管、证券化等市场行为，建立现代企业制度，向集团化、网络化方向发展。另一方面，要不断追求质量与创新，加强内部管理，改变现有旅游企业条块分割、部门壁垒，形成企业间联合、提高市场竞争力。

旅游业是一个高度开放的产业，它的市场和运营是超国界的，要想做大并成为支柱产业，就必须融入世界市场，今后在国内旅游行业持续高速发展的大背景和旅游业网络化、规模化、国际化的发展趋势下，预计旅游业现有资产、业务的购并整合将愈演愈烈。

——《国际商报》

展　会

中国国际宠物水族展

为推动中国宠物产业的发展，促进国际间宠物行业的相互交流，2002年第六届中国国际宠物水族用品展（英文简称：CIPS 2002），于10月10～13日在北京展览馆举行。

该展是由长城国际展览有限责任公司、广东水族协会、德国纽伦堡国际展览公司联合主办的。有160多家企业参展；还有来自美国、法国、德国、加拿大、意大利、日本、马来西亚、新加坡等国家的近200家企业前来参观申请。在参展企业中，宠物企业和水族企业各约占50%，展出面积占地11700平方米。

本届展览会展出的主要内容包括：宠物用具、宠物食品、宠物服装、宠物药品、宠物美容品、宠物玩具及工艺品，观赏鸟，观赏鱼类及海洋生物：金鱼、锦鲤、七彩神仙、热带鱼、海水鱼及海洋生物、水草及水生生物、造景设计、水草肥料、水族器材及水族用品、鸟类及鸟类用品、宠物刊物、专业组织、协会和宠物医院等。比往届更加丰富多彩。

据悉，该展览会还得到了国际观赏鱼协会、法国、意大利、澳大利亚和美国宠物专业协会的大力支持。

2002年中国国际旅游交易会

历时4天的2002年中国国际旅游交易会11月17日在上海浦东新国际博览中心落幕。据统计，交易会期间共有五大洲、46个国家和地区的800余家海外旅游商和1700多家国内旅游商到会参展，近2万名国内买家和1500名海外买家与会洽谈，公众参观者逾3万人次，成为我国举办的规模最大、影响最广的一次国际旅游盛会。许多海外买家表示，通过参加此次旅交会，大大增强了销售中国旅游产品的信心。

本届旅游交易会上出现了一个奇怪的现象，中国各省市旅行社在接待海外买家的同时，还迎来了众多海外的推销商，他们中有许多是没有争到展台的各国旅游商。旅交会组委会官员告诉记者，往年的国际展台仅有300多个，今年国际展台已增至505个，没想到仍然供不应求。

日本最大的旅游企业——交通公社这次带来数十人的促销阵容，展台负责人西山清史认为，近年来中国公民生活水平提高，到世界各国旅游的人数出现了大幅增长。作为中国一衣带水的邻邦，日本旅游企业非常希望能够通过此次交易会争取到更多中国客源。

旅交会上，希腊旅游总局带来了21家旅游企业，为其2004年奥运会的“赛事旅游”吆喝。希腊旅游部门官方代表告诉记者，通过这次旅交会不但要让上海游客了解希腊，也要借上海的平台让全国人民都了解希腊的旅游资源，更希望利用旅游资源，拓展商务旅游，为更深入的经贸合作提供优质服务。

世界旅游组织预测，到2020年，中国将成为世界第一大旅游目的地和第四大客源输出地。中国旅游市场潜力巨大，这是世界旅游商汇聚这次上海国际旅交会的最大动因之一。

“在世界旅游业中，中国旅游业发展一支独秀”，在旅交会上，国家旅游局有关负责人向记者透露。他说，中国已成为世界最安全的旅游国家之一，中国入境旅游呈持续增长，并成为亚洲地区快速增长的新兴客源输出国。

中国入境旅游持续增长主要是由于中国政治稳定、经济持续快速发展以及中国政府所实施的一系列重大举措。从北京申奥成功到上海成功举办APEC会议和中国加入世贸组织等一系列利好消息使得中国在全球的地位疾步攀升；中国已成为世界上最安全的旅游目的地，也是海外游客最为欢迎的旅游目的地之一；而中国旅游开放度的提高和便利签证政策的实施，也直接增加了入境旅游客源。

目前，中国国务院已经批准开放的29个国家和地区作为中国公民组团可以前去旅游的国家和地区是新加坡、马来西亚、泰国、菲律宾、澳大利亚、新西兰、韩国、日本、越南、柬埔寨、缅甸、尼泊尔、印尼、文莱、埃及、土耳其、马耳他、德国以及中国香港、中国澳门特别行政区。

旅交会闭幕时，国家旅游局又与斯里兰卡旅游部、南非环境事务与旅游部签署了中国公民赴两国旅游业务的业务备忘录。俄罗斯等11个国家和地区，也正与我国有关部门协商中国公民自费出国旅游目的地的有关事宜和准备工作。

近年来，我国出境旅游也是有计划有组织地稳步发展。到2001年年底，中国公民出境人数为1213万人次，比上年增长15.9%。其中，因公出境519万人次，增长7.2%；因私出境695万人次，增长23.3%。2002年1～9月，中国公民出境人数为1228.87万人次，比上年同期增长38.41%。其中，因公出境467.83万人次，同比增长25.27%；因私出境761.04万人次，同比增长47.95%。

第二届世界名猫展

2003年1月18～19日第二届世界名猫展在北京国际展览中心举办。有来自世界各地的200多只猫咪参加了展览，它们被宠物爱好者们围了个里三层外三层，受到的礼遇犹如国际名模佳丽。据主办方介绍，猫展开幕的当天就有一万多人参观。此次猫展的票价高达15元，但仍挡不住宠物爱好者们，带着孩子全家前来参观的不在少数。展会上，有大量的名猫对参观者销售。猫咪的标价从几百元到几千元不等。一只标着“喜玛拉雅”的纯种猫的标价竟然是8000元。

展览现场，除那些名猫们被参观者围的密不透风，那些销售宠物食品的厂商也被挤得水泄不通。本届世界名猫展的主赞助商酷迪宠物经营连锁集团在最显眼的位置搭建了较大的展台，销售其公司生产的各种宠物食品和用品，场面煞是热闹。而与其遥遥相对的是美国最大的宠物食品制造公司——普瑞纳，在展馆内悬挂着大幅的海报，十几名销售人员在推销其生产的“喜悦”猫粮，吸引了众多的观众围观。据其员工介绍，普瑞纳已有70年的历史和研究经验。与普瑞纳相抗衡的则是法国皇家宠物食品公司，推出的生长期、成年期、老年期的系列猫粮，让众多参观者首次了解了猫咪的生长状态和生活方式。尤其是现场发赠品，解答咨询为其赢得了大批的顾客。

中国国际钓鱼用品贸易展

中国国际钓鱼用品交易展览会于2003年2月13～16日在中国国际贸易中心展览厅开幕。这是一个由国外贸易商（买家）为主体的展会。有51个国家和地区、600多个国外贸易商参加展会。许多中国渔具制造企业正是通过它，开始转向外向型生产和经营。

本届展览会是历届规模最大的一次，前两天只对专业人士开放，后两天则对公众开放。展出的数千种渔具产品包括鱼竿、鱼线、鱼饵、钓鱼服等9个系列，代表了当前国内的最新和最高水平。本届展览会还设有“钓鱼教室”，由专家为钓鱼爱好者讲授钓鱼基本知识和技法，并备有VCD供大家课后学习。

据了解，始于1991年的中国国际钓鱼用品交易展览会，是世界第四大渔具专业展览会，紧随美国钓具展览会、欧洲展览会和日本展览会之后。

境内展

展名：2003年广州国际旅游展览会
时间：2003年3月26日～29日（广州）

展名：2003年37届全国旅游品工艺品及礼品交易会
时间：2003年3月
周期：一年一届
上届数据：
展出面积（平方米）：7700
观众人数（人次）：20000
参展商数目（家）：337

展名：2003中国（安徽）旅游交易会
时间：2003年4月4日～5日（合肥）

展名：北方十省旅游交易会
时间：2003年4月8日～13日（郑州）

展名：2003年广西旅游业博览会
时间：2003年4月16日～19日（南宁）

展名：第八届重庆投资贸易洽谈会暨三峡国际旅游文化节
时间：2003年4月25日～28日（重庆）

展名：第三届中国大连国际游戏机展览会
时间：2003年8月7日～10日（大连）
周期：一年一届

展名：第17届香港国际旅游展
时间：2003年9月25日～28日（香港）

展名：2003年中国国际电子娱乐展览会
时间：2003年9月（北京）
周期：一年一届

展名：中国（杭州）国际水族、宠物及用品展
时间：2003年10月1日～5日（杭州）
周期：一年一届

展名：大连国际旅游商品暨旅游工业品博览会
时间：2003年10月1日～7日（大连）
周期：一年一届
上届数据：
展出面积（平方米）：7000
其中外国参展面积（平方米）：1000
观众人数（人次）：15000
参展商数目（家）：280
其中外国参展商数目（家）：30

展名：2003中国（上海）国际乐器展览会
时间：2003年10月15日～18日（上海）
周期：一年一届
上届数据：
展出面积（平方米）：13000
其中外国参展面积（平方米）：4500

展名：中国国际公园设施展览会
时间：2003年10月（上海）
周期：一年一届
上届数据：
展出面积（平方米）：6000
其中外国参展面积（平方米）：200

展名：2002第二届旅游（长沙）博览会
时间：2003年11月7日～9日（长沙）
周期：一年一届
上届数据：
展出面积（平方米）：10000
观众人数（人次）：50000
参展商数目（家）：300

展名：中国国际旅游交易会
时间：2003年11月8日～11日（昆明）
周期：一年一届
上届数据：
展出面积（平方米）：30000

其中外国参展面积（平方米）：11000
观众人数（人次）：50000
参展商数目（家）：1500
其中外国参展商数目（家）：400

展名：2003第十一届台北国际旅游展
时间：2003年11月15日～18日（台北）

展名：2003年中国（芜湖）国际旅游商品博览交易会
时间：2003年11月（芜湖）
周期：一年一届
上届数据：
展出面积（平方米）：30000
其中外国参展面积（平方米）：5000
观众人数（人次）：100000
参展商数目（家）：100
其中外国参展商数目（家）：25

展名：中国国际宠物水族用品展览会（第十届）
时间：2003年11月（广州）
周期：一年一届
上届数据：
展出面积（平方米）：11700
其中外国参展面积（平方米）：2000
观众人数（人次）：8000
参展商数目（家）：200
其中外国参展商数目（家）：26

境外展

展名：汉堡国际旅游用品展
时间：2003年2月1日～4日（汉堡）

展名：柏林国际旅游博览会
时间：2003年3月7日～11日（柏林）

16. 传媒业

行业简况

透视我国出版业在WTO框架内的发展

出版业是带有强烈意识形态色彩的特殊文化产业。为了使加入WTO后的中国出版业能够成为世界文化产业发展的一员，我们有必要对国际社会的出版业进行全面的了解，对中国出版业的现状及在加入世贸组织后所面临的机遇与挑战等进行深刻的分析，及时把握时代脉搏，使我国出版业发展壮大。

打擦边球：
境外杂志迂回进入境内

据了解，目前已有一些国外版权代理商希望在中国设立代表处，尽管国家版权局至今还未批准任何国外机构从事涉外版权代理业务，但是，留给国内的版权代理机构的时间还是不多了。2003年上半年，美国3家著名期刊陆续进入中国。《新闻周刊》于2002年12月份与香港的慧峰集团达成发行中文版的协议，中文版以简体字排版，于2003年年初推出。1月份，《福布斯》杂志在上海建立其第一个驻中国内地办事处，福布斯进军中国市场的举措终于尘埃落定。《哈佛商业评论》创刊于1922年，至今已有80年的历史。该期刊已经上升成为一个全球性的高层管理论坛，所阐述的管理思想的权威性、经典性和前瞻性，使其成为管理思想的创造者和管理实践的引导者。2002年9月18日，《哈佛商业评论》中文版首发仪式在北京举行。

中国人民大学新闻学院教授宋建武说，到目前为止，传媒业还没有正式对外开放，因为按照中国加入WTO的有关协议，中国在媒体方面也没有承诺要完全放开。严格地说，很多境外杂志都在打擦边球。这些资本进入期刊领域不外乎通过版权合作、进出口途径和当局的特许几种合法渠道。正是因为境外杂志在国内没有独立的经营权，所以在短期内不会对国内的杂志构成很大的压力。

把握时机：
创造条件走向国际市场

加入WTO后中国将逐步成为整个国际生产线中的一个环节和国际销售网络的一部分，这种经济格局将有利于我们借鉴和引进国际出版业的最新技术、最新管理方式和国外优秀文化成果特别是高新科技成果。加入WTO后，中国将逐步对外开放书报刊的零售、批发业务，逐步对外开放音像制品市场，这将为我们利用外资，扩大产业的发展能力，提供便利。

加入世贸组织，随着保护性的非关税措施的减少或逐步取消，面对强大的外部竞争压力，我们将不得不深化改革，解决带计划经济色彩的出版管理体制和内部运营机制中的一些深层矛盾，加强管理。另外，随着数字技术和多媒体技术的发展，互联网应用的普及，资讯传播方式的效率将发生重大改变，这将推动中国出版业迅速调整，优化自身的产业结构，不断提高产品质量，强化精品战略。面对国际国内同业竞争的日益加剧，我们将不得不通过经济利益杠杆或行政手段，实行横向的强强联合或纵向的团队联合进一步壮大出版发行集团，这有利于我们拓展自身的生存和发展空间，不但在国内发展分支机构，而且积极创造条件走向国际市场，努力向国际社会宣传中国文化并获取利益的回报。但是，我们必须清醒地认识到，面对WTO，中国的新闻出版业仍然具有明显的劣势。这些劣势中最为突出的是我们的经济实力太弱。除经济实力弱外，我们的管理体制、运行机制、经营人才、管理水平、法规建设、产品机构、产品质量等总体上均处于相对劣势。在出版业中，国有出版、印刷、发行企业的产品中，课本、教学辅导资料的计划性产品比重较大，国有企业的现代企业制度改革尚未完成，市场体制不健全，失序现象比较突出。

另外，中国的新闻出版业不可能很快引进外资，但不能排除将来让外资进入或部分进入的可能。即使规定不准外资进入，外资也有可能间接渗入，有针对性地对国内各种媒体形成包抄，进而影响新闻出版的栏目和出版物的内容。在北京、上海、广东等外资深入的重点区域，上述情况发生的可能性尤其大。此外，为了求生存发展，国内新闻出版业之间的竞争将会更激烈。这种竞争将包括新闻资源的竞争、广告资源的竞争、人才资源的竞争、市场资源的竞争，甚至将包括书报刊、影音产品价格的竞争。

博采众长：深刻认识和规划版权贸易

当我们全面了解了国际新闻出版业的现状，深刻认识了中国出版业的优势和劣势，我们就应该站在时代的峰巅博采众长，努力使自己强大起来，尽快融入国际新闻出版业的发展大潮中来。业内人士分析指出，我们必须从提高出版竞争力的战略角度来认识和规划版权贸易，而不能只把它当作权宜之计，更要防止盲目跟风。衡量出版业竞争力的强弱，关键要看它的产品结构、图书品牌和原创力。打个比方，优化结构是把船造得更牢，塑造品牌是把帆做得更大，而原创力则提供了持续的动力。只有船坚、帆满、风正，出版社才能在市场经济的大海中乘风破浪，不断前进。

首先，版权贸易为优化结构提供了契机。为了在这些细分市场做大规模，形成竞争优势，我们在抓原创的同时，把眼光投向海外资源。通过每年的法兰克福书展、波罗尼亚儿童图书展和北京国际图书博览会，以及版权代理机构，购买优秀的图书版权。在塑造品牌方面，我们一方面要利用国外资源构筑自己的品牌，增强市场潜力；另一方面还应通过扩大版权输出，在海外市场树起出版社品牌形象。更为重要的是，出版社始终要把原创作品作为出版社发展的战略重点。从某种意义上说，提升原创作品的比例具有更重要和深远的意义，因为持续的创新能力才是一个出版社核心竞争力所在。

——《国际商报》

展 会

第十届国际广告新媒体、新技术、新设备、新材料展示交易会

由中国对外经济贸易广告协会和中国电子国际展览广告有限责任公司主办的第十届国际广告新媒体、新技术、新设备、新材料展示交易会（四新展）于2003年8月12～15日，在北京中国国际展览中心举行。

本次展会受到SARS疫情的影响，但仍是历届展会规模较大的一届。有近200家参展商展示全球范围内的最高、最精、最尖端的广告设计、制作和应用领域中的设备、器材及相关技术。展会期间各式大、中、小型数码喷绘机和影像写真机，激光及喷墨打印设备，热转印器材，激光切割机、数字雕刻机、覆膜及冷热裱机等广告生产设备、各种广告物料、油墨、胶贴、广告设备配件等广告材料，新型超薄灯箱、霓虹灯、广告路牌、展示器材等各种广告媒体以及广告制作软件、数字与特种印刷、数码影像制作等广告技术纷纷亮相。

广告业是市场经济的风向标，在2002年国内生产总值持续高速增长的态势下，中国广告业以13.62%的增长率继续领先于中国经济大盘。903亿的广告营业总额使中国广告业向突破1千亿大关又迈进了一步。

作为SARS后的首场广告制作行业交易会，参展商也试图以本届展会为契机寻求市场商机。据了解，本届展会体现了主办方为参展商和观众服务的全新宗旨，主要体现在几个方面：

第一，全面实现展会信息与服务网络一体化。“四新展”组委会从参展商网上预定展位、信息发布至观众网上登记注册，都全面实现了网络化的服务，使所有参展、参观手续更加方便、快捷。组委会通过网站向参展商发布展会信息，让参展商更快捷地了解“四新展”的最新动态。最重要的是，“四新展”组委会及时将最新参展的展商信息公布在网络上，使参展商在展览会前宣传自己成为了可能，也体现了主办方为参展商提供会前和会后服务的意识。

第二，推出“广告四新世界”主题产品交流会，从而为具有行业领先性质的参展商提供在展示现场与观众面对面交流的机会。此次的“广告四新世界”主题产品交流会按照行业分为“技术世界”、“喷绘世界”、“雕刻世界”、“材料世界”、“标识（含灯箱）世界”五个方面，使参展商在展览之外享受到更多的展示机会。

第三，精心编辑方便观众的《展会导引》(《4N Show Guide》)。本届展会上，观众得到了组委会精心编辑、方便参观的全新指南性手册——展会导引。这本小册子，把从展馆整体布局到各行业的最新产品推荐等观众希望在展会上迅速了解的内容尽收其中，特别满足了专程赶往"四新展"购买各种广告设备、材料等的专业买家需求。

第四，本届"四新展"，组委会特别制作了"展览信息电子光盘"及现场盛况VCD，让参展商与观众在"四新展"结束后仍可以详细地回顾展览会的全部内容。没能参加"四新展"的人士也可以通过这些多媒体光盘与VCD了解展览会的情况。

第五，本届展会同期还展出了纽约ADC年度获奖作品。上述作品均为获得国际专家肯定的优秀广告设计作品，其中不乏众多引领未来设计潮流的新锐作品，它们与周围展示的广告"四新"行业硬件产品相得益彰。

第六，加大力度保护知识产权。众多广告制作行业公司选择"四新展"作为新产品、新技术的发布会，展会组委会保障他们的知识产权利益变得尤其重要；同时，"四新展"组委会也坚决杜绝一切带有侵权性质的展品在展会现场出现，禁止在演示过程中使用任何具有盗版性质的软硬件。在组委会的要求下，本届所有参展商都向大会组委会递交了参展展品、样本及演示所使用的软、硬件不存在侵犯他人产品权利和涉嫌侵权的保证书，以确保所有展示活动的合法性。

中国国际图书网上博览会

由中国外文局主办，中国网、中国国际图书贸易总公司、国际书店网承办的"中国·出版物网上国际博览会"于2003年8月10日～10月9日在国际书店网(http://www.cnokay.com)举办。

此次博览会以"跨越时空，零距离认识中国；以书会友，面对面接触商家"为主题，为出版发行界搭建版权贸易和展销结合的网络商务平台。此次博览会为弥合目前我国出版物信息传播中的"断链"，及时、完整地传播版权贸易图书和可提供图书信息，为广大访问客户提供丰富的浏览界面及快速、便捷的检索方式和个性化的网上订购服务。大会创造了一个广大读者与著名作者交流读书心得的网上环境，使读者能有机会同他们喜闻乐见的文学名家及出版单位进行网络互通。同时也起到了构筑国内出版社与海外同业、发行商进行网上版权贸易、图书产品选购的批销等商业运作平台。

本次博览会共有来自国内外的823家出版发行商参展，其中国内参展商374家，海外参展商449家；提供图书信息200余万条，其中中国出版的图书120万条，海外出版的图书近百万条；在线可供图书近12万种，内容丰富，规模盛大。人民出版社、商务印书馆、北京出版社出版集团、上海世纪出版集团、香港联合出版集团、中华书局、三联书店等国内知名出版集团、出版社，德国施普林格、英国麦克米兰、美国麦格劳·希尔和中国书刊社等国外知名出版发行机构均参加了本次博览会。

业界人士认为，此次书刊博览会的召开，在我国尚属首次，填补了我国网上国际书刊博览会的空白；与传统的图书博览会相比，网上图书博览会具有参会者不受地域限制、交易成本低、组织工作简单、卫生安全等优点；其所构筑的商业运作平台，成为传统发行与网络营销紧密结合的又一范例。

首届中国国际广播影视博览会

由国家广播电影电视总局和中国广播电影电视集团主办的中国国际广播影视博览会，于2003年8月24～30日在北京展览馆举办。自本届展会开始，中国国际广播影视博览会（以下简称"广博会"）将成为一个国家级、国际性的广播影视年度盛会。

此次展出面积近6万平方米，参展节目种类涵括了电视剧类、文艺类、纪录片、音像类等数项内容；参展人员包括：中国各地广电集团、电视台、制作发行公司、拥有电视节目发行权的音像公司、国际传媒、电视台、电台、制作公司、拟投资传媒的金融机构等。

2003年"飞天奖"、"星光奖"的颁奖活动依托"广博会"这个大环境走出央视演播大厅到观众中间，而且为配合本届"广博会"，"飞天奖"、"星光奖"集中了2001年和2002年两个年度的奖项在8月26日的颁奖晚会上现场开奖。为了增强群众参与的积极性，本届"飞天奖"、"星光奖"把收视率列为评审标准之一，并且部分奖项在群众中、在基层颁发，和现场颁奖相结合形成一个"立体发奖"的模式。"飞天奖"、"星光奖"颁奖活动将成为今后"广博会"的固定节目。

在中国广播影视行业面临大变革、大发展的重要时期，举办这一博览会，目的在于通过国际化、市场化的运作模式，展示和检阅中国广播影视产业的实力与水准，推动其繁荣与发展，并促进国际国内广播影视领域的相互交流与合作。

首届"广博会"主体活动包括六个部分：首届中国国际影视节目展、第十二届北京广播影视设备展、"飞天奖"、"星光奖"颁奖活动、"华表奖"颁奖活动、第七届"北京放映"活动和第八届国际广播电视技术讨论会。

发展文化产业是市场经济条件下繁荣社会主义文化，满足人民群众精神文化要求的重要途径。从世界范围来看，广播影视的国际化发展是必然趋势。我们只有通过完善文化产业政策，支持文化产业发展，才能切实增强我国文化产业的整体实力和竞争力。从这一意义来说，目前举办的中国国际广播影视博览会，不仅是一个面向国内的行业盛会，也是一个面向世界的重要窗口。

境内展

展名：2003第六届湖北国际广告与传媒展
时间：2003年3月13日～15日（武汉）
周期：一年一届
上届数据：
展出面积（平方米）：8000
其中外国参展面积（平方米）：1500
观众人数（人次）：20000
参展商数目（家）：150
其中外国参展商数目（家）：25

展名：2003年第四届中原广告四新及印刷设备展览会
时间：2003年3月17日～21日（郑州）

展名：2003中国国际广播电视信息网络展览会
时间：2003年3月21日～23日（北京）

展名：2003年四川广告及传媒博览会
时间：2003年3月27日～4月1日（成都）

展名：第四届华南国际广告（深圳）展览会
时间：2003年4月1日～4日（深圳）
周期：一年一届
上届数据：
展出面积（平方米）：5100
其中外国参展面积（平方米）：230
观众人数（人次）：19360
参展商数目（家）：192
其中外国参展商数目（家）：3

展名；2003广东国际广告展
时间：2003年4月2日～5日（广州）
周期：一年一届

展名：长春第五届广告展览会
时间：2003年4月10日～13日（长春）

展名：云南广播电视信息网络技术、设备展览会
时间：2003年4月11日～13日（昆明）
周期：一年一届
上届数据：
展出面积（平方米）：4000
其中外国参展面积（平方米）：50
观众人数（人次）：5000
参展商数目（家）：170
其中外国参展商数目（家）：3

展名：中国湖北广播电视器材信息网络技术展
时间：2003年4月16日～19日（武汉）

展名：第十二届北京国际广播电影电视设备展览会
时间：2003年8月25日～29日（北京）
周期：一年一届

展名：第十届国际广告新媒体新技术新设备新材料展示交易会
时间：2003年8月13日～16日（北京）
周期：一年一届
上届数据：
展出面积（平方米）：10000
其中外国参展面积（平方米）：3000
观众人数（人次）：60000
参展商数目（家）：200
其中外国参展商数目（家）：40

展名：大连国际印刷工业及广告技术和设备展览会
时间：2003年8月28日～30日（大连）

展名：2003克里奥奖亚洲广告展
时间：2003年9月16日～18日（上海）
周期：一年一届

展名：天津国际广告四新展览会
时间：2003年9月24日～27日（天津）
周期：一年一届
上届数据：
展出面积（平方米）：3000
其中外国参展面积（平方米）：100
观众人数（人次）：10000

展名：四川广告与传播博览会
时间：2003年9月（成都）
周期：一年一届
上届数据：
展出面积（平方米）：10000
其中外国参展面积（平方米）：1000：
观众人数（人次）：30000

展名：第十届中国广告节
时间：2003年10月22日～28日（广州）

展名：第二届国际报业期刊（成都）博览会
时间：2003年11月5日～8日（成都）
周期：两年一届
上届数据：
展出面积（平方米）：3000
其中外国参展面积（平方米）：500
观众人数（人次）：12000
参展商数目（家）：200
其中外国参展商数目（家）：25

展名：第十一届上海国际广告技术设备秋季交易会
时间：2003年11月26日～29日（上海）

展名：第二届上海国际展览展示器材设备技术展览会
时间：2003年11月（上海）
周期：一年一届

境外展

展名：国际推介活动及媒体工程技术贸易博览会
时间：2003年5月7日～9日（柏林）

展名：新加坡亚洲国际广播电视展
时间：2003年6月17日～20日（新加坡）

展名：荷兰国际广播电视展
时间：2003年9月（阿姆斯特丹）

展名：日本国际广播设备展览会
时间：2003年11月（东京）

17.教育业

行业简况

开放推动教育国际化

中国加入世贸组织后，国外教育机构将获得更为便利的市场准入条件。开放将推动中国教育的国际化。面对这一新形势，中国教育机构如何迅速反应，树立应有的市场意识，这是当前我国教育所面临的最紧迫也是最重要的问题。

国外机构"抢滩"教育市场

近日，我国新出台了中外合作办学条例，于2003年9月1日起施行。条例指出，中外合作办学是中国教育事业的组成部分。国家对中外合作办学实行扩大开放、规范办学、依法管理、促进发展的方针。国家鼓励引进外国优质教育资源的中外合作办学，鼓励在高等教育、职业教育领域开展中外合作办学，鼓励中国高等教育机构与外国知名的高等院校合作办学。中外合作办学者可以合作举办各级各类教育机构，但是，不得举办实施义务教育和实施军事、警察、政治等特殊性质教育的机构。

国外教育机构进入中国教育市场的势头越来越强劲，英国首相布莱尔曾明确地对英国大学的校长们说，要看好中国这一市场。事实上，从20世纪90年代起，西方国家就以各种形式介入中国教育市场。在1999年3月于北京举办的教育展上，英国100多所大学亮相，表示向中国学生敞开大门。不仅如此，东南亚一些新兴工业化国家也同样看好中国教育市场，纷纷放宽扩大招生条件，试图与西方国家共同分享中国教育市场份额。而以经济活动为主要方式和目的，辅之以教育培训，是西方国家介入中国教育市场采取的一条主要策略。例如，某跨国电信公司在开展其经济活动的同时，在中国建立了以培训为宗旨的高等教育机构。该学院以培训本行业人才为办学目的，但所实施的"培训"却是具有硕士学历的正规教育。国外机构以经济活动作为拓展教育空间的平台，为其教育提供合法性的基础；以职业培训为主要形式，为其全面渗入学历教育打开了市场缺口。

对中国教育市场冲击不可避免

中国办学主体的多元化和外国人单独办学或合作办学的现象增多，这在一定程度上缓解了教育经费不足的问题，增加了个人受教育和选择的机会。同时，办学竞争加剧，质量低、没有特色的学校等将被淘汰出局。加强国际教育交流，开展国际教育合作，这是教育国际化的一项重要内容。但由于国家间存在经济、政治、科技和文化的差异，造成了大量的跨国界的人才外流。它还造成了中国有限的教育投资的部分外流，如外国教育机构通过高薪吸引人才，引起公立学校教师的流失。这加剧了中国富有发展潜力的高级人才短缺，形成了一些潜在的消极影响。是目前需要解决的两难课题。

把招收留学生作为一种重要产业，正成为一种国际潮流。过去西方发达国家和一些新兴工业化国家招收留学生的主要目的还是基于传播价值观念、吸引他国优秀人才的考虑，而现在更多考虑的则是促进国内产业的发展。资料显示，加拿大做过测算，招收留学生除了学费收入，还会相应带来住宿、餐饮、旅游等方面收入，每招收一名留学生就相当于给本国带来零点几的就业机会。于是，争夺生源市场的势头，不仅影响着中国的非义务教育领域，甚至开始延伸到义务教育领域。

中国加入WTO，国外更多先进的课程、教材、新技术和教育管理方法等通过合作等形式被引进国内，从而潜在地存在着照搬欧美发达国家教育模式的危险。如何既借鉴发达国家的教育模式、办学经验，又从中国国情出发充分发挥自身的独立性、创造性和特色优势，的确是中国教育改革和发展过程中必须正视和解答的历史性课题。

中国教育走向国际化

加入WTO，伴随着经济全球化进程的加快，中国教育将进一步走向国际化。中国与WTO其他成员的教育合作，可以使发达先进的科学技术、管理经验和教育方法，以快捷的甚至同步的方式在中国迅速传播，从而有助于提高中国的教育水平。参加十届全国人大一次会议的教育界代表就曾呼吁，进一步开放教育市场，通过吸引外资缓解教育资源的短缺。我国高等教育资源短缺，单靠政府财政投入已无法解决。海外学校看到中国巨大的教育市场，纷纷来中国争夺生源，或寻找方式合作办学，热情已不亚于对经济领域的关注。

目前，海外教育机构与我国名牌大学合作一般采用项目制，其中上海国际金融学院就是一个成功模式。该院院长陆洪俊教授说，这种“倒留学”模式首先在教育成本上比中国学生赴外节约了2/3的费用，但在师资、教学效果等方面毫无差别，有利于保留国际化人才，节约外汇支出。

北京航空航天大学副校长唐晓青说，不花国家财政一分钱培养国际型人才，是中国参与国际竞争和全面实现小康社会目标的重要战略，也是现有教育领域和重点大学长期无法解决的难点之一。这也是保障人才安全的有效手段。

清华大学校务委员会委员王维城说，吸引外资兴办职业学校，不仅增加国家财政收入，减缓人才外流，也可拉动学校所在地的第三产业，最终支持地方政府更好地实施义务教育。外资如果进入职教领域，我国需成立独立于教育行政部门的监督机构，严把质量关。应借鉴国外对捐资助学企业减免税的方式，鼓励社会资本办学的积极性。

展 会

国际教育合作周

2002年9月25～30日，2002国际教育合作周在京举行，这是自1949年以来参展美国学校最多、级别最高的一次教育展。

本次国际教育合作周包括中美教育合作研讨会和国际教育周。研讨会邀请中美双方的官员和专家共同就“中国加入世贸组织后高等教育发展的策略”等主题展开讨论，内容涉及民办高等教育发展、中外合作办学、中国教育政策与法律的调整等社会热点。

教育展还邀请美国哈佛大学、美国教育基金会、美国教育考试中心（ETS）、乔治华盛顿大学、哥伦比亚大学、加州大学、英国大使馆、澳大利亚大使馆等就“素质教育和职业发展”、“奖学金和大学申请”、“TOEFL新趋势”、“IELTS考试及英国留学”、“美国签证准备和面试”众多中国学生关心的问题进行9场说明会。

教育展还设立美国大学专区，邀请包括哈佛大学、麻省理工学院、加利福尼亚大学所属的5所分院以及哥伦比亚大学等30多所美国大学参加。美国大学专区形成整个现场的一个亮点。

此外，全球最大的私营教育测试测评机构——美国教育测试中心（ETS）还在教育展中设立专区，除推介其主要产品TOEFL、GRE和GMAT等外，ETS还在此推广其近日与泰跃国际教育投资有限公司合作推出的一项最新的英语测试产品——实用英语测试。

第三届中国国际教育展

第三届中国国际教育展览会于2002年10月19～26日在北京展览馆举办，24个国家和地区的近200家大专院校和教育机构在展会上同时亮相。

此次展会参展的“大户”加拿大有33所院校设展，近一半的展厅被加拿大兵团占据。这是加拿大教育中心第一次弃“单国展”而加入国际教育展，反映了一部分海外教育机构的心态。展览会主办单位中教国际教育交流中心主任认为，国际教育展在北京和上海留学展的市场中占据了最大的市场份额，以品牌促规模、以服务聚人气是展会成功的关键。

德国的巴登符腾堡州、法国的罗纳-阿尔卑斯、意大利的Lombardy和西班牙的加泰罗尼亚四个地区组成的一个欧洲联合体，被欧洲经济界称为“欧洲四大引擎”。欧洲国家第一次与中国的学生面对面接触，该联合体带来了四所学校，其中包括法国巴黎和意大利米兰的时装设计学院以及瑞士的酒店管理，在欧洲可以同时学习法语、意大利语、英语等多国语言，这些足以吸引每个想出国留学的学生。

在众多海外名校的展台中，北京联合大学等几所国内大学设的展台格外显眼，引来许多家长学生询问。山东大学国际教育学院副院长李国强说，国际教育展不单单是外国院校的展览，国内的大学也应该有一席之地。山东大学这次参展的主要目的不是现场招收国外留学生，而是利用这次机会接触各国的学校，建立国际学校之间的合作，同时希望通过这个展位宣传学校，扩大在海外的知名度。北京工业大学的展台则为本校和美国城市大学的MBA联合招生。这些参展的国内大学的校长还参加了随后的中国教育国际论坛。

本次论坛的主题是“经济全球化与教育改革和发展”。此次论坛汇集了几大特点。它汇集了世界教育精英，中方组织者——中国教育国际交流协会邀请了中外教育界和经济界的权威人士，参加人员包括原关税贸易总协定秘书长，经合组织教育委员会高级行政官，联合国教科文组织亚太区官员以及世界上著名大学的校长。此次论坛还设立了专题论坛——包括中外合作办学、民办教育、职业教育，这些教育领域的热点话题均为首次进入教育论坛，国际论坛首次为民办教育支招。中外合作办学历来是教育界的热点话题，也是中国教育国际交流与合作最活跃的内容。在本次论坛上，中外合作办学政策的制定者，教育部国际合作与交流司，中外合作办学的实践者，国内外著名大学的领导人，国外有关政府官员，就中国政府中外合作办学政策的最新情况，如境外教育机构能否独立办学，能否办分校，能否颁发境外文凭等进行专题演讲。论坛还介绍了AFS高中生交换项目、中美高校领导者培训计划等。

第十三届教育及职业博览会

“教育及职业博览会”由香港贸易发展局及劳工处合办，于2003年2月20～23日在香港会议展览中心举行，免费入场。

此届展览的主题是“增进知识，掌握未来”，共有310家本地及海外教育机构，以及56家工商机构、政府部门和专业团体参展，为参观者提供实用的的升学、进修及就业资讯。

展览的“教育部分”搜集了多个国家及地区的进修及培训资料，包括澳洲、新西兰、瑞士、英国、美国、加拿大、法国、日本、中国的香港及澳门地区多家院校的课程资料。

近年，很多香港人北上求学，但以进修大专及深造课程的成年人为主。此次展览则首次吸引了内地的中学参观，招收适龄学童返内地升学。

除了北京市通州区潞河中学外，来自内地的院校尚包括武汉大学、江汉大学、江南大学、长春中医学院、天津大学、天津科技大学、四川美术学院、西南政法大学、南开大学、济南大学、吉林大学、涪陵师范大学、重庆大学及中国文化医药学院（代表湖北中医药学院及黑龙江中医药大学）。

另外，求职者亦可在“职业部分”，搜罗最新的就业市场讯息，物流、保险、会计、银行、市场推广、公司秘书、人事管理、建筑、工程及测量等行业的代表，将介绍入职途径和行业展望。

博览会期间，大会安排了近100场内容丰富的研讨会、16节专题讲座及30场择业录影带播放，免费供入场人士参与，使他们一览世界各地学校的进修渠道、了解就业市场的最新趋势及掌握求职技巧和成功工作之道。

英国教育展

2003年2月22～23日，为期两天的“英国教育展”在北京中国国际贸易中心举行。此次英国教育展是由中国（教育部）留学服务中心主办，英国驻华使/领馆文化教育处联办的，是继2月15日在香港会展中心举行的英国教育展后，在中国举行的第二场英国教育展，2003年，还在大连、上海、重庆和深圳相继举办。

本次教育展上，一共有87所英国的学校设立了展位。在这里，数十所英国院校代表为参观者现场解答关于留学英国的各种问题，参观者可以通过面谈取得英国参展院校的第一手资料。展会还特设专题讲座，系统介绍不同程度的课程及学科，参观者可以聆听专题讲座，选择自己适合的课程和学科。让参观者安心的是英国使/领馆文化教育处现场为参观者提供留学信息、入学申请程序方面的指导，英国使/领馆签证处官员亲临解答签证疑问。在展览的同时，还特设各类专题讲座和模拟英语课堂，参观者在22日和23日下午2点至4点免费观看了两场别具一格的化妆演示。英国著名的伦敦学院还向大家展示英国当今最高水准的化妆技术，及其在时装、戏剧及特技效果方面的应用。

英国教育展的火爆除了其服务组织到位，又具有权威性之外，英国的教育市场对中国学生有着莫大的吸引力是根本原因。在英国，共有180多所高等院校、500多所继续教育学院、2千多所寄宿学校、14000多个专业和37000多种学位可供海外留学生选择。在每个教育阶段均有多种选择，是英国之所以成为理想的留学之地的原因之一。

英国教育素以历史久、标准严、质量高著称于世，至今已培育出90多位诺贝尔奖得主。各大院校享有良好的声誉，所颁发的文凭国际公认。同时，它们的教学设施配备先进，教学方式灵活多样，导师可为学生提供个别辅导与帮助。在英国，留学生更能够把握学科的精髓。例如，英国设计业的产业价值达120亿英镑，提供30万多个就业机会，在这种背景下，学习艺术的学生获益匪浅。又如，英国的影视业占了欧洲市场的1/4，有抱负的媒体专业学生大可以从中寻找自己的发展方向。而理工类的学生会发现英国是世界上首先分裂原子及第一个成功克隆哺乳动物的国家。

英国的教育不仅在学术上具有优势，同时还为学生提供了体验今日英国生活的机会。英国人才辈出，拥有悠久的历史传统，同时也是一个充满创意与活力的地方，新观念层出不穷，新潮流风起云涌。英国过去为世人所熟悉的等级制度正让位与真正的多文化共存，不同种族的人在此和睦共处。今天，在艺术、时装、音乐和流行文化方面，英国不断为全世界带来灵感和惊喜。在这个不断求进创新的国家留学，学生所获得的将远远不止于书本知识。

现在，有超过80万名留学生在英国攻读课程。据统计，每年，前往英国留学的外国学生超过10万，其中至少有8000人来自中国。由于英国课程紧凑而严谨，因此获取学位的时间相对较短，从而降低了留学所需的总费用，并可以更早地开始工作。选择在英国留学，还意味着学生选择了一个治安良好的社会环境，并能享受到学校为学生提供的各种福利。如果在英留学6个月以上，将可以享受免费医疗服务，同时无需申请工作许可证即可在学期期间每周从事20小时以下的兼职工作，假期可全日兼职工作。而且全国学生总会为学生争取到的高达50%的购物折扣率，让学生的各种日常消费都可以节省支出。虽然英国院校的学费可能比美国或澳洲同类学校高一些，但英国的学历在世界各国却更受欢迎。

种种原因，让英国成为中国学子的理想留学地，英国教育展的火爆也就正常了。渴望到英国留学的学子早早地就了解到了此次教育展的信息，为自己的面谈做着准备。现场的参观者涵盖了各个年龄段，既有处于中学教育阶段，想出去做小留学生的，也有正在就读的大学生前来咨询，还有已经结束本科教育，已经工作一段时间的参观者渴望到海外继续充电。就现场的情况来看，商科、理工科和艺术类最为走俏。有参观者当场通过面试，取得了有条件录取通知书。

中国教育展吸引尼泊尔青年

由中尼友好组织阿尼哥协会和中国驻尼泊尔大使馆文化处联合主办的中国教育展2003年4月13日在尼泊尔首都加德满都落下帷幕。这是中国教育界首次在尼泊尔举办类似活动，展览会吸引了尼泊尔各界人士前来参观。

在这次为期两天的展览中，清华大学、北京大学、上海交通大学、华北电力大学、杭州大学、哈尔滨工业大学、天津医科大学、四川大学、湖南大学等29所中国名牌大学展出了各自的教学材料，教学计划介绍和有关科研成果等。

这次举办中国教育展的主要目的是：让更多的尼泊尔青年和学生了解中国内地各主要大学的教育制度、所授课程和招生情况等第一手资料，吸引更多的尼泊尔学生来中国留学。近年来，中尼两国在文化方面的交往、特别是在教育领域的交流发展迅速，到中国留学的尼泊尔青年学生已达数千人。

第八届中国国际高等教育巡回展

2003年，中国留学服务中心主办的“第八届中国国际高等教育巡回展（2003年春季）”(CIHEET)于2003年2月22日～3月9日先后在北京、西安、上海、厦门、重庆成功举办。

老牌国家阵容强大新面孔更多

共有22个国家和地区的250多所院校和教育机构参加了本届CIHEET展览会，参展的除荷兰、爱尔兰展团外，英国使馆文化教育处也组织了大型代表团参展，展会上的新面孔是西班牙、挪威两个国家，更有近70个院校和机构第一次亮相CIHEET展览会。

英国使馆文化教育处组织的大型代表团更是引人注目，在醒目的色彩中，共有上百所英国院校参展。一流的院校、新颖的专业吸引了众多学生。

虽然赴美留学签证仍然是困扰中国学生和美国院校的主要问题，但参加本届CIHEET展览会的美国院校仍有8所，在一定程度上反映出美国院校对吸引中国学生赴美留学以及开展中美教育交流的强烈愿望。

围绕展会的各种服务引人入胜

本届CIHEET展览会参观总人数近10万人次，其中北京展区参观人数创纪录达到近4万人次。观展的有大学生、高中生及众多的家长们，更有许多跨省咨询的人们。

本次展会还首次增加了“自费留学中介机构研讨会”和“中外合作办学研讨会”。全国共有110家中介机构、86所合作办学单位出席了研讨会。

留学服务中心还邀请了英国、加拿大等8个国家的使馆或权威教育机构官员到现场为参观的学生举办留学专题讲座。

新浪网教育频道还把留学热门国家的讲座进行网上现场直播，使未能亲身参观展览会的学生都能参与其中。这些讲座吸引了大量的学生，网上直播更是将展会信息辐射到全中国有意出国留学的学生群，使CIHEET展览会达到预期的目的。

中国银行全程参加展览，在展场设立展台，现场解答留学贷款等问题。

经美国驻华使（领）馆安排，由美国国务院派来的高校认证制度专家艾米莱滋伯格博士专程参加了本届CIHEET展览会在上海、厦门、重庆的展览并做了系列巡回演讲，讲座的主要内容涉及美国的高等教育体系。

英国参展院校众多，取得了规模效益，英国驻华使馆文化教育参赞沙利文表示，这种合作方式很好，希望继续合作下去。

观展的人们不再盲目

在人头攒动的展会上，许多人不是盲目的拿资料，而是有目的选择国家、学校，直接跟外国学校的人员交谈、咨询留学的各种事情，询问科目的设置，甚至关心留学后的就业问题。许多家长亲自上展会，从选学校、专业到就业详细询问。许多学生操着流利的英语与校方代表交谈。参展院校代表普遍感觉到，观众的提问比前几年更具体、针对性更强，留学目的更明确了。

境内展

展名：教育及职业博览会
时间：2003年2月20日～23日（香港）
上届数据：
　展出面积（平方米）：6600
　观众人数（人次）：194189
　参展商数目（家）：343

展名：第三届广州国际教学仪器设备展览会
时间：2003年3月25日～29日（广州）
周期：一年一届
上届数据：
　展出面积（平方米）：10000
　观众人数（人次）：50000
　参展商数目（家）：200

展名：2003年教育创新国际研讨会暨博览会
时间：2003年4月3日～6日（北京）

展名：2003安徽国际教育展
时间：2003年4月19日（合肥）

展名：第四十六届中国教学仪器设备展览会
时间：2003年4月25日～30日（昆明）

展名：第二届广州国际现代教育设备展览会暨广东省普教产品展览会
时间：2003年4月（广州）

周期：一年一届
上届数据：
展出面积（平方米）：4800
观众人数（人次）：30000
参展商数目（家）：235

展名：2003年中国教育信息化建设展览会
时间：2003年8月8日~11日（广州）

展名：2003年西安国际教育节
时间：2003年9月7日~12日（西安）
周期：一年一届

展名：第七届中国国际远程教育／校园网群、电教多媒体技术应用、设备与软件博览会
时间：2003年9月（北京）
周期：一年一届
上届数据：
展出面积（平方米）：5000
其中外国参展面积（平方米）：2000
观众人数（人次）：30000
参展商数目（家）：200
其中外国参展商数目（家）：50

展名：2003年秋季全国高教仪器设备展示订货会
时间：2003年9月26日（廊坊）

展名：中国东北国际教育展览会
时间：2003年10月5日~6日（大连）

展名：中国东北国际教育展览会
时间：2003年10月8 日~9日（沈阳）

展名：中国东北国际教育展览会
时间：2003年10月11日~12日（长春）

展名：中国东北国际教育展览会
时间：2003年10月14日~15日（哈尔滨）

展名：中国国际教育技术装备展览会
时间：2003年10月下旬（北京）
周期：一年一届
上届数据：
展出面积（平方米）：24000
其中外国参展面积（平方米）：4500
观众人数（人次）：30000
参展商数目（家）：800多
其中外国参展商数目（家）：80

18. 其他行业展会

中国洗染业展览会

由国家经贸委批准，中国商业联合会主办、商业科技质量中心和北京联利展览展示有限公司承办的2002年中国洗染业展览会，于2002年9月6~9日在中国军事博物馆举行。

此次展览会规模空前盛大，除吸引了国内众多知名厂家参展外，国外如意大利、法国、西班牙、德国、日本、韩国等行业相关知名企业也前来参展，可以说代表了国际洗涤业及相关行业的先进水平。

随着我国加入世贸组织及北京2008年奥运会筹备工作的顺利展开，越来越严格的环保质量标准将成为国际经济流行时尚和现代社会发展的趋势。而国内目前还有众多的洗衣店仍在使用国外早已被禁用的开启式干洗机，这种干洗机回收性能差，不但危害操作者的健康，也给环境带来了一定污染。据悉，本届展览会还举办相关洗涤新技术成果交流、洗衣特许经营加盟、全国性洗染业技能竞赛等项目，对加强行业环保型洗涤设备、推广洗涤业新技术、开发洗涤行业新领域起到积极作用。同时对打破行业固有的经营模式及服务方式，力求在短期内使我国洗染行业有一个新的标准经营服务模式，使其提高到国际先进水平给予积极推动。

北京国际城市雕塑艺术展

“2002中国北京国际城市雕塑艺术展”于2002年金秋时节在距离天安门12公里处的长安街延长线石景山路2号“北京国际雕塑公园”，拉开帷幕。

这次雕塑艺术展是截至目前在中国举办的雕塑活动中规格最高、规模最大、内容最丰富的一次城市雕塑艺术展。

有来自亚洲、欧洲、非洲、北美洲、南美洲以及国内雕塑艺术家的雕塑精品参展，内容丰富，设计新颖。本次展会旨在通过国际雕塑艺术展，扩大国内外同行在城市雕塑及相关门类之间的交流与合作，加快城市雕塑的建设，丰富城市景观，从而体现北京文化中心的地位，也为北京的城市街头以及2008年奥运会场馆留下一批具有国际水平的雕塑作品。

本次城市雕塑艺术展是由中华人民共和国文化部、北京市人民政府联合举办。9月7日开幕至10月18日为展览交流期，展览之后雕塑将长期在北京陈列。

此次展览除题材广泛、表现手法多样外，材料的选择也不拘一格，既有传统材料也有现代材料，包括石材、铸铜、不锈钢、新型树脂等。总之，本次艺术展集中反映了当今国际雕塑艺术发展的总体趋势。

第十一届乌洽会

由新疆维吾尔自治区人民政府主办的第十一届乌鲁木齐对外经济贸易洽谈会（乌洽会）于2002年9月1～8日在新疆国际博览中心举行。

2002年乌洽会与往年相比，具有新的特点。一是突出了向西开放特色，乌洽会广泛邀请了周边国家商务机构和企业加盟。目前，外方协办单位增至10家；二是增加了专业展馆，注重提高参展企业、商品的质量和科技含量；三是精心组织新疆西部大开发投资项目说明会、经济商务参赞座谈会、乌洽会经济论坛等活动，提高参会吸引力；四是进一步优化服务，完善软硬环境。2002年在2001年展馆改造的基础上，投资1000多万元为展馆安装了空调等设备，展览摊位达到布局合理化，设施利用最大化，为中外客商提供良好的展示洽谈条件；五是办会走向市场，实行以会养会。乌洽会不要政府一分钱，实行市场化办会，走以会养会的道路。

本届乌洽会招商工作扎实有效，展位供不应求，参展企业档次提高。通过内地省区各大交易会、来访团组、直接邮寄等多种形式，共向70多个国家的300多家机构（包括中国驻外使馆经商处、外国驻华使馆经商处、各类工商会、贸促机构、展览公司和大型公司企业）发出邀请函9900份。并有俄罗斯、哈萨克斯坦、吉尔吉斯斯坦、乌兹别克斯坦、巴基斯坦、澳大利亚、香港等国家和地区的客商报名参会，目前认购展位20多个，俄罗斯和中亚客商占绝大部分。

2002年乌洽会共准备室内外展位1300多个，报名认购数达1500多个，确认分配1349个。其他省区及国外企业认购展位1015个，新疆区内企业认购展位334个。来自四川、河南、吉林、陕西、河北、天津、北京、上海、深圳、浙江、湖南、江苏、安徽、甘肃、山东、重庆等20个省市组团26个。

本届乌洽会在对外贸易、外资外经、内联、内贸几个方面都取得了实质性突破。对外经济贸易总成交额149650万美元，比上届增长13.9%；国内贸易和经济技术合作成交311.76亿元人民币，比上届增长10.2%。

从出口成交商品看，本届乌洽会出口成交1000万美元以上的商品包括棉花、番茄酱、服装、电视机、棉纱、香梨、鞋类、三聚氰胺、音响及视听设备、果汁、大米、家具等21种，成交额44815万美元，占本届乌洽会出口成交额的92.4%。

从进口订货商品构成看，成交额在1000万美元以上的商品有9种，包括铜及铜材、废钢、铝及铝材、钢材、废铝、废铜、化肥等。另有11种商品进口成交额在百万美元以上。以上20种商品共计成交77342万美元，占全部订货总额的96.2%。

第十二届中国青岛国际啤酒节

2002年8月17日～9月1日，青岛再次迎接中外著名厂商和各国游客，共同欢度“第十二届中国青岛国际啤酒节”。本届啤酒节以推动青岛旅游产业全面发展、扩大青岛对外开放和提升城市综合竞争力为宗旨，以经营城市为理念，全方位向国际化靠拢，促进并推动青岛市经济和社会的全面发展。

三大活动吸引中外名企

啤酒节期间，青岛围绕发展旅游经济和促进招商引资开展了高水平的经贸咨询洽谈和中外经济文化交流活动。举办了“美中论坛”第三届年会、2002中美经济合作青岛洽谈会、2002中国青岛国际绿色消费周、WTO论坛会等系列国际会议，体现了啤酒节在经贸洽谈和招商引资方面的拉动作用。

该啤酒节堪称集旅游、文化、经贸、科技于一体的大型国际活动，成为世界了解青岛和青岛走向世界的最佳载体。本届啤酒节以青岛良好的投资贸易环境和城市形象为依托，充分发挥青岛得天独厚的旅游、文化资源和产业优势，把展示、交流、贸易、研讨和旅游文化活动有机结合在一起。开展展览、会议、文化旅游三大板块活动，以展览汇聚商流、物流、信息流、资金流，以会议交流新经济、新观念、新思想，以活动营造氛围，集中人流，烘托气氛，三者有机结合，使本届啤酒节吸引了世界各国的著名客商和百万中外游客参节，形成巨大的商流、信息流，通过啤酒节这个载体，把青岛展示给世界，既扩大了经贸活动，也提升了节庆品牌。

老牌啤酒节要与世界接轨

为了突出国际化的节庆格局和办节模式，营造出国内一流、国际上具有较高影响力的节庆品牌，青岛广泛吸引日本、美国、加拿大、德国、荷兰、丹麦等世界各地几十个国家和地区的著名啤酒品牌加盟。如英国的金士百啤酒、棕牌啤酒，美国的蓝带啤酒，西班牙的巴伦啤酒，日本的麒麟啤酒、朝日啤酒、舒波乐啤酒，法国的红磨房啤酒，菲律宾的生力啤酒，丹麦的嘉士伯啤酒，新加坡的虎牌啤酒，德国的碧特博格啤酒、科隆啤酒、爱丁堡啤酒，斯洛文尼亚的拉兹科啤酒，荷兰的喜力啤酒，墨西哥的科罗娜啤酒，爱尔兰的阔佬啤酒，总共有13个国家的18个品牌参加了本届啤酒节。

同时，在啤酒城设施方面力求与国际接轨，各种指示牌均采用中、英、日、韩四国文字同时标注。邀请德国劳斯博格公司对啤酒城内品酒大棚布局及形象进行整体设计，增加了青岛啤酒节的国际氛围。

众多国际知名啤酒品牌和各国游客以及海外媒体，应邀前来的国际知名人士和众多的国际经贸团体，别具一格的异域文化风情展示活动……所有这一切，都让人强烈地感受到第十二届青岛国际啤酒节跳动着的国际化脉博和散发着的国际气息，让人感受到正在加速开放、快速走向世界、不断发展的青岛。

本届啤酒节还在全省范围内开展了邮政售票、邮政185服务热线上门送票业务、网上订票业务，同时还采取分售票、设通票的办法，便于游客自由选择。啤酒城文艺活动采取开放式演出，低价位通票，使其真正成为群众广泛参与的百姓节。票型也充分考虑到游客的爱好和需要，除了纸制门票外，还推出了电子门票、纪念品票、明信片门票等尝试性创新门票。售票和票务管理工作也比以往更为先进。

第四届中国国际高新技术成果交易会

由外经贸部、科技部、信息产业部、国家计委、中科院、深圳市人民政府联合主办的第四届中国国际高新技术成果交易会，于2002年10月12～17日举行。

本届高交会由“高新技术成果交易”、“高新技术专业产品展”、“中国高新技术论坛”和“不落幕交易会”四大部分组成，热点话题为“知识产权保护”。本届高交会有三个亮点。一是科技与资本结合更紧密。有100多个海外创业投资机构进入了高交会，首次推出的中国企业海外上市咨询洽谈活动，也为国内高新技术产业与海外证券交易机构之间架起沟通的桥梁。二是“留学生创业”系列活动更火热、更成熟。2002年有近千名留学生报名，经筛选后安排近300人、378个项目参展；三是展会服务更突出个性化。本届会议首次为中外政府要员、跨国公司CEO、著名科学家举行高级别“圆桌会议”，协助海外组团、展商联络洽谈对象等。本届高交会的规模、档次和国际化水平均超过前三届，来自40个国家和地区的88个团组、3691家参展商、1124家投资商、42家跨国公司参加了本届高交会，参加展示与交易的项目7749个，国外有17个国家和机构独立组团参展，参观人数达30万人次，为历届高交会之最。

本届高交会吸引了包括66家中央媒体、58家境外媒体在内的300多家媒体、1100多名记者参与报道。

美国、欧盟等17个国家和机构，中国内地的35个省市（区）、计划单列市和27所高校以及香港、澳门组团参加了本届高交会，IBM、西蒙等42家知名跨国公司参加了展示与交易。

本届高交会各代表团、参展团组织推介会、签约会达67场次，共签订了合同或协议1581项，成交总额达121.6亿美元，比上届高交会增长16.7%。

其中，高新技术项目成交1453项，成交金额112.3亿美元，占总成交额的92.4%，比上届高交会增长23.4%。在成交总额中，进出口成交总额20.54亿美元，出口成交15.59亿美元。

义乌国际小商品博览会

由国家对外贸易经济合作部、浙江省人民政府、中国国际贸易促进委员会、中国轻工业联合会、中国商业联合会共同主办，浙江省对外贸易经济合作厅、义乌市人民政府共同承办的中国义乌国际小商品博览会，是以展示劳动密集型产品为主要特色的全国规模最大的经贸交流活动，于2002年10月在浙江省义乌市中国小商品城会展中心召开。

经过近20年的培育，义乌的小商品市场已发展成“华夏第一集市”。并在近几年来快速发展成为浙江省最具发展潜力的区域之一，名列中国县（市）社会经济发展综合指数第20位。中国小商品城成交额连续11年位居全国各大专业市场之首。目前，129家国内外贸企业在义乌设立办事处或分支机构，另有200多家正在报批，驻义乌的境外机构达200多家，3800余名外商常驻义乌从事小商品进出口业务。2001年实现小商品出口交货值12亿美元，出口到151个国家和地区。2002年1～9月，全市小商品出口额已达12亿美元，市场外向度达50%。其中自营出口2.8亿美元，同比增长92.9%。义乌已成为中国小商品出口的重要平台。在外经贸部、浙江省人民政府等各主办单位的大力支持下，2002年首次从地区性展会升格为国家级的国际性展会。

2002中国义乌国际小商品博览以“面向世界、服务全国”为宗旨，依托中国最大小商品集散地、最大小商品出口基地的优势，秉承连续成功举办7届中国小商品博览会的深厚底蕴，云集四海精品，云集五洲商家。本届博览会除主展馆外，还设立宾王市场、福田市场、针织市场、家电市场、通信市场、进出口商品展销中心、化妆品市场、眼镜市场等九个专业市场为博览会分会场，并确定黄山街等13条街道为博览会专业街展销区。

中国义乌国际小商品博览会预计主展馆设国际标准展位1500个，展览面积46500平方米以上，分会场100万平方米，其中境外参展企业展位350个以上。

此次参展商品突出出口商品，兼顾优势和特色行业，并按行业设立国际精品馆、五金电器馆、工艺饰品馆、文体玩具馆、家庭用品馆五个分馆，着重做大做强国际精品馆，做专做优精品馆。

2002年义乌国际小商品博览会主要有4个特点：一是特装展位多，特装展位共400多个，占总参展企业的35%。二是境外客商多，2002年有来自26个国家和地区的1100家企业参展，有76个国家的5000多名境外客商参会。另有11个国家和地区的投资商和23个国家驻华使领馆官员参会。三是组团多，有近30个境外商务采购团参会，比2001年增加一倍多。四是连锁超市多，其中有沃尔玛、易初莲花等国际知名连锁超市7个。义乌国际小商品博览会的“国际性”、“经贸性”、“实效性”等特点充分凸显和体现。

2002中国义乌国际小商品博览会按行业分为二期展：一期展为10月22～26日，参展商品以工艺饰品、文体玩具、五金电器、家庭用品为主；二期展为10月28～31日，展览范围集中在日用百货、服装、陶瓷等。

波兰商务节

在中国外经贸部的支持下，由波兰经贸部主办的2002年波兰商务节于2002年11月27日在京开幕。此次商务节是近年来波兰规模最大的一次商务活动。据悉，商务节旨在加强中波两国经济交流，促进波兰贸易出口，寻求能够加强两国经济往来的途径，将波兰不同行业的产品展现在中国经济机构、贸易组织、各大公司及消费者面前。主办者称，波兰商务节是波兰政府鼓励本国企业向中国宣传、销售其产品的一项重要商务活动。

波兰是中国在中东欧地区最大的贸易伙伴，中国也是波兰在亚洲最大的贸易伙伴。近年来，中波经贸合作发展迅速。据统计，2001年，双边贸易额达12.43亿美元，同比增长29.5%，创历史最高纪录。其中，中国向波兰出口10.16亿美元，增长21%，从波兰进口2.26亿美元，增长127%。2002年1～9月，中波贸易额已超过10亿美元，同比增长了12.4%。但中波之间还存在贸易不平衡问题。据了解，波兰政府目前正积极制定相关政策，采取一系列措施，改善出口产品结构，减少逆差。2000年波兰政府提供了贷款8500万美元，用于波兰向中国出口机械产品和环保产品。双方政府同意扩大经济合作领域，并延长了贷款时间。

波兰有良好出口前景的领域包括，环境保护、能源、冶金矿产、机械化工、建材、航天、铁路运输、汽车、食品加工等行业。据透露，波方希望通过此次商务节促进波兰的产品进入中国市场，在知识、技术和投资领域建立合作关系；希望与中国的商人建立成功的商业联系，打通波兰向中国的进口渠道；通过逐步加大波兰对中国的出口力度来减缓双边经贸不平衡。

在本届商务节有80家波兰公司展示它们的产品及服务。此外，在商务节期间，还举办波兰－中国经济贸易论坛及肖邦岁月——波兰音乐周。

开幕式结束后，中国五矿集团、上海有色建设集团、上海有色工业集团、中国饲料进出口公司就分别与波兰KGHM公司签署了一系列合作意向书。

2002国际展览行业上海峰会

上海新国际博览中心有限公司与上海市会展行业协会于2002年11月16日在上海联合主办“2002国际展览行业上海峰会”。会议得到了上海市政府、浦东新区人民政府、UFI国际展览联盟、XM展览组织协会的大力支持。会议邀请了国内外展览业知名人士共同探讨中国及上海展览行业发展的前景、上海能否成为亚太地区具领先地位的展览中心之一及其因此将面临的机遇和挑战等课题。

当前，上海作为国际化大都市之一，正日益成为全球注目的焦点。而迅速崛起的会展业正逐渐成为上海经济的重要组成部分，目前上海正积极申办2010年世博会，便是有力的证明之一。专家认为，上海具备成为亚太地区乃至世界范围内的商业展览及会议中心之一的巨大潜力。1998年《财富》杂志500强会议以及2001年亚太经济合作组织会议选在上海召开并顺利举行，仅此两项无疑就证实了上海举办大型国际活动的实力。

毫无疑问，本次上海高峰会是全球范围内展览行业人士相互交流、进一步了解中国展览市场、了解上海、定位亚太地区未来展览中心的绝佳机会。

首届中国名镇博览会

由农业部乡镇企业局主办，农业部乡镇企业发展中心、中国乡镇协会和广州新时代会议展览有限公司共同承办的“首届中国名镇博览会”于2002年11月7～10日在广州中国出口商品交易会展馆举行。这是我国第一次集中宣传改革开放以来乡镇经济发展成就，展示名镇形象、实力的国家级专业盛会。

改革开放以来，我国农村经济得到迅猛发展，以乡镇企业为支撑，以特色经济为依托的一大批“明星镇”，“文明镇”，“科技镇”，“旅游重镇”，“文化名镇”，“历史古镇”在各地相继涌现。举办“镇博会”，就是为了给这些“名镇”搭建展示形象和宣传自己的舞台，给这些“名镇”开辟探索乡镇经济发展论坛的场所。同时，通过强化名镇效应，促进交流合作，为至今仍在产业分散、投资分散、市场分散漩涡中苦苦寻求发展出路的众多乡镇开阔视野、开拓领域、指明前进方向，用名镇效应推动全国农村经济的健康迅速发展，是这次博览会的宗旨。

本次“镇博会”以实物、图片、现场演示等形式展示各地乡镇的形象，隆重推出“名镇”所属的代表性企业和名牌产品，积极推介“名镇”已具备的生产加工能力以及所建设的代表性专业市场，介绍其优势产业、创新成果、招商投资环境及优惠政策等。通过“镇博会”这个窗口和舞台，使每个乡镇不仅可以展示本地区优势，还可以更广泛地吸纳投资、科技专业人才、科技转让成果等，从而获得难得的商业机会。

本次博览会，有众多国内采购商、供应商、投资商前来参会，同时还有美国、法国、荷兰、德国、英国、日本、韩国、东南亚各国及中国台湾、香港等地区农业部门及商会组团到会参观洽谈合作。此外，“镇博会”期间，农业部高层官员也到会，就中国加入世贸组织后乡镇经济发展走向做专题研讨。组委会还安排了地区性项目发布会等一系列重要活动。

“镇博会”充分显示集聚、辐射和带动效应，成为具有中国特色的乡镇经济交流和合作的平台。

第六届上海国际艺术节

随着2002第六届上海国际艺术节在2002年11月13～17日的举办，上海人一饱眼福地饱餐了一顿“艺术展套餐”。这顿“套餐”突出了国际性、艺术性，构筑起一个由东方丹青、水墨，西方油画、雕塑，古代奇珍异品、现代造型工艺交织而成的美的世界。

除了艺博会、美术双年展、工艺美术大师精品展这艺术节的三大展览“品牌”继续保持高规格、高品位、高水准的整体风格外，海外画展是本届上海国际艺术节展览的新视点。“世界画家看上海”作品展，展示了来自美国、英国、德国、日本等20多个与上海结为友好城市和港澳台地区的23位画家在上海创作的作品，视角独特、色彩斑斓。澳大利亚土著艺术展从一个崭新的角度，展示了生活在澳洲中部沙漠地带土著民族的质朴、粗犷，极具张力的文化特色。俄罗斯油画家索罗明是普京总统的顾问，他的绘画题材丰富、激情勃发。刘海粟美术馆举行的日本现代水墨表现展，邀请了中国十位艺术家同时参展，运用对比的形式，展示中国水墨和日本水墨之间相融与区别之处。

集中展示代表性人物的代表作品，是上海国际艺术节展览的一个亮点。由故宫、上博和辽博三大馆联展的“晋唐宋元书画国宝展”，集中了历史上72位大师的72件精品，每一件都在中国美术史上留下不可遗漏的一笔。黄胄是近代杰出画家，这次展出的120件作品，是炎黄艺术馆的镇馆之宝。朱屺瞻艺术馆举办范烈平水彩画展，他描绘的江南水乡，笔法简练，绚丽多彩，充满生机及现代审美情趣。在上海美术馆举办的旅德画家萧翰的“积彩色调水墨画展”，60余幅以欧洲风光为题材的作品，开创了中国画“笔情墨趣色辉”的新意境。

针对当前上海在城市人文景观建设上所进行的努力，本届上海艺博会积极组织具有国际水准的大型雕塑前来参展。法国程昕东画廊展出了法国著名雕塑大师恺撒的名作《大拇指》，中国台湾现代画廊此次携阿曼的一尊著名雕塑，高达1.75米的《吟游诗人》前来参展，同时现代画廊又将我国台湾著名雕塑家杨英风最具影响力的作品之一《凤凰来仪》携来参加本届艺博会，首次参展的上海沃尔夫艺术有限公司也在展馆内树立起高达2.92米，由中国著名雕塑家严友人耗费20多年心血创作完成的大型雕塑《生命》。2002上海艺博会展馆中同时亮相这四座雕塑。另外，现代画廊还展示达利、毕费、皮亚德拉、伊其理、朱德群、赵无级等一批国际知名大师的作品。这也是上海艺博会自创办以来大型雕塑参展最多的一届。

被列入中国上海国际艺术节重大活动之一的本届上海艺博会分为两大展区，展示面积达1.3万平方米，设展位600个，不仅规模为亚洲之最，同时也成为亚洲参展艺术品门类最完整的艺博会。而为了让更多的工薪家庭能够加入到艺术品购藏的行列中来，本届上海艺博会还推出了一项新的举措。即在上海世贸商城3楼东厅，以162个展位的阵容，设立了主题为“国际装饰艺术和框业博览”展区，展示并销售各类装饰艺术品、民间工艺品、家居装饰摆设、小件雕塑、美术印刷品及各类画框。画框业展区不仅为装饰行业的厂商、经销商之间建构了一个交易的平台，同时也为居民美化居室，塑造家庭文化氛围提供了难得的机遇。

2002年中国杭州西湖博览会

2002中国杭州西湖博览会于2002年10月20日～11月10日在浙江省杭州市举行。本届西博会由国家旅游局、国家广播电影电视总局、浙江省人民政府、中国贸促会、中国轻工业联合会、中国纺织工业协会、中国商业联合会主办，杭州市人民政府承办。

2002西博会围绕“发展会展业的平台、精神文明建设的载体、老百姓的节日”的办会宗旨和“国际化、市场化、专业化、品牌化”的要求，从杭州城市特色出发，把握时代脉搏，优化整合资源，培育会展品牌，实现经贸、科技、文化、旅游的互动，承继前两届西博会的成功经验，着力打造三大特色：构筑都市产业、凸现城市品牌；弘扬时代精神、传播精品理念；文博之旅揽胜、旅游名城增辉。

2002年的西博会共安排了50个正式项目，其中展览19个，会议15个，文艺活动6项，旅游观光活动10项，还有4个为支持项目。这些项目主要呈现如下特点：适应中国加入WTO的新形势，体现融入经济全球化的发展趋势；传播科技新知识、新观念，展示和交流科技新成果；体现人文关怀的理念，关心个体生命的全面发展；展示优良的人居环境，表达人与城市的和谐关系；组织“西博之旅”，大力推进会展旅游的发展。

上海国际工业博览会

由国家经贸委等部门和上海市人民政府联合主办的国家综合性工业博览会——“上海国际工业博览会——2002信息化与工业化”，2002年11月22～27日在上海浦东新国际博览中心举办。

本次展会设有电子信息与网络、电气装备、工业自动化，生物工程与医药、环保与能源、汽车与零部件、新材料、家用电器和科技创新等9大专业展区，展览面积达6.25万平方米，2500个展位无一虚席。

来自美国、德国、英国、法国、日本、韩国、新加坡、俄罗斯、意大利、中国台湾等17个国家和地区的283家“高手”，在506个展位前登台亮相；通用电气、西门子、罗氏、巴斯夫、拜耳、泰科、BP石油、阿尔卡特等世界500强“豪杰”也纷纷携来“新锐武器”，粉墨登场。

北京、山东等19个省市、自治区、计划单列市亦不甘示弱，组团前来叫阵；中石化、中石油、华源、宝钢、首钢、上广电等1123家国内大企业、科研机构，更是争先恐后地来此献宝。

直接来自境外的参展企业展位占境外展位总数的60%，工博会论坛的演讲嘉宾中，来自著名国际组织、世界著名跨国公司、研究机构和高等院校的国际人士占到近6成。

德国、韩国、美国、英国及以色列等国技术交易机构展出一大批技术交易项目；1000多个产权项目抛出绣球，国际风险投资机构的“猎头”也在博览会上寻找“猎物”，将率先在房地产、服装业及国企产权并购方面展开角逐。

全球最大化工公司巴斯夫在工博会上宣布了该公司到2005年对中国的投资计划，并重点介绍了进展中的三个主要项目。其中两个投资额10亿美元的项目落户上海漕泾。

上海技术产权交易展区，两场项目推介会最受人关注，主角是美国和以色列的专利技术及高新技术的成果。

不仅如此，上海技术产权交易所的“排序表”显示，工博会12场项目推介会，外企占7场。来自美国、加拿大、日本、意大利等16个国家的50多家企业携近百个项目参展，“抢占”展区摊位半壁江山。

回顾历史，第一届工博会举办时，参与的外商企业数为“零”，而在今年工博会开幕前一个多月，有很多外商主动到上海来报名，其中不仅有世界500强企业，还有海外风险创业资本的投资家。美国20多个投资者组团而来，要求在工博会期间举行专题项目推介会；德国、意大利、爱尔兰、马来西亚等地的投资者向工博会提出要求：先付定金，订下6个展位，准备在展会期间捕捉投资机遇。

在2002年参展的1406家企业中，来自海外的客商已经占到18%。参展的外商中还有12个境外团组。境外客商的展位数达到了506个，超过了总量的20%。

更令人振奋的是，在今年的外商参展企业中，有60%的是境外直接来参与的，它表明上海工博会的影响力已经辐射到了目前尚未到中国投资办厂的外商群体中，工博会已经成为他们进入中国市场的一块“跳板”。

第三届中国国际特许经营展览会

第三届中国国际特许经营展览会是由中国国际贸易促进委员会主办，由中展集团北京华港展览有限公司承办的国内大规模特许经营展览会。自前两届特许经营展览会成功举办以来，越来越多的企业家将目光投向了特许经营。正是应广大投资者和特许经营盟主的热切盼望，第三届中国国际特许经营展览会于2002年11月26～28日在中国国际展览中心如期举行。

随着中国加入WTO，中国特许经营市场前景将更加广阔。从特许方来看，一方面随着特许经营相关法律的进一步完善化和国际化，众多知名国际特许经营品牌将进入中国；另一方面，中国特许经营本土盟主历经10年的培育，也进入了成长期。从受许方来看，随着国民经济的发展，国内投资者无论从数量上还是资金上，都已空前强大起来，为特许盟主的发展提供了坚实的基础。

第三届中国国际特许经营展览会得到了国家政府，金融、法律机构以及国内外特许经营组织、协会的大力支持。展览会总面积近4000平方米，参展厂商来自美国、加拿大、马来西亚、中国大陆及中国台湾地区等国家和地区。展览会涵盖餐饮业、食品业、清洁业、洗衣业、美容业、汽车服务业、建材装饰业、教育业、医疗保健业、咨询业、娱乐与旅游业等近20种特许经营热门行业。

此外展览会还非常注重对与会者提供专业服务，在展览会现场设立咨询服务台。由大会特聘的资深人士为受许人解答有关特许经营的法律、法规、金融等方面问题。经营者们在业务中所遇到的种种问题都可以在这里得到专业的解答。

第三届中国国际特许经营展览会是特许人与潜在受许人之间的联系纽带。它不仅为各大特许组织创造了一个竞相展示先进营销体系的舞台，为众多投资人创造了一个集中寻找项目的机会，同时也为运用特许经营这种模式推广业务的企业家及特许经营专家、学者创造了一个增进联系、交流经验的场所。

第十七届北京图书订货会

一年一度的北京图书订货会于2003年1月12日落下帷幕。一如从前，这一次订货会以500多家出版单位、1370个摊位、3万多平方米的参展规模，最终23.6亿元的订货码洋，再一次超越上届。

排在图书订货量前十位的书中，工具书占六种，其中商务印书馆出版的《新华字典》订出400万册，高居订货排行榜首。文艺类书占两种：华艺出版社约请央视著名主持人王小丫所写《你也可以》一书，订货量达50万册，中国青年出版社出版的、著名作家池莉新书《有了快感你就喊》订出12万册。令人没有想到的是，社科类书跻身排行榜前位，人民出版社出版的《世纪航标》订货量达30万册。而生活类图书，如《少儿健康快车》、《健康快车》等书的订量，都在10万册左右。

另外，新闻出版总署副署长柳斌杰在“2003中国书业高峰论坛”上所说的，今年后应该取消所谓“二渠道”称谓的主张，无疑让人们看到出版业将大动干戈地实行改革的迹象。

“二渠道”出版，一直以民间姿态处于图书行业，但是他们以灵活多变的机制已经在图书市场竞争中占到40%～50%的份额，很多畅销图书出自这一领域。柳斌杰说，市场检验了一切，出台一定的管理制度规范“二渠道”，对个体书商、民间资本一视同仁，让所有人公平竞争，这将是新闻出版业向全社会开放的必要步骤。

第七届澳门国际贸易投资展览会

澳门特别行政区给外界的第一印象是一个旅游娱乐的城市，但其实澳门特区政府在经济政策上是一直致力推动经贸活动。特区政府一方面不断完善经商环境，与中央及各省、市建立不同层次的经贸合作关系，逐步展开避免内地与澳门两地双重课税、保护知识产权、共同协助企业开拓国内外市场等合作；另一方面，也鼓励会展、物流和离岸业务等高附加值的服务业发展；以及加强与粤西及珠三角地区的经贸合作，并致力打造为经贸服务的平台；全力构筑利用澳门的独特优势，推动发展为葡语国家以及全球华商的经贸服务平台。由此，目标就是要使澳门成为一个为内外企业互相联络与交流的优质服务平台。

澳门每年举办的国际贸易投资展览会（Macao International Trade & Investment Fair，英文简称“MIF”），便是为促进内外商贸交流的重头活动。2002年10月24日～27日在澳门举行的“第七届澳门国际贸易投资展览会”，主题是“凸显澳门作为区域中小企业经贸合作平台”，4天的展期共吸引逾7万人次入场。大会除保留了以前展览会的特色，还举行了32场研讨会及专业推介洽谈会。内容包括：10月23、24日的“国际华裔经贸会议”、10月25日的“中小企业开创环球商机研讨会”、“善用香港商贸平台优势：贸发局如何助中小企业拓展国际市场”的午餐演讲会和“如何获得亚洲开发银行之财务资助，开展在中国内地及东帝汶的发展项目”的说明会等。

展览会期间还举行了几项盛事：包括，10月23日“渝澳经济促进会”澳门秘书处在澳门商务促进中心正式挂牌；10月24日，粤港澳三地的8家贸促机构联合成立“粤港澳三地贸促协作会议”并举行协议书签署仪式；10月25日，“澳门会议展览业协会”举行成立仪式暨澳门会展业研讨会等。

为了进一步发挥澳门的中小企业经贸合作平台功能。本届展览会特别加强了商业配对的环节。大会在筹备阶段已收到700个投资合作项目资料，在会期内又陆续收到31个新增的项目资料，全部整理成信息库并编成项目册，向与会客商派发。这些来自各地的企业和机构既可利用大会提供的当场商业配对服务平台（www.ipim.gov.mo/bm）寻找合适的投资项目。

本届展览会共进行了220个商业配对项目，包括参展或会客商在场外签署的合约及协议在内，大会共签订合约及协议项目33项，涉及金额逾5.8亿澳门币。这些项目各式各样：有连锁超级市场、建筑土木工程、中医药、信息服务、食品代理、旅游及相关培训、进出口贸易、轻工产品设备以及工艺品等。同时，各项投资合作项目，在展览会结束后，大会组织者仍继续各种跟进和配对工作。

“第七届澳门国际贸易投资展览会”是由澳门贸易投资促进局主办，协办单位包括澳门中华总商会、澳门厂商联合会、澳门出入口商会、澳门毛织毛纺厂商会、澳门付货人协会、澳门银行公会、澳门建筑置业商会、澳门中小企业协进会、澳门中国企业协会、重庆市对外贸易经济委员会、香港中华厂商联合会。并由澳门立新万国会展集团有限公司承办。

此次展会设置了澳门馆及国际馆。展品范围有旅游休闲服务及用品、信息科技、保健用品、纺织服装、博彩用具及设备、玩具及游戏机、赠品礼品、食品特产、金融、高教、电器、机电、出版、工艺品等。展场内同时设专业推介及商务洽谈区域，展位共有205个，参展机构共132家。

这些参展或参会的政府机构及企业单位，主要来自世界20多个国家和地区，其中包括内地的省、市、及自治区，如北京、重庆、内蒙古、广东、福建、湖南、湖北、吉林、广西、海南、江苏以及香港特别行政区和台湾。而葡语系国家有：葡萄牙、莫桑比克、佛得角等，其他的参展国则有美国、加拿大、日本、马来西亚、西班牙、波兰、斯洛文尼亚、埃及、匈牙利、以色列、印度尼西亚等。与会的代表团达44个，如中国对外贸易经济合作部科技司、香港贸易发展局、亚洲开发银行、日本福冈政府、美国驻香港总领事馆、马来西亚驻香港总领事馆以及国际葡语企业家商会等。

为了更科学、系统地总结展览会成果，主办机构“澳门贸易投资促进局”委托了澳门大学社会及人文科学学院做了一项问卷调查，调查和分析专业买家和公众的意见。他们共回收了572份专业买家的有效问卷和996份参观公众的有效问卷，而结果显示，无论是专业买家还是一般公众，普遍对这一届展览会有较高的评价，也认同了它促进澳门经贸活动和协助中小企业开拓新市场的积极作用。

越办越好的中国华东进出口商品交易会

中国华东进出口商品交易会已举办了12届。其展览规模、到会客商数、进出口成交额等均位于中国区域性交易会的前列。华交会在国内外的影响日益提高。

华交会越办越好有四个重要因素。

1. **有良好的经济依托。**上海、江苏、浙江、江西、福建、安徽、山东、南京、宁波是华交会的主办单位。乘中国改革开放的东风，把握中国入世的机遇，9省市加快对外开放步伐，深入参与国际经济分工合作，着力提升省市综合竞争力，使国民经济持续高速增长，各项经济指标不断刷新。2002年统计显示：9省市GDP总额为44965.76亿元，比上年增长12.9%，占全国GDP总额的44%；进出口总额2531.35亿美元，比上年增长25.44%，占全国的比重为40.78%。华东9省市的经济实力对华交会形成了有力支撑。

2. **注重改革与发展。**12年来，华交会在组展方式、展览格局、办会程序、管理服务等方面不断推出改革方案。改单向出口为进出口结合。从1999年起华交会更名为“中国华东进出口商品交易会”，增加了进口功能，同时设立了“境外馆”，参展企业从国内扩展到国外。改省市组馆为专业组馆。以大类商品划分设立若干个专业馆，大大便利了外商参展洽谈。改综合性交易会为以轻纺产品为主的专业性交易会。使华交会成为轻工、纺织产品为主的专业性交易会。改单一形式招商为多种形式招商。除了对外发帖招商，还组团出访招商、委托境外机构招商、网络媒体招商等，使华交会的客商年年有新增长，12届到会客商达到1.36万人次，比上届增长29.1%。

3．实行公开办会。华交会9个主办省市同唱一台戏，注重民主协商，实行三个“公开”：一是办会公开。华交会重大事项通过筹备会议和大会工作委员会讨论决定，各主办省市待遇平等。二是客商公开。建立客商资料库，实行客商资源共享。三是财务公开。大会财务坚持预决算制度，9省市联合审核，帐目公开。从而使华交会不断地集思广益、向专业化、国际化发展。

4．全面搭建大舞台。为让全国各省市乃至境外的参展商通过华交会的大舞台，全面走向国际国内市场，华交会不断加强硬件和软件建设：一是办展从分散到集中。原来华交会一会二址，甚至一会三址，第11届华交会移址上海新国际博览中心办展，场馆设施堪称一流；二是加强展览秩序督察管理，保护知识产权，建立良好的贸易环境；三是简化礼仪、勤俭办会，逐步降低了办会成本；四是不断加大对外宣传力度，提高了客商到会率；四是努力做好内外宾接待、安全保卫、后勤服务等工作。使华交会成为规范发展的知名展会。

第13届华交会于2003年3月1～7日在上海新国际博览中心举行。本届交易会展览面积5.75万平方米，设3个专业馆（纺织服装、轻工、工艺），取消境外馆，境外企业纳入各专业馆参展。共搭建2966个摊位，比上届增加116个。参展企业来自全国36个省市、自治区和计划单列市；境外企业的103个摊位来自13个国家的99家企业。

本届华交会调整了参展企业和参展商品条件，重点吸纳品牌企业、资质优秀企业和通过质量体系认证的企业参展，增加了民营企业的参展比例，扩大了名牌商品和有竞争力产品的参展比例。

据统计，本届华交会成交额达20.4亿美元，同比增长20.8%；到会境外客商达到15749人，同比增长15.41%。业内人士认为，这说明华交会在实现国际一流的、面向全球、服务全国的纺织服装和轻工艺行业外贸盛会的目标，迈进了可喜的一步。

第五届福州海交会如期举办

值此全国上下全力抗击“非典”的关键时期，一年一度的福建省国际性招商经贸盛会——2003中国（福州）海峡科技成果交易暨经贸洽谈会（简称海交会）如期于2003年5月18～22日在福州金山新展城举办。出席开幕式的有中央政治局委员、全国人大常委会副委员长王兆国等有关部门领导，还有来自贝宁、英国、印尼、加拿大等国的驻华大使、使领馆官员、跨国公司代表及来自海内外的客商近万人。

2003年海交会继续围绕“海峡、科技、经贸”三大主题，在办好主展的同时，组织各种形式的招商活动和附属展会，以海峡两岸科技与经贸交流为主线，产品技术汇展与商业配对活动相结合，招商引资与贸易洽谈相结合，会与展相结合，丰富展会内涵，努力使海交会成为全国区域性并辐射国内外的科技经贸交流盛会。

本次海交会首次启用位于金山新区占地310亩的福州金山新城，在六个展区中分别设有中心馆、综合馆、专业馆、招商馆、台湾馆、服装纺织陶瓷馆等，有来自欧、美、日、韩、东南亚和港、澳、台等国家和地区以及省内外各大城市的500多家企业共设立1500个展位。

受“非典”影响，2003年海交会招商招展、客商邀请及活动组织等方面均遇到一定困难，但福州已建立和完善了“非典”防护网络，能够为有效保障福州市民及参展商和参观者的健康提供有力的保障。同时2003年海交会迁到地域开阔的金山福州展览城举办，使主办方有利于对到访客商和活动场所制定完善周密的防范措施。

据了解，2003年海交会的专场活动按照“少、小、精”原则适当缩减了规模和内容。以室外分散活动和项目动工仪式为主，一些室内研讨会尽可能取消。

2003年海交会共举办43个专场活动，除了进一步突出开幕式、海交会主展和焰火晚会外，重点举办项目签约和动工投产仪式，以海交会为契机促进项目的升级转化。

18日除举办海交会开幕式外，还举办了妈祖馆开馆仪式、2003年海交会重点项目签约仪式、海交会信息化应用技术交流会以及当晚的大型焰火晚会等活动。

“天交会”扮亮天津会展经济

历时5天的第十届天津春季全国商品交易会已于2003年4月22日圆满落幕。来自全国20个省市自治区、6个行业协会、36个展团的1200家企业出席了本次盛会。本次展会到会客商达到20万人次，实现了主办者当初制定的“全面提升档次功能，反映国际大都市水平”的预期目标。

作为地主的天津600家企业，借助本地优势踊跃参展，取得了满意的效果。其中以体现天津经济实力的12大支柱产业的高新技术产品，以强大的阵容亮相天交会，格外引人注目。汽车、液晶背投、手提电脑等消费者关心的产品分别敲定了数十份销售协议。在服装专馆展出的“津派服装”以其特有的庄重和新潮得到了参会客商的一致好评。据统计，天津服装展团在此次展会期间同国内外近50家代理商、经销商达成经营意向，合作金额超过1.5亿元。作为本次天交会会中会的“全国第91届鞋帽、皮具交易会”其总成交额达到13.8亿元，同比增长11%。天津本地鞋帽业更是在展会期间尽显风采，新老字号品牌悉数参展，成交额达到了2亿元。津产主副食产品也有200个品种同国内外客商达成经销协议。众多的参展厂商都表示：今年天交会不仅布局、档次高于历届天交会，让人看了耳目一新，而且服务水平也较往届大为提高，给人留下了深刻印象。

如今天津春季商品交易会已经进入了第十个年头。十年的变化所折射的不仅是产业的演变，更是天津经济的发展。从首届天交会上展出的自行车到2002年13.5万元的顶级轿车，从最初的纺织制品到耗资百万的服装展台，各种产品在历届天交会的增减，让人记忆犹新。

从棉纺产品到品牌服装

第一届天交会上棉纺织产品占据着很大的比重，仅有小部分服装企业参展，近几届天交会上国内著名服装品牌企业越来越多，国际品牌的亮相更是增色不少。本届天交会上，展出的服装不亚于服装博览会的专业水准，服装馆中不少商家都不惜重金布展，使自己的展台水平达到国际标准。

从销售住宅到“营销城市”

以往，建材和家庭装饰装修产品都是天交会上不可或缺的重头戏。随着社会的发展，观念的更新，2002年的天交会首次设置了房地产展厅，天津市一些大型房地产企业及二手房交易公司参加了交易会。2003年，海河沿岸招商新闻发布会更是增添了营销城市的新理念，使天交会不断更新，跟上时代的发展。

从主打副食到特色比拚

据有关人士回忆，食品行业早在头几年还是粮油副食品主打，品种不多，到了1997年，江西、甘肃等省份首次组团来津参展，各种地方特色食品让天津人大饱“口”福，；2002年寿光无公害蔬菜首次参展，不到3天3吨蔬菜已经所剩无几。2003年各种绿色食品和天然食品更是令人目不暇接。

中国日用消费品网上博览会

第二届中国国际日用消费品博览会因故延期后，一个借助互联网而举办的别开生面的“中国国际日用消费品网上博览会”于2003年6月8日开幕，并全年在线。

网上消博会设纺织服装、家用电器、轻工工艺、食品土畜等四个专业馆，并有跨国采购集团、外商办事处、进出口商等专区。750家第二届消博会的报名参展企业、650家参加宁波进出口网上交易的消费品类企业、省内有一定规模的有自营进出口经营权的企业以及200余家省外企业共同成为网上消博会供应商。

原定参加消博会及部分参加浙洽会的共计3千多名国外客商应邀参加本次网上消博会的采购活动。此外，组委会还邀请了15家国际采购集团、200家境外在华的贸易采购企业及参加宁波进出口网上交易会采购的企业登录网上消博会寻找卖家。

此次消博会开幕当天虽然是星期日，但截至下午4时，已有1千多条网上求购信息。

“网上消博会”的宣传平台包括新浪、TOM总站和香港站、21CN、千龙新闻网、东方网、上海热线、中国宁波网等。为了强调“网上消博会”在消费品和贸易领域的专业性，除利用以上平台进行形象宣传外，它还同商务部及广交会的网络平台合作，并和美国、英国和中国台湾的YAHOO进行合作，把网上消博会推向国际。

此外，“网上消博会”加入了美国联邦国际贸易委员会、贸易地带、ECEUROP（欧洲最大的B2B网站）、ECPLAZA、TPAGE、ECTRADE等和17家全国著名的B2B电子商务平台，可进行信息发布、客商邀请等。大韩贸易振兴会社、日本横滨产业振兴会社、西班牙驻上海领馆商务处、法国驻上海领馆商务处、韩国中小企业振兴会社、美国上海商会等均通过“网上消博会”发布采购信息。

此次“网上消博会”由浙江省人民政府主办，宁波市人民政府和浙江省外经贸厅承办；商务部、中国贸促会支持；中国机电产品进出口商会、中国纺织品进出口商会、中国轻工工艺品进出口商会、中国食品土畜产品进出口商会、中国对外贸易中心参与协办。

青岛“网上招商交易会”

在SARS病毒席卷全球的非常时期，青岛市政府采取快速应对措施，在2003年6月18日开始举办了2003年中国青岛网上招商会。这也是青岛市第一次利用互联网开展大型招商推介活动。本次网上招商会依托“中国·青岛”城市综合门户网站并和中国大陆及全球华人社群的领先在线媒体新浪网达成全面战略合作，充分利用新浪网两岸四地国际互联网资源，为海外投资者了解青岛投资环境开辟了一个重要窗口，为海外投资者与青岛市政府等各级招商引资机构提供一个高效的信息交换中心。网上招商会通过建立网上青岛市情馆、区市招商馆、行业招商馆、企业馆、奥运青岛馆、跨国采购馆及电子家电展等重点招商馆，设立政策发布厅、商品展示厅、洽谈室、咨询室、网上服务办理大厅等，联合国际权威咨询投资机构、会展机构，与美、日、韩等国家和中国台湾、中国香港地区权威网络机构合作，举办以文字、图片、视频、语音、动画等多媒体形式为主的信息交流，多语种分站联动，吸引跨国公司、跨国采购商参与的国际招商会，从而打造青岛市统一的、权威性、国际化的招商平台，整合利用各类信息资源，全面宣传青岛、推介青岛，加快青岛的国际化步伐。

已在网上推出的项目有100个跨国并购项目、2千家供货商信息、150个吸收外商投资大项目、40个服务贸易项目和围绕生态、科技、数字奥运等一批项目。

青岛保税区、出口加工区等也采用国内最优惠的政策，在网上推出了一批项目。目前城阳出口加工区已有日本的食品项目，美国的光碟项目和韩国的荧光液、办公用品、不锈钢加工、机械加工项目，投资额均在500万美元以上，总投资超过1.3亿美元。

第十一届昆明交易会

2003年8月26～30日，第十一届“昆交会”在昆明举行，本次昆交会创下多项历史新纪录，包括参展参会客商超过万人、东盟十国首次集体亮相昆交会。

据介绍，本届昆交会的参展企业达1300多家，其中来自海外13个国家和地区的参展企业共200多家，东盟十国及南亚的印度、欧洲的瑞典以及中国香港等地区均组团参展。海外参展企业中，大企业、大集团增多，呈现出了规格较高、形式多样、主体多元的特点。

国内企业参展组展也十分踊跃，本次交易会共有17个省区市、组成23个交易团参展，参展企业达1100多家。广东、深圳、海南、河北、江苏、湖南、甘肃、大连、武汉、厦门等省区市均组团参展。

本届昆交会场馆设置仍采取综合馆和专业馆相结合的形式。其中专业馆7个，分别是：机电馆、信息产业馆、农产品馆、生物医药馆、电力馆、五矿化工馆、烟草馆（农产品馆和电力馆为2003年新设）。专题馆6个，分别是：东盟馆、香港馆、边境贸易馆、招商引资馆、外商投资企业馆、澜沧江－湄公河区域经济合作馆。此外，还专门为重型机械的展示、交易设置了近1400平方米的室外展区。

另外，本届昆交会共安排展位1552个，其中海外企业展位275个，国内企业展位1277个，均创历史最好水平。

本届昆交会共有十多个外国政府代表团前来参会，其中缅甸、老挝、越南、泰国、文莱、瑞典等国均由部级高官率团。孟加拉国、澳大利亚、加拿大等国也委派驻华使节率团参会。

作为本届昆交会的一个亮点，组委会新设了一个东盟馆，邀请东盟国家客商企业参展参会。本次昆交会东盟十国均有企业参展，其中菲律宾、文莱、印尼为首次组织企业参展。东盟十国参会客商人数超过4000多位。新加坡中国商会、文莱国家工商会、泰国国家商会、泰国投资促进会、泰中商务理事会、马中经贸商会、印尼工商会、越南国家工商会等知名商会均组团参加。东盟国家参展企业规模、档次和参会客商的人数都超过历史最好水平。

展　会

境内展

展名：第七届大连春节年货大联展
时间：2003年1月16日～25日（大连）
周期：一年一届
上届数据：
　展出面积（平方米）：13000
　观众人数（人次）：
　参展商数目（家）：456

展名：2003台北喜展
时间：2003年1月16日～19日（台北）

展名：2003南京（全国）春节商品交易会
时间：2003年1月20日～29日（南京）
周期：一年一届
上届数据：
　展出面积（平方米）：6000
　观众人数（人次）：100000
　参展商数目（家）：280

展名：2003南京（全国）保健消费商品交易会
时间：2003年1月20日～29日（南京）
周期：一年一届

展名：第七届台北国际儿童博览会暨妇幼用品大展
时间：2003年1月24日～27日（台北）

展名：第四届台北国际连锁加盟大展
时间：2003年2月28日～3月3日（台北）

展名：2003年中国国际地毯交易会暨化纤地毯、地毯设备及地毯清洁用品展览会
时间：2003年2月（上海）
周期：一年一届

展名：第三届中国（上海）婚纱摄影展览会
时间：2003年2月（上海）
周期：一年两届
上届数据：
　展出面积（平方米）：8000

展名：中国华东进出口商品交易会
时间：2003年3月1日～7日（上海）
周期：一年一届
上届数据：
　展出面积（平方米）：57500
　其中外国参展面积（平方米）：2000
　观众人数（人次）：153084
　参展商数目（家）：2300
　其中外国参展商数目（家）：98

展名：第三届广州国际真空产品及应用技术展览会
时间：2003 年3月3 日～6日（广州）
周期：一年一届
上届数据：
　展出面积（平方米）：8000
　观众人数（人次）：12000
　参展商数目（家）：160

展名：第五届华南液压气动密封件及空气压缩机国际展览会
时间：2003 年 3 月 3 日～6 日（广州）
周期：一年一届
上届数据：
展出面积（平方米）：12000
观众人数（人次）：23000
参展商数目（家）：320

展名：2003 年中国国际酒店博览会
时间：2003 年 3 月 11 日～14 日（北京）
周期：一年一届
上届数据：
展出面积（平方米）：8000
其中外国参展面积（平方米）：2000
观众人数（人次）：12000
参展商数目（家）：280
其中外国参展商数目（家）：30

展名：东北第六届国际五金工具展览会
时间：2003 年 3 月 20 日～22 日（辽宁）

展名：第二届中越贸易暨经济合作（广西）交易会
时间：2003 年 3 月 28 日～31 日（南宁）
周期：一年一届
上届数据：
展出面积（平方米）：3000
其中外国参展面积（平方米）：150
观众人数（人次）：20000
参展商数目（家）：146
其中外国参展商数目（家）：16

展名：2003 上海国际橡塑包装及工业零部件转包贸易展览会
时间：2003 年 3 月（上海）
周期：首届

展名：2003 北京国际酒店设备用品展览会
时间：2003 年 3 月（北京）
周期：一年一届

展名：第八届北京国际博览会
时间：2003 年 4 月 3 日～6 日（北京）
周期：两年一届
上届数据：
展出面积（平方米）：25000
其中外国参展面积（平方米）：500
观众人数（人次）：50000
参展商数目（家）：800
其中外国参展商数目（家）：50

展名："衣、食、住、行加拿大"展示会
时间：2003 年 4 月 3 日～6 日（上海）
周期：每年一届

展名：第十二届上海国际酒店用品博览会
时间：2003 年 4 月 9 日～12 日（上海）
周期：一年一届
上届数据：
展出面积（平方米）：16000
其中外国参展面积（平方米）：153
观众人数（人次）：21048
参展商数目（家）：371
其中外国参展商数目（家）：110

展名：第五届中国东北国际动力传动与控制技术展览会
时间：2003 年 4 月 10 日～12 日（沈阳）

展名：海峡两岸机械电子商品交易会
时间：2003 年 4 月 12 日～15 日（厦门）
周期：一年一届
上届数据：
展出面积（平方米）：33000
其中外国参展面积（平方米）：5000
观众人数（人次）：100000
参展商数目（家）：850
其中外国参展商数目（家）：200

展名：第 93 届中国出口商品交易会
时间：2003 年 4 月 15 日～20 日（广州）

展名：2003 年大连清洗设备、技术及相关产品展览会
时间：2003 年 4 月 25 日～28 日（大连）
周期：一年一届
上届数据：
展出面积（平方米）：2000
观众人数（人次）：50000
参展商数目（家）：100

展名：第三届厦门国际消费品博览会暨第二届台湾消费品（厦门）博览会
时间：2003 年 4 月 29 日～5 月 3 日（厦门）
周期：一年一届
上届数据：
展出面积（平方米）：6000
其中外国参展面积（平方米）：2000
观众人数（人次）：80000
参展商数目（家）：210
其中外国参展商数目（家）：80

展名：四川金融博览会
时间：2003 年 4 月（成都）
周期：一年一届

展名：2003 温州国际低压电器及五金制品展览会
时间：2003 年 4 月（温州）
周期：一年一届

展名：中美中小企业商机展
时间：2003 年 4 月（上海）

周期：一年一届

展名：首届中国（温州）轻工商品贸易展览会
时间：2003 年 4 月（温州）

展名：2003（第四届）大连艺术博览会
时间：2003 年 8 月 6 日～10 日（大连）
周期：一年一届
上届数据：
展出面积（平方米）：75000
其中外国参展面积（平方米）：2000
观众人数（人次）：110000
参展商数目（家）：200
其中外国参展商数目（家）：60

展名：台北婚纱暨新人用品大展
时间：2003 年 8 月 7 日～10 日（台北）

展名：2003 上海国际中小企业服务展暨经贸洽谈会
时间：2003 年 8 月 21 日～23 日（上海）
上届数据：
展出面积（平方米）：4000

展名：台北国际航太科技暨国防工业展览会
时间：2003 年 8 月 14 日～17 日（台北）

展名：首届中国西部民族文化艺术博览会
时间：2003 年 8 月（昆明）
周期：一年一届

展名：深圳 PCB 、SMT 生产设备与物料展览会
时间：2003 年 8 月（广州）
周期：一年一届
上届数据：
展出面积（平方米）：8000
其中外国参展面积（平方米）：1000
观众人数（人次）：20000
参展商数目（家）：400
其中外国参展商数目（家）：40

展名：中国新疆乌鲁木齐对外经济贸易洽谈会
时间：2003 年 9 月 1 日～8 日（新疆）
周期：一年一届
上届数据：
展出面积（平方米）：25000
观众人数（人次）：50000
参展商数目（家）：900

展名：2003 年中国国际专利技术与产品交易会
时间：2003 年 9 月 5 日～7 日（大连）
周期：一年一届

展名：中国投资贸易洽谈会
时间：2003 年 9 月 8 日～11 日（厦门）
周期：一年一届
上届数据：
展出面积（平方米）：33000
其中外国参展面积（平方米）：6000
观众人数（人次）：50000
参展商数目（家）：2600
其中外国参展商数目（家）：100

展名：2003 上海国际中小企业商机展览会
时间：2003 年 9 月 18 日～20 日（上海）

展名：2003 广州国际租赁博览会
时间：2003 年 9 月 18 日～21 日（广州）
周期：一年一届

展名：第二届“质量在福建”博览会
时间：2003 年 9 月 18 日～21 日（福州）

展名：2003 中国国际中小企业商品博览会
时间：2003 年 9 月 20 日～24 日（常州）
周期：一年一届
上届数据：
展出面积（平方米）：23000
其中外国参展面积（平方米）：5000
参展商数目（家）：650
其中外国参展商数目（家）：150

展名：第四届中国武汉国际机电产品博览会
时间：2003 年 9 月 23 日～26 日（武汉）
周期：一年一届
上届数据：
展出面积（平方米）：20000
其中外国参展面积（平方米）：2000
观众人数（人次）：100000
参展商数目（家）：800
其中外国参展商数目（家）：100

展名：2003 韩国商品展览会
时间：2003 年 9 月 25 日～28 日（北京）

展名：第四届大连国际渔具新产品展示交易会
时间：2003 年 9 月 27 日～30 日（大连）
周期：一年一届

展名：2003 上海国际中小企业商机展览会
时间：2003 年 9 月（上海）
周期：一年一届

展名：2003 年湖南首届国际工业博览会
时间：2003 年 9 月（湖南）
周期：一年一届

展名：第五届全国商品（汕头）交易会
时间：2003 年 10 月 1 日～5 日（汕头）

周期：一年一届
上届数据：
展出面积（平方米）：20000
观众人数（人次）：300000
参展商数目（家）：600

展名：台北内销家具、寝具暨婚纱摄影珠宝大展
时间：2003年10月3日～6日（台北）

展名：第十一届中国国际工业装备展览会
时间：2003年10月13日～16日（上海）
周期：一年一届
上届数据：
展出面积（平方米）：5000
其中外国参展面积（平方米）：2403
参展商数目（家）：277

展名：2003年中国（辽宁）安全生产宣传展示周
时间：2003年10月15日～18日（沈阳）
周期：每年一届

展名：第94届中国出口商品交易会
时间：2003年10月15日～20日（广州）

展名：2003中国杭州西湖博览会
时间：2003年10月20日～11月10日（杭州）
周期：一年一届

展名：第二届亚非拉手工艺品博览会暨中国（厦门）外销工艺品博览会
时间：2003年10月22日～26日（厦门）
周期：一年一届
上届数据：
展出面积（平方米）：13000

展名：中国义乌国际小商品博览会
时间：2003年10月22日～26日（义乌）
周期：一年一届
上届数据：
展出面积（平方米）：46500
其中外国参展面积（平方米）：3000
观众人数（人次）：46000
参展商数目（家）：1300
其中外国参展商数目（家）：260

展名：第三届PECC国际贸易投资博览会
时间：2003年10月28日～11月1日（天津）
周期：两年一届
上届数据：
展出面积（平方米）：13000
其中外国参展面积（平方米）：300
观众人数（人次）：20000
参展商数目（家）：500
其中外国参展商数目（家）：200

展名：中国国际超市供货博览会
时间：2003年10月29日～11月1日（东莞）
周期：一年一届
上届数据：
展出面积（平方米）：30000
其中外国参展面积（平方米）：3000
观众人数（人次）：90000

展名：第四届中国工艺美术大师作品暨国际艺术精品博览会
时间：2003年10月（杭州）
周期：一年一届
上届数据：
展出面积（平方米）：7000
其中外国参展面积（平方米）：700
观众人数（人次）：80000
参展商数目（家）：300
其中外国参展商数目（家）：50

展名：2003中国国际工业零部件加工贸易展览会
时间：2003年10月（上海）
周期：一年一届
上届数据：
展出面积（平方米）：5000
其中外国参展面积（平方米）：1000
观众人数（人次）：12000
参展商数目（家）：250
其中外国参展商数目（家）：50

展名：第五届中国国际高新技术成果交易会
时间：2003年10月（深圳）
周期：一年一届
上届数据：
展出面积（平方米）：50000

展名：第68届中国劳保用品交易会
时间：2003年11月6日～8日（上海）

展名：福建省政府采购（2003）订货会
时间：2003年11月6日～9日（福州）

展名：上海国际工业博览会——2003信息化与工业化
时间：2003年11月22日～27日（上海）
周期：一年一届
上届数据：
展出面积（平方米）：50000
其中外国参展面积（平方米）：7600
观众人数（人次）：505000
参展商数目（家）：1192
其中外国参展商数目（家）：176

展名：第三届中国国际板材管材及加工技术展览会

时间：2003年11月26日～29日（上海）
周期：一年一届
上届数据：
展出面积（平方米）：456
其中外国参展面积（平方米）：171
观众人数（人次）：30000
参展商数目（家）：32
其中外国参展商数目（家）：7

展名：第五届国际空间技术及应用展览会
时间：2003年11月（北京）
周期：两年一届
上届数据：
展出面积（平方米）：7000
其中外国参展面积（平方米）：1000
观众人数（人次）：10000
参展商数目（家）：100
其中外国参展商数目（家）：10

展名：广西投资贸易洽谈会
时间：2003年11月（南宁）
周期：一年一届
上届数据：
展出面积（平方米）：15000
观众人数（人次）：300000
参展商数目（家）：1000

展名：第二届西南国际制烟设备及科技展览会
时间：2003年12月6日～8日（成都）
周期：一年一届
上届数据：
展出面积（平方米）：5000
其中外国参展面积（平方米）：2800
观众人数（人次）：25000
参展商数目（家）：130
其中外国参展商数目（家）：60

展名：第八届大连国际迎新春名优土特商品博览会
时间：2003年12月18日～24日（大连）
周期：一年一届
上届数据：
展出面积（平方米）：5000
其中外国参展面积（平方米）：200
观众人数（人次）：30000
参展商数目（家）：140
其中外国参展商数目（家）：3

展名：第二届跨国零售商业集团（成都）采购会
时间：2003年12月（成都）
周期：一年一届
上届数据：
展出面积（平方米）：6500
其中外国参展面积（平方米）：500
观众人数（人次）60000
参展商数目（家）：100
其中外国参展商数目（家）：15

展名：中小企业市场推广日
时间：2003年（香港）
上届数据：
展出面积（平方米）：8260
观众人数（人次）：1190
参展商数目（家）：130

境外展

展名：国际基督教堂用品展
时间：2003年2月2日～4日（巴黎）
周期：一年一届

展名：英国伯明翰春季国际博览会
时间：2003年2月2日～6日（伯明翰）

展名：德国法兰克福春季消费品博览会之亚洲消费品展
时间：2003年2月14日～18日（法兰克福）
上届数据：
展出面积（平方米）：30000
观众人数（人次）：145000
参展商数目（家）：5000

展名：德国奥芬巴赫亚洲国际消费品展
时间：2003年2月14日～18日（奥芬巴赫）

展名：国际大型活动制作及技术展览会
时间：2003年3月5日～9日（法兰克福）
周期：一年一届
上届数据：
观众人数（人次）：98000
参展商数目（家）：2148

展名：第三十六届国际博览会
时间：2003年3月19日～28日（开罗）

展名：老年人残疾人设施服务展
时间：2003年3月25日～27日（巴黎）
周期：两年一届

展名：国际牙科展
时间：2003年3月25日～29日（科隆）

展名：古书籍展
时间：2003年3月28日 - 30日（科隆）

展名：国际出版、原生艺术展／西德优秀艺术展
时间：2003年3月29日～4月6日（科隆）

展名：巴西国际防务技术展览会（LAD）

时间：2003 年 4 月 22 日～25 日（里约热内卢）
周期：两年一届
上届数据：
展出面积（平方米）：12000
观众人数（人次）：8829
参展商数目（家）：210

展名：捷克国际防务及安全交易会
时间：2003 年 4 月 28 日～30 日（布鲁诺）
周期：两年一届
上届数据：
展出面积（平方米）：16000
观众人数（人次）：16487
参展商数目（家）：290

展名：国际消防安保技术及设备展
时间：2003 年 5 月 19 日～22 日（伯明翰）

展名：塞浦路斯国际博览会
时间：2003 年 5 月 23 日～6 月 1 日（尼科西亚）
周期：一年一届
上届数据：
展出面积（平方米）：31757
观众人数（人次）：126832
参展商数目（家）：1506

展名：澳大利亚墨尔本国际消费品博览会
时间：2003 年 6 月 3 日～5 日（墨尔本）

展名：雅加达国际博览会
时间：2003 年 6 月 12 日～18 日（雅加达）
周期：一年一届
上届数据：
展出面积（平方米）：70500
观众人数（人次）：1468009
参展商数目（家）：878

展名：萨格勒布国际秋季贸易博览会
时间：2003 年 9 月 16 日～21 日（萨格勒布）
周期：一年两届
上届数据：
观众人数（人次）：140000
参展商数目（家）：1750

展名：圣克鲁斯国际贸易博览会
时间：2003 年 9 月 18 日～28 日（圣克鲁斯）
周期：一年一届
上届数据：
展出面积（平方米）：38586
观众人数（人次）：415000

展名：国际现代艺术博览会
时间：2003 年 10 月 1 日～5 日（柏林）

展名：尤里卡世界发明博览会
时间：2003 年 11 月 10 日～17 日（布鲁塞尔）

展名：德国进口消费品展览
时间：2003 年 11 月 12 日～16 日（柏林）

展名：国际保安用品及设备展
时间：2003 年 11 月 18 日～21 日（巴黎）
周期：两年一届

第六章　我国出国展览

印度化工展效果颇佳　中国参展商意犹未尽

中国贸促会化工行业分会　杨栩

2002年印度国际化工展览会于2002年9月18～21日在印度新德里召开。中国贸促会化工行业分会作为该展览会在中国的独家招展代理，组织我国13家化工企业参加了展会。

展览会的基本情况

本届展览会由印度政府化工与石化产品部、印度工商会联盟共同举办，是印度的第二届国际化工、石化、医药、技术、加工工厂机械、控制与自动化系统展览会／会议（India Chem 2002，简称“印度国际化工展”），该展每两年一届，是印度化工行业规模最大的专业展览会。主要展出基础化工产品、农用化工产品、染料与颜料、精细与特种化工产品、石油化工产品、医药和生物技术制品、加工技术、工厂设备、机械与装备、控制与自动化系统等。本届展览会面积达2万平方米，分4个展厅，有450家印度和国外展商参展，共接待3.5万名观众。此外，还有内容十分丰富的技术交流会、采购商及供应商洽谈会、座谈会、圆桌会议、论坛等。本届展览会的合作伙伴国家是德国，合作伙伴州是Maharashtra，特邀国家是美国，领队州是Gujarat。

本届展览会得到了印度各级政府部门的高度重视。印度副总统Shri Bhairon Singh Shekhawat、副总理LK Advani主持了开幕式，印度总理Vajpayee为展览会发来了贺词，印度政府化工与化肥部长Sukhdev Singh Dhindsa参观了展览会。本届展览会还得到了包括印度化工制造商协会、化工与石化协会、印度药品制造商协会等20个专业机构的大力支持。

我国化工代表团的参展情况

近年来，化工、石化、医药和加工机械设备行业是印度经济增长最快的部门之一，年平均增长率达12.5%。2000年该行业总产值超过280亿美元，占印度工业总产值的12.5%，拥有巨大的市场潜力。我国石油和化工产品中的染料、颜料、医药和农药原料、基础化工和石油化工产品、化工中间体等大量出口印度市场，是中印化工贸易的主要品种，具有很强的互补性。

4天的展览会时间，我国参展企业一致认为，虽然在现场签订的贸易订单不是很大，但就该展览会的规模、参展人数以及印度政府的重视程度而言，是一个非常好的展览会。在参观观众中，贸易商占多数，他们对中国企业的产品特别感兴趣，热情很高，很多人希望做中国产品的代理商。其中，河北诚信有限责任公司、浙江省常山化工有限责任公司、郑州拓洋生物工程有限公司、中国北方化学工业总公司、中国蓝星（集团）总公司等摊位前人流如涌，就连展览会的现场报道中都提到，中国代表团在展览前两天持续接待观众之多，以至于耽误了中午的就餐。

展览会主办单位，印度工商会联盟对我国化工代表团的参会十分重视，除邀请我们全体成员参加开幕式、欢迎宴会和部长招待会等活动外，还在2002年9月20日下午十分热情地为我们展团安排了一场中印化工企业的见面会，并提前散发和多次广播了有关信息，努力提升中国代表团在展览会中的知名度。展会结束后，主办单位和印度化工制造商协会特地在孟买安排了一场中印化工企业的座谈会和招待会，并邀请了中国驻孟买总领馆李可武副总领事及印度工商界人士共同出席。从现场效果来看，气氛融洽而热烈。

参展体会与建议

我会这次组织化工企业参加印度的专业展览会，从一开始就做了充分的宣传和准备工作，包括印度化工市场的基本情况、贸易品种、进出口税率、价格水平等，使多数企业在出国前就对印度市场有了基本的了解和认识，因而没有一家企业出现产品展出盲目性或不对路的情况，也没有一家企业的产品与我国同行产品雷同或现场竞争，所有的参展企业都有不小的收获，展览会结束后，大家仍觉得意犹未尽，对印度的展览会、印度的参展同行和印度的客户留下了深刻印象。

从印度国际化工展的展览范围来看，除通常的化工产品展示外，石化产品、医药原料、化工机械设备在整个展览会上占据了相当大的份额。但这次我国化工行业的产品展示比较单一，以原材料为主，没有一家大型的石化企业，也没有任何设备的展示。但在展览会上，德国的国家展团规模庞大，共有35家企业参展；美国的国家展团有19家企业参展，他们展示的机械设备吸引了大批观众，人气甚旺。应该说，印度的化工机械行业整体水平较高，基础技术好，产品深加工能力强，与我国同行开展合作具有广阔的发展前景。因此在下一届的招展过程中应扩大这一领域的宣传，争取我国一批有实力有前景的企业参加展出，在更高的层次、更广阔的领域与印度开展经贸交流与合作。

——《中国贸易报》

全球旅游业看好中国市场

历时4天的第28届世界旅游博览会于2003年3月9日晚在巴黎落下帷幕。来自80多个国家和地区的550多家旅游机构参加了本次博览会。由中国国家旅游局驻巴黎办事处组织广东、北京、西安、苏州等11个旅游单位参加的中国展台备受关注。前来中国展台洽谈业务的业内人士和参观者络绎不绝，反映了国际旅游界对吸引中国游客出国旅游和组织本国游客去中国旅游的浓厚兴趣。

法国东方旅行社总经理里维耶认为，除了历史悠久、风光秀丽、文化博大精深、民风民俗多样化等共知的理由外，旅游界对中国感兴趣还有3个特有原因：其一，由于中国经济持续快速增长，中国的巨大变化产生了诱人的魅力；其二，在伊拉克危机和恐怖活动阴影笼罩下的国际旅游环境中，中国被认为“是最安全的旅游目的地”；其三，中国申办2008年北京奥运会和2010年上海世博会的成功提高了中国的国际地位，使中国产生了特有的吸引力。人们想去看看现在的中国，以后再去欣赏未来的中国。

正是为了适应这种形势，法国航空公司已决定从2003年4月起增加飞往北京、上海和香港的航班，并将客机由270个座位的波音777改为392个座位的波音747，使飞往中国的航线运客量增加50%。从2003年9月29日起，法航还开辟飞往广州的航线。此外，法航计划与中方合作制作一部中国旅游促销短片，在飞往世界各地的班机上放映，以招揽游客；另外还将推出季节性旅游临时包价机票和针对年轻人的优惠机票等，以满足游客需要。

目前，开发和抢占中国旅游市场，吸引中国游客到法国等欧洲国家旅游，推动和组织更多的法国和欧洲国家游客前往中国旅游，已经成为法国和欧洲国家旅游部门的开发战略。中国旅游资源的魅力和潜力强烈吸引着世界各国的旅游业，中国旅游业面临着持续发展的良机和挑战，中国旅游事业风光无限。

本届世界旅游博览会以“魅力旅游，特殊旅游和个性化旅游”为主题，参展机构各显奇能，推出了200多个目的地旅游路线，内容包括观光、古迹、文化、休闲、运动、乡间、家庭、健康、自助等各种形式的旅游，并专门为各类专业人员组织商务、会议、考察等特殊旅游，还特别为残疾人和各种特殊需要人员“量体裁衣”，提供个性化服务。其目的就是为了进一步挖掘旅游业潜力，促进旅游业的发展。

——《国际商报》

中国企业在德国参展聘当地律师效率高

在德国科隆国际展览中心举办的2003年德国应用天地国际博览会上，中国大陆企业有707家参展，接近参展商总数的1/5，约2千人奔赴德国出展，堪称中国出展第一团。

德国应用天地国际博览会前身为科隆国际五金工具/DIY技术展览会，是世界上最大的五金工具/DIY展，至今已有近80年的历史。2003年开放了13个展馆，展出总面积为24.2万平方米，共有来自59个国家和地区的3818个企业参展。

随着我国五金工具外贸和自营出口企业不断走向世界，占领更多的国际市场份额，涉外侵权问题就成为一个敏感的问题。一方面是由于我们有些企业对知识产权保护缺乏足够的认识，对国际上有关知识产权方面的法律缺乏必要的了解；另一方面是由于我国参展企业数量连年创新高，五金工具出口势头较好，发达国际企业面临的市场竞争压力愈来愈大，对知识产权保护的问题也就愈来愈重视。在德国应用天地展上，针对中国企业的侵权指控一直是一个焦点，一些企业，特别是一些大企业专门派出针对中国企业的专业人员收集样本、样品，掌握证据，然后通过法院、展览当局或厂商直接到展位提出指控。在过去几年，参展的被控企业有的收到过德国律师的警告函，有的展台被查封，有的被要求罚款，写保证书或当众砸毁样品，甚至还发生过德国警方介入的事件。

过去在德国应用天地展上集中发生的知识产权侵权案件极大地影响了中国展团的良好声誉。吸取了经验教训的中国展团，2003年一开始就把这项工作当做一项重点工作来抓，提醒参展企业高度重视，制定了一系列防范措施。如：参加德国应用天地展的企业都要经过专门的培训，由专程来华的德国律师和中国专家讲课，了解中外有关法律，增强保护知识产权的意识，同时要填写保证书，认真检查将要参展的样品和样本，了解每种产品、商标在国外注册的状况，准备好生产厂家、原产地证明、专利证明等相关法律文件。

经组委会成员单位的共同协商，中国机电产品进出口商会与德国科隆瓦格尼尔律师事务所签订了协议。聘请德国律师作为中国展团参展期间的法律顾问。展会期间为律师单独设立了展会现场办公室，安排了翻译和中方联络人员。过去当国外企业将法院令或律师书送到企业手里对我们提出侵权控告或各种要求时，企业不知如何应对，有的置之不理，有的又过于紧张，这种局面极其被动。现在凡有指控中国企业涉嫌侵权问题先直接与律师联系，由当地的律师，按照当地的法律程序处理知识产权纠纷，维护中国企业的利益，这样避免了指控方与我方企业的直接接触，消除了可能发生冲突的诱因，不仅深受出展企业的欢迎，也得到了国内外业内人士的好评。展会期间中国展团的领导还接连不断地拜访科隆展公司和各德国商协会，交流情况，加强沟通，增进友谊，这样有利于双方相互了解，化解矛盾，有利于企业之间的协调，提高解决问题的效率。

通过这一系列的努力，使得中国展团既减少了自己的侵权行为，又防范了别人侵权。尽管在这届展会中知识产权问题仍有发生，但始终在律师指导下按法律程序解决，为参展企业创造了一个良好的贸易环境。

——《国际商报》

一次有惊无险的赴德商展之旅

中国电子国际展览广告有限责任公司董事长兼总经理　薛婷婷

国人对信息爆炸的体验从未像今天这般强烈：昨天还淹没在伊拉克战争的冲击波中，今天突然发现自己差点儿被“非典”病毒的恶浪吞噬。带着焦虑、惶恐与无奈的心情，2003年4月23日我带着一个30多人的参展团赴德国法兰克福参加国际照明灯饰展览会。一早儿赶到首都国际机场，眼前的景象让人不禁倒吸了一口凉气，机场人满为患，混乱嘈杂，所有的中外旅客，无论男女老少都戴着口罩，神情黯然、行色匆匆、焦恐忧虑，恨不得尽快逃离北京、逃离疫区。作为北京人，我感到万分痛心和担心。临行前不断从各方面传来这样的信息：欧洲国家对疫区来的旅客都要进行不同程度的体检和隔离。更有甚者，前不久，瑞士国际钟表展主办当局竟然以防止SARS病毒扩散为理由，给已经抵瑞的中国大陆和香港地区的参展商吃了闭门羹，不允许其进馆参展，到场的参展商只能打道回府，因此造成重大损失。如果德国也采取此类方式处理，我们将面临同样尴尬的境地，想到此不禁出了一身冷汗。

飞机到达法兰克福机场，眼前的景象完全两样，秩序井然、气氛祥和，没有一个人戴口罩，同机的几十名从中国大陆来的旅客也不约而同地摘下口罩，唯恐别人把自己当作“非典”病人。当时大家都知道德国境内已有六例输入性“非典”病人。令所有中国人感到吃惊的是法兰克福机场海关没有对从疫区来的中国人采取任何防范和隔离措施，没有填健康申报卡，也没有量体温。我是团长又有语言的方便条件，按事先设计好的方案走在全团的最前列，以便与海关人员交涉。我先把护照和邀请信递给官员，向他解释该团一行几十人来德参展的目的，那位官员看着邀请信微笑地说：“祝你们生意好”，同时在护照上盖章一一放行。全团人员十分顺利地通过海关。我心里稍微踏实了一点儿，德国是进来了，展馆能不能进尚不知分晓。

在驶进旅馆路途的大巴士中，有人低声细语向我传递了一个令人吃惊的消息，团里的一位王女士感到身体不适，有发热的症状，我心里一阵紧缩。傍晚六点多到了饭店，马上让她测量体温，结果不好，38摄氏度。“非典”时期这个温度意味着什么？我头脑中的第一反应就是“千万别是疑似病人”，赶快安排让当地陪人员立即送她上医院确诊。当夜12点我得到从法兰克福大学附属医院来的电话，这位王女士已做了多项检测，目前尚没有“非典”的症状，发热原因可能是由于后脖颈长了一个疖子，因感染化脓引起。德国医生不让吃退烧药，给了一种抗菌素服用，建议回饭店休息进一步观察。第二天一大早我敲开王女士的房门，折腾了一夜显得疲惫不堪、惶恐万分的王女士告诉我刚试完表，高烧39度。这一消息真让我吓了一跳，拿着十几页各种医学参数和表格的德文和英文诊断书我不知所措，定下心来一看，上面分明写着：“如果咳嗽和持续高热需立即回医院留诊。”我当时下意识地撩起她的长发，看着她脖子后红肿的脓包，当机立断，一大早又把王女士送回了医院。此时，我的心再也不能平静。如果她被诊断为“非典”病人，与她接触的人都可能被传染。全团的人，包括乘同一飞机从中国来的所有参展商都将被隔离而不能参展，越往下想后果越不堪设想。此时准备进馆布展的队伍已整装待发，让不让大家去展馆，要不要通知大使馆，该不该把病人送回国，是否与展览当局联络，都需马上做出决策。我拿起电话和德国大夫取得联系。大夫沉稳地说：“根据各种检查结果，王女士的病情不像“非典”，只是淋巴发炎，没有传染性，不必引起恐慌。但在“非典”时期，发热病人要高度警惕，住院观察是应该的，其他人的活动不受影响。”几分钟的谈话似乎为我注射了强心剂，果断决定立即带着全团人员赴展馆布展。

走进展馆之前大家又开始紧张，担心展会当局会对中国人有特殊政策。到了大门口，我看到了主办单位的安民告示：“为际避免最近在亚洲地区流行的非典型肺炎可能对展会产生的影响，主办当局将采取以下措施：

1. 将派受过特殊专业培训的人员在展会现场提供紧急救助服务。

2. 展会现场将备有口罩以提供需要的展商和观众。

3. 在展会现场准备了专门的诊疗室，以便万一发现病患者及时隔离。

4. 在现场发放各种语言的宣传手册，使展商和观众能了解如何采取相应的预防措施。

接下来我又看到几行字：“展会当局还将与当地卫生部门保持密切联系，以确保获得一手材料并在第一时间内做出必要反应。需要申明的是，展览当局不会因为展商或观众来自某一地区而拒绝其参展，也不会因此而取消任何展览计划。”看到此处，一颗悬着的心终于放下来，大家不约而同地赞赏德国展览当局对展会周到的安排，以及对来自疫区的参展商的理解。

连续4天的展览进行得很顺利。六号馆三层几乎都被大中国地区的参展商占满，大陆、香港和台湾地区共有82家厂商参展，占德国本土以外19个国家的参展商70%的份额。由于2003年是照明灯饰展的小年，展会总体规模不大，两万多平米的面积一共有200家厂商参展，观众和买家比上一届少；尽管如此，一些中国参展商仍然拿到了订单，一家公司还签了一年的大合同。绝大多数厂家都与潜在的客户取得联系。

4月29日，也就是展会的最后一天，王女士退烧出院了，看到她躲过磨难衣香鬓影、容光焕发地来到展馆，我心里迸发出由衷的喜悦。德国大夫为了对她负责任，对她先后抽了十几次血，做了十几次化验和检查并专程把她的血清从法兰克福送到柏林国家抗“非典”中心再一次化验确认，反复得到阴性结果后才放人。德国人对病人的负责以及对疫区来的参展商人道主义的待遇给我们留下深刻影响。反思一下作为带队人的我，当时由于心情慌乱及在团里个别人的压力下，险些做出错误的决策，更加深刻认识到，人是需要在大难中不断磨练的。值得庆幸的还有，作为组织单位，我公司按惯例都为参展商做医疗保险和意外人生事故保险，以往都没发生事，这次保险派上了大用场。王女士支付的医疗费，回国后将会从保险公司拿到一定的补偿。

展会期间我从德国主办方得知，德国早有一套针对传染病的防治隔离机制，三月初就处于启动状态。那时德国境内首例病人是从纽约转机到法兰克福的新加坡医生，他刚到机场就被送到医院进行隔离治疗，机上其他人员也被隔离检查。在德国出现的“非典”病例都是由病人所在州卫生部直接指导诊断和治疗，而联邦卫生部下设的罗伯特·科赫研究院利用其在各州的分支机构与各州的卫生部和负责治疗的医院进行紧密的信息沟通和治疗合作。我问德国人怕不怕“非典”病毒传染时，他笑笑说：“不怕是假，但别夸大它的危险性。德国每年死于流感的就有好几百人。德国人对政府的防治和隔离措施很放心，现在对“非典”没感到特别大的威胁。”我想，善于思考，办事严谨的德国人基于对政府的依赖和保障机制的畅通，是当局和民众此次遇到传染病不恐慌的根本保证。这也是“非典”时期中国人在德国参展未受太大影响的主要原因。

“非典”时期随时发生一些变故，原已确认好的5月4日从法兰克福飞往北京的中国民航CA932航班因为乘客太少取消了飞行，旅客可免费留住一天，5月6日才有航班回京。听法兰克福中国民航办事处一位吴先生说，这几天中航取消了十几个航班。我们坚决要求当天就走，并在办事处的协助下改签了德国汉莎航空公司的LH750航班回国。北京，虽然被世界卫生组织宣布为疫区，且当时疫情严重，但那里是我们的家。回家的心情永远是急迫的。“非典”时期的德国商展之旅让我思考了很多问题。

莫斯科家电展上中国展团收获颇丰

第13届莫斯科家用电器及消费电子博览会（Consumer Electronics Moscow）于2003年4月23~26日举行，中国贸促会组织国内11家公司参加展出。展会期间，由于我国展团各方措施得力，未受“非典”影响。据统计，展出期间我国参展企业共接待老客户21家，新客户186家，潜在客户198家，达成贸易合同604万美元，意向性贸易协议791万美元，取得了比较满意的贸易效果。

莫斯科家用电器及消费电子博览会由ITE公司主办，每年举办一届，目前已成为俄罗斯最大的专业性博览会之一，也是独联体及东欧地区商人开展经贸交流的重要活动之一。2003年该博览会有来自中国、日本、德国、美国、法国、英国、荷兰、意大利、独联体等十几个国家和地区的109家公司和俄罗斯本国的多家公司参加展出。博览会展出内容包括彩电、冰箱、空调、电扇、音响、DVD、微波炉、电烤箱、电暖器、咖啡机、吸尘器、车载电子用品、小家电、显示芯片、解码芯片、软件等。本届博览会在莫斯科Krasnaya Presnya展览中心的F馆中举行，总展出面积约6千平方米，其中中国以及欧盟以国家馆的形式进行展出。

2003年是中国贸促会第一次组织中国企业参加该博览会，共有来自广东、浙江、江苏、上海、天津等省市的11家企业参展，展品主要有彩电、冰箱、空调、电风扇、微波炉、电烤箱、吸尘器、饮水机、电暖器、音响、DVD、车载电子用品、小家电、软件等，其中国内知名品牌美的和科龙均组织了丰富的展品参加展出，中国馆展出面积为293平方米。

中国馆位于展览中心F馆，设计新颖，颜色醒目，展品丰富，摆放合理，吸引了络绎不绝的商人和观众前来参观、洽谈。在展出过程中，我国展团人员以饱满的工作热情、认真的工作态度接待每一位前来参观、洽谈的人士，悉心回答他们提出的各种问题，为确保展品在展出期间不出现出售、丢失的情况，我展团人员每天在展馆里值班巡视，现场秩序井井有条。

参展企业在展出活动中了解了当地的市场情况，结识了一批有潜力的客户，部分企业在当地找到了合适的代理商，为今后在俄罗斯及独联体地区开拓市场打下了良好的基础。

据悉，参展公司普遍对中国贸促会的前期准备和现场组织工作表示满意，一些企业当场就表示下次还要跟着贸促会的展团出国参展。中国驻俄商务参赞对中国贸促会展团的组织工作表示肯定，并鼓励参展企业和国内拥有适销对路产品的相关企业积极利用俄罗斯当地家电市场尚未得到充分开发的有利形势，以战略性的眼光及早打入，抢占先机，积极开拓俄罗斯及独联体国家家电市场。

——《中国贸易报》

旧金山厨具展宁波团成为中国惟一

面对“非典”的严峻形势，宁波市贸促会主动出击，积极为出口企业寻找新的商机，在2003年5月1～8日的旧金山厨具展上，组织当地的六家企业参展并成为中国大陆惟一的参展团。进入四月份后，防治“非典”的形势日前严峻，世界上大多数国家都采取了针对中国公民入境的限制措施，我国公民在国外因“非典”受到隔离和限制的事件时有发生。据宁波市贸促会有关负责人介绍，宁波市企业面对这一突如其来的情况，感到顾虑重重，参展前部分企业因此而准备放弃参展计划。这些企业面对出国展览主要有四“怕”：一怕被美国领事馆拒签，无法顺利出境；二怕到美国后被隔离而错过展期；三怕在国外受到歧视，生活上没有保障；四怕展会期间外商不敢与企业洽谈业务，影响参展效果。

为了确保此次参展安全顺利进行，宁波市贸促会在赴美前做了大量的准备工作。一方面组织参展人员在出境前到宁波市出入境卫生检疫站进行了健康检查，另外，在参展人员前往上海领馆面谈，以及出境往返浦东机场的过程中全部由宁波市贸促会派专车接送，避免了交叉感染，解除了参展人员的顾虑，由于出国前事先与国外使领馆和组委会接待方密切联系，排除种种传闻，把有关准备工作做好，因此在美国入境时十分顺利，没有遇到阻拦和麻烦。到达美国后的一系列活动中，由于事先准备充分，整个参展工作和贸易洽谈活动进行得很顺利，并取得了良好效果。参展人员在旧金山住宿、就餐等方面受到了接待方的热情接待。

据了解，由于目前突发的“非典”事件，我国部分城市的组展单位在该展中原先也预定了一定展位，展览时，这些城市没有一家企业参展，出现了空展位，企业在经济上也蒙受了损失。而相对比之下宁波市原先预定展位的企业全部参加，宁波从而成为中国展区的惟一的参展城市。正是这样，宁波市企业利用这一商机，加大与客商交流洽谈的力度，在5月3～6日的正式展期中，前来了解中国产品的外商就直奔宁波市企业的展位；在参展过程中，业务人员还主动到其他国家设立的展位洽谈，逐个向他们介绍产品的情况。

据了解，在此次展会上，一家国际著名的电饭煲进口企业总裁看好宁波的参展商品，主动与慈溪塞纳电子公司的业务员进行洽谈，并表达了具体合作意向。此前从未跨出国门参展的宁波善喜电器公司，通过参展结识了30多位新客户。“卓力”、“创新”、“托普”、“欧德”四家公司参展收获也颇丰。企业通过考察市场、拜访客户，及时了解美国最新的市场动态和产品信息，认识了较多的新客户，加深了与原有客商的业务关系，在成交和合作上达到了较满意的效果。

——《中国贸易报》

墨尔本国际机械展
大连团旗开得胜

在2003年5月20～23日举行的澳大利亚墨尔本国际机械展上，大连市贸促会代表团克服了“非典”时期的种种困难，首次赴澳参展，成为展会上受到瞩目的国外地方展团，达成220万美元成交额。

为参加本次机械展，大连市贸促分会从2002年即开始组团及多方准备工作。然而就在展期临近时，国内出现“非典”疫情，出国参展骤然增加了很大难度，根据一手防“非典”，一手抓经济的精神，大连市贸促会与各参展单位认为，此次出展对扩大大连机械产品的出口意义重大，都表示要克服困难，迎难而上，一定要取得首次赴澳参展的成功。

5月18日，由大连市的10家企业组成的大连展团起程赴澳。展团到达澳大利亚后，海外客商并未像一些人事先所担心的那样，对我国参展企业躲之惟恐不及。相反，大连市参展的近百种机械产品，引起了海外客商浓厚兴趣，约400多位贸易商前往大连展台洽购，30%的当地客商寻求参展产品的代理权。澳大利亚维多利亚州政府、澳大利亚机械贸易协会和展会主办单位，特邀了当地几十家采购商参观大连展台。澳大利亚机械贸易协会还与大连市贸促会、经贸委合作，就大连机械展品对参观商开展市场调研。据澳方调查人员初步分析，凭借大连产品强有力的性能、价格比较优势，本次展会之后，大连生产的机床、叉车、轴承、橡塑机、重型机械及部件、显像管等产品，在澳大利亚市场份额每年最少还可扩大3千万至5千万美元以上。澳方还建议，应将市场营销体系和服务体系同时并举，不可只重销售，忽视服务。参展企业此行不仅成交额很大，而且直接取得澳洲市场行情的第一手资料。参展企业纷纷表示，不仅要扩大对澳洲的机械产品出口，而且要强化售后服务，才能不断扩大市场份额。

——《中国贸易报》

我国企业参加中东汽摩展成交近两亿美元

5月的天已是灼热，海湾的战争话题被中东的商情取代。原定于2003年3月底举办的中东汽车、摩托车配件展销会于2003年5月6~8日在迪拜世界贸易中心开幕。中国展团一行87人43家企业从“非典”阴影走出，一路顺利没有阻碍地参加了这次展会，并凯旋而归。迪拜酋长国的商会会长和中国驻迪拜总领事杨伟国先生出席了展会开幕式，并看望了参展的中国商人。

这次的中国商团是伊拉克战争硝烟散去后首次来到迪拜参展，各方对其备为关注。展前，组织中国展团的上海国际广告展览有限公司对此进行了大量的前期准备。由于中国是“非典”灾区之一，国内外有不少人为团队是否能够成行猜测颇多。事实上，该团队分组分别途经香港特区、马来西亚，沿线都没有不正常的遭遇，在迪拜机场入境更是轻松过关，和往常没有什么两样。这说明这些国家对中国政府抗“非典”工作的信任。

在三天的展会中，参加展销的有来自美国、英国、意大利、西班牙等欧美国家的展团，中国、日本、印度、印度尼西亚、伊朗、土耳其、阿联酋等亚洲国家的展团，共14个国家和地区组团参加了这次展会。商人们互相切磋，一片春色。值得一提的是在此期间同样没有因为“非典”而对华人谈虎色变。多数外商都认为：中国展商自己都不怕，说明中国的抗“非典”工作做得好，我们不必恐慌！

展会展出了各式各样的汽车摩托车行业产品，总数不下一万种，高新技术和常规传统商品并行。在中国展区，大量科技含量高的产品展示，体现出中国的汽摩产业已发展到了一定的水平。上海、山东、重庆、浙江、广东、福建、山西、江苏等等省市的企业聚集一堂，产品争相斗艳，各有特色。重庆新感觉、广东新太阳、英豪摩托车在展会上倍受欢迎；来自玉环的汽配厂家在展厅亮出一道钢铁铸成的风景线；温州的民营企业带来的电动燃油泵产品让人为中国汽车的科技进步喝采。

三天的展会下来，中国企业的成交量比展前的估计高出28.6%。本届实际完成合同成交18164.97万美元，比2002年增长37.62%。订货商来自中东和非洲等16个国家，其中伊拉克周边国家的客商人数有所增加。据统计，展团对本届展会表示满意的占71%；报名准备下届再来的有27家；对上海国际广告展览有限公司驻阿联酋分公司——中国东方投资顾问展览公司的接待质量的满意率为95%。

中东汽车、摩托车配件展销会结束了，在非典横行和伊拉克战争的双重影响下，它留给了商人一种回味。首先是中国的行业性工业正在快速发展，从贸易的角度看，中国正扮演着一个前所未有的角色。在经济全球化的今天，世界少不了中国；第二，中东市场对中国产品的需求量正在攀升，华人商贸已形成一种态势在这里蔓延；第三，旅阿华商和祖国企业间的贸易改变了展商只找老外做生意的惯例。在这次展会中，部分贸易额直接来源于迪拜的华商，华人们互通信息，洽谈业务，频频接触。如迪拜某公司订购了五个柜的广州英豪摩托车，另一家批发商下给温州的企业128万美元的订单。

——《国际商报》

表6－1 中国贸促会2004年出国展览计划

序号	国家	城市	展览会名称	展出日期	展出内容
1	日本	东京	日本室内纺织品展览会 (Japantex)	11月 (4天)	室内纺织品、装饰用品、地毯、挂毯、铺地材料
2	日本	东京	中国纺织品、服装贸易展览会	6、7月 (5天)	纺织品、服装等
3	越南	河内	河内国际贸易展览会 (Vietnam Expo)	4月 (5天)	机械、化工、医药、轻工、家电、建材、高科技产品
4	印度尼西亚	雅加达	国际工业机械展览会 (IIME JAKARTA)	9月 (4天)	塑料橡胶、金属加工、包装印刷、食品包装机械
5	泰国	曼谷	国际机床和金属加工机械展览会 (Thai Metalex)	11月 (4天)	机床、金属加工机械、铸压、切割、焊接设备、控制和检测设备、流水线设备、布线布管设备
6	马来西亚	吉隆坡	国际金属加工技术展览会 (Metaltech Malaysia)	5月 12~16日	金属加工机械、机床、计算机辅助设备、度量设备、模具、冲具、表面处理、热处理、铸造、机器人、精确仪器、焊接设备
7	尼日利亚	拉各斯	中国贸易展览会 (China Trade Exhibition)	11月 (5天)	机械、电子、农机、家电、服装、食品加工
8	埃及	开罗	泛阿拉伯/非洲塑料橡胶材料展览会 (PLASTEX)	10月 (5天)	塑料、橡胶、石油化工、循环利用、半成品
9	肯尼亚	内罗毕	国际贸易博览会 (International Trade Fair)	9月 (7天)	农业机械、农用马达、制药、纺织品、消费品、食品加工、包装机械、机床、建筑材料
10	南非	约翰内斯堡	南非国际贸易博览会 (SAITEX)	10月 (5天)	机械、电子、化工、石化、五矿、冶金、轻工、纺织、服装、粮油食品、建材

续表6－1

序号	国家	城市	展览会名称	展出日期	展出内容
11	德国	法兰克福	国际家用纺织品贸易博览会(HEIMTEXTIL)	1月14～17日	家用纺织品、三巾、床上用品、装饰布、窗帘、地毯
12	德国	法兰克福	国际礼品、办公用品贸易博览会(PREMIERE)	1月31日～2月4日	圣诞装饰品、礼品、人造花、艺术陶瓷、玻璃摆件、文具、办公用品
13	德国	法兰克福	春季国际消费品贸易博览会(AMBIENTE)	2月20～24日	家庭用品、室内装饰品、玻璃制品、陶瓷制品、手工艺品、礼品、钟表、首饰
14	德国	法兰克福	秋季国际消费品贸易博览会(TENDENCE)	8月(5天)	家庭用品、室内装饰品、礼品、工艺品、文具、灯具、卫生洁具、钟表、首饰
15	德国	汉堡	国际海事展(SMM)	9月28日～10月2日	船只制造、航海设备、船只驾驶设备、货运系统、航海用电气电子设备、港口服务、港口技术、海事服务等
16	德国	埃森	安全保卫用品展(SECURITY)	10月5～8日	安保系统、安保用品、监视系统等
17	意大利	米兰	马契夫春季博览会(MCEF)	2月(4天)	工艺品、园艺工具、玻璃器皿、陶瓷制品、钟表、首饰
18	意大利	米兰	春季国际皮衣、皮具及箱包展览会(MIFUR/MIPEL)	3月(4天)	各类皮衣、皮具及箱包产品
19	西班牙	巴塞罗那	国际食品饮料展(ALIMENTARIA)	3月8～12日	软饮料、肉及肉制品、奶制品、海鲜、酒类、甜食、餐饮服务、水果蔬菜、冷冻食品、罐装食品、其他食品
20	希腊	比雷埃夫斯	波塞冬国际海事展览会(Posidonia)	6月7～11日	船、造船和维修设备、发动机、导航设备、电子、货运处理、应用计算机、燃料服务、安全设备、通信辅助设备、涂料、覆盖材料、金融保险服务
21	俄罗斯	莫斯科	家用电器和消费电子展览会(CEM)	4月(5天)	家用电器、消费电子产品
22	俄罗斯	莫斯科	俄罗斯国际五金展览会(Hardware Russia)	8月(4天)	内部建筑、装饰和配件、建材、固定技术、安全设施、工具、五金产品、自动化设备、两轮车配件、门窗配件、木结构配件、花园设备
23	捷克	布尔诺	国际机械展览会(MSV)	9月(5天)	采矿机械、金属加工、化工、纺织、服装、皮革、鞋类生产设备、自动化设备、能源技术、建筑机械、机床工具
24	美国	拉斯维加斯	冬季国际消费类电子产品展览会(CES)	1月(4天)	音像产品、汽车音响、电脑软硬件及辅件、电话机、手表、照相机、家用电子产品及辅件
25	美国	奥兰多	国际体育用品博览会(TSS-The Super Show)	1月(4天)	体育器材、体育服装、运动鞋
26	美国	纽约	中国贸易展览会(China Trade Exhibition)	9月(5天)	轻工、电子、纺织、服装、工艺、五矿、化工、粮油、建材
27	美国	奥兰多	国际覆盖材料和石材展览会(COVERINGS)	5月(4天)	各种建筑材料、覆盖材料、辅助材料、粘贴和清洁剂等
28	古巴	哈瓦那	哈瓦那国际博览会(FIHAV)	10月31日～11月7日	原材料、环保技术、能源技术、农业机械、医疗、建筑、五金、通信、食品加工、交通、印刷、消费品、家用电器、纺织、服装、鞋帽、皮革等
29	墨西哥	墨西哥城	国际工业装备博览会(Expo Instalaciones)	4月(3天)	制冷、供暖、空调、通风设备、电气电缆、安全监视系统、防火、电梯设备、管道材料、高科技楼宇设备、软硬件设计、水处理
30	巴西	圣保罗	国际纺织工业及服装贸易博览会(FENIT)	6月(5天)	男女装、童装、纺织品、内衣、睡衣、服装饰品、加工机械
31	玻利维亚	圣克鲁斯	圣克鲁斯国际贸易博览会(Expocruz)	9月(11天)	综合性贸易博览会
32	澳大利亚	墨尔本	国际消费品博览会	5月18～20日	服装、纺织品、礼品、家庭用品、皮革制品及附件、美容及保健用品
33	巴拿马	巴拿马城	中国贸易展览会	10月(5天)	机械、电子、家电、车辆、纺织、轻工产品等

第七章 法律法规

关于2002年度中小企业国际市场开拓资金项目资金计划批复及有关工作的通知

外经贸计财函[2002]442号

各有关中央管理企业及项目组织单位：

根据《中小企业国际市场开拓资金管理（试行）办法》（财企[2000]467号，以下简称“管理办法”）和《中小企业国际市场开拓资金管理办法实施细则（暂行）》（外经贸计财发[2001]270号，以下简称“实施细则”），外经贸部和财政部对你单位上报的《2002年度中小企业国际市场开拓资金项目资金计划》进行了审核。《财政部关于批复2002年度中小企业国际市场开拓资金中央使用部分项目资金计划的函》（财企[2002]345号）已对2002年项目资金计划进行了批复，现将有关事项通知如下：

一、同意对你单位申请的项目资金计划予以支持，具体同意的项目与金额见附件。

二、对于2002年1～7月已实施完毕的项目，包括2001年批准结转项目和2002年批准执行项目，请根据实施细则第二十五、三十五、三十六、三十八条的要求，于2002年9月30日前提出资金拨付申请报告。

三、资金拨付申请报告应以中央企业名义报送财政部、外经贸部，抄送中小企业国际市场开拓资金管理办公室，并附2001年和2002年申请拨付资金项目汇总表及具体项目的资金拨付申请表、项目总结报告及相关资料。上述报送材料统一送中小企业国际市场开拓资金管理办公室。

四、各单位要切实做好对上述批复项目的组织管理工作，确保资金的定向使用，充分发挥项目资金的最佳效益。同时，要加大追踪见效的力度，及时对资金使用情况进行认真总结和分析，并按规定报送有关情况和材料。

特此通知。

中华人民共和国
对外贸易经济合作部
二〇〇二年九月四日

附件：

各有关中央管理企业及项目组织单位：

根据外经贸部《关于2002年度中小企业国际市场开拓资金项目资金计划批复及有关工作的通知》（外经贸计财函[2002]442号）文件精神，在提出资金拨付申请时除提供申请报告、资金拨付申请表、项目总结报告，同时还应提供相关资料。相关资料包括：

境外展览项目：提供展览期间相关工作照片，展览团组应提供任务批件、团组人员名单（包括参展单位、联系人、联系电话）。

各类认证项目：认证证书的复印件。

宣传推介项目：印制的宣传材料、制作的宣传光盘、建立网站的网址。

开拓市场项目：市场分析与可行性研究的报告、出国考察团组的考察报告及出国任务批件。

培训与研讨项目：会议通知、会议资料、到会人员名单（包括到会单位、联系人、电话）。

另外，所有的财务凭证均应加盖财务印章，出国项目附外汇结算单。2001年延期项目资金拨付书面申请，2002年1至7月完成项目的资金拨付申请要求网上与书面同时申报，申报内容应一致，申报方法请阅读网（www.echina2000.com）上的申报说明。

注：以上所有的团体项目均应提供团组企业和团员名单。

中小企业国际市场开拓资金管理(试行)办法

(二○○○年十月)

第一章 总 则

第一条 为支持中小企业发展,鼓励中小企业参与国际市场竞争,降低企业经营风险,促进国民经济发展,加强对“中小企业国际市场开拓资金”(以下简称“市场开拓资金”)的管理,制定本办法。

第二条 本办法所称“市场开拓资金”是指中央财政用于支持中小企业开拓国际市场各项活动的政府性基金。

第三条 “市场开拓资金”的管理和使用应当遵循公开透明、定向使用、科学管理、加强监督的原则。

第二章 使用对象和方向

第四条 “市场开拓资金”以中小企业为使用对象,原则上重点用于支持具有独立企业法人的资格和进出口经营权的中小企业。

第五条 申请使用的企业应具备以下条件:

(一)依法取得企业法人资格,有进出口经营权;

(二)企业上年度出口额的海关统计数在1500万美元以下,具有健全的财务管理制度和良好的财务管理记录;

(三)有专门从事外经贸业务并具有对外经济贸易基本技能的人员,对开拓国际市场有明确的工作安排和市场开拓计划。

第六条 “市场开拓资金”用于支持中小企业开拓国际市场的各种活动。对符合本办法第五条的规定并具备以下条件之一的企业或市场开拓活动给予优先支持:

(一)贯彻市场多元化战略,对新兴国际市场的拓展活动;

(二)贯彻科技兴贸战略,支持中小企业取得国际标准认证,支持高新技术和机电产品出口企业拓展国际市场的活动;

(三)获得质量管理体系认证、环境管理体系认证和产品认证的;

(四)产品包含的本国原产成分高于70%的;

(五)产品拥有自主知识产权的。

第三章 使用方式

第七条 “市场开拓资金”实行部分支持方式,即提供开拓市场所需的部分支持,其余由企业承担。“市场开拓资金”承担支持部分由具体实施规定确定。

第八条 部分支持方式采取无偿支持和风险支持两种方法。风险支持是指由“市场开拓资金”承担开拓市场可能出现的部分风险,企业如未取得开拓市场成效则可获得风险支持,如取得成效则不能获得支持。

第四章 预算管理

第九条 “市场开拓资金”分为中央和地方两部分,实行中央和地方两级管理。

第十条 “市场开拓资金”的拨付渠道分两条,对涉及中央及其直属单位使用的资金,由财政部直接拨付到中央一级预算单位,由中央一级预算单位负责拨付到具体使用单位;对涉及地方企业使用的资金,由财政部直接划拨到省级财政部门(含省、自治区、直辖市及计划单列市财政,以下同),由省级财政部门直接划拨到具体使用单位。

第十一条 “市场开拓资金”的中央管理部分用于支持全国性的开拓国际市场活动,具体使用项目的筛选和申报,由外经贸部商财政部委托有关进出口商会或中介机构承办(以下简称承办单位)。

第十二条 “市场开拓资金”的地方部分用于进行本地区开拓国际市场活动,具体使用项目筛选和申报,由各地外经贸主管部门商财政主管部门确定具体承办单位承办,并报外经贸部和财政部备案。

第十三条 各地外经贸主管部门商地方财政主管部门提出“市场开拓资金”的年度预算申请,报外经贸部。外经贸部对“市场开拓资金”年度预算总盘子提出建议,报财政部。

第十四条 中央财政拨付各地“市场开拓资金”的部分,由外经贸部商财政部根据各地外贸业务及地方财务配套等情况确定。各地可根据当地财力情况配套一部分用于“市场开拓资金”。各地“市场开拓资金”的管理,由地方财政主管部门、外经贸主管部门共同确定,并报外经贸部和财政部备案。

第五章 管理职责

第十五条 外经贸部和地方外经贸主管部门负责“市场开拓资金”的业务管理。

第十六条 财政部和地方财政主管部门负责审核“市场开拓资金”预算、资金拨付,并对资金的使用进行监督。

第十七条 承办单位执行统一的具体管理办法,负责受理企业申请,为企业提供方便、周到、快捷的服务。

第六章 评价、监督和检查

第十八条 承办单位对“市场开拓资金”使用效果进行跟踪和评价,并将评价结果和使用情况定期报送外经贸部和地方外经贸主管部门。

第十九条 年度终了,地方财政主管部门和外经贸主管部门联合将资金使用情况报送财政部和外经贸部。

第二十条 外经贸部和地方外经贸主管部门负责对“市场开拓资金”业务工作进行检查,并将检查结果报送财政部和地方财政主管部门。

第二十一条 财政部和地方财政主管部门应对“市场开拓

资金”的财务管理工作进行监督检查，也可委托审计部门或社会审计机构进行财务检查和审计，并对违反财务管理规定的行为进行查处。

第七章 罚 则

第二十二条 任何单位不得擅自改变“市场开拓资金”用途。对截留、挪用、侵占资金的单位，应立即追缴并停止拨付，构成犯罪的要求依法追究刑事责任。对违反规定的承办单位取消其承办资格。

第二十三条 企业应据实报送有关申请材料。对于骗取和挪用“市场开拓资金”的企业，财政部门有权追回已经取得的款项，并在五年内取消其申请资格，构成犯罪的要依法追究刑事责任。

第八章 附 则

第二十四条 本办法由财政部认同外经贸部解释。

第二十五条 本办法有关支持的具体实施规定，由外经贸部和财政部另行规定。

第二十六条 本办法自发布之日起执行。

中小企业国际市场开拓资金管理办法实施细则（暂行）

（二〇〇一年六月二十日）

第一章 总 则

第一条 为加强对中小企业国际市场开拓资金(以下简称“市场开拓资金”）的管理，提高资金使用效率，根据《中小企业国际市场开拓资金管理（试行）办法》（财企[2000]467号），以下简称“管理办法”），特制定《中小企业国际市场开拓资金管理办法实施细则（暂行）》（以下简称“实施细则”）。

第二条 本实施细则所指的市场开拓资金包括中央财政用于支持中企业开拓国际市场各项业务与活动的政府性基金和地方财政自行安排的专项资金。

第三条 市场开拓资金分为中央使用和地方使用两部分，实行中央和地方两级管理。地方使用部分由中央财政预算拨付的专项资金和地方财政自行安排的专项资金组成。

第四条 市场开拓资金的管理和使用应遵循公开透明、定向使用、科学管理、加强监督的原则。

第二章 管理部门与职责

第五条 各级外经贸部门和财政部门为市场开拓资金的主管部门，共同对市场开拓资金的使用和项目执行情况进行管理。

外经贸部门负责市场开拓资金的业务管理，包括确定市场开拓资金的支持方向和使用范围，提出年度项目资金计划，审核、论证资金使用项目。

财政部门负责市场开拓资金的预算和财务管理，包括审批年度项目资金计划，拨付市场开拓资金，提出市场开拓资金的监督要求，并与外经贸部门共同对项目及资金的使用进行跟踪管理。

第六条 各级外经贸部门商财政部门同意后，可委托承办单位负责市场开拓资金的具体业务管理工作。

中央使用部分，由外经贸部商财政部委托中小企业国际市场开拓资金管理办公室（以下简称“中小企业办公室”）承办；地方使用部分，可由地方外经贸部门商财政部门委托地方承办单位承办，并报外经贸部和财政部备案。

中小企业办公室和地方承办单位的相关工作，接受外经贸部门和财政部门的监督和指导。

第七条 中小企业办公室和地方承办单位受外经贸部门和财政部门委托，主要承办下列工作：

1．负责受理项目资金计划申请、项目实施申请和项目资金拨付申请并进行初审；

2．根据项目资金计划申请情况草拟年度项目资金计划；

3．负责对项目资金计划申请、项目实施申请和项目资金拨付申请材料的整理、汇总和统计分析；

4．协助外经贸部门和财政部门对市场开拓资金使用情况、使用效果进行跟踪、检查；

5．草拟年度项目资金计划执行情况报告；

6．负责市场开拓资金有关管理规定的宣传和培训。

第三章 资金用途

第八条 市场开拓资金用于支持中小企业和为中小企业服务的企业、社会团体和事业单位（以下简称“项目组织单位”）组织中小企业开拓国际市场的活动。

第九条 市场开拓资金的主要支持内容是：举办或参加境外展览会；质量管理体系、环境管理体系、软件出口企业和各类产品的认证；国际市场宣传推介；开拓新兴市场；组织培训与研讨会；境外投（议）标等方面。

第十条 市场开拓资金优先支持下列活动：

1．贯彻市场多元化战略、支持面向拉美、非洲、中东、东欧和东南亚等新兴国际市场的拓展活动；

2．贯彻以质取胜和科技兴贸战略，支持机电产品、高新技术产品、本国原产成分高于70%或拥有自主知识产权等产品的企业拓展国际市场的活动；

3．支持中小企业取得质量管理体系认证、环境管理体系认证和产品认证等国际认证；

4．支持已获得质量管理体系认证、环境管理体系认证和产品认证的中小企业的国际市场拓展活动。

第四章 资金使用对象

第十一条 中小企业独立开拓国际市场活动的申请为企业项目申请；项目组织单位组织中小企业开拓国际市场活动的申请为团体项目申请。

第十二条 符合下列条件的中小企业可以提出企业项目申请：

1．具有企业法人资格，拥有进出口经营权或对外经济合作经营资格，上年度海关统计出口额在1500万美元以下；

2．近两年在外经贸业务管理、财务管理、税收管理、外汇管理、海关管理等方面无违法行为；

3．具有从事国际市场开拓的专业人员，对开拓国际市场有明确的工作安排和市场开拓计划。

第十三条 符合下列条件的项目组织单位可以提出团体项目申请：

1．组织的活动以支持中小企业开拓国际市场和提高中小企业国际竞争力为目的；

2．参加活动的企业在10家以上（含10家），其中70%以上企业符合本实施细则第十二条规定的中小企业申请条件；

3．申请支持的资金直接受益于参加活动的企业，以降低参加活动企业的费用和开拓市场的风险，提高企业效益。

第十四条 参加团体项目的企业，不得针对同一项目另外申请使用市场开拓资金。

第五章 资金管理和使用标准

第十五条 中央财政安排的市场开拓资金分为中央使用和地方使用两部分，直接由中央使用的资金占当年资金计划安排的30%，地方使用的资金占当年资金计划安排的70%。

第十六条 市场开拓资金支持比例原则上不超过支持项目所需金额的50%，对西部地区的中小企业，以及符合本实施细则第十条第一款所列贯彻市场多元化战略所开展的市场开拓活动，支持比例可提高到70%。

第十七条 以外币为计算单位发生的费用支出，按费用支出凭证发生日中国人民银行公布的外汇牌价，折算为人民币。

第六章 项目资金计划管理

第十八条 外经贸部和财政部根据年度市场开拓资金计划安排，共同商定下一年度中央使用部分和分配各地方使用部分的资金额度。

分配地方的资金额度由外经贸部和财政部于每年7月1日前下达到地方外经贸部门和财政部门。

第十九条 外经贸部和地方外经贸部门根据年度市场开拓资金额度，负责提出下一年度的中央使用部分和地方使用部分的年度项目资金计划。项目资金计划内容包括：具体项目、支持内容、支持比例、支持金额等。

第二十条 地方部分的下一年度项目资金计划由地方外经贸部门经同级财政部门审核后，于每年8月15日前报送外经贸部。外经贸部汇总提出下一年度全国市场开拓资金项目资金计划，于每年9月11日前报财政部。

第二十一条 财政部审核后，于每年10月10日前向外经贸部批复下一年度全国市场开拓资金项目资金计划。

财政部和外经贸部根据年度项目资金计划，于每年11月1日前共同向地方财政部门和外经贸部门下达下一年度项目资金计划。

第二十二条 可列入中央使用部分年度项目资金计划的项目包括：

1．项目组织单位组织全国或跨地区的中小企业开拓国际市场活动提出的团体项目；

2．中央企业组织中小企业开拓国际市场活动提出的团体项目；

3．符合本实施细则第十二条规定的中央企业或中央企业在京办理工商登记的子公司通过中央企业提出的企业项目。

第二十三条 可列入地方使用部分年度项目资金计划的项目包括：

1．项目组织单位组织地方中小企业开拓国际市场活动提出的团体项目；

2．在本地区办理工商登记并符合本实施细则第十二条规定的中小企业提出的企业项目；

3．在本地区办理工商登记并符合实施细则第十二条规定的中央企业的子公司提出的企业项目。

第二十四条 财政部和外经贸部可以根据市场开拓资金的使用情况和使用效果，在执行年度中对下达的本年度项目资金计划做适当调整。

第二十五条 财政部根据下达的年度项目资金计划拨付资金。其中，分配地方使用部分的资金，根据年度项目资金计划一次或分次拨付到地方财政部门；中央预算管理单位使用的市场开拓资金由财政部直接拨付；中央使用部分的其他市场开拓资金，根据年度项目资金计划按季度拨付到外经贸部。

第七章 申请程序

第二十六条 项目资金计划申请。符合本实施细则第十二、十三条申请条件的中小企业或项目组织单位，可于每年7月1日至7月31日，按照本实施细则所附的支持内容，向中小企业办公室或地方外经贸部门提出下一年度项目资金计划申请。

第二十七条 中小企业或项目组织单位在提出项目资金计划申请时，应提交申请单位基本情况、申请报告、申请项目基本情况，并附相关资料。

第二十八条　财政部和外经贸部批复下一年度项目资金计划后，外经贸部门对项目资金计划的具体内容进行公示。中小企业和项目组织单位根据外经贸部门和财政部门批复的项目资金计划着手准备有关活动。

第二十九条　项目实施申请，中小企业或项目组织单位根据批复的年度项目资金计划，在项目实施30日前向中小企业办公室或地方外经贸部门提出项目实施申请。

第三十条　中小企业或项目组织单位在提出项目实施申请时，应提交项目实施申请，项目实施说明，并附相关资料。

第三十一条　外经贸部或地方外经贸部门对年度项目资金计划内的项目实施申请，可于10日内直接审核批复，同时抄送财政部门。

第三十二条　对申请调整项目资金计划内容的项目，经中小企业办公室或地方外经贸部门（商财政部门）提出初步意见，报外经贸部和财政部审批。

第三十三条　无法在年度内按项目资金计划完成的项目，中小企业或项目组织单位应及时向中小企业办公室或地方外经贸部门提出项目终止或顺延申请，由外经贸部门审批。

第三十四条　对企业项目申请，每个项目给予支持的资金最高不超过30万元人民币；对团体项目申请，每个项目给予支持的资金最高不超过300万元人民币。

第八章 资金拨付

第三十五条　市场开拓资金采取事后拨付的原则，即在项目完成后一个月内，中小企业或项目组织单位向中小企业办公室或地方外经贸部门提出项目资金拨付申请。

第三十六条　申请拨付项目资金时，应提交以下材料：

1．中小企业国际市场开拓资金项目资金拨付申请表；

2．国际市场开拓活动的项目总结报告，主要内容包括：费用支出情况，取得的主要成绩及存在的问题等；

3．实际发生费用的合法凭证（复印件）。

第三十七条　按照预算改革和国库集中支付的要求，市场开拓资金应通过各级财政部门逐步实现国库集中支付。

第三十八条　中小企业办公室根据年度项目资金计划，对中央使用部分的项目资金拨付申请进行初审、按季度汇总整理后报外经贸部。其中，中央预算管理单位的项目资金由财政部审核后直接拨付，其他单位的项目资金由外经贸部审核后拨付。

第三十九条　地方外经贸部门根据年度项目资金计划对地方使用部分的项目资金拨付申请进行复核、每季度按项目汇总整理后报地方财政部门申请拨付资金，地方财政部门审核后向项目组织单位或中小企业拨付资金。

第九章　评估、监督和检查

第四十条　财政部和外经贸部对市场开拓资金共同实施监督检查。检查内容包括：项目的审批和执行情况，项目资金的使用和财务管理情况。检查方式可以采用跟踪项目全过程，抽查有关资料或委托中介机构审计等。

第四十一条　外经贸部门和财政部门应建立严格的项目审批和资金审核制度，加强对项目的检查和资金效益的评估，确保资金的定向使用，发挥资金的最佳效益。

第四十二条　地方外经贸部门与财政部门每年要对市场开拓资金的使用情况进行总结和分析，并于次年3月底前上报外经贸部和财政部，重大项目（100万元人民币以上）在项目完成后45日内专题上报。

第四十三条　使用市场开拓资金的中小企业或项目组织单位应按有关财务规定妥善保存有关原始票据及凭证备查，对外经贸部门和财政部门的专项检查，应积极配合并提供有关资料。

第十章 处罚原则

第四十四条　凡有下列行为，均属违反管理办法和本实施细则规定的行为：

1．违反市场开拓资金使用原则，擅自改变使用范围的；

2．截留、挪用、侵占市场开拓资金的；

3．用于个人福利、奖励及消费性开支或用于补充行政经费不足的；

4．同一项目重复申请的；

5．利用虚假材料和凭证骗取资金的；

6．项目组织单位利用市场开拓资金，直接用于提高自身盈利水平和经济效益的；

7．违反管理办法、本实施细则及国家有关法律法规的其他行为。

第四十五条　对发生上述行为的中小企业或项目组织单位，财政部门将追回已经取得的项目资金；外经贸部门将取消其申请资格，并在五年内不允许其申请使用市场开拓资金。

第四十六条　严重违反管理办法和本实施细则的，将由外经贸部门和财政部门对该项目的主管人员和直接责任者给予行政处分，构成犯罪的提交司法部门依法追究刑事责任。

第四十七条　中小企业办公室或地方承办单位未能按规定认真履行工作职责的，外经贸部门商财政部门将对其提出通报批评，严重者取消承办资格。

第十一章　附　则

第四十八条　中央使用部分和地方使用部分的市场开拓资金，根据业务需要，可按不超过3%的比例安排必要的经费，支付聘请承办单位、咨询公司、评估公司、会计师事务所等中介机构的承办费用和业务费用支出，保证市场开拓资金项目评估、论证和审计工作的实施，强化项目资金的监督管理。

第四十九条　各地外经贸部门与财政部门可根据管理办法及本实施细则要求，结合工作实际，制定本地区市场开拓资金的具体实施办法，报外经贸部和财政部备案。

第五十条　本实施细则由外经贸部会同财政部解释。

第五十一条　本实施细则自发布之日起实施。

关于《中小企业国际市场开拓资金管理办法实施细则（暂行）》的知识问答

问：设立中小企业国际市场开拓资金（以下简称“市场开拓资金”）的背景是什么？

答：根据《国务院办公厅转发外经贸部等部门关于进一步采取措施鼓励扩大外贸出口意见的通知》精神，财政部与外经贸部于2000年10月联合制定了《中小企业国际市场开拓资金管理（试行）办法》(财企[2000]467号，以下简称“管理办法”)。该管理办法明确规定了“中小企业国际市场开拓资金”（以下简称“市场开拓资金”）的性质、使用方向、方式及资金管理等基本原则。

2001年6月，外经贸部与财政部根据管理办法制定的基本原则，联合制定了《中小企业国际市场开拓资金管理办法实施细则（暂行）》(以下简称“实施细则”)，对市场开拓资金的具体使用条件、申报及审批程序、资金支持内容和比例等具体工作程序做出了明确规定。

制定管理办法和实施细则，目的是为了鼓励中小企业参与国际市场竞争，提高中小企业参与国际市场竞争能力。

问：制定管理办法和实施细则时，考虑的主要原则是什么？

答：根据我国加入世贸组织要求，管理办法和实施细则力求符合WTO规则；同时，充分考虑政府职能转变要求，具体使用项目的筛选和申报等日常工作，由有关进出口商会来承办。此外，管理办法和实施细则还力求符合我国对外贸易的实际情况，既考虑在理论上可行，也考虑到实际工作中可以操作。

问：市场开拓资金的性质和来源？

答：管理办法中明确指出：“市场开拓资金”是指中央财政用于支持中小企业开拓国际市场各项活动的政府性基金。市场开拓资金主要来源于中央外贸发展基金。

问：市场开拓资金的使用原则是什么？

答：管理办法和实施细则都明确指出：市场开拓资金的管理和使用应遵循“公开透明、定向使用、科学管理、加强监督”的原则。

问：市场开拓资金是如何管理的？

答：市场开拓资金分为中央使用和地方使用两部分，实行中央和地方两级管理。

各级外经贸部门和财政部门是市场开拓资金的主管部门，共同对市场开拓资金的使用和项目执行情况进行管理。

外经贸部门负责市场开拓资金的业务管理，包括确定市场开拓资金的支持方向和使用范围，提出年度项目资金计划，审核、论证资金使用项目。财政部门负责市场开拓资金的预算和财务管理，包括审批年度项目资金计划，拨付市场开拓资金，提出市场开拓资金的监管要求，并与外经贸部门共同对项目及资金的使用进行跟踪管理。

问：为什么要设立承办单位，承办单位是如何确定的，承办单位的职责是什么？

答：根据市场开拓资金公开透明、定向使用、科学管理、加强监督的原则，为适应我国加入WTO和政府职能转变的要求，市场开拓资金管理工作中具体使用项目的筛选和申报等可委托承办单位负责。承办单位由外经贸部门商财政部门同意后确定。目前市场开拓资金中央使用部分，由外经贸部商财政部同意委托中小企业国际市场开拓资金管理办公室（以下简称“中小企业办公室”）承办；地方使用部分，可由地方外经贸部门商财政部门委托地方承办单位承办。

按照实施细则规定，中小企业办公室和地方承办单位的主要工作职责是：

1．负责受理项目资金计划申请、项目实施申请和项目资金拨付申请并进行初审；

2．根据项目资金计划申请情况草拟年度项目资金计划；

3．负责对项目资金计划申请、项目实施申请和项目资金拨付申请材料进行整理、汇总和统计分析；

4.协助外经贸部门和财政部门对市场开拓资金使用情况、使用效果进行跟踪、检查；

5．草拟年度项目资金计划执行情况报告；

6．负责市场开拓资金有关管理规定的宣传和培训。

问：市场开拓资金的用途及主要支持内容是什么？

答：市场开拓资金用于支持中小企业和为中小企业服务的企业、社会团体和事业单位（以下简称“项目组织单位”）组织中小企业开拓国际市场的活动。

主要支持内容是：

1．举办或参加境外展览会

包括：

① 展位费（场租、基本展台、桌椅和照明）；

② 公共布展费；

③ 体积1立方米、重量1吨以上的大型展品回运费。

2．质量管理体系、环境管理体系、软件出口企业和各类产品的认证

包括：

① ISO 9000系列质量管理体系标准认证的认证费；

② ISO 14000系列环境管理体系标准认证的认证费；

③ 软件生产能力成熟度模型（CMM）认证的认证费；

④ CE、FDA、CL、COS等产品认证的检验检测费。

3．国际市场宣传推介

包括：

① 产品宣传材料和光盘的翻译制作费；

② 创建企业网站的设计、开发、通信线路租用费；

③ 在境外媒体上发布产品广告的广告费；

④ 在国外注册产品商标的注册费。

4．开拓新兴市场

包括：

① 委托有关研究院所对国际市场进行产品分析、行业分析、市场分析及相关策划的费用；

② 境外新建与技改项目的前期可行性研究报告所需费用；

③ 开拓国际市场工作团组的费用。

5．组织培训与研讨会

包括：

① 培训资料费；

② 会务费。

6．境外投（议）标

包括：

① 标书购制费；

② 项目初步设计费；

③ 初步考查及调研费。

问：市场开拓资金是如何对具体市场开拓项目进行支持的？支持比例是多少？

答：市场开拓资金实行部分支持方式，即按实施细则规定提供开拓市场所需的部分支持，其余部分由企业承担。市场开拓资金实行事后支付的原则，企业完成开拓市场活动后，根据资金拨付申请所批准的支持金额获得资助资金。

市场开拓资金的支持比例，原则上不超过支持项目所需金额的50%。对于面向拉美、非洲、中东、东欧和东南亚等新兴国际市场的拓展活动，支持比例为70%；其余市场开拓活动，西部地区中小企业为70%，其他地区中小企业为50%。

问：哪些市场开拓活动将获得优先支持？

答：按照实施细则规定，市场开拓资金优先支持下列活动：

1．贯彻市场多元化战略，支持面向拉美、非洲、中东、东欧和东南亚等新兴国际市场的拓展活动；

2．贯彻以质取胜和科技兴贸战略，支持机电产品、高新技术产品、本国原产成分高于70%或拥有自主知识产权等产品的企业拓展国际市场的活动；

3．支持中小企业取得质量管理体系认证、环境管理体系认证和产品认证等国际认证；

4．支持已获得质量管理体系认证、环境管理体系认证和产品认证的中小企业的国际市场拓展活动。

问：什么是企业项目申请？具备什么条件的中小企业可以申请企业项目？

答：中小企业独立开拓国际市场活动的申请为企业项目申请。符合下列条件的中小企业可以提出企业项目申请：

1．具有企业法人资格，拥有进出口经营权或对外经济合作经营资格，上年度海关统计出口额在1500万美元以下；

2．近两年在外贸业务管理、财务管理、税收管理、外汇管理、海关管理等方面无违法行为；

3．具有从事国际市场开拓的专业人员，对开拓国际市场有明确的工作安排和市场开拓计划。

问：什么是团体项目申请？具备什么条件可以申请团体项目？

答：企业、社会团体、事业单位组织中小企业开拓国际市场活动的申请为团体项目申请。申请团体项目应符合下列条件：

1．组织的活动以支持中小企业开拓国际市场和提高中小企业国际竞争力为目的；

2．参加活动的企业在10家以上（含10家），其中70%以上企业符合企业项目申请条件；

3．申请支持的资金直接受益于参加活动的企业，以降低参加活动企业的费用和开拓市场的风险，提高企业效益。

问：中央使用部分和地方使用部分的项目是如何划分的？

答：按照实施细则的要求，可列入中央使用部分年度项目资金计划的项目包括：

1．项目组织单位组织全国或跨地区的中小企业开拓国际市场活动提出的团体项目；

2．中央企业组织中小企业开拓国际市场活动提出的团体项目；

3．符合企业项目申请条件的中央企业或中央企业在京办理工商登记的子公司通过中央企业提出的企业项目。

可列入地方使用部分年度项目资金计划的项目包括：

1．项目组织单位组织地方中小企业开拓国际市场活动提出的团体项目；

2．在本地区办理工商登记并符合企业项目申请条件的中小企业提出的企业项目；

3．在本地区办理工商登记并符合企业项目申请条件的中央企业的子公司提出的企业项目。

问：中小企业或项目组织单位在开拓市场活动中，如发生的费用是外币时怎么办？

答：按实施细则规定，以外币为计算单位发生的费用支出，可按费用支出凭证发生日中国人民银行公布的外汇牌价，折算为人民币。

问：年度市场开拓资金项目资金计划是如何产生的？

答：按照实施细则的要求，符合申请条件的中小企业和项目组织单位于每年7月1日至7月31日，按照实施细则规定的支持内容，向中小企业办公室或地方外经贸部门提出下一年度项目资金计划申请，内容包括：具体项目、支持内容、支持比例、支持金额等。地方使用部分的下一年度项目资金计划由地方外经贸部门经同级财政部门审核后，于每年8月15日前报送外经贸部。外经贸部汇总提出下一年度全国市场开拓资金项目计划，于当年9月10日前报财政部。财政部审核后，于10月10日前批复。财政部和外经贸部于当年11月1日前共同向地方财政部门和外经贸部门下达下一年度项目资金计划。

问：中小企业和项目组织单位申请市场开拓资金的程序是怎样的？

答：中小企业和项目组织单位申请市场开拓资金的程序可分为三个步骤：

第一步：项目资金计划申请：中小企业和项目组织单位应于每年7月1日至7月31日，按照实施细则所规定的支持内容分别向中小企业办公室或地方外经贸部门提出年度项目资金计划申请，内容包括：申请单位基本情况、申请报告、申请项目基本情况及相关资料等。

第二步：项目实施申请：中小企业和项目组织单位应根据外经贸部和财政部批复的年度项目资金计划，在项目具体实施30日前分别向中小企业办公室或地方外经贸部门提出项目实施申请，内容包括：项目实施申请、实施说明及相关资料等。

第三步：项目资金拨付申请：中小企业和项目组织单位在项目完成后一个月内，应分别向中小企业办公室或地方外经贸部门提出项目资金拨付申请。内容包括：项目资金拨付申请、项目总结报告、项目实际发生费用的合法凭证（复印件）等。

问：如已批复的项目需要变动或不能按期完成怎么办？

答：按照实施细则的要求，对于需要调整项目内容的项目，中小企业或项目组织单位应向中小企业办公室或地方外经贸部门提出申请，经中小企业办公室或地方外经贸部门（商财政部门）提出初步意见，报外经贸部和财政部审批。对于无法按期完成的项目，中小企业和项目组织单位应及时向中小企业办公室或地方外经贸部门提出项目终止或延期申请，由外经贸部门审批。

问：对市场开拓项目支持金额有没有限额？

答：根据实施细则的规定，市场开拓资金对企业项目申请，每个项目给予支持的资金最高不超过30万元人民币，对团体项目申请，每个项目给予支持的最高资金不超过300万元人民币。

问：填写申请表（见 www.echina 2000.com）时有哪些需要特别注意的问题？

答：不论是中小企业还是项目组织单位在填写《中小企业国际市场开拓资金项目资金计划申请表》（以下简称“项目资金计划申请表”）、《中小企业国际市场开拓资金项目实施申请表》（以下简称“项目实施申请表”）和《中小企业国际市场开拓资金项目资金拨付申请表》（以下简称“资金拨付申请表”）时，首先要认真阅读填表说明。除按要求用钢笔或签字笔填写、不得涂改、每页表格加盖公章外，还应特别注意以下几点：

1．在填写项目资金计划申请表时，申请企业项目的中小企业应填写“中小企业基本情况”，企业性质一栏应选择“全民、集体、股份、私营、外商投资”填写。

2．在填写项目资金计划申请表时，申请团体项目的项目组织单位应填写“项目组织单位基本情况”，单位性质一栏应选择“企业、社会团体、事业单位、科研院所”填写。

3．在填写项目资金计划申请表时，不论是中小企业或是项目组织单位在填写项目基本情况时，均应按照项目内容选择“境外展览、各类认证、宣传推介、产品广告或商标注册、市场分析与策划、工作团组、培训与研讨会、境外投（议）标”等不同表格填写。

4．项目申请单位在填写项目资金计划申请表中的项目基本情况时，支持金额应以项目支持内容所需金额为计算依据，按照支持内容说明中规定的支持比例和支持金额进行初步测算，待提出项目实施申请时再进一步确定。

5．项目组织单位在填写项目实施申请表时参加企业的支持金额之和应与申请支持金额合计相一致。

6．在填写资金拨付申请表时，批准支持内容、批准支持比例、批准支持金额应与项目实施申请表中承办单位意见中的支持内容、支持比例、支持金额对应一致。

问：对项目支持金额是如何测算的？

答：《中小企业国际市场开拓资金支持内容说明》（以下简称“支持内容说明”）中对不同支持内容的支持比例和支持金额都做了明确规定，支持内容说明中所列的支持比例和支持金额均为最高限额。

项目支持金额的测算分为下列三种情况：

1．只列支持比例的支持内容：支持金额＝项目支持内容所需金额＊支持比例；

2．只列支持金额的支持内容：支持金额＝相关支持内容项下的支持金额；

3．既列支持比例又列支持金额的支持内容：可按照上述第1 种情况计算支持金额，如计算的支持金额不高于支持内容说明中所列支持金额，可采用计算的支持金额；如高于支持内容说明中所列支持金额，应采用支持内容说明中所列支持金额。

问：中小企业和项目组织单位的哪些行为，属于违反管理办法和实施细则的行为？

答：按照实施细则规定，下列行为均属违反管理办法和实施细则的行为：

1．违反市场开拓资金使用原则，擅自改变使用范围的；

2．截留、挪用、侵占市场开拓资金的；

3．用于个人福利、奖励及消费性开支或用于补充行政经费不足的；

4．同一项目重复申请的；

5．利用虚假材料和凭证骗取资金的；

6．项目组织单位利用市场开拓资金，直接用于提高自身盈利水平和经济效益的；

7．违反管理办法和实施细则及国家有关法律法规的其他行为。

问：违反管理办法和实施细则的中小企业和项目组织单位将受到怎样的处罚？

答：按照实施细则规定，对于有违反管理办法或实施细则行为的中小企业或项目组织单位，财政部门将追回其已经取得的项目资金，外经贸部门将取消其申请资格，并在五年内不允许申请使用市场开拓资金；严重者将由外经贸部门和财政部门对该项目的主管人员和直接责任者给予行政处分，构成犯罪的提交司法部门依法追究刑事责任。

展览会等级的划分及评定

中华人民共和国国家经济贸易委员会　发布

前　言

随着改革开放的深入，经济结构发生的巨大变化，我国的展览业近年来发展很快，并且已初具规模。为适应我国入世以后，国内展览业面临的机遇与挑战的新形势，进一步规范我国展览行业的市场秩序，引导参展企业和观众参加高水平的展览会，推动展览行业优胜劣汰的市场机制的建立与完善，促进我国展览行业整体水平的提高，特制定本标准。本标准是在大量调查研究的基础上，广泛征求各方面的意见制定而成的。

本标准由全国城市工业品贸易中心联合会负责解释。

本标准的附录A是规范性附录。

1．范围

本标准规定了对展览会等级分类和评定的原则、要求和方法。

本标准适用于在中国境内举办的以经济贸易活动为目的的专业性展览会的等级划分及评定。

2．术语和定义

2.1 展览会

在固定或规定的地点、规定的日期和期限内，由主办者组织、若干参展商参与的通过展示促进产品、服务的推广和信息、技术交流的社会活动。

2.2 特殊装修展会

由参展商自行或委托专业机构专门设计并特别装修的展览位置及其所覆盖的面积。

2.3 关于面积的术语

2.3.1 展出净面积

展览会用于展出的展位面积总和。以平方米（m^2）表示。

2.3.2 特装展位面积比

特殊装修展位面积总和与展出净面积的比值。以百分比（%）表示。

2.4 关于参展商的术语

2.4.1 参展商

参加展览并租用展位的组织或个人。

2.4.2 境外参展商

以境外注册企业或品牌名义参加展览的参展商。

2.5 专业观众

从事展览会上所展示的产品的设计、开发、生产、销售、服务的观众，以及直接使用或接受展览会所展示产品的观众。

注：这里所指的产品可以是有形的产品（如机械零件），也可以是无形的产品（如软件、服务等）。

2.6 等级

用于划分展览会质量差异的级别设定。用英文大写字母A、B、C、D表示。

3．等级的划分和依据

3.1 展览会的评定分为四个等级，由高到低依次为A级、B级、C级、D级。A级表示展览会的质量级别最高。

3.2 等级的划分是以展览会的主要构成要素为依据，包括：展览会的展出净面积、参展商、观众、展览会连续性、参展商满意率和相关活动等方面进行考虑，具体的评定办法按照附录A《展览会等级评定标准》执行。

3.3 展览会等级的评定结果不是永久性的，是由专业评定机构依据统一的评定标准，对评定之前一年内举办的展览会进行评级，其评定结果表示该展览会当前的等级状况，有效期为三年。

4．安全、卫生、环境和建筑的要求

展览会举办场馆的建筑、附属设施和管理应符合现行的国家、行业和地方的消防、安全、卫生、环境保护等有关法规和标准。

5．展览会等级评定条件

5.1 A级

5.1.1 展览面积

5.1.1.1 展出面积不少于5000平方米。

5.1.1.2 特装展位面积比至少达到20%。

5.1.2 参展商

境外参展商展位面积与展出净面积的比值不少于20%。

5.1.3 观众

5.1.3.1 展览会期间专业观众人次与观众总人次的比值不少于50%。

5.1.3.2 境外观众人次不少于观众总人次的5‰。

5.1.4 展览的连续性

在规定的时间段、规定的地区，同一个展览会连续举办不少于5次。

5.1.5 参展商满意率

参展商满意率的评价依据附录A（参展商满意率调查表），其中总体结论为“很满意”和“满意”的数量总和，应不低于参展商总数的80%。

5.1.6 相关活动

展览会期间组织的与展览会主题相关的活动。

5.2 B级

5.2.1 展览面积

5.2.1.1 展出净面积不少于3000平方米。

5.2.1.2 特装展位面积比至少达到10%。

5.2.2 参展商

境外参展商展位面积与展出净面积的比值不少于10%。

5.2.3 观众

5.2.3.1 展览期间专业观众人次与观众总人次的比值不少于40%。

5.2.3.2 境外观众人次不少于观众总人次的2‰。

5.2.4 展览的连续性

在规定的时间段、规定的地区，同一个展览会连续举办不少于4次。

5.2.5 参展商满意率

参展商满意率的评价依据附录A（参展商满意率调查表），其中总体评价结论为“很满意”和“满意”的数量总和，应不低于参展商总数的70%。

5.2.6 相关活动

展览会期间组织与展览会主题相关的活动。

5.3 C级

5.3.1 展览面积

5.3.1.1 展出净面积不少于2000平方米。

5.3.1.2 特装展位面积比至少达到10%。

5.3.2 参展商

境外参展商展位面积与展出净面积的比值不少于5%。

5.3.3 观众

5.3.3.1 展览期间专业观众人次与观众总人次的比值不少于30%。

5.3.3.2 境外观众人次不少于观众总人次的1‰。

5.3.4 展览的连续性

在规定的时间段、规定的地区，同一个展览会连续举办不少于3次。

5.3.5 参展商满意率

参展商满意率的评价依据附录A（参展商满意率调查表），其中总体评价结论为“很满意”和“满意”的数量总和，应不低于参展商总数的60%。

5.4 D级

5.4.1 展览面积

展出净面积不少于1000平方米。

5.4.2 观众

展览期间专业观众人次与观众总人次的比值不少于20%。

5.4.3 展览的连续性

在规定的时间段、规定的地区，同一个展览会连续举办不少于2次。

5.4.4 参展商满意率

参展商满意率的评价依据附录A（参展商满意率调查表），其中总体结论为“一般”以上的数量总和，应不低于参展商总数的70%。

6、展览会等级评定附加项

6.1 管理体系状况

6.1.1 负责展览会具体组织管理工作的主办/承办方通过GB/T1 9001-2000质量管理体系认证。

6.1.2 展馆方通过GB/T1 9001-2000质量管理体系、GB/T2 8001-2001职业健康安全管理体系认证。

6.1.3 装修和搭建的主要承办方通过GB/T1 9001-2000质量管理体系、GB/T2 8001-2001职业健康安全管理体系认证。

6.1.4 展览运输的主要承办方通过GB/T1 9001-2000质量管理体系、GB/T2 8001-2001职业健康安全管理体系认证。

注：展览会等级评定附加项不作为展览会等级评定的必要条件，达到的项目在评定时可以加分。

表 7–1 参展商满意率调查表

附录 A

展览会名称：

参展单位名称：

参展单位地址：

联　系　人：

电话／传真：

邮政编码：

E-mail：

填写日期：

评定项目	很满意	满意	一般	不满意	很不满意
展览会主题的选定					
参加本次展览的成交意向					
展览会总体设计、布置的效果					
观众的档次					
主办／承办方的组织工作					
主办／承办方提供的服务					
展览会的环境和安全状况					
展览会的宣传					
是否希望参观下一届展览会					
对展览会的总体评价					
其他需说明的情况					

表 7–2

附录 A
（规范性附录）
展览会等级划分及评定标准

展览会等级划分及评定标准	各分项的得分汇总栏	各大项的得分汇总栏	计分栏
1、评分说明			
1.1 总满分为 720 分			
1.2 各等级应达到的最低分数			
A 级：546 分			
B 级：420 分			
C 级：216 分			
D 级：108 分			
2、评定标准			
2.1.1 展出净面积及特装展位面积	150		
2.1.1.1 展出净面积不少于 15000m^2		75	75
展出净面积不少于 10000m^2			65
展出净面积不少于 5000m^2			50
展出净面积不少于 3000m^2			35
展出净面积不少于 2000m^2			20
展出净面积不少于 1000m^2			10
2.1.1.2 特装展位面积比不少于 40%		75	75
特装展位面积比不少于 30%			55
特装展位面积比不少于 20%			35
特装展位面积比不少于 10%			15
2.1.2 参展商	70		
境外参展商展位面积与展出净面积比不少于 40%		70	70
境外参展商展位面积与展出净面积比不少于 30%			55
境外参展商展位面积与展出净面积比不少于 20%			40
境外参展商展位面积与展出净面积比不少于 10%			30

续表 7–2

境外参展商展位面积与展出净面积比不少于 5%			20
2.1.3 观众	100		
2.1.3.1 展览期间专业观众人次与观众总人次的比值不小于 60%		50	50
展览期间专业观众人次与观众总人次的比值不小于 50%			40
展览期间专业观众人次与观众总人次的比值不小于 40%			30
展览期间专业观众人次与观众总人次的比值不小于 30%			20
展览期间专业观众人次与观众总人次的比值不小于 20%			10
2.1.3.2 境外观众人次不少于观众总人次的 4%		50	50
境外观众人次不少于观众总人次的 1%			35
境外观众人次不少于观众总人次的 5‰			20
境外观众人次不少于观众总人次的 2‰			10
境外观众人次不少于观众总人次的 1‰			5
2.2 展览的连续性	50		
在规定时间段、规定的地区，同名称的展览会连续举办不少于 5 次			50
在规定时间段、规定的地区，同名称的展览会连续举办不少于 4 次			40
在规定时间段、规定的地区，同名称的展览会连续举办不少于 3 次			30
在规定时间段、规定的地区，同名称的展览会连续举办不少于 2 次			20
2.3 参展商满意率	150		
参展商满意率调查表中对展览会的总体评价结论为“很满意”和“满意”的数量总和不低于 90%			150
参展商满意率调查表中对展览会的总体评价结论为“很满意”和“满意”的数量总和不低于 80%			120
参展商满意率调查表中对展览会的总体评价结论为“很满意”和“满意”的数量总和不低于 70%			90
参展商满意率调查表中对展览会的总体评价结论为“很满意”和“满意”的数量总和不低于 60%			70
2.4 相关活动	80		
展览会期间组织与展览会主题相关的各种活动。			80
2.5 附加评定项	120		
2.5.1 主办／承办方通过 GB/T1 9001–2000 质量管理体系认证			20
2.5.2 展馆方通过 GB/T1 9001–2000 质量管理体系认证			20
2.5.3 展馆方通过 GB/T2 8001–2001 职业健康安全管理体系认证			20
2.5.4 装修和搭建的主要承办方通过 GB/T1 9001–2000 质量管理体系认证			15
2.5.5 装修和搭建的主要承办方通过 GB/T2 8001–2001 职业健康安全管理体系认证			15
2.5.6 展览运输的主要承办方通过 GB/T1 9001–2000 质量管理体系认证			15
2.5.7 展览运输的主要承办方通过 GB/T2 8001–2001 职业健康安全管理体系认证			15

《广州市举办展销会管理条例》摘要

条例所称的展销会，是指举办者提供场所，引进参展者进场展示，销售商品的临时性商品贸易活动。

凡在广州市行政区域内举办展销会的，应遵守本条例。不过企业以销售自己生产的产品为目的举办的展销会，和商业企业在其营业场所内兴办的展销会以及中国出口商品交易会，不适用本条例。

举办展销会必须申请登记。在市区举办展销会的，向市工商行政管理部门申请登记。在县级市举办展销会的，向展销会所在地的县级市工商行政管理部门申请登记。国家和省规定应向市级以上工商行政管理部门登记的，从其规定。

举办展销会应具备下列条件：⑴ 具有法人资格；⑵ 有与展销会规模相适应的场地；⑶ 有相应的管理机构、人员和措施；⑷ 国家法律、法规规定的其他条件。

展销会举办者应向工商行政管理部门提交下列文件：⑴举办申请书；⑵举办者的法人资格证明材料；⑶举办者两个以上的联合举办协议书；⑷展销会场地的合法使用证明；⑸举办涉外经济技术展销会，应提交按国家规定程序办理的批准文件；按规定可自行举办展销会的，应提交举办资格证明文件。

工商行政管理部门受理申请后，应在七个工作日内做出是否准予登记的决定并通知申请者。准予登记的发给展销会登记证，逾期不作决定或者不准予登记的，申请者可依法提出行政复议。

禁止伪造、涂改、出租、出借、转让展销会登记证。

展销会举办者应与参展者签订书面合同。

展销会举办者领取展销会登记证后可发布广告、招商。

展销会举办者应在领取展销会登记证后七日内依法申报办理税务登记。展销会需出售门票的，应提前向举办地税务机关申请印制。

参展者在展销会期间提供商品或服务，造成消费者合法权益受到损害的，参展者和展销会举办者应依法承担责任。

展销会兴办者有下列行为之一的，由工商行政管理部门做出以下罚款：

⑴ 未经登记而举办展销会的，责令其终止展销活动，处以3万元以下罚款。

⑵ 申请登记提供虚假文件的，给予警告或者处以2千元以上1万元以下罚款。

⑶ 使用展销会登记证擅自发布广告、招商的，处以5千元罚款。

⑷ 伪造、涂改、出租、出借、转让展销会登记证的，没收展销会登记证，没收违法所得，并视情节轻重，处以5千元以上3万元以下罚款。

⑸违反本条例规定，应当按照其他法律、法规处罚的，由有关行政管理部门依法处罚。

深圳会议展览业行规（试行）

为了维护深圳会议展览界的良好声誉，保护展览举办（含主、承办）单位及参展商的利益，提倡公平竞争，讲究职业道德，保护知识产权，我们深圳市会议展览界的同仁，在深圳市会议展览业协会的倡导下，共同制定“深圳会议展览业行规”，形成公众舆论和企业自律原则，联合起来向行业中的不正之风做斗争，为繁荣深圳会展市场、创造会展发展的良好环境而共同努力。

第一章 举办展览的基本原则

第一条 为了保证组织展览的质量，展览举办单位应当具备展览经营资格和相应的资质，具备一定的资金实力。提倡组织展览保证有半年或半年以上的运作时间，并应将组织买家及参观商作为组织展览的重要工作，以保证展览举办的效率和质量。

第二条 展览举办单位、展览场馆应当遵守“诚实、信用”的原则，在进行会展的经济活动中信守合同，真实、准确、公平、负责地履行合同及招展说明书承诺的服务。

第二章 优先权原则

第三条 在深圳申办同类展览，使用同一展馆或不同展馆但同一展期的，上一年已经在深圳成功举办过该展览（指通过评级认为是成功展览的展会）的申办单位具有优先权。即有来年在同一展期举办该展会的优先权，后申办单位应当遵守该原则。如果一定要在相同展期办展，应当与具有优先权者协商，通过赎买的方式解决。

第四条 后申办单位在不同展期举办该同类展览的，应当与先举办单位的展期前后相隔至少3个月以上。

第三章 尊重知识产权原则

第五条 由于培育品牌展览需要进行前期策划、市场调研，并要投入大量的时间、资金和人力，因此在申办同类展览时，后申办单位应当尊重他人的劳动和知识产权，在申办展会名称及举办同类展览时不得与他人正在使用的展览名称相同或相近似。

第六条 后申办单位如果希望使用他人正在使用的展会名称（指通过评级认为是成功展览的展会），应当与该展会名称使用人协商，通过有偿转让获得使用该展会名称的许可。

第四章 有序竞争与合作

第七条 提倡有序竞争，促进双赢。鼓励展览举办单位采用合法手段，在展览策划、展览组织、展览技术、展览设计、成本控制、营销策略、展览服务、人才使用等方面开展竞争。

第八条 鼓励行业协会与专业展览公司之间、同类型展览项目之间合作办展，以发挥各自的资源优势，将展览做强做大。

第九条 举办展览是一种投资行为，投资各方在签订书面合作协议时应明确记载各方对项目的投资比例，投资方式、项目原无形资产的作价（如：展名、展览策划、展览经验及举办展览积累的资源等）比例，各方的权利、义务、风险责任的承担、违约责任、合作年限、项目实施完毕后的分成或亏损承担，展名所有权，新增有形、无形资产的归属，项目股权的转让或赎买原则，合同的解除、终止条件等。

第五章 展览场馆服务

第十条 为了保护深圳本地的品牌展览，吸引国内外名牌展到深圳举办展览，深圳展览场馆引入市场竞争机制，在展场标准展位搭建、展场饮食服务、展场运输、展场礼仪布置等展场服务方面允许办展单位自由选择服务提供商。

第十一条 场馆租赁排期，应遵循本行规的规定，对违反上述原则的展览，应当劝其遵守上述原则。

第六章 协会管理

第十二条 深圳市会议展览业协会是深圳会议展览业的维权、咨询、协调、统计、评估，提供信息、制定行规并监督实施的社会团体，肩负维护会议展览企业合法权益的重任。

第十三条 为了维护大多数展览举办单位及参展商的利益，协会对急于求成、草率开展；不信守合同、招展说明不实、在招展宣传中诋毁他人展览项目，随意将没有经过确认的主、协办、支持（赞助）单位列入宣传范围，在招展活动中进行价格欺诈；利用职权，采用不正当竞争手法侵占他人已经预定的展期、展会名称及展会其他知识产权，挤垮他人展会等违规行为接受举报，并负责进行调查、调解、协调和处罚。

对严重违反行规，造成不良影响和损害的举办单位，协会将根据情节轻重给予如下处理：提出警告、行业内通报批评、取消评优资格、新闻媒体曝光、取消会员资格；对利用招展说明欺骗参展商、进行价格欺诈等情节严重的依法交由执法部门追究法律责任。

第十四条 会议展览的统计分析是展会组织的重要工作，也是协会的重要工作之一。协会倡议举办展览采用《观众登陆信息化服务》手段，统计数据至少应包括：展览净面积、参展企业和参观商的分类统计。各办展单位有义务在每年年底将来年在深圳举办展览的计划报到协会，并在每一展览结束后一个月内将该次展会统计数据报到协会。协会将通过网站向会员企业及有关单位提供需要的各展览统计数据。

第十五条 协会将根据各展览举办单位提供的上述展览统计数据，进行展览评级活动，评级活动规则将参考国家经贸委《专业性展览会等级的划分及评定》另行拟定。被评估为当年举办展览成功的单位，协会将通过媒体及在深圳会展网上张榜公布，并作为来年继续在同期举办展览的依据。

第七章 附则

第十六条 本行业规范代表了大多数会展企业和会员单位的利益，是深圳会展业展览举办单位对社会的承诺及行为准则，每一个会展举办单位有责任也有义务遵守行规，形成行业集体的声音，为行业的发展谋取更加公平、公正的竞争环境。

第十七条 本行业规范目前只涉及展览举办方面的规则，本规范由深圳市会议展览业协会负责解释和修改。

二〇〇三年五月十五日

朝阳区中小企业国际市场开拓资金管理办法（试行）

一、为进一步落实“走出去”战略，促进区域外向型经济的发展，根据《中华人民共和国中小企业促进法》、外经贸部与财政部联合制定的《中小企业国际市场开拓资金管理办法实施细则（暂行）》、北京市外经贸委和北京市财政局制定的《北京市中小企业国际市场开拓资金管理办法实施细则（暂行）》，特制定《朝阳区中小企业国际市场开拓资金管理办法（试行）》（以下简称管理办法）。由朝阳区对外经济贸易委员会（以下简称区外经贸委）和朝阳区财政局（以下简称区财政局）本着简便、易行、实用的原则制定本管理办法并监督实施。

本资金是指区财政用于支持中小企业开拓国际市场各项活动的政府性基金。

二、企业申请使用资金的条件

1．具有企业法人资格，在朝阳区办理工商登记的中小企业，拥有进出口经营权或对外经济合作经营资格或有出口实绩，上年度海关统计出口额在1500万美元以下；

2．企业在朝阳区纳税，并且是无经营劣迹或其他违反法律法规的盈利企业；

3．具有从事国际市场开拓的专业人员，对开拓国际市场有明确的工作安排和市场开拓计划；

4．企业有开拓国际市场或到境外投资的愿望；

5．资金的使用确实有助于企业开拓国际市场。

三、团体项目申请使用资金的条件

1．组织的活动以支持中小企业开拓国际市场和提高中小企业国际竞争力为目的，并符合我区外向型经济发展方向；

2．参加活动的企业在5家以上（含5家）；

3．申请支持的资金直接受益于参加活动的企业，用以降低参加活动企业的费用和开拓市场的风险，提高企业效益；

4．团体项目组织单位的资格由区外经贸委和区财政局共同审定。

四、资金的使用流程

1．每年7月份由企业向区外经贸委申报下年度国际市场开拓计划；

2．区外经委在审核企业需求的基础上结合年度财政预算向区财政局申报下年度资金；

3．区外经贸委根据区财政预算通知列入计划的企业；

4．次年一月起，企业可以实施有关项目；

5．此资金采取事后拨付的原则，即企业在项目执行完毕当月月底（特殊情况可放宽到下月月底）将申请资金拨付的材料报送区外经贸委；

6．区外经贸委对企业报送材料进行初审；

7．每半年区外经贸委和区财政局会审企业报送的材料，并及时拨款或将不予补贴的原因通报企业；

8．本着与时俱进的原则，区外经贸委可根据资金实际使用情况、国际市场变化情况和国家新颁布的政策措施在年度中适当调整资金使用计划并将有关信息通知企业；

9．每年底区外经贸委对资金使用情况进行总结和评估。

五、企业或团体项目组织单位申请资金应报送的材料

企业或团体项目组织单位在申请资金时，应从网上（www.cytrade.gov.cn）下载相关申请表格并生成上报盘、打印相关表格，同时提交经营资格证明（中华人民共和国进出口企业资格证书或中华人民共和国外商投资企业批准证书）复印件，营业执照复印件，税务登记证复印件（包括国税和地税两种）。以上所有书面材料一式两份。

六、企业或团体项目组织单位申请资金拨付应报送的材料

企业或团体项目组织单位在申请资金拨付时，应从网上（www.cytrade.gov.cn）下载资金拨付申请表格并生成上报盘、打印相关表格，同时提交有关费用票据、执行项目的照片或印刷材料、500字以上的总结报告（有关项目执行情况的介绍、收获、经验、教训、不足等）。以上所有书面材料一式两份。有关材料必须真实、齐全、有效，不得弄虚作假，违者将按本办法第九条追究有关经济责任。

七、补贴范围及比例

八、与北京市中小企业国际市场开拓资金的关系

为鼓励企业充分利用多种渠道、多种资金开拓国际市场，我区鼓励企业积极申报北京市中小企业国际市场开拓资金。凡通过区外经贸委向北京市申报资金并获得北京市资金补贴者，我区将在北京市补贴金额的基础上再追加10%～20%的补贴。

九、违反与处罚

1．凡有下列行为，均属违反本管理办法规定的行为：

（1）违反资金使用原则，擅自改变使用范围的；

（2）截留、挪用、侵占资金的；

（3）同一项目重复申请的；

（4）利用虚假材料和凭证骗取资金的；

（5）项目组织单位将资金直接用于提高自身盈利水平和经济效益的；

（6）违反本管理办法的其他行为。

2．对发生上述行为的中小企业或项目组织单位，区外经贸委将取消其申请资格，并在五年内不允许其申请使用资金；区外经贸委、区财政局及相关部门有权追缴已拨付的项目资金。

十、本管理办法由区外经贸委和区财政局负责解释。

二○○三年一月二十二日

关于进一步加强出国举办经济贸易展览会管理工作有关问题的通知

贸促展管[2003]28号

各省、自治区、直辖市、计划单列市、经济特区人民政府外办、外经贸委（厅、局）、公安厅（局），各地海关，各驻外使领馆，贸促会各地方、行业分会，各进出口商会及其他出国办展单位：

2000年11月7日，国务院办公厅下发《国务院办公厅关于出国举办经济贸易展览会审批管理工作有关问题的函》（国办函[2000]76号），要求各有关单位加强对出国参加或举办经济贸易展览会的管理工作。2001年2月15日，贸促会会同原外经贸部制定印发了《出国举办经济贸易展览会审批管理办法》（贸促展管[2001]3号），对出国展览的组办单位、审批程序、审批依据和展团管理等做出了明确规定。各地区、各单位依照上述文件精神，积极组织国内企业赴国外参加或举办经济贸易展览会，有力地促进了我国对外开放和外贸出口工作。但近来也有一些单位、个人违反出国展览规定，未经批准擅自出国参加或举办展览会、展销会，扰乱了正常的出国展览秩序，对外造成不良影响，使参展企业和人员蒙受经济损失。

为进一步加强出国展览管理工作，根据国务院领导同志的指示和国办函[2000]76号文件精神，现就出国展览有关问题通知如下：

一、各地区要严格执行出国展览审批和管理制度，加强对相关文件精神的学习和宣传，使出国展览各项管理规定落到实处。

二、各单位出国展览计划一律由贸促会会签商务部后审批。未经批准，任何单位不得组团出国参加或举办展览会。

三、出国展览组办单位应具有商务部审核批准的出国展览组办资格。不具备组办资格的单位不得组团出国参加或举办展览会。任何单位或个人不得以其他名义组团从事展览活动。

四、各级外事、外经贸、海关、出入境检验检疫和外汇管理部门凭贸促会的批准文件，办理有关展品及参展人员的出国手续。公安机关出入境管理部门要加强对以出国展览名义申领护照的审核。

五、各地海关要加强对出国展品的监管和验放。出国展览组办单位要严格遵守海关对展品出境的各项规定。任何单位不得借一般贸易出口方式办理展品报关手续。

六、各驻外使领馆要加强对出国展团工作的指导，发现问题及时与国内相关管理部门联系，并采取有效措施，防止事态扩大。

中国国际贸易促进委员会
中华人民共和国外交部
中华人民共和国商务部
中华人民共和国公安部
中华人民共和国海关总署

二〇〇三年六月十七日

商务部关于调整进出口经营资格标准和核准程序的通知
商贸发[2003]254号

各省、自治区、直辖市及计划单列市外经贸委（厅、局），新疆生产建设兵团外经贸局：

为履行我国加入世贸组织承诺，加快建立社会主义市场经济体制，规范内资企业从事进出口业务，促进对外贸易发展，商务部决定调整进出口经营资格标准和核准程序。现就有关问题通知如下：

一、除对注册在中西部地区（本规定所指的中西部地区包括河北、山西、内蒙古、吉林（含长春）、黑龙江（含哈尔滨）、安徽、江西、河南、湖北（含武汉）、湖南、广西、海南、重庆、四川（包括成都）、贵州、云南、西藏、陕西（含西安）、甘肃、青海、宁夏、新疆、新疆生产建设兵团）的内资企业申请进出口经营资格实行优惠条件外，对在中华人民共和国境内注册的所有内资企业在进出口经营资格管理方面实行统一的政策。

二、内资企业的进出口经营资格分为外贸流通经营资格和生产企业自营进出口资格两种（边贸企业的现行政策不变）。其经营范围分别为：

（一）外贸流通经营资格。经营各类商品和技术的进出口（不另附进出口商品目录），但国家限定公司经营或禁止进出口的商品及技术除外。

（二）生产企业自营进出口资格。经营本企业自产产品的出口业务和本企业所需的机械设备、零配件、原辅材料的进口业务（不另附进出口商品目录），但国家限定公司经营或禁止进出口的商品及技术除外。

获权企业可以按照经营范围在中国境内以国家规定的各种贸易方式自由从事进出口业务。

三、外贸流通经营资格实行核准制，生产企业自营进出口资格实行登记制。

商务部授权各省、自治区、直辖市、计划单列市及哈尔滨、长春、沈阳、西安、成都、南京、武汉、广州、珠海、汕头市，新疆生产建设兵团，苏州工业园区管委会商务主管部门（以下统称受权管理机关）进行进出口经营资格的核准登记并核发《中华人民共和国进出口企业资格证书》。

《中华人民共和国进出口企业资格证书》（以下简称《资格证书》）是内资企业进出口经营资格的惟一有效凭证。任何企业、其他组织和个人不得伪造、涂改、出租、出借、转让、出卖《资格证书》。

四、内资企业申请进出口经营资格的条件和需要提交的材料。

（一）申请外贸流通经营资格的条件和需要提交的材料。

1．条件

（1）经工商行政管理部门登记注册并领取《企业法人营业执照》；

（2）注册资本（金）不低于100万元人民币（注册在中西部地区的内资企业不低于50万元人民币）；

（3）已办理税务登记，依法纳税；

（4）法定代表人在3年内未曾担任过被撤销进出口经营资格的企业的法定代表人或负责人。

2．要求提交的材料

（1）书面申请；

（2）《企业法人营业执照》副本复印件；

（3）《税务登记证》复印件；

(4)《组织机构代码证书》复印件；

(5) 法定代表人的身份证复印件；

(6) 证明其符合申请外贸流通经营资格条件的其他材料。

(二) 生产企业申请自营进出口资格的条件和需要提交的材料。

1．条件

(1) 经工商行政管理部门登记注册并领取《企业法人营业执照》或《营业执照》；

(2) 注册资本（金）不低于50万元人民币；

(3) 已办理税务登记，依法纳税；

(4) 法定代表人或负责人在3年内未曾担任过被撤销进出口经营资格的企业的法定代表人或负责人。

2．需要提交的材料

(1) 书面申请；

(2)《企业法人营业执照》或《营业执照》副本复印件；

(3)《税务登记证》复印件；

(4)《组织机构代码证书》复印件；

(5) 法定代表人或负责人的身份证复印件；

(6) 非法人企业需提供会计事务所出具的验资报告复印件；

(7) 证明其符合申请自营进出口资格条件的其他材料。

五、办理内资企业进出口经营资格的核准和登记，应按照下列程序和要求进行。

(一) 企业申请进出口经营资格，到注册地所在地区的授权管理机关办理。

企业应通过商务部政府网站（www.mofcom.gov.cn）或中国国际电子商务网（www.ec.com.cn）提交电子申请并向受权管理机关提交书面申请材料。企业提交的电子申请和书面申报材料齐备无误后，受权管理机关予以受理，并在10个工作日内作出核准、登记或不予登记的决定。对准予核准、登记的，授权管理机关应在此期间内通过商务部的“进出口经营资格管理系统”向企业颁发《资格证书》；不准予核准、登记的，应在此期间内书面向企业告知理由。

(二) 办理进出口经营资格核准登记后，受权管理机关应将企业提交的书面申请材料连同《资格证书》复印件存档。

(三) 企业凭《资格证书》到工商、海关、质检、外汇、税务等部门办理开展进出口业务所需的有关手续。

六、本通知自2003年9月1日起实施。凡与本通知不符的规定，自本通知实施之日起废止。各经济特区、上海浦东新区、西藏自治区、苏州工业园区、江苏省私营外贸企业创业园区原由当地自行审核或登记内资进出口企业的经营地域限制自本通知实施之日起取消。

特此通知

商务部

二〇〇三年七月三十日

第八章 展览实务

组展商与参展商的长期合作关系

在现在激烈竞争的市场压力下，参展商和展会组织者之间的传统买卖关系已难以维系。为了组展的顺利进行，组展商往往会尽己所能取得参展商的满意和信任。

参展商希望从展会组织者那儿得到更多，他们不再允许组展商利用参展商支付的费用去取得短期利益，而是希望组展商所支付的服务能给他们带来价值，满足他们的需求。有时，参展商甚至会联合起来为自己的利益而斗争。因此，组展商与参展商之间建立合作伙伴关系将是趋势所在。有人提议：“停止买卖，开始合作。”并把这种关系比喻为婚姻，而美满的婚姻必定是长期而基于双方利益的。

1．长期性

建立一种三五年甚至更长时间合作关系需要有相同的价值观和目标。作为组展商长期的目标就是要加深、牢固与参展商之间的关系。只有不断了解并满足参展商的需要，才能取得他们长期的信任。

参展商的需要会因人而异，绝不要妄以为自己了解他们。最有效地了解参展商需要的方法就是直截了当地发问，如座谈会，调查表和电话访问等都是捕捉信息的常规方法。用发展的观点看参展商的需求，可以知道他们的需求肯定是在不断变化的。因此这些调查亦是长期的需要。

然而捕捉信息只是第一步，要建立相互信任的关系，关键在于倾听和付诸行动，参展商总想组展商关心他们，真正为他们的成功而努力。切记：实际行动须高于承诺，反之则万万不能。

2．战略性

要成功建立合作伙伴关系并不是向参展商售卖展位那么简单，要有一定的战略性。想赢取长期的参展商，就要努力了解参展商的业务和参展目的。

对于参展商而言，在展会上取得成功就意味着要取得销售利润。作为组展商，到底能为他们的成功提供什么帮助呢？一般人也许就是提供有关展览的各种建议，例如如何收集信息，如何对参展人员进行培训等。经验老到的专业人士则会从帮助参展商的角度出发，不断探索改进展示效果的方法，甚至组织参展商召开座谈会，集思广益地拟定成功办展的新举措。

组展商只有帮参展商增加利润、节省开支，让他们在客户面前有面子，才能说在彼此间建立了良好的合作伙伴关系。

3．相同的价值观

合作关系的另一方面是指双方在基本利益上相一致，在生意观念上志同道合。俗话说物以类聚，人以群分，寻找生意伙伴也一样。双方必须相互忠诚并具相同的金钱价值观，合作关系才越紧密。

组展商和参展商的价值是否一致取决于参展商在组展商心目中的地位。“顾客就是上帝”永远都是对的。对组展商的员工来说，上司和参展商哪个更重要呢？要知道为参展商服务的机构是为参展商而设的，而非是为下属为上司服务而设，每一个员工都必须明白，组展商之所以能存在和持续，根本是靠参展商，而非他们的上司。所以，参展商的需要才是第一位的。

总之，要想维持组展商和参展商的良好合作关系，以下几点必做不可：

(1)不断寻求增进关系的办法；

(2)理解、满足甚至超越参展商的期望；

(3)预计参展商可能出现的问题，并尽所能替他去解决。

像婚姻一样，并不是每个人都是建立合作伙伴关系的合适人选。组展商考虑与之建立长期合作伙伴关系的应该是那些成熟老练和重视通过展览拓展业务的参展商，是那些具有战略性计划，拥有正确的价值观及高度互助性的组织。

——《国际商务报》

巴西参展指南

提起巴西，首先让人联想到的这是一个超级足球王国、热情无限的桑巴舞和狂欢节，还有无尽的热带雨林。更为人称道的是其强劲的发展势头，规范的市场体制和稳定的经济政策，使这个美丽的国家在动荡的南美大经济环境中一枝独秀。在中巴经贸关系方面，巴西一直是中国在拉美最大的贸易伙伴，中国是巴西在亚洲的第二大贸易伙伴；40多家大型中资企业已在巴西设立代表处或分公司；中国的小商品、小家电、玩具、圣诞礼品、电子元件等轻工产品在巴西受到广泛的欢迎。您的企业和产品如果也想在巴西占有一席之地，还须将自身形象及其产品展现在那里，得到巴西市场的认可。

在巴西，外交部贸促司和发展工商部外贸秘书处（副部级单位）是巴西展览会的政府主管部门，巴西展览公司联合会为其行业协会。这三个单位每年都出版展览会名录，但由发展工商部编辑出版的名录内容更为翔实。

作为南美第一大国，巴西每年都要举办上百个国际性的大型展览会和数百个地区性的中小型展览会，内容包罗万象，以电信、电子产品、家电、木材、冶金、汽车工业和工艺品为主。较大型的展会一般都集中在巴西第一大城市圣保罗，那里拥有世界超大展览中心——国际级的现代化场馆。世界几大知名展会诸如COMDEX电信展、ESCOLAR文具展等每年都会在这里举行。巴西每年举办700多个展览会，综合性的占10%，其余多为专业展览会。部分专业展览会只允许企业参观，不对公众开放。展览会一般分为国际展和国内展。国内展又分为全国展、州展和市展。一部分国际展规模较大，知名度较高。例如，每年四月在圣保罗州内地城市黑河市（Ribeirao Preto）举办的“国际农业技术展”是世界三大农机展之一；每年四月在圣保罗市举办的“国际家庭用品展”（或称家电展）每届参观人数上百万人。圣保罗市是巴西的经济贸易和金融中心，大部分展览会都在此举办。此外，还有著名的国际超市商品和服务展，每年9月在里约热内卢举行。巴西政府和会展业协会都明确表示：他们热切盼望中国企业能更多地参与。

在巴西参展时一般要考虑以下问题：

1．选择展览会和参展商品

在巴西，五花八门的展览会遍及全国，圣保罗市几乎每天都有展览举行。因此，要从中选择知名度高且适合本企业的展会，才能有更多的机会与客户建立商务联系。

选择展览会不能只凭展览会的名称和收费的高低决定是否参展。例如，某个展览会名称为机械展，但只准展出机械的零部件，不允许任何整机展出。因此，要及时与展览主办单位联系，详细了解展览会的性质、参展企业、参观者来源、广告宣传、展馆的现场环境、配套服务设施和参展费用等情况。在对展会进行分析比较的基础上决定是否参展。

在决定参展后，还要进行认真的市场调查以及选择适销对路的展品。例如，巴西市场对叉车的需求较大，但一般是用液化气或蓄电池为动力。因此，以汽油或柴油为动力的叉车展品，很少有人问津。

从历年中国企业在巴西的参展情况来看，普遍存在展品品种少、档次低和参展人员少的反常现象，影响力不大。

2．展台的租赁

不同的展览公司和展馆其价格差异很大。首先要搞清楚展览公司提供的有关材料及价格表。签合同时要分清双方的责任。根据巴西的惯例，展台费应在开展前付清。

3．展品的运输

在选择海运代理时，要注意代理的信誉和工作效率，应要求海运承运人及时安排和通知船期，以准确了解展品抵达的具体日期，保证按时参展。巴西海关报关手续较繁杂，展品须提前一个月运到巴西。

4．展品报关

按照巴西政府的规定，在巴西登记注册的企业可以直接办理报关事宜，也可以委托报关代理。但是，由于报关手续繁杂，最好委托报关代理。当委托报关代理时，一定要了解清楚该海关代理是否能直接办理报关手续。有些展会可以出售展品，但事先必须了解清楚，准备出售的展品报关是否按进口办理，即申请办理自动进口许可证或非自动进口许可证。

5．展位场地费

展位的好坏直接影响到参展效果，有实力的企业应尽量选择国际区或其他好的展区。尽管这样将花费一些资金，但可提高企业的财力形象、地位以及参观者的客流量。

6．展位搭建费

设计颇具吸引力的展位非常重要。它可能会花去公司五六位数字的钱，但一种展位设计无法满足各种展商的需求，须出台多种适合不同类型展品的布展方案。许多公司参加巴西全国性商展时推出大型、壮观的展台，参加巴西地区性商展时则使用较小的展位。

7．展位储存、运输和布置

在两场展览之间，须把展台的装饰存放在某处，由公司负担贮存费用。如果要把展台由一处运到另一处，则要考虑运输费用，此费用在巴西并不便宜。展台到达展览会场后，须由专业人员装饰好，公司可利用自己的员工来把展台布置好，但有关地毯、电力线路、灯光、电话、额外的木工等，最好由负责展会设备的专业人员来处理。他们的收费虽有些偏高，但牵涉到复杂的线网管道技术，依靠自己的人员做，公司会感到力不从心。

8．照顾展位的人员

公司会找业务员、设备示范操作员，甚至从巴西其他城市调派工程人员来协助照顾展位，他们的薪水、出差费用、展览期间的饭店和餐饮费用都是展商成本的一部分。另一项比较难估算的成本，就是由于业务员离开责任区来支援展商，所失去的生产力成本。

9．广告、样品和宣传资料

为了使展商成功，必须让潜在客户和现有客户知道公司参加了此次展览。展位地点必须广为宣传，公司有必要做些广告公布这些细节。直接邮寄宣传资料是一种较好的宣传方式，须让业务员确认已把参展消息通知他们负责的客户，精美的圆珠笔、宣传袋、别针之类的小赠品可用来促进展位的生意。另外要准备很多产品宣传资料，鼓励潜在客户自由索取。

10．特殊的招揽生意方式

许多参展商利用各种女性模特、魔术师、职业演员、名人、奖品和各式各样的噱头将注视的目光吸引到展位上。这些招揽生意的方式也会增加一些成本，但对于吸引顾客上门却很奏效。

11．专辟贵宾室招待重要客户

在巴西一些大饭店举行鸡尾酒会，辅以现场乐队、美食和免费的酒类招待（有些则以早餐形式款待）。这类宴会可能动辄数千美元，有条件的参展商不妨一试。另外，商展期间还可由业务员带领重要客户乘坐河上观光船，游览办展城市。

赴国外参展的九项准备

决定是否参加一个商展，最重要的工作是研究要送展的产品在展览会即将举办的国家或地区有无潜在市场，有没有可能找到销路，千万要记住参加商展的主要目的是为了在该地区推销产品。如果你已经决定参加商展，你就该着手做以下几项工作了：

①了解这个商展覆盖的地区有多大。

②同哪些类型的产品一同展览，即展览会是综合性的还是专业性的。

③如果是国际性贸易展览会，而不是专门的中国产品展览会，那些将要参展的外国公司有哪些，是什么产品参展。

④展览会预定场地的费用、时间安排如何。

⑤你的产品若销往该展览会举办地区或国家，需交纳什么样的税，税会不会太高。

⑥你的产品的FDB价和CIF价分别是多少。

⑦出口到该市场，你的价格能否被接受，是偏高了还是偏低了（有时产品质量上乘，但若价格偏低，很可能被怀疑质量不好，所以偏低的价格也可能会影响产品销路）。

⑧你的产品是否对许多行业有用处，或只对少数二三个行业有用处。如果产品只是满足几家买家的特殊需要，最好采取直接卖给他们，没有必要参加大规模的商展。

⑨如果收到订单，履约有无困难，能否迅速组织到需要的货源，在运输、出口等许多方面是否需要预先做安排。

如果你决定参加商展，但是你的公司不是属于国家批准的有外贸经营权的公司，你就需要委托一家有权经营外贸的公司，让他们作为你的代理商为你安排产品参展事项以及代办产品出口业务。另外，你还可以通过中国国际贸易促进委员会，它设有专门的出国展览部，负责组织国内厂家出国参加国际性商品展览会或在国外组织专门的中国产品展览会。

怎样才能把自己的产品拿出来展览呢？这首先需要知道每年都有哪些展览会、博览会，分别在什么地方举行，都是什么性质的展览。要取得这方面的资料，你可以查阅德国一家分别用英、法、德三种文字出版的《商展及博览会日历》，伦敦博览会资料中心出版的《博览会报告》，此外还有一些贸易、商业期刊，飞机场也会随时介绍这方面的情况。日本也出版一本《日本国际和国家展览会和博览会》，出版周期是每年6月、12月，出版者为日本会议局。

专业展助你打天下

随着产品服务的细分和市场竞争的激烈化，各企业通过参加专业展进行产品推广已成为企业重要商务活动之一。在电子信息迅速发展的时代，这一趋势非但没减弱反有加强，其魅力所在是专业展可以现场将产品的特色及时传递并与目标客户直接沟通，而在短的时间内达成商业合作的目的，这一点是其他任何媒体无可比拟的。

如何选择专业展览会

选择符合企业本身发展规划的展览会。企业参加专业展之前应评估该专业展的目标市场，包括专业展涉及的行业领域，专业展的主题、目的，专业展邀请的参观人士的结构以及该专业展辐射的范围等因素，这些因素是否与本公司的发展规划相吻合，能否促进企业达到预期目标。

选择有影响力、经验及对行业的认知度高的组织者。组织者（尤其是具体操作者）对所组织的专业展所属领域的认知程度以及组织专业展的经验是影响专业展素质的重要因素，我们很难想象没有办展经验，且对行业毫无认识的机构或组织人员能办好专业展。

选择有影响力、品牌知名度高、参展企业多的展会。无论哪个行业，在全国或某个地区都有一批具有影响力、领导力的企业，当然并非所有的行业领导企业都会参加某个专业展，但若某专业展完全没有您在您的领域所认知的企业或品牌参展的话，您可认真考虑，没有龙头企业的参与，展览会的规模、影响力必然受影响，况且龙头企业有足够的经验评估、选择展览会，中小企业可根据此情况协助自己判断。

选择有策划能力和宣传推广力度的展览会。成功的专业展的组织是庞大的系统工程，从展会推广、专业买家邀请、行业活动安排到客户服务等一系列工作需组织者在切实了解展商需求的情况下作出策略性统筹。从专业展对外的招展函、广告以及各项组织计划来看，可以评估出组织者的经验、对行业的认知度以及整体统筹策划能力，可帮助企业做出判断。

选择相关条件好的城市和展馆。专业展所在城市的地位、交通、辐射力等因素直接影响厂商的参展及专业人士的参观，一般来说大都市、国际性城市是专业展选择的重点，同时展馆的配套及服务水准直接影响展会的素质。

如何评估专业展的素质

评估专业展规模。成功的专业展具有一定规模和行业影响力（在行业领域），规模和影响力是成正比的，专业展的规模主要指参展企业量，参观专业人士数量。国际性展览公司组织大型专业展，展览面积大多超过2万平方米甚至更多，极具影响力，由国内机构组织的专业展若在1万平方米以上（约500个标准展位）就具有一定的规模，若展出面积在3000至4000平方米的展览，就谈不上是有规模的专业展。有规模的专业展可吸引更多专业人士参观，而这正是保证参展商商业合作成功的最主要因素。

评估专业展的行业活动。企业参加专业展从事展示推广、商务洽谈是核心，专业领域的行业活动是专业展的精髓部分，通过一系列行业活动如专题讲座、报告会、商务考察等可开拓参展商的思路，了解更多的信息，对日后的经营有益，行业活动的组织与选题是评估专业展重要因素之一。

评估专业参观人士的特点。成功的专业展应注重专业人士的邀请，专业人士的数量越多，其所来自的地区越广泛，对展商来说受益越大。

评估组织者的客户服务素质。企业参展是一个复杂的系统工程，尤其对异地参展更是如此，涉及到展位布置、运输、酒店、交通、报关、签证等一系列手续。成功的专业展组织者应为展商统筹好各项事务，以节省客户的时间与精力。

如何利用专业展扩大商业机会

精美、有个性的展位布置是凸现形象极佳的途径。专业展同行汇聚，展位太小、布置没有特点，很容易在展览馆中被淹没，精美的展位布置可迅速提高被关注度，无论是对公司的老客户还是新客户，精美的展台即是显示实力和特色的好机会，更可能带来意想不到的收获。

利用参展机会举行相关活动可帮助您获得更多的机会。许多企业参展，均会考虑在展览期间进行新产品发布会、经销商年会、产品演示等配套活动，在稳定老客户的基础上发展新客户。当然，这些活动需要展商在公司整体计划下统筹。

营造轻松、愉快的商业洽谈活动。由于专业展参观人流较大，在展位洽谈商务会受一定的影响，这时需要轻松、安静的商业洽谈环境，或在展位内间隔出洽谈室，或在展馆、酒店租用洽谈室使有意合作的商家可经展台简单洽谈后前往进一步商谈，这不但显示公司的实力，轻松的环境亦可有助洽谈成功。

充分利用展览会的宣传推广手段。专业展均会有许多可选择的推广项目，如会刊、展前快讯、产品赞助（主要指消费品），展馆现场广告以及展览期间的媒体宣传配合等，展商可根据本身的推广目的营造立体式的推广，扩大影响力、被关注力，吸引您的目标客户。

——《国际商报》

运作展览会：做好四个阶段工作

要办好一届展览会，首先应该对展览会的操作过程了如指掌，这一般包括计划、组织、运作、实施及评估等几个阶段。

阶段一：计划、组织

1. 市场调查

主办单位应通过分析市场需求及参展商的要求，来确定展览会的概念。在选择展览会的举办时间时，一是符合产品的销售季节；二是避开国内外的重要展览会的举办时间，便于参展商和买家的参加。在地点选择方面，主要考虑产品的生产和销售地域，以及交通便利。

2. 可行性研究

通过制定财务预算、确定盈亏平衡点，从而确定展览会的目标。在不同地区举办不同内容的展览会，财务预算的内容可以有所不同。

3. 立项

根据我国政府的有关规定，展览会的主办单位必须向政府部门申报，得到批准后，才能举办。中国国际贸易促进委员会和地方政府是我国政府授权的展览会批准单位。

阶段二：运作

1. 招展

招展的目的是招揽到合适的企业参展，实现主办单位参展企业的价值传递。招展工作的好坏直接影响着展览会的效果，它是展览会取得成功的关键步骤，也是展览会取得成功的基础。它由以下两个方面的工作组成：

第一，准备工作。包括招展书的编辑与印刷、潜在参展商数据库的建立。其中主要工作是参展商数据库的建立。建立参展商数据库的步骤，一是选择展览会内容和价值定位企业；二是输入计算机；三是随机检验数据库的有效性。

第二，招展工作。包括代理机构的确定及电话招展。具体步骤为：一是代理机构的确定。在选择代理时，其标准是具有行业背景和较强的实力；二是根据已建立的数据库进行招展书的邮寄；三是对重要参展企业进行登门拜访，进行展览会的推荐与销售；四是电话招展；五是参展企业确定。

2. 招商

招商的目的是吸引参展商需要的贸易观众前来参观并进行贸易洽谈。它是展览会的生命线。具体步骤：一是贸易观众群体的确立；二是建立贸易观众数据库。贸易观众数据库建立的步骤基本上与参展商数据库的建立方式相同；三是观众请柬的编印与邮寄；四是电话招商；五是观众预登记表回收和确认。

3. 供应商选择

展览会的供应商包括场馆主、展台搭建商、展品运输公司及旅游服务代理等。选择的标准是优质服务，价格合理。

4. 相关活动

展览会的相关活动，是指研讨会、技术交流、流行趋势发布、开幕式、开幕晚宴等。举办这些活动的目的，是为参展商和贸易观众提供附加服务，从而提高展览会的形象与档次。

5. 宣传

展览会宣传工作贯穿于展览会的全过程，是展览会组织工作的重要部分。其目的是宣传展览会、提升展览会的形象。具体包括：

① 媒体选择

② 制定宣传计划

③ 确定财务预算

④ 新闻发布会的组织与实施

⑤ 新闻中心的组织与实施

阶段三：实施

1. 展前准备

展前准备包括海关、安全、消防等部门的报批工作。由于国际性的展览会，牵涉到海外参展商展品的进关和清关问题，需要凭展览会的批文，到海关备案。同时，展览会属于大型社会活动，展览馆的布置，相关活动安排等需要得到公安、消防部门的批准。

2. 现场操作

现场操作包括：参展商及贸易观众的现场服务。对参展商的服务有展台搭建、展品运输、展馆清洁、现场保卫等；对贸易观众的服务包括现场登记和参观引导等。

阶段四：总结、反馈

展览会总结的目的是检验展览会的效果是否达到预期效果。主办单位一般通过对所有参展商的问卷调查和贸易观众的抽样调查（样本数占总人数的10%）进行展览会的评估工作，并针对调查结果，总结出展览会取得成功的经验，或找出失败的原因，及时调整展览会的概念，对主办单位的竞争策略进行相应的调整，以提高下一次展览会的举办水平与质量。因此，第四阶段是促进展览会不断提高的关键所在。

——《中国贸易报》

第九章　大事记

2002 年

九月

在国际展览联盟69届年会上，中国有三个展会及组织者成为UFI正式会员，它们是中国国际纺织机械展、深圳国际机械及模具工业展、大连国际服装节。至此我国加入UFI展会成员已达10个。同时，中展集团副总裁陈若薇当选为UFI亚洲、澳洲及中东地区分区副主席，并成为该联盟工作委员会成员，这是我国会展业第一次也是第一人在该联盟中任职务。

广交会在2002年进入改革的关键阶段。春秋两届分期成功举办，显现出中国第一会在迈向国际化、市场化、专业化道路上，踏出坚实的一步。

十月

10月，国家经贸委取消在国内举办的全国性经济贸易类展览会的审批。

2003年上海国际汽车展”在2001年一分为二闹得沸沸扬扬之后，关于慕尼黑和汉诺威谁入选“合作承办方”一事贯穿2002年，10月以汉诺威出局而告一段落。

10月16日，国际经贸委制定的《专业展览会等级的划分及评定》行业标准通过专家审定，这是我国第一个关于会展行业评估的标准。同时，国家经贸委取消了国内展览会的审批权。

10月24日，大连国际服装博览会通过国际展览联盟认证。

十二月

广州国际会展中心12月正式对外营运。这个展馆面积居世界第二，国内第一，它的建成将在珠江三角洲会展经济中布下一个重要的“棋子”，对于形成京、沪、粤三大会展中心格局起到关键作用。

12月3日，北京时间12月3日22点16分，在摩纳哥蒙特卡洛的格林马迪会议宫皮埃尔王子厅，国际展览局主席诺盖斯宣布，中国上海市获得了2010年世界博览会的主办权。

12月10日～12日，在深圳召开的中国国际会展论坛规模空前，国际化程度高，来自美国、德国、澳大利亚等国和国内部分省区的专业人士300多人出席。作为2002年中国会展业的最高论坛，它的举办影响重大。

2003 年

一月

1月15日～17日，第四届中国国际展览和会议展示会在湖北武汉国际会展中心举办。

二月

2月17日～21日，中国展览馆协会和北京大学共同主办了首届“中国会展业高级培训班”。

三月

3月1日，《专业性展览会等级的划分及评定》行业标准正式实施。

3月15日，世界卫生组织在其官方网站发出紧急通知：一种神秘的致命呼吸系统疾病蔓延到亚洲以外地方后，已经成为“世界性卫生威胁”。通知警告旅客和航空公司留意这种非典型肺炎。

3月30日，中国国际货运代理协会获得国际货代协会联合会2006年年会举办权。

四月

4月2日，世界卫生组织（WHO）宣布对广东、香港实施旅游警告。

4月12日，中国政府宣布停止新马泰旅游。

4月16日，国家旅游局和卫生部联合下达《旅游经营单位预防控制传染性非典型肺炎应急预案》。

4月20日，国务院决定取消“五一”长假，限制出游。

4月23日，世界卫生组织宣布对天津市实施旅游警告。

五月

5月8日，世界卫生组织宣布对内蒙古、山西实施旅游警告。

5月15日，深圳会议展览业行规（试行）发布。

5月17日，世界卫生组织宣布对河北省实施旅游警告。

5月20日，北京市会展业发展统计报告公布。

5月23日，世界卫生组织总干事布伦特兰宣布取消对香港及广东所发出的旅游警告。

六月

6月3日，国际展览局第133次大会召开，中国首席代表刘福贵参加会议并发言。

上海市副市长周禹鹏率上海代表团出席了会议，并向大会报告了2010年世博会工作进展情况。

6月13日，世界卫生组织发言人辛普森13日下午宣布从即日起解除到中国河北省、内蒙古自治区、山西省和天津市的旅游警告。并将天津、河北、山西、内蒙古、吉林、江苏、湖北、广东、陕西从其“近期有当地传播”的名单中删除。

6月17日，中国贸促会、外交部、商务部、公安部、海关总署共同发布《关于进一步加强出国举办经济贸易展览会管理工作有关问题的通知》。

6月20日，鉴于中国非典型肺炎疫情缓解，孟加拉国、斯里兰卡、阿富汗、纳米比亚、瑞士、奥地利、瑞典、丹麦、芬兰9国取消了针对中国往访人员的限制措施。

6月23日，世界卫生组织将香港从非典型肺炎疫区名单中删除。

6月24日，世界卫生组织正式宣布解除北京地区的“旅行警告”，并将北京从“近期有当地传播”的疫区名单中删除。

6月30日，在联合国教科文组织总部巴黎召开的第27届世界遗产大会上，与会代表一致通过决定：第28届世界遗产大会2004年在中国苏州举办。

6月30日，内地与香港在香港签署“更紧密经贸关系安排”(Closer Economic Partnership Arrangement，简称CEPA)协议。

其中包括管理咨询、会议展览、广告、法律、会计、医疗、房地产、建筑工程服务、运输、分销、物流运输、旅游、视听、银行、证券、保险等16个服务行业将会受惠。

该协议自2004年1月1日起开始实施。

七月

7月5日，世界卫生组织宣布，由于中国台湾地区从6月15日之后没有新增非典病例，因此决定把其从非典型肺炎疫区名单上排除。中国台湾地区是最后一个被从非典型肺炎疫区名单上除名的地区。

7月9日，国家旅游局宣布，恢复国内跨省区市旅游和出境旅游的经营活动。

7月23～24日，第五届亚欧经济部长会议在辽宁省大连市举行。

八月

8月3日晚21时，北京2008年奥运会会徽——“中国印”在北京天坛公园祈年殿公布于世。

第十章　行业简讯

深圳市会议展览业协会推出新举措

为了适应深圳会展经济的发展，更好地为会员企业服务，推动和促进深圳会议展览业的健康发展，深圳市展览行业协会于2002年2月更名为“深圳市会议展览业协会”，并对协会内部结构进行了调整，设立了6个服务部门，即：会员部、培训部、信息宣传部、项目服务部、法律咨询部、参展商俱乐部，增加了10多项为会员企业服务的项目，以便更大范围地为会议展览行业服务。

湖南省会议展览业协会正式成立

2002年9月，湖南省会议展览业协会正式成立。这也是我国中西部地区的第一家会议展览业协会。业内人士评价说：这个协会的问世，是为了湖南能更好地吃到会展业这块大蛋糕，是为了能打造出一个全新的“会展湖南”。

湖南的会展业起步较晚，但发展较快，目前共有各类会展机构50余家，全年举办各类展览70余个，每年出国参展企业100余家，申请各类国际展位150余个，并出现了像“湘交会”、“中国西部投资洽谈会”、“金鹰节”、“农博会”等品牌。像“体博会”、“糖酒会”等外来品牌也频繁光顾长沙。然而，湖南会展业也存在体制和管理的问题，这在很大程度上制约了展览会的市场化运作，导致会展规模小，难以形成品牌。

湖南会展业协会的成立，标志着湖南的会展业终于有了“管家”和“娘家”。据悉，该协会力争用10年左右时间，将湖南建成中西部地区的会展强省，把长沙建成中西部地区的会展中心城市，努力使会展经济占到湖南GDP总量的0.8%～1%。

广州一旅游学院开设会展专业

近日（2002年10月），广州大学中法旅游学院正式挂牌成立。该学院将以本科教育为主，以改变目前广东旅游人才大多学历在高中水平的现状。

据了解，中法旅游学院是由原广州大学旅游管理各专业组建而成，法国著名的昂热大学、尼斯大学每年都将派出教授专家来担任教学工作。据介绍，中法旅游学院将以本科教育为主，现开设宾馆与餐饮管理、会展与商务旅游、旅游规划与景区管理、旅行社经营管理、国际旅游与导游、旅游物业管理等六个专业，是目前国内旅游专业方向覆盖面最宽的学院之一，其中，会展与商务旅游专业为国内首创。

大连国际服博会获UFI论证

在2002年10月23日德国慕尼黑举行的第六十九届国际展览联盟（简称UFI）大会上，由大连国际服装展览有限公司组织的大连国际服装博览会暨中国服装出口洽谈会以15票弃权、2票反对、273票通过的绝对优势获取了UFI的论证。目前全球约有50多个服装博览会获取了此项论证，中国除“香港时装周”得此殊荣之外，中国内地仅有大连国际服装博览会摘取此项桂冠。

《专业性展览会等级的划分及评定》通过评审

国家经贸委委托全国城市工业品贸易中心联合会组织制定的我国第一个国内专业展览会的行业标准通过评审，有望在近期公布。这是国家经贸委在取消对全国性非涉外经济贸易展览会的审批后，发挥行业协会在展览行业的主导作用，运用行规行约规范、引导展览市场的健康发展，以期提高我国展览行业的整体水平。

（全国性）非涉外经济贸易展览会的行政审批被列入国务院近日下发的《国务院关于取消第一批行政审批项目的决定》中，是国家经贸委取消的46项行政审批项目之一。国家经贸委主管部门负责人表示：取消对展览会的行政审批，将对我国展览业的发展起到积极的推动作用。

在取消审批前，国家经贸委已经做了充分准备，委托全国城市工业品贸易中心联合会组织制定国内展览会的评级标准。

2002年10月16日，国家经贸委贸易市场局和中国商业联合会在京召开《专业性展览会等级的划分及评定》行业标准审定会，审定通过了这一标准。

国家经贸委贸易市场局副局长邸建凯指出，取消国内经济贸易展览会等数十项行政审批，是国家经贸委进一步转变政府职能的重要举措。目前我国展览市场的发展不仅需要扶持引导，也需要规范管理，在取消审批后需要有相关的行规行约来管理和引导展览市场。此《标准》的编制过程，并对《标准》的制定原则、方向和意义做了简要说明。

与会专家代表根据程序和要求对《标准》进行了逐条审议，并提出了各自的意见和建议。会议主要讨论了展览会等级的划分和依据、专业观众的定义及标准的规范等问题。

《专业性展览会等级的划分及评定》作为我国专业性展览会第一个行业标准，还有待于在实践中发展和完善，但其对促进我国展览市场优胜劣汰机制的建立，引导国内展览会不断提高专业化、国际化的水平必将起到积极的推动和促进作用。

国家将推进行业自律　培育规范展览市场

国家经贸委贸易市场局副局长邸建凯最近（2002年11月20日）就展览界人士和参展企业特别关心的一些问题发表了意见，比如如何培育展览市场主体？如何提高展览行业的专业化水平？促成全国展览行业协会的成立将会推出哪些举措等。他指出，为规范展览市场，引导行业发展，实施扶优扶强方针，国家经贸委已委托全国城市工业品贸易中心联合会会同有关方面组织制定国内展览会的评级标准，这一标准于2002年底前颁布实施。

国家经贸委今后还要加强展览从业人员的培训，通过培训来提高展览界从业人员的整体素质。

邱建凯认为，展览业的发展对促进我国经济快速增长，推动产业发展起到了重要作用。展会除了其本身的经济效益，对办展城市的经济发展也有带动作用，它对服务业包括旅游、商业、交通等的带动作用是1∶10。因此，各地政府都非常重视展览业的发展。

同时他批评说，我国展览业当前也存在市场秩序不规范、组织方式还是以行政办展为主、展览设施的重复建设比较严重等问题。这些问题的产生源于我国展览业的市场化、专业化程度不高，管理权限分散以及没有一个全国性的行业组织，来制定行规行约，制定有关的游戏规则，是我国展览业规范、健康发展的重要条件。

目前，国家经贸委正在积极地推动和促进中国展览业协会的成立，下一步将要把展览管理体制改革与政府职能转变结合起来。邱建凯说，按照国外的模式，展览业主要由行业协会进行自律管理，这也是欧美国家展览业发展的基本经验。为进一步转变政府职能，发挥行业协会的作用，国家经贸委将尽快取消对展览会的行政审批。但取消审批并不意味着政府放手不管，而是要依托行业协会的力量规范和引导展览业的健康发展。政府职能是制定规则和实施监督，行业协会的职能是加强行业管理和行业的自律。取消行政审批对政府部门的管理能力和水平提出更高要求的同时，也对成立中国展览业协会提出了更为紧迫的要求。

邱建凯还指出，由于展览业目前的管理体制是由几个部门根据各自分工，对不同类别的展览分头管理，因此改革我国展览业现有的分散管理体制，需要由这几个部门统一意见、协调行动。方向是实行统一的管理体制，用法规管理来代替行政审批，政府主要用法规、标准等来进行规范引导。其次，中国展览业协会成立后，要依靠全国性的行业组织来制定行规行约以及其他游戏规则，使得展览行业规范健康地发展。再次，国家经贸委将着力培育一批有品牌的展会及有实力的展览公司，使我国的展会在专业化、国际化方面尽快得到提高。

上海市申博成功

北京时间2002年12月3日22点16分，在摩纳哥蒙特卡洛的格林马迪会议宫皮埃尔王子厅召开的第132次代表大会上，国际展览局主席诺盖斯宣布，中国上海市获得了2010年世界博览会的主办权。

国际展览局89个成员国的代表以无记名投票方式先后进行了四轮投票，中国上海最终以54票击败韩国丽水以及俄罗斯的莫斯科、波兰的弗罗茨瓦夫、墨西哥的墨西哥城。在历经三年的努力之后，中国上海终于申办2010世博会成功。

世界博览会是展现人类在社会、经济、文化和科技领域取得的成就的国际性大型展示会。第一届世博会1851年开幕，至今已举办过40届。本届世博会的申办工作是有史以来竞争最激烈的一次。举办世博会，对举办国及举办地具有积极意义，可以扩大当地知名度，促进基础设施和城市建设的发展，还可以带动旅游业。

香港兴建新国际展览中心

香港投资推广署署长卢维思在立法会上说，香港新国际会议展览中心的招标工作已经准备就绪，3个有足够财力、具经营国际展览中心经验的财团进入获邀请投标的名单。当局于2002年12月20日向财务委员会申请拨款20亿元工程费用，2003年1、2月期间发出招标文件，于2003年下半年展开建造工程，2005年下半年竣工。

将于香港国际机场附近兴建的新国际展览中心第一期工程预计总建造额为24亿元，私人财团投入的资本必须最少占第一期总建造费用的15%，即约4亿元。总建造费用的八成半将由港府承担，但以20亿元为上限。卢维思说，新会展与湾仔旧会展将各有分工，旧会展层数多，位于市区中心，主要展览高档次、高增值的产品；而新会展是一层式建筑物，邻近机场，适合展出体积较大的产品。

中国展览业竞争优势日益凸显

第69届国际展览联盟年会2002年10月23～25日在德国慕尼黑举行。中国国际纺机展在会上以292票（全票294）获得通过，成为国际展览联盟旗下的一个展会。中国国际纺机展主办机构中国贸促会纺织行业分会成为国际展览联盟的正式成员。参加了此次年会的中国贸促会纺织行业分会秘书长徐迎新向记者介绍，此次中国获得通过加入国际展览联盟的展会还有大连服装节及深圳机械博览会，这样，中国加入国际展览联盟的展会已10余个。

徐迎新还介绍道，在国际展览联盟年会上发布的研究报告中，已把中国的北京、上海、深圳、大连作为亚洲重要的展览城市，中国展览业的竞争优势日益凸显，既有着广阔的市场，又有巨大的产业支持，中国展览业的未来越来越被世界看好。

国际展览联盟成立于1925年，是展览行业惟一的世界性组织。目前在71个国家、144个城市，有224个正式成员，并批准了其成员主办的621个展览会。作为非政治性、非营利性的组织，国际展览联盟的宗旨是通过其成员进一步促进国际贸易，并通过研究国际展览联盟遇到的问题，发展其成员主办的展览会，使展览会这一重要媒介在为世界贸易服务中起到更有效的作用。欧美一些发达国家的展览主办机构、著名的展览中心及展览协会多为国际展览联盟的成员。

徐迎新谈道，国际展览联盟是高品质贸易展览会的标志，一个展会要能获得国际展览联盟的批准，其服务、质量、知名度皆要求达到一定的标准。国际展览联盟对申请加入的展览会的规模、国外参展商比例、国外观众的比例，都有很严格的要求。展览会的专业性及国际化程度必须达到很高的标准才有可能获得通过。中国国际纺机展至今已举办了八届，其专业性及国际化程度早已享誉业界，所以此次能以近乎全票的优势通过。随着中国展览业今年的迅猛发展，中国很多展览会的质量、档次有了很大的提高，许多展览会都能达到国际展览联盟要求的标准。随着展览业品牌意识的增强，中国加入国际展览联盟的展会将会越来越多。

徐迎新还谈道，作为国际展览联盟的成员，将享受到该组织提供的信息服务，对世界展览业的走势及发展动向能更及时地了解，同时，展览业界的一些新理念也有助于更快、更好地改进展览主办者的组织工作，使组织工作跟上展览业发展的需要。今年国际展览联盟年会上提出，展览主办机构，不能停留在展览公司的层面上，而是要发展成为为参展商提供增值附加服务的公司，要建立一个完整的服务体系。作为国际展览联盟的新成员，中国贸促会纺织行业分会今后要在这方面多下功夫，练好内功，不断提高自己的展览服务水平。

中展集团副总裁陈若薇当选
国际博览联盟（UFI）分区副主席

2002年10月23～25日在德国慕尼黑举行的国际博览联盟第69届会议上，中展集团陈若薇副总裁当选为国际博览联盟（UFI）亚洲、澳洲及中东地区（AAME）分区副主席。

此次陈若薇的当选，对中展集团公司和我国会展业来说都是一件重要的事情，在促进我国展览业健康发展中，必将起到更加积极和重要的作用。此前，受国际博览联盟的委托，陈若薇副总裁已经完成了对大连服装节、深圳机械博览会、国际纺织机械展的考察和推荐工作。

浙江省经贸职业技术学院在
全国高校中首开《会展与广告》专业

针对20世纪90年代以来我国会展业发展迅猛，而专业人才奇缺的现状，浙江经贸职业技术学院瞄准市场，结合自身办学优势资源，在全国高校中首开《会展与广告》专业，致力于闯出一条培养会展业专业人才的新路。

浙江经贸职业技术学院2001年经浙江省教育厅批准设立《会展与广告》专业，2002年已按浙江省高校招生计划录取新生，现有在校生为87名。该专业共开设37门课程，其主要课程为传播学、市场营销、构成学、广告学、文案、灯光艺术、环境艺术、会展实务、网络展览、广告设计、模型制作、计算机制图技术、摄影、影视动画制作等。从目前情况看，会展专业的学生普遍专业思想牢固，学习热情高涨。而且尽管专业首届毕业生要在2005年暑期才面向就业市场，但现在就有不少用人单位对他们表现出极大的兴趣，显示该专业具有良好的就业前景。

浙江经贸职业技术学院是一所以“经贸”为特色，文、理、工、经、管多学科协调发展的综合性高职学院。该院现在有在校生为8000余人。已开设电子商务、连锁经营管理、国际贸易、会展与广告、市场营销、酒店与宾馆管理等17个专业。

为避免展览“撞车”　武汉市将公示展题

2002年武汉市举办的各类展会逾百个，热闹之中出现一些不规范的现象：展题撞车，重复办展。日前召开的全市展览工作会议开出“药方”：制定行业自律准则和进入标准，不知名的展会让路知名展会，小展会让路大展会，并建立展题公示制度。

武汉展览业作为经济发展新增长点，市场潜力巨大。但同北京、深圳、上海等城市相比，发展却慢半拍，一个重要原因就是展览业市场秩序混乱。目前，武汉市有大大小小展览公司几十家，但具规模的屈指可数。

2003年始，武汉市以行业管理为主，管理内容为对开办展览公司的资格初审，对展会、展题初审及日常监督，通过行业自律，规范展会秩序。

亚洲最大常年展贸中心崛起上海

总投资3亿美元建筑面积达28万平方米的上海世贸商城以展带贸、以贸促展，走出了一条将展示、促销、交换商情、吸引客户及销售等于一体的发展之路。2002年底，他们又推出了一套引导中国生产厂商正确参与国际贸易的新举措。

据了解，中国加入世贸组织一年以来，上海世贸商城迎来了跨国采购中心的落成，众多大型跨国企业如英特尔、沃尔玛、戴尔等纷纷入住。并有多次服装、建材、礼品产业的大型采购洽谈会举行。上海世贸商城的新目标是建立上海的“万商之都”，这就意味着成为服装、建材、礼品家饰行业国内外买家认可的商务终端，国内生产商、贸易商也可通过常年展示和多向产业活动达到贸易促成的目的。

上海世贸商城还推出了建设“万商之都”的整套策略和规划，包括扩展上海世贸商城的商务服务范围，例如企业证件办理、审计，商务融资，产品认证，产业情况中心和书面翻译、口译服务等。同时，一个为买卖双方提供高质量贸易教育的商贸教育中心也在规划之中。

最近，上海世贸商城与美国达拉斯市场管理中心结成战略伙伴推行常年展示模式，将为中国更多的企业“走出去”提供帮助。

上海世贸商城是中国第一家、亚洲规模最大的国际及专业展贸中心。集常年展贸中心、短期展馆及办公大楼等多功能服务为一体。目前，主要在服装面料、礼品百货和建材家具三大主题产业范围内，为国内外的制造商、零售商、代理商及外贸代表处提供多功能、全方位的设施和服务。

湖南农博会中心展馆竣工并通过验收

2002年12月8日中国现代农业博览交易中心会展中心展馆竣工并通过验收，与会展中心配套的广场、道路等工程也基本完工。

会展中心总投资1.4亿元，展地280亩，建筑面积4.2万平方米，形成东、西、南、北4个广场（北广场待建）。中心展馆内一至三层可设国际标准展位1500个，并配有国际会议厅、多功能会议厅、接待厅、大空间办公室等。

北京将把会展经济纳入常规统计

今后，北京市的会展业统计数据将真正有据可依了。市统计局、北京市贸促会、市计委、市旅游局、市公安局、市工商局六部门，正在联合开展首都会展业调查。这是2003年1月22日在市统计局召开的北京市会展业统计调查会议上公布的。

北京市进行的会展业统计，主要包括四星级以上宾馆、会展场馆和会议展览主办单位。统计局负责人表示，对会展业进行统计是个新尝试，此前他们刚完成对物流和电子商务的统计。会展业统计工作的开展，将为今后将会展业纳入统计局常规统计做有益的探索和准备。

适应市场发展参照国际惯例　北京2003年设三项车展

以往北京国际汽车展上人满为患的现象有望得到缓解。2002年12月16日北京国际汽车展的四家合作单位联合宣布，对以往每逢双年举办一次国际车展进行调整，将商用车等专项展览从综合性的车展中剥离出来。从2003年起，以后每逢单年，将举办以商用车及汽车零部件为主的北京国际商用车展览、北京国际汽车零部件及相关产品展览、北京国际摩托车展览三大专项车展。而逢双年则举办以整车（乘用车）为主的北京国际汽车工业展览会。

据北京国际汽车展的有关负责人介绍，将商用车展从北京国际车展中单独分列出来的最主要原因是近年来我国的商用车市场发展迅速。另外，由于北京没有大型的展览场地，商用车展出效果和宣传重点都没有得到充分体现。另设专场一方面是为了缓解场地压力，一方面是提高展览的针对性。此外，这种调整还参照了国际车展的通常做法，如世界最负盛名的法兰克福车展、东京国际车展等都是将商用车另设专场展出。

2003年北京的三大专项车展安排如下：国际商用车展及汽车零部件展于2003年9月25～28日在北京展览馆同时同地举办。摩托车展于2003年11月6～9日在北京展览馆举办。

香港拟设立展览特区

香港特区政府正力图在边境开辟一个特别区域，发展中国贸易博览会，内地各省市可在此设立固定展馆，为外商和港商提供"一站式"招商服务。

据香港媒体报道，河套区为皇岗与落马洲之间的一块平地，面积约96公顷，相当于130个足球场。特区政府拟将这块土地发展成为中国贸易博览会场地，提供展览、写字楼、酒店、零售和饮食、娱乐等设施。

由于河套区四面环河，因此只要加上围栏，便成为一个密封的"特区"，方便保安和管理。内地工作人员只要持有香港发出的证件，便可以在深圳口岸进出河套区，但不能进入香港；而港人和旅客，则可以自由出入河套区。

宁波会展行业协会正式挂牌

2003年2月28日，宁波市会展行业协会正式挂牌成立。副市长邬和民到会并讲话，成立大会由宁波市会展办公室主任程国强主持。

宁波市委、市政府对会展行业协会的成立高度重视，邬和民强调说："宁波市会展行业协会的成立，必将对宁波市会展业的发展和提升宁波市综合竞争能力发挥积极的作用，宁波市要争取经过5～10年的努力，建设成为中国会展名城，长江三角洲南翼会展之都。"

宁波市具有发展会展业良好的区位优势和雄厚的产业基础，并成功地举办了"浙洽会"、服装节等展会，宁波市委、市政府对会展业的发展极为重视，2003 年1月研究出台了《关于加快宁波会展业发展的若干意见》，明确提出要把发展会展业作为宁波市新的经济增长点和重要的支柱产业之一，并要求组建会展行业协会，逐步形成宁波市会展业公平、有序、规范的竞争格局。

在此情况下，宁波市会展行业协会应运而生。协会以会展的组织经营企业、会展场馆的管理企业、会展的服务企业、会展的相关部门和中介组织为主体，现有一级法人企业会员50家。协会的基本职能是"服务、代表、协调、自律"，将积极发挥中介组织作用，配合政府加强对会展行业的协调。2003年协会的主要工作是：加强会展业的宣传工作，引起全社会的共识；配合政府大力培育会展主题，繁荣会展市场；加强服务意识，引领会员企业共同发展；加强行业调研工作，做好政府参谋；加强行业自身建设，健全内部管理制度。

首届"中国会展业高级培训班"结业

为期5天的"中国会展业高级培训班"2003年2月21日下午，在北京大学划上了一个圆满的句号。该培训班是由中国展览馆协会和北京大学共同主办的。在结业仪式上，中国展览馆协会理事长梁文先生、北京大学继续教育学院副院长朱非先生向培训班学员颁发了"北大"的结业证书。"该'培训班'旨在提高从业者的管理能力和操作技能，造就一批展览专业人才，以提高我国会展业的整体运作水平。”培训班是首次将会展业与名校名师“联姻”的一次尝试，从学员的“反馈”意见表明，这次“尝试”取得了成功！在5天时间内，授课老师和会展业经理人结合中国经济的发展和基本走势，从国际视角、战略高度围绕会展业涉及的不同学科领域，以信息论和系统论的观点方法讲解展会的组织、服务、公关、营销以及财务核算和知识产权保护等，尤其是首次将“消费心理学”导入会展培训课程，强调会展服务应该对参展商、贸易观众的心理需求有所了解，达到人性化和个性化的服务水准。培训班不仅是展览技能和管理的培训，还培养了学员一种战略思维的方法。朱非院长表示，此次培训班的成功举办，使其进一步感受到会展业的蓬勃朝气。北京大学还将筹办“会展业研究生”班，使北大成为中国会展业的培训基地和人才输出中心。

与以往各种类型的会展业培训不同，“中国会展业高级培训班”具有高起点、高层次、高规格的特点。培训班的来自全国各地的60多名学员大都是政府官员、企业领导和项目经理等管理人员；师资力量既有展览业界的资深人士，也有北大光华管理学院和经济学院的院长和教授，还邀请了德国慕尼黑和香港会展中心的外籍职业经理人等。培训班针对具有一定展览操作实际经验的受众，在课程安排上，从营销学、管理学、心理学等学科的最前沿出发，汇聚到展览业务链的各相关环节，既游刃于会展以内，条分缕析，又跳出会展，旁征博引，以一当十，融会贯通。如北大董晓英教授将管理体系运用到会展企业的长远发展，为会展企业梳理出一条脉络清晰的工作流程图；董教授提出作为服务业的会展企业，“社会关系”就是一种生产力的新理论，将“社会关系”提升到一个决定会展企业生死存亡的重要地位。

广州美博城：美容行业新模式展会

地处广州火车站、白云机场衔接位置的广州美博城2002年底开始兴建，该城占地4万平方米，建筑面积5万平方米，商铺数量达500个。该城邻近省市客运站、广州西站等重要货运交通路口，与广园东路、机场高速路、北二环高速路出口相接。城内具备国际级七大配套体系：展览推广区、多功能服务区、仓储区、物流区、餐饮服务区、办公区、商业服务区。按平面化分为五大区域：美容、化妆护肤品专区，香料专区，美发用品专区，国际品牌专区，日用洗涤品专区，美体用品专区，美妆培训、设备专区。城内中心位置设计了一座面积为1300平方米的现代化综合会展中心，进驻厂商可以在此利用先进的多媒体设备，将自己的形象和产品充分地展现出来。广州美博城还引进了先进的数字化管理系统。大型信息处理中心与宽带互联网相连接，综合处理来自各方的行业信息，为厂商提供了一个高效先进的技术平台。它包括美容教育、资讯、展示、交易平台的美容产业国际物流中心，是美容产业的超级航母，它将有力推动美容产业的升级发展。

广州美博城，是在审时度势，对目前全国风起云涌的各种展会和业界实际状况了解后，为解决美博会的不足，延伸和补充美博会功能，降低企业参会成本，经过大量调查研究而投资兴建的面向美容化妆品行业及其关联产业的一个常设性、一站式交易平台。美博城将以最有力的一站式经营模式，为生产企业、经销机构创造更多的商机。

广州美博城集中了相关联的原材料供应商、设备商、服务商于一体的集中办公形式，为商家的市场拓展提供了理想的场所。无论从社会效益还是经济效益角度来看，广州美博城将成为美容化妆品展会的一个永不落幕的最佳舞台。

业内人士认为：广州美博城将填补化妆品行业市场的空白！

新闻媒体认为：广州美博城是我国美容行业会展经济新的里程碑。

广州市政府认为：广州美博城具有经营规范的新模式。

中国货代协会夺得货代奥运会举办权

2003年3月30日，从瑞士苏黎世传来喜讯，中国国际货运代理协会获得“货代业奥运会”——国际货代协会联合会2006年年会的举办权。当日，在瑞士苏黎世召开的国际货代协会联合会（FIATA）主席团扩大会议上，来自各国及地区国际货运代理协会的代表投票决定国际货代协会联合会2006年年会举办权的归属。最终，中国国际货运代理协会以压倒性的优势击败两个强劲的竞争对手纽约、曼谷，获得国际货代协会联合会2006年年会的举办权。

国际货代协会联合会是全球国际货运代理的行业组织，也是全球运输领域最大的非政府和非盈利性组织，是全球4万个国际货运代理公司、近千万从业者的代表机构，于1926年5月在奥地利维也纳成立，总部设在瑞士苏黎世。该联合会目的是保障和提高国际货运代理在全球的利益，其成员来自世界各国及地区的国际货运代理协会和公司。

早在1985年中国对外贸易运输总公司以国家级会员的身份加入了该组织。2000年中国国际货运代理协会成立后，中国国际货运代理协会取代中外运成为国家级会员，中外运成为个体会员。中国国际货运代理协会积极参加国际货代协会联合会的各项活动，并向危险货物咨询委员会、法律事务咨询委员会等委员会派出了代表。

国际货代协会联合会年会被誉为国际货代行业的奥运会，每两年举办一次。中国国际货运代理协会会长、中外运集团董事长罗开富同时兼任国际货代协会联合会的副主席。他郑重承诺，中国国际货运代理协会将竭尽全力，将国际货代协会联合会2006年年会办成历史上最成功的年会，真诚地希望届时国际货代协会联合会的全体会员能够在北京欢聚一堂。

中国国际货运代理协会在2000年9月份成立之初就将北

京申办国际货代协会联合会年会纳入了议事日程，进行了大量的申办准备工作。经过最初的较量后，北京在众多的竞争对手中脱颖而出，与美国纽约和泰国曼谷进入了最后的决赛。为获得承办权，中国国际货运代理协会派出了以会长罗开富为团长的10人代表团赴苏黎世进行了最后的申办工作，并获得了最后的胜利。

有分析人士指出，中国国际货运代理协会此次申办的成功，在使我国国际货运代理业的形象得到极大提升的同时，我国的国际货运代理公司将得到更多的国际合作机会，同时使对外贸易的渠道更加畅通，为我国实施"走出去"战略的企业提供货运服务上的保障。

甘肃省成立会展服务中心

甘肃省第一家会展业的中介、服务机构——甘肃省会展服务中心于2003年5月成立，这将为甘肃省会展经济工作起到一定的指导、协调、管理作用。

近几年，甘肃省以兰洽会为龙头的会展活动也取得了可喜的成绩，会展活动也由政府的直接承办走向政府组织，社会参与，市场运作。为了适应这一形势的需要，从政府服务和行业规范上引导甘肃省会展经济的快速健康发展，经甘肃省经贸委批准，甘肃省工商局登记注册成立了"甘肃省会展服务中心"。

甘肃省会展服务中心的主要职责和职能是指导、协调、管理服务全省会展经济工作承办各类大型会展活动，管理经营兰洽会的展馆与展具，负责组织每届兰洽会的展务工作。

法兰克福北京办事处成立

法兰克福展览有限公司北京办事处于2003年5月开始正式业务服务。法兰克福展览有限公司北京办事处是德国总公司2002年3月在上海成立的全资子公司——法兰克福展览咨询（上海）有限公司（Messe Frankfurt Shanghai）在北京的分支机构。北京办事处的主要作用，是协助中国国内公司参与法兰克福展览有限公司旗下在德国及世界各地展览会。通过本地的招展活动和与北京各贸易协会团体的紧密协调，加强法兰克福展览的国际知名度，并与本地业界代表建立良好关系。

中国企业对法兰克福展览有限公司在世界各地展览会的参与比重日渐提高。法兰克福展览有限公司总裁薛弭劭先生说：在2002年，共有超过1500家参展商及2200名观众，从中国远道而来参与在法兰克福举行的各个展览会，与前几年相比，有非常大的增长。随着中国本身的经济发展，相信这个趋势将会延续下去。

法兰克福在中国大陆建立第二个根据点的目的，是想让在北京及东北地区的生产商将产品推向欧洲，而其旗下的展览会将成为平台。

法兰克福展览有限公司在北京举办的展览会包括：Automechanika China ——中国国际汽车维修、检测、诊断、设备及汽车零配件服务用品展览会、ISH China——中国国际供热空调、卫生洁具及城建设备技术展览会及Intertextile——中国国际纺织面料及辅料（春夏）博览会等。

法兰克福展览有限公司在中国的业务早在1987年已经开始。该公司现时在香港、北京、上海、东莞及广州共举办过14个展览会，分别集中在5个主要行业：纺织业、汽车业、楼宇及建筑业、消费品、音乐及音响等。

"永不落幕的乌洽会"5月18日开幕

经过近三个月的紧张筹备，作为2003年中国乌鲁木齐对外经济贸易洽谈会推出的新举措——"乌洽会电子商务网"（http：//www.urumqifair.com）于2003年5月18日正式开通。

"乌洽会电子商务网"是为了适应当今信息技术飞速发展的趋势，充分利用国际互联网全球化、全时化的特点，通过专业电子商务的方式，建立起的一条新疆与区外国外进行交流的全新的网上"丝绸之路"。在非典型性肺炎肆虐的国际大环境下，传统的经贸交流方式和对外开放渠道遭受较大的限制和阻碍，因此这条网上丝绸之路的及时开通尤其具有特别重要的意义。

"乌洽会电子商务网"是基于B2B模式的专业电子商务网，以网上展览会的形式出现，各会员企业以参展者身份参加"网上乌洽会"；每年5～8月为预展期，9月1日与乌洽会同时正式开幕，直至第二年3月结束，整个展期为300天。在乌洽会期间还在会场设立10个现场查询终端，保证"乌洽会"与"网上乌洽会"的充分交流和资源的整合与共享。

"乌洽会电子商务网"由中文站、英文站和俄文站组成，分别设有网上乌洽会、乌洽会市场资讯、乌洽会贸易成果、乌洽会经济论坛、乌洽会商务服务等五大版块。该网超越地域和时间的限制，一方面宣传新疆、推介乌洽会、吸引更多有实力的国内外优秀企业参加乌洽会；另一方面又以"网上乌洽会"的形式开辟了一个全新的交易平台，成为乌洽会的延续、补充和发展，打造一个永不落幕的乌洽会。它有助于解决企业参加乌洽会积极性高与展位供应相对不足的矛盾，乌洽会参展费用高与部分中小企业负担能力较弱的矛盾，以及乌洽会会期短与投资贸易洽谈成交周期长的矛盾；体现乌洽会为中外企业提供实地和网上双向服务，会前、会中和会后"全天候"服务的功能，促进新疆与国内外进行贸易投资的展示、洽谈和成交。

中德展览系列培训班

中国贸促会于2003年3月22日～4月6日组团赴德举办了中德展览系列培训项目"2003年春季赴德培训班"。

该项目是由中国贸促会和德国国际培训和发展协会（INWENT，前身为卡尔－杜伊斯堡协会CDG）主办，由京慕国际展览有限公司和德国瑞文斯堡教育与合作大学承办的展览管理方面的培训。2002年秋季在德国举办了第一期培训班。本届培训班总计18人，其中一半为展览会的组织者，其余为展览场馆的经营者，均为展览行业的专业人士。培训班的教学内容主要分为一周的课堂学习和一周的参观学习。课堂学习由瑞文斯堡合作与教育大学安排，讲授展览管理、展会和经济效益、营销管理、财务管理等课程；课堂学习结束后，参观慕尼黑国际博览会公司国际展览中心、纽伦堡国际展览中心、莱比锡国际展览中心和柏林国际展览中心，拜访德国贸易展览业协会（AUMA），并与INWENT交流培训感想。

课堂教学安排得非常紧凑，内容丰富、信息量大，加上时差的原因，使这些离开校园工作多年的学员们感到非常疲惫，但是大家都能克服困难全身心地投入到紧张的教学之中。这一方面说明教授把握、调动学员积极性的能力很强，另一方面也印证了教学内容理论性、逻辑性强，结合实际，确实能够深入浅出，通过剖析一个个具体案例并用管理学、市场营销学、财务管理学甚至是宏观经济的理论逻辑找出行业内存在某些现象的原因，教授了学员们很多工作的方式方法。使学员们的很多日常工作能在理论上有所呼应，也使他们感到自身理论积累的不足，进而启发了他们的工作思路，更激发了他们今后不断学习的热情和改进工作的干劲。例如，教授以著名的建筑机械展览会（BAUMA）为例，通过使用经济学中价值链和财务管理理论，分析出展览会价值增值部分主要是在展览会立项方面，解释了为什么创建自己的品牌展览会的收益远远大于组团参加别人组织的展览会，阐明了为什么在自己的展览馆举办别人的展览会自己只是"物业公司"，而现有资源能够创造的潜在收益都被别人拿走了的道理。一些专门组团参加外展的学员听后感触很深，危机感也很强，表示回去一定要开拓组团参展价值增值部分的服务，只有这样才能在竞争中立于不败之地；很多在展览馆工作的学员也准备回去以后积极筹措，时机成熟的时候在自己的展览馆主办展览会。再有，针对如何更加合理地拟定筹展时间安排、分配工作任务的问题，教授利用管理学的模式，按照时间划分层次，根据人员划分纵列、依据任务的轻重缓急突出重点，把一个大的项目割裂成若干小块，使某一时间某一个人的任务安排一目了然，减轻了学员们对大项目无从下手的感觉。很多学员当场表示回去后要重新规范管理机制，更科学、有效地进行管理。在接下来的参观学习过程中，学员们带着课堂上所学的思路和方法，与各大展览中心的德国同行们进行了有益的交流，重点观摩了各大展览中心先进的展馆、配套设施以及现场管理。在为期两周的学习过程中，很多学员反映听起来非常解渴，能够真正学到东西，受益匪浅。

关于近期出国展团"非典"防治及相关问题应对工作的通知

为在展览工作中贯彻党中央、国务院关于"非典"防治工作的重要部署，有效应对疫情给展览工作带来的负面影响，将采取以下措施：

一、各组展单位对业经我会批准的近期出展项目的可行性要进行重新评估，对于一般性的出展项目，或赴展国要求对我团组进行"非典"疫情检查并可能影响展出效果的项目，可视情况取消参展或延期举办，并书面通知我会展管办和有关驻外使领馆。

二、对于确需实施的出展项目，在展览团出国前，组展单位必须详细了解赴展国关于防治"非典"方面的规定，争取获得展览会主办方对我参展人员可以正常开展商务洽谈活动的确认或保证，在国内做好应对预案。

三、出国办展、组展单位要切实负起出国展团的责任，务必派员带团出国，做好公司参展人员的思想工作，在国外服从我驻当地使领馆的领导，防止发生过激行为，维护我国对外形象。

四、在出国展团集结、旅行和在外活动过程中，出国办展、组展单位要切实做好疫病防范工作，把保护参展人员人身安全放在第一位。

五、对于经我会批准近期在国外举办的展览会，有关主办单位要根据展览筹备工作的实际，及早做出延期举办或取消的决定，尽快通知有关各方，做好解释和补救工作，并报我会展管办备案；如展览会确需且能够如期举行，有关主办单位必须制定卫生保障工作预案，完善应急处理措施，确保展览会的顺利进行。

六、各有关单位要服从国家防疫工作大局，放眼未来，处理好与展览会所涉及各方之间的经济利益关系，同时努力将经济损失降到最低程度。

七、请各有关单位及时将疫情对展会的影响及采取的应对措施书面报告我会展管办。

（摘自贸促展管[2003]271号文件）

沈阳市会展业取消大型展会

经沈阳市商业局研究，原定于2003年5月10～13日在辽宁工业展览馆举办的"第91届中国钟表眼镜、珠宝礼品、民族手工艺品交易博览会"因预防"非典"传播原因推迟举行。这也是沈阳市政府因预防"非典"传播推迟的第一个全国性质的大型展会。

据了解，此次交易博览会是由中国百货商业协会、沈阳市人民政府共同主办，沈阳文化钟表股份有限公司承办的全国性专业展会。去年，经过沈阳市商业局和"文钟公司"积极申办，取得了在沈阳市举办的承办权。经过近一年的筹备工作，共有来自全国各地200多家企业准备参展，展会规模达到400个展位。沈阳市商业局鹿路局长表示尽管此次展会的组委会和承办单位都为此投入了很大的物力、人力，但预防"非典"是沈阳市当前工作的头等大事，经济损失再大也要认真对待。

展会莫要无序竞争

广东省工商局2003年将通过对全省展销会市场进行全面调研，起草《广东省展销会市场管理条例》并报省法制办，争取列入2004年广东省的立法计划中，将广东省的展销会市场尽快纳入法制化管理轨道。这是2003年4月21日广东省工商局在政协提案中透露的。

据悉，广东省在2002年举行了各类展销会1686场。吴晓峰等6位政协委员指出，由于会展业综合性较强，若缺乏协调和整体规划，就会造成市场分割、重复办展、无序竞争。有的一个城市就建3～4个展馆，珠三角某市，一河之隔就建有两个大型陶瓷展示城。

2002年8月，广东省四大家具展刚刚落幕，2003年春季又有6个大型家具展相继招商。很多会展规模小、水平低。2003年在广州、深圳、东莞、顺德举办的五大家具展，总面积加起来仅相当于意大利米兰家具展展览面积。委员们指出，重复办展会使好的展览分流，打击商家积极性，最终影响会展业的生命力。

我国出席国际展览局第133次大会

国际展览局中国首席代表刘福贵，中国贸促会展览部处长徐晨滨于2003年6月3日在巴黎出席了国际展览局第133次大会。会议期间，国际展览局下属4个专业委员会分别向大会做了工作报告。在条法委员会报告后，刘福贵当场对该委员会提出的一项动议阐明了我国的立场并提出了不同意见。他的发言受到了许多与会代表的赞同。

我国驻法大使吴建民也出席了会议，他代表中国政府衷心感谢国际展览局在上次（132次）大会上，将2010年世博会的举办权交给了中国上海。他说，“中国政府将履行在申办时宣布的承诺，保证全力支持上海做好举办2010年世博会的一切准备工作。”

上海市副市长周禹鹏亦率上海代表团出席了会议，并向大会报告了2010年世博会工作进展情况。

周禹鹏在陈述中，特别介绍了上海及中国其他省份防治“非典”的有效经验。他援引世界卫生专家的话说，“上海是一座令人放心的城市。”周禹鹏认为，这次“非典”事件也提醒我们，为了办好世博会，必须付出更大的努力，要提早考虑世博会举办期间的安全和卫生。“上海有很强的抗危机能力，上海充满活力。”

周禹鹏副市长还说，中国上海将履行申办时的承诺，向参展国家、特别是发展中国家提供1亿美元的援助，将保证有7千万以上的参观人次和更多的参展国。他介绍说，上海世博园设在滨江黄金地段，若在这里自建永久展馆，将可以享受各种优惠。

中国驻国展局代表、上海世博会办公室副主任周汉民，向大会报告了自中国取得2010年世博会举办权以来，上海世博会筹备工作的进展。他在对客源预测时说，根据全国和地区的经济发展、旅游业前景、社会文化等影响客源规模的基本因素，2010年世博会的参观总人数可超过7千万人次。

周汉民还介绍了上海世博会的市场营销推介计划分为三个阶段。2003～2005年为第一阶段：让国际社会、国内外企业和民众进一步了解上海世博会；2005～2008年为第二阶段：推动招商引资；2008～2010年为第三阶段：吸引、组织更多的游客。为此，世博会筹办机构将组织一系列的活动。

6月15日起上海会展解禁

为进一步巩固防控“非典”的成果，逐步实现各项工作的常态、长效管理，上海市政府决定继续调整该市防止“非典”的有关措施。有关通知明确：在事先备案和做好防范工作的前提下，不限制在上海举办各类会议、展览和大型活动。

上海市政府《关于继续调整本市防治非典型肺炎有关措施的通知》从2003年6月15日起实施。《通知》对会议、展览和大型活动的举办做出规定，在明确不限制举行此类活动后提出，凡参加对象设计境内外“非典”流行地区来沪人员的，由主办单位事先向会议、展览或其他大型活动所在地的区、县防治“非典”指挥部备案，并由区、县防非指挥部向市防非指挥部报告。主办单位应按规定做好相关场所的卫生消毒等防范工作，并对进入展览或活动场所的所有人员认真进行测量体温，发现有发热者应及时将其送往医疗机构发热门诊就诊。

教育部拒绝营利目的的国际教育展

2003年6月，教育部正式发出《关于在华举办国际教育展览的规定》，规定严格禁止不顾社会需求，以营利为目的，盲目举办国际教育展览。要特别防止多头举办国际教育展览和一哄而上的情况发生。

规定明确指出，今后举办国际教育展览要由教育行政部门归口审批。

如在广东省、自治区、直辖市行政区域内举办国际教育展览，且中方参展单位均为本地教育机构，由当地省一级教育行政部门审批；若中方参展单位中有外地教育机构的，需经主办地省级教育行政部门同意，报教育部国际合作与交流司审批。

北京“双解除”

2003年6月24日下午3时，世界卫生组织西亚太区主任尾身茂在北京宣布，世界卫生组织决定解除对北京的旅行警告，即刻生效。他同时宣布，将北京从非典疫区名单中删除，亦立即生效。

尾身茂是在中国卫生部和世卫组织联合举行的新闻发布会上宣布“双解除”决定的。尾身茂认为，对北京的“双解除”不仅对中国的非典防治工作，而且对世界非典防治工作来讲都具有里程碑的意义。

尾身茂说，上述决定是基于对北京的整体情况进行全面的分析而做出的。我们所考虑的因素包含以下几方面，比如说报告病例的数目、监测工作是否高质量、控制措施是否有效、是否向外界输出病例等等。

在对上述因素进行认真分析后，世界卫生组织得出结论，在北京，人与人之间的传播链已经被切断，到北京来旅行，危险是微乎其微的。

尾身茂同时强调，目前还不能放松警惕，各种监测方面的工作至少要坚持一年。

北京从疫区名单中去除后，中国内地已全部解除了限制，卫生部常务副部长高强表示，这标志着中国将恢复正常的社会经济秩序，可以到中国各地方旅行，开展正常的经济贸易往来。这同时也标志着北京的防治SARS工作得到了国际社会的充分肯定。

第28届世界遗产大会将于2004年在中国苏州举办

2003年6月30日上午，在联合国科教文组织总部巴黎召开的第27届世界遗产大会上，与会代表一致通过决定：第28届世界遗产大会2004年在中国苏州举办。

原定的第27届世界遗产大会于2003年6月在中国苏州举办，因“SARS”疫情的原因，不得不异地召开。第28届世界遗产大会的申办成功，是世界把光荣和梦想再次交给了苏州。在6月30日的第27届世界遗产大会上，中国政府代表团团长，中国联合国科教文组织全委会主任章新胜说，中国始终相信，世界遗产大会在中国苏州举办是最好的选择。第28届世界遗产大会申办成功，是中国政府的重视和苏州努力的结果，为了全面宣传苏州，与会的3名苏州代表带去了近1千公斤的宣传资料，专为大会制作的15分钟电视宣传片《苏州的心愿》，集中反映了苏州的文化历史和古今风貌，着力表现出市民关注世界遗产大会以及参与意识，表达了苏州上下期盼第28届世界遗产大会在苏州举办的心愿。

苏州200多处古典园林遍布古城内外，至今保存完好对外开放的达数10处，分别代表了中国宋、元、明、清多个朝代的江南园林风格。拙政园、留园、网狮园、环秀山庄和狮子林、沧浪亭、耦园、艺圃、退思园分别于1997年和2000年被正式列入《世界遗产名录》，苏州成为中国拥有遗产地最多的城市。为了承办原定的第27届世界遗产大会，苏州已精心准备了一年，投入资金20多亿元用于改造道路和提升城市景观水平。为了迎接第28届世界遗产大会2004年在苏州召开，苏州将一如既往，积极做好各项筹备工作，为大会提供优质的软、硬件环境，把大会举办得圆满成功。

上海东亚展览馆

上海东亚展览馆 位于上海两大标志性体育建筑——上海体育场和上海大舞台之间，地处上海徐家汇黄金商业区内，由上海东亚体育文化中心投入千万元巨资将原来大型专业训练馆改建而成。展览总面积约4500 平方米，层净高达12米，水、电、中央空调、网络系统等各项设施一应俱全，可承接各类中等规模展览会。同时，上海东亚体育文化中心还拥有其他室内展览场地约3万平方米，户外展览场地约3.5万平方米，中心内另有二、三、四星级酒店各一座与之相配套，可充分满足广大展商的各种需要，是举办各类展览、会议的理想场地。

上海东亚展览馆于2002年5月正式对外启用，至今已举办过包括第二届中国国际足球博览会、上海市两个文明建设成果展等在内的几十场展览活动，作为一个全新的展览场馆，我们以适中的价格，优质的服务，先进的设施和完善的配套功能赢得了展览主办单位和参展商的一致好评。目前，2004年的展馆预定招商工作已全面展开，我们热诚的欢迎国内外展商前来接洽。

联系人：祁先生，尉小姐
联系电话：
021-64266666 **转** 6007/6017
传真电话：021-64397671

全国首家通过ISO9002国际质量体系认证的展览主办企业

MIE

上海现代国际展览有限公司

地址：中国上海市圆明园路97号 电话：(021)63217522 传真：(021)63295774
电子邮箱：smieb@online.sh.cn 网址：http://www.chinamie.com 邮编：200002

2004年来华展计划

第31届中国国际地毯交易会暨化纤地毯、地毯设备及地毯清洁用品展览会	2004.3	上海国际展览中心
第九届国际集成电路研讨会暨展示会	2004.3	上海世贸商城
第三届上海国际清洁技术与设备博览会	2004.3	上海国际展览中心
2004中国上海国际生物技术和医药工业展览会暨研讨会	2004.3	上海国际展览中心
2004(春季)上海绿色人居房地产展示交易会	2004.4	上海国际展览中心
2004上海国际美容和美体瘦身博览会暨美容院设备和用品博览会	2004.4	上海国际展览中心
2004包装、印刷原辅材料机械设备展览会	2004.4	上海国际包装印刷城
2004中国国际影像博览会	2004.5	上海国际展览中心
2004上海国际家用饰品展览会	2004.5	上海世贸商城
第十二届中国上海国际印刷、包装、造纸工业展览会暨柔印凹印展览会	2004.6	上海新国际博览中心
第十二届上海国际广告技术及设备展览会暨大屏幕设备展览会	2004.6	上海新国际博览中心
2004上海国际包装工业展览会暨瓦楞纸箱、纸业纸制品及软包装展览会	2004.6	上海新国际博览中心
第六届上海国际电线电缆、光纤光缆产品及设备展览会	未定	上海世贸商城
第五届中国（上海）国际食品博览会	2004.6	上海新国际博览中心
2004上海国际汽车零配件展览会	2004.8	上海新国际博览中心
中国国际甜食、休闲食品及技术展览会	2004.9	上海光大国际会展中心
2004克里奥奖亚洲广告展	2004.9	上海商城
2004上海国际礼品暨家用品展览会	2004.9	上海世贸商城
2004上海国际时尚生活博览会暨“品牌化生存”论坛	2004.10	上海国际展览中心
2004上海别墅房产展览会	2004.10	上海国际展览中心
2004中国上海国际有色金属及硅产品生产装备和应用展览会	2004.10	上海展览中心
2004上海国际美容设备和医学美容设备展览会	2004.11	上海世贸商城
2004上海国际企业商机展览会	2004.11	上海展览中心
第二届上海国际高尔夫展览会	2004.11	上海国际展览中心
上海国际媒体技术设备展览会	2004.11	上海国际展览中心
第三届上海国际展览展示器材设备技术展览会	2004.11	上海国际展览中心
第十二届上海国际印前印刷及包装设备秋季交易会	2004.11	上海国际展览中心
2004中国上海国际职业培训及技术设备展览会	2004.11	上海国际展览中心

0年申博展台设计制作

届中国上海国际广告·印刷·包装·造纸工业展览会

届上海国际生物技术和医药工业展览会暨研讨会

十届中国国际地毯交易会

FASHION
NINGBO

第七届宁波国际服装节
NINGBO INTERNATIONAL FASHION FESTIVAL

THE 7TH
CHINA INTERNATIONAL MEN`S FASHION FAIR
NINGBO INTERNATIONAL FASHION FAIR

第七届中国国际男装展　宁波国际服装博览会

FAIR　FORUM　TRADE TALK　FASHION CULTURE WEEK　BRANDS ANNOUNCEMENT SHOW

时间、地点

2003年10月19日-22日　宁波国际会议展览中心

展览内容

男装、服装、服饰、童装、家纺及面辅料、床上用品、箱包、服装教育及媒体、刊物、IT系统集成、服装CAD

联系方式

电话:86-574-87322467　87328850　87195804　87198220　传真:87321301

Date & Spot

Oct 19-22, 2003　Ningbo International Conference & Exhibition Center

Exhibits

Men`s clothing, Garment, Home textile, Fabric, Accessories, Bedding, Case & Bag, BOOK, Multimedia education, IT products, CAD ...etc.

Contact

Tel:86-574-87322467　87328850　87195804　87198220　Fax:87321301

2500 展位 Booth

CMF NIF

天津国际展览中心

INTEX TIANJIN,CHINA

Tianjin International Exhibition Centre

简介

天津國展中心股份有限公司是天津市唯一專業經營展覽業務的大型服務企業，擁有現代化的展館46000平米，其中展覽面積35000平米，共可容納1700個展位。展廳寬大通透，附設有大小不等的貴賓廳、會議廳10餘個，方便實用。

天津國展中心附設津利華大酒店（四星）、新紀元大酒店（兩星）以及國際貨運代理公司、航空票務中心、廣告公司，可提供展覽策劃、展覽組織、廣告特裝、搭建租賃、通關運輸、會議住宿、團體旅游等綜合服務。

獨特優勢提升展會效果

1- 地理位置极其优越、交通发达、周边酒店宾馆客户容量达6000人。

2- 拥有14年的展览业从业经验，成功承接过50余个全国性大型展会。

3- 收费合理，高质量的一条龙式会展服务体系。

4- 外省市客户来津办展提供天津展览网、天津国际展览年度计划（备索）及各类相关报纸等媒体定期向本市及国内外客户发布展会消息，并协助办理报批文、公共关系协调及当地客户对口邀请等多项特殊服务。

Tianjin International Exhibition Centre Co.,Ltd. is the only large-scale enterprise specialized in exhibition business and services. Its modern exhibition halls divided into Hall 1 and Hall 2 cover an area of 46000 sqm. The exhibition area reaches 35000 sqm. and can accommodate 1700 standard booths. There are 10 conference halls of different size in the exhibition halls that are convenient for use.

She is divided into Geneva Hotel (4-star), New Century Hotel (2-star), Tianjin Guozhan International Freight Co., Ltd., Tianjin Merchants Air Transportation Agency and Tianjin International Exhibition Advertisement Co., Ltd. It can provide complex services in exhibition planning, organizing, booth decorating, advertisement, booth installing, renting, national and international airfreight, customs clearance, accommodation arrangement, conducted tour, etc.

地址：天津．河西区友谊路32号　　邮编：300061

网址：WWW.tjexh.com　　联系电话：022-28012988

Tianjing International Exhibition Centre

上海市延安中路1111号延安饭店203室
Tel:0086-21-32140151　32145151　62496120
Fax:0086-21-62498043

荣华展示企业

荣华

RONGHUA DISPLAY CORPORATION

第四界中国国际展览和会议展示会（楼　棚　幕墙）

新特药品交易会（二层楼系列）

第十界中国上海国际广告、印刷、包装、造纸工业展览会

第三界中国国际展示技术　展示器材展览会（二层楼系列）

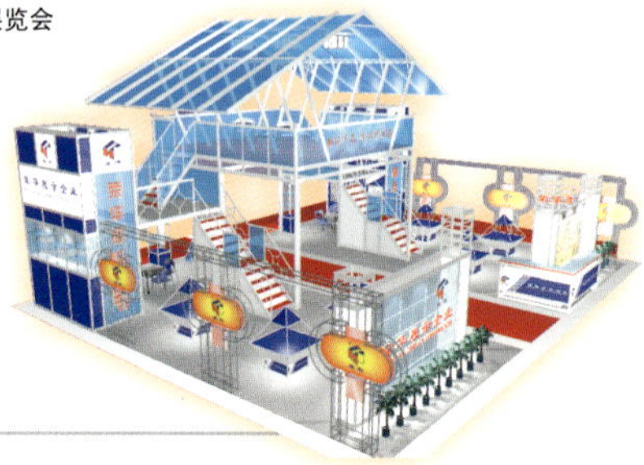

荣华产品
件件艺术品

适用范围

展览工程　　展示布置
广告牌　路牌　灯箱制作
商场装饰　展示柜　货架
建筑装饰　　城市雕塑

国内专业研究　开发　制造　设计　搭建展示设备的重要基地

99年德州（桁架系列）

2000年重庆（60八棱柱系列）

98年德州经贸洽谈会（太空架系列）

2001年新疆开幕式广场（球节系列）

荣华展示企业 RONGHUA DISPLAY CORPORATION
拥有强大的国内外销售网络和服务体系

荣华展示企业 RONGHUA DISPLAY CORPORATION
其产品广泛应用于展览会　洽谈会　展示厅及建筑装饰

荣华展示企业 RONGHUA DISPLAY CORPORATION
拥有十几年的设计　生产　制造技术及大批专业技术员工

荣华展示企业 RONGHUA DISPLAY CORPORATION
拥有40、60八棱柱　100大柱　球节　太空架　桁架　展墙等十八大系列一千多个品种

温州荣华展示设备厂
地址：温州市新桥永庆街94-1号
电话：0577-88416360 88414746
传真：88423863
邮编：325006

上海：
地址：上海市鲁班路168弄大同花园5号103室
电话：021-63055106 传真：021-63013455
邮编：200023

广州：
地址：广州市环市东路498号广发花苑柏丽中心6A座
电话：020-87608629 传真：020-87696558
邮编：510000

武汉：
地址：武汉市江汉路206号世纪大厦七楼E座
电话：027-82814053 传真：027-82784908
邮编：430017

重庆：
地址：重庆市江北区五红路金科丽苑17附23号
电话：023-67767286 传真：023-67767182
邮编：400020

沈阳：
地址：沈阳市营盘西街19号甲会展中心综合楼315室
电话/传真：024-23806032
邮编：110168

新疆：
地址：乌鲁木齐市友好北路43号1幢2单元301室
电话/传真：0991-4815619
邮编：830000

宁波：
地址：宁波市中山东路531弄38号103室
电话/传真：0574-87722025
邮编：315040

中国（深圳）国际品牌服装服饰交易会

中国（深圳）国际品牌服装服饰交易会是由深圳市经济贸易局和深圳市对外贸易经济合作局共同主办，深圳市服装行业协会承办的大型专业化服装展会，每年定期于7月底在深圳市中国国际高新技术成果交易会展览中心举行。2003年第三届交易会共设6个展览场馆，1个表演场馆，总面积35000平方米， 1800个国际标准展位，400多家企业参展，观众15万人次，直接间接成交额50亿人民币。

交易会静态展览展位大、特装展位比例高。第三届交易会特装展位比例高达90%以上，最大展位面积288平方米，其中90平方米以上大展位占总展位数的60%。参加交易会的企业，大多为拥有自己品牌的服装服饰专业开发、生产企业，其中有凯莱、绅浪、马迪先、衡韵、华丝、法路易娜、珂罗娜、西元前、致雅、森森、连奴、风景缘、蒙黛儿、梦·依诺等国内外知名品牌。

参加交易会的观众60%以上为来自全国各地的专业观众，其中有各地服装行业协会或服装商会组织的商贸洽谈参观团，有全国服装零售行业百强商场的负责人，还有数万名服装经销商、代理商、零售商、生产商。另外，交易会展览现场严格限制参展企业零售，同时还将限制非专业人士购票进入展会的票数，为参展商提供一个良好的交易环境，使他们获得满意的交易成果。

交易会动态展示方面，安排了十多场国内知名品牌的专场发布会外。配套活动有中国国际女装论坛，服装设计大赛、服装教育论坛、服装设计教育展、优秀品牌评选推介、服装品牌研讨会、大型开幕式晚会、闭幕式晚会等丰富多彩的内容。

Http://www.jh-gz.com

地处市区重要商贸地段

三维交通网络，罕有地铁上盖展馆

周边众多星级酒店林立

地址：广州市流花路119号锦汉大楼
邮编：510010　传真：020-86662514
电话：020-36235009 36235686 36235580
电邮：chcfair@jh-gz.com

Address:Jinhan Building,119 Liuhua Rd.,GuangZhou
Zip:510010　Fax:020-86662514
Tel:020-36235009 36235686 36235580
E-mail:chcfair@jh-gz.com

中亚金桥——乌洽会

The Golden Bridge in Central Asia----Urumqi Fair

中国乌鲁木齐对外经济贸易洽谈会(简称乌洽会)，是经国家外经贸部批准，每年9月1日至8日由新疆维吾尔自治区人民政府定期主办的中国西北部规模最大的综合性国际性展览洽谈会。今年第十二届乌洽会展览总面积25,000平方米，设馆内标准展位1,100个，为中外客商参与中国西部大开发提供商机，是开拓俄罗斯、中亚和中国西部市场的桥梁和窗口。

2002年乌洽会：对外贸易进出口成交额12.9亿美元，对外经济技术合作项目成交2.1亿美元，国内经济贸易成交额311.8亿元人民币。

Approved by the Ministry of Foreign Trade and Economic Cooperation of China, China Urumqi Foreign Economic Relations and Trade Fair (short for Urumqi Fair), is the biggest international fair in Northwest China, connecting and helping to open up markets of Russia, Central Asia and West China as a bridge, providing business opportunities in the development of the western region.

In Urumqi Fair 2002, the volume of export and import is USD 1,290 million, foreign economic cooperation USD 210 million, domestic trade & economic cooperation RMB 31,180 million.

Date: Sept. 1st-8th, annually

Sponsor: The People's Government of Xinjiang

Scale: The total area of the exhibition is 25,000 sq. m., including 1,100 indoor standard stands.

联系单位：
新疆对外贸易经济合作厅乌洽会办公室
地址：830001 新疆乌鲁木齐团结路11号
电话：(86-991) 2850497, 2879890
传真：(86-991) 2879890, 2860255
网址：hup://www.urumqifair.com

Please Contact:
Urumqi Fair Office of Xinjiang Department of Foreign Trade and Economic Cooperation
Add: 11 Tuanjie Road, Urumqi, Xinjiang, 830001, P. R. China
Tel: 86-991-2850497, 2879890
Fax: 2879890, 2860255
http: //www.urumqifair.com

SUN
YOUR PROFESSIONAL PARTNER

SHANGHAI SUN EXHIBITION SERVICES CO., LTD.
上海日恒展览服务有限公司

地址：上海市万航渡路888号开开广场17楼F座　200042
电话：+86(021)62108885/62112013
传真：+86(021)62109659
E-Mail：info@sunexhibition.com
www.sunexhibition.com

. 展览会展台设计与搭建
. 项目推广活动
. 室内设计和装饰
. 会务服务
. 专柜的设计和制作
. 零售店/专卖店的设计和装饰
. AV设备的租赁

.Special Design & Construction of Exhibition Booth
.Events & Promotions
.Interior architecture
.Conference services
.Design and making of sales counter
.Design and decoration of retail stores and brand stores
.Leasing of AV equipments

中国西部（新疆·华凌）国际建筑装饰博览会

“新疆华凌国际建材博览会”是中国西部（新疆·华凌）国际建筑装饰博览会的简称。由乌鲁木齐市人民政府、新疆维吾尔自治区人民政府经济技术协作办公室、新疆维吾尔自治区建设厅、新疆华凌工贸（集团）有限公司主办，中华全国工商业联合会、新疆维吾尔自治区对外贸易经济合作厅、新疆维吾尔自治区工商业联合会、新疆维吾尔自治区建筑材料行业管理办公室、中国建材报、新疆维吾尔自治区边境贸易管理局协办，新疆华凌集团博览中心、广州博亚展览发展有限公司于每年的8月8日—11日在华凌集团博览中心具体举办。

“新疆华凌国际建材博览会”是1998年开始举办的，已成功举办了六届。坚持“企业办会，政府支持，市场化运作”的办会路子，是华凌国际建材博览会越办越好的关键；坚持“务实、节俭、创新、提高”的办会方针，是华凌国际建材博览会不断成熟的重要前提；坚持实行强强联合，展购一体化与旅游紧密结合，会场和市场相结合，实行展购一体化是华凌国际建材博览会不断朝气蓬勃的重要基础；坚持内外贸结合，努力开拓中亚和欧洲市场，提高国际化水平，是华凌国际建材博览会的重要宗旨。

目前，“新疆华凌国际建材博览会”已成为新疆维吾尔自治区大型化、专业化、国际性的经贸盛会，是扩大对外开放，让新疆走向世界，让世界了解新疆的重要桥梁和窗口。

“新疆华凌国际建材博览会”的举办，一是促进了新疆经济的快速健康发展，六届华凌国际建材博览会，累计成交220.92亿元，参会的国内外企业有3600多家，通过建博会的举办，为新疆引进了急需的资金、技术、人才以及先进的设备，既促进了新疆建材、装饰材料业的发展，同时也带动了新疆旅游业、房地产业和相关产业的发展。二是促进了新疆的对外开放。六届华凌国际建材博览会，累计对外成交38.28亿元。不仅有来自全国28个省、市、自治区的企业，而且有来自俄罗斯、哈萨克斯坦、吉尔吉斯斯坦、塔吉克斯坦、美国、日本、韩国、印尼、德国、澳大利亚、巴基斯坦、加拿大、香港等25个国家和地区的数千名客商参会参展，通过广泛的经贸洽谈，为国内建材产品，进入中西亚市场，起到了桥梁和纽带作用。三是繁荣了市场，满足了广大人民群众对建筑、装饰材料的需求，扩大了内需。六届华凌国际建材博览会，引来了国内外一大批著名的建材，建筑装饰材料、卫生洁具等产品，使华凌市场的产品更加丰富多彩，品种更加齐全，满足了不同消费者的需求，为活跃市场、拉动国内需求作出了积极的贡献。

品牌展会，行业盛会，“新疆华凌国际建材博览会”在全面建设小康社会、扩大对外开放中，充满着生机和活力，必将更加绚丽，更加辉煌。

左上图：中共中央政治局委员、新疆维吾尔自治区党委书记王乐泉同志在乌鲁木齐市政协副主席、乌鲁木齐市商会会长、新疆华凌集团董事长米恩华（前左二）陪同下兴致勃勃地参观“新疆华凌国际建博会”。

左下图：全国人大常委会副委员长司马义·艾买提，新疆维吾尔自治区主席司马义·铁力瓦尔地，党委副书记、政协主席艾斯海提·克里木拜等自治区领导为第六届新疆华凌建博会剪彩。

右　图：新疆华凌国际建材博览会展馆一角

中国西部（新疆·华凌）国际建筑装饰博览会从1998年开始举办到目前已成功举办了六届。累计成交220.92亿元，其中对外成交38.28亿元，不但有来自国内28个省、市，自治区的3600多家企业参会参展。而且有来自俄罗斯、哈萨克斯坦、巴基斯坦、伊朗等25个国家和地区的数千名客商参加了会议，新疆华凌国际建材博览会已成为新疆走向世界，让世界了解新疆，扩大对外开放，东联西出的桥梁和纽带。

地址：新疆乌鲁木齐市西虹东路9号　　邮编：830063
电话：0991-5182998，5181567
传真：0991-5182946

第十一章　机构、企业介绍

大连市专辑

一、机构、企业简介

中国国际贸易促进委员会大连市分会

中国国际贸易促进委员会大连市分会(简称大连市贸促会)成立于1984年11月。1988年6月同时使用中国国际商会大连国际商会的名称。两会均是由大连市经济贸易界有代表性的人士、企业、协会和团体组成的民间对外经济贸易组织。

其宗旨是遵循政府的政策和法令,开展同世界各国各地区的民间经济贸易往来,促进利用外资,引进先进技术和各种形式的经济技术合作,促进相互了解,增进友谊,把大连建设成社会主义现代化国际性城市。

开展同世界各国、各地区经济贸易界、商会、协会、其他经济贸易团体以及有关国际组织的联络工作,签定双边或多边合作协议;邀请和接待世界各国(地区)经济贸易界人士和代表团来大连访问、考察;组织大连市经济、贸易、洽谈、招商引资、引进技术以及各种形式的经济贸易活动。

参加、组织与世界各国(地区)相应机构联合召开的有关经济贸易、技术合作和法律方面的国际性会议;参加有关国际组织及其举办的活动。负责推荐世界各国(地区)经济贸易组织在大连设立办事处以及联络工作;向世界各国(地区)派遣常驻代表或设立代表处。

代表大连市参加国际展览机构组织的活动,在世界各国(地区)主办大连经济贸易展览会或参加国际博览会;根据市政府的授权,负责全市赴世界各国(地区)举办经济贸易展览会或参加国际博览会的组织协调、申报及相关的管理和监督工作;安排和接待世界各国(地区)来大连举办的经济贸易或技术展览会;主办国际专业性或综合性展览会;承担世界各国(地区)来大连举办的展览会的审批工作。

办理国际经济贸易文件,签发中国出口货物原产地证明书,签发和认证对外经济贸易和海上货运业务的文件和单证,出具不可抗力证明,为到国外从事临时活动的公司、企业或个人出具有关文件,并提供担保;代理国内企业在国外或国外公司和个人在中国办理商标注册和专利申请业务;办理有关知识产权的咨询、争议及技术贸易等业务;代办须经领事馆认证的经济贸易文件和单证;调节涉外经济贸易纠纷,接受委托代理仲裁;为国内外企业提供法律咨询;担任法律顾问。

开展国内外经济调查研究和经济贸易信息的收集、整理、传递和发布工作;向国内外有关企业和机构提供经济技术合作和经济贸易方面的信息和咨询服务;联系、组织国内外经济贸易界的技术交流活动;编辑出版发行对外经济贸易刊物及其他出版物,开展广告业务;承办中外经济技术合作项目的评估和可行性研究。

指导、协调各分支机构的工作;发展会员,组织召开会员代表大会、理事大会和其他专业性会议;负责对各分支机构及会员的服务和培训工作;负责在大连市的境外商会、协会及其他办事机构的协调,协助全市各类协会、商会开展对外经济贸易活动。

开发与对外经济贸易相关的新兴业务,举办各类经济实体。承办大连市人民政府交办的各项事宜。

China Council for the Promotion of International Trade Dalian Subcouncil China Chamber of International Commerce Dalian Chamber of Commerce

China Council for the Promotion of International Trade Dalian Subcouncil (CCPIT Dalian) was established in November 1984, and it was also named China Chamber of International Commerce Dalian Chamber of Commerce (CCOIC Dalian) concurrently in June 1988. It is a non-governmental foreign economic and trade organization composed of the representatives of personalities, enterprises, associations and institutions from the economics and trade circles of Dalian.

The aims of the organization is, in accordance with the policies, laws and regulations of Chinese government, to develop foreign economic and trade relations with foreign countries and regions, promote the utilization of foreign capital, introduce foreign advanced technology, develop various forms of economic and technical cooperation, enhance mutual understanding and friendship, so as to build Dalian into a modernized socialist metropolis.

To keep in contacts with economic and trade circles, associations, chambers of commerce or other economic and trade organizations of foreign countries and regions as well as relevant international organizations, to sign bilateral or multilateral agreements, to invite foreign economic and trade delegations to Dalian and make arrangements for their visits, to organize delegations composed of the representatives or entrepreneurs from Dalian trade, economic and technical circles to foreign countries and regions for visits, inspection, trade and economic cooperation, investment promotion, introduction of advanced technology and various forms of economic and trade activities.

To attend the international conferences on economic and technical cooperation or legal affairs co-organized with the relevant organizations of foreign countries or regions, to participate in the activities organized by the international organizations that we have joined.

To assist foreign economic and trade organizations by offering recommendation for the establishment of their representative offices in Dalian and to keep business links with them, to send expatriates abroad or to set up overseas representatives offices in foreign countries and regions.

To represent Dalian at the events organized by the international exhibition organizations, to hold Dalian economic and trade exhibitions abroad independently or to participate in international exhibitions or fairs. With the authorizations of Dalian People's Government, to coordinate and supervise the local companies for holding exhibitions abroad or participating in international exhibitions, to make the annual exhibition plan and submit it to government, to make arrangements for overseas economic, trade and technical exhibitions held in Dalian, to organize international specialized or comprehensive exhibitions, to co-organize various international exhibitions and fairs held in Dalian, to be responsible for issuing approvals to overseas exhibitors for holding exhibitions in Dalian.

To certify or issue the Certificate of Origin for Chinese export commodities, the legal bills and documents for international trade, economic cooperation and maritime transportation, the certificate of Force Majeure, the relevant documents and letters of guarantee to companies, enterprises and individuals for doing business temporarily abroad, to acting as an agent for the registration of trademarks and patents in foreign countries for Chinese enterprises or for foreign companies or individuals in China. Offering consultations on intellectual property rights, the transfer of technology or the settlement of disputes etc. Handling documents or bills that need to be certified by foreign commercial councilors, to mediate economic or trade disputes between Chinese and foreign nationals, to act as an agent for the arbitration. Offering consultations to both Chinese and foreign enterprises on legal issues, to provide legal advisors at request.

To study the Chinese and foreign economic development, to distribute or punish the economic and trade information collected and processed. Providing the information and consultations on trade, economic and technical cooperation, to organize meetings on economic and trade issues for foreign and domestic entitles, to compile and publish the foreign economic and trade journals and other publications. Handling advertisement business. To make the feasibility study or evaluation of the Sino-foreign economic and technical cooperation projects.

To guide and coordinate the work of branches of CCPIT Dalian Subcouncil, to hold meetings of membership congress, board meetings and other specialized meetings. Offering services and training programs to branches and members, to coordinate the work of the branches of foreign chambers of commerce, societies and other organizations operating in Dalian, and to assist the local associations, chambers of commerce in foreign trade and economic cooperation.

To develop new business in relation to foreign trade and economic cooperation, to create economic entitles.

Undertaking tasks delegated by Dalian People's Government.

大连星海会展中心展览策划总公司

大连星海会展中心展览公司成立于1998年，隶属于大连星海会展中心，是专业从事国际性展览策划、组织及运作的现代展览机构，汇聚了高素质的企业管理人员和展览专业人员，迄今为止已经成功举办近30个展览会。我们以服务为先导，重合同，守信誉，在业界具有良好的口碑。同时我们与国内外展览组织和机构建立了广泛的联系，形成了强大的展览网络，为我们所主办的展会很快走向国际化奠定了良好的基础。

地　址：大连市沙河口区会展路18号

邮　编：116023
电　话：0411－4809765
传　真：0411－4809988
网　址：www.exhibition.com.cn
www.chinaexhibition.org
E-mail：dxceczch@mail.dlptt.ln.cn

大连中展国际展览有限公司

大连中展国际展览有限公司瞄准了国内外市场，伴随改革开放的春风应运而生，并逐渐健康成长，现已是国内展览业一支新生力量。公司自1995年成立以来，先后成功地举办了多次国内专业性展览会，取得了可喜的业绩。中展国际展览有限公司始终贯彻“以人为本、共同发展”的原则，将以开拓型的战略策略谋求企业的长足发展，同时在未来展览市场为社会和企业创造更多财富。

本公司将以推动经济效益为目标，以扬企业之名，举办高品位、高质量的展示活动为目的，以追求国际化、专业化展会为己任，与世界展览业接轨，打造民族品牌。

地　址：大连市长兴街137号富鸿国际花园B座806
邮　编：116021
电　话：0411－4542138，4541302
传　真：0411－4541302
网　址：www.zhongzhandl.com
E-mail：wxzl@163.com
company@zhongzhandl.com

大商集团展览公司简介

大商集团展览公司是大商集团股份有限公司的下属公司，公司成立于1996年。7年来，公司凭借集团雄厚经济实力和遍布国内外的营销网络优势以及高素质的企业人才，成绩斐然。先后为中国百货商业协会、中国五金交电化工商业协会、中国家用电器商业协会、辽宁省政府承办了1996年秋季全国五金商品交易会、1997年辽宁商品交易会、1998年春季全国日用百货商品交易会、1997年和2001年春季全国交家电商品交易会、2000年秋季全国化妆洗涤商品交易会、第90届中国化妆洗涤美容美发用品交易会，特别是全国化装洗涤商品交易会的两次承办，已引起广大客商及展览业界的高度重视。同时，锻炼了一批懂展览、善管理、服务好、效率高的专业展览人才。

“无微不至，无限发展”是大商集团的经营理念，遵循集团理念，以追求无止境，办“全方位、国际化、高效益”的展会，是我公司锲而不舍的最终目标。

总经理：吕文轩
地　址：大连市中山区友好街42号（中兴商业大厦8楼）
邮　编：116001
电　话：0411－3672836，3633087
传　真：0411－3673149
网　址：www.dstj.com

大连东方商业展览有限公司

大连东方商业展览有限公司（大连市商业展览办公室）隶属大连市商业局，被国家对外贸易经济合作部授予境内外经济技术展览会的主办单位资格。

公司自1996年成立以来，得益于上级领导和社会各界同仁的大力支持，先后成功地承办了国际酒类及食品精品博览会、国际迎新春名优土特商品博览会、进口保税商品交易会等40多个大型会议，参观客商高达500万人次，总成交额近300多亿元。公司与全国商贸系统，尤其是与环渤海经济圈的物流企业，以及与美国、英国、韩国、日本等十几个国家都建立了长期、友好的合作伙伴关系，为国内外参展商、参观商提供了良好的商贸洽谈环境。1999年10月承办全国行业内最大的商贸大会——全国糖酒商品交易会，开创了沿海城市成功举办糖酒会的先河，为东北及环渤海地区展览业的发展打开了新的局面。

公司经过几年的不懈努力，从展会立项、策划、设计、招商、广告宣传、信息发布及旅游服务等一系列组织活动中，积累了丰富的经验，具备了较强的办会实力，逐步形成了完备的现代管理体系和高素质的专业队伍。公司本着“诚心待人，全力奉献”的经营理念，提供“一流”服务，不断开拓创新，争做行业先锋。

我公司愿与所有热爱展览事业的各界同仁，携手共进，密切协作，共同繁荣展览业，铸造世纪辉煌。

地　址：大连市西岗区北京街83－1号
邮　编：116011
电　话：0411－3628710，3689829，3698369
传　真：0411－3689829
网　址：www.eastexhibition.com
E-mail：buchengyong@mail.china.com

大连国际展览公司

大连国际展览公司1991年经大连市对外经济贸易委员会批准注册成立，直属于中国国际贸易促进委员会大连市分会。是以经营国内外展览为主业的国有企业。

多年来，我公司奉行“广交朋友、促进交流、真诚合作、开拓进取”的宗旨，多次组织国内企业赴美国、欧洲、日本、突尼斯、大马士革、马来西亚等国家和地区参加展览会和进行贸易洽谈。并承办大连国际博览会暨中国服装出口洽谈会，大连国际裘皮、革皮暨制品展览会，大连玻璃、陶瓷暨制品展览会，大连春夏季服装展览会，大连旅游工艺品展览会……

大连国际展览公司已同世界30多个国家和地区建立了业务往来，与国内众多业内同仁保持着良好的合作与交流。并围绕展览业形成一个专业化的集团，为展会提供各项完善的全方位的服务。

大连市政府高度重视展览业的发展，将展览业视为一个新的经济增长点。在国内外各界人士的支持下，我公司承办的展览会，以举办的展会规模大、影响好和实效显著而著称。我们竭诚欢迎国内外新老朋友，期待与您携手合作，共创21世纪的辉煌！

地　址：大连市中山区鲁迅路74号安达大厦A座25层
邮　编：116001
电　话：0411－2701253
传　真：0411－2718639
网　址：www.gjzl.com
E-mail：guozhan@mail.dlptt.ln.cn

大连国际商会展览实业发展公司

成立于1994年的大连国际商会展览实业发展公司，经过几年的发展，已经培植了一批有一定规模、在国内外有相当知名度的展会，这些展会每年定期举办，吸引了大量的国内外客商。

大连国际商会展览实业发展公司承办的主要展会有：中国大连进出口商品交易会，已成功举办了16届；大连国际信息技术暨设备展览会/大连国际电子产品展览会，现已发展成为东北地区同类展会中规模最大、层次最高、最具国际性的展会；大连国际汽车暨零部件展览会，2002年展会规模超过2.8万平方米，是国内最具特色的汽车展，其“展销结合”的特点深受国内外汽车厂商的欢迎。

此外，大连国际商会展览实业发展公司还直接承办“国际消防技术暨设备展览会”、“国际工业原材料暨零部件展览会”、“国际机床工具刀具暨模具展览会”、“国际制冷空调供暖通风设备展览会”、“国际礼品暨家庭用品展览会”、“国际食品加工、包装机械展览会”、“国际鞋业展览会”、“国际印刷工业及广告技术与设备展览会”等国际性展会。每年展览会的总体规模超过7万平方米。

大连国际商会展览实业发展公司愿意与国内外展览业同行共同切磋、通力合作，共图发展。

地　址：大连市中山区解放街9号万达大厦10楼
电　话：0411－2642506，2644323

大连华展展览服务有限公司

大连华展展览服务有限公司是中国北方地区深具影响力的专业国际会展推广及组织机构之一，以举办大型国际展会而闻名遐迩。公司骨干力量是中国早期从事专业展览的资深人员，拥有丰富的办展经验。公司根植北方工业界，一直致力于筹办工业类展览会，以期成为中国北方工业类展览会筹办者之楚翘。

公司自1997年成立以来，已先后承办或参与组织过10余次高水准、高规格、大规模的工业展会，国内外参展商数千家，接待观众50万人次。这些展会包括：大连国际自动化展、大连国际电力展、大连国际音响乐器展、大连国际广电展、大连国际水工业展、大连国际电源展等，展事大多声誉卓著，影响深远，对中国北方地区相关领域的技术进步起到重大的推动作用。

身为中国北方大型国际工业展览会筹办公司，我们在工业界拥有完善的关系网络，实力雄厚、根基稳固。我公司与国内10多个相关政府部门，国内外20多家专业学会、行业、协会，100多家专业杂志及媒体保持密切的合作关系。我们秉承“踏踏实实做事，老老实实做人”的态度，脚踏实地地为客户服务。同时，作为经验丰富的筹办者，华展拥有稳固的人际网络和庞大的数据库，且保持随时刷新，为参展商提供近乎一站式的市场策划服务，使展会成为厂商开发及拓展市场最便捷的途径。

地　址：大连西岗区同仁街50号大连万达公寓10层D座
邮　编：116011
电　话：0411－3787490，3787049，3787048
传　真：0411－3787048，3787049，3787420，3787910
网　址：dlhz-expo.com
E-mail：dlhz@mail.dlptt.ln.cn

大连太平洋展览策划有限公司

大连太平洋展览策划有限公司，成立于1996年12月，在大连展览界成绩斐然，是大连展览界颇具实力和影响的具有举办国际展览会专业资质的展览公司。在大连市政府和贸促会的直接领导下，经过自身的不断进取与努力，公司打下了坚实的基础，并积累了丰富而宝贵的办展经验，　已成功地举办过“大连国际制冷、空调、供暖、通讯设备及技术展览会”、“国际美容、美发、化妆、洗涤用品（大连）博览会”、“大连国际妇婴卫生保健用品展览会”和“大连国际生活用纸展览会”。其中“大连国际制冷、空调、供暖、通风设备及技术展览会”已成为东三省规模最大的行业盛会,并被市政府定为大连市十大重点展会之一。公司连续6年被《中国及海外会展概览》杂志评为向海外企业推荐组展单位。随着中国加入WTO，大连以其卓越的地理位置和具有国际水准的城市竞争力,必然焕发出亮丽的地域优势，给展览界带来一片崭新的天空。面对新的机遇与挑战,公司领导以其敏锐的洞察力,大胆对公司内部机构进行改组,以期符合国际化的操作模式,为新一轮的竞争打下坚实的基础。大连太平洋展览策划有限公司愿与国内外展览界开展更加广泛的交流与合作,携手共进,为促进地区经济的繁荣与发展，贡献自己的一份力量。

大连太平洋展览策划有限公司将以一流的组织、一流的信誉、一流的服务为国内外的企业牵线搭桥，共同进步，共同成长。

地　址：辽宁省大连市沙河口区连胜街41号龙祥花园3号楼2-7-1室
邮　编：116021
电　话：0411-4650881，4650882，4590062，4650811
传　真：0411-4600661，460060
网　址：www.dped.com
E-mail：dped@sina.com

大连先行展览服务有限公司

大连先行展览服务有限公司是大连先行投资咨询有限公司的子公司，成立于2000年，是集展览展示、装饰、施工、会议策划、广告业务为一体的专业性展览公司。公司下设项目部、策划部、广告部、工程部、信息部，拥有一支年轻、精练、高素质的员工队伍。经过几年的锤炼，现已发展成为行业内一支主力军，在展览界享有很高的声誉。

地　址：大连市沙河口区中山路595号星海大厦A座1105号
邮　编：116023
电　话：0411-4580751，4580752，4580753
传　真：0411-4580753
网　址：www.dlpioneer.com
E-mail：ztping1109@hotmail.com
总经理：魏　微

大连市建筑装饰协会

地　址：大连市西岗区五四路66-2号（万益大厦505室）
邮　编：116011
电　话：0411-3706001，3679081，3706002
传　真：0411-3679082

大连美时展览有限公司

大连美时展览有限公司是经大连市工商局批准成立的专业展览公司。公司主要致力于举办国际性、专业性展览会。现举办的重点展览会有大连国际钟表眼镜展览会。

电　话：0411-2650482
传　真：0411-2654396
联系人：吕　冰

二、举办展会情况介绍

大连国际建筑、装饰材料及配套设备展览会暨大连市装饰工程招标备案产品订货会

大连国际建筑、装饰材料及配套设备展览会经过9年的风雨磨砺，2003年迎来了10年华诞。该展会已成为大连地区建材生产企业、代理商、经销商进行产品推广、寻求合作、展示企业形象、拓展市场的一项重要商业活动，同时也是工程采购方参观学习、集团采购、商贸洽谈的好机会。展会中推出一系列相关论坛及研讨会。同时举办的“大连装饰工程招标备案产品订货会”是为保证大连市建筑装饰工程质量和安全，也是大连市城乡建设委员会依据《大连市建设工业产品备案管理实施细则》对建筑装饰材料实行备案管理的具体落实，以后凡未经备案的装饰产品严禁进入大连建设市场,展览会将设立专区展示已经备案的产品,对没有办理备案的参展企业的产品由主办单位负责办理备案登记初审。

大连国际钟表眼镜展览会

大连国际钟表眼镜展览会始办于2002年5月，大会旨在促进中国东北地区钟表眼镜行业的发展,为业内生产厂商和买家提供一个理想的信息交流与沟通的平台，促进交易双赢。

首届大连国际钟表眼镜展览会吸引了瑞士、日本、韩国、俄罗斯及欧美、东南亚等10多个国家和地区以及中国香港、中国台湾地区的参展商。展会交易洽谈活跃，为参展商、贸易商

创造了无限商机。大连国际钟表眼镜展以其专业性强、人气旺、商机多而倍受业内人士的青睐，并成为参展商开店设厂的最佳渠道和发展经销网点的重要窗口。

2003年大连国际钟表眼镜展览会在总结首届展会成功经验的基础上，组委会与中国钟表协会、中国眼镜协会、香港钟表厂商会、香港中华眼镜制造厂商会、台湾钟表工业同业公会、广东省钟表协会、深圳钟表行业协会、温州市眼镜商会等商协会合作，加大组团参展和邀请国外订货商的力度，力争将大连国际钟表眼镜展办成中国东北地区最大、国内最具权威性和影响力、国际上享有盛誉的专业性国际钟表眼镜行业盛会。

大连国际汽车暨零部件展览会

由中国国际贸易促进委员会、中国贸促会汽车行业分会、中国汽车工业协会、中国汽车工业进出口总公司和大连市政府共同主办的大连国际汽车暨零部件展览会，自1996年始创，连续举办7届，呈越办越旺之势，规模也越办越大。7届展会累计参展厂商1400家，参展车辆1913辆，参观洽谈人数90.65万人次，现场销售及预订8897辆，汽车及零部件等销售及订货合同金额达39.5亿元人民币。

大连车展与其他城市的车展相比有其独特的优势。大连市是我国指定办理汽车整车进口的4个沿海城市之一，每年从这里销往全国的各类汽车成千上万。大连保税区在东北地区惟一具有“境内关外”的明显特征，国外汽车厂商可在这里存放一定数量的整车，并随时可以将试销对路的产品或最新车型推向中国市场。参加大连车展，只要从保税区提单，或由代理商出面参展，就能达到展出效果好、经济效益佳的双赢目标。

电　话：0411-2822356

网　址：www.auto-show.com.cn

大连国际信息技术展暨中国（大连）国际软件交易会

该展会由中华人民共和国信息产业部、中国国际贸易促进委员会、辽宁省人民政府主办，大连市人民政府承办，是一个面向中国东北地区、环渤海经济区以及东北亚经济区的国际性IT盛会。

众所周知，东北地区是中国的老工业基地，为适应信息社会发展的需要，正在全面推进“以信息化带动工业化”的国民经济信息化建设，潜力巨大的东北地区是中国信息产业充满商机的重要市场之一。

大连是中国北方对外开放的窗口。作为中国电子信息产业发展速度最快的地区之一，IT产业异军突起，近5年来，信息产业年均增长速度高达54%，其电子信息制造业的工业产值已占东北地区总产值的40%以上，特别是软件出口在全国名列前茅。在大连举办“信息展”和“软交会”旨在引进和出口国内外先进的IT成果，扩大IT企业的融资渠道，推动IT人才的引进和培训，进一步促进IT产业的国际交流与合作。

该展会突出了国际化主题，来自日本、韩国、印度、美国、中国大陆及台湾和香港特别行政区著名品牌的IT商、软件商和代理商，都携带最新的产品参展。

在“信息展”上，一大批计算机与网络技术产品，掌上电子产品，通信与数字音视频产品，以及应用于工商、交通、银行等各行业的信息系统及相关设备纷纷亮相。

在“软交会”上，拥有自主知识产权的软件门类众多，成为吸引专业观众的最大亮点。除了已应用十分广泛的电子商务、电子政务、工商、税务、保险、金融、教育教学、财务管理软件外，通信、信息与网络安全以及电子物流和制造业软件也均有新产品亮相。

为了全面推进我国工业企业的信息化建设，“软交会”特设企业信息化管理软件展区，一大批ERP、CRM、SCM等管理软件以及产业自动化控制系统软件也参加了展示。

中国大连进出口商品交易会

颇具影响的第17届中国大连进出口商品交易会，原定于2003年5月20日举办，因“非典”原因延缓到2003年7月21～24日，与2003年7月22～24日在大连召开的第五届亚欧经济部长会议同期举行。

本届交易会主题展各具特色，专业特色更加鲜明，参展企业积极踊跃。中国特钢协会参与主办大连特殊钢展览会，中国钢结构协会与大连市政府共同主办中国（大连）钢结构产业博览会，中国塑料机械工业协会、中国塑料加工工业协会加盟大连橡塑工业展，中国港口协会成为大连国际港口机械展的主办单位之一。其中，钢结构产业博览会展位达到147个，特殊钢展览会展位达到82个，橡塑工业展览会展位达到60个，港口机械展览会展位达到93个。大连市工业的龙头企业抓住难得机遇也都参展，展示大连工业风采，展位达到150个。加上中小企业展，大连开发区、大连外经贸局以及辽宁省内机电、五矿化工专业公司等参展，展位总数超过上届展会，专业外商到会人数比2002年有所增加。专业论坛、项目对接会、联合国采购说明会等展中会议，精彩纷呈。

背景资料

雄厚的产业基础、广阔的市场空间

东北地区历来是中国的矿产、化工、机械、电子的传统生产基地和出口基地，在国内同行业中，企业数量、产值都占有重要比重，拥有一批国家重点项目和重点企业。

近年的国营企业改革后，基础雄厚的东北工业又焕发了勃勃生机，商品结构不断优化，生产和出口持续发展。2001年辽宁省工业实现国内生产总值增长6.7%，技术含量高的产品和新产品产量大幅增长，全年仅机电产品就实现出口40.3亿美元。

东北工业地区大量的企业正在进行的产品结构调整、设备更新、技术改造，为国内外同行提供了巨大的市场和广阔的合作空间。

东北亚地区重要的国际贸易口岸

大连，中国北方最重要的国际贸易口岸，地处东北亚经济圈的中心，已成为我国东北地区的贸易、投资的窗口和桥梁，其出众的地域优势和日益强大的经贸辐射能力更为引人注目。2001年大连港口进出口货物吞吐量1.05亿吨，集装箱吞吐量120万标准集装箱。2001年大连市进出口总量达112.4亿美元，辽宁省达199.1亿美元。

作为中国北方重要的开放窗口，大连是东北地区外商最集中的城市。改革开放以来，8200家三资企业进驻大连，外国企业驻大连办事处达1500家。

特色鲜明的专业化展览会

中国大连进出口商品交易会，原称中国东北地区及内蒙古出口商品交易会，是中国对外贸易经济合作部批准的首家区域性交易会，始创于1987年，每年一届。自1996年的第十届开始，该交易会更名为中国大连进出口商品交易会。

自1998年起，交易会增加了中国机电产品进出口商会和中国五矿化工进出口商会作为主办单位，设立了五矿化工、机电等行业的专业展区，由综合性展会向专业性展会过渡。

自2000年起，交易会改由中国国际贸易促进委员会大连市分会承办，展会的运作方式也逐步与国际接轨。当年，展会规模达1.3万平方米，除日本、韩国等亚洲国家企业参展外，首次有欧盟国家组团参展，出口成交额达7.27亿美元。签订经济技术合作协议金额达0.7亿美元。

2001中国大连进出口商品交易会规模达到1.6万平方米，参展企业中机电、五矿化工等行业的专业企业近90%，来自59个国家和地区的3500余位海外客商与会洽谈，贸易团组达40余个，进出口贸易总额达7.969亿美元。

2002年交易会是最为成功的一届。专业特点更加突出，主题展——国际特殊钢展、国际化工展都取得了丰硕成果；造船、内燃机车、轴承、制冷设备、港口机械等行业的龙头企业均有参加；30余家海外企业、400多家国内企业同场展示。17个国家驻华使馆的商务参赞、商务代表前来参会，4018位海外贸易商到会洽谈，国内参观客商超过3.5万人次，出口成交额达8.7亿美元。行业论坛、洽谈会、研讨会、报告会精彩纷呈，硕果累累。

参展范围：

机械类：通用设备、普通机械、包装设备、化工设备、冶金设备、金属加工设备、链条与输送设备、搬运机械、泵及真空设备、数控设备。

电子类：电子、电工、家用电器、仪器仪表。

五矿类：手工具、电动工具、气动工具、液动工具、配件五金、机械加工刀具、通用零部件、铸锻件、其他五金制品、矿产品。

化工类：有机化工原料、石油制品、合成材料、清洁洗涤用品、颜料、涂料、塑料树脂、橡胶及制品。

2003年专利展情况说明

2003年中国国际专利技术与产品交易会于9月3～6日在大连星海会展中心举行。川流不息的人群涌入星海湾——逛“专交会”长专利意识。

到“专交会”上淘“技术黄金”的人不少如愿已偿。开幕式当天交易便实现了开门红，当日下午4时，签订技术交易协议114项，签订26项合同，合同金额达18531.1万元。除了这些淘“技术黄金”的，更多的人则在逛“专交会”的过程中，大开了眼界，增长了专利意识。

“专交会”上，从酒的包装专利到石油化工创新专利技术，参观者不仅看到一些高科技企业的专利项目，同时也看到了很多的个人专利项目。参加本次“专交会”的参展项目涉及电子、化工、医药卫生、生活用品等领域，既有自主知识产权的高新技术及其名优新产品，又有招标、投标项目。参展单位都希望能够通过本次“专交会”树立企业形象，寻找到合作伙伴。

2002年环保会情况说明

2002年中国国际环境保护博览会2002年5月23～27日于大连举行。本届环博会总成交额7.2亿元。

2002年中国国际环境保护博览会是由国家科技部批准，国家环境保护总局和大连市政府主办，由民营企业大连北方国际展览服务有限公司共同承办的大型国际环境保护活动，其间参展与参观者近10万人次，本届环博会展出面积1万多平方米，共有290家企业参展，展位数320个，国外参展企业有来自美国、加拿大、日本、韩国、德国等十几个国家，国内共有270多家企业参展，其中水处理76家、大气处理43家、固体废物处理及综合利用38家、环保产品33家及其他80多家，近300多个展位。

亚洲博闻有限公司

一、亚洲主要的展会主办商

亚洲博闻是亚洲颇具规模的商贸展览会主办商，集团也通过旗下专业刊物及相关网站，致力为企业提供高质量商业市场讯息。亚洲博闻有限公司的总公司——联合企业媒体（United Business Media plc，简称UBM），是世界知名及实力雄厚的跨国公司，专门从事企业对企业媒体及市场资讯的服务，业务遍及全球。

亚洲博闻总部设在香港，并在亚洲及美国11个主要城市设有办事处，共有员工400名；亚洲博闻的业务极为广泛，涉足13个不同的行业；公司旗下有超过80个媒体产品，包括与7个不同国家、地区举行的70多个展会，以及16份专业刊物和相关的商业对商业网站。

UBM集团的核心企业包括NOP World——全球第九大市场调查集团，美国企业新闻通讯社（P R Newswire）——全球资讯发布业的市场领先者，以及 CMP——主管企业对企业媒体和商贸展会，为美国、英国、亚洲及欧洲等地区市场的高科技、保健、房地产、娱乐、珠宝、时装行业提供拓展业务的商机。UBM在2002年的收入达12亿美元。

CMP这一品牌代表了UBM在全球的专业媒体业务。现在CMP拥有近400个媒体产品，包括商贸展会／会议，以及印刷及网上媒体产品。

亚洲博闻旗下的博闻中国有限公司及它的合资公司——上海博华国际展览有限公司在国内与当地的合作伙伴共合办超过30个商贸展会，最盛大的是与中国家具协会合办的“中国国际家具展览会”，展场总面积达8万平方米。

此外，博闻中国有限公司在广州的合资公司——博裕闻(广州)资讯服务有限公司则集中发展集团在华南地区的展会业务及继续组织安排内地的厂商组成参展团，参加博闻集团在世界各地的商贸展会，致力于服务国内发展蓬勃的市场及对外贸易。

二、为全球企业精英呈献世界级商贸展会

亚洲博闻的展会享有盛名，每年吸引来自110个国家及地区的近1.7万家参展商及上百万名买家参加亚洲博闻在亚洲、美国及欧洲等地举行的展会。其中部分展会更是区内较大型的展会，它们包括：

——九月香港珠宝钟表展览会：亚洲较大型的珠宝展，亦是全球三大珠宝业盛会之一。

——亚太区皮革展：全球具有国际性的皮革业盛事。

——Seatrade海上旅游及海运业展：每年在美国迈阿密举行，是主要的国际性航运业展览及会议。

——中国国际家具展览会：中国较大型的家具展。

——亚太区美容展：亚太区规模较大的国际美容商贸展。

——国际机械展：泰国大型及历史悠久的工业展。

——亚洲纸业展览会：亚洲大型的纸品展览及会议。

——东京国际健康博览会：日本主要的保健展。

——中国国际海事技术学术会议和展览会：中国大型及重要的国际海事盛会。

——上海国际酒店用品博览会：中国规模较大的酒店用品展。

——水族展：亚洲规模较大的及专业水族展。

现在，亚洲博闻主要发展的重点产业包括：珠宝及礼品、皮革及时装、美容及保健、海上旅游及航海、工业技术、家具、建筑、资讯科技、酒店及休闲、食品、制药、水族、纸业、包装及非织造布业等。

珠宝及礼品

亚洲博闻举办的九月香港珠宝钟表展览会是亚洲最大型的珠宝展，这项区内珠宝界一年一度的盛事。每年吸引近3万名买家及1,700家参展商到场。是全球三大珠宝展之一。此外，亚洲博闻亦于每年六月举行香港珠宝钟表展览会，并同期同场举行亚洲时尚首饰及配饰展。秉承六月份这两个展会同场举行所创出的佳绩，亚洲博闻2003年9月在规模盛大的九月香港珠宝钟表展览会举办期间，同场举办另一个亚洲时尚首饰及配饰展。此外，亚洲博闻也再度在中国大陆举办珠宝展。首届中国国际黄金珠宝玉石展览会在2003年2月于深圳举行即取得圆满成果，预计展会在2004年2月第二次举行时规模将更大。

由亚洲博闻协办的汉城礼品展，是在韩国举行的同类展会中较大型的国际性商贸展览会。此外，亚洲博闻亦主办ASD／AMD贸易展中的亚洲展馆。ASD／AMD贸易展每年分春、秋两季在美国的拉斯维加斯举行，展示各式各样的礼品、赠品、家居用品等。

皮革及时装

全球最大规模的国际皮革展会——亚太区皮革展由亚洲博闻及其海外合作伙伴 SIC 共同举办。该展会在香港举办，是全球最大型的国际皮革盛事。展会每年举办两次，以配合皮革业及时装业市场的需要。亚太区皮革展由两部分组成：原料及制造技术展每年四月与时尚皮具及时装展同期举办。该两项于四月举行的展会是最重要的皮革及时装业盛会，吸引超过3千家参展商与来自世界各地约4万名买家会面。配合时装潮流的季节性概念，时尚皮具及时装展每年举办两次，除四月展外，另一次展会在每年十月举办。

随着近年中国皮革市场的日趋重要及国内庞大的制鞋业，亚洲博闻与其合作伙伴，包括中国皮革工业协会在中国内地主

办多个著名展会。每年于上海举行的中国国际皮革展是中国国内最具国际性及最具规模的皮革展。中国南方的制鞋及皮具业市场则由在东莞举行的中国（东莞）国际皮革生产及技术展览会辅助性覆盖。为了协助海外鞋业品牌在中国市场展示产品以及为国内制鞋业开拓海外市场，中国国际皮革展主办机构在2003年9月于上海举办中国国际鞋类展。展会与展示各式时尚手袋、皮衣、配饰及行李箱包的国际时装及时尚配饰展以及中国国际皮革展同场举行。

美容及保健

亚太区美容展是亚洲博闻与在意大利举办世界最具规模的美容展的主办机构合办的展会。亚太区美容展是区内最大型的国际美容盛会，展会每年汇聚全球750家参展商及近3.5万名业内买家到场。这成功的伙伴合作关系在2002年进一步拓展，双方携手推出天然保健产品展。天然保健产品展是专为全球天然保健业而设的亚洲国际性专业展会，展会与亚太区美容展同期于香港的展览中心举行。

亚洲博闻在日本的保健业占据极重要的席位。旗下产业包括日本健康食品及保健产品业的重要商贸盛事——东京国际健康博览会。

美国保健及美容展（前为纽约国际美容展），是北美洲最大规模的美容及个人护理展览会，为护发、护肤、美容及香水产品的零售商、市场推广公司、制造及分销商提供产品开发及采购的专业盛会。展会由亚洲博闻在普林斯顿的分公司主办，每年在纽约市举行。2002年的展会共吸引近500家展商及1.6万名买家到场。

海上旅游及航海

每年在美国迈阿密海滩举行的Seatrade海上旅游及海运业展览会是全球聚集海上旅游产品、服务及从业人员的最重要盛会。这项业内盛事结合一个为期4天的会议及3天展期的展会。活动将在2004年迈进第20年，每年吸引近千名参展商及来自104个国家的买家到场，是海上旅游界管理层及供应商的国际性聚会。

经过20年的发展，两年一度于中国举行的中国国际海事技术学术会议和展览会已奠定了它在国际航运业的地位。展会不但得到中国政府高层以及国内造船及工程组织的鼎力支持，而且更备受全球业内人士的注目。

日本国际海事展示会及会议是日本航运界不可缺少的重要盛事。展会得到日本造船业、海运器材及船会等专业组织的全力支持，是国际航运业进入日本市场的重要途径。

每两年一度的地中海游艇及船舶海贸展于意大利热那亚举行。这为期4天的会议汇聚了海上旅游和船舶业的专业团体，他们借此机会热烈讨论业内重要项目。与会议同期举行，涵盖全地中海地区的商贸展会，展示了创新技术及不同的旅游地点，务求令与会者满载而归。

工业技术

亚洲博闻在曼谷的国际机器展是泰国同类型展会中历史最悠久及规模最庞大的展会。每年约1千家厂商及近3.3万名买家参加这个展会。展会展示一系列在各种制造过程中使用的机械工具、金属技术、工业自动化、机械人及其他相关技术。

在中国大陆，亚洲博闻的合资企业——上海博华国际展览有限公司协办在上海举行的中国国际工业装备展览会，以及同期举行的中国国际工业自动化展览会，这些都是中国重要的工业展，让国内及海外厂商能会面洽商，共同拓展业务。上海博华是中国最大型国际商贸展会主办单位之一。

国际环保技术展是泰国最早举行的工业环保展览。展会在曼谷举行，同期举行亚洲水泵及阀门展，是泰国有关行业的惟一专业展会。

家具

上海博华国际展览有限公司与中国家具协会合办全中国最具规模的中国国际家具展览会。展会每年九月在上海举行，是亚洲区内最具影响力的家具展。展会同期举行中国国际办公家具展览会、中国国际家居饰品布艺及灯饰展览会及中国国际家具生产设备及原辅材料展览会。近800家参展商及5万名买家参加这占地8万平方米的家具界盛事。

随着中国加入世界贸易组织及北京成为2008年奥林匹克运动会主办城市，上海博华联同中国家具协会于2002年6月在北京成功推出了每两年举行一次的专业办公家具展——中国办公家具展览会。

建筑

上海博华为国内的建造业、建筑材料及室内装饰业与同一时间在上海不同的展览中心举办涵盖建筑、建筑材料及室内装饰业的一连串相关展会，包括与中国建筑文化中心合办的中国国际建筑装饰展览会及与中国照明电器协会合办的中国国际照明电器展览会。与中国建筑陶瓷协会合办的中国际建筑陶瓷及卫浴科技精品展览会是中国同类型展会中最重要的行业展。这些相关展会为海外及国内建筑装饰业提供了最具规模及极具效益的洽商机会。

信息科技

亚洲博闻拥有香港最大规模以及具19年历史的信息科技展——国际电脑展。配合信息科技市场的需要，展会的内容已拓展至消费电子产品。近300家展商及6万名观众参加2002年度的电脑展。

食品

亚洲博闻与其姊妹公司——欧洲博闻在亚洲合办一系列食品配料展览会。以东南亚为目标市场的亚洲食品配料展，在新加坡及区内其他城市如曼谷等地举行。至于在上海举行的亚洲食品配料及技术展览会(中国)，也成为上海一年一度的重要展览。该两项食品展会分别于东南亚及中国这两个亚洲发展蓬勃的市场举行，为参展商及买家带来双重的商机。日本健康食品原料展是特别为日本发展蓬勃的保健及营养食品的原配料市场而设的专业展会。

酒店及休闲

与上海市旅游事业管理委员会合办的上海国际酒店用品博览会是中国发展蓬勃的旅游业的重要展会。展会展示各式专为酒店及休闲娱乐场所而设的配套设施、制服及室内装饰。为了协助酒店及休闲行业就2008年北京奥运会所带来的巨大商机做好准备，国际酒店用品展这一品牌展的北京项目——第一届北京国际酒店用品展览会，已于2002年在北京举行。

上海博华每年在上海合办的游艇及水上活动展会——中国国际船艇及其技术设备展览会，是中国主要的水上休闲活动展会，备受各界人士欢迎。

纸业、包装及非织造布

亚洲博闻与其姊妹公司——Paperloop共同拥有及主办于新加坡举行的亚洲纸业展览会，这是亚洲最重要的纸业展览及会议 。2002年的展会共吸引400家参展商及近4千名买家到场。其他专业展会，如亚洲制盒展，是区内制盒业的首选盛会。

亚洲博闻在上海为全国非织造布技术协会及其他亚洲行业协会承办了上海国际非织造布研讨会及展览。这是亚洲发展迅速的非织造布业的最重要展览。在2001年共有135名参展商及1.75万名买家参与这两年一度的展会。

制药

亚洲博闻与其姊妹公司——欧洲博闻合办亚洲最重要的制药原料展。世界制药原料日本展及世界制药原料中国展是业内人士务必出席的盛会。世界制药原料中国展是与中国医药保健品进出口商会合办。

水族

亚洲博闻拥有全世界最大型的水族展——Aquarama。展会自1989年起在新加坡举行。来自世界各地的140家参展商及超过2万名买家在展览会会面。展会亦举办全球其中一项最大型的稀有鱼类比赛，由800名专业养鱼人士所培养的特别品种会在稀有鱼类品种中竞逐殊荣。

三、客户对亚洲博闻的评价

“九月香港珠宝钟表展览会是我们参加的展会中，最重要的一个。我们结识了来自亚洲各地的买家。此次是我们第五年参展，我们已计划加大明年的展览摊位。”

Inter Gems-Claes公司　Hans Clément先生

九月香港珠宝钟表展览会——香港

“我们在展会中与很多国际性的买家和珠宝首饰制造商会面，尤以日本和韩国为主。很多买家和设计师都向我们查询新产品的资料。亚洲时尚首饰及配饰展绝对是亚洲区内首要的展览会。”

施华洛世奇首饰配件部亚太区市场经理　雷朗峰先生

亚洲时尚首饰及配饰展——香港

“中国国际海事技术学术会议和展览会无疑是海事界顶级的盛会之一。它得到众多及不断增加的中国参展商们的鼎力支持，从而使充满活力的海事界有机会能彼此做进一步的了解。主办机构在吸引参展商和参观人士方面做出了卓越的贡献，让他们积极地参与和交流观点，使这一海事活动取得了圆满的成功——祝贺你们！”

奥利船用设备制造商协会理事长 John Kuehmayer 先生

中国国际海事技术学术会议和展览会——上海

“香港市场对我们十分重要，亚太区皮革展时尚皮具及时装展更是不容错过的商贸盛会。展会吸引很多百货公司的买家，我们接到不少香港买家的即时订单，明年我们将再次参展。”

Puntotres Accessories公司经理　Jordi Llavina Tarres先生

亚太区皮革展暨时尚皮具及时装展——香港

“我们在亚太区皮革展原料及制造技术展中成功完成多宗生意，以及取得很多新市场的新客户，而他们均是业内高素质的买家。”

KCK Genesis International (P) Ltd. 执行董事 Tubby Kapur先生

亚太区皮革展原料及制造技术展——香港

“在Seatrade海上旅游及海运业展览会中我们接到一些新订单，亦认识了不少买家及业内人士。展会集聚所有决策人，大家济济一堂，实在是不可多得的良机。”

Port Everglages 海上旅游服务经理　Jean E. Elie 女士

Seatrade海上旅游及海运业展览会——迈阿密海滩

“我们公司连续几年参加中国国际家具展，非常感谢主办机构的高效率组织工作，为我们与海外买家提供全交流平台。”

南京奥坤家具有限公司　范云林总经理

中国国际家具展——上海

“相比我们参与的大多数其他贸易展览会，亚太区美容展的买家素质极高。是的，到目前为止，我们极为满意。有很多来自韩国、澳洲及日本的海外买家跟我们接触。此次参展的收获真的非常大。”

The Dezac Group公司营业经理　Martin Brown先生

亚太区美容展——香港

“亚洲纸业展览会再次证明它是在东南亚市场建立优质业务联系的最佳桥梁。这是一个准备完善的展会，参展商全无后顾之忧。”

Korber PaperlinkGmbH主席及行政总裁

Martin Weickenmeier先生

亚洲纸业展览会——新加坡

澳门贸易投资促进局

澳门贸易投资促进局属非营利机构，宗旨是促进贸易及引进外资。

本局的职责包括：

• 向投资者推介澳门的投资环境及机会，并提供方便、快捷的"一站式"服务：接受咨询→评估项目→专业公证员办理成立公司手续→指引投资程序及所需牌照/准照申请→跟进投资手续及其他→落实投资项目。

• 提供经贸信息咨询、市场分析和统计资料，协助开拓及扩展市场。

• 主办、协办本地各种展览与推广活动；积极参与外地各类经贸活动；资助本地企业参加世界各地的展览会，藉此缔造商机。

• 组织代表团出外访问和考察，接待外地代表团到访，为投资者们创造交流及合作的机会。

• 负责离岸业务(非金融)的发牌照、技术协助和监督工作。并通过推广活动来促进非金融离岸业务在澳之发展。

• 负责审批投资者、有关管理及专业技术人员提出的居留申请。

• 编辑发行经贸刊物杂志，借以宣扬澳门工贸环境。

一站式服务

澳门特别行政区政府通过澳门贸易投资促进局继续加强"一站式"(一条龙) 服务，对投资者在各方面提供支持和协助，由简单的咨询开始，提供关于在澳门的投资程序和手续指引，直至跟进落实投资项目的进行。

为提供这项服务，贸易投资促进局内设立专职公证员，以办理成立公司及有关登记手续；以及组成由多个政府部门参与的投资委员会，通过委员会这一机制与其他有关政府部门紧密合作，协助接待、指导投资者，并跟进开展及落实投资所需的行政程序。

为了完善这一系列的服务，贸易投资促进局还设立了投资者服务厅，派遣专人处理及跟进投资计划，对投资者提供一站式的资询及指引，为有意在澳门投资者提供一个更简单、更快捷的投资通道，继续改善对有兴趣来澳门投资人士的服务。

我们提供的服务——一站式资询及建议

专职公证员办理成立公司及登记的手续与其他政府部门沟通，以落实投资项目，专人跟进你在澳门的投资计划，助你寻找本地或外地合作伙伴。

电　话：00853-710300
传　真：00853-590309，710304
E-mail：onestopservice@ipim.gov.mo
网　页：www.ipim.gov.mo
地　址：澳门友谊大马路918号世界贸易中心四楼

离岸服务

澳门之离岸法例在1999年11月1日正式生效。离岸金融业是由澳门金融管理局所审批及监管，而离岸服务业则由澳门贸易投资促进局(以下简称贸促局)所审批及监管。

从事离岸服务业之基本条件

投资者必须首先得到贸促局之批准方可在澳门从事离岸服务业。在澳门经营离岸服务业必须遵守以下之条件，包括：

1.只采用非澳门币为交易及结算之货币；

2.只针对非澳门特区居民为销售对象；

3.只针对非澳门特区市场。

成立离岸商业／辅助服务机构之程序

1．递交申请表及投资计划书给予贸促局作审批：

——如离岸机构之股东是公司所需要呈交之文件。

——如离岸机构之股东是个人所需要呈交之文件。

2.当申请获得批准以后，投资者必须根据澳门商业法律进行公司注册及办理其他手续。

3.离岸机构完成所有程序以后，方可正式提供离岸商业或辅助服务。

离岸机构也必须聘请在核数师暨会计师注册委员会注册之核数师或核数公司来审核公司之会计账目，并将年度公司会计报告及核数师审核报告　并呈交贸促局。

经营离岸服务之税务优惠

离岸机构将不用缴付下列税项，包括利得税、营业税及印花税。此外，获准在澳门定居之离岸机构领导及专业技术人员(非澳门居民)，他们可以豁免缴交在离岸机构工作首三年度之薪俸税。

离岸机构组成之方法

离岸机构可以由最少一名股东及董事所组成。离岸机构股东及董事皆可为公司或个人身份，如离岸机构之董事是一间公司，该公司必须委任一位自然人(个人)来代表它履行董事应有之职责。

离岸机构之种类及业务

离岸机构分为两种：离岸商业服务机构（国际上一般称为国际商业公司—IBC）及离岸辅助服务机构。离岸商业服务机构可以对任何单位提供服务，不只局限于其控股公司。相反，作为离岸辅助服务机构，它只可以向其控股公司提供服务。

离岸服务业之分类

离岸机构可以从事下列任何一项或以上之离岸服务：

1.商业代办及中介服务；2.遥距售卖业务；3.取得及提供商业资讯；4.船只及航空器经营及管理服务；5.提供文件服务；6.接待客户，为其提供资讯、预定、登记及接洽订单服务；7.调查及保安业务；8.资讯设备顾问；9.资讯顾问及程式编写；10.数据处理；11.数据库业务；12.调查及发展业务；13.法律业务；14.会计、审计及税务顾问业务；15.贸易及管理顾问业务；16.建筑、工程及相关技术业务；17.技术试验及分析业务；18.包装业务；19.行政及档案支援业务；20.职业培训业务。

澳门商务促进中心

目前，中心提供以下设施及服务：

——现代化小型办公室：每个办公室设有基本办公设备如办公桌、办公椅、访客坐椅、文件柜及电话等。

——中央接待处：提供电话接线、留言及传真服务；收费翻译服务；辅助招聘服务；并提供澳门买卖或租赁楼宇资料及交通／旅游指南。

——不同政府部门及商业机构提供服务：澳门有关政府部门定时派员为中心内企业解答有关问题及办理相关行政手续，由“中心”长驻工作人员协助企业处理一般工商行政及申报手续；“中心”并与不同私人机构合作为在场企业提供不同信息及服务，包括法律、会计、税务及银行等。

——多功能会议室及洽谈室：为企业提供商务活动场地；可为企业提供商务洽谈、发布会、专题讨论及其他仪式之举办地点。

——电脑、互联网暨资料室：设有电脑及打印设备及宽频互联网上网服务；放置本澳统计数据、政府部门指引以及各行各业的有关资料或宣传单；并提供收费影印及传真服务等现存资料目录。

——商品展示区：“中心”内设有展览馆供进场企业展示产品。

——商务导航服务：“中心”定期组织各类型活动，包括拜访政府工商部门及本地商业团体、各地商务考察、专题商务项目洽谈、行业及专业座谈会等。

位置：

澳门商务促进中心：“澳门商务促进中心”位于商住迅速发展的新口岸填海区，环境优美，靠近观音像，前向绿荫之宋玉生公园，远览高耸之澳门旅游塔；交通便利，乘车前往港澳码头约需5分钟、市中心约需5分钟、关闸(拱北口岸）约需10分钟或澳门国际机场约需10分钟。

使用条件：

——一般企业最多可使用设施四个月，期满后可申请延用两个月；

——认可之外地政府机关或商贸推广机构则可使用一年。

——进场企业必须具备澳门特别行政区财政局之有效“营业税”登记或已开始其在澳门的商业登记程序。如“进场企业”在进场时尚未做出上述登记，其必须于进场后五个工作日内办理登记手续。（“营业税”每年一般需要缴纳澳门币300元整。）

申请方法：

下载有关申请表：

查询电话：（00853）728212

E-mail：mbsc@ipim.gov.mo

招职站：

a．招聘人才：本中心设有招聘网页，欢迎需要招揽人才的公司使用此项服务。填妥有关表格后，可以邮寄、E-mail或传真给中心。本中心便会将招聘资料放于网页内，以供求职人士浏览。

b.求职：求职人士除可浏览招聘网页找寻合适的职位外，本中心亦提供职业配对服务。请下载此表格，填妥后连同个人履历经邮寄、E-mail或传真到本中心。当中心收到与求职人士相符的职位空缺信息，便会将其履历资料交给招聘的公司。履历存档期为半年。

常见问题：

- 一般咨询

1）“澳门商务促进中心”位于哪里？

地址：澳门宋玉生广场263号“中土大厦”20楼

Tel：(00853) 728212

Fax：(00853) 727123

2）开放时间？

早上九时至下午六时

星期一至星期五（政府公布假期休息）

- 申请手续

1）谁可申请？

欢迎任何有意开拓及拓展澳门及邻近市场之中外企业、专业人士及商贸推广社团申请使用“中心”之设施。为了方便外地企业较容易进入澳门市场，“中心”将优先为外地企业提供小型办公室。

2）如何申请？

申请人填妥申请表后，连同名片及公司商业登记影印副本，以邮寄、传真方式或亲临中心递交申请表。每位企业代表需在进场时缴交一寸半彩色相片两张。

3）如何索取申请表？

“可于网上下载表格”。

- 设施及服务

1）“澳门商务促进中心”提供的服务都是免费的？

“澳门商务促进中心”提供的所有服务基本是免费的。请参阅以下项目：

——小型办公室（免费）

——多功能会议室、洽谈室及商品陈列区(免费，但须预约)

——宽频上网服务(免费)

——电脑(中心设有数部电脑可供免费使用，但请尽量自备手提电脑)

——资料室(免费)

——影印及传真服务（收费）

2）一个企业能使用多个办公室吗？

基于资源考虑，每一个企业只能申请使用一个小型办公室。

3）如果不进场使用办公室，可否享用其他服务及设施？

可以。只要登记成为“登记用户”，本地及外资企业、贸易投资推广机构及专业人士仍可享用中心内的设施及服务(小型办公室除外)。如要登记成为“登记用户”，请在此处下载表格。

联络方式

澳门贸易投资促进局
澳门友谊大马路 918 号
世贸中心二至四楼

电话：(00853) 710300
传真：(00853) 590309
E-mail：ipim@ipim.gov.mo
24 小时电话查询热线：(00853) 881212

本局包括以下主要厅、处、组以及澳门商务促进中心：

推广活动厅

电话：(00853) 710300
传真：(00853) 590309
E-mail：ipimpinv@ipim.gov.mo

离岸业务厅

电话：(00853) 7989240
传真：(00853) 590309
E-mail：offshore@ipim.gov.mo

投资者服务厅

电话：(00853) 7989112，7989263
E-mail：onestopservices@ipim.gov.mo

行政暨财政处

电话：(00853) 710300
E-mail：ipim@ipim.gov.mo

投资居留暨法律处

电话：(00853) 712055
传真：(00853) 713950
E-mail：gjfr@ipim.gov.mo

研究暨资料处

电话：(00853) 7989127
传真：(00853) 728208
E-mail：ipimpcom@ipim.gov.mo

资讯中心

电话：(00853) 7989241
传真：(00853) 590309
E-mail：ipimbibl@ipim.gov.mo

公共关系组

电话：(00853) 7989227
传真：(00853) 590309
E-mail：gloriaung@ipim.gov.mo

电脑资讯组

电话：(00853) 7989125
传真：(00853) 590309
E-mail：jcheng@ipim.gov.mo

澳门商务促进中心

电话：(00853) 728212
传真：(00853) 727123，728213
E-mail：mbsc@ipim.gov.mo

办公时间：

星期一至星期四：9:00-13:00，14:30-17:45
星期五：9:00-13:00，14:30-17:30

十年发展　再攀高峰

“开拓、求实、创新”作为中汽对外经济技术合作公司一贯遵循的企业精神，在起步与成长的过程中，推动着公司的发展壮大。

中汽对外经济技术合作公司组建于1993年7月。是以专门从事汽车行业对外经济技术合作项目，进出口贸易，举办国内外国际汽车展览会，对外承包工程，派遣劳务，提供中外汽车行业工程、产品、技术、市场咨询服务为主的专业性公司。

十年来，公司面向市场，加强服务，按市场经济规律运作，用现代企业制度规范，走出了一条不断向新目标攀登的发展之路。积极开发业务，在组织国际汽车展览会、开发中外合资合作项目、进出口贸易、拓展国内市场及人才培养等方面迈出了坚实的步伐。

以联合办展模式组织国内规模最大、在国内外颇具影响的专业性国际汽车展——北京国际汽车工业展览会（Auto China）为主体，经过多年的培育，现已形成了在北京以综合性车展（Auto China）和汽车零部件专业展（AMS）及北京国际商用车展览会（Auto China-Commercial Vehicle Exhibition）隔年交替举办；在南方，以广州国际汽车展（Auto South China）和深圳国际汽车展(Shenzhen Motor Expo)隔年交替举办；在北方，每逢单年举办沈阳国际汽车工业博览会(Auto North China)；每年举办中国杭州国际汽车展览会（Auto East China）、广东国际汽车展示交易会（东莞）（GD Auto Expo）；每逢单年举办北京国际摩托车展览会(Motorcycle Expo)以及每年组织出国展览会的办展模式。

以自身在国内外汽车界的影响，积极开发中外合资合作项目。在国内投资兴建了汽车零配件、汽车用材料的中外合资企业“常州威士顿有限公司”、“常州河西汽车内饰件有限公司”，其产品可替代进口，取得了良好的效益。2002年投资成立了“浙江中汽会展有限公司”，从事汽车、摩托车、汽摩配件及相关行业会展业，该公司2000～2002年成功举办了三届中国杭州国际汽车展览会，得到了业界同仁及社会各界朋友的一致好评。中国杭州国际汽车展览会已成为“西湖博览会”的精品会展项目。1999年投资成立了中韩合资“北京秘苑定食餐饮服务有限公司”，主要经营韩国高档、传统风味料理。

面向国内外市场，不断扩大进出口贸易。主要贸易国家和地区有美国、德国、法国、英国、意大利、澳大利亚、新加坡、日本、韩国、印度、希腊及东南亚地区，主要贸易产品为汽车、汽车零部件、机电类产品及相关产品。

积极开展国内贸易，整车、零部件、汽车用品齐头并进。1995年投资并控股组建了“北京龙运汽车贸易发展有限公司”，现已发展成为神龙汽车有限公司在北京地区的A级经销商。公司作为嘉实多机油北京西区代理，建立了多家换油中心，并取得了一定的市场份额。1998年与美国OMG公司开展了良好的合作，共同进行国内三元催化剂市场的开发与服务。2000年开始，为国内零部件生产企业提供国外寻价、定货、运输、仓储一条龙的OEM供货模式，实现了从一般性进口代理贸易形式发展为及时供货形式。

充分发挥自身在汽车行业的技术及人才优势，每年在国内举办汽车行业技术交流与研讨活动，扩大中外交流，开展多种形式的咨询服务。

公司聚集了一批汽车工程、机械制造、计算机应用、管理工程、MBA、财务管理、国际金融、对外贸易、信息管理、国际法、英文、日文等各专业的人才，形成了一支能充满朝气、思路开阔、勇于创新的专业化队伍。

十年来，注重以现代企业制度规范和加强企业内部建设，建立和完善规章制度体系，建立起科学合理的激励机制，多种途径、多种方式培养各种专业人才。实践证明，公司以“开拓、求实、创新”的精神，按照市场经济的规则运作，就能在市场竞争的风浪中扬帆远航。

中汽对外经济技术合作公司

2003～2004年展会计划

表11-1　来华展览计划

序号	展览名称（Name of Exhibitions）	时间（Date）	面积(平方米)
1	2003年北京国际商用车展览会 2003年北京国际汽车零部件及相关产品展览会(AMS 2003) Auto China-Commercial Vehicle Exhibition 2003 2003 Beijing International Automotive Parts, Related Products Show (AMS 2003)	2003年9月25～28日 25-28, Sep.2003	50,000
2	2003年北京国际摩托车展览会(Motorcycle Expo 2003) 2003 Beijing International Motorcycle Exposition (Motorcycle Expo 2003)	2003年11月6～9日 6-9, Nov.2003	20,000
3	第七届深圳国际汽车、摩托车展览会(Shenzhen Motor Expo 2003) 2003 Shenzhen International Automobile & Motorcycle Exhibition(Shenzhen Motor Expo 2003)	2003年11月14～18日 14-18, Nov.2003	20,000
4	第三届中国沈阳汽车工业博览会(Auto North China 2003) The Third Shenyang International Auto Industry Exposition(Auto North China 2003)	2003年7月3～8日 3-8, July 2003	50,000
5	第四届中国杭州国际汽车展览会／(2004，第五届) The Fourth International Automobile Exhibition Hangzhou, China(2004, The Fifth)	2003年10月/2004年10月 Oct.2003/Oct.2004	50,000
6	第三届广东国际汽车展示交易会／(2004,第四届) The Third Guangdong Int'l Auto Exhibition & Trade Fair/(2004,The Fourth)	2003年12月/2004年12月 Dec.2003/Dec.2004	30,000
7	第八届北京国际汽车工业展览会(Auto China 2004) The 8th Beijing International Automotive Industry Exhibition(Auto China 2004)	2004年6月 June 2004	80,000
8	第六届广州国际汽车展览会(Auto South China 2004) The Sixth Guangzhou International Automobile Exhibition(Auto South China 2004)	2004年12月 Dec.2004	30,000

表11-2　出国展览计划

序号	展览名称（Name of Exhibitions）	时间（Date）	面积(平方米)
1	德国法兰克福汽车零部件展览会 Frankfurt Auto Parts Show (Auto Mechanika 2004)	2004年9月 Sep.2004	250,000
2	美国拉斯维加斯国际汽车零部件及售后服务市场展览会 Automotive Industry Week 2003/2004(AAPEX)	2003年11月/2004年11月 Nov.2003/Nov.2004	150,000
3	2003年中东国际汽摩配件展览会（迪拜） Autotec 2003	2003年5月 May 2003	10,000
4	法国巴黎国际汽车零部件展览会 Equip Auto 2003	2003年10月 Oct.2003	200,000

SIEC

上海市国际展览有限公司

上海市国际展览有限公司隶属于上海市国际贸易促进委员会、上海国际商会。经国家对外经济贸易部和上海市人民政府共同批准，于1984年7月1日成立。公司的经营范围是举办和接待海内外来展、出展；经营管理、承包、租赁经营展览场所；安排与展览相关的商务会议接待；组织办展期间的技术交流会和贸易洽谈；办理展品的进出口、保税、运输、留购业务；收集分发展览会信息、样本、技术资料。

随着中国加入WTO，展览业作为"无烟工业"和服务贸易的重要组成部分，已开始发展成为一项重要产业。公司成立以来，已举办过各类大中型国际来华展览400个，初步形成了"大型化、国际化、专业化、定期化"的办展风格，形成了一批具有较高知名度和影响力的品牌展览会。公司投资的上海国际展览中心近三年每年场地出租总面积240万平方米，平均出租率达到55%，位居全市首位。同时，上海国际展览中心还每年举办8个不同类型的国际自办展。

上海市国际展览有限公司目前是国际博览会联盟的正式会员。公司与中国模具工业协会联合举办的"国际模具技术和设备展览会"是上海惟一加入国际博览会联盟的展览会。公司举办的"第十届上海国际汽车工业展览会"是我国建国以来规模最大的汽车展，众多跨国汽车公司的参与使上海车展真正成为中国最具知名度和影响力的行业盛会之一。

上海市国际展览有限公司

地　址：上海市延安中路841号东方海外大厦8楼　　邮　编：200040

电　话：021-62792828　　传　真：021-65455124

网　址：www.siec-ccpit.com　　E-mail：siec6@sh163.net

Shanghai International Exhibition Co., Ltd.

Shanghai International Exhibition Co., Ltd. (SIEC) is under the direct leadership of Council for the Promotion of International Trade Shanghai and Chamber of International Commerce Shanghai . Founded on 1st July 1984 with the approval of the Ministry of Foreign Trade & Economic Cooperation and the People's Government of Shanghai Municipality, SIEC is a leading professional exhibition company with the longest history in Shanghai. The business scope of SIEC includes: organising and hosting international exhibitions in China, and organizing Chinese participation in exhibitions overseas; managing, contracting and leasing exhibition venue; arranging commercial conventions related to exhibitions; organising technical seminars and trade negotiations during exhibitions; handling exhibits declaration to the Customs, bonded warehouse, freight forwarding, exhibit importation; collecting and distributing exhibition information, samples and technical data.

Along with China's access into WTO, the exhibition industry, as a "smokeless industry" and an important part of service trade, has been developing into an important industry. Since its founding, SIEC has held 400 large-and-medium-sized international incoming exhibitions with various themes in China, has organized thousands of companies to participate in over 550 exhibitions held in different parts of the world, gradually has formed the style of large scale, internationality, specialization, and regularity, and has created a number of well-known and influential exhibition brands. INTEX Shanghai ranks No. 1 in Shanghai in terms of venue leasing at the average of leasing out 2.4 million square metres annually in the past three years with a leasing rate of 55%. Meanwhile INTEX Shanghai organizes 8 international events of its own each year.

SIEC is a full member of Union des Foires Internationales (UFI). DIE & MOULD CHINA organised jointly by SIEC and China Die & Mould Industry Association is the only member exhibition of UFI in Shanghai. Auto SHANGHAI 2003 is the largest automobile show after the founding the People's Republic of China. The participation of many multinational automobile companies makes AUTO SHANGHAI one of the most famous and most influential galas of the automobile industry.

Shanghai International Exhibition Co.,Ltd.

Add: 8/F, OOCL Plaza, 841 Yan An Zhong Road, Shanghai 200040, China

Tel: 0086-21-62792828　　Fax: 0086-21-65455124

Website: www.siec-ccpit.com　　E-mail: siec6@sh163.net

表 11–3　上海市国际展览有限公司举办的 2004 年国际展览

<table>
<tr><th>日期</th><th>展览会名称</th><th>地点</th></tr>
<tr><td>2月25～28日</td><td>第五届中国（上海）国际婚纱摄影及器材展览会</td><td>上海光大会展中心</td></tr>
<tr><td rowspan="3">3月24～27日</td><td>第十届上海国际服装博览会</td><td rowspan="3">上海新国际博览中心</td></tr>
<tr><td>第六届上海国际纺织面料及辅料、家用纺织品贸易博览会</td></tr>
<tr><td>第五届上海国际纱线贸易博览会</td></tr>
<tr><td>3月30～4月2日</td><td>第十二届上海国际酒店用品博览会</td><td>上海新国际博览中心</td></tr>
<tr><td>3月31～4月2日</td><td>上海国际燃气技术与设备博览会</td><td>上海国际展览中心</td></tr>
<tr><td>4月12～16日</td><td>中国数控机床展览会</td><td>上海光大会展中心</td></tr>
<tr><td rowspan="2">4月14～16日</td><td>第十四届中国国际自行车展览会</td><td rowspan="2">上海新国际博览中心</td></tr>
<tr><td>第二届中国国际电动自行车及零配件展览会</td></tr>
<tr><td>4月22～24日</td><td>第四届中国国际染料工业展览会暨有机颜料印染助剂展览会</td><td rowspan="2">上海国际展览中心</td></tr>
<tr><td rowspan="3">5月11～14日</td><td>中国国际港口航运博览会</td></tr>
<tr><td>中国国际运输、仓储技术和相关设备展览会</td><td rowspan="2">上海新国际博览中心</td></tr>
<tr><td>中国国际运输物流展览会</td></tr>
<tr><td>5月12～16日</td><td>第十届中国国际模具技术和设备展览会</td><td>上海新国际博览中心</td></tr>
<tr><td>5月24～27日</td><td>第三届中国国际烘焙、甜点、西餐配料及设备展览会</td><td>上海国际展览中心</td></tr>
<tr><td rowspan="2">5月</td><td>第二届上海国际固体废弃物专用设备和技术展览会</td><td rowspan="2">上海展览中心</td></tr>
<tr><td>第二届上海国际清洁设备及技术展览会</td></tr>
<tr><td rowspan="2">6月9～12日</td><td>第八届上海国际服装工业展览会</td><td rowspan="2">上海国际展览中心</td></tr>
<tr><td>第四届上海国际针织工业展览会</td></tr>
<tr><td>6月23～26日</td><td>中国（上海）信息化博览会暨第十二届上海国际信息通信展览会</td><td>上海国际展览中心
上海世贸商城</td></tr>
<tr><td>6月</td><td>2004 跨国采购洽谈会（中国上海）——工业零部件采购洽谈会</td><td>上海世贸商城</td></tr>
<tr><td rowspan="2">7月20～23日</td><td>第六届上海国际摄影器材博览会</td><td rowspan="2">上海光大会展中心</td></tr>
<tr><td>第六届中国（上海）国际婚纱摄影及器材展览会</td></tr>
<tr><td rowspan="2">9月</td><td>第四届国际住宅建设及建筑建材展览会</td><td rowspan="2">上海国际展览中心</td></tr>
<tr><td>2004 中国智能建筑展</td></tr>
<tr><td rowspan="2">10月12～15日</td><td>第九届国际食品加工及包装机械展览会</td><td rowspan="2">上海国际展览中心</td></tr>
<tr><td>第七届国际包装印刷机械展览会</td></tr>
<tr><td>10月19～22日</td><td>第五届国际汽车零部件及维修保养设备展览会</td><td>上海国际展览中心</td></tr>
<tr><td>11月</td><td>2004 中意葡萄酒展</td><td>上海展览中心</td></tr>
<tr><td>11月</td><td>世界烟草展览会和研讨会</td><td>上海世贸商城</td></tr>
<tr><td>12月</td><td>上海国际航空及机场设备展览会</td><td>上海国际展览中心</td></tr>
</table>

以上计划仅供参考，如有变动，恕不另行通知。

上海市国际展览有限公司

地　址：上海市延安中路 841 号东方海外大厦 8 楼　　邮　编：200040

电　话：021–62792828　　传　真：021–65455124

网　址：www.siec–ccpit.com　　E–mail：siec6@sh163.net

表 11—4 Shanghai International Exhibition Co., Ltd. International Exhibitions in 2004

WHEN	WHAT	WHERE
25～28 February	The 5th China (Shanghai) International Wedding & Photographic Equipment Exhibition	Shanghai Everbright Convention & Exhibition Center
24～27 March	SIFE 2004 (Shanghai International Fashion Expo 2004)	Shanghai New International Expo Centre
	SIT 2004 (The 6th Shanghai International Textile Fabrics, Accessories & Home Textiles Trade Fair)	
	SIY 2004 (The 5th Shanghai International Yarn Trade Fair)	
30 March～2 April	HOTELEX SHANGHAI 2004	Shanghai New International Expo Centre
31 March～2 April	GAS EXPO SHANGHAI 2004	INTEX Shanghai
12～16 April	CCMT 2004 (China CNC Machine Tool Fair)	Shanghai Everbright Convention & Exhibition Center
14～16 April	CHINA CYCLE 2004 (The 14th China International Bicycle & Motor Fair)	Shanghai New International Expo Centre
	CHINA E-BIKE 2004	
22～24 April	CHINA INTERDYE 2004 (The 4th China International Dye Industry, Pigments, Printing and Dyeing Auxiliary Exhibition)	INTEX Shanghai
11～14 May	MARINE PORT CHINA 2004 (The 9th International Exhibition on Port, Waterway Construction, Shipping and Logistics)	Shanghai New International Expo Centre
	TRANSPORT LOGISTIC CHINA 2004	
12～16 May	DIE & MOULD CHINA 2004 (The 10th China International Exhibition on Die and Mould Technology and Equipment)	Shanghai New International Expo Centre
24～27 May	INTERBAKE CHINA 2004	INTEX Shanghai
May	SWET SHANGHAI 2004 (The 2nd Shanghai International Solid Waste Equipment & Technology Exhibition)	Shanghai Exhibition Center
	CET SHANGHAI 2004 (The 2nd Shanghai International Cleaning Equipment & Technology Exhibition)	
9～12 June	SICME 2004 (The 8th Shanghai International Clothing Machinery Exhibition)	INTEX Shanghai
	KNITTING CHINA 2004 (The 4th China International Exhibition on Knitting Industry)	
23～26 June	CIT SHANGHAI 2004/ CHINA ELECOMM 2004	INTEX Shanghai Shanghaimart
June	2004 International Sourcing Conference (Industrial Components & Parts) Shanghai China	Shanghaimart
20～23 July	SHANGHAI INTERPHOTO 2004	Shanghai Everbright Convention & Exhibition Center
	The 6th China (Shanghai) International Wedding & Photographic Equipment Exhibition	
September	B & H 2004 (China International Housing & Building Expo 2004)	INTEX Shanghai
	China Intelligent Building 2004	
12～15 October	INTERFOOD SHANGHAI 2004 (The 9th International Exhibition for Food Processing & Packaging Equipment)	INTEX Shanghai
	PNP CHINA 2004	
19～22 October	AUTO PARTS & EQUIP SHANGHAI 2004	INTEX Shanghai
November	CHINA WINITALY 2004	Shanghai Exhibition Center
November	World Tobacco Symposium & Exhibition	Shanghaimart
December	Shanghai Aviation & Airport Expo	INTEX Shanghai

The above program is subject to change without prior notice.

Shanghai International Exhibition Co., Ltd.

Add: 8/F, OOCL Plaza, 841 Yan An Zhong Road, Shanghai 200040, China

Tel: 021-62792828 Fax: 021-65455124

Website: www.siec-ccpit.com E-mail: siec6@sh163.net

香港贸易发展局展览会
HKTDC Fairs

香港玩具展

展览日期：2004年1月6～9日

展品类别：玩具及游戏、嘉年华用品、玩具零件、配件及有关产品

上届(2003)统计资料：

展览总面积49,102平方米，参展商1,702家，买家28,433人

Hong Kong Toys & Games Fair

Fair Date：Jan. 6～9，2004

Exhibits Profile：Toys & games，carnival items，toy parts，accessories & supplies

Statistics (2003)：Gross Area：49,102 sqm，Exhibitors：1,702，Buyer：28,433

香港国际文具展

展览日期：2004年1月6～9日

展览类别：纸品及纸类产品、书写工具、办公室用品、美术用品及设备、教学器材、儿童文具及学校用品

上届(2003)统计资料：

展览总面积6,000平方米，参展商210家，买家11,492人

Hong Kong International Stationery Fair

Fair Date：Jan6～9. 2004

Exhibits Profile：Paper & paper products，writing equipment，office supplies，artist equipment，educational systems，children stationery & school supplies

Statistics (2003)：Gross Area：6,000 sqm，Exhibitors：210，Buyer：11,492

香港时装节秋冬系列

展览日期：2004年1月13～16日

展览类别：秋冬时装系列、服装配件、饰品及布料

上届(2003)统计资料：

展览总面积25,264平方米，参展商920家，买家23,706人

Hong Kong Fashion Week for Fall/Winter

Fair date：Jan. 13～16，2004

Exhibits Profile：Fall/Winter fashion collections，garment accessories

Statistics (2003)：Gross Area：25,264 sqm，Exhibitors：920，Buyer：23,706

香港国际时尚荟萃

展览日期：2004年1月13～16日

展览类别：名牌时装、厂家品牌时装及设计师系列、时装饰品、家居时尚用品及赠品

上届(2003)统计资料：

展览总面积8,917平方米，参展商178家，买家15,023人

World Boutique，Hong Kong

Fair Date：Jan. 13～16，2004

Exhibits Profile：Fashion designers' collections，branded fashion products，lifestyle fashion products，home fashion products，small gifts

Statistics (2003)：Gross Area：8,917 sqm，Exhibitors：178，Buyer：15,023

教育及职业博览

展览日期：2004年2月19～22日

展览类别：教育机构、专业学会、政府及私营机构、教育器材

上届(2003)统计资料：

展览总面积6.6千平方米，参展商366家，参观184,259人次

Education & Careers Expo

Fair Date：Feb. 19～22，2004

Exhibits Profile：Educational institutions，personnel consultants，government & private organizations，educational supplies

Statistics (2003)：Gross Area：6,600 sqm，Exhibitors：366，Visitors：184,359

香港国际珠宝展

展览日期：2004年3月2～5日

展览类别：贵重珠宝首饰、宝石、配件、工具及设备、珠宝首饰及名厂手表

上届(2003)统计资料：

展览总面积41,948平方米，参展商1,186家，买家20,145人

Hong Kong International Jewellery Show

Fair Date：Mar. 2～5，2004

Exhibits Profile：Fine jewellery，gemstones，pearls，accessories，tools & equipment，jewellery and branded watches

Statistics (2003)：Gross Area：41,948 sqm，Exhibitors：1,186，Buyer：20,145

香港春季电子产品展

展览类别：通信产品、视听及多媒体产品、个人电子产品、资讯科技、保安产品、电子配件及家用电器

统计资料：2004年首次举办

Hong Kong Electronics Fair (Spring Edition)

Fair Date：Apr. 14～17，2004

Exhibits Profile：Telecommunications products，audio visual and multimedia product，personal electronics，information technology，security product，electronic accessories and home appliances

Statistics：Fair launches in 2004

香港家庭用品展

展览日期：2004年4月21～24日

展览类别：家庭用品、手工艺品、家居装饰品、厨具、小家电、浴室用具、家具、人造花饰及餐具

上届(2003)统计资料：

展览总面积66,702平方米，参展商3,790家，买家62,365人

Hong Kong Houseware Fair

Fair Date：Apr. 21～24, 2004

Exhibits Profile：Household products, handicrafts, home decorations, kitchenware, small electrical appliances, bathroom accessories, furniture, artificial flowers & tableware

Statistics (2003)：Gross Area：66,702 sqm, Exhibitors：3,790, Buyer：62,365

香港礼品及赠品展

展览日期：2004年4月28日～5月1日

展览类别：宣传及公司礼品、派对及圣诞装饰品、银器礼品、文具、小型陶瓷礼品、图书及相架、电子消费品、纸品及包装产品

上届(2003)统计资料：

展览总面积66,702平方米，参展商3,790家，买家62,365人

Hong Kong Gifts & Premium Fair

Fair Date：Apr. 28～May 1, 2004

Exhibits Profile：Advertising and corporate gifts, party & X'mas decorations, silverware, stationery, ceramic gifts, picture & photo frames, consumer electronics, paper & packaging

Statistics (2003)：Gross Area：66,702 sqm, Exhibitors：3,790, Buyer：62,365

香港专利授权展

展览日期：2004年4月（待定）

展览类别：拥有专利授权之品牌及和专利授权有关之法律及顾问服务

上届(2003)统计资料：

展览总面积1,000平方米，参展商30家，买家7,674人

Hong Kong Licensing Show & Conference

Fair Date：Apr., 2004 (TBC)

Exhibits Profile：Branded properties for licensing, Licensing～related legal and consulting services

Statistics (2003)：Gross Area：1,000 sqm, Exhibitors：30, Buyer：7,674

中小企业市场推广日

展览日期：2004年6月9～11日

展览类别：各大公营及私营机构为协助中小企业发展所提供的产品及服务

上届(2003)统计资料：

展览总面积12,636平方米，参展商228家，买家29,125人

SME Market Day

Fair Date：Jun. 9～11, 2004

Exhibits Profile：Products and services to support the development of SMEs

Statistics (2003)：Gross Area：12,636 sqm, Exhibitors：228, Buyer：29,125

香港国际影视展

展览日期：2004年6月（待定）

展览类别：电影、电视节目、有关产品及服务

上届(2002)统计资料：

展览总面积2.3千平方米，参展商190家，买家1,612人

Hong Kong International Film & TV Market (FILMART)

Fair Date：Jun., 2004 (TBC)

Exhibits Profile：Movies, TV programmes, related products & services

Statistics (2002)：Gross Area：2,300 sqm, Exhibitors：190, Buyer：1,612

香港时装节春夏系列

展览日期：2004年7月6～9日

展览类别：春夏时装系列、服装配件、饰品及布料

上届(2003)统计资料：

展览总面积15,346平方米，参展商517家，买家12,858人

Hong Kong Fashion Week for Spring/Summer

Fair Date：Jul. 6～9, 2004

Exhibits Profile：Spring/Summer fashion collections, garment accessories

Statistics (2003)：Gross Area：15,346 sqm, Exhibitors：517, Buyer：12,858

香港书展

展览日期：2004年7月21～26日

展览类别：书籍、印刷品、文具、印刷服务及多媒体教育用品

上届(2003)统计资料：

展览总面积29,000平方米，参展商325家，参观427,681人次

Hong Kong Book Fair

Fair Date：Jul. 21～26, 2004

Exhibits Profile：Books, printed matters, stationery, printing services and multimedia education products

Statistics (2003)：Gross Area：29, 000 sqm, Exhibitors：325, Visitors：427, 681

美食博览

展览日期：2004年8月12～16日

展览类别：食品及饮料、食品加工设备及厨房用具

上届(2002)统计资料：

展览总面积12,636平方米，参展商250家，参观226,435人次

Food Expo

Fair Date：Aug. 12～16, 2004

Exhibits Profile：Food & beverage

Statistics (2002)：Gross Area：12,636 sqm, Exhibitors：

250，Visitors：226,435

第二届国际现代化中医药及健康产品展览会暨会议

展览日期：2004年8月12～16日
展品类别：中医中药，健康产品，科研／医疗／诊断器械、设备、仪器及包装、原料
International Conference & Exhibition of the Modernization of Chinese Medicine & Health Products
Fair Date：Aug. 12～16，2004
Exhibits Profile：Chinese medicine，health products，scientific/medical/diagnostic instruments，equipment，machinery & packaging，raw & semi～finished materials

香港钟表展

展览日期：2004年9月1～5日
展品类别：钟表、配件及零件、装饰配件、设备、工具及机械
上届(2002)统计资料：
展览总面积31,300平方米，参展商736家，买家14,593人
Hong Kong Watch & Clock Fair
Fair Date：Sep. 1～5，2004
Exhibits Profile：Complete watches & clocks，parts & components，accessories，tools & instruments，machinery
Statistics (2002)：Gross Area：31,300 sqm，Exhibitors：736，Buyer：14,593

香港秋季电子产品展

展览日期：2004年10月13～16日
展品类别：电子消费品、多媒体用品、视听娱乐设备、家用电器、电子玩具及礼品、电信设备、电子附件及保安系统
上届(2002)统计资料：
展览总面积45,567平方米，参展商1,743家，买家47,224人
Hong Kong Electronics Fair (Autumn Edition)
Fair Date：Oct. 13～16，2004
Exhibits Profile：Consumer electronics，multimedia & audio visual products，home appliances，telecom equipment，electronic accessories & security equipment
Statistics (2002)：Gross Area：45,567 sqm，Exhibitors：1,743，Buyer：47,224

国际电子组件及生产技术展

展览日期：2004年10月13～16日
展品类别：电子零件、组件及生产设备
上届(2002)统计资料：
展览总面积11,648平方米，参展商511家，买家16,191人
Electronic Asia
Fair Date：Oct. 13～16，2004
Exhibits Profile：Components，assemblies & electronics production
Statistics (2002)：Gross Area：11,648 sqm，Exhibitors：511，Buyer：16,191

香港国际灯饰展

展览日期：2004年10月27～30日
展品类别：灯饰、照明仪器、配件及设备
上届(2002)统计资料：
展览总面积13,289平方米，参展商469家，买家22,557人
Hong Kong International Lighting Fair
Fair Date：Oct. 27～30，2004
Exhibits Profile：Lighting products and luminaries，accessories，equipment & fittings
Statistics (2002)：Gross Area：13,289 sqm，Exhibitors：469，Buyer：22,557

香港国际五金及家居装饰展

展览日期：2004年10月27～30日
展品类别：各类五金产品、工具装件、改善家居用品、户外装置、自行装配工具及产品、汽车配件、建筑材料
上届(2002)统计资料：
展览总面积3,544平方米，参展商131家，买家3,734人
Hong Kong International Hardware & Home Improvement Fair
Fair Date：Oct. 27～30，2004
Exhibits Profile：Tools and equipment，home improvement，outdoor accessories，DIY products，auto accessories & building materials
Statistics (2002)：Gross Area：3,544 sqm，Exhibitors：131，Buyer：3,734

香港眼镜展

展览日期：2004年11月3～5日
展品类别：眼镜框、镜片、太阳眼镜、隐形眼镜片、眼镜零件及配件
上届(2002)统计资料：
展览总面积18,156平方米，参展商409家，买家7,356人
Hong Kong Optical Fair
Fair Date：Oct. 5～7，2004
Exhibits Profile：Optical frames，lens，sunglasses，contact lens，spare parts and accessories，tools and equipment
Statistics (2002)：Gross Area：18,156 sqm，Exhibitors：409，Buyer：7,356

以上展览均在香港会议展览中心举行。
The above events will be held at the Hong Kong Convention & Exhibition Centre

第三届中国国际装备制造业博览会

中国，欣欣向荣，一个最具魅力和潜能的市场

25年来，中国GDP年均增长率超过7%，突破了亚洲四小龙的历史纪录。2002年，中国GDP总额超过10万亿元人民币，跃居世界第六位；吸引外资额600多亿美元，跃居世界第一位。进入世界500强行列的中国企业逐年稳中有升，成功申办了2008年奥运会、2010年世博会，国家竞争力空前提高，大国地位日益稳固。随着国家实施西部大开发战略和加入世贸组织，东西互动、中外联动的经济发展态势日趋彰显。经济活力激情迸发，形成强大磁场，吸引着越来越多的国际重量级商家抢滩中国。世界银行和国际货币基金组织预计：中国是全球最具魅力和潜能的大市场。国际舆论普遍认为：21世纪是中国的世纪。

沈阳，全力打造新东方鲁尔，中国第四增长极中心城市跃然崛起

素有东方鲁尔美誉的沈阳市是中国第四大城市，辽宁省省会，东北地区经济、文化、科技、信息、金融、贸易和制造业的中心，其GDP增长率已连续多年呈两位数增长，制造业和服务业增长尤快。辽沈地区是中国制造业的摇篮，"共和国的装备部"，具有中国半数以上成套设备的制造能力，其地位有如德国的鲁尔、美国的芝加哥。2003年，中国政府实施振兴东北地区等老工业基地发展战略，辽沈地区即将承接400多个国家级大型建设项目，发展空间急剧膨胀，继珠江、长江三角洲和京津塘地区之后，成为带动并支撑中国未来经济发展的第四增长极和重要引擎，预示着辽沈地区将成为外商抢占中国制造业的桥头堡，经济社会发展即将实现历史性跨越。

制博会，中国国际装备制造业展示、信息、交易与合作平台

制博会是由中国中央政府惟一主办的国家级、国际性装备制造业博览会。首届制博会展览面积4.8万平方米，参展企业609家。展品涵盖了12个行业，100多个门类。展会专业观众4.5万人次。实现交易额22.3亿元人民币；进出口交易额1.52亿美元；外资投资总额27.44亿美元，获得了圆满成功。

第二届制博会展览面积近5万平方米，参展企业732家。专业观众超过7万人次。实现国内交易总额31.58亿元人民币；外贸出口合同总额5.16亿美元；合同投资总额40.81亿美元，其中外资额32.31亿美元。第二届制博会有美国GE、德国西门子、日本三洋、韩国大宇等世界500强企业23家参展；国外来宾4853人；有41个国家的76名外交使节、6个国外友好城市团组参加了展会。与首届相比，第二届制博会的总体设计更加科学规范、内容更加丰富、服务更加完善、经贸洽谈和交易更加富有实效，其国际知名度迅速攀升。

展望第三届制博会，她将在办展思路、强化服务、规范市场运作等方面向国际标准看齐；通过苦练内功，外引内联，合资合作，将制博会办成国际装备制造业的展示平台、信息平台、交易平台与合作平台，展会的专业性、国际性和权威性将迅速提升。制博会将实现质的飞跃。

第三届制博会展品范围

通用金属加工设备及其配套件
各类专用加工设备
各类自动化设备
标准件
各类工程机械
装备制造业控制、管理、服务软件及电子应用技术
金属材料及其加工设备

展会日程安排

布展时间：2004年8月23～9月2日
展览时间：2004年9月3～7日
展馆开放时间：08：30～16：30
撤展时间：2004年9月9～10日

展会相关活动

围绕东北地区老工业基地调整、改造和振兴的主题，开展合资合作项目经贸洽谈、中国装备制造业信息发布、装备制造人力资源开发国际论坛、装备制造业国际情报信息论坛、职业技能竞赛和技术交流等活动。

欢迎海内外客商垂询：

我们诚挚地邀请海内外客商参加第三届制博会。如果您有参展及参会意向，请及时与我们联络。我们将为您提供更为详细的资料和最优质的服务。

静候您的光临。

中国国际装备制造业博览会筹备工作办公室

地　址：沈阳市沈河区北三经街9号沈阳迎宾馆
邮　编：110013
电话／传真：024-22522908，22522800
网　址：www.cieme.org
E-mail：cieme@163.com

上海新国际博览中心有限公司

Centre Address

Shanghai New International Expo Centre (SNIEC)

2345 Longyang Road, Pudong New Area Shanghai P.R.C, 201204

Tel: +86 21 28906666

Fax: +86 21 28906777

Email: info@sniec.net

Website: www.sniec.net

Owners

Shanghai Pudong Land Development (Holding) Corporation / Deutsche Messe AG / Messe Duesseldorf GmbH / Messe Muenchen GmbH.

Chronology

2 November 2001	Opening ceremony (Halls 1～4)
1 March 2002	Hall 5 inauguration
February 2004	Halls 6～7 inauguration

Exhibition Capacity

Indoor Space:

80,500 sqm with floor loading capacity of 3.3 tons / sqm

Outdoor Space:

45,000 sqm with floor loading capacity of 5 tons / sqm (heavy loading area: 20 tons / sqm)

Exhibition Halls:

Number: 7 halls with one-storey and column-free exhibition space

Size: 11,500 sqm per hall

Height: 11-17metres (halls 1-4, 6-7) / 17-23metres (hall 5)

Essential service: The Centre offers a wide range of technical facilities in the exhibition area, including power supply, water supply, drainage, communications (IDD, DDD, LDD, Internet etc.), compressed air, air conditioning, ventilation, lifts for deliveries etc.

Master Plan

The exhibition halls are designed with the concept of pursuing simplicity, clarity and high efficiency. After full completion, the centre will have 18 halls with an integrated hotel and conference centre complex. The total exhibition area is up to 250,000 sqm. (200,000 sqm of indoor and 50,000sqm of outdoor).

Transportation

By car (30 min from Pudong Int'l Airport and 30 min from city centre), metro (7 min by foot from Long Yang Station) and maglev (8 min from Pudong Int'l Airport)

Supporting Facilities & Services

Offices and meeting rooms

Business centre with secretarial service, travel agency, post office, hotel reservation, ticket office and internet service

Shopping galleries

Clinic

Restaurants and dining rooms

Spacious parking lots

ATM(Automatic Teller Machine)

On-site customs office

24-hour security and cleaning

Shuttle buses

联系方式：

中国上海浦东新区龙阳路2345号（201204）

电话：+86-21-28906666，传真：+86-21-28906777

电子邮件：info@sniec.net

网址：www.sniec.net

股东

上海市浦东土地发展（控股）公司／德国汉诺威展览公司／德国杜塞尔多夫展览公司／德国慕尼黑展览有限公司。

大事记

2001年11月	1～4馆开业典礼
2002年3月	5号馆建成开放
2004年2月	6～7号馆建成开放（计划）

展览面积

室内展览面积：80500平方米（7个无柱式展厅），室内场地承重为3.3吨／平方米；

室外展览面积：45000平方米，室外场地承重一般为5吨／平方米（重载区为20吨／平方米）

展厅概貌

数量：7个无柱式展厅（一层）

大小：11,500 平方米 / 展馆

高度：1,2,3,4,6,7号展厅最高可达17米，5号展厅最高可达23米。

基础设施：每个展厅配有完善的电力、通信（IDD，DDD，LDD，Internet etc.）、排给水、压缩空气、空调、通风等各种基础服务。

总体规划

上海新国际博览中心展厅以高效实用作为其设计理念。中心总体规划为18个展厅，并附带1座酒店和会议中心。展览面积总共为25万平方米（其中20万平方米室内展览面积，5万平方米室外展览面积）。

辅助设施和服务

* 临时办公室和会议室
* 商业中心提供文秘、邮政、旅游、宾馆定房、订票、互联网等服务
* 小卖部
* 医疗站
* 餐厅
* 大规模停车场
* 自动取款机
* 海关服务
* 展览服务班车
* 清洁和24小时保安

中国国际贸易促进委员会建筑材料行业分会
2004、2005年度展览计划

来华展

第九届中国国际建筑建材贸易博览会
CHINA BUILDING'2004
时间：2004年2月24～27日
地点：北京中国国际展览中心
主办单位：中国国际贸易促进委员会建筑材料行业分会
北京华港展览有限公司

第十一届中国（上海）国际石材产品及石材技术装备展览会
STONETECH'2004
时间：2004年4月21～24日
地点：上海新国际博览中心
主办单位：中国国际贸易促进委员会建筑材料行业分会
中国石材工业协会
北京华港展览有限公司

第六届水泥技术装备及水泥制品展览会
CEMENT CHINA'2004
（国际水泥大会同期召开）
时间：2004年9月
地点：南京国际展览中心
主办单位：中国国际贸易促进委员会建筑材料行业分会

第九届中国（广州）国际石材工业展览会
CHINA STONE'2004
时间：2004年12月
地点：中国出口商品交易会展览馆
主办单位：中国国际贸易促进委员会建筑材料行业分会

第十届中国国际建筑建材贸易博览会
CHINA BUILDING'2005
时间：2005年3月
地点：北京中国国际展览中心
主办单位：中国国际贸易促进委员会建筑材料行业分会
北京华港展览有限公司

第十二届中国（北京）国际石材产品及石材技术装备展览会
STONETECH'2005
时间：2005年4月
地点：北京中国国际展览中心
主办单位：中国国际贸易促进委员会建筑材料行业分会
中国石材工业协会
北京华港展览有限公司

第十九届中国国际陶瓷工业展览会
CERAMICS CHINA'2005
时间：2005年6月
地点：上海新国际博览中心
主办单位：中国国际贸易促进委员会建材分会

第七届水泥技术装备及水泥制品展览会
CEMENT CHINA'2005
（国际水泥大会同期召开）
时间：2005年9月
地点：南京国际展览中心
主办单位：中国国际贸易促进委员会建筑材料行业分会

出国展

2004年印度STONE国际石材及技术展览会
时间：2004年2月4～8日
地点：印度班加洛尔
组团单位：中国国际贸易促进委员会建筑材料行业分会

2004年美国奥兰多COVERINGS展览会
时间：2004年4月27～30日
地点：美国奥兰多
组团单位：中国国际贸易促进委员会建筑材料行业分会

2004年西班牙马德里PIEDRA国际石材展览会
时间：2004年5月5～8日
地点：西班牙马德里
组团单位：中国国际贸易促进委员会建筑材料行业分会

2004年第39届意大利维罗纳国际石材及技术展览会
（39' MARMOMACC）
时间：2004年10月
地点：意大利维罗纳
组团单位：中国国际贸易促进委员会建筑材料行业分会

2005年美国奥兰多COVERINGS展览会
时间：2005年4月
地点：美国奥兰多
组团单位：中国国际贸易促进委员会建筑材料行业分会

2005年德国纽伦堡国际石材展览会（STONE+TEC）
时间：2005年5月
地点：德国纽伦堡
中国区代理：中国国际贸易促进委员会建筑材料行业分会

2005年第40届意大利维罗纳国际石材及技术展览会
（40' MARMOMACC）
时间：2005年10月
地点：意大利维罗纳
组团单位：中国国际贸易促进委员会建筑材料行业分会

广东振威国展展览有限公司

2004年展览计划

广东振威

1. 第三届中国（广州）国际乳品工业展览会
时间：2004年3月10～12日
地点：广州·中国出口商品交易会馆
2. 第二届中国（广州）国际饮料工业展览会
时间：2004年3月10～12日
地点：广州·中国出口商品交易会馆
3. 2004中国（广州）国际冰淇淋工业展览会
时间：2004年3月10～12日
地点：广州·中国出口商品交易会馆
4. 第三届中国（广州）国际调味品工业展览会
时间：2004年5月12～14日
地点：广州·中国出口商品交易会馆
5. 中国（广州）肉制品及加工业展览会
时间：2004年5月12～14日
地点：广州·中国出口商品交易会馆
6. 中国（广州）国际食品加工与包装技术展览会
时间：2004年5月12～14日
地点：广州·中国出口商品交易会馆

第四届广州纺织工业展

7. 第四届中国（广州）制衣机械及设备展览会
时间：2004年6月15～17日
地点：广州·中国出口商品交易会馆
8. 第四届中国（广州）国际纺织面料纱线及辅料展览会
时间：2004年6月15～17日
地点：广州·中国出口商品交易会馆
9. 第四届中国（广州）国际纺织染料及印染助剂展览会
时间：2004年6月15～17日
地点：广州·中国出口商品交易会馆
10. 第四届中国（广州）纺织机械及设备展览会
时间：2004年6月15～17日
地点：广州·中国出口商品交易会馆

第五届中国（广州）国际制造技术展览会

11. 中国（广州）国际机床展览会
时间：2004年7月20～23日
地点：中国·广州国际会议展览中心
12. 中国国际制造业信息化展览会
时间：2004年7月20～23日
地点：中国·广州国际会议展览中心
13. 中国（广州）磨料磨具超硬材料涂覆磨具展览会
时间：2004年7月20～23日
地点：中国·广州国际会议展览中心
14. 中国（广州）国际机械通用零部件展览会
时间：2004年7月20～23日
地点：中国·广州国际会议展览中心

北京振威

1. 中国国际供热供暖锅炉技术与设备展览会
时间：2004年3月1～3日
地点：中国北京展览馆
2. 中国国际中央空调制冷通风设备展览会
时间：2004年3月1～3日
地点：中国北京展览馆
3. 中国国际燃气技术与设备展览会
时间：2004年3月1～3日
地点：中国北京展览馆
4. 第四届中国国际石油石化与化工技术设备展览会
时间：2004年3月16～18日
地点：中国国际展览中心
5. 第四届中国国际石油和化工自动化技术装备与仪器仪表展览会
时间：2004年3月16～18日
地点：中国国际展览中心
6. 中国国际工业防爆产品展览会
时间：2004年3月16～18日
地点：中国国际展览中心
7. 第四届中国国际管道工业展览会
时间：2004年3月16～18日
地点：中国国际展览中心
8. 中国国际地下管线技术与设备展览会
时间：2004年3月16～18日
地点：中国国际展览中心

西安振威

1. 第三届中国（西安）国际电力、电工装备与电气自动化设备展览会
时间：2004年3月28～30日
地点：西安·陕西国际展览中心(全馆)
2. 第三届中国（西安）国际电线、电缆、光缆材料及设备展览会

时间：2004年3月28～30日

地点：西安·陕西国际展览中心(全馆)

3．第六届中国(西安)国际供热供暖空调锅炉及配套设备展览会

时间：2004年5月25～28日

地点：西安·陕西国际展览中心主馆

4．第六届中国（西安）国际燃气技术与设备及管网建设展览会

时间：2004年5月25～28日

地点：西安·陕西国际展览中心主馆

5．2004中国西部环保展

时间：2004年5月25～28日

地点：西安·陕西国际展览中心主馆

6．2004中国西部水展

时间：2004年5月25～28日

地点：西安·陕西国际展览中心机械馆

7．第五届中国(西安)国际建筑装饰博览会

时间：2004年5月25～28日

地点：西安·陕西国际展览中心机械馆

8．2004西部国际矿产勘探开发暨矿业技术装备展览会

时间：2004年6月2～5日

地点：西安·陕西国际展览中心机械馆

9．第四届中国（西安）国际石油天然气及石化科技装备展览会

时间：2004年6月2～5日

地点：西安·陕西国际展览中心机械馆

新疆振威

1．第四届新疆农业博览会

时间：2004年5月27～29日

地点：新疆国际博览中心

2．第十三届乌鲁木齐对外经济贸易洽谈会

时间：2004年9月1～8日

地点：新疆国际博览中心

2004年上海纺织技术服务展览中心主要展会预告

2004 Major Exhibitions' Calendar of STSEC

2004上海国际服装纺织品贸易博览会

2004 Shanghai International Clothing & Textile Expo

2004年3月18～20日

March 18～20，2004

上海新国际博览中心

Shanghai New International Expo Center

第八届上海国际服装工业展览会

The 8th Shanghai International Clothing Machinery Exhibition

2004年6月9～12日

June 9～12，2004

上海国际展览中心

Shanghai International Exhibition Center

第四届上海国际针织工业展览会

The 4th Shanghai International Exhibition on Knitting Industry

2004年6月9～12日

June 9～12，2004

上海国际展览中心

Shanghai International Exhibition Center

第三届上海(中国)国际纺织器材展览会

The 3rd Shanghai (China) International Textile Machinery Parts & Accessories Expo

2004年6月9～11日

June 9～11，2004

上海国际展览中心

Shanghai International Exhibition Center

2004上海国际时装周

2004 Shanghai International Fashion Week

2004年10月

October，2004

地点：待定

Venue：Undetermined

中国电子国际展览广告有限责任公司简介

中国电子国际展览广告有限公司成立于1988年，在北京市工商行政管理局注册登记，是中国电子进出口总公司的控股子公司。公司承办国内外展览、展示、技术交流；代理国内外广告业务；承接商业摄影和影视制作；承办各种平面设计、制作、印刷和展览展示设计、施工等广告和展览服务。公司已在国内外举办了300多个国际性的展览展示活动，足迹遍布世界五大洲64个国家和地区。公司每年在海外运作的近20个出展项目受到国内厂商的极大关注。除此之外，公司亦在国内举办多个国际性的展览会，如：国际广告“四新”展、“国际国防电子工业展览会”和“中国电子贸易博览会”，为扩大中国电子工业的进出口贸易做出贡献。

我公司也是中国广告协会和中国对外经济贸易广告协会的成员，与国内外重要广告媒体和公司有着广泛的联系。公司的展览、广告设计与制作是强项，曾为中国电子信息产业集团公司、中国普天信息产业集团公司、中国电子进出口总公司等企业设计制作了“企业识别系统”(CI)中的视觉识别部分(VI)。

中国电子国际展览广告有限责任公司展会介绍

国际广告“四新展”简介

“国际广告新媒体、新技术、新设备、新材料展示交易会”(简称“四新展”)由中国对外经济贸易广告协会和中国电子进出口总公司主办，中国电子国际展览广告有限责任公司承办，迄今已成功举办十届。“四新展”是我国最早的广告制作行业展览会，同时也是目前中国最具影响力的广告设备、材料与技术行业的品牌展览会。

“四新展”始创于20世纪90年代初期，当时正值中国广告业开始蓬勃发展的时期。广告的策划、创意最终要以制作为手段，使其转化为可视或可听的作品进行传播，当今的平面广告和影视广告的制作，比任何时候都更多地依赖于对高新技术的运用。“四新展”十年的发展历程见证了中国广告业近十年的茁壮成长，同时也有力促进了高新技术在中国广告制作行业的应用。2003年8月12～15日，第十届“四新展”在北京中国国际展览中心隆重召开。本届展览会展示面积约15000平方米，200多家国内外参展商集中展出了全球范围内的最高、最精、最尖的广告设计、制作和应用领域中的相关产品和设备。展览会期间还举行了主题产品交流会、优秀设计作品展示、观众抽奖等丰富多彩的活动，同时组委会在网络信息化、知识产权保护、《展会导引》制作、展会视频宣传等方面也独具特色。2004年8月4～7日将于北京国际展览中心举办第十一届国际广告“四新展”。

展会网址：www.exhad.cn

The 11th International Advertising Show

Aug. 04～07, 2004

China International Exhibition Center, Beijing, P.R. China

Organized by:

China International Advertising Association (CIAA)

China National Electronics Imp. & Exp Corp. (CEIEC)

China Electronics International Exhibition & Advertising Co., Ltd.

Exhibition profile:

- Advertisement manufacturing technology and equipment
- Advertisement print material
- Advertisement and sign design and production
- Public advertising media
- multi-media technique support and service
- Displaying media
- Graph processing technology and applied software and hardware
- Commercial photograph
- A/V technology and application
- Electronic media
- Preprinting equipment and technology
- Printing technology and equipment

第四届中国国际国防电子展览会(CIDEX2004)简介

由中国人民解放军总装备部、国防科学技术工业委员会、信息产业部、中国电子信息产业集团赞助，中国电子进出口总公司、北京鑫隆电子新技术公司主办的“第四届中国国际国防电子展览会”(CIDEX 2004)将于2004年5月25～28日在北京展览馆举行。

上届展览会汇集了来自以色列、德国、美国、捷克、英国、法国、白俄罗斯、斯洛伐克以及中国大陆和香港地区的近200家参展厂商。国内参展展出总面积超过了前两届，展出面积近8000平方米，国内企业在展览会中报名极其踊跃，展出内容涉及通信电子、信息系统、指挥与控制系统、计算机信息系统安全产品、军用电子元器件、航空电子、空中交通管制系统、火控系统、雷达系统、电子战设备、电子支援/情报/侦察系统、视景系统、激光及光电子产品、军用电源、相关仪器及测试设备、传感器、工控机等。展会邀请中国兵器工业集团公司、中国船舶重工集团公司、中国国际贸易促进委员会航空业分会、中国国际贸易促进委员会航天行业分会、中航国际交流中心作为“中国国际国防电子展览会”协办单位，并承担本行业厂商参加展会的招展工作。

2004年的展会是继2002年第三届中国国际国防电子展览会成功举办之后，又一次展示国际国防电子工业的最新趋势和我国民族工业在该领域发展成就的盛会。展览会期间还将举办相关的技术讲座。欢迎各军兵种和相关行业及科研院所的团体和个人莅临展览会。

展会网址：www.cidexshow.com

CIDEX 2004

China International Defence Electronics Exhibition (CIDEX 2004)

May 25～28，2004

Beijing Exhibition Center，Beijing，P.R. China

Organized by：

China National Electronics Imp. & Exp. Corp.

Beijing Xinlong Electronics Technology Co.，Ltd.

Sponsored by：

General Equipment Headquarters，PLA

Commission of Science，Technology and Industry for National Defense

Ministry of Information Industry

China Electronics Corp.

Exhibiion Profile

- ATC&ATM system
- Avionics
- Batteries，power supplies
- Command，control，communication and intelligence systems.
- Cryptographic communication equipment
- EW systems
- Fire control systems
- GPS
- Hardware and software design
- High-tech components
- Military and rugged computers
- Navigation systems
- Night vision equipment & devices
- Radar systems
- Reconnaissance systems
- Simulating and training systems
- Surveillance systems
- Telecommunications systems & equipment
- Testing equipment
- Other related products/equipment

第七届中国国际电子贸易博览会（CIEE 2004）简介

由中国电子进出口总公司主办，中国电子国际展览广告公司承办，中国电子信息产业集团赞助的中国电子贸易博览会（CIEE）自1991年始每两年举办一届，是国内最早具有知名度的贸易电子展览会。该展主要定位于展览与贸易相结合的综合性电子博览会。前几届的成交额在2000万美元以上，展览会的规模曾达到两万平方米，有来自十五个国家和地区的国际厂商展示了他们在电器、设备、仪器、电子元器件方面的各种产品，到会观众超过10万人。

随着中国电子信息业的蓬勃发展，通信市场、电子消费品市场前景广阔，这也带动了相关行业的发展，尤其是服务于这些通信产品、数字产品及其他高技术产品的电子元器件行业。而行业的发展使得专业化的趋势日益显著，各种专业电子展也随之不断涌现。在这种形势下，从第四届中国国际电子贸易博览会开始，展会向专业化转变，主要展出内容为电子元器件和电子生产设备，这一转变受到了专业电子厂商的欢迎，取得了很好的成绩，展览面积达到10000平方米，观众超过5万人，意向成交额700万美元，受到各界好评。拟于2004年5月25～28日举办的第七届中国国际电子贸易博览会，将是进入新世纪后我国又一次大型电子盛会之一。CIEE 2004将遵照上几届的办展宗旨，广邀国内外厂商，把本届展览会办得更大更好。

CIEE 2004

China International Electronics Exhibition(CIEE 2004)

May 25～28，2004

Beijing Exhibition Center，Beijing，P.R.China.

Organized by：

China National Electronics Imp. & Exp. Corp.

Sponsored by：

China Electronics Corp.

Exhibition profile：

- Electromechanical components and connection technology
- Production assembly，equipment & technology
- Technology and production equipment
- Test equipment & systems
- Sensors and microsystems
- Measuring instrument
- Passive components
- System component
- Semiconductives
- Displays
- ED/EDA

上海现代国际展览有限公司

上海现代国际展览有限公司是外经贸系统的一家专业性的展览公司。公司一贯致力于在促进国内外贸易和科技交流方面发挥桥梁和纽带作用。公司可为客户提供以下服务：主办出国、来华及国内经济贸易展览会；组织国际会议和技术交流会；接待海外团组来访；代理同海外公司、经济团体的贸易联络；介绍客户联系买家；办理展品报关、储运、留购业务；办理展览期间的广告业务；组织赴海外出访和组织赴海外经济展览；其他与展览有关的各项业务；承接各类展览会的设计、工程业务；各种展览展架道具的出租业务；经营进出口业务及国内贸易；承接室内外装潢装修业务；展览设备、器材、装潢材料、建材、金属材料、五金交电、百货的批发零售；提供印刷、礼品等配套服务。

我司近年来曾主办过数次有影响的国际性展览会。如上海国际广告设备及技术展览会、上海国际印刷设备及技术展览会、上海国际生物技术和医药工业展览会暨研讨会、中国国际非处方药工业展览会暨研讨会、上海国际食品博览会、中国房产博览会等，均获圆满成功，公司高效、优质、周到的服务，得到各国客户的信赖。

作为上海的一支重要的设计布展队伍，公司曾受到国家部、委和上海市人民政府的委托，承办多次大型展览会的设计布展工作，并屡获殊荣。由公司协办的历届《上海出口商品交易会》、《中国华东出口商品交易会》、《中国广州出口商品交易会》、97年的《全国资源节约综合利用成果展》、《辉煌的五年——十四大以来经济建设和精神文明建设成就展》、98年的《改革开放二十年以来利用外资成果展》、《迈向新世纪的上海——上海五年两个文明建设成就展》以及99年的《中华人民共和国建国五十周年成就展》、《中国国际农业博览会》、《99昆明世界园艺博览会》中的上海馆，获得了各种设计制作奖项，中央和上海市领导也曾多次参观我司举办的展览会并给予高度评价。

近年来，我司依靠历年来积累起的丰富的组团出访经验和行业广泛的海外网络，组织参加了意大利国际服装展、东京礼品展、美国消费品展等一系列海外知名的展览会，也组织起一批又一批有志于拓展海外市场的外向型企业赴欧洲、美国、澳大利亚等地区进行卓有成效的商务考察、参观、学习活动。以优质的全面服务，快速的信息反馈和合理的费用价格取得了客户的信赖和好评。

公司拥有的展示器材销售中心，几年来服务于上海等地的展览界，用户已达300多家，主要产品有奥克坦姆展览系列、柜台系列及OS太空架、球杆结构系列，销售额已超过1000万元人民币。

展览高档次，服务深层次，是上海现代国际展览有限公司的追求目标。公司目前已通过ISO9002国际质量体系认证，成为全国广告展览行业中首家通过这一质量认证的展览公司，使公司的管理水平上了一个台阶。

国门的开放，经济的发展，使众多国内外厂商纷纷将目光投向上海这一巨大的市场，而展览会正是他们向广大中国消费者介绍产品的一个直观而有效的途径，它将加快上海了解世界，世界了解上海的步伐。

网　址：www.chinamie.com
E-mail：mie@chinamie.com

宁波国际展览有限公司

宁波国际展览有限公司成立于1990年6月，隶属中国国际贸易促进委员会宁波市分会。是浙江省最具规模的专业展览公司之一，也是宁波市惟一经国家外经贸部批准，具备举办国际展资格的公司，专门从事组展、考察、咨询、广告、企划等业务。

公司牢固树立服务第一的宗旨，以“展商满意、买家满意、政府满意、社会满意”为标准，通过展览组织、经贸洽谈、企划咨询等活动同政府、企业和社会各界形成了良好的合作关系。承办的“中国国际男装展暨宁波国际服装博览会”成为中国最有影响力的专业服装展会之一，礼品文具展、教育展、广告展、春交会等展会崭露头角，并积极参与中国国际日用消费品博览会。

公司以“创新、敬业、和人、高效”为理念，建设了一支专业化会展人才队伍，能够研究我国会展业发展的前沿问题，为企业量身定做参展方案，赢得了广大客户的信赖。作为宁波最早的展览公司，从成立之初就坚持市场化、专业化发展道路，以打造国际化、品牌化展会为己任，通过自身的不断努力，推动宁波会展产业和会展经济的发展，带动城市相关产业，实现了良好的社会效益。

继往开来，宁波国际展览有限公司将实施集团化、多元化、跨区域发展战略，致力于中国会展业的发展。

表11—5　2004年展览计划

名　称	时 间	面积(平方米)	地　点
第四届春节商品展销会	1月	4500	宁波亚细亚展览中心
中国国际日用消费品博览会	6月	18000	宁波国际会议展览中心
中国（宁波）教育成果展暨院校招生洽谈会	5月	4500	宁波亚细亚展览中心
第八届中国国际男装展暨宁波国际服装博览会	10月	24300	宁波国际会议展览中心
第四届中国（宁波）国际礼品、文具展	10月	4500	宁波亚细亚展览中心
中国国际游艇展	11月	4500	宁波国际会议展览中心
中国国际特种汽车暨零部件博览会	3月		宁波国际会议展览中心
第七届宁波房地产交易会暨沪、杭房产展	10月	10000	宁波国际会议展览中心

宁波国际服装博览会

一．国际服装节映衬服装名城

宁波地处当今中国最具发展潜力的长江三角洲，作为唐宋时期中国三大贸易港口和近代中国“五口通商”口岸，宁波拥有辉煌的历史。“河姆渡文化”遗址表明，这里是中国古代服装的摇篮、海上“丝绸之路”的起点。宁波还是中国 “红帮裁缝”的诞生地，宁波人缝制了中国的第一套西服，设计了影响数代中国人的中山装。

目前，中国已发展成为世界第一大服装生产国、消费国，浙江省又是中国的纺织服装大省，作为长江三角洲南翼未来的经济中心，服装产业已发展成为宁波市重要的支柱产业。依靠浙商的创造精神，宁波从20世纪起诞生了一大批国内著名服装品牌，如杉杉、雅戈尔、罗蒙、培罗成、太平鸟、洛兹、一休等，宁波生产的男装占据国内10%以上市场，并与周边杭州、温州、绍兴等服装工业发达城市形成了一个整体优势明显的服装经济圈。

经济的持续增长，城市化发展，国际化港口地位的不断提升，人们生活日益富裕，建设服装名城成为城市发展的必然选择。宁波国际服装节应运而生，占尽天时、地利、人和，服装节同服装名城交相辉映。

二．七届博览会创造历史辉煌

宁波国际服装博览会始于1997年，迄今已举办七届，如果说优势产业基础是举办服装博览会的动机，组委会的远见卓识更使她从第一届开始就踏上了国际化、市场化、专业化、品牌化的发展道路，历史证明，这是符合会展经济发展规律的正确选择。

2002年的第六届宁波国际服装博览会，汇集了海内外众多知名男装、女装、童装、休闲装品牌和面辅料企业，展会规模从第一届450个展位、5000名买家，发展到2700个展位，有来自13个国际和地区的参展商和海内外2万多名买家，跻身当年中国服装专业展第二位。

多年来通过交往与合作，宁波同巴黎、米兰、东京、香港等国内外服装名城建立了良好关系，博览会组委会也同国内外纺织服装协会、设计师协会、商会等机构建立了长期合作关系，共同建设一个服装行业信息交流、企业品牌形象展示、经济贸易、产业合作的平台和时尚窗口。

三．八大焦点闪耀宁波国际服装博览会

1．中国惟一男装展。

2．鲜明的主题昭示国际服装产业的发展趋势。

3．分设专业馆和贸易馆，针对专业客商和一般公众安排不同的场馆和开放时间，提高交易效率和专业化程度。

4．名家荟萃的服装论坛，研究服装、服装经济最前沿问题，展示创新企业家精神和先进的服装理念。

5．独创服装产业合作洽谈会、推介会，促进国际服装产业间的合作。

6．设立国际服装、服饰文化周，传播国际服装文化。

7．时装之夜、设计师作品发布会，展示最新时尚。

8．强大的媒体支持、一流的宣传策划、专业的会刊为参展企业、品牌进行全方位宣传。

四．第七届宁波国际服装博览会——合作与发展

中国加入WTO，加快了国际服装产业一体化发展进程，2003年第七届宁波国际服装节及时抓住国际服装产业的发展变化和趋势，以“合作与发展”为主题，以展会、论坛、洽谈会、文化周、作品发布会为载体，进一步丰富了服装博览会的内涵，携手国内外服装企业共同应对“非典”给服装产业带来的损失。

第七届宁波国际服装博览会设立国际馆、男装馆、综合馆、时尚设计师馆、针织馆、面辅料馆，并设立服装贸易分馆，展位总数2200个，国际品牌比重、展位特装修率、买家人数等均超过以往历届，进一步巩固中国专业服装展之第二地位。

同期举办的“中国服装产业国际合作洽谈会”，包括展示、洽谈、推介等活动，开国内服装展之先河，成为服装高级人才跨国流动的桥梁和中国服装企业同国际服装产业进行文化交流、资本合作、技术受让、品牌延伸、市场扩张的平台。

AEC集团

AEC汽车集团是由AEC广州汽车博览中心和AEC汽车城两大集团组成的大型综合性汽车流通服务企业，是中国汽车工业协会、市场贸易协会、汽车销售行业协会、工商联合会的理事单位、副会长、会长。被誉为华南地区汽车市场的晴雨表。在全国汽车行业内享有“北有亚运村，南有广汽博”两种不同经营模式和行业典范的美誉。

集团从创立之初就着眼于成为华南地区乃至全国汽车流通行业的龙头企业，致力于建立规范的企业运作管理机制，实行有效的科学经营管理，经营范围涵盖了汽车展示、销售、维修、零配件供应、汽车租赁、信息交流与汽车文化、汽车金融保险、汽车营销与维修技术培训、车务代办、车辆检测、汽车装璜美容、物业租赁、汽车物流仓储、汽车俱乐部、汽车电子商务等业务。目前已发展成为汽车流通行业的五大中心，即：销售中心、售后服务中心、信息中心、行业培训中心、物流配送中心。

Trans-Link集团

Trans-Link集团是以亚洲为基础的专业物流供应商，在亚洲、南非及拉丁美洲共拥有26个分支机构。

Trans-Link集团在亚洲市场的展览会及项目物流服务领域处于领先地位。自从1982年集团成立以来，Trans-Link集团已在亚洲和全球范围内操作了5千多个贸易展会的展品运输业务，其中大型的展会包括亚洲航空展，中国航空展，亚洲电信展，亚洲通信及广播展，亚洲国际纺织机械展，国际半导体设备与材料展，亚洲信息技术展及亚洲发电厂国际研讨会。

近年来，集团在快速增长的消费品、食品、饮料及办公自动化设备的第三方物流产业进一步发展了其专业技术水平。我们的综合物流方案包括从采购到货运管理、仓储、库存管理，订单处理及最终送货至当地或地区的批发商、零售商甚至最终消费者的一整套服务以及包括简单装配、配套、贴标签在内的增值服务。我们的客户包括肯德基、必胜客、施乐、松下、花王等。

集团也从事其他专业物流业务如项目运输和工厂搬迁，在世界范围内完成了多项工厂设备的拆卸、包装、运输和安装的业务。

Trans-Link集团相信通过采用先进的科学技术，可以支持其业务流程，提供当今多元供应链管理所必须的资料，以保证客户可以获得他们业务管理所必须的信息，并可以通过电子的方式和Trans-Link保持业务联络。为此，集团已经在信息化方面做了巨大的投资，并继续投资以使我们在这个领域一直和世界的先进科技保持同步。

公司业务的所有操作都已实行了电脑化，并且所有的版本既有公司内部发展的，也有与其他第三方共同开发的。我们所投资的技术，使我们的客户可以通过国际互联网以电子信息的方式进行货物订舱、世界各地的库存盘点、处理订单、追踪货物并接收送货通知。

我们在中国的建立和发展

从1984年在中国设立代表处起，Trans-Link集团进入中国市场已经很长时间了，主要从事展览会物流、项目运输和工厂搬迁等业务。

在北京、上海及中国其他主要城市，Trans-Link集团被指定为许多国际贸易展览会和项目的主场运输总代理。

与此同时，我们集团和CCPIT紧密合作，为促进国际贸易和展会，通过提供全方位的运输服务帮助中国公司参加海外展会。

目前，Trans-Link集团在北京、上海、珠海、深圳和香港地区已有分支机构和代表处。为了支持广州对我们物流服务的日益增长的需求，在不久的将来，集团将在广州建立一个新的办事处。

另外，我们集团在上海成立了一家合资公司，专门为上海和周边地区提供专业第三方物流服务。

中国正迅速成为一个主要的全球经济发展源泉，随着市场进一步的开放，中国将成为Trans-Link集团更为重要的发展动力。我们将抓住机会，继续投资并发展我们在中国的业务，满足客户的要求和期望。

温州荣华展示设备厂

Wenzhou Ronghua Display Equipment Manufactory

荣华展示企业，是以温州荣华展示设备厂为中心枢纽的企业群。第一次创业历经十几年的寒暑，凭借丰富的专业设计经验、先进的制造技术及大批专业技术员工的不懈努力，荣华展示企业已成为国内专业设计、开发、制造、搭建、租赁展示设备的重要基地。

在第二次创业中，荣华展示企业投入大量资金，引进先进设备，全面进行技术改造和新产品开发。拥有RH100二层楼、RH60八棱柱、RH40标摊、RH球节、RH太空架、RH桁架、RH商场器材等十八系列两千多个品种展示设备，广泛应用于展览会、洽谈会，展示厅、商场及建筑装饰等。

随着企业发展，为更好的服务市场，设立了：上海、广州、武汉、重庆、温州等子公司；新疆、沈阳、天津、宁波等派出机构，以及机动的业务人员队伍，构筑了遍及国内外的营销网络。

荣华展示企业以其产品标准化、系列化、配套化、艺术化倍受国内外上万家展览、广告商的青睐，并建立长期友好合作关系。今天，荣华展示企业以“荣华产品，件件艺术品”为宗旨，使自己的品牌更臻完美，同时继续突出温州人敢于“拼搏、开拓”的创业精神，不断推出新产品，为把我国会展业推上新台阶而努力奋斗！

总部：温州荣华展示设备厂
地址：温州市新桥永庆街94－1号　　邮编：325006
电话：0577-88414746，88416360　　传真：0577-88423863

上海公司：
地址：上海市鲁班路168弄大同花园5号103室
电话：021-63055106，63055107，63013455

温州公司：
地址：温州市温迪路温迪锦园24幢106铺
电话：0577-88653461，88653462

广州公司：
地址：广州市环市东路498号广发花苑柏丽中心6A座
电话：020-87608629，87696558

武汉公司：
地址：武汉市江汉路206号世纪大厦七楼E座
电话：027-82814053，82784908

重庆公司：
地址：重庆市江北区五红路金科丽苑17附3号
电话：023-67767286，67767182

东北服务中心：
地址：沈阳市营盘西街19号甲会展中心综合楼315室
电话：024-23806032

宁波办事处：
地址：宁波市江东四眼矸文景街78弄新居时代317室
电话：0574-87893620

新疆办事处：
地址：乌鲁木齐市友好北路43号1幢2单元301室
电话：0991-4815619

香港华进国际展览公司

华进公司于1976年在香港成立。主要业务是在中国及越南等地举办国际展览。

1980年华进公司开始在中国举办了第一个展览。从此华进公司在航空、冶金、电力、机械、纺织、塑胶、包装、食品加工、石油和天然气、城市交通／铁路、通信及汽车等行业内从事展览业务并取得成功。

华进公司在中国的北京、上海、天津、广州、深圳和武汉等地组织了多项展览。至今最具规模的展览会是“国际航空展览”，它开始于1984年，并自1987年起已形成了有规模的，两年一届的定期展览在中国首都北京举办，拥有30多个国家的1500多家参展商。在近20年的时间内举办了十届。该展由于各方面的大力支持和帮助度过重重困难，每届均取得了成功。华进的其他展览也得到政府和高级官员的支持与出席，其中包括前国家总理李鹏及副总理吴邦国先生。“上海国际冶金工业展览会”是华进公司在中国最大工业城市上海的另一个主要展览。

华进公司自1990年率先在越南打开了展览市场，主要的展览是在河内及胡志明市举办，其中“纺织品和服装机械展”，是越南最大的展览，而“电力展览”则得到了总理Phan Van Khai的出席。

华进公司总部设在香港，在新加坡、越南及中国的北京、上海拥有实力雄厚的合作伙伴；在亚洲、澳洲、欧洲及北美洲的20多个国家设有代表处。

新疆华凌集团博览中心

华凌集团博览中心是华凌集团专业性展览机构，位于华凌综合市场贸易城内，是新疆维吾尔自治区举办各种展览会、展销会、博览会、交易会的重要场所之一。同时，承接会议、演出、新闻发布会、拍卖会、联谊会、商务洽谈、新产品新技术展示会等一系列重大活动，是企业展示形象，进行经贸洽谈的大舞台。

华凌集团博览中心展览面积为2.5万平方米，其中网架展厅面积1.3万平方米，场地宽阔，气势宏大，可设国际标准展位800个。博览中心的多功能大厅有6500平方米，不但配有16个贵宾洽谈室，还拥有西部地区最大的伸缩舞台，可容纳观众5千多人，并配有一流的音响设备，既可以举办大型经贸洽谈会，又可举行大型文艺演出，是目前新疆维吾尔自治区设施较为完善、功能较为齐全的展览中心。

华凌集团博览中心有较为完善的通信网络及一流的摄影器材。博览中心信息部，负责建设维护内容丰富、功能齐全的华凌网站，所有参展企业可通过博览中心信息部在国际互联网上发布信息，进行招商招展，也可以通过网络了解到国内外的各种最新动态和商贸信息。良好的摄影器材，可为来博览中心举办各种展销会、经贸洽谈会、新闻发布会的国内外客商进行现场摄影、摄像，为您留下宝贵的资料。

华凌集团博览中心，本着服务于企业、服务于社会、服务于广大人民群众的经营理念，以开拓创新的精神，从1998年起，开创了我区“政府支持，企业办会”的全新模式，已成功地举办了六届华凌国际建材博览会，而且一届比一届办得好，一届比一届办得有档次、有规模、有新意，在国内外的知名度不断提高。据统计，六届华凌国际建材博览会累计成交额220.92亿元人民币，其中对外成交38.08亿元人民币，从而使华凌国际建材博览会成为我区扩大对外开放，东联西出的桥梁和纽带。在我国扩大对外开放，外引内联，东联西出中发挥了重要作用。与此同时，华凌集团博览中心利用华凌市场人流大、商气浓的优势，从2000年夏季开始，成功地举办了十届新疆（华凌）房地产交易会，累计成交额59.47亿元人民币，销售面积303.82万平方米，销售房屋36144套，有70万人次参观了房交会。

华凌集团博览中心不但有良好的基础设施，而且有良好的服务理念，全方位为参展企业提供通信、食宿、饮用水、打字、复印、看房、买房直通车、安全保卫等多项服务。而且积累了丰富的办会经验，锻炼培养了一支办会的专业骨干队伍，在我国加入WTO后，随着我国对外开放的不断扩大，华凌集团博览中心将以全新的姿态、全新的模式、全新的理念，热忱欢迎各省、区、市及我区的企业，前来华凌集团博览中心举办各种形式的经贸洽谈和产品展销会以及各类大型文娱演出活动。

地　址：乌鲁木齐市西虹东路9号
电　话：0991-5182998，5181567
传　真：0991-5182946
网　址：www.hualingxj.com
www.87135c.com

宁夏展览馆简介

宁夏展览馆始建于1958年，目前已发展成为集宁夏经济和社会发展概况、建设成就陈列展示，区内外政治、经济、科教、文化信息交流、贸易洽谈、产品展销和群众文化娱乐大型活动场所等社会功能于一身的省级综合性展览馆，并作为中国展览馆协会理事馆而蜚声海内外。

该馆位于宁夏回族自治区首府银川市设备闸区黄金地段，场馆外观气势壮观，颇具伊斯兰民族风格，堪称首府一大景点，建筑面积8000余平方米，展厅面积5000余平方米。

该馆展览专业门类齐全，技术力量雄量。主要专业有：展览总体设计，广告设计，沙盘模型、电光展示等特装制作，书画美术创研，城市雕塑，装饰、装裱等。专业技术人员70余人，其中，教授级5人，副教授级8人，中级20余人。建馆40余年来，该馆设计、制作和主办过多台出国美术展览，参加了众多全国性和大区级大型展览，承接了国内大量展览、展销、展贸活动和城市雕塑工程，受到社会各界广泛赞誉。其中参加全国性展览30余台，5次荣获国家最佳设计装饰奖。1996年和2000年分别被授予“全区宣传思想工作先进集体”和“全国文化工作先进单位”称号。

地　址：银川市民族南街85号
邮　编：750004
电　话：0951-6026836，6023106
传　真：0951-6024502
法定代表人：王茂桐（馆长）

天津五方展示设计制作中心

我公司是一家专门从事大型展览、会议、活动推扩、室内装璜、专卖店形象制作的专业性公司。公司拥有生产面积3000平方米的制作车间和一支高素质、技艺精湛的制作队伍。联合工作网络使我们的服务从南到北连接起了珠江三角洲、长江三角洲和环渤海三个经济圈；从东至西架起了沟通东部沿海和中国大西北的畅通桥梁。我公司在全国各地设立的合作机构使我们能够真正地为您提供整合一体的“交钥匙”服务。多年来本公司在全体员工的共同努力下，以我们独特的自身优势，成为国内外最具竞争力的展览公司行列的佼佼者。从创意设计到制作施工一站式全程解决方案为我们赢得了客户普遍的赞誉。我们独创的“特装展位超市”的概念在人力物力上为您提供更为迅速便捷的服务的同时更可为您节约成本。

本公司承接业务实施“AE”式流程化作业：

1.营业人员和创作部密切合作，充分地理解客户、研究客户所面对的市场，以“创造瞬间瞩目、把握沟通主导”为指导思想，向客户提供满意的设计。

2.根据客户认可的设计效果，美工部和制作部以“流水作业”方式进行“生产”。木工、电工、电焊工、钣金工、油漆工、泥水工等技术精湛的能工巧匠借助我们不断更新的硬件设备将客户满意的设计构想变成构造合理的立体现实。

3.经验丰富的工程部担负着最后的搭建任务。专业的搭建工人以其严谨的现场工作作风和敏捷的临场应变能力，给予客户最完整的服务质量。

众多的配套专业展架，使工程质量及制作效率得到保证和提高，也为我们主场搭建提供了坚固的后盾。

更专业、更完善的服务是我们永远的目标！

我们曾经拥有辉煌的昨天和成功的业绩，在新的世纪里，我们将用真诚的心和炽热的情为您提供一流的服务。不论是老客户还是新客户，我们都将发挥我们无尽的创意，为您创造“瞬间的瞩目”。

东方国际集团广告展览有限公司

东方国际集团广告展览有限公司由东方国际（集团）有限公司及各成员企业出资贰千万元组建，是一家从事广告、展览的专业性广告展览公司，具备国内外广告代理、发布和国际展览会承办等经营权。

东方国际集团广告展览有限公司的经营范围有：

1．承办国内外广告代理、发布、设计、制作业务；

2．承办国内外展览业务；

3．承办国内广告影视、音像制品策划制作代理业务；

4．代理商标在国外注册业务；

5．经营和代理商品进出口业务及技术进出口业务；

6．“三来一补”、加工业务；

7．承办对外经贸咨询业务；

8．经营国内商业批发、零售业务及承接印刷、建筑装潢业务。

东方国际集团广告展览有限公司功能齐全、配套完备；拥有一批勤奋、敬业的专业人才，在服务、策划、创意、设计、制作、媒体投放及组织举办大型展览会等方面均不乏成功案例。公司以创意为先导，着力开发优质媒介阵地和大型专业展览会，本着竭诚为广大国内外客户提供优质服务的宗旨，将为所有客户托起一片希望。

Brief Introduction of Orient International Holding A & E Co., Ltd.

Orient International Holding A&E Co., Ltd. has a setup capital of 20 million RMB jointly invested by Orient International (Holding) Co., Ltd. and its member corporations. Orient International Holding A&E Co., Ltd. is specially engaged in advertising and exhibition business. It is authorized by China government to deal with domestic and foreign advertising agency & advertisement, event as launch and organization of international exhibitions.

The business scope of Orient International Holding A&E Co., Ltd. includes:

1. Full service of advertising at home and abroad
2. Exhibitions at home and abroad
3. Commercial films, AV products business in China
4. Trade marks' registration abroad
5. Import & export of commodities and technology
6. Processing trade & compensation trade
7. Counter trade & entrepot trade
8. Consultation on foreign economic trade
9. Domestic commercial wholesale & retail
10. Printing and architectural decoration

Orient International Holding A&E Co., Ltd. has a balanced structure and a group of conscientious professionals. It has created quite a few success stories in service, planning, creative, designing, production, media launch and large exhibitions. The company commits itself to creativeness and continues to develop quality media and large professional exhibitions. It aims to provide high quality services to both domestic and international clients and will create hopes for all the customers.

湖北中科会展有限责任公司

Hubei Sinoshow Exhibition Co.,Ltd.

湖北中科会展有限责任公司专业承办展览与会议。公司成立以来，一贯致力于在促进国际科技交流和国内外经济贸易方面发挥桥梁纽带作用，已多次承办由国家有关部委与湖北省人民政府主办的大型展览和会议活动，组织国内的高新技术、新产品出展多个国家和地区，初步形成了“国际化、专业化、规模化”的办展风格。

每两年一届的中国（湖北）科技博览会、武汉国际“3S”技术展；每年一届的中国（武汉）国际公共安全技术及设备展览会、武汉国际信息技术博览会、中国（武汉）人类健康博览会等均取得了较好的效益，为公司在会议展览方面的发展奠定了坚实的基础。

公司地址：中国·湖北·武汉市武昌洪山路62号二号楼一楼

电话：027-87231436，87310265，87310297

传真：027-87310301，87231436

邮编：430071

E-mail:sinoshow@public.wh.hb.cn

http://www.sinoshow.com.cn

公司宗旨：真诚为参展商和参观者服务！

上海商展办展览有限公司
Shanghai STEO Exhibition CO., LTD.

上海商展办展览有限公司是以上海市商业展览办公室为主体，由各方投资，以资产为纽带的具有市场化运作、规范化管理的展览公司，公司经中华人民共和国商务部批准授予举办境内对外经济技术展览会主办单位的资格，可在国内从事境外来华展览。公司上级主管部门为上海市经济委员会。

公司积多年经验，主办和参与了上海全国消费品交易会、亚太家庭用品礼品文具展览会、中国超市食品博览会、上海国际授权商品博览会、上海商业房产展示交易会、中国商铺展览会等一批有影响的展览会。

公司愿与海内外工商企业和业内人士共创大业，共图发展。

地　址：上海市吴江路188号12楼A座
邮　编：200041
电　话：021-62177777
传　真：021-62677336
E-mail：steo@steo.net
网　址：www.steo.net

表11-6　上海商展办展览有限公司2004年展览会项目

展览会名称（中英文）	日　　期	地　　点	展　出　内　容
第七届上海白玉兰假日消费品展览会 7th Magnolia Holiday Consumption Expo	1月8～13日	上海光大会展中心	食品、农副土特产品、轻纺产品
第八届亚太家庭用品礼品文具展览会 8th Asia Housewares Stationery Gifts Show	3月10～13日	上海光大会展中心	家庭用品、礼品、文具
第三届上海商业房产展示交易会 The 3rd Shanghai Commercial Real Estate Show	6月2～5日	上海光大会展中心	商厦、购物中心、商业街商铺；专业市场商铺；社区商铺和生活小区配套商业用房；商务楼、办公楼、商业楼宇
第13届上海全国消费品交易会 13th China Consumer Fair	10月20～23日	上海光大会展中心	轻工、纺织、电子类消费品
2004年上海国际授权商品博览会 2004 Shanghai International Licensing Show	10月20～23日	上海光大会展中心	授权类商品
第六届中国超市食品展览会 6th China Supermarket Food Fair	10月20～23日	上海光大会展中心	酒、食品、饮料
第四届上海商业房产展示交易会 The 4th Shanghai Commercial Real Estate Show	12月1～4日	上海光大会展中心	商厦、购物中心、商业街商铺；专业市场商铺；社区商铺和生活小区配套商业用房；商务楼、办公楼、商业楼宇

上海工业商务展览有限公司

上海工业商务展览有限公司是经上海市经济委员会批准组建成立的专业展览公司，具有经中华人民共和国对外贸易经济合作部批准的举办各种来华国际展览会、博览会和技术交流会的资格。主要业务范围是围绕上海工业技术进步、为拓展上海工业产品在国内外市场占有率，举办中外专业展览会与博览会及出国展览会，开展技术咨询服务、技术交流和商务活动，以及编辑出版样本资料和广告设计、制作及展览会广告发布。

公司自成立以来，先后举办100多个国内外展览会、博览会，接待世界各国和地区的众多参展商，在境内外举办的对外经济技术展览会所取得的成绩得到各上级部门领导和中外参展商的好评，公司业务获得了长足的拓展。

地　址：上海市延平路123弄5号楼2F-2G，200042
电　话：021-6271119
传　真：021-62711224
E-mail：sicec@cableplus.com
网　址：www.icec-sh.com.cn

Shanghai Industry & Commerce Exhibition Co., Ltd., (SICE) granted by Shanghai Municipal Economic Commission and the Ministry of Foreign Trade & Economic Cooperation, has the qualification of holding exhibitions and technical seminars inbound and outbound. In adherence of Shanghai industry and the technology progress, promoting industrial products to share more rate in domestic and international market. SICE contributes its best with all round service through key business scope as to hold professional exhibitions and Expo's at home and abroad, to serve technical consultation, to arrange technical exchanges and commercial activities, to edit/publish catalogues and to design/make advertisements.

As established, SICE achieved great success in more than 100 economic technical exhibitions, with participants from 23 countries and areas and won high appreciations from leaders, visitors and participants. As a result, our company has also achieved fast development. Along with the enlargement of products exportation and technology transference by industry enterprises, more and more hi-tech exhibitions will be held in China. In order to organize more high-level professional exhibitions and economic trade exchange for domestic and international participants, our company hopes further assistance, support and cooperation from all fields.

福州市会展行业协会

2002年9月18日，福州市会展行业协会在福州国际会展中心召开成立大会暨第一次会员代表大会。首批会员范围广泛，共有涉及会展、广告、旅行社、酒店、建筑装饰等56家企业的近百名代表出席了本次会议。会议通过了福州市会展行业协会章程，通过会员选举产生执行机构，通过理事选举产生各部门负责人，并一致选举李敏胜为会长。

协会将立足于加强福州市同国际、国内会议展览行业之间的联系与合作、加强学术研究与交流、提高福州市的办会、办展水平，积极为海内外经济、科技、文化的交流与合作牵线搭桥，共同促进经济繁荣。

诚邀各界人士加盟合作！

福州会展业有限公司

福州会展业有限公司由福州市政府控股、实力企业参股，于1999年9月29日注册成立。公司主要经营会展业及各类相关业务，现已形成策划咨询及招商布展、广告发布与设计制作、展览器材购销代理和仓储发运、旅游参观及住宿餐饮等一条龙综合服务的多元化展会经营模式。2002年8月27日福州会展业有限公司成为福建省首家通过ISO 9001∶2000标准的质量体系认证的会展企业。公司以“顾客第一、科学管理、创新增效”为质量方针，以“一切服务于顾客”为核心，全面推行ISO 9001质量管理标准。令业界信服的业绩，公司理所当然地成了福州会展行业的领军人，在已批准成立的福州市会展行业协会中，福州会展业有限公司作为核心企业担纲了协会的重要领导工作。

热忱欢迎各界有识之士洽谈合作！

上海农业展览馆
（又名上海国际农展中心）

上海农业展览馆（又名上海国际农展中心），成立于1959年，是上海市人民政府农业委员会的直属单位。

该馆拥有2千平方米的室外停车场，共有3个展厅总面积达1.2万平方米。馆内配备商务中心、网络通信、自动电梯、货梯等相关设施。为配合参展单位洽谈、交易、演讲、推介之需，另辟有会议室、贵宾室、休息室、咖啡厅和办公室。

展馆周边拥有万豪虹桥大酒店、阳光大酒店、新苑宾馆、轻工度假村、部队招待所等各种等级的宾馆、饭店，可为参展商提供不同要求的食宿条件。

农展馆地处上海虹桥路2268号，毗邻上海虹桥机场、动物园和虹桥开发区。周边约有数千家企业和近70万居住人群，地理位置优越、交通十分便利，约有20多条公交线路通达。

农展馆办展功能齐全、展览设备先进、技术力量雄厚。拥有一支专业的展览设计、摄影摄像、加工制作、现场布展和场地管理的技术队伍。并配有800套标准展架、特装型材、便携式活动展架、高画质的大型喷绘机、苹果电脑设计系统和录像数字编辑系统等展览器材和设备。

近年来，该馆成功地举办了山东省、江西省、浙江省、淮安市、泰州市和宁波市等省市地县的数十个名特优农副产品和水产精品展；并成功举办了两届迎新春农副产品大联展，每届均有20多个省市、80个左右的地市县参展，场面火爆、盛况空前，深受参展商和广大市民的欢迎和好评。

进入新世纪的上海农展馆将以全新的现代化设施和崭新的服务理念，努力构筑为社会各界服务的平台和舞台。我们将以热情和微笑，恭候您的光临和合作。

陕西国际展览中心

陕西国际展览中心位居西安南北中轴线长安路北段，南临二环路，总建筑面积达4.2万平方米，可设国际标准展位1500余个。建筑呈环形，造型别致，气势雄伟。其配套设施有容纳400辆汽车的地下停车场，拥有豪华客房的宾馆，国际会议厅，办公、洽谈室，商务中心。

展览中心以其宏大的规模、先进的设备、完备的功能、优质的服务，成为东西部合作与交流的桥梁，是世界认识陕西，陕西走向世界的窗口。

陕西国际展览中心展厅数据及资料

一、展厅概况：

场馆名称：（中文）陕西国际展览中心

（英文）SHAANXI INTERNATIONAL EXHIBITION CENTER

地　址：（中文）陕西省西安市长安路北段14号

（英文）14 NORTH，CHANGAN ROAD，XI，AN，SHAANXI

电　话：029-5244094

传　真：029-5244094

邮　编：710061

E-mail：gzzx01@puv.xaonline.com

场馆总占地面积：7万平方米

室内展厅总面积：4.6万平方米

室内展厅总数：3个

场馆距机场：50公里

距火车站：10公里

场馆网址：www.sn-gzzx.com

主要公交线路：603、605、618、704、504路

制冷：中央空调

电力：220V，380V

通信：国际国内长途、拨号上网

上下水：提供

车位：400个

二、展厅技术参数

1．主馆

展厅面积：4.2万平方米

展厅高度：4.2米

承重：300千克/平方米

可容纳标准展位：1300个

出入口数量：11个

最大出入口尺寸：4米×5米（宽×高）

2．机械馆

展厅面积：4000平方米

展厅高度：10米

所在楼层：1层

承重：500千克/平方米

可容纳标准展位：260个

出入口数量：5个

最大出入口尺寸：3米×3.5米（宽×高）

3．会议室

会议室名称：贵宾室

面积：40平方米

主要配套设施：沙发、地毯、茶几

东西部合作与投资贸易洽谈会

中国东西部合作与投资贸易洽谈会，是一个以区域合作和投资洽谈为主的全国性盛会。洽谈会是由国家经济贸易委员会、国防科学技术工业委员会、国家工商行政管理局3个部委支持和主办，23个省市区人民政府和新疆生产建设兵团共同主办、陕西省人民政府承办。

大会共设标准展位2261个、室外展场面积6500平方米。大会期间，有国防科学技术工业委员会、29个省市区政府和新疆生产建设兵团等组成的31个代表团、5000家以上中外企业参会参展。

大会围绕“以扩大开放和科技创新为动力，加强东西部合作，促进结构调整，推动西部大开发”的主题，以投资洽谈为重点，开展投资洽谈商品贸易、高新技术成果交易三个方面的主要活动，相应设置投资洽谈馆、商品贸易、高新技术成果交易馆以及私营经济馆。

在投资洽谈中，围绕基础经济建设、生态环境保护、发展特色经济和优势产业以及传统产业升级改造，推出2000多个招商引资重点项目，吸引海内外投资参与西部的开发建设。同时推出一批企业资产重组项目，通过多种方式，进行产权交易活动。

香港优势博览会

香港优势博览会是香港特别行政区政府为配合国家开发西部、建设西部的宏伟蓝图，在2001年5月22～30日由香港贸易发展局举办的大型博览会，藉此向西部工商企业单位及人民群众介绍香港在多个经济领域的特点，以加强香港与西部广大地区间的交流和良性互动，促进两地之间的优势互补，为国家的西部发展计划以至全方位参与国际经济活动，起到了积极的作用。

雅讯公司

雅讯公司自成立以来已经分别发展成上海雅讯盛嘉会展服务有限公司，北京雅讯视点展示有限公司，南京雅讯通达会展服务有限公司，青岛雅讯广告展示服务有限公司，北京盛嘉世创文化传播有限公司五家分支机构，公司以展览会的承办、展览会的主场搭建、展览展示设计与制作、商业空间装饰、会务服务以及大型文化交流活动为主营的专业的多元化的服务公司。自创立至今，已为国内外不同行业的诸多著名企业提供过各种服务。

上海雅讯盛嘉会展服务有限公司
电话：021−62101500，62104002，62102004
传真：021−62407704
地址：上海市延安西路 1121 号泛太大厦 3 号楼 2F（100050）

北京雅讯视点展示服务有限公司
电话：010−84472721，84472751，84472752
传真：010−84472703
地址：北京东城区新中街 18 号阳光都市 1 号楼 703 室（100027）

北京盛嘉世创文化传播有限公司
电话：010−65867914，65926664，65034415
传真：010−65034397
地址：北京市朝阳区白家庄路甲 3 号白家庄商务中心 C 座 5 层(100020)

南京雅讯通达会展服务有限公司
电话：025−3204151
传真：025−3204561
地址：南京市上海路 160 号
邮编：(210024)

青岛雅讯广告展示有服务限公司
电话：0532−3848781
传真：0532−3823064
地址：青岛市辽宁路聚豪大厦 J 座 905 室（266022）

中国同源公司

中国同源公司隶属于全国工商联，是集进出口业务、展览业务、国内贸易和运输业务等于一体的全国性工贸总公司，在上海、江苏、山东、深圳和吉林等地设有子公司。经国家外经贸部批准，中国同源公司成为一家可以在全国范围内组展的总公司，展览部业务范围：

1）组织中国企业赴国外参加著名的国际展览会；

2）举办来华国际展览会和国内经贸展览会；

3）承接全国工商联和国内行业协会在境外展览会；

4）提供全球展览会资讯以及国际市场动态服务；

5）技术交流等。

表 11-7　2004 年出国展览计划

序　号	展 览 会 名 称	时　　间
1	德国汉诺威国际地毯及地面铺装材料展	1 月 17～20 日
2	美国芝加哥国际超市设备及市场贸易展	5 月 2～4 日
3	丹麦哥本哈根国际服装服饰展览会	8 月
4	西班牙马德里国际礼品展览会	9 月 9～13 日
5	俄罗斯莫斯科国际美容化妆品专业展览会	11 月 12～14 日

表 11-8　2004 年来华展览计划

序　号	展 览 会 名 称	时　　间
1	国际自动售货系统及设备展暨中国连锁经营、特许加盟展	3 月 4～6 日
2	中国绍兴国际纺织工业展览会	4 月
3	中国国际抗衰老产品展及会议	4 月
4	中国温州眼镜贸易展览会暨第三届表面处理及涂料涂装展	5 月
5	上海国际纺织机械展览会	8 月

展览部联系电话：010-82132923/2924/2926

传　真：010-82130418

地　址：北京市知春路 56 号天利大厦中门 7 楼

邮　编：100086

E-mail：tongyuan@public.yeeyoo.com.cn

郑州国际会展有限责任公司

郑州国际会展有限责任公司是经郑州市人民政府批准成立的国有独资的大型会议展览企业。公司秉承开拓创新的发展理念，以“国际化、专业化、品牌化”为发展战略，积极瞄准国际会展业发展潮流，与时俱进，高起点发展，高效率运作。公司通过组办大型会议展览，为各类展会活动提供专业化的全方位服务，近年来郑州国际会展有限公司自办展会已初步形成品牌资源，承办的郑州全国商品交易会、信息技术信息产品博览会、首届两岸三地经济论坛、首届中国清真食品博览会等展会在国内外产生了广泛影响。

目前建设中的郑州国际会展中心位于郑东新区中央商务区，是郑州国际会展有限责任公司的核心资产。郑州国际会展中心总用地面积68.57万平方米，一期工程总投资15.4亿元，总建筑面积21.44万平方米，其中，展览中心总建筑面积15.36万平方米，每个单体展厅展览面积6100平方米。展览中心可设置国际标准展位(3米×3米)3650个，会议中心总建筑面积6万平方米，共五层。会议中心内设小型会议室、中型多功能会议厅和会客洽谈室。其中，容纳5000人的大型会议厅1个，1200多人的国际会议厅1个，400人会议厅2个，可同时满足举办多个不同规模会议活动的需求。建成后的郑州国际会展中心设施先进、功能完备，将成为中国中部地区规模最大的展览会议活动场所。

郑州国际会展有限责任公司以开放的胸怀与国内外同行一起共谋发展，共同开创中国会展业更美好的未来。

联系电话：0371 7719111(总机)
传　真：0371 7719116
网　址：www.zziccc.com
E-mail：zqsbh@163.com

中国家用电器协会

China Household Electrical Appliances Association

地　址：北京东长安街6号120室

Address：No.6 Chang'an East Ave，Beijing

邮政编码：100740

展览部负责人：陈　钢

联系人：朱军　刘秀丽

电　话：010-65231810，65251370

传　真：010-65121567

E-mail：appliance-expo@cheaa.org；zhujun@cheaa.org

网　址：www.appliance-expo.com；www.cheaa.com

中国国际家电展

中国国际家电展是由中国家用电器协会主办的连续性展会，前身是目前中国最具权威的国际性行业盛会——（北京）国际家用电器展览会，固定每两年一次，自1992年首次举办以来，至今成功举办了6届，伴随并见证了中国家电产业的发展历程，目前已成为中国规模最大、最具权威性的国际性行业盛会。

2002年（北京）第六届中国国际家电展曾是亚太地区规模最大、最具影响力的家电展，参展商中外资及中外合资企业占参展企业的40%以上，从参展企业的国别区域来看，亚洲、欧洲、北美三大家电板块的强势品牌如中国海尔、欧洲伊莱克斯、西门子、日本松下、东芝、日立、夏普等都悉数到齐，这在国内同类展会中也是第一次，而且这种品牌结构也正好全面反映出中国家电市场上不同区域品牌的竞争格局。观众达3.5万人，境外参观者主要来自日本、韩国、菲律宾、美国、英国、德国、意大利等国家。

2004年中国国际家电展为第七届，为了更好地体现展览会所表现出的国际性，进一步全面提升此次展会的品牌形象，主办方家电协会对展会的定位和内容进行了重新调整，更名为中国国际家电展，拟定于2004年5月9～12日在北京展览馆举办。中国家用电器协会将不遗余力地打造家电展会的世界品牌，将2004年中国国际家电展塑造成为展示当前行业新产品、新技术、新趋势、国际化的家电行业盛会，并把“潮流趋势＆品质生活”定为本届主题，即通过新产品、新技术和新应用，展现国际家电发展的趋势，展示行业发展、技术进步的新气象、新方向，引导人们向往更高品质的生活。展会的内容，也由传统的以白色家电为主，拓展到消费类电子、通信产品以及五金器具等所有家用电器产品领域。

中国国际贸易促进委员会电子信息行业分会

中国国际贸易促进委员会电子信息行业分会、中国国际商会电子信息行业商会是中国国际贸易促进委员会、中国国际商会在电子行业的分支机构，受中国国际贸易促进委员会和中华人民共和国信息产业部双重领导。

电子信息行业分会是成立最早的行业分会之一，其前身是中国国际贸易促进委员会机电行业分会，成立于1988年6月。十几年来，分会致力于促进中国电子信息行业对外经济贸易合作、技术交流以及引进国外先进技术的活动。作为政府与企业之间的中介机构，开展对外交流，已经与美国、英国、法国、德国、日本、新加坡、马来西亚、泰国、阿联酋、以色列以及中国香港、中国台湾等国家和地区的相应组织建立了合作关系。

中国国际贸易促进委员会电子信息行业分会愿成为中国电子信息行业与全世界同行合作交往的桥梁，成为双方增加相互了解的窗口。

中国国际贸易促进委员会电子信息行业分会、中国国际商会电子信息行业商会根据中国国际贸易促进委员会、中国国际商会的章程和宗旨，按照中华人民共和国信息产业部的工作部署，调整职责，理顺关系，面向全国电子信息行业，全面开展以下各项业务：

一、开展同世界各国、各地区经济贸易界、商学会和其他经济团体以及有关国际组织的联络工作，开拓和扩大对外交流渠道，建立友好合作关系。

二、邀请和接待外国经济贸易界人士和代表团来访，组织中国经济贸易、技术代表团、企业家代表团出国访问和考察。

三、组织、主办及协调电子信息行业来华举办的国际专业性或综合性展览会和出国展览会，充分发挥展览对引进技术、科技交流、扩大贸易的作用。

四、开展国内电子信息行业经济贸易信息的收集、整理、传递和发布工作；向国内外有关企业和机构提供经济技术合作和贸易方面的信息和咨询服务；联系、组织中外企业界的技术交流和对外经济贸易洽谈活动，积极促进电子信息产品进出口贸易。

五、促进电子信息产业中小企业之间的合作，为国内众多的中小企业利用外资、引进技术及各种形式的经济技术合作，发展外向型经济牵线搭桥，提供服务。

六、负责与国际商会中国国家委员会的日常联系工作，协助其处理在电子信息行业的有关事宜。

七、负责对电子信息行业会员的发展、服务及培训工作。

中国国际贸易促进委员会电子信息行业分会竭诚欢迎国内外客户的垂询与合作。

联系方式：

电话：010-68132917，68207164

传真：010-68272288

地址：北京市万寿路27号电子大厦二层，100846

网址：www.ccpitecc.com

表11-9　来华展览计划一览表

序号	展览会名称	城市展馆	展期	主要展出内容
1	第十四届上海国际电子生产设备暨微电子工业展览会(NEPCON Shanghai)	上海光大国际会展中心	2004年4月	电子生产设备、电子元器件及配件、电子材料
2	中国国际电子信息技术博览会(IT China 2004)	南京国际展览中心	2004年4月	通信、计算机及周边设备、家用电器、电子设备及元器件、微电子、电动五金工具等
3	亚洲国际消费电子及家用电器展览会(CeBIT Home)	上海新国际博览中心	2004年5月	消费类电子产品、数码产品、家用电器、家用电脑及周遍产品
4	第九届深圳国际电子生产设备暨微电子工业展览会(NEPCON Shenzhen)	深圳高交会展中心	2004年8月	电子生产设备、电子元器件及配套件、电子材料
5	中国国际集成电路产业展览暨研讨会(IC China)	上海光大会展中心	2004年9月	IC产品和应用技术、半导体分立器件产品和应用技术、IC设计和设计工具、半导体材料
6	亚洲信息技术展览会(CeBIT asia)	上海新国际博览中心	2004年9月	通信、软件、网络系统、办公自动化、电子商务与服务、信息技术、银行信息技术
7	中国国际矿业信息化与安全生产监控技术展览会	待定	2004年待定	硬件设备，电子商务、系统、企管、节能、医院管理及监控软件，卫星定位系统，网络技术，线缆

江苏贸促国际会展有限公司

江苏贸促国际会展有限公司（JICEC）是中国国际贸易促进委员会江苏省分会、中国国际商会江苏商会的直属企业，专门从事组织举办各类国际来华展览会和出国展览会，是江苏省内组织举办各类国际性展览、会议的主要渠道和运作机构，可提供各类展览、会议策划组织、广告宣传、展品运输、设计装修等全套服务。在大力发展会展业务的同时，公司在相关的信息交流、商务咨询、招商引资、电子网络、旅游、中介服务等方面也有了新的发展。

近年来，经过公司全体同仁的不懈努力，在省内有关部门的大力支持与密切合作下，先后在电子信息技术、农业机械、食品及加工、建材装饰、酒店配套用品、塑胶及机床模具、公共安全产品等行业成功地举办了数十个专业性的国际展览会，得到了行业管理部门、参展企业的广泛好评。随着展览业务的不断发展，公司拥有一批精干的会展人才队伍、先进的专业运作经验、稳定的海外合作网络、科学的规范管理机制、灵活的市场运作手段，在同行业中具有明显的资源优势、平台优势和竞争优势。

公司发扬“开拓、创新、团结、拼搏”的企业文化精神，始终坚持“竭诚服务、争创一流”的办展宗旨，本着广交朋友、互利互惠、共同发展的真诚愿望，不断加强与社会各界的广泛合作。携手中外，展示未来。公司将再接再励，努力工作，以更周到的服务、更先进的理念，举办更多规模化、专业化、国际化的品牌展览会，为促进国内外同行业交流合作，推动江苏展览业和会展经济的发展而努力拼搏。

表11-10 江苏贸促国际会展有限公司2004年展览项目计划表

序号	展览会名称	时间／地点	主 办 单 位	承 办 单 位	展 品 内 容	展出规模（平方米）
1	第二届中国国际电子信息技术博览会	2004年4月21～23日 南京国际展览中心	江苏省人民政府 中国国际贸易促进委员会	中国贸促会电子行业分会 江苏省信息产业厅 江苏省贸促会	计算机、软件、通信类产品；消费类电子产品；集成电路、电子元器件、电子生产设备等	ABC厅 2万
2	中国江苏国际体育场馆器材设施及体育用品展览会	2004年4月27～29日 南京国际展览中心	第十届全国运动会筹委会 江苏省体育局 江苏省贸促会	江苏贸促国际会展有限公司	各类运动场馆设施器材；各类竞赛器材；各类健身器械；各类体育用品、训练测试仪器；各类运动服装及相关奖品、纪念品等	AB厅 1.5万
3	中国国际儿童培育暨儿童用品展览会	2004年5月30日～6月1日 南京国际展览中心	中国教育学会	江苏省贸促会 江苏省教育学会	儿童教育理念、学具、玩具、服装、食品及各类用品	BC厅 1.5万
4	中国江苏国际教育博览会	2004年6月12～15日 南京国际展览中心	江苏省教育厅 江苏国际文化交流中心 江苏省贸促会	江苏贸促国际会展有限公司 江苏省高校招生就业指导服务中心	国际高等教育：学校概况及发展成就；先进的办学设施、手段、理念、特色；招生宣传介绍及咨询出国留学专题讲座，中外合作办学项目介绍 中等教育学校展区：展示学校概况及发展成就；先进的办学设施、手段、理念、特色；中外合作办学项目介绍	AB厅 1.5万
5	中国江苏国际电力电工技术及设备展览会	2004年11月16～18日 南京国际展览中心	江苏省电力公司 江苏省电力行业协会 江苏省贸促会	江苏贸促国际会展有限公司	发电设备；输配电设备；电工电器产品；电气传动设备；电能计算产品等	DE厅 1.4万
6	中国江苏星级酒店配套设施及用品展览会	2004年11月4～6日 南京国际展览中心	江苏省旅游局 江苏省贸促会	江苏贸促国际会展有限公司	各类酒店、宾馆配套设备及用品	A厅 6千
7	2004南京国际汽车展览会	2004年10月2～6日 南京国际展览中心	江苏省贸促会 江苏省汽车工业办公室	江苏贸促国际会展有限公司	各类汽车	ABC厅 2万

地　址：中国南京中华路50号国贸大厦8楼
邮　编：210001
电　话：025-2312512，2312132，2311907，2312709，2312961，2312603
传　真：025-2312605，2266407，2311937
网　址：www.jicec.com

香港中国旅行社有限公司

香港中国旅行社有限公司成立于1928年，是香港规模最大的旅游机构之一。目前在香港设有38间分社，在澳门设有一家附属公司，在海外13个国家设有19间分社。主要业务有：组织本港游、中国内地和世界各地的旅游团队，代签各种旅游证件，代办“港澳居民来往内地通行证”和“台湾居民来往大陆通行证”，代理海陆空票务、酒店订房、行李托运及提供口岸接待服务等。近年来，香港中旅社的经营规模不断扩大，实力不断壮大，管理水平与时俱进，服务质量逐步提升，2002年港中旅社受委托负责接待出席在香港举行的“世界会计师年会”中国内地逾千人的大型代表团，表现出色，因而获得国家财政部给予的高度评价和赞扬。

香港中旅社凭借七十多年从事旅游业经营的丰富经验，创建了多元化多层次的服务体系和网络，曾多次在香港及中国内地成功举办国际性的大型会议，经验丰富。作为提供专业商务旅游服务的旅行社，我们可为海内外客户提供包括安排各类主题会议，提供展览会、洽谈会、讲座、新闻发布会、产品展示、街头演示、代订会议场地、会议设备服务，提供专业外语翻译、会议期间接送服务，安排会前及会后观光活动，组织各类专业考察团、奖励旅游，代订港澳地区酒店服务，代订海陆空交通票务等专项或配套委托。

选择中旅社为您服务，将是您最明智的决策！

联　络：香港中国旅行社有限公司会议展览业务中心

电　话：(00852) 28533295

传　真：(00852) 25419777

E-mail：info@ctshk.com

网　址：www.ctshk.com

旅行社代理商牌照号码：350273

中国包装和食品机械总公司

中国包装和食品机械总公司是中华人民共和国机械工业部直属的全国性专业公司，1982年成立，在国家工商行政管理局登记注册，具有法人资格。

公司的主要经营业务是：生产制造食品和包装机械，开发与其相关的新技术、新工艺、新材料、新产品，承包包装机械、食品工程、果蔬保鲜工程、油脂工程并负责工程设计、设备配套、安装调试、人员培训；开展包装机械、食品机械及相关机械的国内贸易和进出口业务；举办包装机械、食品机械、农业机械及畜牧业技术的专业国际展览会、全国性展览会、出国展览会及技术交流、交易会。

CHINA FOODTECH展，逢单数年在北京举行，目前已成功举办了八届，是行业内规模最大、最具影响力的展会。CHINA PACKTECH & FOODTECH展在上海成功举办了三届，是上海地区最具专业水准的一流行业盛会。

表11–11　2004年主办国内展览会

展览会名称	时间	地点	展会内容
第四届上海国际包装和食品加工技术展览会	2004年3月30日～4月1日	上海新国际博览中心	食品加工机械、肉类加工机械、乳制品加工机械、饮料加工机械、果蔬加工机械、食品冷藏及冷冻设备、包装机械、加工机械、包装原材料、容器／包装、标签／编码、塑料机械等
中国国际农业及畜牧业新技术展	2004年10月13～15日	北京展览馆	农业运输机械，农业耕作、植保、收获机械，牧草机械，排灌节水机械；农业物资；粮食加工机械，油脂加工机械，马铃薯加工设备及技术；果蔬加工机械、奶类储藏、处理及加工设备，畜禽的养殖、屠宰设备，肉制品加工、冷藏、冷冻技术及设备

表11–12　上届展会数据

展览会名称	展出面积（平方米）	参展商数目（家）	观众人数（人次）
第三届上海国际包装和食品加工技术展览会	11000	268	12000
第八届中国国际食品加工和包装机械展览会	20000	426	20000

主办者：中国包装和食品机械总公司

地　址：北京市西城区月坛南街26号主楼1048室

电　话：010–68596204，68525634，68596205

传　真：010–68623345

邮　编：100825

项目负责人：楚玉峰

E–mail：cpfmc–zhlb@263.net

网　址：www.cpfmc.com

通用国际广告展览有限公司

表11－13　2004年出国展览计划（部分）

序号	展览会名称	地点［国家／城市］	时间	展　览　内　容
1	印度汽车、摩托车及零配件博览会	印度 新德里	2004.01	涵盖所有汽车、摩托车相关产品
2	国际食品、食品包装、酒店设备展览会	印度 新德里	2004.03	各类食品、家畜肉品及易储存食品，奶制品和糖果加工设备，农场设备，打磨设备；空调、冰箱和冷库系统，餐具、厨房设备，酒店设备、环境（空气、水等）污染控制设备等
3	国际灯具博览会	美国 拉斯维加斯	2004.03	各类低压电、高压电灯具；钠灯；卤素灯；各类荧光灯；节能灯；庭院灯；草地灯；公共场所用灯；各类照明设备
4	巴拿马国际博览会	巴拿马 巴拿马城	2004.03	机械，电子，仪器，化工，五矿，家电，五金工具，食品，服装，轻工产品，照明设备，灯具，建材，消费品，纺织品等
5	拉斯维加斯礼品展览会	美国 拉斯维加斯	2004.03	礼品、家庭用品、生活用品、节日用品、日用杂品、新奇事物、玩具、珠宝首饰、服装服饰、箱包、美容保健品、家装用品、皮革制品、化妆品、纪念品、家具等
6	国际五金工具展览会／应用天地	德国 科隆	2004.03	各种手动工具、电动工具、园艺工具、五金件、保安器材、DIY产品、卫生洁具等
7	天然制品展览会	美国 洛杉矶	2004.03	各类营养补品，中草药产品，药物茶，绿色食品、保健品等
8	美国五金制品展览会	美国 芝加哥	2004.04	各种手动工具、电动工具、园艺工具、五金件、保安器材、DIY产品、卫生洁具等
9	汉诺威工业博览会	德国 汉诺威	2004.04	自动化技术，信息技术/软件，动力传输及控制，气动技术、工厂设备、工具，分承包与工业材料，能源与环境等
10	国际照明、电光源和建筑电气技术博览会	德国 法兰克福	2004.04	各类低压电、高压电灯具；钠灯；卤素灯；各类荧光灯；节能灯；家庭及公共场所用灯；各类照明设备；电器等。建筑用电气安装及系统技术；建筑用安装及连接技术；楼宇信息通信技术；电器检测系统；楼宇智能技术；楼宇自动化技术；通风与空调工程、设计安装及控制系统等
11	美国户外及媒体广告大展	美国 奥兰多	2004.04	广告制作材料、广告礼品、广告作品、广告制作设备及技术等
12	美国五金展	美国 拉斯维加斯	2004.05	各种手动工具、电动工具、园艺工具、五金件、保安器材、汽车附件、DIY产品、卫生洁具等
13	韩国进口商品展	韩国 汉城	2004.05	体育用品、化妆品、服装、玩具、小家电、生活用品、健康食品、家具、计算机、通信、网络、电子与信息、光电一体化、新材料、新能源、节能环保产品、机械、五矿化工品、医药保健品等
14	第十六届亚洲国际通讯与资讯科技展览会及研讨会	新加坡	2004.06	通信及电子信息技术、卫星接收设备等
15	2004亚洲广播电视展览会	新加坡	2004.06	广播电视发射、传输、接受设备等
16	罗安达国际博览会	安哥拉 罗安达	2004.07	纺织服装、皮革制品、办公用品、机械设备、医疗器械及药品、轻工产品、五矿化工、家用电器、土特工艺、、陶瓷饰品、礼品等
17	国际家庭用品及礼品展览会	巴西 圣保罗	2004.08	男女服装、童装、运动时装、青年时装、针织时装、工装、皮装及裘皮时装、帽子、围巾、手套，各种鞋、包及各类辅助饰品、商店展示用品等

E-mail:zhangmeng@exh.genertec.com.cn
网址：www.exh-genertec.net

宁波雅卓展览服务公司

【雅卓展览】
雅卓展览服务有限公司，浙江省著名专业展览企业，成立于一九九八年，以自主筹办专业性经贸展览活动为主营业务。
雅卓展览立足宁波，开拓创新，成绩卓著。公司自主开发定期举办的主要展览有：中国国际机械工业展览会；中国浙江渔业博览会；宁波国际制衣工业展览会；中国塑博会余姚模具制造技术与设备展览会、塑料制品展；迎春购物节等，在国内业界影响广泛。
雅卓展览于二00二年六月获原国家外经贸部批准，赋予境内举办对外经济技术展览会主办单位资格。
雅卓真诚欢迎国内外同行及有关机构合作办展，共创辉煌。
【重点展览】
中国国际机械工业展览会—国家级机械装备制造业盛会
始办于二〇〇〇年，原名宁波国际机械工业展览会，经原外经贸部批准于二〇〇三年第四届起升格为中国国际机械工业展览会，以机械装备、工业设备及机电零部件贸易为主，每年三月在宁波举行
中国塑料博览会—余姚国际模具制造技术与设备展览会
—余姚国际塑料制品采购展览会
中国塑料博览会之专题展览，分别以模具制造技术及设备和塑料制品、塑料配套件及相应机电配套采购为主，每年十一月在浙江余姚举行
宁波国际服装节—宁波国际制衣工业展览会
宁波国际服务节之专题展览，展出制衣设备及面辅料，为本行业著名展会，每年十月在宁波国际服装节期间举行
中国浙江渔业博览会
三年一届，中国三大渔业类展会，以水产品贸易及渔业装备为主
垂询请联络
ENQUIRY PLEASE CONTACT
雅卓展览服务有限公司
YOUNAGE
（国家外经贸部批准之国际展主办单位）
YOUNAGE EXHIBITION CO.,LTD
地址:中国宁波市百丈东路650号7层
Add:7/F,No.650,Baizhang East Road,Ningbo,P.R.China
邮编:(Post Code):315040
电话(Tel):86-574-87849301、87849310-819、820、803
传真(Fax):86-574-87849308、87849305
http://www.younage.com
http://www.meonlinecn.com
E-mail:younage@mail.nbptt

东浩集团上海外经贸商务展览有限公司

Shanghai International Trade Promotion Co., Ltd.

上海外经贸商务展览公司于1993年7月22日由上海市对外经济贸易委员会注资成立。2000年6月12日改制更名为上海外经贸商务展览有限公司，由上海东浩国际服务贸易（集团）有限公司和上海外经贸投资（集团）有限公司共同投资并拥有。公司注册资本人民币1千万元，2002年公司实现营业额8.04亿元人民币，其中服务贸易额为3.25亿元，资产回报率达15%。

公司现有员工180多人，9个业务及管理部室，10家国内子公司及1家美国纽约子公司。

公司以展览为主业，拥有国外来华展览主办和承办、出国展览组团、出国商务考察组团、展览运输等行业专有权和外商办事机构报批权。同时还为客户提供进出口代理、国际货运代理、展览设计制作、国内外广告发布等全方位、一体化、多功能的贸易服务。

2001年8月，公司成功地通过ISO 9001、ISO 2000质量体系认证，在全市展览行业中首家获得由中国、美国、荷兰三个国家认证机构颁发的认证证书。主要业务工作操作流程进一步规范化，各部门、各岗位的职责进一步明确；员工为顾客服务的意识、工作质量和服务水平进一步提高，企业管理工作上了一个新台阶，全年各类展会的客户满意率达85%以上。

10年来，公司先后举办境内外展览会250多次，在国内拥有一批成熟的国际性专业展览会品牌。并承办了各类国际国内专业会议和经贸研讨会近30多次。2002年公司承办了52个展览会，年展览面积达39.5万平方米，占上海展览总面积的17%，是上海最具实力的展览公司之一。

Shanghai International Trade Promotion Corporation was set up on July 22nd, 1993, an investment by the Foreign Economic Relations & Trade Commission of Shanghai Municipality. On June 12th 2000, the company is renamed as Shanghai International Trade Promotion Co., Ltd. (ITPC), placed directly under the investment holdings of Shanghai East Best International (Group) Co., Ltd. and Shanghai Foreign Economic Relations and Trade Investment (Group). With its initial capital of 10 million RMB, Shanghai ITPC has achieved in 2002 a sales volume of 804 million RMB (USD 1=RMB 8.3), among which 325 million RMB was registered under Service Trade revenue, with a Return on Total Assets of 15%.

ITPC has strong workforce of 187 persons in 9 departments and 9 domestic subsidiary companies (including 1 Hong Kong-Shanghai Joint Venture) and 1 USA (New York) Subsidiary.

As a professional and multifunctional exhibition corporation, ITPC holds the authoritative permit to organize and host international and domestic exhibitions locally, as well as to lead overseas trade missions. Integrated services of advertising, freight forwarding, import & export, business travel, show design and foreign trade consulting are provided along with its core exhibition organization.

In August 2001, ITPC has attained ISO9001: 2000 certification, becoming the first organization in the local exhibition industry to achieve the certification given out by 3 countries, China, America and Holland. After this achievement ITPC has undergone further internal restructuring, by regulating working procedure, redefining employee' mission and enhancing service control. These ensure an overall customer satisfaction above 85%.

Over the past 10 years, ITPC has established its niche market of professional brand exhibitions by organizing over 250 events both home and abroad, and has managed more than 30 conferences and forums in addition. In 2002 ITPC organized and operated 52 exhibitions with space of 395 thousand m^2, which registered 17% of the total exhibiting area in Shanghai. Thus ITPC is renowned for one of the leading exhibition organizers in Shanghai.

联系方式：
公司名称：上海外经贸商务展览有限公司
Company Name: International Trade Promotion Co., Ltd.
地址：中国上海天目西路511号12楼
Address：12FL. Jincheng Mansion 511 West Tian Mu Rd., Shanghai, China
电话(Telephone)：（+8621）63539977
传真(Fax)：（+8621）62561068
邮编(Postal Code)：200070
E-mail：shitpc@public1.sta.net.cn　Web Site: http://www.china-exibition.com

上海外经贸商务展览有限公司 2004 年展览计划

表 11-14　来华展览计划

序号	展览会名称（中、英文）	日期	面积（平方米）	地点	分类	展出内容
1	华东进出口商品交易会 East China Fair	2004 年 3 月 1～7 日	78,000	上海新国际展览中心		纺织、服装、轻工、工艺礼品
2	国际 LED 展览会（上海）International LED Expo 2004, Shanghai	2004 年 3 月 23～26 日	5,000	上海展览中心		LED 基材、LED 显示屏、LED 外延、LED 应用照明、LED 芯片、LED 设备、LED 封装、LED 相关产品
3	上海韩国纺织服装博览会 Korea Textile Fashion Expo (Shanghai) 2004	2004 年 4 月	8,000	上海世贸商城		纺织面料、服装成衣、纺织机械及技术
4	第九届中国国际建筑贸易博览会 International Building & Construction Trade Fair 2004	2004 年 5 月	39,000	上海新国际博览中心		各类建筑材料、绿色建材、化学建材及建筑五金、五金工具等
5	第八届上海国际社会公共安全产品展览会 Security & Automation Shanghai 2004					防盗报警系统：有线／无线主机、自动报警机、警民联防系统等；各类监控摄录系统、各种镜头等；个人用警报器
6	第六届国际城市与建筑智能技术应用展览会 City & Building Intelligent & Automation China 2004					能源监控系统、供配电系统、净水处理系统、环境预测系统、电梯与自动电梯、给排水系统、中央空调设备、各类电能表
7	第八届中国国际照明灯饰展览会 Lighting China 2004	2004 年 5 月	39,000	上海新国际博览中心		各类照明设备、电器控制元器件、照明灯饰、电光源、节能照明、不间断电源系统等
8	第六届中国国际涂料工业展览会 Coating & Painting China 2004					各类建筑涂料、油漆、化学粘合剂、树脂、化学防水剂、涂装设备等
9	第七届国际门窗屋顶技术及加工设备展览会 Win Tec China 2004-window, Door & Roof China 2004					各类木制、铝塑钢复合门窗、各类自动门、遥控门、卷帘门、推拉门、防盗门及门窗技术、加工、表面处理、检测设备等
10	第七届国际地材及铺装技术展览会 Floor Tec China 2004					各类地板、地毯、铺地材料及原辅材料、地板底层加热系统、各类地坪、地坪工具与设备、工程设计、安装与保养
11	第六届上海建筑装饰设计服务展览会 Housing Decoration, Design & Servic Shanghai 2004					室内布艺装饰产品、室内设计、装修与服务
12	第五届中国国际建筑装饰木业、木材及加工技术展览会 Forestry, Timber & Wood China 2004					各类建筑装饰木材成品、家具、壁柜、厨柜、木材及加工设备等
13	第七届中国国际住宅技术与电器展览会 Domo China 2004-Household Technology & Appliance					家庭集中供暖和中央空调系统、各类管道系统及电视、泵、阀控制元件
14	第九届中国国际建筑陶瓷、大理石、石材制品与技术展览会 Ceramics, Marble, Stone & Technology China 2004					各类陶瓷制品、各类石材及制品、各类大理石、花岗石、板岩材料及制品
15	第六届中国国际暖通、锅炉、空调、管道技术及水处理展览会					暖通、家庭锅炉、加热器、壁炉、空调系统、管道产品、水暖器材、泵阀等

续表 11-14

序号	展览会名称（中、英文）	日期	面积（平方米）	地点	分类	展出内容
15	Heating、Ventilation，Boiler，Air-conditioning，Plumbing & Water China 2004					
16	第九届中国国际厨房、卫浴设施展览会 Kitchen & Bath China 2004	2004年5月	39,000	上海新国际博览中心		厨房家具成套设备及其配套用品（脱排油烟机、微波炉）各类龙头、洁具、淋浴房、整体浴室
17	2004上海国际宠物展览会暨2004上海世界名犬展评 Pet-Expo 2004	2004年5月	5,500	上海展览中心		宠物猫、狗、鸡、鱼等以及宠物用品、宠物饲料、宠物保健服务
18	2004第二届上海国际中小企业商机暨服务博览会 The 2nd SME Business Opportunities and Service Expo Shanghai 2004	2004年8月	6,000	上海展览中心		中小企业融资服务、信息化服务、后勤保障服务展示与论坛，以及中小企业优秀产品等。
19	第十一届上海国际家用电脑与信息家电展览会 11th Int'l Home Computer & Digital Consumer Electronics Fair Shanghai					品牌电脑、电脑硬件、外设和相关软件
20	2004上海国际电脑应用与信息网络技术展览会 Int'l Computer Application & IT Network Fair Shanghai 2004	2004年6月	4,000	上海展览中心	AC	电脑应用相关产品和网络技术产品 如：网卡、集线器、服务器等等。
21	2004上海国际电脑游戏展览会 Int'l PC Game Expo Shanghai 2004					电脑游戏，网络游戏等
22	2004上海国际通信与数码产品展览会 International Telecommunication & Digital Product Fair Shanghai 2004					移动通信产品、网络技术产品、数码电子产品、办公现代化产品
23	上海国际婴儿养护及健体益智用品博览会 Growning Cute	2004年6月	3,000	上海展览中心	BR	婴幼儿乳品、婴幼儿食品、婴幼儿保健品、婴幼儿纸尿裤、婴幼儿服饰及日用品、婴幼儿玩具、胎儿及幼儿教育、儿童摄影、儿童书籍等孕妇食品及保健品、孕妇服饰、美容健身、婚孕书籍等
24	第十八届中国国际塑料橡胶工业展览会 The 18th International Exhibition on Plastics & Rubber Industries	2004年 6月29日 ~7月23日	10,000	上海新国际博览中心		辅助及测试仪器、化工及原材料、模具、塑料及饮料包装设备、橡胶机械等等
25	上海国际城市交通及技术展 City Trans Shanghai/Traffic Tech Shanghai		4,000			交通及交通管理系统、道路及隧道建设设备及技术
26	上海国际城市基础设施及城市规划展览会 Infrastructure & Urban Planning Shanghai	2004年9月	3,000	上海展览中心		城市基础设施建设设备及技术、城市规划技术
27	上海国际物流业及物流运输与服务展览会 Logistics Shanghai		3,000			物流设施设备、物流网络服务系统

续表 11-14

序号	展览会名称（中英）	日期	面积（平方米）	地点	分类	展出内容
28	中国上海跨国采购洽谈会 International Sourcing Conference Shanghai China	2004年9月	6,000	上海世贸商城		消费品类跨国采购 工业零部件类跨国采购
29	中国国际金属加工工业展览会 Metal Working China	2003年 10月12～15日	12,000	上海国际展览中心		机床、焊接设备、表面处理技术及设备等
30	上海国际工业博览会 Shanghai International Industry Fair	2004年 11月4～9日				
31	中国（上海）国际网络能源与机房设备展览会 International Network Power & Computer Room Equipment Exhibition China	2003年11月	10,000	上海光大会展中心	056	机房专用空调、机箱、机柜、防雷器、发电机组、电源产品与设备、UPS、电池产品、电子及电磁兼容、低压电器、变压器、电力电子、电气传动、网络及机房监控系统、机房专用地板、板墙、天花板、光纤及相关设备等。
32	中国上海国际电源产品与设备展览会 Int'l Conference & Exhibition on Power Supply Shanghai					电源管理系统、电源保护和传输系统、电子功率器件、开关电源、模块电源、各类蓄电池、整流器、散热器、电源滤波器、电子变压器、磁性材料、防雷产品、各类电源电池产品、电池用原材料、零配件、电池制造设备、测试仪器
33	中国上海国际电池产品及铅酸电池展览会 Shanghai Int'l Battery Exhibition					
34	2004亚洲超市设备及科技展览会暨食品与用品展 Super-Store Asia 2004	2004年 11月26～28日	5,000	上海展览中心		超市设备、超市用品、超市食品
35	第五届上海国际电力工程及技术展览会 The 5th International Exhibition on Electric Power Equipment & Technology(EP Shanghai 2004)	2004年11月	10,000	上海国际展览中心	036	各种电力方面的先进技术和设备：火电、核电、水电、输变电、测量仪器、监控系统、成套设备、各类电工器材设备等
36	第四届上海国际机电工程及电工设备展览会 The 4rd International Exhibition on Electric Engineering，Electric Equipment & Contractors' Supplies(Electrical Shanghai 2004)				036	各种电力方面的先进技术和设备：火电、核电、水电、输变电、测量仪器、监控系统、成套设备、各类电工器材设备等
37	第十一届中国国际建筑及建材机械展览会 The 11th International Exhibition on Construction Equipment and Building Materials Machinery	2004年11月	10,000	上海国际展览中心	2021	建材机械、工程机械建筑设备如：石棉隔声材料及系统、陶瓷、镀料、排水材料及系统、地板材料及系统、模板等等
38	2004年上海国际建筑及室内装饰展览会 International Exhibition on Building Materials, Building Services and Interior Decoration Shanghai 2004				BQ0	浴室洁具、地毯、门及有关附件、窗帘、家具及布置品、室内装饰材料及服务、厨房设备、锁、镜子、装修工具等等

表11-15　出国展览计划

序号	展会名称	展览时间	展览地点	展品内容
1	春季国际时装博览会	2004年2月	美国 拉斯维加斯	男装、女装、童装等
2	非洲－阿拉伯纺织、刺绣、缝纫机及附件展	2004年2月26～29日	埃及开罗	纺织机械、服装机械、皮革制作机械、缝纫器材及附件等
3	国际机械及工业供给展	2004年5月	巴西圣保罗	机器制造、塑料生产机器、木材生产机器、木工机器、机器工具、金属制造机器、焊接技术、工厂自动化、工具、齿轮和驱动技术、电子工程、环境保护、空气净化、安全装置等
4	国际印刷和纸张博览会	2004年5月6～19日	德国 杜塞尔多夫	印刷设备、印刷机械、纸处理、装订机械、包装材料生产、包装材料生产机械等
5	墨西哥工业制造周	2004年7月	墨西哥城	工业自动化，生产线，环保工程，金属加工，工业设计，质量控制，工业服务
6	秋季国际时装博览会	2004年8月	美国 拉斯维加斯	男装、女装、童装等
7	包装工业贸易展	2004年9月	巴西圣保罗	包装技术、包装机械、包装材料、食品加工机械、饮料包装生产等
8	芝加哥五金展	2004年8月	美国芝加哥	铁器类、花园工具、家用工具、建筑设备、手工工具、阀门、门窗等
9	墨尔本国际消费品展	2004年9月	澳大利亚 墨尔本	礼品、服装、家庭用品展
10	菲律宾	2004年12月	菲律宾 马尼拉	通用机电产品、汽车零配件、电子产品、IT产品和软件、工程机械和采矿设备、化工产品、各类家用品、服装及家用纺织品、礼品及手工艺品、体育及休闲用品等
11	法国	2004年9月	法国巴黎	时装面料，纺织品等
12	南非国际贸易博览会	2004年1月	南非 约翰内斯堡	机械产品、五金工具、电子产品、采矿技术及设备、日用消费品、体育用品、化工及石油化工产品、汽车、纺织及纺织工业设备和材料、医疗用品、建筑材料及设备等

第十二章　展览业名录

第一部分　主办机构

1. 中国贸促总会

中国国际贸易促进委员会
北京市复兴门外大街 1 号
China Council for the Promotion of International Trade (CCPIT)
1 Fuxingmenwai St., Beijing, China
邮编：100860
电话：010-68013344
传真：010-68033684

2. 各地方分会

中国贸促会安徽省分会
安徽省合肥市长江路 357 号 9 楼
CCPIT Anhui Sub-Council
9/F., 357 Changjiang Road, Hefei, Anhui, China
邮编：230061
电话：0551-2822656
传真：0551-2822850

中国贸促会北京市分会
北京市东城区安定门外青年湖北街甲 1 号
CCPIT Beijing Sub-Council
1A, Qingnianhu Beijie, Andingmenwai, Beijing, China
邮编：100011
电话：010-64251057
传真：010-64251040

中国贸促会长春市分会
吉林省长春市人民大街1578号
CCPIT Changchun Sub-Council
1578 Renmin St., Changchun, Jilin, China
邮编：130051
电话：0431-2730386
传真：0431-2731448
E-mail:info-ch@ccpit.org

中国贸促会重庆市分会
重庆市江北区洋河一村 78 号国际商会大厦 19 楼
CCPIT Chongqing Sub-Council
19/F. CCOIC Building, 78 Yangheyicun, Jiangbei Dist., Chongqing, China
邮编：630020
电话：023-67870375
传真：023-67870373

中国贸促会成都市分会
四川省成都市人民中路1段28号房地大厦16楼
CCPIT Chengdu Sub-Council
16/F, Rralestate Plaza, 28 Yiduan, Renmin Road (M.) Chengdu, Sichuan, China
邮编：610012
电话：028-86279186, 86279756
传真：028-86280469

中国贸促会大连市分会
辽宁省大连市中山区解放街9号万达大厦10楼
CCPIT Dalian Sub-Council
10/F, Wanda Mansion, 9 Jiefang St., Zhongshan Dist., Dalian, Liaoning, China
邮编：116001
电话：0411-2815737
传真：0411-2806905
E-mail:dl-expo@online.ln.cn

中国贸促会福建省分会
福建省福州市华林路 128 号屏东写字楼 20 层
CCPIT Fujian Sub-Council
20/F., Pingdong Office Building, 128 Hualin Road, Fuzhou, Fujian, China
邮编：350003
电话：0591-7842084
传真：0591-7854743

中国贸促会甘肃省分会
甘肃省兰州市城关区小稍门外 280 号昌运大厦 9 层
CCPIT Gansu Sub-Council
9/F., Changyun Building, 280 Xiaoshaomenwai, Chengguan Dist., Lanzhou, Gansu, China
邮编：730030
电话：0931-8725342, 8724001
传真：0931-8844197

中国贸促会广东省分会
广东省广州市机场路中央酒店办公楼
CCPIT Guangdong Sub-Council
Office Bldg., Central Hotel, Jichang Road, Guangzhou, Guangdong, China
邮编：510400
电话：020-86570057, 86578331-1873
传真：020-86577278, 86578761

中国贸促会广西壮族自治区分会
广西省南宁市东葛路 3 号
CCPIT Guangxi Sub-Council
3 Dongge Road, Nanning, Guangxi, China
邮编：530022
电话：0771-2820671, 2801729
传真：0771-2825728

中国贸促会广州市分会
广东省广州市环市东路 371-375 号广州世界贸易大厦南塔 8 楼 809 号
CCPIT Guangzhou Sub-Council
Rm.809, 8th Floor, Nanta Bldg., Guangzhou World Trade Centre, 371-375 Huanshi Road(E.), Guangzhou, China
邮编：100011
电话：020-87754818
传真：020-87769011

中国贸促会贵州省分会
贵州省贵阳市中华北路164号省外贸中心五楼
CCPIT Guizhou Sub-Council
5/F., Foreign Trade Center,164 Zhonghua Road (N.), Guiyang, China
邮编：550004
电话：0851-6901309, 6901227
传真：0851-6901309

中国贸促会海南省分会
海南省海口市国兴大道69号海南广场1号楼6层
CCPIT Hainan Sub-Council
6/F., No.1 Building, Hainan Guangchang, 69 Guoxing dadao, Haikou, Hainan, China
邮编：570203
电话：0898-65371978
传真：0898-65367264

中国贸促会杭州市分会
浙江省杭州市中河北路 83 号茂泰世纪大楼 A5-A9
CCPIT Hangzhou Sub-Council

A5-A9, Maotai Century Mansion, 83 Zhonghebei Road, Hangzhou, Zhejiang, China
邮编：310006
电话：0571-85779132
传真：0571-85779127

中国贸促会哈尔滨市分会
黑龙江省哈尔滨经济技术开发区华辉商贸中心三楼
CCPIT Harbin Sub-Council
3/F,Huahui Shangmao Centre, Economic Development Area, Harbin, Heilongjiang, China
邮编：150090
电话：0451-2333771
传真：0451-2333772

中国贸促会河北省分会
河北省石家庄市中华北大街3号金圆大厦9层
CCPIT Hebei Sub-Council
9/F. Jinyuan Bldg., 3 Zhonghua St.(N.), Shijiazhuang, China
邮编：050000
电话：0311-8614332
传真：0311-8614558

中国贸促会河南省分会
河南省郑州市文化路115号
CCPIT Henan Sub-Council
115 Wenhua Road, Zhengzhou, Henan, China
邮编：450003
电话：0371-3936203, 3943388-4242
传真：0371-3936504

中国贸促会黑龙江省分会
黑龙江省哈尔滨市南岗区革新街165号
CCPIT Heilongjiang Sub-Council
165 Gexin St., Nangang Dist., Harbin, Heilongjiang, China
邮编：150001
电话：0451-82631680
传真：0451-82631826

中国贸促会湖北省分会
湖北省武汉市江汉北路8号16楼
CCPIT Hubei Sub-Council
16/F.,8 Jianghan Road(N.),Wuhan, Hubei, China
邮编：430022
电话：027-85796170, 85805805
传真：027-85775174

中国贸促会湖南省分会
湖南省长沙市五一东路80号
CCPIT Hunan Sub-Council
80 Wuyi Road(E.), Changsha, Hunan, China
邮编：410001
电话：0731-2289419
传真：0731-2286994

中国贸促会江苏省分会
江苏省南京市中华路50号31楼
邮编：210001
电话：025-2258414
传真：025-2233048

中国贸促会江西省分会
江西省南昌市站前路200号
邮编：330002
电话：0791-6246218
传真：0791-6217029

中国贸促会吉林省分会
吉林省长春市人民大街119号
邮编：130021
电话：0431-5625201，5677424
传真：0431-5663685
E-mail:ccpit@public.cc.jl.cn
http://www.jl.org

中国贸促会济南市分会
山东省济南市经四纬一路71号
邮编：250001
电话：0531-6911163
传真：0531-6911163
E-mail:ccpitjn@public.jn.sd.cn

中国贸促会辽宁省分会
辽宁省沈阳市皇姑区泰山路17号
CCPIT Liaoning Sub-Council
17 Taishan Road, Huanggu Dist., Shenyang, Liaoning, China
邮编：110032
电话：024-86914875
传真：024-86914877

中国贸促会南京市分会
江苏省南京市成贤街114号
邮编：210018
电话：025-3212180, 3608659
传真：025-3211714

中国贸促会内蒙古自治区分会
内蒙古自治区呼和浩特市中山西路24号
CCPIT Inner Mongolia Sub-Council
24 Zhongshan Road(W.), Huhhot, Inner Mongolia, China
邮编：010020
电话：0471-6967398, 6967766-3320
传真：0471-6962138

中国贸促会宁波市分会
浙江省宁波市解放南路69号外运大厦15楼
邮编：315010
电话：0574-87302559
传真：0574-87292595

中国贸促会宁夏自治区分会
宁夏回族自治区银川市解放西街119号
邮编：750001
电话：0951-5043345，5044987
传真：0951-5044239

中国贸促会青岛市分会
山东省青岛市延安三路22号
邮编：266071
电话：0532-3897605
传真：0532-3897233

中国贸促会青海省分会
青海省西宁市树林巷25号
邮编：810007
电话：0971-8176953
传真：0971-8176805

中国贸促会武汉市分会
湖北省武汉市汉口台北路217号国际贸促大厦8层
邮编：430015
电话：027-85797513，85771888
传真：027-85797464

中国贸促会山东省分会
山东省济南市马鞍山路52号6号楼
邮编：250002
电话：0531-2029813
传真：0531-2025946

中国贸促会上海浦东分会
上海市崂山东路528号27楼A1
邮编：200120
电话：021-68868005
传真：021-50815525

中国贸促会山西省分会
山西省太原市迎泽大街388号国际大厦11楼
邮编：030001
电话：0351-4040594

传真：0351-4045680

中国贸促会陕西省分会
陕西省西安市新城内
CCPIT Shaanxi Sub-Council
Xincheng Nei, Xi'an，Shaanxi, China
邮编：710004
电话：029-7291413, 7292697
传真：029-7291461
E-mail:ccpitexp@pub.xaonline.com
http://www.ccpit.xaonline.com

中国贸促会汕头市分会
广东省汕头市金涛庄东区47幢六楼外经贸委大楼
邮编：515041
电话：0754-8931836, 8931837
传真：0754-8931837

中国贸促会沈阳市分会
辽宁省沈阳市沈河区热闹路 55 号
邮编：110014
电话：024-22920971, 22920964
传真：024-22920973

中国贸促会深圳市分会
广东省深圳市福田区新洲路 3009 号
邮编：518048
电话：0755-3561530, 3561658
传真：0755-3561535

中国贸促会四川省分会
四川省成都市城华街 4 号
邮编：610081
电话：028-83331406
传真：028-83326884
E-mail:ccpitsce@mail.sc.cninfo.net

中国贸促会厦门市分会
福建省厦门市湖里区信息大厦 11 楼
邮编：361006
电话：0592-5623595
传真：0592-6021772
E-mail:ccpitxm@public.xm.fj.cn

中国贸促会西安市分会
陕西省西安市环城南路东段26号西安市外贸大楼二楼
邮编：710054
电话：029-7854196
传真：029-7854196

中国贸促会新疆维吾尔自治区分会
新疆乌鲁木齐市团结路 11 号
邮编：830001
电话：0991-2863224
传真：0991-2860456

中国贸促会云南省分会
云南省昆明市北京路 175 号
CCPIT Yunnan Sub-Council
175 Beijing Road, Kunming, Yunnan, China
邮编：650011
电话：0871-3136758
传真：0871-3136574
E-mail:yfaec@public.km.yn.cn

中国贸促会浙江省分会
浙江省杭州市延安路 470 号
邮编：310006
电话：0571-85178451
传真：0571-85178548
E-mail:ccpitzj@public.hz.zj.cn

中国贸促会珠海市分会
广东省珠海市人民东路 19 号
邮编：519000
电话：0756-2253523
传真：0756-2228640

3. 行业分会

中国贸促会电子行业分会
北京市万寿路27号电子大厦二层
CCPIT Electronics Industry Sub-Council
2/F, 27 Wanshou Road, Beijing, China
邮编：100846
电话：010-68132917
传真：010-68272288
E-mail:wang.ning@ccpitece.com
http://www.ccpitece.com

中国贸促会纺织行业分会
北京市东长安街12号
CCPIT Textile Industry Sub-Council
12 Dongchang'an Avenue, Beijing, China
邮编：100742
电话：010-85229308
传真：010-65121732
E-mail:press@ccpittex.com
http://www.ccpittex.com

中国贸促会供销合作行业分会
北京市复兴门内大街 45 号
CCPIT Supply and Marketing Cooperative Industry Sub-Council
45 Fuxingmennei St., Beijing, China
邮编：100801
电话：010-66094515
传真：010-66094590
E-mail:gxmc@public3.bta.net.cn

中国贸促会航空行业分会
北京市东城区交道口南大街 67 号
CCPIT Aviation Industry Sub-Council
67 Jiaodaokou St.(S.), Beijing, China
邮编：100712
电话：010-64093422
传真：010-64011632

中国贸促会航天行业分会
北京市阜成路 8 号
CCPIT Aerospace Industry Sub-Council
8 Fucheng Road, Beijing, China
邮编：100830
电话：010-68372427
传真：010-68372427

中国贸促会化工行业分会
北京市东城区和平里七区 16 楼 301 室
CCPIT Chemical Industry Sub-Council
Rm.301, 16 Building, 7th Section, Hepingli, Dongcheng Dist., Bejing, China
邮编：100013
电话：010-64272719, 64229317
传真：010-64225384, 64215982

中国贸促会建设行业分会
北京市三里河路 9 号老干部楼 408 室
CCPIT Construction Industry Sub-Council
Rm.408, Laoganbu Bldg., 9 Sanlihe Road, Beijing, China
邮编：100835
电话：010-68394801, 68366389
传真：010-68393625

中国贸促会建筑材料行业分会
北京市三里河路11号
CCPIT Building Materials Industry Sub-Council
11 Sanlihe Road, eijing, China
邮编：100831
电话：010-68310605
传真：010-68310605
E-mail:ccpit316@sina.com
http://www.ccpitbm.org

中国贸促会机械行业分会

北京三里河路46号
CCPIT Machinery Sub-Council
46 Sanlihe Road, Beijing, China
邮编：100823
电话：010-68594976
传真：010-68594995
E-mail:ccpitmsc@public3.net.cn
http://www.chinamachine.org

中国贸促会粮食行业分会
北京市复兴门内大街45号
CCPIT Cereals Industry Sub-Council
45 Fuxingmennei St., Beijing, China
邮编：100801
电话：010-66094251
传真：010-66094291

中国贸促会农业行业分会
北京市朝阳区麦子店街20号楼308室
CCPIT Agriculture Sub-Council
Rm.308, 20 Bldg., Maizidian St., Chaoyang Dist., Beijing, China
邮编：100026
电话：010-64194401-3
传真：010-65918986

中国贸促会汽车行业分会
北京市三里河路46号
CCPIT Auto-Industry Sub-Council
46 Sanlihe Road, Xicheng Dist., Beijing, China
邮编：100823
电话：010-68595103
传真：010-68595076

中国贸促会轻工业行业分会
北京市阜外大街乙22号
CCPIT Light Industry Sub-Council
22B Fuchengmenwai St., Beijing, China
邮编：100833
电话：010-68396325
传真：010-68396351

中国贸促会商业行业分会
北京市复兴门内大街45号
CCPIT Commerce Sub-Council
45 Fuxingmennei St., Beijing, China
邮编：100801
电话：010-66094227
传真：010-66016043

中国贸促会石化行业分会
北京市朝阳区惠新东街甲6号
CCPIT Petrochemical Industry Sub-Council
6A Huixin East St., Chaoyang Dist., Beijing, China
邮编：100029
电话：010-64999805
传真：010-64222813

中国贸促会外企分会
北京市朝阳区工人体育场东路4号城市宾馆2107/2108室
CCPIT Foreign-Funded Enterprises Sub-Council
Rm.2107/2108, City Hotel, 4 Gongtidong Road, Chaoyang Dist., Beijing, China
邮编：100027
电话：010-65011242, 65011218
传真：010-65011281

中国贸促会冶金行业分会
北京市东四西大街46号
CCPIT Metallurgical Industry Sub-Council
46, Dongsi St.(W.), Beijing, China
邮编：100711
电话：010-65131905, 65133322-3214
传真：010-65233861, 65131921

4.其他

北京市

中国机床总公司
北京国机展览中心
北京市安外安德路16号洲际大厦323室
China National Machine Tool Corp.
Capital Exhibition Services
Rm.323, Zhouji Building, 16 Ande Road, Anwai, Beijing, China
邮编：100007
电话：010-84882867
传真：010-84882861
E-mail:ces@bjces.com
http://www.bjces.com

中国包装和食品机械总公司
北京市月坛南街26号
邮编：100825
电话：010-68596025
传真：010-68523345

中国长城电子展览公司
北京市海淀区学院路丁37号
邮编：100083
电话：010-62048675
传真：010-62013361

中国船舶工业总公司
北京市月坛北街5号
邮编：100861
电话：010-68038855-3319
传真：010-68024483

中国电子工业科学技术交流中心
北京市新街口外大街8号综合楼5层
邮编：100088
电话：010-62384834
传真：010-62384831
E-mail:zhujian@cestec.com.cn

中国纺织品进出口商会
北京市朝阳区潘家园南里12号楼7层
邮编：100021
电话：010-67739291
传真：010-67739206
E-mail:ccct@public.bta.net.cn
http://www.texchamber.org.cn

中国广告协会
北京市西城区展览馆甲1号
电话：010-68344211
传真：010-68344204

中纺广告展览公司
北京市东安门街82号
邮编：100747
电话：010-65124331，65123051
传真：010-65123051
E-mail:zfzlb@cenpok.net

中国国际广告公司
北京市复兴门内大街45号
邮编：100081
电话：010-65684173
电话：010-65061167

中国国际展览中心集团公司
北京市朝阳区北三环东路6号
China Int'l Exhibition Center Group Corporation
6 Beisanhuan Road(E.), Beijing, China
邮编：100028
电话：010-84600025
传真：010-64600701
E-mail:zhanggz@beijing.china.com
http://www.ciec-expo.com

中国机电产品进出口商会
北京市西城区北河沿大街95号
邮编：100006
电话：010-67788866-6316, 67794089
传真：010-67735576, 69935350
E-mail:exhi@mail.cccme.cn.net
http://www.cccme.cn.net

中国机电一体化技术应用协会
北京市西城区德胜门外教场口 1 号
电话：010-62042092
传真：010-62017873

中国机械基础件成套技术公司
北京市广安门外大街 248 号机械大厦 6 层
邮编：100055
电话：010-63317097/7099/7090
传真：010-63317080
E-mail:cmcc@moftel.gov.cn

中国进出口商品检验协会
电话：010-65002455
传真：010-65061315

中国家用电器协会
北京市东长安街 6 号 120 室
China Household Electrical Applances Association
6 Dong Chang'an Ave, Beijing, China
邮编：100740
电话：010-65251370
传真：010-65121567
E-mail:liuxl@cheaa.org
http://www.cheaa.org

中国建材工业协会
北京市西城区百万庄国家建材局内
电话：010-68311144-3646
传真：010-68311144

中国建筑业协会
北京市西城区百万庄建设部内
电话：010-68318329
传真：010-68318329

中华人民共和国科学技术部交流中心
北京市三里河路 54 号北京 2143 信箱
China Science and Technology Exchange Center
P.O.Box 2143, 54 Sanlihe Road, Beijing, China
邮编：100045
电话：010-68514064, 68511133-2303
传真：010-68515808
E-mail:hz@public.sti.ac.cn

中国皮革工业协会
北京市东城区东长安街 6 号
电话：010-65261935
传真：010-65231698

中国轻工工艺进出口商会
北京市朝阳区潘家园南里 12 号楼 10 层
电话：010-67732713
传真：010-67732689

中国软件行业协会
北京市海淀区学院路 55 号
电话：010-62186579
传真：010-62186579

中国食品工业协会
北京市丰台区太平桥东里 5 号楼
电话：010-63263102
传真：010-63263102

中国食品土畜产品进出口商会
北京市西城区北河沿大街 95 号
邮编：100006
电话：010-65132569

中国文化办公设备制造行业协会
北京市西城区月坛南街 26 号
电话：010-68596555
传真：010-68538552

中国五矿化工进出口商会
北京市海淀区半壁店南路甲 1 号
邮编：100055
电话：010-63405048

中国物资流通协会
北京市西城区月坛北街 25 号
电话：010-68391389
传真：010-68391256

中国眼镜协会
北京市东长安街 6 号
电话：010-65267815
传真：010-65234376

中国医药保健品进出口商会
北京市朝阳区建国门外大街 12 号 11 楼
邮编：100022
电话：010-65062352

中国羽绒工业协会
北京市东长安街 6 号
电话：010-65237296
传真：010-65273201

中国制冷空调工业协会
北京市西城区西直门外北礼士路 77 号
电话：010-68343506
传真：010-68343502

中化国际广告展览公司
北京市复兴门外大街 A2 号
邮编：100045
电话：010-68569318
传真：010-68569318

中粮广告展览公司
北京市中粮广场 A 座 1119 房间
邮编：100005
电话：010-65268888
传真：010-65078627

中汽对外经济技术合作公司
北京市亚运村加利大厦 4 座 1502 室
China Automotive Industry International Corporation
Unit 1502, Kerrie Plaza 4, the Asian Games Village, Beijing, China
邮编：100101
电话：010-64938403, 64915259
传真：010-64968699
E-mail:autochina@caic.com.cn
http://www.autochina.com.cn

福建省

福建省国际贸易展览公司
福建省福州市湖东路东段191号通联大楼九层
邮编：350001
电话：0591-7600824
传真：0591-7600724

厦门国际展览公司
福建省厦门富山国际展览城内
邮编：361004
电话：0592-5160160
传真：0592-5160928

厦门市会议展览协会
福建省厦门市嘉禾路 321 号汇腾大厦 15A
电话：0592-5207557
传真：0592-5207556

厦门市今日展览公司
福建省厦门市天湖路 42 号大正大厦 5A
邮编：361003
电话：0592-2222228
传真：0592-2222220

广东省

中国（虎门）国际服装交易会组织委员会（东莞市虎门服装服饰行业协会）
广东省东莞市虎门镇港口路 10 号政府二楼
邮编：523902
电话：0769-5505391
传真：0769-5505391
E-mail:fair@fumin.com,fashion@humen.com
http://www.fumin.com, www.humen.com

广州国际展览公司

广东省广州市麓景路7号广州发展大厦东座九楼
电话：020-83516312
传真：020-83576200
E-mail:gzfair@public.guangzhou.gd.cn
http://www.cnguangzhoufair.com

深圳市服装行业协会
广东省深圳市福田区振华路56号兰光大厦1001室
邮编：518031
电话：0755-83240895，83272980
传真：0755-83276634
E-mail:zzg169@sina.com
http://www.szfashion.com

广州商业会展服务中心
广州市滨江西路海鸣街六号三楼
邮编：510235
电话：020-84447768，84447728
传真：020-84243969
E-mail:cce@cce-gz.com
http://www.cce-gz.com

深圳市国际贸易展览公司
广东省深圳市深南中路2号博物馆办公楼一楼
电话：0755-82240287
传真：0755-82240205
E-mail:szilcc@public.szonline.net

中华国际（东莞）展览会
广东省东莞市新芬路科学馆二楼
International Furniture Fair Dongguan China
2F. Science Building, Xinfen Road, Dongguan, China
邮编：523007
电话：0769-2240990
传真：0769-2115608
E-mail:info@iffd.com.cn
http://www.iffd.com.cn

广西壮族自治区

广西环球经济贸易展览公司
广西省南宁市东葛路3号
邮编：530022
电话：0771-2800609
传真：0771-2802452
E-mail:gxccpit@public.nn.gx.cn

广西南宁西南之窗会展公司
广西省南宁市民主路12号
广西展览馆10幢2-2-3号
电话：0771-5622737
传真：0771-5622534

南宁市环洲展览公司
广西省南宁市城北区友爱北路47号
Nanning Global Exhibition Company Ltd.
47 Youai Bei Road, Chengbei Dist., Nanning, Guangxi, China
邮编：530001
电话：0771-3133170
传真：0771-3100210
E-mail:mlgbcb@163.com

湖北省

湖北省国际贸易展览公司
湖北省武汉市江汉北路8号16楼
邮编：430022
电话：027-85805812
传真：027-85806300
E-mail:w5805812@public.wh.hb.cn

黑龙江省

中国（齐齐哈尔）绿色食品博览会暨观鹤组委会办公室
黑龙江省齐齐哈尔市党政办公中心
邮编：161005
电话：0452-2790449
传真：0452-2797788

辽宁省

大连东方商业展览有限公司
辽宁省大连市西岗区北京街83-1号
邮编：116011
电话：0411-3689829，3628710，3698369
传真：0411-3689829
E-mail:buchengyong@mail.china.com
http://www.eastexhibition.com

大连国际商会展览实业发展公司
辽宁省大连市中山区解放街9号万达大厦10楼
电话：0411-2642506
传真：0411-2644323

大连国际展览公司
大连亚太展览有限公司
辽宁省大连中山区鲁迅路74号安达大厦A座25楼
Dalian Asia-Pacific Exhibition Co., Ltd.
F25, Block A, Anda Mansion, 74 Luxun Road, Zhongshan Dist., Dalian, China
邮编：116001
电话：0411-2701253
传真：0411-2718639
http://www.ccpitdl.org
E-mail:guozhan@mail.dlptt.ln.cn

大连星海会展中心
辽宁省大连市沙河口区会展路18号
Dalian Xinghai Convention & Exhibition Center
18 Huizhan Road, Shahekou Dist., Dalian, Liaoning, China
邮编：116023
电话：0411-4809610
传真：0411-4809998
http://www.exhibition.com.cn
E-mail:dxceczjt@mail.dlptt.ln.cn

辽宁展览贸易集团展览有限公司
辽宁省沈阳市和平区彩塔街38号
电话：024-23912022
传真：024-23902267

沈阳制博会筹备工作办公室
辽宁省沈阳市沈河区北三经街9号沈阳迎宾馆2号别墅
邮编：110013
电话：024-22522908
传真：024-22522800

内蒙古自治区

包头国际经济贸易中心
内蒙古自治区包头市工商行政管理大楼
邮编：014010
电话：0472-5105301, 5105302
传真：0472-5105300

天津市

天津国际经济贸易展览中心
天津市友谊路32号
Tianjin World Economy Trade & Exhibition Centre
32 Youyi Road, Tianjin, China
邮编：300061
电话：022-28352222
传真：022-28359854
E-mail:twtc@public.tpt.tj.cn
http://www.tjexh.com

天津市食品机械食品包装机械协会
天津市红桥区西站前街3号
电话：022-27324144, 27327492
传真：022-27351285

山东省

青岛国际展览公司
山东省青岛市盐城路7号
邮编：266071
电话：0532-3888927，3888937

传真：0532-3888922
E-mail:cqdiec@public.qd.sd.cn
http://www.qingdao.expo.com

四川省

成都国际会议展览中心
四川省成都市沙湾路258号
Chengdu International Exhibition & Convention Center
258 Shawan Road, Chengdu, Sichuan, China
邮编：610031
电话：028-87649999-3391, 3320
传真：028-87657152, 87640888
E-mail:cdiec@mail.sc.cninfo.net

上海市

上海市国际展览有限公司
上海市延安中路841号东方海外大厦8楼
Shanghai International Exhibition Co., Ltd.
8/F, OOCL Plaza,841 Yan An Zhong Road, Shanghai, China
邮编：200040
电话：021-62792828
传真：021-65455124
E-mail:siec@sh163.net
http://www.siec-ccpit.com

上海对外科学技术交流中心
上海市淮海中路1634号
邮编：200031
电话：021-64712269
传真：021-64712001
E-mail:sstec@sstec.com.cn

上海工业商务展览有限公司
上海市延平路123弄5号2F/2G
邮编：200042
电话：021-62710309
传真：021-62711224
E-mail:sicec@cabeplns.com.cn
http://www.icec-sh.com

上海浦东国际展览公司
上海市威海路497号绅士大厦2205室
邮编：200041
电话：021-62726131
传真：021-62723462
E-mail:spiec@sh.east.cn.net

上海世界博览会议有限公司
上海市延安西路2201号上海国贸中心2403室
邮编：200336
电话：021-62700066

上海现代国际展览公司
上海市圆明园路97号三楼
Shanghai Modern International Exhibition Co., Ltd.
3/F, 97 Yuanmingyuan Road, Shanghai, China
邮编：200002
电话：021-63217522
传真：021-63295774
http://www.chinamie.com
E-mail:smieb@online.sh.cn

新疆维吾尔自治区

新疆对外贸易经济合作厅乌洽会办公室
新疆乌鲁木齐市团结路11号
China Urumqi Foreign Economic Relations and Trade Fair
11 Tuanjie Road, Urumqi, Xinjiang, China
邮编：830001
电话：0991-2850497, 8979890
传真：0991-2879890, 2860255
http://www.urumqifair.com
E-mail:urumfair@mail.wl.xj.cn

云南省

云南省对外广告展览公司
云南省昆明市北京路175号外贸大楼10楼
电话：0871-3134626, 3148244
传真：0871-3155519
E-mail:yfael@public.km.yn.cn

浙江省

杭州市市场营销协会
浙江省杭州市莫干山路76号（金海宾馆）北四楼
电话：0571-88839377, 88061800

宁波市国际展览公司
浙江省宁波江东大步街9号三楼国际会展中心B楼
邮编：315040
电话：0574-7723069
传真：0574-7729133

浙江省国际贸易展览公司
浙江省杭州市天目山路窑背巷10号
邮编：310007
电话：0571-8834620
传真：0571-8829220
E-mail:zjexpo@mail.hz.zj.cn
http://www.chinax.com

澳门

澳门展贸协会
澳门士多纽拜斯大马路63B-65A地下
电话：00853-976198, 976199
传真：00853-976197

第二部分　展览场馆

表 12–1　中国（含香港特区）展览会议中心前 20 位最大展览面积排序

排名	会展中心	室内展览面积（平方米）	可搭建展位数	2002 年排名
1	广州国际会议展览中心	186,000	10,200	1
2	中国出口商品交易会展览馆	170,000	8,000	1
3	广东现代国际展览中心	130,000	8,000	5
4	中国国际展览中心	70,000	3,108	2
5	昆明国际贸易中心	70,000	3,000	3
6	香港会议展览中心	64,000		
7	杭州和平国际会展中心（浙江农业展览馆）	61,000		
8	沈阳国际会展中心	60,000	2,001	9
9	上海新国际博览中心	57,500		8
10	宁波国际会议展览中心	57,399		-
11	成都国际会议展览中心	55,000		4
12	南京国际展览中心	53,895	2,200	6
13	武汉国际会展中心	50,000	2,800	
14	中国国际航空航天博览中心	50,000	2,312	-
15	湖南国际会展中心	50,000	2,000	7
16	厦门国际会议展览中心	47,000	2,000	11
17	陕西国际展览中心	46,000	1,800	8
18	苏州南亚国际会展中心	40,000		-
18	顺德前进会展中心	40,000		
19	桂林国际会展中心	37,830		-
20	深圳中国国际高新技术成果交易会展览中心	36,000	2,000	10

表 12–2　中国（含香港特区）会展中心前 20 位最大会议室面积排序

排名	会展中心	会议室总面积（平方米）	最大会议室面积（平方米）	座位数	2002 年排名
1	武汉国际会展中心	15,000	3,800	2,000	1
2	成都国际会议展览中心	15,000	2,500	1,500	2
3	香港会议展览中心	12,503	3,880	3,800	-
4	宁波国际会议展览中心	10,330	5,100	3,000	
5	上海展览中心	10,000	800	950	-
6	中国国际航空航天博览中心	10,000	706	519	3
7	上海国际会议中心	9,222	4,400	3,000	
8	昆明国际贸易中心	8,009	3,200	3,000	
9	温州国际会议展览中心	7,400	2,700	1,800	-
10	石狮德辉广场会议展览中心	7,200	1,000	500	5
11	海口会展中心	7,040	700	500	6
12	大连星海会展中心	7,000	2,600	3,000	7
13	厦门国际会议展览中心	5,968	2,164	1,500	8
14	南京国际展览中心	5,830	2,584	3,000	9
15	广东现代国际展览中心	5,500	2,400	1,500	-
16	北京国际会议中心	5,100	1,500	2,500	11
17	沈阳国际会展中心	5,000	1,500	550	-
18	武汉科技会展中心	1,000	1,000	1,000	-
19	广州国际会议展览中心				-
20	廊坊国际会议展览中心	768	768	600	10

表 12–3 中国前 20 位最大饭店会议室面积排序

排名	饭店名称	所在城市	会议室面积（平方米）	最大会议室面积	座位数	2002 年排名
1	中国大饭店	北京	5,116.5	1,537	2,000	1
2	珠海度假村酒店	珠海	4,732	1,600	1,300	2
3	深圳市五洲宾馆	深圳	4,218	1,514	2,000	3
4	西安人民大厦	西安	3,800	2,000	1,020	6
5	北京嘉里中心饭店	北京	3,777	1,560	1,500	8
6	北京饭店	北京	3,760	1,907	1,000	5
7	东莞市龙泉国际大酒店	东莞	3,653.15	2,278	1,500	-
8	北京二十一世纪饭店	北京	3,600	1,000	1,712	-
9	哈尔滨华融饭店	哈尔滨	3,203	1,090	500	4
10	宁波南苑饭店	宁波	3,200	2,100	2,000	-
11	上海光大会展中心国际大酒店	上海	2,908	1,272	1,500	7
12	浦东香格里拉大酒店	上海	2,882	1,530	1,650	9
13	内蒙古新城宾馆	呼和浩特	2,877	512	340	-
14	内蒙古饭店	呼和浩特	2,839	1,400	500	-
15	南京国际会议大酒店	南京	2,720	1,380		-
16	白天鹅宾馆	广州	2,619.8	732	800	10
17	西安国际会议中心曲江宾馆	西安	2,566	900	1,080	11
18	青岛香格里拉大饭店	青岛	2,483	1,353	1,500	12
19	昆仑饭店	北京	2,360	800	700	-
20	中国大酒店	广州	2,320	1,272	600	-

《2003 中国展览会议中心指南》

安徽省

安徽国际会展中心
安徽省合肥市经济技术开发区繁华西路
邮编：230601
电话：0551-3813903

安徽省农业展览馆
安徽省合肥市美菱大道 64 号（省农展馆内）
邮编：230001
电话：0551-2652640, 2612782
传真：0551-2652640

安徽省展览中心
安徽省合肥市桐城路 67 号
邮编：230061
电话：0551-2640742

北京市

阿联酋中国机电产品展览中心
北京市朝阳门北大街富华大厦 A 座 306 室
邮编：100027
电话：010-65542773 65542774
传真：010-65542771
E-mail: cmepec@263.net

中国贸促会北京分会北京世界贸易中心
北京市安定门外青年湖北街甲 1 号
邮编：100011
电话：010-64251019, 64227788-405
传真：010-64251040

北京国际会议中心
北京市朝阳区北辰东路 8 号
Beijing International Convention Center
8 Beichendong Rd., Chaoyang Dist., Beijing, China
邮编：100101
电话：010-84972322
传真：010-84983085
E-mail:sales@bcghotel.com
http://www.bcghotel.com

北京锦绣大地展览中心
北京市海淀区阜石路龚村东口
Beijing Glorious Land Exhibition Center
Gongcun Dongkou, Fushi Road, Haidian Dist., Beijing, China
电话：010-68230097
传真：010-68231302
E-mail:gldaditmt@sina.com

北京科技会展中心
北京市海淀区北三环西路 48 号
Beijing Science & Tech. Meeting Exhibition Center
No.48, Beisanhuan Xilu, Beijing, China
邮编：100086
电话：010-65071122

北京民族文化宫展览馆
北京市西城区复兴门内大街 49 号
Cultural Palace of Nationalities
49 Fuxingmen Nei St., Xicheng Dist., Beijing, China
邮编：100031
电话：010-66016806
传真：010-66019378

北京全国农业展览馆
北京市朝阳区东三环北路 16 号
National Agricultural Exhibition Center
16 Dongsanhuan Bei Road, Chaoyang Dist., Beijing China
邮编：100026
电话：010-65018877-2401/2400，65081204
传真：010-65025798
E-mail:bjnaec@bj.col.com.cn

北京展览馆
北京市西直门外大街135号
Beijing Exhibition Center
135 Xizhimen Wai Street, Beijing, China
邮编：100044
电话：010-68316677
传真：010-68317323
E-mail:beizhanoffice@21cn.com

国家轻工业局展览中心
北京市东四六条64号
Exhibition Centre of China National Bureau of Light Industry
64 Dongsi Liutiao, Beijing, China
邮编：100007
电话：010-64069407
传真：010-64069407
E-mail:zizx@clii.com.cn
http://www.clill.com.cn/zllzl.zx.htm

煤炭工业展览中心
北京市东城区和平里化工大院9号楼
邮编：100013
电话：010-64211845
传真：010-64211845

全国化工国际展览交流中心
北京市和平街北口樱花园东街5号
The International Exhibition Center of the Ministry of Chemical Industry
5 Yinghuayuan Dongjie, Hepingjie Beikou, Beijing, China
邮编：100029
电话：010-64419611, 64428347
传真：010-64416187, 64421448
E-mail:bciec@163bj.com

怡生苑国际会议中心
北京市3418信箱
Yishengyuan International Convention Center
P.O.Box 3418, Beijing, China
邮编：101300
电话：010-60485588

中国国家建筑材料展贸中心
北京市三里河路甲11号
邮编：100037
电话：010-68310689
传真：010-68311383

中国国际科技会议中心
北京市海淀区学院南路86号
邮编：100081
电话：010-62180141
传真：010-62180142
E-mail:zjxfj@public3.bta.net.cn

中国国际高科技会展中心
北京市朝阳区裕民路12号
China International Hi-tech Convention and Exhibition Center
12 Yumin Road, Chaoyang Dist., Beijing, China
邮编：100029
电话：010-6235508, 62352653
传真：010-62352337-20
E-mail:gg.inno@263.net

中国国际贸易中心股份有限公司
北京市建国门外大街1号
Exhibition Division of China World Trade Center
1 Jianguomenwai Avenue, Beijing, China
邮编：100004
电话：010-65053857
传真：010-65053260
http://www.cwtc.com.cn
E-mail:zhaopeng@cwtc.com

中国国际展览中心
北京市朝阳区北三环东路6号
China Int'l Exhibition Center
6 Beisanhuan Donglu, Chaoyang Dist., Beijing, China
邮编：100028
电话：010-84600025
传真：010-64600701
E-mail:zhengshijun@ciec-expo.com
http://www.ciec-expo.com.cn

中国工业经济展览交流中心
北京市西皇城根南街9号
邮编：100032
电话：010-66022021

中国建筑文化中心建筑展览馆
北京市三里河路13号
China Architectural Culture Center Construction Exhibition Hall
13 Sanlihe Road, Beijing, China
邮编：100037
电话：010-88082116
传真：010-68311373

中国科技会堂会议中心
北京市海淀区复兴路3号
China Hall of Science & Technology
3 Fuxing Road, Haidian Dist., Beijing, China
邮编：100038
电话：010-68518822-销售部（Sales Dept.）
传真：010-68525845
E-mail:s.gong2001@263.net

中国科学技术馆
北京市北三环中路
邮编：100030
电话：010-62371177，62379370

中华世纪坛艺术馆
北京市海淀区复兴路甲9号
The China Millennium Monument
9A Fuxing Road, Haidian Dist., Beijing, China
邮编：100038
电话：010-68513322-6852
传真：010-68576964
http://www.bj2000.org.cn;www.gehua.com.cn

中日青年交流中心21世纪饭店
北京市朝阳区亮马桥路40号
Sino-Japanese Youth Exchange Centre
Twenty-First Century Hotel
40 Liangmaqiao Road, Chaoyang Dist., Beijing, China
邮编：100016
电话：010-64664813
传真：010-64664810
E-mail:sales21@263.net

重庆市

重庆地王广场会展中心
重庆市渝中区民族路166号
Chongqing Topsun Square Conference & Exhibition Center
166 Minzu Rd., Yuzhong Dist., Chongqing, China
邮编：400011
电话：023-63724428, 63791169-8076
传真：023-63791014
E-mail:show@topsun.com.cn
http://www.topsun.com.cn

重庆市工业展览馆
重庆市渝中区人和街15号
Chongqing Industry Exhibition Hall
15 Renhe St., Yuzhong Dist., Chongqing, China
邮编：400015
电话：023-63861852

重庆国际会议展览中心
重庆市南坪北路12号
邮编：400060
电话：023-62803192

传真：023-62833669

重庆环新国际会议展览中心
重庆市渝北区武陵路 71 号
邮编：401120
电话：023-67900969
传真：023-67900965
E-mail:cqsinde@263.net

重庆技术展览中心有限公司
重庆市高新开发区科园四路269号
Chongqing International Technology Exhibition Center
269 Keyuan Silu, High Technology Zone, Chongqing,China
邮编：400041
电话：023-68634044
传真：023-68631388
E-mail:ceec@super-e.com.cn
http://www.super-e.com.cn

重庆汽车技术展览交流中心
重庆市高新开发区科园四路 269 号
邮编：400000
电话：023-68633534，68633524
传真：023-68631388
E-mail: ceec@super-e.com.cn

重庆展览会议中心（工贸大厦）
重庆市南坪北路 12 号
邮编：400060
电话：023-62813092
传真：023-62803669

西南国际会展中心
重庆市渝中区长江一路58号西南技术商城内
邮编：400014
电话：023-63620394
传真：023-63873313

鹰冠国际会展中心
重庆市渝中区长江一路 58 号西南技术商城
Ying Guan International Exhibition Center
58 Changjiang Yi Road, Southwest Tech. City, Yuzhong Dist., Chongqing, China
邮编：410014
电话：023-63620394
传真：023-63873313
E-Mail: yghz@eagle-industry.com
http://www.eagle-industry.com

中国国际医药卫生保健博览馆
重庆市渝中区牛角沱交通巷(富家园)2-5 号
邮编：400015
电话：023-63000116，63876148
传真：023-63000116
E-mail: cqstar@yijianmus.com
http://www.yijianmus.com.cn

福建省

福建工业展览大厦
福建省福州市五四路 260 号
Fujian Industry Exhibition Hall
260 Wusi Road, Fuzhou, Fujian, China
邮编：350003
电话：0591-7844337-5006
传真：0591-7810540

福州国际会展中心
福建省福州市温泉公园路69号
国际会展中心五楼
Fuzhou International Conference & Exhibition Center
69 Hot Spring Park Road, Fuzhou, Fujian, China
邮编：350003
电话：0591-7801113
传真：0591-78010900
http://www.0591fair.com
E-mail:fzcfeb@pubs.fz.fj.cn

福州市国际展览中心
福建省福州市温泉公园路 69 号
邮编：350003
电话：0591-7801118
传真：0591-7801126
http://www.fj-enhibition.com

福州市展览馆
福建省福州市古田路
邮编：350005
电话：0591-3351436

泉州展览城
福建省泉州市 324 国道迎宾大道展览城商贸小区
邮编：362000
电话：0595-2481891
传真：0595-2481891
http://www.qzzl.com

石狮市德辉广场会议展览中心
福建省石狮市德辉商业区广场二层
Shishi Takfi Garden Conference & Exhibition Center
Takfi Development Area, Shishi, Fujian, China
邮编：362700
电话：0595-8720130，8866802
传真：0595-8720130，8994369
E-mail:tzkfj2000@163.com

厦门国际会议展览中心有限公司
福建省厦门市前埔国际会展新城
Xiamen International Convention and Exhibition Center
Xiamen International Exhibition New Dist., Xiamen, China
邮编：361009
电话：0592-5959898
传真：0592-5959201
E-mail:wgy@xicec.com.cn
http://www.xiceo.com

厦门国际展览公司
厦门富山国际展览城
福建省厦门市富山国际展览城
邮编：361004
电话：0594-5160495，5160515
传真：0594-5160495，5160928

厦门市海峡两岸商品展示交易中心
福建省厦门市嘉禾路 388 号
永同昌大厦 12 楼 F 座
邮编：361009
电话：0529-5515276
传真：0529-5515276

厦门市开元展销中心
福建省厦门市故宫路
邮编：361003
电话：0592-2017140
传真：0592-2017141

漳州市展览中心
福建省漳州市大同路
邮编：363000
电话：0596-2035230

甘肃省

甘肃省展览馆
甘肃省兰州市庆阳路
邮编：730030
电话：0931-8412779

兰州地产精品展销中心
甘肃省兰州市皋兰路
邮编：730000
电话：0931-8826011

广东省

澄海市展览中心
广东省澄海市广益街道埔美居委会

邮编：515800
电话 0754-5722461
传真 0754-5722098

东莞国际会展中心
广东省东莞市东莞大道鸿福路口
Dongguan International Conference & Exhibition Center
The Crossing of Hongfu Rd., Dongguan Avenue, Dongguan, Guangdong, China
邮编：523007
电话：0769-2423781
传真：0769-2423761

东莞市虎门会展中心
广东省东莞市虎门沙太路64号太平广场花园
Dongguan Humen convention & Exhibition Center
64 Shatai Rd., Humen Town, Dongguan, Guangdong, China
电话：0769-5120523
传真：0769-5120317
E-mail: hmhzzx@sina.com
http://hmdzc.dongguan.gd.cn

番禺贸促展览中心
广东省番禺市桥富华路2号百越广场
C4-23, C4-24（禺山俱乐部正对面）
Panyu Chamber of Commerce Exhibition Center of CCPIT Panyu
C4-23, C4-24 Baiyue Plaza, 2 Fuhua Road, Shiqiao Panyu, Guangzhou, Guangdong, China
邮编：511400
电话：020-84666170, 84666171
传真：020-84666175
E-mail:ccpitpy@public.guangzhou.gd.cn
http://www.ccpit-panyu.org.cn

广东省农业展览馆
广东省广州市东华东路413号3楼办公室
邮编：510080
电话：020-37637540
传真：020-37638530

广东现代国际展览中心
广东省东莞厚街
Guangdong Mi-Exhibition Center
Houjie, Dongguan, Guangdong, China
电话：0769-5981888，5981868
传真：0769-5981788
E-mail:gde@china.com
http://www.gdeexpo.com

广州南沙会议展览中心
广东省广州南沙蒲洲高新技术开发园会展中心
电话：020-84686011 84682009
传真：020-84686021
E-mail: picec@public.guangzhou.gd.cn

广州时空展贸中心
广东省广州市黄浦大道中296号乐雅苑D808
邮编：510655
电话：020-38680085
传真：020-38680200
E-mail:sales@2t2.net
http://www.ztz.net

虎门国际机械展览中心
广东省东莞市虎门镇广深珠高速公路太平出入口
Humen International Machinery Exhibition Center
Exit of Guangshenzhu Highway, Humen Town, Dongguan, Guangdong, China
邮编：523000
电话：0769-5188233
传真：0769-5116239
E-mail:lxmachine@sina.com
http://www.lxmachine.com

明华国际会议中心
广东省深圳蛇口工业区鬼山路八号
邮编：518067
电话：0755-26689968
传真：0755-26686668
E-mail: market@mhctr.com
http://www.mhctr.com/main_cn.html

全国科研新技术新产品展销中心
广东省广州市一德东路190号
一德花园五楼545室
邮编：510120
电话：020-83290132, 83290210
传真：020-83290148
E-mail: cnesc@cnesc.com
http://www.cnesc.com/cnesc.htm

汕头科技馆
广东省汕头市海滨路12号
Shantou Sci-Tech Center
12 Haibin Rd., Shantou, Guangdong, China
邮编：515031
电话：0754-8438183
传真：0754-8426674
http://www.ststh.com

汕头林百欣国际会议展览中心
广东省汕头市长平路中段96号
Lim Por Yen International Conference & Exhibition Center
96 Changping Rd.(M.), Shantou, Guangdong, China
邮编：515041
电话：0574-8366050
传真：0574-8566051
E-mail:icec@pub.shanton.gd.cn

深圳市工业展览馆
广东省深圳市华强北路经济大厦二楼
深圳市民中心
Shenzhen Industrial Exhibition Hall
2/F Economic Bldg., Huaqiangbei Rd., Shenzhen, Guangdong, China
电话：0755-83224054
传真：0755-83350613
E-mail:sieh@szind.org

深圳国际贸易中心
广东省深圳市国贸大厦十六楼
邮编：518014
电话：0755-82235435
传真：0755-82235435
E-mail: szitc16f@public.szptt.net.cn
http://www.china-itc.com/INDEXC.HTM

深圳国际展览中心
广东省深圳市上步北路1号
邮编：518029
电话：0755-82261950
传真：0755-82261950

深圳会议展览中心
广东省深圳市华强北路赛格科技园4栋8楼西807A
Shenzhen Convention & Exhibition Center
Rm.807A, 8/F West, Bldg. 4#, SEG Science and Technology Zone, Huaqiangbei Road, Shenzhen, China
邮编：518028
电话：0755-83763957, 83764778
传真：0755-83763957
http://www.szcec.com
E-mail:ly16211@sohu.com

深圳中国国际高新技术成果交易会展览中心
广东省深圳市福田区福中三路
China Hi-Tech Fair Exhibition Center
Fuzhong San Road, Futian Dist., Shenzhen, Guangdong, China
邮编：518026
电话：0755-82906062
传真：0755-82906009

E-mail: lucia@chtf-expo.com
http://www.chtf-expo.com/

顺德前进汇展中心
广东省顺德市龙江镇325国道
Shunde qianjin Exhibition Center
325 National Highway, Longjiang Town, Shunde, Guangdong, China
邮编：528319
电话：0765-3888888, 3888798, 3888799
传真：0765-3386338
E-mail:info@qianjin.com
http://www.qianjin.com

中国出口商品交易会展览馆
广东省广州市流花路117号
Chinese Export Commodities Fairground
117 Liuhua Road, Guangzhou, China
邮编：510014
电话：020-26081217
传真：020-86683242
E-mail:zhaoli@icecf.com
http://www.zlcantonfair.com

中国国际航空航天博览城
广东省珠海市九洲大道金桥大厦4楼
China International Aviation & Aerospace Exhibition Center
4/F, Jinqiao Building, Jiuzhou Avenue, Zhuhai, Guangdong, China
邮编：519040
电话：0756-3369235
传真：0756-3376415
E-mail:harshow@pub.zhuhai.gd.cn

广西壮族自治区

广西桂林国际贸易展览中心
广西省桂林市七星路26号
Guangxi Guilin International Trade and Exhibition Center
26 Qixing Road, Guilin, Guangxi, China
邮编：541004
电话：0773-5816134
传真：0773-5813735
E-mail:guilinguomao@163.com

广西科学技术馆
广西省南宁市民族大道
邮编：530001
电话：0771-2809428

广西壮族自治区展览馆
广西省南宁市民主路12号
Guangxi Exhibition Center
12 Minzhu Road, Nanning, Guangxi, China
邮编：530023
电话：0771-5622855
传真：0771-5625051

桂林国际会展中心
广西省桂林市漓江路22号
Guilin International Conference & Exhibition Center
22 Lijiang Road, Guilin, Guangxi, China
邮编：541004
电话：0773-5810507, 5816779
传真：0773-5858381
E-mail:Expo@glcec.com
http://www.glcec.com

桂林市展览馆
广西省桂林市自由路2号
邮编：541004
电话：0773-5812887

南宁国际会展中心
广西省南宁市民族大道东段竹溪路口
电话：0771-2825184，2821645
传真：0771-2811940
E-mail: nispf@public.nn.gx.cn

贵州省

贵州省展览馆
贵州省贵阳市遵义路65号
邮编：550002
电话：0851-5817707
传真：0851-5988977

海南省

海口会展中心
海南省海口市滨海大道
Haikou Convention & Exhibition Center
Binhai Ave., Haikou, Hainan, China
电话：0898-66758775
传真：0898-66759775
E-mail:hkcec@public.hk.hi.cn

河北省

河北国际商贸会展中心
河北省石家庄市中华北大街3号
邮编：050000
电话：0311-8614777

河北会展中心
河北省石家庄市中华北大街3号
邮编：050000
电话：0311-8614888

河北科学技术馆
河北省石家庄市裕华东路241号
邮编：050000
电话：0311-6044530

河北省国际展览中心
河北省石家庄市红军大街36号
Hebei International Exhibition Center
36 Hongjun St., Shijiazhuang, China
邮编：050071
电话：0311-7066534
传真：0311-7044103
E-mail:lilylh2000@263.net

廊坊国际会议展览中心
河北省廊坊经济技术开发区友谊路
Langfang International Convention and Exhibition Center
Youyi Road, Development Zone, Langfang, Hebei, China
邮编：065001
电话：0316-6078116
传真：0316-6078116
E-mail:zhanlfl@sina.com
http://www.lfexhibition.com

张家口市展览馆
河北省张家口市西区小河套21号
邮编：075000
电话：0313-8022289

河南省

郑州恒力实业有限公司展览中心
河南省郑州市经济技术开发区经北路31号
邮编：450047
电话：0371-6781653, 6781284, 6781737
传真：0371-6781654

中原国际博览中心
河南省郑州市郑汴路96号
Central China International Exhibition Center
96 Zhengbian Road, Zhengzhou, Henan, China
邮编：450004
电话：0371-6515211
传真：0371-6527974

黑龙江省

黑龙江国际博览中心
黑龙江省哈尔滨市南岗区西大直街40号
Heilongjiang International Exhibition Center
40 Xidazhi St., Nangang Dist., Harbin,

Heilongjiang, China
邮编：150001
电话：0451-53643727
传真：0451-53632420

湖北省

湖北体育展览中心
湖北省武汉市武昌区体育馆路特1号
邮编：430071
电话：027-87320145
传真：027-87320145
E-mail: tzzx9711@163.net

三峡展览馆
湖北省宜昌市三峡坝区三峡工程会展中心
邮编：443133
电话：0717-6763830
传真：0717-6763830
E-mail:wsy1665@sina.com
http://www.ctgpc.com

武汉港展览馆
湖北省武汉港码头
邮编：430014
电话：027-82839584
传真：027-82839583

武汉国际会展中心
湖北省武汉市汉口解放大道696号
Wuhan International Exhibition & Convention Center
696 Jiefang Ave.,Hankou Dist., Wuhan, China
邮编：430022
电话：027-85816005, 85816068
传真：027-85816020
E-mail:wuhzhlg@wuhan.cngb.com
http://www.china-exposit.com

武汉科技会展中心
湖北省武汉市武昌珞瑜路556号
Wuhan Science & Technology Conference & Exhibition Center
556 Luoyu Road, Wuchang Dist., Wuhan, Hubei, China
邮编：430079
电话：027-87491773
传真：027-87491773
E-mail:whkjhzzx@public.wh.hb.cn
http://www.whstcec.com

武汉科学技术馆
湖北省武汉市汉口赵家条144号
邮编：430010
电话：027-82892983

湖南省

湖南国际会展中心
湖南省长沙市浏阳河大桥东
Hunan International Convention & Exhibition Center
Liuyang River Bridge(E.), Changsha, Hunan, China
邮编：410003
电话：0731-4256198
传真：0731-4256021
E-mail:hngjhzok@public.cs.hn.cn
http://www.hniecc.com

湖南省展览馆
湖南省长沙市展览馆路50号
Hunan Exhibition Center
50 Zhanlanguan Road, Changsha, Hunan, China
邮编：410005
电话：0731-2221816
传真：0731-4456916

江苏省

常州国际展览中心
江苏省常州新区高新科技园5号楼
Changzhou International Exhibition Center
5 Bldg, Technology Zone, Changzhou, Jiangsu, China
邮编：213022
电话：0519-5100711, 5115951
传真：0519-5115951
E-mail:int9704@pub.jinfo.net

常州市工业展览馆
江苏省常州兰陵路32号
邮编：213001
电话：0519-6643451
传真：0519-6643044
http://www.ccec.com.cn

江苏展览馆
江苏省南京市玄武门22号
Jiangsu Exhibition Center
22 Xuanwumen, Nanjing, Jiangsu, China
邮编：210009
电话：025-7715555
传真：025-3363004
E-mail:caomin@jseh.com

昆山市科技文化博览中心
江苏省昆山市前进中路125号
邮编：215300
电话：0512-57361226, 57922506
传真：0512-57922507

南京国际展览中心
江苏省南京市龙蟠路88号
邮编：210037
电话：025-5488948
传真：025-5488981
E-mail:rd@njiec.com
http://www.njiec.com

苏州国际会议展览中心
江苏省苏州市干将西路1296号
Suzhou International Convention & Exhibition Center
1296 Ganjiangxi Road, Suzhou, Jiangsu China
邮编：215004
电话：0512-68270830
传真：0512-68295066
E-mail:zlb@sz-cec.com
http://www.sz-cec.com

苏州国际贸易中心
江苏省苏州市三香路128号
邮编：215004
电话：0512-68289124, 68289123
传真：0512-68289285

无锡展览馆
江苏省无锡梁溪路34号
Wuxi Exhibition Hall
34 Liangxi Road, Wuxi, Jiangsu, China
邮编：214062
电话：0510-5869620
传真：0510-5865552
E-mail:wxzlg@wst.net.cn

徐州国际会展中心
江苏省徐州市城南经济技术开发区
Xuzhou International Conference and Exhibition Center
Chengnan Economy & Technology Development Zone, Xuzhou, Jiangsu, China
邮编：221008
电话：0516-3872412
传真：0516-3873680
E-mail:exhibit@cnfoodcity.com
http://www.hangaofood.com

吉林省

长春国际会展中心
吉林省长春市会展大街100号
Changchun International Conference & Exhibition Center
100 Huizhan St., Changchun, Jilin, China
邮编：130033

电话：0431-4606889
传真 0431-4606000
http://www.ccicec.com.cn

长春国际展览中心
吉林省长春市普阳街 89 号
Changchun International Exhibition Center
89 Puyang Street, Changchun, Jilin, China
电话：0413-7610396
传真：0413-7610265
E-mail:zlizong@public.cc.jl.cn

吉林省展览馆
吉林省长春市解放大路 87 号
邮编：130041
电话：0431-8911259
传真：0431-8911271

江西省

江西省展览中心
江西省南昌市八一大道 266 号
邮编：330003
电话：0791-6269425-65
传真：0791-6286058

辽宁省

大连国际博览中心
辽宁省大连市中山区解放街 1 号
邮编：116001
电话：0411-2806978
传真：0411-2806969

大连国展贸易中心
辽宁省大连市西岗区长江路 541 号
电话：0411-4210755
传真：0411-4210755

大连星海会展中心
辽宁省大连市沙河口区会展路 18 号
邮编：116023
电话：0411-4809790
传真：0411-4800017
E-mail:dxece@pub.dl.ln.pta.net.cn

大连艺术展览馆
辽宁省大连市沙河口区沙龙街 5 号
邮编：116021
电话：0411-4404312
传真：0411-4400406
E-mail: csd@pub.dlptt.ln.cn
http://www.dl-exhibition.com.cn/exhibition/html/me

丹东外经贸展览中心
辽宁省丹东市新安街 15 号金元宝商业城 2 楼

丹东经济技术交流中心
邮编：118000
电话：0415-2828281
传真：0415-2828281

辽宁科学展览馆
辽宁省沈阳市沈河区文艺路 44 号
Liaoning Science and Technology Exhibition Hall
44 Wenyi Road, Shenhe Dist., Shenyang, Liaoning, China
邮编：110015
电话：024-23894429

辽宁工业展览馆
辽宁省沈阳市和平区彩塔街头 38 号
Liaoning Industrial Exhibition Center
38 Caita St., Heping Dist., Shenyang, Liaoning, China
邮编：110003
电话：024-23892990
E-mail:lnalg@21cn.com
http://www.lnexpo.com

辽宁省经济技术交流中心
辽宁省沈阳市文化路 58 号
邮编：110003
电话：024-23897510

辽宁邮政国际博览中心
辽宁省沈阳市和平区青年大街 284 号 3 号楼
邮编：110003
电话：024-23895302, 23922432
传真：024-23895302, 23922432

沈阳（国际）会展中心
辽宁省沈阳市东陵区营盘西街 19 号甲
Shenyang (International) Exhibition Center
19(A) Yingpan Xi St., Dongling Dist., Shenyang, Liaoning, China
邮编：110168
电话：024-24221988-8016
传真：024-24239722
E-mail:xlhetc@mail.sy.ln.cn
http://www.sy-exhib.com

沈阳科学宫会展中心
辽宁省沈阳市沈河区青年大街 201 号
Shenyang Science Centrum Exhibition Center
201 Qingnian Street, Shenhe Dist., Shenyang, Liaoning, China
邮编：110015
电话：024-23978026
传真：024-23978078
E-mail:ikxg@yahoo.com.cn

内蒙古自治区

包头国际展览中心
内蒙古自治区包头市钢铁大街少先路 17 号
邮编：014010
电话：0472-5105302, 5105303
传真：0472-5105300

内蒙古商品交易中心有限责任公司
内蒙古自治区呼和浩特市兴安北路 5 号
Inner Mongolia Commodity Exchange Center
5 Xing'an Bei Road, Huhhot, Inner Mongolia, China
邮编：010051
电话：0471-6523241
传真：0471-6502984
E-mail:imcec@nmhh.cnuninet.net

内蒙古自治区展览馆
内蒙古呼和浩特市东风路 558 号
Inner Mongolia Exhibition Hall
558 Dongfeng Road, Huhhot, Inner Mongolia, China
邮编：010010
电话：0471-4954362, 4964499
传真：0471-4951415

宁夏回族自治区

宁夏展览馆
宁夏回族自治区银川市民族南路 85 号
Ningxia Exhibition Center
85 Minzu Nan St., Yinchuan, Ningxia, China
邮编 750004
电话 0951-6023106, 6023106
传真 0951-6024502
E-mail:zhanlan@public.yc.nx.cn

青海省

青海省展览馆
青海省西宁市为民巷 41 号
电话：0971-8175638

山东省

济南国际装饰材料会展中心
山东省济南市西外环民营科技产业园商业街
邮编：250118
电话：0531-5965366, 5989786
传真：0531-5600366

济南沃德保税展贸中心
山东省济南市化纤厂路 5 号

邮编：250100
电话：0531-8022746
传真：0531-8900784
E-mail:hbiac@jn-public.sd.cninfo.net

临沂市展览馆
山东省临沂市沂州路21号
邮编：276002
电话：0539-8222603

山东青岛国际会展中心
山东省青岛市高新区世纪广场
Qingdao International Convention & Exhibition Center
Century Square, High-tech Industrial Zone, Qingdao, Shandong China
邮编：266061
电话：0532-8894301
传真：0532-8894300
E-mail:qdicec-d@public.qd.sd.cn

山东省工业展览馆
山东省济南市趵突泉北路6号
Shandong Industrial Exhibition Center
6 Baotuquan Road(N.), Jinan, Shandong, China
邮编：250011
电话：0531-6092351,6099047
传真：0531-6092747

山东省国际服务贸易总公司展馆
山东省青岛市南海路11号
Shandong International Service Trade Corp. Exhibition Center
11 Nanhai Road, Qingdao, China
邮编：266003
电话：0532-2870410
传真：0532-2870410

山东省国际贸易中心
山东省青岛市南海路11号
Shandong International Trade Center
11 Nanhai Road, Qingdao, China
邮编：266003
电话：0532-2870410
传真：0532-2879269
E-mail:guozhan@shandiex.com
http://www.shandiex.com

山东省科学技术馆
山东省济南市杆南东街8号
邮编：250001
电话：0531-2012435

山东省名优产品汇展中心
山东省济南市泺源大街66号
邮编：250000
电话：0531-6065697
传真：0531-6065598
E-mail:zzg_lcx@sina.com

山东省农业展览馆
山东省济南市青年东路12号
邮编：250011
电话：0531-2954678

烟台国际会展中心
山东省烟台市大马路128号
Yantai International Exhibition Center
128 Dama Road, Yantai, Shandong, China
邮编：264000
电话：0535-6669898
传真：0535-6680551
E-mail:xbi@public.ytptt.sd.cn

烟台展览馆
山东省烟台市南大街61号
邮编：264000
电话：0535-6225095

淄博市展览馆
山东省淄博市张店区西四路
邮编：255033
电话：0533-2184809, 2286273
传真：0533-2184809
E-mail:zibo-taoci@sohu.com
http://www.zibo-taoci.com/index.htm

中国青岛农业科技博览会
山东省青岛市平渡区红旗路117号
Qingdao Agriculture Exhibition Center
117 Hongqi Road, Pingdu Dist., Qingdao, Shandong, China
电话：0532-8314735
传真：0532-7360700

济南舜耕国际会展中心
山东省济南市舜耕路28号
邮编：250014
电话：0531-2951818-5358
传真：0531-2951818-5358
http://www.sgcec.com

中国（烟台）亚太国际贸易中心
山东省烟台市朝阳街80号绮丽大厦
China(Yantai) Asia-Pacific World Trade Center
Qili Building, 80 Chaoyang St., Yantai, China
邮编：264001
电话：0535-6280001, 6280002
传真：0535-6280003
E-mail:apec-cn@public.ytptt.sd.cn

山西省

山西省展览馆展览中心
山西省太原市晋祠路1段甲40号
邮编：030024
电话：0351-6334375
传真：0351-6338564
E-mail:yey@sxszlg.com
http://www.sxszlg.com

陕西省

陕西工业展览馆
陕西省西安市长安北路1号
Shaanxi Industry Exhibition Center
1 Chang'an Bei Road, Xi'an, Shaanxi, China
邮编：710061
电话：029-5252184
传真：029-5252184

陕西国际展览中心
陕西省西安市长安路北段14号院内业务部
Shaanxi International Exhibition Center
14 Chang'an Avenue, Xi'an, Shaanxi, China
邮编：710061
电话：029-5244094
传真：029-5244094
E-mail:gzzx01@pub.xaoline.com
http://www.sn-gzzx.com

西安国际展览中心
陕西省西安市南郊会展路1号（省电视塔东侧）
Xi'an International Exhibition Center
1 Exhibition Road, Xi'an, Shaanxi, China
邮编：710061
电话：029-5263322
传真：029-5235308
E-mail:xianiec@pub.xaonline.com
http://www.xa-iec.com

杨凌农业高新技术产业示范区国际会议展览中心
陕西省杨凌新桥北路1号
Yangling Demonstration Zone International Convention & Exhibition Center
1 Xinqiao Bei Road, Yangling, Shaanxi, China
邮编：712100
电话：029-7036888-1899
传真：029-7036855/7031699
E-mail:sunsang@china.com

上海市

上海东亚体育文化中心有限公司
上海市天钥桥路666号
Shanghai East Asia Sports & Recreation Center Co., Ltd.
666 Tianyaoqiao Road, Shanghai, China
邮编: 200030

上海纺织技术服务展览中心
上海市胶州路699号（恒森广场）B幢1703室
Shanghai Textile Technology Service And Exhibition Center
Room 1703 Heng Sen Plaza(B), 699 Jiao Zhou Road, Shanghai, China
邮编: 200040
电话: 021-32180242
传真: 021-32170077
E-mail:stsec@online.sh.cn
http://www.texchina.com

上海国际展览中心有限公司
上海市娄山关路88号
Intex Shanghai Co., Ltd.
88 Loushanguan Road, Shanghai, China
邮编：200336
电话：021-62755800-1103
传真：021-62757210
E-mail:intex@public4.sta.net.cn
http://www.intex-sh.com

上海国际农展中心
上海市虹桥路2270号
Shanghai International Agricultural Exhibition Center
2270 Hongqiao Road, Shanghai, China
邮编：200336
电话：021-62376370, 62376020
传真：021-62376370

上海科技会堂
上海市南昌路
邮编：200020
电话：021-63722040
传真：021-63277108

上海国际会议中心
上海市浦东滨江大道2727号
Shanghai International Convention Center
2727 Binjiangdadao, Pudong, Shanghai, China
邮编：200120
电话：021-50370038
传真：021-50370045
E-mail:sales@shicc.net

上海国际农展中心（上海农业展览馆）
上海市虹桥路2268号
Shanghai Agriculture Exhibition Center
2268 Hongqiao Road, Shanghai, China
邮编: 200336
电话: 021-62376460
传真: 021-62376460
E-mail:yingshike@21cn.com

上海光大会展中心
上海市徐汇区漕宝路70号C座6F
Shanghai Everbright Convention & Exhibition Center
6/F C,70 Caobao Road, Xuhui Dist., Shanghai, China
邮编：200235
电话：021-64753288, 64842500
传真：021-64360000
E-mail:seec@secec.com
http://www.secec.com

上海世界贸易商城有限公司
上海市延安西路2299号
Shanghai Mart
2299 Yan'an Xi Road, Shanghai, China
邮编：200336
电话：021-62366888-6368
传真：021-62360181
E-mail:xmtyxb@shanghaimart.com.cn
http://www.shanghaimart

上海图书馆展览部
上海市淮海中路1555号
Shanghai Library
1555 Huaihai Zhonglu, Shanghai, China
电话：021-64454506
传真：021-64454507

上海新国际博览中心有限公司
上海市浦东新区龙阳路2345号
Shanghai New International Expo. Center Co., Ltd.
2345 Longyang Road, Pudong New Area, Shanghai, China
邮编: 201204
电话: 021-28906855
传真: 021-28906333
E-mail:info@sniec.net
http://www.sniec.net

上海展览中心
上海市延安中路1000号
Shanghai Exhibition Center
1000 Yan'an Road(M.), Shanghai, China
邮编：200040
电话：021-62790279
传真：021-62474598

正大广场
上海市浦东新区陆家嘴西路168号
Super Brand Mall
168 Lujiazui Xilu, Pudong, Shanghai, China
电话：021-68877888, 58888229
传真：021-68871199
E-mail:info@superbrandmall.com
http://www.superbrandmall.com

中国上市公司博览城
上海市浦东新区银城东路139号
邮编：200120
电话：021-68865536-2201
传真：021-68865152
E-mail:clcel@clcel.com
http://www.clcel.com

四川省

成都国际会议展览中心
四川省成都沙湾路258号
国际会议展览中心B座6楼
Chengdu International Exhibition & Convention Center
6/F. B, International Exhibition & Convention Center, 258 Shawan Rd., Chengdu, China
邮编：610031
电话：028-87644169
传真：028-87651911
E-mail:exhibi@163.com
http://www.ececn.com

成都国际展览贸易中心
四川省成都市高街大道2号
邮编：610041
电话：028-85186432
传真：028-85181717

成都科技会展馆
四川省成都市一环路南三段22号
Chengdu Science & Technology Exhibition Center
22 Nansanduan, Yihuanlu, Chengdu, Sichuan, China
电话：028-82916198, 82916222
传真：028-85560728

四川省国际展览中心
四川省成都市城华街4号四川省贸促会
邮编：610081
电话：028-83336693, 83392822
传真：028-83336693, 83392822

E-mail:ccpitsce@mail.sc.cninfo.net

四川省农业展览馆
四川省成都市一环路西 2 段 17 号
Sichuan Provincial Agriculture Museum
17 Xi'erduan, Yihuanlu, Chengdu, Sichuan, China
邮编：610072
电话：028-87769781
传真：028-87784197

四川省展览馆
四川省成都市人民中路 1 段 16 号
Sichuan Exhibition Group
16 Yiduan, Renminzhonglu, Chengdu, China
邮编：610015
电话：028-86649457, 86639085
传真：028-86631062
E-mail:wangg@zhanlan.net
http://www.zhanlan.net

天津市

天津港保税区国际商品展销中心
天津市天津港保税区海滨五路 31 号
邮编：300456
电话：022-25763796，25761691
传真：022-25761129

天津工业展览馆
天津市马场道 22 号
邮编：300074
电话：022-23354667
传真：022-23354667

天津国展中心股份有限公司
天津市河西区友谊路 32 号
Tianjin International Exhibition Center Co., Ltd
32 Youyi Road, Hexi Dist., Tianjin, China
邮编: 300061
电话: 022-28012988
传真: 022-28359854
E-mail:twtc@public.tpt.tj.cn
http://www.tjexh.com

天津科学技术馆
天津市隆昌路
邮编：300211
电话：022-28322425
传真：022-28322425

天津市对外科技交流中心
天津市和平区保定道 55 号
电话：022-23317225
传真：022-23395644

天津市现代展览中心
天津市河西区友谊路 48 号
邮编：300061
电话：022-28135679 28135676 28370684
传真：022-28138960
E-mail: modernexpo@sina.com

天津体育展览中心
天津市南开区宾水西道
Tianjin Sport Exhibition Center
Binshuixidao, Nankai Dist., Tianjin, China
电话：022-23916168
传真：022-23916168

西藏自治区

西藏自治区展览中心
西藏拉萨市罗布林卡路 17 号
邮编: 850000
电话 0891-6831045
传真 0891-6324533

新疆维吾尔自治区

新疆国际博览中心
新疆乌鲁木齐市友好北路 43 号
Xinjiang International Exhibition Center
43 Youhaobeilu, Urumqi, Xinjiang, China
邮编：830000
电话：0991-4823372
传真：0991-4843753

新疆华凌集团博览中心
新疆乌鲁木齐市西虹东路 9 号
邮编: 830063
电话 0991-5182998
传真 0991-5182946
E-mail:hlbczx@mail.wl.xj.cn

云南省

昆明国际贸易中心
云南省昆明市春城路 289 号
Kunming International Trade Center
289 Chunchenglu, Kunming, Yunnan, China
邮编: 650200
电话 0871-3513442
传真 0871-3513440
E-mail:office@kmice.com
http://www.kmitc.com

文山州展览馆
云南省文山州文山县城关镇文华路 12 号
邮编：663100
电话：0876-2122368

云南省科学技术馆
云南省昆明市翠湖西路 1 号
The Science and Technology Hall of Yunnan Province
1 Cuihuxilu, Kunming, Yunnan, China
邮编：650031
电话：0871-5323996
传真：0871-5326996

云南世博国际旅游股份有限公司会展中心
云南省昆明市白龙路 375 号云南省园艺博览局综合大楼 8 楼
邮编：650224
电话：0871-5819267
传真：0871-5635269

云南世博交易中心
云南省昆明市白龙路 429 号
Yunnan World Expo. Trading Center
429 Bailonglu, Kunming, Yunan, China
邮编：650224
电话：0871-5012945
传真：0871-5012225

浙江省

杭州和平国际会展中心（浙江农展馆）
浙江省杭州市东新路 5 号
Hangzhou Peace International Exhibition and Conference Center
5 Dongxinlu, Hangzhou, Zhejiang China
邮编：310004
电话：0571-85379016
传真：0571-85378130
E-mail:hpeace@mail.hz.zj.cn

宁波国际会议展览中心
浙江省宁波市百丈路166-168号宁波会展中心 B 楼 2F,B-2F
邮编：315004
电话：0574-87726094
传真：0574-87715527

宁波市展览馆
浙江省宁波市药行街 117 号
邮编：315000
电话：0574-87317712，87195071

宁波天马国际会议展览中心
浙江省宁波南门鄞县大道中 2588 号
Ningbo Tianma Int'l Meeting & Exhibition Center
2588 Yinxian Dadaozhong, Ningbo, Zhejiang, China
邮编：315192
电话：0574-87411266
传真：0574-87411266

E-mail:ctm@mail.nbptt.zj.cn

宁波亚细亚展览中心
浙江省宁波市药行街 169 号
电话：0574-87190006
传真：0574-87198734
E-mail:nbpyt@yahoo.com.cn

温州包装展览贸易中心
浙江省温州市一零四国道双桥段
邮编：325000
电话：0577-8727517
传真：0577-8726435

温州国际会议展览中心建设办公室
浙江省温州市杨府山涂村港务东路 41 号
邮编：325003
电话：0577-88132682
传真：0577-88132686

温州市展览馆
浙江省温州市车站大道学院路口
Wenzhou Exhibition Hall
邮编：325027
电话：0577-88364150
传真：0577-88358040

温州体育中心
浙江省温州市民航路 6 号
电话：0577-88354516
传真：0577-88354516
E-mail:zhengxia@66wz.com

浙江省经贸国际展览中心
浙江省杭州市庆春路 39 号 6 楼
邮编：310009
电话：0571-87044981, 87047648
传真：0571-87044035
E-mail:zjgjzlzx@public1.hz.zj.cn
http://www.ziec.com

浙江省科学技术馆
浙江省杭州市武林广场东侧
邮编：310003
电话：0571-85177792
传真：0571-85177776

浙江展览馆
浙江省杭州市延安北路武林广场
Zhejiang Exhibition Hall
Wulin Square, Yan'an Road(N.), Hangzhou, Zhejiang, China
邮编：310006
电话：0571-85174254
传真：0571-85153375
E-mail:zjeh@mail.hz.zj.cn

浙江世界贸易中心国际展览中心
浙江省杭州市曙光路 15 号
WTCZ Exhibition Hall
15 Shuguang Road, Hangzhou, China
邮编：310007
电话：0571-87950966
传真：0571-87950039
E-mail:exh@westlake-fair.com

中国轻纺城展览中心
浙江省绍兴柯桥鲁南
邮编：312030
电话：0575-64079768
传真：0575-64079088

中国小商品城会展中心
浙江省义乌市宾王路 301 号（宾王桥东）
China Commodity City Group Exhibition Center
301 Binwang Road, Yiwu, Zhejiang, China
邮编：322000
电话：0579-5415888, 5415555
传真：0579-5415777, 6415333
E-mail:cccfair@126.com
http://www.cccfair.com.cn

香港特别行政区

香港展览中心
香港湾仔港湾道 26 号华润大厦
电话：00852-28279908
传真：00852-28275776

国际展贸中心
香港九龙湾展贸径一号四楼
Hongkong International Trade & Exhibition Centre
1 Trademart Drive, Kowloon Bay, Hong Kong
电话 00852-26202630
传真 00852-26202988
E-mail:emilvkam@nitec.com.hk
http://www.hitec.com.hk

香港会议展览中心
香港湾仔博览道一号
Hong Kong Convention and Exhibition Centre
1 Expo Drive, Wanchai, Hong Kong, China
电话：00852-25828888，25827815
传真：00852-28027284
E-mail:charlotte@hkcec.com.hk
http://www.hkcec.com.hk

第三部分 专业展览公司

安徽省

安徽省国际展览公司
安徽省合肥市桐城路 155 号 1 幢 2 楼
邮编：230061
电话：0551-2615379
传真：0551-2640742

北京市

北京长信展览有限责任公司
北京市复兴路 15 号 560-561 室
邮编：100038
电话：010-68537087
传真：010-68537092
http://www.bjcxzl@ixtic.ic.cn

北京驰尚展览公司
北京市朝阳区望京西园 426 楼 306 室
Beijing Leading Fashion Exhibition Company
邮编：100102
电话：010-64356903, 64318873
传真：010-64384980-8007
E-mail:a@chisgm.com.cn
http://www.chisgm.com.cn

北京春秋华艺展览有限公司
北京市海淀区清河南镇千秋大厦 219 室
Beijing C.Q.H.Y. Exhibition Co., Ltd.
Rm.219, Qianqiu Mansion, Qinghe, Haidian, Beijing, China
邮编：100085
电话：010-62945209
传真：010-62945230
E-mail:cqhy.bj.2000@263.net

北京东方瀚苑展览展示有限公司
北京市朝阳区十里河
电话：010-67351353，67351352
传真：010-67351354
E-mail:zhujian.qi@263.net

北京东方欧博展览展示有限公司
北京市朝阳区麦子店街37号盛福大厦1410室
Beijing Oriental Alboo Exposition Co., Ltd.
Suite 1410, Beijing ShengFu Building, 37 Maizidian St., Chaoyang Dist.,Beijing, China
邮编：100026
电话：010-85275057/58/59/60
传真：010-85275061

北京航宇双臣展览有限责任公司
北京市西四东大街34号
电话：010-66111326

北京华奥东方展览有限公司
北京市朝阳区安苑北里23号金鼎商务会馆509室
电话：010-64813012
传真：010-64813013

北京华港展览有限公司
北京市朝阳区北三环东路6号中展写字中心268室（北京5403信箱）
CIEC Exhibition Co. (Beijing) Ltd.
Rm.268, CIEC Business Office Center,
6 Beisanhuan Donglu, Beijing, China
P.O.Box: Beijing 5403
邮编：100028
电话：010-84601890
传真：010-64671070, 64662524
E-mail:ciecbjo@netchina.com.cn
http://www.ciec-exhibition.com.cn

北京华航展览有限责任公司
北京市朝阳区京顺路7号
Beijing Huahang Exhibition Service Co., Ltd.
7 Jingshun Road, Chaoyang Dist., Beijing, China
邮编：100028
电话：010-64663322-2291
传真：010-86421051
http://www.huahang.com.cn

北京华纳博览展览公司
北京市朝阳区安慧里二区12号楼136室
邮编：100101
电话：010-64987302
传真：010-64986067
E-mail:huanabolan@sina.com
http://www.worna.com

北京华毅东方展览有限公司
北京市建国门外东三环南路2号艾米克大厦15层
邮编：100022
电话：010-65671880, 65670948
传真：010-65670361
E-mail:oriental@public.fhnet.cn.net
http://www.orientalexpo.com

北京汇邦展览有限公司
北京市西城区月坛南街26号1号楼3040
邮编：100825
电话：010-68523878
传真：010-68526910
http://www.camtf.com

中国科协新技术开发中心会展部
北京市海淀区学院南路86号313室
电话：010-62173701
传真：010-62170167

北京南北展览有限公司
北京市朝阳区百子湾路18号居安办公中心503室
邮编：100022
电话：010-67742572，67742577
传真：010-67742572，67742577

北京日光艺术展览公司
北京市海淀区三里河路39号
邮编：100037
电话：010-68349377, 68319623
传真：010-68319623
E-mail:riguangwenhua@sina.com

中国同源公司
北京市海淀区知春路56号中门七楼
China Tong Yuan Corp.
7/F Zhongmen 56 Zhichun Rd., Haidian Dist., Beijing, China
邮编: 100086
电话: 010-82132923, 82132926
传真 010-82130418
E-mail:tongyuan@public.yeeyoo.com.cn
http://www.chnfongyuan.com

北京泰德恩贸易展览公司
北京市复兴门内大街45号
邮编：100081
电话：010-66094136
传真：010-66094142

北京天宫展览公司
北京市建国路99号中服大厦316室
邮编：100020
电话：010-65957225
传真：010-65913514
http://www.chic.com.cn
E-mail:chic@mail.com

北京天景世嘉展览展示有限责任公司
北京市海淀区阜成路42号中裕商务花园23号C座203室
邮编：100036
电话：010-88137551/7552
传真：010-88137551- 809
E-mail:Majie19700@sohu.com

北京亚非世纪展览展示有限公司
北京市崇文区体育馆路11号国家体育总局体育科学院研究所503/504室
邮编：100061
电话：010-67100709, 67170998
传真：010-67170773
E-mail:yfsj@expo.com.cn
http://www.bjyafei.com

北京艺佳大观展览展示有限公司
北京市西城区车公庄北里44号楼305房间
邮编：100044
电话：010-66808406
传真：010-66808408
E-mail:4wwk@sohu.com

北京以太展览公司（ETE）
北京市朝阳区北三环东路6号中国国际展览中心1号馆4层380室
邮编：100028
电话：010-64619665, 64601235
传真：010-84601249
E-mail:ete@zhanlan.net

北京远通展览有限公司
北京市建外郎家园11号1号楼419室
电话：010-65811546
传真：010-65810510

北京振轻展览公司
北京市东城区6条64号
邮编：100007
电话：010-64069408
传真：010-84015057
E-mail:zizx@clin.com.cn
http://www.clill.com.cn/zllzlzx.htm

北京振威展览有限公司
北京市海淀区紫竹院南路潘庄4号411-3
Beijing Zhenwei Exhibition Co., Ltd.
411-3, 4 Panzhuang, Zizhuyuan Nanlu, Beijing, China
邮编: 100044
电话 010-88414752, 68436069
传真 010-88414752
http://www.cipe.com.cn

E-mail:zwzlbj@163bj.com

北京中装建筑装饰展览公司
北京市西城区德胜里1区11号楼3层308室
CBDA Building Decoration Exhibition Co., Ltd.
P.O.Box 788 Beijing, China
邮编：100011
电话：010-62376721, 62063379
传真：010-62362321
E-mail:yangzhe@mx.cei.gov.cn
http://www.ecd.com.cn

长城工业总公司
北京市海淀南路30号
邮编：100080
电话：010-68748906
传真：010-68748900
E-mail:chengy@cgwic.com
http://gie.cgwic.com

长城国际展览有限责任公司
北京市海淀南路30号航天长城大厦1410室
邮编：100080
电话：010-68748905/6
传真：010-68748908, 68748900
http://www.chgie.com
E-mail:zhanlan@cgwic.com

杜塞尔多夫展览（中国）有限公司
北京市东城区建国门内大街7号光华长安大厦2座9楼919室
邮编：100005
电话：010-65102751
传真：010-65171476
E-mail:beijing@mdc.com.cn

法国爱博（EXPOSIUM）展览集团
北京市朝阳门外大街20号联合大厦710室
邮编：100020
电话：010-65885968/5969，65880467
E-mail:eucimat@public.bta.net.cn

浮士德展览展示有限公司
北京市朝阳区工体东路18号天照饭店602室
电话：010-65083756
传真：010-65066995

高威展览有限公司
北京市北太平庄路15号8015信箱211房间
电话：010-62381730
传真：010-62381730

IDG世展博览亚洲有限公司北京办事处
北京市建国门内大街8号中粮广场A座616室
IDG World Expo.(Asia) Ltd. Beijing Office
Rm.616, Tower A, COFCO Plaza,
8 Jianguomennei Avenue, Beijing, China
邮编：100005
电话：010-65263095
传真：010-65260865
E-mail:Beijing@idgexpoasia.com

京慕国际展览有限公司
北京市北三环东路六号中国国际展览中心服务楼
Jingmu International Exhibition Co., Ltd.
6 Beisanhuan Dong Rd., Beijing, China
邮编: 100028
电话: 010-84601908/13/14/15, 64663279
传真: 010-64619488
E-mail:jingmu-info@ciec-expo.com
http://www.jing-mu.com

励展博览集团北京办事处
北京市建内大街8号中粮广场B座1304室
电话：010-65260941
传真：010-65260940
http://www.reedexpo.com

美国克劳斯公司（国际展览、会议）
北京市朝阳区新源南路6号京城大厦2005室
E.J.Krause & Associates Inc. (International Exhibition and Conference Management)
Rm.2005 Capital Mansion, 6 Xinyuannanlu, Chaoyang Dist., Beijing, China
邮编：100004
电话：010-84511832
传真：010-84511829
E-mail:ejk@public3.bta.net.cn
http://www.ejkrause.com

天吉星展览公司
北京市复兴路20号东门105楼3层
邮编：100840
电话：010-68176131, 66803861
传真：010-66803860
E-mail:bjtjx@public3.bta.net.cn
http://www.infoweb.com.cnlbjtjx

西麦克国际展览有限责任公司
北京市广安门外大街178号
CMEC International Exhibition Co., Ltd.
178 Guang'anmenwai St., Beijing, China
邮编：100055
电话：010-63452260, 63451188-61228
传真：010-63452279, 63456563
E-mail:xujc@mail.cmec.com
http:// www.cmecex.com.cn

香港神龙国际会展有限公司北京代表处
北京市朝外大街10号昆泰大厦1688房间
Polygon International Conventions & Exhibitions Ltd.
Rm. 1688, Kun Tai Building,10,Chaowaidajie, Beijing, China
邮编：100020
电话：010-65995181, 65995393
传真：010-65995391
E-mail:rogerl@polygonintl.net
http://www.polygonintl.net

优尼博览集团北京办事处
北京市朝阳区京顺路孙河村2号
电话：010-64689360
传真：010-64689385

中包国际展览有限责任公司
北京市东三环北路三号幸福大厦B座418
Chinapack International Exhibition Organizers
4th Floor, Block B, Lucky Tower, 3 Dongsanhuan Beilu, Beijing, China
邮编：100027
电话：010-64630669
传真：010-64662592
E-mail:inpex@public.bta.net.cn
http://www.chinapack.net

中纺广告展览公司
北京市东安门街82号
邮编：100747
电话：010-65124331
传真：010-65123051
E-mail:2f2lb@cenpok.net

中经国际展览有限公司
北京市宣武区广安门外大街248号机械大厦
CMIC International Exhibition Co., Ltd.
19/F, Machine Mansion, 248 Guang'anmenwai Ave., Beijing, China
邮 编：100055
总经理：韩晓虹
电 话：010-63317653/4, 63317655/6
传 真：010-63317663, 63317664
E-mail:lgf20082000@yahoo.com.cn
http://www.cmicex.com.cn

中联展览有限公司
北京市东三环北路42号中基新东方写字楼B座3009
Sino Link Exhibition Co., Ltd.

B3009, Zhongji Xindongfang Office Building, 42 dongsanhuan Beilu, Beijing, China
邮编：100020
电话：010-65815273
传真：010-65810766
E-mail:wh@packexhi.sina.net
http://www.packexhi.com.cn

中旅国际会展公司
北京市东城区东交民巷8号
CTS International Convention & Exhibition Co., Ltd.
8 Dongjiaominxiang, Beijing, China
邮编：100005
电话：010-65593743
传真：010-65598487
E-mail:wyh.ci@ctsho.com
http://www.ctsice.com.cn

中华人民共和国水利部宣传中心展览中心
北京市宣武区白广路二条2号
邮编：100053
电话：010-63202019
传真：010-63548250

中科集团
北京市方庄芳城园1区5号楼首层
邮编：100078
电话：010-67667388, 67669118
传真：010-67668366
E-mail:csged@ihw.com.cn
http://www.sinoexpo@mail.sparkice.com.cn

中软展览公司
北京市学院南路55号中软大厦
邮编：100081
电话：010-62177722
传真：010-62174148
E-mail:tuwen@ihw.com.cn
http://www.china-css.com

中仕达展览有限公司
北京市百万庄三里河路11号国家建材局内
邮编：100831
电话：010-68041566
传真：010-68346980
E-mail:ccpit@public3.bta.net.cn
http://www.chinabuilding.cn.net

（中展集团）中展海外展览有限公司
北京市北三环东路6号中国国际展览中心服务楼五层
CIEC Overseas Exhibition Co., Ltd.
5/F, The CIEC Service Building, CIEC, 6 Beisanhuan Dong Rd., Beijing, China
邮编：100028
电话：010-84600372 / 0370 / 0368 / 0366
传真：010-64671381
E-mail: overseas@ciec-expo.com
http://www.ciec-expo.com

重庆市

重庆视博展览有限公司
重庆市渝中区邹容广场24楼
电话：023-63807441
传真：023-63806922

重庆信德国际展览有限公司
重庆市渝北龙溪镇武陵路71号重庆环新国际会议展览中心
邮编：401147
电话：023-67900969
传真：023-67900965

重庆新海展览有限公司
重庆市渝中区长江一路11号
邮编：400014
电话：023-63890888
传真：023-63869888

福建省

北方工商业展览（福州）有限公司
福建省福州市五四路252号（成龙国际大酒店516-518室）
邮编：350003
电话：0591-7848697, 7833905
传真：0591-7833905
http://www.inbfexhibit.com
E-mail:bfsunhao@pub5.fz.fj.cn

福州会展业有限公司
福建省福州市温泉公园路69号国际会展中心五楼
Fuzhou Conference & Exibition Co., Ltd.
5F, 69 Wenquan Road, Fuzhou City, China
邮编 350003
电话 0591-7807188-510
传真 7803165
E-mail:fzofeb@pubs.fz.fj.cn
http://www.0591fair.com

福建汇源国际商务会展公司
福建省福州市五一北路1号力宝天马广场1401室
FujianHuiyuan Int'l Commerce & Exhibition Corp.
Rm.1401, Lippo Tianma Plaza, 1 Wuyibeilu, Fuzhou, China
邮编：350001
电话：0591-7560426
传真：0591-7560071
E-mail:hyicec@fiec.com

福建省国际贸易展览公司
福建省福州市湖东路东段191号通联大楼9层
邮编：350001
电话：0591-7600874
传真：0591-7600724, 7541080
E-mail:ccpit@publ.fz.fj.cn

福州春秋国际展览有限公司
邮编：350003
电话：0591-7600842
传真：0591-7520604

福建经贸会展中心
福建省福州五四路260号
Fujian Economic-Trade Conference and Exhibition Center
260 Wusilu, Fuzhou, China
邮编：350003
电话：0591-7842218
传真：0591-7810540
http://www.fjzw.com

今日展览有限公司/今日信息有限公司
福建省厦门市湖滨南路电子城408室
邮编：361004
电话：0592-2222228
传真：0592-2222220
E-mail:todayinfo@public.xm.fj.cn
http://www.todayfair.com

厦门华达会展有限公司
福建省厦门市莲前西路2号莲富大厦
邮编：361009
电话：0592-5162268, 5162298
传真：0592-5161088
E-mail:huada@public.xm.fj.cn

厦门国际展览公司
福建省厦门市富山国际展览城内
邮编：361004
电话：0592-5160160
传真：0592-5160928

厦门商务国际展览有限公司
福建省厦门市湖堂皇南路国贸大厦十三层C, D单元
电话：0592-5361062

传真：0592-5157909

一方展览有限公司
福建省厦门市莲富大厦公寓29楼B座
邮编：361000
电话 0592-5161186
传真 0592-5161185
E-mail:xmgk@guokai.org
http://www.guokai.org

甘肃省

甘肃现代国际展览公司
甘肃省兰州市滩尖子273号（市图书馆6层）
邮编：730000
电话：0931-8581077-801
传真：0931-8581077-802
E-mail:m_expo_g@263.net
http://www.exposition.net/xd

广东省

北京汉美文化发展有限公司东莞分公司
广东省东莞市堑头路89号二楼
Beijing Hanmei Civilization Development Co., Ltd.
邮编：523016
电话：0769-2616012, 2698587
传真：0769-2698591
E-mail:lkm-80715@163.com

菲利克斯（HK）国际展览有限公司
广东省广州市滨江东路翠竹路18#裕丰大厦21楼F座
Felix International Fairs Co., Ltd.
21/F, Building F, 18 Cuizhulu, Binjiang Donglu, Guangzhou, Guangdong, China
邮编：510620
电话：020-85513754
传真：020-85513774
E-mail:boshangzhanlan@alibaba.com

广州对外贸易广告展览有限公司
广东省广州市麓景路7号发展大厦东8楼
邮编：510091
电话：020-83573440
传真：020-83573447

广东富洋商业展览有限公司
广东省广州市流花路109号大西南酒店306室
邮编：510010
电话：020-86685794
E-mail:fuyang@public.guangzhou.gd.cn

广东红马贸易展览有限公司
广东省广州市体育西路广利路65号聚侨苑利华楼东805室
邮编:510620
电话：020-87115877
传真：020-87115879
E-mail:redhorse@public.guangzhou.gd.cn

广东会展推广有限公司
广东省广州市广园中路65-69号佳谊商业大厦616室
邮编：510405
电话：020-86582668-8616
传真：020-86384622
E-mail:gdexpo@hotmail.com

广东科创展览有限公司
广东省广州市环市东路477号海洋地质大厦4楼
Creation Exhibition Inc.
4/F, Haiyangdizhi Building, 477 Huanshidonglu, Guangzhou, China
邮编：510075
电话：020-87617370-380
传真：020-87619065
E-mail:creation@public.guangzhou.gd.cn
http://www.gd-exhibition.com

广东省建材工业总公司展览部
广东省广州市流花路85号二楼
Exhibition Department of Guangdong Provincial Building Materials Industrial General Corporation
2/F,85 Liuhua Road, Guangzhou, China
邮编：510013
电话：020-86677624
传真：020-86677624

广东英泰展览有限公司
广东省广州市东山区寺右新马路156号303
邮编：510600
电话：020-87376058-803
传真：020-87395772
E-mail:intexpo@sina.com

广东智展展览有限公司
广东省广州市右新马路5号华友大厦18楼1802室
邮编：510600
电话：020-37599008
传真：020-37599151
E-mail:swgmrr@public.guangzhou.gd.cn

广州保税区世博展览有限公司
广东省广州市经济技术开发区801信箱
邮编：510730
电话：020-82220061
传真：020-82223997

广州博亚展览发展有限公司
广东省广州市荔湾路119号之七10楼全层（维雅苑）
Guangzhou Boya Exhibition Development Co., Ltd.
10/F., 7 of 119 Liwan Road, Guangzhou, China
邮编：510170
电话：020-81299228, 81299238
传真：020-81299008
E-mail:chinaboya@21cn.com
http://www.chinaboya.com

广州光亚展览贸易有限公司
广东省广州市天河龙口西天龙大厦9B
Guangzhou Guangya Exhibition & Trade Co., Ltd.
9B, Tianlong Building, Longkouxi, Guangzhou, China
邮编：510630
电话：020-82578498, 82578060
传真：020-82578955
E-mail:gypwbsqm@public.guangzhou.gd.cn
http://www.illuminationchina.com

广州固创展览公司
广东省广州市广园西路99路金都大厦418室
邮编：510010
电话：020-86502796
传真：020-86514239

广东国际贸易展览公司
广东省广州市农林下路40号王府井大楼九楼1923-1932室
Guangdong International Trade & Exhibition Corp.
Rm 1923-1932,9/F,Wangfujing Department Building, 40 Nonglinxia Rd., Guangzhou 510080, China
邮编：510080
电话 020-87616600
传真 020-87612836
E-mail:gite@ccpit-gite.com
http://www.ccpit.gite.com

广州鸿宇展览有限公司
广东省广州市员村白水塘55-56号615室
Guangzhou Hongyu Exhibition Co., Ltd.
Rm.615, 55-56 Baishuitang, Yuancun, Guangzhou, China
邮编：510655
电话：020-85553361, 85553363
传真：020-85553361, 85542403

E-mail:wxd008@public.guangzhou.gd.cn

广州花城展览有限公司
广东省广州市天河东路 240 号 601 室
邮编：510620
电话：020-87589272
传真：020-87589271

广州华展展览策划有限公司
广东省广州大道北 100 号金穗大厦 9 楼 H 座
邮编：510075
电话：020-87583139

广州汇展展览公司
广东省广州市建设横马路2号宸宇大厦301室
邮编：510060
电话：020-83810246，83827045
传真：020-83801425

广州吉通广告展览有限公司
广东省广州市天河区黄埔大道西 189 号广信红棉阁 14 楼 B 座
邮编：510620
电话：020-87546757
传真：020-87538635
E-mail:gzjitong@public.guangzhou.gd.cn
http://www.shownet.com.cn

广州巨浪展览策划有限公司
广东省广州市天河区珠江新城华明路29号黑汇园盈日轩 3A04-3A06
邮编：510610
电话：020-38620781
传真：020-38620781
E-mail:julang@public.guangzhou.gd.cn
http://www.julang.com.cn

广州贸易展览公司
广东省广州市广州大道北 100 号金穗大厦 28 楼 C 座
邮编：510075
电话：020-87597852
传真：020-87585574

广州市国际展览公司
广东省广州市麓景路7号广州发展大厦东座9楼
电话：020-83576312, 83576291
传真：020-83576280
E-mail:gzfair@publi.guangzhou.gd.cn
http://www.cnguangzhonfair.com

广州新会展中心
广东省广州市环市东路 362-366 号
邮编：510060
电话：020-83878255
传真：020-83878235

广州珠江展览公司
广东省广州市海珠北路 11-15 号珠海特区大酒店 6 楼 609 房
邮编：510180
电话：020-81094905
E-mail:liyixi@public.guangzhou.gd.cn

深圳华展国际展览公司
广东省深圳市上步北路国际展览中心
邮编：518029
电话：0755-82261977
传真：0577-82264250

深圳市华联展览有限公司
广东省深圳市西丽镇留仙苑大楼
邮编：518055
电话：0755-26528637
传真：0755-26528637
E-mail:kao8875@sohu.com

深圳市名玉展览有限公司
广东省深圳市福田区振兴西路 505 栋 288 室
Shenzhen Mingyu Exhibition Co., Ltd.
Room 288, Block 505, Zhenxing Xi Road, Shenzhen, China.
邮编：518028
电话：0755-83236721
传真：0755-83228663
E-mail:sun@chinawatchnet.com
http://www.mingyufair.com

深圳市西林展览有限公司
广东省深圳市八卦三路 702 栋三楼
Shenzhen Xilin Exhibition Co., Ltd.
3/F, Bldg. 702, Baguasanlu, Shenzhen, China
邮编：518029
电话：0755-82443161, 82444058
传真：0755-82443162
E-mail:xlzl@public.szptt.net.cn
http://www.xilin-exhibition.com

深圳泰威科贸易展览有限公司
广东省深圳市红荔西路上航大厦 501B
邮编：518028
电话：0755-83203311
传真：0755-83203131
E-mail:xzexpo@public.xzptt.net.cn
http://www.xzteamwork.com.cn

深圳中诗展览有限公司
广东省深圳市福田区振兴路彩电大厦西门五楼
Shenzhen Zhongshi Exhibition Ltd.
5/F., Caidian Building, Zhenxing Road, Shenzhen, China
邮编：518028
电话：0755-83209533, 83363556
传真：0755-83210849
E-mail:szzsexpr@public.szonline.net
http://www.zhongshifair.com

亿汇展览有限公司
广东省广州市天河北路 177 号祥龙阁 1302 室
Yihui Exhibition Co., Ltd.
Rm.1302, Xianglongge,177 Tianhebeilu, Guangzhou, China
电话：020-85250848
E-mail:chinayihui@163.net
http://www.cnyihui.com

中国对外贸易广州展览公司
广东省广州市流花路 117 号交易会大院 15 号馆二楼
邮编：510014
电话：020-86678000-88542
传真：020-86681629
E-mail:rena@cecf-exbit.com
http://www.cecf-exbit.com

广东珠三角国际工业博览会组委会
广东省东莞市厚街镇广东现代国际展览中心
邮编：523852
电话：0769-5909018
传真：0769-5830970

珠海航展有限公司
广东省珠海市九洲大道东九洲二巷 1 号
Zhuhai Airshow Co., Ltd.
1 Jiuzhou'erxiang, Jiuzhou Avenue, Zhuhai, China
邮编：519015
电话：0756-3369235, 3369089
传真：0756-3376415
E-mail:atperic@hotmail.com
http://www.airshow.com.cn

广东振威国展展览有限公司
广东省广州大道北路100号金穗大厦28C/F
Guangdong Zhenwei Guozhan Exhibition Co., Ltd.
Room 28C/F, Jinsui Building, 100 GuangzhoudadaoBeilu, Guangzhou, China
邮编：510620
电话：020-38864712

传真：020-38864712
E-mail:zhenwei@china-zhenwei.com.cn
http://www.china-zhenwei.com.cn

广西壮族自治区

南宁大地飞歌文化传播有限公司
广西壮族自治区南宁市嘉宾路2号11楼
Nanning Flying Songs on Earth Culture Communication Co.,Ltd.
11 Floor, 2 Jiabin Road, Nanning, Guangxi, China
邮编：530028
电话：0771-5536185
传真：0771-5531794
E-mail:nnmgj2002@163.com
http://www.flyingsong.com

贵州省

贵州奥特展览服务有限公司
贵州省贵州市中华北路325号省经贸委企业干部培训中心四楼
邮编：550004
电话：0851-6892482
传真：0851-6892773

海南省

海南大雅有限公司
海南省海口市白龙南路42号万福大厦1802房
邮编：570203
电话：0898-5364811
传真：0898-5356373
E-mail:hndaya@public.hk.hi.cn

河北省

河北国际贸易有限公司
河北省石家庄市华北大街3号
Hebei International Exhibition & Trade Co., Ltd.
3 Huabeidajie, Shijiazhuang, China
邮编：050000
电话：0311-8614688, 8614693
传真：0311-8614661
E-mail:hzzxd@sj-user.he.cninfo.net
http://www.8614688.net

河南省

河南福鑫展览广告有限公司
河南省郑州市顺河路29号
邮编：450004
电话：0371-6319467
传真：0371-6329747
E-mail:fuxin@net.cn
http://www.fuxin.hn.net.cn

郑州国际会展有限责任公司
河南省郑州市泰隆大厦1808室（建设西路187号）
邮编：450007
电话：0371-7719116
传真：0371-7719116

黑龙江省

哈尔滨长城国际展览有限公司
黑龙江省哈尔滨市南岗区西大直街40号黑龙江国际博览中心262室
邮编：150001
电话：0451-53660445, 53621573
传真：0451-53645872, 53622542
E-mail:jwall@center.hr.hl.cn
http://www.col.hr.hl.cn

哈尔滨大众展览有限责任公司
黑龙江省哈尔滨市南岗区西大直街40号
Harbin Public Exhibition Co., Ltd.
邮编：150006
电话：0451-53660419, 53637164
传真：0459-53637164
E-mail:public808@yahoo.com.cn
http://www.hrbpublic.com.cn

哈尔滨东方国际展览有限公司
黑龙江省哈尔滨市道里区安化街91号
邮编：150016
电话：0451-84500518
传真：0451-84515995
E-mail:dfgjzlgs@public.hr.hl.cn
http://www.hrb.hl.cninfo/sanya

哈尔滨投资贸易洽谈会组委会
黑龙江省哈尔滨市南岗区昆仑商志隆顺街23号
邮编：150090
电话：0451-82340100
传真：0451-82340226
E-mail:htfc@public.hr.hl.cn

湖北省

湖北省国际贸易展览公司
湖北省武汉市江汉北路八号14楼
邮编：430022
电话：027-85773942, 85794023
传真：027-85773942

湖北中科会展有限公司
湖北省武昌武汉市洪山路62号桃山村2号楼1楼
邮编：430071
电话：027-87303375
传真：027-87231436
E-mail:cnhbstec@public.wh.hb.cn
http://www.sinoshow.com.cn

武汉美兰德经贸展览有限公司
武汉正业广告文化发展有限公司
湖北省武汉市建设大道737号华银城A1座19楼
Mainland Trade & Exhibition Corp.
Genius Advertisement Culture Development co., Ltd.
19F, A1 Building,Hua Yin Mansion,
737 Jianshedadao, Wuhan, China
电话：027-85786377, 85781588
传真：027-85741079
E-mail:zhengye@public.wh.hb.cn

武汉中部展览贸易有限公司
湖北省武汉武昌武珞路628号亚洲贸易广场B座2058室
邮编：430070
电话：027-87648024
传真：027-87863776
E-mail:zhongbu@public.wh.hb.cn

湖南省

长沙兰德科技开发公司
湖南省长沙市展览馆路46号科普大厦6楼511
邮编：410005
电话：0731-4424418，2253566
传真：0731-2233144
E-mail:land@public.cs.hn.cn

湖南省国际贸易展览广告公司
湖南省长沙市五一东路80号25-26层
邮编：410001
电话：0731-2284201
传真：0731-2285826

吉林省

长春英特展览公司
吉林省长春市普阳街89号
邮编：130011
电话：0431-7610396
传真：0431-7610265
E-mail:zlizong@public.cc.jl.cn

江苏省

江苏国际展览公司
江苏省南京市中山南路288号
邮编：210005
电话：025-4207991
传真：025-4206599

E-mail:mcc-jiec@public1.ptt.js.cn

江苏贸促国际会展有限公司
江苏省南京市中华路50号国贸大厦8楼
Jiangsu CCPIT International Conference & Exhibition Co., Ltd.
8/F, 50 Zhonghua Road, Nanjing 210001, China
邮编：210001
电话：025-2312807
传真：025-2312605
E-mail:jice@jlonline.com

江苏南京富莱德展览有限责任公司
江苏省南京市龙蟠中路534号502室
邮编：210029
电话：025-4641487, 4641001

南京国际展览贸易公司
江苏省南京市北京东路31号616
邮编：210008
电话：025-3361187
传真：025-3361187

江西省

江西省明珠展览公司
江西省南昌市孺子路248号
邮编：330003
电话：0791-6291233, 6285336
传真：0791-6255018

辽宁省

北方工商业展览有限公司
辽宁省沈阳市和平区三好街98号5层
邮编：110015
电话：024-23905300
传真：024-23905300

大连鸥翔展览有限公司
辽宁省大连市人民路61号(凯美大厦1808室)
邮编：116001
电话：0411-2804505
传真：0411-2691455
E-mail:lincindy@163.net
http://www.欧翔展览.com

辽宁北方工商业展览服务有限责任公司
辽宁省沈阳市和平区青年大街284号
邮编：110003
电话：024-23895302，23848948
传真：024-23922432
E-mail:bfgszl@ihw.com.cn

辽宁今日展览有限公司
辽宁省沈阳市和平区南五马路135号8楼
邮编：110006
电话：024-23224920
传真：024-23226133
E-mail:mail@todaymedia.com.cn

沈阳国际展览公司
辽宁省沈阳沈河区北京街19号辽宁先锋大厦5层
Shenyang International Exhibition Co.
5F Liaoning Xianfeng Building,19 Beijing Street, Shenhe Dist., Shenyang, China
邮编：110013
电话：024-22527697
传真：024-22528335
E-mail:csyieo@public.ln.cninfo.net

大商集团展览公司
辽宁省大连市中山区友好街42号（中兴商业大厦8楼）
邮编：116001
电话：0411-3672826，3633087
传真：0411-3673149
http://www.dstj.com

大连中展国际展览有限公司
辽宁省大连市长兴街137号富鸿国际花园B座806
邮编：116021
电话：0411-4542138，4541302
传真：0411-4541302
E-mail:wxzl@163.com
Company@zhongzhandl.com
http://www.zhongzhandl.com

内蒙古自治区

包头国际经贸展览有限公司
内蒙古自治区包头市工商行政管理大楼
邮编：014010
电话：0472-5105301, 5105302
传真：0472-5105300

内蒙古自治区国际广告展览公司
内蒙古自治区呼和浩特市中山西路24号国贸大厦4层
邮编：010020
电话：0471-6609954

山东省

华展展览（济南）有限公司
山东省济南市普利街29号化工大厦802,1001室
邮编：250012
电话：0531-6116491, 6900245
传真：0531-6116491, 6927013
E-mail:hzex@jn-public.sd.cninfo.net

青岛国际展览公司
山东省青岛市东海路49号C座6楼
邮编：266071
电话：0532-5711234
传真：0532-5711234

青岛新世纪会议展览有限公司
山东省青岛市武腾开路10号
邮编：266071
电话：0532-3889673, 3886310
电话：0532-3886310
http://www.ncexpo.com.cn

山东国际贸易展览公司
山东省青岛市南海路11号
邮编：266003
电话：0532-2879583, 2870011-2301
传真：0532-2879269

山东省国际贸易展览公司展览部业务一科
山东省青岛市南海路11号
电话：0532-2870410, 2870077-4101
传真：0532-2879269

陕西省

三联科技会展有限公司
陕西省西安市高新3路9号新时代大厦309室
邮编：710075
电话：029-8319080
传真：029-8319080

陕西省国际展览集团有限公司
陕西省西安市长安北路甲34号高尔夫花园7单元2楼CD座
邮编：710001
电话：029-5227558
传真：029-5227558

陕西振威展览有限公司
陕西省西安市西五路12号陕西省招商局
Shaanxi Zhenwei Exhibition Co., Ltd.
3/F., 12 Xiwu Road, Xi'an, Shaanxi, China
邮编：710004
电话：029-7446881
传真：029-7446881
E-mail:zwzltf@public.xaonline.com

西安明大展览有限公司
陕西省西安市太白北路103号泰良大厦8F
邮编：710068

电话：029-5220628
传真：029-5398990
E-mail:mingdazi@263.net

上海市

东方国际集团广告展览有限公司
上海市北京东路668号东楼22层
Orient International Holding A & E Co., Ltd.
688 Beijing Dong Road, Shanghai, China
邮编：200001
电话：021-53082222
传真：021-53085555
E-mail:oaandeb@online.sh.cn
http://www.oicae.com

德国汉诺威展览公司（上海）
上海市浦东南路360号新上海国际大厦24A
邮编：200120
电话：021-68863202
传真：021-68863797
E-mail:cebit-asia@hfchina.com
http://www.cebit-asia.com

德国凯撒国际贸易展览有限公司
上海市浦东大道1097弄珠江玫瑰花园16号4E
邮编：200135
电话：021-58606541
传真：021-58526947

上海博华国际展览有限公司
上海市襄阳南路218号现代大厦10楼
Shanghai MF Sinoexpo International Exhibition Co., Ltd.
10/F, Xiandai Mansion, 218 Xiangyangnanlu, Shanghai, China
邮编：200031
电话：021-64371178
传真：021-64370982
E-mail:sinoexpo@public.sta.net.cn
http://www.mfsinoexpo.com

上海工业商务展览有限公司
上海市延平路123弄三和花园5号2F-2G
Shanghai Industry & Commerce Exhibition Co., Ltd.
Rm.2F/2G, 5 Sanhe Garden, 123 Long Yanping Road, Shanghai, China
邮编：200042
电话：021-62711119
传真：021-62711224
E-mail: sicec@public1.sta.net.cn

上海光大会展中心展览公司
上海市徐汇区漕宝路70号C座6层
邮编：200235
电话：021-64516345
传真：021-64360000

上海国际广告展览有限公司
上海市中山东1路33号
邮编：200002
电话：021-63231962
传真：021-63231028

上海汉图展览有限公司
上海市徐汇区宜山路中华门大厦14楼D
邮编：200032
电话：021-34292006
传真：021-64385061
E-mail:zhangjun@hantu.com.cn
http://www.hantu.com.cn

上海科技会展有限公司
上海市江宁路212号25楼B1座
电话：021-52895151
传真：021-52895263
E-mail:stcec@stcec.com

上海里扬展览服务有限公司
上海市延安中路1111号203室
Shanghai Neon Exhibition Services Ltd.
203 Yan'an Hotel,1111 Yan'an Zhong Road Shanghai,China
邮编：200040
电话：021-62496120
传真：021-62498043
E-mail:simou@neon-expo.com
http://www.neon-expo.com

上海浦东国际展览公司
上海市威海路497号绅士大厦1904室
邮编：200041
电话：021-62726131
传真：021-62723463
E-mail:splec@sh.east.cn.net

上海企龙实业发展有限公司
上海市天山路600弄新虹桥商务广场
电话：021-62339775
传真：021-62339775
E-mail:keylong@public.sta.net.cn

上海外经贸商务展览公司
上海市天目西路511号锦程大厦12楼
Shanghai International Trade Promotion Corp. Ltd.
12F Jincheng Mansion, 511 Tianmuxi Rd., Shanghai,China
邮编：200070
电话：021-63539977
传真：021-62561068
E-mail:shitpc@public1.sta.net.cn
http://www.china-exhibition.com

上海商城中心
上海市南京西路1376号
Atrium Shanghai Center
1376 Nanjingxi Road, Shanghai, China
邮编：200040
电话：021-62798619
传真：021-62797158
http://www.shanghai-centre.com

上海商业展览办公室
上海市吴江路188号12楼A座
Shanghai Trade Exhibition Office
12A, 188 Wujiang Road, Shanghai, China
邮编：200041
电话：021-62177777
传真：021-62677336
E-mail:steo@steo.net
http://www.steo.net

上海申仕展览服务有限责任公司
上海市德平路12号10楼1805室
邮编：200002
电话：021-58214088
传真：021-58525303
E-mail:mie@mail.com

上海外贸服装国际展览广告公司
上海市延安路700号808室
邮编：200002
电话：021-63850818
传真：021-58350046

上海现代国际展览有限公司
上海市圆明园路97号3楼
Shanghai Modern International Exhibition Co., Ltd.
3/F., 97 Yuanmingyuan Road, Shanghai, China
邮编：200002
电话：021-63217522
传真：021-63295774
E-mail:mie@mail.com

四川省

成都菲亚展览有限公司
四川省成都市人民南路3段37号中加大厦205室

邮编：610041
电话：028-85538648
传真：028-85531698
E-mail:cdfiren@mail.sc.cninfo.net

成都国际会议展览中心展览发展公司
四川省成都市沙湾路258号国际会议展览中心B座6楼
Exhibition Development Corporation
Chengdu International Exhibition & Convention Center
6/F. International Exhibition & Convention Center, 258 Shawan Road, Chengdu, China
邮编：610031
电话：028-87657152, 7644169
传真：028-87657152
E-mail:exhibi@163.com

成都三聚展览公司
四川省成都市一环路东2段126号电子科贸楼四楼
邮编：610051
电话：028-84317453
传真：028-84317375
E-mail:sanjv@mail.sc.cninfo.net

成都外经贸展览有限公司
四川省成都市陕西街239号12楼1211室
Chengdu Foreign Economic & Trade Exibition Co., Ltd.
12/F 239 Shanxi St., Chengdu, Sichuan, China
邮编：610041
电话 028-86156555
传真 028-86146869
E-mail:cdexpo@china.com

成都振威展览有限公司
四川省成都市督院街56号，四川省人民政府综合楼401,403室
Chengdu Zhenwei Exhibtion Co., Ltd.
Rm.401,56 Duyuan St., Chengdu,Sichuan,China
邮编：610016
电话：028-86661743
传真：028-86661743

四川创新技术展览服务有限责任公司
四川省成都市人民南路4段11号省科协大楼506-511室
邮编：610041
电话：028-85223319
传真：028-85241377
E-mail:cxzlwcp@mail.sc.cninfo.net

四川金宾展览广告公司
四川省成都洗面桥街30号成都高速大厦B座6A
邮编：610041
电话：028-85540031-802
传真：028-85574747

天津市

天津长城世界展览有限公司
天津市和平区保定道55号
邮编：300040
电话：022-23317225，23397858
传真：022-23395644

天广联展览有限公司
天津市河西区友谊北路51号合众大厦B座1002室
邮编：300204
电话：022-83281088, 83281188, 83281288
传真：022-23285355
E-mail:tglh@public.tpt.tj.cn

天津大本展览有限公司
天津市河西区友谊路48号
邮编：300061
电话：022-28359953
传真：022-28138960

天津国际展览有限公司
天津市和平区曲阜道85号国贸大厦7层
邮编：300042
电话：022-23320075
传真：022-23320075
E-mail:tiec@public1.tpt.tj.cn
http://www.tiec-ccpittj.com

天津建和国际贸易展览有限公司
天津市和平区开封道2号22层10号
邮编：300042
电话：022-23115536
传真：022-23310042
E-mail:kenwall@public1.tpt.tj.cn

天津经纬展览有限公司
天津市和平区解放北路161号
邮编：300040
电话：022-23191918，23300931
传真：022-23300931，23312880

天津市环渤海展览业有限公司
天津市河西区解放南路473号
Tianjin Huanbohai Exhibition Company
473 Jiefang Nan Road, Hexi Dist., Tianjin, China
邮编：300221
电话：022-28326814
传真：022-28330330
E-mail:office@hbhbm.com

新疆维吾尔自治区

新疆华夏展览公司（原新疆展览公司）
新疆乌鲁木齐市北京南路4号
邮编：830002
电话：0991-3814608
传真：0991-3811977

云南省

云南博亚科技展览有限公司
云南省昆明市北京路559号附2号
邮编：650051
电话：0871-3121243, 3186206
传真：0871-3186209
E-mail:boya@vip.163.com

云南芳草地会议展览服务有限公司
云南省昆明市西园南路30号正点写字楼二楼
邮编：650032
电话：0871-4135377
传真：0871-4127994
E-mail:yq@chineseok.com
http://www.chineseok.com

云南世博国际展览有限公司
云南省昆明市白龙路429号世博交易中心
Yunnan World Expo. International Exhibition Co., Ltd.
429 Bailong Road, Kunming, Yunnan, China
邮编：650224
电话：0871-5012279
传真：0871-5012200
E-mail:hjzexpo@163.com
http://www.gjzlgs.com

浙江省

杭州市广告展览公司
浙江省杭州市延安路457号
邮编：310006
电话：0571-85063606
传真：0571-85164746

杭州西湖博览会有限公司
浙江省杭州市曙光路15号浙江世界贸易中心展厅二楼
West Lake Fair Co., Ltd.
15 Shuguang Road, Hangzhou, Zhejiang, China
邮编：310007
电话：0571-87950966
传真：0571-87950039

E-mail:mar@westlake-fair.com

杭州中国丝绸城展览公司
浙江省杭州市新华路253号
邮编：310003
电话：0571-85172821，85100187
传真：0571-85100191

宁波国际展览有限公司
浙江省宁波市镇明路618号石油大厦八楼
Ningbo International Exhibition Co., Ltd.
8F Oil Building,618 Zhenming Road, Ningbo, Zhejiang,China
邮编: 315010
电话 0574-87321602
传真 0574-87321301
E-mail:chenjiang@e-nb.org
http://www.e-nb.org

宁波金茂国际展览公司
浙江省宁波市灵桥路190号（外经贸大厦副楼）邮编：315000
电话：0574-87316619，87318256
传真：0574-87313854

温州德纳展览有限公司
浙江省温州市人民东路1号新世纪大厦30层
邮编：325003
电话：0577-88842436
传真：0577-88830518
E-mail:donor@mail.wzptt.zj.cn

新商人展览有限公司
浙江省温州市人民东路1号新世纪大厦13F
New Shangren Exhibition Co., Ltd.
13F., Xinshiji Mansion, 1 Renmin Dong Road, Wenzhou, China
邮编：325003
电话：0577-88842300
传真：0577-88833950

新世纪展览有限公司
浙江省杭州市刀茅巷216号晶晶大厦9楼E座
New Century Exhibition Co., Ltd.
9F-E, Jingjing Building, 216 Daomaoxiang, Hangzhou, China
邮编：310003
电话：0571-85187800, 85186899
传真：0571-85870009
E-mail:newgs@mail.hz.zj.cn
http://www.ndbexpo.com

温州华展商业展览有限公司
浙江省温州市车站大道(温州市展览馆二楼)
Wenzhou Huazhan Industrial & Commercial Exhibition Co., Ltd.
Chezhandadao (second floor, Wenzhou Exhibition Hall),Wenzhou,Zhejiang,China
邮编：325003
电话：0577-88367095，88318710
传真：0577-88347811，88366214
E-mail:huazhan@mail.wzptt.zj.cn
http://www.chinaexhibiting.com

浙江富春商贸展览公司
浙江省杭州市清泰街499号金陵花园金梅轩13楼
邮编：310009
电话：0571-87807845
传真：0571-87807903
E-mail:zjebbs@public.hz.zj.cn

浙江省国际贸易展览公司
浙江省杭州市天目山路窑背巷10号
邮编：310007
电话：0571-88834620
传真：0571-88829220
E-mail:zjexpo@mail.hz.zj.zn
http://www.chinak.com

中国小商品城展览公司
浙江省义乌市宾王路158号商城集团10楼
电话：0579-5540240, 5415456
传真：0579-5540240
E-mail:zcscc@public.yw.jh.ptq.zj.cn
http://www.cccfair.com.cn

温州雅博展览有限公司
浙江省温州市车站大道银苑大厦A301#
Wenzhou Yabo Exhibition Co., Ltd.
A301 Yinyuan Building, Chezhan Road, Wenzhou, Zhejiang, China
邮编: 325000
电话 0577-88302103
传真 0577-88302100
E-mail:yabo@wzyabo.com
http://www.wzyabo.com

中美合资华展工商展览有限公司
浙江省温州市车站大道（温州市展览馆北首二楼）
Sino-American Joint Venture Huazhan Industrial & Commercial Exhibition Co., Ltd.
Chezhandadao (North Second Floor, Wenzhou City Exhibition Hall), Wenzhou, Zhejiang, China
邮编：325003
电话：0577-88353950, 88353960
传真：0577-88347811
E-mail:huazhan@mail.wzptt.zj.cn
http://www.chinaexhibiting.com

香港特区

博闻集团
香港办事处
Miller Freeman
Hong Kong Office
电话：00852-28276211
传真：00852-28277831
E-mail:info@mfasia.com.hk
http://www.mfasia.com

国展发展有限公司
香港九龙尖沙咀加连威老道2-6号爱宾大厦4号楼3室
Nationway Development Limited
Rm.3,4/F., Albion Plaza, 2-6 Granville Road, Tsimshatsui, Kowloon, Hong Kong
电话：00852-23691766
传真：00852-23691799
E-mail:amychoi@nationway.com.hk

华进有限公司
香港湾仔告士打道109号东惠商业大厦1703室
China Promotion Ltd.(CPL)
Rm.1703, Tung Wai Commercial Building, 109 Gloucester Road, Wanchai, Hong Kong
电话：00852-25117427
传真：00852-25119692
E-mail:cp@cpexhibition.com
http://www.cpexhibition.com

显辉国际展览有限公司
香港上环禧利街27号富辉商业中心2403室
TOP Repute Co., Ltd.
Rm.2403, Fu Fai Commercial Center,27 Hillier St., Sheung Wan, Hong Kong
电话：00852-28518603
传真：00852-28518637
E-mail:topreput@hkabc.net
http://www.toprepute.com.hk

香港神龙国际会展有限公司
电话：00852-25117833
传真：00852-25118288
E-mail:postmaster@polygonintl.net

香港（亚洲）展览有限公司
香港湾仔谢斐道482号信诺环球保险中心601-3室

Hong Kong (Asia) Exhibition Co., Ltd.
Rm.601-3 Cigna tower, 482 Jaffe Road, Wanchai, Hong Kong
电话：00852-25919823
传真：00852-25733311
E-mail:hkexhi@hka.com.hk
http://www.iweddingclub.com

雅式展览服务有限公司
香港北角英皇道 734 号乐基中心 4 楼
Adsale Exhibition Service Ltd.
4/F Stanhope House, 734 King's Road, North Point, Hong Kong
电话：00852-28118897
传真：00852-25165024
E-mail:info@adsaleexh.com
http://www.adsaleexh.com

第四部分 展览服务公司

一、展览服务、设计策划公司

安徽省

安徽省会展策划制作有限责任公司
安徽省合肥市金寨路162号省外贸进出口大楼
Anhui Convention-Exhibition Design & Engineering Co., Ltd.
Imp. & Exp. Bldg.,162 Jinzhai Road, Hefei, Anhui, China
邮编：230022
电话：0551-3632697

北京市

爱普-瑞恩企业策划公司
北京市朝阳区望京新兴产业区利泽中园 106 号望京科技创业园 302C
邮编：100102
电话：010-64392803，64392807
传真：010-64392781

安迪信设计咨询有限公司
电话：010-62252756
传真：010-62252756

AV 创意幻像展览设计有限公司
北京市朝阳区西大望路 20 号写字楼 320 室
邮编：100022
电话：010-67751772/6
传真：010-67751793

奥瑞展览展示有限公司
北京市朝阳区安贞西里五区 2 号楼仟村商务大楼 B 座 1403
邮编：100029
电话：010-64434290
传真：010-64439701

白云喷绘公司
北京市西城区阜内大街甲 93 号
邮编：100034
电话：010-66117696
传真：010-66117699

北方科信展览公司
北京市海淀区车道沟 10 号
North Kexin Exhibition Co.，Ltd.
10 Chedaogou, Haidian Dist., Beijing,China
邮编：100081
电话：010-88496168，88496172
传真：010-68425497

北京爱博展览展示艺术服务中心
北京市海淀区五道口东升园 7 条 26 号 211 房间（办）
邮编：100083
电话：010-82621514
E-mail:abledisplay@263.net

北京艾迪尔展示设计中心
北京市甜水园东街 10 号 317 室
邮编：100026
电话：010-65856668

北京艾派斯企业策划有限公司
北京市朝阳区望京广顺南大街19号嘉润花园 D-402
邮编：100102
电话：010-63969210
传真：010-63982927

北京爱普展览服务有限公司
北京市朝阳区管庄阳光曼哈顿G21座1804号
邮编：100024
电话：010-65709351
传真：010-65709351
E-mail:robinlee@ihw.com.cn

北京邦企展览服务有限公司
北京市德胜门外东滨河路11号国旅发展大厦 302 室
Beijing Bunch Exhibition Services Ltd.
Rm.302, CITS Development Building,11 Dongbinhe Road, Deshengmenwai, Beijing, China
邮编：100011
电话：010-62062558, 62055567
传真：010-68425685
E-mail:bbes@china.com

北京笔克展览服务有限公司
北京市朝阳区洼里南里 1 号笔克办公楼
Beijing PICO Exhibition Services Co., Ltd.
PICO Building, 1 Walinanli, Chaoyang Dist. Beijing, China
电话：010-64850999
传真：010-64916591
E-mail:bjgmktg@picoworld.com
http://www.picoworld.com

北京比史柯展览服务有限公司
北京市北三环东路 6 号国展中心 1 号馆四层 388 室
BSK-Beijing Exhibition Services Co., Ltd.
Rm.388 4th Floor, Hall #1, 6 Beisanhuan Donglu, Beijing,China
邮编：100028
电话：010-84601622
传真：010-84601625
E-mail:bskbj@163bj.com
http://www.bsk.net.cn

北京博方会展服务有限公司
北京市朝阳区广渠路九龙花园 5 号楼 B 座 1808 室
邮编：100022
电话：010-67737871, 67737467, 67750494
传真：010-67737569, 67737467
E-mail:bofang2002@263.net.cn

北京博风展览服务有限公司
北京市朝阳区南新源西路御景园 1 号楼 5C
Beijing Bofeng Convention Service Co., Ltd.
5C, 1 Bldg., Yujingyuan, Nanxinyuanxilu, Chaoyang Dist., Beijing, China
邮编: 100021
电话: 010-87361103
传真: 010-87361102

E-mail:bofeng2000@sohu.com
http://www.bofeng2000.com

北京博雅鑫太企业策划有限公司
北京市朝阳区青年路114号
邮编：100025
电话：010-85791101-100
传真：010-85791101-800

北京成安达展览展示设计有限责任公司
北京市朝阳区郎家园8号金鼎商务会馆B101室
邮编：100026
电话：010-65818056
传真：010-65818057
E-mail:lloracc@midwest.com.cn

北京创佳伟业展示设计有限公司
北京市海淀区白石桥路46号中国气象局幼儿园一楼
邮编：100081
电话：010-62188885, 62171531
传真：010-62172106
E-mail:chuangjwy@tonghua.com.cn

北京大安展示设计公司
北京市东直门外春秀路24号206室
邮编：100027
电话：010-64157082
传真：010-64157093
E-mail:daan_display@sina.com

北京大方广业贸易有限公司
北京市宣武区椿树园小区15楼A座207室
邮编：100052
电话：010-63105361
传真：010-83161631

北京大熊展览有限公司
北京市朝阳区东八里庄25号
电话：010-85830567
传真：010-85830567

北京德赛尔展览服务有限公司
北京市海淀区文慧园北路9号今典花园9号楼B座506室
邮编：100081
电话：010-62234411
传真：010-62262723
E-mail:designing@114online.com

北京得天展览服务有限公司
北京市建国门外东三环中路42号
Beijing D&T Exhibition Services Co., Ltd.
42 Dongsanhuan Zhonglu, Jianguomenwai, Beijing, China
邮编：100020
电话：010-65810868, 65819568
传真：010-65818566
E-mail:biansl@dt-china.com

北京迪雅展览展示有限公司
北京市朝阳区祁家豁子甲8号马甸经典家园B座一层
邮编：100029
电话：010-82070711, 82070722
传真：010-82070714
http://www.bjdiya.com
E-mail:bjdiya@bjdiya.com

北京东方虹景科技有限公司
北京市酒仙桥路甲11号三峡大厦421室
邮编：100016
电话：010-64344938

北京东方伟盛科贸中心展览展示服务部
北京市丰台区太平桥456号
邮编：100073
电话：010-63451873, 1381188183
传真：010-63451873

北京东方艺苑影像技术有限公司
北京市海淀区大慧寺路8号泰城商务会馆115室
邮编：100081
电话：010-62171271
传真：010-62173996
http://www.eastart.com.cn
E-mail:info@eastart.com.cn

北京东阳展览服务有限公司
北京市北三环东路6号中国国际展览中心商务写字中心四层345号
Excon Service Resources Ltd.
Rm.345, 4th Floor, China International Exhibition Centre, Business Office Centre, 6 Beisanhuandong Road, Beijing, China
邮编：100028
电话：010-64608108, 64686806
传真：010-64629214
E-mail:excon@public.gb.com.cn

北京泛贸展览服务有限公司
北京市朝阳区安外青年沟路23号安源大厦509房间
邮编：100013
电话：010-84271242, 84271183
传真：010-84271242

北京凤仪轩会展服务有限公司
北京市朝阳区幸福一村甲55号保利源写字楼四层8422室
邮编：100027
电话：010-64154380
传真：010-64154380

北京福尔得旅行咨询有限公司
北京市朝阳区建外大街建华南路5号曼哈顿写字楼519室
Beijing Forward Tour Consultant & Service Co., Ltd.
Rm.519, Manhattan Office Bldg., 5 Jianhuanan Road, Beijing, China
邮编：100022
电话：010-65660092, 65662096
传真：010-65666211
E-mail:forwardts@263.net

法兰克福展览咨询（上海）有限公司-北京办事处
北京市东城区建国门内大街7号光华长安大厦2座1721室
Messe Frankfurt Shanghai(Beijing Office)
Room 1721, Tower 2, Bright China Chang An Building, 7 Jian Guo Men Nei Avenue, Beijing, China
邮编: 100005
电话: 010-65171388
传真: 010-65102799
E-mail:info@china.messefrankfurt.com
http://www.messefrankfurt.com
本公司为法兰克福展览咨询（上海）有限公司在北京的办事处，为北京附近地区客户参加在法兰克福的展览提供服务。

北京高威展览展示有限公司
北京市海淀区北太平庄路15号8015信箱
Beijing Good Will Exhibition Co., Ltd.
15 Beitaipingzhuang Road, Haidian Dist., Beijing, P.O.Box 8015, China
邮编：100088
电话：010-62381729, 62381730
传真：010-62381730
E-mail:good-will@263.net

北京国商万和展览服务有限公司
北京市朝阳区西坝河西里平甲6号
邮编：100028
电话：010-64228999

E-mail:sales@gswh.com.cn
http://www.gswh.com.cn

北京国展商贸有限公司
北京市朝阳区北三环东路六号
Beijing CIEC Trade Co., Ltd.
6 Beisanhuan Donglu, Chaoyang Dist., Beijing, China
邮编：100028
电话：010-84601812
传真：010-84602177

北京好利得展览展示服务有限责任公司
北京市朝阳区西大望路平乐园10号银侨宾馆4层
邮编：100022
电话：010-67745578
传真：010-67738690
http://www.horizon-s.com
E-mail:horizon8888@vip.sina.com

北京恒基国际展览服务中心
北京市朝阳区静安西街6号楼
邮编：100028
电话：010-64670133
传真：010-64654645　　010-66111326

海富国际展览服务有限公司
北京市建国门外建国里9号富瑞写字楼109室
Reliable International Exhibition Services Co., Ltd.
Rm 109, Furui Bldg., 9 Jianguoli, Jianguomenwai, Beijing 100022, China
邮编：100022
电话：010-65665150
传真：010-65666675
E-mail:reliable@reliable.org.cn
http://www.reliable.org.cn

北京华丽达视听设备服务有限公司
北京市朝阳区安定路小关北里43号
Beijing Hualida Audio-Visual Equipment Service Co., Ltd.
43 Xiaoguan Beili, Anding Road, Chaoyang Dist., Beijing, China
邮编：100029
电话：010-64976001/2, 64894314/5
传真：010-64975992
E-mail:hualit@china-huali.com
http://www.china-huali.com

北京金柏展览服务有限责任公司
北京市朝阳区光华路7号汉威大厦西区708室
邮编：100004
电话：010-65612785/86
传真：010-65612790
E-mail:bjggoldberg@bjggoldberg.com

北京角度展览展示有限公司
北京市海淀区学院路甲裕京大厦5层办公区
Beijing Viewpoint Exhibition Co., Ltd.
5/F., Yujing Hotel, Xueyuan Road, Beijing, China
邮编：100083
电话：010-62310140, 62310465
传真：010-62347468
E-mail:viewpoint@263.net

北京捷仑展览服务有限公司
北京市安定门外东后巷28号2号楼105
Beijing Gemland Expo. Services Ltd.
28 Donghouxiang, Andingmenwai, Beijing, China
邮编：100710
电话：010-64211125
传真：010-64258510
E-mail:bges@public3.bta.net.cn

北京今日星光展览服务有限公司
北京市朝阳区西坝河南里3号国都写字楼403
邮编：100028
电话：010-84516176
传真：010-84516175
E-mail:jrxg@263.net

北京力洋展示设计有限公司
北京市海淀区花园东路11号
Beijing Level Exhibition Design Ltd.
11 Huayuan Donglu, Haidian Dist., Beijing, China
邮编：100083
电话：010-62384021
传真：010-62354582
E-mail:info@leveldisplay.com
http://www.leveldisplay.com

北京陆华展览展示有限公司
北京市丰台区方庄芳古园润会馆4层
邮编：100078
电话：010-67695190
传真：010-67600876
E-mail:changcunhlj@sohu.com
http://www.lhexpo.com.cn

北京玛斯特尔展览服务中心
北京市海淀区中关村三才堂水清木华园4号楼106室
邮编：100080
电话：010-82641042
传真：010-82641041
http://www.bj.mpl.com.cn

北京培成办公设计有限公司
北京市丰台区广安门外鸭子桥路甲39号504室
Beijing Peicheng Offical Design Co., Ltd.
5/F. A-39, Yaziqiao Rd., Guang'anmenwai, Beijing, China
邮编：100055
电话：010-63468836
传真：010-63426125

北京千禾人展览服务有限公司
北京市海淀区厂洼街5号鼎恒信大厦
Beijing Evergreen Exhibition & Conference Solutions Ltd.
Dinghengxin Building, 5 Changwa St., Haidian Dist., Beijing, China
邮编：100089
电话：010-68728289
传真：010-68459061
E-mail:cordial@public3.bta.net.cn
http://www.qianheren.com

北京瑞联国际会议展览有限公司
北京市海淀区龙翔路甲7号315,316室
邮编：100083
电话：010-82085265, 82085994
传真：010-82087317
山东办事处：山东省烟台市南大街295号四层
邮编：264001
电话：0535-6601071
传真：0535-6601070

北京瑞特礼仪艺术发展有限责任公司
北京市宣武区南菜园61号，65号
邮编：100054
电话：010-63569636, 63545410
传真：010-63582350

北京森川展览展示有限公司
北京市朝阳区西大望路21号乙鑫企旺写字楼507室
邮编：100022
电话：010-87781285
传真：010-67748523

北京丝绸之旅展览展示服务有限公司
北京市5140信箱
邮编：100094
电话：010-62887836
传真：010-62861521-12

http://www.travel-silkroad.com
E-mail:market@travel-silkroad.com

北京思德展览服务有限公司
北京市朝阳区京顺路孙河村2号
Beijing Sidex Exhibition Service Co.,Ltd.
2 Sunhecun, Jingshunlu, Chaoyang Dist., Beijing, China
邮编：100103
电话：010-64382408
传真：010-64382411
E-mail:sidex@163.net

北京胜龙天地信息技术有限公司
北京市海淀区车公庄西路乙19号华通大厦北塔17层
邮编：100044
电话：010-68731155-636
传真：010-68732145
http://www.tvwall.com.cn

北京盛世嘉禾科技发展有限公司
北京市朝阳区潘家园华威西里秦桂豫大厦2F
邮编：100021
电话：010-87771987
传真：010-87771990
http://www.westqq.com

北京盛世精英气球气模制品厂
北京市朝阳区惠新北里6号楼B01-B04室
邮编：100029
电话：010-64989187, 64989486
传真：010-64989486
E-mail:ssjyg@sina.com

北京胜宇会议服务有限公司
北京市海淀区北三环中路31号凯奇大厦1104房间
邮编：100088
电话：010-82083601, 82083602
传真：010-62012051

北京市阿波罗设计公司
北京市建国路88号现代城A座2308室
邮编：100022
电话：010-65956885
传真：010-85956885
E-mail:ag007540@sohu.com
http://www.apollo-ad.com

北京世纪敦煌展览展示有限公司
北京市建外大街郎家园11号内1号
邮编：100022
电话：010-65812456
传真：010-65811560
E-mail:sjdh@dunhuang.net.cn
http://www.dunhuang.net.cn

北京天广联广告有限公司
北京市朝阳区光华路甲8号和乔大厦A-101
邮编：100026
电话：010-65810001，65818988
传真：010-65812345
E-mail:shirley@tg-china.net

北京天人坊文化发展有限公司
北京市外贸安贞大楼B座501室
邮编：100028
电话：010-84274033
传真：010-84274033

北京天图展览有限公司
北京市海淀莲花池西路16号莲花大厦七层
电话：010-63961255
传真：010-63961273
E-mail:tiantuzhanshi@263.net

北京天扬世纪展览展示有限公司
北京市崇文区西花市大街103号人杰商务楼306室
邮编：100062
电话：010-67182941, 67178531
传真：010-67178530

北京天一世纪展览展示有限公司
北京市海淀区五塔寺24号
邮编：100081
电话：010-62147630
传真：010-62147627

北京万方空间展示设计有限公司
北京市朝阳区建国路98号
邮编：100022
电话：010-65661853
传真：010-65661856

北京万高展览展示服务有限公司
北京市北三环东路6号国展1号馆四层393室
邮编：100028
电话：010-84601320, 84601352
传真：010-84601324

北京万有引力展览展示有限公司
北京市中央民族大学北路16号
邮编：100081
电话：010-68432781, 68434571
传真：010-68470268

北京唯美展览设计制作有限责任公司
北京市朝阳区静安西街4号楼
Perfect Builders Resources Pte. Ltd.
4 Building, Jing'anxijie, Chaoyang Dist., Beijing, China
邮编：100028
电话：010-64625933
传真：010-64625934
E-mail:pbr@public.east.cn.net

北京伟业达展览有限公司
北京市百万庄建设部大院威可达办公楼1层
邮编：100037
电话：010-68394241
传真：010-68311175
http://www.chinavictory.com

北京现代明大企业形象策划有限公司
北京市东城区安定路20号安贞写字楼A-205-208室
邮编：100029
电话：010-64438558，64441691
传真：010-64441672
E-mail:modern+md@163.com

北京星洲文化发展有限公司
北京市崇文区龙潭西里54号办公楼518,519室
邮编：100061
电话：010-67186087, 67172823
传真：010-67185853
E-mail:xzwenhua@public3.bta.net.cn

北京雅讯视点展览服务有限公司
北京市东城区新18号阳光都市1号楼703
邮编：100027
电话：010-84472721
传真：010-84472723

北京艺港展览展示有限公司
北京市朝阳区静安中里30号楼岳安大厦八层
电话：010-64617339，84516066
传真：010-64617312
http://www.ygang.com
E-mail:zl@ygang.com

北京艺佳大关展览展示有限公司
北京市西城区车公庄北里44号楼305房间
邮编：100044
电话：010-88363678, 88363679
传真：010-88373290
E-mail:ogg@263.net

北京易悌服务有限责任公司

北京市西坝河南里3号国都大厦写字楼503室
邮编：100076
电话：010-64655257
传真：010-64655236

北京用天正友科技有限责任公司
北京市西城区车公庄大街6号院3号楼（市委党校院内）212,214 室
Beijing Yong Tian Zheng You (YTZY) Science and Technology Company Ltd.
Rm.212 and 214, Building #3, 6 Chegongzhuang Avenue, Xicheng Dist., Beijing, China
邮编：100037
电话：010-68002378, 68002581
传真：010-68002580

北京远洋国际货运公司
北京市东城区安外东后巷28号院一号楼
Beijing Oceao International Freight & Forwarding Co.
Building 1, 28 Donghouxiang, Andingmenwai, Beijing, China
邮编：100710
电话：010-84256719, 84256710
传真：010-84256708, 84256772
E-mail:xiaoyy@cosfnebj.com

北京致美展览有限公司
北京市京开路西红门甲 8 号
邮编：100076
电话：010-66125624, 66513216
传真：010-66513217, 60265473

北京中纺嘉华展览服务有限公司
电话：010-65813070-301
传真：010-65813058
E-mail:juthwaexpo@ynochina.com

北京众邦创艺展览有限公司
北京市西城区车公庄大街甲五号
邮编：100044
电话：010-68312572
传真：010-68312574
E-mail:zhongb@public2.east.net.cn

北京中宏天展览展示有限公司
北京市朝阳区北四环中路6号深蓝华亭E座7D
邮编：100029
电话：010-82843616/17/18
传真：010-82843621
E-mail:zhonghongtian@163.net

北京众日昌盛展览服务有限公司
北京市朝阳区广顺北大33号大西洋城110-1-1A
邮编：100102
电话：010-64793618
传真：010-64793463
E-mail:kenbj@btamail.net.cn
http://www.chinazrcs.com

北京中沅腾龙展览服务有限公司
北京市北辰东路利康饭店办公区 3 号院南楼 105 室
邮编：100101
电话：010-64993548
传真：010-65993543
E-mail:zytlcn@163bj.com

北京中远物流公司
北京市朝阳区东三环北路3号幸福大厦A座4层
Beijing COSCO Logistics Company
4/F., Block A, Lucky Tower, 3 Dongsanhuan Bei Road, Chaoyang Dist., Beijing 100027,China
邮编：100027
电话：010-64627563, 84518880转展运部
传真：010-64648671/64648672
E-mail:zhangxy@cosco-logistics.bj.cn
chenyu@cosco-logistics.bj.cn
taoran@cosco-logistics.bj.cn
北京中远物流公司具有多年从事来华及出国展览品运输的丰富经验，依托中远集团的雄厚实力为世界各国展商提供全程展品运输服务。包括：缮制单证（包括ATA单证册）；海关手续；展品运输送至展台；展馆现场服务；等等。

比洋会展服务有限公司
北京市朝阳区北郎家园8号（金鼎商务会馆）A201
Beyond Convention & Exhibition Service Co., Ltd.
Rm.A201, 8 North Langjiayuan, Chaoyang Dist., Beijing, China
邮编：100026
电话：010-65819682, 65817556
传真：010-65850419
E-mail:yybeyond@public3.bta.net.cn

博恒国际展览服务（中国）有限公司
北京市安贞西里仟村商务大厦
电话：010-64420778, 64420782
传真：010-64430774

德士比展览服务有限公司
北京市北三环东路 6 号国展商务 B 座 203 室
电话：010-84601381
传真：010-84601389
E-mail:display@public.east.cn.net

鼎立诚会展服务有限责任公司
北京市西四东大街41号西城工商招待所403-405 室
Ding Li Cheng Meeting & Exhibition Service Co., Ltd.
Rm. 403-405, 41 Xisi Dongdajie, Beijing, China
邮编：100034
电话：010-66133692, 66176959
传真：010-66133685

金赛克展示服务有限公司
Gisaca Exhibition Co., Ltd.
电话：010-65257618
传真：010-67301039
E-mail:gisaca@sina.com

莱达展览展示有限公司
北京市北三环西路 18 号大钟寺饭店西厅
电话：010-62112609
传真：010-62113829
E-mail:ladder2828@263.net

睿思博展览有限公司
北京市朝阳区小关北里45号世纪嘉园4号楼3 层 03D 室
邮编：100029
电话：010-64891672
传真：010-64891680
http://www.china-brightview.com

瑞艺光辉会议服务有限公司
北京市朝阳门外大街 10 号昆泰大厦 905 室
邮编：100020
电话：010-65995323
传真：010-65993188

商务速运香港有限公司
北京市朝阳区西坝河东里 28 号三元大厦 1201室
Trans-Link Exhibition Forwarding (HK) Ltd.
Rm 1201,San yuan Massion,xibahe Dongli, Chaoyang District, Beijing, China
邮编：100028
电话：010-84603602
传真：010-84603605
E-mail:enquiry@trans-link.com
http://www.trans-link.com.hk

三步梯展览服务有限公司

北京市朝阳区西大望路27号友金大厦402室
电话：010-87779213

上海亚展实业有限公司北京分公司
北京市海淀区紫竹院路31号华澳中心公寓1号楼22层A座
邮编：100089
电话：010-68715436
传真：010-68715446

世孚展览展示有限公司
北京市朝阳区安外胜古庄中路1号蓝宝大厦209室
邮编：100029
电话：010-64442933
传真：010-64416363

北京世家展览展示有限公司
北京市朝阳区光华路7号汉威大厦东区706A
Beijing Designer World Exhibition & Display Co., Ltd.
706A Hanwei Plaza, 7 Guanghua Road, Chaoyang Dist., Beijing, China
电话：010-65611451
传真：010-65610732
E-mail:dwrj@netchina.com.cn

通用国际广告展览有限公司
电话：010-68991436, 68991774
传真：010-68991422, 68991084
E-mail:zhangyzh@cmc.com.cn; cuipeng@cmc.com.cn

西麦克国际展览有限责任公司
北京市宣武区广安门外大街178号
CMEC International Exhibition Co., Ltd.
178 Guang'anmenwai St., Beijing, China
邮编：100055
电话：010-63452258
传真：010-63452349
E-mail:xujc@mail.cmec.com
http://www.cmecex.com.cn

鑫安达展示
北京市朝阳区郎家园16号鸿信大厦302室
邮编：100022
电话：010-65673437
传真：010-65673446
http://www.xinad.com

亚洲杰创有限公司
北京市朝阳区东三环北路甲2号京信大厦1155房间
Asian Creation Ltd.
Rm.1155, Jingxin Bldg., A2 Dongsanhuan Beilu Chaoyang Dist., Beijing, China
邮编：100027
电话：010-64660654, 64634950
传真：010-64703363
E-mail:lacey@fairlink.com.cn

永一格环境艺术设计有限公司
北京市朝阳区酒仙桥路4号
邮编：100015
电话：010-84564683
E-mail:yyg@bjunique.com.cn
http://www.bjunique.com.cn

远大国际展览有限公司
北京市和平里西街三号三川大厦706室
邮编：100013
电话：010-84280941
传真：010-84280941
E-mail:grandex@mweb.com.cn

中国航天海鹰集团展览服务中心
北京市海淀区车道沟一号滨河大厦六层
邮编：100089
电话：010-68701451, 68437083
传真：010-68437079
E-mail:imagetrans@mail2A-1.net.cn

中国建筑装饰协会信息咨询委员会
北京市西城区德胜里一区11号楼310-312室
China Building Decoration Association
Rm.310-312, No.11 Building, Deshengli Yiqu, Xicheng Dist., Beijing, China
邮编：100088
电话：010-62043676
传真：010-62025923
E-mail:chinabuild@sina.com

中国无机材料科技实业集团
北京市海淀区三里河路11号
China Scientific & Technological Industrial Group Corporation of Inorganic Materials(CIMGC)
11 Sanlihe Road, Haidian Dist., Beijing, China
邮编：100831
电话：010-68319998, 68348184
传真：010-68349607, 68354134
E-mail:cc-show@263.net

中企国际展览广告有限公司
北京市西城区阜外大街展览馆路48号华联写字楼4层
China Enterprises International Exhibitions & Advertising Co., Ltd.
Rm.401-411, Hualian Office Building, 48 Zhanlanguan Rd., Fuwaidajie, Xicheng Dist., Beijing, China
邮编：100037
电话：010-88361764
传真：010-88374666
E-mail:eaciecco@mx.cei.gov.cn

中艺久鼎展览展示有限公司
北京市东城区东总布胡同5号北京市住宅建筑设计院706室
邮编：100005
电话：010-65289756, 65141877
传真：010-65141877

株式会社光辉北京营业所
北京市朝外大街10号昆泰大厦Q905
Ray Corporation Beijing Office
Q905 Kuntai Bldg., 10 Chaowai Ave, Beijing, China
邮编：100020
电话：010-65995323
传真：010-65993188
E-mail:ray@ray.net.cn
http://www.ray.net.cn

重庆市

重庆杜赛尔多夫展览服务有限公司
重庆市高新区科园四路269号技术展览中心方馆2楼1
电话：023-68882688

重庆好博商务管理有限公司
重庆市南坪东路11号星宇花园A幢4-13-C
邮编：400060
电话：023-62822496，62914021
传真：023-62914021

重庆鸥信展览广告有限公司
重庆市高新区朝田村200号绅帝大厦B座7-7
邮编：400039
电话：023-68673938
传真：023-68659024
E-mail:sales@cq-ocean.com
http://www.cq-ocean.com

福建省

凤凰创意会展服务有限公司
福建省厦门市湖滨南路619号SOHO大厦301-303室
邮编：361002

电话：0592-5146666-105
传真：0592-5143333, 5143338
E-mail:phenixchina@sina.com
http://www.china-phenix.com

厦门笔特尔展示设计有限公司
福建省厦门莲前西路725号602（东芳山庄）
邮编：361009
电话：0592-5984497, 5984590
传真：0592-5984497
E-mail:zlzl789@sina.com

中国（厦门）国际投资促进中心
福建省厦门湖滨北路外贸大厦二楼
China(Xiamen) International Investment Promotion Center
2/F., Hubinbeilu, Xiamen, China
邮编: 361012
电话: 0592-5063172
传真: 0592-5168355
E-mail:zwl@chinafair.org.cn
http://www.chinafair.org.cn

甘肃省

甘肃国惠展览装饰有限公司
甘肃省兰州市小稍门外280号昌运大厦BG
电话：0931-8854080

广东省

广东南北展览广告有限公司
广东省广州市F九路荔湾广场荔富阁702室
邮编：510140
电话：020-81387882
传真：020-81710494

广东千秋展览策划有限公司
广东省广州市黄埔大道西189号红棉阁2205室
Qian Qiu Exhibition & Secheme Co., Ltd.
邮编：510620
电话：020-87569886
传真：020-87569886
E-mail:qianqiu@public.guangzhou.gn.cn

广州菲利克斯展览服务有限公司
广东省广州市滨江东路翠竹路18#裕丰大厦21楼F座
Guangzhou Felix Exhibition Services Co., Ltd.
21/F., Yufeng building, 18 Cuizhulu, Binjiangdonglu, Guangzhou, China
邮编：510300
电话：020-34210220，34210265
传真：020-34210236
E-mail:victory@felixfairs.com
http://www.felixfairs.com

广州富众展览策划有限公司
广东省广州市天河区中山大道棠东东南路8号顺景苑807室
邮编：510665
电话：020-85539139, 85577615
传真：020-85539079
E-mail:fuzhong321@21cn.com

广州富洋商业展览策划有限公司
广东省广州市流花路109号306室
Guangzhou Overseas Trade Fairs Ltd.
Rm.306, 109 Liuhua Road, Guangzhou, China
邮编：510010
电话：020-86685704, 86685270
传真：020-86685794
E-mail:info@fuyang.com.cn
http://www.fuyang.com.cn

广州固创展览策划有限公司
广东省广州市广园西路99号金都大厦418室
邮编：510010
电话：020-86502796，86502680，86514239
传真：020-86502796

广州好博展览策划有限公司
广东省广州市白云区黄石立交旁成丰大厦B座1107室
邮编：510245
电话：020-86624708
传真：020-86624706
E-mail:hopeaa@public.guangzhou.gd.cn

广州联展展览策划有限公司
广东省广州市广园西路99号金都大厦511室
邮编：510010
电话：020-86503056
传真：020-86503056
E-mail:lianzhan@163.net

广州市博慷展览展示有限公司
广东省广州天河区马场路535号金骏大厦三楼C座
邮编：510627
电话：020-38200193, 38200127
传真：020-38200116
E-mail: bo_kang@263.net
http://www.bk-ex.com

广州市精颖设计策划有限公司/精颖印刷厂
广东省广州黄埔大道中144-152号海景中心海都轩7G
邮编：510655
电话：020-85626057，85626077
传真：020-85626057
E-mail:jingyin@public.guangzhou.gd.cn

广州市时空展贸中心
广东省广州市黄埔大道中296号乐雅苑D808
邮编：510655
电话：020-38680086/85/84
传真：020-38680200
E-mail：info@2t2.net
http://www.2t2.net

广州显辉展览服务有限公司
广东省广州市东风中路363号国信大厦1101室
Top Repute Co., Ltd.(Guangzhou)
Rm.1101, Guoxin Mansion, 363 Dongfeng Zhonglu, Guangzhou, China
邮编：510045
电话：020-83631061, 83631062-803
传真：020-83631063

广州银波展览服务公司
广东省广州市黄浦大道西201号金泽大厦12楼B5座
邮编：510620
电话：020-87566852
传真：020-87565441

豪斯展示器材（广州）有限公司
广东省广州市石榴岗路2号粤信广场嘉东楼903室
邮编：510310
电话：020-84178649，84178846
传真：020-84178846
E-mail:reckykwan@163.net
http://recky.topcool.net

梦工场投影设计创作室
广东省广州市文德北路69号7713室
邮编：510030
电话：020-83332599, 83333489
传真：020-83332599
E-mail:55wu@sina.com

深圳市凯思展览服务有限公司
广东省深圳市人民北路书院街一坊六号二楼
邮编：518001
电话：0755-82239963, 82236690
传真：0755-82203607
E-mail:lxm66@163.net

深圳市西林展览有限责任公司

广东省深圳市八卦三路702栋三楼
Shenzhen Xilin Exhibition Co., Ltd.
3/F, 702 Bldg., Baguasanlu, Shenzhen, China
邮编：518029
电话：0755-82443161, 82444058
传真：0755-82443162
E-mail:xlzl@public.szptt.net.cn
http://www.xilin-exhibition.com

深圳市中广信会议展览有限公司
广东省深圳市福田区新闻路景苑大厦A座2508室
邮编：518034
电话：0755-83923254, 83904655
传真：0755-83904655
E-mail:cnexhibi@yahoo.com.cn

深圳展贸咨询服务有限公司
广东省深圳市上步北路深圳国际展览中心6号展厅2楼207室
邮编：518029
电话：0755-82409330，82265564
传真：0577-82407175

贵州省

贵州奥特展览服务有限公司
贵州省贵阳市中华北路325号省经贸委企业干部培训中心四楼
电话：0851-6892482

海南省

尚科会展有限公司
海南省海口市机场路汇隆大厦A座501室
Shangke convention & Exhibition Co., Ltd.
电话：0898-6710656
E-mail:a6784558@hk.hi.cn

河南省

河南省远东广告装璜公司·商丘公司
河南省南丘市京港大道与团结路交叉口向东16米
邮编：476000
电话：0370-2297626, 2217626
传真：0370-2296953

黑龙江

黑龙江省中科国际合作交流有限公司
黑龙江省哈尔滨市赣水路1号齐鲁商务酒店17层
邮编：150090
电话：0451-82614032, 82616777
传真：0451-82649713
E-mail:linker@public.hr.hl.cn
http://www.linker.org.cn

中国外商投资企业展览服务公司哈尔滨分会
黑龙江省哈尔滨市南岗区中山路252号银河宾馆1115室
China Foreign Investment Enterprises Exhibition and Service Company, Harbin Branch
Rm.1115, Yinhe Hotel, 252 Zhongshan Rd., Nangang Dist., Harbin, Heilongjiang, China
邮编：150001
电话：0451-82626087, 82626077-1115
传真：0451-82626087
E-mail:haefi@public.hr.hl.cn

湖北省

尚格展览贸易有限公司
湖北省武汉惠济二路6号金三九写字楼620室
邮编：430010
电话：027-82606059, 82637059
传真：027-82637059
E-mail:zhjua121@public.wh.hb.cn

武汉惠昌展览策划有限公司
湖北省武汉市江汉北路34号九运大厦609室
Wuhan Huichang Exhibition Co., Ltd.
Rm.609 Jiuyun Mansion, 34 Jianghan Bei Road, Wuhan, China
邮编：430022
电话：027-85791576, 85729127/9129
传真：027-85801706
E-mail:hui-chang@21cn.com
http://www.ehuichang.com

江苏省

东亚会展服务有限公司
江苏省好的展览贸易有限公司
南京市华侨路37号春风大厦17F
邮编：210029
电话：025-4707348, 4703485

中国无锡西邦气模营造有限公司
江苏省无锡市金匮西路体育中心内
邮编：214072
电话：0510-5119119
传真：0510-5134154
E-mail:shape@public1.wx.js.cn

辽宁省

大连北方国际展览服务有限公司
辽宁省大连市沙河口区会展路18号星海会展中心
邮编：116023
电话：0411-4809318
传真：0411-4809324
E-mail:dlne@mbm.dl.ceigov.cn

大连华展展览服务有限公司
辽宁省大连西岗区同仁街50号大连万达公寓10层D座
邮编：116011
电话：0411-3787490，3787048
传真：0411-3787048，3787049
E-mail:dlhz@mail.dlptt.ln.cn
http://www.dlhz-expo.com

大连金世长城展览服务有限公司
辽宁省大连市西岗区新开路82号越秀大厦2101室
邮编：116011
电话：0411-3769049, 3769050
传真：0411-3769061
E-mail:jscc-exhi@163.com

大连瑞德展览服务公司
辽宁省大连市中山区明泽街16号丽苑大厦18楼H座
邮编：116001
电话：0411-2658677，2809542
传真：0411-2653306
E-mail:read@pub.dl.lnpta.net.cn

大连太平洋展览策划有限公司
辽宁省大连市沙河口区连胜街41号龙祥花园3号楼2-7-1室
邮编：116021
电话：0411-4650822，4650881，4590062
传真：0411-4600661
E-mail:dped@sina.com
http://www.dped.com

沈阳市鼎世博览有限公司
辽宁省沈阳市和平区和平南大街39号（嘉环大厦16楼）
邮编：110003
电话：024-23220831
传真：024-23850348

大连市建筑装饰协会
辽宁省大连市西岗区五四路66-2号（万益大厦505室）
邮编：116011
电话：0411-3706001，3679081，3706002
传真：0411-3679082
http://www.dlbuilding.com

大连先行展览服务有限公司

辽宁省大连市沙河口区中山路595号星海大厦A座1105室
邮编：116023
电话：0411-4580751，4580752，4580753
传真 0411-4580753
E-mail:ztping1109@hotmail.com
http://www.dlpioneer.com

大连亿源展览有限公司
辽宁省大连市沙河口区西安路10号
Dalian Yi Yuan Exhibition Co., Ltd.
10 Xi'an Road, Shahekou Dist.,Dalian,China
邮编 116021
办公室 0411-4607323
企划部 0411-4623306
业务部 0411-4654129,4649082,4625260
传 真 0411-4604916
E-mail:yyzl@sina.com
本公司具有七年的展览工作历史，常年参与大连市政府的国际服装节、大连赏槐节、烟花爆竹迎春会等大型活动，并多次获得嘉奖。全年承办各类展会十余个，位于大连市展览行业的前列，是大连市具有较大规模及实力的专业展览公司。
大连亿源展览有限公司承办的知名展会：
中国名优商品赴俄罗斯展洽会
中国动画漫画（大连）展览会
大连少年儿童用品暨卡通艺术展览会
大连旅游商品展览会
大连中秋食品订货会
大连中老年康复用品展览会
大连残疾人康复护理用品展览会
大连清洗设备、技术及相关产品展览会

宁夏回族自治区

银川西部城大昌展业服务有限公司
宁夏银川开发区中苑大厦B座六层
电话：0951-5057206

内蒙古自治区

包头飞天文化有限公司
内蒙古包头市青山区钢铁大街40号
电话：0472-5113773

四川省

成都策划服务有限公司
成都鑫东方商务有限公司
四川省成都市金牛区交大路101号新材大厦408室
邮编：610031
电话：028-87614018, 87611129
传真：028-87614568, 87615928
E-mail:necd@163.com

四川华展信息工程有限责任公司
四川省成都市金沙江路88号懋园威尼斯楼二单元101号
Sichuan Huazhan Information Engineering Co., Ltd.
2-101, Weinisi Maoyuan, 88 Jinshajiang Rd., Chengdu, Sichuan, China
邮编：610031
电话：028-87670615
传真：028-87680330
E-mail:schzie@mail.sc.cninfo.net

山东省

山东丞华展览有限公司
山东省济南市普利街29号
电话：0531-6114990
传真：0531-6900572
E-mail:wwwllzzh@jn-public.sp.cninfo.net

山东省荣恒国际展览服务有限公司
山东省青岛市山东路16号济南大厦22层J室
Shandong Evermore International Exhibitions Services Co., Ltd.
Rm.J, 22 Floor, Jinan Tower, 16 Shandong Road, Qingdao, China
邮编：266071
电话：0532-5820653
传真：0532-5820653
E-mail:evermore.exh@163.net

陕西省

陕西国际展览中心
陕西省西安市长安路北段14号院内业务部
Shannxi International Exhibition Center
14,Chang'an Lu Beiduan, Xi'an,China
邮编 710061
电话 029-5244094
传真 029-5244094
E-mail:gzzx01@pub.xamline.com
http://www.sn-gzzx.com

陕西星宇展览策划有限责任公司
陕西省西安市友谊东路334号测绘大厦B座508-509室
Shaanxi Xingyu Exhibition Planning Co., Ltd.
邮编：710054
电话：029-7839155, 7839098
传真：029-7801901, 7839155
http://www.xingyu99.com
E-mail:xingyu99@vip.163.com

陕西雅图展览服务有限公司
陕西省西安市下马陵1号内
Xi'an Meshow Display Production Co., Ltd.
电话：029-7518644
传真：029-7514948

西安博恒展览贸易有限公司
陕西省西安市含光路99号
电话：029-2553963
传真：029-2553963

西安长城展览服务有限责任公司
陕西省西安市长乐路中路29号
电话：029-2547679
传真：029-2548432

西安新时代设计展览有限公司
陕西省西安市长安北路91号富城大厦9F901
电话：029-7885588, 7887518
传真：029-7885599
E-mail:exhibcen@pub.xaonline.com

上海市

德国欧立旺国际展览设计股份有限公司上海代表处
上海市浦东新区张杨路188号C栋308室
Unit One Expo. Team German Exhibition Service Co., Ltd.
Rm.308, C Bldg.,188 Zhangyanglu, Pudong Xinqu, Shanghai, China
电话：021-68883308/4308/6308
传真：021-68880308

法兰克福展览咨询（上海）有限公司
上海市南京西路1168号中信泰富广场2703室
Messe Frankfurt Shanghai
2703 CITIC Square, 1168 Nanjing Xi Road Shanghai 200041, P.R.China
邮编 200041
电话 021-52929222
传真 021-52928777
E-mail:info@china.messefrankfurt.com
http://www.messefrankfurt.com
本公司为德国法兰克福展览有限公司在华独资子公司，主要为该公司在华来展项目提供服务，并为国内客户参加在法兰克福的展览提供服务。

慕尼黑展览咨询（上海）有限公司
上海市浦东南路360号新上海国际大厦24B
Munich Trade Fairs Consultancy (Shanghai) Co., Ltd.
24B, New Shanghai International Tower, 360

Pudongnanlu, Shanghai, China
邮编：200120
电话：021-68863366
传真：021-68862400
E-mail:info@mmi-shanghai.com

上海邦达展览服务有限公司
上海市雁荡路107号雁荡大厦13楼F座
邮编：200020
电话：021-63580773
传真：021-33100246

上海博慧商务展览有限公司
上海市万航渡路888号开开广场21楼G座
邮编：200042
电话：021-62251975
传真：021-62251976

上海博闻展览服务有限公司
上海市延安东路55号工商联大厦911室
Global Exhibitions Services Co., Ltd.
邮编：200002
电话：021-64810070-106
传真：021-64814005
E-mail:zengweid@online.sh.cn
http://www.tradeshow.com.cn

上海博秀展览服务公司
上海市澳门路326号1B02室
邮编：200060
电话：021-62770913
传真：021-62770912
E-mail:proshow@public7.sta.net.cn

上海博展展览服务有限公司
上海市兴义路48号新世纪广场C座1404室
邮编：200336
电话：021-62700003

上海非凡会展服务有限公司
上海市杨高南路501室
电话：021-62159908
传真：021-68730735

上海荷雅企龙展览服务有限公司
上海市天山路600号新虹桥商务广场思创大厦东19楼AB座
Royal Dutch Jaarbeurs China & Keylong Exhibition Service Co., Ltd.
E19AB, Stringth Plaza, New Hongqiao Business, Squako, 600 Tianshan Rd., Shanghai, China
电话：021-52896776
传真 021-52896090
E-mail:keylong@public.sta.net.cn
http://www.keyling.com

上海环球展览服务有限公司
上海市江宁路167号24层
邮编：200041
电话：021-62556060
传真：021-62557740
E-mail:wes-expo@stn.sh.cn

上海励展展览服务有限公司
上海市愚园路641弄4号
Shanghai Legend Exhibition Service Co., Ltd.
4, 641 Lane, Yuyuan Road, Shanghai, China
邮编: 200040
电话: 021-62623624
传真: 021-62629695
http://www.lizhan.com.cn
E-mail:legend@guomai.sh.cn
北京办事处
北京市朝阳区东直门外静安里45号B202室
邮编: 100028
Rm.B202, 45 Jing'anli Dongzhimenwai, Chaoyang Dist., Beijing, China
电话: 010-64686467，64687002/7004，64612288-3222
传真: 010-64605455
E-mail:legendbj@sina.com.cn

上海日恒展览服务有限公司
上海市万航渡路888号开开广场17F座
Shanghai Sun Exhibition Services Co., Ltd.
17/F, Kaikai Plaza, 888 Wanhangdu Road, Shanghai, China
邮编 200042
电话 021-62108885
传真 021-62109659
E-mail:info@sunexhibition.com
http://www.sunexhibition.com

上海升泰展览服务有限公司
上海市虹桥路2328号
Shanghai Shengtai Exhibition Service Co., Ltd.
邮编：200335
电话：021-62426175, 32071118
传真：021-62620680
昆山办事处
昆山市前进中路125号
邮编：215300
电话：0512-57368099
传真：0512-57368100
苏州办事处
苏州三香路三香花园7幢106室
邮编：215004
电话：0512-68662615, 68601915
传真：0512-68601915

上海新裕展览服务有限公司
上海市中山北路2550号上海物资贸易大厦815/817室
Shanghai Xinyu Exhibition Service Co.， Ltd.
Rm.815/817, 2550 Zhongshanbeilu, Shanghai, China
邮编：200063
电话：021-62571107, 62576390
传真：021-62571107
E-Mail：xinyuzhl@public7.sta.net.cn

上海兴华旅展览有限公司
上海兴旅广告有限公司
上海市徐汇区蒲汇塘路101号307室
Shanghai Xinglu Advertising Limited/Shanghai Xinghualu Exhibition Ltd.
Rm.307, 101 Puhuitang Rd., Shanghai, China
邮编：200030
电话：021-64875411, 64275373
传真：021-64275004
E-mail:peter@xing-lv.com

上海颖展商务有限公司
上海市五原路252号弄2号
邮编：200031
电话：021-64733470
传真：021-64713097
E-mail:yinzhanc@online.sh.cn

上海展嘉科技信息服务有限公司
上海市长宁区番禺路50号四楼
Shanghai Exhibition Tech. Inc.
邮编：200052
电话：021-62809107, 62812064
传真：021-62808412
E-mail:sales@show-ticket.com

香港展览服务有限公司上海办事处
上海市仙霞路322号A803室
邮编：200336
电话：021-62095209
传真：021-62095210
http://www.fhcchina.com

雅诗（中国）有限公司
北京雅诗荟萃展览服务有限公司上海办事处
上海市静安区新闸路777弄1号楼25F座
Arts & Sales (China) Ltd./Beijing Ya Shi Hui Cui Exhibition Services Co., Ltd. Shanghai Liaison Office

25F, Building 1, 777 Nong, Xinzha Road, Jing'an Dist., Shanghai, China
邮编：200041
电话：021-62583586-801
传真：021-62583173
E-mail:yszhanlan@shtel.net.cn

天津市

天津瑞德展览服务公司
天津市河西区友谊路34号东楼208室
邮编：300061
电话：022-28373000
传真：022-28372000

天津体育展览服务中心
天津市南开区宾水西道
Tianjin Sports Exhibitions Center
Binshuixidao, Nankai Dist., Tianjin, China
邮编：300381
电话：022-23389842
传真：022-23389146

天津天体展览服务中心
天津市南开区宾水西道
Tianjin Tianti Exhibition Service Center
Binshuixidao, Nankai Dist., Tianjin, China
邮编：300381
电话：022-23915800-1164, 23916168
传真：022-23389146

天津五方展示设计制作中心
天津市和平区成都道14号
邮编: 300050
电话 022-23114745, 23391885
移动电话 13920807998
传真 022-23391885
E-mail:13920807998@vip.163.com
http://www.adroad.net

新疆维吾尔自治区

新疆泛亚会展服务中心
新疆乌鲁木齐市友好南路110号西北商场四楼
电话：0991-4517305
传真：0991-4536291
E-mail:xjfanya@mail.xj.cninfo.net
http://www.fanya.net

云南省

昆明爱克比展览服务有限公司
云南省昆明市塘双路自由港14楼B01室
电话：0871-3573006
传真：0871-3519498

云南艾姆希企划广告展览有限公司
云南省昆明市人民西路128号
电话：0871-5358138
传真：0871-5387004

浙江省

佳德展览服务有限公司
Exhibition Services Co., Ltd.
电话：0571-88212035
传真：0571-88212039
E-mail:cand@email.com.cn
http://www.chairshow.com

宁波雅卓展览服务有限公司
浙江省宁波市百丈东路650号7楼
Younage Exhibition Co., Ltd.
7F, 650 Baizhang Dong Road, Ningbo, China
邮编 315040
电话 0574-87849302-802
传真 0574-87849306
E-mail:younage@mail.nbpff.zj.cn
http://www.younage.com

上海申仕展览服务有限公司杭州分公司
浙江省杭州市东新路5号一楼
邮编：310004
电话：0571-85516819, 85371746
传真：0571-85362139，85371823
E-mail:xh-ex2001@163.net

香港特别行政区

万通税务
Meridian VAT Reclaim（H.K.）Ltd.
Suite 505, Gitic Centre, 28 Queen's Road East Wanchai Hong Kong
E-mail:merhk88@netvigator.com
http://www.meridianvat.com

金怡国际展运有限公司
香港湾仔骆克道88号21楼
JES Logistics Ltd.
21/F., 88 Lockhart Road, Wanchai, Hong Kong
电话 00852-25636645
传真 00852-25975057
E-mail:joannal@jes.com.hk
http://www.jes.com.hk

香港贸易发展局
香港湾仔博览道1号香港会议展览中心博览商场13号展览事务部
Hong Kong Convention & Exhibition Center, Hong Kong
Exhibition Department, Unit 13, Expo Galleria, Hong kong Convention and Exhibition Center, 1 Expo Drive, Warchai, Hong Kong
电话：00852-25844333
传真：00852-28240026
E-mail:exhibition@tdc.org.hk
http://www.hkantererise.com

香港中国旅行社有限公司
香港干诺道中78-83号中旅集团大厦4楼
China Travel Service (H.K.) Ltd.
电话 00852-28533513
传真 00852-25419777
E-mail:ctsdmd@ctshk.com
http://chinatravelone.com

香港生产力促进局
香港九龙达之路78号生产力大楼
电话：00852-27885678
传真：00852-27885599

亚洲博闻有限公司
香港湾仔港湾道26号华润大厦17楼
Cmp Asia Ltd.
17/F, China Resoueces Building, 26 Harbour Road, HongKong
电话 00852-25161691
传真 00852-28277831
E-mail:jenniferlaw@cmpasia.com
http://www.cmpasia.com

澳门

澳门贸易投资促进局
澳门友谊大马路918号世界贸易中心四楼公关组
电话 00853-7989287
传真 00853-710304
E-mail:ipim@ipim.gov.mo
http://www.ipim.gov.mo

台湾省

台北世界贸易中心
台湾省台北市信义路五段五号
电话：886-2-27251111
传真：886-2-27251314
E-mail: twtc@cetra.org.tw
http://www.twtc.org.tw/c-4in1/index.htm

台湾包装工业展览馆
6F, No 56, Sec. 4, Roosevelt Rd, Taibei
电话：886-2-23677428
传真：886-2-23678907
E-mail:info@taiwafood.org

http://www.taiwanpack.com

台中世界贸易中心
台湾省台中市407西屯区天保街60号
World Trade Center Taichung
60 Tienpao Street, Taichung 407, Taiwan
电话：886-4-23582271-1028
传真：886-4-23582341, 23582686
E-mail:dionnetsai@wtctxg.org.tw
http://www.wtctxg.org.tw

二、展示器材、工程公司

北京市

北京博世通业展示有限公司
北京市朝阳区麦子店街78号
Beijing Burstone Exhibition and Design Co., Ltd.
邮编：100026
电话：010-65087489, 65004879
传真：010-65087489
E-mail:burstone@sohu.com

北京博威亿龙系统集成技术有限公司
北京市朝阳区鼎成9号世纪宝鼎公寓B座504
电话：010-84899476, 84899429
E-mail:proway@etang.com

北京长安汉德森电子有限公司
北京市海淀区祁家豁子8号
邮编：100083
电话：010-62063537
传真：010-62010952

北京大关展示服务有限公司
北京市花乡新房子村90号
邮编：100070
电话：010-63791225
E-mail:daguangongsi@263.net
http://demo.cenpok.net/daguan/index.htm

北京迪森装饰有限公司
北京市海淀区花园北路20号华盛A座107
Beijing Disen Decoration Co., Ltd.
107, Bldg. A, Huasheng, 20 Huayuanbeilu, Haidian Dist., Beijing, China
邮编：100083
电话：010-82022172, 88113009
传真：010-82022172
http://www.disen.com.cn
E-mail:lujing@disen.com.cn

北京东方恒美会展设备技术有限公司
北京市朝阳区西坝河南路甲1号新天地A座1003室
电话：010-64465594/95
传真：010-64465587
E-mail:dongfanghengmei@sohu.com

北京都市经典展示有限公司
北京市朝阳区金盏乡长店北街3号
电话：010-84320150
传真：010-84320182
E-mail:c.classic@163.net

北京华汉工程塑料有限责任公司
北京市朝阳区光华路7号汉威大厦5层A5
邮编：100004
电话：010-65610515, 65610516
传真：010-65610517

北京华进展览展示有限公司
北京市车公庄西路甲19号华通大厦730室
邮编：100044
电话：010-68728993
传真：010-68716028
E-mail:bj@beingaviation.com
http://www.cpexhibition.com

北京华艺德展示有限公司
北京市西城区鱼雁胡同甲6号（官园桥东50米）
邮编：100035
电话：010-66125499
传真：010-66514672

北京华毅司马展览工程有限公司
北京市建国东路康家园188号
邮编：100025
电话：010-65568330/2
传真：010-65568331

北京加明视听工程有限责任公司
北京市西城区国英园6号楼一层西部（青年宫对面）
邮编：100035
电话：010-66159485, 66189373
传真：010-66159702

北京巨业楚天展示设计中心
北京市海淀区科学院南路12号
邮编：100080
电话：010-82621136
传真：010-82621136
E-mail:chutianzhanshi@sina.com

北京隆联装饰设计有限公司
北京市朝阳区小关西街25号天舒苑202室
电话：010-64415845
传真：010-64415847

北京诺思达展示服务有限公司
北京市朝阳区十里河2289信箱
邮编：100021
电话：010-67323611
传真：010-67326320

北京司马展览工程有限公司
北京市朝阳区建国东路康家园188号
邮编：100025
电话：010-65568330/2
传真：010-65568331
E-mail:symamart@public.gb.com.cn
http://www.syma.cn

北京世纪天晓展示有限公司
北京市朝阳区松榆西里43号宇安楼328室
邮编：100021
电话：010-67301987
传真：010-67301986
http://www.centuryts.com
E-mail:shiji0103@263.net

北京协力展示用品有限公司
北京市朝阳区安贞西里5区2号仟村商务大楼A座612室
邮编：100029
电话：010-64426745
传真：010-64430941

北京新易发技贸中心
北京市北四环西路21号（海淀科技中心内）
邮编：100038
电话：010-6231159
传真：010-6231159
E-mail:newifa@sina.com

北京兴华旅展示有限公司
北京市通州区杨庄路248号
Beijing Xinghualu Exhibition Ltd.
248 Yangzhuang Road, Tongzhou Dist., Beijing. China
邮编：101100
电话：010-60536832
传真：010-60535708
http://www.xhiexpo.com.cn

北方展览广告公司展览工程部
北京市广安门南大街甲12号，2932信箱
North Exhibition & Advertisement Company
12A, Guang'anmen Nandajie, Beijing, China
邮编：100053
电话：010-63529988

传真：010-63547597

北京众联通展示艺术有限公司
北京市西城区德胜门外东滨河路3号白孔雀艺术世界407室
Beijing ZLT Exhibition Art Service Co., Ltd.
Rm.407 White Peacock Art World, 3 Dongbinhe Road, Deshengmen Wai, Xicheng Dist., Beijing, China
邮编：100011
电话：010-62023718, 82076398, 82076440
传真：010-62023719
E-mail:tong-jun@yeah.net 或 zlt@cenpok.net

成毅强展示设计有限公司
北京市海淀区北洼西里19号海萌公寓502室
邮编：100081
电话：010-68473566
传真：010-68473573
E-mail:cyiqiang@263.net
http://www.cyqzl.com

绰惠实业北京分公司
北京市朝阳区西坝河北里1号605室
邮编：100028
电话：010-64298809
E-mail:bjert@echorich.com

DECORY 朗德展示北京
北京市朝阳区安华西里一区13号写字楼320室
电话：010-64248732
传真：010-64244889
E-mail:decory_dq@sina.com
http://www.decory.com

濠式展览展示有限公司
北京市朝阳区西大望路东鑫大厦401/2/3室
邮编：100022
电话：010-67768184, 67768093
传真：010-67768077

及时星展示工程有限公司
北京市海淀区中关村东路123号都市网景2号楼807,808室
邮编：100086
电话：010-82671121, 82671131
传真：010-82671151, 62051935
E-mail:jsx.c@yeah.net
http://www.jsx.com.cn

金朗展览材料有限公司
北京市朝阳区三元里南小街8号楼
电话：010-64617362
传真：010-64674396

美国天际展示公司中国办事处
北京市东直门外南大街14号保利大厦写字楼670房间
邮编：100027
电话：010-65010260, 65001188-3667
传真：010-65010260
E-mail:wangxiao@public.bta.net.cn
http://www.skyline-exhibits.com.cn

美国亚洲商业发展公司北京办事处
北京市建外光华路乙12号咨询信息大楼1828-1834
邮编：100020
电话：010-65052255-1832，65051622
传真：010-65051376
E-mail:abd@public.bta.net.cn

美龙笙展示用品有限公司
北京市朝阳区广渠路29号九龙花园2号楼B座312
邮编：100022
电话：010-67730295, 67730290
传真：010-67730295-805
http://www.meironsion.com

清华同方
北京市朝阳区管庄北一里5号楼10层
邮编：100024
电话：010-64339319，65724051
传真：010-65724050, 65729756/7
E-mail:tongfangruibo@263.net

星道科技发展有限公司
北京市朝阳区东三环中路42号华艺写字楼1008室
邮编：100020
电话：010-65817982
传真：010-65810675
E-mail:xingdao@xingdao.com.cn
http://www.xingdao.com.cn

优尼博览展示工程器材（北京）有限公司
北京市朝阳区北三环东路8号静安中心2033室
Uniplan Beijing Co., Ltd.
RM.2033 Jing An Center, 8 Beisanhuandong Road, Beijing 100028, China
邮编：100028
电话：010-64689360
传真：010-64689358
E-mail:w.serve@bj.uniplan.com.cn
http://www.uniplan.com

福建省

福建省广展示设计工程有限公司
福建省福州市五四路外贸中心大楼17层
邮编：350001
电话：0591-7518045
传真：0591-7524238
E-mail:fjzl@fjexpo.com
http://www.fjexpo.com

湖北省

武汉志达展示服务有限公司
湖北省武汉市利济东街29号佳和广场C栋403室
电话：027-85868573, 85815527

江苏省

江苏国际展览装饰工程总公司
江苏省南京市太平门街2号
邮编：210016
电话：025-4800266
传真：025-4800155
E-mail:jiedec@public1.ptt.js.cn

南京王朝国际展览工程有限公司
南京市常府街85号新大都广场乙楼8层
邮编：210002
电话：025-4526522, 4529389
传真：025-4293920

天津市

天津国际展览工程公司
天津市和平区建设路84号国贸大楼八层
邮编：300042
电话：022-8324719
传真：022-3301344

浙江省

杭州力汇电子有限公司
浙江省杭州天目山路160号国际花园A楼16层
邮编：310012
电话：0571-88210808-8027
E-mail:xumin@unibas.net
http://www.unibas.net

杭州市电子信息系统推广应用办公室
浙江省杭州市黄姑山路5-1号
Hangzhou Electric Information Promotion Office
5-1 Huanggushan Road, Hangzhou, China
邮编：310012
电话：0571-88076094，85927875
传真：0571-88076094
E-mail:hzzpx@mail.hz.zj.cn

温州奥林展示器材服务有限公司
浙江省温州市城南大道体育中心游泳馆一楼
邮编：325000
电话：0577-88356896
传真：0577-88356896

温州荣华展示设备厂
浙江省温州市新桥永庆街94-1号
Wenzhou Ronghua Display Corporation
94-1 Yongqing Street, Xinqiao, Wenzhou, Zhejiang, China
邮编：325006
电话：0577-88416360, 88414746, 88423863
传真：0577-88423863

温州市风正展览装饰有限公司
浙江省温州市城大道豪都大厦4层
邮编：325000
电话：0577-88925550
传真：0577-88925551
E-mail:fandz@mail.wzptt.zj.cn
http://www.fandz.net

温州志达展示装备有限公司
浙江省温州市新桥高翔工业区高展路15号
Zhida Display Equipment Co., Ltd.
15 Gaozhan Road, Gaoxiang Industrial Area, Xinqiao, Wenzhou, Zhejiang, China
邮编：325006
电话：0577-88419070, 88412327
传真：0577-88411036
E-mail:zhidazs@mail.wzptt.zj.cn
http://www.chinazhida.com

浙江奥凯展览装饰有限公司
浙江省杭州市宝石一路4号大院
邮编：310007
电话：0571-85118701
传真：0571-85118647
E-mail:alcan@mail.hz.zj.cn

广东省

广州市东泰骏城实业发展有限公司
广东省广州市流花路119号锦汉大楼
邮编：510010
电话：020-36235603
传真：020-36235885, 86662514
E-mail:office@JH-GE.com
http://www.JH-GE.com

广州发展汽车城有限公司
广东省广州市黄埔大道东668号
邮编：510660
电话：020-82321973
传真：020-82309586
E-mail:ice810621@21cn.com
http://www.gzaec.com

广东深圳易尚展示器材有限公司
广东省深圳市深南中路新闻大厦2号楼613室
邮编：518000
电话：0755-82096040
传真：0755-82096972

广东省江门市峻宇发展有限公司
广东省江门市蓬江区良化西70号
Junyu Display Equipment Factory
70 Lianghuaxi,Jiangmen City, Guangdong, China
邮编：529000
电话：0750-3390348, 3102099
传真：0750-3390011
http://www.zhanxing.1608.com
E-mail:wyco@pub.jiangmen.gd.cn

广州市嘉毅赛罗展览器材有限公司
广东省广州市小北路65号华宇大厦16楼E座
Guangzhou Jiayi Sailuo Exhibition Equipment Co., Ltd.
16E, Huayu Building, 65 Xiaobei Road, Guangzhou, China
邮编：510045
电话：020-83566983
传真：020-83569313
E-mail:www.jysail@china.com

广州天围展览器材有限公司
广东省广州市体育东路1号金泽大厦20层2014室（83室）
Transworld(Guangzhou) Display Equipment Co., Ltd.
Unit14, 20/F, Jinze Building,1 Tiyudong Road, Guangzhou, China
邮编：510620
电话：020-87565179
传真：020-87567477
E-mail:tw1998@21cn.com
http://www.tw1998.com

豪斯展示器材（广州）有限公司
广东省广州市石榴岗路2号粤信广场嘉东楼903室
邮编：510310
电话：020-84178649，84178846
传真：020-84178846
E-mail:reckykwan@163.net
http://recky.topcool.net

玛雅展示
广东省广州市环市东路474号东环大厦1103-1104
邮编：510450
电话：020-87660821, 87695617
传真：021-37652173

深圳市派克发科技实业发展有限公司
广东省深圳市福田区益田路江苏大厦A1211室
邮编：518021
电话：0755-82960418, 82960408
传真：0755-82960433
E-mail:pkf@chinapkf.com
http://www.chinapkf.com

江苏省

常州良友广告器材有限公司
江苏省常州市新区天安工业村B座
邮编：213004
电话：0519-8820330
传真：0519-8253163

常州灵通广告材料有限公司
江苏省常州遥观工业大道4号
邮编：213102
电话：0519-8702188, 8702958, 8703888
传真：0519-8702266
E-mail:ltad@pub.cz.jsinfo.net
http://www.lingtong-ad.com

常州灵通旅游用品有限公司
江苏省常州遥观工业开发区工业大道4号
邮编：213102
电话：0519-8705805
传真：0519-8704127
E-mail:ltong@pub.cz.jsinfo.net
http://www.lingtongcz.com

常州灵通展览用品有限公司
江苏省常州遥观工业区临津路63号
Changzhou Lingtong Exhibition Products Co., Ltd.
63 Linjin Road, Yaoguan Gongyequ, Changzhou, Jiangsu, China
邮编:213102
电话:0519-8702558
传真:0519-8701653
E-mail:lintong@public.cz.js.cn
http://www.ling-tong.com

辽宁省

沈阳兴华装饰有限公司/辽宁兴华展示有限

公司
辽宁省沈阳市沈河区奉天街65甲（沈河八院斜对面）
邮编：110014
电话：024-22919734, 22919735
传真：024-22921491
E-mail:xhqy@163.com
http://www.xhqy.com.cn

四川省

成都雅士实业发展有限责任公司
四川省成都市金牛区跃进工业开发区
邮编：610036
电话：028-7515987, 7502858
传真：028-7506022

四川摩创展示器材有限公司
四川省成都市营门口路88号四威大厦A座904号
Sichuan Mochuang Exhibition Equipment Co., Ltd.
Rm.904 A, Siwei Building, 88 Yingmenkou Road, Chengdu, China
电话：028-87737977
传真：028-87714805-8800
E-mail:wang@sc-mc.com
http://www.sc-mc.com

四川奥克展架展示工程有限公司
四川省成都市武侯祠横街16号
邮编：610041
电话：028-85585199
传真：028-85585199

上海市

德天上海数码展示设备有限公司
上海市长寿路1118号金源国际大厦10楼G座
邮编：200042
电话：021-62514358/5255/1796
传真：021-62110835
E-mail:infor@yxcolor.com

敏瑞展示
上海市石门二路258号现代大厦8006室
Meanright Exhibition
Rm.8006, Modern Architectural Design Building, 258 Shimen'erlu, Shanghai, China
邮编：200041
电话：021-62464354, 62464329
传真：021-62464416, 62464329
E-mail:meanrigh@sh163b.sta.net.cn
http://www.meanright.com

上海格诚商贸有限公司
上海市虹梅南路1755号梅陇工业园B区1号A座
邮编：200237
电话：021-34080558
传真：021-34080556
E-mail:gechengc@online.sh.cn

上海艺华科技发展有限公司
上海市江宁路1277号2号楼11C座
邮编：200060
电话：021-62275317
传真：021-62275317

上海永昕建筑装饰有限公司
上海市中山西路2330弄2号立信宾馆2003室
邮编：200235
电话：021-64698869
传真：021-64698798

陕西省

西安美视展示用品有限公司
陕西省西安市高新产业开发区高新一路9号308
邮编：710075
电话：029-8233328
传真：029-8233328
E-mail:meishi@public.xa.sn.cn

三、广告公司

安徽省

合肥明珠装饰广告有限公司
安徽省合肥市经济技术开发区丹霞路5号
电话：0551-3812345/386

北京市

北方展览广告公司
北京市北三环中路48号
邮编：100088
电话：010-63547531

北京兴中创广告有限公司
北京市东城区东直门外十字坡东里10号一层
电话：010-64158808
传真：010-64166864
http://www.zcci.com

北京皇冠广告公司
北京市朝阳区亚运村惠忠北里天创世缘B1座2004室
邮编：100012
电话：010-64801184
传真：010-64801294

北京今日阳光广告有限责任公司
北京市东长安街12号
邮编：100742
电话：010-63081145，65249644
传真：010-63081753

北京太阳石广告服务中心
北京市展览馆路12号（华云酒店写字楼）B座505-508室
邮编：100041
电话：010-68358927，68358928
传真：010-68358910

广州英兰特丝印广告制作有限公司北京公司
北京市朝阳区和平里东土城路12号怡和建材大厦1号楼430-431室
邮编：100013
电话：010-64280439
传真：010-64217511

五矿国际广告展览公司
北京市海淀区三里河路5号
Minmetals International Advertising & Exhibition Corp.
5 Sanlihe Road, Haidian Dist., Beijing, China
邮编：100044
电话：（86-10）68495162, 68494587
传真：（86-10）88363160
E-mail: zhongshl@minmetals.com
http://www.minmetals.com
法人代表：钟胜利
Legal representative: Zhong Shengli

中国国际广告公司
北京市复兴门内大街45号
邮编：100081
电话：010-65684173
传真：010-65061167

中国民航宣传广告公司
北京市东城区东四11条胡同31号
邮编：100007
电话：010-64046497
传真：010-64046592

中机国际广告展览公司
北京市西城区阜成门外大街1号四川大厦西塔楼2005室
邮编：100037
电话：010-68343926
传真：010-68991422

中粮展览广告公司

北京市中粮广场A座1119房间
邮编：100005
电话：010-65268888
传真：010-65278627

中国电子国际展览广告公司
北京市复兴路甲23号电子大楼816室
China Electronics International Exhibition & Advertising Co.
Rm.816, Elec. Building, A23 Fuxing Road, Beijing, China
邮编：100036
电话：010-68296359
传真：010-68288219
E-mail:adv@ceiec.com.cn

福建省

厦门国际航空港集团广告有限公司
福建省厦门市商崎国际机场
电话：0592-9022936
传真：0592-6028439

广东省

广州交易会广告有限公司
广东省广州市流花路117号交易大厦10楼
CECF Advertising Company Ltd.
10/F Trade Building, 117 Liuhua Road, Guangzhou, Guangdong, China
邮编：510014
电话：020-26081769
传真：020-86666937
E-mail:rebecca@china-supply.com
http://www.china-supply.com

广州英兰特丝印广告制作有限公司
广东省广州市天河东圃车陂十五社工业区三栋二楼
邮编：510660
电话：020-82305818, 82314922
传真：020-82305818
E-mail:yltsy@163.net
http://www.yltsy.com

水一方广告
广东省广州市五羊新城明月二路晖景大厦706
Shuiyifang Advertising Co., Ltd.
7/F Huijing Building,Mingyue'erlu, Wuyangxincheng, Guangzhou, China
电话：020-87361881, 87382230
传真：020-87361881
E-mail:xiaoyu730224@sina.com

黑龙江省

哈尔滨市中商广告公司
黑龙江省哈尔滨市南岗区花园街303号
邮编：150001
电话：0451-53602688
传真：0451-53602689

湖北省

武汉时尚广告发展有限公司
湖北省武汉市解放大道1012号武汉剧院2楼
邮编：430014
电话：027-82853836，82778059
传真：027-82806805

河南省

河南春秋广告策划有限公司
河南省郑州市杜岭中街159号商务大厦8楼804/805室
邮编：450000
电话：0371-6263320

湖南省

长沙虹新广告有限公司
湖南省长沙市芙蓉中路心安里53号
邮编：410005
电话：0731-4430300
传真：0731-4446333

江苏省

常州市霞峰广告创意装饰有限公司
江苏省常州市关河西路37号银苑大厦1504室
邮编：213002
电话：0519-6604686
传真：0519-6615202
http://czxf.126.com

常州市英才广告设计有限公司
江苏省常州市双桂坊70号
邮编：213003
电话：0519-6634632, 6600338, 6608190
传真：0519-6800065
E-mail:sales@yingcai.com
http://www.yingcai.com

山东省

山东正和商展广告有限公司
山东省济南市院前街1号珍珠泉宾馆1楼
邮编：250011
电话：0531-6085400
传真：0531-6096699-7008

烟台智慧广告有限公司
山东省烟台市南大街205号609座
邮编：264000
电话：0535-6641592 13001605638
E-mail: webmaster@zhci.net

上海市

广州英兰特丝印广告制作有限公司上海公司
上海市曹杨路1040号中谊大厦23层
Guangzhou Inland Screen Printing Adv. Manuf. Ltd.
邮编：200063
电话：021-62168793
传真：021-62169488

上海工合广告展览有限公司
上海市斜土路1175号22楼
邮编：200032
电话：021-64180607，64183313
传真：021-64183321
E-mail:gungho@online.sh.cn
http://www.cam.com.cn

上海兴旅广告有限公司
上海兴华旅展览有限公司
上海市徐汇区蒲汇塘路101号307室
Shanghai Xinglu Advertising Limited/Shanghai Xinghualu Exhibition Ltd.
Rm.307, 101 Puhuitang Rd., Shanghai, China
邮编：200030
电话：021-64875411, 64275373
传真：021-64275004
E-mail:peter@xing-lv.com

协合广告
上海市南凡东路255-257号3F
邮编：200030
电话：021-64271686
传真：021-64271683
E-mail:har-sha@online.sh.cn

上海依佩克广告有限公司
上海市天月西路511号11楼
邮编：200070
电话：021-63539977-1123
传真：021-63542272
E-mail:itpcad@vip.sina.com

天津市

天津市广告公司
天津市绍兴道21号
Tianjin Advertising Corporation
21 Shaoxing Road，Tianjin China
邮编：300203
电话：022-23246847, 23256706
传真：022-23247045
E-mail:tace@public.tjac.com.cn

新疆维吾尔自治区

新疆国际博览中心广告公司
新疆乌鲁木齐友好北路43号
邮编：830000
电话：0991-4823344
传真：0991-4841221

浙江省

杭州和平广告展览公司
浙江省杭州市东新路5号
Hangzhou Peace Advertising and Exhibition Co., Ltd.
5 Dongxin Road, Hangzhou, China
邮编：310004
电话：0571-85376693
传真：0571-85376693
E-mail:hpeace@mail.hz.zj.cn
http://www.china-peace.com

天工广告企划有限公司
浙江省玉环县玉坎路烟草大楼3楼
邮编：317600
电话：0576-7253533, 7253522
传真：0576-7253511

第五部分　展览协会

展览馆协会（1984年成立）
北京朝阳区北三环东路6号展览中心综合服务楼220室
China Association For Exhibition Center
The General Service Building, Exhibition Center, 6 Beisanhuan Dong Rd., Beijing 100028 China
邮编：100028
电话：+86-10-84600666, 84600669
传真：+86-10-84600668
E-mail:wangyunmin@ciec-expo.com
http: //www.ciec-expo.com.cn

北京国际会议展览业协会（1998年6月成立）
北京市东城区安定门外青年湖北街甲8号
Beijing International Convertion And Exhibition Industry Association
A8 Qingnianhu, Bei St., Andingmenwai, Dongcheng Dist., Beijing, China
邮编：100011
电话：+86-10-64252201
传真：+86-10-64252355
E-mail:biceia@ccpitbj.org
Http: //www.expo-china.com

上海市会展行业协会（2002年4月成立）
上海市浦东大道288号201室
Shanghai Convention & Exhibition Industries Association
Room 201, 288 Pudongdadao, Shanghai, China
邮编：200120
电话：+86-21-58880345, 58880456
传真：+86-21-58882712

广东会议展览业协会（2001年9月成立）
广东省广州市机场路中央酒店写字楼3楼984
Guangdong Convention & Exhibition Industry Association
984, Building 3, Zhongyang Hotel Office, Airport Road, Guangzhou, China
邮编：510403
电话：+86-20-86552876, 86578331-1984

深圳市会议展览业协会（1989年成立）
广东省深圳市新洲路（北），时代华庭，华庭轩二栋二楼E
Shenzhen Conference Exhibition Association
电话：+86-755-82957684(5线), 82957681
传真：+86-755-82957681
E-mail:szytl@szonline.net
Http: //www.exhibitionsz.com

山东国际展览业协会（2003年2月5日成立）
山东省济南市省经四路158号
邮编：250001
电话：+86-531-6168359, 6168350
传真：+86-531-6168351

湖南展览业协会（2002年9月5日成立）
湖南省长沙市五一东路80号
邮编：410001
电话：+86-731-2287156
传真：+86-731-2287156

温州市会展业协会（2001年5月21日成立）
浙江省温州市人民东路13号华宫大厦708室
Wenzhou Conference And Exhibition Industry Association
Room 708 Huagong Building, Renmin Dong Road, Wenzhou, Zhejiang 325000, China
邮编：325000
电话：+86-577-88229002, 8837379, 13905773988
传真：+86-577-88827200

宁波市会展行业协会（2003年2月28日成立）
浙江省宁波市江东区会展路181号
电话：+86-574-87052001
传真：+86-574-87052000

福州市会展行业协会
福建省福州市温泉公园路69号国际会展中心五楼
Fuzhou Conference & Exhibition Industry Association
69 Wenquan Gongyuan Road, Fuzhou, China
邮编 350003
电话 +86-591-7807188-570
传真 +86-591-7807188-516
E-mail:fzcfeb@pubs.fz.fj.cn
Http://www.0591fair.com

香港展览会议业协会
香港湾仔骆克道68号，伟信商业大厦16楼
HongKong Exhibition & Convention Organisers' and Suppliers' Association 16/F Wayson Commercial House, 68 Lockhart Road, Wanchai, Hong Kong, China
电话：00852-28781368
传真：00852-28696103
E-mail:sinomap@netvigator.com
Http: //www.exhibitions.org.hk

澳门展览协会（2001年成立）
澳门士多纽拜斯大马路63号B地下
Macau Fair & Trade Assiciation
Arenida Sidonio Pais 63B, R/C, Macau, China
电话：00853-781881, 976199
传真：00853-781238, 976197

第十三章 附录——国际展览业资讯

第一部分　展览场馆介绍

没有好的场馆就不会有好的展览会

岳祖德

德国有展览大国、展览强国、展览王国之美称。德国展览业的特点是国际性、专业性强；且展览会数量多、规模大、效益好。世界上著名的国际经贸展览会有2/3都在德国举办，据不完全统计，德国举办的国际经贸展有200个左右，净展出面积690万平方米，参展厂商约17万家，其中有近一半的参展厂商来自国外，有的展览会外国厂商所占比例高达70%～80%，参观观众基本上都是专业观众。按展览中心销售面积计算，西欧十大知名展览中心德国占5个，营业额位居榜首。以西欧前20大专业贸易展览会的净展出面积排序，德国占了15个，其中位居前十名的都是德国举办的展览会，所以号称展览大国名副其实。与之匹配的场馆、展览设施方面，德国也算称得上是头号展览强国。德国拥有20多个大型展览中心，其中超过10万平方米的展览中心就有8个，另外还有超过5万平方米的5个展览中心。据不完全统计，目前德国展览场馆面积约240万平方米，世界最大的4个展览中心，有3个在德国，西欧十大展览中心，其中德国占了6个（表13-1）。办好展览，其中展览场馆至关重要，没有好的场馆，就不会有好的展览会。德国展览业发达、先进，是因为德国有一流的展览中心，为了满足德国展览业不断增长的需要和保持其领先地位，德国每年投资约10亿马克（约40多亿人民币）用于扩大场地并对其进行现代化改造。为了借鉴德国建馆的成功经验和了解德国展览业的情况，现将德国七大展览中心简介如下。

一、汉诺威博览会中心

汉诺威博览会中心陆地交通方便，办展期间，火车可以直接到达博览会会场；空中交通亦非常便捷，从机场到博览会会场有直升机提供交通服务，时间只需8分钟。从市中心来的观众可以乘地铁，只需15分钟，开车的观众可通过电子导向系统直接开往有5万个停车位的停车场。

此外，博览会还提供全方位服务，包括银行、邮局、海关、航空、翻译、日用品、商店、餐馆等。

汉诺威博览会中心年营业额约4亿马克，展览场地面积为100万平方米，位居世界展览馆之首，展览馆26个，其中室内面积47万平方米，室外面积21万平方米，每年举办展览约50个，参展商达24800家，国内参展商16800家，国外参展商8000家，观众人数达250万人次，国内224万人次，国外26万人次。德国政府还曾在这里举办了汉诺威EXPO2000世界博览会。

二、科隆国际展览中心

科隆国际展览中心有展厅14个，室内展出面积为27.5万平方米，室外展出面积为5.2万平方米，每年展览中心举办40余个国际专业博览会，参展商达38500家，国内参展商18500家，国外参展商2万家，观众人数为210万人次，国内观众为167万人次，国外43万人次，绝大部分为专业观众。

科隆国际展览中心向客人提供的服务有：①汽车出租处、汉莎航空公司登记处、德国铁路公司、旅行社、博览会邮局、科隆交通局（办理房间证）、录像室；②提供翻译、照片扩洗、向导、信息咨询、代写信件、理发、幼儿园及宠物服务；③出售香烟、杂志、明信片、纪念品；④医疗急救、休息室；⑤电脑信息服务，提供参展商资料。

科隆国际展览中心向观众提供科隆／波恩两城市间的公共交通工具，凭展览会入场券，无需再去买车票（包括科隆交通公司、高速公路、德国铁路股份有限公司及科隆／波恩市的交通公司所属路段）。入场券等于车票，适用于各参展公司的职员。

三、杜赛尔多夫展览中心

杜赛尔多夫展览中心共有15个展馆，室内面积为203900平方米，室外面积为30500平方米，停车场有2万个停车位。每年举办32个国际性专业博览会，参展商达28526家，国内有17883家，国外有10643家，观众人数为220万人次，国内为160万人次，国外为60万人次。

杜赛尔多夫展览中心为举办博览会提供了很多服务设施，如信息交流中心、各种会议室、可供7千人举行会议的大型活动厅，其中有可灵活调节的座椅，大面积上升式地板的舞台。

博览会有3个入口处，5米高的遮顶的人行天桥，自动化的人行自动扶梯和传送道，并连接着15个展馆。此外，设有服务和业务中心，包括场地休息、业务洽谈、生活服务。还有具有多国风味的餐饮服务。

四、法兰克福展览中心

法兰克福展览中心占地40万平方米，共有10个展馆，42个会议室，127个餐厅，场内4千个停车位，场外2万个停车位。法兰克福展览中心室内面积达29万平方米，室外达7.6万平方米，每年举办48个展览会，参展商有4.3万家，其中国内有4万家，国外有3千家，观众人数达142万人次，国内专业观众为130万人次，国外为12万人次。

五、柏林展览馆与柏林国际会议中心

柏林展览馆地理位置优越，处于世界上最好的公共交通系统内，四通八达，从市中心车站出发，仅需10分钟即可抵达，通过高速公路与柏林的3个国际机场相连。停车位1.2万个。所有入口处都可停靠出租车，观众可直接到达不同的展厅。柏林展览馆共有26个展厅，室内展览总面积为16万平方米，展厅根据需要可分可合。展厅内通水、电、数字通信线路等。所有展品可由运输车运到一楼，可升式地板和管道网络可用于较重的展品运输，以节省时间和运费。设有1万平方米的中庭，与所有展厅直接相连，服务设施有餐厅、咖啡店等。

柏林国际会议中心有82个礼堂、会议室和大型休息区，构造完善，设施先进，并有大批专业人士服务。会议中心每年安排各类会议约500个，接待25万位出席者，承办70个大中小展览会。柏林每年均举办柏林国际旅游及交易博览会，该博览会是世界上到目前为止最大的服务性行业博览会。

六、莱比锡国际博览中心

德国莱比锡市作为贸易博览城有着悠久的历史，早在1165年便获得了贸易特权。莱比锡博览会是德国最古老的博览会之一，该博览中心地理位置优越，处于东西方贸易中枢，在东西方贸易中，发挥着特殊的作用。

莱比锡国际博览中心的新址于1996年4月12日开放使用。共有5个展厅，每间大厅面积为2.05万平方米，室内面积10.2万平方米，室外面积3万平方米，每年举办29个展览，参展商达1.26万家，观众人数达95万人次，专业观众为35万人次。

莱比锡博览会场花费13.35亿马克，成为德国东部最大的建设项目之一。该博览中心为一个玻璃、钢铁和自然景观浑然一体的建筑。5间各占地150米×150米单层建筑的展览大厅装有空调。一条环形通道将观众的交通路线与展厅分开，在相互连通的五大展厅之间，有为数众多的进出口及宽阔的通行路线，展厅净高8米，支柱之间的间隔是37米，第一展厅内高为16米。会场核心部位是入口大堂，玻璃和钢铁结构，80米的跨度，243米的长度以及30米的顶点高度，成为会场主导建筑。

莱比锡国际博览中心有相互独立的7个大会议室以及14间一般会议室，可容纳2.6千人使用。会议中心配备有可放映图像资料的大型录像投影仪、远程照明和可12种语言同声传译的设备。

博览中心入口处是85米高的博览会标语塔，3万平方米的露天地域和6个停车场，整个博览会场地面积大约为100公顷，交通非常便利。

七、新慕尼黑展览中心

慕尼黑展览中心是国际上重要的博览会场之一。每年来自90个国家的大约2.5万名厂商前来参展，有来自140个国家的200万人次观众参观展览。每年举办约40个国际博览会。新慕尼黑展览中心占地约73公顷，1998年2月12日正式投入使用，室内面积为20万平方米，展厅面积均在1.1万平方米左右，展厅净高：A1～A6和B1～B5为11米，B6为16米。新慕尼黑展览中心的会场有如下优点：①展厅采用无柱设计，均能进行明暗化处理。②整个展览中心会场可以自由分开。③所有室内外摊位均备有同样的技术设施，保证了展览会场地的等值性。④配备终端技术和多媒体技术及性能优良的观众导看系统，使整个博览会大厅的人们都可以方便地找到自己要看的展台。⑤预留充分的展区运输周转区。⑥会议厅及新闻发布厅紧挨着展厅，为参展商提供了方便。⑦在场地的东西两处入口都与地铁、高速公路相连结。共有1.3万个停车位。⑧还有专门为参展商和观众休息的绿地。

新慕尼黑展览中心和慕尼黑国际会议中心融为一体，会议中心可容纳6500人，能够同时供20～3000人举行会议。

表13–1 西欧十大展览中心展馆面积（1998年）

序号	展览中心名称	展场面积（平方米）
1	汉诺威	469,655
2	米 兰	347,961
3	法兰克福	289,931+31,069
4	科 隆	286,000
5	杜赛尔多夫	233,000
6	巴 黎	226,011
7	伯明翰	190,000
8	巴塞罗那	141,000
9	慕尼黑	104,500（新展馆20万平方米已建成）
10	马德里	102,600

东京国际展览中心

东京国际展览中心是日本规模最大、技术最先进的展览中心，由东京市政府修建，1996年4月建成。整个展览中心面积24.3万平方米，建筑面积14.1万平方米、展览面积8万平方米。展览中心由三部分组成：塔楼，高58米，共8层，含一地下停车场；西展厅2层；东展厅3层，含一地下停车场。主要展厅是西厅和东厅。西厅有四个展区，被设计为小型展览区。邻近的室外和屋顶展区也可根据需要用于展览。东厅有六个展区，两边各三个，由长廊相连，可变成一个大型展区。塔楼中有规模不一的会议室。最大的国际会议厅可容纳1000人，配置有250英寸高清晰度的录像放映机、音响灯光设施、会议系统、高新视听系统和8种语言的同声翻译器。

东京国际展览中心采用最新的视听和数据信息传送系统来连接展览厅和会议中心。计算机系统可处理输入、输出并提供展览信息、会场信息、地方交通及天气、新闻等其他信息，具体设施包括：大型屏幕，安装在入口广场，播出大量与展览有关的图像资料；大型电子信息牌，展览中心的主要通道安有六个大型电子信息牌，起着引导观众的作用；小型电子信息牌，展览中心内有67个小型电子的信息牌，向观众指引馆内设施及地方交通，展览组织者也可将此用做消息发布栏；演播室，由一楼的演播室控制整个视听信息。此外，还设有接待室、会客室、餐厅、休息室、购物中心等。

当代德国会展建筑设计

许懋彦

德国的会展业发达，被誉为“展览王国”，国际上具有主导地位的展会约有2/3在德国举办。由于政治、经济、文化、历史等多方面的原因，德国形成许多会展城市，中北部有汉诺威、汉堡；东部有柏林、莱比锡；中南部有慕尼黑、斯图加特、纽伦堡；西部有杜塞尔多夫、科隆、法兰克福和埃森。这些城市的会展场馆规模庞大，设施先进，在设计上也各具特色。

一、德国会展场馆发展历史概述

德国会展贸易拥有800年的悠久历史。法兰克福和莱比锡是德国历史最悠久的商贸会展城市。最早的商贸活动是货物交易，工业革命后逐渐变成了样品交易。参展商逐步由贸易商转变为生产商，展览开始成为厂家推广产品的舞台。

德国早期的商贸建筑面宽都很狭窄，有较大的进深，常用半木结构，它们的山墙面向街道，一幢幢紧密相邻。15世纪末16世纪初，砖石结构成为主流，虽然造价更贵，但这种结构提供更安全的货物储存空间。结构的转变使人们开始利用屋檐，并把建筑的长向转了90度。这些空间更适合进行商品交易和展示。而近代出现的钢筋混凝土结构和钢结构，使建筑有了更大的适用性，并出现了一些多层和高层的交易建筑。

德国现代会展场馆的建设从20世纪初至今，经历了不同阶段，一些大型会展场馆经历了不断扩充、改造、新建甚至异地重建的过程。

最初的商贸活动都是在城市中心进行，与之相应的展览交易中心也设在市中心。1900年前后，在城市边缘出现了新式的交易中心，与铁路直接相连、规模较大、单层无柱的展厅模式开创了会展中心的新纪元。20世纪初期，德国一些城市已有专门的会展建筑。科隆在1914年举办了世界博览会，并建设了会展场馆，那时的场馆是小进深的围院式建筑。

二战后，遭到破坏的德国许多展览场地逐步重建。1947年，德国利用汉诺威郊区的军工厂房举办了战后首次商贸展览会。20世纪中期，法兰克福、慕尼黑、杜塞尔多夫等地纷纷开始建设会展中心。20世纪60～70年代，德国流行“黑盒子”式的展厅，杜塞尔多夫会展中心就是这种模式，其展厅没有自然采光，完全依靠人工照明。随着时间的推移，为适应会展业快速发展的需要，许多场馆进行了改建和扩建，如杜塞尔多夫、柏林、汉诺威、法兰克福、科隆的会展中心；一些场馆干脆异地重建，如慕尼黑和莱比锡新会展中心，目前斯图加特会展中心也正在准备异地建设。1990年以来，会展建筑开始注重“以人为本”的理念，追求生态、自然的人性化空间。以莱比锡和慕尼黑新会展中心为代表，其展厅充分利用自然光线和通风，外部空间设计大面积的绿地和水面，给观众良好的休息交往的场所。其他一些会展中心也纷纷效仿，新建或改建自己的场馆。

考察德国会展场馆的建设和发展，可以发现其展馆设计自始至终重视技术、功能和实用性，会展场馆规模大，交通流线简洁顺畅，展览空间实用高效，结构合理美观，设施先进，服务完备。而现代的新型会展中心发展趋势是空间规模更大，布局更为简洁合理，展厅设计利用高技术、新结构，重视环境保护、生态和节能。

二、德国大型会展场馆的建筑设计

（一）展馆平面布局模式

(1) 并行式：特点是各个展厅相对独立，并行布置于主要人流通道的两侧，装卸货部分位于展厅外侧或展厅之间，总体布局呈鱼骨状。这种模式的特点是交通流线简洁明了，便于两侧展厅单独或联合使用，展厅具有同一性，尤其适用于规模较大的会展中心。德国近年新建的慕尼黑和莱比锡会展中心都采用并行式平面布局。

(2) 环绕式：各个展厅围绕中心庭院布置，中心庭院可作为室外展场或休息活动区，或把会议服务部分设置在中心，可以为所有展厅服务，装卸货部分在展厅外侧。这种模式的特点是整体布局紧凑，人行距离短，但各展厅分别使用灵活性小，会产生人流干扰，识别性相对差。杜塞尔多夫和柏林会展中心在改建扩建后经过整合，形成环绕式布局。汉诺威会展中心经历了多次改扩建，并利用2000年举办世博会的机会对其展馆进行整合，也基本形成环绕式布局。但其规模过于庞大，特点并不明显。

(3) 串联式：各个展厅顺次相连，人流通道位于展厅一侧，货流在另外一侧。其优点是加建比较灵活，分期建设对展馆的运营影响小，但交通组织比较混乱，人流路线长且重复；当交通路线过长时，需要增加入口和服务设施数量。法兰克福、科隆和现有的斯图加特会展中心由于是逐年多次改建扩建而成，不可避免形成串联式的布局。

（二）展馆竖向布局模式

(1) 单层式：大型展会通常人流货流巨大，单层展厅的优势在于可避免大量垂直交通的麻烦，货车可直接进入，方便布展和撤展，结构简单，可提供无支撑的高大空间，地面承载力大，周边可设夹层布置会议、洽谈、餐饮等服务设施。慕尼黑和莱比锡新会展中心全部采用单层式展厅，杜塞尔多夫会展中心除8号厅外全部是单层式展厅。

(2) 双层式：双层展厅需设置扶梯、疏散楼梯以疏导大量人流，还必须设置大型货梯，一般下层展厅不可避免要有立柱，且展厅的空间高度、地面承载力都会受到一定限制，但在用地紧张的情况下可节约土地面积。也可采用坡道和不同的地平高度解决货运问题。如柏林会展中心部分展厅采用双层式，配以双层货运配送通道，利用不同高程，两层都可由地面利用传送机械直接进入。

(3) 多层式：多层展厅必须设置扶梯、疏散楼梯以疏导大量人流，还必须设置大型货梯。下层展厅空间受柱网限制较大，楼面需做大承载力，不经济，且三层以上人流参观频率也会大幅度降低。法兰克福、科隆会展中心的部分展厅采用多层式。这种形式在德国已经越来越少采用。

（三）展厅单元设计

德国会展场馆的展厅设计十分注重经济实用性，从外观到内部装修都以简洁实用为主旨，而对功能要求十分高：要求展厅内无支撑或尽量少支撑；有足够的空间高度；足够的地面承载力；展馆供货大门宽敞且数量充足；运货方便；展厅天花板有悬挂展品的可能性；最佳明亮度；空调；展商有足够的技术供应接口。

1. 展厅规模

目前德国有9个大型会展中心，室内展览面积在10万平方米以上，单个展厅规模从几百平方米到2万多平方米都有。根据国外统计数据，普遍的大型商贸展览面积在5千平方米以上，德国的大型会展中心举办的展览往往规模更大。如2000年杜塞尔多夫会展中心举办的23次展览中，展览面积在1万平方米以上的有12次，柏林会展中心举办的17次展览中，展览面积在1万平方米以上的有8次，法兰克福会展中心15次展览中展览面积在1万平方米以上的有8次，其中汉诺威展览中心的CeBIT展览面积达到417535平方米。随着展览规模的扩大，德国会展中心近年来新建展厅规模大都在1～2万平方米之间，目前单个展厅面积最大的是汉诺威会展中心于2002年新建成的27号馆，展览面积36610平方米。

2. 展厅形状

展厅形状有长方形、正方形和异形几种，德国的会展场馆通常采用实用的长方形和正方形展厅。慕尼黑标准展厅的长方形模式更具优势。长方形而非正方形的展厅使参观者进入展馆后方向感很强，不会迷失方向。根据经验，一个人的视线范围左右大约各为35米，因此70米左右的展厅宽度，使参观者很容易明确自己所在的方位。

3. 展厅净高

德国会展场馆大部分展厅净高在10米左右，如有特殊需要再适当加高。一般会展中心都会设一个或几个高空间展厅，展厅高度大多在20米以上。如慕尼黑新会展中心的标准展厅净高为11米，展厅净高为16米。这些高空间展厅可举办特殊展览如帆船展等，也可用来进行体育活动和比赛，以满足特殊展会和多功能集会之用。

4. 地面及天花承载力

根据惯例，德国会展中心展厅的地面承载力均为5～10吨/平方米左右，但多层展厅的上面几层只能做到0.5吨/平方米左右，如增加地面承载力，会大大增加结构负担，提高造价。展厅天花有悬挂展品的可能，其每个悬挂点的垂直承载力通常在100～200公斤左右。

5. 设备管线

德国会展场馆的展厅一般都能为参展商提供各种设备接口，通行的做法是在地下设置管沟，间距5～6米左右，截面尺寸在600毫米×600毫米左右，并设置几条主管沟，主管沟净高2米以上，工程人员可进入，进行设备维护和检修。管沟内配置电力、电话、网线、水、压缩空气等。在馆内使用时配置设备间，设备间中存放各种设备接口等。杜塞尔多夫会展中心地下主管沟间距30米，管沟总长约12公里。每个展位都有配电箱，可以对每个展位进行单独计量。

6. 货运系统

德国会展场馆较为通行的展厅是单层并可从地面直接进入的，这为布展和撤展提供了方便。这些展厅都允许大型货车直接进入，并都设有多个货运入口。根据德国各展馆数据显示，货运入口的宽和高一般都在4.5～5.5米之间，一些展厅为了大型机械或其他大型展品的进入还设置了巨型货运入口。根据场馆的数据统计，每百平方米展览面积平均货运口的宽度约为0.3米。

新式展馆的货运入口不仅具有功能性，同时也注重美观，并采用新的构造形式。如莱比锡采用巨大的水压滑轮式升降门，美观实用，设计精良。杜塞尔多夫会展中心新的6号馆在西侧设有一个13.35米×15.5米的货运大门，平时使用下部的小门，当需要时，其大门内部的二层连廊可以折叠起来，使大门整体开启。

在莱比锡、慕尼黑和杜塞尔多夫会展中心，展厅之间都设有可伸缩的廊道，当展厅分别使用时，廊道打开，中间形成半开敞的庭院，可运货推货；当展厅联合使用时，廊道关闭，廊道内是联系两个展厅的内部人流通道，并围合出封闭的内院，可作为室外展场或休息空间。

慕尼黑新会展中心设计中将展厅与展厅的间距定为38米宽，这是根据大型卡车调头的最小距离，这样可以方便运送集装箱及临时堆货。

7. 展厅内的标识系统

德国各展馆都有相当周密的标识系统，大到城市、展馆外部的指引交通标识，小到展厅内的疏散通道、服务指示，等等。如慕尼黑新会展中心在道路上不仅设有明晰的指示路牌，并设有动态交通指南系统用以调控车流，指引到达展览中心的车辆，并指示在其展览中心最近的空停车位位置。

展厅在外部都设置明显醒目的标志牌，展厅入口通常设有展馆总平面示意或展厅展览平面示意图，并标明各服务设施的位置，在主要人流通道都设有指示标牌。

8. 特殊展厅的设置和多功能使用空间（数据来源 Audited Trade Fair and Exhibition Figures，FKM，2000）

新建的慕尼黑和莱比锡会展中心都以统一设计的标准展厅为主体，另设一个特殊展厅，增加展厅净高，为特殊的展览而设置，同时可举办一些其他活动。

为提高大空间展厅的使用效率，许多新建展厅都可以进行会议、演唱会、体育比赛、公众集会等大型活动，如莱比锡新会展中心1号馆、慕尼黑新会展中心B0馆、汉诺威会展中心9号馆等。杜塞尔多夫会展中心6号馆内设有可移动的看台，可组织体育比赛等活动。一些馆可以用活动隔墙进行分隔，为举办小型展览提供可能。

9. 展厅的布展要求

德国各展馆对布展都有详细的条文和规定，例如杜塞尔多夫会展中心为参展商提供的服务手册中，有关的技术条文规定包括展位的材料、高度、照明、音响等多方面，共有8大条，150余款。布展时必须留有相应的疏散通道，各个展位不得相互干扰，并且预留足够的休息和服务空间。

从杜塞尔多夫CPD时装展对各展厅展览、交通和休息部分所占比例的统计可以看出，展厅在布置展位时都会留出相应的休息、服务空间。数据显示，这16个展厅中实际出租的展位面积平均占展厅面积的55%左右，休息、服务空间约占3%～4%，交通面积约占40%左右。

（四）服务配套设施

1. 入口大厅（多功能空间）设计

德国多数大型会展中心都采用多个入口，大型场馆在不同方向分设入口，可以方便不同方向前来的参观者，分散人流，同时使展览场地可分别使用，互不影响。如慕尼黑3个不同方向入口，使场地可分为6部分使用。

入口大厅内一般设有登记处、信息部、办公室、新闻中心、咖啡厅、商店、银行、邮局等，除考虑人员疏散，还可多功能使用，如进行开幕式、集体活动等。

莱比锡新会展中心入口玻璃大厅243米长，79米宽，拱顶高30米，是欧洲目前最大的玻璃和钢结构。大厅内可以进行集会、招待会、演唱会等活动。斯图加特会展中心的入口大厅可用作会议使用，最多可容纳6500人。

2. 主要功能区的组合模式

德国的大型会展中心通常以展览为主要功能，同时设有会议中心和行政管理中心。

设施先进的会议中心已经成为会展中心不可或缺的重要组成部分。一方面在展会期间都伴有各种规模的会议、洽谈、新闻发布等，会议中心可以为展览服务；同时单纯的大规模会议数量也越来越多，会议中心也是具有独立功能的设施。会议中心一般把大型会议室集中布置，除为展会服务外，也可以单独举办会议使用，会议中心设有单独入口，同时与展览部分有直接的联系，可分可合，灵活使用。专门为展会服务的小型会议洽谈室，一般都设在展厅周边的夹层或连廊内，便于在展览期间进行相关的小型会议或活动。

柏林会展中心拥有欧洲最大的会议中心，它与会展中心以三层的连廊直接相连，会议中心可同时容纳1.1万名参观者。这可以使参展商把商业展示和会议活动更好地结合起来，具有得天独厚的优势。会议中心配备有从几十人到上千人不同规模的会议室，设施都十分先进，拥有最现代的音响、照明、同声传译等设备，其中大规模的会议厅都会考虑多功能使用的可能。

杜塞尔多夫会展中心中大会议厅，面积2165平方米，高8米，约2100座，可以用活动隔墙分隔成完全独立隔音的两个厅，并且其中2/3的地面铺装每块3米×3米大小的活动地板，高度可在0～1.5米范围内任意调节。

行政管理部分一般占地面积较小，采用集中式布置，多采用多层或高层的形式。在行政中心内都设有必要的服务设施，包括新闻中心、为参展商设置的咨询服务中心、总控室等。例如：汉诺威会展中心在1999年新建了一幢20层的行政管理楼，下面3层为休息大厅，总高为66米，并采用最新的双层外立面处理，达到生态和节能的效果。

3. 交通连廊设计

在慕尼黑、莱比锡、杜塞尔多夫和法兰克福会展中心，都有二层连廊联系各个展厅，在连廊中设置水平快速通道（传送带），由于展馆规模大，展厅的距离过远，使用快速通道可以使参观者快速、便捷地到达想去的地方。

4. 小型会议洽谈空间

在展览期间，各种类型的会议也随之进行，较大型的会议、新闻发布会等在会议中心举办，而很多小型会议洽谈活动基本都在展区内进行，这些会展中心大多在展厅的夹层或连廊部分设置10～30人的小型会议室。

5. 餐饮服务空间

展馆的餐饮服务设施集中设置在各主要入口的门厅部分，可与会议中心结合使用。在各个展厅中也会适当设置分散的小型快餐、咖啡厅等。慕尼黑新会展中心在入口大厅、展厅和连廊中设有超过20个餐厅、小型快餐厅和咖啡厅。

6. 为残疾人提供的服务设施

德国的会展场馆中设有为残疾人服务的设施，停车场内有残疾人专用停车位，展厅内部设有残疾人专用电梯，卫生间中也设有残疾人专用厕位。

三、德国大型会展场馆的技术设计

（一）展厅结构设计

现代化的展厅设计需要尽量无柱，有足够的空间高度，展厅规模能适应大型展览的需要。德国最近几年建设的展厅跨度越来越大，动辄一百多米。这些展厅成为展示结构力度美的作品。在设计上首先考虑结构受力的合理性，用结构引导建筑造型。

从几个不同年代展馆可以看到其结构设计的发展过程，科隆会展中心最早的展厅是小进深的围院式建筑，随后改建的展厅进深跨度越来越大；老的展厅柱距较小，新展厅柱距加大，很多都是无柱的大空间。目前较新的展馆主要采用网架结构、空间桁架结构、悬索结构几种。

法兰克福会展中心的3号馆屋顶东西向跨度165米，展厅为双层，设有夹层，下层有柱，上层无柱。屋顶采用双拱形支撑结构，柱采用有抗弯节点的直钢管，架在6个A型构架上。屋顶结构总共由5个钢拱构成，每个钢拱分别由4部分组成。

莱比锡新会展中心的玻璃大厅结构是由10个间距25米的复合钢桁架巨拱梁构成的，跨度80米，拱顶高30米，结构桁架采用外露式，玻璃挂在内侧。

汉诺威会展中心的4号馆采用大跨度、无柱式设计，大部分屋顶由玻璃覆盖，平行布置在建筑两侧。屋顶由18个122米跨度的鱼腹式钢梁构成，间距10.8米，采用张悬梁形式，断面形式符合结构受力，下弦均为拉杆，采用波形屋面板连接，各种构件都是工厂预制的，这使现场组装的时间缩到了最短。

（二）场馆防火设计

大型展馆的空间庞大，单层面积大，空间高，并由于使用的要求，消防设计具有特殊性。

在德国，大型会展建筑通常不作严格的消防分区面积控制，通常把整个展厅空间作为一个防火分区，疏散距离控制在35米左右，并保证有足够的疏散出口。一般宽度大于70米的展厅都在中部设有地下的疏散通道，其四面均采用阻燃材料，内部装置排烟设备，与地面的楼梯口用防火门封闭。展厅一般都设有烟感探测和喷淋系统。但大型展厅普遍在10米左右的高空间，喷淋系统对于地面的人和物已经很难起到作用，其作用主要在于保护屋面结构。在参观时发现，德国展馆内并没有使用水炮进行消防的，原因是水炮的破坏力太大，一旦系统误报警，会对人造成伤害。展厅内通常设置消火栓系统。展厅各处均有明确完善的疏散指示标识，引导人流方向。一般都设有火灾自动报警系统和应急报警系统，并设置火警控制中心，以便及时处理灾情。

慕尼黑展厅宽度为71米，疏散口设置完全满足要求，可不在中间设地下防火安全疏散通道，保持了展厅的完整性，也节约了费用。

莱比锡和汉诺威的新展厅单层面积都在2万平方米以上，单靠周边疏散门无法满足防火要求，均在展厅中部设置地下防火安全疏散通道。

大型会展中心位置一般位于郊区，其布展和展览期间的人流物流密集，发生火灾的危险性大，慕尼黑、莱比锡新会展中心除了常规的消防措施，距其不远处就设有消防站，可以保证一旦发生火灾，能快速有效地扑灭火灾。

（三）场馆智能化管理系统

德国的会展中心基本都配备了智能化程度很高的网络系统。入口处都设有参展商和参观者的登录系统，可记录参展商和参观者的详细信息，相关信息被储存起来，并加以分析，以对将来的展会运营提供帮助。信息台可下载数字化信息到个人PDA，展厅各处设置电脑查询系统，不仅可以在屏幕上看到所需资料，还可以即时打印出来。此外，多媒体、移动通信等多种通信手段都在展馆中得到了应用。慕尼黑新会展中心设有59个信息终端。

几乎所有的德国会展中心都有很完善的经营管理系统，其会展业高度专业化。AUMA是德国展览业协会，成立于1907年，为参展商、参观者和会展组织者提供相关服务。这个组织可以协调各地展览业，以避免简单重复地竞争。值得一提的是FKM（展览展销会数据自愿监督公司），成立于1965年，是非政府性的会展业监督机构，它保证了各个展览会的数据按同一标准进行统计，数据有可比性和可靠性，使展览公司在制定计划时有可靠的数据基础。每年有75家展览公司委托其对每年举办的300多个展会数据进行监督。

（四）生态与节能

会展建筑的规模庞大，对资源的消耗相当巨大。随着人们对环境保护的重视，德国的一些新建会展中心十分关注展馆的生态和节能设计。

1. 利用自然采光和通风

展厅空间巨大，如全部采用人工照明和通风会造成很大浪费。目前德国新建的展厅大多有自然采光，很多拥有大面积的玻璃墙面或天窗，平时基本不需要人工照明；一些展厅还采用部分自然通风，这些措施节约了能源，也节约了展馆的运营费用。慕尼黑和莱比锡新会展中心的展厅全部利用自然采光，柏林和斯图加特会展中心的大部分展厅也采用自然采光，新建的杜塞尔多夫会展中心6号馆四面都是大面积玻璃窗，为避免阳光过强、眩光等问题，在玻璃外侧设有角度可随意调节的金属百叶窗，控制进光量的大小。

2. 利用太阳能发电

慕尼黑新会展中心利用太阳能作为部分能源供应。在B1到B6展馆的屋顶上有世界上最大的屋顶太阳能发电装置，在西入口处建有太阳能热力站，最大发电量达1兆瓦，大约能为展馆提供10%的能源。

3. 利用绿化和水面改变区域气候环境

建筑周围大面积的绿地和水面，能够在一定程度上改善区域气候环境，节约建筑能耗。慕尼黑新会展中心拥有125000平方米的开敞绿地面积，种植了2000多株大树、7万多株灌木和小树，在展厅墙面上种植爬藤植物，种草面积约为35000平方米，在73万平方米的占地面积中绿地覆盖率达到17%。大量植物夏季可遮荫挡光，冬季可阻挡寒风。莱比锡会展中心的主轴线是建在一块长约2公里，宽150米，深5米场地上的线状展览公园，其中也大量绿化。这两个会展中心还设置了大面积的水面和喷泉，夏季可使空气凉爽，冬季可反射阳光，同时起到美化环境的作用。

4. 利用环保可再生建材

随着对可持续发展理论认识的深入，建筑上开始提倡使用可再生资源和建筑材料。在汉诺威26号馆的设计中，明确提出“使用利于保护能源、可再生的原材料”，其展厅在屋顶和墙面大量使用由木板夹防潮层、保温层和加固层等构成的环保材料。

5. 雨水的收集利用

雨水作为一种自然资源，污染轻、处理较为容易。将雨水收集利用是解决水资源短缺的有效措施之一。慕尼黑新会展中心利用屋顶雨水渗流系统，提供展览湖和喷泉的水源。

6. 其他

慕尼黑新会展中心在设计时非常注重对环境的保护。在设计前做了环境兼容性测试、关于噪声的专家报告和废物处理的概念设计。展馆还设有循环利用再生站，创新的垃圾分类系统和设备，噪声控制系统等。在展厅和入口大厅采用区域空调系统，确保不论季节和天气的变化，设施都能提供既实用又舒适的感觉。其优势还在于系统和建筑物的扩展变得容易了，在使用上也有了更多的灵活性。慕尼黑会展中心走在了生态和节能建筑前列。

通过考察德国主要的大型会展场馆、会展公司和会展协会，我们对德国会展场馆的建筑设计有了较详细的了解。德国会展场馆规模庞大，交通流线简洁顺畅，展览空间实用高效，结构合理美观，设施先进，服务完备。德国会展场馆的设计注重技术性、功能性和实用性。目前国内会展中心的建设还处于起步阶段，经验少，而德国的展馆设计已经成熟，很多通行的做法都经过了多年的考验，其经验非常值得我们借鉴。

第二部分　展览内容介绍

一、名牌展、会介绍

世界各地书展介绍

法兰克福图书博览会

召开时间：每年10月第一个星期三至第二个星期一

召开地点：德国法兰克福

展会内容：德国举办的国际性图书展览。1949年由德国书业协会创办。每年10月第一个星期三至第二个星期一在法兰克福举行，为期6天。1988年之前共有5个展览馆；从1990年起共有6个展览馆。1989年参展出版公司8189家，其中德国出版公司最多，其次是英国、美国、法国，展出图书34万种，展出面积9.7万平方米。其展览宗旨是：允许世界上任何出版公司展出任何图书。参展者的主要活动是展示图书、洽谈版权交易、洽谈合作出版。每届颁发一次“德国书业协会和平奖”。

伦敦图书博览会

召开地点：英国伦敦

展会内容：英国举办的国际性图书展览。1971年由英国工业与贸易博览会公司创办。每年3月底在伦敦举行，为期3天。它展出各种类型的图书，是西欧各国出版商进行版权交易的重要活动场所。上午专业性参观，下午对公众开放。展出面积3100平方米。

博罗尼亚儿童图书博览会

召开地点：意大利博罗尼亚

展会内容：意大利举办的国际性儿童图书展览。1964年由博罗尼亚博览会公司创办。每年4月初在博罗尼亚举行，为期4天。它是世界上最大的展示儿童图书的国际性活动，不对公众开放。各国参展的出版商在那里进行有关购买版权、转让版权、合作出版等方面的商业性谈判。展出面积1.45万平方米。

开罗国际图书博览会

召开地点：埃及开罗

展会内容：埃及举办的国际性图书展览。1969年由埃及图书组织总会创办。每年1月底至2月初在开罗举行，为期14天。它展出各种类型的图书，是世界上展示阿拉伯文图书重要的活动场所。来自非洲各国的书商可以选购图书，也对一般公众销售。展出面积3.7万平方米。

巴黎图书博览会

召开地点：法国巴黎

展会内容：法国举办的国际性图书展览。1981年由法国全国出版协会和法国出版促进会创办。每年3月底在巴黎举行，为期5天。它展出各种类型的图书，是世界上展示法文图书重要的活动场所。来自法语区国家的各国书商可选购图书，一般公众也可以购买图书。展出面积1.5万平方米。

北京国际图书博览会

召开地点：中国北京

展会内容：中国举办的国际性图书展览。1986年由中国图书进出口总公司创办。每两年一届，当年的9月初在北京举行，为期一周。会间展出各种类型的图书，参展的图书需经过审查，是世界上展示中文图书最大的国际性书展。欧洲、北美洲、亚洲、南美洲各出版公司均展出自己的最新图书，是中国各单位重要的版权交易场所。

西班牙国际图书博览会

召开地点：西班牙巴塞罗那

展会内容：西班牙举办的国际性图书展览。1983年由西班牙出版商联合会创办。每年6月底至7月初在巴塞罗那举行，为期6天。它展出各种类型的图书，是世界上展示西班牙文图书重要的活动场所。各国参展的出版商在那里洽谈版权交易，各国书商也可以选购图书。上午专业参观，下午与周末对公众开放。

美国书商协会年会与贸易展览会

召开地点：美国各地循环举办

展会内容：美国举办的国际性图书展览。1900年由美国书商协会创办。每年5月或6月举行，地点不定，为期4天。它展出各种类型的图书，是世界上展示美国英文图书重要的活动场所。来自美国各地的书商在那里选购图书，出版商之间进行版权交易。展览不对公众开放。

二、重点展会

意大利博罗尼亚第34届国际建筑产品及材料展览会（SAIE）

博罗尼亚位于意大利北部，是艾米利亚－罗马涅大区的首府，意大利20个行政大区之一，历史悠久，人口约46万，是意大利的铁路交通枢纽。凭借着十分便利的交通条件，经常举办国际规模的展览会、博览会。

于2002年10月20日圆满结束的博罗尼亚第34届国际建筑产品及材料展览会（SAIE），堪称为业内举足轻重的展览盛事。2002年展览会汇集了16万专业人士（其中6500人来自海外），还专门安排关于建筑技术与行业趋势的45场研讨会进行信息交流。

2002年共有1900家商家参展，参展商主要来自意大利本土，海外参展商有450家。此次展览总面积达21万平方米，包括18个展览大厅，5个副馆。

SAIE展览会展示的产品包括建筑防水材料和绝缘材料，建筑安装和固定系统；建筑整体和组建体系；屋顶和遮蔽产品，石灰、水泥、砂浆等原料；建筑用机械设备，安装、检测、监控设备和技术；水处理和管件系统；IT服务系统及建筑设计用IT技术；专门的木原料产品等11大门类，细目超过了400种，包括屋顶建筑、钢结构、防水、隔热、建筑材料、排水系统、卫生系统；墙壁和地板、天花板、板壁、浴室等的装修；外部装修、百叶窗、涂层和封口、安装玻璃、机动车和太阳能保护；建筑工具、现场建筑机械、现场安全和保护装备、多用途的运输车；信息和通信技术；建筑管理系统、电灯、照明、管道、防火等服务。

此次展览会作为相当权威的建筑展览会，SAIE在以下两方面做出拓展：

首先，针对国际建筑界日前高涨的环保呼声，此次展会再度与Federlegno（专业产品调研机构）联手，就建筑中木质产品的使用展开了一系列讨论和交流。对于木结构的轻质、耐用、经济、自然、可塑性强等特点进行技术和实践的展示。各种用于居住、工业、公共设施和临时掩体的木质建筑集中在450平方米的展览馆。与会有关专家预测，建筑木质化是今后发展的大趋势。随着科技的发展、人们生活水平的提高、对环境保护和化学污染监测的力度加强，木质产品在建筑中的运用将得到更长足的发展。这一点对我国建筑材料生产商而言也具有重要意义。

另外，展览会首次请来Kromatech（专门研究关于瓷砖、卫生陶瓷和餐具企业的解决方案的机构)发表其最新的研究成果。交流对象包括设计工作室，陶瓷装饰厂家，着色、上釉、烧结、色素、熔融以及贴花的厂商。这对陶瓷行业的管理者和一般技术人员都非常有意义，特别是对销售人员、艺术主管、设计师和建筑师，可以让他们对未来产品和市场的走向获得一个有价值的了解。

SAIE展览会展示了国际上最新的产品、材料、技术、服务和设备，从某种程度上说，它是新产品和服务的发布平台，也为制造商进入国际市场提供了通道。

——《国际市场导刊》

意大利Smau信息产业通信技术展

Smau展是意大利信息产业、通信科技以及电子消费品首屈一指的展览项目，其展品水平以及展览规模可与美国拉斯维加斯电子展相媲美，为世界第二大电子展。同时，由于该展在欧洲腹地——意大利举办，则更有其独特的地缘意义和商业价值。该展展出内容涵盖了电子通信与信息产业各个方面的产品、技术以及解决方案，是世界顶尖网络技术、通信技术的时尚发布会，同时也是各大IT厂商探索研究意大利乃至整个欧洲电子市场的专业平台，展览的影响范围巨大，涉及到整个南欧以及地中海地区沿岸各个国家。专业媒体这样评价该展："Smau每半年为您提供一次感受IT产业日新月异的发展脉络。"

Smau展历史悠久，截至2002年已经连续举办了39个年头，其专业性和权威性可见一斑。随着意大利IT产业以及Smau自身的不断发展壮大，该展的运作范围已经不再仅仅局限于展览会本身，而是逐步扩展自己的影响，在IT市场上建立自己独特的权威影响力，并竭力保持自己国际化的专业水准。展览内容也不限于一时一地，而是遍及意大利全境，诸如米兰、罗马、巴厘、那布勒斯以及卡塔尼亚等从北到南的各大城市均举办Smau展览以及相关活动。参加Smau展的各国展商的活动范围也绝不仅仅局限于展览场地上，Smau还提供给他们直接了解意大利信息通信产业和电子消费品市场的机会。各种技术发布会、供求见面会以及市场研讨会在意大利各地召开。展商可以直接接触到潜在客户、加工厂商以及系统集成商等IT市场上生产、营销和服务的各个环节，与之充分交换信息，分析研究发展趋势，研讨欧洲电子行业的营销战略。

Smau的主会场设在米兰国际展览中心，展期共五天，前三天接待专业观众，后两天向公众开放。

Smau展是名副其实的国际展览会，展商来自阿根廷、澳大利亚、奥地利、比利时、加拿大、丹麦、埃及、芬兰、法国、德国、英国、印度、以色列、日本、韩国、挪威、俄罗斯、新加坡、南非、西班牙、瑞典、瑞士、中国内地及香港和台湾地区以及美国等遍及各大洲的电子通信行业的企业和公司。诸如微软、惠普、思科等世界IT行业巨头均有参展。许多国家参展是以国家馆的形式，目的是建立国家整体的IT产业形象，系统介绍本国的IT产业发展水平。

Smau展另外一个特点就是其展出内容极高的综合性，展馆根据展出内容分以下几大类。

1. 企业和商业类

该类展区一向是Smau展中最为重要、面积最大的部分，集中展示世界最新的硬件、软件技术，以及面向世界各国企业的服务项目以及解决方案。展品包括大型存储服务器、便携存储设备，各种精巧便携的音频、视频设备，应用于银行、保险、金融等行业的综合管理系统，以及中小企业信息化设备系统等。这些产品所构成的消费市场前景极其巨大，2001年仅意大利市场价值就达到了283亿欧元，比上一年度增长了7.8%。根据公布的统计数字分析，其中硬件市场价值89亿欧元，办公设备7.52亿欧元，软件50亿欧元，以及信息产业相关服务119亿欧元。根据欧洲信息产业观察家协会（EITO）的预测，2002年该类产品的市场将有7%的增长。

2. 通信与互联网

该展区的展出内容主要侧重于网络的发展和应用，以及各种远程通信服务产品和互联网产品，并且兼顾企业内部局域网的建设。互联网经过几年来的发展，已经经历了相当多的磨难，达到了目前的相对平衡。网络用户数量、交换信息的服务以及数据量均在不断增加。在意大利，互联网用户已经达到1800万，移动通信设备用户达到4000万，电信市场在2001年增长了5.4%，总产值达到418亿欧元。意大利对于通信网络服务以及产品的需求量很大。对于企业用户，互联网的应用发展方向主要是视频会议数据传输系统的建设和管理，如何充分利用目前的网络设备，是用户迫切需要解决的问题。另外，那些提供经济便宜的长途通信解决方案的企业也很受欢迎。在广域互联网方面，网络内容提供商不断创新服务内容和方式，高低搭配服务价格，从而用高端服务的收入弥补长期以来低端服务的亏损。

3. 公众和政府

该展区侧重于社会管理网络化方面的研究与应用，相关技术产品包括电子政府、电子社区的建设。如何运用当前先进的网络技术，高效便捷地管理大众生活，是各级政府所考虑的现实问题。在这个展区，观众可以找到与医疗保障、文化教育以及行政管理等政府行为相关的电子网络解决方案，各大展商推出的产品服务可以协助政府更有效地行使政府职能，而公众和私营单位则能更方便快捷地享受到这些服务，避免人为因素的干扰，体现网络时代信息共享平等和公平。其中医疗保障方面的内容最贴近大众。在这里，信息科技、电子网络和传统医疗服务紧密地结合为一体，远程医疗、电子医院、网络诊所等已经成为现实。通过IT产业的进入，传统医疗设施将发挥更大的作用，病人将有可能接受到更有效及时的治疗，而日常的保障水平也将随着信息的网络化传递而达到新的水平。

4. 科技与生活

进入这个展区的观众将被最先进的数码音频视频设备所深深吸引，这里是异彩纷呈的消费电子产品的世界。从小巧的MP3播放机，到各种手提电脑、掌上电脑，从世界各大游戏厂商推广的游戏机个人娱乐设备到各种家用电器上的数码高科技产品，应有尽有。“一切为了创造一个信息时代的家”是各大参展商的一致口号。如何令消费者充分享受数码科技所带给人类的崭新生活，是展商们开发生产的方向。

除了这几大展示区域，Smau展还开设了Smau商店，观众可以购买各种高科技电子娱乐产品，亲身感受数码时代的魅力。

Smau展还开设了专业网站，为参展商提供了进行新品发布、信息交流的平台。观众可以先到网站浏览本届展览新推出的展示品，根据网站提供的摊位号，就可以很轻松地在巨大的展馆中找到自己感兴趣的产品。

Smau展中，除大型公司和国家馆搭建的大型展位，展览公司还提供给中小参展商普通标准摊位，分2.5米高和3米高两种类型，标准摊位面积分16平方米、32平方米。

2001年的Smau展展出净面积10.6万平方米，占据了米兰国际展览中心26个展馆，各国参展商达到3000个以上，其中外国展商800个，观众数量41万，其中有54%的境外观众，人数达到22.1万，各类专业媒体记者人数达到3000以上。展览期间在意大利各大城市举办的讲座、研讨会和公司见面会共200个。各类活动参加的人员达到1.8万。网上查询系统在展览5天中共提供查询350万次。2002年秋季Smau展的观众人数更是有了11%的增长，达到创历史新高的45万人。

（中国贸促会驻意大利代表处提供）

汉诺威CeBIT引导IT明天

科技进步能帮助企业省钱，这成为2003年3月12日在德国汉诺威开幕的CeBIT展览的主题。一年一度的德国汉诺威CeBIT是目前全球规模最大且最富盛誉的IT展览会，同时也是信息及电信产业中最具影响力的展览会。2003年的CeBIT展览于3月12日至19日在德国汉诺威举行。

展示网络家庭

CeBIT展览会于3月12日开幕，一直持续一个星期。参加会议的展商大约有6500家，比2002年的8千家减少了很多。大约有50万观众前来参观，许多客户都是前来寻找便宜新产品的。

虽然美国硅谷推出最新的网络和娱乐设备，日本和中国的展品格外引人注目，但是，展会的大部分仍然是庆祝德国的工业化成就。两个大厅展示了打印机。

2003年CeBIT展览会的另一个主题是有关“网络家庭”的定义以及谁将主宰“网络家庭”的争论。“网络家庭”是IT行业的一个新词汇，是指家庭电脑、家庭娱乐设备和其他家用电器之间通过互联网连接起来的网络。有些厂商认为，主宰家庭网络的核心是电脑，有些厂商认为是电视机，还有的厂商甚至认为是手机。这些争议的结果对IT行业的发展有重要意义。

联想集团十五次亮相

中国IT龙头企业的联想集团自1989年以来，在CeBIT盛会上的连续第十五次亮相。

此次联想的参展主题为“创新联想”（INNO LEGEND），展位于CeBIT 22号展馆A04号，面积达到了117平方米，经过精心设计的联想展台，风格简洁流畅，在众多国际著名企业的大展台环绕中，更显得别具一格。纵观整个联想展区，可以体会到“创新”的精彩无处不在，尤其是“数码应用专区”更是吸引了大量参观者和媒体关注。

新手机秀色可餐

这次展会展出了几十种可拍照手机。分析人士正期待着看到市场龙头诺基亚推出廉价的可拍照手机，这是启动市场所必须的。诺基亚预计将推出适用于商业用户的新款带键盘的语音和数据手机。

Tel. Me的智能手机一向是手机领域中的另类产品，本次展会Tel. Me展示了两款新型手机T919i和T918。T919i采用触摸屏幕，支持手写输入。T919i体积为125毫米×55毫米×24毫米，重量为125克，256像素×128像素。T918，这款手机比T919i在外形上缩小了不少，也更符合人体工程学设计，采用32768色屏幕，并且内置了30万像素的摄像头，可以拍摄MPEG4格式的短片。支持MMS短信，同时带有WAP2.0浏览器（支持xHTML格式）。

背景资料

CeBIT源于1947年在德国汉诺威创立的旨在向国际市场展示德国产品的汉诺威工业展览会（Hannover Messe）。

20世纪50年代末，当时被称为“办公设备”的产业在汉诺威工业展览会已发展为第三大展团，该展团的重要性在整个60年代持续增长。

1970年，举办者德国汉诺威展览公司专门为这一展览类别创造了新的名称，CeBIT由此产生。CeBIT是意为“办公及信息技术中心”的德语缩写。

20世纪七八十年代，CeBIT这一展览类别占据了越来越多的展出面积，主导地位不断增强，但展位仍供不应求、候补展商名单变得越来越长。于是，在1986年CeBIT脱离了汉诺威工业展览会，成为独立的展会。

首届CeBIT即非常成功，展商2142家，展览面积超过20万平方米，观众334427人。从那时起CeBIT一直以惊人的速度增长。与众多自诩其竞争有力的展会相比，CeBIT是惟一保持持续增长的贸易展览会。

2001年CeBIT创造了新纪录，参展公司8156家，净展览面积431875平方米，观众849252人。CeBIT为期7天，这意味着每天的观众超过10万人！

作为信息及通信技术领域的世界级展览会，CeBIT在短短15年当中就确立了其不可动摇的领先地位。

——《北京晨报》

从开姆尼茨看德国旅游

2003年4月26日至28日，第29届德国旅游交易会（GTM 2003）在德国萨克森州开姆尼茨市举行。德国旅游交易会是由德国国家旅游局每年举行一次的入境游国际交易会，是德国旅游业最重要的促销活动。2003年的交易会有德国国内大约350家参展商和来自全球大约50个国家的650个买家参加。

记者作为受邀中国媒体之一，参加了会议前后在开姆尼茨市区及周边的游览和采访。当然，主人的意图十分明显：希望能够借助此次机会向世界介绍自己的城市。我当初心中多少有些茫然：德国旅游刚刚正式向中国人开放，大的城市及景点尚未普及推广得开，这样一个小城能吸引人吗？

它一度被称为“卡尔·马克思城”

开姆尼茨(Chemnitz)，是德国东部萨克森州第三大城市，一座工业城。在民主德国时期的1953年至1991年，它一度被称为“卡尔·马克思城”，实际上它与马克思的工作和生活没有任何关系。卡尔·马克思城这个名称也许会使国人稍稍唤起一点回忆。

现在，这个城市让人联想到卡尔·马克思的惟一历史遗存是竖立在主要街道上的马克思塑像，这座塑像高12米，1971年由莫斯科一雕塑家在一块花岗岩上整体雕塑而成。在塑像后的建筑物巨幅面上依然镌刻着马克思有关工人阶级政权的一句经典名言。这让我们感到一丝激动：不管岁月如何更迭，德国人对历史传统的尊重是始终如一的。

赴德国前，查阅资料得知：1800年这里曾建起了德国第一家近代纺织厂，生产出了德国第一批机床和火车机车，后逐步发展成以纺织和机械为主的工业城市。仅此而已。

现代化都市的两面体

4月27日正好是周日，我们发现开姆尼茨异常的静谧。我们习惯了的车水马龙、热闹喧阗的城市生活场景不见了。据当地旅游部门的陪同介绍，这座城市现有人口大约29万，其中包括2万多大学生，但是由于人口负增长及许多行业的不景气（失业率高达20%），到2010年，人口将减少到20万，当地政府正在积极寻求对策。我们很惊讶从当地人口中听到这样的“负面宣传”。

然而，我们的确感到很矛盾：这样一个让我们歆羡无比、拥有高质量生产环境的城市，一边是繁华的街衢，一边是“百业萧条”；一边是满街跑的靓车，一边是高失业率。不过我们也的确见到了凋敝不堪的旧工厂大楼和空空荡荡的写字楼。但如果去顺路看看工人新村，会发现那里清洁整齐的居住环境，恐怕一点也不亚于北京的“富人区”；即使是在一个普通的公厕里，也有出售“安全套”的投币机。

虽说是“工业城市”，我们却没能见到林立的烟囱和成片的工业区。据介绍，这座城市有一个6公里长林木遮天的主干道，8个大型城市森林公园，10个公园，一个鹿围场，一个动物园以及难以数计的小区绿地。据说这里的植物园在德国也是十分出名的。

珍视历史和传统　适度开发利用

按照中国的标准，开姆尼茨可能只能算是一个小城市。但像任何一个德国城市一样，这里不仅有现代化的宾馆饭店、超市商场，也有大大小小的音乐厅，德国全国一流水准的歌剧院，以及从哥特式、巴洛克式到近现代各式风格交融的建筑和博物馆。所以，开姆尼茨被称为萨克森州的“拜伊鲁特(Bayreuth，德国另一城市名，是瓦格纳的故乡)”，以及德国“青春艺术风格(Art Noveau)”建筑最为集中的地方。德国城市是不能以大小论发达与落后的，几乎每一个城市都有自己值得骄傲的历史和传统。

在市政厅大楼，身着中世纪装束的“传令官”和“镇长”接待了我们。传令官还表演了当年如何传达政府政令，其声其行尢不传递出对自己故乡历史传统的骄傲。这座中世纪的城市标志性建筑在二次世界大战期间几乎被完全摧毁。我们从发黄的旧照片中看到了当年满目创痍的开姆尼茨，很难想象当地人是如何费尽心血，胝手胼足，一砖一瓦重新把自己的家园建设得如此美丽脱俗的。

开姆尼茨人不仅珍视传统，而且善于在修葺古迹的同时，适当改造加以利用。

我们参观了郊区的“水边城堡”(Klaffenbach)，这座建于16世纪的古堡几经历史沧桑，到了20世纪90年代由联合国和德国政府共同出资加以彻底修复。现在，这座典型的文艺复兴初期风格的综合建筑群里，不仅可以让游人一睹古堡的风采，而且这里还有一个萨克森州车辆博物馆，展示了萨克森州过去100年的车辆制造史，荟萃了德国70多家公司生产的100多件老古董汽车、摩托车和自行车，甚至包括世界上第一辆摩托赛车。有兴趣的人还可以坐上去兜风，过一把老爷车瘾。实际上，这里不仅有车辆博物馆，还有一个古堡酒店、银器手工作坊、集市、高尔夫球场和跑马场等，古堡内甚至还设有一个现代艺术博物馆，你可以一边欣赏这些现代艺术作品，一边仔细搜寻梁栋横陈、古墙斑迹上的历史遗存。所以，游客可以在这里得到欣赏古堡之外的更多的享受。

工业文化也是一种旅游资源

4月29日，参加开姆尼茨周边游时，我们驱车一个多小时来到萨克森州毗邻捷克边境的赛芬（Seiffen)。这里曾经是锡矿开采地，11世纪时就开始了银矿的开采。虽然矿井早就已被废弃，但我们到了一个名叫“Markus-Rohling-Mine”的矿井时，发现这里已被恢复为一个矿井博物馆。在地下600米深处，温度只有摄氏6度左右，而且十分潮湿，我们哈着雾气，在烛光下，在一个小型乐队的伴奏中，品尝了矿工“冷盘餐”，虽然冻得直哆嗦，但也大呼过瘾。

像这样的“工业旅游”项目，在开姆尼茨并不少见。据介绍，萨克森州曾生产了德国自己的第一辆火车机车，1839年，从莱比锡到德累斯顿还开通了德国第一条长途火车线路(全长71英里)。当时，萨克森州拥有德国最密集的铁路网，“皇家萨克森国家铁路”是该州最大的企业。即使到了今天，萨克森州依然保留了德国乃至世界上最完整的窄轨铁路网，主要作为旅游观光，通往全州各地。铁路给该州人带来了无尽的快乐和荣耀。当地导游册子上醒目地书写到“蒸汽铁路，活着的工业文化”，而且还诙谐地自称“I am a Saxist”。

4月27日上午的新闻发布会会场设在开姆尼茨市的萨克森工业博物馆，进入会场必须穿过博物馆的主要展厅，这让人感到主人的用意精深：在欣赏过去一个多世纪当地制造的火车机车头、汽车、打字机、机械织布机，甚至旧时工厂的工人盥洗池时，你会遥想许多，更加深刻领会这里光荣的工业历史。

28日的晚会主题是“萨克森活动”。我们惊讶地发现会场居然是在郊区的一个火车站。乘车临近时，很远就看见“破败不堪”的站台，很容易唤起对旧时的回忆。我当时陡惊之余还疑心当地是否“财力支绌”，居然选择在这里举行。进入偌大的机修车间，顶棚是黑黝黝的，甚至给人“脏兮兮”的感觉，但你同时也能很快触摸到悠久的“德国造”历史，感受到德意志精神。这里实际上是萨克森州铁路博物馆，而该州像这样的铁路博物馆有8处之多。

晚会从遥远的奥古斯都皇帝说起，间或介绍了在当地出生的音乐家巴赫，但主题始终围绕火车和铁路。身着德国古代军装的乐队演奏雄壮的铜管乐，全场气氛昂扬起来。但让观众情绪达到沸腾的是，在千呼万唤中，一辆全仿真的旧式火车车头喷着白色的蒸汽缓缓行驶进会场，顿时掌声雷动。院外汽笛声声，停放的十几辆火车机车也在灯光中齐刷刷集体亮相，霎时火焰腾空。一声爆响，雪白的聚光灯下，一辆崭新的最新款保时捷轿车驶上舞台，这标志着当地人承前启后的自信与决心。

——《国际商报》

三、展览业简介

英国展览业市场调查报告

一、英国展览业概况

英国展览业历史悠久，英国展览业的全职从业人员达2.7万多人，兼职从业人员为5千左右。这些从业人员分布在展览组织公司、展览场地公司和为展览业提供服务的公司中。2001年，英国展览组织公司的数量为570家。2001年之前，由展览场地协会每年出版的《英国展览现状》(UK Exhibition Facts）报告中统计的展览场馆只包含室内展览面积在2千平方米以上的展馆，称为“展览场地协会标准场地”。2001年后，该报告统计的展馆也包含面积在2千平方米以下的展馆。2001年，在“展览场地协会标准场地”举办展览的展览公司为386家，举办大型户外展览的展览公司为28家，在其他展览场地举办展览的展览公司为240家。(见表13-2)

1995～1997年，24%的展览组织只组织了一场展览会；20%组织了两场展览会；15%组织的展览会在6～12场之间。大约有25%的展览组织者在欧盟其他国家组展，另有10%在国际范围组展。

表13-2　2001年英国展览业统计

	2001全年	展览场地协会标准场地	大型户外展览	其他展览场地
展览会数量（场）	1858	823	34	1001
观众数量（人次）	1730万	910万	320万	500万
展馆毛面积（平方米）	1040万	690万		350万
展馆净面积（平方米）		310万		
展览组织公司（家）	570*	386	28	240
展馆数量（个）	485	38	30	390
展览支出（英磅）		20亿		

资料来源：《英国展览业指南》

*在分类时部分展览组织公司有所重叠，所以总数并不是三种展览公司数之和。

另外，在展览场地协会标准场地举办的为期一天的公众性活动没有计算在内。2001年，英国大约有128场这样的活动，所以，如果把这些活动算在内，2001年英国有1986场展览会。

表13-3　1996～2000年按规模计算的英国展览会数量　（单位：平方米）

展览会规模	1996年	1997年	1998年	1999年	2000年
5000以下	402	499	523	483	455
5千～1万	144	158	160	176	200
1万～2万	100	107	102	108	108
2万～6万	34	31	36	44	44
6万以上	9	12	10	6	14
规模不详	21	33	12		9
总计	710	841	843	817	868

资料来源：英国展览场地协会

表13-4　1997、1999年和2000年英国各行业展览会数量

	1997年	1999年	2000年
艺术、爱好和运动	154	159	171
服务产业	161	176	173
家居及礼品	86	91	104
航空和汽车	51	51	61
广播和计算机	83	73	72
农业	55	40	51
医药和保健	53	38	44
服装、纺织和鞋类	44	45	43
工业制造	45	38	43
食品及加工	41	40	40
建筑和公共设施	26	25	28
维护和保护	27	21	18
工业和化学加工	9	10	8
能源、电力	6	3	8
一般性贸易展		7	4
总计	841	817	868

资料来源：英国展览场地协会

表13-5　2001年英国前五大公共性质的展览会（按观众人数排名）

顺序	展览会名称	组织者	展出场地	观众人数
1	Daily Mail Ideal HomeShow	DMG World Media(UK)	Earls Court, London	426528
2	Int. Motor Cycle & Scooter Show	MCI Exhibition	NEC, Birmingham	206434
3	BBC Clothes Show Live	Haymarket Exhibition	NEC, Birmingham	170702
4	London Boat Show	National Boat Shows	Earls Court, London	158515
5	BBC Gardener World Live	Haymarket Exhibition	NEC, Birmingham	146466

资料来源：《英国展览业指南》

表13-6　2001年英国前五大贸易展览会（按观众人数排名）

顺序	展览会名称	组织者	展出场地	观众人数
1	Spring Fair Birmingham	Trade Promotion Services	NEC, Birmingham	79961
2	World Travel Market	Reed Exhibition	Earls Court, London	38871
3	The Furniture Show	CMP Information	NEC, Birmingham	36685
4	Autumn Fair Birmingham	Trade Promotion Services	NEC, Birmingham	32851
5	IFSEC/Security Solutions	CMP Information	NEC, Birmingham	27991

资料来源：《英国展览业指南》

近年英国展览业趋势

以下数据根据“展览场地协会标准场地”得出。虽然2001年展览会的数量比2000年减少了5%，但相对于1996年增长了16%。在展览会中，贸易展览占56%，公共性展览占42%，两者合而为一的展览占2%。2001年英国的展馆毛面积达到690万平方米，其中，贸易展览占58%，与2000年保持同一水平，非贸易展览占42%。2001年观众总人数为910万，其中贸易展占27%，而2000年为26%，有小幅增加，公共性展览占69%，2000年为71%。2001年观众人数减少原因之一是口蹄疫。

英国展览业最大的行业是艺术、文化、休闲和体育以及服务业，这些行业占42%。服务业包括广告和营销、银行和金融服务、书籍、教育和招聘会，印刷和出版以及旅游和零售。

2001年英国展览组织公司的支出约为20亿英镑。支出主要用在场地费、雇佣员工、展位设计、印刷材料、宣传、运输等方面。

就地理分布而言，伦敦是英国展览会最集中的地区。2001年，伦敦共有323个展览会。其次为西米德兰地区（伯明翰NEC就在该地区），共有199个展览会。约克郡和苏格兰地区分别排在第三和第四位，展览会数量分别为74和67个。

二、展览业协会情况

英国展览行业最主要的几个协会组织是：

1. 英国会议和活动协会（Association for Conferences and Events, ACE）

该协会成立于1971年，会员包括贸易商、机构、协会、慈善机构、供应商等举办各种会议和活动的实体。该协会旨在加强政府与议会行业的沟通，为会员提供信息、论坛等服务，服务方式包括会员通信、热线、各种折扣和优惠以及研讨会等。

2. 英国展览组织者协会(Association of Exhibition Organizers, AEO)

该协会的宗旨是提高展览会在经济活动中的地位，通过改

善服务更好地满足观众对展览的需求。协会的会员分为两类，即直接会员和关系会员。直接会员全部是在英国注册的展览组织公司、而关系会员则是为展览提供配套服务的公司，如施工公司、家具租赁公司等。任何展览公司如果希望成为该协会会员，必须遵守该协会制定的会员企业行为准则。该准则虽然不具有法律效力，但在一定程度上发挥着行业管理的作用，对于严重违反者可以取消其会员资格。AEO目前已被英国展览业所广泛认可，其理事会组成人员从所有会员单位中民主选举产生，定期轮换，可连任。

该协会现每年举办展览最佳服务评奖活动（AEO Excellence Awards），即由展览组织单位评选出当年的最佳展览配套服务公司。奖项共分为8类，包括摊位施工、电力安装、展品运输、保安、展馆管理、家具租赁、工业服务和特殊成就奖。设立评奖的目的在于加强展览举办者和服务公司的沟通，提高展览服务质量，因为任何成功的展览除了依靠主办者的组织能力外，相关配套服务公司的高效服务也同样重要。目前AEO的颁奖大会已成为英国展览行业一年一度最重要的活动。

3. 英国展览服务商协会（British Exhibition Contractors Association）

该协会成立于1913年，是展览行业最早成立的协会组织，目前有约300家会员企业，主要包括施工公司、家具租赁公司等展览服务单位。该协会对会员资格进行严格审查。在成为会员之前，申请公司必须经过为期一年的审查，必须有良好的安全纪录。在成为会员之后，必须严格遵守协会指定的行业准则。展览服务商协会由管理理事会负责。管理理事会由一名主席（任期两年）、一名副主席和10名评选出的会员组成。协会的宗旨是提高展览服务水平，并为会员企业提供更多的商业机会。

4. 展览场地协会（Exhibition Venues Association，简称EVA）

协会成立于1997年，目前有会员27家，主要是室内展出面积在3千平方米以上的展览场馆。协会除向会员提供信息、协调业务活动等常规服务外，还专设机构进行展览市场的调研活动，每年均出版UK Exhibition Facts专题报告，内容涉及展览行业发展情况、展览项目数量及观众人数等内容。

5. 英国户外活动协会（National Outdoor Events Association）

成立于1979年，是英国户外活动行业的论坛机构。会员在250家左右，包括地方政府、展览组织者活动管理公司和设备提供商。

这几家主要协会全部为商业团体，不隶属于任何政府部门，经费开支来自会费和企业赞助，管理人员也都是从会员企业中选举产生，人事任命不受政府干预。协会除为会员提供基本服务外，另一重要功能是代表会员企业利益，向政府部门、新闻媒体和有关产业部门反映会员的意见，并游说政府实行有利于展览行业发展的政策和法令。虽然这几家协会由来自不同领域的企业组成，但整体利益是一致的，因此协会之间的联系非常紧密。协会定期举办各种研讨活动，交流和总结会员的意见和建议，并和政府部长、议员和产业高层人士保持经常联系，从而争取政府制定的产业政策能够有利于会员企业的业务发展。目前这几家协会正积极争取DTI增加对英国公司参展的补贴，特别是增加对英国企业参加本土举办的国际展览会的扶持，因为目前政府的费用支持主要提供给在海外参展的企业。

三、主要展览公司和展览服务公司

在英国从事展览行业的公司有上百家，但市场的主要份额由几家大型的跨国展览集团所控制，主要包括：

1. EMAP（包括Trade Promotions Services）

EMAP是一家大型媒体集团，旗下包括英国、法国和全球150多份畅销杂志、18个电台和7个电视台。1997年Trade Promotions Services被EMAP收购，但目前仍以TPS的名义举办部分展览会。EMAP的展览部门除了TPS公司外，还有另外一家以组织流行时装展为主的业务公司，EMAP Fashion。EMAP的雇员数为5200人，2000～2001财政年度收益为11亿英镑，利润额为6.14亿英镑。EMAP通信部首席执行官Derek Carter认为，展览和杂志之间联系紧密，EMAP没有把业务重点放在展览或杂志或某项活动上，而是强调整合其产品优势，因为杂志的读者是潜在的展览会的参观者。

2. Reed Exhibitions

Reed Exhibition在2000年收购Miller Freeman，并且启用新的公司标志。2002年2月Reed Exhibitions开始采用现在的公司名称。Reed Exhibitions在世界各地设有29个分支机构，每年在全球举办470多场展览及会议，全年展出面积超过300万平方米。

3. Aztec

自1996年开始，Aztec的展览部开始在英国和欧洲组织展览。Aztec在组织视频音频展览、计算机硬件、通信和技术服务方面的展览非常专业。

4. Exhibition Bulletin

这是一份专门提供展览会及相关信息的月刊。每期列出的展览会数目达5千多个，按地区和行业分列。该杂志在英国有6千多订户，在海外大约有400家订户。在该杂志上登录展览会为免费，如为展览场地做宣传则要收取广告费。目前，该月刊上有关中国展览会的信息不多，大约只有5页的篇幅。

四、主要展览场馆

伦敦作为首都和政治、经济、文化中心，在举办展览会方面具有明显的优势。根据统计，英国每年超过30%的展览会在伦敦举办。同时，伯明翰、曼彻斯特和爱丁堡等大城市也经常举办展览活动。英国的主要展览场馆如下：

伦敦Earls Court展馆

展出面积61317平方米，是伦敦最主要的展览馆。展馆分上下两层，内不可分隔，可同时举办4个展览会。国际展览业展会International Conflex就在Earls Court举办。组织方CMP Information决定，至少在2004年以前，该展一直在Earls Court举办。

伦敦Olympia展馆

最初称作新农业馆，建于1886年。展馆面积37403平方英尺。

伦敦Excel Centre展览馆

于2000年11月开始投入使用，是伦敦最现代化的展览设施，展馆面积达9万平方米。Excel Centre投资2.5亿英镑，投资方包括大型展览公司Untied Business Media PLC和Reed Exhibitions。该展馆位于伦敦东部的泰晤士河沿岸，公共交通比较方便，有城市轻轨直达。由于是新建展馆，因此停车场地比较充足，而且配套饭店设施也日趋完善。该展馆的投入使用受到了广大展览组织者的欢迎，目前场地已预订到2004年。伦敦国际船展是Excel Centre最早举办的几个大型展览之一。

该展馆通信设施先进，采用EDS和NTL的技术，开发出一种称为Smart Venue的通信服务项目，为参展商和观众提供互联网和电脑解决方案。

伦敦Business Design Centre展馆

前身是皇家农业馆，离市中心很近。展馆面积为6千平方米，并有可容纳600名听众的会议设施。

伦敦亚历山大宫展馆

始建于1873年，后经几次重建及扩张。现在展馆总面积达1.3万平方米。大厅面积为6558平方米。西厅既可以单独用来展览，也可以与大厅合并组成面积达1.2万平方米的展厅。

伯明翰National Exhibition Centre (NEC)

建于1976年，目前是全欧洲规模最大的展览设施，展出面积近20万平方米，每年共举办180个左右的展览。与NEC配套的还有位于伯明翰市中心的国际会议中心，内设11个会议大厅和10个小型会议室。该会议中心曾承办过工业化国家七国首脑会议。

曼彻斯特大曼城展览中心

由原中央火车站改建而成，展出面积1万平方米。

苏格兰展览会议中心

位于英国第三大城市格拉斯哥，可同时举行大型展览和会议活动。1995年开始重建，1999年完成，新建一个会议中心。1999～2000年度，苏格兰展览会议中心的观众人数达到126万，10%来自苏格兰以外地区。

爱丁堡皇家高地中心

位于苏格兰首府爱丁堡近郊，室内展出面积6925平方米，另有4英里长的露天展览场所。

卡迪夫国际竞技场

位于威尔士首府卡迪夫，展出面积4千平方米。

为提高展览场地的利用率，目前英国许多展览馆在改造和新建过程都增加了场馆的分隔功能，可根据展出实际面积需要相应地将展馆进行分隔，因此许多中小型的展览可以同时在一个展馆内举行而互不干扰。为了吸引用户，各展馆经营公司还普遍采用各种促销手段，例如展览组织者只需向Earls Court展馆支付5%的场租押金就可以使用场地举办展览，而95%场租余额可以在组织部门收到参展商费用后再行缴纳，这大大减轻了组织者的经济负担，有利于资金周转。这种交费方式的流行充分反映了目前英国各展览场地之间的竞争已日趋激烈。同时，随着科技的发展，现代化的展览手段不断出现，这对展览馆的配套设施提出了更高的要求。英国各展馆目前广泛采用高科技和新技术，特别是加强了计算机和互联网上网设备的投入。

鉴于展览行业对于地方经济发展的促进作用，英国政府对新建展览设施通常会给与一定的支持，但在确定支持项目时一般比较谨慎，因为英国的展览场地均为私营，如果政府扶持程度不一，就会造成不公平竞争。英国政府在确定扶持项目时最主要考虑的因素是就业问题，一个项目可以得到资助的数额往往取决于其解决就业问题的能力，而且资助一般不是一次发放，而是随着工程的进展情况分期支付。

表13–7　2001年英国展览会地区分布情况

地　区	展览会数量
伦敦	323
西米德兰地区	199
约克郡	74
苏格兰	67
西南地区	46
西北及北部地区	44
东南地区	29
东米德兰地区	23
北爱尔兰	12
威尔士	6

五、英国政府对参加海外贸易展和研讨会的财政补贴

英国政府认为，参加海外贸易展览会和研讨会是英国公司开拓市场的最有效方式之一，并在财政上给与支持。负责这方面事务的政府部门为英国贸易总局(British International)下属的英国贸易伙伴局（Trade Partners UK）负责。

1998年3月25日，当时的贸易大臣宣布了一个适用于1999年4月1日以后的新资助项目。

英国贸易伙伴局的资助由众多代理机构如商会和贸易协会来具体实施。这些代理机构与英国贸易伙伴局之间有正式协

议，代表英国贸易伙伴局选择展览会和合格的公司参加展览会并发放资助。

在过去，曾经有150家这样的代理机构。为了提高竞争性以及效率，英国贸易伙伴局推出一项新的认证机制，即在2003年4月1日前，任何希望参加认证的代理机构都必须提交一份“自我评估调查问卷”，否则将不得参加英国贸易伙伴局的资助项目投标。

原则上，任何参加海外展览和研讨会的英国企业和组织都有资格获得资助。除日本、中国（不含香港）、俄罗斯和美国可以获得5次补助外，其他国家只能获得3次资助。

该资助项目不再有团组最小规模限制，增加了灵活性。最基本的资助额为展位租金和展位施工成本的60%，但设定了一个上限，适用于任何国家。在一些新兴市场和开发不完善的市场，可以得到额外的资助，这些市场包括埃及、以色列、摩洛哥、沙特阿拉伯、阿联酋、墨西哥、南非、澳大利亚、巴西、马来西亚、新加坡、韩国、中国的台湾地区和泰国。

展位成本根据组展方公布的价格计算，不包括增值税或当地税。展位施工成本根据施工单位提供的成本算，包括搭展位、地毯、电、家具等等。对参加研讨会的演讲人，也通常提供直接成本的60%的资助，但设定一个上限。如果同一个研讨会的一系列活动在同一市场的不同地方举行，或者在以市场举行但涉及多个市场，则这些活动的资助额不等，第一场活动的资助额要高于后面的活动，因为旅行成本不一样。

此外，第一次参加海外展览会的公司将得到额外的帮助。

英国贸易伙伴局对海外展览会和研讨会的选择要求甚严。其中的“核心展览项目”设定了如下的标准：

(1) 已举办不止四届；

(2) 在前两届展览中，每一届的参展商数目不少于200家，英国公司不下20家并且10%的公司在前10年内没有在该市场参展过；

(3) 在前两届展览中，每一届的观众人数中的不少于15%来自举办地以外国家。

“核心展览项目”中包含的展览会大约有70来个。这些展览将肯定会被包括在资助项目中，而且可以得到三个财政年或连续两年资助（选资助额高的一种），但是，“核心展览项目”并不是一成不变，而是根据形势做出调整。

六、英国展览业特点

英国的展览业高度国际化。首先，几乎所有专业展览会都有大量国外公司参展，摊位的划分也主要依据参展商的产品类别而非国别。其次，英国的展览组织者很多是大型展览公司，除在英国组织展览外，在全球范围都有其组织的展览。展览的组织过程如场地销售和广告宣传，往往通过在全球的代理合作伙伴完成。

宽松的政策和政府支持

英国的展览市场准入政策十分宽松，任何商业机构和贸易组织不需要经过特殊的审批程序便可以进行展览业务，展览公司的商业注册也和普通商业公司一样，没有额外的要求。在英国，举办展览完全是商业行为，各展览公司举办展览的内容只要合法，均可自行确定，不需审批。关于有可能出现的重复办展问题，英国的展览行业主要遵循的是优胜劣汰的自然淘汰法则。由于英国的场地和人工费用很高，经营展览是具有较高商业风险的行业，经济效益不好的展览会将很快放弃，而在选择新的展览项目时展览公司则十分谨慎，一般都要经过周密的市场调研后才做出决定。值得注意的是，虽然英国的展览市场十分开放，但专门举办展览的公司数量并不多，主要原因是展览行业风险较高，同时重视规模效益，所以在自由竞争的市场环境下，中小公司很难与跨国性的大型展览公司抗衡。但在商业风险较低的展览配套服务行业，如摊位施工、展台装饰、花草服务、展览运输代理等领域经营公司数量很多，而且许多是中小公司，他们凭借周到的服务和低廉的价格和大公司进行竞争。

英国目前没有专门的政府部门负责展览事务。但英国政府长期以来十分重视展览业的发展，特别强调展览对于扩大出口发挥的推动作用，主要通过财政手段来鼓励英国企业参加海外展览。英国对参展单位通常实行有针对性的费用补贴措施。

由于受到政府资助的展览会项目在招展过程中会具有更大的吸引力，因此各英国展览公司均力争使自己举办的境外展览能够被DTI纳入资助范围，这通常需要在DTI预算制定前12个月提出申请。

明确的展览服务行为规范

英国的各类展览服务单位，包括展览组织、展馆场地和配套服务公司，均有统一的行为规范，这一行为规范由各自的协会组织制定，对会员起指导和约束作用。例如英国展览服务商协会规定，任何会员施工单位不能因为和客户发生纠纷而中途停止服务，从而影响用户正常展出。而展览组织者协会则规定，会员单位发布的展览会统计数字、展览会介绍必须真实、准确，不能夸大贸易效果和误导参展公司和观众。由于英国政府对展览行业不直接进行管理，因此行业协会发挥了重要的质量维护职能，而明确的行为规范有利于企业自律和用户监督。

通过结构调整增强实力

英国的展览行业高度开放，鼓励国际竞争，而且对本国企业基本没有保护政策。各类展览公司为加强竞争力纷纷通过兼并和收购手段来保持企业发展，而对于效益不好的下属公司和分支业务则尽快出售，以免影响整体实力。目前英国展览业的一个显著特点是公司规模变大，但业务范围却越来越专一，以便充分实现专项业务的规模效益和降低管理成本。

完善的展览信息服务系统

获得市场信息是展览企业取得成功的关键，英国公司十分重视对信息资源的发掘、整理和使用，一般均建有完善的数据库系统和用户服务系统。英国公司的经营理念认为，现有客户是最好的客户，保持和发展已有的客户关系比开发新客户更为重要，一是市场营销成本低，二是客户信誉有保障。因此英国展览公司均建有完备的客户信息库，只要输入任何一个客户的编码，便可查到全部有关信息。信息库不仅用于场地或业务销售，同时也用于售后服务和财务管理，各个业务部门的数据库可以合并使用，从而构成强大的计算机服务系统。另外，英国政府为促进展览信息的沟通，目前已设立了英国展览的官方网站，用户可以上网查阅所有即将举办的展览会项目。

（中国贸促会驻英国代表处提供）

埃及展览业掠影

早在1956年，埃及前总统纳塞尔就批准成立了埃及国际展览和博览总局（GOIEF），由此标志着埃及展览业的创立。起初，展览会在开罗歌剧院举办，每年只举办1～2个展览会。随着位于纳塞尔城的开罗展览馆和开罗国际会议中心的启用，特别是近年来埃及实施经济改革措施之后，展览会逐渐蓬勃发展起来，目前每年举办各种专业展览会和博览会近百个，展览业的收益也显著增长，仅开罗展览馆的年利润就达到2002年的600万埃镑，而2000年前仅为70万埃镑。展览业的繁荣，也为相关产业特别是旅游业的发展带来了无限商机。

（一） 埃及国际展览和博览总局（GOIEF）

GOIEF是隶属于埃及经贸部的国营展览机构，于1961年在埃及举办了第一个展览会，1972年加入国际展览联盟（UFI），也是国际地中海展览联盟和阿拉伯展览联盟的成员。目前有员工600人，下设海外展览部、国内展览部、市场部、公关部、行政财务部等。它的主要职能包括三个方面：

1. 审批展览会

根据埃及323/56号有关展览会法律，GOIEF是埃及惟一拥有展览会审批权的机构。所有在埃及境内举办的展览会都需得到GOIEF的批准。

2. 举办展览会

GOIEF每年在国内举办为数不多的展览会，国内展中最具代表性的是每年一届的开罗博览会，它吸引了来自70多个国家的参展商和世界各地的参观商。

作为政府直属国营机构，GOIEF的重要职能是组织埃及公司到国外举办展览会，积极为埃及产品寻找和开拓海外市场，扩大出口。为了鼓励国内企业到海外展览，政府每年向GOIEF拨款400万埃镑专门用于对国内企业到海外参展的补贴。补贴幅度较大，一般来说，对参加博览会的展商摊位费优惠25%，对参加专业展览会的展商优惠50%。每年由GOIEF组织到亚洲、欧洲、美洲和阿拉伯地区举办的展览会有40个。

3. 经营管理开罗展览馆

GOIEF负责开罗展览馆的修缮和场地出租，凡是在这里举办的短期或长年展览会，都要向GOIEF交纳场地租用费。出租场地收入全部上交政府。

（二）展览设施

开罗是埃及展览业的中心，几乎所有的展览会都在开罗纳赛尔城的两大展览场地——开罗展览馆和开罗国际会议中心举办。

1. 开罗展览馆（Fair Ground）

开罗展览馆1980年开始使用，是埃及和中东地区最大的展览场地，总面积41.2万平方米，其中室内展览面积5.7万平方米，室外展览面积5万平方米，适合举办大型展览会。展厅数32个，除两个展厅长年作为家具和农业展展示厅外，其余都用来举办各种展览会和博览会。有些展厅以援建国家的名称命名，如德国馆、意大利馆。为了更好地提供服务，GOIEF不断地修缮和改造各项设施，但是由于资金缺乏，有些计划难以实现，如拟建的8号馆，一直因为资金的问题建不成，目前GOIEF正在寻求援助，并曾非正式地提出希望中国能够再帮助他们完成这个项目。

2. 开罗国际会议中心（CICC - Cairo International Conference Centre）

CICC是我国对埃及的无偿援助项目，由中国建筑工程总公司于1989年建成投入使用。CICC隶属于埃及旅游部，总面积30公顷，其中5.8万平方米可用于举办各种会议。有两个展厅，总面积1.3万平方米，第一展厅面积3千平方米，第二展厅面积10万平方米。由于建成时间较晚，CICC的设施比较先进。

（三）申请参展

参展商可以直接向主办单位申请，也可通过由一家牵头单位统一组织展团的方式申请。申请截止时间一般在展览会举办日期前至少一个半月，并且要预付一定比例的摊位费押金。为了争取比较好的摊位位置，越早申请越能够有较大的选择余地。我国企业一般组成中国展团参展，组织单位有中国贸促会、中国机械设备进出口公司、中国贸促会机械分会等。

（四）展览公司

国营展览公司只有GOIEF一家，其他展览公司都是私营企业，大大小小有50～60家，其中最主要的是ACG & ITE展览公司。该公司是英国ITE展览集团在埃及的合作伙伴，每年在开罗举办航空设备、纺织机械、汽车及零部件、家具、包装印刷材料及机械、塑料橡胶产品、建筑石材机械、机床工具等七个专业展览会。中国贸促会是ACC & ITE公司在中国的招展代理。

（五）主要展览会

在埃及举办的展览会涉及各行各业，包括纺织、食品、旅游、机电、通信、家具、环保、包装印刷、塑料橡胶、汽车、图书、建筑、航空、教育、石油天然气、电力、安全防范等。其中，规模最大的博览会是每年二、三月份举办的开罗博览会（Cairo International Fair）。该展览会至今已经举办33届，是北非最大的展览会之一，展出面积超过20万平方米，参展商来自70多个国家，展期通常为10～11天，参观人数超过100万。

规模较大的专业展览会有开罗国际图书展览会、开罗国际汽车及零部件展览会、泛太平洋/非洲国际塑料及橡胶制品展览会、泛太平洋／非洲国际机床及手工工具展览会。

（六） 展品运输、清关及处理

展品运输一般委托运输公司代理，负责从发运港运至展台、目的港提货、办理清关手续等。展品处理一般有三种方式——出售、赠送和展览会结束后运回，埃及海关对于展品处理有专门规定。

（中国驻埃及使馆经商参处）

德国展览业2002年小幅下滑

刚刚过去的2002年，在经济不景气的大环境下，德国大多数行业发展难有惊人的表现。作为世界头号展览强国，德国展览业也不例外。中国广大参展企业也许对此很难理解，他们更多的感受是德国展览会展位经常供不应求，申请摊位很难。实际上，正是包括中国在内的国际参展商的踊跃参展，给德国展览业以极大的支持，使其下滑幅度远远小于其他行业。

根据德国经济贸易展览委员会（AUMA）公布的统计数据，2002年，德国144个国际性专业贸易展览会共销售展位面积约680万平方米，比上一年下降1.5%；参展商16.7万家，比上一年减少2%；观众930万人，比上一年减少5%。

产生这种状况的原因主要是，全球经济增长和国际贸易量普遍下滑，以及"9.11"事件对国际旅行和消费信心产生的负面影响最终导致企业参展费用投入和参展活动的减少。对此，各展览公司的情况不尽相同，具体感受也略有不同。

科隆展览集团公司以小额赢利度过了宏观经济形势不甚理想的2002年。对于该公司而言，公司为改善展览设施而进行的大规模投入以及展览会在举办周期方面的特点，对2002年公司经营业绩都产生了一定影响。按照科隆展览会的举办周期，双年举办的展览会在展览会数量和展出规模上一般都比单年少，如每三年举办一期的环保展（Entsorga）、国际食品科技展（Anuga Foodtec）和纺织服装生产加工展（IMB）等不在2002年举办。类似原因在法兰克福也存在。法兰克福展览中心2002年共举办41个展览会（包括法兰克福展览公司举办的展览和其他展览公司举办的展览），参展商约3.6万家，与上一年基本持平；观众150万人，比上一年减少了近32%。究其原因，一个重要因素是，每两年举办一次的法兰克福汽车展（Frankfurt automobile show—IAA）2002年正好处在间歇期，该展2001年曾吸引80万观众参观。但法兰克福展览公司自己举办的展览会2002年却成功地渡过难关，仍取得了骄人的业绩。由该公司举办的16个展览会吸引了2.57万家企业参展和91.84万位观众参观，分别比上一年增长约10%和1.2%，总营业额3.36亿欧元，比2001年增长6%。

汉诺威展览集团公司2002年经营业绩受到两个因素的影响：一是全球经济不景气；二是公司为拓展展览业务进行的巨大投资，如新创办的美国生物工程技术展（BIOTECHNICA USA）、上海国际汽车展和美国信息技术展（CeBIT America）等。尽管汉诺威信息技术展览会（CeBIT）、汉诺威工业博览会（HANNOVER FAIR）和汉诺威国际地毯展（DOMOTEX）等一批展览"旗舰"为汉诺威展览公司创造了大量利润，但由于大量新增投资，汉诺威展览集团公司2002年财政年度出现了支出大于收入的状况。

与法兰克福展览公司相类似，杜塞尔多夫展览公司2002年也取得了不俗的经营业绩。全年展览销售收入2.6亿欧元，税后利润2000万欧元，超过1880万欧元的收益预期。从展览会参展商数量和参观商数量来看，大多数展览会的参展商和参观商数量继续增加，如国际食品饮料展（Pro Wein）的参展商增加了5%，参观商增加了12%；国际金属加工及焊接技术展（Tube）的参展商增加了6%，参观商增加了12%，等等。

与其他行业相比，德国展览业仅仅小幅下滑，应该说较为成功的抵御了经济不景气所带来的负面影响。能取得这样的成绩，主要归功于德国展览会的高度国际化。2002年德国展览会的参展商数量下降，但参加德国展览会的国际参展商数量仍持续增长，总体上增加了1.5%。德国展览会组织者近年来对国外市场的大量投资终于获得了巨额回报，这使德国展览业对国内经济发展形势的依赖度大大降低。据统计，德国展览会组织者每年成功地把展览会总面积的40%销售给了国际参展商，国外参展商已占总参展商数量的49%。

（训林）

国际展览局关于世博会参展物品进口、国际展览局局旗使用、展览会分类和展览会注册程序的有关规定

关于国际展览会参展者进口物品的海关规定

本规定系《国际展览会公约》之附件。该公约于1928年11月22日在巴黎制定，并经1948年5月10日、1966年11月16日、1972年11月30日《议定书》及1982年6月24日《修正案》修订和补充。

第一条 定义

为实施本附件，特做以下解释：

1.“进口税”是指关税或者与进口相关的所有其他税、包括所有国定义内消费税以及对进口货物应征的国内税，但不包括数额与所提供劳务成本相当的费用，也不代表对国内产品的间接保护或为财政目的所征收的进口税。

2.“临时准入”指免征进口税、不受进口禁令或限制的管制，但必须再出口的临时进口。

第二条

临时准入应授予：

1．用于展览会上展出或演示的货物。

2．在展览会上为展出外国展品而使用的货物，包括：

① 展示外国机械或设备所必需的货物；

② 建造展览会上外国国家馆、展台以及分配给某一外国参展国总代表的房屋所需的建筑材料（包括原料）、装饰材料、家具以及电器设备；

③ 展览工作必需的建筑工具和交通工具；

④ 展览会上演示外国展品必需的广告宣传材料，如录影带、电影胶片、幻灯片及其必需的辅助设备。

3．展览设备，包括翻译器材、音响设备以及具有教育、科技或文化性质的电影胶片。

第三条

本附件第二条所规定的物品欲获临时准入须满足下列条件：

1.货物再出口时可以辨认；

2.若货物未能在展览会结束后的指定期限内再出口，参展国的国家馆政府总代表在未被要求支付保证金的情况下，应保证支付进口税；应参展者要求，邀请国法律规定的其他保证亦可接受（如由1961年12月6日海关合作理事会公约创设的A.T.A.货物通行证）；

3．临时进口国海关当局确信本附件的规定将得以履行。

第四条

除非临时进口国法律法规允许，否则按本附件规定临时准入的货物不得用于任何形式的出借、出租等营利活动，也不能离开展出地点，它们应尽快再出口，最迟不得超过展览会结束后3个月。若有正当理由，海关当局可在临时进口国法律法规规定的范围内延长这一期限。

第五条

虽然本附件第四条要求再出口，但易腐烂、严重损毁或无价值的货物，只要满足下列条件，便不要求再出口：

① 应付进口税；或在不使临时进口国财政部门承担任何费用的情况下做弃置处理；

② 在不使临时进口国财政部门承担任何费用的情况下，应海关当局要求，在官方监督下销毁。此外，再出口要求不适用于有关国家馆政府总代表要求销毁的货物，但销毁应在官方监督下进行，且不应使临时进口国财政部门承担任何费用；

③ 临时准入的货物除再出口外，亦可以其他方式处理，尤其是可以国内留用，但应遵从临时进口国法律法规规定的直接从国外进口此类货物的有关条件和手续。

第六条

展出期间，在演示所展出的机械、设备时，从临时进口货物上获得的副产品亦应视同临时准入，遵守本附件第四条、第五条的规定以及本附件第七条的保留条款。

第七条

若进口国海关当局认为，下列货物的总价值及数量对于展览会性质、观众数量和展出者参展程度而言是合理的，则应免征进口税，取消进口禁令和限制，若其已获临时准入，则不必要求再出口：

1.展览会上代表外国展品的小样品，包括以样品形式进口或在展览会上用进口材料制成的食品和饮料（酒精类饮料、烟草制品和燃料除外），但必须符合下列条件：

① 由国外免费提供，仅用于向参观展览会的观众免费散发，但仅供观众个人使用和消费；

② 可认定为宣传广告性样品，且单件样品价值甚微；

③ 不适于商业用途，或即使适于商业用途，但包装数量明显少于最小的零售包装；

④ 未按上述③款规定的包装散发，但在展览会上消费掉的食品和饮料样品。

2.因评估、评判展品需要，评判委员会在展览会上使用和消费的进口样品，必须由国家馆政府总代表出具证明，说明所使用和消费的样品的性质和数量；仅用于在展览会上展出或演示外国机械、设备的操作方式，且在此类演示过程中消耗或损毁的进口货物；

3.由国外免费提供，仅用于在展览会上向观众免费散发，且确为国外产品的宣传材料，如印刷品、目录、贸易单据、价格单、广告海报、日历（无论是否带有插图）及无框照片等。

第八条

对下列商品应免征进口税，取消进口禁令和限制，若其已获临时准入，则不要求再出口：

1.在建筑、安装、装饰、活跃气氛或布置展览会上外国参展者展台过程中消耗掉的进口产品，如在使用过程中消耗掉的油漆、清漆、墙纸、纯酒精、烟火、种子、植物等；

2.由展览会参展国出版的正式目录、传单、海报及其他印刷品（无论是否含有插图）；

3.因展览会需要而进口的设计图、图画、文件、档案、表格及其他文件。

第九条

1.在进口及出口时，对于将在展览会上展出、使用或已在展览会上展出、使用的货物，应尽可能在展览会现场进行检验与清关。

2.考虑到展览会的重要性，缔约方若认为有用，应尽力适时在其境内举办的展览会现场开设一个海关办事处。

3.除非进口商为简化手续同意经过进口办事处再出口，否则临时进口的货物再出口可以一批或分几批通过为此目的开设的任何海关办事处办理，即使它与进口办事处不同。

第十条

本规章的任何内容都不能阻止实施：

a）缔约国允许的或通过单边、双边及多边协议承诺的更大范围的便利；

b）与海关事务无关的关于组织展览会的国家法规及协议规定；

c）国家法律法规规定的有关公共道德及行为、公共安全、公共卫生及健康、兽医及植物病理学问题和保护专利、注册商标、著作权及版权的禁令和限制。

第十一条

在本附件实施过程中，结成关税或经济联盟的缔约国可视作一个整体。

关于使用国际展览局局旗的规定

（根据1968年11月29日国际展览局全体大会的决定制定）

1.当国际展览局全体大会宣布某一展览会业经注册时，国际展览局主席应将国际展览局局旗递交给展览会的组织者。

2.在展览会开幕式上，国际展览局主席或秘书长，或两者缺席情况下经主席授权的一位副主席应将局旗正式递交给（注册类国际展览会的）展览会政府总代表或（认可类国际展览会的）展览会政府代表。

在展览会的闭幕式上，（注册类国际展览会的）展览会政府主办国总代表或（认可类国际展览会的）政府代表应将局旗交还给国际展览局主席或秘书长，如两者缺席的情况下，交还给经主席授权的一位副主席。

若有一个或多个业经注册的展览会将在本次展览会后不久举办，由国际展览局主席或秘书长，或如前所述的副主席象征性地将展览局局旗传递给上述（注册类国际展览会的）展览会政府总代表或（认可类国际展览会的）展览会政府代表，同时做出正式声明。

（注册类国际展览会的）展览主办国政府总代表或（认可类国际展览会的）政府代表应至少提前一个月将开幕式和闭幕式上使用局旗的方案提交国际展览局秘书长。

1.展览会的组织国应悬挂局旗。

欢迎参加展览会的国际展览局成员国在各自的展馆悬挂局旗。

国家、地区及市级参展者也有权悬挂局旗。

2.国际展览会期间，任何公司如欲将国际展览局局旗标志用于宣传或工业制造，应向（注册类国际展览会的）展览会主办国政府总代表或（认可类国际展览会的）政府代表提出申请。

（注册类国际展览会的）展览会主办国政府总代表或（认可类国际展览会的）政府代表应将其收到的全部申请及其建议的使用条件告知国际展览局。转让局旗标志使用权的价格及使用该标志所获利润的版税，应根据展览会组织者与国际展览局达成的协议所决定的比例来确定或分担。

作为国际展览局局旗标志的惟一拥有者，国际展览局有权禁止在有损国际展览局局旗尊严的情况下使用该标志的任何商业行为。

国际展览会一般分类的规章

在确定受《国际展览会公约》的规定制约的某个展览会是注册类展览会还是认可类展览会时，国际展览局全体大会拥有惟一决策权，并考虑执行委员会的意见。执行委员会拥有无限自决权，且根据1972年11月议定书附件第30条的规定，全体大会在处理每一项事务时，均应与该委员会协商。

例如，下列主题可以作为认可类展览会的主题：

生态学、气象学、海洋、山脉、森林、狩猎、捕鱼、粮食、畜牧业、渔业；

原子能、化学工业、陆路运输、货运、数据处理、城市规划、居所、娱乐、考古、医药。

执行委员会应就是否接受某个认可类展览会的主题或限定其主体范围向全体大会提出建议。

国际展览局注册展览会的程序和期限的有关规章

《国际展览会公约》于1928年11月22日在巴黎签署，1988年5月31日修订。根据修订该公约的1972年11月30日议定书附件第六条第3款，为便于组织国际展览会，国际展览局全体大会为欲组织国际展览会的国家政府制定了下述强制性规章。

第一章　注册类展览会举办权的批准

第一条　国际展览局的考察

1.欲组织注册类国际展览会的国家政府应向国际展览局提交报告。

报告应涉及展览会计划采用的主题、举办日期、展期以及组织者的法律地位。

国际展览局应将该申请通知所有成员国政府，并宣布从该通知发布之日起，他们有6个月的时间来表达与该申办国政府竞办的意向。

2.举办注册类展览会的申请应在展览会开幕日期最多9年、至少5年前递交，否则国际展览局不予受理。

3.在第一份申请递交六个月后，执行委员会主席应根据秘书长的建议，组织一次或多次考察，以确保申办计划是可行的。除非情况特殊，否则每次考察均应由国际展览局的一位副主席带领，一位或多位代表或专家以及秘书长协助。国际展览局主席可以参加考察团。所有费用均由展览会组织者承担。

考察内容将集中在：

展览会的主题；定义；日期和展期；举办地点；

面积（总面积和分配给每个参展者的最大和最小面积）；

预计的观众人数；

为确保财政可行性和《国际展览会公约》第10条规定的财政担保而计划采用的措施；

可以计算参展费用的指数，以及组织者为了参展者利益，使其参展费用降至最低而设想的财政及物资安排；

责任当局和相关方面的态度。

4.执行委员会应复查考察的结果，并将其连同建议一并提交全体大会。全体大会应以秘密投票的方式决定国际展览局将进一步调查哪些申办国。

如果申办国政府不是国际展览局成员国，应将该决定通知他（他们）。

第二条 确定举办权

1.在下一次全体大会上，确定展览会的举办权。

2.如果有数个申办国相互竞争，应采用下列程序以秘密投票方式做出选择：

在第一轮表决中，如果一个申办国得到2/3多数票，举办权将划归该申办国；

在第一轮表决中，如果没有申办国获得2/3多数票，将进行第二轮表决。在第一轮表决中得票最少的申办国不得参加第二轮表决。如果剩下的申办国中有一个获得2/3多数票，举办权将划归该申办国。

上述程序应继续到只剩两个申办国。举办权将划归得到多数票的申办国。

第二章 注册

第一条 注册的申请

1.注册展览会的申请应于展览会开幕日期前至少5年递交国际展览局。

注册申请必须注明：

① 相关的法律和财政措施以及组织者的法律地位；

② 与展览会的主题（选择、定义、开发、应用）和宣传主题的会议及研讨会相关的标题和初步计划，以及是否打算把这些活动与拥有联合国或其专业机构支持的更广泛的国际活动联系起来；

③ 展期；

④ 概述展览会活动的分类；

⑤ 展览会的场地区域，如可能，表明与展览会有关的停车区、娱乐区等所有周边场地的规划；

⑥ 财政计划；

⑦ 展览会在国内外的初步推广计划；

⑧ 场地再使用的初步计划；

⑨ 商业化的初步计划。

2.申请应附有展览会的一般规章、参展合同、确定和保证对取消展览会进行赔偿的文件以及关于参展财政条件的所有特别规章。

此外，根据1994年6月8日全体大会通过的第3号决议，应详细说明为参展者制定的关于注册的基本先决条件。同时，也应就与最终被邀请参展的发展中国家有关的事宜及他们可以从组织者那里得到的协助方式做出初步说明。

第二条 注册费

收到注册申请后，国际展览局将向申办国政府收取管理费用，认缴额由国际展览局全体大会通过的强制性规章确定。

第三条 丧失

如果申办国政府不遵守本条款的规定，它将丧失在已被批准日期举办展览会的权利。

第三章 特别规章

邀请国政府应向国际展览局递交所有特别规章草案以获批准。这些规章应特别包括：

1）展览会主题的定义，组织者和参展者表现该主题的方法；

2）国家、国际组织和私人展出者的参展条件；

3）建筑、安装和防火措施必须满足的条件；

4）安装、运行各种设备、设施的条件；

5）运输、海关、货物装卸的条件和价格；

6）参展者出售物品的条件；

7）商业特许经营的管理；

8）专利权、版权和知识产权；

9）保险；

10）公共设施和服务；

医疗保健与卫生，

水、电、煤气、暖气和冷气的配给与供应，

电信，

保安措施；

11）入场费；

12）如果可能，给与奖励的条件；

13）改善信息（观众数量等信息）服务的措施；

除第二章第一条2款关于参展财政条件的规定之外，本章上述第1至8项规章应于展览会开幕前至少3年提交。

上述第9至13项规章应于展览会开幕前至少1年提交。

第四章　专项调查

递交注册申请后，申办国政府可以就计划中的展览会的任何事宜，通过国际展览局向其所有成员国发送调查表。

——《展览通讯》

四、行业简讯

法国国际汽车工业展首次北京推介

2002年11月22日，2003法国国际汽车工业展推介会在北京亮马河大厦举行，这是该展会首次来中国进行推介活动，原因是近两年中国赴法国参加法国国际汽车工业展的企业迅速增加。

法国国际汽车工业展由法国巴黎展览集团主办，两年一届，是汽车工业领域的专业展览会。该展会1975年创办以来，规模日益扩大，已成为世界上最大的汽车工业技术及服务的国际性盛会。2001年，共有来自55个国家的2053家企业参加该展会，展出面积达20万平方米。

2003法国国际汽车工业展于2003年10月16日至21日在法国巴黎北郊维勒班展览馆举办。2003法国国际汽车工业展的理念：从设计到维修贯穿于展会的始终。这个理念在欧洲也非常领先。

——《国际商报》

意大利米兰国际展览中心办学培养会展人才

2002年9月，米兰会展管理学院（Accademia Internazionale di Management Fieristico）成立，该学院是顺应意大利国内会展产业市场对专业人才日益增长的需求而办的，旨在培养高素质的实用会展人才。该学院在欧洲属第一家。

米兰会展管理学院由意大利米兰国际展览中心基金会（FFM）开办，设立在米兰国际展览中心（Fiera Milano）。学院的招生对象包括会展专业人士、以展览会为营销手段之一的公司以及向往从事这一发展迅猛的行业的年轻人。意大利米兰国际展览中心基金会主席Luigi Roth先生兴奋地说："基金会开发了这一伟大的项目，并经过充分的准备最终把它变为现实。2005年位于米兰西北部的新展览中心的落成，现有展览中心的改造，以及新会展学院的开设，将使意大利成为世界上拥有最大、最完善的会展系统的国家之一。80多年的会展实践经验使米兰当之无愧地成为国际展览业的典范城市。"

在过去12年里，意大利米兰国际展览中心在会展人才培养方面一直表现积极，学院的成立为其搭建了施展才华的舞台。经过意大利米兰国际展览中心的传授，能保证每位学员学有所获并能学以致用，展览行业也因此能有更多的专业化程度高、竞争力强的会展人才（如展会组织者、参展商等）。该学院的教学分两个层面：一是会展宏观管理，二是会展专业技能。两个层面都可为学员提供实地受训机会，以确保学员管理能力的培养及实践技巧的掌握和运用，这样才能在工作中游刃有余。

美国会展城市排行榜（2002）

美国《展览》杂志最近从美国的265个大城市中评选出了25个会展热点城市（2002年度）。它们分别是（按字母顺序排列）：（后附评选标准）

1. Austin，TX　奥斯汀，德克萨斯州
2. Atlanta　亚特兰大
3. Baltimore　巴尔的摩
4. Boston　波士顿
5. Chicago　芝加哥
6. Cleveland　克利夫兰
7. Dallas　达拉斯
8. Denver　丹佛
9. Detroit　底特律
10. Fort Worth，TX　沃斯堡，德克萨斯州
11. Houston　休斯顿
12. Los Angels　洛杉矶
13. Memphis，TN　孟斐斯，田纳西州
14. Nashville，TN　纳什维尔，田纳西州
15. New Orleans　新奥尔良
16. New York City　纽约
17. Phoenix　菲尼克斯
18. Portland，OR　波特兰，俄勒冈州
19. Salt Lake City　盐湖城
20. San Antonio　圣安东尼奥
21. San Diego　圣地亚哥
22. San Francisco　旧金山
23. Seattle　西雅图
24. St. Louis　圣路易斯
25. Washington，DC　华盛顿特区

评选标准如下：

1.人口，至少有100，000人；

2.展览面积，至少100，000平方英尺；

3.旅馆客房的数量；

4.餐馆、购物和娱乐的便捷性；

5.城市的经济发展和远景规划。

注：本次评选去掉了一些具有明显政治色彩的城市。

1英寸=0.0254米

1平方英尺=0.0929平方米

——《国际商报》

2003年德国政府赞助企业参加48个中国展会

德国经济展览和博览委员会2003年初发布了2003年德国参与国外展会的计划，计划中包含了这些展会的时间、地点和名称等具体内容。

联邦经济技术部在本年度资助德国企业参加的国外展会共计约200个，其中亚洲展会109个，欧洲39个（33个在东欧和中欧），美洲23个（南美洲18个），非洲7个，澳大利亚4个。中国是德国政府组织企业参展最受重视的地区，共有48个展会得到德国政府的重点资助，主要分布在北京、上海、广州和香港地区。其他德国政府资助的重点依次是：日本10个，新加坡9个，印度7个，越南5个，伊朗3个，泰国3个，沙特阿拉伯2个，印度尼西亚1个，韩国1个，黎巴嫩1个，巴基斯坦1个，叙利亚1个，阿拉伯联合酋长国16个。

按照现德国政府的计划，供联邦经济技术部使用的预算总计3350万欧元。其中联邦政府经济技术部将组织企业共同参加164个展（博）览会，其余的将由经济技术部下属部门通过其他方式参与，包括特别展示、组织专业讨论会等。

此外，2003年还举办8个独立的关于德国经济方面的专门活动，优先提供职业继续培训等。

商务旅游——德国旅游产业

首次将商务旅游列入旅游年主题

作为世界工业及科技大国，德国也是世界第一大展览会大国，以及第三位的会议大国。

德国旅游局推出的2003年德国旅游的第一个主题便是“德国商务之旅，通向成功之路——欢迎莅临德国展览及会议”，不仅要巩固德国作为世界第一展览大国地位，而且促使德国成为世界第二大会议举办地，超过英国而雄踞欧洲第一位。这也是德国旅游局第一次将商务旅游列入旅游推广主题项目。

德国已经看到了会议产业及商务旅游的巨大经济潜力。据德国会议推广局最新研究的数据显示：2002年，在德国大约11000个会议场所——既包括会议中心、酒店，也包括修道院、乡村会所和博物馆，举办了130万次活动，有6900万人参加，产生的总收入达493亿欧元。这一数字比1999年增长了14%，而过夜停留人数也从1999年的6500万人增加到6760万人。这一年，在德国酒店的入宿者中三个有一个是与会者。德国会议产业吸收了97万名全职工作人员，成为德国旅游行业第三大直接或间接雇主。

配合休闲健身美食及奖励旅游
全方位销售商务旅游

德国国家旅游局调动了全方位的销售和市场营销工具来推广2003年的这一主题。比如，针对世界各地的旅游营销商、行业协会、俱乐部和机构、专业会议组织者（PCO）以及奖励旅游和活动代理商等，推出了一份详尽的计划和产品册子，介绍德国的各个展览会议场所和会议中心，当然包括那些新奇别致的中小型会议举办场所（意指修道院、乡村会所和博物馆）。

这份小册子为企业奖励旅游提供的一揽子计划让人大开眼界：建议项目包括雪橇或山地自行车比赛，以及其他会后活动，涵盖的范围包括夜生活、购物、主题公园、运动、节庆、美食和健身，所有这些意在鼓励商务客人能在公务活动结束后在德国多逗留数日。

除此之外，小册子上还有关于德国旅游局的合作伙伴——德国会议推广局、汉莎航空公司和德国铁路局的介绍，以及德国各州的旅游服务机构的联系地址。

2003年主题“德国商务之旅，通向成功之路”旨在保证和进一步提高德国作为国际博览会和专业会议举办地的市场地位。德国旅游局和德国会议推广局致力于将德国发展成为世界第二、欧洲第一会展大国。完善的基础设施、经济及科技中心，专业化及高质量以及独特的会议场所和令人心动的性价比，是在德国承办会展活动的优势。2003年4月8日至10日首次在法兰克福举办的主题为“IMEX——奖励旅游、会议和文化活动”的世界博览会进一步强化了德国在会展领域的优势。

——《国际商报》

特别推荐客户名单

中国贸促会大连市分会
中国国际展览中心集团公司
上海纺织技术服务展览中心
亚洲博闻有限公司
澳门贸易投资促进局
中国（齐齐哈尔）绿色食品博览会
中汽对外经济技术合作公司
上海市国际展览有限公司
中国国际装备制造业博览会
国际展贸中心
香港贸易发展局
上海外经贸商务展览有限公司
济南舜耕国际会展中心
中国（虎门）国际服装交易会组委会
南京王朝国际展览工程有限公司
中国（厦门）国际投资促进中心
南宁大地飞歌文化传播有限公司
中华国际家具（东莞）展览会
中国国际贸促会纺织行业分会
广东珠三角国际工业博览会组委会
上海新国际博览中心
昆明国际贸易中心
重庆技术展览中心有限公司
北京国际会议中心
中国国际贸易中心股份有限公司
中国贸促会建材行业分会
广东振威国展展览有限公司
中国电子国际展览广告有限责任公司
中国贸促会长春市分会
上海东亚体育文化中心有限公司
长春国际会展实业有限公司
上海现代国际展览有限公司
青岛国际会展中心
宁波国际展览有限公司
北京远洋国际货运公司
天津国展中心股份有限公司
澄海市展览中心
上海荷雅企龙展览服务有限公司
上海对外科学技术交流中心
广州发展汽车城有限公司
上海依佩克广告有限公司
商务速运香港有限公司
福州国际会展中心
上海里扬展览服务有限公司
北京天广联广告有限公司
深圳市服装行业协会
温州荣华展示设备厂
广州市东泰骏城实业发展有限公司
成都外经贸展览有限公司
乌鲁木齐对外经济贸易洽谈会办公室
上海日恒展览服务有限公司
广州商业会展服务中心
新疆华凌展览中心
北京华进展览展示有限公司
广东国际贸易展览公司
金怡国际展运有限公司
常州灵通展览用品有限公司
西藏自治区展览中心
上海汉图展览有限公司
山西省展览馆展览中心
海富国际展览服务有限公司
厦门国凯国际展览服务有限公司
福建省广展示设计工程有限公司
天津五方展示设计制作中心
宁夏回族自治区展览馆
北京博风展览服务有限公司
东方国际集团广告展览有限公司
温州雅博展览有限公司
湖北中科会展有限公司
上海市商业展览办公室
上海工业商务展览有限公司
福州会展业有限公司
上海农业展览馆
陕西国际展览中心
北京雅讯视点展示服务有限公司
中国同源公司
郑州国际会展有限责任公司
中国家用电器协会
宁波雅卓展览服务有限公司
中国贸促会电子信息行业分会
江苏贸促国际会展有限公司
香港中国旅行社有限公司
中国包装和食品机械总公司
法兰克福展览咨询有限公司
山东青岛国际会展中心
北京中远物流公司
大连星海会展中心
厦门国际会议展览中心有限公司
第五届中国国际展览和会议展示会
香港展览会议业协会

《中国展览年鉴》刊例

《中国展览年鉴》是由中国国际贸易促进委员会（CCPIT）、中国国际商会主办的，集专业性、高效性于一体的展览权威刊物。自1999年创刊以来，在促进中外展览业交流与中外经济技术交流方面一直发挥着重要的作用。

我们的主要读者及客户

—— 政府决策机构；

—— 各个行业协会；

—— 外国驻华使、领馆、商协会及展览机构；

—— 展览业及相关行业：海关、运输、饭店、旅行社；

—— 中国贸促会会员及驻外代表处；

—— 公共、大专院校、研究机构、事业单位图书馆。

《中国展览年鉴》广告价目表

版面	价格（元）	版面	价格（元）
封底	40,000	内页彩色整版	10,000
前扉	20,000	彩色半版	6,000
后扉	15,000	黑白整版	8,000
跨页(双版)	18,000	黑白半版	5,000

中国贸促会宣传出版中心

北京复兴门外大街1号贸促会大楼817室适 邮编：100860

电话：010-68013344-8817, 68022948

传真：010-68022948

E-mail: yanghq@ccpit.org

联系人：冀爱芳 杨海青

户名：中国对外贸易杂志社

开户行：中国工商银行北京礼士路支行

帐号：0200003609004607663

创中国展具第一品牌
LINGTONG
服务
创新
品质
INGTONG
中国常州灵通展览用品有限公司
HINA CHANGZHOU LINGTONG EXHIBITION PRODUCTS CO.,LTD

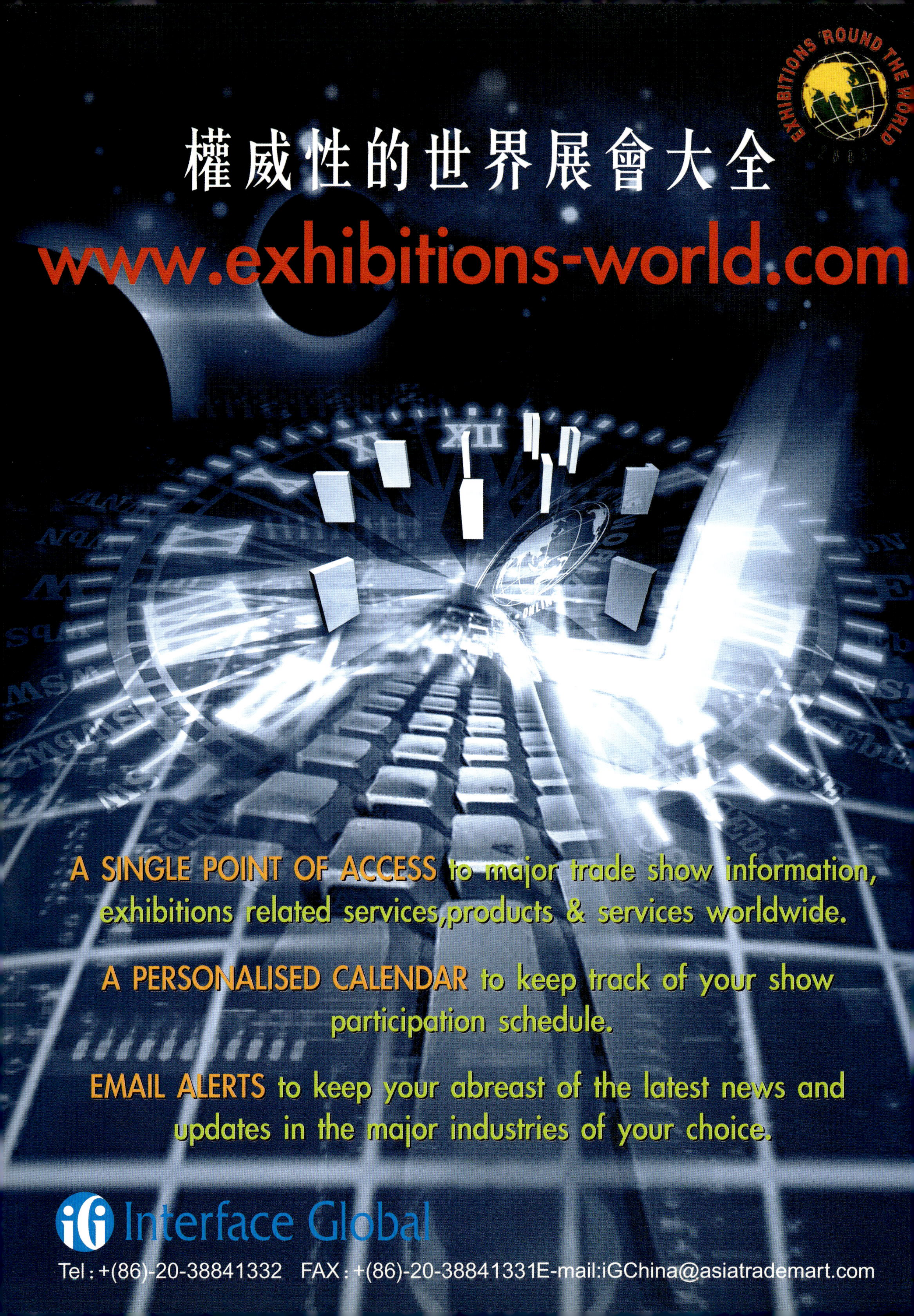
EXHIBITIONS ROUND THE WORLD
權威性的世界展會大全
www.exhibitions-world.com
A SINGLE POINT OF ACCESS to major trade show information, exhibitions related services,products & services worldwide.
A PERSONALISED CALENDAR to keep track of your show participation schedule.
EMAIL ALERTS to keep your abreast of the latest news and updates in the major industries of your choice.
iGi Interface Global
Tel:+(86)-20-38841332 FAX:+(86)-20-38841331E-mail:iGChina@asiatrademart.com

www.interexpo-china.com

2004 INTEREXPO CHINA

2004年1月7日-9日
上海国际展览中心

中国国际会展业的盛大聚会！

第 五 届 中 国 国 际 展 览 和 会 议 展 示 会

获取业界最新动态、最新技术、最新理念

最权威的机构，汇聚业界精英

同期举办

- 2004中国国际会展业上海高峰会
- 专业研讨会/热门话题讨论
- 新产品、新技术、新场馆推荐会

回 执 表

我公司欲：□参 展 1月7-9日 □参 观 1月7-9日

□参加中国国际会展业上海高峰会 1月6日 □广告或赞助

□参加会议暨研讨会 1月7-9日

请向我单位寄送：□招展书 □展讯 □会议日程表 □参观券

请正确填写下列信息：

公司名称＿＿＿＿＿＿＿＿ 邮政编码＿＿＿＿＿＿＿＿

公司地址＿＿＿＿＿＿＿＿

电　　话＿＿＿＿＿＿＿＿ 传　　真＿＿＿＿＿＿＿＿

联 系 人＿＿＿＿＿＿＿＿ 职　　务＿＿＿＿＿＿＿＿

电子邮件＿＿＿＿＿＿＿＿ 网　　址＿＿＿＿＿＿＿＿

请填妥回执表传真至021 6275 7210, 6278 0038 崔小姐、严小姐

敬请联系

上海国际展览中心有限公司
地址：上海市娄山关路88号
邮编：200336
电话：021-62755800，021-62958367
传真：021-62757210，021-62780038
E-mail: intexshx@sh163.net

中国国际展览中心集团公司
地址：北京北三环东路六号
中国国际展览中心服务楼四层
邮编：100028
电话：010-84600168
传真：010-84600170，010-84600171
E-mail: xieyun@ciec-expo.com

展会成功之道：六大要素

在全球现今的营商环境中，一个城市如何能脱颖而出，成为举办各类国际贸易展览会的不二之选？

方便接触主要客户及供应商 珠江三角洲为中国制造供应全球消费品的重镇，与香港相距咫尺，仅两小时行程即达。身处香港，参观展会的人士欲前往当地考察合适的供应商的厂房，或是与新客户会面商谈，均轻松自如。

主要采购枢纽 香港享有全球多个著名的主要批发及零售连锁网络的采购中心，更坐拥约十五万家进出口公司，专门与亚洲制造商及国际买家经营各种业务，经验丰富。

营商基础条件完备 本港拥有完善的营商优势，例如普及运用英语、免税、重视知识产权保护及难得的地理位置，极方便前往世界各地等。

非凡设施 香港会议展览中心属世界级展览会场地，屡获殊荣及深受业界称誉。日后，随著香港机场新展馆的落成，至二零零六年香港展览会场地面积将会倍增。

中国的窗口 随著国内商务旅游限制放宽，加上中国成功加入世界贸易组织，国内不少企业已看准良机到访香港的展会，积极采购合适的进口货品或为开拓国际市场作部署。

魅力之都，不容错过 香港是具国际视野的都会之一，提供富活力、动感、惊喜，且教人振奋的营商环境。

香港会议及展览业协会(HKECIA)乐意助您发掘更多在港举办展会的优点。欢迎您浏览我们的网站www.exhibitions.org.hk，查看香港最新的展会详情，或直接电邮enquiry@exhibitions.org.hk至我协会查询。

山西省展览馆 展览中心简介

山西省展览馆展览中心拥有一座功能比较齐全、设施比较完美、占地面积5万m^2、建筑面积2.6万m^2的展览场馆，成为宣传服务于山西经济、政治、文化建设的最大展览基地和重要窗口。其室内展场共分2层、18个展馆，可容纳3×3m^2标准展位700个，同时，还配有接待宾客、洽谈业务、举办讲座、通讯联络等服务设施。室外展场面积1.5万m^2，不仅可容纳3×3m^2标准展位500个，而且还提供大型机械设备的展览展示。此外，还拥有先进的技术装备，承制各种工艺设计、工程装潢、广告宣传等业务。

近几年来，我中心始终坚持服务社会、服务企业的根本宗旨，紧紧依靠一支雄厚的专业技术队伍（具有工艺设计等技术职称的人员占到职工总数的40%），以一流的设计、一流的管理、一流的服务，先后多次成功承办了全国和全省性各种类型的博览会、洽谈会、展销会和交易会；同时，还多次承担了省里参加国家组织的各种大型展览山西馆的设计、制作和布展工作，都荣获了国家的设计制作奖和最佳组织奖，为提高山西在国内外的影响、推进山西的改革开放、发展山西的经济做出了积极的贡献。

为了充分发挥展览事业的桥梁纽带作用，今年对展厅进行了改造装修，预计九月分投入使用。届时，我中心将以崭新的面貌、全新的技术、优质的服务，热忱欢迎社会各界和同仁前来参展、办展并洽谈合作。

系电话：0351-6334375
址：太原市晋祠路一段40号
编：030024

广州商业会展服务中心

服装节

广州商业会展服务中心是广州市商业局直属管理的正处级事业单位，主要职能是负责广州地区商业、饮食业、服务业的会展活动的有关服务工作，集会展开发、策划、招商、布展、宣传以及信息咨询于一体。随着我国加入WTO，会展业在推动经济发展及促进国际间贸易和交流的作用越来越明显。该中心作为广州市商业局直属的会展服务单位，秉承专业会展和服务社会的宗旨，积极创建会展品牌并将在为各类展会提供优良服务的过程中，开拓进取，勇于创新，不断加强自身建设，强化管理，提高专业会展水平，为推进会展业的发展、促进内外贸易和交流发挥更大的作用。

招商咨询电话：020-84447728、84447768
传真：020-84243969、84241831
htt://www.cce-gz.com
E-mail:cce@cce-gz.com
联系人：黄杰、敖容生、马小红

展会名称	时　间	地　　址	展览面积	设展位数	展览内容	主办单位	承办单位
2004年（第三届）广州国际服装节	2004年3月5日至8日	广州国际会议展览中心	3万平方米	1200个	服装服饰、面料、箱包、鞋帽、服装、机械等	广州市人民政府 中国纺织品商业协会	广州商业市局 广州服装行业协会 广州商业会展服务中心
2004年广州国际品牌化妆品展览会	2004年3月5日至8日	广州国际会议展览中心	2万平方米	1000个	护肤品、化妆品、香水、美发产品、相关美容美发原料和设备等	广州市人民政府	广州市商业局 广州市美发美容行业商会、广州商业会展服务中心

2004 CITMA

第三届中国（上海）国际纺织器材展览会

国内第一个以纺织器材专配件为主题的专业展览会

主办单位：上海纺织控股（集团）公司

承办单位：上海纺织技术服务展览中心
上海国际展览中心有限公司

时　　间：2004年6月9日～6月11日

地　　点：上海国际展览中心

展出范围

- 与纺织有关的各种专利、技术及软件
- 纺织厂计算管理、设计系统
- 纺织试验用仪器仪表
- 纺织染化料、助剂
- 纺织机械专件
- 纺织机械配件
- 纺织辅助设备
- 纺织器材

联络单位

上海纺织技术服务展览中心
Shanghai Textile Technology Service & Exhibition Center

地址：上海市胶州路699号恒森广场B幢1703室

邮编：200040

电话：021-62676551 62715613
62178388×810/823/819

传真：021-32170077

网址：www.texchina.com

电子信箱：citma@texchina.com

联系人：刘卫平先生 洪啟瑱先生

技术交流

- 由国内外专家和参展商讲授技术和介绍新产品
- 展览期间设有多个技术交流专场

International Furniture Fair DONGGUAN CHINA
IFFD
中华国际家具东莞展览会
展览时间
Exhibition Time
3.18-22,2004
INTERNATIONAL
FURNITURE
FAIR
DONGGUAN
CHINA
出口展：唯一代表中国出口家具的标杆
Export Fair: The only symbol that represents the highest level of China's furniture export
进口展：世界著名家具品牌开拓中国市场的最佳场所
Import Fair: An ideal platform for world famous brands to develop Chinese market
精品展：经专家评审通过的中国精品及知名品牌家具同台展出
Elaborate Fair: Elaborate Chinese and overseas furniture works Approved by experts
国际展：由政府机构主办两岸三地及国际同业机构联手合办
International Fair: Organized by governmental departments and Co-organized by furniture organization from Mainland China, Taiwan, HK and other countries
中国东莞国际会展中心
Dongguan International Exhibition Center Of China
组委会地址：中国广东省东莞市新芬路科学馆二楼
联络方式 Contact Method
Address:2F,Science Building, Xinfen Road,Dongguan,China
Tel:86-769-2119788 2215108
Fax:86-769-2215608
http://www.iffd.com.cn
E-mail:info@iffd.com.cn
Sponsors:
Organizers:
Co-organizers:
CCPIT Guangdong Sub-Council
Taiwan Furniture Manufacturers' Association
Hong Kong Furniture & Decoration Trade Association
Guangdong Commerce Chamber of Furniture
Dongguan Furniture Association of China
European Furniture Manufacturers' Federation
CAPFA
ACFIC of Furniture & Decoration Industry Commerce
plana
PLANA-Grandesign ITALIA

北京国际会议中心
Beijing international convention center
北京五洲大酒店
Beijing continental grand Hotal

北京国际会议中心位于亚运村龙脉旺地，以承办接待国际国内会议、展览、大型活动、出租办公间为主要经营项目。在过去的几年，北京国际会议中心曾经接待过国家领导人，外国元首及其它显要人士。2002年底，又与四星级的北京五洲大酒店正式合并。为了增强卓越声誉，不断满足顾客需要，2003年春夏之际，开始翻新改造工程，所有的会展场、客房、餐厅、大堂及设备系统都被整修。依托会议展览设施完备、亚运村商圈、购物场所集中及交通便利的综合优势，北京国际会议中心将以全新面貌及优越位置(离奥运村最近的地方)，续写辉煌。

Beijing International Convention Center (BICC) is located in the magnificent Asian Games Village. BICC specializes in staging national and international conferences, exhibitions and other large events, as well as leasing office space. In the years passed, BICC has hosted country leaders, Leaders of other country and other important guests. At end of year 2002, BICC is combined with Beijing Continental Grand Hotel (Four Stars Hotel). In order to enhance it's outstanding reputation, satisfy the keep upgrading requirements of customers, BICC has renovated it's Exhibition Halls, Guest Rooms, Dining Halls, Lobby and equipment systems since end of the spring. With the support of the full line exhibition equipments, Asian Games Village Business Area, Lots of shopping center and convenient traffic, BICC will continue it's great with it's brand new faces and premium locations (the nearest place to the Olympic Game Village).

中国国际贸易中心
CHINA WORLD TRADE CENTER

CWTC Exhibition
国贸展览

国贸展览以专业的展会组织★高规格的展厅出租★细致的展会服务跻身中国知名展览公司行列

实 力 造 就 辉 煌

- CHIC 中国国际服装服饰博览会 CHIC
- PHARMA CHINA2004 中国国际新特药·非处方药展览会 International Exhibition On New/Special Medicine & OTC, China
- 中国国际现代化铁路装备展览会 Modern Railways
- 北京国际体育与休闲设施及用品博览会 Beijing International Sports & Leisure Exhibition
- CHINA 2004 CHEM & PEC 中国国际化工、石化装备技术展览会暨中国国际生物技术展览会 Chem & Pec China
- 中国国际婚纱及摄影器材博览会 China International Wedding & Photo Equipment Exhibition
- HOTEL CHINA 2004 中国国际酒店、餐饮用品、食品、饮料及服务设施博览会 China International Exhibition for Hotel & Restaurant Facilities, Equipment & Services, Food & Beverages
- DVCOMM 中国国际数字视频及视讯技术与设备展览会 China International Trade Fair & Conference for Digital Video & Visual Communication
- CHINA MED 中国国际医疗仪器设备展览会 CHINA MED

国贸展览部年出租展览大厅52场次
展览面积204，400m²
共有来自30余个国家和地区的10，400家参展商参加展会
共吸引了2，080，000人次参观

地址：北京建国门外大街一号 邮编：100004 电话：(010) 65056506 传真：(010) 65053260 URL：www.cwced.com

中国国际贸易促进委员会建筑材料行业分会
China Council for the Promolion of International Trade,Buiding Materials Sut-Council

中国国际商会建筑材料行业商会
China Chamter of International Commerce,Building Malerials Chamter of Commerce

中国国际贸易促进委员会建筑材料行业分会（简称建材贸促会）于1992年10月5日经中国国际贸易促进委员会批准成立，是中国国际贸易促进委员会、中国国际商会在中国建筑材料行业的分支机构。行政隶属于中国建筑材料工业协会（原国家建材局），是中国建筑材料工业协会对外开展民间经济贸易活动，开展同世界各国各地区经济贸易界、商会、协会、其他经济团体以及有关国际组织的联络和解决海事仲裁事务的民间团体机构。业务上受中国国际贸易促进委员会的领导，具有独立的社团法人资格。

中国国际贸易促进委员会建筑材料行业分会遵照中国国际贸易促进委员会的章程和宗旨，根据中国国家法律、法规和政策，结合中国建筑材料工业的实际，大力促进中国建筑材料工业同世界各国各地区以建材进出口贸易为中心的对外联络、利用外资、引进先进技术和促进各种形式的经济技术合作；促进同世界各国各地区的贸易和经济技术关系的发展，成为合作交往的桥梁和窗口；增进中国人民同世界各国各地区人民和经济贸易界的了解与友谊。

网址 www.ccpitbm.org
地址 北京市海淀区三里河路11号　100831
联系电话：86-10-68361878

Auto Changhun 2003

第三届中国长春国际汽车博览会

The 3rd CHINA CHANGCHUN INTERNATIONAL AUTOMOBILE FAIR

2003

由中国国际贸易促进委员会、长春市人民政府等11家单位主办，长春市对外贸易经济合作局、中国国际贸易促进委员会长春市分会、长春国际经贸展览有限公司首次承办的第三届中国长春国际汽车博览会于2003年7月15日—22日在长春隆重举行。本届汽博会是非典过后国内迄今为止国内规模最大、层次最高、影响最广、最为优秀的国际性汽车盛会。

本届汽博会展示面积10万平方米。参展车辆412辆。有24个国家和地区的汽车厂家参展。整车及零部件参展企业1000余户。首次在长展出5款概念车，国内轿车42家，卡车15家，客车13家，零部件企业720家。累计参观人数达近110万。展会期间，国际汽车界名人、国内各大媒体及国内外参展商近8000余人专程参加长春汽博会。共签订有关汽车产业的投资项目合同13个，总投资额14.7亿元。销售汽车2200台，成交额4.8亿元人民币.

第四届中国长春国际汽车博览会将于2005年7月举行。

联系电话：0431—2730386　2744902
传　　真：0431—2731448
联 系 人：王女士　张先生
Email:info-ch@ccpit.org